HISTOIRES
DE RUSSIE,

DE

POLOGNE, DE SUÈDE ET DE DANEMARK,

Depuis les temps les plus reculés jusqu'à nos jours,

PAR

A.-J.-C. SAINT-PROSPER AINÉ,

Professeur d'Histoire et de Morale, membre de l'Institut historique,
Auteur de l'*Observateur au XIXe Siècle*, et collaborateur du *Plutarque Français*
et du *Dictionnaire de la Conversation*, etc.

OUVRAGE ORNÉ

d'environ **31** belles planches gravées sur acier,
représentant les principaux Sites et Monuments,
ainsi que les Costumes civils, militaires et religieux
des différents peuples décrits dans ce volume.

PARIS.

IMPRIMERIE DE BÉTHUNE ET PLON,
RUE DE VAUGIRARD, 36.

1844

LE MONDE,

HISTOIRE DE TOUS LES PEUPLES.

TOME HUITIÈME.

HISTOIRES DE RUSSIE,

DE

POLOGNE, DE SUÈDE ET DE DANEMARK.

PRÉFACE.

J'offre au lecteur, et dans la dimension d'un seul volume, l'histoire de quatre peuples qui, à diverses époques, ont été plus ou moins mêlés au mouvement de l'Europe. J'ai donc été contraint de faire un choix parmi les événements, et de tracer en traits rapides la physionomie des plus grands personnages. Mais, en retour, que d'avantages inappréciables ! On assiste, dans quelques pages, à des rapprochements pleins d'instruction et d'intérêt : à côté, pour ainsi dire, de la terreur enfantée par le despotisme russe, on voit surgir les saturnales de l'anarchie polonaise détruisant tout, jusqu'aux derniers vestiges de l'indépendance nationale : double leçon, et qui prouve que, soit pour les peuples, soit pour les individus, la mesure comme la modération assurent seules le bonheur et la puissance. Parlerai-je de la Suède? on la verra marchant sous les drapeaux de Gustave-Adolphe, l'un de ses plus grands monarques; elle sauve la liberté religieuse en Allemagne, tandis qu'elle fait les plus brillantes conquêtes : la victoire place au nombre des premiers peuples de l'Europe une nation composée tout au plus de trois millions d'hommes. Mais Charles XII abuse-t-il de la valeur de ses soldats pour les précipiter dans des guerres continuelles où lui-même trouve la mort? la Suède perd le haut rang qu'elle a conquis, pour recevoir continuellement des subsides de l'étranger. Dans le Danemark, une aristocratie insolente humilie la royauté, et désole, par ses persécutions, les classes inférieures; ces dernières se liguent, accordent au prince un pouvoir sans limites, et les nobles sont contraints de baisser la tête sous le joug commun. Tels sont les enseignements que je livre à la méditation du lecteur.

Je dois, à mon tour, réclamer son indulgence, dans le cas où il se rencontrerait quelques dissemblances relativement à l'orthographe des noms propres ou à celle des villes. J'ai consulté une foule d'écrivains étrangers ; j'ai consulté en outre des ouvrages traduits des langues du nord ; eh bien ! partout les noms se trouvent écrits, non pas d'une manière, mais de mille manières différentes (1). On rencontre la même confusion chez les historiens français : ainsi Voltaire, dans sa *Vie de Charles XII*, a changé non-seulement l'orthographe des noms propres, mais encore celle des lieux ; quant à moi, je les ai rapprochés autant que possible de la prononciation de notre langue. En effet, comment graver dans la mémoire ou faire entrer dans la conversation des noms dont la longueur, hérissée de consonnes, déchire l'oreille?

J'ai éprouvé aussi beaucoup de difficultés à faire concorder entre elles les différentes chronologies des peuples du nord, surtout lorsqu'il s'est agi de leurs *origines* : j'ai dû alors m'attacher aux écrivains qui, chacun dans leur sphère, jouissent le plus d'autorité, préférant, au lieu de me livrer à d'interminables dissertations, réserver à des faits essentiels l'espace qui m'était réservé.

(1) Je ferai remarquer au lecteur qu'il est des dissemblances inévitables ; par exemple, fait-on une citation ? il faut bien suivre l'orthographe de l'auteur original, fût-elle différente de celle que vous avez adoptée.

LE MONDE

ou

HISTOIRE DE TOUS LES PEUPLES

DEPUIS LES TEMPS LES PLUS RECULÉS

JUSQU'A NOS JOURS.

HISTOIRE

DE

LA RUSSIE.

Cet empire occupe une moitié de l'Europe, embrasse un tiers de l'Asie, compte de nombreuses possessions dans l'Amérique, et une population totale de cinquante millions ; et cependant il ne remonte pas au-delà du neuvième siècle de l'ère chrétienne. L'histoire de la Russie a été jusqu'à présent divisée en cinq grandes périodes ; la première, antérieure à l'établissement du christianisme parmi les populations Slaves, s'étend de 862 à 1015 ; elle comprend 153 ans, et a fourni sept souverains. La seconde part de 1015 à 1238, c'est-à-dire du règne de Wladimir-le-Grand jusqu'à l'envahissement de la Russie par les Tatars ; en tout 223 ans, et 22 souverains. La troisième période, placée entre 1238 et 1598, voit s'opérer la destruction du pouvoir des Tatars ; elle renferme 360 ans, et a donné vingt-trois souverains. La quatrième s'écoule de 1598 à 1613 ; elle voit disparaître la race de Rurik, ces fondateurs de la Russie ; bientôt la famille Romanoff, d'où descend Pierre-le-Grand, monte sur le trône. Cette dernière période ne s'étend qu'à 15 années. Enfin la cinquième et dernière période, qui commence en 1613, pour arriver jusqu'à nos jours, offre le spectacle des développements de la civilisation en Russie. A bien dire, c'est seulement du règne de Pierre-le-Grand que l'histoire de Russie se mêle à celle des peuples de l'Europe. Je raconterai donc en très-peu de mots tous les faits qui ont précédé l'avénement du prince réformateur sur le trône ; la plupart sont douteux, les autres deviennent fatigants par la répétition des mêmes forfaits : le principe de l'unité historique disparaît, car des princes distribuent leurs provinces à leurs enfants, à la mort desquels de nouveaux morcellements ont encore lieu. Il me serait impossible, sans entasser volumes sur volumes, d'énumérer les événements qui remplissent de confusion et d'ennui les règnes d'une foule de petits princes. Je ne m'attacherai donc qu'aux faits saillants et qui peuvent faire connaître le caractère national (1).

(1) Je place ici sous les yeux du lecteur la liste nominative des souverains qui ont occupé le trône de Russie.
Rurick ou Rourik, de 862 à 879.
Oleg de 879 à 913.
Igor de 913 à 945.
Olga de 945 à 955.
Sviatoslaf I de 955 à 972.
Jaropolk I de 973 à 980.

ORIGINE DU PEUPLE RUSSE.

Il descend des Roxani, Roxolani ou Rhos, peuplade Slave aussi ancienne *que la terre qui la porte ;* elle habite depuis un temps immémorial les parties centrales de la Russie. On conçoit qu'il est impossible de réunir en corps d'histoire les courses vagabondes, les expéditions aventureuses des tribus qui se sont disputées telle ou telle partie du globe. Ce n'est pas au milieu des plus épaisses ténèbres qu'il faut aller chercher la clarté. Certains doctes qui décident tout et ne sont d'accord entre eux sur rien, ont avancé, relativement à l'étymologie de ces peuplades, deux opinions différentes. Les uns ont prétendu que leur nom dérivait de *slava*, gloire. D'autres ont soutenu que le mot *rossa* ou *rosseie* signifiait, dans la langue slave, peuplades errantes, ce qui ne serait guère poli pour les Russes actuels. Au reste, c'est en ajoutant ou en supprimant des lettres, qu'on établit la généalogie des peuples comme celle des familles. Le temps dévore les preuves ; il faut donc un peu de complaisance et surtout beaucoup d'imagination pour arriver même à des probabilités. Quoi qu'il en soit, parmi ces tribus se faisaient remarquer les Polaniens, les Drevliens, les Viatitsches, les Radimitsches, les Doulèbres, les Severins, les Drégovitsches, les Krivitsches, les Vesses, etc. Voici le portrait qu'a tracé de ces tribus le vieux chroniqueur, Nestor : « Les Polaniens, les plus civilisés
» d'entre les Slaves, observaient les pratiques
» et les coutumes de leurs pères : ils étaient
» doux, humbles, et conservaient du respect
» pour leurs belles-mères et leurs belles-

Vladimir-le-Grand de 980 à 1015.
Sviatopolk I, de 1016 à 1016.
Jaroslaf I de 1016 à 1054.
Ysiaslaf I de 1054 à 1078.
Vsévolod Jaroslavitsch de 1078 à 1093.
Sviatopolk II, Ysiaslavitsch, de 1093 à 1113.
Vladimir II., Vsévolodovitsch (dit Monomaque), de 1113 à 1125
Mstislaf Vladimirovitsch, de 1125 à 1132.
Jaropolk II, Vladimirovitsch, de 1132 à 1138.
Vial cheslaf Vladimirovitsch, 1139.
Vsévolod II, Olgovitsch, de 1138 à 1146.
Igor II, Olgovitsch, 1146.
Ysiaslaf II, Mstislavitsch. Le règne de ce prince fut rempli d'agitations et de troubles. Déchu du pouvoir, il rentra dans sa possession en 1550 et mourut en 1554.
Rostislaf Mstislavitsch, 1154.
Ysiaslav III, Davidovitsch, 1154.
Jouri, ou Georges Dolgorouki, 1154 à 1157.
André I, Jourievitsch Bogolioubski, de 1157 à 1174.
Mikhail Jourevitsch, de 1175 à 1177.
Vsévolod III, Jourevitsch, de 1177 à 1212.
Jouri II, Vsévolodovitsch, de 1212 à 1217.
Constantin Vsévolodovitsch de 1217 à 1218.
Jouri II, de 1218 à 1238.
Jaroslaf IIV, Vsévolodovitsch, de 1238 à 1246.
Sviatoslaf III, Vsévolodovitsch de 1247 à 1248.
Mikhail I, Jaroslavitsch (règne de quelques mois).
Sviatoslaf III (ce prince règne pour la seconde fois).
André II, Jaroslavitsch, de 1249 à 1252.
Alexandre I (dit Nevski), de 1252 à 1264.
Jaroslaf III, Jaroslavitsch, de 1264 à 1272.
Vassili II, Jaroslavitsch, de 1272 à 1276.
Dmitri I, Alexandrovitsch, de 1276 à 1294.
André III, Alexandrovitsch de 1294 à 1304.

Mikhail II, Jaroslavisch, de 1304 à 1319.
Jouri III, Danilovitsch, de 1320 à 1323.
Dmitri II, Mikhailovitsch, de 1323 à 1326.
Alexandre II. Mikhaïlovitsch, de 1327 à 1328.
Ivan I, Danilovitsch, de 1328 à 1341.
Semen Iwanovitsch dit le Superbe), de 1341 à 1353
Iwan II, Ivanowitsch, de 1353 à 1358.
Dmitri III, Constantinovich, de 1359 à 1361.
Dmitri IV, Ivanovitsch-Donski, de 1362 à 1389.
Vassili ou Basile II, Dmitrievitch, de 1389 à 1425
Vassili III, Vassilievtch, de 1425 à 1462.
Ivan III, Vassilievitch, de 1462 à 1505.
Vassili IV, Ivanovitsch, de 1505 à 1533.
Ivan IV, Vassilievitsch (dit le Terrible), de 1533 à 1584.
Féodor I, Ivanovitsch, de 1584 à 1598.
Boris Phéodorovitch Godounof de 1598 à 1605
Féodor II, Borissovitsch, 1605.
Dmitri V (dit l'Imposteur), 1605.
Vassili Chouiski, de 1606 à 1610.
Mikhail Féodorovitsch Romanof, de 1613 à 1645.
Alexis Mikhailovitsch, de 1645 à 1676.
Féodor III, Alexievitsch, de 1676 à 1682.
Ivan V, Alexievitsch, et Pierre I, son frère, de 1682 à 1689.
Pierre Alexievitsch (dit le Grand), de 1689 à 1725
Catherine I, de 1725 à 1727.
Pierre II, Alexievitsch, de 1727 à 1730.
Anne Ivanovna de 1730 à 1740.
Ivan VI, Antonovitsch, de 1740 à 1741.
Élisabeth Pétrovna, de 1741 à 1761.
Pierre III, Féodorovitsch, de 1761 à 1762.
Catherine II, Alexievna, de 1762 à 1796.
Paul I, Pétrovitsch, de 1796 à 1801.
Alexandre Pavlovitsch, de 1801 à 1825.
Nicolas I, Pavlovitsch, 1825.

» sœurs. Les Drévliens, plus barbares, vi-
» vaient entre eux comme des animaux,
» s'entr'égorgeaient, se nourrissaient de mets
» impurs, abhorraient le mariage, et ravis-
» saient les filles quand elles venaient aux
» fontaines puiser de l'eau. Les Radimitsches,
» les Wiatitsches et les Séverins habitaient
» des forêts comme des bêtes sauvages, se
» nourrissaient de saletés, prononçaient tou-
» tes sortes de mots honteux devant leurs
» belles-sœurs et leurs parents; ne recon-
» naissaient aucun mariage, prenaient plaisir
» à chanter des chansons diaboliques, à dan-
» ser des danses indécentes, pendant lesquelles
» ils enlevaient les femmes avec qui ils
» étaient d'intelligence. Quand quelqu'un
» d'entre eux venait à mourir, ils poussaient
» de grands gémissements, élevaient un
» bûcher, où ils plaçaient et brûlaient son
» cadavre; après quoi ils recueillaient ses cen-
» dres dans un petit vase funéraire, qu'ils
» plaçaient sur une colonne, au bord des
» routes. (1) »

Parmi les Slaves comme chez tous les peuples conquérants, le gouvernement était entre les mains des chefs les plus célèbres par leur valeur et leurs exploits ; on les appelait boyards, woiewodes, kniaz, pans, joupans, karols ou krols.

La mythologie des diverses populations slaves est très-féconde en grandes divinités et en divinités inférieures. Selon Procope, elles adoraient un Dieu sans admettre son intervention, et le hasard conduisait le monde. Mais, par une contradiction toute naturelle, les Slaves s'engageaient à faire des offrandes à *Dieu*, pour qu'il leur rendît la santé. « Voilà, » dit Lévesque, « à peu
» près tout ce que nous apprenons de Pro-
» cope. Des traditions, quelques traits con-
» servés dans les chroniques, de vieilles
» chansons, et des jeux qui sont restés en
» usage parmi le peuple, donnent des lu-
» mières plus étendues (2). » Le premier

(1) Histoire de la Russie depuis le commencement de la monarchie jusqu'à nos jours, par Louis Paris, du Gymnase impérial de Moscou.

(2) Histoire de Russie et des principales nations de l'empire russe, par Pierre-Charles Lévesque, tom. 1, p. 46 et 47.

de leurs dieux était Péroun. « Il avertis-
» sait (1) les mortels par le feu des éclairs ;
» sa vengeance faisait rouler le tonnerre et
» lançait la foudre sur la tête des coupables.
» C'était lui qui rassemblait ou dispersait les
» nuages, qui retenait ou faisait tomber sur
» la terre les eaux supérieures. L'idole de
» Péroun avait la tête d'argent ; ses oreilles
» et ses moustaches étaient d'or, ses jambes
» de fer, et le reste de la statue était d'un
» bois dur et incorruptible. Elle était ornée
» de rubis et d'escarboucles, et tenait en
» main une pierre taillée dans la forme d'un
» éclair qui fend la nue en serpentant. Le
» feu sacré brûlait sans cesse devant elle, et
» si les prêtres manquaient à l'entretenir et
» le laissaient éteindre, ils étaient condam-
» nés à périr dans les flammes, comme en-
» nemis du dieu. » On offrait à Péroun en sacrifice des troupeaux, des prisonniers de guerre, quelquefois même on égorgeait sur ses autels des enfants en bas âge et nés Slaves. On faisait encore hommage à ce dieu de sa barbe et de ses cheveux ; on lui avait donné des bois, des forêts, où, sous peine de mort, il était défendu de pénétrer, même pour couper une branche d'arbre. *Koupalo*, déesse pleine de tendresse et de bienveillance, présidait aux productions si variées et si nombreuses de la nature. Sa fête était célébrée le 24 juin. Les jeunes garçons et les jeunes filles, la tête couverte de couronnes et de fleurs, dansaient en chœur et luttaient à qui sauterait avec plus de légèreté par dessus les feux qu'on allumait. Il existe encore en Russie quelques traditions qui rappellent cette fête ; la veille, on se livre à la joie des festins ; des feux de joie sont allumés, et les jeunes garçons et les jeunes filles dansent autour. La fête de la déesse *Koupala* correspondait à celle de saint Jean-Baptiste, que nous célébrons à peu près de la même manière. Les populations slaves avaient aussi leur Vénus, appelée *Lada* ; elle était mère de trois enfants : *Lelia* ou *Leliu* ; c'était tout à la fois le *Cupido* des Romains et l'*Éros* des Grecs ; son frère *Dide*, ou *Dido*, représentait leur *Antéros*. Le troisième fils de *Lada* avait pour nom

(1) Lévêque, *loco citato*.

Polélia, qui veut dire fécondité. *Didilia* était invoquée par les femmes qui désiraient avoir des enfants. *Trigliva*, *Triglava* ou *Trigla*, était la Diane des anciens; *Veless* ou *Voloss*, ou bien encore *Vlacié*, veillait sur les troupeaux; *Dogoda* était un zéphyr qui envoyait le calme dans les airs; *Pozvid* causait les tempêtes; c'était *Borée*, suivant M. Depping (1). On appelait aussi le dieu des vents *Stribog*. Venait ensuite le tour des divinités domestiques, protectrices de l'intérieur des familles. Les paysans russes adorent encore aujourd'hui ces pénates et leur font hommage de peintures qu'ils barbouillent sur les murs de leurs chaumières. On offrait aux serpents du lait et des œufs, et plus d'une fois on punit de la peine de mort ceux qui cherchaient à faire du mal à ces hôtes protecteurs (2). Les Russes des villes comme ceux des campagnes ont encore foi aux esprits domestiques (*Domotroï*), aux esprits agrestes (*Cestnize*), aux esprits aquatiques (*Wodeniki*).

La mythologie, comme tous les ouvrages émanés de l'intelligence humaine, prouve à quel état est parvenue une société, et en outre révèle le climat auquel elle appartient. Les habitants de la Russie méridionale, parmi lesquels les Grecs ont si long-temps vécu, rappellent à certains égards cette fécondité d'imagination que possédaient jadis ces peuples si favorisés. A leur exemple, les Slaves ont des dieux et des déesses à l'infini, qui peuplent et animent le monde entier; ainsi on retrouve chez eux *Kikimora*; il envoie le sommeil et les songes. Le feu était l'objet d'une adoration universelle; on lui avait consacré des temples; on invoquait sa protection contre les maladies; on venait le consulter, et les prêtres attachés à son culte faisaient au nom du dieu *Znitch*, des réponses qu'on recevait avec reconnaissance. *Nia* était le Pluton des anciens; *Koliada* le dieu de la paix, des jeux et des plaisirs; *Tsar-Morski* le Neptune des Slaves. Plutus, le dieu des richesses, n'avait pas été oublié; on l'appelait *Dajbog*. De même que chez les Grecs et chez les Romains, ces peuples avaient un dieu *Priape*, adoré à Kief, et qu'ils nommaient *Tour*. Ils avaient encore leur dieu *Terme* ou *Tchour*; une Flore, ou déesse du printemps, *Zimtserla*; ils avaient des géants, *Voloti*; enfin des *Polkoni*; la moitié supérieure de leur corps était semblable à celle des hommes; par la partie inférieure ils ressemblaient aux chevaux et aux chiens. Les *Roussalki*, d'après la description poétique de Lévesque, « étaient les nymphes, les
» déesses inférieures des eaux et des forêts.
» Elles possédaient toutes les grâces de la
» jeunesse relevées par les charmes de la
» beauté. Souvent on les voyait se jouer sur
» les bords des lacs et des rivières; quelque-
» fois elles se baignaient dans les eaux lim-
» pides, nageaient sur leur surface, et dans
» cet exercice, une partie de leurs appas ne
» se dérobait à l'œil avide que pour offrir
» d'autres attraits plus enchanteurs à des
» mouvements pleins de charme succédaient
» d'autres mouvements encore plus volup-
» tueux. Quelquefois on les voyait peigner sur
» le rivage leur chevelure d'un beau vert de
» mer; et d'autres fois elles se balançaient,
» tantôt d'un mouvement rapide, tantôt
» avec une douce mollesse sur les branches
» flexibles des arbres. Leur draperie légère
» volait au gré des vents, et, dans ses di-
» verses ondulations, cachait et découvrait
» tour-à-tour les trésors de la beauté. » A côté de ces images si ravissantes, l'érudit (1) français fait une horrible description des satyres, que les Slaves révéraient sous l'appellation de *Léchiés*, ou dieux des forêts. « La partie supérieure de leur corps ressem-
» blait à celle des hommes, mais ils avaient
» des cornes, des oreilles et des barbes de
» bouc, et depuis la ceinture jusqu'en bas,
» ils étaient conformés comme ces animaux.
» Quand ils marchaient parmi les herbes,

---

(1) L'un des annotateurs de la quatrième édition de l'ouvrage de Lévesque.

(2) « Dans quelques contrées de la Pologne, les » paysans ont encore un très-grand soin de donner » du lait et des œufs à une sorte de serpent noir qui » se glisse dans leurs demeures infectes et humides, » et ils seraient désolés si l'on faisait le moindre mal » à ces reptiles. On est si bien accoutumé à le trouver » dans leur compagnie, que les enfants mêmes n'en » ont pas peur, les caressent et boivent dans les » mêmes verres, et ci. » *J. de Littérat.*, 1782, n. 7.

(1) Lévesque.

» ils ne s'élevaient pas au dessus d'elles et de la verdure encore naissante; mais quand ils se promenaient dans les forêts, ils atteignaient à la hauteur des arbres les plus élevés, poussant des cris affreux qui portaient au loin l'effroi. Malheur à l'homme téméraire qui osait traverser ces forêts! bientôt il était entouré par les *Léchiés*, qui s'emparaient de lui, le conduisaient de côté et d'autre jusqu'à la fin du jour, et, le transportant, à l'entrée de la nuit, dans leurs cavernes, prenaient plaisir à le chatouiller jusqu'à la mort. » S'il y avait des bois ou des forêts consacrés à certaines divinités, par la plus étrange des fictions, d'autres bois et d'autres forêts étaient changés en divinités. Par une conséquence naturelle, il était défendu, sous peine de mort, de chasser dans ces bois et d'y tuer le plus petit animal. Osait-on y couper du bois, on était déclaré sacrilége, et, comme tel, livré à d'horribles supplices.

Les Slaves, après avoir fait des forêts des divinités, ne voulurent pas se trouver en défaut avec les fleuves; ils n'approchaient qu'avec respect des rives du Don ou Tanaïs; ils lui offraient même des sacrifices. Les Slaves de l'île de Rugen adoraient le lac Stoudénets, situé au milieu d'une espèce de forêt. Ce lac était rempli d'une quantité immense de poissons que personne n'osait pêcher. Au printemps, et lorsque le dégel commençait à avoir lieu, on célébrait la fête des dieux-eaux; des hommes se plongeaient dans les ondes pour y trouver une mort religieuse. Les Slaves cherchaient à pénétrer l'avenir; on les voyait jeter en l'air des anneaux ou des cercles, appelés *Croujki*, qui étaient blancs d'un côté et noirs de l'autre: le côté blanc se trouvait-il dessus, un grand bonheur ou une réussite vous attendait; mais les anneaux tombaient-ils à terre sur le côté noir, vous étiez destiné aux plus grandes adversités. Jetait-on en l'air deux cercles à la fois, si le côté blanc et le côté noir se montraient ensemble, on ne devait obtenir qu'un succès médiocre. On attachait une grande importance au retour des oiseaux de passage, à la manière dont se rencontraient certains animaux, et aux cris qu'ils proféraient. On étudiait les ondulations que manifestait la flamme ou la fumée; on tirait des présages du cours des eaux, de leurs flots et de leur écume. Enfin on brûlait les morts comme dans l'antiquité; un repas funéraire, appelé la *trizna*, avait lieu, et on y buvait force hydromel (1). L'usage de *la trizna* existe encore actuellement en Russie; au moment où l'on rend les derniers devoirs au mort, on présente aux assistants du vin, du café, du punch, des liqueurs et du thé. On offre des libations au défunt, qui, bien rasé et bien frisé, est exposé sur un cercueil peint, doré ou argenté, et doublé d'étoffes de soie. Le mort est revêtu de ses plus riches habits; on lui met aux mains des gants blancs, et il tient une croix et un bouquet. Telles étaient les divinités, grandes ou petites, qui composaient la religion des Slaves; mais il faut faire attention que cette mythologie variait suivant les lieux et les peuplades. Ainsi les Slaves de l'île de Rugen reconnaissaient des divinités qui leur étaient particulières, de sorte que les mêmes attributions étaient données à plusieurs dieux: ainsi je trouve le dieu Fort, *Silny-Bog*, ou *Krepki-Bog*, sorte de copie de l'Hercule des anciens. On le représentait, chez les Slaves, ayant à la main droite une lance, et tenant dans la gauche un globe d'argent; des têtes d'homme et de lion étaient placées sous ses pieds. Il faut encore compter

(1) Le roi des Anglo-Saxons, Alfred, qui vivait dans le neuvième siècle, nous a légué une description pleine d'intérêt de la *trizna*. « Quand un homme meurt, dit-il, chez les Esthes, son cadavre reste un ou deux mois chez ses parents ou amis; si c'est un homme de distinction, on attend quelquefois six mois pour le brûler. Pendant cet intervalle, on passe le temps à boire et à jouer. Le jour qu'on brûle le cadavre du défunt, on fait des lots de ses effets; on porte ces lots à divers lieux plus ou moins éloignés de la maison du mort. Le principal est le plus éloigné, et le moindre se trouve près de la maisons Alors ceux qui ont les meilleurs chevaux se rassemblent à la maison et se mettent à courir: le meilleur cavalier s'empare du principal lot et l'emporte; les autres en font autant pour les autres lots. Après avoir distribué ainsi tous les effets du mort, on brûle le cadavre avec les armes et les hardes. » Voyez sur ce récit les notes de Porthan dans les *Antiquitets Academiens Handlingar*. Stockholm 1800, tome VI.

la femme *Dorée Zolotaia Baba*, considérée comme la mère des dieux ; elle avait dans ses bras, de même que l'Isis des Égyptiens, un enfant appelé son *Petit-Fils*. Dans son temple était caché un grand nombre d'intruments de musique : leur son bruyant était censé partir de la statue même. Elle rendait des oracles, et en retour on lui apportait des offrandes. Ceux qui venaient les mains vides déchiraient des lambeaux de leurs vêtements dont ils lui faisaient hommage. Malte-Brun, dans ses annotations sur Lévesque, regarde Zolotaia-Baba plutôt comme une divinité finoise que slave proprement dite. Il est impossible, au milieu de ténèbres si épaisses, d'arriver à aucune démonstration certaine, et, sans aucun doute, si un troisième savant intervenait dans le débat, il ne manquerait pas de nous prouver à grands coups d'érudition, que *Zolotaia-Baba* n'était pas plus une divinité finoise que slave.

Je reviens maintenant aux divinités propres aux habitants de l'île de Rugen. Lévesque nous a laissé, de la première de ces divinités, une description si extraordinaire, que je regretterais de n'en pas placer sous les yeux du lecteur les principaux détails. Cette divinité avait pour nom *Sviatovid* ou *Svétovid*. « Sa statue, d'une grandeur démesurée et » faite d'un bois dur, avait quatre visages, » pour signifier apparemment les quatre sai- » sons de l'année, que ramène successive- » ment le cours du soleil, ou les quatre points » cardinaux sur lesquels il répand sa lumière. » Sviatovid manquait de barbe ; en retour il avait les cheveux frisés comme les Slaves de Rugen, et portait un habit court ; il tenait dans la main gauche un arc, et dans la droite une corne de métal. A son ceinturon était suspendue une immense épée dans un fourreau d'argent ; à ses côtés étaient placées une selle et une bride d'une grandeur extraordinaire ; un sanctuaire à part, construit au centre du temple, était consacré à cet idole. Le jour de sa fête, il rendait des oracles. Un prêtre seul entrait dans le tabernacle ; et chaque fois qu'il voulait respirer, il passait la tête en dehors du temple. « Tous » les ans, » ajoute Lévesque, « ce prêtre » remplissait de vin la corne que tenait » l'idole ! Cela se faisait avec de grandes cé- » rémonies, et le vin restait dans la corne » jusqu'à l'année suivante. Un cheval blanc » était consacré au dieu ; il n'était permis » qu'aux prêtres de lui couper le crin et de le » monter. » Les habitants d'Ancône, capitale de l'île de Rugen, et où l'idole avait son temple, étaient convaincus que Svétovid ne manquait pas de monter sur son cheval pour aller mettre en fuite leurs ennemis ; car, disaient-ils, après l'avoir vu le soir tranquille dans son écurie, ils le trouvaient le lendemain baigné dans sa sueur et couvert de boue. Les moissons étaient-elles faites, les habitants de l'île de Rugen accouraient célébrer la grande fête de l'idole. La veille, le prêtre balayait et nettoyait le temple ; puis le lendemain il ôtait la corne de la main du dieu : si elle renfermait beaucoup de vin, l'année serait abondante ; s'il en restait peu, la récolte serait médiocre : le prêtre versait ensuite le vin aux pieds de l'idole, et en remettait du nouveau dans la corne, qu'il replaçait dans la main du dieu. Il buvait d'ailleurs à sa santé, invoquant pour le peuple abondance, richesse et victoire. « Cette cé- » rémonie terminée, » ajoute Lévesque, « on » consultait Svétovid sur les succès militaires » qu'on pouvait se promettre, et son cheval » était chargé de donner la réponse. Voici » comment on tirait ces présages : on dis- » posait des lances dans un ordre prescrit ; » et à une certaine hauteur. A la manière » dont le cheval du dieu sautait par dessus » ces diverses rangées de lances, on jugeait » des futurs événements de la guerre, et elle » était entreprise ou différée, suivant que les » indices avaient été favorables ou sinistres. » Les présages étaient-ils tirés, on procédait aux sacrifices. Ces derniers se composaient d'animaux ; quelquefois de victimes humaines qu'on choisissait parmi les captifs : ils se présentaient armés et à cheval, comme s'ils dussent voler au combat. On liait ensuite le cavalier sur son cheval, et les jambes de ce dernier étaient attachées à quatre poteaux ; des deux côtés on plaçait des tas de bois, parmi lesquels on déposait du feu ; de sorte que les victimes étaient dévorées par les flammes. On apportait enfin un pâté rond, mélangé de miel et de farine ; les bords présentaient une hauteur telle qu'un homme se tenait à l'aise au milieu de cet énorme pâté. C'était la place du prêtre, qui invitait les assistants à lui déclarer s'ils le voyaient. Sur leur réponse négative, il se tournait du côté de Svétovid, le suppliant de manifester l'année prochaine au peuple l'étendue de sa puissance. Le prêtre accordait ensuite sa bénédiction aux assistants, et les engageait à prendre part à un repas splendide, où chaque fidèle, devenu convive, avait pour devoir de s'enivrer. Enfin Svétovid, dieu de la guerre, avait droit au tiers des dépouilles, ou, si l'on aime mieux, des rapines faites par les habitants de l'île de Rugen, « et on lui » destinait chaque année trois cents cavaliers » pris à la guerre ; leurs dépouilles étaient » remises entre les mains du prêtre, qui les » déposait dans le trésor. Ce trésor fut en-» levé par les Danois ; le temple fut détruit, » et l'idole brisé et jeté au feu. »

Je terminerai cette énumération en indiquant le dieu blanc ; *Bély-Bog*, qui correspondait au bon principe, à l'Oromase des Perses. Sa statue avait l'aspect le plus étrange ; elle était couverte de mouches sur un fond couleur de sang. Enfin les Slaves avaient leur mauvais principe *Tcherny-Bog* ; on lui offrait des sacrifices de sang, et c'était d'une voix plaintive et lamentable qu'on osait lui adresser de timides prières. *Bély-Bog* et *Tcherny-Bog* étaient, d'après Kayssarow, les plus anciennes divinités appartenant aux Slaves. « Il y avait, » au reste, » affirme Malte-Brun, « beau-» coup d'autres divinités particulières aux » Slaves, dont la plupart n'avaient cependant » qu'un rang subalterne. Le dieu *Jutrebog* » jouissait de très-grands honneurs dans les » forêts de *Jutrebocum*, où l'on a trouvé des » monuments de ce culte. P. F. Eckhart » *duo peranti, qua monumenta annis* » *1728 et 1732 ex agro Jutrebocensi* » *eruta...* On adorait le dieu *Rugevid*, » *Sterrovid*, *Triglaff*, *Ragedast*, le dieu » de la guerre, *Ladon*, etc. Voy. Frenzel, » *de Idolis Slavorum* ; — dans Hoffmann, » *Script. rerum lusat.*, t. II, p. 78 ; — » Schédius, *de diis Germanorum* ; — et » surtout Masch, *Antiquités religieuses* » *des Obotrites en Allemands.* »

Maintenant que le lecteur possède toutes les notions relatives à la mythologie des populations slaves, je ne lui cacherai pas que ces *divinités*, presque toutes *renouvelées* des Grecs, ont été l'objet de plusieurs sérieuses discussions entre les érudits. Ils ont tous parfaitement réussi à prouver que leurs adversaires avaient tort ; puis ils ont élevé à leur tour des systèmes qui se sont écroulés sous le nombre des attaques qu'ils ont soulevées.

On trouve encore parmi les Russes du dix-neuvième siècle une foule d'usages, de traditions qui remontent aux Grecs, c'est-à-dire qui sont remplis d'imagination et de poésie. Les Slaves, après s'être livrés à ces guerres perpétuelles, apanage des peuples barbares, furent soumis, dans le neuvième siècle, par les Varaigues (1). Ces derniers avaient pour chefs *Rurick*, *Sinal* et *Trouvor*, qui sont regardés comme les fondateurs de l'empire russe.

Il paraîtrait cependant qu'à cette époque des villes assez considérables étaient déjà fondées ; on cite entre autres Novgorod, qui formait une république. Les habitants de cette cité prélevaient des impôts sur les autres tribus, depuis la Lithuanie jusqu'aux montagnes qui bordent la Sibérie (2) ; aussi disait-on alors d'une manière proverbiale : « Qui oserait s'attaquer à Dieu » et à Novgorod-la-Grande ? » Les habitants de cette ville, qu'on nous représente comme si puissants, appelèrent eux-mêmes Rurick, Sinal et Trouvor ; d'alliés qu'ils étaient d'abord, ils devinrent bientôt des maîtres si redoutables, que Novgorod se souleva ; mais, vaincue, elle fut soumise à un joug en-

(1) Les Varaigues, dont l'orthographe varie beaucoup, étaient, suivant Depping, connus des Grecs du Bas-Empire, qui en avaient dans leurs troupes et qui souvent aussi les avaient pour ennemis. Ils les appelaient Varanges (Βαραγγοι) ; les traducteurs français les ont nommés Varangiens. Ces peuplades, d'origine scandinave, vivaient de piraterie ; elles habitaient les bords de la mer Baltique ; celle-ci était appelée la mer des Varaigues. On la nomme en russe Waregskoje.

(2) Rabbe, Résumé de Russie.

core plus cruel. Les deux frères de Rurick moururent sans laisser d'enfants. Le prince survivant se décora du titre de grand duc, qui fut porté par ses successeurs. Rurick, après un règne de dix-sept ans plus d'une fois agité par ses feudataires, rendit le dernier soupir en 879. Il laissa un fils appelé Igor, et qu'il plaça sous la tutelle d'Oleg, l'un de ses plus proches parents. Ce prince, qui était seulement le tuteur du jeune Igor, régna pendant long-temps à la place de son pupille; guerrier heureux, il agrandit par des conquêtes considérables le nouvel empire; il était d'ailleurs perfide et cruel. Deux frères, Oskold et Diz, possèdent la ville de Kiew; il les fait tomber dans un piége; puis, leur montrant le jeune Igor, il leur dit : « Vous » n'êtes ni princes ni de race de princes; » voici le fils de Rurick, périssez devant » lui. » A la suite de cet assassinat, Oleg se présenta, en 914, devant Constantinople; il comptait quatre-vingt mille combattants sous ses drapeaux.

L'empereur Léon-le-Philosophe offrit au chef de ces guerriers si redoutables les conditions les plus avantageuses, et un traité de commerce fut signé de part et d'autre. En résumé, Oleg conserva le pouvoir suprême pendant trente-trois ans, et assura à la Russie de nombreuses et de très-fertiles provinces. Son pupille Igor monta sur le trône, et eut bientôt à combattre tous les peuples vaincus par Oleg : il en triompha. On le vit bientôt porter le fer et la flamme au sein des populations lâches et timides de l'empire grec; mais ses soldats furent saisis de terreur lorsqu'on employa contre eux le feu grégeois. Néanmoins l'empereur se soumit à payer un tribut. Igor déclara la guerre aux Drevliens et périt dans une embuscade qu'ils lui tendirent; son règne dura en tout trente-deux ans [945]. Ce prince laissa un fils appelé Sviatoslaf, qu'il plaça sous la tutelle d'Olga, sa veuve, surnommée Précrasna, c'est-à-dire la très-belle. Son premier soin fut de venger la mort de son mari, et on la vit déployer dans cette triste circonstance une cruauté horrible. Olga, après avoir versé des torrents de sang, se rendit à Constantinople afin d'embrasser la religion chrétienne. Elle eut dans cette métropole pour parrain l'empereur Constantin Porphyrogénète, et reçut du patriarche le nom d'Hélène. Revenue en Russie, elle ne put convertir ni son fils ni les chefs qui l'entouraient; aux puissantes sollicitations d'Olga, le prince répondait sans cesse : « Voulez-vous que » mes amis se moquent de moi ? » Sviatoslaf monta sur le trône en 955 et triompha des Khozars [964]. Sur ces entrefaites, l'empereur Nicéphore-Phocas acheta la protection de ce prince contre les Bulgares [967]. Pendant que Sviatoslaf combattait les ennemis des Grecs, les Petchenegues sa précipitèrent sur la Russie, et mirent le siége devant Kief, où accoururent Olga et son petit-fils. Déjà les vivres manquaient, lorsque le voievode Preticz vint pour délivrer la ville. Les habitants de Kief veulent se rendre : un jeune homme se présente devant le conseil; « il propose d'aller lui-même avertir Pré» ticz de la nécessité d'un prompt secours. Il » sort de la ville une bride à la main, sans » être aperçu des ennemis, se mêle avec » eux, et demande s'ils n'ont pas vu passer » son cheval. Comme il parlait très-bien » leur langue, ils le prennent pour un des » leurs. Il traverse l'armée sans obstacle : » chacun le suit des yeux avec curiosité; on » veut voir s'il retrouvera le cheval qu'il a » perdu. Arrivé sur les bords du fleuve, il » se dépouille de ses habits et se jette à la » nage. Les Petchenègues alors connaissent » qu'ils sont trompés; ils lancent sur lui des » nuées de flèches : aucune ne peut l'attein» dre, et les Russes, qui l'aperçoivent, en» voient de l'autre bord des barques pour le » recevoir. Préticz, instruit de la nécessité » pressante de tout hasarder, et craignant » que sa conduite timide n'attire sur sa tête » la colère de Sviatoslaf, embarque ses » troupes dès la pointe du jour. Les cris des » soldats, le son des trompettes, auxquels ré» pondaient les instruments militaires de la » ville, portèrent la terreur dans l'âme des » Petchenegues. Comme les barbares font » consister tout leur art à braver la mort, » ils n'entretiennent aucune intelligence » chez les ennemis, et n'en connaissent ni » les forces ni les desseins. Les assiégeants

» crurent que Sviatoslaf lui-même arrivait
» avec toute son armée ; ils s'éloignèrent à la
» hâte. La ville fut délivrée, et la princesse-
» mère sortit elle-même au-devant de son
» libérateur. Le prince des Petchenegues
» veut avoir une entrevue avec Preticz ; ce-
» lui-ci, dans un entretien, lui persuade ai-
» sément qu'il n'a fait que précéder son
» maître, qui bientôt doit arriver. Les deux
» guerriers, prêts de se séparer, se font des
» protestations d'estime et des présents mu-
» tuels ; le prince donne à Preticz un che-
» val, un sabre et des flèches, et celui-ci lui
» fait accepter une cuirasse, un bouclier
» et une épée. » Sviatoslaf revient aussitôt dans la capitale de ses États, rassure les esprits, et s'élance sur les traces de l'ennemi, qu'il rejette au loin. Ce prince, qui était toujours les armes à la main, ne se nourrissait que de chair de cheval ; il couchait sur la terre, où la selle de son cheval lui servait d'oreiller. Sviatoslaf, à la sollicitation de l'empereur grec Nicéphore-Phocas, dépouilla les Bulgares de toutes les cités qu'ils avaient sur le Danube, et voulut faire de la ville de Prislaf en Romélie le siége de son empire. « Là je me trouverai au milieu
» de mes États ; l'Orient m'enverra son or
» et ses riches étoffes, et la Grèce ses vins
» précieux ; la Hongrie me fournira des
» chevaux pour la guerre, et je tirerai tou-
» jours de la Russie le miel, la cire, les es-
» claves et les belles pelleteries. » Ce barbare ne voulut pas baisser la tête sous le joug de l'usurpateur Zimiscès, qui, assassin de l'empereur Nicéphore Phocas, était monté sur le trône. Telle fut la réponse que le conquérant russe fit aux ambassadeurs de Zimiscès :
« Nous ne quitterons jamais un si beau pays
» que lorsque vous aurez racheté en deniers
» comptants les villes et les prisonniers qui
» sont en notre pouvoir. Grecs, si vous ne
» voulez pas subir cette condition, quittez
» l'Europe et retirez-vous en Asie : vous êtes
» des femmes, et nous sommes des hommes
» de sang. » L'effet suivit la menace, et les Russes se distinguèrent dans une foule de combats ; mais ils furent cernés par les troupes de Zimiscès ; ils se frappèrent alors eux-mêmes avec leurs propres épées. Car, selon Léon Diacre, « ils croyaient que celui qui est tué
» dans une bataille deviendra, dans l'autre
» monde, l'esclave de celui qui l'a vaincu :
» aussi se poignardent-ils quand ils ont
» perdu toute espérance de vaincre ou de
» fuir, et ils meurent convaincus qu'ils con-
» serveront du moins leur liberté dans la
» vie future. » A la suite de cette catastrophe, les Russes ne purent poursuivre les avantages qu'ils avaient déjà obtenus contre les Grecs. Sviatoslaf, échappé au désastre de ses guerriers, trouva la mort sous les coups des Petchenègues. Le chef de ces derniers voulut que le crâne de son redoutable ennemi, orné d'un cercle d'or, lui servît désormais de coupe [972]. Sviatoslaf laissa plusieurs enfants, auxquels il partagea ses États. Voici dans quels termes s'exprime Karamsin : « Yaropolk, l'aîné de ses
» fils, régnait à Kief ; Oleg, le second,
» chez les Drevliens ; Vladimir, le troi-
» sième, à Novgorod : Yaropolk n'avait, à
» ce qu'il semble, aucune autorité sur les
» apanages de ses frères. » Yaropolk devint le meurtrier de son frère Oleg, et fut assassiné à son tour par Vladimir. Celui-ci réunit enfin toutes les possessions qui avaient jadis appartenu à son père. Nul prince ne donne mieux l'idée de ces souverains barbares que Vladimir ; il poussa les frontières de ses États jusqu'aux monts Ourals dans la Tauride. D'une autre part, on le vit imposer ses lois à la Galicie, la Lithuanie et la Livonie. Il eut six femmes légitimes et huit cents concubines ; une de ses sujettes lui plaisait-elle, il l'obtenait de gré ou de force. Il demande en mariage la belle Rogneda, fille du Varaigue Rogvold ; il éprouve un refus. Il tue, avec ses deux fils, celui dont il voulait épouser la fille, puis il donne à cette dernière le nom d'épouse. Après avoir assouvi sa passion, il relègue Rogneda, sa femme, et le fils qu'elle lui a donné, sur les bords de la Libéda, proche Kief. Un jour il va rendre visite à cette épouse délaissée et s'endort dans ses bras. Celle-ci, indignée d'une telle indifférence, s'apprête à le poignarder ; il s'éveille et arrête le coup qui va l'atteindre. Il ordonne sur-le-champ à Rogneda de revêtir ses habits nuptiaux et de se préparer à

recevoir la mort sur un lit magnifique : il se retire. La malheureuse épouse, avant d'obéir à l'ordre fatal qu'elle a reçu, donne des instructions à son fils Isiaslaf. Vladimir se présente de nouveau ; le jeune enfant lui offre une épée, lui disant : « Tu n'es pas seul, » mon père ; ton fils te regarde ; — quoi ! tu » es là! » Il jette aussitôt loin de lui l'épée dont il est armé, et fait réunir ses principaux boyards, pour leur demander quel parti il doit prendre. Ils lui répondirent : « Par» donne à la coupable en faveur de l'enfant » qui est né de ton mariage, et donne en » apanage à la mère et au fils la principauté » dont Rogvold était possesseur. » Il se rendit à ce sage conseil. Il ne faut pas, au reste, croire que pour être cruel, Vladimir en était un moins grand prince : la férocité a toujours été un des traits distinctifs des maîtres de la Russie, et nous verrons plus tard Pierre-le-Grand remplir avec délice les fonctions de bourreau et faire voler, la hache à la main, les têtes de ceux qu'il regardait comme ses ennemis. Vladimir eut, du reste, le caprice de changer de religion ; il était fort incertain sur celle qu'il choisirait. Longtemps il pencha vers le mahométisme, qui ne permet pas l'usage du vin, *indispensable aux Russes*, et qui, disait-il, fait leur joie ; le catholicisme lui conviendrait sans le pape, dieu terrestre, et dont le pouvoir lui semble une usurpation inouïe ; quant au judaïsme, il y trouvait du bon ; mais c'était un culte qui n'avait plus ni feu ni lieu, et qui vagabondait dans tout le reste du globe ; la religion grecque plaisait assez à Vladimir ; un philosophe était venu la lui prêcher. Quel parti prendre ? il convoque un grand conseil de boyards et leur donne ordre d'aller examiner au milieu de leurs temples les quatre religions qui fixent sa pensée.

Les ambassadeurs, revenus de leur excursion, déterminent Vladimir à se décider en faveur de la religion grecque, qui naguère avait été suivie par sa grand'mère Olga(986). Il fallait avoir des prêtres ; il lève des soldats et ramène de la Chersonnèse, maintenant la Crimée, des ecclésiastiques et un grand nombre de reliques. Mais il ne se trouve pas encore assez ancré dans sa foi nouvelle, il obtient à la suite des plus violentes menaces, qu'on lui donne pour compagne légitime une princesse grecque, ce qui ne l'empêche pas de garder ses autres femmes. Restaient les vieilles divinités qui naguère avaient obtenu ses adorations, il les fait briser à coups de hache, et ordonne qu'on les jette dans les eaux du Dniéper (988). Bientôt il ordonne à ses sujets de devenir chrétiens, et il les fait baptiser sur les rivages des fleuves(1) ; et, après s'être baigné dans le sang de l'un de ses frères, il n'ose plus faire appliquer aux criminels le dernier supplice. On le voit distribuant des aumônes et élevant partout des églises dans lesquelles les prêtres grecs ne cessaient de faire entendre des sermons ; enfin une école publique fut fondée. Les maîtres commencèrent alors à montrer à la population les premiers éléments de l'écriture et de la lecture. Ces premières lueurs de la civilisation répandirent l'effroi dans toutes les classes. « Ces nouveautés, » affirme Karamsin, « parurent si effrayantes, qu'il fallait » traîner de force à l'école publique les en» fants des dames de distinction, car elles les » croyaient perdus, l'écriture passant alors » pour la plus dangereuse invention de la » sorcellerie. » Enfin Vladimir fonda un grand nombre de villes où il transporta ses sujets. Quelques historiens affirment, sans doute par amour du merveilleux, que ce prince, rempli de caprices et de fougue, réforma le désordre des mœurs pour vivre uniquement dans une sainte harmonie avec la princesse grecque qu'il avait obtenue pour ainsi dire de force. Je dois ajouter, au reste, que de ses nombreuses maîtresses et concubines il avait douze enfants reconnus ; ce qui donne une explication suffisante de la continence qu'il aurait montrée sur le retour de l'âge. Quoi qu'il en soit, Vladimir fit une faute grave en partageant ses nombreux États en un aussi grand nombre d'héritiers. Un historien moderne, M. le général comte de Ségur, s'est efforcé de justifier cette faute de la manière suivante :« Ces partages, » selon

---

(1) « Si cela n'était pas bien, disaient-ils, le prince » et les boyards ne l'auraient pas fait. »

lui, « étaient indispensables. On donnait une
» ville à un prince pour satisfaire à telle par-
» tie de sa dépense ; une autre ville pour
» telle partie de sa subsistance : il n'y avait
» pas d'autres moyens d'y subvenir. Et puis,
» les chefs de guerre ayant des fiefs ou des
» gouvernements, il n'était pas naturel que
» les princes du sang en fussent dépouillés.
» Il y aurait même eu plus de danger à lais-
» ser de si grandes et de si lointaines por-
» tions du pouvoir entre les mains d'hommes
» qui eussent été étrangers à la dynastie. »
Ces raisonnements ne me paraissent rien
moins que péremptoires, et M. de Ségur déclare lui-même que Vladimir mérite une
page dans l'histoire, « puisque la Russie lui
» doit une religion toute spirituelle, ses
» premiers germes d'instruction et de ci-
» vilisation et sa plus grande gloire gothi-
» que ; mais il *gâta* tout par le partage de
» l'empire entre ses enfants (1). » En définitive l'un d'eux (1015), Iaroslaf, lui ayant
refusé le tribut qu'il lui devait pour la principauté dont il l'avait investi, Vladimir mourut de douleur. Le résultat ordinaire de ces
partages entre frères, c'est qu'ils ne manquent
pas de s'entre-déchirer entre eux. Sviatopolk
fut fidèle à cette destinée ; mais rien de plus
difficile que d'égorger une famille entière,
surtout si elle se compose de nombreuses
branches. Un des fils de Vladimir, Iaroslaf,
ne put être atteint par son frère ; à son tour
il le renversa du trône. Je laisserai de côté
les guerres nombreuses que ce monarque entreprit, et les nobles alliances qu'il fit contracter à sa famille. En effet, la seconde de
ses filles devint l'épouse de Henri Ier, roi de
France ; mais c'est comme législateur qu'Iaroslaf a mérité l'admiration et la reconnaissance de ses sujets, non pas que le code qu'il
a promulgué puisse soutenir la comparaison
avec nos codes modernes, mais c'est un premier effort pour sortir de la barbarie. Voici
le début des lois du prince russe : *Respectez
ce règlement, il doit être la règle de votre conduite. Telle est ma volonté*(1017).
Chez les peuples barbares, la violence de caractère produit une multitude de rixes qui
amènent des assassinats fréquents, et comme
la force brutale règne seule, alors les membres d'une même famille se chargent de venger la victime. Cette garantie, d'ailleurs fort
insuffisante, entretient des haines héréditaires, c'est-à-dire que pour un premier
meurtre, deux familles s'assassinent et se
massacrent pendant des siècles entiers. Telle
est encore la Corse, cette annexe de la France.
Les lois russes ne pouvant parvenir à dompter la férocité naturelle des habitants, déclarent que les parents d'un homme tué auront seuls le droit de le venger. A défaut
d'héritiers, le coupable doit payer à l'État
une double amende, s'il s'agit du meurtre
d'un boyard ou d'un thioux du prince. Avait-
on assassiné un Russe libre, varaigue ou tout
autre slave, on payait quarante grivna ; pareille somme servait de composition pour
le meurtre d'un individu appartenant aux
classes ordinaires de la société, tel que laboureur ou marchand. Ainsi on voit que cette
disposition par laquelle le crime se rachète
se trouve écrite dans tous les codes émanés
des peuples qui touchent encore à leur berceau. Dans certains cas, si l'on ne pouvait
atteindre le meurtrier, on en rendait responsables les habitants du lieu où le crime avait
été commis. Ce qui prouve la barbarie in-
stinctive des Slaves, c'est que dans la législation d'Iaroslaf, la vie d'une femme n'est
estimée, relativement à la *composition*, que
la moitié de celle d'un homme. On voit que,
pour enlever à un homme un poil de sa barbe,
on était puni beaucoup plus sévèrement que
si on lui coupait le doigt. Les épreuves de
l'eau bouillante et du fer rouge tinrent une
grande place dans le code du prince russe. Les
coups qui annonçaient l'intention de commettre un outrage étaient soumis à une amende
quatre fois plus forte que les blessures. Il
y avait alors en Russie trois classes parfaitement distinctes : les nobles ou boyards,
les hommes libres, et les esclaves. On comptait dans la première classe les chefs de guerre,
les boyards, conseillers du prince, et les officiers faisant partie de la garde attachée à la
personne des souverains. Les hommes libres
se composaient des laboureurs et des pro-

---

(1) Histoire de la Russie et de Pierre-le-Grand,
par M. le général comte de Ségur, t. I. p. 41.

priétaires habitant les campagnes. Néanmoins M. de Ségur affirme que le plus grand nombre des hommes libres habitaient les villes: « Ils étaient divisés par centuries; ils » se nommaient un chef, espèce de tribun. » Ce magistrat civil et militaire du peuple, » nommé tyssiatchky, avait une garde, et » marchait l'égal des premiers boyards du » prince. » Si les habitants des campagnes étaient fermiers ou métayers, en retour l'esclavage était reconnu par la loi, qui d'ailleurs avait cherché à l'adoucir. A côté de ce même esclavage s'élevait la domesticité, telle qu'elle existe aujourd'hui chez les peuples les plus civilisés. Par une contradiction déplorable, la condition du débiteur était des plus désastreuses, car il était toujours sous le coup de la perte de sa liberté. Ainsi le débiteur qui était dans l'impossibilité de se libérer devenait esclave de son créancier jusqu'à l'acquittement complet de sa dette. En contractant un emprunt, on s'engageait à devenir l'esclave du prêteur jusqu'à l'estinction complète de la dette, la libération n'avait souvent pour terme que la mort. Dans d'autres circonstances, on se faisait esclave à la condition seulement d'être nourri. Enfin on vendait sa liberté à un homme revêtu du pouvoir pour qu'il servît de protecteur. Ces dispositions annoncent sans doute un peuple plongé dans la barbarie; mais à côté on trouve dans le code de Iaroslaf divers articles qui portent l'empreinte de cette sagesse primitive qu'en aperçoit çà et là dans la législation des peuples du Nord. Ainsi la veuve, mère de plusieurs enfants, avait le droit d'exhéréder ceux qui s'étaient montrés ingrats à son égard; leur part d'héritage accroissait celle de leurs frères ou sœurs. On ne trouve rien, dans les lois d'Iaroslaf, qui indique que des impôts devaient être payés au prince. Comment pouvait-il suffire à sa dépense personnelle? va-t-on se demander. Mais d'abord la justice était vénale, et la partie condamnée payait à son souverain une amende assez considérable pour le temps, puis le prince, qui avait des possessions immenses, en percevait les revenus. Les juges n'avaient pas de lieu fixe et permanent pour rendre leurs arrêts; ces magistrats étaient ambulants, et les villes et les villages où ils s'arrêtaient se chargeaient de les nourrir; ils étaient accompagnés d'un assesseur; ils ne savaient pas toujours lire. Mais dans ces siècles on se contentait des dépositions orales faites par les témoins, et dans les cas extrêmement rares ou douteux, on recourait à l'épreuve de l'eau bouillante ou du fer rouge. Dans toute société qui n'est pas encore sortie des langes de la barbarie, l'intérêt de l'argent s'élève très-haut; d'abord parce qu'il est en très-petite quantité et qu'ensuite l'industrie n'offrant aucune espèce de ressources, le débiteur se montre exigeant sur le taux des intérêts. Ces derniers sont portés si haut, qu'il suffit qu'ils soient payés quelque temps avec exactitude pour que le créancier rentre dans son capital avec un profit assuré. L'usure était donc, à cette époque, la plaie des Russes. Je terminerai par une dernière remarque : les lois si imparfaites d'Iaroslaf servaient à régir tout l'espace renfermé entre le Volga, le Danube-Inférieur, la Dvina-Septentrionale, le Niémen, la Mer-Noire et la Mer-Baltique. Il est vrai que la population était rare, misérable, les communications difficiles, et les rapports des hommes entre eux presque nuls (1). Il n'y

(1) J'ai cru devoir placer ici pour les lecteurs qui aiment des détails sur la législation première des peuples, un extrait, d'ailleurs fort incomplet, du code d'Iaroslaf, en l'accompagnant de toutes les considérations qui m'ont paru nécessaires. J'ai emprunté le texte de ce code à l'Histoire philosophique et politique de la Russie. La première considération qui se présente à l'esprit, c'est que tout délit ou crime se convertit en une espèce d'impôt pour le prince, abstraction faite du dédommagement accordé à la partie plaignante. Dans une société qui est encore plongée dans la barbarie et où chacun s'abandonne à la violence de son caractère, et suit sans scrupule tous ses penchants, on voit à chaque instant éclater des rixes; aux combats se mêlent des vols perpétuels. L'intervention de la justice est sans cesse invoquée; elle devient alors pour ceux qui règnent une source féconde de richesses. On va en acquérir la preuve dans l'analyse suivante du code d'Iaroslaf.

ARTICLE 1er.

Tout meurtre d'une personne libre donnait à ses parents le droit de tuer le meurtrier, ou de composer avec lui. Il en coûtait pour un boyard, ou thioun du prince, 80 grivnas; pour un page, ou le

avait alors en Russie qu'une seule ville de commerce importante, je veux parler de Novgorod, espèce de république libre. Iaroslaf accorda de grandes libertés aux citoyens de cette

cuisinier, ou l'écuyer du prince, ou un préposé, ou le porte-glaive d'un boyard, un marchand, un homme libre, 40 grivnas; pour une femme, la demi-amende, 20 grivnas; pour un chef de village préposé du prince ou d'un boyard, un artisan, un pédagogue, une nourrice, 12 grivnas : pour un esclave à temps 5 grivnas. En sus de ces *compositions*, pour chacune des personnes ci-dessus désignées, le coupable versait au trésor 12 grivnas. Pour un esclave absolu, tué sans motif, on ne devait rien au trésor, mais seulement son prix à son maître.

» Étaient esclaves absolus : 1° L'homme qui se »vendait lui-même ou était, légitimement et devant »témoins, vendu pour être tel; 2° le débiteur in-»solvable, quand le créancier voulait s'en emparer; »excepté le cas d'une vente à crédit ou d'un dépôt »de confiance, quand la ruine venait de force ma-»jeure; 3° Quiconque épousait une esclave sans sti-»puler de condition; 4° Quiconque se mettait au »service d'autrui volontairement et sans conditions; »5° La progéniture des esclaves; 6° l'esclave à temps »qui s'enfuyait sans pouvoir prouver qu'il allait »demander justice ou contre son maître ; »7° les personnes livrées au prince ou à d'autres in-»dividus pour certains cas déterminés par la loi; »8° les prisonniers de guerre.

»L'esclavage à temps ne pouvait résulter que »d'une convention libre entre les deux parties par »devant témoins.

»La domesticité différait de l'esclavage absolu et »à temps. Le domestique pouvait toujours quitter »son maître en rendant la partie de ses gages déjà »touchée et non encore gagnée. Le domestique »frauduleusement vendu comme esclave par son »maître, recouvrait de droit la liberté, et le maître »payait au prince douze grivnas.»

Dans ce premier article se révèlent tout entier les deux traits principaux de cette barbarie primitive que tous les peuples ont traversée, savoir: l'homme, au moyen de la *constitution de l'esclavage*, devenu la *chose* d'un autre homme, ce qui est le dernier degré de la dégradation; puis, à côté de l'esclavage, arrive la perte de la liberté pour le débiteur qui est dans l'impuissance de se libérer; disposition d'autant plus cruelle que dans ce temps tout était trouble, incertitude et violence; on pouvait donc être ruiné du jour au lendemain sans pouvoir être taxé de mauvaise volonté. Si je consulte maintenant la législation romaine, j'y retrouve la même sévérité; seulement elle a produit chez les enfants de Romulus des effets encore plus désastreux : la plupart des citoyens de la *ville éternelle* étaient obligés de quitter le foyer domestique pour prendre part à des guerres plus ou moins lointaines. Comment pouvaient-ils alors cultiver les terres, ressources de la famille? Tour-à-tour soldats et agriculteurs, ils devaient être les plus misérables des hommes, car ils

étaient sans cesse réduits à faire des emprunts; et, ne pouvaient-ils rembourser leurs débiteurs, ils tombaient en proie à l'adversité la plus effroyable : d'hommes libres ils devenaient esclaves. On voit donc que la société ancienne, trop vantée à certains égards, se rapprochait sur certains points de la barbarie, qui, dans le moyen-âge, a couvert le monde de ses ténèbres. Il faut ajouter à l'honneur du code d'Iaroslaf, que s'il reconnaît l'esclavage il admet du moins la domesticité, état intermédiaire, qui se résume en un contrat volontaire, et que chacune des parties peut dissoudre à son gré.

Art. 2.

« Si le meurtre est la suite d'une querelle ou de »l'ivresse, le district où s'est commis le crime en »court une responsabilité : si le meurtrier s'échappe, »le district paie au prince 1 grivna : s'il ne s'échappe »point, il paie 1 demi-grivna, et le district paie »aussi 1 autre demi-grivna, toujours au prince. Ce-»pendant le district est déchargé de toute respon-»sabilité quand le cadavre qu'on y trouve est inconnu. »Si le meurtre n'a pour excuse ni querelle ni ivresse, »le district ne paie pas, mais il livre au prince le »meurtrier, sa femme et ses enfants.

Cette disposition, que l'on retrouve d'ailleurs dans les anciennes lois anglaises, est un témoignage irrécusable de ces rixes continuelles qui ensanglantaient alors la société. Comme rien n'était plus ordinaire qu'un meurtre commis soit au milieu des forêts, ou dans des lieux écartés, on voulut, en rendant un district tout entier responsable, que chacun suppléât à cette police d'observation, qui manquait dans ces temps pour tous. C'était en définitive une pensée d'ordre et d'amélioration qui avait dicté cet article d'ailleurs fort injuste, si on le considère d'une manière absolue. Il est au reste à remarquer que les peuples modernes parvenus au plus haut degré de la civilisation, reviennent à l'application de ce principe dans l'état de guerre : ainsi, on rend une ville responsable des faits commis par quelques-uns de ses habitants; il existe même dans nos codes une loi, qui, dans les cas de pillage exécuté par un nombre plus ou moins considérable d'individus, rend la majorité des citoyens de la ville responsable des dégâts qui ont été commis : nous avons vu, il n'y a pas encore long-temps, des procès pareils s'agiter devant les tribunaux de Paris.

Art. 3. *Énumération et taxe des voies de fait et des menaces.*

« Les coups les plus faciles à porter et par con-»séquent plus difficiles à prévoir, coûtent le plus. »L'homme qui blesse, même avec l'épée, en se dé-»fendant, n'encourt aucun blâme. Celui qui, de son »chef, et sans l'ordre du prince, se permet de punir »un citoyen de distinction ou un laboureur libre, »paie au trésor du prince 12 grivnas pour le pre

ville importante. Voici, au reste, des détails fournis par un historien français sur la constitution intérieure de Novgorod : « Elle avait » un numestnick, ordinairement prince du

» mier, 3 pour le second, et 1 à celui qu'il aura
» frappé.
» Si un maître, ivre, punit un serviteur à gages,
» innocent, il lui paiera le même dédommagement
» qu'à un homme libre. »

Cette dernière disposition confirme ce que j'ai avancé plus haut : la prodigieuse différence qui existe entre un domestique, ou serviteur à gage, et l'esclave proprement dit.

Art. 4. *Querelles sans homicide.*

« Les meurtrissures ou le sang qu'il perd tiennent, au plaignant, lieu de témoins. Le plaignant, même meurtri et ensanglanté, n'a aucun droit si les témoins le déclarent agresseur ; l'agresseur paie soixante kounis. »

Il y a quelque chose d'effrayant dans cette multitude de témoins exigés par le code d'Yaroslaf. Que de parjures devaient être commis chaque jour parmi ces peuplades barbares !... Il est vrai que dans cet âge de la société la plupart des délits, s'appliquant aux personnes, ne pouvaient être prouvés que par des témoignages oraux, source si fréquente d'erreurs, même au dix-neuvième siècle.

Art. 5 à 16. *Vols.—Dommages.—Chasses défendues.*

On peut tuer un voleur de nuit ; mais quand on l'a garrotté, il faut le conduire, avant l'aurore, au tribunal : si on le tuait après l'avoir lié, on payait douze grivnas au prince. Celui qui volait un cheval était livré au prince, devenait esclave absolu, et sa fortune était confisquée au profit du prince. Le voleur domestique payait trois grivnas au prince.

Viennent ici les détails relatifs aux dédommagements et aux amendes pour le vol d'une infinité d'objets : blé dans une fosse ou dans une grange ; bétail dans la maison ou dans l'étable ; cheval du prince, cheval ordinaire, jeune étalon, » taureau, vache, bœuf de trois ans, bœuf d'un an, » veau, brebis, cochon, mouton, cochon de lait, » castor dans son terrier ; faucon, vautour, pigeon, » perdrix, canard, oie, grue, cygne, foin, bois, canot » de mer, petit canot, habit, arme, esclave. La loi » s'occupe aussi des dommages autres que le vol, » comme le délit d'abattre un arbre creux, où il y » avait un essaim d'abeilles ; une ruche pleine, une » ruche entamée ; d'abattre la perche d'un oiseleur » ou de couper ses cordes ; de mettre le feu à une grange, à une maison : l'incendiaire est livré au prince » avec son bien : on prélève d'abord le dédommagement du propriétaire. L'amende n'est due au » prince que pour les délits des hommes libres : les » maîtres des esclaves voleurs doivent les livrer ou » payer à la personne volée le double de l'amende » fixée pour les voleurs libres. Mais quand l'esclave a pris la fuite, le maître ne paye que la valeur des » objets volés suivant le prix actuel. Le maître ne » répond point pour le vol commis par un domes-

» tique à gages : s'il paie l'amende pour ce domes-
» tique, il peut le garder comme esclave ou le
» vendre.

» Les articles 9, 15, 16, indiquent la manière » d'atteindre les voleurs. C'est le plaignant qui les » cherche lui-même avec des témoins : pour le vol » d'une ruche (art. 9), avec les personnes qu'il trouve » nanties de ses effets, en remontant de l'une à l'autre quand le vol a passé en plusieurs mains : s'il » s'agit d'armes et d'habits (art. 15), dans ce cas, le » volé déclare sa perte en plein marché, et s'informe » de l'un à l'autre : si les recherches conduisent à un » homme demeurant hors de la ville, le plaignant » peut exiger la valeur de l'objet volé, du troisième » accusé qui l'accompagne dans ses perquisitions ultérieures. Celui qui déclarera avoir acheté d'un inconnu ou d'un habitant d'une autre province, devra le prouver par le serment de deux témoins, » hommes libres, ou d'un fermier. Alors le propriétaire reprendra l'objet volé, et l'acheteur aura recours contre son vendeur. C'est l'esclave enlevé » qui aide son maître à chercher le voleur. Le maître peut exiger du troisième accusé un esclave en » nantissement, et ne le rendre qu'après la découverte » du voleur. »

Art. 17. *Esclave en fuite.*

« Quand un esclave s'enfuit, son maître l'annonce » au marché. S'il n'est pas rentré au bout de trois » jours et que le maître le retrouve dans quelque » maison, le propriétaire de cette maison doit le restituer et payer 3 grivnas au prince. Quiconque » aura donné des vivres ou enseigné la route à l'esclave fugitif paiera au maître, pour un esclave » mâle, 5 grivnas ; pour une esclave, 6, ou jurera » qu'il ignorait que cet esclave fût en fuite. Le maître d'un esclave en fuite paie 1 grivna à celui qui » l'arrête ; mais celui qui, l'ayant arrêté, le laisse » échapper, paie 4 grivnas pour un esclave mâle, » 5 pour une esclave. Un maître qui retrouve en » ville son esclave en fuite, réclame l'assistance de » la police, qui reçoit 10 kounis pour l'arrestation. »

Art. 18. *Esclave détourné.*

« Celui qui engage l'esclave d'autrui à se donner » à lui, rend l'esclave et perd ce qu'il a donné. Mais » s'il jure qu'il croyait l'esclave libre, on le rembourse, et il rend l'esclave avec le bien qu'il a acquis. »

Art. 19.

« Pour avoir tué le cheval ou quelque pièce de » bétail à autrui, on payait au prince 12 grivnas, 1 » au propriétaire. Pour avoir seulement monté le » cheval d'un autre sans sa permission, il en coûtait » une amende de 3 grivnas, valeur du cheval. »

Art. 20.

« Les domestiques paient les objets de leur res-

» sang, lieutenant du grand-prince, général
» de l'armée, et même juge, mais seulement

» quand on s'adressait à lui; un posadnick,
» bourgmestre ou maire; un tisiatski ou

» sort perdus ou volés par leur négligence; mais c'est
» à eux à fournir la preuve qu'ils ne méritent pas de
» reproches. — Le maître qui aura maltraité son do-
» mestique ou refusera de payer ses gages, sera con-
» damné à payer 60 kounis au prince, et au domes-
» tique ce qu'il lui doit. Le maître qui aura volé avec
» violence son domestique le remboursera, et paiera
» 3 grivnas au trésor. »

Cet article établit de la manière la plus tranchante la différence entre l'esclave et le domestique. Le premier est la chose de son maître, le second contracte librement; il possède à côté de son maître : il y a plus, si ce dernier ne lui paie pas ses gages, il a ACTION contre lui. Le fait de refus de PAIEMENT DE GAGES est considéré comme un délit, et, à ce titre, produit une amende pour le prince. Une pareille disposition législative créait une classe à part, qui, grâce à sa disposition indépendante, adoucissait la férocité des maîtres à l'égard de leurs esclaves.

Art. 21, 22, 23, 24.

« Les dettes se prouvent par témoins. Le débi-
» teur qui nie sa dette la rembourse et paie en sus
» 3 grivnas de dommages et intérêts. Si la dette n'ex-
» cède pas 3 grivnas le serment du créancier suffit. —
» Si un marchand nie un prêt à lui fait par un autre,
» le serment de l'accusé suffit. Si un homme endetté
» achète à crédit d'un marchand étranger qui ignore
» sa position, le débiteur avec tout ce qu'il possède
» sera vendu, et le marchand et le prince payés par
» privilège. Mais celui qui aura touché beaucoup
» d'intérêts sera déchu. Le marchand dépositaire qui
» perd par force majeure des valeurs confiées, peut
» s'atermoyer; mais si la perte ou l'avarie viennent
» de sa faute, ses créanciers peuvent le vendre. »

Les dettes se prouvent par témoins ! Il est impossible d'inventer une législation plus féconde en abus, car il suffit de quelques complices pour battre monnaie. Cet article est d'autant plus effrayant, qu'à l'époque où il a été promulgué, le débiteur qui ne se libérait pas pouvait perdre sa liberté. Ceci prouve combien l'ignorance est funeste. En effet les peuples savent-ils lire et écrire, ils substituent à des PAROLES qui passent si vite des ACTES qui restent toujours. Il est vrai que ces derniers sont soumis, en cas de contestation, à des DÉBATS qui appellent l'interprétation des juges; mais ils respectent en général le texte; ils n'interviennent que s'il présente un sens louche ou incertain. Pour sentir au lecteur la prodigieuse différence qui existe entre la législation de la barbarie et la législation propre à un peuple civilisé, je citerai la disposition établie par le code promulgué sous le règne de Napoléon : « Il n'est reçu
» aucune preuve par témoins, contre et outre le
» contenu des actes, ni sur ce qui serait allégué avoir
» été dit avant, lors, ou depuis les actes, encore qu'il
» s'agisse d'une somme ou valeur moindre de 150 fr. »

Ici, on le voit, les plus grandes, les plus sérieuses garanties sont données aux parties contractantes.

Art. 25.

« Si un esclave emprunte en se donnant pour
» libre, son maître doit le livrer ou rembourser. Le
» prêteur n'a rien à réclamer, s'il connaît la qualité
» de l'esclave emprunteur. — Le maître qui permet
» le trafic à son esclave en paie les dettes. »

Art. 26.

« Si on réclame un dépôt nié, le serment de l'ac-
» cusé le justifie. »

Art. 27.

« Les prêts en argent, miel ou blé se font devant
» témoins. — Le prêt à courte échéance autorise les
» intérêts payables par mois. Quand la dette durera
» une année, le débiteur ne devra que les intérêts
» par quatre mois. »

Art. 28. *Procédure.*

« Toute accusation criminelle se prouve par le té-
» moignage et le serment de sept hommes. Cepen-
» dant la loi n'en exige que des varaigues et des
» étrangers; deux suffisent même, en général, quand
» il s'agit seulement de faibles coups. — Tous les té-
» moins doivent être de condition libre; mais il y
» a certaines circonstances où l'insignifiance de la
» cause autorise à citer l'employé d'un boyard ou un
» domestique serf. — Sur le témoignage d'un esclave,
» le plaignant peut faire subir à l'accusé l'épreuve
» du fer rouge. Si elle condamne l'accusé, il paiera
» au demandeur sa composition; si elle le justifie,
» l'accusateur paiera 1 grivna à l'accusé pour indem-
» nité de l'épreuve, 40 kounis au prince, 5 au porte-
» glaive, une demi-grivna à l'un des gens de la garde
» du prince. — Mais si l'accusé est soumis à l'épreuve
» du fer rouge en raison de l'obscurité des déposi-
» tions d'hommes libres, l'accusateur ne devra rien
» qu'au trésor. — A défaut de témoins, c'est l'accusa-
» teur qui subit l'épreuve du fer chaud, par laquelle se
» juge en dernier ressort tout procès pour meurtre,
» vol ou fausses accusations, quand il s'agit d'une
» valeur égale ou supérieure à une demi-grivna d'or;
» pour une valeur moindre, on se contente de l'é-
» preuve de l'eau bouillante, et même pour une
» valeur de deux grivnas et au-dessus. Le serment
» du plaignant fait foi. »

Art. 30, 31. *Successions. — Testaments.*

« La succession d'un homme de basse condition
» mort sans enfants appartient au prince. S'il a des
» filles à marier, le trésor leur accorde une part.
» Mais la succession des boyards ou officiers du prince
» passe tout entière à leurs filles, à défaut d'enfants
» mâles. Tout testament doit être fidèlement exé-
» cuté. A défaut de testament, les enfants recueil-
» lent tout l'héritage, à l'exception d'une partie
» que l'on doit à l'Église pour le repos de l'âme du
» défunt. La maison paternelle revient toujours au
» cadet et sans partage. »

» tyssiatchsky de la commune, tribun du
» peuple, veillant sur les démarches du na-
» mestnick; des boyards, conseillers de ville,
» corps municipal ou sénat (toutes ces places
» étaient électives ou temporaires). En-
» fin des zitiéloudié ou propriétaires, pre-
» mière classe, où l'on choisissait les boyards;
» puis les marchands et le peuple (1). Nov-
» gorod, considérée comme un État dans un
» autre, était chargée de la défense des
» frontières du nord et du nord-ouest; elle
» avait ses assemblées qu'appelait le son d'une
» cloche fameuse, dite Wetchevoy : tous ses
» citoyens, sans distinction, avaient le droit
» de voter. Le prince n'assistait point à leurs
» délibérations : là se décidait la guerre, la
» paix, l'élection des magistrats, quelquefois
» le choix de l'évêque et même celui du
» prince; du moins fallait-il le plus sou-
» vent que cette assemblée l'approuvât. Le
» prince n'était reconnu qu'après avoir juré
» de gouverner conformément aux anciennes
» lois de la république; de ne confier le gou-
» vernement des provinces qu'à des magis-
» trats novgorodiens agréés par le posad-
» nick; de respecter le droit exclusif qu'avait
» la république de juger ses citoyens, de
» s'imposer et de commercer avec l'Allema-
» gne. Il s'engageait encore à ne point don-
» ner à ses boyards de villages dépendants
» de Novgorod, à ne leur en pas laisser ac-
» quérir; à ne point favoriser l'émigration
» parmi les Novgorodiens, à n'en faire ar-
» rêter aucun pour dettes; enfin à obliger
» ses propres boyards et ses juges de ne par-
» courir les provinces novgorodiennes qu'à
» leurs propres frais. »

Art. 32.

« La veuve prélève ce que son mari a bien voulu
lui assigner, et n'a rien de plus à prétendre. Les
enfants d'une première femme ont le douaire
de leur mère; les sœurs, ce que leur accorde la
générosité de leur frère. »

Art. 33.

« Si après s'être engagé à rester veuve, une femme
dissipe le bien de son premier mari et en prend
un second, on l'obligera à restituer aux enfants le
déficit résultant de ses fautes; mais ceux-ci pourront expulser de la maison conjugale leur mère
restée veuve, ni la priver de ce que son mari lui
aurait assigné. Elle peut laisser tout son bien à l'un
de ses enfants à son choix ou le partager à tous.
Si elle meurt intestat, tout son bien revient à l'enfant, fils ou fille, chez qui elle vivait. »

Art. 34.

« Les enfants de même mère et de différents
maris prennent, chaque lignée, le bien de son
père. Si le second mari a dissipé le bien du premier, les enfants de celui-ci sont remboursés à la
mort du second sur son bien, conformément au
rapport des témoins appelés à cet effet. »

Art. 35.

« Si les frères co-héritiers invoquent l'arbitrage du
tribunal l'officier chargé des partages recevra d'eux
1 grivna pour son travail. »

Art. 36. *Tutelle.*

« Si une veuve ayant des enfants mineurs, se re-
marie, elle remettra, par devant témoins, ses enfants sous la tutelle du plus proche parent, avec la
maison et le bien de leur père. L'accroissement
de ce bien appartiendra au tuteur pour ses peines
et soins, excepté toutefois la postérité des esclaves
et la génération du bétail, qui resteront aux enfants. Le beau-père peut être choisi pour tuteur,
et il répond des pertes de sa gestion. »

Art. 37.

« Les enfants nés d'une mère esclave n'ont aucun
droit à la succession de leur père, mais ils deviennent libres avec leur mère. »

(1) Histoire de Russie et de Pierre-le-Grand, par
M. le général comte de Ségur, tome I, page 59.

Iaroslaf divisa ses États entre ses cinq fils; il
les appela autour de son lit de mort, et après les
avoir exhortés à vivre en paix les uns avec les
autres, il dit : (1) « Ysiaslaf sera mon succes-
» seur et montera sur le trône de Kief; obéis-
» sez-lui comme vous avez obéi à votre père.
» Je donne Thernigof à Sviatoslaf, Péréos-
» lavle à Vsévolod, et Smolensk à Viatches-
» laf. J'espère que chacun de vous sera satis-
» fait de son apanage. En sa qualité de prince
» souverain, votre frère aîné sera votre juge
» naturel, qui protégera l'opprimé et pu-
» nira le coupable (2). » Lorsque Iaroslaf le
législateur eut fermé les yeux (1054), son fils
Ysiaslaf I entra en possession de Novgorod,
souveraineté nominative; il jouit de la propriété entière de Kief, dont le territoire s'é-
tendait jusqu'à la Pologne et à la Lithuanie :
Sviatoslaf réunit à la principauté de Tcher-

(1) Je dois faire remarquer au lecteur que les historiens ne sont nullement d'accord entre eux sur les
noms propres des Russes. J'ai suivi, à cet égard, une
orthographe uniforme; néanmoins j'ai dû m'en
écarter quelquefois, lorsque je fais des citations; la
chronologie présente aussi de très-grandes difficultés.

(2) Karamsin, t. II, p. 43

nigof celle de Tmoutorokan, et les villes de Rezan et de Mouron; puis le pays des Viatitches. Vsévolod régna à Péréaslavle, Rostof, Souzdal, Biéloz-Ozéro et les contrées voisines du Volga. Viatcheslaf eut en partage la principauté de Smolensk avec une partie du gouvernement de Vitepsk, de Pskof, de Kalouga et de Moscou. Plus tard, un cinquième frère, Igor, que son père avait oublié dans le partage, reçut un apanage que son frère Ysiaslaf détacha de sa propre principauté; enfin un sixième prince, Vseslaf, arrière-petit-fils de Vladimir, conserva intacte la principauté de Polotsk; de sorte que, suivant la remarque de Karamsin, l'empire avait alors six jeunes rois. Au reste, dans les premiers temps de la Russie elle avait été divisée en plusieurs souverainetés; les plus importantes étaient celles de Kief, de Novgorod, de Volodimer, de Rezan, de Rostof, de Galitch et Souzdal. Le titre de grand prince était donné au souverain de Volodimer. Après avoir vécu quelques années en paix, les enfants de Iaroslaf se livrèrent à de funestes discordes, qui produisirent vingt-quatre années de guerre civile; deux déchéances eurent lieu: enfin, et pour comble de maux, on vit deux fois les étrangers rétablir l'un des princes russes sur un trône chancelant. Ces déplorables scènes sont toutes remarquables par une teinte d'uniformité sanguinaire: « Toute cette époque, » dit Rabbe, « correspond chez nous à la seconde
» période de l'âge féodal, et au commence-
» ment de sa ruine; elle n'offre en Russie
» que la lutte constante des éléments d'une
» féodalité qui ne peut pas venir à se con-
» struire et à s'établir. Ainsi l'esquisse des
» quatre ou cinq premiers règnes doit tenir
» lieu, pour qui sait penser et lire, d'un ta-
» bleau scrupuleusement détaillé de ses an-
» nales. » Maintenant écoutons M. de Ségur.
« Que retenir de pareilles annales si ce n'est
» qu'elles sont toutes remplies de violences,
» de traités violés, de brigandages! »

Tout en adoptant le système consacré par les deux historiens que je viens de citer, il m'est impossible néanmoins de ne pas accorder quelque place à Vladimir Monomaque, qui monta sur le trône, élu par les citoyens de Kief (1113).

Il était de la race des Rurick, et son père avait régné avant lui à Kief. L'opinion publique demande l'expulsion des Juifs; Vladimir veille à ce qu'on ne se livre à aucun excès contre ces malheureux; il adoucit le sort des esclaves, délivre la Russie des guerres intérieures qui la dévorent et triomphe de ses ennemis à l'extérieur; enfin il lègue à ses enfants ses dernières instructions et une sorte d'exposé de sa vie. Ce document jette la plus vive lumière sur ce prince et ses contemporains; il appartient, par conséquent, à l'histoire. « Mes chers enfants, louez Dieu,
» aimez les hommes; car ce n'est ni le jeûne,
» ni la solitude, ni la vie monastique, qui
» vous donneront la vie éternelle; c'est la
» bienfaisance seule. Servez de père aux or-
» phelins; jugez vous-mêmes les veuves; ne
» faites mettre à mort ni innocent ni coupa-
» ble; car rien n'est plus sacré que la vie et
» l'âme d'un chrétien. Ne vous éloignez pas
» des prêtres; faites-leur du bien, afin qu'ils
» prient Dieu pour vous; ne violez pas le
» serment prononcé sur le crucifix. Mes
» frères m'ont dit: Aidez-nous à chasser les
» fils de Rostislaf et à nous emparer de leurs
» provinces, ou bien renoncez à notre alliance.
» Mais je leur ai répondu: Je ne puis ou-
» blier que j'ai baisé la croix. Songez bien
» que l'homme doit toujours être occupé.
» Soignez donc vous-même vos affaires do-
» mestiques, et fuyez l'ivrognerie et la dé-
» bauche. Aimez vos femmes; mais ne leur
» laissez aucun *pouvoir* sur vous. Cherchez
» sans cesse à vous instruire; sans être sorti
» de son palais, mon père parlait cinq lan-
» gues, chose que les étrangers admirent en
» nous. En guerre, soyez vigilants; servez
» d'exemple à vos voïvodes. Ne vous livrez
» au repos qu'après avoir placé vos gardes.
» Ne vous désarmez jamais à portée de l'en-
» nemi, et, pour éviter toute surprise, soyez
» à cheval de bonne heure. Lorsque vous
» ferez un voyage dans vos provinces, ne
» souffrez pas que les gens de votre suite fas-
» sent la moindre injure aux habitants, et
» traitez toujours à vos dépens le maître de
» la maison dans laquelle vous vous arrê-
» terez. Si vous éprouvez quelque indispo-
» sition, prosternez-vous trois fois jusqu'à

» terre, devant le Seigneur, et que le soleil
» ne vous trouve jamais étendu dans votre
» lit : aux premières lueurs du matin, mon
» père et tous les hommes vertueux, dont il
» était entouré, faisaient ainsi : ils glori-
» fiaient le Seigneur ; ils s'asseyaient ensuite
» pour délibérer ou pour juger le peuple, ou
» bien ils allaient à la chasse, et dormaient
» dans le milieu du jour, ce que Dieu a
» permis à l'homme comme aux bêtes et aux
» oiseaux. Quant à moi, j'étais habitué à
» faire moi-même ce que j'aurais pu ordon-
» ner à mon serviteur : nuit et jour, été
» comme hiver, j'étais dans une continuelle
» activité ; je voulais tout voir par mes yeux :
» jamais je n'ai abandonné les pauvres ni
» les veuves aux vexations des puissants ;
» je m'étais fait un devoir de l'inspection
» des églises et des cérémonies sacrées de
» la religion, ainsi que de l'économie de mes
» biens, de mes écuries, des vautours et des
» faucons de ma vénerie. J'ai fait quatre-
» vingt-trois campagnes et bien des expédi-
» tions, j'ai conclu dix neuf traités avec les
» Polovtzy ; j'ai pris cent de leurs princes,
» à qui j'ai rendu la liberté ; j'en ai fait
» mourir deux cents en les précipitant dans
» les rivières. Personne n'a voyagé plus ra-
» pidement que moi ; parti le matin de
» Tchernigof, j'arrivais à Kief avant vêpres.
» Dans ma jeunesse que de chutes de cheval
» n'ai-je point faites ! Me blessant aux pieds,
» aux mains, me brisant la tête contre les
» arbres ; mais le Seigneur veillait sur moi.
» A la chasse, au milieu des plus épaisses
» forêts, que de fois j'ai moi-même atteint
» et lié ensemble des chevaux sauvages ! Que
» de fois je fus renversé par les buffles, frappé
» du bois des cerfs, foulé aux pieds des élans !
» Un sanglier furieux a brisé mon épée, sus-
» pendue autour de moi ; ma selle fut déchi-
» rée par un ours ; cette bête terrible se
» jeta sur mon coursier, qu'elle fit tomber
» sur moi ; mais le Seigneur me protégeait.
» O mes enfants ! ne redoutez ni la mort ni
» les bêtes sauvages ; confiez-vous à la pro-
» vidence ; elle est au-dessus de toutes les
» précautions humaines. »

Je crois avoir suffisamment fait connaître au lecteur les princes descendants
en ligne directe de Rurick ; à certaines
exceptions près, ils rappellent les mœurs,
apanages des peuples qui n'ont pas encore franchi ces premiers siècles de barbarie où toutes les nations de l'Europe ont
été condamnées à languir. Il est incontestable que les coutumes des Russes se rapprochent à certains égards de celles des nations germaines ; les chefs ou princes partagent entre leurs généraux, ou pour mieux
dire les compagnons de leurs conquêtes, le
territoire qui est envahi. Mais un trait caractéristique des populations Slaves, et qui
les sépare des peuples conquérants des débris de l'empire romain, c'est qu'ils n'établissent pas l'esclavage au milieu des campagnes. Un système féodal, incomplet,
existe parmi les Russes, dans ce sens, que les
habitants combattent sous les drapeaux d'un
chef militaire possesseur d'une vaste étendue
de territoire. Vont-ils rejoindre leur prince,
il sont tenus de se pourvoir d'armes et de
vivres. En dernier résultat, l'analyse succincte
que j'ai donnée plus haut de la législation
de Iaroslaf démontre que les institutions
qui doivent enfanter plus tard la civilisation n'étaient pas encore créées dans ces
vastes régions. Le souverain, au milieu de
ses principaux hommes d'armes, paraissait
exercer sur ses peuples un pouvoir pour
ainsi dire sans limites ; mais ces apparences
sont trompeuses, surtout à partir du moment où les potentats divisèrent leurs États
entre leurs enfants. Cette fatale mesure, en
multipliant le nombre des princes, affaiblit
leur pouvoir réel ; il se trouvait donc une
multitude de circonstances où le chef suprême
était obligé de se soumettre à la volonté générale : pour ne parler que de Novgorod,
cette cité tolérait plutôt le pouvoir des
princes russes qu'elle ne le supportait. Plus
tard, des congrès ou assemblées délibérantes
eurent lieu ; là se décidaient les questions les
plus importantes ; là aussi des apanages
étaient distribués. On entendit donc l'un
de ces petits souverains convenir que la
faute qui fait perdre au boyard sa tête, fait
perdre au prince son apanage. La Russie,
au temps dont je parle, ne présentait en définitive aucune forme de gouvernement dé-

terminée ; elle était un mélange de féodalité et de liberté municipale. Dans ce chaos, les descendants de Rurick, à force de multiplier les partages de famille, arrivèrent à ne plus posséder de territoire ; l'empire, épuisé par une suite de petites guerres locales que se livraient une foule de princes, tomba dans un épuisement complet. Un ennemi redoutable accourut bientôt de l'Asie, et l'indépendance nationale fut perdue pendant plusieurs siècles. J'ai donc à raconter maintenant l'invasion des Tatars-Mogols ou Mongols.

INVASION DE LA RUSSIE PAR LES TATARS-MOGOLS OU MONGOLS [1223].

Au treizième siècle, le khan des Mongols, Jésukai Béhadir, mourut, laissant un fils unique, appelé Témudshin. Cet enfant touchait à sa treizième année ; la plus grande partie des sujets de son père ne voulurent pas lui obéir : cependant treize tribus le reconnurent comme souverain. Il passa sa jeunesse au milieu des fatigues et des triomphes de la guerre. Les Mongols s'assemblèrent pour nommer enfin un chef : les glorieux faits d'armes de Témudshin lui avaient conquis de nombreux partisans : un vieillard, se levant au milieu de l'assemblée, s'exprima de la manière suivante : « Mes frères, » le grand Dieu du ciel m'est apparu dans » une vision, assis sur son trône de feu, en- » touré des intelligences célestes, et jugeant » toutes les nations de la terre : je l'ai en- » tendu donner l'empire du monde à notre » prince, Témudshin, et le proclamer roi » des rois (Dschingis-Kan). » Aussitôt des acclamations universelles accueillirent ces paroles, et Témudshin remonta à son premier rang. Ce jeune héros, communément appelé Gengis-Kan, vit marcher sous ses ordres les Tatars, réunis aux Mogols ; il soumit la Chine, le Thibet, et vainquit dans une grande bataille le sultan de Khowaresnie Ala-Eddin-Mohamed ; il s'empara ensuite des pays qui touchent à la mer Caspienne. Après avoir remporté tant de triomphes, et être resté maître de la plus grande partie de l'Asie, Gengis-Kan rendit le dernier soupir, âgé de soixante-quatre années.

Deux de ses lieutenants, Échena-Noïan et Soudai Baïadour, battirent les Russes sur les bords de la Kalka [1223] et devinrent possesseurs de la ville de Kief. Mais les Mogols n'opérèrent cette fois qu'une rapide invasion. Le danger passé, de nouvelles guerres intestines éclatèrent parmi les Russes. Bati, l'un des fils du conquérant de l'Asie, marcha vers le Don à la tête d'une très-nombreuse cavalerie ; il s'empara de Moscou, de Kief, de Volodimer et Borjok ; tout ce qui se trouva sur le passage des Tatars et des Mogols fut livré aux flammes ; puis ils se retirèrent [1238]. L'année suivante les villes de Péreislave et de Tchernigof tombèrent au pouvoir de ces barbares. Bati, en 1240, chargea un de ses lieutenants de s'emparer de Kief, où régnait le prince russe Mickaïl ; des députés Mogols furent assassinés, et le prince tatar vint faire une nouvelle invasion ; puis après alla combattre les Hongrois et les Polonais. Tandis que la Russie était en proie à tant de maux, les Lithuaniens prirent Smolensk, et les chevaliers porte-glaives s'unirent à la Suède et au Danemark, pour venir piller Novgorod ; ils sont vaincus [1242]. Bati, après avoir ruiné de fond en comble la Hongrie, se présenta dans le Kaptchak. Iaroslaf, grand prince de Volodimer, fut contraint de venir rendre hommage à son vainqueur. Le fils de ce malheureux prince, nommé Constantin, se trouva dans la nécessité d'aller faire de son côté des actes de soumission à la grande horde ; enfin, et à la suite d'événements qui ne présentent aucun intérêt, la domination des étrangers s'étendit sur toute la Russie. Les Tatars jetèrent les fondements de Saraï ; puis élevèrent Kasan. Bref, ils sont campés tout près de leurs conquêtes ; bientôt ils installent des gouverneurs au milieu de chaque principauté ; ils établissent des impôts et se constituent les suzerains des princes russes; ceux-ci, jusqu'à Iwan troisième du nom, vont solliciter l'investiture de leurs États, à la grande horde. En résumé, la domination des Mogols, qui avait eu lieu au commencement du treizième siècle, dura en tout près de trois cents années. Rien alors n'était plus incertain que la légère portion de pouvoir laissée aux princes russes ; ils se dénonçaient sans cesse entre eux, aux vainqueurs, pour obtenir des dépouilles, qui leur étaient bientôt enlevées à leur tour. Les infortunés, atteints par d'infâmes délateurs, allaient présenter leur justification aux chefs tatars, qui plus d'une fois leur firent subir le dernier supplice. Néanmoins les Tatars laissèrent subsister les grands princes russes, et plus d'une fois leur donnèrent des secours en hommes et en armes. Enfin, grâce aux efforts de plusieurs princes remarquables, tels que Dmitri, surnommé Donski à cause d'une victoire qu'il remporta sur les bords du Don, et d'Alexandre Newski, canonisé par les Russes ; grâce encore aux divisions des Tatars, la nationalité russe devait se rétablir. En effet, Vassili II, Dmitrievitsch, fils aîné de Dmitri Donski, réunit dans ses mains un certain nombre de principautés et gagna une victoire signalée sur les envahisseurs [1396] ; puis, sous le règne d'Ivan III, Vassiliewitch, surnommé le Grand, le joug des Tatars-Mogols fut brisé par les Russes.

IVAN III, VASSILIÉWITCH.

Le prince dont je vais raconter le règne reconstitua la Russie. Si cet empire supporta pendant près de trois siècles la domination des Tatars, c'est qu'on l'avait vu épuisé successivement par de nombreux partages. Ivan III, au contraire, employa tous ses efforts pour agglomérer à sa principauté de Moscou une foule de villes qui appartenaient à ses frères, de telle sorte qu'il réussit à restaurer l'unité monarchique [1462]. Ce monarque devint aussi le maître de plusieurs cités, jusque là, pour ainsi dire, indépendantes, et à la tête desquelles il faut mettre Novgorod. Ivan possédait encore au plus haut degré l'instinct du pouvoir, en un mot, il savait prévoir, attendre, et aussitôt que les circonstances étaient parvenues à maturité, il en profitait avec à-propos. Le temps d'ailleurs où il vécut se montra favorable à ses desseins : les principales villes commerçantes de la Russie, et qui jouissaient d'un certain nombre de libertés, étaient en proie à des discordes intérieures, qui rendirent facile leur conquête. D'un autre côté, les Tatars avaient laissé périr entre leurs mains jusqu'à la dernière trace de ce pouvoir despotique dont ils avaient abusé tant de fois. Un mouvement de concentration se manifestait dans la Russie; toute les parties si longtemps éparses de ce grand corps tendaient à se réunir ; c'est ce que comprit Ivan III, avec une merveilleuse sagacité. Il tourna d'abord ses forces contre les anciens envahisseurs; en vain tentèrent-ils sous son règne plusieurs invasions, il les fit toutes échouer. Quant aux princes apanagés, par suite de leurs guerres continuelles, ils étaient parvenus au dernier degré du mépris public ; le souverain n'avait donc rien à en redouter. Aussi tourna-t-il toutes ses forces contre les Tatars, et, après de longues guerres, le khan Ibrahim devint le vassal et le tributaire d'Ivan III [1470]. Voilà, comme on le voit, les obstacles qui, depuis plusieurs siècles, s'opposaient au développement de la monarchie russe : les voilà qui s'évanouissent successivement. Néanmoins Novgorod la *grande* inspirait toujours des inquiétudes au souverain par sa turbulence. Cette cité réclamait aussi des domaines et des droits, qui lui avaient été enlevés par les derniers maîtres de Moscou : ses habitants résolurent donc de relever leur grandeur, à demi chancelante, et ils chassèrent le lieutenant que leur prince avait établi au milieu d'eux. Une veuve, nommée Morpha, et mère de deux enfants, avait soulevé les Novgorodiens. Remplie d'amour pour un seigneur lithuanien, elle aspirait à régner avec lui sur cette ville si riche, en reconnaissant la souveraineté nominative de Casimir, roi de Pologne. D'un autre côté, le parti russe, c'est-à-dire celui du prince, était puissant dans Novgorod ; il avait à sa tête l'archevêque et le possadnick. Sur ces entrefaites, Ivan envoya un ambassadeur aux citoyens de Novgorod, qui déjà avaient signé un traité avec Casimir, roi de Pologne, qu'ils proclamaient chef suprême à la condition qu'il respecterait leurs libertés. Les Russes marchèrent avec des forces nombreuses contre la cité commerçante ; en vain Morpha entreprit de relever l'énergie du peuple ; il était tombé dans un découragement complet, se bornant à demander du pain et la paix. Dans cette extrémité, les habitants de Novgorod envoyèrent une ambassade à Ivan III; elle fut admise en sa présence le 2 août 1471. Le prince accorda une amnistie complète; mais à la condition que la ville renoncerait à tous les droits et à tous les anciens domaines dans la possession desquels elle venait de rentrer par la conquête; elle s'engageait en outre à payer quinze mille roubles d'argent. Elle devait encore rendre aux métropolitains les revenus de la justice ecclésiastique; ne promulguer aucune institution judiciaire sans la permission des Russes, et annuler les actes du Velché, c'est-à-dire du conseil municipal. Ivan III se constitua ensuite le défenseur de quelques Moscovites, devenus habitants passagers de la Permie, province placée sous la dépendance de Novgorod, et il s'en empara; de telle sorte que les possessions d'Ivan ne furent bornées sur ce point que par les monts Ourals. [1472].

Ces premiers succès concoururent à l'agrandissement de la puissance de ce souverain, qui, bientôt après, s'appropria les immenses richesses que laissa en mourant Youri, l'un de ses frères. Veuf depuis longtemps, le prince russe épousa Sophie, petite-fille de Paléologue, dernier empereur de Constantinople. Une nouvelle révolte éclata dans les murs de Novgorod; mais cette ville infortunée fut encore vaincue cette fois, et reconnut Ivan III pour son maître absolu; Morpha et plusieurs notables furent ensuite traînés captifs à Moscou. L'année suivante l'archevêque de Novgorod, qui avait concouru de tous ses efforts à l'asservissement de sa ville natale, perdit son siège, et termina ses jours dans un couvent. Enfin huit mille citoyens, appartenant aux premières classes, furent distribués dans les environs de Moscou, où ils reçurent des terres; un nombre égal de boyards russes furent mis en possession des domaines abandonnés par les Novgorodiens. De nouvelles tentatives d'invasion, exécutées vers ce temps par les Tatars, restèrent sans succès et accrurent encore la puissance d'Ivan III. Bref, on vit le grand duc de Moscou (1) s'em-

(1) Ivan III.

parer, tantôt par ruse, tantôt par violence, des principautés de ses frères, André et Borie. C'est encore sous le règne d'Ivan III que les Russes conquirent la Sibérie. Par suite de son mariage avec la princesse Sophie, le monarque prit les armes des empereurs grecs, l'aigle à deux têtes, à la place de saint Georges à cheval, qui jusque là avait été, suivant Rabbe (1), le type armorial des souverains de Kief et de Volodimer, et que l'on retrouve encore sur plusieurs monnaies. Enfin Ivan mourut en 1605, âgé de soixante-six ans; il avait, en tout, régné quarante-trois ans. Vassili IV, Ivanowitch, hérita de ses États: après s'être délivré d'un neveu auquel son père avait antérieurement accordé le titre d'héritier, Vassili se conforma aux traditions politiques au milieu desquelles il avait été élevé; il rendit encore plus misérable la condition à laquelle étaient condamnés les princes russes apanagés, et ajouta à l'abjection où languissaient les successeurs des khans-Tatars de Kasan. Profitant de la mort d'Alexandre [1506], Vassili voulut se faire reconnaître roi de Pologne; mais il échoua dans cette tentative: il réussit néanmoins à réunir à ses domaines la ville de Smolensk. Ce monarque mourut le 4 décembre 1533, non sans avoir beaucoup agrandi la puissance que son père lui avait laissée. On prétend que sous son règne les Russes firent usage pour la première fois de l'artillerie. Nous allons enfin parvenir à un prince qui a légué de grands souvenirs, et qui le premier porta le titre de czar.

IVAN IV, VASSILIEVITCH,
OU LE CRUEL.

Ce règne mérite d'être médité par le lecteur; il prouve que les États comme les hommes passent vite d'un extrême à l'autre. La division des diverses principautés composant l'empire avait amené son affaiblissement, lequel aboutit à la domination des Tatars-Mogols. Deux princes parviennent à recomposer la Russie; ils lui donnent une sorte d'unité monarchique, et le pouvoir royal sort de ses ruines. Arrive un troisième prince,

(1) Résumé de la Russie.

Ivan IV, et il se montre l'un des despotes les plus sanguinaires qui aient pesé sur l'espèce humaine. Ainsi trois générations suffisent pour que l'on passe de la renaissance du pouvoir royal à tous les excès d'un despotisme qui se gorge de meurtres. Tout semble se réunir, au reste, pour accabler les Russes au moment où ils se trouvent replacés sur la route qui doit les conduire à quelques lueurs de civilisation. Vassili IV, en mourant, laissa plusieurs enfants en bas-âge [1533]; c'était pour la seconde fois, depuis Rurick, que l'empire subissait une régente. La veuve de Vassili était d'origine lithuanienne; le sang qui coulait dans ses veines la rendait hostile à ses sujets: il aurait fallu qu'elle les comblât de bienfaits pour parvenir à s'en faire aimer. Loin de là Hélène, au lieu de songer aux Russes et de prodiguer des soins à sa famille, s'abandonna exclusivement à l'amour que lui avait inspiré le Kniaz Obolenslenski, plus connu sous le nom d'Ortchina(1). Ce dernier faisait partie du conseil de régence. Michel Glinsky, oncle d'Hélène, lui adressa quelques représentations sur sa conduite; elle le fit plonger dans un cachot, où il expira d'inanition. Ce crime une fois commis, en entraîna une foule d'autres: les frères de Michel Glinsky furent jetés dans les fers. Quiconque inspirait la plus légère inquiétude au favori d'Hélène était proscrit: on ne connaissait plus de formes judiciaires; le bourreau était devenu le ministre principal de la régente et de son amant. Une conspiration fut ourdie à la cour, et la mère d'Ivan, encore dans la fleur de l'âge, mourut *subitement*, c'est-à-dire fut empoisonnée. Vassili Chouiski se rendit maître de la personne du jeune prince, et, soutenu par l'opinion publique, plongea Ovtchina dans un cachot, où il expira de faim (2). Le nouveau maître de la Russie rend à la liberté ses deux frères, Jean et André. Une nouvelle alliance de famille a lieu entre ces hommes devenus tout-à-coup si puissants, et Jean Belsky. Mais bientôt Jean Chouiski s'empara exclusivement du pouvoir, qui passa bientôt entre les mains de Jean Belsky. ce dernier fut surpris par Jean, qui le fit égorger. Ivan IV touchait alors à sa treizième année; on conspira autour de lui le renversement de la fortune des Chouiski; il y donna son consentement, et fit dévorer André, l'un d'eux, par les chiens de sa meute. Les Glinsky rentrèrent en possession de l'influence principale, massacrèrent leurs ennemis, et épuisèrent toutes les ressources de l'État. Ivan IV épousa en 1547 Anastasie, qui appartenait à une famille de boyards. Le jeune monarque n'en continua pas moins à vivre au milieu des dissipations de son âge. La chasse le passionnait surtout, et plus d'une fois, dans les rues, au retour de ses parties de plaisir, il se délectait à lancer sur des jeunes filles ou des femmes son cheval au grand galop.

Sur ces entrefaites, trois incendies successifs éclatèrent dans Moscou, dont les maisons étaient construites en bois; la citadelle du Kremlin elle-même fut réduite en cendres. Les Chouiski répandirent le bruit que ces sinistres événements étaient la suite des plus effroyables sortilèges, auxquels avaient eu recours quelques misérables. Le jeune prince les chargea de lui procurer quelques renseignements positifs; ils se répandirent alors sur la grande place pour interroger le peuple, et savoir de lui quels étaient les auteurs d'aussi effroyables désastres : « Les Glinsky, » les Glinsky !.. » s'écrièrent aussitôt tous les assistants, « la princesse Anne, leur » mère, a arraché le cœur des morts, et, » parcourant les rues de Moscou, elle les a » aspergés de sang : voilà la cause des trois » incendies. » Aussitôt un des Glinsky est mis à mort, et les partisans de cette famille sont livrés à toute la fureur de la populace (1547); Ivan IV s'enfuit avec sa jeune femme au village de Vérobief. Tandis qu'il s'abandonne à la terreur, un moine inspiré, Sylvestre, se présente devant le jeune souverain; il lui reproche tous les maux qui accablent la Russie; ses vices et ses désordres en sont la cause; c'est le courroux du ciel qui vient

---

(1) Levesque, Histoire de Russie, tome 3, p. 2. Les deux auteurs de l'Histoire philosophique et politique de la Russie appellent l'amant de la régente Hélène, Telennef.

(2) Suivant Levesque, il fut haché en place publique par la main du bourreau.

d'éclater. Ivan IV témoigne un repentir sincère, et à l'avenir il promet de s'abandonner aux seuls conseils des sages ; ce qu'il demande c'est que Sylvestre consente à lui servir de guide. Ce moine se réunit au favori du prince, Alexis Adaschef ; Anastasie, la jeune épouse du souverain, entre dans cette alliance de deux hommes de bien. L'État change de face ; à tant de violences, de meurtres et de réactions succède le règne des lois, fertilisées par une foule de mesures utiles. Ivan crée les Strélitz, milice composée de fusiliers, et qui, plus tard, fit trembler ses maîtres. « Sept mille Allemands » sont soldés et entretenus ; une répartition » plus juste, plus égale de fiefs militaires, de » service et de contingent de guerre, est » accompli. Tous les propriétaires de terre » quelconque, comportant trois cents livres » pesant de semence de blé, sont soumis à » fournir un cavalier tout armé, ou son » évaluation en argent. Une solde de » guerre est établie ; elle est même doublée » par encouragement pour ceux des enfants » boyards qui fourniraient un contingent » excédant le tarif ; les forces de l'empire » s'en accroissent tellement, qu'elles sont » dès lors estimées à trois cent mille hom- » mes. Cent vingt artistes sont demandés à » Charles-Quint ; une première imprimerie » est établie ; Archangel est fondée, et le » nord de l'empire est ouvert au commerce » de l'Europe (1). » Enfin, Ivan IV, grâce aux heureuses inspirations de ceux qui l'entourent, convoque à Moscou les députés de toutes les villes, leur promet de régner en père, et de gouverner suivant les lois. Peu de temps après il publie un code de lois, dans lequel il règle toutes les prétentions que font naître dans les armées la différence des rangs et des prérogatives attachées à la naissance. Il veut qu'en tout lieu le juge ou ses adjoints soient assistés d'un ancien et d'un juré, pris dans la population de l'endroit même où siége le tribunal pour juger les accusés, ainsi que cela s'est jusqu'alors pratiqué à Novgorod et à Pskof.

L'assemblée qui prépara toutes ces institutions était un véritable concile ; car les prêtres y étaient entrés en grand nombre. Non content de multiplier les écoles publiques, Ivan IV charge un Allemand, nommé Schlit, d'engager dans son pays et de lui amener des savants et des artistes, des ouvriers habiles, et jusqu'à des théologiens (1).

La faveur de Sylvestre et d'Adaschef, soutenue par la reine Anastasie, se conserva en tout treize années. Aux améliorations de la paix se joignirent encore les triomphes militaires, et Kasan devint enfin la capitale d'une province russe. A cette époque le jeune monarque, saisi d'une fièvre ardente, inspira à ses sujets les inquiétudes les plus vives, et il prescrivit dans un testament que son sceptre passât à son fils unique Dmitri, qui était encore dans l'enfance. Deux partis différents se formèrent aussitôt dans le palais du souverain : l'un pensait qu'il fallait reconnaître son fils et soutenir ses droits ; l'autre, argumentant des troubles si habituels aux longues minorités, insistait pour que le trône fût occupé par le prince Vladimir. Ivan IV, instruit de ces tristes débats, ordonna que les principaux chefs de ces deux partis vinssent s'expliquer devant lui : ces discussions durèrent deux jours. Les hommes qui jusque là avaient témoigné le dévouement le plus absolu aux intérêts d'Anastasie, se déclarèrent contre son fils. Mais celui-ci l'emporta, et les chefs des deux partis lui prêtèrent serment de fidélité. Le monarque échappe au mal qui l'a réduit à toute extrémité, et, accompagné de sa femme, va faire un pèlerinage au monastère de saint Cyrille : il emmène son fils, qui meurt en route ; on le voit visiter, chemin faisant, l'ex-évêque de Kolumna.

Ce prêtre avait été l'un des confidents du père du czar : aux conseils que lui demanda l'époux d'Anastasie, il lui répondit : « Gou- » vernez par vous-même et gouvernez seul : » donnez des conseils ; mais n'en recevez » point : commandez toujours et n'obéissez » jamais ; et souvenez-vous que le plus mo-

---

(1) Histoire de Russie et de Pierre-le-Grand par M. le général comte de Ségur, p. 195 et 196.

(1) Histoire philosophique et politique de Russie par Esneau et Chennechot, p. 268, t. III.

» deste des conseillers d'un prince finit tou-
» jours par le dominer. » Ivan répondit à
l'ancien évêque de Kolumna : « Mon père
» lui-même n'aurait pu me donner un meil-
» leur avis. »

Cependant, de retour de son pélerinage, il conserva la toute puissance entre les mains de Sylvestre et d'Adaschef; il alla même plus loin, il voulut que son cousin, Vladimir devînt, dans le cas où il mourrait, le tuteur d'un nouveau fils que venait de lui donner Anastasie, et il l'appela au trône, dans le cas où il deviendrait vacant. Mais, pour le malheur des Russes, la compagne d'Ivan IV mourut le 7 août 1565. Il est impossible de se faire une idée du désespoir que le monarque ressentit : dès lors se montra de nouveau toute la cruauté de son caractère primitif; car, suivant l'observation de Rabbe, il y eut deux êtres dans ce prince; le grand homme et la bête féroce. Le règne du monarque dura treize années; le règne de la bête féroce se prolongea vingt-trois ans. Sylvestre et Adaschef sont envoyés à la mort; puis les parents de ce dernier et leurs enfants, ceux mêmes qui n'ont pas encore atteint leur dixième année, tombent sous le fer du bourreau. Ivan immole de sa main le prince Dmitri Obolensy Ovtschiniez; mais il n'est pas encore accoutumé aux crimes, et il passe du meurtre aux remords. Du reste, il mêle, comme Louis XI, les pratiques religieuses aux forfaits, il semble se reposer dans les unes pour trouver de nouvelles forces, afin de mieux accomplir les autres : semblable à Tibère, il enveloppe sa tyrannie sous des formes si voilées et si épaisses, qu'on ne peut plus en reconnaître la trace. Il jouit de la terreur où vivent plongés ceux qui rampent à sa cour; il les voit s'égarer et se perdre dans cet immense dédale, où, à chaque pas, ils croient rencontrer la mort. Sa férocité touche par intervalle au délire; il conserve cependant en politique un plan bien arrêté : il connaît le but qu'il veut atteindre, et convoque [1566] une assemblée, où l'on compte trois cent trente-neuf députés ecclésiastiques, nobles, marchands et bourgeois; il leur dévoile les négociations qu'il a entamées avec les Polonais, relativement à la Livonie; il leur fait sentir combien il importe de garder ce débouché si précieux pour le commerce russe. Après cet appel fait à la liberté des délibérations, il contraint les évêques à proclamer eux-mêmes qu'ils ne doivent pas donner des conseils à leur souverain : les nobles, de leur côté, lui offrent la dernière goutte de leur sang; les marchands et les bourgeois avouent qu'il peut disposer de tous leurs biens et de toutes leurs richesses. Mais voilà que tout-à-coup il se retire dans la solitude d'Alexandrovsky; il fait élever une forteresse au milieu d'une forêt; les délateurs seuls peuvent l'approcher : sur leurs pas viendra incessamment le bourreau.

Ivan, comme pour réveiller sa fureur, s'entoure de tous les souvenirs de son enfance; il a présents à son esprit les boyards qui ont opprimé ses premières années; il voit partout des piéges, des conspirations; il annonce enfin qu'il veut abdiquer le pouvoir; mais les dernières classes de la société pour lesquelles, comme tous les despotes, il a des ménagements et des faveurs, poussent des gémissements. « Qui désormais pourra les
» défendre ? De leur côté, les prêtres, les
» grands, soit la crainte que le peuple leur
» inspire, soit esprit de servilité universelle,
» s'écrient *que leur czar a sur eux un droit*
» *de vie et de mort imprescriptible; qu'il*
» *les punisse donc à son gré; mais que*
» *l'État ne peut vivre sans maître;*
» *qu'Ivan est leur souverain légitime,*
» *celui que Dieu leur a donné, le*
» *chef de l'Église.* Sans lui, qui conser-
» verait la pureté de la religion ? qui sauve-
» rait des millions d'âmes de la damnation
» éternelle? et tous partent, tous vont lui
» porter leurs têtes; ils en frappent la terre
» à ses pieds, espérant le toucher de leurs
» gémissements, et le ramener par leurs
» prières (1); les lâches obtiennent ce mal-
» heur. » Ivan rentre dans Moscou; écoutons les historiens russes : « Un mois s'était
» écoulé depuis l'absence d'Ivan, et ils eu-

(1) Histoire de Russie et de Pierre-le-Grand, par M. de Ségur, p. 201 et 202.

» rent peine à le reconnaître. Son corps ,
» grand et robuste, sa large poitrine, ses
» épaules hautes s'étaient affaissés ; sa tête,
» qu'ombrageaient d'épais cheveux, était de-
» venue chauve ; les restes rares et parsemés
» d'une barbe qui naguère faisait l'ornement
» de son visage, le défigurent. Ses yeux sont
» éteints et ses traits, empreints d'une féro-
» cité dévorante, sont déformés. » Il élève
dans Moscou une forteresse nouvelle où il
veut être isolé. Alors il ordonne qu'on chasse
tous les habitants des rues qui touchent à
son repaire ; puis il consent à reprendre la
couronne et crée l'*opritchnina* (1), c'est-à-
dire qu'il proclame que trente villes forment
son domaine particulier, ainsi que plusieurs
rues et les dépendances de Moscou : le reste de
l'empire, il l'appelle les communes ; bientôt
il attaque la propriété. Après avoir fait un
choix de *mille* satellites, il leur distribue des
fiefs dont il chasse les anciens propriétaires ; il
renouvelle les grands officiers de sa cour. Ces
nouveaux soldats qu'il a réunis, les opritchiniki-
kis (2), on les appelle le *millier* du czar ; et les
vastes terres dont ils sont mis en possession reçoivent le nom d'opritchina. Ces hommes jouissent du privilège d'apporter à chaque instant
le tribut de leurs délations au monarque ; les
supplices et les exécutions sanglantes effraient
toutes les parties du territoire national. Ivan
se fatigue de son oisiveté ; il tue et coupe en
morceaux ses sujets ; il les empale lui-même.
Le *millier* qu'il a attaché à sa personne ne
peut plus assouvir cette soif de sang qui
l'altère ; il crée une nouvelle légion dite des
élus ; elle se compose de six mille hommes.
Les habitants de la ville de Torjek ont une
rixe avec quelques opritchinikis ; le czar
ordonne que ces malheureux soient précipités dans les eaux des fleuves, où ils trouvent la mort. Ivan prodigue les caresses
les plus tendres à son cousin, Vladimir ;
puis il le fait envelopper dans un village et
lui fait boire, ainsi qu'à tous les autres
membres de sa famille, un breuvage empoisonné ; il promet cependant aux femmes
qui accompagnent la princesse de leur laisser
la vie ; elles repoussent son offre avec mépris ;
il ordonne que toutes soient fusillées. Un
misérable avait été condamné par les juges
de Novgorod ; il veut se venger : alors il va
déposer dans la cathédrale de Sainte-Sophie
une lettre qu'il forge, et dans laquelle l'archevêque, le clergé et les notables proposent
au roi de Pologne de lui livrer leur ville.
Armé de ce titre qu'il avait commandé lui-
même, le czar quitte, au mois de décembre
1569, sa retraite d'Alexandrovsky (1). Chemin faisant, il traverse la cité de Klen. D'a-
près ses ordres, un de ses soldats va solliciter de l'ex-métropolitain, Philippe, sa bénédiction pour Ivan. « Je ne la donne, » reprend celui-ci, « qu'aux gens de bien et pour
» de bonnes actions ; d'ailleurs je suis prêt
» à mourir. Aussitôt le soldat se précipite
» sur le vieillard et l'étrangle. » Le czar arrive enfin à Novgorod ; il monte sur son tribunal ; à ses côtés siège son fils Ivan : tous
deux suffisent pour envoyer chaque jour à la
mort plus de mille victimes ; enfin dans l'espace de six semaines, la ville fut entièrement
dépeuplée. Le tyran se dirige ensuite vers
Pokoff, où il va visiter un moine qui, d'a-
près la chronique, *faisait l'insensé par
humilité*. Ce moine présente au monarque
un morceau de viande cru ; le czar lui répond
qu'il ne mange pas de viande, parce qu'il
est en carême. « Quoi ! » reprit le religieux en
lançant un regard sévère au prince, « tu ne
» peux manger de la viande en carême, et
» tu dépèces les chrétiens et tu te gorges
» du sang des Russes ! » Cette réponse
hardie fit rentrer Ivan en lui-même, et la
ville de Pokoff fut sauvée. Le czar avait
fait charger de chaînes Pimen, archevêque
de Novgorod ; il l'emmena avec lui dans les
murs de la forteresse d'Alexandrovsky, et lui
donna aussitôt une multitude de prétendus
complices avec lesquels il n'avait jamais eu
aucun rapport. Toutes ces victimes furent
soumises à la torture ; quelques-unes d'entre
elles, vaincues par la douleur, firent des
aveux mensongers. Ivan décide que cette multitude, parmi laquelle on comptait les hom-

---

) L'opritchina, c'est-à-dire exception.

(2) Les opritchinikis ont été en Russie une source
de nouvelle noblesse.

(1) Appelé par Levesque Alexandrova-Sloboda.

mes les plus illustres de la Russie, périrait toute à Moscou. C'était un spectacle horrible! A ces personnages d'élite étaient accouplés les misérables qui jusqu'alors avaient servi les ordres sanguinaires du czar, car la tyrannie ne refuse rien à ses caprices. La population de Moscou se tint d'abord cachée; mais des satellites fouillèrent les maisons, et les spectateurs ne manquèrent plus aux horribles scènes qui étaient préparées. Ivan, à la tête des exécuteurs, frappait lui-même les malheureux qu'il avait poussés à l'échafaud; le sang enfin inonda toute la ville.

Cependant le czar entretenait toujours la guerre dans la Livonie; et en 1571, tandis que les troupes russes combattaient dans le nord, le khan de Crimée, Devlet Gheirei, pénétra dans les provinces méridionales de l'empire, et se dirigea droit sur Moscou, dont il incendia les faubourgs. Ivan, au lieu de combattre les Tatars, avait pris la fuite, et, au prix des concessions les plus basses, obtint la paix. A peine le khan s'était-il éloigné que le monarque russe recommença ses massacres, « parce que, » disait-il, « ses
» sujets n'avaient pas voulu repousser la dernière invasion des Tatars. » Mais pendant ce temps, les Suédois mettaient en fuite ses armées. Sigismond Auguste, roi de Pologne, vint à mourir; Ivan voulut lui succéder; il échoua dans cette vaine prétention. Henri III de France fut choisi par les Polonais; et lorsque ce prince s'enfuit, Étienne Battori fut élu à sa place. Ce prince reprit bientôt aux Russes la ville de Smolensk, et réduisit, à la suite de quelques campagnes heureuses, Ivan à abandonner la Livonie. Ce dernier signa aussi un traité de paix avec le roi de Suède à des conditions humiliantes pour l'empire. Aux actes de cruauté et de dévotion qui remplissaient sa vie entière, Ivan joignit encore une lubricité épouvantable; on le vit épouser une foule de femmes qu'il répudiait au bout de quelques jours pour prendre des concubines dont il se lassait bientôt. Enfin il se livrait aux débauches les plus effroyables dans sa forteresse d'Alexandrovsky, où il vivait avec son fils aîné, Ivan. Ce dernier suivait fidèlement les exemples en tous genres qui lui étaient donnés par l'empe-

reur, et promettait de continuer toutes les abominations qui désolaient depuis tant d'années les malheureux Russes. Mais le jeune prince, indigné des progrès continuels que faisaient chaque jour les Polonais commandés par leur roi Battori, supplia son père de lui donner le commandement d'une armée. Ivan, transporté d'une fureur soudaine, s'écrie: *Et toi aussi tu veux me détrôner!* Il se jette sur son fils, le frappe d'un long bâton ferré dont il se servait comme de sceptre; puis, réunissant toutes ses forces, il assène sur la tête du prince un coup si violent, qu'il le renverse inondé dans son sang: quelques jours après, le czarévitch avait cessé de vivre [1582]. Le monarque ne put supporter l'horreur de ce dernier forfait, et il tomba dans un désespoir qui ne l'abandonna qu'à son dernier jour. Se sentant près de mourir, il fit un testament par lequel il ordonna que son fils Fédor lui succéderait au trône, et il institua un conseil de gouvernement, parce que ce jeune prince était faible *de corps et d'âme*; il donna ensuite à Dmitri et à sa mère la ville d'Ouglitch en apanage. En dépit des remords que lui inspirait la mort de son fils Ivan, il ne cessa de se montrer féroce et débauché. Dans le cours de sa maladie, et pendant que sa belle-fille, l'épouse de Fédor, lui prodiguait les soins les plus doux, il voulut commettre des outrages si honteux sur sa personne, qu'elle fut réduite à prendre la fuite. Enfin le 18 mars 1583, et au moment où il se préparait à jouer une partie d'échecs, il mourut subitement. Le règne de ce monstre avait pesé près d'un demi-siècle sur la Russie.

FÉDOR I.

Ivan IV, ainsi que le lecteur doit se le rappeler, eut un nombre considérable d'épouses et de concubines. Sa première femme, Anastasie, lui donna deux fils qu'il perdit; à sa mort, ce prince en laissa deux autres, Fédor et Dmitri, appelé vulgairement Démétrius. Si parmi les peuples civilisés la minorité d'un prince est toujours remplie de troubles, qu'on juge de ce qui devait se passer chez les Russes, nation tout-à-fait barbare! Ajoutons que l'héritier de l'empire, Fédor, était *faible d'âme et de corps*. Les villes principales envoyèrent des députés, qui supplièrent cet enfant d'accepter le trône; ces mêmes députés assistèrent au couronnement du jeune czar. Son père Ivan avait constitué un conseil de régence, au sein duquel devaient être débattues toutes les mesures à adopter dans l'intérêt du jeune souverain. Le pouvoir, en réalité, avait été remis entre les mains des quatre boyards, membres de ce conseil de régence. L'un d'eux, Bogdan-Belski, voulut exclure du trône Fédor, et substituer à sa place son frère Démétrius; mais ce dessein échoua, et Bogdan-Belski fut condamné à l'exil [1584]. Il fallait un maître à l'infortuné Fédor : Boris-Godounof se présenta pour remplir ce rôle; il était proche parent de la famille régnante. Nul genre d'obstacle ne l'arrêtait; le meurtre et l'empoisonnement lui étaient familiers : il extermina ses ennemis en dedans, en même temps qu'on le vit au dehors se montrer redoutable : il réussit donc à imposer une trêve aux Suédois, qui renoncèrent à diverses conquêtes qu'ils avaient faites précédemment. Boris-Godounof s'assura en outre une multitude d'amis dévoués auxquels il donna les principaux emplois de l'empire; il pouvait aussi compter sur le dévouement du patriarche de Moscou, qu'il avait choisi lui-même; enfin il disposait à son gré de Fédor; il n'avait plus qu'à frapper un seul coup, et il était maître de l'empire. Mais la vie du czar ne tenait qu'à un fil; de là les inquiétudes continuelles qui dévoraient le ministre. En effet, Fédor aurait à peine rendu le dernier soupir, que le jeune Démétrius était appelé au trône. Boris gagna la gouvernante du prince ainsi que son fils : tous deux s'engagèrent à empoisonner le jeune prince. Mais soit crainte, soit défaut d'occasion favorables, le crime se faisait attendre. Le ministre donna ordre à quelques hommes de confiance d'aller poignarder Démétrius. Irène, sa mère, avertie par un secret pressentiment, ne s'en séparait presque jamais. Néanmoins elle le laissa seul un instant; la gouvernante du jeune prince le remit entre les mains de Bialafsky et de ses complices, qui l'égorgèrent aussitôt. Les habitants d'Ouglitch massacrèrent à leur tour une partie des assassins, et adressèrent à la cour un rapport détaillé, qu'ils terminèrent en accusant Boris Godounof d'être l'instigateur de cet horrible forfait [1591]. Mais ce dernier avait pris toutes ses mesures à l'avance : par ses ordres, le courrier et ses dépêches furent enlevés, et l'on remit entre les mains du jeune czar un nouveau rapport, constatant que son frère Démétrius s'était tué d'un coup de couteau dans une attaque d'épilepsie. On ordonna une enquête; elle fut faite sur les lieux par des commissaires du choix de Boris Godounof. Quant aux habitants d'Ouglitch, comme ils avaient porté la main sur des hommes qui avaient la qualité d'officiers du czar, ils furent condamnés aux supplices les plus horribles; les uns eurent la langue coupée, d'autres furent envoyés en exil dans la Sibérie; quelques-uns subirent même la mort. Mais ces vengeances employées pour étouffer la vérité la placèrent, pour ainsi dire, en relief. En vain les habitants de la ville d'Ouglitch furent ils décimés; ceux qui purent échapper à la mort parlèrent à demi-mot. Le nom du ministre assassin fut divulgué, et la vindicte publique se chargea plus tard de le punir. Un crime en entraîne toujours un autre : Boris Godounof, pour regagner la faveur des masses, recourut à un moyen machiavélique, dont on trouve peu d'exemples dans l'histoire; il fit mettre, en secret, le feu à différents quartiers de Moscou; il épargna seulement le Kremlin et la partie de la ville où séjournaient les nobles : d'un autre côté, comme il disposait de tous les revenus de l'État, il fit reconstruire la plupart des maisons et des édifices que la flamme avait dévorés; le petit peuple le bénit aussitôt comme son sauveur. Néanmoins le ministre principal déploya de si prodigieux talents, et se montra avec tant d'habileté le protecteur de ceux qui avaient à lui demander ou des emplois ou des grâces particulières, qu'il reconquit l'opinion publique. De nouvelles inquiétudes vinrent troubler les hautes espérances de fortune qu'il nourrissait; la femme de Fédor devint enceinte. Jusqu'au moment où elle donna le jour à une fille, tout fut remis en question pour Boris Godounof; mais il échappa à ce nouvel obstacle qui s'élevait entre le trône et lui, et la fille de Fédor mourut bientôt. Je laisse ici de côté une foule de négociations avec les principales puissances de l'Europe et de l'Asie, dans lesquelles le ministre principal fit preuve d'adresse et de fermeté. La Russie remontait déjà à son rang, lorsque Fédor rendit le dernier soupir, le 7 janvier 1598. Ce prince laissa une veuve, Irène, à laquelle son mari décerna l'empire comme s'il eût été sa propriété particulière ; il choisit en outre pour exécuteurs testamentaires le patriarche Fédor Romanof Yourief et Boris Godounof, qui était le frère de la nouvelle impératrice. Tous les boyards s'empressèrent de la reconnaître ; mais, grâce aux intrigues du ministre principal, sa sœur renonça tout à la fois au trône et au monde, et courut s'ensevelir dans le monastère des vierges, sous le nom d'Alexandra. Le ministre feint de ne pas vouloir la quitter ; il emploiera le reste de ses jours à prier auprès d'elle : le peuple se porte en foule au monastère des vierges, et appelle à grands cris la czarine ; elle persiste dans sa résolution. Il est impossible cependant qu'elle puisse régir l'état du fond d'un cloître. « Eh bien ! » s'écrie le peuple, « que son frère règne ; » qu'il succède à sa sœur. » Le métropolitain s'empresse d'intervenir ; il parle à la sœur ; il parle au frère ; alors Boris Godounof déclare que s'il n'ose pas toucher au sceptre, du moins il consent à se faire le ministre de l'un des princes issus de Rurick. Les principaux de la nation se réunissent. Six semaines se sont déjà écoulées depuis la mort du czar ; alors les bruits les plus étranges circulent de tous côtés ; les voïevodes, dit-on, refusent d'obéir ; et le khan de Crimée, avec une armée nombreuse, envahit les provinces ; l'empire est sans czar, et pour peu que l'élection traîne en longueur, et qu'on ne parvienne pas à vaincre promptement les refus de Godounof, le khan sera à Moscou avant que le trône soit occupé. Sur ces entrefaites, les notables ou états généraux, réunis au Kremlin, proclament, le 17 février, Boris Godounof empereur de Russie : il fait entendre de nouveaux refus, et supplie qu'on ne revienne plus le *tenter*.

Les évêques et le patriarche engagent Irène à intervenir, et se décident à excommunier Godounof s'il oppose une nouvelle résistance. Cette fois il céda, sans vouloir d'ailleurs quitter sur-le-champ la cellule qu'il avait choisie au monastère des vierges : enfin il se laissa couronner, le 20 septembre 1598, et vint établir sa résidence au Kremlin.

BORIS GODOUNOF.

Au milieu des cérémonies de son couronnement, Boris s'écria : « Job, grand patriar-
» che, je prends Dieu à témoin qu'il n'y
» aura dans mon empire ni un orphelin ni
» un pauvre. » Montrant le col de sa chemise : « Oui, je donnerai, s'il le faut, jusqu'à
» ce dernier vêtement à mon peuple. » En dépit de ces beaux sentiments, il avait, sous le règne de Fédor, fait rendre une ordonnance, qui liait les paysans à la glèbe ; eux qui jusque là avaient pu changer de seigneur, c'est-à-dire en chercher un bon quand ils en avaient rencontré un mauvais. Deux années se passèrent, pendant lesquelles l'empereur combla de bienfaits les Russes de toutes les classes. Mais un changement s'opéra dans la manière de gouverner de Boris ; il exila les Romanof, neveux d'Anastasie, première femme légitime d'Ivan IV ; parmi les membres de cette famille on comptait Mikhaïl, qui, plus tard, occupera le trône. Les princes Tcherkasky, Schestounof, Repnin, Karpof et Setzky furent accusés de chercher à faire périr l'empereur par des *enchantements*. Ces mesures, qui frappaient des personnages aussi élevés, soulevèrent une redoutable opposition. Cependant, il est à remarquer que Boris Godounof ne versa point une seule goutte de sang ; non pas que les mœurs nationales eussent commencé à s'adoucir ; mais le czar repoussait les crimes que sa position ne rendait point indispensables. Sur ces entrefaites, une famine, qui se prolongea pendant deux années, accrut le mécontentement général. Aucune révolte n'éclata ; mais voici que tout-à-coup, du fond d'un monastère, se précipita sur l'empereur l'ennemi le plus redoutable. Si jamais événement acquit une publicité générale, ce fut assurément l'assassinat commis sur la personne de Démétrius,

assassinat exécuté d'après les ordres de l'empereur. On possède toujours de nombreuses chances de succès quand on s'adresse à l'imagination des masses ; ce qui paraît impossible à expliquer ; voilà qui les entraîne. Un jeune diacre de famille noble, nommé Jachka Otrépief, ou Grégori Otropéia, dont la jeunesse avait été ardente, résolut de se faire passer pour Démétrius. Il avait longtemps été employé dans la maison du patriarche et auprès, dit-on, des Romanof, en qualité de copiste ou de secrétaire. Dans des relations aussi élevées, il apprit une foule d'anecdotes qui le préparèrent au rôle qu'il voulait remplir ; il connaissait surtout des particularités sur l'enfance de Démétrius. Retourné plus tard dans un monastère, il affirma aux moines qu'il appartenait au sang des Rurick, et qu'un jour il régnerait sur Moscou [1603]. Ces paroles imprudentes furent rapportées à l'empereur ; il donna ordre qu'on renvoyât le jeune Otrépief dans un couvent, où la règle serait plus sévère ; mais il prévint ce danger, et se réfugia parmi les Polonais. Une haine héréditaire existait entre ces derniers et les Russes. Otrépief eut bientôt réuni une foule de partisans et d'enthousiastes ; il avait pour lui tous les avantages extérieurs, relevés par une élocution pleine de charmes ; une présence d'esprit et un sang-froid imperturbables. Des hommes habiles, sans ajouter foi aux récits du jeune Russe, résolurent de l'employer comme un instrument utile. Sigismond, roi de Pologne, se tint dans l'ombre, car il avait récemment signé un traité avec l'empereur ; les nobles les plus illustres se déclarèrent bientôt pour le jeune imposteur, et il épousa la fille du palatin de Sandomir. Une diète étant convoquée en Pologne, le beau-père ne manqua pas de présenter aux nonces le jeune russe, son gendre, comme le véritable successeur des Rurick. L'accueil le plus favorable fut fait à Otrépief. Sigismond, fort de l'appui de la diète, rendit au gentilhomme qui avait usurpé le nom de Démétrius tous les honneurs qu'on devait accorder au sang qui coulait dans ses veines ; bientôt l'illustre aventurier pénétra en Russie avec une nombreuse armée. Plusieurs cités importantes, entre autres celles de Tchernigof et de Novgorod-Seversky, adoptèrent son parti. Il éprouva cependant quelques revers ; mais de proche en proche la nouvelle de la présence de Démétrius en Russie pénétra dans le dernier des hameaux de l'empire pour répandre la terreur dans Moscou. Boris réclama l'appui du peuple et du clergé, qui naguère lui avaient fait les supplications les plus pressantes pour monter sur le trône. Otrépief n'en faisait pas moins des progrès, aidé par l'opinion générale. *Les paroles de colère* que l'empereur accorda à ses généraux lui devinrent funestes, *et le désir de se défaire de Godounof s'empara de leur cœur :* ainsi s'expriment les contemporains. Quoi qu'il en soit, le czar fut atteint, le 13 avril, d'un mal subit ; il bénit son fils, et rendit le dernier soupir, habillé en moine [1605]. Fédor apparut à peine sur le trône ; Otrépief, reçu dans Moscou par la trahison de l'armée, donna ordre d'étrangler cet enfant ainsi que sa mère ; il fut obéi.

Le faux Démétrius n'avait plus qu'un seul vœu à former, c'était d'être reconnu par la veuve d'Ivan, qu'il appelait sa mère. Celle-ci l'eut à peine vu qu'elle l'appela du nom si doux de fils. Fort d'un pareil assentiment, Otrépief ne manqua pas de se faire couronner. Mais, pour certains caractères, il est beaucoup plus facile d'acquérir que de conserver ; le faux Démétrius en donna un nouvel exemple : au lieu de se faire chérir des Russes, il les attaqua par des plaisanteries continuelles ; et, abandonné à tous les excès du libertinage, on le vit plus d'une fois arracher de force des religieuses de leur cellule et les entraîner pour assouvir sur elles la brutalité de ses sens. Une foule de révélations vinrent en outre éclairer sur sa véritable origine ; un moine affirma lui avoir enseigné la lecture dans le monastère de Tchaudof ; puis Chouiski, qui avait pris part à l'assassinat du véritable Démétrius, fit connaître les circonstances les plus particulières de ce forfait. Elles se répandirent bientôt dans le public. L'odieux agent de Boris-Godounof fut livré aux tortures les plus effroyables, mais il persista dans sa première déclaration ; on lui laissa la vie, et plus tard il rentra en faveur [1606]. Le nouvel empereur n'oublia pas, d'un autre côté, de récompenser les Polonais, qui l'avaient fait monter si haut; il leur donna les premiers emplois à la cour et à l'armée; il enflamma ainsi de rage les Russes, qui avaient en horreur ces étrangers. Enfin, au lieu d'adopter les mœurs et la religion de ses sujets, il se faisait dire la messe en latin. Cependant Chouisky conspire en secret; le 17 mai 1606, toutes les cloches de Moscou appellent les habitants aux armes. Dans cette multitude confuse on reconnaît les principaux boyards; Chouisky s'empare du mouvement, et, à la tête du peuple, il marche contre le palais du roi. D'une main il fait brandir son épée, et de l'autre il porte un crucifix. Au bruit du tocsin, Otrepief s'élance de son lit, revêt ses armes et se présente devant les masses, qui demandent sa mort à grands cris. Il s'efforce de prononcer quelques mots; le bruit de l'artillerie couvre sa voix; il cherche un refuge dans son propre palais et ferme derrière lui la porte principale. Mais les révoltés se frayent mille passages; alors le faux Démétrius court de chambre en chambre, puis il s'élance d'une fenêtre, et, dans sa chute, se casse la jambe; il appelle à son secours un poste de strelitz qui, établis dans le voisinage, n'ont pas pris part à l'insurrection; ils jurent d'embrasser sa défense si la czarine, qui déjà l'a déclaré son fils, consent cette fois à le reconnaître. Celle-ci, pressée par Chouiski, affirme qu'Otrépief est un imposteur. Son arrêt de mort est prononcé; on le tue à coups de fusil, et son corps reste trois jours sans sépulture. Les Polonais, compagnons du dernier empereur, tombent à leur tour sous le fer, et Chouisky, qui descend de Rurick, se fait proclamer empereur. Mais il passe comme une ombre sur ce trône tant de fois ensanglanté. On aurait dû croire qu'après avoir acquis tant de preuves de l'imposture d'Otrépief, l'opinion publique se serait tenue sur ses gardes; sa crédulité est sans bornes, et lorsqu'un conte a fait fortune, on peut le répéter avec succès. Les faux Démétrius abondèrent; la femme d'Otrépief reconnut l'un d'eux pour époux, quoique son véritable mari eût été tué à coups de fusil sur la place de Moscou.

Sur ces entrefaites, les monarques de Suède et de Pologne conspirèrent la ruine complète de la Russie, déjà épuisée par une horrible famine. Sigismond se porta sur Smolensk, et tandis que le Polonais Sapieka parvint à insurger la populace et les boyards contre l'empereur Chouisky, ce dernier, abandonné de ses troupes et de sa famille, se retira dans un couvent, où il se fit moine. La Russie tomba bientôt dans le dernier degré de malheur et d'abjection; mais, grâce aux efforts de Liapounof, l'un de ceux qui avaient renversé le dernier empereur, les villes se confédérèrent; un simple boucher, *Kasma-Minin*, prêcha à ses compatriotes ces grands sacrifices qui sauvent quelquefois un peuple. A sa voix, la défense nationale est remise entre les mains du courageux Pojarsky; les Polonais sont chassés, et l'indépendance est reconquise. Après avoir accompli cette noble tâche, Bojarsky, accompagné de l'élite des Russes, se présente dans un monastère de Kostroma, et demande pour empereur Mickaïl Féodorowitch Jourief, ou Mikhaïl Ramanof, à peine sorti de l'enfance et qui se trouvait proche allié des derniers descendants de Rurick [1613]

DYNASTIE DES ROMANOF.

Après avoir parcouru sur mes pas l'uniformité si désastreuse des premiers siècles de la Russie, le lecteur va entrer incessamment dans une nouvelle ère, dans celle de la civilisation. Il ne faut pas, au reste, qu'il s'attende à voir briller dans l'empire cette magnificence, cette majesté et cette grâce que l'on rencontre à la cour des princes tels que Louis XIV. La civilisation ne féconde pas le génie des races slaves; elle brille aux sommités, mais ne pénètre pas dans les mœurs de la nation; elle ne se compose que de vaines apparences qui disparaissent, car à la plus légère émotion le caractère national se décèle tout entier. En dépit de l'éducation et des formes qu'imprime l'habitude du monde, les grands seigneurs russes conservent un reste de férocité. Le caractère tatar se reproduit, même chez les souverains les plus remarquables, par exemple Pierre-le-Grand. Un fait as-

sez singulier, c'est que depuis plusieurs siècles la naissance n'assure, dans ces contrées, aucune espèce de pouvoir réel; c'est l'emploi qui donne tout. Il en résulte qu'on ne trouve pas ces familles puissantes qui créent chez un peuple des traditions de liberté : tout le monde sert, par conséquent tout le monde obéit. En résumé, ce n'est pas le despotisme monarchique qu'on rencontre en Russie, mais bien le despotisme oriental : le prince à son gré rend des arrêts de mort dont il est lui-même l'exécuteur. Sans doute l'influence salutaire des autres peuples de l'Europe a fini par réagir sur la dynastie des Romanof; à partir de la moitié du dix-huitième siècle, on ne verra plus dans le palais impérial des têtes rouler toutes sanglantes sur le parquet ; le czar ne tuera plus de sa propre main. Mais d'autres meurtres remplaceront ces vastes scènes de carnage, et ces potentats si puissants au-dehors tombent égorgés sous le fer des conspirateurs; les femmes des empereurs elles-mêmes commandent le meurtre des potentats, leurs époux, et elles passent ensuite comme maîtresses dans les bras des hommes qui, d'après leurs ordres, ont accompli le plus horrible des forfaits. La cruauté et le libertinage sont unis inséparablement. Quant aux progrès que la Russie ne cesse de faire, soit comme puissance conquérante, soit comme puissance politique, ils sont dus plus d'une fois à des étrangers. En général les races slaves ne produisent point, n'inventent pas; elles imitent avec bonheur. Ces considérations devaient précéder le récit des faits qui appartiennent aux princes de la dynastie des Romanof, qui, à partir de Pierre-le-Grand, a cherché à se frayer une double route en Europe et en Asie. Cependant il semble que dans le sein de cette dernière doit se perdre sans retour le torrent russe. Voilà, à mon sens, l'arrêt de sa destinée ; maintenant je rentre de nouveau en matière.

Les Romanof, lorsqu'ils furent appelés au trône, ne comptaient pas une longue suite d'ancêtres ; l'origine de cette famille n'avait rien d'antique ni d'illustre. Un Prussien s'établit, vers le quatorzième siècle, dans la Russie ; ses descendants s'allièrent à la famille régnante. Nikitich, père de Mickaïl, était le cousin-germain du dernier empereur, de Fédor. Le fils de Nikitich habitait avec sa mère à Kostroma, dans un couvent où elle était entrée malgré elle lorsque son mari avait été contraint d'adopter l'habit de l'ordre de Saint-Basile. C'était sur un enfant qui touchait à peine à sa seizième année que le choix des principaux russes s'était arrêté ; il devait en être ainsi, car nul ne voulait s'imposer un maître. La mère de Mikhaïl versa des larmes lorsqu'elle apprit que son fils était appelé à la plus haute des dignités. Le jeune prince dut commencer d'abord par se soumettre à un serment qui ne lui laissait plus qu'un vain titre. En effet, les états généraux, au sein desquels se trouvaient des boyards, des enfants de boyards et des députés choisis par les marchands et les bourgeois des villes, firent la loi à celui qui allait monter sur le trône des Rurick. Mikhaïl Romanof jura donc qu'il protégerait la religion ; qu'il pardonnerait et oublierait tout ce qui était arrivé à son père ; qu'il ne ferait aucune nouvelle loi ni ne changerait les anciennes, et que dans les affaires importantes il ne déciderait rien par lui-même ; mais que tous seraient jugés selon les lois et la forme ordinaire des procès ; qu'il n'entrerait en guerre ni ne ferait la paix avec ses voisins, de son propre chef ; que pour paraître absolument désintéressé, et pour éviter tout procès avec les particuliers, il céderait ses biens à sa famille, ou les ferait incorporer aux domaines de l'État [1613].

Les chartes écrites, comme les garanties provisoires auxquelles sont soumis les souverains dans leur minorité, n'ont de prix que si elles sont défendues par les mœurs nationales ; or celles des Russes ont toujours incliné vers la soumission envers leurs princes. Sans doute on rencontrait parmi eux quelques formes apparentes, et qui semblaient constater l'autorité du peuple; mais c'étaient là de vains simulacres : ainsi « à la so- » lennité du sacre, » affirment deux historiens modernes (1), « des députés des différentes » classes venaient prier le czar d'accepter le

(1) Esneaux et Chennechot.

» sceptre, comme pour rappeler, par les
» formes du moins, le droit d'en disposer
» qu'ils avaient exercé jadis. Le patriarche,
» avant de commencer la liturgie, adressait
» au souverain un discours sur ses devoirs;
» enfin les ukases commençaient toujours par
» cette formule : *Boïary prigovorili i tzar*
» *prikasal, les boyards ont été d'avis et
» le czar a ordonné.* » Il faut maintenant
que nous portions nos regards sur l'état de
misère, de dévastations et de ruines où était
plongée la Russie : d'une part elle est envahie par les Polonais et les Suédois, et parmi ces conquérants s'agitent plusieurs compétiteurs au trône; enfin on redoute de nouvelles invasions des Cosaques et des Tatars. Ce n'est pas tout : il reste plusieurs princes dans les veines desquels coule le sang des Rurick; ne vont-ils pas profiter de la minorité de Mickaïl pour réclamer les droits qui leur appartenaient? Ce péril, qui paraissait le plus imminent, ne se réalisa pas. Il est à croire que les peuples de l'empire étaient las des guerres civiles si souvent fomentées par les princes apanagés, et que ceux-ci étaient tombés dans un tel état de dégradation, que toute espèce de concours national leur manquait. D'un autre côté, les vertus du père de Mickhaïl avaient jeté l'éclat le plus extraordinaire. « Deux fois martyr pour
» sa patrie, dans les fers polonais pendant neuf
» années, il en confesse inébranlablement l'in-
» dépendance (1). » C'était sans doute avoir déjà échappé à un grand obstacle que de ne pas rencontrer des ennemis dans les princes qui descendaient de Rurick; mais il fallait vaincre les Polonais et les Suédois, ou du moins transiger avec eux; puis restaient encore les Cosaques commandés par Zasoutsky. Gustave-Adolphe avait essayé de faire obtenir à son frère Charles-Philippe le trône du czar. C'était une sorte de lieutenant qu'il voulait se donner : ses intentions furent comprises, on y répondit par l'élection de Mikhaïl. Gustave, pour mieux disposer de toutes ses ressources, conclut habilement la paix avec le Danemarck. Alors les propositions les plus avantageuses lui sont faites au nom du nouvel empereur; il les repousse avec dédain; le roi de Pologne imite son exemple. Gustave-Adolphe dirige ses troupes sur Novgorod; son frère, Philippe, parvient à Vibourg; La Gardie, attaque Ivangorod, Porkhof, Urecheck. Troubetskoï, ancien compagnon de Pojarski, qui avait si glorieusement contribué à rendre la Russie à son indépendance, Troubetskoï, à la tête de six mille soldats, essaie de reprendre Novgorod; mais l'ennemi l'enveloppe dans une île de Msta, où il se trouve trop heureux d'obtenir une capitulation. Romanof, sentant l'impuissance où il est de vaincre un pareil adversaire, implore la protection de la Grande-Bretagne, de la France et de la Hollande; les ambassadeurs de ces puissances amènent une réconciliation, et Mikhaïl cède à Gustave-Adolphe la Carelie, l'Ingrie, et tout l'espace compris entre cette dernière contrée et Novgorod; il abandonne encore Ivangorod et Narva. Enfin la Russie paye tous les frais de la guerre; elle renonce en outre à ses prétentions sur l'Estonie et la Livonie. L'empire est délivré de la présence des Suédois. Il lui reste encore à combattre les Polonais ; Sigismond III, leur roi, soulève les cosaques du Don, qui se livrent aux plus horribles brigandages; des enfants-boyards courent aussi aux armes; tout est ruine, pillage et dévastation : l'Ukraine, Novgorod, Kargapol deviennent le théâtre des plus effroyables cruautés. Ces misérables sont enfin exterminés par le prince Lykof. Mais les Polonais, qui voient l'armée russe occupée à la fois sur plusieurs points, dégagent Smolensk, et deviennent maîtres de Dorogobouge, de Viazma; déjà ils menacent Moscou. Deux artilleurs français, ou, pour parler le langage du temps, deux *pétardiers*, s'échappent du camp polonais, et pénètrent dans la capitale de la Russie. Ils organisent sa défense, et l'ennemi est contraint de se retirer. Bref, l'empereur obtient [1618] une trève de quatorze ans : en retour il cède aux Polonais Smolensk et Dorogobouge. Alors seulement aussi cesse la captivité du père du jeune czar, le métropolite Philarète. Il rentre dans Moscou aux cris de joie de toute la population, et bientôt reçoit

---

(1) Histoire de Russie et de Pierre-le-Grand, par M. de Ségur, tome , page 278.

du clergé et des boyards la dignité patriarcale. Un fait qui, au reste, honore le jeune czar, c'est que dans tous les actes de son gouvernement il réunit le nom de son père au sien. Mikhaïl, au moment de l'expiration de la trêve, voulut reprendre Smolensk; mais des divisions éclatèrent dans l'armée russe, et il fallut renouveler l'ancienne trêve. Il convient, faute d'événements importants, de clore ici le règne du premier des Romanof, quoiqu'il ait duré en tout trente-deux années; mais je dirai seulement que les Russes triomphèrent de quelques invasions des Tartares et que les cosaques Zaparogues et du Don s'emparèrent d'Azof, qu'ils perdirent trois années après. Cette conquête, faite par les sujets de la Russie, et que cette dernière n'osa pas soutenir, ne troubla en rien la paix qui existait entre elle et la Turquie. Enfin Mikhaïl rendit le dernier soupir en **1645**. Il était âgé de quarante-neuf ans. J'allais oublier de dire que les Polonais reconnurent ses droits au trône de Russie. Romanof eut deux femmes: la première, née princesse Dolgorouky, lui fut enlevée par la mort au bout de quelques mois de mariage. De la seconde, qui était la fille d'un simple noble, il eut six filles et trois fils: les annales de la Russie ne s'occupent que d'Alexis Mikaïlovitch.

ALEXIS MICHAILOVITCH.

Ce jeune prince touchait à sa quinzième année lorsqu'il monta sur le trône. Il paraîtrait qu'on le soumit, comme son père, à prêter un serment par lequel il s'engagea à n'entreprendre jamais la guerre, à ne conclure jamais la paix que du consentement de ses principaux sujets. C'est bien à tort que l'on prenait de pareilles mesures contre l'ambition d'un prince qui ne respirait que pour échapper au poids des affaires publiques. En effet il confia l'empire entre les mains de Boris Ivanovitch-Morozof, son gouverneur. Ce fut sans doute par les conseils de ce dernier qu'Alexis se mit sur les rangs pour être élu roi de Pologne. Cette prétention échoua : un peuple libre ne choisit pas pour souverain un étranger contre la nation duquel il a depuis des siècles une haine héréditaire; il était évident qu'Alexis aurait fait de la Pologne une annexe de l'empire russe. Le jeune empereur voyant sur ce point toutes ses espérances renversées, chercha une compagne; il la prit dans la classe des gentilshommes ordinaires, et il éleva son beau-père, Ilia-Miloslavskoï, à la dignité de boyard. Quelque temps après le ministre principal d'Alexis, Boris-Ivanovitch Morozof, devient son beau-frère. Rien de plus déplorable pour les peuples que ces mariages inégaux. Les hommes qui entrent dans la famille du monarque se trouvent saisis tout-à-coup d'une ambition insatiable; leur orgueil a soif de dignités et de splendeurs, leur avarice ne respire que pour accumuler des trésors; ils obtiennent tout ce qu'ils demandent, et la sueur du peuple paye ces subites fortunes. Le beau-frère et le beau-père d'Alexis ne manquèrent pas d'accomplir leur destinée, et se livrèrent aux plus monstrueuses exactions : les services, les talents devinrent stériles; tout étant vénal, il fallut acheter tout.

Dans les états despotiques, il semblerait que les dernières classes, tenues si loin des regards de ceux qui gouvernent, devraient ne pas ressentir les effets désastreux de leur rapacité, c'est ce qui arrive souvent. Mais Boris et Ilia-Miloslavskoï poursuivirent jusqu'aux plus pauvres par des taxes qui se montraient sous toutes les formes; ils établirent enfin et à leur profit des monopoles qui, en en atteignant les objets de première nécessité, les firent renchérir. La patience a ses limites : Moscou se soulève; les parents, les amis du ministre principal, sont massacrés; on tue jusqu'à ses chevaux; le palais de l'empereur est assiégé à son tour. Alexis se trouve en face de ses sujets irrités : il les supplie d'épargner les jours de son beau-frère, Boris-Ivanowitch-Morozof; il éprouve d'abord un refus; enfin le peuple s'apaise, mais à la condition qu'on livrera à la justice deux ou trois courtisans que l'on regarde comme les conseillers principaux des plus odieuses mesures. Ces exécutions suspendent la fureur des habitants de Moscou, et ils consentent à ce que leur empereur conserve auprès de lui, et dans les mêmes fonctions, l'homme dont ils réclamaient la mort il y a quelques instants. Mais le mécontentement paraît s'étendre dans toutes les parties de la Russie; de là de nouveaux troubles.

Des paysans, originaires de la Suède, quittèrent le pays qui les avait vus naître, tant ils avaient à souffrir du joug de leur reine Christine, qui n'en cultivait pas moins les lettres avec délices. Alexis, comme tous les souverains russes, recherchait les étrangers [1648]; il ne manqua pas d'accueillir favorablement ces émigrés; Christine les redemanda avec hauteur, ou du moins exigea une indemnité pécuniaire pour le dommage qu'elle prétendait avoir éprouvé. L'empereur n'avait pas d'argent; grâce à son ministre et à son beau-père, le trésor public se trouvait toujours vide: il imagina d'apaiser la reine de Suède en lui livrant des blés. Cette mesure fut l'occasion d'un gaspillage effroyable, ou, pour mieux dire, la source d'innombrables dilapidations, et l'on se crut tout-à-coup à la veille d'une famine. On accusa de tous les maux du présent l'empereur. Des villes lèvent l'étendard de la rebellion; entre autres Novgorod. Les insurgés se gorgent à leur tour de dépouilles; les riches sont à leurs yeux les complices obligés du ministre principal; ils pillent leurs hôtels; ils n'épargnent pas non plus les marchands étrangers: bientôt ils assiégent la maison du voiévode; ce dernier se sauve chez le métropolitain Nicon. Le prélat veut rappeler à la raison une populace égarée; de toute part on s'écrie: « *C'est un traître, puisqu'il s'accorde avec des traîtres!* » Le métropolite redouble d'efforts; on l'accable de coups; mais enfin le caractère sacré dont est revêtu la victime ne s'efface pas entièrement de la mémoire des insurgés; ils s'éloignent en baissant les yeux. Cependant on nomme Stchéglof à la place de l'ancien voiévode, qui est en fuite. Les habitants de Novgorod reviennent enfin de leur funeste égarement, ils se repentent avec amertume, et l'insurrection tombe d'elle-même. Alors ils supplient Nicon d'être leur sauveur auprès d'Alexis, qui n'exige que le châtiment des principaux coupables; et encore Nicon deviendra leur juge. Ce grand homme, l'un des historiens les plus célèbres de la Russie, oublie les outrages qu'il a reçus: un seul des coupables subit la peine de mort; les autres reçoivent le knout: trois cents autres sont jetés dans les fers seulement pour quelques jours. Vers le même temps, un nouveau Démétrius, c'était le cinquième, fut amené à Moscou, où il subit le supplice des cinq quartiers.

Les Russes, qui si long-temps avaient tremblé devant les Polonais; les Russes vont se venger à leur tour: ils interviennent en faveur des cosaques Zaporaviens, ou, autrement, Zaporoisky. Ces malheureux, qui supportaient depuis longues années le joug des rois de Pologne, se défendirent avec le courage du désespoir: on voulait les forcer à se convertir au catholicisme. Sous les ordres de leur hetman Khmenitsky, ils obtiennent divers avantages. Ce dernier les décide cependant à implorer l'intervention de l'empereur de Russie. Alexis convoque à Moscou des états-généraux où l'on compte le patriarche, les chefs du clergé, de la noblesse, des officiers de sa maison, et même les principaux marchands de Moscou; on décide que des commissaires vont partir pour recueillir le serment d'obéissance des cosaques. Alexis marche à la tête de ses troupes Smolensk, Vitepsk, Mohilof, Polosk ouvrent leurs portes; Kief tombe au pouvoir des Russes. Alexis s'empare ensuite de Vilna, de presque toute la Lithuanie; la Sévérie novgorodienne cède à ses armes. Charles-Gustave, qui a succédé à Christine, et l'électeur de Brandebourg, se jettent sur la Pologne, dont ils veulent chacun emporter un lambeau. Des hostilités surviennent bientôt entre ces princes; Charles pénètre dans le Brandebourg; Alexis entre en Carélie, en Ingrie, en Livonie; il est le maître de Nieuchantz, de Dorpol et de Narva; mais il est repoussé devant les murs de Riga. Les Polonais rappellent leur roi, qui s'était sauvé en Saxe; ils s'unissent aux Tatars, remportent des triomphes en Lithuanie et s'emparent d'Astracan. Enfin en 1667 la paix est signée; elle restitue aux Russes Smolensk,

Kief, la Séverie et la portion de l'Ukraine placée à l'orient du Dniéper.

Deux événements mémorables se rattachent encore au règne d'Alexis, et méritent de trouver ici leur place. Je parlerai d'abord d'une altération que subit la monnaie. Ilia-Miloslavskoï, dont l'avidité avait déjà causé tant de maux à la Russie, imagina de donner à des pièces de cuivre la valeur qui jusque là avait été réservée aux kopeiks d'argent. Le peuple des villes et des campagnes se laissa prendre au piége; aussitôt les deux sangsues de l'empire, le ministre et le beau-père d'Alexis, s'empressèrent de retirer toute l'ancienne monnaie, laissant la nouvelle se glisser partout; mais la vérité fut enfin reconnue, et chacun se trouva empoisonné d'une foule de pièces sans valeur, mais auxquelles on donna pendant six ans un cours forcé. Les dernières classes de Moscou, épuisées de misère, courent aux armes; elles se divisent en deux bandes: l'une s'établit dans la ville, l'autre se porte en masse à la maison de campagne du czar. Alexis harangue la populace, elle se montre inflexible; les strélitzs arrivent et massacrent toute cette multitude, qui n'a pour défense que des couteaux et des haches, puis le czar retire de la circulation la monnaie falsifiée.

Un fait d'une haute importance inspira au maître de la Russie les inquiétudes les plus vives. Stenka-Razin, cosaque du Don, avait commencé par être voleur de grand chemin. Dans les mœurs de ses compatriotes, c'était une profession reconnue, avouée, et à laquelle ne se rattachait aucune idée d'opprobre ni de déshonneur. Il réussit à saisir un convoi composé d'objets appartenant à l'empereur, et que l'on dirigeait sur Astracan. Ce coup audacieux agrandit la réputation de Stenka-Razin, en même temps qu'il accrut ses ressources; il devint le chef d'une bande considérable de brigands et porta la désolation dans les parties orientales de l'empire.

Cet homme avait du courage, de l'audace; ses succès, en se multipliant, éveillèrent chez lui des pensées d'ambition; de chef de voleurs il voulut devenir conquérant: il surprenait jadis les passants sur la grande route; il résolut de s'emparer des villes, et cette fois encore il réussit. Il navigue sur le Volga; pénètre dans la mer Caspienne; fait des descentes tantôt sur un point, tantôt sur un autre; s'enrichit par des pillages de tous les jours, et arrive à l'embouchure du Yaïk; il fait égorger un stolnick (1), qui, au nom du voievode d'Astracan, venait lui faire des propositions d'amnistie; puis il met en déroute un corps de strelitz; il enlève la ville d'Yatskoï; fait jeter dans une fosse immense les habitants et la garnison, et ordonne qu'on les brûle tous. Au moment où il allait se précipiter sur la Perse, il est rejoint par une autre bande de Cosaques: ce renfort enflamme Stenka-Razin d'une nouvelle rage, et imprime à ses desseins une nouvelle grandeur. Après avoir mis tout à feu et à sang sur la portion de la Perse qu'il parcourt, il revient en Russie, et est enveloppé par le stolnick Lvof, qui lui accorde une capitulation, à la condition qu'il emploiera au service du czar le génie militaire qu'il possède; en retour il lui assure un pardon complet. Alexis est fidèle aux promesses faites en son nom; Razin se retire au milieu de ses compatriotes; il emporte avec lui toutes ses richesses. Ce spectacle allume l'avidité des Cosaques; ils le supplient de devenir leur chef: il accepte et s'empare de la ville de Tsaritsin, qu'il livre aux flammes. Le stolnick Lvof marche de nouveau contre ce brigand; mais ses soldats l'abandonnent, et vont se réunir à Razin: la garnison d'Astracan se révolte; le jour même l'audacieux Razin entre dans les murs de cette malheureuse cité; les misérables qui l'accompagnent assassinent les soldats et leur chef; ils noient les uns, pendent les autres par les pieds, et coupent aux troupes comme aux habitants les deux mains : Razin, que l'eau-de-vie qu'il a bue rend furieux, parcourt les rues et frappe de son poignard les femmes, les enfants, les hommes d'un âge mûr, ainsi que les vieillards; il lance du haut d'une tour le prince Prosorofskaï; et fait subir le même supplice à son jeune fils. A la suite de tant de crimes, il marcha sur Saranof, dont les portes lui sont ouvertes; il fait répan-

---

(1) Officier de la table de l'empereur.

dre de tous côtés des proclamations incendiaires : les habitants des villes, les serfs des campagnes courent aux armes depuis Nijni-Nowgorod jusqu'aux murs de Kasan. Le chef des rebelles manifeste enfin l'intention de marcher sur Moscou; mais ayant à tenir tête à la fois à deux généraux russes, il est vaincu : il s'enfuit sur les bords du Don, et est remis aux Russes par l'hetman de cette contrée. Bientôt après il entre dans Moscou, non pas en vainqueur, mais pour être livré au bourreau, qui l'écartèle. Le reste du règne d'Alexis s'écoula dans la paix la plus profonde, et il rendit le dernier soupir en 1676. Les Russes doivent à ce prince une compilation de lois, qu'on appelle l'Oulagenié ; c'est la réunion des divers ukases promulgués depuis le code d'Ivan IV, et auxquels il apporta quelques améliorations. Alexis avait eu de son premier mariage deux fils, Fédor et Ivan, et six filles; celle qui est connue sous le nom de Sophie nous occupera un instant : de sa seconde femme cet empereur eut une fille nommée Natalie, et un fils, Pierre-le-Grand.

Il faut nous arrêter ici un instant ; la Russie n'a encore eu pour maîtres que deux princes de la dynastie des Romanof : elle a changé de face ; déjà sont jetées les semences de la splendeur à laquelle Pierre portera la Russie. En un mot l'empire approche de cette civilisation qui, sans doute, est bien inférieure à la nôtre, mais qui, enfin, lui a apporté de nombreux bienfaits. Mais il faut le répéter, le rival de Charles XII trouva la route préparée par ses prédécesseurs ; le règne d'Alexis fut glorieux, suivant l'historien français Lévesque ; jamais, ajoute-t-il, ce prince ne chercha à s'enrichir de la fortune de ses sujets ; il assignait même une subsistance aux coupables qu'il reléguait en Sibérie. Souvent les exilés tiraient avantage de leur position, et amassaient des richesses dans leur exil. Rapprochons de ce jugement, porté par Lévesque, les réflexions suivantes, empruntées à M. de Ségur(1) : « Modération, » amour de la paix, résignation même,

(1) Histoire de Russie et de Pierre-le-Grand, par M. de Ségur, t. I, p. 285-286.

» création d'une armée plus régulière, qui » rétablit la tranquillité intérieure, et pré- » pare des conquêtes indispensables : voilà » dans l'établissement de cette dynastie la » part du mérite du premier de ces princes. » Celle du second est d'avoir été un guerrier » redoutable, qui ressaisit sur la Pologne » Smolensk, Kief, la plus grande partie des » provinces arrachées à la Russie, et s'efforça » de régulariser son armée. C'est un légis- » lateur qui tente d'améliorer les codes ; un » administrateur qui sait reconnaître et ré- » parer ses fautes, qui appelle les arts étran- » gers, fonde des manufactures, fait exploi- » ter les mines de fer et de cuivre, richesses » du sol russe, et crée les deux premiers » navires marchands, dont la vue inspira » le génie de Pierre-le-Grand. » Et comme si ce prince se fût méfié de sa propre sagesse, il se fait entourer, dans toutes les circonstances difficiles ou délicates, de l'élite de ses sujets : sans posséder une portion de pouvoir considérable, les états généraux de l'empire apportent au moins l'influence de leurs bons conseils. Il est rare, au reste, de voir les princes élevés au milieu du despotisme rechercher la lumière de la vérité ; ils préfèrent s'entourer de flatteurs, ou se livrer à leurs nombreux caprices.

FÉDOR ALEXIEVITCH.

Ce prince ne fit, pour ainsi dire, qu'apparaître sur le trône ; il était, suivant les historiens russes, très-faible de corps et très-sain d'esprit : il mourut d'ailleurs à l'âge de vingt-un ans, et après cinq années et demie de règne : le pouvoir fut exercé par son ministre, Galitzin. Ce dernier engagea d'abord une guerre avec les Turcs, à l'occasion des Cosaques Zaporogues, qui renoncèrent à la suzeraineté de la Porte Ottomane, pour se placer sous la protection de Fédor, auquel ils ouvrirent les portes de leur ville principale. Les Tatars, ces ennemis opiniâtres des Russes, vinrent au secours des Turcs, qui faisaient le siége de Tchiguirin ; mais ils furent battus, et les troupes ottomanes se retirèrent. Une longue guerre s'engagea entre les deux empires, et la Porte, après

de longues conférences, dut renoncer à la suzeraineté des Cosaques Zaporogues. Une fois rendu à la paix, Fédor, ou pour parler plus exactement, Galitzin, son premier ministre, résolut de détruire un abus qui attaquait à sa base la discipline militaire et même toute espèce de hiérarchie civile. Nul ne voulait obéir à un homme dont les aïeux n'avaient pas possédé des charges aussi élevées que celles qui avaient été exercées par ses propres ancêtres. Il en résultait qu'un Russe, fût-il doué du plus grand mérite, ne pouvait, sans une très-haute naissance, se dévouer au service de son propre pays; car, à chaque instant, son subordonné, s'appuyant sur une généalogie plus ou moins incertaine, lui disait : « Je ne vous obéirai point, parce que je vaux mieux que vous. » D'un autre côté, comme une antique origine ne donne pas, nécessairement, de l'aptitude soit pour l'art militaire, soit pour l'administration, les plus ignares étaient souvent ceux qui avaient le plus de prétentions, et, à la guerre, où il faut que l'on exécute sans faire entendre de réclamations, des défaites avaient lieu à cause de l'insolence des boyards, qui ne voulaient pas se soumettre aux ordres d'un général, qu'ils regardaient comme un homme nouveau. Un seigneur, dans ce cas, en appelait au sénat, qui consultait les registres *Steppenniyé-Knighi* (livre de généalogies), où se trouvaient portés les emplois et les rangs occupés par une même famille. Il était très-difficile de déraciner un abus qui s'était glissé depuis tant de siècles dans les mœurs des boyards : il fallait trouver une force supérieure et qui fût étrangère au gouvernement. Le ministre mit dans les intérêts de son maître le patriarche : assuré de son concours, on annonça l'intention de collationner les copies que les familles de première extraction faisaient faire des registres généalogiques, avec les originaux. Un empressement général se manifeste; le czar réunit alors dans son palais les seigneurs russes ainsi que les dignitaires du clergé, et dans un discours chargé d'innombrables citations empruntées à la Bible et aux saints pères, il fait honte à ses auditeurs des prétentions si funestes pour l'État que la naissance leur inspire : il leur montre les armées toujours à la veille de leur ruine; l'administration plongée sans cesse dans l'anarchie. Les boyards n'osent témoigner aucune résistance en présence de leurs souverains : le patriarche prend la parole à son tour; il invoque de nouveau l'Écriture sainte; ces avantages de naissance dont les nobles veulent se targuer sont contraires à l'amour du prochain; la charité chrétienne les condamne : le saint esprit seul a pu envoyer à Fédor la pensée de détruire un abus si fatal à l'empire. Les boyards se voyant ainsi condamnés par le ministre principal de leur religion, le patriarche, renoncent à leurs prétentions. Le jeune empereur s'écrie : « Je rends grâce à
» Dieu, qui a daigné disposer ainsi les cœurs,
» et, me rendant à vos vœux unanimes, j'or-
» donne à jamais l'abolition des rangs héré-
» ditaires, et pour en anéantir jusqu'aux
» derniers souvenirs, je veux que tous les
» registres généalogiques soient livrés aux
» flammes. » En effet, ils furent aussitôt brûlés sous l'inspection d'un prince russe, d'un conseiller d'état, et de tous les chefs du clergé.

Fédor s'occupa ensuite de fonder une académie où l'on enseignait la grammaire, la rhétorique, la philosophie, le droit ecclésiastique et le droit civil. Ce projet devait refléter sur la Russie les lumières qui éclairaient les autres parties de l'Europe. Veut-on donner une vive impulsion aux sciences et aux arts, il est indispensable, à leur début, de former des centres où viennent se réunir tous les efforts individuels. Sous ce rapport, les universités comme les académies rendent à leur origine des services essentiels; par malheur elles tombent plus tard sous le joug des coteries. Mais les peuples qui sortent à peine de la barbarie communiquent aux institutions les plus utiles quelque chose de leur caractère : ainsi, comme les Moscovites étaient essentiellement religieux, Fédor donna avant tout ses soins à l'orthodoxie. Tous les professeurs étaient astreints à suivre la religion grecque orientale. Manifestaient-ils le plus léger penchant pour un autre culte, ils étaient destitués : en cas de récidive, on les livrait aux flammes. Il était encore prescrit que tout professeur qui donnerait des leçons sur la magie naturelle à ses élèves serait brûlé avec eux. Ces dispositions si étranges sont bientôt tombées en désuétude, tandis que les Russes n'ont cessé de jouir de tous les bienfaits de l'instruction. Sans doute cette dernière est loin d'être aussi répandue parmi eux que chez les peuples de l'Autriche, de l'Angleterre ou de la France; mais il ne faut jamais oublier que la civilisation ne compte pas encore un siècle et demi d'existence en Russie, et qu'elle s'y montre sous des formes qui lui sont particulières, c'est-à-dire inférieures. Fédor laissa en mourant plusieurs sœurs : l'une, Sophie, qui va entrer sur la scène politique, et deux frères, Ivan et Pierre-le-Grand. On affirme que par son testament il écarta du trône Ivan, dont l'imbécillité était notoire.

IVAN V, ALEXIEVITCH,
PIERRE ET SOPHIE.

Sous les gouvernements despotiques, la volonté du prince qui vient de rendre le dernier soupir est rarement obéie. Les hommes sont si fatigués d'un pouvoir auquel ils ont dû se soumettre pendant de longues années, qu'ils ne veulent pas lui reconnaître le droit de commander au-delà du trépas. Les dispositions testamentaires des princes sont donc brisées le jour même où leurs yeux se ferment à la lumière : c'est ce qui eut lieu encore cette fois. En vain le sceptre avait-il été ravi à Ivan V, le peuple exigea qu'il lui fût rendu. Mais là où le pouvoir est absolu, les décisions des dernières classes ou celles des corps armés sont toujours accompagnées de meurtres et de pillages. Il faut en outre remarquer que les deux frères étaient issus de mariages différents. Ivan et Sophie appartenaient à la même mère, tandis que Pierre I, dit le Grand, était issu de Natalie Nariskin. La princesse Sophie, qui aurait voulu régner sous le nom de son frère Ivan, résolut, en dépit de l'exhérédation qui avait atteint ce jeune prince, de le faire monter sur le trône conjointement avec Pierre. Aussitôt les partisans de Sophie répandent la nouvelle qu'I-

van a été assassiné par les Nariskin, parents de la mère du jeune empereur. Les strelitz marchent contre le Kremlin; ils traînent avec eux une nombreuse artillerie. Ils intiment l'ordre qu'on leur abandonne les assassins d'Ivan, qu'ils croient égorgé. La régente et son fils tâchent de désarmer la fureur de ces malheureux; Ivan lui-même les harangue. Il n'a donc pas été assassiné. A cette preuve si évidente, les strelitz, qui agissaient de concert avec Sophie, sont forcés de se rendre; ils saluent alors Ivan comme empereur. Satisfaits sur tous les points, on aurait dû croire que la rage de ces soldats allait se calmer, mais ils envahissent le palais, et les proches parents de la mère de Pierre I, les Nariskin, sont massacrés. La régente voit tomber sous leurs coups deux de ses frères; elle se jette aux pieds de ces monstres pour les attendrir. Sa belle-sœur Sophie imite son exemple; rien ne peut désarmer la fureur des strelitz, ils passent au fil de l'épée les médecins qui ont soigné le dernier empereur, et une partie des fonctionnaires de l'empire. Des exécutions ont lieu jusque sur la place publique, et si quelques hommes, dans la foule, semblent ne pas sourire à tant de forfaits, ils sont égorgés. Les tueries s'arrêtent enfin.

Le lecteur s'attend sans doute à ce que Pierre I sera précipité du trône, car s'il a contre lui les strelitz, il a encore pour adversaire la princesse Sophie. Cependant on le maintient dans la haute position où il est placé, et on lui donne Ivan V comme collègue. Ce dernier était imbécille, et à peine âgé de quatorze ans. Quant à Pierre, il n'avait pas encore huit ans. Ces deux princes se trouvaient donc dans une impossibilité absolue de tenir par eux-mêmes le timon des affaires; on remit donc le gouvernement entre les mains de la princesse Sophie. Elle débuta, soit crainte, soit complicité, par accorder des gratifications aux strelitz; elle leur donna pour commandant en chef Ivan Kharanskoi, qui avait pris la plus grande part aux massacres dont le palais venait d'être ensanglanté. Il fut en outre décidé que les assassins hériteraient des dépouilles des victimes, et ils élevèrent eux-mêmes une colonne sur laquelle ils firent graver les noms et les crimes qu'ils attribuèrent aux victimes de leur rage sanguinaire. En dernier résultat, le pouvoir suprême resta à la princesse Sophie, qui en donna une portion à l'ancien ministre Galitzin. Tous deux marièrent Ivan à une fille de la maison des Soltikof, espérant que de ce mariage naîtrait un enfant mâle.

Il est de l'essence de tout corps militaire qui est parvenu à imprimer la terreur à ses maîtres, de redoubler chaque jour d'audace et d'orgueil. Les strelitz se regardèrent donc comme au-dessus de toutes les lois; ils avaient commandé un instant, pourquoi ne commanderaient-ils pas toujours à Sophie et à Galitzin, son ministre? On les vit se donner eux-mêmes le titre d'*infanterie de la cour*, et créer une police qui leur était particulière. Sophie et Galitzin furent réduits à se tenir sur une défensive continuelle. Un placard attaché sur la porte du palais impérial dénonça bientôt les strelitz, leur nouveau général et son fils, comme les auteurs d'un projet tendant au massacre de la famille impériale: dans cet holocauste devait être compris le patriarche et tous les boyards. Quoi qu'il en soit de la véracité de cette accusation, qui semble avoir été forgée par Sophie et son ministre principal, la cour se sauva au couvent de la Trinité, suivie de troupes sur la fidélité desquelles on pouvait compter. On fait venir sous un motif spécieux Khavanskoï et son fils; ils sont mis à mort. A cette nouvelle, les strelitz se soumettent; le patriarche demande leur grâce, elle est accordée. On excepte de l'amnistie quelques hommes seulement dont le repentir n'offrait aucune garantie. Au milieu de tous ces troubles, la Russie vit cependant s'agrandir sa splendeur. L'empereur d'Allemagne, quoique les Turcs eussent levé le siège de Vienne, grâce à la valeur du roi de Pologne Sobieski, redoutait sans cesse quelque nouvelle invasion de ces barbares; il chercha donc à conclure un traité d'alliance avec Sophie. Galitzin se chargea seul d'une négociation aussi importante; et, avant de rien conclure, il voulut que les Polonais, dont les plus belles provinces venaient d'être dévastées par les Tatars, renonçassent à redemander les armes à la main les conquêtes faites par l'empereur de Russie. Léopold fut assez heureux pour décider les Polonais à ce sacrifice; les Russes restèrent donc en possession de Smolensk et des duchés de Séverie et de Tchernigof. Alors aussi fut signée, le 6 mai 1686, une alliance offensive et défensive entre les cours de Moscou, de Vienne, de Varsovie et la république de Venise. Galitzin entreprit ensuite deux campagnes contre les Tatars; elles furent mêlées de revers et de succès; néanmoins les ennemis battirent en retraite. Ce qui caractérise l'administration de Galitzin, c'est le besoin qu'il éprouvait de faire intervenir la Russie, de la mêler d'une manière intime aux événements européens, comme s'il avait la pensée du rôle immense que devait remplir un jour ce peuple. Le ministre envoya donc une ambassade en France; mais elle ne produisit aucun résultat avantageux, à cause de l'état d'abjection où se trouvaient, selon la remarque de Voltaire, ses principaux membres. Horace Walpole voulant trancher du fin politique, suppose que Louis XIV « savait que faire alliance » avec une puissance jusqu'alors inconnue ou » plutôt méprisable, c'eût été l'éclairer sur » l'importance de son existence. » L'écrivain anglais est tombé dans une double erreur: la Russie n'avait-elle pas récemment signé un traité avec une des grandes cours de l'Europe, la cour de Vienne? D'un autre côté, Louis XIV, si bon juge dans tout ce qui touchait les convenances, vit avec dégoût les ambassadeurs moscovites dont les mœurs étaient basses; plus tard même il refusa personnellement au czar l'entrée de la France, car ce prince, dans ses voyages, était souvent entouré de personnages tout-à-fait ignobles, et que nul parmi nous n'aurait voulu recevoir.

La princesse Sophie et son ministre principal Galitzin, qui avaient un si grand intérêt à régner sous le nom d'Ivan et à faire disparaître, d'une autre part, le jeune Pierre à l'aide d'un *mal subit*, le laissèrent vivre cependant. Ce prince touchait à sa seizième année, et annonçait cette volonté de fer qui plus tard imposa tant d'améliorations à ses sujets dépourvus de toute espèce d'éducation. Son enfance s'écoula au milieu d'une foule de jeunes gens qu'on appelait ses *divertisseurs*, et auxquels s'étaient mêlés des aventuriers accourus de tous les points de l'Europe. Les premiers ne purent nuire à Pierre, chez lequel un libertinage effréné éclata de très-bonne heure; mais il acquit des connaissances dans les rapports continuels qu'il entretenait avec les étrangers. Au nombre de ceux-ci se faisait remarquer le Genevois Lefort, qui inspira sans cesse au jeune prince le goût de la civilisation, et qui plus tard lui rendit, lorsqu'il fut monté sur le trône, les services les plus signalés. Plein de goût pour les exercices militaires, Pierre veut que tous les compagnons de ses jeux portent comme lui un uniforme allemand, puis il les exerce au maniement des armes. Le trait principal du caractère du czar se manifeste déjà ; il ne réclame aucune espèce de faveur, il veut apprendre lui-même son *métier* avant de commander aux autres. Il débute par être tambour ; plus tard il deviendra simple soldat. Les jeunes gens et les étrangers qui l'entourent sont déjà assez nombreux pour devenir le noyau de deux régiments des gardes, connus plus tard sous les noms de Préobragenskoï et de Semenovskoï (1). Dans la position où se trouvait Pierre, abandonné comme à la merci de la régente Sophie, et de Galitzin, il aurait dû se montrer plein de ménagements à leur égard ; mais son impétuosité naturelle ne pouvait se soumettre aux plus légères prévenances. Loin de là, il lui échappait à chaque instant des menaces ; il lisait avec indignation le nom de sa sœur placé en tête des oukases, à côté du sien et de celui d'Ivan ; son effigie, d'ailleurs, brillait sur les monnaies et les médailles, à côté de celles des deux czars. Un jour on vit paraître Sophie dans une fête religieuse, revêtue de tous les insignes de la souveraineté ; Pierre pousse l'imprudence jusqu'à vouloir chasser sa sœur de l'église ; mais il est obligé de se retirer lui-même, et il va se renfermer à Préabragensko. Il est informé que les strelitz se soulèvent ; la mère du jeune prince est convaincue qu'ils vont venir l'égorger, et que ce forfait est commandé par Sophie ; elle emmène son fils au couvent de la Trinité. Mais Stehéglovitoï arrive à Préobragensko, accompagné de six cents strelitz. Inquiet de ne pas trouver Pierre-le-Grand, le coup de main qu'il a médité, d'accord avec Sophie, est manqué. Cette princesse se sent glacée de terreur ; elle supplie le patriarche de se rendre au couvent de la Trinité, afin d'amener une réconciliation entre elle et son frère. Le patriarche lui obéit ; mais une fois admis dans le monastère, il dédaigne de lui faire parvenir une réponse. Elle demande à plaider elle-même sa cause ; on lui donne l'ordre de s'éloigner ; elle se prépare à partir pour la Pologne, mais elle est arrêtée et renfermée dans le monastère de Novodévitchei. Galitzin tombe en même temps du pouvoir ; Pierre veut lui faire trancher la tête ; un des neveux de l'ancien ministre, compagnon de Pierre-le-Grand, obtient la grâce de son oncle. Mais on exile l'ancien associé de Sophie à Kargapol et ensuite à Poustozerskoï, où il rend le dernier soupir. Slcheglovitoï et les six cents strelitz avec lesquels il s'était porté sur Préobragensko, sont livrés aux tortures, et Pierre continue d'occuper le trône avec son frère Ivan IV. Ce dernier meurt en 1696.

PIERRE I, dit LE GRAND,
OCCUPE SEUL LE TRONE DE RUSSIE.

Les événements qui vont passer sous les yeux du lecteur seront tous pleins du plus haut intérêt ; c'est le souverain d'un vaste empire qui va régénérer une nation tout entière, avec cette violence qui, au lieu de permettre à la civilisation de mûrir ses fruits, en brusque le développement. Nous verrons un prince parcourir, comme simple ouvrier, les chantiers de la Hollande, parce qu'avant de posséder des vaisseaux il veut apprendre à les construire de ses propres

---

(1) Nom du village où avait été relégué Pierre-le-Grand, et qui se trouvait à une légère distance de Moscou.

mains. Convaincu que pour éclairer son peuple il faut d'abord le mêler à l'Europe, il jette les fondements d'une nouvelle capitale, et comme si les Russes étaient condamnés à tout apprendre à la fois, l'empereur s'engage dans de sanglantes guerres avec Charles XII. Ce prince, qui ne cherche au milieu des combats que les périls et la gloire, qui ne conquiert des couronnes que pour les donner, ce héros va être aux prises avec Pierre; il le vaincra d'abord. Mais l'empereur veut que ses sujets apprennent dans cette école du malheur comment, à force d'être battu, on parvient à triompher. Autant son rival est impétueux et romanesque, autant il lui oppose un esprit de suite qui rattache tous ses desseins à un but unique, autant il l'épuise par une persévérance que rien ne peut abattre : aussi Pierre reste vainqueur. Mais ce résultat ne lui semble utile que parce qu'il doit le conduire encore plus loin ; la grande pensée de ce prince, sa pensée fixe, c'est d'immiscer la Russie à la politique de l'Europe, c'est de la jeter dans le mouvement de cette confédération de princes et de peuples. En un mot, il veut que la Russie sorte de ses habitudes orientales qui doivent la laisser toujours barbare, pour s'empreindre des mœurs des nations qui sont l'honneur et l'ornement de l'histoire. Mais pendant qu'il consume ses efforts pour établir, si je puis m'exprimer ainsi, une tête de pont sur l'Europe, il ne néglige pas l'Asie, où il projette aussi d'étendre sa domination. Les successeurs de ce grand prince continuent son œuvre et la perfectionnent ; aussi voyons-nous les Russes, dont Louis XIV ne voulait pas admettre les ambassadeurs à sa cour, avoir un pied en Europe, grâce à la Pologne, dont ils possèdent une grande partie, tandis qu'ils se préparent à chasser les Anglais de la Perse et à les poursuivre incessamment jusque dans les Indes orientales. Voilà le magnifique tableau que présente la régénération de la Russie. J'ai déjà fait connaître par quelles progressions Pierre était parvenu à créer deux régiments qui sortirent de ses mains véritable modèle de discipline. Les premières années des princes, qui s'écoulent ordinairement en plaisirs stériles, se montrèrent, chez lui, utiles et salutaires. C'était le propre de son génie d'obéir d'abord à une curiosité inquiète, qui se changeait bientôt en une sorte de passion du bien : il voulait tout voir, tout apprendre, pour tout améliorer. Ce besoin de perfectionnement qui le dévorait devint pour l'empire une source de bienfaits, car le czar ne s'efforçait d'acquérir des connaissances que pour pousser ses sujets vers la civilisation.

Plus d'une fois, aussi il triompha de lui-même et de ses propres répugnances. Dans sa jeunesse, un léger accident, la chute subite d'une cascade, avait imprimé dans son esprit un effroi profond qui le saisissait à la vue de l'eau ; long-temps il lui fut impossible de traverser un pont sans frissonner. Était-il en voiture, il fallait lever les stores. Visitant un jour l'un des magasins de l'État, il aperçut une chaloupe anglaise confondue parmi beaucoup d'autres objets sans importance. Il avait alors à ses côtés Timerman, l'ingénieur en chef des fortifications ; il lui demande quel peut être l'usage d'un bâtiment aussi frêle : celui-ci lui apprend qu'il vogue à voile, et même par un vent contraire. Pierre commande que l'on remette à flot cette embarcation ; on cherche de tous côtés un constructeur hollandais, nommé Brandt, et que l'empereur Alexis avait naguère appelé dans ses États. Depuis la mort de ce souverain, le constructeur hollandais, repoussé par le gouvernement, avait changé de métier. La chaloupe lui est confiée, et bientôt elle navigue dans une petite rivière des environs de Moscou. Alors Pierre, frappé des avantages que doit lui assurer une marine importante, s'exerce lui-même comme un simple matelot, et devient le pilote de la chaloupe qu'il a fait radouber. On le voit bientôt suivi, de toute sa cour, se montrer intrépide marin ; puis i saisit l'occasion que lui offrent plusieurs bâtiments anglais et hollandais pour naviguer sur la mer Blanche. L'horreur que l'eau lui a si long-temps inspirée se dissipe complètement, et il fait venir de l'étranger des constructeurs qui lui livrèrent incessamment un nombre assez considérable de vaisseaux ; donne au Genevois Lefort le titre de son am ral. Différent de tous les autres despotes, il n'accepte des titres, soit dans l'armée de terre, soit dans l'armée navale, que lorsqu'il peut remplir par lui-même les diverses fonctions que représentent ces mêmes titres. Le jeune czar conclut un traité avec l'empereur chinois Kam-Hi, pour fixer d'une manière précise les frontières des deux États; la rivière de Gorbitsa sert de limite commune. Pierre tourna ensuite ses regards vers les Turcs; il voulait leur enlever la ville d'Azof, afin de posséder un port sur la Mer-Noire. Cette ville fut assiégée par Chein, à la tête d'une armée considérable dont l'empereur faisait partie. Il fallut lever le siége : un officier d'artillerie nommé Jacob, qui était allemand de nation, déserta le camp des Russes où on menaçait de le soumettre à un châtiment rigoureux, et encloua les batteries des Moscovites. Il se glissa ensuite dans Azof, qu'il défendit avec tant d'habileté et de courage, que l'armée russe battit en retraite après avoir perdu plus de trente mille hommes.

Cette défaite fut loin de décourager le czar, et il résolut de prendre une revanche. Il avait perdu presque tous les membres de sa famille : son frère Ivan avait rendu le dernier soupir. Pierre put s'abandonner alors tout à l'aise à son goût de réformes, d'entreprises et de conquêtes [1696]. Il obtient des officiers de génie et d'artillerie de la république de Hollande et de l'électeur de Brandebourg, et se présente de nouveau devant Azof; il a sous ses ordres quatre galères deux galéasses et deux vaisseaux de guerre; il monte l'un d'eux, car il est devenu capitaine de vaisseau. L'entrée du port se trouve fermée : le siége, cette fois, est principalement conduit par le Genevois Lefort et l'Anglais Gordon : Azof se rend. Le jeune czar se plaisait à parler à l'imagination des peuples : l'armée victorieuse fit donc une entrée triomphale dans Moscou. Pierre, qui n'avait encore obtenu que le grade de simple capitaine de marine, s'était mêlé à la multitude : comme elle, il fit entendre des cris de joie lorsque les généraux parurent à la tête des troupes. Au milieu de ce cortége apparaissait Jacob, ce transfuge qui avait si vaillamment défendu la ville assiégée; « il était » mené dans un chariot où on avait dressé » une potence à laquelle il fut ensuite atta- » ché, après avoir subi le supplice de la » roue. » Cet aventurier avait déjà changé quatre fois de religion. On frappa alors, dit Voltaire, la première médaille en Russie; la légende est remarquable : *Pierre I, empereur de Moscovie, toujours auguste*; sur le revers, *Azof*, avec ces mots : *vainqueur par les flammes et les eaux*. C'était grâce à des officiers européens que la ville d'Azof s'était rendue. Pierre, convaincu depuis long-temps de la supériorité de la science militaire sur le courage brutal, se décida à entreprendre des voyages chez les peuples les plus civilisés. Loin de se mêler à eux comme un spectateur oisif, il voulut exécuter par ses mains une foule de travaux, et le chef d'un empire qui s'étend en Amérique, en Asie et jusque sur l'Europe, descendra volontairement au rôle d'un simple ouvrier. Ce n'est pas un caprice d'un jour, c'est une volonté ferme qui se manifeste, et qui sera féconde en immenses résultats. Il n'aspire pas, au reste, à être le seul qui rapportera en Russie les germes de la civilisation : les jeunes gens qui ont combattu avec le plus de distinction lors de la conquête d'Azof, il les envoie, soit en Italie, soit dans d'autres contrées; afin qu'ils en rapportent des connaissances en tous genres. Lui-même se met à la suite de trois ambassadeurs qu'il envoie en Hollande; voici les noms de ces ambassadeurs : Lefort, le secrétaire d'État Vonitzin et le boyard Galavine. On se dirigea par la Livonie, province dans laquelle Pierre reçut une foule d'humiliations de la part du gouvernement suédois. Parvenu dans les murs de Riga, l'empereur se fit transporter par mer en Courlande; mais à Mittau, à Kœnigsberg, on lui prodigua tous les genres d'honneurs. Il arriva enfin, ainsi que ses trois ambassadeurs, en Hollande. Après avoir visité Amsterdam, Pierre se fit inscrire comme simple charpentier à Sardam, qui était le premier chantier maritime des Provinces-Unies. Quoique le jeune prince se sacrifiât ainsi aux intérêts de son empire, il ne put jamais se détacher de ses excès de table, et de ses habitudes de débauche avec des femmes du plus bas étage. Dans une orgie, il voulut tuer à coup d'épée le Genevois Lefort, qui jusque là avait été son guide. A part ces tristes scènes, il apportait dans les affaires de l'État une prévoyance admirable et une énergie de volonté, gage d'un succès infaillible. Cependant il ne faut jamais perdre de vue qu'au milieu de tant d'efforts pour amener la civilisation au sein de la Russie, cet homme extraordinaire resta toujours féroce. Ainsi, au moment de son départ, les Russes, qui regardent comme une souillure toute espèce de contact avec l'étranger, témoignent leur mécontentement : le voievade de Tangarok et quelques autres boyards veulent appeler les Cosaques à la révolte. Pierre fait couper aux uns la tête, aux autres les pieds, les mains, et fait inscrire sur des tables d'airain les détails de tous ces horribles supplices. Enfin, pour le remplacer pendant son absence, il place à la tête de l'État le prince Romodanovski, le boyard Strechnef, et il confie au général Gordon le commandement des troupes qui forment la garnison de Moscou. Une fois porté sur la liste des charpentiers de Sardam, Pierre se donne tantôt le nom de Peter Bas, tantôt celui de Peter Mikaïlof, c'est à-dire fils Michel : comme ses autres camarades, il fait sa journée complète, est habillé comme eux; dans ses intervalles de repos, il met des pièces à ses habits, à ses souliers, et raccommode son linge de corps ; il apprend en même temps les mathématiques. En dépit de cette égalité apparente, son caractère impérieux se manifeste par moment : ainsi dans un accès de violence, il veut tuer à coups de hache un maître charpentier. *On osait à peine dans le chantier de Pierre enfoncer un clou sans son ordre.* Tant de travaux réunis ne peuvent suffire à son activité; il prend des leçons des plus célèbres anatomistes, physiciens et chirurgiens. Enfin, on le voit plus d'une fois arracher des dents à quelques jeunes nobles russes, qui, comme lui, se sont enrôlés dans les chantiers de Sardam. A peine possède-t-il une science, un art ou un métier à fond, il en profite pour engager une foule d'hommes distingués qu'il fait partir pour la Russie. Au milieu de tant de travaux, il ne perd jamais de vue ses desseins politiques, et il fait demander aux Provinces-Unies, par l'organe de ses ambassadeurs, qu'elles lui fournissent soixante-dix vaisseaux de ligne et cent galères qu'il emploiera contre les Turcs. Cette demande n'est pas accueillie favorablement. Pierre se rend aussi à Riswick, où les plus habiles diplomates de l'Europe s'efforçaient de conclure une paix générale. Vers le même temps, et lorsque le prince de Conti aspirait à monter sur le trône de Pologne, il donne des ordres pour que ses troupes soutiennent la candidature de l'électeur de Saxe

Pierre, après être devenu un excellent constructeur de vaisseaux, quitta la Hollande pour passer en Angleterre, où il étudie avec une attention infatigable les manufactures, les chantiers et les arsenaux, tâchant d'exécuter lui-même ce qu'il voit faire aux autres. Convaincu que sans la pratique, la théorie ne devient jamais fertile, il décida, à Londres, un assez grand nombre d'artisans et artistes à se rendre en Russie : on compte parmi eux Fergusson et Perri. Le premier parvint à substituer dans les bureaux des chancelleries les chiffres aux boules qu'on enfilait alors les unes après les autres, et qui servaient à faire toute espèce de calcul. Enfin Pierre vend à une compagnie anglaise, moyennant quinze mille livres sterling, le monopole du tabac en Russie. Après avoir étudié avec beaucoup de soin la civilisation anglaise, il s'embarque de nouveau pour la Hollande, afin d'aller visiter l'Allemagne et l'Italie ; mais il est rappelé précipitamment à Moscou, dont il est absent depuis dix-sept mois. Des événements très-graves venaient de s'accomplir en Russie : quatre régiments de Strelitz, après avoir chassé leurs chefs, s'étaient dirigés vers la capitale ; mais Gordon et Cheïen marchèrent à leur rencontre et les mirent en fuite. Presque tous ceux qui échappèrent à la mort devinrent prisonniers. Pierre arrive en toute hâte, et se constitue le juge, je devrais plutôt dire le bourreau, de ces malheureux. On épuise sur leurs corps tous les genres de tortures : des chirurgiens habiles les rappellent à la vie pour qu'on les livre à des supplices plus affreux. L'empereur ne se sent pas encore satisfait, il frappe de sa propre main. A ces scènes de cannibales il mêle la joie des orgies, exécrable mélange qui provoque son sourire. Dans un repas solennel, il abat lui-même autant de têtes qu'il se fait servir de verres de vin ; le nombre des victimes comme celui des libations s'élève à vingt. Il se lève, et d'un pas chancelant invite les boyards qui l'entourent à faire voler avec prestesse les têtes des infortunés strelitz, dont les cris et les larmes invoquent sa miséricorde : il est obéi. Mais voilà que dans la double ivresse qui l'enflamme, il conjure les ambassadeurs étrangers de prendre part à ces solennités du meurtre. Lefort et le baron de Blumberg, quoiqu'attachés au service du czar, osent lui faire entendre un refus. Quelques jours après trois cent trente nobles sont massacrés par d'autres nobles ; neuf cents Russes de condition vulgaire sont pendus. Pierre fait attacher des strelitz à des potences qu'il place en face du monastère où habite sa sœur Sophie ; trois d'entre eux sont suspendus devant la fenêtre de la chambre où couche cette princesse ; l'un porte clouée dans la main une requête qui devait être remise à la sœur du czar pour l'inviter à reprendre de nouveau le pouvoir.

Une révolte éclate dans la ville d'Azof. Pierre abat cette fois quatre-vingts têtes ; les corps des victimes sont partagés en cinq quartiers différents qui restent attachés pendant cinq mois au bout de longues perches. La princesse Sophie est contrainte à prendre le voile. Pierre répudie aussi son épouse Eudoxe, puis il ordonne le licenciement des strelitz. A ces exécutions sanglantes, à ces sévérités envers sa propre famille, le czar va bientôt joindre des réformes qui poursuivront ses sujets jusque dans les derniers détails de la vie intérieure ; c'est en despote impitoyable, c'est une hache à la main, c'est piétinant dans des caillots de sang, qu'il va conduire les Russes dans la route des améliorations. Les Moscovites, depuis des siècles, portaient une robe longue et garnie de fourrures ; ils avaient en outre l'habitude d'avoir une longue barbe : c'étaient de sages précautions contre la rigueur du climat. Mais il ne faut jamais perdre de vue que la pensée immuable de Pierre était de rompre la chaîne des traditions ; il fallait que tout changeât : telle était la condition indispensable de la régénération qu'il s'efforçait d'accomplir. Or rien n'attache plus invinciblement un peuple à ses vieux souvenirs que ses vêtements, surtout lorsque la mode n'a aucun empire sur eux ; la robe et la barbe constituaient une partie de la nationalité des Russes ; eh bien, c'est cette nationalité que le réformateur veut détruire. Mais, répondra-t-on, il importe fort peu que Pierre réduise ses sujets à prendre le costume allemand, le costume moderne ; c'est une erreur. Ce qui donnait aux Russes le caractère oriental, c'était leur costume particulier, lequel réagissait sur toutes les habitudes de leur vie ; car, à parler seulement du travail manuel, que l'empereur voulait introduire dans ses États, on comprend qu'une longue robe gêne beaucoup plus la liberté des mouvements que ne le fait l'habit européen. Pierre raisonnait donc juste. Le costume, je ne saurais trop le répéter, suivant sa forme, impose des mœurs à part ; aussi chaque classe avait-elle jadis une sorte d'uniforme qui lui assignait une place spéciale. Les corps religieux changent leurs règles, les rendent plus sévères, mais n'apportent pas la plus légère modification à leur habit ; il se conserve toujours le même. Il est à remarquer, au reste, que les prêtres furent exemptés de ce genre de réforme, de même que les habitants des campagnes, dont les occupations journalières n'exigent pas la dextérité des ouvriers des villes. Enfin ce qui prouve que Pierre-le-Grand avait un coup d'œil plein de justesse et de profondeur, c'est la longue résistance qu'il éprouva cette fois : les Russes défendirent avec une sorte d'intrépidité héroïque et leur robe et leur barbe ; ce n'est qu'accablés par tous les genres d'avanies qu'ils cédèrent, quoiqu'ils fussent d'ailleurs un des peuples les plus obéissants de l'univers. L'empereur déclara ensuite une guerre à mort non-seulement aux titres de boyards, mais encore à tous les anciens titres, qu'il remplaça par ceux de présidents, de conseillers et de sénateurs ; il veut, suivant la remarque de M. de Ségur, « rattacher sa » nation aux nations civilisées par la vue, par

» l'ouïe, par le goût, par tous les sens, sa-
» sachant mieux que ses critiques que c'est
» d'abord par là qu'il faut s'attaquer à un
» peuple grossier; qu'il ne pourra vaincre
» ses habitudes que par d'autres habitu-
» des; que, la représentation matérielle
» renversée, la pensée ou les mœurs qu'elle
» rappelait sont bientôt oubliées et rem-
» placées par d'autres : il met donc un impôt
» sur les robes asiatiques comme sur les bar-
» bes, et oppose ainsi à l'inflexibilité de l'âge
» son avarice. » Le calendrier, cette mesure
du temps, doit être uniforme chez les peuples
civilisés, autrement il se glisse dans leurs
annales une confusion inextricable. Les Russes ne commençaient leur année que le
1er septembre, « parce que, » disaient-ils,
« le monde n'avait pu être créé qu'en au-
» tomne, époque où la maturité des fruits
» assurait aux animaux leur subsistance (1).
Le czar, se moquant avec raison du genre
de preuve allégué par ses sujets, voulut que
l'année commençât le même jour que chez
les autres peuples de l'Europe.

Si la civilisation a laissé quelque chose
à désirer chez les peuples de l'antiquité,
c'est que les femmes n'étaient pas assez mêlées à la société; dans l'Orient, leur réclu-
sion est la cause principale de la barbarie où
languissent ces malheureuses nations. Les
Russes, avec leurs mœurs asiatiques, tenaient
les femmes à l'écart, sans d'ailleurs les entourer d'odieux surveillants. Pierre, ne rou-
gissant pas de descendre dans des détails qui
nous paraissent au dessous de la gravité d'un
législateur, publia un règlement relatif aux
réunions de société; il ordonna que l'annonce des jours d'assemblée frapperait les regards du public, car cette annonce devait être
inscrite sur un grand écriteau. Les nobles, les
officiers supérieurs, les marchands, les employés de la chancelerie, les maîtres charpentiers de vaisseaux, devaient se présenter
dans les cercles avec leurs femmes, et se retirer de quatre à dix heures du soir. On était
forcé de faire un profond salut, soit en entrant, soit en sortant. Le maître de la mai-

(1) Histoire philosophique et politique de Russie,
depuis les temps les plus reculés jusqu'à nos jours,
par J. Esneaux et Chennechot, tom. 4, pag. 45.

son et ses invités pouvaient s'asseoir, causer,
changer de place; les pièces devaient être
garnies de chaises, de liqueurs et de toute
espèce de jeux. Tout individu qui contre-
venait à ce règlement était condamné à
vider le *grand aigle*; c'était un immense
bocal rempli d'eau-de-vie. Les prêtres de
l'Église grecque avaient prononcé anathème
contre le tabac; les Russes s'en abstenaient
comme d'une espèce de sacrilège; mais le
czar, comme je l'ai déjà fait connaître au lecteur, avait vendu le monopole de cette plante
exotique à une compagnie anglaise, moyennant quinze mille livres sterling. Cet argent
était indispensable au réformateur pour payer
les appointements des artistes et des professeurs qu'il attirait sans cesse dans ses États.
Il prescrivit donc à ses sujets l'usage du
tabac. Cette innovation parut odieuse à toute
la population et fut une des causes de la révolte des strelitz. Les prêtres, de leur côté,
qui avaient naguère prononcé l'arrêt de condamnation du tabac, le proscrivirent avec un
nouvel acharnement. Pierre, qui jusque là
avait vécu en paix avec le clergé grec, tourna
en ridicule les cérémonies du culte dans lequel il était né; il se moqua, avec ses jeunes
courtisans, des cérémonies sacrées des prêtres; à la raillerie il joignit encore le poids
des impôts; enfin il défendit qu'on pût contracter des vœux religieux avant d'avoir atteint sa cinquantième année. De pareilles
dispositions, qui blessent les consciences, ne
pouvaient être supportées que par des populations slaves, toujours si empressées de plier
le genou devant leur empereur. Enfin le clergé
grec avait un patriarche; à la mort de l'un
d'eux, le czar ne lui donne pas de successeur.
Il fait remplacer ce chef suprême de la hiérarchie religieuse par un synode qui tremble en
recevant ses ordres : de sorte que Pierre
commande tout à la fois aux soldats, aux
fonctionnaires publics et aux prêtres; il cu-
mule tous les pouvoirs entre ses mains. Mais,
protégé en apparence par tous les genres
de tyrannie, le maître, en Russie, restera désormais sans force contre tous ceux
qui l'entourent; et, à partir de Pierre-le-
Grand, ce despote de génie, nous verrons les
empereurs mourir sous le poignard de leur

courtisans : tant il est vrai que tout doit être limité ici-bas, et que ceux qui disposent au gré de leurs caprices de la vie de tant de millions d'hommes tremblent à chaque instant pour la conservation de leur existence, et que ravir aux autres toutes leurs garanties, c'est perdre les siennes. On aurait tort, au reste, de croire que toutes les réformes de Pierre-la-Grand furent improvisées; elles vinrent d'une manière successive; car ce grand homme jugea que le temps, cet élément indispensable, devait avoir sa place dans les améliorations qui furent l'objet constant de ses pensées.

Ce prince méditait depuis long-temps la possession d'un port sur la Baltique; pour réaliser ce dessein, il fallait d'abord déclarer la guerre à la Suède : les circonstances paraissaient favorables, Pierre en profita. Un jeune prince, qui plus tard joua un rôle qui lui assure dans l'histoire une place si élevée, Charles XII, venait d'être appelé à la succession des Vasa. Il touchait à cet âge où le goût du plaisir et la dissipation remplissent la vie tout entière. Le czar, avant d'entreprendre des hostilités qui ne reposaient sur aucun motif plausible, argua des affronts que le comte d'Alberg lui avait fait souffrir lors de son dernier voyage en Livonie. Pierre avait été au reste précédé dans la lice par le roi de Danemarck. L'électeur de Saxe, Auguste, roi de Pologne, se déclara aussi l'ennemi de Charles XII, et le czar signa un traité d'alliance offensive et défensive avec le cabinet de Copenhague et celui de Varsovie (1699). Les Danois sont bientôt vaincus, et concluent la paix à Traventhal. Le général russe bloque Narva, où arrive en toute hâte le duc de Croï, Flamand qui a pris du service en Russie; il a sous ses ordres quelques officiers de génie et d'artillerie, et les deux régiments des gardes. Charles XII, qui a dégagé Riga assiégé par les Polonais, court au-devant des Russes au milieu des rigueurs du mois de novembre, et met en fuite un corps de troupes avancé. Le duc de Croï, rebuté par les ennuis dont l'abreuve le prince d'Olgorouky, commissaire de l'armée, se réunit avec ses officiers aux Suédois. Charles XII divise ces derniers en deux corps qui attaquent l'ennemi, formé lui-même de deux divisions distinctes. L'infanterie russe est mise en fuite; et Charles XII, à dix-huit ans, remporte à Narva une victoire éclatante : avec huit mille hommes il en bat trente-deux mille, et la ville de Narva fut délivrée. Quant aux prisonniers de guerre, le roi de Suède accorda la permission à la moitié de retourner chez eux. Cette défaite, qui laissait au pouvoir de Charles XII d'immenses magasins de vivres, et tout le pays ouvert jusqu'à Pleskou, produisit une profonde sensation dans l'empire. S'il faut en croire Voltaire, un évêque grec composa une prière à saint Nicolas, dans laquelle il déclare que « les enragés et épouvantables Suédois étaient des *sorciers.* » Au moment où cette funeste bataille fut livrée, Pierre-le-Grand était parti pour activer la marche d'un corps de troupes, et dans le but, dit-on, de conférer avec Auguste dans la ville de Novogorod, relativement au système de guerre qu'il voulait adopter. A la nouvelle du revers éprouvé par ses armes à la bataille de Narva, Pierre donne des ordres pour que des levées de soldats aient lieu; et, chez un peuple où l'amour de la religion est porté si loin, il n'hésite pas à faire fondre les cloches pour réparer les pertes que son artillerie a éprouvées. Tandis qu'il se prépare à la résistance la plus opiniâtre, il faut encore qu'il fournisse des subsides au seul allié qui lui reste, à Auguste, roi de Pologne et électeur de Saxe. Les sujets de ce prince, ennemis invétérés des Russes, frémissent de colère à la pensée de l'alliance qui existe entre leur souverain et Pierre; ils refusent de combattre, et Auguste ne peut plus compter que sur les troupes de son électorat. Le czar lui fournit de l'argent, des munitions et vingt mille hommes; il envoie des ambassadeurs aux nonces assemblés; il les supplie de ne pas abandonner leur roi : toutes les conquêtes qu'il pourra faire dans la Livonie il les restituera à la Pologne. Cette démarche reste sans résultat. Pierre fait en même temps construire une flotte, et crée une nouvelle armée; son activité est infatigable : on le voit tantôt à Voronège, à Pleskof, à Novgorodet à Moscou : pendant qu'il suit de l'œil les détails les plus minutieux, il n'oublie jamais de veiller sur l'ensemble. Si Charles XII se montre plein d'éclat et de grandeur; Pierre est rempli de bon sens et d'esprit de conduite. Le premier aurait dû profiter de l'abattement où la perte de la bataille de Narva avait plongé les Russes pour pénétrer au cœur de l'empire et amener sa ruine complète. Il semble que le héros suédois, n'appréciant pas l'importance d'un adversaire tel que Pierre-le-Grand, le tenait à dédain. Content de lui avoir donné une première leçon, il s'élance sur la Pologne comme sur une proie plus digne de lui. Ce royaume était livré à l'anarchie la plus sanglante; une partie des nobles refusaient toujours de combattre, l'autre détestait Auguste, et voulait à tout prix le forcer à descendre du trône. Ils invoquent la présence du roi de Suède; Charles XII triomphe des Saxons et des Russes réunis, et les expulse de la Courlande; mais rien ne peut abattre la constance des efforts de l'empereur. Grâce au général livonien Palkul, qui, d'ancien sujet de Charles XII était devenu son ennemi le plus ardent, le czar peut engager à son service une foule d'officiers allemands. Enfin, un an après la défaite de Narva le général suédois Schlipenbach est deux fois vaincu par le général russe Chérémef ou Schérémétef; Dorprat et Pernau sont les témoins de ses triomphes. Les Russes sont vainqueurs et ne forment cependant que le double des soldats de Charles XII; c'est alors que Pierre s'écrie : « Grâce à Dieu! nous » voici parvenus à battre les Suédois quand » nous sommes deux contre un; peut-être les » battrons-nous un jour à nombre égal. » A la suite du léger avantage obtenu à Pernau, la ville de Mariembourg ouvre ses portes aux Russes; une capitulation est signée : soit malentendu, bien excusable dans un pareil instant, soit dessein arrêté, le feu est mis aux magasins de la ville; les troupes du czar achèvent alors de tout livrer au fer et à la flamme, et ils font marcher devant eux les restes de cette population décimée.

Parmi ces malheureux se trouvait une jeune fille dont l'origine était inconnue; elle était dans ce moment attachée comme domestique au ministre luthérien du lieu, appelé Gluck.

on prétend que dans quelques jours elle devait être mariée à un trompette suédois. A la suite d'événements que l'histoire n'a pas enregistrés, elle passa dans les bras du général Bauer et dans ceux de Mentschikof, qui la céda plus tard à Pierre-le-Grand, lequel en fit sa maîtresse; puis l'éleva, comme sa compagne légitime, sur le trône. Le czar, après avoir été assez heureux pour voir ses troupes triompher des Suédois sur terre, vit encore ses soldats vaincre leurs terribles rivaux sur mer. En effet, ces derniers, après avoir défendu avec un courage admirable la ville de Notembourg, élevée dans une île du lac du Ladoga, et réduits au nombre de quatre-vingt-trois combattants, défilèrent devant les Moscovites. Notembourg fut depuis appelée par les Russes Schlusselbourg, c'est-à-dire *la clé*, parce qu'elle commande le cours de la Néva; enfin Pierre-le-Grand s'empara de Nieuchantz, qui lui assura enfin un port sur la Baltique. Le czar donna dans cette occasion l'exemple de l'intrépidité la plus rare, de même que son favori Mentschikof. Ce dernier avait commencé à vendre des gâteaux dans les rues; Pierre sut le deviner et se l'attacha en qualité de bombardier. Mentschikof, au moment de la prise de Nieuchantz, servait dans ce corps d'élite [1703]. C'est alors que Pierre, trouvant le territoire de Nieuchantz trop prolongé dans les terres, fit choix d'une île déserte, mais rapprochée du golfe; elle était envahie par des marécages : c'est là néanmoins qu'il résolut de jeter les fondements d'une seconde capitale, qui veillerait sur l'Europe comme Moscou veille sur l'Orient.

Tous les genres d'obstacles semblèrent se réunir pour combattre le projet du czar; mais ils ne furent, pour sa volonté, qu'un nouvel aiguillon. Les premiers ouvriers moururent emportés par des exhalaisons fétides; Pierre les fit remplacer par d'autres. Si l'intérêt ne pouvait les décider à braver le trépas, la force parvenait à les contraindre; ils se succédaient sur cette plage funeste comme des soldats soumis sur un champ de bataille. Il faut le dire, les cimetières furent peuplés long-temps avant la ville; puis lorsque des maisons eurent été construites, Pierre commanda à tous les hommes attachés à sa cour, aux artistes, aux marchands, et jusqu'aux artisans, d'accourir dans les murs de Saint-Pétersbourg : le maître avait commandé, on obéit. Pendant ce temps, que faisait Charles XII ? Il remportait en Pologne de nouvelles victoires sur Auguste, qu'il regardait comme son ennemi personnel. Les Russes, de leur côté, triomphaient des Suédois. Schérémetef s'empare d'Yama, assiége Dorprat, ou autrement Derpt ; un de ses lieutenants disperse une flottille de treize brigantins ; le feld-maréchal Ogilvi assiége Narva, se rend maître de Dorprat, et retourne au camp de Narva ; il enlève cette dernière place d'emblée. Les troupes veulent piller la ville ; Pierre en parcourt toutes les rues et blesse deux soldats ; il va ensuite à l'hôtel-de-ville où se presse une foule de magistrats et de bourgeois. Il leur montre son épée : « Elle n'est pas teinte du sang des » habitants, mais de celui de mes soldats, » que j'ai versé pour sauver le vôtre. » Ivangorod ouvre ses portes au czar ; mais celui-ci vole à Saint-Pétersbourg, et préserve cette nouvelle capitale dont il est lui-même le fondateur ; il met en fuite le général Kraniort près de la Sestra dans la Carélie, et fait construire comme défense, du côté de la mer, le fort Kronslot ; lui-même en a tracé le plan. Charles XII, toujours enfoncé dans la Pologne, écrase les troupes saxonnes à Klissova, à Poltavesk, et s'empare de Thorn, dans la Prusse polonaise ; il fait élire comme roi Jacques Sobieski. Ce dernier devient captif ; le choix des nonces tombe sur Stanislas Leczinski. Dans cette crise, le czar ne désespère pas de rétablir la fortune de son allié, l'électeur de Saxe, Auguste ; il lui donne de l'argent et des hommes, tandis qu'il songe à pénétrer au sein de la Livonie ; mais Schérémetef est battu par le Suédois Levenhaupt ; le czar mène lui-même de nouvelles troupes à Schémérelef ; et, au lieu de lui adresser des reproches, lui dit « qu'une prospérité continue rend les hom- » mes vains. » Les troupes de Charles XII battent alors en retraite ; les Russes s'emparent de Mittau.

Pendant que Pierre préparait ses soldats à la victoire, qui, un jour, devait assurer à ses sujets une prépondérance décisive sur les Suédois, il s'occupait à introduire parmi eux et avec une nouvelle activité les sciences et les arts de l'Europe, car il embrassait tout dans sa vaste pensée. Il appelait des hommes habiles, pour qu'ils tirassent un parti avantageux de tous les trésors que recèle le sein de la terre en Russie, il créait des universités, des gymnases, où des professeurs enseignaient les mathématiques et l'astronomie. Il fit venir aussi des cultivateurs, et commanda d'acheter, dans la Silésie et dans la Saxe, de nombreux troupeaux de moutons. Vers ce temps mourut le patriarche Adrien. Pierre, depuis le jour où le clergé grec avait pris la défense des longues barbes russes, était devenu son ennemi implacable ; comme je l'ai déjà dit, il ne nomma pas un nouveau patriarche, et dévolut les fonctions que jusque-là il avait remplies à un synode, dont il disposait en maître absolu. Comme tous les princes despotes, le czar manquait de mesure. Sans doute qu'il cherchait à retenir les prêtres dans de sages limites ; ce projet était sage, mais qu'il déversa le ridicule à pleine main sur toutes les habitudes de ses sujets, c'était les pousser au désespoir. Dans un repas qu'il donna pour célébrer le mariage de son premier bouffon, les hommes furent séparés des femmes ; on ne servit que des mets préparés suivant la vieille mode, et au lieu de vin, on but de l'hydromel. Pierre, se moquant des convives, leur disait : « C'est » ainsi que vos ancêtres buvaient ; les an- » ciennes coutumes sont toujours les meil- » leures. »

Le czar reçut bientôt la nouvelle que les habitants de la ville d'Astracan venaient de se révolter ; très-attachés à leur ancien costume national, ils objectaient, afin de repousser les vêtements nouveaux qu'on voulait leur imposer, qu'ils étaient d'une cherté excessive. Le gouverneur de la cité moscovite [1705], en réponse à cet argument, redoubla d'exigence et de sévérité. Aussitôt la nouvelle se répand que le czar médite une nouvelle réforme : il veut priver les Russes du droit de marier leurs filles et leurs sœurs il leur choisira pour époux les étrangers qu'il a appelés en Russie. C'est alors à qui massacrera au plus vite ses enfants ou ses sœurs; la ville est en proie à toutes les réjouissances que font naître tant d'unions contractées à la fois. Les Russes, au milieu de la joie des repas, se communiquent le mécontentement qu'ils ressentent. Le jeune Stenka, fils d'un strelitz, condamné naguère à mort, se met à la tête de la rébellion. Le gouverneur est tué; pareil sort atteint les étrangers; Schérémétef, suivi de quelques troupes, soumet les rebelles; trois cent d'entre eux sont livrés au dernier supplice dans les murs de Moscou. Auguste, qui voit le trône de Pologne occupé par Stanislas Leczinski, vient visiter Pierre-le-Grand à son camp près de Tekatni; ce prince lui confie une nouvelle armée russe. Mais à peine Charles XII a-t-il marché sur Grodno, que l'électeur bat en retraite sur la Saxe, où le roi de Suède le suit et lui impose la paix; l'électeur, de son côté, prend l'engagement de lui livrer Patkul, qui aurait dû être défendu par la qualité de conseiller privé de Pierre-le-Grand. Ce dernier est réduit à lever le siége de Vibourg; Mentschikof, de son côté, bat les Suédois à Kalisch. Le czar se rend dans la Pologne, pour y chercher de nouveaux ennemis à Charles XII; il redoute que ce prince, dont tous les mouvements sont si rapides, ne quitte la Saxe pour fondre sur la Russie. Il propose à son rival une paix avantageuse, par l'intermédiaire de Besseval, ministre de France en Saxe; le roi de Suède répond qu'il ne signera la paix que dans les murs de Moscou. « Mon frère Charles, reprit Pierre, veut faire » l'Alexandre, mais il ne trouvera pas en » moi un Darius. » C'est alors que le jeune monarque, n'écoutant que sa vengeance, fit rouer vif à Stockholm Patkul, dont le véritable crime était d'avoir défendu les droits politiques des habitants de la Livonie. Ce meurtre a couvert la mémoire du roi de Suède d'une souillure ineffaçable; car il viola tout à la fois et le droit des gens et l'humanité; mais ce forfait horrible Charles XII en subira l'expiation à Pultava.

Le roi de Suède touche au comble de l'orgueil. « Quelques coups de fouet, » dit-il, « en » voilà plus qu'il ne faut pour chasser non-» seulement de Moscou, mais du monde en-» tier, cette canaille russe. » Déjà il a franchi la Bérésina; au lieu de marcher droit sur la capitale, il s'enfonce dans l'Ukraine, où il compte sur un renfort de seize mille hommes, à la tête desquels s'avance un de ses généraux, Lovenhaupt. Pierre sent l'importance de détruire ce secours, qui peut rendre les Suédois invincibles; il rencontre Lovenhaupt à Lesno, sur les bords de la Soja [28 octobre 1708], une lutte sanglante s'engage aussitôt, et malgré le courage héroïque que développent les Suédois, ils sont vaincus; la bataille de Lesno, dit Pierre-le-Grand, a été la mère de celle de Pultava. La fortune se déclare contre le roi de Suède; Rozén, un de ses généraux, est battu à Dobro, par le feld-maréchal Galitzin; Charles XII lui-même est arrêté un instant par Gordon, au passage de la Desna. Il compte sur Mazeppa, l'hetman des cosaques ukrainois; ce renfort lui manque; toutes les chances d'un triomphe définitif passent du côté de Pierre; il offre cependant la paix à son jeune rival, se contentant de garder l'Ingrie et le port de Saint-Pétersbourg. Charles repousse avec hauteur de pareilles propositions; il est persuadé que, parvenues à Pultava, ses troupes trouveront des vivres en abondance. Il entre dans les murs de Gaditch; en vain commence à se montrer l'horrible hiver de 1709, il pénètre de plus en plus dans l'Ukraine, il est devant Pultava et l'assiége. Mentschikof fait pénétrer dans la ville, au moyen d'une fausse attaque, un secours considérable; à cette vue le roi de Suède s'écrie: « Nous avons appris aux Russes l'art de faire la guerre. » Le czar arrive bientôt, et de sa présence il enflamme le courage de ses troupes; il reçoit dans une bombe, qui n'est pas chargée, un billet, par lequel les assiégés le supplient de dégager la ville, parce qu'ils manquent de munitions. Pierre décide qu'il livrera bataille aux Suédois [27 juin 1709]. Charles XII a été blessé deux jours auparavant à la cuisse, par un coup de feu; on le place sur un brancard et il traverse tous les rangs pour rappeler à ses soldats leurs anciennes victoires. L'action commence, mais au bout de quelques heures les Suédois prennent la fuite. Charles XII, accompagné de Mazeppa et d'un certain nombre de cavaliers, est assez heureux de trouver un refuge sur le territoire ottoman. Le czar n'a plus rien à désirer ; il a vaincu à Pultava son ennemi le plus redoutable ; lui-même a donné l'exemple, son chapeau et la selle de son cheval de bataille sont percés de balles, et il se fait nommer sur le champ de Pultava major-général et contre-amiral. Il adresse ensuite à ses soldats une proclamation où se trouve ce passage : « Je » vous salue, enfants les plus chers de mon » cœur ; ô vous que j'ai formés à la sueur » de mon front ; enfants de la patrie, et qui » lui êtes aussi indispensables que l'âme au » corps qu'elle anime. » Il écrit à Apraxin : « Grâce au ciel, voilà la pierre fondamentale » de Saint-Pétersbourg solidement fondée, » je crois que nous en resterons les maîtres, » ainsi que de son territoire. » Cette prédiction du grand homme a été réalisée par les événements.

Du jour de la victoire de Pultava, les destinées de l'empire russe ont été accomplies. Pierre a terminé la partie la plus difficile de son œuvre ; Saint-Pétersbourg va désormais s'élever centre d'un nouveau cabinet européen. Sans doute la rouille de la barbarie, attachée depuis tant de siècles aux populations slaves, ne disparaîtra pas tout-à-coup, mais du moins elle commencera à s'effacer. Étudions seulement Pierre-le-Grand depuis le jour où il forma les deux premiers régiments des gardes à Préobragenskoi : sa vie alors dépendait de sa sœur Sophie et de son ministre Galitzin. Le jeune prince échappe à ce péril si pressant et monte sur le trône : à sa voix s'organisent des troupes régulières ; l'ignorance, ce fléau de l'humanité, disparaît ; les arts et les sciences versent sur la Russie leurs trésors ; les mœurs et les coutumes sont changées : tout s'améliore et se renouvelle. Pendant que Pierre restaure ses immenses États, il faut qu'il remplisse une autre tâche encore plus impérieuse, encore plus sacrée ; il faut qu'il combatte pour l'indépendance nationale. Ce n'est pas un prince ordinaire qu'il doit vaincre, c'est un jeune héros chez lequel l'ardeur de la guerre s'est convertie en habitude de tous les jours : il a besoin de se battre comme d'autres de respirer. Pierre ne recule pas devant tous les dangers qui le menacent ; il possède l'instinct de la politique comme l'énergie du commandement ; il sait où se trouvent ses alliés naturels, et, quoique attaqué lui-même, il leur prodigue des secours en hommes et en argent. Charles XII se laisse tantôt entraîner par l'ambition des conquêtes, tantôt par la haine qu'il porte à certains hommes, et il semble, par intervalle, perdre jusqu'au souvenir de la Russie. Le czar profite de ces délais pour développer les forces militaires de son empire. Il n'ignore pas que parmi les modernes, la guerre ne tient pas seulement au courage personnel ; qu'elle exige des armes, de l'artillerie, des vivres, des ressources en tous genres : ces ressources, il les entasse et les accumule, pour que rien ne lui manque lorsque l'occasion lui sera favorable. Plein d'espérance dans la victoire qu'il a préparée, i préfère cependant une paix avantageuse ; i. l'offre à son rival et le supplie de l'accepter. Mais l'orgueil de Charles XII se révolte : il est dans l'impuissance de devenir triomphateur, et il déploie une insolence, un orgueil, qui sont tout au plus permis le lendemain de la victoire ; il se place enfin en dehors de la ligne du bon sens, du bon sens, ce grand maître de la vie. Pierre se résigne au sort des armes ; cette sagesse dont il fait preuve comme homme politique, il la montrera comme guerrier. Le grand jour de Pultava se lève, il pulvérise Charles XII, et la Suède est rayée de la liste des grandes puissances. Les écrivains modernes, égarés par une fausse philosophie, ont refusé de rendre à Pierre-le-Grand la justice qu'il mérite : ils n'ont été frappés que des moyens dont il s'est servi, oubliant l'utilité du but ; ils n'ont pas songé qu'un prince tout-à-fait civilisé aurait été incapable de régénérer l'empire ; car il aurait repoussé avec horreur les instruments qui devaient opérer une pareille réforme. En définitive, si la Russie était restée nation orientale, elle se trouverait dans l'état où languit maintenant la Turquie. Je reprends la suite du règne de Pierre. Le gain de la bataille de Pultava, qui allait assurer à ce prince une influence décisive sur le nord de l'Europe, n'enorgueillit pas la haute raison du czar : s'il avait beaucoup fait, il lui restait à faire encore davantage pour porter à leur dernier terme ses desseins. Il fit remettre aux principaux officiers suédois leurs épées, et voulut qu'ils prissent place à sa table. « Je bois, » leur dit-il, « à la santé de mes maîtres dans l'art » de la guerre. Cet hommage une fois rendu » à la valeur malheureuse, la plupart de ces » maîtres, du moins tous les officiers subal- » ternes et les soldats furent bientôt envoyés » en Sibérie (1). » Cette sévérité déplorable fut provoquée par Charles XII, qui refusa un cartel entre son armée et les troupes impériales. Les ambassadeurs des autres puissances prodiguèrent au czar les félicitations les plus empressées : le cabinet de la Grande-Bretagne traita le vainqueur de Pultava de très-haut et très-puissant empereur; la Hollande républicaine lui prodigua tous les titres que renferme le protocole des cours. Sur ces entrefaites, Pierre propose de nouveau la paix au roi de Suède, qui la repousse avec hauteur. Ce prince, qui a trouvé un refuge sur le territoire ottoman, espère soulever le sultan et son peuple contre le monarque russe. Plus la fortune de Charles XII est misérable, plus son caractère se montre altier ; ses rêves de vengeance et d'ambition montent jusqu'à la folie. Il n'est plus que le premier des aventuriers, tandis que son vainqueur se montre le plus politique des princes ; la victoire qu'il a obtenue à Pultava, il la fait tourner aussitôt au profit de sa fortune. Il paraît à Thorn, à Marienbourg, et signe un traité d'alliance offensive et défensive avec la Pologne, la Prusse et le Danemarck. Le blocus de Riga est entrepris; il ordonne qu'on construise à Saint-Pétersbourg un vaisseau de cinquante-quatre canons surnommé le *Pultava*, et il vole à Moscou ; où une entrée triomphale est préparée à ses troupes (1710). Les habitants de la ville sainte voient passer devant leurs yeux les drapeaux conquis sur les Suédois, et le brancard sur lequel Charles XII se fit porter sur le champ de bataille et qu'un boulet de canon a fracassé. Ces débris glorieux électrisent toutes les âmes : c'est le czar qui a pris toutes les dispositions militaires à la bataille de Pultava; il est le vainqueur de Charles XII, et néanmoins il ne se présente au milieu de tant de trophées, que comme général major; il tient seulement la place occupée en France par un simple maréchal de camp. Ses lieutenants sont inspirés de son esprit : Schérémétef s'empare de Riga, de Dünamund, de Pernof, de Kexholm ; Arensbourg, Revel tombent au pouvoir des Russes ; la Livonie, l'Ingrie et la Carélie leur appartiennent désormais. Le czar donne en mariage l'une des filles de son frère Ivan au duc de Courlande. Sur ces entrefaites, Charles XII décide Achmet III à porter la guerre en Russie, et le sultan renonce, le 20 novembre 1710, à la trêve de vingt-cinq ans signée par son prédécesseur, et que lui-même a reconnue. Le czar n'est pas pris à l'improviste ; il est parvenu à organiser soixante-quatorze régiments d'infanterie et vingt-quatre de cavalerie, et il compte plus de soixante mille soldats épars dans les garnisons.

Mais avant d'aller combattre les Turcs et de partir pour la campagne du Pruth, il épouse sa maîtresse Catherine, cette jeune fille tombée entre les mains des Russes, lors du sac de Marienbourg ; il en avait déjà eu deux filles, *Anne* et *Élisabeth*, destinées plus tard à monter sur le trône. Catherine, leur mère, jusqu'au jour de son mariage, n'avait occupé aucun rang à la cour. Endurcie dès ses plus jeunes ans contre l'inclémence des saisons, elle suivait constamment Pierre à l'armée et dans ses voyages ; elle ne le quittait pas, même lors qu'il navigait ; elle le soutenait au milieu de ses inquiétudes et de ses travaux, et quelquefois même lui inspirait des résolutions utiles. Cette femme, née dans les derniers rangs, avait une sorte de génie qui l'avait rendue si indispensable au czar, qu'il la plaça sur le trône à ses côtés. Pierre quitte la Russie avec Catherine le jour même de leur mariage, et tous deux se dirigent sur la Pologne. L'empereur s'assure ensuite, comme alliés, les hospodars de la Moldavie et de la Valachie, puis il va se mettre à la tête de ses soldats. Ceux-ci ont déjà passé le Danube, afin de surprendre les ma-

(1) Voltaire.

gasins des Turcs établis sur les bords d'une rivière appelée Sireth. Une nouvelle désastreuse pénètre bientôt dans les rangs de l'armée ; les Turcs, affirme-t-on, ont franchi le Pruth. Cette nouvelle, qui était fausse, glace de terreur les Moscovites ; ils sont incapables d'opposer la plus légère résistance, et les Ottomans effectuent un passage qui ne leur est plus disputé. Le grand visir qui les commande réussit à intercepter toute communication entre le corps de l'armée impériale du czar et un autre corps considérable. Bref, les soldats de l'empereur se trouvent renfermés dans les marais qui bordent le Pruth. Il leur est impossible d'aller au fourrage et de recevoir des vivres ; ils ont perdu en outre tout espoir de retraite ; enfin ils se trouvent exposés au feu de quarante-huit batteries qui menacent de les écraser. Une foule d'escarmouches détruisent les Russes en détail ; ceux que le fer ou l'artillerie n'atteignent point sont dévorés par le climat. Pierre n'a plus de cavalerie ; il adresse une dépêche aux sénateurs : s'il est pris, elle leur servira de procuration ; s'il est tué, elle leur fera connaître ses dernières intentions. Il leur recommande, s'il n'est plus destiné à les revoir, de continuer les réformes qu'il a entreprises ; ils peuvent même, au besoin, lui donner un successeur. S'il est fait prisonnier, et que le désir d'être rendu à la liberté l'entraîne à leur dicter des ordres contraires à la splendeur de la Russie, ces ordres, qu'ils les repoussent ; telle est sa volonté expresse. Cette dépêche si héroïque arrive entre les mains des sénateurs.

Pierre cache sa douleur au fond de sa tente ; il est bientôt en proie à d'horribles convulsions ; le péril cette fois est au-dessus de ses forces. Pendant qu'il désespère de la fortune de la Russie, Catherine, trompant la vigilance des gardes, arrive jusqu'à son époux, et elle relève son courage chancelant par des conseils entremêlés de caresses. « Le » présent, » lui dit-elle, « n'est pas sans » ressources et l'avenir sans espérance ; qu'il » s'en rapporte à son amour, et elle obtien- » dra la paix. » Le czar, subjugué par tant de présence d'esprit et par des preuves d'une tendresse aussi vive, s'abandonne aux inspi-

rations de Catherine ; elle se dépouille aussitôt de l'argent et des bijoux qu'elle possède ; son exemple est suivi par les principaux officiers de l'armée : à l'aide des trésors qu'elle a réunis, elle peut obtenir une audience du grand-visir. Schérémetef écrit aussitôt une lettre au général en chef des Ottomans, afin qu'il donne la promesse d'une capitulation. Tandis que les Russes invoquent la paix, ils prennent les dispositions les plus énergiques, dans le cas où une réponse favorable ne leur serait pas faite sur-le-champ. Le grand-visir recule devant un combat à mort, car les Russes sont condamnés à vaincre ou à se faire tuer sur place ; il accorde une suspension d'armes. Mais une difficulté s'élève ; il veut qu'on abandonne à sa vengeance l'hospodar de Moldavie : c'est alors que Pierre fait entendre ces mémorables paroles : « J'abandonnerai plutôt aux Turcs » tout le terrain qui s'étend jusqu'à Kursk, » il me restera l'espérance de le recouvrer ; » mais la perte de la foi est irréparable, je » ne puis la violer. Nous n'avons en propre » que l'honneur ; y renoncer c'est cesser » d'être monarque. » Le grand-visir se rendit à ces nobles sentiments, et, au bout de deux jours, il accorda un traité de paix aux conditions suivantes : Pierre devait restituer la ville d'Azof et raser tous les travaux maritimes ou de fortifications entrepris sur les bords de la Mer-Noire.

Cependant Charles XII, retiré à Bender, accourt en toute hâte : le bruit est venu jusqu'à lui que le grand-visir veut accorder la paix aux Russes. Mais cette paix est déjà signée ; alors le roi de Suède, cédant à sa fureur, accable d'outrages le général en chef de l'armée ottomane. Ce dernier argumente de sa religion ; « elle enseigne qu'on doit être indulgent » pour son ennemi vaincu. — Mais, re- » prend Charles, pourquoi n'avoir pas fait » prisonnier l'empereur et ses soldats ? — Si » j'avais pris le czar, reprend le grand-visir, » qui aurait gouverné son empire ? Il n'est pas » bon que tous les rois sortent de chez eux. » A ces mots Charles XII déchire de ses éperons les vêtements du visir, et s'éloigne. En dernière analyse, Pierre est dépouillé d'Azof, de Tangarock ; les chantiers de construction qu'il a élevés sur les bords de la Mer-Noire, ces flottes, ces vaisseaux, objets de sa prédilection la plus chère, tout est livré aux Turcs; mais le courage d'esprit lui reste. Il calcule les ressources immenses de son empire; Pultava l'a relevé de sa défaite de Narva; il s'en remet au temps et aux occasions, et prendra à propos sa revanche. L'influence qu'il a perdue au midi, il va tenter de la reconquérir dans le nord de l'Europe.

Sorti avec tant de bonheur d'un péril aussi imminent, Pierre donna en mariage à son fils Alexis une princesse de Volfenbuttel. Vers la même époque, un frère de Catherine, qui était plongé en Saxe dans la plus profonde misère, vient demander à la cour de Russie du pain et un refuge. L'empereur, loin de le repousser, l'accueille avec bonté, et prépare sa reconnaissance avec l'impératrice de Russie. Ces événements de famille ne le détournent pas du soin des affaires publiques; ses armées obtiennent toujours des succès en Pologne; il veut rétablir sur le trône l'ancien roi Auguste. Les troupes de Pierre mettent en fuite quinze cents Suédois qui suivent le parti de Stanislas, alors sur le trône de Pologne. Ce prince, jugeant sa position, réunit les généraux de Charles XII occupés à défendre la Poméranie; il leur annonce « qu'il est prêt à sacrifier sa couronne et ses » propres intérêts à la conservation de la per- » sonne sacrée de leur roi : ne voyant pas » humainement d'autres moyens de le retirer » de l'endroit où il se trouve. » Stanislas se rend ensuite en Turquie auprès du roi de Suède. Pierre réorganise son armée et se dispose à de nouvelles conquêtes; ses alliés s'emparent de plusieurs villes en Poméranie; et quoiqu'il leur ait envoyé récemment des troupes et de l'artillerie, ils refusent de l'admettre au partage. Il apprend que le général suédois Steinbach s'avance dans le duché de Mecklembourg; il s'attache à ses pas. Une distance d'une lieue sépare l'empereur du roi de Danemarck. Ce prince, sans vouloir attendre Pierre, engage une bataille à Gadebusch contre Steinback. Ce dernier l'écrase et livre aux flammes la ville d'Altona. L'empereur poursuit le général suédois dans le Jutland, et devient maître de Fréderiestadt. Steinback se réfugie dans Tonningen, où il capitule [1712-1713]. Enfin le czar, aidé par les soldats de sa flotte, s'empare de la Finlande. Les gentilshommes russes, reculant en présence des périls de tant de guerres, ne négligent aucuns moyens d'échapper au recrutement; l'empereur rend une loi par laquelle tout noble, à partir de dix à trente ans, qui ne fera pas inscrire son nom sur les registres consacrés à l'inscription militaire, sera dépouillé de tous ses biens. Cette disposition sévère fait entrer dans les rang de l'armée un grand nombre de gentilshommes; car, suivant la loi du czar, ils peuvent être dénoncés par leurs esclaves, qui, dans ce cas, deviennent l'héritier de leurs domaines. Pierre-le-Grand triomphe à Angout des forces navales des Suédois [1715]; Stockholm tremble, et la cour se sauve à Drotningolm. A la suite de tant de victoires, Pierre voulut que ses armées de terre et de mer fissent une entrée solennelle dans les murs de Saint-Pétersbourg. Le czar, dans cette cérémonie comme dans toutes les autres qui l'avaient précédées, marchait au rang que comportait son grade. Le prince Fédor Ramodanousky remplissait alors le rôle de l'empereur; il en portait tous les insignes. Il ordonne au *contre-amiral Pierre* de lui décrire la bataille d'Angout, et le crée vice-amiral pour le courage dont il a fait preuve dans cette mémorable occasion. Un peuple aussi simple que les Russes pouvait seul se laisser prendre à un pareil compérage. Pour achever, au reste, de faire connaître au lecteur qu'elles étaient, même dans le dix-huitième siècle, les mœurs des Moscovites, j'entrerai dans quelques détails relatifs au prince Ramodanousky, le Sosie de Pierre. Conduisait-on en sa présence un accusé : « Il faut bien que tu sois coupable, puisqu'on t'amène ici ; » et, en vertu de cette logique, qui est encore à l'usage de certains magistrats, il faisait appliquer à un homme simple prévenu, les tortures les plus effroyables; il jugeait seul et sans appel. On rencontrait, dans son antichambre, un ours qui offrait aux personnes qui entraient, une tasse pleine d'eau-de-vie mélangée de poivre. Un sentiment de terreur saisissait tous

ceux à qui une pareille offrande était faite ; alors l'ours *mal léché* déchirait les vêtements des visiteurs. Un jour Ramodanousky voulut envoyer au dernier supplice, et comme *sorcier*, un mathématicien qui avait accusé juste le nombre de briques qui composaient un tas d'une certaine dimension. Il faut avouer que le czar n'avait pas choisi un représentant qui lui faisait grand honneur. Pierre, après que la cérémonie relative à sa nomination de vice-amiral eut été achevée, dit au peuple : « Enfin notre tour est venu ; si vous me se-
» condez dans mes entreprises, si vous joi-
» gnez les travaux à l'obéissance. Les trans-
» migrations des sciences peuvent se compa-
» rer à la circulation du sang. J'espère
» qu'abandonnant un jour l'Allemagne, la
» France et l'Angleterre, elles s'arrêteront
» quelques siècles parmi nous pour retour-
» ner dans la Grèce, leur ancienne patrie. »

Charles XII, revenu dans ses États, assiégeait Fredérickshald en Norwège, lorsqu'il fut tué par une balle. Cette mort, qui avait fait naître les plus étranges soupçons, sauva l'Europe d'une révolution que le baron de Gœrtz avait concertée avec le cardinal Albéroni, ministre principal du roi d'Espagne. Par un changement inouï, Charles XII avait oublié la haine qu'il portait au czar, et ces deux princes, unissant leurs intérêts, devaient se montrer à l'avenir de fidèles alliés. Le baron de Gœrtz, le ministre si habile de l'ancien roi de Suède, de ce héros indomptable, fut condamné au dernier supplice, qu'il subit sur la place de Stockholm.

L'enchaînement des faits relatifs aux réformes et aux guerres m'a empêché jusqu'ici d'accorder à un événement arrivé dans la famille du czar la place qu'il réclame. Pierre avait eu de son mariage avec Eudoxe un fils appelé Alexis ; ce jeune prince, élevé loin de son père, dont tous les instants étaient consacrés aux affaires publiques, à des voyages lointains, ou à des expéditions militaires, avait en horreur toute espèce d'innovations. Le tsarévitch, entouré de popes ou prêtres grecs, était entretenu dans les espérances les plus coupables ; « l'empereur ne vivrait pas toujours,
» et son fils rendrait à la Russie les institutions
» qui pendant tant de siècles avaient fait son
» bonheur. » Alexis, d'un autre côté, portait une haine profonde à Catherine, qui, du sein de l'abjection, était devenue la compagne légitime du maître de la Russie. Cette femme avait donné deux enfants au czar, elle devait donc tout employer pour voir placer sur leurs têtes la couronne impériale. Enfin, le tsarevitch préférait les douceurs du repos à toutes les agitations de la guerre ; dépourvu d'activité, il était incapable de continuer les hautes pensées de Pierre. Ce dernier s'indignait de l'héritier qu'il laisserait à son vaste empire, et comme sous le despotisme tout est permis, le czar, au mépris de l'ordre successif, avait menacé son fils de le faire renfermer dans un couvent ; mais lui-même répugnait à un parti aussi extrême. Pierre, qui avait commencé par les fonctions les plus humbles de la milice, créa le jeune prince sergent des gardes ; plus d'une fois il l'emmena dans les camps, plus d'une fois même il lui confia, pendant ses longues absences, la direction de l'État. Mais rien ne pouvait tirer le tsarevitch de son apathie ; il lui fit alors entreprendre des voyages dans l'Europe et lui donna pour femme, comme je l'ai déjà dit, la princesse de Volfenbuttel-Brunswick, belle-sœur de l'empereur d'Allemagne Charles VI. Cette union ne fut pas heureuse : Alexis avait l'esprit borné ; ainsi que tous ses contemporains il était brutal, et quoique religieux, il se prit d'amour pour une paysanne finnoise. Il eût cependant de la princesse allemande qu'il avait épousée une fille et un fils ; puis, sa femme, accablée de douleur, rendit le dernier soupir au bout de quatre années de mariage. De nouveaux sujets de mécontentement éclatèrent bientôt entre le tsarevitch et son père : ce dernier lui adressa une lettre dont je vais placer une partie sous les yeux du lecteur. « Vous savez, » lui disait-il, « et tout le monde sait avec vous, quels
» maux les Suédois ont faits à la Russie.....
» Vous savez combien de temps et de peines
» il nous a fallu pour apprendre l'art mili-
» taire ! Nous faisons enfin trembler l'en-
» nemi qui nous a fait trembler nous-mêmes.
» Mais ces grands avantages me causent
» moins de joie que de douleur, quand je

» vois que vous, mon fils, vous rejetez tous
» les moyens de vous rendre capable après
» moi..... Vous ne pouvez même entendre
» parler de ces hautes entreprises. Je ne vous
» demande pas de faire la guerre sans de
» justes motifs, mais je vous demande d'en
» apprendre l'art, car il faut au moins qu'un
» souverain sache défendre son pays....
» Vous vous excusez sur la délicatesse de
» votre tempérament : ce sont moins les
» forces et les fatigues qui produisent de
» grands effets que la volonté. Je suis homme
» et mortel, à qui laisserai-je le soin de con-
» server et de finir ce que j'ai commencé?
» Combien de fois vous ai-je exhorté? com-
» bien d'autres vous ai-je puni? et combien
» n'ai-je pas laissé écouler d'années sans que
» je vous aie fait aucun reproche? Il semble
» que vous ne trouviez de plaisir qu'à rester
» dans vos appartements, abandonné à l'oi-
» siveté et à la mollesse, qui a seule le pou-
» voir de vous plaire, et ce dont vous devriez
» rougir..... Il est temps de vous marquer
» enfin ma dernière résolution. Je veux bien
» encore attendre quelque temps pour voir
» si enfin vous vous corrigerez, sinon je vous
» exclurai de ma succession, comme on re-
» tranche un membre gangrené..... Parce
» que je n'ai pas d'autres fils, n'allez pas
» croire que ma menace sera vaine. Je n'é-
» pargne pas ma propre vie pour la prospé-
» rité de ma patrie et le bonheur de mes
» sujets, *pourquoi épargnerais je la vôtre*,
» dont vous ne voulez pas vous rendre digne?
» je laisserais plutôt mon trône à un étran-
» ger qui mériterait cette faveur qu'à mon
» fils qui dédaigne tous les devoirs de la
» royauté. »

Alexis, dans la réponse qu'il adresse à son père, convient que son esprit comme son corps sont abattus; il se sent lui-même incapable de gouverner : son père peut donc lui ôter la couronne, il ne la réclamera pas; mais il le supplie de ne point retirer son affection à ses petits-fils. Pierre lui répond :
« Je remarque que vous ne parlez que de la
» succession au trône, comme si je vous
» avais demandé votre consentement pour
» *une chose qui dépend de moi seul*. Je vous
» ai témoigné mon mécontentement de votre
» conduite, et vous passez sous silence cet
» objet, quoique ce soit celui sur lequel je
» vous ai le plus expressément demandé une
» réponse; je vois par là que les exhortations
» de votre père ne vont pas jusqu'à votre
» cœur, c'est pour cela que j'ai résolu de
» vous écrire une fois encore : ce sera *la*
» *dernière*. Si moi vivant, vous dédaignez
» mes conseils, comment les respecterez-
» vous quand *je ne serai plus?* est-il possi-
» ble de compter sur vos serments? Quand
» vous seriez résolu à présent de tenir vos
» promesses, ces grandes barbes (1), qui
» vous tournent à leur gré, vous y feraient
» manquer. Je ne vois pas en vous cette af-
» fection que vous devez à un père. L'avez-
» vous aidé dans ses travaux, dans ses fati-
» gues, depuis que vous êtes parvenu à l'âge
» de raison? non sans doute, et tout le
» monde le sait. Au contraire, vous impron-
» vez et calomniez tout le bien que j'ai fait
» au détriment de ma santé, car je l'ai alté-
» rée par amour pour mes sujets et pour leur
» prospérité. J'ai de justes raisons de croire
» que si vous me survivez, vous renverserez
» tout. Je ne puis vous abandonner à vos
» caprices : changez de conduite, rendez-
» vous digne du trône ou entrez dans un
» monastère. La pensée de ce que vous êtes
» me trouble, surtout à présent que ma
» santé s'affaiblit. Faites à cette lettre une
» réponse par écrit ou de vive voix; si vous
» ne le faites pas, *je me conduirai envers*
» *vous comme envers un malfaiteur.* »
Le fils du czar lui répond le lendemain :
« J'ai reçu hier votre lettre : ma mauvaise
» santé m'empêche de faire une longue ré-
» ponse. Je veux prendre l'habit monastique,
» et je demande pour cela votre consente-
» ment. » Pierre déclare qu'avant d'adopter aucun parti définitif, il accorde à son fils un délai de six mois; au bout de ce temps, il adresse à Alexis une nouvelle lettre, pour qu'il lui indique, dans le cas où il renoncerait au monde, le couvent où il prononcera ses vœux. Mais le tsarevitch demande à aller rejoindre son père à Copenhague. A peine a-t-il franchi la Russie, qu'il

(1) Les Raskolniki.

court à Vienne se placer sous la protection de l'empereur Charles VI; il part ensuite pour Naples. Pierre, à cette nouvelle, se livre aux plus étranges emportements, et il confie au capitaine des gardes Romenzof et au conseiller privé Tolstoï une lettre pour son fils, dans laquelle on trouve le passage suivant : « Me craignez-vous? *Je* » *vous assure et je vous promets, au nom* » *de Dieu et par le jugement dernier,* » *que je ne vous ferai subir aucune pu-* » *nition*, et je vous aimerai même encore » plus qu'auparavant si vous vous soumettez » à ma volonté et si vous revenez ici. » Le tsarevitch veut rester à Naples, mais le vice-roi hâte son départ. Arrivé à Moscou, on lui demande son épée et on le mène en présence de son père; là, devant tous les grands de l'empire, il remet au czar un écrit où il demande pardon de son *crime*. Le czar lui commande de renoncer au trône : Alexis le jure par la *divine Trinité* et par le *jugement de Dieu*, et il tient pour héritier du sceptre le tsarevitch Pètre Petrovitch, son frère. Tous les spectateurs de cette scène étrange se rendent ensuite au pied des autels, où, sous la foi du serment, ils prononcent l'exclusion d'Alexis, tandis qu'ils promettent à Pètre une fidélité inviolable. Le malheureux fils d'Eudoxe est traîné à Préobragenskoï; bientôt on l'accable de questions. « Dans le temps de la grande maladie de » l'empereur, personne n'a-t-il fait d'offres » de service au tsarevitch, au cas que son » père vînt à mourir? La demande qu'il a » faite d'entrer dans un monastère était-» elle sincère? Qui la lui a conseillée? » A qui s'en est-il ouvert? Y a-t-il long-» temps qu'il a projeté sa fuite? Avec qui » en a-t-il conféré de bouche ou par écrit? » De qui a-t-il reçu les secours nécessaires » pour l'effectuer? » Alexis, abandonné à lui-même, fait des aveux; on les trouve insuffisants; on lui en demande de nouveaux, il dénonce alors ses amis, ses partisans : il pouvait donc croire à son salut. Mais Pierre ne s'arrête pas dans la route où il est entré, il appelle autour de lui et les juges et les prêtres, il accuse enfin son fils d'être aussi coupable qu'*Absalon*. Les prêtres russes rendent leur réponse : elle est remplie de citations empruntées à la Bible et aux saints pères et est terminée par ces mots : « Le » cœur du souverain est dans les mains de » Dieu; qu'il choisisse le meilleur parti. » Les juges civils procèdent à de nouveaux interrogatoires; Alexis entre alors dans une multitude de détails; ce ne sont pas des crimes, ce sont de purs enfantillages qu'il confesse : ainsi à son retour d'Allemagne il s'est blessé à la main, pour ne plus dessiner en présence de son père. Un jour il a dit à un de ses confidents : « Il viendra un jour où, dans » l'absence de mon père, je dirai un mot à » l'oreille des évêques, ceux-ci le rediront aux » popes (prêtres), qui le rediront à leurs pa-» roissiens, et l'on me placera sur le trône » malgré moi. » Les juges condamnèrent à mort, et sur d'aussi futiles dépositions, le malheureux Alexis : le lendemain il rendit le dernier soupir. Cette mort si rapide est-elle due au czar? A-t-il fait empoisonner son fils? Terrible question, et qu'il est impossible de résoudre. Mais le tsarevitch ne fut-il mort que par suite de la terreur qu'il éprouva, une terrible responsabilité peserait sur la mémoire de Pierre; c'est lui qui a précipité son fils dans les fers, c'est lui qui l'a fait juger : voilà un reproche auquel ne peut échapper sa mémoire, et ce reproche sera répété de siècle en siècle. D'un autre côté, quand on songe à l'esprit étroit d'Alexis, aux maux qu'il aurait attirés sur l'empire, la source des larmes se tarit, car enfin, les Russes auraient été les premières victimes de l'imbécillité du fils d'Eudoxe. Je termine au reste ce déplorable récit par une citation empruntée à deux historiens modernes (1). Bruce, dans ses mémoires, s'exprime ainsi : « Le jour suivant (lendemain du jugement, » 7 juillet), sa majesté, accompagnée de » tous les sénateurs et évêques, se rendit au » château, et entra dans la partie qui servait » de prison au tsarevitch. Peu de temps » après, le maréchal Veide sortit et m'or-» donna d'aller chez M. Béar, droguiste, » dont la boutique était près, et de lui dire

---

(1) Esneaux et Chennechot, tome IV, page 431, Histoire philosophique et politique de la Russie.

» de faire la potion forte (*strong potion*), » qu'il avait lui-même ordonnée, attendu » que le prince était très-mal. A l'audition » de mon message, M. Béar pâlit, la frayeur » le saisit; son état de trouble me surprit, » au point que je lui en demandai le sujet; » mais il ne put me répondre. Sur ces entre- » faites, le maréchal arrive dans le même » état que le droguiste, lui reprochant de » n'avoir pas été plus expéditif, le prince » étant dans une attaque d'apoplexie; aussi- » tôt le droguiste lui donna une coupe d'ar- » gent, avec son couvercle; le maréchal » l'emporta lui-même, chancelant comme » un homme pris de boisson. Une demi-heure » après, le czar se retira dans la contenance » la plus triste, avec toute sa suite; sur-le- » champ le maréchal m'ordonna de rester » dans l'appartement du prince, et, en cas » de quelque accident, de l'en avertir. J'y » trouvai deux médecins et deux chirurgiens » de quartier, avec lesquels je dînai de ce » qui avait été servi pour le dîner du tsare- » vitch; on ne tarda pas à appeler les pre- » miers pour aller auprès du prince, qui tom- » bait de convulsions en convulsions. Il » expira à cinq heures après midi... On ré- » pandit qu'à la lecture qui lui fut faite de » sa sentence de mort, la frayeur l'avait fait » tomber en apoplexie, et qu'il était mort. » Très-peu de personnes crurent à cette mort » naturelle, mais il était dangereux de dire » ce qu'on en pensait. Les ministres de l'em- » pereur et celui de Hollande furent quelque » temps exilés de la cour, pour avoir parlé » trop librement à cette occasion. » Voltaire, qui a écrit un panégyrique plutôt qu'une histoire véritable du czar, n'a pu cependant refuser à sa malignité naturelle un trait dont on comprend aujourd'hui toute la portée. « Ce qui est certain, dit-il, c'est que son fils » (le fils de Pierre) mourut dans son lit, le » lendemain de l'arrêt, et que le czar avait à » Moscou *une des plus belles apothicaire-* » *ries de l'Europe.* »

La mort d'Alexis ne désarma pas la féro- cité du czar, et tous ceux que son fils avait dénoncés subirent les supplices les plus cruels; ils appartenaient aux plus hauts rangs. C'é- tait un Viazemski qui avait donné le conseil au czarévitch de se retirer dans un monastère ou de s'enfuir en pays étranger; c'était Dol- goronki, qui avait dit à Alexis : « Je vous » ai sauvé de la hache du czar; s'il n'avait » pas avec lui la czarine (Catherine) per- » sonne n'y pourrait tenir, et moi, tout » le premier, j'irais m'enfermer dans Stet- » tin. » Pierre envoya encore à la mort Alexandre Serqueïef pour avoir avancé « que » l'empereur ne vivrait pas encore cinq ans. » Par un bonheur extrême, le moine qui avait répondu à Alexis s'accusant dans le tribunal de la pénitence de désirer la mort de son père : « Dieu vous pardonnera; nous le sou- » haitons aussi; » par un bonheur extraor- dinaire, ce moine ne voulut jamais déclarer à quelle personne il avait fait allusion par ces mots : *Nous la lui souhaitons aussi;* car, suivant la remarque de Lévesque : « Que » le confesseur Jakof eût nommé ceux qui » souhaitaient la mort du czar ou qui appe- » laient le czarevitch *l'espérance de l'État*, » et que ceux-ci en eussent déclaré d'autres » à leur tour; il semble que les bourreaux » auraient manqué pour le supplice des cou- » pables; des flots de sang auraient coulé » en Russie, si tous les accusés avaient été » aussi faibles qu'Alexis. » Pierre, après avoir contribué à la mort de son fils Alexis, déshonora Eudoxe, la mère du czarevitch. Bientôt l'empereur fait répandre la nouvelle que sa compagne a quitté le couvent de Souzdal, et qu'elle est depuis neuf années la maîtresse et la fiancée du général-major Glébof. Tous deux ont eu pour complices Dosiphei, archevêque de Rostof; Kikin, procureur du monastère de Souzdal. L'ar- chevêque de Rostof, le confesseur d'Eu- doxe, sont condamnés à être rompus; on empale le malheureux Glebof. Quant à Eu- doxe, elle fut fouettée par deux religieuses, et renfermée dans un nouveau couvent.

On dénonce au czar Apraxin, Mentschi- kof, qui se sont livrés aux exactions les plus épouvantables : au lieu de verser leur sang, il ne leur impose que des restitutions bien au-dessous des rapines dont ils étaient cou- pables. « Désormais son intention, » dit-il, « est de corriger ses sujets plutôt par la » douceur que par la sévérité. » Une foule de désastres de famille accablent Pierre coup sur coup : il perd plusieurs des enfants que Catherine lui a donnés ; alors il tombe dans des convulsions qui durent trois jours. Il cherche une diversion à tant de maux, et s'occupe plus que jamais du soin de son empire. Il ordonne que la Russie tout entière se serve des mêmes poids et des mêmes mesures ; il crée des hospices pour les enfants trouvés, les orphelins et les indigents ; il établit une police municipale où il prend une place, comme il avait fait jadis pour l'armée. Il punit le blasphème, même celui qui échappe dans l'ivresse. D'un autre côté, il déclare une guerre à mort aux raskolniki : l'un d'eux tente de l'assassiner ; mais, en présence de l'empereur, le poignard lui tombe des mains. Quelques uns de ces malheureux se réfugient dans une église, et ils y mettent le feu plutôt que de se rendre. Pierre reconnaît que les supplices sont impuissants devant une conviction aussi ardente ; il contraint ces sectaires à s'attacher derrière le dos un morceau d'étoffe jaune, mais ils se sentent heureux de cette avanie, qui prouve la fermeté de leur foi. On excite le czar de recourir de nouveau à la terreur des supplices. « Non, » dit-il, « j'ai su que leurs mœurs étaient pures ; ce » sont les marchands les plus probes de l'em- » pire, et ni l'honneur ni le bien du pays » ne permettent de les martyriser pour leur » erreur. D'ailleurs, ce qu'une distinction » humiliante et la raison n'ont pu faire, les » supplices ne le feraient pas : qu'ils restent » donc en paix. »

Les anciens alliés de Pierre décident qu'ils garderont les provinces conquises sur la Suède, et mettront en commun leurs efforts pour reconquérir sur les Russes la Finlande et la Livonie. George Ier, roi de la Grande-Bretagne, envoie une flotte à Ulrique-Éléonor, sœur de Charles XII, et que les états ont appelée sur le trône. La princesse suédoise redemande au czar les villes dont il l'a dépouillée ; mais il arme deux flottes et dévaste les environs de Stockholm ; il appelle ses soldats *ses plénipotentiaires*. En dernier résultat, il signe une paix avantageuse ; reste maître de la Livonie, de l'Estonie, de l'Ingrie et de la plus grande partie de la Finlande et de la Carélie ; enfin, il possède des ports sur la mer Baltique. Le sénat et le clergé lui accordent les titres de *grand* et de *père de la patrie ;* l'armée le décore du titre d'*amiral*. Parvenu à ce haut degré de puissance, Pierre se fait prêter serment en qualité de *chef suprême du collége ecclésiastique*. En vain lui demande-t-on plus tard de nommer un patriarche ; il se lève plein de fureur au milieu des membres du synode, et, se désignant lui-même : *voilà votre patriarche*. La terreur qu'il inspire est si profonde, que tous tremblent et se taisent. Le czar, comprenant que la Russie était condamnée encore pour long-temps à rester une puissance militaire, créa une noblesse d'armée à laquelle les simples soldats eux-mêmes purent prétendre. S'il faut en croire l'historien Lévesque, « un simple soldat, tiré de la » classe des serfs, a droit d'espérer que lui- » même ou ses enfants monteront un jour, » par leurs services, à l'état-major et même » au généralat. » En dépit de cette assertion, le soldat russe sert toute sa vie, et parvient tout au plus à devenir sous-officier. Enfin, le czar, pour entourer de considération la carrière administrative, assimila tout emploi civil à un grade militaire ; il en fut de même pour l'instruction publique : de telle sorte qu'un professeur, suivant la position qu'il occupe dans une université, a un grade qui correspond dans l'armée à celui de capitaine ou de colonel.

Le czar, possesseur d'un port sur la mer Baltique, voulut obtenir des côtes et un port sur la mer Caspienne, c'est-à-dire avoir les mêmes avantages au midi de son empire que ceux qu'il avait conquis au nord. Profitant de l'anarchie qui désolait la Perse, il envahit plusieurs de ses provinces [1722]. Il se sert du prétexte du pillage qui a été fait par un parti de Lesghis, d'un comptoir russe établi dans la ville de Schamakie pour entrer en campagne. Bientôt il remporte des avantages considérables ; laisse la Turquie prendre sa part de la curée, et signe une paix qui le rend maître des villes de Derbent et de Bacher, ainsi que de plusieurs provinces. Alors le czar, suivant la remarque de Voltaire, « régna jusqu'à sa mort, de la mer

» Baltique par delà les bornes méridionales » de la mer Caspienne » [1723]. Catherine, suivant sa coutume, n'avait pas manqué de suivre son mari dans cette expédition ; à son retour, il la fit couronner [1724], et n'appela point, dans cette circonstance, les députés des villes qui représentaient les états généraux.

Rien, au reste, ne fait mieux connaître le gouvernement établi par Pierre, que l'ordonnance qu'il publia alors; cette pièce répand trop de lumière pour n'avoir pas sa place de droit ici : « Nous, Pierre I*er*, » empereur et autocrate de toutes les Rus- » sies, savoir faisons à tous les ecclésiasti- » ques, officiers civils et militaires et autres » de la nation russe, mes fidèles sujets. Per- » sonne n'ignore l'usage constant, perpétuel, » établi dans les royaumes de la chrétienté, » suivant lequel les potentats font couronner » leurs épouses, ainsi que cela se pratique » actuellement et l'a été diverses fois dans » les temps reculés, par les empereurs de la » véritable croyance grecque; savoir : l'em- » pereur Bazilide, qui a fait couronner son » épouse *Zénobie*; l'empereur *Justinien*, » son épouse *Lupicine*; l'empereur *Héra- » clius*, son épouse *Martine* ; l'empereur » Léon-le-Philosophe, son épouse *Marie*, et » plusieurs autres, qui ont pareillement fait » mettre la couronne impériale sur la tête de » leurs épouses, mais dont nous ne ferons » pas mention ici, à cause que cela nous mè- » nerait trop loin. Il est aussi connu jusqu'à » quel point nous avons exposé notre propre » personne, et affronté les dangers les plus » imminents en faveur de notre patrie pen- » dant le cours de la dernière guerre de vingt » et un ans consécutifs; laquelle nous avons » terminée, par le secours de Dieu, d'une » manière si honorable et si avantageuse, » que la Russie n'a jamais vu de pareille » paix, ni acquis la gloire qu'on a rempor- » tée par cette guerre. L'impératrice Cathe- » rine, notre très-chère épouse, nous a été » d'un grand secours dans tous ces dangers, » non-seulement dans ladite guerre, mais » encore dans quelques autres expéditions » où elle nous a accompagné volontairement » et nous a servi de ses conseils autant qu'il lui » a été possible, nonobstant la faiblesse de » son sexe, particulièrement à la bataille » contre les Turcs, sur la rivière de Pruth, » où notre armée était réduite à vingt-deux » mille hommes, et celle des Turcs compo- » sée de deux cent soixante-dix mille hom- » mes. Ce fut dans cette circonstance déses- » pérée qu'elle signala surtout son zèle par » un courage supérieur à son sexe, ainsi que » cela est connu dans toute l'armée et dans » tout notre empire. A ces causes, et en » vertu du pouvoir que Dieu nous a donné, » nous avons résolu d'honorer notre épouse » de la couronne impériale en reconnaissance » de toutes ses peines. » A l'occasion de ce couronnement, Pierre donna à ses sujets des fêtes splendides et qui durèrent six semaines. Le czar célébra bientôt après les fiançailles de sa fille Anne avec le duc de Holstein. Il ne restait plus à l'empereur qu'à couronner par une vieillesse heureuse une vie si pleine de gloire; mais des chagrins intérieurs et des maladies, suites de ses débauches, attristèrent ses derniers jours. Il prétendit que sa compagne, qu'il avait prise si bas pour l'élever si haut, s'était livrée à l'un de ses chambellans appelé Moëns de la Croix. Ce dernier était d'une origine flamande, et avait eu une sœur qui jadis avait été tendrement chérie de Pierre.

L'accusation que le czar dirigea contre Catherine manque de toute espèce de certitude. Sous les gouvernements despotiques, où la volonté d'un homme remplace celle de la loi, il y a des accusés; mais dans le sens légal il n'y a pas de coupables. Cette dernière qualité ne résulte que de procédures régulièrement instruites, et d'après lesquelles des juges ou des hommes indépendants prononcent un arrêt définitif, et en *prenant Dieu à témoin* de la *sincérité* de leur *déclaration*. A la cour du czar on ne s'assujétissait à aucune forme : loin de vouloir découvrir la vérité, on la voilait de telle sorte, que le chambellan Moëns de la Croix, l'objet de la jalousie de Pierre, fut décapité, non pas pour avoir commis le crime d'adultère de complicité avec Catherine; mais pour avoir vendu la faveur de l'impératrice, faute à laquelle la législation barbare des Russes infligeait la mort. On fit au reste la remarque que l'empereur voulut que sa femme vît de ses propres yeux la tête de son amant ou de l'homme qu'il lui prêtait pour amant, clouée à l'échafaud. L'impératrice, en présence de cet horrible spectacle, laissa seulement échapper cette réflexion : *Elle était surprise qu'il y eût autant de corruption parmi les courtisans.* La sœur de Moëns fut condamnée à recevoir onze coups de knout. Catherine plaida sa cause auprès de l'empereur : il lui répondit d'abord par des reproches sur son ingratitude ; puis, brisant une glace de Venise, il lui dit : « Tu vois » qu'il ne faut qu'un coup de ma main pour » faire rentrer cette glace dans la poussière » dont elle est sortie. » L'impératrice reprit : « Vous avez cassé ce qui faisait l'ornement de » votre palais ; croyez-vous qu'il en devienne » plus beau ? » Le czar, frappé par un raisonnement aussi simple, s'adoucit. Mais, comme un despote ne revient pas complètement sur les arrêts de condamnation qu'il a rendus, il fit remise à la sœur de Moëns, de cinq coups sur onze qu'il lui avait destinés ; il reprit, au reste, sa revanche sur les enfants de cette malheureuse mère ; l'un était page, l'autre était chambellan. Il les fit diriger sur l'armée de Perse comme simples soldats : infâme coutume du despotisme ! qui frappe tous les membres d'une même famille, comme si les fautes des parents devaient s'étendre sur leurs descendants.

Si l'on s'en rapporte à plusieurs historiens, le czar avait voulu, dans un premier mouvement de fureur, faire tomber la tête de Catherine. Un historien moderne a reproduit cet événement sous les formes les plus pittoresques. « La cour, » dit-il, « se » trouvait à Peterhof ; le prince Repnin, » président du collège de guerre, couchait » non loin de Pierre ; il était deux heures » après minuit : tout-à-coup la porte s'ouvre » avec violence, et des pas brusques et précipités réveillent le maréchal en sursaut... » C'est Pierre ; il s'arrête debout devant le lit du prince : ses yeux sont étincelants de fureur ; sa physionomie est en proie à une rage convulsive. « Lève-toi, » s'écrie-t-il ; » parle-moi ; tu n'as pas besoin de t'habiller. »

Le prince avait d'abord craint pour ses jours ; mais au récit que lui fait l'empereur, il se rassure. « Si le crime est avéré, il faut punir » le chambellan sans ternir la réputation de » Catherine, car son déshonneur retomberait » sur le czar. » Pierre fait effort sur lui-même. « Moëns, » s'écrie-t-il, « *va périr ! j'ob-* » *serverai si bien l'impératrice, que sa* » *première faute lui coûtera la vie.* » Le prince de Repnin affirme qu'à partir de ce moment le czar n'adressa plus une seule parole à l'impératrice, et que dans l'intérieur de son palais il vécut désormais séparé d'elle. Pierre rendit le dernier soupir quelques mois après cette catastrophe ; les débauches excessives auxquelles il ne cessait de se livrer avaient attaqué chez lui jusqu'aux organes qui communiquent la vie.

Long-temps il ne voulut pas s'ouvrir sur son état. Par une conséquence fort simple, la maladie s'accrut et inspira une sorte de répugnance à Catherine : de là les soupçons du *maître*, qui conduisirent le chambellan Moëns à l'échafaud. La violence de son mal aigrit le caractère déjà si emporté de l'empereur, et dans les derniers temps de sa vie, il refusa toute confiance, dépouilla de tout crédit son ancien compagnon Mentzikof. Il fallut enfin, après quatre années de souffrances secrètes, que Pierre recourût aux médecins, tant ses douleurs étaient devenues atroces. C'est alors qu'on le vit soumettre les femmes de sa cour à l'examen le plus flétrissant ; il les considérait comme de viles prostituées, dont les faveurs mercenaires avaient hâté ses derniers instants. Frémissant de rage de l'impuissance à laquelle il est condamné, il a des retours vers la religion. « Il espère que Dieu jettera sur lui un regard » de clémence pour tout le bien qu'il a fait » à son pays. » Il fait venir à ses côtés sa fille chérie, sa fille Anne ; il essaie d'écrire ses dernières volontés ; mais il est atteint par une attaque de paralysie, et ne peut que prononcer les mots : *rendez tout....* Enfin, le 8 février 1724, vers quatre heures du matin, il rend le dernier soupir.

Cette esquisse du règne de Pierre-le-Grand a besoin d'être complétée par le portrait de

ce héros réformateur de la Russie. Il était d'une taille élevée; son regard, plein de feu et d'audace, annonçait l'habitude du commandement; quelquefois il effrayait, car tout-à-coup il devenait féroce. Sa physionomie, noble, régulière et animée, annonçait un esprit vif et ardent. Il portait la tête fréquemment penchée et dans l'attitude d'un homme qui réfléchit. Habituellement levé à quatre heures du matin, il ne trouvait jamais assez de temps pour accomplir les travaux qu'il s'imposait. Ses mœurs étaient rudes et abjectes, ses habitudes brutales et repoussantes : au plus léger mécontentement il frappait, soit de la main, soit à coups de canne. Il n'épargnait personne, pas même ceux auxquels il avait accordé sa confiance tout entière : c'est ainsi qu'il battait Menzikof, pour pleurer le lendemain avec lui sur les suites funestes de sa colère. Un jour il roua à coups de bâton tous les membres du sénat, hors le doyen d'âge. Comme les hommes qui surveillent les nègres lorsqu'ils travaillent, il portait sans cesse à la main un énorme jonc appelé *donchina*, qu'il employait contre ceux dont il croyait avoir à se plaindre. Tout en rendant justice à son génie, il faut reconnaître que, comme Louis XI, il cédait par moment à des accès d'une véritable aliénation mentale : il était d'ailleurs sujet à des attaques d'épilepsie. Les réformes qu'il entreprit avec tant de bonheur, les victoires qu'il remporta sur les Suédois, l'avaient entouré d'un éclat si brillant, que tous ses vices fussent restés dans l'ombre s'il n'avait pas si souvent voyagé parmi les nations européennes. Ses manières libres et sauvages contrastaient tellement avec les usages les plus ordinaires, qu'on le regardait seulement comme un barbare heureux. Visitant le père du grand Frédéric, accompagné de Catherine, il aperçut dans un coin une statue d'homme tout nu; il voulut que sa femme allât l'embrasser : après une longue résistance, elle dut se soumettre à un caprice aussi grossier. Il traînait à sa suite une foule de coureuses d'aventures ramassées sur les grands chemins, et qui servaient de dames d'honneur à l'impératrice. C'est avec ce cortége qu'il se montra dans l'Europe. Repoussé par Louis XIV, il obtint du régent la permission de venir en France, où, précédé par sa gloire, il reçut l'accueil le plus honorable. Voici les souvenirs que le diplomate Louville nous a légués sur Pierre premier : « La cour, » dit-il, « a vu en lui
» plus de grandes qualités qu'il n'en a de mau-
» vaises; ses défauts lui ont paru médiocres
» et superficiels; elle a remarqué qu'ordinai-
» rement sobre, ce n'est que parfois qu'il est
» intempérant avec excès; que régulier dans
» sa vie habituelle, chaque jour il se couche
» à neuf heures, se lève à quatre, et n'est
» jamais un instant sans travailler; qu'aussi
» sait-il beaucoup, et paraît plus habile
» qu'aucun homme de France en marine et
» en fortifications. » Les courtisans français, dont la perspicacité alors était si grande, remarquèrent avec quelle adresse il esquivait les embarras et les difficultés de l'étiquette : plus d'une fois on le vit prendre Louis XV enfant dans ses bras, et entrer avec lui dans les appartements royaux. Il fut effrayé du luxe qui régnait à Versailles, ne réfléchissant pas qu'il apporte des bienfaits à une monarchie riche et puissante, et que, grâce à lui, les superfluités du riche assurent le pain du pauvre. A tort il s'écria donc « qu'il pleure
» sur la France et sur son petit roi, qu'il
» voit près de perdre son royaume par le
» luxe et les superfluités. » Une autre fois on le vit, plein d'enthousiasme, dire, à la vue du tombeau du cardinal de Richelieu : « Grand homme! je t'aurais donné la moitié
» de mes États pour apprendre de toi à gou-
» verner l'autre. »

Possesseur d'un immense empire, il ne le considéra long-temps que comme une sorte de désert livré à la barbarie; aussi disait-il au prince Cantemir, qui le pressait d'étendre ses conquêtes : « *Vous vous méprenez
» sur les véritables intérêts de la Russie;
» elle n'a que trop de terre; c'est de
» l'eau seule qu'elle doit chercher.* » Plein de contradictions, il laisse éclater quelquefois au milieu de ses emportements une sensibilité profonde; il verse des larmes sur la mort du Génevois Lefort et sur celle de Scheremetef. Apprend-il la nouvelle d'une victoire éclatante remportée sur les

Suédois, il s'écrie : « Voilà, depuis la mort » de Lefort, ma première joie sans mélange » d'amertume. » Il se constitue dans mille circonstances le défenseur de Mentzikof, dont les rapines égalent les talents. Il traverse la Neva dans une embarcation où se trouve un sénateur qu'il menace de tout le poids de sa colère. « Tu peux me noyer, » lui répond ce dernier; « mais *ton histoire* » *le dira.* » A ces mots la fureur du czar tombe.

Sans doute on lui a reproché avec justice certaines cruautés auquel il se livra pour réformer les Russes, mais sous ce rapport on a allégué différents motifs de justification, que je ne puis passer sous silence; tel est le jugement qu'a porté sur ce point le général suédois Strahlemberg, contemporain de Pierre Ier, et fait captif à la bataille de Pultava. « Les innovations du czar, si aisées à » décrier par le seul nom de *nouveautés*, » faisaient beaucoup de mécontents, et l'au- » torité despotique, alors si légitimement » employée, n'était qu'à peine assez puissante. » Le czar avait affaire à un peuple dur, in- » docile, devenu paresseux par le peu de » fruit de ses travaux, accoutumé à des châ- » timents cruels et souvent injustes, déta- » ché de la vie par une affreuse misère, per- » suadé par une longue expérience qu'on » ne pouvait travailler à son bonheur, in- » sensible à ce bonheur inconnu. Les change- » ments les plus légers et les plus indiffé- » rents, tels que celui des anciens habits ou » le retranchement des longues barbes, trou- » vaient une opposition opiniâtre, et suffi- » saient quelquefois pour causer des sédi- » tions. Aussi fallut-il porter la rigueur » au-delà de ce qui eût suffi avec un peuple » plus doux et plus traitable, et le czar y » était d'autant plus obligé, que les Mosco- » vites ne connaissaient la grandeur et la » supériorité que par le pouvoir de faire du » mal, et qu'un maître indulgent et facile » ne leur eût pas paru un grand prince et à » peine un maître. » Il y a un fond de justesse dans ces observations, mais elles ne peuvent laver complétement la mémoire de Pierre du reproche de férocité qui lui a été fait avec tant de vérité; et eût-il été contraint à déployer des rigueurs excessives contre ses sujets, ce qui n'est pas complétement exact, car les populations slaves sont essentiellement obéissantes, l'ombre d'Alexis se levera toujours entre l'empereur et la postérité. Enfin, tout dans ce prince décelait le despotisme : donnait-il des fêtes brillantes, son grand plaisir était de forcer à boire tous ceux qui jouissaient d'une réputation de sobriété. Dans ces circonstances Catherine servait d'échanson, et comment refuser une impératrice ! Les divertissements que se permettait ce prince manquaient de délicatesse; il marie son bouffon Zotof, âgé de quatre-vingts ans, à une femme de son âge. La demande est faite par quatre bègues; des vieillards conduisent l'épousée à l'autel, ils sont précédés par des hommes d'une rotondité extraordinaire et qui remplissent l'office de *coureurs*; des ours sont attelés à un char qui renferme les musiciens, puis la bénédiction nuptiale est donnée par un prêtre qui est aveugle et sourd; pour compléter cette abjecte cérémonie, le nain de l'empereur porte les insignes de la papauté. Parlerai-je des lois fiscales de Pierre? Elles sont cruelles, inquisitoriales, la torture appuie les réquisitions, et l'odieuse confiscation est une de ses ressources les plus habituelles; aussi affirme-t-il, après la paix de Neustadt : « *J'aurais pu soutenir encore vingt-et-un ans la guerre sans contracter de dettes.* » Je terminerai le règne de Pierre en citant au lecteur les jugements portés sur ce grand homme par un roi, un évêque, un républicain génevois et un gentilhomme français. D'après le grand Frédéric de Prusse, « Pierre » mourut, laissant dans le monde plutôt la » réputation d'un homme extraordinaire » que celle d'un grand homme, couvrant les » cruautés d'un tyran des vertus d'un légis- » lateur. » Suivant l'évêque Bernet, qui l'a beaucoup vu en Angleterre, « il ne manquait » pas de génie et il possédait plus de con- » naissances qu'on ne devait s'y attendre d'un » prince auquel une éducation aussi barbare » et aussi féroce était échue en partage. Un » défaut de *jugement* ne se faisait que trop » souvent, que trop sensiblement remarquer » en lui..... La nature semblait plutôt l'avoir

» formé pour devenir un bon charpentier
» qu'un grand prince.... Il avait beaucoup
» de courage, mais peu de connaissances dans
» l'art militaire, dont même il paraissait ne
» pas faire grand cas. » Notre illustre
J.-J. Rousseau déclare « que Pierre eut le
» génie imitatif et non pas le vrai génie qui
» crée et qui fait tout de rien. » Mirabeau
déploye une sévérité qui va jusqu'à l'injustice. Maintenant que j'ai mis les *pièces du procès* sous les yeux du lecteur, c'est à lui de porter l'arrêt définitif.

CATHERINE PREMIÈRE.

Les débauches de Pierre-le-Grand furent la seule cause de sa mort, ce qui n'empêcha pas d'ailleurs plusieurs historiens de soutenir que ce prince avait été empoisonné par Catherine et Menzikoff; ils trouvèrent quelque chose de poétique dans cette alliance du crime. C'était la femme de l'empereur et un parvenu, c'est-à-dire, les deux personnes que Pierre avait chargées de plus de bienfaits, qui se seraient concertées pour commettre un aussi horrible attentat!! On dirait en vérité qu'il est bien plus facile de se délivrer d'un monarque que du dernier de ses sujets. Mais dans les cours chaque démarche est épiée, et Menzikof comptait trop de rivaux pour qu'il pût en secret faire aucun préparatif; Catherine, depuis les accès de jalousie du czar, était devenue l'objet d'une surveillance infatigable. La mort de l'empereur de Russie s'explique donc par elle-même, sans recourir à des accusations dénuées de toute espèce de preuve. On répond : Pierre avait à peine rendu le dernier soupir, et Catherine se trouve en possession du pouvoir; mais d'abord il existait une déclaration faite par l'empereur, le jour même où il fit sacrer son ancienne maîtresse. « Ceci, » dit-il, « confère à Ca-
» therine le droit de régner peut-être un
» jour; elle a sauvé l'empire au Pruth, elle
» saurait sans doute maintenir mes utiles
» établissements. » Le lecteur se rappelle sans doute que le prince Dolgorouki avait dit au malheureux Alexis : « S'il n'avait pas
» (Pierre) avec lui Catherine, personne n'y
» pourrait tenir, et moi tout le premier j'irais
» m'enfermer dans Stettin. » Il résulte de cet aveu que Catherine, par la douceur de son caractère, servait à tous de protectrice auprès de l'empereur. Qu'y a-t-il donc d'étonnant que les ministres, les gardes et tous les hommes *de la maison*, si je puis m'exprimer ainsi, aient décerné le pouvoir suprême à l'impératrice? C'était, après tout, un témoignage de reconnaissance, c'était même plus si l'on veut, un acte bien entendu de politique. Parmi les peuples soumis au despotisme le mouvement part toujours du palais; c'est dans son enceinte que se prennent les grandes décisions, et quand le peuple en a connaissance il lui reste seulement à obéir. L'empereur n'avait pas eu le temps de faire aucune disposition à son heure suprême; aucun testament écrit ou signé de sa main ne révélait sa pensée. Menzikof était premier ministre; il n'eut pas beaucoup de peine à prendre un parti qui se présentait de lui-même; le sénat et le synode concoururent de leur côté à l'élévation de Catherine. Cette élévation devint dans l'Europe l'objet d'une moquerie universelle. « C'était un
» garçon pâtissier qui proclamait impératrice
» de toutes les Russies une ancienne servante
» de cabaret. » Mais auprès d'un homme comme Pierre la naissance n'était rien, il n'attachait de prix qu'à l'utilité. Catherine Ire, sans doute, ne savait ni lire ni écrire, mais au commencement du dix-huitième siècle on n'y regardait pas de si près en Russie ; on cite au moyen-âge de grands princes, d'habiles généraux qui ne savaient pas signer leur nom. Aux époques de barbarie, le bon sens, qui est si rare, suffit à tout; puis quand une femme règne elle subit l'ascendant d'un favori et d'un ministre, les exceptions dans ce genre sont fort rares. Au reste, Pierre plus d'une fois eut à se louer des bons conseils de Catherine, il était capable d'en juger.

Avant de narrer le règne de Catherine, ce règne qui fut si court, puisqu'il ne dura que deux années, je placerai sous les yeux du lecteur le portrait de cette impératrice; il est tracé par le général anglais Gordon, qui a servi avec succès sous Pierre. « C'était, »
dit-il, « une fort jolie femme et de bonne
» mine, qui avait du *bon sens*, mais point

» du tout cet esprit sublime et cette vivacité
» d'imagination que quelques personnes lui
» attribuaient. La grande raison qui la fit
» aimer si fort du czar, c'était son extrême
» bonne humeur. On ne lui a jamais vu un
» moment de chagrin ou de caprice; elle
» n'oublia jamais sa première condition. »

Catherine, qui tant de fois avait eu à souffrir des fureurs de son mari, apporta des adoucissements au sort des exilés; elle en rappela même un grand nombre. Le despotisme si long-temps féroce de Pierre se changea en un gouvernement doux; la bonté et les grâces féminines se firent jour partout. Inspirait-on par sa conduite des inquiétudes à l'impératrice, on n'avait plus à redouter ni supplices ni mauvais traitements; tout au plus tenait-elle loin de la cour ses ennemis en leur accordant des postes lucratifs. Les lois criminelles, si sanguinaires en Russie, éprouvèrent des modifications qui les mirent à peu près au niveau des lois du reste de l'Europe. Les impôts, qui pendant tant d'années avaient fait le désespoir des classes pauvres, pour lesquelles ils étaient de véritables avanies accompagnées de tortures, les impôts devinrent moins lourds et ne furent plus abandonnés aux caprices de ceux qui les prélevaient. Enfin, quoique Catherine s'occupa rarement comme souveraine du sort des provinces récemment conquises, elle leur donna pour gouverneurs des hommes qui les traitèrent avec douceur. Aucun fait d'armes éclatant ne signala son règne; elle s'occupa de faire restituer la couronne ducale du Slesvich-Holstein à son gendre, et elle soutint les vues ambitieuses de Mentzikof sur la Courlande. Elle réussit à soumettre complètement les Cosaques; on la vit encore conclure avec les cours de Vienne, de Berlin et de Madrid un traité contre la France, le Danemarck et l'Angleterre. Enfin elle touchait à peine à sa trente-huitième année, lorsqu'elle mourut, les uns disent d'un ulcère, les autres d'un cancer. Mais, avant de rendre le dernier soupir, elle fit un testament. Cet acte prouve la témérité de ces historiens toujours prêts à poursuivre les grands par les accusations les plus infâmes. A les en croire, une heure ne se passerait pas à la cour sans que deux ou trois forfaits exécrables ne fussent commis : « Catherine avait pressé son époux de » faire périr Alexis; d'accord avec Pierre, elle » avait préparé le breuvage fatal. » Cette conduite lui était imposée par sa position même. N'avait-elle pas eu plusieurs enfants avec l'empereur? et elle les aurait laissés vivre sous le sceptre du fils d'Alexis, d'Alexis dont elle avait causé la mort!!... Eh bien, Catherine fait un testament; et qui appelle-t-elle avant tout au trône? Le fils d'Alexis; elle lui donne la préférence sur sa fille Anne-Pétrovna, épouse du duc de Holstein, et sur sa postérité. Cette dernière venait-elle à s'éteindre, la princesse Élisabeth, seconde fille de Catherine, était appelée au trône, et enfin Natalie, fille du tsarevitch Alexis. Enfin, à la mort de Catherine, un conseil de régence était créé jusqu'à la majorité du jeune empereur. Anne et Élisabeth, le duc de Holstein Mentzikof et cinq sénateurs étaient appelés à composer ce conseil. Catherine avait donc pris de sages mesures pour la conservation de l'empire. On ne manqua pas de répandre la nouvelle qu'elle était morte empoisonnée par Mentzikof, qui gouvernait à sa place : de sorte que, pour assurer sa fortune, cet habile ministre aurait fait mourir la femme qui lui avait confié le pouvoir suprême. Certes, voilà qui est bien imaginé !

PIERRE II ALEXIVITCH.

La Russie offre, pendant la plus grande partie du dix-huitième siècle, un des plus tristes spectacles qui ait jamais affligé les hommes. Nous allons voir la famille régnante elle-même décimée par d'effroyables meurtres; à côté du trône s'élèveront des favoris insolents, farouches et ambitieux; nés dans la fange, ils voudront mêler leur sang à celui de leurs maîtres. Comme l'ordre de succession n'est pas établi d'une manière régulière, il semble que chacun ait le droit de se rapprocher par des mariages et des alliances du rang suprême. Il est le but constant des conspirations des généraux comme des intrigues des gens de cour; il faut seulement montrer de l'audace ou réussir dans l'intrigue pour tenter un coup d'État, à la suite duquel on escamote la couronne impériale pour un prince qu'on vient d'improviser. Tandis que la première famille, chez les Russes, est exposée à tant de vicissitudes, les familles qui sont placées au-dessous montent sur les échafauds; la petite noblesse périt par milliers dans les supplices ou dans l'exil; enfin le peuple se tient accroupi dans une bassesse que sa misère peut égaler seule. Voilà les scènes que présente l'empire russe jusqu'au moment où Catherine II, la grande Catherine, s'empare du trône en faisant assassiner son mari : sanguinaires annales où apparaissent de loin à loin quelques grandes figures, comme si le despotisme décoré par le génie de Pierre-le-Grand devait, par une loi fatale, arriver, au bout de quelques années, à une sorte de marasme général. Admirable leçon donnée aux hommes, et qui leur enseigne que pour les peuples il n'y a de bonheur et de considération que dans les gouvernements tempérés, où le devoir et la liberté se modèrent l'un par l'autre. En effet l'anarchie, qu'est-elle si ce n'est un despotisme à mille têtes, et qui par conséquent multiplie les désastres sous des formes innombrables? Ces réflexions devenaient indispensables, car elles donneront au lecteur le véritable sens historique des faits qui vont incessamment se dérouler sous ses yeux.

A la mort de Catherine I, Mentzikof, entre les mains duquel les destinées de l'empire russe furent remises, joignait une ambition démesurée à la plus insatiable avidité. Sous Pierre-le-Grand, les exactions de ce favori avaient soulevé des clameurs universelles; le sénat même l'avait condamné à mort; mais il réussit à triompher de tant d'accusations, grâce à l'amitié que lui portait Pierre. Dans les derniers temps, il perdit la faveur dont il jouissait depuis si longtemps; mais, sous le règne de Catherine I, cet homme, comme je l'ai déjà dit, éleva sa fortune plus haut que jamais, et lorsque la compagne du réformateur de la Russie fut morte, Mentzikof posséda en réalité tout le pouvoir. Il semblait que, pour un garçon pâtissier, être devenu général et premier ministre, c'était avoir rempli une magnifique carrière; mais un dernier échelon restait à monter; Mentzikof voulut le franchir [1727]. Il fiança donc sa propre fille à l'empereur Pierre II, fils d'Alexis. Rien ne lui avait été plus facile, car ce jeune prince habitait le palais du ministre principal, qui dirigeait ainsi à son gré toutes les actions de sa pupille. Mais, dira-t-on, quel rôle remplissait le conseil de régence établi par Catherine I ? Sous les gouvernements despotiques, une seule volonté règne, celle de l'homme qui possède le pouvoir suprême. Cette volonté est si étendue et si impérieuse, que des corps intermédiaires ne peuvent vivre à côté d'elle; elle les écrase. Le conseil de régence s'évanouit donc du moment où Mentzikof cessa de le convoquer. Après avoir fait célébrer les fiançailles de sa fille avec Pierre II, il résolut de marier plus tard son fils avec la princesse Natalie, sœur du czar. Du jour où il veut enter sa famille sur les descendants de Pierre I, il doit, par une conséquence naturelle, repousser les enfants de Catherine, son ancienne bienfaitrice; aussi le voit-on accabler d'outrages le duc de Holstein, qui songe à se retirer avec sa femme dans ses États. Tout réussit au gré de Mentzikof, mais il croit que pour consolider ses projets il lui importe de répandre la terreur et de verser le sang à longs flots. Du vivant de l'impératrice, les principaux seigneurs avaient pensé qu'il était sage de donner le sceptre à la princesse Anne, duchesse d'Holstein, plutôt qu'au fils d'Alexis : on évitait les troubles d'une minorité. D'une autre part, comme le principe de la successibilité au trône n'était pas reconnu par les populations slaves de la même manière qu'en Europe, car, en Russie, on regardait comme légitime et apte au trône tout individu appartenant à la famille régnante; les grands seigneurs de l'empire n'étaient pas coupables en voulant faire tomber la couronne sur la tête de la duchesse d'Holstein. Mentzikof, qui se considérait déjà comme le beau-père de Pierre II, en jugea tout différemment; il multiplia contre l'élite de la noblesse les supplices et les tortures. Enfin son aveuglement fut tel, qu'après avoir condamné jusqu'à son beau-frère à recevoir le knout, il le relégua ensuite en Sibérie. Mais ces rigueurs augmentèrent le nombre des ennemis du ministre; il aurait pu sans doute les exterminer, les bourreaux ne lui manquaient pas; il préféra se prendre de dédain pour de tels adversaires; il avait frappé naguère les principaux. Cependant il n'avait pu abattre la tête de tous les grands : les Dolgorouki, les Tolstoï, les Galitzin, les Goloffkin conjurèrent sa perte; ils étaient aidés par le chancelier de la police. Ces trames furent découvertes; alors Mentzikof fit couler le sang de nouveau et peupla les déserts de la Sibérie d'une foule de nobles illustres. Il crut alors que tout était irrévocablement soumis, et, dans l'enivrement de sa fortune, cessa de veiller sur le jeune czar Pierre II [1727].

La providence a ses mystères; elle se rit de la vaine sagesse de nos projets, et où des hommes avaient échoué, un enfant réussit. Ivan Dolgorouki, fils de Vassili Vonkitch, avait été donné au prince comme compagnon de ses jeux : le père de ce *menin* était sous-gouverneur de Pierre II. L'enfant, endoctriné par ses parents, fit comprendre au maître nominal de la Russie avec quelle insolence le traitait Mentzicof; il approchait de l'âge où il allait monter sur le trône; quelle volonté y apporterait-il, lui, qui, jusque là, avait été accoutumé à obéir à l'un de ses sujets? Comment n'était-il pas rempli d'indignation contre un ministre rapace qui avait enlevé neuf mille ducats que, récemment, le prince venait d'envoyer à sa sœur Natalie? En effet, gorgé de richesses, nageant dans l'or, Mentzikof n'avait pu triompher de cette habitude de vol, un des traits principaux de son caractère. Que de fois le réformateur de la Russie ne l'avait-il pas frappé à coups de canne pour le châtier de ses malversations, s'écriant : « Mentzikof sera toujours Mentzikof! » Pierre II, qui avait à souffrir, sous tous les rapports, du ministre principal, parut frappé de la justesse des observations de Dolgorouki. Ce dernier ne manqua pas de rendre compte à ses parents, qui l'interrogèrent avec anxiété, du résultat qu'il avait obtenu. Employant le même intermédiaire, les Dolgorouki prirent toutes les mesures propres à réaliser le dessein qu'ils méditaient. Une maladie survenue à Mentzicof leur fut favorable; ils emmènent le jeune prince au château de Péterhof, et le décident à briser le joug sous lequel il gémit. Mentzicof est entré en convalescence, et comme au milieu de tous ses vices il se montre très-religieux, il préside à la bénédiction d'une chapelle nouvelle qu'il fait élever [1727]. Il avait invité l'empereur à venir assister à cette cérémonie; il ne l'aperçoit pas parmi les spectateurs : il va le soir à Péterhof; on lui dit que le jeune prince chasse dans ce moment. Il s'en retourne à Saint-Pétersbourg, tant il croit sa puissance solidement établie! Il se dirige vers son palais; à peine en approche-t-il qu'il voit Soltikof qui assiste à l'enlèvement des meubles de l'empereur. Un général habitué comme Mentzicof à payer de sa personne, et qui, dans mille circonstances, avait fait preuve d'audace et de décision, aurait dû, sur-le-champ, recourir aux mesures les plus énergiques, en réunissant des troupes afin de ne pas perdre une minute pour dégager Pierre II. Loin de là, il reste comme immobile, espérant que le czar reviendra le soir même à Saint-Pétersbourg, et que quelques mots lui suffiront pour reprendre son ancien ascendant. Mais les Dolgorouki agissent; le régent reçoit l'ordre de ne pas sortir de son palais : sa femme, ses enfants et sa fille, qui a été fiancée à Pierre II, ne peuvent aborder l'empereur, et Mentzikof est contraint [1727] de se rendre à Ranimbourg, ville dont il est le fondateur; s'il perd ses emplois on lui conserve ses titres et, ce qu'il préfère à tout, ses immenses richesses. A peine est-il éloigné de Saint-Pétersbourg, qu'on lui commande de remettre ses décorations; à Tver on le dépouille de sa voiture, et il ne lui reste plus pour voyager qu'un kibitka; il arrive à Ranimbourg, témoin de son ancienne splendeur; on lui donne à l'instant des juges, et un arrêt le proclame convaincu de concussion et de tyrannie : il est relégué bientôt dans la Sibérie. Les crimes de Mentzikof étaient personnels, seul il devait en supporter le poids; mais on condamna à l'exil ses enfants et sa femme : celle-ci devint aveugle à force

de pleurer, son désespoir la conduisit au tombeau. Voilà Mentzicof, naguère si puissant, perdu au milieu des déserts; de toutes ses richesses passées il ne lui reste plus qu'une indemnité de cinquante francs par jour. Il faut que sur cette somme il entretienne et fasse vivre ses filles : il se dépouille de ses vices, car les occasions lui manquent pour les satisfaire : il s'est jadis montré, dans sa haute fortune, plein de religion, elle n'a pu le purifier; voilà le miracle qu'elle opère cette fois : l'ancien compagnon de Pierre le réformateur retrouve toute son ancienne activité; à quoi s'emploierait-il? car il existe désormais comme en dehors de la société de hommes. Il s'impose des économies, des privations, et il élève un temple qu'il construit de ses propres mains. Désormais il est livré tout entier à Dieu; nulle plainte, nul soupir ne lui échappe; plus grand alors qu'il ne l'a jamais été au sein du pouvoir suprême. Occupé de prières et d'exercices religieux, il vit encore deux années en Sibérie. Après sa disgrâce [1729] les Dolgorouki succédèrent de droit à l'influence exclusive de Mentzikof; ils avaient agi d'accord avec les familles les plus illustres de la cour; comptant sur un pareil appui, ils purent songer d'abord à leur fortune particulière. Dans les pays où, comme la Russie, on tombe si vite des affaires, on est avide de dignités, de titres et de richesses; on acquiert, on achète ainsi des amis et des créatures, et l'or compte sur leur dévouement comme s'il y avait quelque chose d'assuré sous un gouvernement despotique. Les Dolgorouki obéirent à cette règle; mais, pour captiver l'opinion publique, ils se rapprochèrent des anciens usages, car il fallut bien du temps pour que les réformes exécutées par Pierre I s'introduisissent dans les mœurs. Saint-Pétersbourg, si récemment fondé, devint un désert, et Moscou fut reconnu comme la véritable capitale de l'empire. Les Dolgorouki rappelèrent du couvent où elle était renfermée depuis tant d'années la première femme du grand régénérateur de la Russie.

Les partisans du despotisme défendent cette forme de gouvernement à cause de la tranquillité qu'elle procure, et cependant quelle vie plus agitée que celle de la malheureuse Eudoxe! de reine devenue religieuse, on la relègue dans un couvent; maîtresse et fiancée d'un général, elle est déshonorée par un jugement, fouettée comme la plus vile des coupables, puis reléguée encore une fois dans un couvent; enfin on la rappelle à la cour impériale, sa véritable place. Plus grande instabilité régna-t-elle jamais au milieu des républiques anciennes ou au sein des gouvernements populaires! Un autre exemple de la mobilité de la fortune va clore ce règne d'un prince enfant. Les Dolgorouski voulurent que Pierre II épousât une de leurs parentes, sœur du jeune Ivan, l'ancien compagnon des jeux de l'enfance du czar. Les fiançailles sont célébrées avec une pompe extraordinaire; on arrête le jour du mariage, mais une maladie dont on ne guérissait alors que dans l'enfance, la petite-vérole, moissonne Pierre II, et il meurt ne touchant pas encore à sa quinzième année. Ivan Dolgorouski pense que la cérémonie des fiançailles peut suppléer à la célébration du mariage; il se précipite du palais impérial en s'écriant : « Vive l'impératrice Catherine II! » La foule, qui voit ce jeune homme seul, devine qu'il agit de son propre mouvement; elle se tait et baisse la tête : Ivan se retire auprès de sa famille; son action est considérée comme une impétuosité de jeune homme, et la Russie attend son véritable maître.

ANNE IVANOVNA.

Quand on a étudié avec attention l'histoire de la Russie, on reste convaincu d'un fait, à savoir, que si Pierre-le-Grand a créé un système politique, a organisé des troupes régulières, et enfanté une administration plus ou moins complète, le sol de ces contrées n'a pu donner encore le jour à un citoyen. Les grands seigneurs comprennent leur intérêt et cherchent à le faire prédominer sur l'intérêt général; ils vivent au jour le jour, car leur existence dépend d'un caprice du maître ou d'une intrigue de cour. Au dessous des familles principales il aurait fallu des classes intermédiaires, qui, riches et instruites, auraient réclamé tôt ou tard des institutions et des droits politiques. Mais les villes de l'empire comptent dans leur sein une multitude de serfs, qui appartiennent en toute propriété aux seigneurs. Ces serfs annoncent-ils d'heureuses dispositions pour les arts, le commerce ou même un simple métier, leurs maîtres les envoient se perfectionner dans les villes : sont-ils intelligents et adroits, la nécessité, qui les presse, les rend laborieux ; les habitudes premières de leur vie les ont fait économes, ils deviennent donc riches, immensément riches. Mais ils restent dans leur état primitif, et paient toute leur vieune rente au noble qui les a fait élever : celui-ci pourrait même, à la rigueur, réclamer leur fortune entière. Ces hommes, possesseurs de richesses prodigieuses, conservent l'âme servile, et ne peuvent jamais s'élever jusqu'aux sentiments d'un citoyen, membre d'un État libre. S'il n'y a pas de classes intermédiaires parmi les populations slaves, en retour, les enfants des plus grandes familles, élevés par des précepteurs étrangers, et qui partagent les idées européennes, en reçoivent des principes d'indépendance. Il est vrai que plus tard ces mêmes principes leur deviennent funestes, parce que, faute de les voir appliqués, ils adoptent seulement ce qu'ils renferment d'excessif et d'exagéré ; bref, ils se précipitent, en théorie, dans une liberté extrême, comme dans la pratique ils sont courbés sous une servitude sans borne. Nous allons assister à un spectacle de ce genre, mais il passera comme une ombre, parce que les peuples sont condamnés à une obéissance muette lorsqu'ils ne possèdent pas avant tout les mœurs de la liberté.

Pierre II avait à peine rendu le dernier soupir qu'on songea à lui chercher un successeur. Il restait un prince du sang impérial, né de la duchesse de Holstein, et par conséquent petit-fils de Pierre I et de Catherine : trois princesses pouvaient aussi se mettre sur les rangs ; l'une, appelée Élisabeth, était sœur de la duchesse de Holstein ; enfin on comptait les deux filles nées d'Ivan ; l'une avait épousé le duc de Mecklembourg, l'autre était veuve du duc de Courlande. Il y avait un choix à faire au milieu de tant de prétendants. C'était une occasion favorable pour les grandes familles russes, exposées les premières à la férocité ou aux caprices des czars, de réclamer des garanties politiques qui mettaient à couvert leurs personnes et leurs biens. Les sénateurs, les généraux, bref, tout ce qui représentait la grande aristocratie, se concerta donc pour improviser une sorte de constitution. Il aurait fallu posséder de profondes connaissances afin de réussir à naturaliser de pareilles dispositions en Russie ; elles manquaient à tous : les grands alors imaginèrent ou pour mieux dire imitèrent dans leur œuvre les institutions de la Pologne ; il était impossible de faire un plus mauvais choix. En effet, s'il convenait de diminuer et d'adoucir le despotisme, il ne fallait pas anéantir le pouvoir impérial, car c'était de lui seul que découlaient et pouvaient découler toutes les améliorations. Les grands seigneurs voulurent encore imposer au czar un conseil permanent et inamovible, composé seulement de Russes ; à l'avenir l'empereur ne pouvait ni déclarer la guerre ni faire la paix sans la permission de ce même conseil, qui aurait en outre le choix de l'épouse et du successeur du czar ; enfin ce dernier ne pouvait, sans le concours des magistrats, infliger le plus léger châtiment à un noble. Cette dernière disposition était sans doute conçue dans un esprit de caste ; mais rarement tous peuvent devenir libres à la fois, il faut d'abord commencer par quelques-uns, le reste vient ensuite. Lorsque ce code fut entièrement rédigé, on délibéra qui on appellerait au trône : on jeta les yeux sur la princesse Anne, duchesse douairière de Courlande ; l'un des Dolgorouki alla la trouver à Mittau pour lui communiquer le projet de constitution adopté par l'élite de la Russie. Anne accepta au plus vite ; elle avait pour amant et premier ministre un favori, Biren ; on ne lui permit pas de l'amener à sa suite, et elle se soumit provisoirement à cette condition.

Une foule d'étrangers sans ressources, mais non pas sans talents, vont depuis des siècles chercher fortune en Russie ; de ce nombre était Ostermann, qui, long-temps, avait servi sous Pierre I; il était né en Westphalie, et avait pour père un ministre luthérien : son aptitude aux affaires l'avait mis en possession de la dignité de chancelier. La nouvelle constitution non-seulement étouffait le pouvoir impérial, mais elle était encore contraire aux étrangers : sous ces deux rapports elle était odieuse à Ostermann. Il était bien plus assuré de soutenir sa fortune et de l'accroître encore auprès d'une souveraine dont il pouvait capter la confiance, que s'il avait à dépendre d'une oligarchie qui le repousserait en sa double qualité d'étranger et d'homme nouveau. Ostermann sema la division parmi les membres du haut conseil, et enflamma de haine et de jalousie la petite noblesse contre les Dolgorouki, partisans du nouveau pacte social. La populace elle-même entre dans cette coalition; on prend jour, les ennemis des Dolgorouki se portent en masse au palais impérial; à leur arrivée la czarine se présente à une fenêtre. Le mouvement est dirigé par les princes de Tcherkaski, Bariatinski, Troubetskoy et le comte Matteof; ils la supplient de rentrer dans cette plénitude de pouvoir dont ont joui jusque là les monarques russes. «Comment! s'écrie Anne, l'acte » qu'on m'a fait signer à Mittau ne repré- » sente pas le vœu de mon peuple? — Non, » lui répondent les instigateurs de la ré- » volte. — Eh bien, prince Vassili Loukitch, » dit-elle à l'un des Dolgorouski, tu m'as » donc trompé? » Le prince présente l'acte signé par Anne, elle le déchire en mille morceaux, et les acclamations universelles retentissent sur la place publique. Une nouvelle révolution est accomplie, ou pour mieux dire on retombe dans la vieille ornière du despotisme.

Dans les anciennes mœurs françaises un ministre perdait-il le pouvoir, il était, en général, exilé dans ses terres; on le regardait comme coupable pour avoir encouru la disgrâce de son maître; mais cet exil était passager, et ne portait jamais atteinte ni à la considération personnelle, ni à l'honneur : voilà ce qui se passait dans les monarchies tempérées. En Russie, au contraire, il n'y avait pas de châtiment assez terrible pour punir des ministres renversés par une intrigue de cour ou par un mouvement populaire. On accusa en conséquence les Dolgorouki d'avoir fait un testament tout à l'avantage de la princesse de leur sang qui était destinée à devenir l'épouse de Pierre II [1730]. Ces grands personnages furent exilés en Sibérie, où ils restèrent neuf ans exposés à toutes les rigueurs d'un climat contre lequel on les laissa sans défense; ils redevinrent enfin libres, mais leur perte était jurée. On les accusa d'avoir entretenu pendant l'exil des correspondances avec l'étranger, et, un même jour, ils furent rassemblés sur un même échafaud, père, oncle, fils et neveux, pour y être roués vifs sous les yeux les uns des autres. Le favori de la princesse Anne, le misérable Biren, était déjà accouru en Russie, où il déploya une férocité qui surprit même dans ces contrées. C'était encore un parvenu; petit-fils d'un des piqueurs des écuries de Jacques III, duc de Courlande, il voulut se faire adjoindre à la noblesse de cette province; elle le repoussa : il en conçut contre elle et contre toute espèce d'aristocratie une haine qui ne l'abandonna jamais. Devenu l'amant de sa souveraine, il se vit armé du pouvoir absolu, et prit sa place parmi les plus effroyables monstres qui aient déchiré l'espèce humaine. Il avait d'ailleurs une idée fixe, c'était de devenir le possesseur du duché témoin de ses humiliations. Anne nomma d'abord son amant comte, et le chargea de décorations; puis, ne pouvant rien lui refuser, elle laissa l'empire à sa discrétion. Sur ces entrefaites, Stanislas tente de remonter sur le trône de Pologne [1733]; mais il a contre lui les Russes : il se sauve par miracle des murs de Dantzig. Abandonné par la France, dont le roi a épousé sa fille, la tête de ce prince est mise à prix; mais la providence le protége, et, à la suite d'aventures qui paraîtraient incroyables dans un roman, il échappe à tous les piéges et termine sa vie en régnant sur la Lorraine. Dantzig tomba entre les mains du célèbre Munich, dont Pierre-le-Grand avait fait la fortune, et les Russes commencèrent alors à exercer sur les Polonais cette influence qui, plus tard, devait leur être si funeste. Le roi de Pologne, Auguste, resté vainqueur, donna, ainsi qu'il en avait fait la promesse, l'investiture du duché de Courlande à Biren C'est alors que, parvenu au plus haut degré de la fortune, il se baigne avec délice dans le sang des nobles russes; vingt-cinq mille expirent dans les supplices. En vain l'impératrice Anne se jette à ses pieds pour essayer de l'attendrir, il la repousse, animé d'une rage que rien ne peut assouvir; il suffit d'être né en Russie pour être déclaré incapable de tout emploi, de toute dignité. Anne, dont le cœur était naturellement bon, était courbée comme ses sujets sous un joug qu'elle n'osait briser; elle pleurait sur des meurtres qu'un mot seul de sa bouche aurait arrêtés; amante au lieu d'être souveraine, elle laissait l'infâme Biren désoler l'empire. Les Russes, disait-il, ne doivent être gouvernés que par *la verge et la hache*. Chose étonnante! cet homme, qui portait une haine si furieuse aux nobles de la Courlande, les laissa vivre en repos, comme placés désormais trop au-dessous de sa vengeance; il ne quitta pas la Russie, dont la vaste étendue pouvait à peine suffire à l'activité de son âme sanguinaire.

Des hostilités éclatèrent entre la Porte et la Russie [1736 à 1739]. C'est Munich qui fut chargé du commandement des troupes: il infusa, si je puis m'exprimer ainsi, un courage héroïque à ses soldats en les glaçant de terreur; un bataillon faiblissait-il, il plaçait derrière des canons chargés à mitraille; il fallait marcher en avant ou être tué sur place. Quelques soldats feignaient-ils d'être malades, Munich publiait un ordre du jour prescrivant que tous ceux qui ne se porteraient pas bien seraient enterrés vifs; les généraux eux-mêmes, à la plus légère faute, étaient contraints à traîner des pièces d'artillerie. Au bout de quelques années on signa la paix de Belgrade [1739]; de part et d'autre on rentra dans la position où l'on se trouvait avant le commencement des hostilités. L'impératrice approchait de la tombe; elle avait adopté une fille de la duchesse de Mecklembourg, sa sœur; cette jeune princesse elle l'avait mariée au duc Antoine Ulrich de Brunswick; elle lui avait donné le nom de sa fille adoptive. Mais Biren imposa une autre choix à Anne; elle laissa la couronne à un fils que cette même duchesse de Brunswick venait de mettre au monde [août 1740].

L'infâme duc de Courlande espérait continuer à gouverner la Russie sous le nom de cet enfant au maillot. Enfin l'impératrice rendit le dernier soupir dans le mois d'octobre 1740; elle possédait la couronne depuis dix années; mais, souveraine, elle n'avait cessé d'obéir pendant tout ce temps au duc de Courlande, ce bourreau des Russes; le petit-fils d'un piqueur d'écurie décima douc pendant dix années ces Russes que Pierre-le-Grand avait, de son côté, voulu conduire à la civilisation par les supplices. Anne était douée d'un caractère doux et bienveillant, et si elle eût pu dompter l'amour que lui avait inspiré Biren, ses sujets auraient vécu heureux et paisibles. Mais les souveraines reçoivent les vices de leurs amants; elles donnent un caractère légal à tous leurs actes, et, dans ce sens, on peut dire que si Anne n'a pas conçu tant d'arrêts de mort, désolation de son règne, elle les a rendus exécutoires par son consentement; aux yeux de la postérité elle en est devenue responsable. Comme toutes les femmes galantes, l'impératrice avait un penchant irrésistible non pas vers la religion, celle qui est bien entendue, mais vers les pratiques minutieuses du culte; sa dévotion la rendait intolérante et quelquefois cruelle; le fait suivant en est la preuve. Un prince, Galitzin, se fit catholique; Anne le plaça au nombre de ses pages; il avait quarante ans : elle voulut ensuite qu'il devînt un de ses bouffons. Ce prince perdit sa femme. Cet événement, qui aurait dû désarmer la colère de l'impératrice, lui inspira la plus cruelle et la plus odieuse plaisanterie; elle ordonna à Galitzin de prendre pour épouse une fille de basse extraction. On était alors au milieu d'un hiver extrêmement rigoureux; elle fit construire un palais de glace, où furent conduits les nouveaux mariés, dans une cage traînée par un éléphant; des canons en glace tirèrent de nombreux coups à leur approche, et Galitzin e sa compagne passèrent la première nuit de leurs noces dans un lit qui était en glace. Ils ne purent sortir de cette effroyable chambre avant le lever du jour. Dans les pays barbares seuls on peut trouver de l'amusement dans de pareils abus du pouvoir. Mais la Russie, en 1740, c'est-à-dire il y a moins de cent ans, languissait dans une abjection complète; on ne fit que rire du tour joué au malheureux Galitzin et à sa femme : tous deux cependant pouvaient perdre la vie.

IVAN VI IVANOVITCH.

Biren, qui avait si long-temps tyrannisé l'impératrice Anne, se trouva investi à sa mort du pouvoir souverain, comme l'avait été Menzikof le jour où Catherine rendit le dernier soupir. C'est un fait digne d'être remarqué, que cet esprit d'imitation qui se reproduit au sein de l'empire russe; les mêmes fautes, les mêmes péripéties se répètent. Nous avons vu Menzikof, ce garçon pâtissier, se perdre dans l'indolence de son orgueil; nous allons voir Biren, ce monstre si avide de sang, et dont la hauteur tenait à distance les nobles les plus illustres, se laisser prendre dans son lit pour être mené en exil. C'est le propre des gouvernements despotiques de contenir dans leur sein une uniformité tout à la fois sanguinaire et monotone : de telle sorte qu'ils inspirent à la postérité une horreur fastidieuse. Biren publia les dernières dispositions de la princesse Anne, en vertu desquelles il était créé régent de l'État; ce même testament avait placé sous sa surveillance exclusive le jeune empereur Ivan VI : Biren n'empoisonna donc pas son pupille. En effet, comme étranger, il ne pouvait ceindre la couronne impériale, tandis que, comme tuteur, il restait maître absolu de la Russie : son orgueil ne connut plus alors de bornes. Il foula tout aux pieds; on le vit pousser l'audace jusqu'à contraindre le duc de Brunswick, père du jeune czar, à renoncer à toutes ses charges; il lui fut même interdit de se montrer en public. D'un autre côté, il annonçait à la nièce d'Anne Ire, qu'il allait la faire partir pour l'Allemagne avec *son petit prince*, tandis qu'il appellerait au trône le fils de la duchesse de Holstein. Suivant les auteurs de l'histoire philosophique et politique de Russie (1), « il éveillait ou nourris-
» sait en même temps les prétentions rivales
» de la molle Élisabeth; il avait aussi, dit-
» on, l'intention de faire épouser à cette prin-
» cesse l'aîné de ses fils, et de donner sa fille
» au jeune prince de Holstein : doublement
» sûr ainsi d'enter sa famille sur la dynastie
» de l'empire qu'il gouvernait. » Les favoris ne peuvent rapprocher d'eux personne; il faut que seuls ils dominent sur tous; car celui qu'ils élèvent leur apparaît bientôt un rival qui, le lendemain, deviendra leur maître : Tel était Biren.

Mais il était incapable de soutenir à lui seul le poids des affaires; il fallait qu'un général expérimenté commandât aux troupes et eût leur confiance; en effet la Russie était une puissance militaire. Le célèbre général Munich, qui avait réformé le moral des soldats, aurait dû servir de second à Biren, auquel il avait déjà rendu des services signalés. Le régent, auquel il demanda le titre de généralissime des armées de terre et de mer, lui fit éprouver un refus. C'est un de ces échecs qui, dans les gouvernements absolus, doit mener tôt ou tard à l'exil ou à la mort, car la jalousie du maître est éveillée. Munich comprit parfaitement l'avenir qui l'attendait, et il conjura dès lors la perte du régent. Les fautes de ce dernier contribuèrent pour beaucoup à accélérer ce résultat. L'intérêt bien entendu du duc de Courlande lui commandait d'avoir des égards, des ménagements pour le duc et la duchesse de Brunswick, puisque le souverain était leur fils. J'ai révélé plus haut la conduite brutale tenue par Biren à l'égard de ces grands personnages : aussi étaient-ils devenus ses ennemis déclarés. Il semblait, au reste, les mépriser si profondément, qu'il ne les faisait pas même surveiller.

Munich, qui a besoin d'appui, contracte des liaisons avec la mère et le père de l'empereur; et, comme il dispose de l'armée, il leur propose de briser le joug humiliant sous lequel ils sont courbés. Un même intérêt les

(1) MM. Esneaux et Chennechot.

lie; ils peuvent donc compter sur son dévouement. Cette offre, qui tirait le duc et la duchesse de Brunswick de la position la plus pénible, ils l'acceptent avec joie; Munich se charge des dernières dispositions. Il commande un régiment qui est de service au palais habité par Biren et le jeune empereur. Quelques heures avant l'instant désigné, c'est-à-dire au commencement de la nuit, le duc de Courlande demande à Munich : « Mon» sieur le feld-maréchal, n'avez-vous jamais, » dans vos expéditions militaires, rien fait » de considérable pendant la nuit? » A cette question si inquiétante, l'interlocuteur garde sa présence d'esprit, et le régent passe à un autre objet. Ces deux hommes, dont l'un espère dans quelques instants renverser l'autre, continuent à converser ensemble jusqu'à onze heures du soir. Deux heures du matin sonnent; le feld-maréchal, accompagné de son aide-de-camp Manstein, arrive au palais d'hiver, où demeurent, avec leur fils, le duc et la duchesse de Brunswick; la mère de l'empereur harangue les militaires de garde au palais. Les Russes détestent les étrangers; la conduite de Biren n'a pu que les confirmer dans cette haine nationale : officiers et soldats, saisis d'un même enthousiasme, font serment de mourir en défendant la cause des plus proches parents de l'empereur. Munich connaît le prix du temps; il entraîne les troupes au palais d'été, retraite habituelle du régent; Manstein, à la tête de vingt-cinq fusiliers, court à la chambre de Biren; il arrive jusqu'à lui sans résistance, et le trouve dormant avec sa femme dans le même lit. Surpris dans son premier sommeil, le duc de Courlande se défend néanmoins comme un lion; mais on l'entraîne dans un corps-de-garde du voisinage. Il est à demi nu; ses mains sont garrottées; un bâillon l'empêche d'articuler un seul mot; on lui jette par pitié une capote de soldat; on le traîne au palais d'hiver, et bientôt il est dirigé sur le château de Schlusselbourg. Un procès lui est intenté; il est condamné à mort; mais la princesse Anne de Brunswick lui laisse la vie, et on l'exile pour toujours en Sibérie. Munich triomphe; il a vaincu son ennemi. Il pousse plus loin la vengeance; il dessine le plan de la maison où doit être renfermé le duc de Courlande, et il indique toutes les précautions à prendre pour que ce monstre ne puisse jamais s'échapper. Mais, par une de ces leçons que la Providence aime à donner aux hommes, cette forteresse servira un jour de prison à Munich lui-même. La duchesse de Brunswick est déclarée régente; son mari devient généralissime des troupes; l'ambition du feld-maréchal est trompée : de là un premier refroidissement. Cependant il est mis à la tête des affaires; mais ce qu'il veut obtenir, c'est l'influence dont jouissait Biren : en d'autres termes, il aspire au pouvoir absolu. En attendant, il cherche à égaler le duc de Courlande par l'arrogance de ses manières, et réussit, à force d'humiliations et d'insolences, à faire regretter l'ancien amant de la princesse Anne; il se plaît surtout à déverser le ridicule et le mépris sur le père de l'empereur.

Le chancelier Ostermann, dont l'ambition est insatiable, se réjouit à la vue de tant de fautes, car il aspire à remplir le poste de confiance où, dans les premiers instants, a été appelé Munich. Il ne néglige donc aucune occasion de mettre en relief la conduite imprudente du célèbre guerrier. Enfin, il le perd complètement dans l'esprit du duc et de la duchesse de Brunswick. Ostermann devient alors ministre des affaires étrangères, et le vice-chancelier Galowkin obtient le portefeuille de l'intérieur. Munich reste seulement chargé de l'administration de la guerre, et donne sa démission; elle est aussitôt acceptée. Munich va habiter un palais voisin de la résidence impériale, et il inspire de si profondes inquiétudes au père et à la mère de l'empereur, qu'ils changent chaque soir de chambre à coucher. Le duc et la duchesse ne pouvaient conserver le pouvoir suprême qu'à la condition de vivre dans une harmonie parfaite; mais ils se disputèrent bientôt le gouvernement. Le mari ne voyait que par les yeux d'Ostermann, tandis que la femme accordait une confiance sans bornes à Galowkin. On prétend enfin que la régente nourrissait une passion coupable pour le comte de Lynar, et qu'en outre elle se laissait mener par l'une des femmes de son entourage,

Julie de Mingden, qui était devenue odieuse au duc de Brunswick; puis une rivalité perpétuelle s'élevait entre les deux ministres principaux, Ostermann et Galowkin.

J'indiquerai seulement ici et en passant la guerre que la Russie déclara à la Suède [1741]. Je parlerai aussi de l'ambassade envoyée à la cour par le célèbre Thamas-Kouli-Khan, qui devait, dans l'origine, être accompagnée par seize mille hommes; à la suite de négociations, elle fut réduite à trois mille. Si l'administration de Biren avait été odieuse à la Russie, la régence exercée par le père et la mère de l'empereur manqua de force et d'autorité : la duchesse de Brunswick apportait dans les affaires une légèreté et une insouciance inexprimables. En voici une preuve entre mille. Ostermann, quoique très-malade, se fait porter au palais impérial, et il apprend à la duchesse de Brunswick que Lestocq, chirurgien de la princesse Élisabeth, qu'un parti veut élever au trône, entretient des rapports secrets avec le marquis la Chétardie, ambassadeur de France. La duchesse, au lieu de comprendre la portée d'un pareil renseignement, fait voir à Ostermann un habillement nouveau qu'elle destine au petit czar son fils, et qu'elle vient de recevoir à l'instant. Une conspiration, fût-elle même très-mal ourdie, avait chance de faire évanouir un pareil gouvernement. Élisabeth était convaincue que ses droits au trône devaient avoir la préférence sur ceux du jeune Ivan : à ses yeux, c'était par l'usurpation qu'il était monté sur le trône impérial; mais, d'un autre côté, galante et sensuelle, elle ne voulait risquer ni son repos ni les plaisirs que lui apportaient ses nombreux amants : elle s'en remettait au temps. Mais elle avait auprès d'elle un chirurgien français, Lestocq, qui avait besoin d'une révolution pour pousser sa fortune; il était audacieux et adroit; enfin il avait pour appui l'ambassadeur français, qui, banquier de la conspiration, lui délivrait l'or dont il avait besoin. L'Estocq parla beaucoup; ses discours furent recueillis et parvinrent jusqu'à la régente; elle fit venir Élisabeth dans le palais impérial et lui révéla tous les renseignemens qu'elle avait reçus.

La fille de Pierre-le Grand verse des larmes; elle est innocente; on l'a calomnie; elle ne trahira jamais les sermens qui la lient au jeune empereur; elle réussit à dissiper les craintes de la duchesse de Brunswick. Le chirurgien français se présente le lendemain chez la princesse; elle est occupée du soin de sa toilette; alors il dessine sur une carte une couronne et une roue, et la présente à la future impératrice, en lui disant : « Point » de milieu, madame, l'une est pour vous, » ou l'autre pour moi. » Élisabeth se décide aussitôt; elle a plusieurs amants dans le régiment des gardes Préobajensky; elle se présente à leur caserne, suivie de Lestocq et de Voronzof; elle réunit à peu près soixante hommes, et se dirige sur le palais de la régente, habité par le jeune empereur. Ils approchent; un tambour veut donner l'alarme, sa caisse est crevée, soit par Élisabeth, soit par Lestocq; il n'y a pas de troupes pour les arrêter; en vain le duc de Brunswick avait-il voulu établir de nombreux corps-de-garde, sa femme avait obtenu qu'il renonçât à ces précautions. Les conspirateurs arrivent droit au lit où reposent le duc et la duchesse; on les force à quitter leur demeure sans leur laisser le temps de se vêtir : le jeune empereur dort; on respecte son sommeil. Le régent et la régente ont perdu leur liberté; une prison d'État les attend, quoique d'abord la nouvelle impératrice eût donné ordre de les conduire hors des frontières de la Russie.

ÉLISABETH PÉTROVNA.

Le lecteur admirera sans doute avec quelle rapidité les conspirations s'exécutent en Russie; il en est de même dans tous les pays despotiques, car les monarques et leurs ministres, ne se mêlant jamais d'une manière intime aux hommes, se montrent toujours, à moins d'être doués d'un très-grand génie, d'une imbécillité incurable dans les affaires; ils ne savent ni prendre des mesures de prévoyance ni payer de leur personne. L'air que l'on respire dans ces cours misérables empoisonne tous ceux qui disposent du pouvoir; la duchesse de Brunswick avait donc été atteinte de cette espèce de mal sans guérison. Élisabeth est sur le trône; elle n'a pas rencontré d'obstacle pour en monter les degrés ; voyons comment elle gouvernera, ou plutôt comment elle sera gouvernée. Elle était d'une beauté rare, d'un tempérament inflammable, et, loin de porter de la délicatesse dans ses amours, elle laissait tomber ses caprices jusque sur des hommes nés dans les derniers rangs. Elle ne voulut pas se marier, se réservant le droit de satisfaire à l'aise ses nombreux caprices. La première pensée qui l'occupa fut d'accabler de bienfaits tous les hommes qui l'avaient pour ainsi dire *escortée* jusqu'au trône, car ils n'avaient guère fait plus. Les simples soldats reçurent des lettres de noblesse; l'or, les titres, les décorations furent prodigués aux officiers.

Cette poignée d'hommes conçoit bientôt les plus sinistres desseins, et elle débute en demandant la mort des étrangers, honneur de la Russie. Élisabeth est obligée de se soumettre à cet ordre; Munich, Ostermann, Loëvenvold sont condamnés au supplice de la roue, ainsi qu'une multitude de hauts fonctionnaires assez malheureux pour n'avoir pas reçu le jour dans l'empire. Galovkin, auquel la duchesse de Brunsvick a donné toute sa confiance, est le seul Russe qu'on destine à la mort : le sang va donc couler à flots pressés. Mais Élisabeth avait le cœur tendre ; elle était aussi très-religieuse; elle recula devant cette orgie de bourreaux : au moment où les condamnés approchaient de l'échafaud, ils reçurent leur grâce, et l'impératrice prit l'engagement solennel que, sous son règne, aucun de ses sujets ne serait livré au dernier supplice. Les soldats et les officiers complices de la dernière conspiration, changeant de pensée, applaudirent à la résolution d'Élisabeth ; seulement un grand nombre d'étrangers quittèrent la Russie, et comme ils avaient laissé de grandes richesses dont les Juifs leur firent parvenir les débris, ces derniers, en vertu d'un oukase, furent exilés à perpétuité de la Russie. Ainsi ce fut Élisabeth, la propre fille de Pierre-le-Grand, qui fut réduite à une mesure qui devait ramener l'empire à son ancienne barbarie.

Une fièvre générale de bassesse sembla s'emparer de tout le pays, et le synode reconnut pour chef suprême de la religion grecque une jeune fille galante. Rien n'est donc assuré sous les gouvernements absolus; rien ne peut conserver sa pureté ou sa dignité, à moins que les mœurs nationales ne s'élèvent comme un rempart indestructible. Les populations slaves manquent de cette force de conviction qui brave les supplices comme la mort; leur force tient de la routine et non du raisonnement. Aussi, après une opposition plus opiniâtre qu'étendue, elles cèdent; l'esprit de résistance et de liberté n'enfante pas chez elles ces contradictions puissantes qui, passant du père au fils, profitent de toutes les circonstances favorables pour établir leur règne. La conspiration qui avait fait monter Élisabeth sur le trône n'avait été accompagnée d'aucun meurtre; on avait même d'abord songé, comme je l'ai dit plus haut, à renvoyer seulement de la Russie le duc et la duchesse de Brunswick. Mais les soupçons grandissent vite dans certaines cours ; le père et la mère de l'empereur légitime furent relégués dans le château de Schlusselbourg ; le jeune Ivan fut jeté dans une prison d'État. Ces actes de sévérité reconnus indispensables, une fois accomplis, Élisabeth ne s'occupa plus qu'à jouir de tous les genres de sensualité que lui permettait de satisfaire le pouvoir suprême ; elle prit pour amant un de ses pages, le comte Ivan Schouvaloff. Celui-ci, heureux du rôle qui lui était échu, se laissa diriger par son cousin Pierre Schouvaloff, qui exerça bientôt une influence si prodigieuse, qu'on le surnomma Pierre III, comme s'il eût en effet régné. Une guerre sans aucune importance éclata entre les Russes et les Suédois, qui réclamaient la Finlande. Les troupes que Charles XII avait tant de fois menées à la victoire se laissèrent vaincre honteusement, et, après avoir perdu Frédériks-Hams, subirent les capitulations les plus honteuses [1742].

Rien de plus funeste pour l'ordre que les conspirations qui triomphent sans rencontrer d'obstacles ni sans exiger de plans ; des succès de ce genre assurent de si grands avantages, qu'une foule de concurrents, si je puis me servir de cette expression, se précipitent dans la lice. Il y avait en outre une cause perpétuelle de conspirations, je veux parler du jeune Ivan, dont les droits étaient incontestables. L'ambassadeur d'Autriche, le comte de Botta, avant de quitter la Russie, avait donc jeté les bases d'un projet qui avait pour but le renversement d'Élisabeth. Le départ de ce diplomate rompit toutes les mesures qui avaient été prises ; une sorte d'incertitude régna parmi les conjurés, et ils furent bientôt découverts. Des hommes et des femmes attachés à de grands personnages qui vivaient exilés en Sibérie étaient entrés dans ce complot. S'il faut en croire plusieurs historiens modernes, Élisabeth, sans faire élever des échafauds, aurait exercé la plus terrible vengeance contre madame Lapoukin, sa rivale en beauté ; non-seulement elle lui aurait fait appliquer des coups de knout, mais elle aurait ordonné qu'on lui coupât la langue, et elle aurait assisté à un pareil supplice. La vie entière de l'impératrice dément la dernière circonstance de ce récit ; car la conspiration qui avait menacé Élisabeth avait été ourdie pour rendre le pouvoir suprême à Ivan ; or Élisabeth, qui avait un intérêt si pressant à se délivrer de ce jeune prince, le laissa vivre, et s'il périt, ce fut sous le règne de Catherine II. Sans doute on peut se récrier contre la barbarie de ces lois nationales qui parmi les Russes infligent à une femme des peines aussi atroces que le knout ou la mutilation de la langue. Mais ces lois, Élisabeth ne les avait pas promulguées ; et si en elle eût été aussi jalouse qu'on la représente de la beauté de madame Lapoukin, elle aurait pu lui faire infliger des châtiments qui auraient causé sa mort, sans violer la promesse qu'elle avait faite en présence de tout son peuple de ne jamais souffrir qu'aucune tête ne fût désormais abattue par le bourreau. En effet, ne sait-on pas que, suivant la manière dont le knout est dirigé, il suffit de trois coups habilement appliqués pour faire expirer la victime?

L'impératrice crut qu'en choisissant elle-même le prince auquel elle réservait le trône impérial, elle ravirait toute espèce d'espoir aux partisans du jeune prince Ivan ; elle fit donc venir auprès d'elle le fils unique de sa sœur aînée, le jeune duc de Holstein, qui touchait à sa dix-septième année [1743]. Le neveu de l'impératrice, élevé dans la religion luthérienne, dut l'abandonner pour adopter le rite grec ; Élisabeth lui fit prendre ensuite le titre de grand duc de Russie, et le fit reconnaître pour l'héritier présomptif de la couronne. La guerre qui existait entre les deux cabinets de Saint-Pétersbourg et de Stockholm se prolongeait toujours ; les Suédois, las d'être battus, et afin de parvenir à la conclusion de la paix, firent proposer à Élisabeth d'élire le grand duc pour leur roi : ce dernier, ou plutôt Élisabeth, préféra le trône de Russie. Néanmoins les Suédois parvinrent à signer avec les Russes le traité de paix d'Abo, qui leur imposa la concession de quelques districts de la Finlande. Élisabeth résolut de marier son neveu. Si l'empereur de Russie était de tous les potentats de l'Europe celui dont le territoire présentait le plus d'étendue, il n'avait pu cependant s'élever jusqu'à une alliance de famille avec une des grandes maisons régnantes de l'Europe, et les czars s'étaient contentés de prendre pour femmes les filles de simples boyards, leurs sujets. Pierre-le-Grand, qui avait attiré un instant sur lui l'attention universelle, s'était même uni en secondes noces à une simple servante qui avait été la maîtresse en titre du garçon pâtissier Mentzikof. Élisabeth ne porta donc pas ses vues plus haut que sur une petite princesse d'Allemagne, Sophie-Auguste d'Anhalt-Zérbest, qui descendait d'un prince issu des anciens électeurs de Saxe. La future impératrice de Russie changea ses noms contre celui de Catherine ; elle fut aussi obligée de se convertir à la religion grecque. Quelque temps après son mariage, le jeune duc de Holstein fut atteint par la petite vérole, qui le défigura complètement ; d'un autre côté, un obstacle purement physique, que le dernier des chirurgiens aurait pu écarter par l'opération la plus simple, empêcha pendant plusieurs années ce prince de se montrer un homme, de sorte que son union avec sa jeune épouse resta long-temps stérile.

Si Élisabeth était incapable de soutenir le poids des affaires, quelques hommes d'État la remplacèrent avec succès. En première ligne se faisait remarquer le chancelier Bétuscheff, qui, fidèle à la haine que les Russes portaient depuis tant de siècles aux Polonais, avait résolu d'accomplir leur ruine. Il concertait d'ailleurs toutes ses mesures avec le comte Bruhl, ministre qui avait capté la confiance tout entière d'Auguste III. Bétuscheff affichait le luxe le plus somptueux, faisait acheter le plus chèrement qu'il pouvait l'alliance du cabinet de Saint-Pétersbourg; et pour lui donner le plus haut prix, il entretenait, d'accord avec Pierre Schouvalof, une armée formidable. « L'état naturel » de la Russie, » disait-il, « était la guerre; » son gouvernement intérieur, ses progrès » dans la civilisation, son commerce, tout » chez elle devait être subordonné au but de » régner au dehors par la terreur. Elle n'eût » pas été comptée au nombre des puissances » si elle n'avait eu cent mille soldats tou- » jours prêts à fondre sur l'Europe. » Bétuscheff contraignit Élisabeth à se prononcer contre la Prusse, à laquelle le cabinet de Versailles s'était allié. L'ambassadeur de France, M. de La Chétardie, qui avait si puissamment contribué à faire monter Élisabeth sur le trône, fut renvoyé sous escorte. Louis XV fit alors partir pour la Pologne le comte de Broglie, qui parvint à réunir contre les Russes, la Suède, la Turquie et le khan des Tatars; mais la guerre de sept ans qui éclata tout-à-coup entre la France et l'Angleterre changea les rapports des grandes puissances. La Prusse se réunit à la Grande-Bretagne; toutes deux eurent pour ennemies la France, l'Autriche et la Saxe. Bétuscheff voulut que le cabinet de Saint-Pétersbourg se déclarât, par suite de ces nouveaux changements, le protecteur de la Prusse; mais l'impératrice le disgracia, et lui donna pour remplaçant le comte de Voronzoff.

Je ne suivrai pas en détail les opérations militaires des Russes; je me contenterai de dire que, sous le commandement de Tottleben, ils entrèrent dans les murs de Berlin, et s'emparèrent plus tard de Colberg; ils auraient obtenu des succès plus éclatants et plus nombreux si leurs généraux n'eussent pas craint de compromettre leur avenir. En effet, Élisabeth, qui faisait la guerre malgré elle, apprenait toujours avec douleur les combats où ses troupes prenaient part, car c'était le sang russe qui coulait; d'un autre côté une maladie grave, et qui devenait de jour en jour plus inquiétante, menaçait les jours de cette princesse; enfin l'héritier présomptif de la couronne éprouvait pour le roi de Prusse une véritable idolâtrie. Il avait sollicité de Frédéric-le-Grand un brevet de colonel, et admirait avec un enthousiasme voisin de la folie les troupes de ce prince, dont il ne parlait jamais qu'en l'appelant *le roi mon maître*. Au plus léger triomphe obtenu par les soldats de l'impératrice le futur empereur tombait dans le désespoir, enfin il formait des vœux continuels contre les hommes qui allaient devenir incessamment ses sujets. Telle était la position de l'empire lorsque Élisabeth rendit le dernier soupir, le 29 décembre 1751; elle touchait à sa cinquante-deuxième année.

Si l'on considère avec impartialité le règne de cette princesse on reconnaît qu'il fut doux pour les Russes. Sans doute, un instant l'empire sembla menacé d'un retour vers la barbarie; mais l'amour que l'impératrice avait voué aux lettres, aux arts, aux sciences, dissipa toute espèce de crainte. En effet, Élisabeth créa l'université de Moscou et l'académie des beaux arts de Saint-Pétersbourg; sous ses auspices, des auteurs originaux essayèrent de donner aux Russes une littérature nationale. Pierre Schouvalof, cousin de l'un des amants de l'impératrice, adressa des lettres à Voltaire et fit quelques efforts pour éveiller le goût si peu précoce de ses compatriotes; Élisabeth elle-même entra en correspondance avec l'illustre patriarche de Ferney. En définitive on ne peut attaquer que les mœurs privées de l'impératrice, et encore la plupart de ces accusations sont-elles dénuées de preuves. On affirme qu'elle a été mère de deux filles, qui lui ont été enlevées très-jeunes; mais c'est là une vaine rumeur : on la représente encore comme allant chercher ses amants jusque dans les dernières classes de la nation. « J'ai » même entendu dire, » ajoute Lévesque, qu'elle eut la fantaisie de faire entrer dans

» son lit un Kalmouk, plutôt piquée que re-
» butée par la laideur particulière à ce peu-
» ple. » On sent bien que ces anecdotes scandaleuses n'ont guère d'autre fondement que
des propos assez vagues. On soutint aussi
qu'elle épousa un simple cosaque, et qu'elle
ne cacha cette union si mal assortie que pour
ne pas donner des inquiétudes à son neveu,
le grand duc, que de son propre mouvement
elle avait appelé au trône. Mais comment ne
pas reconnaître que dans un pareil récit
tout est contradiction ? l'impératrice n'aurait
pu tomber dans une aussi étrange mésalliance
qu'entraînée par l'amour le plus ardent et
le plus impétueux : d'une autre part elle
était armée du pouvoir le plus absolu, et
elle aurait craint de révéler à son neveu
un mariage contre lequel personne en Russie n'aurait pu s'élever! Telle n'est pas la
marche des passions; Élisabeth n'a jamais été
l'épouse d'un cosaque, seulement la galanterie,
la facilité de ses mœurs, ont pu permettre de
faire courir sur son compte les bruits les plus
injurieux. On s'est beaucoup récrié contre
les pratiques de dévotion auxquelles l'impératrice se livrait; après tout, que faisait-elle,
si ce n'est d'obéir à la coutume générale de
ses sujets. ? Chez les Russes la religion n'é-
tant pas épurée par le raisonnement, inspire
plutôt le besoin de certaines pratiques extérieures que le culte des devoirs et des vertus :
c'est là le sort des peuples qui ne possèdent
pas des lumières, de véritables lumières. On
rapporte qu'au moment de signer des dépêches Élisabeth s'arrêta parce qu'une guêpe
venait de tomber dans l'écritoire : mais ne di-
rait-on pas que dans notre France on ne croie
plus aux présages ? pour avoir la preuve
du contraire il faut vivre seulement dans
notre capitale; nos plus grandes dames ne
se font-elles pas tous les jours tirer les cartes,
et cependant elles ont reçu l'éducation la
plus complète; ne vivent-elles pas au milieu
du peuple le plus civilisé ? Maintenant
qu'était Élisabeth ? Une femme russe, dénuée d'instruction : suivant les auteurs de
l'Histoire philosophique et politique de Russie, les craintes dont elle était perpétuellement agitée produisaient dans sa manière de
vivre les irrégularités les plus bizarres. Et

comme c'était pendant la nuit qu'avait réussi
le complot auquel elle devait le trône, elle
ne se couchait jamais que durant le jour.
Encore ne se livrait-elle pas alors avec
sécurité au sommeil, pensant que ceux
qu'elle chargeait de veiller dans son antichambre pendant qu'elle dormait pouvaient eux-mêmes céder au besoin de l'imiter. Elle fit donc chercher dans tout l'empire l'homme qui eût le sommeil le plus léger,
et quand elle crut l'avoir trouvé elle voulut
qu'il passât dans sa propre chambre tout le
temps qu'elle y reposait. Est-il si étonnant
qu'une femme, montée sur le trône par suite
d'une conspiration militaire, ait éprouvé la
crainte continuelle de tomber à son tour
sous un complot improvisé ? N'avait-elle
pas vu une conjuration tramée contre elle
par l'ambassadeur de la cour de Vienne ?
Que des terreurs pareilles aient inspiré
des précautions minutieuses à Élisabeth,
je l'accorderai volontiers, sans croire d'ailleurs qu'elle ait fait constamment de la nuit le
jour. Il y a dans ces derniers détails, fournis
par les auteurs de l'Histoire philosophique
et politique de Russie, une exagération manifeste. Au reste toutes les accusations
adressées à Élisabeth ne sortent pas du cercle de la vie intime, et n'ont pas exercé
d'influence directe sur le sort de ses sujets.
Sans doute le règne de cette princesse manqua, si l'on veut, d'éclat et de grandeur;
mais les corps les plus vigoureux ont besoin
de certains intervalles consacrés au repos;
ils recueillent leurs forces; elles atteignent
leurs derniers développements; on voit alors
les États accomplir de nouveaux desseins, et
porter au plus haut degré de gloire les destinées qu'elles ont long-temps contenues dans
leur sein.

PIERRE III FÉDÉROVICTH.

Ce prince monta sur le trône sans rencontrer aucun obstacle de la part des amis du jeune
Ivan, qui languissait toujours dans une prison d'état. L'empereur régnant était devenu
depuis quelques années l'époux de la princesse
d'Anhalt. La supériorité de Catherine devait
être fatale au czar, dénué de toute espèce de

lumières. Cédant tantôt à des passions impétueuses, tantôt à un enthousiasme irréfléchi et à une ardeur de gloire militaire qui ne reposait sur aucun talent, il ne savait jamais commander avec à propos, et il était incapable de se résigner aux ordres de sa compagne : c'était l'union de l'ineptie fougueuse et de l'habileté intrépide. Dans cette lutte si inégale Pierre III devait succomber; la petite vérole, je l'ai déjà dit, lui avait apporté une laideur repoussante, et Catherine, lorsqu'elle l'avait vu pour la première fois, l'avait trouvé doué d'une beauté remarquable. Pierre III aurait dû faire oublier ce malheur par tous les agréments de l'esprit ; mais il était incapable de plaire à une femme comme Catherine. Il appartenait par le sang qui coulait dans ses veines à Charles XII et à Pierre-le-Grand ; mais il n'avait ni l'héroïsme de l'un ni le génie de l'autre ; seulement il était en proie à un fièvre d'imitation mal entendue, qui ne produisait chez lui que les vices et les bizarreries de ces deux hommes extraordinaires. Époux d'une femme pleine de séductions ; l'héritier présomptif de la couronne vécut long-temps avec elle comme un frère rempli de froideur. Rendu enfin à tous ses devoirs comme mari, il servit de voile à des désordres déjà accomplis. Catherine, qui, sous le rapport des sens, a laissé loin derrière elle les désordres de mœurs de l'impératrice Élisabeth, Catherine avait eu les rapports les plus intimes avec le chambellan Soltikof ; elle avait la certitude de devenir mère, et elle était restée étrangère aux embrassements de l'héritier du trône. On ne manqua pas d'éclairer Pierre III sur les liaisons coupables de Catherine : il repoussa une pareille dénonciation, et se prit d'une tendresse nouvelle pour son chambellan. Celui-ci, profitant de la confiance crédule de son maître, le détermina à se faire opérer par le célèbre médecin hollandais Boërhaave : dès lors la position de la future impératrice devint régulière. Catherine aimait les beaux arts ; elle se plaisait à prendre part aux délices de la conversation, et son mari ne savait l'entretenir que des détails de l'exercice à la prussienne, dont il était non-seulement grand admirateur, mais qu'il pratiquait encore avec une sorte de fanatisme ; ces répétitions continuelles des mêmes termes techniques fatiguaient horriblement Catherine : « Il me semble, » disait-elle plus tard, « que j'étais bonne à autre » chose. » Les femmes éprouvent en général beaucoup plus de combats lorsqu'il s'agit pour elles d'agréer un premier amant, que d'en prendre ensuite un nombre pour ainsi dire illimité. Catherine eut cela de particulier qu'elle n'hésita pas à recevoir les soins de Soltikof et qu'elle eut ensuite une série d'attachements qui s'étendirent jusqu'à ses derniers jours ; en autres termes sa lubricité ne connut pas de bornes, et elle fait tache au milieu des grands talents dont elle fit preuve ; bref, ses amours obtinrent encore plus de publicité que les mesures mémorables à l'aide desquelles elle perfectionna la civilisation russe. Tant que l'impératrice Élisabeth avait vécu, les deux jeunes époux s'étaient imposés certaines réserves ; maîtres désormais de leur sort, ils s'abandonnèrent sans aucune espèce de retenue à la fougue qui leur était naturelle. Soltikof était tombé dans la disgrâce de Pierre III, auquel on était parvenu à faire concevoir des soupçons sur des rapports évidemment criminels.

Le nouvel empereur avait eu à subir plus d'une fois, sous le règne d'Élisabeth, les attaques les plus violentes, qui lui étaient livrées par les grands seigneurs de la cour ; on croit même qu'il n'aurait jamais succédé à sa tante si celle-ci eût vécu plus long-temps. Maître du pouvoir suprême, Pierre III sut pardonner à tous, ou, si l'on aime mieux, oublia les injures qui naguère lui avaient été faites. Il fit revenir des déserts de la Sibérie tous les exilés, à l'exception d'un seul. C'est alors que le feld-maréchal Munich, qui avait été renfermé dans la prison même qu'il avait fait construire pour son ancien rival, Biren, duc de Courlande, reparut à Saint-Pétersbourg. L'empereur témoigna bientôt la volonté de faire la conquête du duché de Sleswik Holstein, patrimoine de ses ancêtres, dont s'était emparé le roi de Danemarck. On vit Pierre donner ordre à seize régiments de cavalerie et d'infanterie de pénétrer dans le Holstein, et il somma le monarque Danois de faire entre ses mains une restitution que lui commandait la justice [1762]. Mais cette menace, de nature à soulever une guerre dans toute l'Europe, resta sans exécution, et Pierre III, qui passait facilement d'un objet à un autre, s'occupa d'améliorations intérieures, dont les bienfaits ne sont pas encore oubliés. Il fit disparaître la chancellerie secrète, terreur des citoyens les plus vertueux, car il suffisait d'une dénonciation pour exposer aux plus affreuses tortures l'élite de la nation. L'époux de Catherine révoqua aussi les peines dégradantes qui atteignaient jusqu'aux officiers ; il créa encore un tribunal qui eut mission d'exercer toutes les attributions de la police générale ; il établit une diminution considérable sur les droits d'entrée relatifs aux marchandises introduite par les habitants de la Perse et d'Archangel ; il réduisit enfin le prix du sel. Mais à ces sages mesures le jeune souverain en joignit d'autres qui ne méritent pas les suffrages des esprits éclairés. Depuis Pierre-le-Grand des manufactures étaient établies en Russie ; elles avaient à lutter contre une multitude d'obstacles ; c'étaient d'encouragements de toute espèce qu'elles avaient besoin, et l'empereur établit des lois somptuaires ; c'était évidemment détruire ce que son illustre aïeul avait élevé avec tant de peine. Pierre commit encore une autre faute, qui eut pour lui les suites les plus funestes ; il voulut forcer ses troupes à manœuvrer comme les Prussiens : les soldats russes, qui déjà avaient appris difficilement les exercices à l'usage de l'Europe, eurent beaucoup de peine à se soumettre à un nouvel apprentissage ; en outre, comme ils sont très-attachés à tout ce qui, parmi eux, porte le caractère national, ils s'indignèrent de voir Pierre III revêtir l'uniforme prussien et se déclarer *soldat* du grand Frédéric. Les peuples ont leurs susceptibilités, auxquelles ils tiennent quelquefois plus qu'à leurs droits, surtout lorsque le nombre de ces derniers est extrêmement restreint. Ce défaut de tact enleva toute popularité au jeune empereur ; d'un autre côté, l'ivresse perpétuelle et les débauches sans fin auxquelles il s'abandonna concoururent bientôt à l'accomplissement de sa ruine. En effet, privé de sa raison, il lui échappait tantôt des aveux, tantôt des menaces, qui parvenaient jusqu'aux oreilles de l'impératrice.

Cette dernière était en proie à une nouvelle liaison, devenue tout-à-fait publique : Soltikof avait été éloigné de Saint-Pétersbourg ; elle lui donna pour successeur le jeune Poniatowski, qui, plus tard, devint roi de Pologne. On prétend que, déguisée, elle allait elle-même, pendant la nuit, rendes visites mystérieuses à ce nouvel amant ; on dit même qu'elle lui assignait des rendez-vous jusque dans le palais impérial, et qu'un jour elle fut surprise en tête à tête par l'empereur, qui, après avoir fait arrêter son rival, consentit à lui accorder un généreux pardon. Mais, dans ce jeune souverain, tout était contradiction ; tantôt il accablait Catherine de mauvais traitements, tantôt il lui demandait des conseils, enfin il passait sans cesse avec l'impératrice d'un extrême à l'autre. L'inconséquence d'une pareille conduite n'échappait point aux courtisans ; ils comprirent que puisque tout était incohérence dans l'esprit du maître, il était impossible de se dévouer à sa personne. Comment auraient-ils pu travailler à la perte de Catherine, lorsque, après l'avoir accablée des outrages les plus dégoûtants, Pierre lui rendait quelques heures après les hommages les plus enivrants ? « Un jour, » dit Lévesque, » il
» lui cédait lui-même toutes les marques exté-
» rieures de la souveraine puissance, et ne
» représentait que le colonel de son régiment,
» montant la garde devant l'appartement de
» l'impératrice, et la saluant de l'esponton ;
» le lendemain il lui préférait hautement sa
» maîtresse. » Il avait donné son cœur à la comtesse de Voronzof, femme d'une laideur repoussante, mais qui, dans les orgies de table, lui tenait tête. A la suite de ses débauches l'empereur jurait à tous ses courtisans que le fils dont Catherine était devenue mère ne lui appartenait pas, qu'il exclurait cet enfant du trône, et qu'il plongerait l'impératrice dans les fers ; puis il s'écriait qu'il voulait épouser sa maîtresse, Élisabeth Voronzof, et la faire monter sur le trône avec lui : enfin,

au mépris de l'ordre successif, il voulait faire passer la couronne impériale au prince Georges de Holstein, son oncle, et à ses héritiers; il avait poussé l'imprudence jusqu'à nommer généralissime des troupes russes ce même duc de Holstein : enfin il avait irrité les régiments de ses gardes, ces conservateurs de son pouvoir comme de sa vie, en témoignant l'intention de les envoyer combattre le roi de Danemark.

Tandis que l'empereur se préparait le plus triste sort, Catherine veillait non-seulement sur toutes ses démarches, mais elle prenait encore les mesures les plus habiles pour s'emparer de la couronne; elle avait sondé sa position, et elle comprenait parfaitement que si elle n'attaquait pas la première, elle était irrévocablement perdue ainsi que son fils. Dans cette pensée l'impératrice déployait les grâces qui lui étaient naturelles, pour captiver tous les cœurs : se trouvait-elle avec les popes, ou prêtres grecs, elle affectait tous les dehors de la dévotion la plus outrée; dans toutes les occasions elle s'épuisait d'efforts pour plaire aux officiers comme aux troupes; bref elle laissait percer en leur présence une profonde tristesse, qui semblait appeler l'appui de leur courage et de leur dévouement. Mais il lui fallut des garanties plus certaines et plus positives : elle était parvenue à faire nommer trésorier de l'artillerie un nouvel amant, Grégoire Orlof, par le moyen duquel elle pouvait disposer de sommes immenses. Grégoire avait quatre frères qui, comme lui, étaient doués d'un caractère hardi et d'une force d'athlète : trois des Orlof se joignirent à leur ami Bibikof et parcoururent jour et nuit les cabarets, où ils abreuvaient d'eau-de-vie tous les soldats, hôtes habituels de ces lieux; puis, au sein de l'ivresse, ils les animaient contre l'empereur. Une jeune princesse, Daschkov, qui touchait à peine à sa dix-huitième année, portait un attachement si vif à Catherine, qu'elle ne cessait de lui recruter des conspirateurs, quoique cette jeune femme fût sœur d'Élisabeth Voronzof, maîtresse du czar. Enfin des francs-maçons, qui tenaient une loge à Kammenny-Ostrof, un des séjours de l'empereur, formaient la troisième fraction du parti qui allait incessamment renverser Pierre III du trône. Chose remarquable! ces trois grandes fractions de conspirateurs ne se connaissaient pas, quoique l'impératrice leur imprimât à tous une impulsion commune : d'un autre côté des avis secrets arrivaient de toute part au petit-fils de Pierre-le-Grand; le roi de Prusse le supplia de se tenir sur ses gardes; l'aveuglement du czar était tel, qu'il ne voulut rien croire, et qu'il ordonna les arrêts à un officier qui demandait à lui faire des révélations.

L'heure du dénouement approche de plus en plus; l'empereur décide qu'il célébrera sa fête à Péterhof, où il dînera avec sa femme; à la suite du festin il la fera arrêter. Mais, avant de réaliser ce dessein, il va faire une orgie à Oranienbaum; il est accompagné d'une foule de femmes plus belles les unes que les autres, et qui appartiennent à la plus haute noblesse; celles-ci traînent à leur suite leurs amants, l'élite des libertins de la capitale : au milieu de ce cortége se fait remarquer le vieux feld-maréchal Munich; c'est une occasion de faire sa cour qu'il ne veut pas négliger. Sur ces entrefaites, Passek, lieutenant aux gardes, est arrêté; la princesse Dachkof va trouver aussitôt le comte Panin, gouverneur du grand duc : vaincu par son indolence, ce dernier, quoiqu'il ait pris part à la conspiration, n'adopte aucune mesure. La jeune princesse court chez Grégoire Orlof; elle est parvenue à savoir qu'il est un de ses complices : elle le presse d'agir; il se rend en toute hâte auprès des soldats sur lesquels il compte; puis son frère Alexis court prévenir l'impératrice, qui habite à Péterhof un pavillon solitaire. Alexis fait connaître à Catherine le péril qui les menace tous; il est minuit; au bout de quelques minutes, il amène une voiture dans laquelle se jette la czarine; elle n'a avec elle qu'une femme de confiance. A peine arrivée, elle se présente au quartier où se tiennent les gardes Ismaïlof, qui déjà l'attendent avec impatience; elle invoque leur secours; le czar veut, cette même nuit, la faire tuer elle et son fils. Le comte Cyrille Razoumovski entraîne les officiers qui hésitent encore; tous

COSTUMES FINLANDAIS.

proclament Catherine autocratrice; deux autres régiments des gardes Soménovski et Préobrajenski imitent cet exemple. Le grand maître de l'artillerie, Villebois, qui, d'ailleurs, n'avait pas été mêlé à la conspiration, soulève son régiment en faveur de Catherine, et lui assure la conquête de tous les arsenaux. Le mouvement est général, l'impératrice se rend dans l'église de Notre-Dame-de Kasan, où l'archevêque de Novgorod, ennemi de Pierre, reçoit le serment de l'autocratrice, de conserver les droits et la religion des Russes. Les nobles et le peuple prêtent à leur tour serment à Catherine; les soldats poussent en même temps des acclamations de joie. Enfin l'impératrice, sans perdre de temps, publie un manifeste tiré à un nombre immense d'exemplaires : dans cette pièce, toute de circonstance, elle révèle les desseins perfides et l'imbécilité de son mari. Elle traverse ensuite les rangs des soldats, sourit à leur dévouement, et, revêtue de l'uniforme des gardes, va dîner au palais d'été; elle se place devant une croisée qu'elle fait ouvrir, et porte des saluts à la multitude.

Pendant cette révolution qu'était devenu Pierre III? Suivi de son joyeux cortége, il se rendait en calèche d'Oranienbaum à Peterhof. On l'informe de la disparition de Catherine, il ordonne les recherches les plus minutieuses; elles sont vaines. Il s'écrie, en présence de sa suite : « *Je vous le disais bien*, *qu'elle » était capable de tout!* » Sur ces entrefaites, un Français appelé Bressan, et qui avait jadis servi l'empereur comme valet-de-chambre-coiffeur, lui envoie un émissaire, qui se déguise en paysan. Celui-ci remet à Pierre le billet qui lui a été confié; le monarque tombe aussitôt dans le plus profond accablement; il passe tour-à-tour en revue les partis qu'il peut prendre : il n'en adopte aucun. Il donne ordre cependant aux trois mille soldats holstenois qu'il a laissés à Oranienbaum de venir le rejoindre. Le feldmaréchal Munich presse Pierre de marcher, aussitôt l'arrivée de ses soldats, sur Saint-Pétersbourg. « Ces troupes, en revoyant leur » maître, abjureront leur égarement; le régi-» ment dont l'empereur a été lui-même colo-» nel accourra le premier à sa voix : rien » n'est encore perdu. » Pierre hésite; le temps est précieux; Catherine en profite; elle s'avance à six heures du soir à la tête de quinze mille hommes. Elle porte l'uniforme des gardes, elle est l'épée à la main, et a sur la tête une branche de laurier. Les femmes et les jeunes gens qui accompagnent Pierre cèdent à la plus profonde terreur; leur effroi réagit sur l'empereur. On s'écrie de toutes parts : « A Oranienbaum, à Oranienbaum! » — Non, plutôt à Cronstadt, qui est en » état de soutenir un siége, » répond le feldmaréchal Munich. On cingle sur Cronstadt; mais déjà cette ville appartient à Catherine. L'amiral Galitzin menace l'empereur, qui approche du rivage, de faire sombrer les deux bâtiments qui le portent, lui et sa suite. Pierre III s'épouvante; en vain Munich cherche à relever son courage; en vain Goudovitz lui dit : « Mettez votre main dans » la mienne, et sautons à terre; personne, » croyez-moi, ne fera feu sur vous, » l'empereur tremble devant l'exécution d'un aussi généreux dessein. « Mais où trouver une re-» traite? » s'écrie-t-il avec l'accent du désespoir. « Allez à Réval joindre l'escadre qui » s'y trouve, » lui répond Munich ; « pre-» nez un vaisseau, passez en Poméranie et » amenez avec vous l'armée que vous avez » dans cette province et qu'on n'a pas encore » eu le temps de séduire. » Les jeunes femmes et les débauchés qui composent le cortége impérial font remarquer que les rameurs succombent sous la fatigue et ne pourront jamais arriver jusqu'à Reval. « Nous *ramerons* avec eux, » dit Munich. « Pourquoi, » reprend la troupe saisie de frayeur, « pour-» quoi ne pas recourir à des négociations? » à *Oranienbaum*, » ajoute l'empereur. Arrivé à terre, il aperçoit les soldats holstenois; ceux-ci le pressent de les conduire à Saint-Pétersbourg. « Venez, prince, » s'écrie Munich, « *je vous précéderai, et l'on » n'arrivera jusqu'à vous qu'après avoir » passé sur mon corps.* » Mais Pierre ne veut pas combattre; il adresse une lettre à Catherine pour la supplier de lui accorder au moins le partage de l'autorité. Cette pre-

mière lettre reste sans réponse ; il en envoie une seconde ; ce qu'il demande désormais, c'est une pension et la liberté d'aller vivre dans le Holstein. On lui conseille de s'enfuir sur le territoire polonais, il aime mieux s'en remettre à la générosité de l'impératrice. Il est traîné alors à Peterhof : on le fait monter au haut d'un grand escalier ; là, on le dégrade de ses ordres, on lui enlève ses habits ; il n'est plus couvert que de sa chemise et on le laisse les pieds nus. Il supporte les outrages et les railleries grossières des soldats sans pitié pour le malheur ; enfin on lui jette par grâce une mauvaise robe de chambre dont il s'enveloppe. Le comte Panin se présente bientôt, et se renferme avec Pierre dans une pièce où tous deux confèrent quelques instants ; puis l'empereur signe l'abdication qu'on va lire : « Dans le peu de
» temps de mon règne *absolu* sur l'empire
» de Russie, j'ai reconnu que mes forces ne
» suffisaient pas pour un tel fardeau, et qu'il
» était au-dessus de moi de gouverner cet
» empire, *non-seulement souverainement*,
» mais de quelque manière que ce soit...
» Aussi ai-je aperçu son ébranlement, qui
» aurait été suivi de sa ruine totale, et
» m'aurait couvert d'une honte éternelle. En
» conséquence, après avoir mûrement réfléchi, je déclare, sans aucune contrainte, à
» l'empire de Russie et à l'univers, que je
» renonce pour toute ma vie au gouvernement dudit empire, ne souhaitant d'y ré-
» gner ni souverainement, ni sous aucune
» autre forme, sans espérer d'y parvenir
» jamais par quelque secours que ce puisse
» être. En foi de quoi je fais un serment sincère, en face de Dieu et de tout l'univers,
» ayant écrit et signé cette renonciation de
» ma propre main. »

Aux détails que je viens donner, Lévesque en ajoute d'autres : « En passant, » dit-il, « au
» milieu de l'armée qui venait de le vaincre,
» l'empereur entendit le cri de *vive Catherine !* il descendit de voiture. Sa maîtresse,
» Élisabeth Voronzof, fut enlevée à ses côtés
» par de farouches soldats. Ils lui arrachèrent le cordon de l'ordre de Sainte-Catherine, qui fut bientôt après donné à sa
» sœur, la princesse Dachkof. J'ai même en-
» tendu dire que c'était cette princesse qui
» le lui avait arraché en la maltraitant. »
L'impartialité, ce devoir si impérieux pour un historien, me force d'emprunter au récit de Saldern quelques nouveaux détails qui compléteront le tableau que je viens de tracer : « Pierre étant encore à Péterhof
» résolut d'entrer en négociations avec sa
» femme, et lui envoya, par le général-major
» Ismaélof, une lettre dont on n'a jamais
» connu le contenu. Ismaélof fut gagné par
» les Orlof : il consentit à trahir son maître
» et à le livrer entre leurs mains. Il rejoignit l'empereur, et lui dit que Catherine
» se repentait de sa précipitation, et désirait
» se réconcilier avec son époux. Cette nouvelle causa beaucoup de joie à Pierre, et il
» partit aussitôt pour Oranienbaum. L'offre
» de Munich de lui servir d'escorte avec une
» compagnie de soldats fut rejetée par le
» perfide Ismaélof comme inutile et même
» imprudente. Quand Pierre et Ismaélof
» furent arrivés dans la cour du château
» d'Oranienbaum, on força l'empereur de
» descendre de sa voiture, et de se placer
» dans l'un des trente kibitkas qu'on y avait
» rassemblés, et, après l'avoir garrotté, on
» le fit partir avec deux conjurés qui le
» tenaient et l'empêchaient de crier. Au
» même instant, les trente voitures partirent,
» prenant toutes des chemins différents, afin
» qu'on ne pût remarquer la route par laquelle on conduisait Pierre. »

Catherine fit le lendemain son entrée solennelle à Saint-Pétersbourg, où elle reçut le serment de fidélité des grands personnages qui avaient formé le cortège de l'infortuné Pierre III. Apercevant Munich, « C'est donc
» vous, feld-maréchal, qui vouliez me combattre ? — Oui, madame ; je ne pouvais
» pas moins pour celui qui m'a tiré de
» l'exil. » Il remit ensuite son épée à l'impératrice, ajoutant que « la fidélité qu'il
» avait gardée à son prince et à son bienfaiteur était un gage de celle qu'il lui conserverait à elle-même (1). »

Le triomphe de Catherine s'était montré plein d'éclat et de grandeur : par l'ascendant

(1) Lévesque, *Histoire de Russie*, tome V, p. 295.

de son caractère, elle avait fait descendre du trône son époux : lui conserverait-elle la vie ? Telle était la question que l'impératrice avait à résoudre. Pierre était incapable de se laisser éclairer par le malheur; et déjà, comme pour mieux prouver que rien en lui était changé, il avait supplié qu'on lui renvoyât un nègre, son bouffon, un chien auquel il était très-attaché; puis des romans, son violon et une Bible. Un prince aussi léger ne manquerait pas de nourrir des regrets continuels; en dépit de la surveillance la plus attentive, il entretiendrait des liaisons secrètes avec des hommes qui voudraient le replacer sur le trône; il deviendrait, pour sa femme, une source inépuisable d'inquiétudes et de tourments. D'un autre côté, les troupes qui avaient renversé l'empereur paraissaient épouvantées d'un aussi grand crime. « Les » matelots reprochaient aux soldats leur trahison; le peuple plaignait le prince détrôné; on craignait enfin que quelques » étincelles secrètement couvées ne causassent tout-à-coup un vaste incendie; on » doutait aussi des dispositions de Moscou(1). » Dans des circonstances aussi critiques, Alexis Orlof résolut de porter un coup décisif; il se présente dans la prison destinée au czar, suivi d'un homme jusque là ignoré, et que les uns appellent Tépelhof et d'autres Teplof. Ils donnent à Pierre l'espérance prochaine de sa liberté, et lui offrent, suivant le vieil usage russe, de boire l'eau-de-vie avec eux en attendant le dîner. Le prince accepte : on mêle un poison violent à la liqueur qu'il goûte; elle ne produit pas tout l'effet qu'on en attend; la victime refuse de boire de nouveau, et se jette ensuite dans le bras de son fidèle Bressan, qui a obtenu désormais la permission de ne plus quitter l'empereur. Il veut qu'on lui apporte du lait. Il n'y a plus à hésiter; Alexis et son complice Teplof se précipitent sur Pierre III; ils sont aidés par le jeune Boriatinski ou Bariatinski, officier qui commande la garde. Les trois assassins parviennent à étrangler le mari de Catherine au moyen d'une serviette. L'impératrice, en apprenant cette nouvelle, versa des larmes, et annonça à sa cour que Pierre était mort d'une colique hémorrhoïdale. On exposa le lendemain son corps en public; il était revêtu de l'uniforme de Holstein. Pour cacher, dit Lévesque, les marques de la mort violente qu'il avait soufferte, on lui mit le hausse-col; enfin les Russes furent admis à lui baiser la main.

Catherine ordonna-t-elle la mort de son époux ? Voilà ce qui me reste à examiner. Si l'on médite sur la position de l'impératrice, il est impossible de ne pas reconnaître que son salut lui commandait un pareil meurtre. Elle ne pouvait être à l'abri des tempêtes que le jour où Pierre aurait rendu le dernier soupir; l'intérêt de Catherine élève contre elle les présomptions les plus graves. D'un autre côté, cette princesse était née dans une petite cour d'Allemagne tout-à-fait étrangère aux crimes et aux conspirations, habitude héréditaire de la Russie. Enfin, l'ancienne compagne de Pierre, dans les dix-sept années qui s'écoulèrent avant qu'elle ne montât sur le trône, passa presque tout son temps dans la culture des lettres et des beaux arts, qui adoucissent les mœurs. Remarquons ensuite que dans tout le cours de son règne, elle ne commanda aucune exécution. Pourquoi Alexis Orlof, l'un des complices les plus ardents de la dernière conspiration, n'aurait-il pas commis de son chef un assassinat qui devait assurer son repos? On va me répondre : Mais comment, dans un gouvernement absolu, où chacun ne se meut que sur un ordre en règle, les portes d'une prison sont-elles ouvertes sur une simple demande ? Je répondrai à mon tour : Sous les gouvernements absolus, on ne connaît que les droits du plus fort : Alexis Orlof était un des vainqueurs; le geôlier a donc dû trembler à sa voix. Bref, si l'impératrice eût trempé dans cet horrible crime, elle aurait chargé de son exécution, non pas Alexis, mais Grégoire Orlof, qui possédait son cœur comme amant et sa confiance comme homme de résolution. J'invoquerai ici le témoignage de Lévesque, cet historien doué d'une conscience si pure et si droite : « Des » personnes, » dit-il, « qui devaient bien » connaître la cour de Saint-Pétersbourg et » de Catherine II, m'ont assuré que cette

(1) Lévesque, *Histoire de Russie*, tome V, p. 294.

» princesse ni Grégoire Orlof n'avaient cette
» énergie funeste qui rend capable d'un grand
» crime ; qu'on leur avait fait un secret de
» l'assassinat qu'on méditait ; que Catherine
» l'apprit avec douleur après l'exécution ;
» qu'elle passa même plusieurs jours sur son
» lit dans l'agitation du désespoir, non qu'elle
» regretât l'époux que dès long-temps elle
» n'aimait pas, et qui lui avait préparé une
» rigoureuse prison et peut-être la mort ;
» mais elle ne pouvait se dissimuler combien
» cet attentat, qui lui serait attribué, devait
» nuire à sa gloire. »

Les diverses circonstances que j'ai placées sous les yeux du lecteur doivent lui suffire. Cependant, et comme par surabondance, je terminerai ce funeste récit en citant un dernier témoignage que j'emprunte au savant Depping : « Dans le manifeste que publia Ca-
» therine, après la mort de Pierre, elle in-
» siste aussi sur l'incapacité de son mari. Ce
» reproche injuste fut suffisamment réfuté
» dans un petit ouvrage qui parut sous le
» titre suivant : *le Pour et le Contre*, et
» que le gouvernement de Russie fit promp-
» tement confisquer. On y lit, entre autres,
» ce passage : Pierre III avait été doué par
» la nature d'un esprit vif, qu'il s'était tou-
» jours efforcé de cultiver. Il avait un goût
» décidé pour les arts et les sciences, et, de-
» puis son enfance, il avait aimé la littérature
» avec tant d'ardeur, qu'il y avait fait des
» progrès qui auraient fait honneur même à
» à un particulier qui se serait consacré par-
» ticulièrement à l'étude. Les membres de
» l'Académie de Saint-Pétersbourg, que ce
» prince présidait, ont avoué que plus d'une
» fois il les avait étonnés par l'étendue de ses
» connaissances. De plus, le choix que la clair-
» voyante impératrice Élisabeth avait fait de
» lui pour lui succéder au trône, est une
» preuve suffisante des qualités de son esprit.
» Ne pourrions-nous pas aussi nous en rap-
» porter à son accusatrice même, à Cathe-
» rine II ? N'a-t-elle pas rendu justice en
» mille occasions à l'esprit de son mari ?
» Tous les habitants de l'empire de Russie,
» et certainement ses persécuteurs plus que
» les autres, sentent combien cette accusation
» est mensongère ; car si Pierre III eût été dé-
» pourvu de génie, ses ennemis, le redoutant
» moins, ne se seraient pas autant hâtés de
» l'assassiner pour faire cesser leurs inquié-
» tudes ; si son âme eût été moins clair-
» voyante, ils auraient pu parvenir à rem-
» plir leurs vues intéressées, sans avoir
» besoin de lui enlever le trône et la vie, et
» son règne eût été paisible. » Quant à moi, et en dépit des éloges donnés à Pierre III par les auteurs du *Pour et du Contre*, il me reste bien démontré que l'époux de Catherine doit attribuer aux bizarreries de son caractère, à ses débauches continuelles, et surtout à son excessive lâcheté, le traitement qu'il subit comme monarque. Devenu prisonnier d'État, il était trop à craindre pour que tôt ou tard il ne tombât pas sous le fer des meurtriers ; grâce aux mœurs russes, c'était une simple affaire de temps. Quoi qu'il en soit, la mort de ce prince laissa de longs souvenirs dans toutes les classes, et son ombre, plus d'une fois, fit tressaillir Catherine. Sur la fin de ses jours, Grégoire Orlof, cédant à la puissance de ses remords, perdit la raison : il entendait sans cesse le monarque lui reprocher son malheur. Ce prince, au reste, devait être cher à la noblesse de Russie, car il lui rendit la liberté politique dont l'avait dépouillé Ivan Vassilievitch. Sous le règne de l'époux de Catherine, le gentilhomme russe fut libre de jouir en maître de sa fortune ; il put embrasser la carrière des armes, se consacrer à l'administration, voyager suivant son désir ou son caprice, et se consacrer au service des puissances étrangères. Enfin, il lui fut permis d'aliéner ses possessions et de faire choix du lieu où il voulait passer sa vie. Singulier rapprochement ! le prince qui avait tant fait pour la liberté des nobles russes, périt étranglé dans une prison ; et, sur trois de ses bourreaux, deux étaient des gentilshommes : tant il est vrai que dans les affaires publiques, il faut faire même le bien aux hommes avec habileté et mesure ! [1762]

CATHERINE II.

L'impératrice touchait à sa trente-troisième année lorsqu'elle devint maîtresse absolue de la Russie. À partir de ce moment c'est à son génie seul qu'il faut attribuer les développements magnifiques que va prendre l'empire : c'est Catherine qui, à part la guerre, va tout diriger, politique, administration, diplomatie, et ses succès dans tous les genres égaleront ses talents ; elle s'occupera encore d'enrichir la Russie d'une foule d'établissements consacrés à l'instruction du peuple comme au soulagement de sa misère ; elle entretiendra une correspondance active avec le philosophe de Ferney ; elle voudra que d'Alembert accepte les fonctions de gouverneur de l'héritier du trône ; elle appellera Diderot à sa cour ; grâce à ses encouragements, à ses prévenances, elle verra s'élever parmi ses sujets une foule de savants, dont la mémoire ne s'est pas éteinte. Au milieu de tant de travaux, et resplendissante de la gloire que lui assurent les philosophes français, elle aura des amants qui la maltraiteront jusqu'à la battre : en vain l'âge, qui glace toutes les passions, arrivera-t-il pour elle ; il ne pourra triompher du désordre de ses mœurs. Les adorateurs que repoussera le déclin de ses charmes elle les achètera à prix d'argent, et les couvrira de titres et de décorations : les officiers de ses gardes regarderont comme le comble de la fortune d'attirer sur eux un de ses regards. Le caprice des sens satisfait, ils rentrent dans la foule des courtisans, mais en possession des premiers grades et des plus hauts emplois : c'est ce mélange de grandeur comme souverain, et d'abjection comme femme, qui doudonne à Catherine, dans l'histoire, une place équivoque ; car l'admiration qu'elle inspire ne peut la défendre du mépris. Comme Pierre-le-Grand elle attire et repousse, et tous deux cependant ont accompli une tâche remplie de magnificence : l'un a imposé à la Russie les premiers développements de la civilisation, l'autre les a complétés. Si Catherine, au reste, montra un esprit si viril pendant tout son règne, elle déploya en même temps une indulgence et une tendresse de cœur qui révélèrent la femme pleine de bonté. Le duc de Holstein, oncle de Pierre III, qui avait connu les projets hostiles du dernier empereur contre sa femme, qui, peut-être même, les avait conseillés, le duc de Holstein, loin d'avoir à redouter la vengeance de Catherine, fut comblé de ses bienfaits ; elle le nomma feld-maréchal. L'impératrice avait eu beaucoup à se plaindre de la comtesse Élisabeth de Voronzof ; cette dernière avait voulu la faire tomber du trône : elle se contenta de la renvoyer à Moscou. Devenue plus tard l'épouse de Palenski, elle revint habiter Saint-Pétersbourg ; enfin elle eut de son mariage une fille, que Catherine plaça parmi ses filles d'honneur. Le vieux Munich, qui avait donné des conseils si vigoureux à Pierre III, obtint le gouvernement de la Livonie et de l'Estonie ; quant à Grégoire Orlof, qui lui était toujours cher, elle le fit lieutenant-général et le décora de l'ordre de Saint-Alexandre-Nevski. Il fallut tant de faveurs pour que la cour apprît la liaison intime qui, si long-temps, avait existé entre lui et sa souveraine : il y a donc des secrets qu'on peut cacher à une multitude de témoins intéressés à tout découvrir ; et cependant les historiens, qui n'approchent pas même le palais des grands, révèlent avec intrépidité les actions les plus intimes des princes, et sur des faits avancés si témérairement appuient des jugements qui, maintes fois, font autorité. En définitive, on sut seulement le rôle que Grégoire Orlof remplissait auprès de Catherine le jour où il leur convint de ne plus le cacher. Biren, ce favori de l'impératrice Anne, Biren, qui avait fait abattre tant de têtes en Russie, était revenu depuis long-temps de son exil de la Sibérie, fut rétabli par Catherine dans la possession de son duché de Courlande ; ainsi ce monstre mourut comblé des faveurs d'une haute fortune. Il faut baisser la tête devant ces arrêts de la providence ; elle se détermine dans la plénitude sa prescience ; elle juge sur l'ensemble, nous ne connaissons que des détails.

Catherine, qui s'était montrée si bonne et si indulgente pour ses ennemis, fut obligée de déployer quelques rigueurs envers une femme qui lui avait rendu des services signalés ; je veux parler de la princesse Dachkof. Enivrée de la faveur de sa souveraine, elle se précipita dans les mesures les plus téméraires, se livrant aux discours les plus inconsidérés : à l'entendre, c'était à elle

seule que l'impératrice devait la couronne. Suivant certaine version, elle aurait éprouvé le sentiment le plus doux pour Grégoire Orlof; il n'en aurait pas fallu davantage pour lui attirer la disgrâce de Catherine. Cette allégation ne repose sur aucune base solide; c'était grâce à son esprit romanesque que la princesse Dachkof avait pris part à une conjuration contraire à la fortune de sa propre famille; ce fut aussi grâce à ce même esprit romanesque qu'elle réduisit Catherine à la condamner à de longs voyages dans l'Europe. Enfin le comte Panin, qui avait montré tant d'hésitation au moment du péril, fut chargé de l'éducation du grand duc héritier de la couronne, en même temps qu'il reçut le portefeuille des affaires étrangères. Sa paresse était telle, qu'il était incapable de remplir la moitié d'une seule de ces deux charges. Après avoir distribué les récompenses les plus éclatantes à ceux qui l'avaient servie, l'impératrice s'occupa de porter remède à l'état désastreux des finances publiques; et, dans ses rapports à l'extérieur, fit d'abord preuve d'une modération qui dut coûter beaucoup aux desseins ambitieux qu'elle nourrissait au fond du cœur. S'épanchant un jour avec M. de Breteuil, ambassadeur de France à la cour de Saint-Pétersbourg, elle lui dit : « J'ai la plus belle
» armée du monde; l'argent me manque, il
» est vrai, mais j'en serai abondamment
» pourvue dans quelques années. Si je me
» laissais aller à mon penchant, j'aurais encore plus de goût pour la guerre que pour
» la paix; mais l'humanité, la justice et la
» raison me retiennent. Cependant je ne ferai
» pas comme l'impératrice Élisabeth, je ne
» me laisserai pas presser pour entreprendre
» la guerre; je la ferai quand elle me sera
» avantageuse, mais jamais par complaisance
» pour d'autres. On ne pourra me bien juger que dans cinq ans. »

Je n'attache, pour ma part, aucune importance à ces paroles; elles ne me paraissent pas même dignes de foi; il n'entrait pas dans le caractère de Catherine de dévoiler ainsi sa politique. Au reste, avant qu'elle pût rien entreprendre, elle eut à punir des conspirateurs [1762]. Trois frères appelés Gourief entreprirent sa perte; les sénateurs voulaient les condamner aux supplices les plus atroces, mais Catherine se contenta de les envoyer en exil. Elle fit plus, on la vit interdire l'usage de la question, cette cruauté imbécile qui, sous le prétexte d'obtenir la vérité, arrache le mensonge à la douleur. Catherine échappait à peine à un péril qu'elle rentrait aussitôt dans un autre, et par une de ces similitudes qui la rapprochent de Pierre-le-Grand, elle ne jouit jamais parmi les Russes d'une véritable popularité. Sa position, à la vérité, était beaucoup plus fâcheuse que celle du premier réformateur de la Russie. En effet, si l'époux de l'impératrice ne pouvait désormais lui inspirer des inquiétudes, restait toujours Ivan, dont les droits menaçaient l'avenir de Catherine. Ce jeune prince, abandonné dans une prison d'État, passait pour imbécile; mais c'était un motif de plus pour exciter le zèle de ses partisans : ils auraient régné sous son nom. Un simple sous-lieutenant appelé Mirovitch, et qui descendait de l'un des chefs attachés à Mazeppa, se chargea d'une entreprise qui présentait tant de difficultés; il réclamait depuis long-temps la restitution des biens de son aïeul; fatigué de ne pas voir accueillir sa demande, il voulut devenir l'artisan de sa propre fortune. On affirme que Mirovitch s'ouvrit de son dessein à quelques personnes qui lui gardèrent un profond secret. Le régiment auquel appartenait ce conspirateur était de garde à la forteresse de Schlüsselbourg, où vivait renfermé Ivan; Mirovitch avait fait son service comme sous-lieutenant pendant huit jours sans avoir rien tenté. Il devait être remplacé par un autre officier; mais, par un motif que rien n'explique ni ne justifie, il obtint la permission de continuer ce même service encore pendant huit jours. Il peut déjà compter sur un soldat appelé Piskof; cependant il se confie, à dix heures du soir, à trois caporaux qui lui promettent d'abord de le servir, et qui ensuite se rétractent. Deux heures du matin sonnent; Mirovitch réussit enfin à obtenir le concours apparent de six hommes, dont cinq sont douteux; puis il commande aux autres soldats qui sont de garde de charger leurs armes ; il leur montre un ordre de l'impératrice qui est falsifié. Suivi en tout de quarante-six soldats, il se dirige vers la pièce où repose le jeune prince. Bérednikof, officier supérieur chargé de la surveillance d'Ivan, est instruit par un soldat du mouvement que tente Mirovitch ; il va seul à sa rencontre, et somme le chef des conspirateurs de lui découvrir quel est son dessein. Mirovitch répond par un coup de crosse de fusil appliqué à la tête de son interlocuteur ; celui-ci tombe à terre, et quelques soldats s'emparent de sa personne. Le téméraire sous-lieutenant touche déjà au passage qui mène à l'appartement du prince, et ordonne à sa suite de faire feu sur les sentinelles. Celles-ci ripostent, mais sans atteindre aucun des assaillants ; ces derniers battent en retraite. Pour les ramener à la charge, Mirovitch leur donne lecture des faux ordres qu'il a fabriqués. Les troupes reviennent sur leurs pas, traînant un canon qu'elles dirigent contre la porte du fort : elle est ouverte sur-le-champ. Vlaffief et Duchakof, officiers chargés spécialement de veiller à la garde de l'appartement du jeune prince, sont parvenus à repousser la première attaque ; cette fois ils désespèrent de pouvoir résister. Ils se conforment alors à un ordre qui jadis avait été donné par l'impératrice Élisabeth, et tuent l'infortuné Ivan plutôt que de le laisser tomber entre les mains des assiégeants. Le jeune prince, en dépit de la résistance la plus héroïque, est assassiné de leurs mains ; ils ouvrent la porte et disent aux soldats : *Regardez, voilà votre empereur.* A cette vue, Mirovitch s'approche de Bérendnikof, auquel il avait commandé les arrêts, et lui dit en lui rendant son épée : « C'est moi à » présent qui suis votre prisonnier. » Catherine, qui était en Livonie, commanda que le procès fût fait à Mirovitch. Il eut pour juges le sénat, le synode, les trois premières classes de la nation, et les présidents de tous les colléges (1). Le jeune sous-lieutenant soutint qu'il n'avait aucun complice, et subit la mort avec le plus rare courage.

(1) Lévesque, Histoire de Russie, tom. V, pag. 314-315.

Rien de plus authentique, rien de plus clair que ce récit ; Mirovitch, furieux de ne pas obtenir la restitution des biens de son aïeul, se jette dans une entreprise audacieuse ; il ne réussit pas, et meurt avec intrépidité. Mais avant de marcher à l'échafaud, il a des juges nombreux, et une immense publicité reproduit ses réponses. Certes, si Catherine II eût été sa complice, ou si elle eût employé des intermédiaires pour pousser le jeune sous-lieutenant au meurtre d'Ivan, Mirovitch, désormais sans espoir, eût dit la vérité tout entière. A cette seule condition il peut sans honte racheter sa vie : s'il ne parle pas, c'est qu'il n'a rien à dire. Catherine, eût-elle voulu se délivrer de son concurrent au trône, avait mille moyens à employer avant que de recourir à un assaut ; enfin elle n'aurait pas pris pour instrument d'un pareil crime un officier et une poignée de misérables soldats. « Mais, » répond l'auteur de l'histoire de Pierre III (1), « comment peut-on ima-
» giner qu'un jeune officier de la garnison
» d'une forteresse dans laquelle sont détenus
» des prisonniers eût pu former l'idée d'une
» telle entreprise, s'il n'avait pas été conseillé
» par des personnes de quelque considéra-
» tion et soutenu par des gens qui eussent
» eu un certain pouvoir ? Comment est-il
» possible qu'un homme qui n'est pas en-
» tièrement privé de l'usage de la raison
» puisse avoir la pensée de délivrer, avec un
» petit nombre de soldats, sans compter sur
» d'autres secours plus efficaces, et même
» de placer sur le trône un prince empri-
» sonné et surveillé si rigoureusement, sans
» avoir fait auparavant les moindres dispo-
» sitions, pris des mesures qui étaient né-
» cessaires pour la réussite de cet enlèvement
» ou seulement qui rendissent probable son
» rétablissement sur le trône ? Ne manquait-
» il pas déjà à Mirovitch le premier appui
» nécessaire, la participation de toute la gar-
» nison de la forteresse Schlüsselbourg ? » Je reprends à mon tour ; on ne conspire pas avec la certitude de réussir ; quelquefois même on se hasarde en comptant sur quelque circonstance inattendue qui peut venir à

(1) Saldern.

votre secours; on joue sa tête contre des probabilités aventureuses : la grandeur du but vous aveugle. Si Saldern eût vécu de nos jours, il aurait vu tout ce que peuvent tenter l'audace et la présence d'esprit. La conspiration de Mallet, exécutée par des prisonniers, n'a-t-elle pas un instant ébranlé le trône de l'empereur Napoléon? Sans doute le meurtre d'Ivan fut utile à Catherine II; mais quoi! est-ce là une raison suffisante pour rendre l'impératrice de Russie auteur ou complice de ce crime? Si chacun de nous commettait les crimes, les injustices qui peuvent tourner au profit de sa fortune, la société tomberait bientôt en pleine dissolution. C'est bien assez pour Catherine d'avoir été contrainte par son propre salut à renverser son mari du trône; ne lui imputons pas d'autres crimes : plus haute est la position, plus lente aussi doit se montrer l'accusation. En noircissant avec légèreté la mémoire des princes, en les chargeant d'une multitude de forfaits, nous tuons à l'avance chez eux le sentiment de la dignité personnelle, nous les dégradons de l'instinct de l'honneur. En effet, pourquoi reculeraient-ils devant les avantages de certains crimes, puisque sans aucunes preuves on les leur attribue? Pourquoi résisteraient-ils à des passions pernicieuses, puisqu'on les considère à l'avance comme des coupables voués à tous les égarements, à toutes les erreurs, à tous les excès? Soyons justes avec les grands; sachons, dans notre propre intérêt, leur tenir compte des devoirs qu'ils ont remplis comme des crimes qu'ils ont évités.

L'impératrice va bientôt se montrer sous un nouvel aspect; nous allons incessamment apprécier en elle la femme politique. Il s'agit des Polonais : deux maladies mortelles, et qui étaient inhérentes à la constitution politique de ce généreux peuple, l'avaient placée en dehors de la civilisation. Dès le jour où les puissances prépondérantes de l'Europe entrèrent dans l'unité monarchique, les princes qui les gouvernaient eurent entre leurs mains des forces considérables dont ils purent disposer plus ou moins à leur volonté. Le principe de l'hérédité, relativement au trône, étant parfaitement établi, des révolutions ne surgirent pas à chaque changement de règne. En Pologne, au contraire, le principe électif s'élevait plus haut que le trône; le roi était nommé dans une assemblée générale de nonces, c'est-à-dire de gentilshommes. Une seule voix rendait une diète impuissante et la forçait à se séparer; ainsi un nonce n'avait qu'à s'abstenir, ou prononcer les mots suivants : *Niepoz-wolam* (*je ne consens pas*), l'assemblée *perdait son activité*, c'est-à-dire que tout ce qui avait été fait jusque là devenait nul. L'opposant en était quitte pour voir tous les sabres des autres assistants le menacer, mais sans aucun péril pour lui, car c'était là une vaine formalité. Voulait-on ne pas employer un moyen aussi violent que le *liberum veto*, on recourait à de véritables ruses; le temps que devait durer chaque diète était fixé; on soulevait alors des discussions frivoles ou bien des débats qui devaient enflammer les passions. Dans la première hypothèse, on parvenait, suivant l'expression technique, à *tratner la diète*; dans la seconde hypothèse, on disait : *Soufflez sur la ruche pour mettre les mouches en furie*. Enfin, dans d'autres circonstances, les gentilshommes accouraient tout armés et enveloppaient la diète. Cet abus de la force avait aussi son nom, et l'on disait : *Tenir la diète sous le bouclier*. A ces dispositions déjà si anarchiques venaient se joindre les intrigues de tous les cabinets de l'Europe; chaque souverain avait un candidat qu'il poussait au trône : l'or, l'intrigue, tous les genres de séduction étaient employés.

Parvenait-on à élire un roi, la constitution lui refusait toute espèce de pouvoir. En effet, il ne pouvait agir que d'après la volonté d'un ministère et d'un sénat dont il choisissait, si l'on veut, les membres; mais ceux-ci, une fois nommés, devenaient inamovibles. D'un autre côté, ils étaient trop puissants pour ne vouloir pas faire triompher soit des intérêts de famille, soit des intérêts de caste : ils entraient donc promptement en hostilité avec le monarque. Mais le roi, dira-t-on, pouvait s'allier avec les classes intermédiaires, et même avec les classes inférieures. Non, car ni les unes ni les

autres n'existaient en Pologne ; à part les nobles, tout le reste de la nation vivait dans la servitude. D'un autre côté, les grands, en Pologne, ne formaient pas une aristocratie compacte ; ils n'avaient pas de sujets proprement dits ; ils ne donnaient pas directement des ordres ; pour agir, il fallait que l'autorité passât par l'intermédiaire des ministres, qui eux-mêmes ne s'entendaient pas avec le souverain. Bref, c'était une confusion de toutes les formes de gouvernements, une lutte perpétuelle de principes hostiles les uns aux autres. Cette anarchie, au reste, se reproduisait sous toutes les formes ; chaque département ministériel était occupé par deux fonctionnaires publics indépendants : l'un gouvernait la Pologne proprement dite, l'autre l'ancien duché de Lithuanie. On comptait donc deux chanceliers ou chefs de la justice, deux grands maréchaux ou ministres de la police, deux grands trésoriers, etc. L'armée se composait de deux divisions parfaitement distinctes ; l'une s'appelait *armée de Lithuanie*, l'autre de *Pologne*. Comme la possession du trône était le résultat d'une élection, en cas d'interrègne, le primat, ou chef des évêques, était placé à la tête des affaires ; il avait aussi mission d'envoyer des universaux pour la convocation des diétines chargées d'élire les nonces ou députés.

Un mécontentement existait-il parmi les nobles, ils se formaient en confédération, ou si l'on aime mieux, en ligue constituée à la pluralité des suffrages. Ces confédérés demandaient quelquefois la déchéance du monarque. De pareilles institutions exigeaient des mœurs particulières ; le noble polonais disait donc à ses fils : « Brû-
» lez vos maisons et errez dans votre
» pays, les armes à la main, plutôt que
» de vous soumettre à l'arbitraire. » Les magistrats chargés de rendre la justice étaient choisis par les nobles et réélus de quinze mois en quinze mois. Chaque gentilhomme polonais pouvait devenir juge, nonce et même roi. Quelles étaient maintenant les prérogatives du monarque ? Il pouvait nommer aux emplois et accorder la jouissance viagère de certains fiefs militaires qu'on appelait *palatinats, castellenies, statories*. En résumé, la Pologne n'était ni une république, ni une monarchie, ni une aristocratie ; c'était une association de nobles toujours prêts à s'armer les uns contre les autres, association que les cabinets de l'Europe laissaient subsister pour que le sol ne tombât pas entre les mains de deux ou trois puissances qui, en se le partageant, auraient rompu l'équilibre général. Je terminerai cet examen de la constitution polonaise en citant la lettre de convocation adressée par le primat aux électeurs de la diète de 1762 : « Examinez l'état présent de
» la patrie, dont la ruine instante et pro-
» chaine est prévue par tous les étrangers,
» étonnés de l'avoir vue subsister si long-
» temps sans aucun conseil, sans aucun gou-
» vernement. Depuis trente-sept ans la puis-
» sance législative suspendue, nulle exécu-
» tion des lois anciennes, la justice écrasée
» sous la force, la liberté opprimée par la
» puissance, le commerce expirant, les villes
» et les cités, ces ornements des empires,
» tombant de toutes parts en ruines ; les
» bourgs et les villages, unique fortune de
» la noblesse, exposés aux incursions. Dans
» quelle histoire trouverait-on l'exemple
» d'une nation livrée à de tels désordres ? »
Les États voisins de la Pologne connaissaient bien mieux que les autres cabinets de l'Europe l'abjecte anarchie où s'anéantissait de plus en plus cette malencontreuse confédération de nobles ayant à leur tête un prétendu roi. Pierre-le-Grand sentit quels avantages il pourrait tirer de la ruine complète de ces gentilshommes si séditieux et si turbulents : il travailla donc de toutes ses forces pour accroître l'anarchie qui dévorait la malheureuse Pologne. Cette perfide intervention se convertit en une tradition à laquelle Catherine se montra fidèle ; il fallait à l'impératrice une occasion favorable.

Auguste III, roi de Pologne, rendit le dernier soupir à Dresde le 4 octobre 1763 ; quel serait le successeur de ce prince ? voilà l'immense question qu'il fallait résoudre. La Russie, la Prusse et la Porte ottomane s'opposèrent à ce que la couronne revînt à l'électeur de Saxe, fils du dernier roi. Déjà en possession d'un État assez puissant, il se serait trouvé maître de ressources qui, avec le temps, auraient pu inspirer de l'inquiétude. Il importait donc que l'élection portât sur le trône un simple gentilhomme. On n'ignorait pas que le grand chancelier de Lithuanie, le prince de Czartorinski, avait témoigné le dessein de substituer à l'anarchie un système rationel de gouvernement : c'était le seul moyen, après tout, de rendre à la Pologne quelque reste de vigueur. Les cours de Berlin et de Saint-Pétersbourg déclarèrent aussitôt qu'elles « ne souffriraient aucun change- » ment, quel qu'il fût, à la constitution ac- » tuelle, ni qu'on enlevât à la noblesse po- » lonaise la moindre de ses prérogatives. » C'était, en d'autres termes, exiger la continuation du désordre public. Cependant Catherine, à part l'intérêt de sa politique, avait un motif particulier pour vouloir porter sur le trône un Polonais. Elle était encore grande duchesse, lorsqu'elle s'éprit de l'amour le plus vif pour Stanislas-Auguste Poniatovski. On l'avait vue long-temps entretenir avec ce jeune noble une correspondance remplie des témoignages d'une tendresse excessive, et quoique d'autres liaisons intimes eussent occupé l'impératrice, elle n'avait pu bannir de son cœur l'image d'un homme qu'elle avait tant aimé ; elle résolut donc de le faire élire roi de Pologne. D'une part, c'était une amante qui élevait pour ainsi dire à son niveau l'homme auquel elle avait jadis accordé ses plus douces faveurs ; d'un autre, elle triompherait en retrouvant dans Stanislas la même soumission que naguère. Comme femme, elle était flattée dans son cœur ; comme souveraine, elle verrait réussir tous ses desseins ; Poniatowski avait d'ailleurs ce caractère romanesque si bien en rapport avec la vanité du beau sexe ; Catherine éblouirait son imagination, et, vaincu, il céderait à son ascendant.

L'ancien amant de l'impératrice se mit donc sur les rangs ; mais il avait des rivaux redoutables, d'abord le fils d'Auguste III. Ce dernier était soutenu par le prince Radzivil et le comte Branitski. Sur ces entrefaites, un corps d'armée russe qui, après avoir soutenu en Allemagne la cause de Marie-Thérèse, avait passé, sous Pierre III, au service du roi de Prusse, et qui revenait par la Pologne, reçut l'ordre de stationner dans cet État. D'autres troupes furent envoyées pour soutenir l'élection de Poniatowski, et le parti saxon, je veux dire celui de l'électeur, conçut les plus vives inquiétudes. Les amis de Stanislas Poniatowski ne cessaient de dire de leur côté « qu'il fallait voir enfin si on » pouvait faire tomber du trône une maison » étrangère qui deux fois y était montée » contre le gré de la nation, et qui se trou- » vait aujourd'hui destituée de la seule pro- » tection qui l'y avait maintenue. » Cependant un grand nombre de nobles frémissaient de rage en songeant qu'ils allaient avoir pour roi un homme dont le grand-père avait été l'économe d'une petite terre des princes Sapiéha. Mais Catherine, l'œil toujours fixé sur le but, s'écriait : « Quand il aurait été » lui-même économe, je veux qu'il soit roi, » et il le sera. » Keyserling, l'agent de l'impératrice, disait « que ce n'est point une » galerie pleine d'anciens portraits qui con- » stitue la noblesse ; que c'est l'âme qui fait » les grands ministres, les hommes illus- » tres et les rois eux-mêmes. » A ces maximes Catherine joignit la puissance de l'argent, et elle cessa pour un temps de payer les émoluments attachés aux places, ainsi que le prêt des soldats. Montrant un magnifique collier au grand général Oginski, elle lui disait : « Il y a là de quoi faire un roi de » Pologne. » Mais si Stanislas Poniatowki était un homme nouveau, son père, par son génie, s'était élevé aux plus hautes charges, et avait épousé une Czartorinski. Le postulant au trône se trouvait donc cousin-germain d'un des plus illustres palatins. Ce dernier, déclaré généralissime de l'armée de la couronne, se dévoua à la fortune de son proche parent. Catherine, pour imprimer une impulsion plus décisive à l'élection de Poniatowski, envoya à Varsovie le prince Repnin, neveu de Panin. Elle fit remettre à son ancien amant cent mille ducats ; en possession d'une somme aussi considérable, il se fit bientôt suivre par un cortége de nobles. Le roi de Prusse, Frédéric, qui déjà nourrissait dans son cœur la pensée d'obtenir une part dans le partage de la Pologne, se conforma, en habile flatteur, aux vues de Catherine. Il obtint en retour le renouvellement d'un traité d'alliance que Pierre III lui avait jadis accordé. Le rusé monarque décora en même Poniatowski du cordon de l'ordre de Prusse. La cour ottomane, à laquelle il importait qu'un prince indépendant régnât à Varsovie, ne prit aucune mesure; de leur côté, les grandes puissances de l'Europe se tinrent sur une lâche offensive. Enfin, le 7 mai 1764, la diète d'élection fut convoquée; des soldats russes et des troupes dévouées aux Czartorinski opprimèrent la liberté des suffrages; Poniatowski fut élu roi. Quelques réformes de détails furent faites à la constitution, mais le *liberum veto*, cette source de tant de désordres, ne put être supprimée, les ambassadeurs de Russie et de Prusse ayant insisté pour qu'on conservât ce droit si funeste.

Voilà Stanislas Poniatowski au comble de ses vœux; il est élu roi de Pologne. C'est à l'ancienne maîtresse de son cœur qu'il est redevable de cette éclatante dignité. De ce jour aussi va commencer pour lui une nouvelle ère : il se trouve placé entre la reconnaissance qu'il doit à Catherine, et la restauration de la Pologne qu'il médite, de la Pologne que la czarine veut mener à sa ruine complète, par l'agrandissement de l'anarchie qui la dévore. Nous avons vu jusqu'ici Stanislas homme du monde, parcourant les capitales de l'Europe, et faisant les délices des sociétés les plus brillantes de Paris; ami intime de la célèbre madame Geoffrin : nous allons maintenant l'admirer roi énergique, roi courageux, et luttant de toutes ses forces pour faire un véritable peuple des Polonais. Apprécions d'abord sa position. Aucun prince ne ceignit une couronne dans des circonstances plus difficiles et plus malheureuses que celles où il commença de régner; par suite de la disposition générale de toutes les cours, et grâce à la haine d'un grand nombre de Polonais, son trône était en quelque sorte miné de toute part (1). Le nouveau roi, oubliant la résistance que certains gentilshommes avaient opposée à son élection, se montra à leur égard plein de justice, de douceur et de bienveillance. Il fit tout enfin pour amener une réconciliation entre les divers partis; prodiguant les prévenances les plus délicates jusqu'au dernier de ses sujets, allant les visiter chez eux, leur témoignant l'intérêt le plus vif pour leur famille. Il donna à Varsovie les fêtes les plus brillantes, s'épuisant d'efforts dans ces réunions pour désarmer les haines. Aidé de ses cousins Czartorinski, il proposa et fit adopter par la diète d'utiles réformes; les douanes furent établies sur toutes les provinces, l'administration des postes fut placée sous ses ordres, il obtint le commandement immédiat des gardes, enfin il fit maintenir la confédération générale de la Pologne, confédération qui déplaisait aux cabinets de Berlin et de Saint-Pétersbourg. Stanislas Auguste créa encore deux écoles militaires; l'une à Varsovie, et l'autre à Vilna : il fonda en outre une école d'artillerie, et établi une fonderie de canons. Catherine, qui, e portant sur le trône Stanislas-Auguste, était convaincue qu'il obéirait à sa direction, satisfait de tenir une cour magnifique où il l'emporterait sur tous par la pompe et la richesse de ses vêtements, car ce prince aimait le luxe et la représentation, Catherine, dis-je, fut très-irritée lorsqu'elle eut à subir le refus d'une alliance offensive et défensive; elle se sentit blessée dans son orgueil comme femme et souveraine : elle se vengea, rien ne lui était plus aisé. Dans la crainte d'alarmer l'Europe, elle laissa sommeiller ces plaintes, que le plus fort peut toujours adresser si facilement au plus faible; voulant paraître tenir la politique en dehors du débat qu'elle allait soulever, c'est dans la religion qu'elle alla puiser un grief. Le catholicisme était dominant en Pologne; on y comptait néanmoins des dissidents; ils descendaient les uns de familles de l'Ukraine et de la Lithuanie, qui, antérieurement à la domination polonaise, suivaient le rite grec; les autres avaient pour ancêtres des partisans de Luther et de Calvin; enfin on comptait parmi les dissidents des sociniens. Ces divers sectateurs étaient nobles; ils purent donc se défendre, et une diète, tenue à Vilna

(1) Rulhières.

en 1553, les confirma dans leurs droits politiques, qui furent encore consacrés par le traité d'Oliva. Les catholiques, qui formaient une imposante majorité, ne tardèrent pas à se montrer intolérants, et, avec le temps, il arriva que les dissidents furent repoussés des diétines, privés du droit de siéger dans les tribunaux, et repoussés de toutes les charges civiles; ils perdirent même le libre exercice de leur culte, tandis qu'ils voyaient les Juifs élever autour d'eux leurs synagogues : il ne leur resta plus que la jouissance de leurs terres, et la permission de verser leur sang pour la patrie. Ils avaient présenté un mémoire à la diète du couronnement, mémoire auquel l'on n'avait pas daigné même faire attention. Sans doute la conduite tenue à l'égard de ces malheureux gentilshommes était digne de blâme, et il était indispensable de les relever de l'état d'exhérédation où on les avait plongés; c'était un point à débattre entre les Polonais, et auquel l'impératrice devait demeurer étrangère. Loin de là, elle saisit cette occasion pour intervenir en faveur des dissidents, ou plutôt elle exploita leur malheur au profit de son ambition. Catherine, comme je l'ai déjà fait connaître, entretenait une correspondance active avec les principaux philosophes français, ces maîtres de l'opinion publique : elle se dévouait à la cause de la tolérance religieuse ; des acclamations universelles allaient retentir ; elle serait louée dans la langue la plus répandue de l'Europe; on bénirait son nom sans pénétrer la perfidie de ses desseins : elle était sûre de posséder d'une part l'honneur, et de l'autre le profit ; elle allait, si je puis m'exprimer ainsi, palper des deux mains [1764] !

Tandis que l'impératrice se montrait hostile à son ancien amant, le roi de Prusse élevait une foule de demandes : il exigeait de Stanislas-Auguste une nouvelle démarcation des frontières, et le droit de lever des soldats dans toute la Pologne; il se portait aussi comme le protecteur des dissidents [1764]. A l'ouverture de la diète, le prince Repnin, ambassadeur de Russie, communiqua les réclamations de Catherine ; les cabinets de Saint-James, de Berlin, de Stockolm et de Copenhague intervinrent pour soutenir la cause des dissidents ; mais la majorité de la diète se montra inflexible contre eux, et l'évêque de Cracovie affirma que les exclusions qui les atteignaient devaient être maintenues, ne fût-ce que pour les punir d'avoir invoqué la protection des puissances étrangères. Le prélat se tournant du côté du roi Stanislas le somma de proclamer s'il était pour ou contre la religion nationale; le prince se déclara tout haut catholique. Catherine regarda cette confession de foi comme une attaque directe contre les dissidents, dont elle feignait d'être la protectrice ; néanmoins elle savait que Stanislas-Auguste était plein de tolérance. L'impératrice donna donc l'ordre à ses troupes de marcher jusque dans le voisinage de Varsovie. Les membres de la diète demandèrent aussitôt que les soldats russes quittassent la Pologne tout entière; Catherine, au lieu d'affranchir le territoire national de la présence d'une armée ennemie, voulut que ses soldats fussent mis en cantonnement sur les terres des Polonais patriotes. Cette avanie ne fut pas épargnée aux domaines du roi même ; mais il ne se laissa pas abattre, déployant un courage d'esprit au niveau de son malheur, et si les nobles, oubliant leurs discordes, se fussent ralliés à Stanislas-Auguste, la Pologne aurait peut-être pu être sauvée. Mais son territoire fut bientôt couvert de confédérations toutes ennemies les unes des autres : ici des catholiques se réunissaient aux dissidents, là d'autres catholiques les combattaient. Les mêmes hommes qui s'étaient opposés à l'élection de Poniatovski, les amis du grand général Radzivil, les partisans de l'électeur de Saxe, se rapprochèrent des ambassadeurs de Prusse et de Russie. Le roi, tout en résistant à l'influence étrangère, essayait-il d'adoucir la fureur des factions, elles se réunissaient aussitôt contre lui. Au milieu de tant de discordes, une confédération de paysans se forma dans la Prusse polonaise, pour obtenir l'abolition de la servitude.

Sur ces entrefaites, Varsovie fut témoin d'une diète extraordinaire [1767]. L'évêque de Cracovie, encouragé par un bref du pape Clément XIII, s'éleva avec une nouvelle force contre les malheureux dissidents ; mais il enveloppa dans les mêmes invectives le roi Stanislas-Auguste et le cabinet de Saint-Pétersbourg. Une pareille conduite était tout à la fois blâmable et intempestive, elle tendait à irriter les dissidents et à pousser les Russes, dont les troupes occupaient le pays, à des mesures de rigueur. En effet, le fougueux prélat fut enlevé, ainsi que trois autres membres de la diète, sur un ordre signé par le prince Repnin; le roi Stanislas-Auguste témoigna la douleur profonde que lui fit ressentir cette violation du droit des gens : à partir de ce jour la Pologne fut rayée de la liste des nations. Il aurait fallu que la diète protestât en corps; mais, dit Lévesque, « elle accorda tout ce qui avait été le sujet » de si vives querelles ; il fut statué que le » roi de Pologne serait toujours un prince » catholique et que la communion romaine » resterait toujours la religion dominante ; » mais que les dissidents ne seraient plus ap- » pelés de ce nom devenu odieux, seraient » rétablis dans tous leurs droits, pourraient » contracter des mariages avec les catholi- » ques, ne pourraient jamais être contraints » à changer de religion ; que les dissidents » nobles auraient comme les nobles catholi- » ques le droit de *patronat* dans leurs terres » sur le clergé romain, et seraient capables » de tous les emplois et de toutes les digni- » tés de la couronne et du grand-duché de » Lithuanie. Il ne restait plus que le trône » dont ils fussent écartés. » Ainsi Catherine a obtenu ce qu'elle voulait. Sous le prétexte d'une vaine tolérance et comme alliée des dissidents, elle inonde la Pologne de ses soldats; son ambassadeur, le prince Repnin, donne des ordres à la diète et fait arrêter les membres qui, usant de leur droit, osent manifester des opinions qui le condamment ; et le roi Stanislas-Auguste, que l'impératrice a élevé sur le trône, subit le joug moscovite comme le dernier de ses sujets. Les nobles polonais, au lieu de se réunir à leur roi et de mourir les armes à la main, préfèrent s'égorger entre eux, comme des bêtes féroces ; des haines sanguinaires s'emparent de toutes les âmes, le roi excepté ; le patriotisme ne se montre nulle part, le sentiment de l'indépendance nationale semble éteint, pour toujours, il se réveillera sans doute, il fera luire encore de nobles étincelles, mais il sera trop tard. Catherine persiste dans la conduite adroite et fallacieuse qui lui a réussi. « Elle ne peut voir sans attendrisse- » ment le bonheur d'un état voisin attaqué » *jusque dans ses fondements.* » Fait-elle entrer ses troupes en Pologne, « elle déplore » de se voir réduite à l'exécution triste et » rigoureuse des engagements de sa cou- » ronne, mais elle ne veut pas être considérée » uniquement comme une souveraine qui fait » respecter sa garantie, parce que le soin de » sa dignité n'est pas plus puissant sur son » cœur que le devoir sacré de l'humanité. » Tandis que l'impératrice cherche à tromper les Polonais, Voltaire, qu'elle courtise, l'exhalte et dans ses vers et dans sa prose; les autres philosophes français l'accablent d'adulations, et l'admiration publique lui est acquise. Le cabinet de Versailles, qui avait sous yeux des documents certains et qui aurait dû se déclarer le défenseur de l'indépendance polonaise, de cette indépendance garantie du salut de la civilisation européenne, le cabinet de Versailles n'osait pas crier aux armes, il était en flagrant délit de trahison envers ses devoirs les plus saints. L'impératrice, rassurée par une inertie aussi criminelle, mesurait la carrière qui lui restait à parcourir avant d'atteindre le but définitif. Catherine, d'accord avec son allié le roi de Prusse, tente une nouvelle attaque; elle obtient que le *liberum veto* sera rendu aux nobles polonais, et le prince Czartorinski, qui avait obtenu la révocation de ce droit si fatal, vient en pleine diète exposer les nouvelles exigences de Saint-Pétersbourg et de Berlin. « L'opposition d'un seul nonce suffit » désormais pour rendre nulle toute délibé- » ration qui aurait rapport aux affaires » d'état [1767]. »

Cependant le prince Repnin, ambassadeur de Catherine en Pologne, manquait de cette mesure, de cette modération apparente que possédait à un aussi haut degré sa souveraine; il aurait voulu tout enlever de haute lutte et en un seul jour. « Vous en » faites trop, » lui dit le comte Potoki, » et vous ne connaissez pas notre nation;

» nous avons un ancien proverbe qui dit : » On ôte aisément à un Polonais son habit et » même sa veste, mais dès qu'on veut lui » ôter sa chemise, il reprend tout. — Qui » osera remuer? dit l'ambassadeur. — Moi, » reprit Potoki; avant quinze jours je serai » à la tête d'une confédération contre tout ce » que vous faites ici. Me voici en votre puis- » sance et vous pouvez me faire arrêter ; » vous n'y gagnerez rien, cinquante mille Po- » lonais pensent comme moi. » Et en effet, ajoutent les auteurs de l'Histoire philosophique et politique de Russie, ce Polonais que Repnin n'osa ou dédaigna de faire arrêter, leva bientôt après l'étendard de la résistance. Mais que pouvait-on attendre de mouvements isolés? il aurait fallu que les nobles courussent en masse au combat et que, sous les ordres d'un habile général, que l'on aurait créé dictateur, ils eussent exterminé les Russes; mais au lieu d'un parti national, il n'y avait que des factions.

Le cabinet de Versailles s'était enfin déterminé à agir, et M. de Vergennes, ambassadeur de France près la Porte, avait entraîné cette puissance à faire des menaces à Catherine. De son côté, M. de Choiseul, ministre des affaires étrangères, avait adressé au représentant du roi de France, à Constantinople, la lettre suivante : « J'ai vu avec peine » que le nord de l'Europe s'asservissait à » l'impératrice de Russie, et que l'Angle- » terre et ses subsides étaient l'appât que » cette princesse présentait pour établir son » despotisme dans cette partie. Le Dane- » marck, par crainte de la Russie, et dans » une espérance illusoire d'acquérir la partie » de Holstein appartenant au grand-duc, se » livre avec bassesse aux volontés de la cza- » rine. La Suède, par des particularités » inouïes, ne délibère et n'agit que par les » ordres des Moscovites. Le roi de Prusse est » ménagé et soutient les opérations de la » cour de Saint-Pétersbourg. Il se prépare » dans le Nord une ligne qui deviendra très- » formidable pour la France. Le moyen le » plus certain de rompre ce projet, et peut- » être de culbuter de son trône usurpé, l'im» pératrice Catherine, serait de lui susciter » une guerre. » Déjà la Porte-Otomane,

éclairée par M. de Vergennes, avait fait mettre aux Sept-Tours l'ambassadeur de Russie. C'était l'annonce d'hostilités prochaines que la Porte allait entreprendre contre Catherine. Celle-ci, effrayée, pressa la diète de 1768 de voter à la course de nouvelles réformes politiques. La diète déclara citoyens actifs, Polonais ou étrangers, tous ceux qui habitaient le territoire national ; les tribunaux reçurent des modifications. Enfin, la nouvelle constitution s'occupa d'adoucir le sort des paysans : on retira aux nobles le droit de vie et de mort qu'ils avaient jusque là exercé sur ces malheureux ; les compositions judiciaires qui existaient encore en Pologne furent abolies. La Pologne ne reçut pas avec reconnaissance un pareil présent : un gentilhomme appelé Pulavski souleva la province de Podolie, sans attendre que les Russes eussent évacué le territoire de la république, condition qui venait de leur être imposée par la Porte, et à laquelle Catherine s'était résignée. Ces confédérés avaient fait peindre sur leurs bannières la vierge Marie et l'enfant Jésus, et ils portaient des croix brodées sur leurs habits ; enfin ils rappelaient ces armées de pieux catholiques qui, au moyen-âge, inondèrent l'Asie. L'impératrice révéla cette particularité à Voltaire : « Le » ridicule des croisades passées, » écrivait elle, « n'a pas empêché les ecclésiastiques » de Podolie, soufflés par le nonce du pape, » de prêcher une croisade contre moi. Les » fous de soi-disant confédérés ont pris la » croix d'une main, et se sont ligués de » l'autre avec les Turcs. La bénédiction du » pape leur promet le paradis ; et conséquem- » ment les Vénitiens et l'empereur seraient » damnés, je pense, s'ils prenaient les armes » contre ces mêmes Turcs, défenseurs aujour- » d'hui des nouveaux croisés, contre quel- » qu'un qui n'a touché ni en blanc ni en » noir à la loi romaine. » La Porte, cependant, entra en campagne : l'impératrice, contrainte de recourir aux armes, mit sur pied une multitude innombrable de soldats ; d'un autre côté, ne se départant pas de cette modération apparente qui lui avait si heureusement réussi jusque là, elle fit remplacer son ambassadeur Repnin par Volkouski, au

quel elle recommanda d'apporter dans tous ses actes la plus grande mesure. Une invasion, entreprise par les Tatars, répandit la terreur jusque dans les murs de Moscou; mais le khan mourut subitement lorsqu'il allait courir à la défense des Polonais [1769].

Catherine voulut que la guerre contre les Turcs commençât par la prise de Khoczim, que les Russes, selon Lévesque, nomment Khotin. En dépit de la valeur que les soldats de l'impératrice déployèrent, ils ne purent s'emparer de Khoczim. Les Russes firent de nouveaux efforts, mais que le succès ne couronna pas. Les troupes ottomanes poursuivirent même l'armée ennemie jusque sur le territoire de la Pologne, cependant elles rentrèrent bientôt en Moldavie, et tentèrent alors de traverser le Dniestre ou Dniester. Elles ne purent réussir, et, comme les armées turques représentent de véritables hordes, au bout de dix mois le sultan ne comptait presque plus de soldats sous ses étendards. La garnison qui défendait Khoczim se retira, et cette forteresse tomba au pouvoir des Russes. Le général en chef des troupes de l'impératrice crut, après ce triomphe, devoir se présenter à la cour; mais Grégoire Orlof, auquel il déplaisait, lui retira son commandement pour le remettre entre les mains du feld-maréchal comte Roumienstof.

Cette première campagne, comme on vient de le voir, ne fut pas très-glorieuse pour Catherine. L'année suivante [1770], les troupes placées sous le commandement du célèbre Routhienstof, plus connu en France sous le nom de Romenzof, remportèrent deux victoires éclatantes sur les Turcs, qui d'ailleurs se défendirent avec le courage du désespoir. Mais les Moscovites, à une intrépidité héroïque, joignent l'avantage d'une discipline sévère, et on les voit se servir avec habileté de leur nombreuse artillerie. D'une autre part, le comte Panin, frère du ministre, s'empara de Bender, l'ancienne retraite de Charles XII, et, indigné de la résistance qu'il éprouva, réduisit cette ville en cendres. Le prince Repnin, qui avait laissé chez les Polonais des souvenirs si odieux, entra dans les murs d'Ismaïlof; enfin le baron d'Igelstrohm se rendit maître d'Ac-Kierman ou ville blanche, capitale de Bessarabie. Si l'impératrice aimait l'éclat de la guerre, elle ne dédaignait pas les ressources qui, sans moins de bruit, conduisent souvent à des succès positifs, et dont la réalité a beaucoup plus d'importance. Catherine ne négligea donc aucun moyen pour soulever les malheureux Grecs, ces descendants des Thémistocle et des Aristide, contre les Turcs leurs farouches oppresseurs. Il y avait dans cette pensée quelque chose de grand qui souriait à l'impératrice : elle avait aussi l'espoir d'inquiéter la Porte-Ottomane par un mouvement général qui aurait électrisé tant de populations à la fois. Le cabinet de Saint-Pétersbourg comptait surtout sur le Péloponèse, où quinze mille hommes pouvaient courir aux armes; mais il fallait que la flotte russe pût se présenter au milieu de l'Archipel. Parvenue dans la Méditerranée après de longs efforts, elle dut stationner à Minorque, où on la radouba. Remis de nouveau en mer, les divers vaisseaux qui composaient cette flotte furent forcés, par les vents contraires, de chercher un asile dans les ports de l'Italie, de la Sardaigne et de la Sicile. Le comte Alexis Orlof, chargé du commandement en chef de l'expédition, débarqua au promontoire de Ténare, situé dans la partie la plus méridionale de la Morée, appelée jadis le Péloponèse. Il avait été précédé par Fédor, qui avait déposé cinq cents Russes dans la petite île Strophade.

Sans doute d'aussi misérables secours ne pouvaient promettre une prompte issue aux misères qui accablaient les Grecs. Mais Catherine, depuis plusieurs années, entretenait des intelligences au milieu d'eux; elle les flattait de l'espoir d'une liberté qu'ils attendaient avec tant d'impatience : c'était donc beaucoup pour ce malheureux peuple que de voir flotter le pavillon moscovite. La Russie ne voudrait pas compromettre sa gloire en les abandonnant à la vengeance ottomane, surtout après les avoir excités à secouer le plus horrible de tous les jougs! Les Turcs ne venaient-ils pas, tout récemment, de désoler les habitants du Péloponèse jusque dans l'exercice de leur culte? Si le présent leur était odieux, que serait donc l'avenir! Il ne faut pas avoir eu

pendant des siècles des Ottomans pour maîtres, on apprend au bout de quelques jours à connaître tous les désastres qui accompagnent leur domination. Ces barbares ne règnent pas sur leurs conquêtes, ils y campent. Vainqueurs insolents, intraitables, jamais ils ne se mêlent avec leurs sujets, ils les épuisent par leurs exactions, les désespèrent par leurs avanies, ne songeant jamais au lendemain; ils pressurent, ils dévastent. Ce sont des sauvages qui, pour avoir plus promptement le fruit, coupent l'arbre qui le porte. Écoutons le témoignage d'un illustre écrivain (1), dont les paroles ont la double autorité du génie et de la vérité : « Les voyageurs qui se contentent
» de parcourir l'Europe civilisée sont bien
» heureux, ils ne s'enfoncent point dans ces
» pays jadis célèbres, où le cœur est flétri à
» chaque pas, où des ruines vivantes détournent à chaque instant votre attention des
» ruines de marbre et de pierre. En vain,
» dans la Grèce, on veut se livrer aux illusions; la triste vérité vous poursuit : des
» loges de boue desséchée, plus propres à
» servir de retraite à des animaux qu'à des
» hommes, des femmes et des enfants en
» haillons fuyant à l'approche de l'étranger
» et des janissaires; les chèvres mêmes,
» effrayées, se dispersant dans la montagne,
» et les chiens restant seuls pour vous recevoir avec des hurlements; voilà le spectacle
» qui vous arrache aux charmes des souvenirs. On ne voit que des villages détruits
» par le fer et le feu : dans les villes, comme
» à Misistra, des faubourgs entiers sont abandonnés; j'ai fait souvent quinze lieues dans
» les campagnes sans rencontrer une seule
» habitation... Chasser un paysan de sa cabane, s'emparer de sa femme et de ses enfants, le tuer sous le plus léger prétexte,
» est un jeu pour le moindre aga du plus
» petit village. On dirait que la Grèce elle-même a voulu annoncer, par son deuil, le
» malheur de ses enfants. En général ce pays
» est inculte, le sol nu, monotone, sauvage
» et d'une couleur jaune et flétrie... On n'aperçoit point ou presque point de fermes
» dans les champs; on ne voit point de laboureurs, on ne rencontre point de char-

(1) Châteaubriand.

» rettes et d'attelages de bœufs. » Les débris de la population grecque ne pouvaient donc que sourire de joie à la pensée qu'ils allaient frapper à leur tour les Turcs souillés du sang de leurs familles, et gorgés des richesses de leur patrie. Les évêques, les simples prêtres se mettent en tête du mouvement général; ils montrent la croix à tous les regards; ils pourront à l'avenir adorer en paix le divin Sauveur! Ne vaut-il pas mieux, citoyens libres, mourir les armes à la main, que de traîner dans l'abjection des jours remplis d'amertume et d'angoisses!

Les Russes, aidés par les habitants, sont bientôt maîtres de l'Arcadie : les tyrans sont massacrés, leur tête est mise à prix, et les Turcs connaissent à leur tour l'effroi qui précède la mort. Les vaisseaux moscovites, après avoir été réparés dans les différentes villes maritimes de l'Italie, opèrent des débarquements dans les îles de l'Archipel; toutes les possessions de la Porte sont menacées à la fois; Missolonghi rompt à lui seul ses fers. Ce début glorieux aurait dû enflammer les Russes d'enthousiasme, ainsi que leurs intrépides alliés; mais l'impératrice n'avait pas mis en mouvement des forces assez considérables; d'un autre côté, les généraux de Catherine, quoiqu'ils professassent la même religion que les Grecs, traitaient avec hauteur les chefs de ces derniers. Fédor Orlof s'abandonnant, avec Mavro-Mickhali, à des paroles impérieuses, celui-ci lui répondit : « Eusses-tu à tes ordres toutes les armées de
» ta souveraine, encore ne serais-tu qu'un
» esclave, et moi, chef d'un peuple libre, ma
» destinée m'en rendît-elle le dernier homme,
» ma tête aurait néanmoins plus de prix que
» la tienne. » Déjà il n'y avait plus ni concert ni harmonie lorsqu'Alexis Orlof débarqua, le 23 avril 1770. Au lieu d'employer ses efforts pour rallier les esprits, il critiqua tout ce qui avait été entrepris par son frère. « Il aurait dû commencer par se rendre maître de tout l'intérieur; les forteresses de
» la côte seraient ensuite tombées d'elles-mêmes, la flotte russe étant assez puissante
» pour leur couper tout secours par mer, et
» la flotte ottomane étant encore désarmée
» dans le port de Constantinople ou cachée

» sous le château des Dardanelles (1). »

Alexis appelle bientôt dans Navarin les évêques et les primats grecs pour délibérer sur les mesures à prendre. Mais les Turcs lancent les Albanais sur le Péloponèse; ceux-ci ruinent Missolonghi de fond en comble. Les Ottomans marchent sur Modon qu'Alexis Orlof assiége, et le forcent à se réfugier dans Navarin. Une multitude de Grecs demandent une retraite au général russe, il défend qu'on leur ouvre les portes de la ville. Ces malheureux s'entassent dans des esquifs, qui, trop chargés, s'engloutissent dans la mer; cinq mille environ débarquent dans la petite île Sphactérie, où ils se trouvent en proie à toutes les horreurs de la faim. D'un côté, les flots de la mer leur apportent les cadavres de leurs valeureux compatriotes; de l'autre, ils ne rencontrent que des cœurs farouches parmi les guerriers qui les ont appelés à la révolte. Ils s'abandonnent au désespoir le plus violent. « Les Russes, » affirme Ruhlières, « contemplent ce spectacle avec » des risées. »

Alexis est déjà las d'une entreprise où il croyait n'avoir à rencontrer que de faciles victoires; il se décide à abandonner le Péloponèse. En vain lui fait-on remarquer qu'il est maître d'une ville; que de nouveaux secours pourront arriver d'un instant à l'autre; que bien des jours se passeront avant que les Turcs, si ignorants dans l'art de prendre les places, puissent s'emparer de Navarin. Alexis est en proie à une idée fixe; il donne ordre que les malades et les blessés soient portés sur ses vaisseaux, abandonnant à toutes les ignominies, à tous les supplices les Grecs qui avaient eu foi aux promesses du cabinet de Saint-Pétersbourg.

En vain le pacha publia-t-il une amnistie générale; les Albanais, regardant le Péloponèse comme un butin qui leur appartenait, le dévastèrent dans tous les sens: hommes, femmes, enfants, vieillards, le fer moissonna tout; les villes, les bourgs, les villages furent livrés aux flammes; la rage de ces brigands extermina jusqu'aux troupeaux. A diverses reprises la Porte leur commanda de se retirer; ils se rirent de pareils ordres; et lorsqu'ils n'eurent plus rien à prendre aux vaincus, ils pillèrent les Turcs. Enfin, lorsque le Péloponèse ne présenta qu'un monceau de ruines, ils consentirent à s'éloigner. Orlof alla rejoindre l'escadre d'Elphinston, à laquelle devaient se réunir Fédor et l'amiral Spiritof. Elphinston était un Écossais plein d'audace, attaché au service de Catherine. Quoiqu'il n'eût à sa disposition qu'un très-petit nombre de vaisseaux de guerre, il avait inspiré une telle frayeur à la flotte turque qu'elle n'osa pas tenir la mer. Le pacha, pour la déterminer à sortir du port de Napoli, menaça de la faire canonner par les forts. Mais le capitan-pacha s'était réfugié dans le canal de Chio, où il espérait n'être pas attaqué. Sa flotte, composée de quinze vaisseaux de ligne, présentait un croissant dont chaque extrémité était défendue par des sables ou des rochers, tandis que des batteries, placées sur la côte d'Asie, rassuraient encore contre les attaques des Russes. Ces derniers avaient accompli leur réunion; mais avant qu'Alexis fût arrivé avec ses vaisseaux, Fédor avait enlevé à l'amiral Spiritof le commandement en chef de la flotte pour le donner à l'Écossais Elphinston. Alexis Orlof rétablit les choses dans leur état primitif, et Spiritof redevint le chef suprême; mais il s'abandonna à l'expérience du contre-amiral anglais Greig. La flotte russe fut partagée en trois divisions: l'avant-garde s'avança sous les ordres de Spiritof; dans cette avant-garde se trouvait, comme combattant, Fédor Orlof; le corps de bataille était commandé par Alexis; Elphinston formait la réserve. Spiritof attaque le capitan-pacha, qui monte *la Sultane*, forte de quatre-vingt-dix canons; un combat terrible s'engage aussitôt. Un officier turc, Hassan, déploie la valeur la plus brillante; les deux vaisseaux s'approchent; les Russes lancent dans le bâtiment ennemi une multitude de grenades et de pots à feux; les Ottomans, d'un autre côté, se précipitent sur le vaisseau moscovite; une lutte d'homme à homme s'engage; le sang ruisselle; les deux navires deviennent en même temps la proie

---

(1) *Histoire philosophique et politique de Russie*, par Esneaux et Chennechot, tome IV, page 462.

des flammes, et leurs débris sautent dans les airs. L'amiral Greig et les principaux officiers peuvent se retirer à temps. Le chef turc se précipite dans les flots, qu'il rougit de son sang, car il a reçu cinq blessures. On vit alors jusqu'où une haine invétérée, une haine nationale peut porter les hommes : au moment où Hassan se jette dans la mer, un Grec s'élance d'une chaloupe russe pour porter le coup mortel à l'intrépide officier musulman ; les flots le séparent de l'objet de sa vengeance : alors il se crampone après un autre Turc ; celui-ci, atteint le premier, répond par un coup de poignard, et les deux ennemis s'engloutissent à la fois. La capitane, en proie aux flammes et entraînée par la violence des vents, va porter la terreur au milieu de la flotte ottomane. Les Turcs s'efforcent alors de gagner la petite baie de Tchesmé ; renfermés dans cette enceinte étroite, leurs vaisseaux se heurtent les uns contre les autres ; plusieurs vont s'échouer sur le sable ; enfin les matelots, en s'enfermant ainsi eux-mêmes, se dépouillent de tous leurs moyens de défense. L'amiral Greig ferme la sortie de la rade ; Elphinston dispose quatre brûlots, que dirigeront des officiers anglais. A minuit, le combat s'engage de nouveau ; Dugdal va attacher un brûlot à un vaisseau turc ; il est blessé au visage ; mais la flamme gagne et s'étend ; elle forme bientôt un vaste incendie, toujours alimenté, car les vaisseaux turcs sont serrés les uns contre les autres ; et, au bruit des plus effroyables détonations, ils sautent dans les airs lorsque le feu pénètre dans les soutes aux poudres ; la terre, agitée, tremble à une distance de plusieurs lieues. Suivant Catherine, la ville de Tchesmé fut pour ainsi dire engloutie dans ses ruines, et plus de vingt mille Turcs perdirent la vie ; la victoire était due à l'habileté des officiers anglais.

Alexis ne prit pas part à l'action ; il paraît même qu'il s'évanouit au commencement du combat. Cependant l'honneur de la victoire lui resta, et Catherine lui accorda le titre de tchesminskoï ; mais ce fait d'armes, que l'impératrice sut exploiter avec habileté, ne produisit aucun résultat utile. En effet, quel avait été le but de l'expédition ? de briser le joug des Grecs. Ce but fut si peu atteint, que les malheureux habitants du Péloponnèse qui purent échapper au sabre des Albanais furent opprimés plus que jamais. La tâche devant laquelle recula Alexis Orlof devait être remplie avec gloire par le dix-neuvième siècle ; il fallut un accord unanime entre les princes et les peuples pour restaurer la patrie des descendants de tant de grands hommes ; la civilisation moderne devait sauver les derniers débris de la civilisation qui l'avait précédée. Si Orlof, malgré les apologies de sa souveraine (1), se montra chef lâche et incapable, il eut du moins des titres à sa reconnaissance par un de ces services qui, s'ils déshonorent dans la postérité, enrichissent dans le présent. Je laisserai un instant de côté l'ordre chronologique, pour mieux faire connaître au lecteur un trait qui complétera la physionomie d'Alexis Orlof. Les amours de l'impératrice Elisabeth avaient acquis une notoriété publique qui a permis aux narrateurs d'anecdotes de broder sur un fond déjà trop riche par lui-même. On lui donna, ou peut-être même eut-elle, plusieurs enfants qu'elle ne voulut pas reconnaître, car elle ne fut jamais publiquement mariée. Quoi qu'il en soit, le prince Radzivil, qui avait été chef d'une confédération polonaise, eut, en Italie, des rapports intimes avec une jeune fille nommée Elisabeth. Dépouillé de ses biens et réduit à prendre la fuite, ce prince emmena sa maîtresse à Rome, où il vécut avec elle en vendant à des joailliers quelques diamants, derniers débris de son immense fortune. Rappelé par la misère ou par tout autre motif à la cour de Saint-Pétersbourg, il oublia promptement la jeune fille qu'il avait laissée

(1) Catherine affirme dans l'une de ses lettres que si Alexis perdit connaissance au milieu du combat de Tchesmé, c'est que la pensée se présenta subitement à son esprit que son frère Fédor pouvait avoir été tué. Dans une lettre adressée par l'impératrice à Voltaire se trouve le passage suivant : « *Ma flotte*, » non pas sous le commandement de mes amiraux, mais » sous celui du comte *Alexis Orlof*, après avoir battu la » flotte ennemie, l'a brûlée tout entière... Les héros » sont nés pour les grands événements... ; les Orlof » sont nés pour les grandes choses. »

à Rome sous la conduite d'une gouvernante. On prétend que l'intention première de Radzivil, lorsqu'il fit passer sa maîtresse pour fille de l'impératrice Élisabeth, était de l'épouser, et, après avoir constaté ses droits, de renverser Catherine du trône impérial. Les événements se déclarèrent contre ce prince; mais il paraît qu'Élisabeth Tarrakanof devint pour l'impératrice l'objet d'une vive inquiétude. Orlof offrit donc de ramener la jeune fille à Saint-Pétersbourg; il fallait d'abord découvrir le lieu de sa retraite. Un nommé Ribas se charge de ce soin, et après la victoire de Tchesmé, Orlof, débarqué à Livourne, se rend à Rome, et après avoir prodigué à Élisabeth les soins les plus doux, gagne son cœur et obtient sa main. Un mariage en règle aurait été célébré entre Alexis et Élisabeth Tarrakanof. S'il faut en croire les deux auteurs de l'histoire de Russie, des scélérats déguisés en popes simulèrent toutes les cérémonies d'un mariage selon le rite grec. Cette dernière circonstance me paraît de pure imagination; car Alexis Orlof, commandant en chef la flotte russe, n'aurait pu se marier secrètement à Rome, où tous les yeux sont fixés sur les étrangers de distinction. Orlof, devenu l'époux de la prétendante au trône, l'aurait conduite à Livourne, où elle aurait été reçue, dit Rabbé, *comme une future souveraine*. Attirée sur les vaisseaux russes sous le prétexte d'une fête magnifique, Orlof la fit jeter à fond de cale et charger de fers; elle fut dirigée aussitôt sur Saint-Pétersbourg. J'ajouterai à ce récit l'autorité si imposante de Lévesque; il déclare d'abord qu'Orlof *se fit une lâche étude de gagner la confiance d'Élisabeth*; puis il ajoute, et son témoignage, je ne saurais trop le dire, est d'un immense poids : « On m'a
» assuré à Saint-Pétersbourg que l'on avait
» plus d'une fois entendu ses cris; *cela*
» *n'est pas sans vraisemblance*. La moin-
» dre désobéissance à ses farouches gardiens,
» leurs moindres caprice pouvaient lui atti-
» rer des traitements rigoureux. Je ne sais
» si elle périt de misère, de douleur des
» duretés qu'elle éprouvait, ou noyée dans
» son cachot par la terrible inondation de
» 1777; inondation dont je fus témoin. »
Maintenant quel fut le motif qui décida Catherine à se montrer si cruelle envers Élisabeth? D'un côté, fût-elle la fille de l'impératrice Élisabeth, elle n'avait pas été reconnue; d'un autre côté, cette jeune fille ne pouvait inspirer aucune crainte, puisque le prince Radzivil l'avait abandonnée. Il y a plus, c'est que deux autres enfants attribués à la tante de Pierre III (1), et qui portaient le nom de Tarrakanof, étaient au service, et que l'un d'eux survécut à sa prétendue sœur Élisabeth. Maintenant, pourquoi Catherine II, qui ne commit jamais une cruauté inutile, se serait-elle déclarée la persécutrice de l'ancienne maîtresse du prince de Radzivil? C'est là un de ces secrets d'État qu'il est impossible de pénétrer. Mais au moins faut-il convenir avec Lévesque « que la conduite d'Alexis Orlof,
» cet assassin de Pierre III, inspirera tou-
» jours l'horreur que mérite une basse perfi-
» die. » Je reviens sur mes pas pour reprendre la suite des opérations militaires engagées entre les Russes et les Turcs. A la suite de la victoire de Tchesmé, l'Écossais Elphington voulait que la flotte se dirigeât vers les Dardanelles; bravant le feu des châteaux, il s'engageait à la faire pénétrer dans le port de Constantinople, et là il aurait commandé la paix au sultan. Orlof recula devant un plan aussi téméraire. Elphinston reçut néanmoins l'ordre d'aller à la recherche de quelques petits bâtiments turcs qu'on croyait sortis des Dardanelles. Avant qu'on soit instruit de l'incendie de la flotte turque, le courageux Écossais se montre dans le canal avec un seul navire, traverse sous le feu des châteaux, jette l'ancre et ordonne qu'on lui serve du thé, pendant que les tambours battent; il se retire ensuite, montrant combien il lui serait facile de s'avancer jusqu'à Constantinople. La garnison turque du château de Lemnos avait proposé à Alexis de se rendre; mais il lui avait refusé une capitulation honorable. Les assiégés opposèrent alors la plus vigoureuse résistance, et purent ainsi

(1) L'impératrice Élisabeth.

attendre un renfort de quatre mille Turcs, qui leur arriva bientôt. Alexis jeta l'ancre dans une ville maritime d'Italie; quant à l'amiral Spiritof, il se retira à Paros, l'une des Cyclades, et pendant tout l'hiver contint toutes les îles environnantes. Les Russes ne réussirent pas non plus dans le projet qu'ils avaient conçu d'apporter un utile renfort au pacha d'Égypte insurgé contre la Porte.

La campagne de 1771 fut glorieuse pour les Russes; le prince Dolgorouki, après s'être rendu maître de Pérékop, s'empara de la presqu'île de la Crimée. Le célèbre Munich avait déjà donné la preuve que nulles barrières n'étaient insurmontable pour le soldat russe, lorsque ses chefs savent le commander [1771]. Catherine, qui aimait à produire de l'effet, accorda à Dolgorouki le surnon de Krimski, suivant Lévesque, et Krimskoï, d'après l'orthographe adoptée par les deux auteurs de l'Histoire philosophique de Russie. Au reste, Krimski ou Krimskoï signifie vainqueur de la Crimée. Enfin les Turcs, sur les bords du Danube, remportèrent une victoire; mais ils éprouvèrent bientôt trois défaites consécutives. Cependant la peste, que les troupes de Catherine avaient contractée lors de la prise de Bender, se répandit dans tout l'empire. Les ravages qu'elle exerça dans Moscou décimèrent une partie de la population. Le docteur Friez déclara que ce redoutable fléau avait enlevé cinquante-huit mille habitants à Moscou, et quatre-vingt-onze mille individus dans le gouvernement de ce nom; sur douze mille cinq cents maisons que possédait alors Moscou, neuf mille furent infectées. Les gens de l'art prescrivirent la démolition de deux mille maisons; on se contenta de purifier les autres. Grégoire Orlof se rendit sur les lieux, et par son courage releva les imaginations effrayées. Le petit peuple de Moscou, au lieu de s'isoler, se réunissait en foule pour aller invoquer une image à laquelle on attribuait le don de guérir la peste; ces rassemblements en multiplièrent les effets désastreux. L'archevêque de Moscou, Ambroise, fit enlever cette image; le peuple, devenu furieux, se porta dans le monastère où s'était caché le prélat, et l'ayant découvert, le mit en pièces; bientôt après, ces furieux se jetèrent sur les médecins, qui ne cessaient de prodiguer aux pestiférés les soins les plus tendres. Ils firent en outre une irruption dans le couvent de Daniélof, dont ils chassèrent impitoyablement tous les malades. Le général Jéropkin marcha, à la tête d'un régiment, contre ces misérables, qu'il réussit à mettre en fuite. Les assassins de l'archevêque furent condamnés à être pendus ou à subir le supplice du knout. Enfin le mal, grâce aux dispositions habiles qui furent prises par Grégoire Orlof, disparut insensiblement. Le cabinet ottoman, auquel chaque campagne apportait des revers, résolut de proposer la paix. Quoiqu'il eût contracté récemment une alliance avec la maison d'Autriche, Catherine exigea avant tout la libre navigation de la Mer-Noire, l'indépendance des Tatars, et enfin une amnistie pour les Grecs. Elle réclamait en outre Azof, et insistait pour que la Moldavie et la Valachie restassent entre ses mains à titre de séquestre pendant vingt-cinq ans. Les Turcs reculèrent devant une paix qui leur aurait coûté aussi cher [1772]. D'un autre côté, Grégoire Orlof, chargé, en qualité de diplomate, de discuter en congrès avec les Turcs, s'en alla tout-à-coup, parce que, disait-il, ces derniers lui semblaient trop *ennuyeux*. Orlof fut remplacé dans ses fonctions par le général Roumiantsof, ou autrement dit Romanzof; mais on ne put s'entendre, et il fallut recourir aux armes [1773]. Je passerai sous silence une multitude de rencontres qui eurent lieu entre les deux armées, parce qu'elles n'offrent rien de décisif. Les Russes mirent le siège devant Silistrie; mais des forces si considérables marchèrent contre eux, qu'ils battirent en retraite. Grégoire Orlof, comme je l'ai déjà dit, avait abandonné les conférences où la paix devait se conclure avec la Turquie; à peine fut-il informé que Vassiltschikoff était devenu l'amant de Catherine, qu'il se dirigea sur Saint-Pétersbourg. Les portes de la capitale se ferment devant lui, et il reçoit l'ordre d'aller voyager; il perd tous ses emplois. Catherine, à laquelle il avait assuré le trône, était lasse du despotisme qu'il lui imposa ;

cet amant féroce la frappa plus d'une fois. Nourrie dans les lettres et élevée dans toutes les habitudes de la société la plus haute, elle subit des traitements que la fierté d'une femme du peuple ne supporterait pas en France. Orlof, en dépit de l'effroi qu'elle lui causait, ne put parvenir à se faire reconnaître comme l'époux de l'impératrice de Russie. Catherine conserva toujours son indépendance comme souveraine; c'est seulement la femme qui plus d'une fois fut outragée en elle par d'indignes amants, car le célèbre Potemkin la battait dans leurs querelles amoureuses. L'occasion se présente ici naturellement de faire connaître les mœurs régnantes à la cour de Saint-Pétersbourg. Je vais donc raconter quelques anecdotes relatives à Grégoire Orlof; elles donneront une idée précise de ce qu'était, même sous le règne de Catherine, la civilisation transportée chez les Russes. L'ancien favori de l'impératrice se prit de vin plus d'une fois à la table de sa souveraine; il débitait alors les propos les plus extraordinaires : c'était lui seul, disait-il, qui l'avait placée sur le trône. Dans ses voyages en Europe, il déploya parfois un luxe si prodigieux, qu'il touchait à l'extravagance. Puis un caprice lui survenait-il, il adoptait tout-à-coup l'habillement le plus grossier. Il se présenta dans les cercles de Paris avec un habit paré, dont chaque bouton était un gros diamant; son épée était en outre garnie de magnifiques brillants. Aux eaux de Spa, il l'emporta sur le duc de Chartres, depuis duc d'Orléans et père de Louis-Philippe, comme sur tous les autres princes qui étaient présents; il joua des sommes si immenses, que nul n'osait entrer avec lui *en partie*. Puis, dans un bal donné à la cour de France pour le mariage de madame Clotilde, on le vit revêtu d'un habit de gros drap. Enfin il se livrait aux disparates et aux bizarreries les plus étranges; bref, il mourut dans un véritable état d'aliénation mentale.

Le sultan Mustapha III rendit le dernier soupir [1774]. Voici le jugement que Catherine, dans une de ses lettres, porta sur ce prince : « Il ne sait, » disait-elle, « que le » turc, et il est douteux qu'il sache lire et » écrire. Ce prince est d'un naturel farouche » et sanguinaire. On prétend qu'il est né » avec de l'esprit; cela se peut, mais je lui » dispute la prudence; il n'en a pas marqué » dans cette guerre. » Mustapha eut pour successeur Abdoul-Ahmet. L'impératrice de Russie ajoute dans la même lettre : « Son » frère Abdoul-Ahmet est moins imprudent » que lui; c'est un dévot. Il lui a déconseillé la guerre. » La campagne de 1774 s'ouvrit avec langueur. Catherine pressa Romanzof ou Roumiantsof de lui faire connaître pour quelle cause il ne livrait pas bataille. « Parce que, » répondit ce feld-maréchal, « les troupes du grand visir sont deux fois » plus nombreuses que les miennes. » Catherine lui écrivit alors de sa main : « Les » Romains ne s'informaient jamais du nom» bre de leurs ennemis, mais du lieu où ils » étaient, afin de pouvoir les combattre. » A la suite de cette missive importante, Romanzof reçut des renforts. « Il disposa, » dit Lévesque, « les différentes divisions de » son armée avec tant d'art, que les Turcs » perdirent toute communication avec leurs » corps détachés, avec Andrinople et avec » leurs magasins. Le visir ne pouvait ni » subsister dans son camp, ni tenter une re» traite, ni combattre avec quelque appa» rence de succès. Il reçut la loi de Rou» miantsof, qui lui imposa la paix. » Elle fut conclue et signée à Kainardji, près de Chumla, sur un tambour. Le grand visir, ne voulant pas apposer lui-même son seing à un traité aussi honteux, se fit remplacer par son kiaya. Catherine obtint en définitive d'immenses avantages dont elle sut profiter plus tard pour étendre sa fortune. L'enchaînement des faits a exigé que je misse sous les yeux du lecteur le tableau complet des divers combats qui eurent lieu entre les Russes et les Turcs, et la conclusion de cette guerre, qui dura plusieurs années, mais qui en définitive resta glorieuse pour Catherine. Pendant qu'elle triomphait dans l'Orient, l'impératrice n'avait pas abandonné ses desseins sur la Pologne. Les confédérés, après quelques succès, furent vaincus; les auxiliaires français, sous le commandement de choisi, se défendirent en vain comme de véritables héros dans le château de Cracovie : ils durent se rendre. Quelques confédérés tentèrent un coup de main sur le roi Stanislas-Auguste ; un d'eux, à la garde duquel il était confié, soit remords ou toute autre motif, le laissa libre ; enfin toute résistance armée disparut.

Marie-Thérèse, impératrice d'Autriche, avait signé un traité d'alliance avec la Turquie ; mais cette dernière venait de se réconcilier avec les Russes. Il y avait des dépouilles à partager ; Catherine et le roi de Prusse posèrent ce dilemme à l'impératrice : « Où » partagez avec nous une partie de la Po- » logne, ou nous allons vous déclarer la » guerre. » Si Marie-Thérèse eût armé, sa conduite aurait été conforme aux règles imprescriptibles de la morale ; elle aurait aussi été favorable à l'intérêt de la civilisation, car c'était menacer son avenir en Europe, que de permettre aux Russes de s'avancer en Pologne. L'impératrice d'Allemagne, égarée par de mauvais conseils, accepta un bien qui n'appartenait pas à ceux qui le lui donnaient ; et, comme les mauvaises actions ne se justifient que par d'autres encore plus répréhensibles, Marie-Thérèse argua d'anciens titres dépourvus de toute valeur réelle. Quant à Catherine, elle proclama « qu'il était de toute justice que les Polonais » l'indemnisassent des dépenses considérables » en hommes et en argent qu'avait coûté à » l'empire de Russie l'*assistance* donnée à » la Pologne. *C'est un acte de générosité* » que, de concert avec les deux autres puis- » sances voisines de la Pologne, la cour de » Russie se soit prêtée à mettre fin à l'anar- » chie qui la désolait. » Frédéric-le-Grand avait lui-même annoncé « qu'il était bien » temps de mettre le hola entre les malheu- » reux Polonais qui s'entr'égorgeaient. » Que devenait la France, cette noble et grande gardienne de la civilisation ? Elle était parvenue aux plus mauvaises années du règne de Louis XV : le duc d'Aiguillon, de honteuse mémoire, était à la tête du ministère des affaires étrangères ; le cabinet de Versailles laissa faire. Une triste condition attend les spoliateurs : ils sont condamnés, jusqu'à la fin, à recourir aux plus odieuses tromperies. Les trois puissances exigèrent qu'une diète de Polonais donnât, par son consentement, une apparence de légalité à un vol fait les armes à la main, et sous l'apparence d'alliés qui viennent vous secourir. Les nobles polonais, ces artisans d'une anarchie continuelle, dévorèrent jusqu'à la lie un outrage aussi sanglant, et, dans la vaine pensée d'assurer le salut de Varsovie, ils ratifièrent, de leur consentement, un acte qui devait les conduire à la perte de leur nationalité. En vain Stanislas-Auguste osa-t-il réclamer en présence de toute l'Europe ; ses courageuses protestations ne firent lever ni rois ni peuples, et la Pologne fut dépouillée de plus de cinq millions d'habitants (1772). La Russie obtint, pour sa part, dix-huit cent mille sujets ; l'Autriche, deux millions ; Frédéric reçut huit cent soixante mille âmes. En d'autres termes, Catherine eut les palatinats de Mscislaf, de Vitebsk, une fraction de celui de Polotsk et toute la Livonie Polonaise. Ces possessions constituèrent deux vice-royautés, Mohilof et Vitebsk. « L'Autriche reconquit une partie » de la Volhynie, le palatinat de Belz, toute » la rive droite de la Vistule, depuis ses » sources jusqu'à l'embouchure de la Sanna. » Frédéric eut la Warmie et toute la Prusse » Polonaise, à l'exception de Torhn et de » Dantzik. En tout, la Pologne fut frustrée » d'un tiers de son territoire (1). »

La mauvaise foi qui avait présidé au partage, à cet acte de vandalisme que les siècles ne pourront jamais valider, la même mauvaise foi, dis-je, présida aux détails d'exécution. Frédéric-le-Grand, un des complices, en fait l'aveu : « Les Autrichiens, » dit-il, « abusant d'une carte peu exacte, comme » elles l'étaient toutes, ayant confondu le » nom de deux rivières, la Sbruze et la Pod- » horze, avaient, sous ce prétexte, étendu » leurs limites bien au-delà de ce qui était » assigné par le traité de partage. » Le roi de Prusse, tout en blâmant la conduite des Autrichiens, prit toutes ses mesures pour l'imiter. Frédéric convint des extorsions dont

(1) Esneaux et Chennechot, *Histoire philosophique et politique de la Russie*, tome IV, page 441.

il s'était gratifié ; mais, répondit-il, que la cour de Vienne restitue, j'en ferai autant. Catherine se plaignit ; mais, comme l'étoffe ne manquait pas ; elle jura, au prochain partage de la Pologne, de se faire bonne mesure. Cet acte d'immoralité politique, que tous les gens de bien doivent flétrir dans tous les siècles, devint le prélude de tant d'autres spoliations dont l'Europe devait être, de nos jours, la victime. Il arriva, vers cette époque, deux événements qui démontrèrent la nature exceptionnelle de l'empire russe, dont aucune partie n'était liée à l'autre. Quatre cent mille Kalmouks ou Tourgouths, après avoir quitté la Chine, s'étaient retirés dans les steppes qui composaient jadis le royaume tatar d'Astrakan, où ils vivaient du produit de leurs troupeaux. Un officier russe appelé Kischenkoï, les accablait d'exactions en même temps qu'il les soumettait aux traitements les plus ignominieux. Il donna un soufflet à leur khan, et fit appliquer les battogues à son lieutenant. Des plaintes furent portées à Saint-Pétersbourg : elles se confondirent dans la multitude des affaires et furent bientôt oubliées. Les anciens et les prêtres, voyant qu'ils n'avaient aucune justice à espérer, décidèrent que la horde se retirerait au pied des montagnes du Thibet, patrie de leurs ancêtres. Les Kalmouks font en silence tous leurs préparatifs ; le jour, l'heure, tout est marqué. Ils partent : quarante-huit heures s'écoulent ; on apprend leur fuite, trois régiments sont lancés à leur poursuite ; ils se perdent dans les steppes. Ils ont quitté les bords du Volga au nombre de *six cent mille bouches*, suivant leur langage. Trois cent mille d'entre eux, après avoir parcouru près de neuf cents lieues, purent voir les rives de l'Ily. L'officier Kischenkoï, dont l'exécrable administration avait privé l'empire de six cent mille sujets, fut traduit devant des juges. Il fit bonne part de ses rapines, tant pour ses juges que pour ses protecteurs. On le déclara à l'abri de tout reproche, et il obtint le grade de colonel. Un événement qui, au reste, n'était pas nouveau en Russie, appela l'attention de Catherine : Pougatchef, selon d'autres Pugatschef, Cosaque du Don, avait été jeté dans les fers à Kazan avec d'autres misérables auxquels il s'était donné pour Pierre III. Il sortit de sa prison, et, profitant de la révolte des Cosaques d'Yaïk, qu'on avait dépouillés d'une portion de leurs pâturages, il se présenta à eux comme leur véritable prince ; il avait enfin brisé les fers qui si long-temps l'avaient retenu captif. Ce récit enflamma les Cosaques ; il en réunit quatorze mille sous ses drapeaux. Il voulut d'abord s'emparer de la capitale, Yaïk, il échoua. Il entreprit alors une guerre heureuse contre les habitants des colonies de l'Iletz, et battit deux détachements que le gouverneur d'Orembourg avait envoyés contre lui. Une foule de Baschirs, de Kirghis, de Tatars-Budziaks et d'ouvriers employés dans les mines vinrent offrir leurs bras à Pougatchef. Celui-ci presse le siège d'Orembourg, et s'empare d'une multitude de forteresses : Moscou s'agite. Ce chef redoutable, placé d'abord sous l'influence des moines, apporte dans ses diverses entreprises de l'intelligence et de l'activité. Il se montre favorable au petit peuple, et rend la liberté aux serfs. Il fait frapper de la monnaie autour de laquelle se trouvent ces mots : *Pierre III, empereur de Russie ;* au revers on lit : *Redivivus et ultor*. Mais bientôt, enivré par ses succès, il se montre cruel et débauché ; il fait tuer sans miséricorde les nobles russes, leurs femmes et leurs enfants, puis il revêt ses meilleurs soldats des titres et des dignités de ces mêmes nobles. Catherine, par raillerie, le nomme, dans ses lettres à Voltaire, M. le marquis de Pougatchef ; mais, en attendant, il battait les généraux et les soldats de l'impératrice. Aussi l'historien Mallet-Dupan a-t-il pu écrire avec justesse et vérité : « Pougatchef » a montré le péril où, en temps de guerre, » un homme hardi, moins cruel et plus sage, » pouvait plonger la Russie. » Il aurait dû ajouter que ce péril était d'autant plus à redouter, que la conscience des Russes n'oublia jamais de quelle manière Catherine était montée sur le trône ; aussi, sans sa profonde habileté, cette grande souveraine serait tombée à son tour sous la hache des bourreaux ou le poignard des assassins. Pougatchef, contre lequel on envoya des renforts considérables, éprouva plusieurs fois des revers. Les débauches auxquelles il se livrait lui aliénèrent les cœurs; le croyait-on perdu sans ressources, il reparaissait au bout de quelques jours avec de nouveaux renforts. Bref, il échappa, par son audace, au général Bibikof. En vain la tête de ce cosaque fut mise à prix, en vain Catherine publia une amnistie en faveur de ses complices, la rébellion armée ne cessait d'étendre ses désastres. Mais, à peine la paix fut-elle signée avec la Turquie, qu'on envoya contre Pougatchef des forces considérables. Défait dans une bataille générale, il se vit délaissé par ses partisans; et ne conserva plus auprès de lui qu'un certain nombre d'officiers. On les corrompit à prix d'argent, et l'un d'eux, Tvogorof, le pressa de se rendre. Pougatchef se précipite, le poignard à la main, sur celui qui avait osé lui donner un conseil aussi lâche; mais deux autres compagnons de ce chef redoutable le terrassent et le conduisent entre les mains du général Samarof. « Il périt, » dit Lévesque, « de l'ancien supplice que les Russes infligeaient » aux traîtres, c'est-à-dire qu'il eut les bras, » les jambes et la tête tranchés par la ha- » che. Ses membres séparés furent exposés » sur des roues et brûlés dans différents quar- » tiers de la ville de Moscou. » Les auteurs de l'*Histoire philosophique de Russie* prétendent, en s'appuyant sur l'opinion de Castéra, qu'on coupa seulement à Pougatchef les mains et les pieds; ce récit manque de vraisemblance. En effet, on trouve dans une lettre de Catherine à Voltaire le passage suivant : « Le marquis de Pougatchef m'a donné du fil » à retordre cette année 1774; j'ai été obli- » gée, pendant plus de six semaines, de » m'occuper de cette affaire avec une atten- » tion non interrompue... Il ne sait ni lire » ni écrire, mais c'est un homme extrême- » ment hardi. Je crois qu'après Tamerlan, » il n'y en a guère eu qui ait plus détruit » l'espèce humaine. D'abord il faisait pendre, » sans rémission ni aucune forme de procès, » toutes les races nobles, hommes, femmes » et enfants; tous les officiers et les soldats » qu'il pouvait attraper... Nul endroit où il » a passé n'a été épargné. Personne n'était, » devant lui, à l'abri du pillage, de la vio- » lence et du meurtre. Il y a un mois qu'il

» est pris, ou, pour parler plus exactement, » qu'il a été lié et garrotté par ses propres » gens dans la plaine inhabitée, entre le » Volga et le Yaïk. Mais, ce qui montre » bien jusqu'où l'homme se flatte, il s'ima- » gine qu'à cause de son *courage* je pourrai » lui faire grâce, et qu'il ferait oublier ses » crimes passés par ses services futurs. S'il » n'avait offensé que moi, son raisonnement » pourrait être juste, et je lui pardonnerais; » mais *cette cause est celle de l'empire*, » *qui a ses lois.* » Enfin Catherine affirme à Voltaire que Pougatchef, une fois devenu prisonnier, se montra si lâche, qu'on lui annonça avec beaucoup de ménagement sa sentence, « crainte, » ajoute-t-elle, « qu'il ne » mourût de peur. »

Sans doute Catherine, lorsqu'elle écrivait à Voltaire, pesait avec soin chacune de ses expressions; elle savait que sa correspondance passait de main en main, et était destinée à lui survivre. Mais il n'en est toujours pas moins vrai que dans un certain nombre de lettres il lui échappe des aveux involontaires, suite de la vivacité naturelle à son sexe. Cependant on retrouve dans les diverses lettres adressées par Catherine au philosophe de Ferney deux sentiments qui dominent sans cesse : un amour très-prononcé, très-ardent pour la gloire de la Russie; de l'autre un certain penchant vers la douceur. Elle n'avait aucune cruauté dans le cœur, à moins que son ambition et ses grands desseins ne fussent compromis dans leur avenir : alors elle était impitoyable; mais elle se laissait toucher par le malheur individuel. Pour agrandir son empire, elle ne reculait pas devant le sacrifice des masses; elle était plus souveraine que femme. Il faut cependant convenir que dans sa correspondance avec Voltaire elle se montre sous un aspect qui ne manque pas de charmes, car, en dépit de toutes ses précautions, elle tombe, ne fût-ce que par mégarde, dans le vrai. « Depuis » que j'ai eu du bonheur toute l'Europe me » trouve beaucoup d'esprit. Vous me direz » qu'il ne faut pas beaucoup d'esprit pour » prendre des villes abandonnées (non certes, » et surtout du sein des plaisirs), voilà aussi » peut-être ce qui m'empêche d'être, comme

» vous le dites, d'une fierté insupportable.
» A propos de fierté, j'ai envie de vous faire
» ma confession générale. J'ai eu de grands
» succès dans cette guerre (1). Je m'en suis
» réjouie très-naturellement; j'ai dit : la
» Russie sera bien connue. On verra que cette
» nation est infatigable; qu'elle possède des
» hommes d'un mérite éminent; on verra
» qu'elle ne manque point de ressources ;
» qu'elle peut faire la guerre et se défendre
» avec vigueur lorsqu'elle est injustement at-
» taquée. Toute pleine de ces idées, je n'ai
» jamais fait attention à Catherine, qui, à
» quarante-deux ans, ne saurait croître ni de
» corps ni d'esprit; mais, par l'ordre natu-
» rel des choses, doit rester et restera comme
» elle est. Les affaires vont-elles bien, elle
» dit tant mieux : si elles allaient moins bien,
» elle emploierait toutes ses facultés à les re-
» mettre dans la meilleure des lisières pos-
» sibles. Voilà mon ambition, je n'en ai
» point d'autre : ce que je vous dis est
» vrai. »

Catherine touchait au comble de la gloire; elle avait vaincu les Turcs et enlevé aux Polonais, ces anciens ennemis de l'empire russe, leur influence comme peuple; moins heureuse dans sa famille, elle avait eu seulement un fils de son mariage avec Pierre III. Ce fils, sur la naissance duquel on a répandu tant de bruits divers, annonçait qu'un jour il aurait le même caractère que son malheureux père. Soit que l'impératrice craignît qu'une fois sur le trône l'héritier présomptif de la couronne ne compromît les œuvres de sa politique, elle ressentit contre le *grand-duc Paul* une profonde répugnance, et l'écarta complètement des affaires. L'avenir a prouvé que Catherine avait jugé son fils avec discernement. Elle le maria néanmoins avec une princesse de Hesse-Darmstadt, qui mourut en 1776, au moment où elle avait atteint le dernier terme de sa grossesse. Le grand-duc épousa quelques mois après la princesse Marie de Wurtemberg, nièce du grand Frédéric, roi de Prusse. De ce second mariage sont nés les deux empereurs qui, depuis près de quarante ans, ont occupé le trône de Russie.

(1) Guerre contre les Turcs.

La prépondérance de l'empire n'était balancée dans le Nord que par la Prusse; cependant l'impératrice prêtait un œil attentif à tous les mouvements du roi de Suède, Gustave, neveu de Frédéric-le-Grand. Ce jeune monarque, fatigué de l'oppression où il gémissait, car tout le pouvoir appartenait au sénat, résolut de devenir le maître; il était las de n'être qu'une poupée parée à certains jours des attirails de la royauté. Il connaissait les desseins du cabinet de Saint-Pétersbourg; ils tendaient à faire de la Suède une province russe; il parvint donc à opérer une révolution, salut de la patrie. Tous les projets de Catherine se trouvèrent renversés, tant la politique la plus habile peut être confondue dans ses espérances! « A propos, » écrit-elle (1) au patriarche de Ferney, « que dites-vous de
» la révolution de Suède? Voilà une nation
» qui perd en moins d'un quart d'heure sa
» forme de gouvernement et sa liberté. Les
» États, entourés de troupes et de canons, ont
» délibéré vingt minutes sur cinquante-sept
» points, qu'ils ont signés comme de raison.
» Je ne sais si cette violence est douce, mais
» je vous garantis la Suède sans liberté et
» son roi aussi despotique que celui de France.
» Et cela deux mois après que *le souverain
» et la nation se sont juré réciproquement
» la stricte observation de leurs droits.*
» Le père Adam (2) ne trouvera-t-il pas que
» *voilà bien des consciences en danger?* »
La méfiance que le prince descendant des Vasa inspirait à Catherine s'accrut encore; aussi plus tard eut-elle une guerre à soutenir contre lui. Gustave III fit auparavant un voyage à Saint-Pétersbourg, *pour voir par ses propres yeux.* Il reçut de l'impératrice l'accueil le plus bienveillant [1776], et jugea par lui-même du sort que le cabinet russe voulait lui préparer. Aux inquiétudes de la politique, se joignirent bientôt pour Catherine les agitations du cœur. Grégoire Orlof, après être revenu de ses voyages dans l'Europe, s'était, comme je l'ai déjà dit, présenté à Saint-Pétersbourg, d'où il avait été repoussé; mais il revint

(1) Lettre CXVI.
(2) Moine auquel Voltaire avait donné un asile dans son château de Ferney.

bientôt à la cour, où l'impératrice lui fit le sacrifice complet de son nouvel amant Vassiltschikof. Le triomphe d'Orlof fut passager, et il eut pour successeur le célèbre Potemkin. Doué d'une beauté remarquable, il n'avait pas été assez heureux pour inspirer à Catherine le plus tendre des sentiments; mais il lui donna des témoignages d'amour si fréquents, bravant tout pour lui plaire, jusqu'à la puissance de Grégoire Orlof, qu'elle se prit du plus vif attachement pour lui, quoiqu'il touchât à sa trente-huitième année. Dans un combat avec Orlof il avait perdu un œil; ses traits n'en étaient pas défigurés. Plein d'audace, de génie et d'imagination, ses plans, ses projets avaient toujours quelque chose de vaste et d'infini : admirable pour l'ensemble, il excellait aussi dans certains détails; il était tour-à-tour plein de vices et rempli de vertus; enfin il s'égarait lui-même dans les disparates innombrables de son caractère. Amant secret de Catherine, il se livra à de telles indiscrétions, qu'il fut envoyé en exil; mais au bout d'une année il adressa à sa souveraine une lettre si touchante qu'elle le rappela : à partir de ce moment, il fut reconnu amant en titre, et l'on profita d'une chasse où Orlof devait passer quelques jours pour installer Potemkin.

C'est ici l'occasion de mettre à nu sous les yeux du lecteur les mœurs privées de Catherine; ce n'est pas la partie honorable de sa vie, mais, historien, je dois la vérité à *tous* et la vérité sur *tout*. Ce fut à partir de Potemkin que commença la formalité de l'installation des amants, si nombreux que se donna Catherine, à un âge où les femmes deviennent étrangères au plaisir. Le favori en pied était d'abord soumis aux investigations attentives de la médecine, il passait ensuite quelques heures en tête à tête avec une dame de la cour. L'amant destiné au lit impérial offrait-il tous les genres de garanties, il accompagnait le soir même Catherine au palais de l'Ermitage; décoré de plein droit du titre d'aide-de-camp, il occupait une pièce placée au-dessus de la chambre à coucher de l'impératrice, chez laquelle il se rendait la nuit au moyen d'un escalier dérobé. Le jour même de son triomphe il devenait possesseur de cent mille roubles, environ quatre cent mille francs de notre monnaie; il avait en outre une pension considérable. Ce n'est pas tout, on lui entretenait une table de vingt-quatre couverts et on lui payait toutes ses dépenses personnelles. C'est parvenue à l'âge de quarante-six ans que Catherine créa cette charge d'amant en pied; tout, au reste, avait été prévu jusqu'à la destitution. L'amant renvoyé quittait la cour, mais, muni de titres, de brevets, quelquefois la souveraine lui donnait une terre et des milliers de paysans. Potemkin se résigna sans doute à commencer sa fortune par des faveurs dont la source était aussi impure, mais il voulait commander à la Russie. Il se donna la place de président de la guerre et acquit une influence qui balança le crédit de l'impératrice qu'au besoin même il frappait. Aussi conserva-t-il son crédit politique alors même qu'un jeune Servien, appelé Zavadofski, le remplaça dans l'office d'amant en pied. Catherine, au milieu de ses fréquents caprices, ne se détacha jamais complètement d'Orlof ni de Potemkin, et elle réussit avec le temps et grâce à son adresse à faire vivre d'accord ces deux rivaux; mais le dernier cependant l'emporta toujours sur l'autre, lorsqu'il y eut un parti décisif à prendre dans les grandes affaires de l'empire, et Potemkin partagea pour ainsi dire le pouvoir suprême avec Catherine. Je dois donc, pour la lucidité de mon récit, placer sous les yeux du lecteur un portrait de cet illustre amant de Catherine; portrait tracé par un contemporain. « Il réunissait, » dit-il, « toutes les qualités contraires, et personne
» ne lui ressemblait moins que lui-même.
» Doux, affable, caressant, puis hautain,
» repoussant, silencieux, on le voyait négligé sur sa personne jusqu'au délabrement et à la malpropreté, et se parant
» avec magnificence, même dans les camps
» et en présence des ennemis, comme s'il
» voulût attirer sur les diamants dont il
» était couvert les balles et les boulets. Avec
» une table somptueuse il mangeait des racines crues; dans les campagnes il entretenait de théologie ses généraux et aimait
» de parler de l'état militaire avec les évê-

» ques et les moines. Rien ne pouvait égaler
» sa générosité et son désintéressement que
» son avarice et sa cupidité. Il extorquait
» des dons de sa souveraine, il contractait
» des dettes énormes, qu'il lui faisait payer,
» il la spoliait; il dissipait follement des
» sommes consacrées au service de l'État,
» et il lui rendait en présents presque autant
» qu'il avait reçu d'elle : il donnait beau-
» coup et ne voulait rien payer. Comme il
» ne lisait point, on l'aurait cru d'une ex-
» trême ignorance, et peu d'hommes savaient
» plus que lui, parce qu'il interrogeait tout
» le monde, et se plaisait à contrarier ceux
» qu'il interrogeait, à disputer avec eux
» pour les forcer à développer leur pensée
» tout entière. A une dévotion de moine, à
» une superstition de vieille villageoise,
» il unissait un libertinage effréné; il se
» croyait spécialement protégé de Dieu, et
» il avait peur du diable. Actif jusqu'à l'im-
» pétuosité, il était indolent au point de re-
» mettre sans cesse à un autre jour les signa-
» tures les plus nécessaires; enfin, il
» semblait ne rien faire pour réussir et il
» avait des succès éclatants! Deux hommes
» qui l'ont bien connu et qui étaient capables
» de le juger, en ont donné la raison : c'est
» qu'il avait du génie. » Catherine, comme
Pierre-le-Grand, sentait l'importance de
parler aux yeux : elle entreprit donc un pélerinage dans un monastère situé aux environs de Moscou; c'était une manière de s'assurer les applaudissements des vieux Russes.
Ce fut dans cette ville qu'elle reçut Romanzof
ou Roumiantsof, à la tête de ses troupes victorieuses; elle l'accabla de faveurs, de titres
et de bienfaits, enfin elle lui fit présent de
cinq mille serfs. Les autres généraux de Catherine conçurent alors la plus violente
jalousie, et Alexis Orlof, Panin, frère du
ministre, et Dolgorouki envoyèrent leur
démission. Catherine l'accepta, et par moquerie, leur donna à chacun une douzaine
de toupies pour amuser désormais leurs
loisirs. Antérieurement l'impératrice avait
amélioré le sort de ses armées : à partir de
1772 la solde des officiers avait été portée à
un cinquième en sus; tout militaire qui
faisait preuve de bravoure ou d'habileté

voyait son nom briller sur les bulletins, les
simples soldats eux-mêmes n'étaient pas oubliés, on leur accordait une médaille d'argent
qui relatait dans sa légende l'action d'éclat
dont ils étaient les héros. La médaille qui
rappelait le souvenir de la bataille de Tchesmé offrait à tous les regards cette noble
et simple inscription : *J'y étais*. C'est
vers ce temps que Catherine organisa les
tribunaux de son vaste empire. L'impératrice
établit dans chaque cercle ou ressort, dont
elle voulut d'ailleurs que la population totale
se composât de vingt à trente mille justi-
ciables, un tribunal qui jugea les affaires
civiles et criminelles; à côté elle créa un
tribunal de simple police. Les décisions de
ces juridictions inférieures relevèrent de la
cour supérieure des statuts, qui, elle-même
ressortissait de la cour suprême de justice.
Catherine institua encore une cour de
conscience, elle avait pour mission d'empêcher qu'aucun Russe ne fût détenu sans jugement. Cette même cour devait aussi défendre les intérêts des orphelins, des mineurs
et des hommes tombés en démence ou en
imbécillité. L'impératrice établit encore des
cours de justice en faveur des odnodvortzi (1)
et des paysans de la couronne.

Dans les pays qui jouissent des formes
représentatives, on ajoute le plus grand prix
à l'indépendance des juges; s'ils sont nommés par le prince exerçant une de ses prérogatives, ces mêmes juges sont inamovibles.
En effet, comme ils prononcent chaque jour sur
les intérêts les plus précieux des citoyens,
par exemple sur la validité de leurs titres
comme électeurs, on comprend qu'ils n'offri-
raient aucune garantie si le pouvoir était libre de les révoquer à son gré. Placés sans
cesse en présence du péril de perdre leur
carrière, ils ne rendraient plus des jugements,
mais des services au souverain; or, comme
l'élection est la base fondamentale des gouvernements représentatifs, cette base serait bientôt ébranlée, si elle n'était pas renversée de
fond en comble. Le peuple toucherait alors
au dernier degré du malheur, car le principe
électif étant faussé, le pays n'aurait plus de

(1) Ou roturiers libres, possesseurs d'une maison.

véritables mandataires, mais des hommes qui, pour parvenir aux emplois, adopteraient aveuglément les lois les plus pernicieuses : l'inamovibilité de la magistrature est donc un gage de sécurité. Dans les monarchies tempérées par des traditions ou des lois, par exemple telles que la France avant la révolution de 1789, il doit exister de grands corps de magistrature qui repoussent les envahissements des ministres et veillent sur les franchises publiques : maintenant on conçoit qu'il ne peut pas en être de même chez les gouvernements despotiques où les qualités de prince, de juge et d'administrateur se confondent dans une personne unique. Cette dernière ne cède rien de sa puissance, elle la délègue, et, par une conséquence naturelle, la reprend suivant son caprice ou sa volonté. Le gouvernement despotique disparaîtrait du jour où à côté du maître s'élèverait une indépendance quelconque. Celle-ci, pour se conserver, s'entourerait de lumières; bientôt alors l'opinion publique lui donnerait une force qui entraînerait tout de son côté. Catherine ne pouvait donc pas organiser des tribunaux où les juges auraient été inamovibles; elle se réserva exclusivement le choix des magistrats composant les hautes cours. Après s'être fait elle-même sa part, elle abandonna la nomination des magistrats aux nobles, qui durent seulement choisir des nobles; elle consentit encore à ce que quelques tribunaux inférieurs fussent composés de paysans libres, qu'eux-mêmes éliraient. L'impératrice, qui, en conservant le fond des choses, s'efforçait toujours de se donner un vernis de libéralité, créa des gardiens des lois, des inspecteurs des tribunaux, mais c'était plutôt là des institutions de vaine parade que d'utilité réelle. En effet, ces gardiens et ces inspecteurs sont restés impuissants devant la vénalité, cette plaie des États despotiques. Il faut louer Catherine des adoucissements qu'elle apporta aux tortures, aux supplices; elle opéra encore d'heureuses réformes à la loi si désastreuse de la confiscation ; enfin elle fit des efforts pour établir en Russie le régime municipal. « Toute ville possédant » en franc-alleu, et immédiatement hors » de son enceinte, deux verstes circulaires » de pâturages, a droit à une élection li- » bre de ses administrateurs. » Cette élection se faisait tous les trois ans, dans les petites villes par tous les bourgeois, indistinctement, et dans les grandes, par certaines classes que désignaient les statuts. « Ces classes étaient ordinairement au » nombre de six, distinguées par le capital » de leur propriété et par la diversité de » priviléges qui en résultaient, comme d'ê- » tre, à l'instar du clergé et de la noblesse, » exemptes de punition corporelle, de pou- » voir posséder des vaisseaux en mer ou » seulement des barques sur les rivières ; de » commercer en gros ou en détail ; de ven- » dre dans la ville et dans la campagne, » ou seulement dans l'une ou l'autre ex- » clusivement ; d'élever des manufactures » ou des ateliers ; d'exercer certains mé- » tiers, mais surtout d'entretenir un car- » rosse ou une simple charrette, d'atte- » ler quatre chevaux, ou deux, ou un, ou » point, etc. (1). » Cette législation fut appliquée, en 1775, aux deux gouvernements de Tver et de Smolensk ; plus tard l'empire entier jouit des bienfaits de ces réformes, qu'on ne saurait trop louer, parce qu'elles étaient en harmonie avec les mœurs et les habitudes régnantes.

Catherine fonda en outre à Tobolsk, en Sibérie, une banque pour donner l'impulsion au commerce. Les marchands russes furent affranchis de la capitation et du recrutement, sauf à payer chaque année un pour cent des sommes consacrées à leur négoce. On les divisa en cinq classes, dans l'une desquelles on se faisait inscrire à son gré ; seulement la taxe de la première classe était portée plus haut que celle de la seconde; il en était de même pour les autres. En même temps qu'elle favorisait le commerce, soit par les mesures dont je viens de parler, soit par la création d'une multitude de marchés et de

---

(1) Ce qu'il y a de remarquable, c'est que, tandis qu'un négociant de première classe jouissait de la faculté d'atteler en ville plusieurs chevaux, un noble qui n'avait pas servi ne pouvait en atteler qu'un seul. Histoire philosophique et politique de Russie, par Esneaux et Chennechot, t. V, p. 33 et 34.

foires, elle s'occupait des pauvres, en faveur desquels elle faisait construire des hôpitaux ; on la vit encore élever des greniers de réserve ; et, songeant enfin à l'instruction populaire, elle ouvrit des écoles. C'est ainsi qu'elle employait les loisirs de la paix. Cependant les yeux toujours fixés sur l'Europe, elle cherchait à intervenir dans tous les mouvements de sa politique, afin d'en tirer profit ; elle était alors moins attentive aux réformes intérieures qu'elle appelait des causes secondes. Elle eut donc la gloire, dans la guerre amenée par la succession de Bavière, d'interposer sa médiation, qui fit bientôt naître le traité de Teschen. Dans la guerre entre la France et l'Amérique, elle fit triompher le principe de la neutralité armée[1781], qui, d'après son ministre Panin, « devait rallier tous les peuples autour d'elle, la rendre législatrice des mers, et la conduire à faire la paix maritime, comme elle avait fait, à Teschen, la paix continentale. » L'acte relatif aux neutres avait pour base ce principe, que *le pavillon couvre la marchandise*, et fut adopté par les états de Hollande, les cabinets de Stockholm, de Copenhague, de Vienne, de Lisbonne et de Naples. Telles furent les dispositions principales de cet acte célèbre : 1° Les vaisseaux neutres ont le droit de naviguer de port en port sur les côtes appartenant aux puissances belligérante ; 2° Les marchandises de contrebande et les munitions de guerre exceptées, tous autres effets jouiront d'une sûreté complète sur les vaisseaux neutres ; 3° Tout blocus d'un port ne peut être obligatoire à l'égard des neutres que s'il est effectif.

Catherine, dont l'ambition était insatiable, avait obtenu de la Porte ottomane l'indépendance de la Crimée, afin de parvenir plus tard à ranger les Tatars sous ses ordres. Ceux-ci repoussaient de toutes leurs forces le don que l'impératrice prétendait leur faire : ils comprenaient qu'ils allaient perdre leur bien le plus précieux, la liberté. D'une autre part, Potemkin, qui parut quelquefois tenir avec l'impératrice les rênes de l'empire, ne respirait que pour la guerre ; il espérait obtenir la vice-royauté de la Crimée, ou régner sur la Valachie et la Moldavie, auxquelles Catherine avait restitué leurs anciens noms de Tauride et de Dacie. Elle s'attendait à rencontrer de grands obstacles de la part du cabinet de Vienne, mais Marie-Thérèse avait rendu le dernier soupir, laissant pour successeur son fils Joseph II, prince remuant, inquiet, et doué de cette activité pernicieuse qui se complaît dans des changements perpétuels, incapable d'en calculer les suites ; prince enfin qui, sans rien fonder, parvint à tout ébranler dans ses États. L'impératrice de Russie, qui avait besoin, non pas de son concours, mais de son consentement, l'attira adroitement soit à Mohilof, soit à Moscou, enfin à Saint-Pétersbourg. Joseph II méditait de s'emparer de la Bavière et de l'embouchure de l'Escaut ; Catherine s'engagea à ne lui opposer aucun obstacle, pourvu que de son côté il lui permît d'exécuter ses desseins sur la Crimée. Un traité fut en conséquence signé à Tzarkoé-Sélo entre Joseph II et Catherine [1781]. Déjà cette dernière avait donné un khan aux Tatars ; mais son dévouement aux Russes le fit bientôt chasser, et ses sujets, après avoir exterminé la garde russe qu'on avait donnée à leur prince, firent choix d'un autre chef appelé Sélim-Ghéraï. L'armée russe, sous les ordres du prince Prozorofski, envahit aussitôt la Crimée et rétablit l'ancien khan.

Tel était l'état de la Crimée jusqu'au moment où Catherine et Joseph conclurent le traité de Tzarkoé-Sélo. Sahim, le protégé de Catherine soutenu par les troupes russes, étouffa une insurrection dirigée par l'un de ses frères Bati-Ghéraï, gouverneur du Kouban. Enorgueilli d'un pareil succès, et cédant au conseil des Russes, Sahim réclama de la Porte la cession d'Oczakof. Mais le pacha, nommé gouverneur de l'île de Taman, fit assassiner un des envoyés du khan. Celui-ci implora la protection de Catherine, aux troupes de laquelle il offrit un passage dans ses États ; les Russes, au lieu de se diriger sur Taman, s'emparèrent de presque toute la presqu'île. D'un autre côté, un corps de troupes, sous les ordres de Souvarof ou Souvorof, se rendit maître du Kouban et du Budziag, et toute la population

fut réduite à prêter serment de fidélité à Catherine; le khan lui-même subit cette humiliation, et vendit sa souveraineté moyennant une pension de huit cent mille roubles. Ce malheureux, livré plus tard aux Turcs, eut la tête tranchée à Rhodes. Mais ce n'est rien de soumettre pour un moment des peuples comme les Tatars; à peine les soldats qui les ont ou vaincus ou effrayés se retirent-ils, que des soulèvements, soit partiels, soit généraux, éclatent de toutes parts. Le prince Potemkin avait la direction suprême de cette guerre. Satisfait d'une première soumission, d'une soumission toute apparente, il chargea son cousin Paul Potemkin d'étouffer dans le sang toute nouvelle résistance; il avait donné les mêmes ordres à Souvarof, l'un des généraux les plus cruels qui jamais aient commandé les armées de la Russie; le favori de Catherine fut obéi. Le sang des Tatars inonda la Crimée; un seul général employé dans cette guerre, le prince Prozorofski, tint une conduite pleine d'humanité et refusa hautement d'être l'un des exécuteurs de la férocité de Grégoire Potemkin. La Crimée subit d'ailleurs tous les genres de désastres; sur tous les points elle fut livrée au fer et à la flamme. « La » lutte ne fut sanglante, » affirme Lévesque, « que du côté le plus faible; partout furent » punis par de sanglantes exécutions les dé-» fenseurs de l'antique indépendance; un » grand nombre abandonna la patrie...... »
« Que si l'on me demande, « dit l'Anglais Clarke (1), « ce que les Russes firent en » Crimée après cette conquête obtenue par » tant d'atrocités et d'excès, je réponds en » peu de mots : Ils ont dévasté le pays, » coupé les arbres, abattu les maisons, ren-» versé les temples et les édifices publics, » détruit les aqueducs; ils ont ruiné les » Tatars, outragé leur culte, exhumé les » corps de leurs aïeux, jeté au vent leurs » cendres, ou abandonné leurs restes sur le » fumier aux animaux immondes. *Détruire,* » *ravir, massacrer,* voilà ce qu'ils appe-» laient *établir leur empire; créer la soli-* » *litude*, voilà ce qu'il appelaient *ramener*

(1) Clarke's Travels.

» *la paix* (1). » Tel est le véritable caractère de la protection russe. Rien n'était plus contraire à la justice que l'envahissment de la Crimée. De quel droit l'impératrice, après avoir proclamé l'indépendance des Tatars, venait-elle soumettre ces peuplades au joug le plus dur? Si la force peut impunément ravir tout ce qui est à sa convenance, il n'y a plus de civilisation au monde.

Sans doute, de toutes les puissances, la Turquie semblait avoir l'intérêt le plus pressant à repousser les Russes, avec lesquels elle allait bientôt se trouver en contact sur une multitude de points. Mais le divan, réduit, par son imbécillité, à souffrir les injustices comme les affronts de ses voisins, était incapable de conserver la paix comme de faire la guerre. Le cabinet de Vienne aurait dû prendre fait et cause; car il lui importait de tenir la Russie éloignée de ses frontières et de la contenir dans ses limites; malheureusement Joseph II, égaré par une fausse ambition, laissait faire Catherine. Quant à la France, elle ne devait ressentir aucune crainte lorsqu'elle voyait la Russie se répandre dans l'Orient, où tôt ou tard ira se perdre ce vaste empire. Catherine, d'ailleurs, avait enrôlé au service de ses louanges la secte philosophique; elle ne négligeait pas non plus de donner à sa politique le passeport des formes et le luxe des phrases. Elle déclara que tout ce qu'elle venait de faire « était un édifice élevé par ses soins bienfai-» sants pour le bonheur des Tatars, que ces » peuples inquiets, non moins ingrats que » les Polonais, avaient travaillé à affaiblir » et à ruiner. De là était résulté pour elle » la nécessité de grandes dépenses, et pour » ses troupes d'inévitables et continuelles » fatigues. La perte des hommes, » disait-elle, « ne peut être appréciée; elle n'entre-» prenait pas de l'estimer. Animée du désir » de maintenir le dernier traité avec la Porte, » et déterminée par la considération de ce » qu'elle se devait à elle-même et à la sû-» reté de son empire, elle réunissait à la

(1) *Auferre, rapere, trucidare, falsis nominibus imperium, atque ubi solitudinem faciunt pacem appellant.* Tacite.

» Russie cette péninsule, l'île de Taman et
» tout le Kouban, comme une juste indem-
» nité des pertes qu'elle avait souffertes et
» des dépenses qu'elle avait faites pour y
» conserver la paix et le bonheur [1783]. »

Il aurait fallu, au reste, une grande force d'âme à Catherine pour mettre des bornes à ses vastes desseins; car la Porte, loin de s'opposer aux empiétements de l'impératrice, les ratifia par un nouveau traité. C'est alors que cette princesse conçut la pensée de refouler jusqu'au Caucase les limites de l'empire. Souvarof soumit les peuplades qui vivent entre la Mer-Noire et la Mer-Caspienne. Il rencontra une résistance opiniâtre chez les Lesghis et les habitants de l'Imirette. Mais la science militaire des Russes, l'or, les diamants, les titres et les décorations qu'ils prodiguèrent furent des séductions auxquelles ne purent résister les khans de ces hordes errantes; cependant, au plus léger caprice, chefs et peuples couraient aux armes; ils étaient toujours vaincus, jamais domptés. Le cabinet de Saint-Pétersbourg reconnut qu'un seul moyen lui restait de les subjuguer, « c'é-
» tait de pousser encore plus loin les con-
» quêtes, de les étendre au-delà du Caucase,
» de prendre à revers la chaîne de ces mon-
» tagnes, de la renfermer dans les limites de
» la Russie, et d'en tenir ainsi les habitants
» dans un vaste blocus (1). » Ce plan, dont l'exécution fut confiée à Potemkin, comme général en chef, remplit tout reste du règne de Catherine. Les successeurs de cette illustre souveraine ont encore agrandi ses desseins, et le jour n'est pas éloigné où les Indes-Orientales serviront de champ de bataille aux Russes et aux Anglais.

Tandis que la gloire comme les conquêtes de Catherine faisaient l'admiration de l'Europe, des pertes irréparables déchiraient le cœur de l'impératrice. L'âge ne semblait pas la vieillir à ses propres yeux; Potemkin n'était plus son amant, mais le premier des exécuteurs des œuvres de sa politique. Au favori en pied Zavodofski avait succédé Zoritsch, Korsakof et Lanskoi. Ce dernier

(1) Lévesque, *Histoire de Russie*, quatrième édition, tome V.

était d'une beauté merveilleuse; une mort prématurée l'enleva à l'amour de Catherine. Cette princesse, d'un cœur si haut, d'un esprit si ferme, ressentit une douleur si profonde, qu'elle resta une année presque entière sans recevoir les hommages d'un nouvel amant. Plusieurs années auparavant, Catherine eut encore à pleurer Grégoire Orlof, devenu fou, et le célèbre ministre Panin. Je parlerai ici, en passant, du traité de commerce que M. de Ségur, ambassadeur de France, obtint de Catherine, dont il avait, par les grâces de son esprit, gagné la confiance.

Maîtresse de l'ancienne Tauride, Catherine voulut parcourir cette nouvelle conquête avec une pompe et un éclat qui convertirent ce voyage en une sorte d'événement public. Il s'agissait de traverser une étendue de huit cent soixante quinze lieues françaises. Cette distance prodigieuse devait surprendre par des magnificences continuelles. Potemkin, qui avait eu la pensée de ce voyage, voulut que l'imagination si grande de Catherine restât au-dessous de la féerie qu'il lui préparait. Ce spectacle devait être l'expression complète de la civilisation russe, qui a besoin du secours de la perspective. En effet, elle gagne à ne pas être vue de trop près, et Catherine, qui si souvent trompa les autres, fut cette fois trompée à son tour. Potemkin, gouverneur de la Tauride et grand-amiral de la Mer-Noire, sema sur ses pas une suite continuelle d'illusions. La cour voyageait tantôt dans de riches et splendides traîneaux, tantôt dans de légers navires elle descendait les fleuves. Le lit du Dniester est encombré de rochers, ils disparaissent; à Kanief, l'impératrice reçoit à son bord la visite de Stanislas-Auguste. Vingt-trois années s'étaient écoulées depuis le jour où elle avait vu cet amant, l'un des premiers choix de son cœur. L'âge et surtout l'infortune avaient laissé de profondes traces sur les traits de ce prince naguère si brillant. On dit qu'il proposa à celle qu'il avait si tendrement aimée, de renoncer à une couronne désormais flétrie, pour la placer sur la tête de Joseph Poniatowski son neveu. L'empereur Joseph II qui par position, aurait dû être l'ennemi de Catherine, se mêla comme un simple courtisan au cortége de la czarine, qu'il rejoignit à Iékatérinoslaf, ville de fondation toute récente. Catherine fut bientôt spectatrice des scènes les plus extraordinaires : de grands feux étaient allumés la nuit les uns près des autres ; c'était dans le lointain des villes, des palais, des villages jetés pour ainsi dire les uns sur les autres, tant ils semblaient rapprochés. Une population immense bordait les routes : ici on entendait des chants, là on voyait des danses. Dans chaque lieu où l'impératrice s'arrêtait, soit pour rester la nuit, soit seulement pour passer quelques instants, elle trouvait une maison spacieuse et remplie de meubles nouveaux. Le linge de table n'avait pas encore été employé, et lorsque Catherine avait pris ses repas, il devenait le profit de ceux qui la servaient. A Krementschouk, elle descendit dans un palais qui le lendemain même disparut ; il devait vivre seulement un jour. Potemkin lui donna la représentation d'une bataille exécutée par douze mille soldats habillés à neuf. Enfin des acclamations universelles accompagnèrent Catherine jusqu'à Kerson. Sur une des portes de cette ville elle lut l'inscription suivante : *C'est par ici qu'il faut passer pour aller à Byzance.*

Maintenant voici le secret de toutes ces scènes, plus dignes du roman que de l'histoire. Cette population si nombreuse, qui se trouvait sur son passage, profitait du repos que goûtait Catherine, pour lui faire entendre les mêmes acclamations ; c'est-à-dire que tant de malheureux passaient la nuit à courir sur les routes pour que l'impératrice les retrouvât le jour suivant poussant encore de nouveaux houras. Ces châteaux, ces villages qui charmaient l'impératrice, étaient des charpentes peintes ; ces villes, élevées comme par miracle, consistaient dans quelques murailles dont l'importance était relevée par l'éloignement de la perspective. Tout fut charlatanisme et mensonge dans ce voyage, qui coûta près de sept millions de roubles. Mais, en dernier résultat, la cour répandit immensément d'argent dans la Crimée : or, le premier besoin d'un peuple qui passe violemment de la barbarie à la civilisation, c'est de recueillir de nombreux capitaux ; ils servent à réparer ses ruines comme à fertiliser ses champs [1787]. J'allais oublier de dire que, par la délicatesse la plus ingénieuse, Potemkin amena Catherine sur le champ de bataille de Pultava ; on y simula devant elle le combat célèbre dans lequel Pierre Ier triompha de Charles XII. Bref, après six mois de surprises continuelles, Catherine rentra dans Saint-Pétersbourg.

Pendant que l'impératrice s'était enivrée à la vue de ses dernières conquêtes, ses ennemis avaient excité la Porte à déclarer la guerre à la Russie : l'Angleterre et Frédéric-Guillaume, successeur du grand Frédéric, avaient déterminé le divan à faire un dernier effort. D'un autre côté, des émissaires furent répandus dans la Suède et la Pologne. La Belgique, lasse des innovations de Joseph II, n'attendait que le moment pour se soulever. Puis Potemkin, pour devenir feld-maréchal ou pour obtenir quelques nouveaux cordons, ne respirait que la guerre. On avait fait la remarque que Catherine avait donné à l'un de ses petits-fils le nom de Constantin, ce fondateur de la capitale de la Turquie. La Porte, entraînée par l'Angleterre, déclara la guerre à la Russie, le 18 août 1787. Catherine mit en mouvement ses flottes dans la Mer-Noire, et fit marcher ses troupes. Potemkin assiégea la ville d'Otchakof ; mais il faut remarquer que l'impératrice ne voulait pas de la guerre que son ambitieux favori appelait de tous ses vœux. Une disette effroyable régnait en Russie ; les finances étaient épuisées ; il y avait nécessité pour l'empire de se reposer dans une longue paix. Les hostilités duraient déjà depuis neuf mois lorsque le prince de Ligne écrivit au comte de Ségur, ambassadeur de France : « Si nous avions des » vivres, nous marcherions ; si nous avions » des pontons, nous passerions des rivières ; » si nous avions des boulets, nous assiége- » rions : on n'a oublié que cela. Je suis trop » vrai pour écrire à l'impératrice que Potem- » kin ne pourrait pas faire plus qu'il ne fait. » Une première affaire eut lieu devant Kinbourn ; Souvarof resta vainqueur. L'année suivante [1788] les Russes et les Autrichiens leurs alliés s'emparèrent de Kotchim. Joseph II entra dans les murs de Sobach; ses troupes emportèrent Doubitsa; la flotte turque fut battue sur la Mer-Noire par l'amiral Ouchakof; elle s'enfuit dans le lac Léman, où le prince Nassau Siegen la battit complétement. Les Russes, moins heureux sur terre, ne purent prendre la place d'Otchakof qu'après un siége de dix mois; les soldats de Catherine étaient commandés par le terrible Souvarof, que nul sacrifice n'arrêtait; il fallait vaincre ou mourir. La perte des Moscovites fut immense; cependant ils entrèrent dans la ville, où ils firent le siége de chaque maison; les habitants furent passés au fil de l'épée, et trois jours de pillage récompensèrent le courage des vainqueurs. Les Russes, à leur tour, furent battus devant Kalkousra. Cette guerre durait depuis deux ans sans résultats décisifs ou importants, lorsque le roi de Suède, Gustave III, encouragé par l'Angleterre et la Prusse, opéra une diversion qui, un instant, menaça d'être fatale à Catherine. Le roi de Suède croyait avoir à se plaindre de la conduite insolente que l'ambassadeur russe, Razoumovski, tenait à sa cour; il l'accusait en outre d'entretenir des liaisons coupables avec le parti du sénat, parti que ce prince avait naguère dompté. Gustave se précipita sur la Finlande avec une telle impétuosité, que Catherine se refusa d'ajouter foi à une pareille attaque; elle s'obstinait à faire partir son escadre de Cronstadt pour l'Archipel; et si le roi de Suède avait différé de quatre jours à déclarer la guerre, il aurait trouvé la mer libre, et aurait pu monter jusqu'à Saint-Pétersbourg.

Grâce à l'impatience de Gustave, une bataille navale s'engagea entre les deux flottes; la victoire resta incertaine. Néanmoins les Suédois se sauvèrent dans le port de Svéaborg, c'était s'avouer battu. Gustave porta alors la guerre sur terre et résolut d'assiéger Frederikshamn, en Finlande. Il échoua dans ses nouveaux desseins: d'après la constitution de la Suède, dont il était l'auteur, il lui était défendu, sans la permission des quatre ordres de l'État, de faire une guerre offensive; c'était donc en violant le texte précis de la loi fondamentale qu'il avait entrepris des hostilités contre la Russie. Le succès n'avait pas couronné ses efforts: un grand nombre d'officiers déclarèrent qu'ils ne combattraient pas; des régiments entiers mirent bas les armes. Mais ce qui va étonner le lecteur, c'est que Catherine, souveraine de si vastes États, n'avait pas à sa disposition quinze cents hommes; ses armées combattaient alors contre la Turquie. Cependant nous avons vu les Français tenir tête à toute l'Europe et entretenir à la fois quatorze armées, c'est-à-dire, près d'un million et demi de soldats sous les armes. L'étendue d'un État ne prouve pas sa puissance réelle, celle-ci dépend des institutions, des lois, qui, fécondant le territoire, lui assurent une population vaillante et nombreuse. Songeons un instant aux distances qui existent entre les diverses parties de l'empire russe, à la rapacité des colonels et des généraux, aux exactions des administrateurs, au génie pillard de la nation, et l'on tombera d'accord avec moi que les czars, en disposant des forces immenses, ne peuvent souvent faire parvenir sur un point donné qu'un petit nombre de troupes.

Il est certain que si Gustave eût apporté moins de pétulance, c'est-à-dire, s'il eût patienté seulement quatre-vingt-seize heures, il fût entré victorieux dans Saint-Pétersbourg, et ce qui prouve la justesse de mes observations, c'est qu'on recourut à la ruse, cette ressource ordinaire du faible. Une lettre fut adressée avec l'espoir qu'elle serait interceptée; elle tomba entre les mains du roi de Suède. Ce prince se rembarqua aussitôt lorsqu'il eut appris que douze mille hommes allaient l'attaquer. Ainsi l'empire si gigantesque de la Russie sauva sa capitale moderne au moyen d'un stratagème. Pendant que le jeune héros, héritier des Vasa, courait les aventures plutôt qu'il ne faisait une guerre sérieuse, le prince royal de Danemarck, allié des Russes, assiégeait Gothenbourg. Gustave se jeta intrépidement dans cette cité regardée comme la seconde ville de son royaume. L'ambassadeur anglais intervint; aidé par le ministre de Prusse, tous deux parvinrent à faire retirer les troupes danoises, à la suite d'une

trêve que leur chef n'osa pas refuser [1788].
Il est un fait sur lequel je dois appeler la méditation du lecteur, c'est que la Russie, jusqu'à la fin du siècle dernier, n'a jamais pu vaincre la porte ottomane qu'à la suite de campagnes répétées. Les soldats de Catherine avaient pour eux l'avantage de la discipline européenne; ils combattaient leurs ennemis avec des armes supérieures. Ces derniers cependant remportaient de temps à autre des triomphes passagers : ainsi dans la campagne de 1789 on ne rencontre qu'une affaire brillante pour les Russes, encore était-ce un simple engagement d'avant-garde, et sur ce point le célèbre Roumiantsof commandait. Il est vrai que Potemkin accablait cet illustre guerrier d'ennuis et de dégoûts; des officiers, qui étaient vendus au favori de Catherine, contrariaient ses plans et poussaient l'audace jusqu'à dénoncer leur général à la cour. Roumiantsof sollicita son rappel; en dépit de ses services il lui fut accordé, et Potemkin se déclara le généralissime de toutes les forces dirigées contre les Turcs.

Le cabinet de Saint-Pétersbourg appela les malheureux Grecs à un nouveau soulèvement. Lambro-Cazzioni, marin redoutable, devait entrer dans le détroit des Dardanelles, tandis que des masses déboucheraient de la Thessalie dans les plaines d'Andrinople; Constantinople enfin deviendrait le siège d'un nouvel empire grec. Toutes ces illusions eurent un terme assez court : les descendants des Thémistocle et des Aristide battirent le pacha de Janina et remportèrent quelques victoires sur mer, mais ce fut pour retomber sous le joug de leurs anciens oppresseurs. Déjà le cabinet de Vienne ne respirait que pour se retirer de l'alliance russe. Frédéric-Guillaume était l'ennemi de Catherine, la France voulait mettre un frein à l'ambition de la czarine; quant à l'Angleterre, elle ne semblait vouloir rompre que pour obtenir un traité de commerce. L'impératrice, sans se troubler à la vue de tant de menaces, disait à l'ambassadeur anglais : « Puisque votre » maître est décidé à me chasser de Saint-» Pétersbourg, j'espère qu'il me permettra » de me réfugier à Constantinople. » Sur ces entrefaites la Porte et la Russie réunirent des plénipotentiaires à Jassi, pour arriver à la conclusion de la paix. Elle eut lieu enfin à la suite de divers avantages obtenus par les Russes et qui valurent à Souvarof le surnom de *Rimnitski*. Le prince Repnin, ancien ambassadeur en Pologne, qui, en l'absence de Potemkin, le remplaçait comme général en chef, remporta aussi de mémorables triomphes sur l'armée ottomane [1789].

Ces revers étaient de nature à hâter la conclusion de la paix; mais le cabinet de Berlin, pour encourager les derniers efforts du divan, avait déterminé la Pologne à devenir l'alliée de la Russie; d'un autre côté le roi de Suède, cet ennemi si ardent du cabinet de Saint-Pétersbourg, entreprit de rentrer dans la Finlande; le prince de Nassau Siégen battit de nouveau la flotte de Gustave; enfin une troisième défaite navale menaça d'atteindre les Suédois dans le golfe de Vibourg. Gustave se surpassa lui-même dans cette mémorable circonstance; il échappa aux Russes, qui l'entouraient de toute part. Rompant leur ligne, il remonta sur ses propres vaisseaux après s'être emparé ou avoir coulé quarante-quatre galères. Mais le roi de Suède comprit qu'avec des ressources aussi médiocres que les siennes il lui était impossible de résister plus long-temps à Catherine; il conclut, à Vézéla, le 24 août 1789, une paix glorieuse avec le cabinet de Saint-Pétersbourg, car, de part et d'autre, aucune cession de territoire ne fut faite, et Gustave put désormais acheter du blé en Livonie. Quoique des conférences eussent été ouvertes à Yassi, en 1789, elles restèrent sans résultat jusqu'au 9 janvier 1792. Potemkin mourut quelque temps avant la conclusion définitive de la paix entre la Russie et la Turquie. Catherine était lasse d'une guerre qui avait mis à sec toutes les caisses de l'État; le roi de Prusse inquiétait les frontières de l'empire; l'empereur Léopold, héritier de Joseph II, avait conclu sa paix particulière avec le divan, et renoncé à toutes les conquêtes faites par son frère : elle donna, en conséquence, ordre au prince de Repnin de s'entendre avec les plénipotentiaires russes. Potemkin avait quitté, comme je l'ai déjà dit, l'armée dont il était généralissime, pour etourner à la cour. On peut juger de l'indignation et de la fureur qu'il éprouva lorsque, de retour à Yassi, il apprit que les préliminaires de la paix étaient déjà signés. Il quitte aussitôt cette ville, en proie à la rage; sa santé depuis long-temps était ruinée par des excès de tout genre; il est en proie à une fièvre ardente; il ordonne qu'on le transporte à Otschakof. Mais, à peine est-il en route, qu'il se sent brisé par le mouvement de sa voiture; on le place au pied d'un arbre, et il rend le dernier soupir dans les bras de sa nièce, la princesse de Branitski : il avait cinquante-cinq ans : l'impératrice lui fit élever un magnifique tombeau.

Après tant de victoires brillantes remportées sur les troupes ottomanes, Catherine fit preuve, par le traité d'Yassi, d'une modération pleine d'habileté. Elle se contenta d'obtenir la ville d'Otschakof et toute la contrée qui s'étend entre le Bog et le Dniester; elle rendit toutes ses autres conquêtes; cependant elle obtint l'embouchure d'un grand fleuve sur la Mer-Noire, et une place importante. Ce qu'il faut surtout admirer dans la politique de l'impératrice c'est une volonté qui, écartant tour-à-tour les obstacles, marche constamment au même but. Fidèle aux traditions de Pierre-le-Grand, elle chercha, pendant tout son règne, à s'étendre tout à la fois en Europe et dans l'Orient. Adroite à saisir les circonstances qui se présentaient d'elles-mêmes, ou à faire naître des événements favorables à sa fortune, elle gagna du terrain, si je puis m'exprimer ainsi, en Pologne comme en Turquie. Patiente autant que ferme, elle s'arrêtait devant certains obstacles pour se laisser le temps de les tourner. Recourant à la guerre lorsque la diplomatie lui devenait inutile; puis, suspendant la guerre pour recourir de nouveau à la diplomatie. Ainsi le cabinet de Saint-Pétersbourg combattait toujours, seulement il changeait d'armes; j'ai donc tour-à-tour conduit le lecteur, des plaines où s'agitaient les nobles Polonais, et de leurs diètes si tumultueuses, aux villes où les Turcs si vaillants se défendaient jusqu'au dernier soupir. Bref nous avons vu partout Catherine triomphante; l'unité admirable de sa pensée, l'enchaînement logique de ses projets l'emportent sur l'anarchie sanguinaire des nobles polonais, tandis que ses soldats, grâce à la tactique européenne, triomphent du courage musulman. A peine a-t-elle conclu avec le divan un traité de paix provisoire, car l'Orient est une proie que la Russie ne quitte un moment que pour la déchirer de nouveau, que sur-le-champ Catherine jette un regard d'avidité sur les lambeaux de l'infortunée Pologne. Frédéric-Guillaume avait déserté la politique de son glorieux oncle; il voulait venir au secours d'un État qui, rendu à lui-même, défendrait un jour la Prusse contre le cabinet envahisseur de Saint-Pétersbourg. Une diète fut convoquée; Frédéric-Guillaume lança alors une protestation contre l'influence russe, cette oppression étrangère : « *les vrais patriotes*, les » *bons citoyens*, en la combattant, avaient » rempli leur devoir. » L'ambassadeur du roi de Prusse déclarait en même temps à Varsovie « que le dessein de son maître était de ga- » rantir l'Europe de l'ambition des barbares » du nord, et de rendre à la Pologne son » éclat, sa gloire et sa liberté. » Enfin une nouvelle constitution polonaise fut promulguée le 3 mai 1791. « Elle rendait, » dit Lévesque, « la couronne héréditaire dans la » postérité de la princesse électorale de Saxe, » qu'elle nommait *infante de Pologne*, et » qui devait succéder à Stanislas-Auguste; » mais à cette grâce était attachée l'obli- » gation absolue de se donner un époux, » choisi par la Pologne : la nouvelle cons- » titution n'accordait aucune force aux » ordres du roi s'ils n'étaient revêtus de la » signature du ministre, à qui l'affaire ap- » partiendrait et qui serait responsable. En » même temps, la tolérance fut accordée à » tous les cultes. Le droit fut donné aux » villes d'envoyer trente membres aux diètes. » La bourgeoisie était admise à tous les em- » plois et à toutes les charges qui donnaient » la noblesse, et chaque diète était obligée » d'envoyer trente bourgeois. Les paysans, » ceux qui seraient nommés bourgeois d'une » ville, acquerraient la liberté. Le roi pou- » vait avoir le commandement de l'armée en

» temps de guerre ; mais il pouvait le per-
» dre au gré de la nation. » L'acte du 3 mai
1791 réparait, suivant un écrivain moderne (1), « toutes les brèches que le temps,
» les intrigues étrangères et les discordes ci-
» viles avaient faites à l'ancienne constitu-
» tion, et la remettait en harmonie avec les
» lumières nouvelles. La loi de l'unanimité
» était abolie ; l'hérédité du trône consacrée
» et assurée, par survivance, à la maison de
» Saxe ; mais, en même temps, elle était
» limitée par de sages restrictions. La no-
» blesse gardait ses immunités, libertés, pri-
» viléges ; mais des mesures étaient prises
» pour que la bourgeoisie vînt se confondre
» insensiblement dans l'ordre équestre, et
» former avec lui un seul peuple. En atten-
» dant, une loi anexée à la constitution dé-
» clarait les habitants des cités admissibles
» à tous les emplois civils, ecclésiastiques et
» militaires ; elle leur assurait la liberté in-
» dividuelle, le droit de nommer leurs ma-
» gistrats, d'envoyer des députés aux diètes.
» Elle invitait les gentilshommes à adopter
» des professions, des métiers même ; à in-
» scrire leurs noms dans les livres munici-
» paux, et une foule de citoyens des princi-
» pales familles s'étaient fait recevoir au
» nombre des bourgeois de Varsovie, de Po-
» sen, de Vilna. Tandis que le tiers-état sor-
» tait de son abaissement, l'aurore de jours
» meilleurs se levait pour les paysans ; le
» titre 13 de la constitution adoucissait leur
» sort présent et préparait leur affranchis-
» sement total pour l'avenir. Enfin le béné-
» fice de la tolérance religieuse, le libre exer-
» cice de toutes les religions et de tous les
» cultes était formellement consacré. »

Ces sages réformes étaient la preuve que
les nobles Polonais, éclairés par l'expérience,
avaient enfin apporté le remède à l'anarchie, ce fléau, auteur de toutes leurs misères.
Ils voulaient étouffer les désordres politiques
qui les avaient livrés et comme sans défense à
leurs voisins ; mais c'était ordonner des pres-
criptions à un malade qui offrait déjà les
symptômes d'une dissolution prochaine. La
Pologne aurait été sauvée si la constitution du
3 mai 1791 eût été promulguée au moment où
Stanislas-Auguste monta sur le trône ; mais,
pour son malheur, ce prince, l'élu de Catherine inspira nécessairement de la méfiance.
Des confédérations se formèrent ; la Russie,
la Prusse et l'Autriche, ralliées par un intérêt
commun, procédèrent au premier partage de
la Pologne ; cette profonde atteinte portée
à l'indépendance nationale, décida de son
avenir. En vain Stanislas-Auguste, se détachant le premier d'une origine honteuse,
voulut se montrer roi d'un peuple libre, il
en fut repoussé ; dans le fameux voyage de
la Tauride nous l'avons retrouvé, se présentant devant Catherine plutôt comme un courtisan que comme un prince. Néanmoins ce
dernier conserva toujours, et en dépit de l'injustice des partis, un cœur polonais ; il contribua de toutes ses forces, au salut de la patrie,
et il existe de lui une lettre, adressée à un membre de l'illustre assemblée constituante, lettre
dans laquelle se trouve le passage suivant : « Je
» suis plus heureux que vous ; j'ai commencé
» plus tard et fini plus tôt une révolution
» et une constitution qui n'ont pas coûté
» une goutte de sang, qui n'ont pas fait
» verser une seule larme. » Catherine, qui
regardait l'abaissement de la Pologne, je
devrais plutôt dire sa ruine complète, comme
une des œuvres principales de son règne, qui
aspirait enfin à voir *cette république* effacée
de la carte de l'Europe, Catherine, dis-je,
jura une haine inextinguible à la nouvelle
constitution. Fidèle à son ancienne tactique
de diviser pour régner, elle fit un appel
aux Polonais mécontents ; il était impossible
de ne pas rencontrer dans un pays si long-
temps livré à l'anarchie, je ne dis pas des
mécontents, mais des hommes qui voulussent
se vendre. Quelques misérables se retirèrent
donc à Targowitz [1792] pour former une
confédération sous son patronage. L'impératrice ne négligea pas non plus de s'adresser
à Frédéric-Guillaume, roi de Prusse, monarque enthousiaste, mobile et rempli d'ailleurs d'une ambition cupide ; elle avait gagné
l'oncle en l'admettant à un premier partage,
elle séduisit le neveu par l'appât de nouvelles
dépouilles. Il devait défendre les armes à

---

(1) Des Causes de la décadence de la Pologne, par cer Alphonse d'Herbelot.

la main l'indépendance polonaise, il aima mieux s'engraisser des dernières ressources d'un peuple dont il s'était porté le défenseur. Dans cette crise la diète accorda les pouvoirs les plus étendus à Stanislas-Auguste, car le bruit venait de se répandre que les troupes russes étaient déjà en marche. En effet, Catherine venait de déclarer la guerre; pour échapper aux déchirements de l'anarchie, il y avait nécessité de créer un chef unique et de tout concentrer entre ses mains; en d'autres termes il fallait opposer l'unité polonaise à l'unité russe. Les patriotes les plus prononcés auraient voulu que la diète ne se séparât pas au milieu de tant de périls; mais comme elle avait accordé au roi les pouvoirs les plus étendus, elle craignit que des résistances inattendues ne vinssent à jaillir de son sein pour compromettre le salut public. On s'en rapporta uniquement à Stanislas-Auguste; celui-ci, jadis amant chéri de Catherine, crut avoir conservé sur son cœur un reste de puissance; au lieu de courir sur-le-champ aux armes, il voulut négocier; mais Catherine n'était plus qu'une reine ambitieuse; au lieu de se laisser toucher, elle somma le roi de Pologne d'accéder à la confédération de Targovitz. Stanislas-Auguste se soumit à cet ordre, il aurait mieux valu mourir en combattant. « La faute commise par les maréchaux de la diète Malakowski et Sapiéha
» trouvera difficilement une excuse aux yeux
» de la postérité. Respectés comme ils l'étaient
» par leur vertu et leur dévouement à la
» patrie, la Pologne entière avait les yeux
» sur eux, et leur exemple aurait été suivi
» par toute la nation. Dès le moment où ces
» maréchaux s'étaient aperçu que Stanis-
» las-Auguste désertait la cause polonaise
» pour se réunir aux Targoviciens, ils
» avaient le droit et se trouvaient même
» obligés de déclarer la diète en permanence.
» S'ils avaient suivi cette marche, si, de
» concert avec la diète, ils s'étaient mis à
» la tête de l'armée, la Pologne redevenait
» elle-même... L'armée, forte de soixante
» mille hommes, ne manquait de rien et n'é-
» tait alors ni découragée ni battue. Rien
» n'était plus facile que d'augmenter sa force
» numérique, et si les élus de la nation eus-
» sent marché à sa tête, on aurait trouvé
» tous les fonds nécessaires pour la solder
» et l'entretenir. Mais que pouvait les forces
» militaires, isolées de tout appui civil? Le
» trésor, les magasins, l'arsenal, tout était
» entre les mains du roi. L'armée reçut donc
» l'ordre de cesser les hostilités, de rentrer
» dans ses cantonnements et d'adhérer à la
» honteuse confédération de Targovitz. Plusieurs généraux et officiers, *dont la position était indépendante*, donnèrent leur
» démission; les autres furent forcés de se
» plier aux circonstances, n'attendant qu'une
» occasion favorable pour se laver, aux yeux
» de l'Europe, de la tache imprimée au nom
» polonais (1). »

Je soumettrai au lecteur une seule réflexion sur le passage que je viens de livrer à son attention. L'auteur de l'*Histoire des légions polonaises* parle de plusieurs généraux et officiers dont la position était indépendante; eh bien, dans la crise où était tombée la Pologne, tous doivent être soumis aveuglément aux mêmes ordres, à la même discipline. C'est parce que la Pologne a trop long-temps laissé vivre dans son sein des officiers et des généraux indépendants qu'elle a fini par être subjuguée. Sans doute on doit blâmer Stanislas-Auguste d'avoir baissé la tête sous la confédération rebelle de Targovitz; mais il faut le dire, jusqu'au dernier instant il s'est rencontré en Pologne des grands qui ont toujours conservé cette habitude de liberté personnelle qui empêche que tous, en présence d'un péril imminent, se réunissent dans un commun et dernier effort. Le roi Stanislas, je le répète, a commis une grande faute; mais la Pologne a disparu comme nation parce qu'elle recélait dans son sein un vice organique qui, avec les années, détruisit complétement sa constitution; elle est morte comme logiquement elle devait mourir.

Tandis que le royaume touchait à son agonie politique, la révolution française effrayait l'Europe par ses excès; les grandes puissances résolurent de se coaliser pour étouffer dans leur berceau des principes qui devaient faire crouler tous les trônes. Léopold II,

(1) Chodzko, *Histoire des légions polonaises.*

empereur d'Allemagne, qui voulait maintenir les derniers restes de l'indépendance de la Pologne, mourut, laissant pour héritier François II. Les préludes du meurtre judiciaire de Louis XVI portèrent un coup funeste aux Polonais, ces préludes étaient l'ouvrage de quelques hommes abusant du nom de la liberté. C'était au nom de l'indépendance que les Polonais défendaient leur nationalité; certains révolutionnaires français avaient violé toutes les lois; les Polonais obéissaient à la première de toutes, à celle qui nous ordonne d'expier en repoussant l'ennemi qui souille le territoire de la patrie. Les hommes s'égarent en appliquant le blâme à un ordre d'idées qu'ils confondent avec un autre : les conventionnels firent monter Louis XVI sur l'échafaud en dehors de tous les droits; les Polonais, au contraire, étaient dans leur droit; je dirai plus, ils accomplissaient le premier de leurs devoirs; mais enfin des deux côtés se trouvait la résistance. Catherine se présenta donc comme l'organe de l'intérêt monarchique; elle fit comprendre au cabinet de Vienne qu'il était de toute justice, pendant qu'il épuisait toutes ses ressources à combattre la France, qu'il se récupérât sur la Pologne, cette autre caverne d'anarchie. D'un autre côté, Frédéric-Guillaume, qui avait subi des revers dans l'attaque qu'il avait livrée à la France, avait soif des dédommagements. Les Polonais enfin s'adressèrent à l'électeur de Saxe; ils avaient tout récemment appelé au trône sa fille et sa descendance, à la condition qu'elle épouserait un Polonais. Cette condition blessa l'électeur de Saxe, qui refusa de fournir de l'argent et des troupes. Enfin les confédérés de Targovitz se réunirent à une armée de cent mille combattants que Catherine fit entrer en Pologne. Aussitôt les Polonais restés fidèles à la patrie ne semblent plus former qu'une même famille; les haines, les divisions sont éteintes, et une armée de quarante-cinq mille hommes est sous les armes. S'il faut en croire l'historien des *légions polonaises*, « les plaintes contre les vexations des armées russes, la crainte des troupes prussiennes, les consolations mutuelles entre les citoyens opprimés..., tout, jusqu'aux pleurs de la nation polonaise, fournit matière à dénonciation. On lisait dans les proclamations de la Russie et de la Prusse qu'elles ne pouvaient, sans danger pour elles-mêmes, tolérer les institutions actuelles de la Pologne; que l'esprit et les principes de la démocratie française avaient jeté dans ce pays de profondes racines; que les émissaires des jacobins y trouvaient protection et assistance; que leurs doctrines, dangereuses sous un régime monarchique, s'étaient propagées plus particulièrement dans la Grande-Pologne, et qu'il se trouvait là un nombre immense de zélateurs et d'apôtres de ce faux patriotisme. » La Prusse, d'après les anciens engagements de son roi, était condamnée à une hypocrisie plus étudiée; aussi invoquait-elle « une mesure de précaution destinée à garantir ses provinces limitrophes de la contagion des maximes françaises, comme à assurer une protection efficace aux sujets bien intentionnés. »

Pendant que ces proclamations dérisoires, que ces manifestes trompeurs parcouraient l'Europe, les soldats russes et prussiens avaient déjà envahi la Pologne; ils convoquaient, grâce à la corruption et à la terreur, une diète qui, en dépit de quelques hommes courageux, approuva à Grodno un nouveau démembrement. Chose étonnante, après que la diète se fut résignée aux demandes de la Russie, la moitié des nonces se déclarèrent contre les prétentions de la Prusse. Stanislas-Auguste était présent; comme monarque, il lui appartenait de départager l'assemblée; il donna sa voix à la Prusse (1). Cependant le roi, avant de consentir à cet exécrable acte de partage, opposa la plus vigoureuse résistance au comte de Siévers, ambassadeur de Catherine, qui le sommait de diriger cette misérable confédération. « Je ne ferai jamais cette bassesse; que l'impératrice reprenne sa couronne, qu'elle m'envoie en Sibérie, ou me laisse sortir de mon royaume, à

(1) Histoire politique et philosophique de Russie, par Esneaux et Chennechot, tom. 5, pag. 94.

» pied, un bâton à la main; mais je ne me
» déshonorerai jamais. » Il paraîtrait donc
que Stanislas, instruit plus tard des résolutions des cabinets de Saint-Pétersbourg et
de Berlin, se rendit à Grodno, où il se montra favorable à Frédéric-Guillaume, dans la
seule pensée d'éviter une effusion de sang
qui désormais lui semblait devenue inutile.
Enfin la diète, qui consomma le nouveau
partage de la Pologne, cette diète dénoncée
comme vénale, signa une protestation dans
laquelle je lis le passage suivant (1) : « Nous
» déclarons que, dans l'impossibilité d'empêcher, même au péril de notre vie, l'effet
» d'une force oppressive, nous laissons à nos
» descendants, peut-être plus heureux, la
» tâche de sauver notre patrie, et dans l'espérance qu'ils l'accompliront, nous acceptons le projet (de partage) qui nous a été
» présenté par l'ambassadeur russe, quoique
» contraire à nos vœux et à nos lois. » Cependant l'armée polonaise combattit avec courage,
et le prince Joseph Poniatowski extermina quatre mille Russes à la bataille de Zichintz; ce
fut là que le célèbre Kosciusko se fit connaître
pour la première fois en Pologne [1792]. Le
même général Poniatowski remporta encore
d'autres avantages sur les Russes. Mais ces
victoires, sans pouvoir sauver la Pologne,
épuisaient ses dernières ressources : l'argent,
les vivres, les munitions, tout manquait à la
fois. Le roi, auquel on avait donné récemment
des pouvoirs si étendus, se vit dépouillé par
les confédérés de Targovitz du commandement suprême de l'armée; bientôt on le dégrada, ou plutôt, suivant Lévesque, « on
» le suspendit de toutes les prérogatives de
» la royauté. » Les Russes étaient maîtres
de Kamaniek, et vingt cinq mille Polonais
furent réduits à mettre bas les armes.

Il me reste maintenant à faire connaître
au lecteur la part de Catherine et celle de
Frédéric Guillaume dans le nouvel acte de
partage, ou, pour être plus exact, de brigandage qu'ils exercèrent en commun. La
Russie eut trois millions sept cent quarante-cinq mille six cent soixante-trois

(1) Histoire politique et philosophique de Russie
par Esneaux et Chennechot.

habitants; elle obtint de vastes territoires
dans la Petite-Pologne et dans le grand
duché de Lithuanie. Le roi de Prusse entra
en possession de Thorn et de Dantzick, sans
compter encore d'autres dépouilles. Quant
au cabinet de Vienne, il fit payer son inaction, sacrifiant ainsi l'avenir à quelques
avantages du moment [1793].

Cependant il restait, même après ce second
partage, quelques derniers débris à l'infortunée Pologne; Catherine prit à l'avance toutes
ses mesures pour accomplir plus tard cette misérable spoliation. Elle contraignit la diète
de Grodno à ne pas élever l'armée au dessus
de seize mille hommes. Enfin un traité d'alliance cimenté par cette même diète abandonna à l'insolente protection de la Russie
le droit de déclarer la guerre ou de faire la
paix, d'intervenir dans l'administration intérieure comme dans les affaires étrangères.
Il arriva que tous les Russes qui voulurent
refaire leur fortune ou la créer se jetèrent sur
la Pologne comme des nuées de vautours;
un espionnage de tous les instants enregistra
les regrets et les soupirs des patriotes polonais. On les condamna à perdre la mémoire; ils durent oublier que les Russes et
les Prussiens, après s'être déclarés leurs
protecteurs, avaient ravi leur territoire presque tout entier. « Ce fut, » dit l'historien des *légions polonaises*, « ce fut en
» face de pareilles circonstances, ce fut au
» milieu de ces surveillances, que commença
» pour la Pologne le drame de sa courte, mais
» glorieuse, mais héroïque insurrection;
» c'est alors que le destin permit à un peuple illustre de prouver au monde qu'il
» était digne de vivre dans sa liberté, puisqu'il savait mourir pour elle. »

Madalinski, à la tête de huit cents cavaliers, s'élance à travers la contrée dont Frédéric-Guillaume vient de prendre possession.
Il bat les Prussiens et pénètre dans le Palatinat de Cracovie, où il est rejoint par Kosciusko : Varsovie se soulève. On compte,
parmi ceux qui, les premiers, en appellent
aux armes, un boucher, Joseph Siérakouski;
un cordonnier, Jean Kilinski; un banquier
André Kapostas. L'armée se joint aux patriotes, et Kociusko est reconnu général en

chef. On lui confie une autorité sans limites ; des troupes marchent sous ses ordres, elles appartiennent à toutes les classes de la société ; on y trouve des soldats, des marchands, des bourgeois, des ouvriers, et surtout des habitants des campagnes. Douze mille Russes accourent ; Kosciusko ne leur oppose que quatre mille Polonais : ces derniers sont vainqueurs. La Grande-Pologne se lève en masse ; Bromberg tombe au pouvoir des insurgés, ou, pour mieux dire, rentre dans les mains de ses légitimes propriétaires. Frédéric-Guillaume, qui, un instant, avait menacé Cracovie à la tête de quarante mille hommes, bat en retraite. Des résultats aussi sublimes électrisent les derniers enfants de la Pologne. Mais ils ne représentent après tout qu'une poignée de braves ; des masses arrivent de tous côtés : les Polonais combattent et meurent ; mais l'ennemi qu'ils ont vaincu renaît à chaque instant : leur courage ne fléchit pas, mais leurs bras se fatiguent, et ils expirent en abattant encore un Russe. Sierakouski et Kosciusko sont écrasés avant même d'avoir pu se rejoindre. Kociusko, cet illustre patriote, a deux fois repoussé les troupes russes commandées par le général Fersen ; deux fois, quoiqu'inférieur en nombre, il s'est regardé comme vainqueur ; mais, criblé de blessures, il reste au pouvoir de l'ennemi. Wawrzocki remplace Kosciusko, et emmène dans les murs de Varsovie les derniers combattants qu'il peut rassembler. Le farouche Souvarof, qui tant de fois s'est baigné dans le sang des Turcs, se présente à la tête de forces immenses devant Praga, l'un des faubourgs de Varsovie. Souvarof évoque les souvenirs d'Ismael ; il lui faut du sang, il lui faut jusqu'à la dernière goutte du sang des Polonais ; ses soldats, comme des tigres altérés, s'élancent à l'assaut. Ils éprouvent une résistance héroïque : neuf mille soldats, dernier reste de l'armée nationale, vendent chèrement leur vie ; ils combattent pour la patrie attaquée dans son dernier asile ; ils combattent pour les femmes et les enfants, victimes d'élite des soldats russes, et qu'ils dévorent déjà dans leur féroce pensée ; ils combattent pour l'honneur : jamais plus nobles sentiments réunis n'enflammèrent leurs cœurs. Ils résistent avec une énergie que rien ne peut abattre ; les armes semblent se multiplier entre leurs mains pour porter plus de coups à la fois ; ils disputent le terrain pied à pied ; ils luttent corps à corps : les Russes couvrent les remparts de leurs cadavres ; mais les hordes de Souvarof semblent grossir à chaque moment. Elles ne triomphent pas, si je puis ainsi parler ; mais leurs rangs, sans cesse remplis de nouvelles victimes, enveloppent, serrent et étouffent les héros polonais : les morts s'accumulent ; et les masses des Russes ne rencontrant plus d'obstacles, débordent dans les murs de Praga ; ils ont versé jusqu'à sa dernière goutte le sang de neuf mille braves ; ils devraient en avoir à satiété. Leur rage se renouvelle, et ils assassinent près de trente mille femmes, enfants ou hommes sans défense ; ces barbares tuent dans les rues, égorgent dans les maisons, les livrent aux flammes ; et, sur tant des ruines amoncelées, s'abandonnent à la lubricité de leurs sens. Enfin tous les crimes, tous les désastres sont accumulés dans Praga ; et cependant qu'avaient fait les malheureux habitants de cette ville ? ils avaient voulu rester un peuple libre ; ils défendaient, non point contre de valeureux soldats, mais contre un vil ramas de brigands, leurs autels et leurs foyers domestiques ; ils défendaient ce qu'il y a de plus cher au cœur de l'homme, la patrie qui l'a vu naître, la liberté qui, après avoir charmé son berceau, devait l'accompagner jusqu'à la tombe. Les Polonais étaient en définitive les véritables représentants de la civilisation européenne ; et celle-ci, pleine d'ingratitude, les abandonnait à de sauvages meurtriers. Enfin, lorsque les Russes eurent achevé cette horrible boucherie que Souvarof leur avait commandée, ils s'arrêtèrent comme pour se recueillir dans un repos qui leur était devenu indispensable à eux-mêmes. Alors Souvarof accourt pour déclarer aux malheureux habitants qui survivent que sa souveraine n'est pas en guerre avec *la république* ; elle a seulement voulu venger les massacres faits à Varsovie.

Catherine ne fit entendre aucune plainte contre l'horrible massacre de Praga. Il sem-

ble que l'âge avait endurci son cœur ; elle aurait dû honorer dans Kosciusko la vertu malheureuse, et ici vertu veut dire courage. A peine ce général polonais fut-il guéri de ses blessures, qu'elle le fit jeter dans les fers, où il languit deux années. Cependant Varsovie était tombée au pouvoir de l'impératrice ; elle n'avait plus de crainte à concevoir, le moment, non pas du pardon, car les Polonais n'étaient pas coupables, mais au moins le jour de la générosité devait se lever. Catherine ne voulut reconnaître dans les enfants de la Pologne, qui venaient de la combattre, que des rebelles ; ils avaient accompli le plus saint des devoirs, elle les poursuivit en masse, et leurs domaines devinrent la proie de tous les hommes tarés que renfermait Saint-Pétersbourg. Ils obtinrent des terres sans les payer, des emplois sans les avoir mérités. A la suite des vautours qui déjà venaient tout récemment d'être envoyés en Pologne, arrivèrent des nuées de sauterelles, et cette fois tout fut dévoré, jusqu'à la substance du pauvre. Enfin, et pour couronner cette suite de forfaits politiques, la Pologne, partagée complétement entre trois souverains, n'eut plus même de nom, mais l'héroïque résistance de ses nobles enfants ne s'éteignit pas. Au milieu de tant de misères de plus grands malheurs les attendaient encore ; mais la gloire militaire leur réservait aussi d'illustres compensations : *les légions polonaises*, brillantes constellations au milieu des armées françaises, ont pu s'asseoir victorieuses sur les ruines fumantes de Moscou, et elles ont vu fuir devant elles ces bandes qui ont dévasté leur patrie : cette vengeance a consolé la fierté de leur cœur. Le général Dombrowski, qui tant de fois a conduit ces braves au combat dans toutes les parties de l'Europe, proposa, après la prise de Varsovie, en 1794, de traverser l'Allemagne entière, et d'aller rejoindre les armées françaises sur les bords du Rhin. « Il eût été beau, il eût été
» imposant de voir les restes d'une nation,
» son roi et ses représentants en tête, évacuer, les armes à la main, une patrie que
» des forces usurpatrices venaient d'envahir ; et, par une contradiction bizarre,
» une république ennemie des rois offrir
» seule une asile à un roi détrôné (1). » Le plan proposé par Dombrovski n'eut aucune suite. Quant à Stanislas-Auguste, les Russes le contraignirent à donner son abdication, et la Pologne disparut de la liste des peuples. La Courlande fut également réunie à l'empire russe. Catherine entreprit, la dernière année de son règne, une guerre contre la Perse ; elle rêvait déjà d'immenses succès, lorsque, le 9 novembre 1796, après avoir pris le matin un léger repas, elle fut atteinte d'une attaque d'apoplexie foudroyante. Elle poussa un cri, on accourut aussitôt ; elle ne put recouvrer connaissance, et mourut au bout de trente-sept heures. Elle avait soixante-sept ans, elle en avait passé trente-trois et demi sur le trône.

J'ai suivi pas à pas le règne de cette princesse illustre, j'ai retracé les principaux événements de sa vie politique, j'ai soulevé une partie du voile qui couvrait ses mœurs privées. Mais il me reste à la faire connaître dans sa vie intime, à jeter un coup d'œil sur les dernières années de sa vie glorieuse, et à révéler la haine qu'elle porta de bonne heure à la révolution française ; comme si elle eût prévu que certains hommes devaient abuser du nom si auguste de la liberté pour commettre les crimes les plus épouvantables. Catherine se conserva belle jusqu'au dernier instant ; son front était noble et dégagé, ses yeux doux et animés ; elle avait un nez aquilin, une bouche petite ; son teint était d'une fraîcheur éblouissante ; ses cheveux étaient châtains, sa taille était moyenne, mais elle avait le cou élevé et d'une blancheur éblouissante. L'expression de sa figure était pleine de cette fierté qui plaît, parce qu'elle est adoucie et tempérée par un sourire doux et plein d'agrément ; elle apportait dans son intérieur un caractère toujours égal, rehaussé encore par une douceur et une affabilité qui ne se démentaient jamais. Quoique sa politique se montrât plus d'une fois cruelle et sanguinaire, elle était pleine d'humanité avec ceux qui l'entouraient : plus d'une fois elle sut deviner leurs besoins, et prévenir jusqu'au plus léger de leurs désirs. Elle était gaie,

(1) Chodzko, *Histoire des légions polonaises.*

vive, spirituelle, et aimée jusqu'à l'adoration par tous ceux qui l'entouraient. Si son courage était viril, sa charité était celle d'une femme compatissante. La petite vérole moissonnait les Russes, elle se fait inoculer la première; on l'informe qu'une de ses anciennes femmes de chambre éprouve les douleurs de l'enfantement; elle se rend aussitôt auprès de la malade, et exige qu'on lui donne un tablier. « Allons, monsieur, » dit-elle à l'accoucheur, « nous sommes tous » ici bourgeois; travaillons. » Et en effet, elle ne quitta son ancienne femme de chambre qu'après lui avoir prodigué les soins les plus doux. Sa bonté prévoyante ne se renfermait pas, d'ailleurs, dans un cercle étroit; elle créa un grand nombre d'établissements de bienfaisance. Une multitude d'enfants, fruit de la débauche ou de la faiblesse, périssaient abandonnés par leurs parents; Catherine décida que toutes les femmes enceintes auraient le droit d'être reçues, et *en secret*, à la maison des Enfants-Trouvés, où elles trouvèrent tous les genres de secours. Et nous, Français du dix-neuvième siècle, nous venons tout récemment de soumettre des mères auxquelles le pain manque et de pauvres jeunes filles désolées à la honte de déclarations infamantes. Sous le prétexte d'une misérable économie, nous forçons des femmes à laisser périr leurs enfants, en menaçant d'imprimer à leur front le cachet de la flétrissure; et les mêmes hommes qui appellent de tous leurs vœux, de toute leur puissance ces mesures homicides, osent balbutier les mots d'humanité, de progrès et de charité. En même temps que Catherine venait au secours de toutes les misères, elle s'occupa des beaux arts et des sciences qui éclairent et élèvent l'âme : elle fonda une académie des beaux arts où elle admit deux cent cinquante élèves classés en cinq âges différents, pour que l'enfance elle-même fût admise à ses bienfaits. Parmi ces élèves, ceux qui remportaient les premiers prix jouissaient pendant trois ans d'une pension qui leur permettait de se rendre dans les pays où les arts qu'ils cultivaient ont enfanté le plus de merveilles.

L'impératrice consacra en outre un vaste édifice à l'instruction de deux cents filles nobles, auxquelles on donna des maîtres qui leur enseignaient les principales langues de l'Europe. Dans le même édifice furent aussi élevées deux cents filles nées dans la bourgeoisie ou parmi les dernières classes de la société. Après avoir reçu une éducation utile et solide, on leur accordait, au moment de leur sortie, le bienfait de la liberté. L'impératrice Anne avait eu la noble pensée, en 1731, de créer un corps de cadets, pépinière d'officiers et d'administrateurs civils. Cet établissement, négligé depuis long-temps, fut restauré, sur des bases plus larges, par Catherine. Elle réunit dans cette même maison sept cents enfants nobles, qui furent reçus à l'âge de six ans, afin que le temps de leurs études fût prolongé davantage; on leur enseignait les langues étrangères, les sciences et les arts. Chaque année, et pendant les beaux jours, ils campaient comme s'ils eussent été en campagne, et obéissaient à la discipline militaire. Par une admirable munificence, ceux qui, parmi ces jeunes gens, se faisaient remarquer par leur application ou des talents naissants allaient parcourir les pays étrangers, et recevaient une pension de six cents roubles, c'est-à-dire de mille écus de France. Chez un peuple tout à la fois barbare et apathique, il faut recourir à des stimulants perpétuels qui font naître l'émulation. On doit donc à cette femme célèbre l'institution de l'ordre militaire de Saint-George; elle le divisa en quatre classes, et des pensions se trouvèrent assurées à des officiers braves, mais pauvres. D'un autre côté, comme Catherine n'avait rien d'exclusif dans l'esprit, elle créa pour les hommes qui se dévouaient à l'administration l'ordre de Saint-Vladimir, qu'elle divisa également en quatre classes. Ordinairement ce qui avilit les décorations de tout genre, c'est la facilité avec laquelle on les obtient : pour remédier à cet abus, Catherine exigea qu'on eût servi trente-cinq ans avant d'être reçu chevalier de Saint-Vladimir. J'ai déjà eu occasion de dire que les simples soldats eux-mêmes recevaient des médailles qui agrandissaient encore pour eux cette considération toujours assurée à la valeur.

On a reproché avec amertume à Catherine

la prodigalité dont elle accabla ses amants; ces faits honteux devaient être révélés, ils appartiennent à l'histoire ; mais le devoir commande en même temps de faire connaître au lecteur les actions de Catherine qui atténuent les justes reproches adressés à sa mémoire. Oui, elle gaspilla des sommes immenses pour satisfaire des plaisirs dont l'âge seul aurait dû la sevrer ; mais elle répara les ruines d'une multitude de villes et en construisit de nouvelles; elle ouvrit de nombreuses routes au commerce, et éleva des palais et des temples. Par ses soins les eaux de la Néva, si fécondes en débordements désastreux, furent contenues. Maîtresse d'une foule de peuples différents, elle leur laissa à tous la liberté de leur religion, bienfait inappréciable ; car, eût-elle obéi à l'instinct superstitieux des Russes, elle n'aurait souffert que le rit grec, et le sang de milliers d'hommes eût été répandu. Cette même femme qui, dans un règne de trente-trois ans et demi, exécuta avec une persévérance si habile les plans qu'elle avait conçus, trouva encore du temps pour cultiver les sciences et les arts, qu'elle rendit populaires dans ses États. On la vit acheter une riche collection de tableaux dont elle orna son palais de l'Ermitage. Le théâtre de Saint-Pétersbourg représenta les chefs-d'œuvre dramatiques de toutes les nations modernes. Qu'on songe un instant au point de départ de Catherine et à tous les travaux qu'elle a su accomplir ; montée sur le trône encore jeune, elle rétablit l'ordre dans les finances, et, sous son règne, les revenus de la Russie s'accrurent. Elle fit des conquêtes prodigieuses ; elle enleva aux Polonais et réunit à l'empire les provinces de Mohilof et de Vitepsk ; elle enleva aux Turcs la ville d'Azof et son territoire, les villes de Kimbourn, Kertsch et Jénikale ; puis elle obtint des Ottomans la libre navigation de la Mer-Noire ; la Crimée passa sous sa dépendance ; à la paix de Yassi, la Porte lui concéda Otchakof et la contrée située entre le Bog et le Dniester. Au second partage de la Pologne, Catherine reçut toute la Volhinie, la Podolie, Kief et une partie de la Lithuanie. La Courlande se confondit, en 1795, avec la Russie; enfin, au dernier partage de la Pologne, celle-ci reste en possession de Vilna et de Grodno. En définitive, sous le règne de Catherine, le territoire s'accroît de 336,646 milles géographiques, c'est-à-dire que l'empire est devenu tout à la fois menaçant pour l'Europe comme pour l'Asie. Maintenant ce qui augmente l'admiration, c'est que l'impératrice recherchait avidement les plaisirs de la société et les délassements de la conversation ; c'est qu'elle portait l'attention la plus vive aux divers mouvements des États européens, pour en tirer profit. Au milieu de tant de préoccupations et de travaux, « une » sage distribution du temps, » dit Lévesque, « lui procurait du loisir ; elle le con» sacrait à ses propres études et à l'éducation » des princes ses petits-fils ; elle composait » en leur faveur des ouvrages élémentaires. » Elle écrivait à des gens de lettres, à des » artistes, à des personnes que, sur le trône, » elle regardait comme ses amis ; à de jeu» nes personnes élevées à la communauté des » demoiselles nobles, qu'elle encourageait » par les témoignages de sa tendresse, qu'elle » dirigeait par la sagesse de ses conseils. » Elle écrivait sur des matières historiques ; » elle faisait des comédies ; elle travaillait à » l'histoire de son temps ; cet ouvrage l'oc» cupa même la dernière matinée de sa » vie. »

Par une singularité fort remarquable, elle travaillait à cette dernière composition, lorsqu'elle fut atteinte d'une attaque d'apoplexie foudroyante, et elle laissa un mot à demi tracé. Le culte que Catherine rendait aux littérateurs et aux artistes était si sincère et si vrai, qu'elle leur passait pour ainsi dire tout. On sait que Diderot fit un voyage à Saint-Pétersbourg, et que l'impératrice consacra des soirées tout entières à l'entendre. Dans l'enthousiasme de ses longues improvisations, le philosophe français, sans y faire attention, la frappait légèrement sur la cuisse. Catherine ne parut pas même s'apercevoir d'une familiarité dont la dernière des bourgeoises, en Europe, se serait offensée. L'esprit éminemment juste de l'impératrice, tout en admirant Diderot, ne se laissa pas éblouir par ses sophismes ; elle se montra d'ailleurs pleine de générosité à son égard : après avoir acheté la bibliothèque de cet écrivain, elle lui en laissa la possession jusqu'à la fin de ses jours. Catherine eut aussi beaucoup à souffrir des caprices et de l'inégalité d'humeur du célèbre sculpteur français Falconnet, qu'elle avait fait appeler dans ses États pour élever une statue équestre à la mémoire de Pierre-le-Grand. Pleine de prévenances pour le grand artiste, elle l'appelait son compère. Par une attention délicate, elle avait voulu qu'il logeât dans l'appartement que, comme grande-duchesse, elle avait jadis occupé dans la partie conservée de l'ancien palais de bois de l'impératrice Élisabeth. Elle avait décidé que sur le terrain où avait été construit l'édifice on en construirait un autre. Falconnet se trouva bientôt gêné par le bruit des ouvriers, il en fit des plaintes à Catherine ; celle-ci arriva un matin à l'improviste dans l'atelier du célèbre sculpteur, l'entraîna au milieu des travaux, le suppliant de poser lui-même les bornes devant lesquelles devaient s'arrêter les maçons ; en d'autres termes, Falconnet fit la loi, et elle fut à l'avenir religieusement observée.

Reste désormais, non pas à justifier cette grande princesse, mais à expliquer la conduite qu'elle tint dans certaines circonstances de sa vie. Elle a, dit-on, été complice de l'assassinat de Pierre III ; ici on décide précisément ce qui est en question, ou, pour mieux dire, on confond deux faits. Catherine, il est vrai, a contribué à faire descendre son mari du trône, mais elle était unie à une espèce de fou, de maniaque qui menaçait de faire couper le cou à elle et à son fils pour partager la couronne avec une concubine ; il y avait un péril imminent. Je n'en reconnais pas moins que Catherine devait se résigner à son devoir ; telle est la morale des peuples civilisés. Mais il faut toujours juger les princes, comme les autres hommes, dans le temps et dans le lieu où ils vivent ; or, la cour de Russie obéissait encore, dans ce moment, à toutes les habitudes du despotisme oriental. Placée, ainsi que son fils, en présence de la mort, pouvant rencontrer son bourreau dans son mari, elle fut donc réduite à recourir à des moyens de défense essentiellement russes : elle forma une conspiration contre l'empereur ; c'était là son unique moyen de salut. Mais, autre chose est de vouloir échapper au joug d'un prince aliéné ou de donner l'ordre qu'on l'assassine. On me répond : Un pareil crime délivrait Catherine des inquiétudes les plus vives, et assurait le pouvoir entre ses mains. Je réponds à mon tour : L'intérêt le plus direct que l'on peut avoir à un crime ne démontre pas qu'on l'a commis ou fait commettre : c'est une présomption et non pas une preuve ; or, on ne condamne que sur des preuves et des preuves multipliées. Que de précautions l'équité ne prend-elle pas avant de ternir la réputation d'un homme privé ! dans ce cas, les documents ne manquent point, on les pèse, et quand il s'agira d'un souverain, on condamnera sans même demander les plus simples éclaircissements ! Il faut donc avouer que les plus épaisses ténèbres enveloppent la part que Catherine peut avoir prise dans l'assassinat de son mari. La justice et la raison doivent reconnaître que c'est là un fait douteux ; mais la conscience publique doit sévèrement condamner les amours effrontés de Catherine, et la haine qu'elle montra toujours à son fils Paul, l'héritier présomptif de la couronne. En retour, Catherine eut la tendresse la plus vive pour ses petits-enfants. Il me reste à porter un jugement sur les guerres entreprises par cette princesse. Ici il faut faire deux parts : les hostilités de Catherine contre la Pologne méritent la réprobation la plus complète ; j'ajouterai, la malédiction de tous les gens de bien : rien ne peut même pallier cet amas de perfidies et d'atrocités ; c'est l'abus de la force, tout à la fois astucieuse et brutale ; c'est une infamie flagrante, et que le succès ne pourra jamais relever. Ce n'est pas tout : Catherine, en spoliant, en assassinant les Polonais, a porté, ainsi que ses complices, un coup mortel à la civilisation. Le droit des gens est devenu un mot sans valeur, le respect des traités une illusion, et la barrière qui séparait l'Europe, cette noble et vaste confédération d'intelligences, de la Russie, est tombée. Ce n'est pas sans doute un mal irréparable, mais c'est du moins un grand péril. Quant aux conquêtes faites par Catherine sur les Tatars et les Turcs, il faut la louer et la louer sans réserve. Si la civilisation de la cour de Saint-Pétersbourg est loin d'être parfaite, au moins l'emporte-t-elle de beaucoup sur la barbarie de ces hordes; elles ont donc tout à gagner lorsqu'on les réunit à l'empire russe.

Quelques écrivains français qui nous ont légué, dans ces derniers temps, des ouvrages sur la Russie, ont abondé en éternelles déclamations sur les mesures prises par Catherine contre l'envahissement de certaines doctrines de la révolution française. La réponse ici est toute simple : l'impératrice commandait un pays où les saines idées politiques manquaient de juges; elle devait donc craindre la propagation d'un système qui lui faisait courir le risque de tomber sous le poignard d'un fanatique. Telle idée, contenue dans ses bornes légitimes, est excellente pour un peuple, et devient pernicieuse quand on la transporte chez un autre; il n'y a rien d'absolu dans ce genre, tout est relatif, tout est d'application. Au reste, les mesures prises par Catherine pour que les idées démocratiques françaises ne pénétrassent pas dans ses États, ont été adoptées par d'autres cabinets, et ce n'est pas elle qui, la première, a saisi les armes contre la France. Maintenant j'accorderai, si l'on veut, que la police de Saint-Pétersbourg se montra tracassière, absurde à l'égard des Français qui, de vieille date, habitaient en Russie; mais la défiance poussée à l'extrême est un des traits saillants des caractères des peuples sauvages ou barbares. Enfin, dans les États despotiques, le pouvoir exagérant toutes les précautions, exige qu'on lui réponde du présent comme de l'avenir; il voudrait même enchaîner à ses ordres le passé, et c'est parce qu'il demande l'impossible qu'il arrive tôt ou tard à ne rien obtenir. Je donne, au reste, et comme modèle, un extrait de la formule du serment prêté par nos compatriotes :

« Je jure par le Dieu tout puissant et par
» son saint Évangile, que je n'ai jamais
» donné mon approbation, ni sciemment ni
» de fait, aux principes impies et séditieux
» qui ont été introduits en France; que je
» regarde le gouvernement qui vient d'y être
» établi comme illégitime; que je suis convaincu de l'excellence de ma religion, telle
» que mes ancêtres me l'ont transmise... Je
» promets et m'engage, en conséquence,
» tant que je jouirai de la protection que
» S. M. l'impératrice de toutes les Russies
» a gracieusement daignée m'accorder, de
» vivre dans l'observation des préceptes de
» la religion dans laquelle je suis né...; de
» rompre toute correspondance, dans ma
» patrie, avec les Français soumis à la forme
» de gouvernement qui y existe aujourd'hui;
» et, dans le cas où je viendrais à me rendre
» coupable de la violation de ce serment, je
» me soumets, dans cette vie, à toute la sévérité des lois, et, pour la vie à venir, à
» l'épouvantable jugement de Dieu; et, pour
» sceller ce serment, je baise le saint Évangile et la croix de mon Sauveur. »

Le roi de Suède, Gustave III, devait, d'accord avec Catherine, se mettre à la tête d'une coalition et venir fondre sur la France; mais il tomba auparavant sous le poignard d'un assassin. Il paraîtrait, au reste, que la haine de Catherine contre la république française lui était commandée plutôt par sa position que par son cœur. En effet, elle laissa auprès de son petit-fils, le grand-duc Alexandre, un précepteur d'origine suisse, appelé La Harpe, et qui professait les idées de liberté les plus extrêmes. « Soyez jacobin, » dit-elle à ce dernier, « républicain, tout ce
» que vous voudrez; je vous crois honnête
» homme, cela me suffit. Restez auprès de
» mon petit-fils, conservez ma confiance et
» donnez lui vos soins accoutumés. » Selon M. de Ségur elle disait souvent : « Je suis
» aristocrate, il faut bien faire son métier. »
Ce qu'il y a de certain, c'est que Catherine, moyennant un subside payé par l'Angleterre, se préparait à faire la guerre à la république française. « Mère, » s'écriait Souvarof, « fais-moi marcher contre les Français, en-
» voie-moi combattre cette exécrable nation. »
Mais Catherine mourut dans la même année. Je ne puis mieux terminer l'histoire de cette souveraine, tant de fois animée par la gloire, cette légitime passion des grandes âmes, qu'en plaçant sous les yeux du lecteur le

jugement porté par Lévesque sur la grande impératrice. L'historien français, au mérite d'une érudition vaste, étendue et choisie, réunit encore l'avantage d'avoir long-temps vécu à Saint-Pétersbourg, où il a été mêlé aux hommes les plus distingués du dix-huitième siècle. Ce qu'il rapporte dans son ouvrage si impartial, il l'a entendu de la bouche des principaux acteurs, il a connu Catherine, il a passé de longues années au milieu de sa cour, enfin, il possède une modération et une mesure qui ne se démentent jamais ; voilà bien des titres à la confiance générale. « Catherine, » dit-il en se résumant, « a répandu trop d'éclat sur son
» règne ; elle a trop fait retentir l'Europe de
» son nom, elle a été trop louée par les dis-
» tributeurs de la gloire, pour n'être pas
» comptée au nombre des grands souverains
» de son siècle ; mais cette grande souve-
» raine a fait beaucoup de mal aux voisins
» de son empire et même à ses sujets. On
» portera sur elle des jugements contraires,
» suivant que l'on considérera ses vertus ou
» ses vices, ses talents ou ses faiblesses, ses
» belles actions ou ses fautes, les témoigna-
» ges de sa bonté ou les crimes qu'on lui
» impute. Les juges équitables lui accorde-
» ront sous ces deux points de vue un juste
» sentiment d'estime pour ses qualités loua-
» bles, d'admiration pour ce qu'elle a fait
» de grand et d'utile ; de compassion pour
» ses égarements politiques et moraux, et
» de doute sur le forfait dont on charge sa
» mémoire. »

PAUL PETROVITCH,
Surnommé le TEMNOI ou le TÉNÉBREUX.

Paul était parvenu à sa quarante-troisième année lorsque la mort de Catherine le fit monter sur le trône. Il possédait une nombreuse famille, sans avoir à peine senti les douceurs de la paternité. La grande-duchesse venait faire ses couches à Tzarkoé-Celo, et à peine rétabli elle se retirait auprès de son époux, qui la soumettait, pour ainsi dire, à toutes les rigueurs d'une discipline militaire. Les enfants de Paul 1ᵉʳ restaient entre les mains de Catherine, qui leur faisait donner à tous une excellente éducation. Cependant l'héritier du trône et sa femme obtenaient rarement la permission de voir leurs rejetons ; des mois s'écoulaient sans qu'ils pussent même les approcher. Les soupçons les plus étranges avaient été répandus sur la naissance de Paul. Devenu souverain de la Russie, il montra bientôt le caractère bizarre et cruel de Pierre III et finit d'une manière tragique comme ce prince. L'impératrice semblait avoir pénétré de bonne heure le caractère de Paul 1ᵉʳ, aussi lui témoignait-elle la haine la plus profonde, l'entourant d'espions malveillants, dont les rapports continuels ne faisaient que l'aigrir contre son fils. Bref, elle ne lui permit jamais de s'immiscer aux affaires publiques, et plus d'une fois elle lui refusa même le nécessaire. Il voyait les favoris de Catherine, ses amants, plus jeunes que lui, nager dans l'abondance et occuper les plus hauts emplois. L'héritier présomptif de la couronne dévora pendant de longues années tous ces genres d'affront sans proférer de plaintes, et il voyagea d'après des ordres de sa mère dans diverses parties de l'Europe, entre autres en France, où il reçut de la haute société l'accueil le plus aimable. La mort subite de Catherine consterna tous les courtisans : pour se faire bien venir de l'impératrice ils n'avaient pas ménagé les insolences à l'héritier présomptif de la couronne. Tous s'attendaient aux représailles les plus terribles, car on savait que dans son intérieur il était dur, atrabilaire et vindicatif ; il avait eu en outre à souffrir si long-temps ! Les premiers actes du souverain répandirent dans toutes les classes une douce satisfaction ; au lieu de frapper ses anciens ennemis, il ne songea qu'à fermer les plaies de l'État. Les guerres glorieuses de sa mère, les faveurs qu'elle avait accordées à tant de jeunes favoris, avaient obéré les finances de l'empire. Catherine, pour faire face aux hostilités qu'elle préparait contre la France, avait doublé le prix de chaque pièce de monnaie, elle avait aussi créé un papier-monnaie, dont elle avait multiplié les émissions avec une témérité effrayante ; enfin, pour opposer de nombreux soldats à la France, elle avait ordonné une

Vista del Kremlin en Moscou.

levée qui enlevait aux nobles propriétaires un esclave sur cent. Paul annula cet oukase, fit brûler un certain nombre de papier-monnaie et apporta dans les dépenses de sa cour l'économie la plus rigoureuse. Ces mesures déconcertèrent les tristes prévisions qu'on avait formées. La conduite pleine de générosité qu'il déploya envers les assassins de son père mit le comble à la surprise générale. Le nom de Pierre III et les images qui reproduisaient ses traits avaient disparu depuis long-temps ; Catherine les avait proscrites, afin de condamner à l'oubli des souvenirs inquiétants pour son pouvoir. Paul Ier voulut qu'un service funèbre fût célébré en l'honneur de son père et de l'impératrice ; il se transporta au couvent d'Alexandre Newsky et demanda qu'on lui fit voir les derniers restes de Pierre III ; il les baigna de ses larmes ; le cercueil où avait été déposé le corps du souverain fut placé sur une estrade au milieu de l'église, et les prêtres grecs firent entendre les mêmes chants que ceux qui retentissaient autour du lit de parade sur lequel on avait offert Catherine à tous les regards. Les corps des deux époux furent enfin conduits dans la citadelle de Saint-Pétersbourg, où se trouvent les sépultures impériales, et on leur consacra cette inscription : *Divisés pendant leur vie, réunis après leur mort.* Par un singulier retour des choses humaines, on aperçut dans le cortège Alexis Orlof et le prince Bariatinski, les deux assassins de Pierre III. Tous les regards les suivaient comme pour saisir sur leur physionomie la trace des remords qui devaient les déchirer ; telle fut la seule expiation que leur imposa Paul Ier. D'un autre côté il accabla de bienfaits tous les hommes qui, jusqu'au dernier instant restèrent fidèles à son père ; la plupart d'entre eux, bannis de la cour, vivaient dans la solitude. Il créa général en chef de son propre mouvement le baron Ungern Sternberg et le manda auprès de lui : ce vieillard se rendit chez l'empereur. « Avez-vous entendu parler de ce que je fais pour mon » père ? — Oui, sire, je l'ai appris avec » étonnement. — Comment, avec étonne- » ment ! n'est-ce pas un devoir que j'avais à » remplir ? Tenez, » lui montrant un portrait de Pierre III, qui faisait l'ornement de son cabinet particulier, « je veux qu'il soit té- » moin de ma reconnaissance envers ses » fidèles amis. » Puis, embrassant Ungern, il lui donna le cordon de Saint Alexandre. Il voulut enfin que ce vieillard fit le service auprès du corps de l'empereur, revêtu de l'uniforme qu'il avait jadis porté en qualité d'aide-de-camp de Pierre III. Enfin tous ceux qui, en 1762, époque de la révolution qui coûta la vie à ce prince, lui restèrent attachés, reçurent des récompenses.

Catherine avait laissé un grand nombre de partisans qui ne manquèrent pas de trouver de l'ostentation dans les honneurs rendus par un fils à son père. A les entendre, Paul I avait voulu dresser un acte d'accusation contre la mémoire de la dernière impératrice ; mais ces attaques sourdes restèrent sans effet. Une foule d'actes qui prouvaient tout à la fois la bonté et la grandeur d'âme du nouvel empereur étendirent encore sa popularité. Tenu si long-temps à l'écart des affaires, il accorda spontanément sa confiance entière à ses fils ; l'aîné obtint le commandement d'un régiment des gardes, et il le nomma en même temps gouverneur de Saint-Pétersbourg. Il donna enfin à sa femme les marques de la tendresse la plus vive, et, d'accord avec elle, il régla la succession au trône ; se conformant au principe essentiel de la civilisation européenne, il décida que la couronne passerait de père en fils et d'aîné en aîné, de sorte que les femmes n'avaient de droit au trône que dans le cas où il n'existerait plus d'héritiers mâles. Les ministres de Catherine et tous les hauts fonctionnaires, dont il avait eu plus d'une fois à se plaindre, il les maintint cependant dans leur poste ; il respecta les dignités, les richesses scandaleuses dont sa mère avait accablé ses favoris ; il donna la liberté au généralissime polonais Kosciusko, et alla le délivrer lui-même de ses fers. Enfin il fit rendre à Stanislas-Auguste ces honneurs suprêmes, apanage d'un roi dans tout l'exercice de sa puissance. Mais le nouvel empereur se fatigua promptement d'être aimé ; en adoptant des mesures aussi sages et marquées au coin d'un véritable héroïsme, il avait fait violence à son caractère. Ce dernier rentra bientôt dans sa toute-puissance ; les hommes auxquels il avait accordé un pardon sur lequel ils ne comptaient pas devinrent l'objet de sa fureur ; elle parut d'autant plus odieuse qu'elle était mêlée de caprices et de bizarreries. Les mêmes personnages reçurent dans le même jour un signe de mécontentement et une preuve de faveur : il chassa du sénat de Saint-Pétersbourg un rapporteur vénal, et lui donna une décoration et des terres. Quelques instants avant de frapper des généraux et des administrateurs, il leur accorde de son propre mouvement des domaines considérables, il leur fait don de paysans. Il fait appliquer les scellés sur la chancellerie de Zoubow, destitue ses employés, et les assure de sa bienveillance impériale ; il refuse en même temps de destituer Arrakoff, directeur de la police, et qui était en exécration à tout l'empire.

Après avoir fait des économies si brusquement opérées, et qui laissèrent vingt mille nobles et officiers sans ressources, il se livra aux prodigalités les plus extravagantes, et dans l'espace de dix mois il distribua plus de paysans en Russie que sa mère ne l'avait fait pendant dix ans. Une réaction dangereuse s'opéra, non-seulement dans les esprits de la haute noblesse, mais éclata jusque dans les dernières classes. En effet, la tyrannie de Paul I se montra sous des formes si nombreuses, se ravala à des détails si puérils, qu'il n'y eut plus de sûreté pour personne ; car, au plus léger caprice du despote, on subissait des avanies, on était plongé dans les fers. Ce n'est pas tout, la mémoire du czar ne pouvait suffire à cette multitude d'ordres et de contre-ordres qu'il donnait sans cesse, et qu'il oubliait le matin pour se les rappeler le soir ; de sorte que chacun ne pouvait connaître ni ses devoirs ni les peines qui, en cas d'infraction, pouvaient l'atteindre : l'épée de Damoclès était suspendue sur toutes les têtes. Cette humeur fantasque et féroce que l'empereur portait dans tous ses actes, il la développait dans sa famille, à laquelle il avait donné tant de preuves de tendresse lorsqu'il monta sur le trône. Après avoir nommé le grand duc Alexandre gouverneur de Saint-Pétersbourg, il le contraignit à remplir l'office de simple copiste dans une chancellerie. Tout ce que sa mère de glorieuse mémoire a fait, il le change ; il abolit les nouveaux titres des gouvernements de l'empire pour leur faire reprendre les anciens. Il est saisi tout-à-coup d'une haine violente contre les chapeaux ronds ; il veut qu'ils soient enlevés ou déchirés sur la tête de ceux qui les portent ; les cosaques et les soldats de service frappent et maltraitent tous ceux qui, ignorant l'ordre de l'empereur, portent la fatale coiffure. Il a subitement en horreur le mot français *magasin* ; il veut qu'il soit remplacé par l'expression russe *lawka* (*boutique*). « Paul I, » disait-il, « a seul le droit d'avoir des magasins de » farine, de blé, etc. ; mais un marchand ne » doit pas vouloir franchir son humble position. » L'empereur, heureux de ses premiers triomphes, ordonne que quiconque se trouvera sur son passage, Russe ou étranger, s'arrêtera respectueusement, qu'il soit à pied, en voiture ou à cheval, et se prosternera devant le maître. Une femme noble accourt à Saint-Pétersbourg ; son mari est à toute extrémité, elle vient réclamer la science d'un médecin. Dans son empressement, elle n'aperçoit point la voiture de l'empereur et ne descend pas. Les quatre domestiques qui l'accompagnent sont condamnés à devenir soldats ; on la jette elle-même dans une prison ; elle devient folle, et son mari meurt sans secours. La femme d'un aubergiste oublie aussi de s'arrêter sur le passage du czar ; il la fait jeter dans les fers et la fait fouetter trois jours consécutifs. L'abbé Georgel raconte qu'entraîné par le mouvement rapide de son traîneau, le fils d'un marchand ne peut s'agenouiller devant l'empereur ; il subit un mois de prison et reçoit cinquante coups de knout. La nièce du vice-président de l'Académie tombe dans la même infraction ; appuyée par le crédit de son oncle, on ne lui inflige pas un châtiment corporel, mais elle est condamnée pendant huit jours au pain et à l'eau, et on soumet à la même peine sa tante pour l'avoir mal élevée. Dans un climat aussi rigoureux que celui de Saint-Pétersbourg, Paul ne pouvait pas soufrir qu'on se trouvât sur son passage couvert d'une pelisse. Un officier se rend à la parade ; le froid est excessif ; il a une pelisse. Il remet en même temps son épée à son domestique ; il reprendra son arme près du palais et quittera la fourrure qui le protége contre la rigueur du temps. Chemin faisant, l'autocrate le rencontre, le dégrade, le fait soldat, et lui donne pour remplaçant, en qualité d'officier, son propre domestique. Il convoque une sorte de conseil solennel dans lequel il fait entrer les écuyers de son palais. Un des chevaux de l'empereur a failli le faire tomber à terre ; le malheureux animal est condamné à cinquante coups de fouet. Paul les lui fait administrer en présence de la foule, les compte les uns après les autres, et dit : « Voilà pour avoir manqué à l'empe- » reur. » Le prince Galitzin est envoyé aux arrêts pour avoir fait la révérence et baisé la main du prince trop négligemment. Certes, ces faits annoncent bien évidemment l'aliénation d'esprit la plus complète ; mais, pour le malheur des souverains despotiques, leur autorité ne connaît ni obstacle qui arrête, ni contrepoids qui tienne le pouvoir suspendu quelques instants.

Un monarque peut perdre la raison comme le dernier de ses sujets, il peut dans un accès de fureur assassiner de sa propre main sa femme et ses enfants, et il est impossible de l'interdire momentanément, ne fût-ce que pour tâcher d'entreprendre sa guérison. Si l'autorité suprême lui a été dévolue, c'est pour contribuer au bonheur de l'humanité, et il deviendrait son bourreau, il pourrait compromettre l'indépendance nationale, dépouiller un peuple de ses lois les plus chères, et l'on veut qu'en présence de tant de maux les hommes restent immobiles ! Gouvernement fatal, où tout est porté à l'extrême ; le prince peut commettre tous les crimes, fouler aux pieds tous les droits ; et comme on ne peut ni le contenir ni l'éclairer, le meurtre en fait justice. Un long espace de temps ne s'écoulera pas encore entre les folies sanguinaires de Paul 1er et l'assassinat qui doit clore un règne qui déjà n'avait que trop duré. Il ne restait plus à l'empereur qu'à s'aliéner les soldats qui veillaient sur ses jours : entraîné par le même esprit de vertige, il accomplit cette dernière tâche. Écoutons Lévesque. « Près » de son château de Pavlovsky il avait une » terrasse, d'où il pouvait voir toutes les sen- » tinelles qu'il se plaisait à poser partout où » il y avait place pour une guérite. C'est » sur cette terrasse couverte qu'il passait une » partie de ses journées. L'œil armé d'une » lunette, il observait tout ce qui se passait » autour de lui ; souvent il envoyait un la- » quais à telle ou telle sentinelle, lui ordon- » ner de boutonner ou déboutonner un bouton » de plus ou de moins, de porter l'arme » plus haut ou plus bas, de se promener plus » ou moins de pas autour de sa guérite. » Quelquefois il allait lui-même à un quart » de lieue porter ces ordres importants, bâ- » tonnait le soldat ou lui mettait un rouble » dans sa poche, selon qu'il était content » de lui. Pavlovsky était un village ou- » vert ; il y avait des gardes qui inscrivaient » tous ceux qui se présentaient. Il fallait » dire où l'on allait, d'où l'on venait et ce » qu'on voulait. Chaque soir on faisait une » visite dans chaque maison, pour s'informer » s'il n'y avait point d'étrangers. On arrêtait » quiconque avait un chapeau rond ou qui » menait un chien. »

Paul crut sans doute qu'il ne tourmentait pas encore assez ses troupes en les soumettant à la discipline la plus minutieuse, il imagina de substituer à l'uniforme que leur avait donné Potemkin le costume allemand, qui avait toujours déplu aux Russes ; il les assujétit à porter un chapeau au lieu de casque, et leur fit prendre la queue, chargée de pommade et de poudre. Mais comme les cheveux des soldats ne purent croître assez vite au gré de l'empereur, il leur imposa des queues postiches. Bref, il leur fit adopter l'habit à basques larges et pendantes, et excéda ses soldats par des exercices qui duraient quatre ou cinq heures de suite. Comme les jacobins, en France, avaient porté la corne du chapeau en avant du front, il fallut que les Russes la tournassent par derrière. Il ne pouvait apercevoir de sang-froid une veste, un pantalon, des bottines et des cordons aux souliers ; tout cela lui rappelait le costume moderne des révolutionnaires. Les restaurateurs, les aubergistes étaient tenus d'aller déclarer chaque jour à la police quelle était la mise des individus qui se présentaient ou qui habitaient chez eux. Enfin, il contraignit les émigrés français réfugiés dans ses États, à se présenter à confesse et à communier. Ces exigences tyranniques et qui formaient un contraste si tranchant avec la tolérance religieuse établie par Catherine, soulevèrent les haines les plus effroyables contre Paul. Au milieu des folies et des prodigalités qui signalèrent son règne, il voulut, comme je l'ai déjà fait connaître, arrêter le débordement de papier-monnaie, créé par Catherine, et en rehausser en même temps le prix. Il décida qu'il fallait augmenter le numéraire en circulation; mais où se procurer de l'or et de l'argent? en augmentant le tarif des douanes; les négociants, de leur côté, renchérirent leurs marchandises et se livrèrent à la contrebande, et comme on exigeait qu'ils payassent le droit en écus et en ducats de Hollande, les gens de commerce firent venir à tout prix ces espèces de l'étranger : il arriva donc, qu'en dépit de l'or et de l'argent que palpait l'État, les assignats baissèrent de vingt pour cent. On eut recours alors à la fonte de la vaisselle du gouvernement. Ici il faut que j'entre dans quelques détails préliminaires. Catherine avait fait élever dans chaque chef-lieu de gouvernement un hôtel destiné aux gouverneurs et aux premiers employés de l'administration. La plus grande magnificence régnait dans ces palais, que l'impératrice avait dotés d'un service en argenterie, qui, suivant l'importance des villes, coûta de cinquante à cent mille roubles ; il s'agissait en tout d'une valeur réelle d'un million, car le nombre des chefs-lieux s'élevait seulement à vingt-trois. Paul, frappé trop tard de ce misérable résultat, ne voulut plus que l'argenterie qui devait servir à la création de nouveaux roubles fût employée à cet usage, il en fit faire des casques, des cuirasses, destinés à quatre cents gendarmes qui devaient assister à son couronnement. A la suite de cette cérémonie, l'empereur réduisit les quatre cents gendarmes à quatre-vingts; puis, comme il n'y avait plus de fonds, il livra les armures en argent aux orfévres qui les avaient faites, afin de les dédommager du prix de leur façon, de sorte que les hôtels des gouverneurs furent spoliés de leur vaisselle plate, laquelle fut convertie en cuirasses, que les orfévres jetèrent au creuset : résultat net : néant pour l'état.

Les finances russes ont toujours été dans un état de détresse, d'abord parce que les revenus publics sont médiocres et que de l'autre ceux qui les touchent se livrent à tous les genres d'exactions. Après les prodigalités de Catherine vinrent les économies de son fils, c'est-à-dire, des accroissements de dépenses infinies. Paul dédaigna de se décorer de la couronne qui avait si long-temps servi à sa mère, il en fit faire une nouvelle, dont la dépense s'éleva à plusieurs millions. Souvent il voulait que dans l'espace de quelques heures des allées d'arbres magnifiques fussent plantées au milieu des plus beaux quartiers de Saint-Pétersbourg. Tel est entre autres l'exemple cité par l'abbé Georgel, partisan de l'autocrate. Il commanda qu'au milieu des rigueurs de l'hiver des arbres de quinze à vingt-cinq pieds de hauteur fussent arrachés d'un lieu pour être transplantés dans le quartier dit des *amirautés*. « Il fallait, » suivant l'abbé Georgel, « toute l'autorité impériale pour faire exé-
» cuter de pareils travaux : dix mille ou-
» vriers y étaient journellement employés.
» L'héritier du trône, le grand-duc Alexan-
» dre, était chargé d'en hâter l'exécution.
» J'ai été témoin de ce miracle de l'autorité,
» et j'ai vu sa majesté impériale se promener
» à cheval, en grand cortège, au milieu de
» la rue, pour jouir de l'exécution de ses
» ordres. J'ai su que chaque pied d'arbre
» déraciné et replanté coûtait quinze roubles
» (soixante francs de notre monnaie). »

Les scènes les plus extraordinaires, souvent même les plus comiques, éclataient chaque jour. L'empereur avait la rage des détails militaires : on le voyait continuellement faire la ronde pour tâcher de saisir quelqu'un en défaut. Souvent il faisait battre l'appel à l'instant où on s'y attendait le moins ; il commandait lui-même l'exercice à ses troupes. Un jour il leur témoigna le plus vif mécontentement, elles n'avaient, disait-il, ni intelligence, ni activité, ni vigilance. Le grand-duc Alexandre justifia les soldats russes ajoutant « que l'empereur » pouvait par une fausse alarme avoir une » preuve de leur zèle. » Il est convenu entre le père et le fils que pendant la nuit, et à une heure du matin, on battra la générale. La nuit arrive, Alexandre fait battre la générale, et, pour causer plus d'effroi, toutes les cloches de Saint-Pétersbourg sont mises en mouvement. Aussitôt les soldats sont sous les armes, les habitants se répandent dans les rues, on s'interroge de toutes parts, mais sans pouvoir obtenir le plus léger éclaircissement. La terreur pénètre dans le palais impérial, les domestiques de Paul se précipitent dans sa chambre et le réveillent. Il ne songe plus à l'ordre qu'il a donné à son fils, il se regarde déjà comme tombé entre les mains de conspirateurs ou de meurtriers. Il s'élance sur un cheval et gagne la route de Gatschina; il est accompagné seulement de deux cavaliers. Le grand-duc Alexandre se rend au palais impérial. « Quelle fut, » dit Lévesque, « la surprise du jeune prince en » apprenant l'épouvante et la fuite de l'em- » pereur!!! Il court sur ses pas avec sa » suite, et bientôt il est sur les traces de son » père; mais Paul, qui n'entend que le bruit » des chevaux, pense qu'on le poursuit et » redouble d'abord sa course. Il ne voulut » enfin s'arrêter que lorsque le grand-duc, » ayant laissé sa suite en arrière, s'avança » seul et l'atteignit; il y eut alors une ex- » plication entre le père et le fils, qui revin- » rent tranquillement ensemble au palais. »

Paul, entouré de ruines, résultat inévitable de ses réformes, de ses caprices et de ses bizarreries, ne s'était pas encore mêlé au mouvement de la politique européenne; il s'était seulement contenté de prendre, dans ses États, des mesures attestant sa haine profonde contre la révolution française. Une nouvelle coalition venait d'être formée contre la France; il en devint l'âme, et une armée de cinquante mille hommes, qui avait pour chef le général Rosemberg, traversa l'Autriche dans l'hiver de 1798 à 1799. Le cabinet de Vienne, qui avait appelé à son secours les troupes du czar, ne voulut pas que les troupes impériales marchassent sous les ordres d'un général aussi inconnu que Rosemberg; il fut donc convenu qu'on décernerait le commandement en chef à Souvarof, que Lévesque appelle Souvorof.

J'ai déjà fait connaître au lecteur la férocité de ce vieux chef, dont le caractère offrait le mélange le plus extraordinaire. Après s'être baigné dans le sang ennemi, on le voyait se livrer aux pratiques de la dévotion la plus superstitieuse. Il avait commencé sa carrière en servant comme simple soldat dans les gardes de l'impératrice Élisabeth. Après avoir tué de sa propre main plusieurs janissaires, il entassa leurs têtes dans un sac dont il fit hommage à son général en chef. Cette action, d'un genre si extraordinaire, appela sur Souvarof l'attention générale : son courage avait fait le reste. Il connaissait, au reste, d'une manière merveilleuse le caractère du soldat russe, qui le suivait avec joie au milieu de tous les périls, sûr d'obtenir tôt ou tard la victoire. Tandis qu'il électrisait les troupes par son exemple, il les divertissait par ses bouffonneries : ainsi il s'élançait tout nu de sa tente, et on l'entendait contrefaire le chant du coq; c'était pour tous le signal du réveil. Quelquefois entrant à l'improviste dans un hôpital militaire, il se déclarait médecin, et, en cette dernière qualité, administrait de la rhubarbe à tous ceux qui lui semblaient malades, et condamnaient tous les autres au supplice des battoques; une autre fois il ordonnait que tous fussent jetés à la porte, « car il n'était pas permis, » disait-il, « aux » soldats de Souvarof de rester ainsi ren- » fermés. » Au milieu de l'hiver si cruel en Russie, il avait à peine quitté son lit qu'il se précipitait dans un grand baquet chargé de glace. Ce bain pris, il ordonnait qu'on lui jetât des seaux d'eau froide sur le corps; puis il montait à poil et en chemise un cheval de cosaque, et visitait le camp. Il avait en horreur les plaisirs de la table. A peine avait-il commencé à manger qu'un de ses aides-de-camp lui signifiait de s'arrêter. « De quel ordre? demandait-il. — De » l'ordre du maréchal Souvarof. — Bon ! » disait-il, il faut qu'on lui obéisse. » C'est

ainsi qu'il se faisait ordonner à lui-même une partie de ses actions ; dans toutes les maisons où il séjournait en temps de guerre, il fallait enlever les glaces, car il les aurait brisées. Dans d'autres occasions, il ordonnait d'enlever les portes, « parce que, » disait-il, « il n'avait pas peur. » Une autre fois, on le voyait faire disparaître les fenêtres des appartements, parce qu'il n'avait pas froid. Il était plein d'enthousiasme pour la mémoire de Catherine et toutes les glorieuses entreprises qu'elle avait exécutées avec tant de bonheur. Il aimait à montrer les bijoux et les diamants dont elle avait récompensé sa valeur héroïque. « Combien en ai-je? disait-il aux officiers de » son entourage ; combien valent ils ? pour- » quoi notre mère me les a-t elle donnés ? » Et il s'emportait si on ne lui répondait pas juste. Dans les marches, traversait on une forêt, il exigeait qu'on lui accusât, sans la moindre erreur le nombre des arbres. Côtoyait-on un lac, il fallait qu'on lui déclarât la quantité de poissons qu'il renfermait. Apercevait-il un prêtre, quelle que fût d'ailleurs sa religion, il se jetait à ses pieds pour recevoir sa bénédiction. Les uns étaient convaincus que tant de folies étaient réelles ; les autres ne les regardaient que comme des ruses imaginées pour surprendre les soldats russes, en se faisant passer à leurs yeux pour un personnage inspiré. Quoi qu'il en soit, l'influence, la renommée de Souvarof étaient sans bornes. Lorsque Paul monta sur le trône, il se trouva contraint de garder quelques ménagements envers ce général ; mais ne pouvant résister à sa manie de tout changer, il lui intima l'ordre d'introduire dans l'armée qu'il commandait les innovations auxquelles il attachait tant d'importance. Le vieux chef, qui s'était créé une tactique personnelle, et tout-à-fait en rapport avec le caractère du soldat russe, ne put s'empêcher de faire quelques plaisanteries sur les changements imaginés par l'empereur, et s'aventura même jusqu'à les laisser sans exécution. Paul 1er, malgré tant de services rendus par Souvarof, le destitua de son commandement ; le feld-maréchal annonça lui-même cette nouvelle à son armée, et la fit ranger en bataille. « Devant la » ligne, affirme Lévesque, s'élevait une py-
» ramide de tambours et de timballes entassés. » Habillé en simple grenadier, mais décoré » de tous ses ordres, du portrait de l'impé- » ratrice, de Joseph II, Souvarof harangua » ses compagnons d'armes, et leur fit des » adieux très-pathétiques. Il se dépouilla en- » suite de son casque, de son habit, de son » écharpe, de son mousquet et des marques » du service effectif qu'il déposa sur la pyra- » mide en guise de trophée. Camarades, » dit-il, il viendra peut-être un temps où » Souvarof reparaîtra au milieu de vous ; alors » il reprendra ces dépouilles qu'il vous laisse, » et qu'il portait toujours dans ses victoires. » Les soldats indignés, attendris, murmuraient et gémissaient. Souvarof les quitta ainsi, laissant l'armée à son lieutenant général.

Le célèbre guerrier alla chercher une retraite dans les murs de Moscou ; mais Paul, qui voulait se faire couronner dans cette ville, jugea convenable d'en éloigner Souvarof. Un officier de police lui apporte l'ordre de son exil ; il est relégué à cinq cents verstes, dans un chétif village. « Combien » ai-je de temps, dit le feld-maréchal, pour » faire les apprêts de mon départ ? — Quatre » heures. — C'est trop de bonté : une heure » suffira à Souvarof. » Un équipage l'attend à sa porte. « Souvarof allant en exil n'a pas » besoin de carrosse ; il peut bien s'y rendre » dans le même équipage dont il se servait » pour se rendre à la cour de Catherine ou » à la tête des armées : qu'on m'amène une » charrette ; » et il monta, accompagné de l'officier de police, dans un kibitka. « C'est, » dit Lévesque, « la voiture la plus incom- » mode en été que l'on puisse imaginer ; mais » Souvarof y était habitué, ne voyageant » que de cette manière, couché sur un ma- » telas et enveloppé dans un manteau. »

A peine le feld-maréchal est-il parvenu au terme de son exil, qu'il se renferme dans une cabane de bois : il est assailli par une multitude d'agents de police qui épient toutes ses démarches, et cet homme, qui a été revêtu du commandement suprême, vit dans le plus profond isolement. Nul ami ne se risque à lui rendre aucune visite ou à lui écrire une seule lettre ; enfin sa fille réussit à obtenir la permission de le voir quelques instants. L'o-

pinion publique, bravant la terreur inspirée par le czar, s'était prononcée en faveur du vieux Souvarof, et l'empereur lui adresse une dépêche dont l'enveloppe porte ces mots : *Au feld-maréchal Souvarof*. « Cette » lettre n'est pas pour moi, » dit-il ; « si » Souvarof était feld-maréchal il ne serait » pas exilé et gardé dans un village ; on le » verrait à la tête des armées. » La lettre fut en conséquence reportée toute cachetée à Paul, et Souvarof fut renfermé plus étroitement. Sur ces entrefaites Paul résolut de faire un voyage à Kazan ; il fallait donc qu'il traversât la province où Souvarof était en exil ; il lui ordonna en conséquence de venir habiter Saint-Pétersbourg. Souvarof se résigna de nouveau à l'obéissance ; enfin, cédant aux sollicitations des puissances coalisées, Paul plaça le feld-maréchal à la tête de ses troupes destinées, disait il, à *détruire le gouvernement impie qui dominait en France*. Pendant toute la route qu'il parcourut pour se rendre à son camp, Souvarof se couvrit de scapulaires et de reliques, faisant des prières au pied de chaque croix. On le voyait entrer dans les couvents pour y recevoir la sainte communion. Faisait-il la rencontre d'un ecclésiastique ou d'un moine, il lui baisait les mains ; il allait, disait-il, châtier les rebelles, les ennemis de Dieu et de la foi.

Le directoire régnait alors sur la France, ou pour mieux dire, privé de toute espèce d'ascendant, il approchait de son agonie ; des revers nombreux décimaient les armées de la république, et Schérer venait d'être battu à Magnan par le général autrichien Krai. Ce dernier, néanmoins, passa sous les ordres de Souvarof, qui se dirigeait en toute hâte vers Mantoue. Rosemberg, destitué du commandement général de l'armée russe, traversa le Pô ; mais les Français, après avoir tué un grand nombre de ses soldats, le contraignirent à battre en retraite. Souvarof envoya un renfort au secours de Rosemberg, qui, ayant alors sept mille hommes sous ses ordres, tenta de nouveau le passage du fleuve. Les Français n'étaient pas alors en nombre ; mais, soutenus par la division du général Victor, ils remportèrent une victoire éclatante près de Bassagnagno, dans laquelle ils enlevèrent aux Russes cinq canons et un drapeau. Souvarof, dont les forces étaient beaucoup plus considérables que celles des Français, brûlait de se trouver en leur présence ; le 17 juin 1799 il avait rejoint leur avant-garde. Le vieux général donna la nuit entière à ses préparatifs d'attaque ; il partagea son armée en trois corps ; celui du centre, composé exclusivement de Russes, était placé sous les ordres de Rosemberg ; celui de la droite, mêlé d'Autrichiens, de Hongrois et de Russes, fut confié au général Forster ; Mélas avait été mis à la tête du troisième corps, qui renfermait l'élite des soldats autrichiens. Les Français, de leur côté, étaient en ordre de bataille, en avant de la Trébia. L'avant-garde ennemie se précipita avec intrépidité sur notre aile gauche, où combattait le général Dombrowski, chef de ces intrépides Polonais qui, chassés de leur pays, s'étaient formés en légion, et étaient entrés au service de la France. Le premier choc des Russes leur devint funeste, et la plupart succombèrent en héros. De son côté, Rosemberg fit des prodiges de valeur. Deux fois les Français repassèrent la Trébia ; revenant sur leurs pas, ils firent éprouver à l'ennemi les pertes les plus considérables. Mais, las de répandre le sang des Russes sans pouvoir entamer leurs bataillons, ils se retirèrent enfin derrière la Trébia, et entretinrent une canonnade qui balaya quelques compagnies qui, les croyant en fuite, tentèrent de franchir le fleuve. Le lendemain les Français reprirent l'offensive ; leur aile gauche traversa la Trébia et chassa les Russes, l'épée dans les reins, jusque dans le village de Casalégio. Le prince Bagration rallia sur ce point ses soldats, déjà dispersés ; Rosemberg lui amena des renforts, et les Français se trouvèrent attaqués à dos et en flanc. Le centre de leur armée avait aussi passé la Trébia, et enlevait les batteries qui, vomissant la mitraille, essayaient en vain de l'arrêter. Nos soldats se regardaient déjà comme vainqueurs ; mais un corps de cavalerie autrichienne mit en désordre la cinquième demi-brigade. Cette dernière occupait l'espace compris entre la colonne du centre et celle de la gauche, qui, à leur tour, prêtèrent le flanc à la cavalerie. Tandis que nos généraux s'efforçaient de rétablir l'ordre, les troupes coalisées se rallièrent de toutes parts, et une nouvelle action s'engagea. Mélas, à la suite d'un succès important, fit passer des secours au centre, et les efforts des Français furent contenus. Ces derniers traversèrent encore une fois la Trébia, où ils reprirent leurs anciennes positions. Souvarof déclara qu'il irait attaquer les Français. Cependant Macdonald, qui s'attendait à être rejoint par la légion ligurienne et par les renforts que lui amenait le célèbre général Moreau, se voyant réduit à ses propres ressources, après deux batailles successives, battit en retraite pendant la nuit. Moreau, après avoir forcé le maréchal de Bellegarde à renoncer au siége de Tortone, parvint, le 25 juin 1799, sur les bords de la Sérivia ; instruit de la bataille du 18 et du 19, il se mit en retraite par Novi pour reprendre son ancienne position. Souvarof, dont les mouvements étaient remarquables par leur rapidité, renonça sur-le-champ à poursuivre Macdonald pour venir offrir le combat à Moreau. Joubert, qui touchait encore à la fleur de son âge, accourut ; il avait vingt mille hommes sous ses ordres. Quelle fut sa surprise ! Il s'avançait dans la conviction qu'il n'aurait à repousser qu'une division, mais il se trouva en présence de Souvarof, soutenu encore par le général Kraï, dont les troupes, à elles seules, étaient plus nombreuses que toute l'armée réunie. Le péril n'effraya pas le jeune général ; déjà il avait pris toutes ses dispositions ; mais, au moment où il faisait une reconnaissance, il fut atteint d'une balle, qui lui enleva la vie. Le directoire venait de lui décerner le commandement général de l'armée d'Italie. Moreau, qui, de son côté, avait été nommé général de l'armée du Rhin, avait suspendu son départ pour offrir à Joubert le tribut de son expérience. Joubert tué, Moreau le remplaça. Les Français firent des prodiges de valeur ; leur artillerie enleva des files entières de soldats russes, mais ils durent se retirer. Le champ de bataille resta donc aux soldats du czar et aux coalisés. La perte des Moscovites fut si considérable qu'ils se trouvèrent réduits à douze mille soldats ; et Souvarof était entré avec une armée de cinquante mille hommes en Italie. Paul I, en apprenant ce triomphe sans portée, fut saisi d'un enthousiasme sans borne : il donna à son général le surnom d'*Italique*, et ordonna de le regarder désormais comme le plus grand capitaine de tous les temps, de tous les peuples et de tous les pays du monde. Souvarof, à la suite du succès fort insignifiant qu'il venait d'obtenir, quitta l'Italie pour se diriger vers la Suisse.

Cependant une autre armée russe qui s'élevait à quarante mille hommes, et parmi lesquels on comptait les vétérans qui avaient combattu sous les ordres de Potemkin, se dirigeait sur les bords du Rhin. Ces soldats n'étaient pas encore parvenus au lieu de leur destination, et Paul avait trois fois changé leur général ; enfin Rimniski Korsakof fut définitivement élu par l'empereur : c'était son quatrième choix. Les coalisés ne pouvaient espérer de réussir que s'ils concertaient toutes leurs opérations ; un accord continuel, une harmonie parfaite étaient les gages des succès qu'ils poursuivaient. Mais pour atteindre un pareil but il aurait fallu que le czar possédât des idées d'ordre et d'ensemble : loin de là, il voulut que cette nouvelle armée combattît séparément et sans se mêler aux Autrichiens ; c'était semer la discorde et l'anarchie parmi les coalisés. Korsakof, après avoir été rejoindre l'archiduc Charles d'Autriche en Suisse, ne parla plus que de disperser l'armée française commandée par Masséna, et qui, battant en retraite, s'était établie en-deçà de l'Aar et de la Limmat. Indigné d'une pareille présomption, l'archiduc Charles se dirigea sur Philipsbourg, inquiété par les Français ; ce prince laissa néanmoins quelques troupes autrichiennes, qu'il confia au général Hotze. Le 3 vendémiaire an VII, ou 24 septembre 1799, les Français quittèrent les hauteurs pour offrir le combat aux Russes ; avec cette rapidité qui les distingue, ils franchirent la Limmat, et leur artillerie vomit la mort au sein des bataillons moscovites. Ceux-ci, mis en fuite, se rallièrent entre le camp et le fleuve ; puis, reculant de

nouveau, ils se formèrent encore derrière leurs tentes, où ils se défendirent comme des lions; mais leurs corps jonchèrent bientôt le champ de bataille. Du côté de Bade, l'aile droite de l'armée russe, composée d'Autrichiens et de stipendiaires suisses, opposa une molle résistance; la division française chargée de cette attaque, après avoir emporté le camp, appuya le centre de notre armée, et s'empara des batteries ennemies après avoir tué tous les canonniers sur leurs pièces. Korsakof réunit aussitôt dans la plaine un bataillon carré composé de quinze mille hommes. Cette masse énorme força les Français à se replier; mais, revenant sur leurs pas, ils firent avancer aussitôt une multitude de tirailleurs, qui éclaircirent les rangs de cette colonne d'abord si compacte : l'artillerie légère accourut à son tour; la mitraille qu'elle vomissait faisait disparaître des rangs entiers; elle s'enfuyait au galop, les canons étaient de nouveau chargés, et apportaient une mort pour ainsi dire perpétuelle au milieu de cet immense bataillon carré, dernier espoir des Russes. En vain comblaient-ils avec une intrépidité héroïque les intervalles que produisait un feu aussi meurtrier, il arriva un moment où la crainte les glaça; leurs officiers avaient tous mordu la poussière, les Français redoublent d'énergie, et s'élancèrent au pas de charge sur les débris de la colonne, et la rompirent. Bientôt la cavalerie la coupa en morceaux. Les débris de l'armée russe se réfugièrent dans Zurich, où les vainqueurs accoururent sur leurs pas. La nuit survint; Korsakof, ne désespérant pas de reprendre la victoire, avait rallié le matin quelques troupes qui n'avaient pas encore combattu. « Alors, » suivant les auteurs de l'Histoire philosophique et politique de Russie, « alors une foule de petits combats se
» livrèrent; les troupes du czar se défen-
» daient par bataillons, par compagnies,
» par pelotons : on leur avait si bien per-
» suadé que se rendre c'était se réserver au
» supplice de la guillotine, que tous les
» soldats, du moins, ne songeaient qu'à
» vendre chèrement leur vie en mourant les
» armes à la main. Du reste, leur dernier
» soupir s'exhalait sur l'image de leur pa-
» tron, qu'ils portaient suspendue à leur
» cou; on trouvait cette image dans les
» mains, sur la poitrine ou sur les lèvres de
» tous les cadavres épars sur le champ du
» carnage. » Les officiers russes, pour expliquer une pareille défaite, soutinrent que Korsakof, dérouté par les mouvements si vifs de l'armée française, par l'impétuosité si entraînante de ses attaques, perdit toute espèce de présence d'esprit. L'empereur n'avait placé sous ses ordres que de jeunes officiers de cour, entr'autres Gorthschakof, neveu de Souvarof. « C'était, » dit Lévesque, « un jeune homme avantageux, qui
» portait un corps de baleine pour se former
» la taille, et qui mettait du rouge. Comme
» il avait suivi son oncle dans quelques cam-
» pagnes, on l'avait toujours envoyé en
» courrier à l'impératrice Catherine, qui,
» à chaque voyage, le gratifiait d'un grade
» ou d'un ordre. »

Le feld-maréchal Souvarof, tandis que les troupes russes étaient battues à Zurich, dévorait, pour ainsi parler, l'intervalle qui existait entre le champ de bataille de Novi et le mont Saint-Gothard. Avec la rapidité de la foudre, il tombe sur la division du général Lecourbe; celle-ci bat en retraite derrière la Reuss; l'aile droite de l'armée d'Helvétie est menacée, et le vieux guerrier va devenir le maître des trois petits cantons suisses. Mais il apprend la défaite de Korsakof; il se livre à des transports de rage inexprimable. En vain s'efforce-t-il d'articuler quelques mots, sa langue semble attachée à son palais; il tombe dans des ricanements qui répandent la terreur autour de lui; son désespoir approche de la folie; enfin, il peut parler et donner un cours à son indignation. Revenu à lui-même, il adresse une lettre menaçante à Korsakof; il le somme, sur sa tête, de marcher aussitôt en avant; il informera l'armée que Souvarof vient d'arriver, après avoir mis en fuite les Français. Le général vaincu s'arrête et combat à Diesenhofen; mais là encore les Français battirent les Russes. Dans cette mémorable circonstance, trois mille cavaliers se firent tuer par deux demi-brigades de l'infanterie française. Mas séna, après avoir triomphé à Zurich, court suspendre la marche de Souvarof. Ce dernier, depuis la bataille de Novi, n'avait plus sous ses ordres que douze mille combattants. Attendra-t-il le général français, soutenu par les deux divisions de Lorge et de Mortier? Il se décida, en frémissant, à battre en retraite, sans qu'on pût parvenir à l'entamer. Mais depuis ce moment une profonde tristesse s'empara du vieux guerrier. Étendu au fond de sa kibitka, comme enseveli dans son manteau, il ne voulait plus se montrer à ses soldats, que tant de fois il avait amusés par ses quolibets et ses bouffonneries. Le bruit se répandit dans l'armée russe qu'il avait péri en passant les Alpes, et les soldats, en le revoyant après sa retraite, triste, morne et chagrin, étaient persuadés que c'était son ombre qui leur apparaissait. En dernier résultat, de quatre-vingt mille Russes qui avaient combattu avec les coalisés en Italie et en Suisse, il ne restait plus que des débris de bataillons. Ces vétérans, qui tant de fois avaient vaincu les Turcs, et qui portaient encore suspendues à leurs vêtements déchirés les médailles d'honneur, qui naguères leur avaient été décernées, inspiraient maintenant la plus profonde pitié. A tant de revers se joignit encore pour Paul une nouvelle défaite. Les Russes, réunis aux Anglais, furent battus à Kastricum, en Hollande, par le général français Brune, et réduits à subir une capitulation. Le czar apprit ces tristes nouvelles, car il est des événements si graves qu'on ne peut les cacher aux despotes. Paul n'écoutant que sa fureur, flétrit en masse les officiers de cette désastreuse expédition, et abandonna, sans vouloir les échanger, les restes de soldats qui avaient montré un courage si héroïque. Quant à Souvarof, il se traîna mourant à Saint-Pétersbourg, et l'empereur, qui lui avait déjà préparé un triomphe, accabla d'outrages sa glorieuse vieillesse. Il avait décidé qu'une statue lui serait élevée; tout-à-coup, il lui reprocha d'avoir amené la défaite de Korsakof en prolongeant son séjour en Italie; enfin, il le dépouilla de toute espèce de commandement militaire. Le vieux Souvarof expira de douleur: telle fut la récompense que reçurent tant de services rendus à la Russie. Il me reste, pour faire connaître complètement au lecteur le caractère de ce général, à citer ici deux nouveaux traits. « Le premier homme qui le suivait » dans son logement était un cosaque, chargé » de lui porter sa chaise percée durant la » marche, et qui lui remettait en arrivant » ce meuble nécessaire. C'était sur ce siége » qu'il recevait les rapports de ses aides-de-» camps et de ses généraux. » Tant de bizarreries, qui descendaient jusqu'au cynisme le plus dégoûtant, n'empêchaient pas Souvarof d'avoir beaucoup d'adresse et de malice dans l'esprit. Paul avait choisi comme valet de chambre un Turc sans aucune naissance; il en fit son confident, le créa ministre et lui donna le nom et le titre de comte Koutaisof: tous les grands de l'empire fléchissaient le genou devant ce parvenu. Paul lui donna un jour l'ordre de se rendre auprès du vieux général. Le comte de Koutaisof est annoncé. « Koutaisof! Je ne connais point de » familles russes de ce nom-là, répond le » vétéran. Le comte lui explique qu'il est » né en Turquie, et que la faveur du czar l'a » élevé au rang qu'il possède. — Vous vous » êtes sans doute distingué dans les armes? » — Je n'ai jamais servi. — Vous avez été » chargé des affaires civiles? — Non, j'ai » été toujours attaché à la personne de l'em» pereur.—Fort bien! Et en quelle qualité? » — Koutaisof évita d'abord de répondre » directement à cette question; mais, pressé » par Souvarof, il convint qu'il avait été » valet de chambre du czar. Alors le géné» ral, se tournant vers son domestique: » Vois-tu, Ivan, ce que c'est que de se bien » conduire! Ce seigneur a été ce que tu es, » le voilà comte. »

Les revers éprouvés par les Russes en Suisse, remplirent le czar de la haine la plus violente contre ses anciens alliés, et il se retira de la coalition comme il y était entré, en vrai barbare qui agit à l'improviste et sans soumettre sa conduite aux règles vulgaires du bon sens. On le vit bientôt traiter avec le plus profond mépris les ambassadeurs d'Angleterre et d'Autriche, lord Withwort et le comte de Cobentzel. Il donna ordre à l'ambassadeur de Danemarck de quitter sa cour. Deux émigrés français, M. de Choiseul-Gouffier et M. le marquis de Lambert, attachés au service de Russie, furent destitués de leurs emplois, l'un pour avoir rendu, l'autre pour avoir reçu une visite de M. de Cobentzel. Cependant le vice-chancelier Panin fit au cabinet de Vienne l'ouverture suivante : 1° La ville d'Ancône et les trois légations de Boulogne, Ferrare et Ravennes seraient rendues au pape; 2° le roi de Sardaigne serait remis en possession de toute la partie de ses États reconquise sur les Français. M. de Cobentzel répondit : Je n'ai aucun pouvoir pour donner, ni verbalement ni par écrit, la déclaration qu'on paraît désirer; d'ailleurs, pour quel motif exiger que nous rendions les trois légations? Elles ont été annexées à la république Cisalpine par le traité de Tolentino; nous avons reconquis la Cisalpine, c'est un dédommagement pour les frais de la guerre; je ne doute pas que ma cour ne restitue au roi de Sardaigne Turin et le Piémont; mais les villes d'Alexandrie et de Tortone, ayant été détachées autrefois du Milanais par la force des armes, et l'empereur mon maître en étant aujourd'hui en possession par la même voie, a le droit de les faire rentrer sous sa domination. Une sorte de rupture éclata bientôt après entre le cabinet de Vienne et celui de Saint-Pétersbourg; Paul, enfin, mit un embargo sur les vaisseaux anglais. Tandis qu'il se séparait de ses alliés, il ne tentait aucun rapprochement avec la France, absorbé dans une multitude de minuties concernant, non pas l'art militaire, mais des détails de manœuvre, ou des règlements relatifs à la cocarde et à l'habillement de ses troupes. Il tombait tour-à-tour dans les mesures les plus opposées et les contradictions les plus choquantes. Le 23 août 1800, l'empereur, dans un *prikas*, rend la justice la plus éclatante aux officiers de la division de Finlande, et accorde un verre d'eau-de-vie à chaque soldat; il crée en outre commandeurs ou chevaliers de Malte tous les officiers d'artillerie. Ces derniers attestèrent dans une déclaration publique « que ce qui avait fait la » gloire et l'honneur de l'artillerie russe, » c'était de pouvoir dire qu'elle avait le » bonheur de ne devoir sa perfection actuelle » qu'aux très-illustres soins de son très-gracieux monarque et maître, puisque sa » très-haute et dite impériale majesté, *en* *très-haute et très-propre personne,* » avait elle-même eu la bonté d'inventer un » nouveau calibre de canons, par le moyen » duquel l'artillerie russe venait d'être portée » au dernier point de perfection, et s'ouvrait une nouvelle carrière qui, avec » le nom du plus gracieux et du plus glorieux de tous les monarques, devait suffire » désormais pour être, partout et en toute » occasion, la terreur de ses ennemis. » Mais le 26 août 1800, c'est-à-dire, trois jours après, la même division de Finlande se trompe dans quelques évolutions. Paul lance un nouveau *prikas,* ainsi conçu : « Comme » dans les manœuvres d'aujourd'hui, sa majesté impériale a trouvé que les troupes » de la division de Finlande n'ont point du » tout observé les dispositions qui leur » avaient été prescrites, et que la colonne » de la gauche est arrivée bien avant celle de » la droite à la place désignée, où elle a attendu cette dernière par pelotons sous le » feu de l'ennemi, sans se couvrir de cavalerie ou de chasseurs, et même qu'à la retraite de l'escadron le long du front (*de* » *la ligne*), un bataillon a fait feu sur sa » propre cavalerie, sadite majesté impériale fait une réprimande au général prince » Gorthschakof, et remarque de plus que » c'est sans doute une pareille inattention » des généraux qui a été la cause des pertes » en Suisse et en Hollande..... Sa même » susdite majesté impériale observe encore » que les généraux de l'inspection (division) » de Finlande doivent eux-mêmes voir combien ils sont éloignés d'être des généraux, » même médiocres, et que, aussi long-temps » qu'ils demeureront tels, il se feront battre » partout et par chaque ennemi. »

Le moment approchait où Paul allait se réconcilier avec la France. En effet, cette dernière venait d'être arrachée au gouvernement du directoire par le général Bonaparte, qui, sous le nom de premier consul, était parvenu à rétablir l'ordre. Autant Paul s'abandonnait tour-à-tour aux caprices les plus étranges, autant le premier consul pesait alors chacune de ses mesures ; il comprit qu'il importait à son gouvernement de détacher complétement le czar des autres puissances européennes pour s'en faire un allié. Il fit donc habiller à neuf les soldats russes prisonniers parmi nous, et les renvoya sans rançon à leur maître. Paul céda tout-à-coup à un procédé qui flatta son amour-propre, et il envoya une ambassade au premier consul ; ce qui l'avait surtout frappé, c'est que Bonaparte avait prescrit pour chaque jour une grande parade ; c'était une sorte d'imitation de la wacht-parade de Saint-Pétersbourg : *C'est pourtant un homme*, s'écria-t-il. D'une autre part, comme tout est excessif dans le caractère du czar, il ordonne à Louis XVIII de sortir aussitôt de ses États, et lui enlève la pension de deux cent mille roubles que, spontanément, il lui avait accordée ; au milieu des rigueurs de l'hiver, *le petit-fils de Henri IV est obligé de fuir.* J'allais oublier de dire que Paul s'était déclaré précédemment grand-maître de l'ordre de Malte, dont les chevaliers dépouillés de leur territoire erraient dans toutes les parties de l'Europe ; c'était un nouvel acte de folie à joindre à tant d'autres. Des victoires éclatantes auraient pu faire supporter à la population un gouvernement aussi fantasque qu'oppressif ; mais les Russes avaient été battus par les Français : dès lors l'opinion publique, déjà si aigrie contre l'empereur, épia ses actes et ses mesures, dans la pensée de les soumettre à une critique continuelle. D'un autre côté, Paul, trompé dans toutes ses entreprises, devint plus bizarre, plus cruel que jamais. Les exils et les arrestations se multiplièrent avec une rapidité effrayante ; dans une seule journée trente personnes connues disparurent arrêtées par les sicaires de la police de Saint-Pétersbourg. Les rigueurs de Paul s'étendaient sur toutes les classes de la société : les grands de sa cour, les gens de lettres, les militaires, et jusqu'aux femmes elles-mêmes subissaient, soit l'exil, soit le knout, pour de prétendues infractions à des ordres qu'on ne connaissait pas. Les jeunes sous-officiers, appartenant à de nobles familles, recevaient la fustigation pour de simples enfantillages L'aristocratie la plus haute était menacée dans ses priviléges ; les livres et les journaux venant de l'étranger étaient mis à l'index ou repoussés ; les imprimeries étaient fermées ; les émigrés français eux-mêmes, ennemis de la propagande révolutionnaire, furent chassés de l'empire. Ce n'était pas assez pour l'empereur de désoler ses sujets, il défendait à sa propre femme de recevoir ses deux fils aînés, ni ses belles-filles, sans en avoir reçu la permission. Bientôt il interdit le bal aux officiers en garnison à Saint-Pétersbourg, parce qu'ils étaient trop fatigués, disait-il, pour la parade du lendemain. Près de quarante mille Russes désertèrent la nouvelle capitale (1) pour échapper à ses châtiments, à ses persécutions et à ses caprices. Mais, ce qui est digne de remarque, c'est que le fils de l'illustre Catherine vivait dans des terreurs continuelles : tantôt une conspiration allait éclater contre lui dans sa propre cour, tantôt c'était l'illuminisme qui allait renverser le trône, tantôt le jacobinisme français pénétrait dans tous les rangs de la société. A tant d'inquiétudes, se joignaient encore pour Paul les tourments d'un amour qui n'était pas partagé ; il s'était épris de la comtesse Lapoukhin, dame de la cour ; mais elle repoussa prudemment l'hommage du czar pour épouser le prince Gagarin. Paul, ce despote si effroyable, respecta la volonté de la femme qui lui était chère, quoique précédemment il eût envoyé en exil une maîtresse à laquelle il avait été fort attaché.

Si le czar, en proie à des terreurs continuelles, pouvait à peine goûter les douceurs d'un rare sommeil ; il existait en effet à Saint-Pétersbourg des hommes prêts à jouer leur vie pour poignarder un prince qui empoisonnait les jouissances des riches, comme il tenait dans des appréhensions continuelles les hommes les plus humbles des dernières classes. Mais Paul ne pouvait être frappé que par les grands qui approchaient de sa personne ; il fallait être admis dans son palais, espèce de château fort, dédale à mille détours ; c'était donc les personnages de l'in-

(1) Saint-Pétersbourg.

timité impériale, et les ministres, ou du moins l'un d'eux, qui devait délivrer la Russie de son despote. Koutaisof lui-même, cet ancien valet de chambre, élevé au titre de comte et de grand écuyer, était un des complices de ce meurtre appelé si vivement par les Russes. Les esprits qui ne réfléchissent pas déclament contre ce qu'ils appellent une aussi noire ingratitude, comme si ceux qui approchent un tyran ne sont pas les plus intéressés à lui porter le coup mortel ; Koutaisof s'attendait à chaque minute à mourir sous le knout, à être plongé dans les fers, ou à expirer en Sibérie.

Le comte de Pahlen, gouverneur de Saint-Pétersbourg, ministre des affaires étrangères, et chargé de la police générale de l'empire, s'était aperçu que Paul nourrissait contre lui des soupçons ; d'un autre côté, les folies furieuses du czar étaient montées à leur comble ; il fallait prendre un parti décisif. Pahlen osa s'ouvrir à l'héritier du trône, qui était lui-même dans la position la plus terrible. Alexandre convint des torts de son père, mais il préférait s'exposer à tous les périls que d'oublier ses devoirs de fils. Cependant il paraîtrait que plus tard (car toutes les versions présentent une foule d'incertitudes et de contradictions) Pahlen aurait fait voir au czarevith un ordre signé de son père, et ordonnant qu'il fût arrêté. Alexandre se serait alors résigné à laisser agir les conspirateurs, mais en obtenant la promesse formelle qu'aucune violence ne serait exercée contre l'empereur. Paul avait été averti par le procureur général d'Obalianof, que sa vie était menacée. Il envoya aussitôt un courrier à Lindoner et à Arakscheïeff, le premier gouverneur militaire de Saint-Pétersbourg, et l'autre commandant d'une forteresse, mais que la cruauté avec laquelle ils avaient exécuté ses ordres l'avait contraint d'envoyer en exil, pour qu'ils se rendissent en toute hâte auprès de sa personne. Le comte de Pahlen, toujours sur ses gardes, arrêta le courrier porteur de ces deux ordres. Il faut se hâter ; le jour de l'exécution est fixé du 22 au 23 mars ; on savait d'ailleurs que Paul avait dit à madame Gagarin : « Je le vois, il » est temps de frapper un grand coup. » Il avait fait la même confidence à Koutaisof, lui disant : « Après cela, nous vivrons comme » deux frères. » Suivant Lévesque on comptait parmi les conspirateurs les deux frères Zoubof, dont l'un, le prince Platon, dernier amant de Catherine ; le comte de Pahlen ; le général Béningson, que d'autres appellent Béningsen ; le général Ouvarof, colonel des chevaliers-gardes ; le colonel Tatarmof ; le colonel Iessélovitz ; le général Jaschvel, et enfin lord Withworth. Suivant d'autres relations il faut joindre aux noms que je viens de citer ceux du prince Talitzin, Sariatin, Gardanof Saztarinof, prince Yaschvill, et Arganakof, aide-de-camp de l'empereur, qui, ce jour-là même, était de service auprès de son maître. A onze heures du soir, les conjurés se rendent à la porte latérale du palais de Saint-Michel ; on leur en refuse l'entrée. « L'em- » pereur nous a mandé, » disent-ils ; « il y a » aujourd'hui grand conseil de guerre. » La sentinelle, trompée par la vue de plusieurs officiers généraux, cède à leurs instances ; tous montent en silence à l'appartement de Paul, et, demeurant un moment dans la salle des gardes, Arganakof, aide-de-camp de service, se présente seul ; il dit que le feu est à la ville, qu'il vient réveiller l'empereur : le cosaque qui gardait l'antichambre le laisse entrer. Il frappe à la porte de l'appartement et se nomme ; Paul, connaissant sa voix, lui ouvre à l'aide d'un cordon qui répondait à son lit. Il ressort aussitôt pour introduire les conjurés ; le cosaque s'aperçoit alors, mais trop tard, qu'on en veut aux jours de l'empereur ; il essaye de résister, à l'instant même il tombe percé de coups. Toutefois son dévouement avertit son maître, auquel il crie trahison !.. L'empereur, effrayé, veut fuir dans un des cabinets qui joignent son alcôve ; l'un communiquait à l'étage inférieur, l'autre, sans issue, renfermait des drapeaux pris sur l'ennemi, et les armes des officiers détenus à la forteresse ; c'est dans ce dernier que son trouble l'a conduit. Saisissant une épée, il cherche à gagner un escalier dérobé par l'autre cabinet quand les conjurés entrent ; ils vont droit au lit ; tous s'écrient : Il est sauvé !.. Déjà ils se croyaient trahis, quand Béningsen l'aperçut blotti derrière un paravent. Paul, troublé, sans vêtements, pressent le sort qu'ils lui réservent, mais son énergie ne l'abandonne pas. On lui parle d'abdiquer ; il s'y refuse avec emportement, et, reconnaissant ceux qu'il a comblés de bienfaits, il éclate en reproches si touchants que leur férocité en est ébranlée. Mais, au moment où les conjurés se présentent chez l'empereur, au moment même où il compte le plus sur Pahlen, celui-ci marche au palais, à la tête d'un régiment de gardes. Cependant Platon veut lire un acte d'abdication ; Paul cherche à les toucher de nouveau, il s'adresse particulièrement à Platon, lui retrace son ingratitude et l'excès de sa témérité. « Tu n'es plus empereur, » lui répond celui-ci, « c'est Alexandre qui est » notre maître. » Indigné de son audace, Paul va pour le frapper. Un courage aussi ferme arrête les conspirateurs et suspend leur férocité : Béningsen s'en aperçoit, et sa voix les ranime. « C'est fait de nous s'il » échappe, c'est fait de nous. » Alors Nicolas, l'un des frères Zoubof, portant le premier la main sur son souverain, lui casse le bras droit, et entraîne par son audace la scélératesse irrésolue de ses complices. Le tumulte ajoute encore à cette scène d'horreur, et l'obscurité qui l'environne rend inaccessible à la pitié le cœur des assassins. Tous fondent sur lui ; l'infortuné Paul tombe accablé par le nombre. On lui prodigue l'injure, on lui crache au visage, on le traîne, on prolonge son agonie. Par une dégoûtante barbarie, les assassins le frappent dans les parties les plus secrètes de son corps.... Leur cruauté se lasse enfin ; l'un d'eux lui passe au cou une écharpe, et termine ainsi ses souffrances : il expire (1).

S'il faut s'en rapporter à un très-grand nombre de récits, qui ont retracé les derniers instants de Paul et les faits qui les ont précédés de quelques jours, le comte de Pahlen aurait joué un double rôle entre l'empereur et son fils Alexandre. Il est à remarquer que Pahlen se tint en dehors du palais, « car, » dit Lévesque, « si l'entreprise réussit, il » vient pour la seconder ; si elle manque, » c'est son maître qu'il vient défendre. » L'auteur d'une relation insérée dans la Bibliothèque historique, entre à cet égard dans une foule de détails dont l'arrangement systématique démontre l'impossibilité. Ce n'est pas dans des circonstances aussi graves qu'on peut se tenir dans une sorte d'équilibre continuelle ; il faut se jeter franchement d'un côté, ne fût-ce que pour inspirer un commencement de confiance. J'emprunte maintenant à la relation que je viens de citer plus haut quelques circonstances sur lesquelles Lévesque n'est pas parvenu à répandre la lucidité nécessaire. « L'obscurité, » dit-il, « qui en- » veloppe cette scène d'horreur, rend inac- » cessible le cœur des assassins. » Cet historien aurait dû expliquer qu'un des assassins, en jetant l'empereur par terre, fit tomber avec lui le paravent et la veilleuse ; c'est donc au milieu des ténèbres que Paul fut frappé et perdit la vie ; un instant il était parvenu à passer la main entre son cou et l'écharpe qui, plus tard, amena sa strangulation. « Messieurs, » s'écriait-il, « au nom du ciel épargnez-moi ; laissez-moi » le temps de prier Dieu. »

Pahlen se chargea d'annoncer à Alexandre que l'empereur n'était plus. A cette nouvelle, l'héritier du trône tomba dans un profond désespoir. « On dira, » s'écria-t-il, « que je » suis l'assassin de mon père ; on m'avait » promis de ne pas attenter à ses jours ; je » suis l'homme le plus malheureux du » monde. » Sire, » lui répondit l'ancien ministre de Paul, « avant toute chose, veuil- » lez vous souvenir qu'un empereur ne peut » se mettre en possession de l'autorité qu'a- » vec la participation du peuple ; un moment » de faiblesse peut avoir les suites les plus » fâcheuses ; il n'y a pas une minute à per- » dre pour vous faire reconnaître par l'ar- » mée. » Alexandre se rendit immédiatement au palais d'hiver, où les grands lui prêtèrent serment de fidélité. Il est sans doute aussi difficile que délicat de porter un jugement sur des faits contemporains et qui sont accomplis au

(1) Lévesque, Histoire de Russie, t. 6, p. 116, 117 et 118.

Vista de la torre de Juan en Bacoat

sein des ténèbres, et dans le palais d'un prince comme Paul ; mais, si toutes les actions de la vie la plus noble et la plus généreuse doivent peser dans la balance de la justice humaine, Alexandre doit être proclamé innocent. Non, il n'a pas trempé dans le meurtre de son père ; il a consenti seulement à l'abdication que Pahlen et les autres conspirateurs voulaient imposer à Paul. Alexandre ne craignait pas pour lui seul ; le sort de sa propre mère lui inspirait les inquiétudes les plus vives, car, malgré ses vertus, elle avait inspiré des méfiances à son époux ; un mot du czar, et sa tête pouvait tomber sous la hache du bourreau. Il ne faut pas, au reste, oublier que, maître du trône, il éloigna des affaires les assassins de Paul ; Pahlen, lui-même, ne tarda pas à quitter Saint-Pétersbourg. Cependant, c'est pour moi un devoir de conscience de mettre sous les yeux du lecteur les jugements portés sur le crime qui trancha la vie de l'empereur par les deux plus grands hommes de notre âge, Napoléon et Châteaubriand. Je ferai remarquer seulement que c'est l'empereur, exilé à Sainte-Hélène, qui va prendre la parole pour juger un homme, long-temps son ami et son allié, et qui, depuis, devint son adversaire. « Paul, » dit Napoléon, « fut assassiné dans la nuit du » 23 au 25 mars 1801. Lord Withworth » était ambassadeur à sa cour ; il était fort » lié avec le comte ***, le général ***, » les ***, et autres personnes authentique- » ment reconnues pour être les auteurs et » acteurs de cet horrible parricide. Le mo- » narque avait indisposé contre lui, par un » caractère irritable et très-susceptible, une » partie de la noblesse russe. La haine de la » révolution française avait été le caractère » distinctif de son règne. Il considérait comme » une des causes de cette révolution la fami- » liarité du souverain et des princes français, » et la suppression de l'étiquette de la cour, » il établit donc à la sienne une étiquette » très-sévère, et exigea des marques de res- » pect peu conformes à nos mœurs, et qui ré- » voltaient généralement ; être habillé d'un » frac, avoir un chapeau rond, ne point des- » cendre de voiture quand le czar ou un des » princes de sa maison passait dans les rues

» ou les promenades ; enfin la moindre vio- » lation des moindres détails de son étiquette » excitait son inadversion, et que par cela seul » on était jacobin. Depuis qu'il s'était rap- » proché du premier consul, il était revenu » sur une partie de ses idées, et il est pro- » bable que, s'il eût vécu encore quelques » années, il eût reconquis l'opinion et l'amour » de sa cour, qu'il s'était aliénée. Les An- » glais, mécontents, et même extrêmement ir- » rités du changement qui s'était opéré en » lui depuis un an, n'oublièrent rien pour » encourager ses ennemis intérieurs ; ils » parvinrent à accréditer l'opinion générale » qu'il était fou, et enfin, nouèrent une cons- » piration pour attenter à sa vie. L'opinion » générale est que. . . . . . . »

« La veille de sa mort, Paul étant à souper » avec sa maîtresse et son favori, reçut une » dépêche où on lui détaillait toute la trame » de la conspiration ; il la mit dans sa poche » en ajournant la lecture au lendemain ; dans » la nuit il périt. . . . . . . »

« Le général *** fut celui qui donna le dernier » coup ; il marcha sur son cadavre. L'im- » pératrice, femme de Paul, quoiqu'elle eût » beaucoup à se plaindre des galanteries de » son mari, témoigna une vraie et sincère » affliction, et tous ceux qui avaient pris part » à cet assassinat furent constamment dans » sa disgrâce. . . . . . . »

» Bien des années après, le général *** com- » mandait encore (1). »

Il résulte bien évidemment de ces derniers mots une accusation directe contre Alexandre. Je transcris maintenant le passage que l'illustre auteur de la Monarchie suivant la charte a consacré, dans son ouvrage intitulé le *Congrès de Vérone*, à la mémoire de l'empereur Alexandre.

« Les vertus d'Alexandre ne permettent » pas de croire qu'il fut instruit à fond de » la conjuration (celle tramée contre son » père). Une abdication était devenue né- » cessaire ; il crut à l'abdication, non à la » mort. Son élévation à l'empire fut le ré- » sultat d'un meurtre, non d'un parricide. »

(1) J'ai emprunté cette citation, que j'ai textuellement copiée à l'histoire d'Alexandre, par A. Rabbe.

ALEXANDRE Iᵉʳ.

Lorsque ce prince monta sur le trône, à peine le sang de son père était-il séché. Le comte de Pahlen, se présentant pour complimenter le nouvel empereur, il lui dit : « M. le gouverneur, quelle page dans l'his- » toire ! — Sire, les autres la feront ou- » blier. » Cette réponse fut une juste prédiction que l'avenir confirma. Dès sa jeunesse, Alexandre avait donné les plus brillantes espérances. Ce prince, suivant le colonel anglais Masson, qui avait été attaché à sa personne comme professeur de mathématiques, « ce prince, par la pureté de son » moral et la beauté de son physique, inspire » une espèce d'admiration. On trouve pres- » que réalisé en lui cet idéal qui nous » enchante dans le Télémaque ; on pourrait » aussi lui reprocher les mêmes défauts que » le divin Fénelon laisse à son élève ; mais » ce sont peut-être moins des défauts que » l'absence de quelques qualités qui ne se » sont point encore développées en lui, ou » qui ont été repoussées dans son cœur par » les alentours méprisables qu'on lui a » donnés. Il a de Catherine une grandeur de » sentiments et une égalité d'humeur inal- » térable ; un esprit juste et pénétrant, et » une discrétion rare ; mais une retenue et » une circonspection qui n'est pas de son » âge, et qui serait de la dissimulation si » on ne devait point l'attribuer à la position » gênée où il s'est trouvé entre son père et » sa grand'mère, plutôt qu'à son cœur na- » turellement franc et ingénu. Il a de sa » mère la taille, la beauté, la douceur et la » bienfaisance. Mais aucun trait extérieur » ne le rapproche de son père, et il doit » d'ailleurs le craindre plus que l'aimer. » Paul, devinant les intentions de Catherine » en faveur de ce fils, a toujours eu de l'é- » loignement pour lui, et ne lui trouve ni » son caractère ni ses goûts ; car Alexandre » paraît se prêter par obéissance, plus que » par inclination, à ce que son père exige.
» Il est adoré du soldat, à cause de sa » bonté, admiré de l'officier, à cause de sa » raison ; il est le **médiateur entre l'autocrate** » et les malheureux qui, pour quelques riens, » ont provoqué la colère et la vengeance » impériale. Cet élève de La Harpe ne serait » pas grand-duc de Russie, qu'il inspirerait » de l'amour et de l'intérêt ; la nature l'a » doué très-richement des plus aimables qua- » lités, et celle d'héritier du plus vaste » empire du monde ne doit pas les rendre » indifférentes à l'humanité ; le ciel le des- » tine peut-être à rendre trente millions » d'esclaves plus libres et dignes de l'être. » Au reste, il est d'un caractère heureux, » mais passif. Il manque de hardiesse et de » confiance pour rechercher l'homme de mé- » rite, toujours modeste et retenu : il est à » craindre que le plus importun et le plus » effronté, qui est ordinairement le plus » ignare et le plus méchant, ne parviennent » à l'obséder. Se laissant trop aller aux im- » pulsions étrangères, il ne s'abandonne pas » assez à celles de sa raison et de son cœur. » Il sembla perdre l'envie de s'instruire en » perdant ses maîtres, et surtout le colonel » La Harpe. » A ce portrait, tracé au moment où Alexandre touchait environ à sa vingtième année, je vais opposer un autre portrait, tracé par une dame française, madame de Choiseul (1). Le fils de Paul a exercé une influence si prodigieuse sur le dix-neuvième siècle, que le lecteur ne peut que gagner en considérant ce prince sous les aspects les plus différents. Écoutons madame de Choiseul. « A l'époque, » dit-elle, « dont je parle, » Alexandre avait trente-cinq ans, mais il » paraissait infiniment plus jeune... Malgré » la régularité, l'éclat et la fraîcheur de son » teint, sa beauté frappait moins à la pre- » mière vue que cet air de bienveillance, qui » lui captivait tous les cœurs, et du premier » mouvement inspirait la confiance. Sa taille » noble, élevée et majestueuse, souvent » penchée avec grâce, comme la pose des » statues antiques, menaçait alors de prendre » de l'embonpoint ; mais il était parfaite- » ment bien fait. Il avait l'œil vif, spirituel » et couleur d'un ciel sans nuages ; sa vue » était un peu courte, mais il possédait le » sourire des yeux, si l'on peut appeler

(1) *Mémoires sur Alexandre*, page 75.

» ainsi l'expression de son regard bienveil-
» lant et doux ; son nez était droit et bien
» formé, sa bouche petite et remplie d'agré-
» ment ; le tour de sa figure arrondi, ainsi
» que son profil, rappelaient beaucoup celui de
» sa belle et auguste mère; son front chauve,
» mais qui donnait à sa figure quelque chose
» d'ouvert et de serein, ses cheveux d'un
» blond doré, arrangés avec soin, comme
» dans les belles têtes de camée ou de médail-
» les antiques, semblaient faits pour recevoir
» la triple couronne de lauriers, de myrte et
» d'olivier. Il y avait une infinité de nuances
» dans son ton et ses manières. S'il adressait
» la parole aux hommes d'un rang distingué,
» c'était avec beaucoup de dignité et d'affa-
» bilité en même temps ; aux personnes de
» sa suite, avec un air de bonté presque fa-
» milier ; aux femmes d'un certain âge,
» avec déférence ; aux jeunes personnes,
» avec infiniment de grâces, un air fin, sé-
» duisant, plein d'expression. Ce prince,
» dans sa première jeunesse, avait eu mal-
» heureusement l'ouïe frappée d'une forte
» décharge d'artillerie, il en avait toujours
» conservé l'oreille gauche un peu dure et
» se penchait à droite pour écouter... Aucun
» peintre, sans exception, n'est parvenu à
» saisir la ressemblance de ses traits, et sur-
» tout l'expression et la finesse de sa phy-
» sionomie. » Doué d'autant de séductions
en tout genre, relevées encore par le souvenir des cruautés fantastiques de Paul, l'avénement du nouveau monarque ravit tous les
cœurs. Il publia aussitôt un manifeste, dans
lequel il disait : « En montant sur le trône
» impérial, nous avons contracté l'obliga-
» tion de gouverner le peuple, confié à nos
» soins par la Providence, selon les lois et
» dans l'esprit de notre grand'-mère, de glo-
» rieuse mémoire, l'impératrice Catherine II,
» afin que, conformément à ses sages plans,
» nous puissions élever la Russie au plus
» haut degré de gloire, et assurer la prospé-
» rité durable de nos sujets. » Les nouvelles
mesures que prit le nouvel empereur annu-
lèrent les entraves mises par son père aux
actions les plus indifférentes de la vie. Chacun
put désormais s'habiller à son gré, porter
des chapeaux ronds. Il détruisit en outre la
chancellerie secrète, et les victimes du despotisme de Paul quittèrent les déserts de la
Sibérie pour rentrer dans leurs familles. La
censure devint moins rigoureuse, et les imprimeries furent rouvertes. Le sénat, naguère
instrument de servitude, put réformer les
décisions des ministres ; ces derniers eurent
à rendre compte de leurs actes. Alexandre
institua en outre une sorte de conseil législatif ou, si l'on aime mieux, une assemblée
consultative, lui apportant le tribut de ses
lumières ; enfin il renferma dans des bornes
légitimes l'autorité si étendue des gouverneurs militaires.

A tant de reformes utiles, et qui sous
ce règne si heureux convertirent la Russie en une sorte de monarchie tempérée,
Alexandre joignit la plus grande modération dans ses rapports avec les autres cabinets de l'Europe. Il leva d'abord l'embargo
mis par son père sur les vaisseaux anglais,
sans rompre d'ailleurs avec le cabinet des
Tuileries ; aussi Napoléon s'empressa de lui
envoyer le général Duroc, en qualité d'ambassadeur extraordinaire. Les hostilités entre
la France et la Russie avaient cessé depuis
long-temps, car Paul était devenu un admirateur fanatique du premier consul. Celui-ci
désirait ardemment conserver avec le fils les
relations de bienveillance que tout récemment il entretenait encore avec le père : un
traité de paix fut conclu le 8 octobre ; la
paix d'Amiens fut bientôt signée, enfin, la
France et la Turquie se réconcilièrent. Bref,
la paix générale régna en Europe, et les
Français devaient quitter Naples, les États
du pape et presque toutes les villes maritimes
de l'Italie.

Sur ces entrefaites, M. de Markof,
ambassadeur de Russie en France, fut chassé
par Bonaparte, comme s'étant livré à des
intrigues politiques, indignes du caractère
dont il était revêtu. Alexandre ne vit pas
dans cette mesure sévère une cause de rupture avec le gouvernement français ; il se
contenta seulement de donner un emploi honorable au diplomate malencontreux, et de
lui assigner une pension de douze mille roubles. Alexandre réunit alors la Géorgie
à l'empire ; déjà dans un ukase, *fort de la*

pureté de ses intentions (1), il s'était exprimé en ces termes : « Nous avons consenti
» à l'union de la Géorgie avec la Russie, non
» pour augmenter notre puissance, ni dans
» des vues intéressées, mais uniquement pour
» l'établissement de la justice, et pour la
» sécurité des personnes et des propriétés.
» Toutes les taxes payées par votre pays
» seront employées à votre propre usage et
» pour le rétablissement des villes et des
» villages détruits. Votre bonheur et votre
» prospérité seront pour nous la seule et la
» plus agréable des récompenses. »

La paix d'Amiens, conclue entre la France et l'Angleterre, n'avait aucune condition de durée. « Cette paix, » disait lord Grenville, alors chef de l'opposition dans le parlement, « cette paix avait été plus funeste à l'Angle-
» terre que n'aurait pu l'être la guerre la
» plus malheureuse. » Elle était défendue par le célèbre Fox; cependant la paix d'Amiens fut rompue par les Anglais, le 16 mai 1803. L'assassinat du duc d'Enghien, exécuté pendant la nuit dans les fossés de Vincennes, souleva toute l'Europe d'indignation. Alexandre adressa les représentations les plus vives au cabinet de Saint-Cloud; il l'accusa entre autres d'avoir violé un territoire neutre, car le prince avait été enlevé dans les États de l'électeur de Bade. C'était là « une trans-
» gression criminelle de la loi et du droit des
» nations. »

Ce n'est pas tout, M. de Klupfel adressa une note, le 7 mai, à la diète de Ratisbonne : « Cette
» violation du territoire, » disait ce ministre russe, « cette transgression criminelle
» de la loi et du droit des nations avait d'au-
» tant plus affecté sa majesté, qu'elle devait
» moins s'y attendre de la part d'une puissance
» qui, de concert avec la Russie (2), avait
» dirigé l'arrangement des affaires de l'Al-
» lemagne, et qui, par conséquent, s'était
» engagé à partager ses soins pour le bon-
» heur et la tranquillité de l'empire germa-
» nique. » M. d'Oubril, chargé d'affaires de la Russie à Paris, envoya à M. Talleyrand une note où se trouve le passage suivant :
« L'empereur Alexandre, comme médiateur
» et garant de la paix continentale, vient
» de notifier aux États de l'Empire qu'il con-
» sidère cette action comme mettant en dan-
» ger leur sûreté et leur indépendance. Il ne
» doute pas que le premier consul ne prenne
» de promptes mesures pour rassurer tous
» les gouvernements en donnant de satisfai-
» santes explications sur un événement que
» l'on peut considérer comme le sinistre
» présage des dangers qui menacent l'indé-
» pendance et le salut de chacun d'eux. »
Bonaparte, dans sa réponse, somme Alexandre de lui faire savoir à quel titre il réclame une satisfaction que n'invoquent pas les princes d'Allemagne, dont pas un seul n'a élevé la voix; de quel droit la Russie s'immisce-t-elle dans un événement qui lui est tout-à-fait étranger? Paul a succombé sous des sicaires achetés par l'or de la Grande Bretagne, la France a-t-elle argué d'un prétendu droit politique pour sonder les mystères qui ont entouré un aussi épouvantable crime? Eût-on fait arrêter les assassins du père d'Alexandre à deux lieues des frontières russes, le cabinet de Saint-Pétersbourg aurait-il souffert qu'on lui demandât des explications sur cette violation de territoire? La Russie argue du droit des nations; et pourquoi donc couvre-t-elle de sa protection les conspirateurs à Dresde, à Rome, à Paris? pourquoi son ambassadeur, M. de Markof, a-t-il tramé des complots contre la France à Paris même? La Russie a soif de la guerre, eh bien, pourquoi ne la déclare-t-elle pas tout haut? M. d'Oubril répliqua, le 1er juillet 1804, par une note ainsi conçue : « L'em-
» pereur, déjà affecté des calamités aux-
» quelles une grande partie de l'Europe est
» en proie, et des dangers qui menacent
» l'empire germanique, dont il doit soutenir
» les intérêts, l'empereur a invité les États
» et les princes à se réunir à lui pour pro-
» tester contre la violation de la loi des
» nations commise à Ettenheim, et en de-
» mander la réparation. Le gouvernement
» français, auquel cette déclaration a été
» communiquée, doit une réponse catégo-

---

(1) *Histoire de l'empereur Alexandre I*, par Rabbe, tome 1, page 55.
(2) Le cabinet de Saint-Pétersbourg était en effet intervenu dans cette circonstance d'une manière heureuse pour l'empire germanique.

» rique; sa note, au contraire, est évasive;
» elle offense à la fois la Russie, l'Empire et
» la France elle-même. Nous ne sommes plus
» dans ces temps de barbarie où chaque État
» considérait seulement son intérêt immé-
» diat; la politique moderne, fondée sur la
» loi des nations, a introduit certains prin-
» cipes applicables *à l'intérêt de la com-
» munauté des États.* La Russie ne cède
» point aux conseils de l'ennemi de la France;
» elle est émue par la triste situation à la-
» quelle le gouvernement français a réduit
» l'Europe. » A cette pièce, qui renfermait
en outre un grand nombre de reproches
contre l'ambition guerrière du gouvernement français, M. de Talleyrand répondit,
au nom de son maître, « que la France était
» prête à exécuter fidèlement les articles du
» traité sur lesquels la Russie appuyait ses
» réclamations; aussitôt que cette puissance
» remplirait l'engagement réciproque sti-
» pulé dans le même traité, de ne pas souffrir
» que les sujets respectifs entretinssent au-
» cune correspondance directe ou indirecte
» avec les ennemis de l'un des deux États,
» ou qu'ils propageassent des principes con-
» traires aux constitutions ou à la sûreté de
» leur pays, s'obligeant, dans ce cas, à les
» exporter au-delà des frontières, sans qu'ils
» pussent se couvrir de la protection du
» gouvernement. » M. d'Oubril, après avoir
adressé une réponse définitive, quitta la
France. De son côté, le général Hédouville,
ambassadeur français à Saint-Pétersbourg,
se mit en route le 8 juin 1804 pour revenir
à Paris. Cependant Bonaparte, devenu empereur des Français, engage de nouvelles négociations avec le cabinet de Saint-Pétersbourg,
auquel il adresse une nouvelle note dans laquelle il tient ce langage : « Voici les sen-
» timents qui animeront toujours l'empereur
» des Français : actuellement, comme dans
» tous les temps, il sera toujours disposé à
» renouer les anciennes relations avec la
» Russie; il serait heureux de voir renaître
» la bonne intelligence entre les deux em-
» pires, ce qui serait également avantageux
» aux deux souverains, à leurs États res-
» pectifs, et au repos de l'empire en gé-
» néral. »

Du jour où le cabinet de Saint-Pétersbourg rompit avec l'empereur Napoléon, il
dut, par une conséquence inévitable, se rapprocher de l'Angleterre et des puissances
continentales, qui tremblaient devant les
conquêtes sans cesse nouvelles du maître
de la France. Celui-ci avait tout récemment placé sur sa tête la couronne de fer
d'Italie, et il s'emparait de la république
ligurienne. « C'étaient là des mesures, »
selon Alexandre, « qui, loin de faciliter le
» rétablissement de la paix, étaient de nature
» à en détruire le principe. » Napoléon faisait répandre, de son côté, dans les journaux français « que, s'il exerçait une grande
» influence en Italie, l'empereur de Russie
» exerçait encore une plus grande influence
» sur la Porte ottomane et sur la Perse...
» . . . . On a partagé la Pologne,
» il a fallu que la France possédât la Belgi-
» que et la rive du Rhin; on s'est emparé
» de la Crimée, du Caucase, de l'embou-
» chure du Phase, etc., il faut que la France
» ait un équivalent en Europe : l'intérêt de
» sa propre conservation l'exige. Veut-on
» un congrès général? eh bien, que cha-
» que puissance mette à la disposition de
» ce congrès ce qu'elle a envahi depuis cin-
» quante ans; qu'on rétablisse la Polo-
» gne, qu'on rende Venise au sénat, la
» Trinité à l'Espagne, Ceylan à la Hollande,
» la Crimée à la Porte; qu'on renonce au
» Phase et au Bosphore, qu'on restitue le
» Caucase et la Georgie, qu'on laisse la Perse
» respirer après tant de malheurs, que l'em-
» pire des Marates et des Mysores soit réta-
» bli, ou ne soit plus l'exclusive propriété
» de l'Angleterre, la France alors pourra
» rentrer dans ses anciennes limites. » Ces
échanges de notes servaient à gagner du
temps; la guerre pouvait seule trancher de
pareils différends. En effet, une nouvelle
coalition s'était formée entre l'Autriche, la
Russie et l'Angleterre. En présence des
périls qui l'attendaient, Napoléon déploya
cette profondeur de vue, cette rapidité d'exécution qui lui assurèrent tant de fois la
victoire. M. Daru, qui vivait dans l'intimité
de l'empereur des Français, déclare « que, sans
» hésiter, sans s'arrêter, il dicta en entier le

» plan de la campagne d'*Austerlitz*, le
» départ de tous les corps d'armée, depuis
» le Hanovre et la Hollande jusqu'aux con-
» fins de l'ouest et du sud de la France;
» l'ordre des marches, leur durée, les lieux
» de convergence et de réunion des colon-
» nes; les surprises et les attaques de vive
» f rce, les mouvements divers de l'ennemi :
» tout fut prévu. Telles étaient la justesse et
» la vaste prévoyance de ce plan, que, sur
» une ligne de départ de deux cents lieues,
» des lignes d'opérations de trois cents lieues
» de longueur furent suivies d'après les in-
» dications primitives, jour par jour et lieue
» par lieue, jusqu'à Munich. »

Je ne retracerai point ici les merveilles de cette campagne où, dans l'espace de quinze jours, soixante mille prisonniers tombèrent entre les mains des Français. Alexandre, de son côté, traversait l'Allemagne pour se rendre auprès de son allié François II. Il s'arrêta auparavant à Berlin, puis à Postdam, où, cédant à son caractère, qui inclinait vers tout ce qui était romanesque, il jura, sur le tombeau du grand Frédéric, une amitié éternelle au roi et à la reine de Prusse, qui, de leur côté, prirent le même engagement. C'est à minuit que cette scène se passa. Enfin le czar se réunit, à Olmutz, à l'empereur d'Autriche, déjà éprouvé par de tristes revers. L'armée russe s'élevait en tout à soixante-dix mille hommes auxquels se joignirent trente mille Autrichiens, dernière ressource de François II dans cette campagne. C'est à Austerlitz, le 2 décembre 1805, que Napoléon rencontra les coalisés; une de ces grandes batailles, telle qu'il s'en donnait alors, suffit pour détruire complétement les Russes et les Autrichiens. Dans la nuit, le prince Jean de Lichtenstein vint solliciter un armistice de la générosité de Napoléon; François II se présenta lui-même au bivouac de l'homme que plus tard il devait appeler son gendre. « Je vous reçois, » dit Napoléon, « dans le seul palais que j'habite depuis deux » mois. — Vous savez si bien tirer parti de » cette habitation, » répondit l'empereur d'Autriche, « qu'elle doit vous plaire. » Napoléon consentit à un armistice, mais à la condition que les Russes quitteraient le territoire autrichien. Alexandre accéda à cet arrangement. L'empereur des Français envoya auprès du czar son aide-de-camp le général Savari, depuis duc de Rovigo. Introduit auprès d'Alexandre, ce dernier s'écria : « Dites à votre maître que je m'en » vais; qu'il a fait hier des miracles; que » cette journée a accru mon admiration pour » lui; que c'est un prédestiné du ciel; qu'il » faut à mon armée cent ans pour égaler la » sienne. Vous étiez numériquement infé- » rieurs à moi, et pourtant vous étiez en réa- » lité supérieurs sur tous les points d'attaque. » — Sire, » répondit Savari, « c'est l'art de » la guerre et le fruit de quinze ans de gloire; » c'est la quarantième bataille que donne » l'empereur. — Cela est vrai; c'est un » grand homme de guerre; pour moi, c'est » la première fois que je vois le feu. Je n'ai » jamais eu la prétention de me mesurer avec » lui. Je m'en vais donc dans ma capitale; » j'étais venu au secours de l'empereur d'Al- » lemagne; il m'a fait dire qu'il était con- » tent; je le suis aussi. » Le 8 décembre 1805, l'armée russe se retira; elle formait trois colonnes qui marchèrent vers la Silésie prussienne. Le grand duc Constantin et le prince Dolgorouki se présentèrent à Berlin pour offrir au roi de Prusse le concours de l'armée impériale. Mais la victoire d'Austerlitz avait répandu une telle épouvante, que Frédéric-Guillaume se garda bien d'accueillir une proposition qui était cependant la conséquence immédiate d'un traité. Une convention, signée à Vienne le 19 décembre, fit peser sur François II tous les désastres de la guerre. Ce prince abandonna à la France Venise, la Dalmatie et l'Albanie; ce n'est pas tout, une partie de son territoire servit encore à étendre la puissance des ducs de Bade et de Wurtemberg; l'électeur de Bavière prit aussi sa part dans les dépouilles. Il reçut en même temps de Napoléon le titre de roi, qui fut également accordé au prince de Wurtemberg. La Prusse, qui s'était tenue étrangère à la coalition, céda Bareuth, Anspach, Clèves et Neufchâtel à Napoléon. En retour, il lui fut permis de conquérir le Hanovre, possession du roi d'Angleterre.

Tandis que Napoléon dictait en maître

une obéissance muette en Allemagne, des troupes anglo-moscovites avaient débarqué à Naples. L'empereur des Français, déjà entraîné par le funeste projet d'assurer des trônes à tous ses frères, lança une proclamation dans laquelle se trouvaient ces mots : « La » dynastie de Naples a cessé de régner. » En effet, Joseph, à la tête d'une armée française, alla saisir une couronne qu'il devait plus tard échanger contre une autre. Le cabinet de Berlin répugnait à s'emparer du Hanovre ; c'était courir les chances d'une guerre avec les Anglais ; il aurait préféré rester maître des provinces allemandes qu'il venait de céder à la France, et qui, bientôt, furent données à Murat, devenu grand-duc de Berg. Dans la pensée de Frédéric-Guillaume, ce nouveau prince, beau-frère de Napoléon, devait être un surveillant incommode. Le cabinet de Berlin, resté allié de la France, se trouvait dans une position remplie de difficultés ; d'une autre part, Alexandre refusait d'accéder au traité ratifié par l'empereur François II ; de sorte que la Russie et la France demeuraient toujours ennemies. Cette dernière puissance faisait même de nouveaux préparatifs de guerre. S'il faut en croire Rabbe, écrivain haineux et passionné : « L'ardeur » sauvage qui avait jadis animé les soldats » russes contre les Français, républicains et » athées (1), se ranima parmi eux. Le génie » féroce de Souvarof sembla sortir de la » tombe de ce général pour conduire les dra-» peaux qu'il avait illustrés. Cet esprit, » cette nationalité brutale se manifestèrent » dans les nouveaux règlements qui furent » mis en vigueur pour les manœuvres des » troupes russes ; elles furent journellement » exercées à tirer à la cible, et, pour but, on » leur donnait la figure d'un soldat français » peinte sur une planche. Les hussards et les » cosaques, de leur côté, se formaient la » main à abattre les têtes de mannequins » bourrés de paille, et représentant des ca-» valiers français. L'exaltation et les cris » d'une joie stupide accueillaient l'adresse » de celui qui, parmi ses camarades, rem-» portait le prix dans ces combats un peu » trop facilement simulés. »

Le cabinet de Berlin, de son côté, avait envoyé le vieux duc de Brunswick à Saint-Pétersbourg pour se concerter avec l'empereur Alexandre. Malgré toutes les apparences de guerre, M. d'Oubril, ambassadeur russe, se présenta à Paris, muni de pouvoirs. Un traité de paix fut signé le 1er août 1806, mais Alexandre refusa de le ratifier. Un changement de ministres venait d'avoir lieu ; aussi M. d'Oubril, en quittant Paris, dit-il à l'ambassadeur anglais : « Je vais mettre aux pieds de l'empe-» reur mon ouvrage et ma tête. » Voici, au reste, les conditions de ce traité : « La ces-» sation de la guerre ; la remise des bouches » du Cataro aux troupes de l'empereur Na-» poléon, le rétablissement de la république » de Raguse sur ses anciennes bases, la re-» traite et l'amnistie des Monténégrins, la » garantie mutuelle des sept îles ; l'intégra-» lité de la Turquie se trouvait également » garantie (1). »

Frédéric-Guillaume, prince naturellement indécis, sentait toute l'amertume de la dépendance que, sous le titre d'allié, Napoléon lui imposait. Il voyait, d'une part, l'Allemagne asservie ; de l'autre, la campagne d'Austerlitz lui avait fait comprendre l'infériorité des troupes russes, lorsqu'elles se trouvaient en face d'une armée française habilement commandée. Cependant la poli-

(1) Les proclamations de Souvarof leur donnaient cette épithète, et d'autres encore plus grossières.
(*Note de Rabbe.*)

(1) Il paraîtrait que l'article 7 de ce traité aurait décidé M. d'Oubril à transgresser ou du moins à interpréter ses pouvoirs. Voici le texte de cet article : « Aussitôt qu'en vertu de la présente convention de paix, l'ordre aura été donné pour l'évacuation des bouches du Cataro, les troupes françaises, en faisant cesser toute occasion d'hostilités, se retireront de l'Allemagne. Sa majesté l'empereur Napoléon déclare que toutes ses troupes retourneront en France au plus tard dans trois mois, à dater de la signature du traité. » L'article 8 renferme une stipulation relative à l'état général de l'Europe ; ainsi les deux empereurs « se promettent d'employer leurs bons offices pour mettre fin à la guerre entre la Prusse et la Suède. » Enfin il est déclaré par l'article 9 « que l'empereur des Français accepte les bons offices de l'empereur de Russie pour le rétablissement de la paix maritime. »

tique conseillait au roi de Prusse de s'unir, avec Alexandre, au cabinet anglais : tant de forces réunies auraient formé un contrepoids à l'ambition de Bonaparte. Frédéric-Guillaume reculait donc sans cesse devant la conquête du Hanovre ; il avait même fait savoir aux ministres anglais que s'il se trouvait jamais réduit à entrer dans une province appartenant au roi de la Grande-Bretagne, il ne s'en considérerait que comme un dépositaire ; mais Napoléon, dont la volonté était impérieuse, dit au roi de Prusse : « Je vous » ai *donné* le Hanovre, il faut maintenant » que vous le preniez. Il faut surtout que » vous fermiez aux vaisseaux de l'Angleterre » les ports et l'embouchure des fleuves du » pays où vous voilà maître maintenant. »

Il entrait dans les desseins du dominateur de l'Europe que ses soldats, après avoir vaincu dans un pays, s'y maintiussent le plus long-temps possible : les troupes françaises, sous le prétexte de presser l'exécution du traité de Vienne, restaient en Allemagne. Napoléon, pour étendre sa main sur cette vaste partie de l'Europe, venait de décider tous les États du second rang de l'ancien empire germanique à se former en confédération, et à le reconnaître pour leur protecteur ; c'était là une mesure qui détruisait à sa base la puissance de la monarchie prussienne. Frédéric-Guillaume forma, de son côté, une contre-fédération dans le nord, signa des traités avec la Russie et la Suède, et envahit la Saxe. Napoléon lui ordonne de désarmer, le roi de Prusse lui envoie en retour l'ultimatum suivant : « 1° Les troupes françaises repasseront le » Rhin ; 2° Napoléon n'opposera aucun » obstacle à la ligue du Nord ; 3° Une né» gociation sera ouverte pour examiner et » débattre les divers points en contesta» tion. » La reine, pleine de jeunesse, de beauté et d'enthousiasme, appelle la guerre ; le prince Louis, la cour entière, l'armée et toutes les classes crient aux armes : Frédéric-Guillaume cède à cet entraînement général. Napoléon est prêt ; il dit à Clarke, sou ministre de la guerre : « Dans trois ou » quatre jours nous donnerons une bataille » que je gagnerai ; elle me portera au moins » à l'Elbe, peut-être à la Vistule. Là je don» nerai une seconde bataille que je gagnerai » de même. Clarke, dans un mois vous serez » gouverneur de Berlin. » La bataille d'Iéna, où se rencontrèrent les Français et les Prussiens, le 14 octobre 1806, étendit encore la grandeur militaire de l'empereur des Français. Les soldats formés par le grand Frédéric furent défaits avec une rapidité dont l'histoire offre peu d'exemples : quarante mille Prussiens tués, blessés ou prisonniers ; deux cent soixante canons furent les trophées de cette immortelle victoire. Le duc de Brunswick, général en chef, vieillard âgé de soixante-dix ans, reçut une blessure mortelle ; le prince Louis de Prusse fut tué ; enfin vingt-six généraux tombèrent entre les mains des Français. « De toutes les défaites qui ont » eu lieu depuis 1792 jusqu'à la pacification » définitive de 1815, la défaite d'Iéna est » celle qui aura laissé le moins d'honneur » aux vaincus. La fuite y est aussi rapide » et aussi générale qu'à Héliopolis ; et, » certes, la présomption des pachas turcs n'a » point surpassé celle des généraux prus» siens, qui se sont présumés grands capi» taines après avoir cité Frédéric II, le seul » héros de la monarchie. Le duc de Bruns» wick, qui, à soixante-douze ans, vient se » mesurer avec un guerrier dans toute sa » force active, est pour nous ce que fut le » vieux Pompée chez les Romains, un exem» ple frappant des illusions d'une ancienne » renommée. La timidité des deux vieillards, » en présence de leurs jeunes adversaires, a » décidé les journées de Pharsale et d'Ié» na (1). »

En résumé, la Prusse vit s'évanouir, dans l'espace de quelques jours, une armée de deux cent quarante mille soldats, et de toutes ses provinces, la Silésie seule lui resta. A la fin de cette rapide et glorieuse campagne, Napoléon possédait tout l'Allemagne septentrionale, si l'on en excepte Kœnigsberg et les forteresses de Straslund et de Colberg. Que de motifs pour déterminer Alexandre à venir au secours d'un allié dont la ruine entière était si imminente !

(1) Revue chronologique de l'histoire de France

mais les armées russes s'étaient retirées derrière la Vistule. Rien n'arrête Napoléon : ses soldats franchissent ce fleuve, et les Russes sont vaincus à Czarnovo, à Mohrungen, à Pultusk, à Golymin. Enfin la rigueur de la saison est telle, qu'un armistice s'établit tacitement dans le mois de janvier 1807 pour finir dans les premiers jours de février. Le 8 du même mois, les hostilités recommencèrent par la célèbre bataille d'Eylau. Les Russes, sous le commandement de Bennigsen, firent des prodiges de valeur. Ils étaient au nombre de quatre-vingt mille combattants; Napoléon n'avait sous ses ordres que soixante mille Français, et il resta vainqueur. La neige tomba à flocons si épais, que les deux armées combattirent au hasard pendant près d'une heure, des colonnes, des divisions s'égarèrent. La victoire, à diverses reprises, parut passer d'un camp dans un autre; cependant les maréchaux Ney et Davout, un instant égarés, assurèrent le triomphe des Français, auxquels le champ de bataille resta. « Il était horrible à voir : des lignes entières d'infanterie n'offraient plus qu'une » traînée de cadavres couverts de neige. Dix » mille hommes y avaient péri, trente mille » avaient été blessés; mais la perte des » Russes était plus considérable; et, malgré » les chants de victoire qu'ils firent entendre » en entrant dans Kœnigsberg, la perte de » seize drapeaux et de soixante-trois pièces » de canon était un témoignage irrécusable » de leur défaite (1). » Enfin une dernière bataille fut livrée le 14 juin. « C'est un anniversaire de bonheur, » s'écria Napoléon, « c'est l'anniversaire de Marengo ! » De part et d'autre on se battit à Friedland avec le courage du désespoir; mais Napoléon resta encore, cette fois, vainqueur. Kœnigsberg, Neisse, Glatz et Kosel ouvrirent leurs portes; les Russes battirent en retraite derrière le Niémen et demandèrent la paix. Un pavillon fut construit au milieu du fleuve, à Tilsitt; pavillon témoin de la célèbre entrevue des deux monarques. Des conférences eurent lieu ensuite dans la ville, et l'harmonie la plus parfaite régna bientôt entre Alexandre et Napoléon. Écoutons ce dernier : « La plus entière intimité s'établit » entre eux deux; c'étaient deux jeunes gens » de bonne compagnie, dont les plaisirs » n'auraient eu rien de caché l'un pour » l'autre. »

Alexandre eut dans les conférences de Tilsitt, qui durèrent en tout vingt jours, un double rôle à remplir. Il avait d'abord sa propre cause à plaider, car il était vaincu; d'un autre côté, il devait se montrer le défenseur de son allié, Frédéric-Guillaume. Ce dernier vint à Tilsitt, accompagné de la reine son épouse. Napoléon a fait depuis l'aveu que le roi de Prusse s'était présenté trop tard; il aurait dû accourir au commencement des conférences, ou, pour mieux dire, sa noble compagne aurait dû seule lui servir d'ambassadrice; mais l'empereur des Français s'est fait illusion à lui-même. Quoique la reine de Prusse fût remplie de grâce, d'esprit et de beauté, elle n'aurait pu séduire un homme dont toutes les pensées se rapportaient à des conquêtes. Alexandre, qui se trouvait dans une position particulière, obtint des conditions favorables, non-seulement pour la Russie, mais encore pour la Prusse. En effet, Napoléon avait senti que l'empire français ne pouvait s'étendre au monde entier, il en faisait deux parts; la meilleure, qui comprenait le monde civilisé, il se l'adjugeait; l'autre il consentait à la laisser à son rival Alexandre. Au milieu de projets déjà si vastes, son génie gigantesque entrevoyait la possibilité d'aller vaincre un jour les Anglais au sein de leurs possessions orientales. En réalité, la paix de Tilsitt était une de ces pauses que de temps à autre l'illustre guerrier devait subir; il n'imposa donc aucun sacrifice au petit-fils de la grande Catherine. Celui-ci échangea seulement la seigneurie de Jever, dans l'Ost-Frise, contre l'acquisition du cercle de Byalystok, dans la Pologne prussienne. Si l'empereur de Russie reconnaissait les rois de Naples, de Hollande et de Westphalie, frères de Napoléon, en retour ce dernier rendait aux ducs de Saxe-Cobourg, d'Oldenbourg et de Mecklenbourg-Schwerin, leurs anciennes possessions.

---

(1) Viennet, Bataille d'Eylau. *Dictionnaire de la Conversation*, cinquante-unième livraison, page 145.

Enfin, la Russie devait évacuer la Moldavie et la Valachie ; mais les Turcs n'occuperaient ces deux principautés qu'après un traité de paix définitif. Ce n'est pas tout, le cabinet de Saint-Pétersbourg s'engageait à accéder au système de blocus continental, créé par Bonaparte, et qui, dans le nord de l'Europe, a soulevé contre lui tant de haine. Quant au roi de Prusse, Napoléon lui rendit la moitié de ses États. Les deux empereurs se quittèrent, en se prodiguant les marques de l'amitié la plus vive, et lorsqu'il rentra dans Saint-Pétersbourg, Alexandre recueillit les acclamations générales. Il est vrai que cinq ans à peine écoulés, les deux empereurs devaient se rencontrer encore sur les champs de bataille ; non pas que la modération de l'empereur des Français, ni la bonne foi d'Alexandre puissent être attaquées dans cette mémorable occasion ; mais le traité de Tilsitt renfermait des stipulations telles, par exemple, que celle-ci : l'accession de la Russie au blocus continental, dont on ne pouvait ni prévoir ni calculer toutes les conséquences ; il faut le dire ensuite, rien n'était plus contre nature que l'alliance du cabinet de Saint-Pétersbourg avec celui de Saint-Cloud. La Russie seule n'était pas assez puissante pour tenir en arrêt l'empire français, elle devait se borner à servir de contre-poids : sous ce rapport elle était l'alliée obligée de l'Angleterre. A ce premier motif, M. de Boutourlin, écrivain russe et auteur de l'*Histoire de la campagne de* 1812, en ajoute d'autres.

« Le traité de Tilsitt plongea l'Europe dans
» la stupeur et l'effroi, et il est aisé de voir
» que cette paix ne présentait aucune des
» garanties que l'on devrait retrouver dans
» les transactions de ce genre. L'érection du
» duché de Varsovie était une mesure évidemment hostile contre la Russie, et l'affectation que Napoléon mit à en conférer
» la souveraineté au roi de Saxe, qui descendait des anciens rois de Pologne, dénotait
» encore plus le projet d'inspirer aux Polonais des espérances, dont la réalisation
» ne pouvait qu'être préjudiciable à la
» Russie, qu'elle menaçait de la perte de provinces réunies depuis plus de quatorze ans
» à son empire. L'empereur Alexandre ne
» pouvait méconnaître l'esprit de ces dispositions, mais les circonstances malheureuses où se trouvait l'Europe lui prescrivaient
» d'éloigner la guerre à tout prix. Il s'agissait surtout de gagner le temps nécessaire
» pour se préparer à soutenir convenablement la lutte, que l'on savait bien être
» dans le cas de se renouveler un jour. »
Ainsi, M. de Boutourdin confirme ce que j'ai dit précédemment, savoir, que la paix de Tilsitt n'était qu'une pause.

Quoi qu'il en soit, Alexandre en exécuta la condition la plus rigoureuse avec loyauté. Ainsi, des régiments russes furent envoyés sur les côtes de la Baltique, pour les protéger contre l'aggression des Anglais. Ceux-ci, livrés à leurs propres forces, redoublèrent d'énergie [1807] ; ils réussirent à faire déclarer la guerre à la France par le roi de Suède. L'imprudent monarque fut bientôt dépouillé de Straslund, de l'île de Rugen, et évacua la Poméranie. Les Anglais, d'un autre côté, eurent à peine connaissance du traité de Tilsitt, qu'ils bombardèrent Copenhague et s'emparèrent de la flotte danoise. Ce fut un cri d'indignation qui retentit dans toute l'Europe. Le cabinet de Saint-James avait atteint son but ; le roi de Danemarck allait devenir l'allié de Napoléon, il importait de lui ravir ses vaisseaux, qui tôt ou tard devaient être armés contre la Grande-Bretagne. Alexandre rompit avec l'Angleterre, et publia une déclaration qui appartient à l'histoire.

« Plus l'empereur, » disait Alexandre, « attachait de prix à l'amitié de Sa Majesté britannique, plus il a dû voir avec regret que
» ce monarque s'en éloignât tout-à-fait. Deux
» fois l'empereur a pris les armes dans une
» cause où l'intérêt le plus direct était celui
» de l'Angleterre. Il a sollicité en vain
» qu'elle coopérât au gré de son propre intérêt ; il ne lui demandait pas de joindre ses
» troupes aux siennes, il désirait qu'elle fît
» une diversion, il s'étonnait de ce que dans
» sa propre cause elle n'agissait pas de son
» côté. Mais, froide spectatrice du sanglant
» théâtre de la guerre qui s'était allumée à
» son gré, elle envoyait des troupes attaquer
» Buenos-Ayres. Une partie de ses armées,

Iglesia de Troitzkoy sobre el canal Fontanka en San Petersburgo.

» qui paraissaient destinées à faire une di-
» version en Italie, quitta finalement la
» Sicile, où elles s'étaient assemblées. On
» avait lieu de croire que c'était pour se
» porter sur les côtes de Naples, l'on apprit
» qu'elles s'étaient occupées de s'approprier
» l'Égypte. Mais ce qui toucha sensiblement
» le cœur de S. M. I. c'était de voir que,
» contre la foi et la parole expresse et précise
» des traités, l'Angleterre tourmentait sur
» mer le commerce de ses sujets; et à quelle
» époque? Lorsque le sang des Russes se
» versait dans les combats glorieux, qui re-
» tenaient et fixaient contre les armées de
» S. M. I. toutes les forces militaires de
» sa majesté l'empereur des Français, avec
» qui l'Angleterre était et est encore en
» guerre! Lorsque les deux empereurs firent
» la paix, S. M. I., malgré ses justes griefs
» contre l'Angleterre, ne renonça pas encore
» à lui rendre service : elle stipula, dans le
» traité même, qu'elle se constituerait mé-
» diatrice entre elle et la France; ensuite elle
» fit l'offre de sa médiation au roi de la
» Grande-Bretagne; elle le prévint que c'é-
» tait afin de lui obtenir des conditions ho-
» norables. Mais le ministère britannique,
» apparemment fidèle à ce plan qui devait
» relâcher et rompre les liens de la Russie
» et de l'Angleterre, rejeta la médiation.
» La paix de la Russie avec la France devait
» préparer la paix générale; alors l'Angle-
» terre quitta subitement cette léthargie
» apparente à laquelle elle s'était livrée,
» mais ce fut pour jeter dans le nord de
» l'Europe de nouveaux brandons, qui de-
» vaient ranimer et alimenter les feux de
» la guerre, qu'elle ne désirait pas de voir
» s'éteindre. Ses flottes, ses troupes parurent
» sur les côtes du Danemarck, pour y exécu-
» ter un acte de violence, dont l'histoire, si
» fertile en exemples, n'en offre pas un
» seul pareil. Une puissance tranquille et
» modérée, qui par une longue et inalté-
» rable sagesse, avait obtenu dans le cercle
» des monarchies une dignité morale, se
» voit saisie, traitée comme si elle tramait
» sourdement des complots, comme si elle
» méditait la ruine de l'Angleterre, le tout
» pour justifier sa totale et prompte spolia-
» tion. L'empereur, blessé en sa dignité,
» dans l'intérêt de ses peuples, dans ses en-
» gagements avec les cours du Nord, par cet
» acte de violence commis dans la mer Bal-
» tique, qui est une mer fermée, dont la
» tranquillité avait été depuis long-temps,
» et au su du cabinet de Saint-James, réci-
» proquement garantie par les puissances
» riveraines, ne dissimula pas son ressenti-
» ment à l'Angleterre, et la fit avertir qu'il
» n'y resterait pas insensible. S. M. ne prévit
» pas que lorsque l'Angleterre, ayant usé
» ses forces avec succès, touchait au moment
» d'enlever sa proie, elle ferait un nouvel
» outrage au Danemarck, et que S. M. de-
» vait le partager. De nouvelles propositions
» furent faites, les unes plus insidieuses que
» les autres, qui devaient rattacher à la
» puissance britannique le Danemarck, sou-
» mis, dégradé et comme applaudissant à ce
» qui venait de lui arriver. L'empereur pré-
» vit encore moins qu'on lui ferait l'offre de
» garantir cette soumission, et de répondre
» que cette violence n'aurait aucune suite
» fâcheuse pour l'Angleterre. Son ambas-
» sadeur crut qu'il était possible de propo-
» ser au ministère de l'empereur que S. M. I.
» se chargeât de se faire l'apologiste et le
» soutien de ce qu'elle avait si hautement
» blâmé. L'empereur ne donna à cette dé-
» marche du cabinet de Saint-James d'au-
» tre attention que celle qu'elle méritait,
» et jugea qu'il était temps de mettre des
» bornes à sa modération. Le prince royal
» de Danemarck, doué d'un caractère plein
» d'énergie et de noblesse, et ayant reçu de
» la Providence une dignité d'âme analogue
» à la dignité de son rang, avait fait avertir
» l'empereur que, justement outré contre ce
» qui venait de se passer à Copenhague, il
» n'en avait pas ratifié la convention et la
» regardait comme non avenue. Maintenant
» il vient de faire instruire S. M. I. des
» nouvelles propositions qu'on lui a faites,
» et qui irritaient sa résistance au lieu de
» la calmer, parce qu'elles tendaient à im-
» primer sur ses actions le cachet de l'avilis-
» sement dont elles ne porteront jamais
» l'empreinte. L'empereur, touché de la con-
» fiance que le prince royal plaçait en lui,

» ayant considéré ses propres griefs contre
» l'Angleterre, ayant mûrement examiné les
» engagements qu'il avait avec les puissances
» du Nord, engagement pris par l'impéra-
» trice Catherine et par feu S. M. l'empe-
» reur, tous deux de glorieuse mémoire,
» s'est décidé à les remplir. *S. M. I. rompt
» toute communication avec l'Angle-
» terre ; elle rappelle toute la légation
» qu'elle y avait, et ne veut pas conser-
» ver près d'elle celle de S. M. britan-
» nique. Il n'y aura dorénavant entre
» les deux pays aucun rapport.* »

Cette proclamation, dont j'ai rapporté seulement la partie essentielle, prouve l'influence que Napoléon exerçait à cette époque sur l'empereur de Russie, dont il avait fasciné la raison ; car, je ne saurais trop le répéter, l'intérêt russe et l'intérêt anglais étaient identiques. c'est ce que le temps démontra d'une manière incontestable. Mais, en attendant, Alexandre mit un embargo sur les vaisseaux anglais, la Prusse suivit le même exemple, Frédéric-Guillaume était désormais condamné à une obéissance muette. Tandis que Napoléon, par le traité de Tilsitt, tenait en bride le nord de l'Europe, il cherchait à s'étendre dans le midi ; car il s'était imposé un plan de politique qui le forçait à combattre et à vaincre sans cesse N'avait-il plus les armes à la main, ses agents nouaient des intrigues ténébreuses, et, quand le moment était venu, de nouvelles usurpations étaient commises. C'est ainsi que Joseph Napoléon passa du trône de Naples sur celui d'Espagne, que le Portugal fut occupé par des troupes françaises, et que Rome se trouva réunie à l'empire. Ici, pour mieux faire comprendre le développement des desseins gigantesques de Napoléon, je ne m'assujettis pas à l'ordre chronologique ; je veux seulement expliquer comment la Russie se trouva réduite à renoncer au traité de Tilsitt, qui lui commandait de si cruels sacrifices. Il devenait inexécutable, d'abord relativement aux Russes, dont il ruinait le commerce, car ceux-ci ne pouvaient s'enrichir qu'avec les Anglais ; d'une autre part, Napoléon, à l'ombre de ce même traité de Tilsitt, ne refusait plus rien à son ambition. Chose remarquable, Alexandre, en faisant exécuter loyalement le blocus continental, n'était plus qu'une sorte de lieutenant de Bonaparte ; ainsi le petit-fils de Catherine déclara la guerre au roi de Suède, parce que ce dernier ne voulait pas fermer ses ports aux Anglais. Alexandre, il est vrai, argumentait de traités antérieurs (1), et en vertu desquels la Baltique devait être fermée aux hostilités des autres puissances. Le roi de Suède, de son côté, répondit qu'il ne fallait pas songer à maintenir cette neutralité tant que la domination française, qui s'étendait sur le continent, resterait maîtresse des côtes méridionales de la mer Baltique ; il pressait donc l'empereur à inviter son allié Napoléon de faire retirer ses troupes de l'Allemagne. Alexandre apprit, sur ces entrefaites, que le monarque suédois allait signer un traité de subside avec l'Angleterre ; ne reculant pas devant le rôle de lieutenant de Bonaparte, il fit entrer des troupes, le 21 février 1808, dans la Finlande, où elles pénétrèrent sur trois points, Abersfors, Kieslig et Aniala. Les soldats de Gustave opposèrent la résistance la plus énergique à une aggression que rien ne pouvait justifier. Buxhovden, général en chef de l'armée russe, voulant isoler le roi de Suède de son peuple, adressa aux Finois la proclamation suivante : « *Bons voisins*, mon très-gracieux
» maître se voit forcé d'envoyer dans votre
» pays les troupes sous mes ordres ; mais sa
» majesté le roi de Suède, en s'éloignant de
» plus en plus de l'heureuse alliance des deux
» plus puissants empires du monde, resserre
» ses liaisons avec l'ennemi commun (2),
» dont le système oppressif et la conduite
» inouïe envers les alliés les plus intimes de
» la Russie et de la Suède même ne peuvent
» être vus de sang-froid par sa majesté im-
» périale. Ces motifs, ainsi que les soins que
» sa majesté impériale doit à la sûreté de ses
» propres États, l'obligent à *placer votre
» pays sous sa protection et à en prendre
» possession*, afin de se procurer, par ce
» moyen, une garantie suffisante, dans le cas

---

(1) Traités de 1780 et de 1800.
(2) Les Anglais.

»où sa majesté suédoise persévérerait dans la »résolution de ne pas accepter les équita»bles conditions qui lui ont été proposées »par sa majesté l'empereur des Français, »sous la médiation de sa majesté russe, dont »les efforts ont été et sont encore dirigés vers le »rétablissement d'une heureuse paix. *Bons »voisins et braves Finois*, restez sans in»quiétude et sans crainte dans vos demeures. »Nous ne venons point comme ennemis; »nous venons comme des amis, *des protec»teurs*, pour assurer votre propre bonheur, »et dans l'intention d'éloigner de votre pays »les maux de la guerre, dont vous seriez de»venus les victimes. Ne vous laissez point »engager à prendre les armes, ou à nuire, »de quelque manière que ce soit, aux troupes »que sa majesté impériale m'a confiées. Toute »personne qui manquera à ces ordres n'aura »qu'à s'attribuer les suites de sa désobéis»sance. Comme cependant il pourrait y avoir »des circonstances qui exigeraient des réso»lutions unanimes et des délibérations diri»gées par une confiance réciproque, vous »êtes invités par la présente à nommer et à »envoyer à Abo vos députés provinciaux, »dans l'ordre constitutionnel établi par vos »diètes, afin que ces députés y délibèrent sur »ce qui pourra dans la suite se faire pour le »bien du pays. Ainsi, dans ce moment et jus»qu'à nouvel ordre, le grand duché de Fin»lande sera *considéré comme les autres »provinces conquises par la Russie*, et »qui, sous le doux gouvernement de sa ma»jesté impériale et de ses prédécesseurs, »jouissent de la plus heureuse tranquillité. »Le libre exercice du culte, et tous les pri»viléges que les Finois possèdent depuis »un temps immémorial, leur sont conservés »avec tout ce qui en dépend. »

Une pareille proclamation ne peut se justifier; elle est contraire aux premiers éléments de l'ordre; elle est destructive de toute civilisation; elle est surtout contraire à la vérité. Comment les Russes, qui, comme peuple, ne possèdent aucune garantie, et qui vivent soumis à une obéissance qui n'admet jamais de réplique; comment les Russes, auxquels les droits de citoyen sont refusés, puisqu'ils n'interviennent pas dans la gestion des affaires publiques, peuvent-ils s'engager à conserver intactes les libertés d'un peuple qu'ils veulent contraindre à recevoir leur joug? Évidemment il y a tromperie. Sans doute le caractère de l'empereur Alexandre pouvait rassurer les Finois; mais, sous les gouvernements absolus, il n'y a ni corps intermédiaires ni traditions; la volonté du prince est la souveraineté en action. Les promesses d'Alexandre ne liaient donc pas son successeur; alors un piége était tendu aux Finois. Encore si cette nation constituée dans un état de révolte eût appelé à son secours l'intervention du cabinet de Saint-Pétersbourg, on comprendrait, non pas la légitimité, mais l'opportunité d'une proclamation semblable à celle du général Buxhovden! En effet, s'il suffisait à quelques brouillons de faire un appel à la révolte pour qu'un prince voisin accourût à leur voix, c'en serait fait de l'ordre général en l'Europe; les rois ne pourraient plus commander, puisqu'au plus léger caprice les peuples opposeraient une résistance fortifiée de l'appui de l'étranger. Il y a des principes qui doivent élever les cabinets au-dessus de tous les intérêts, et la conduite de la Russie, dans cette circonstance, fut coupable, fut criminelle. Dans un sens, un gouvernement est comme un homme; il a besoin de moralité pour inspirer de la confiance. Le partage de la Pologne est une tache que le succès n'a pas effacée: recourir deux fois, dans l'espace d'un demi-siècle, à de pareils moyens, c'est jouer l'avenir contre quelques avantages du présent. Au reste, comme si cette proclamation n'était pas déjà assez blâmable, Buxhovden en adressa une autre à l'armée finoise. Je la citerai comme une des grandes infamies politiques du siècle. « Sol»dats, c'est avec affliction que mon très»gracieux empereur se voit forcé malgré lui »à faire entrer ses troupes en Finlande. Cette »démarche n'a d'autre objet qu'une protec»tion puissante et la conservation de la paix »et de la tranquillité, ainsi que le bien-être »des Finois. Pour exécuter cette mesure *équi*»*table*, sa majesté impériale a ordonné à ses »troupes de ne pas tirer les premières, à moins »qu'oubliant votre *liberté* et dédaignant la

»tranquillité, vous ne recommenciez les hosti-
»lités. A notre grand déplaisir, vous l'avez
»déjà fait. Nous renouvelons à la nation
»finoise ces ordres de sa majesté impériale
»en vous assurant de sa bienveillance sincère
»et véritable, et en vous donnant de nou-
»veau la garantie que vous avez part aux
»bontés de sa majesté impériale. *Bons Fi-
»nois*, que le sort a placés dans les rangs de
»l'armée suédoise, vous êtes à plaindre; vous
»quittez vos foyers et vos parents, et allez à
»la mort pour une cause injuste. Soldats,
»mon très-gracieux maître m'a ordonné de
»promettre à chacun de vous qui posera vo-
»lontairement les armes, qu'il aura la liberté
»de retourner chez lui, et que, de plus, on
»lui paiera *deux roubles par fusil, un
»rouble par sabre ou toute autre arme,
»et six roubles par cheval qu'il amènera.*
»Qui de vous aimerait assez peu le repos,
»pour ne pas se hâter, en supposant tout
»appel injuste à la guerre, de se préparer
»une vie heureuse et tranquille, sous la pro-
»tection de mon très-gracieux empereur? »

C'était le représentant armé de l'autocrate de Russie qui osait lancer de pareilles proclamations contre un monarque beau-frère du czar! Il ne faut pas beaucoup d'exemples pareils pour dégrader la majesté souveraine. Alexandre venait de fouler aux pieds toutes les règles de la civilisation; il était entré dans une route où le roi de Suède devait infailliblement le suivre. En effet, ce dernier fit arrêter l'ambassadeur russe, M. d'Alopeus, et encore celui-ci avait-il tenté de corrompre un général suédois; la mesure prise contre son envoyé inspira au cabinet de Saint-Pétersbourg une indignation factice. Gustave IV, sentant la nécessité d'en appeler à l'opinion publique, publia à son tour un manifeste qui, il faut le dire, forme un contraste véritable avec les proclamations de Buxhovden. « A une
»époque, » dit le roi de Suède, « où le sort
»des princes et des États opprimés parais-
»sait toucher la Russie, lorsqu'elle com-
»mença à appréhender les dangers qui me-
»naçaient toute l'Europe, sa majesté fut
»entraînée par les mêmes sentiments à une
»alliance qui se fondait sur la confiance
»qu'elle mettait dans un voisin son ami,
»souverain indépendant. Sa majesté ayant
»formé d'autres liaisons utiles pour le bien
»général, elle se trouvait dans le cas de ré-
»clamer de la France l'exécution d'engage-
»ments formels, et non remplis; elle était
»investie de la puissance de soutenir ses
»droits et ceux de chacun. A cette époque,
»le roi s'allia avec la Russie; maintenant il
»est attaqué par cette puissance pour avoir
»été son allié. Si jamais un souverain s'est
»trouvé dans une position qui lui permît
»d'espérer que les alliances qu'il avait con-
»tractées seraient inviolables, le roi a été
»dans ce cas. L'empereur avait été person-
»nellement offensé par le refus opiniâtre de
»la France de remplir un traité conclu et
»signé, ainsi que par le peu d'égard qu'on
»lui avait montré en plusieurs occasions. La
»nation russe était indignée de se voir pu-
»bliquement traitée comme une horde de sau-
»vages et de barbares; en un mot, tout ce qui
»doit être sacré aux yeux des gouvernements se
»réunissait pour le soutien de la cause com-
»mune. Qui aurait osé ne pas regarder
»comme irrévocable ce que l'empereur avait
»déclaré, savoir, qu'il refuserait toute pro-
»position de paix, quelque avantageuse
»qu'elle fût pour lui, si elle n'était pas con-
»ciliable avec l'honneur du nom russe, la
»sûreté de la patrie, la sainteté des alliances
»et le repos général de l'Europe. Des vues
»si grandes et si justes ont-elles été remplies
»par la paix de Tilsitt? La génération pré-
»sente a déjà prononcé sur cette question,
»et la postérité sera encore mieux à même
»d'en juger..... Le roi avait exactement
»rempli ses obligations envers la Russie...;
»il avait soutenu par ses vaisseaux de guerre
»les entreprises de l'armée russe, il avait
»ouvert ses arsenaux à l'empereur, il avait
»rejeté les offres secrètes qu'au moment où les
»frontières et la capitale de la Russie étaient
»dégarnies, la France lui avait fait faire.
»Entre autres, elles renfermaient l'assurance
»de lui procurer, dans le cas où il romprait
»avec la Russie, les provinces perdues par
»Charles XII, avec telle frontière que la
»Suède pourrait souhaiter. Sa majesté se
»regarde comme au-dessus de tout éloge qui
»lui serait décerné pour avoir résisté à une

» tentation si immorale, mais elle s'attend
» que la violence que la même puissance
» traitée si amicalement exerce maintenant
» contre ses États sera jugée avec la sévérité
» qu'elle mérite. »

A défaut de bonnes raisons, le cabinet de Saint-Pétersbourg déclara que toute la partie déjà conquise de la Finlande serait réunie à l'empire russe : *la raison du plus fort est toujours la meilleure*. Bientôt la Finlande entière passa sous le joug moscovite ; Gustave IV, de son côté, déclara la guerre au roi de Danemarck, qu'il dépouilla de la Norwége. Ainsi ce prince pacifique, et dont l'étude principale était de se tenir étranger aux affaires générales de l'Europe, éprouva tout le poids des revers qui aurait dû tomber sur les puissances belligérantes ; car, en combattant, elles s'exposaient à de pareilles chances. Le roi de Danemarck perdit sa flotte, eut sa capitale bombardée pendant trois jours, et se vit ravir la Norwége. Le jour de la justice ne s'est pas encore levé ; l'empire moscovite possède la Finlande, et la Suède garde la Norwége. En résumé, la Russie ajoutait encore à ses accroissements, et, à partir de cette époque, elle va devenir de plus en plus formidable. Aussi, suivant Rabbe, « on peut considérer » comme l'une des plus grandes fautes politiques de Napoléon d'avoir souffert que la » Russie se rendît maîtresse de la Norwége, » ce formidable boulevard du nord ; mais la » Russie lui permettait en même temps de » détrôner le roi d'Espagne, et de placer la » couronne de ce royaume sur la tête de son » frère Joseph. » Au milieu de tant d'avantages, Alexandre éprouva un léger échec ; une de ses flottes, composée de dix vaisseaux de guerre, côtoyait les rives du Portugal pour contraindre, d'accord avec la France, la maison de Bragance à se déclarer contre la Grande-Bretagne ; l'amiral anglais Cotton s'en empara.

La fortune de l'empereur des Français était parvenue à son apogée ; le pied de ses soldats foulait le territoire du saint siége, tandis que les aigles, emblèmes de sa gloire, ralliaient des bataillons nombreux en Espagne. Mais cette puissance, si loin de toucher à ces derniers développements que leur prêtait l'ambition du parvenu des camps, était déjà blessée au cœur. Cet homme extraordinaire, qui, dans ses confidences à Sainte-Hélène, se déclare le restaurateur de la royauté, traitait les rois et les princes avec un souverain mépris, comme si l'homme pouvait être séparé de la dignité qu'il possède : d'un mot il exilait les monarques de leurs États. Il exige que le pape vienne le sacrer à Paris ; il fait envahir ses États, et veut lui ravir les légations d'Ancône, d'Urbain, de Macerata et de Camerino. Le souverain pontife rappelle de Paris son légat ; alors Napoléon déclare que refuser d'entrer dans ses vues relativement à l'Italie, qui doit former, par l'union la plus compacte de toutes ses parties, une ligue défensive contre les ennemis de la France, c'est déclarer la guerre à l'empereur. Or, le premier résultat de la guerre est la conquête, et le premier résultat de la conquête est le changement de gouvernement. Napoléon, d'un autre côté, avait flétri sa gloire par le guet-apens de Bayonne, où, s'établissant juge entre le roi d'Espagne et son fils, il les avait spoliés tous deux d'une couronne qu'il avait placée sur la tête de son frère Joseph. Pour la première fois aussi Napoléon vit ses troupes battues, et l'un de ses généraux signa à Baylen une capitulation désastreuse : les armées françaises, d'un autre côté, enorgueillies de tant de victoires, faisaient sentir plus d'une fois aux peuples dont ils inondaient le territoire un joug insupportable : peuples et rois, tous souffraient en Europe. Cet enivrement qui s'était emparé du chef et de ses soldats a été représenté par un poète (1) sous les couleurs les plus vives et les plus pittoresques.

. . . . . . Dans l'éclat des victoires,
Cet homme, ignorant Dieu qui l'avait envoyé,
De cités en cités promenant ses prétoires
   Marchait sur sa gloire appuyé.
Sa dévorante armée avait, dans son passage,
   Asservi les fils de Pélage
   Devant les fils de Galgacus ;
Et quand dans leurs foyers il ramenait ses braves
Aux fêtes qu'il vouait à ces vainqueurs esclaves
   Il invitait les rois vaincus !....

(1) Victor Hugo.

Napoléon, toujours sûr de vaincre les troupes étrangères, devait tomber du trône le jour où les masses se déclareraient contre lui ; c'est ce qui arriva en Espagne, car il avait blessé, en recourant à l'astuce et à la perfidie, le sentiment de fierté que nourrissait le peuple. Les Français remportèrent sans doute des triomphes militaires dans la péninsule ibérique ; mais ils ne possédèrent jamais le sol, où ils furent toujours traqués. Bonaparte, en dépit du prodigieux discernement dont il était doué, ne connut jamais le caractère espagnol ; las de voir traîner la guerre en longueur dans cette contrée, il voulut, par sa présence, donner une impulsion à ses généraux, et rétablir entre eux une harmonie, présage d'un triomphe prochain.

Mais avant d'aller combattre pour le compte de son frère Joseph, il désira avoir une entrevue avec Alexandre à Erfurth : le czar entra dans cette ville le 27 septembre 1808 ; Bonaparte l'avait précédé de quelques heures. Le luxe et ses pompes étaient insuffisants pour relever désormais cet homme. Il lui fallait un cortège d'un genre nouveau : auprès de lui accoururent les princes auxquels il avait donné une couronne ; c'étaient les rois de Saxe, de Bavière et de Wurtemberg ; c'était Jérôme Napoléon, qu'il avait placé sur le trône de Westphalie ; au second rang on remarquait le grand duc Constantin, frère d'Alexandre, le prince Guillaume de Prusse, les grands ducs de Saxe-Weimar, de Saxe-Gotha, de Wursbourg et d'Oldenbourg ; enfin, sur un troisième plan, on apercevait les ministres dirigeant les puissances européennes ; c'étaient, pour la Moscovie, les comtes Romenzof et Spéranski ; pour la Prusse, le comte de Goltz ; pour la Bavière, le baron de Montgelas ; pour le Danemarck, le comte de Bose ; pour l'Autriche, le baron de Vincent. Au milieu de cette assemblée brillante rayonnaient Napoléon et Alexandre ; le premier étonnait par le feu de son regard et par cet air de commandement devant lequel tous s'inclinaient avec respect ; l'autre, possesseur par héritage d'un des plus vastes empires du monde, charmait par la douceur de sa physionomie, par la grâce de ses manières. Des fêtes splendides, et dignes de pareils hôtes, se mêlèrent aux inquiétudes des délibérations politiques, comme pour es tempérer. Cinq affaires capitales furent débattues à Erfurth : 1° La diminution des contributions infligées par la France à la Prusse ; 2° la conclusion de la paix avec l'Angleterre ; 3° les rapports de la France avec l'Autriche ; 4° la situation de la Turquie ; 5° l'admission du duc d'Oldenbourg parmi les princes confédérés du Rhin.

Les deux empereurs crurent devoir adresser au monarque de la Grande-Bretagne la lettre suivante : « Si les circonstances actuelles
» nous ont réunis à Erfurth, notre première
» pensée est d'accéder aux vœux et aux be-
» soins de tous les peuples, et de chercher,
» par une prompte pacification avec votre
» majesté, le remède le plus efficace aux
» malheurs qui pèsent sur toutes les nations.
» Nous en faisons connaître notre sincère
» désir à votre majesté par cette présente
» lettre. La guerre longue et sanglante qui
» a déchiré le continent est terminée sans
» qu'elle puisse se renouveler. Beaucoup de
» changements ont eu lieu en Europe ; beau-
» coup d'États ont été bouleversés ; la cause
» en est dans l'état d'agitation et de malheur
» où la cessation du commerce maritime a
» placé les deux plus grands peuples. De
» plus grands changements peuvent encore
» avoir lieu, et tous contraires à la politique
» de la nation anglaise. La paix est donc à
» la fois dans l'intérêt des peuples du conti-
» nent comme dans l'intérêt des peuples de
» la Grande-Bretagne. Nous nous réunissons
» pour prier Votre Majesté d'écouter la voix
» de l'humanité en faisant taire celle des
» passions ; de chercher, avec l'intention d'y
» parvenir, à concilier tous les intérêts, et
» par là garantir toutes les puissances qui
» existent, et assurer le bonheur de l'Europe
» et de cette génération, à la tête de laquelle
» la providence vous a placé. » Cette lettre collective ne devait pas, d'après les traditions parlementaires de la Grande-Bretagne, recevoir une réponse émanant de la main du prince régent (1). Dans les gouvernements

(1) Il gouvernait à la place de son père, Georges III, qui était atteint d'aliénation mentale.

représentatifs les monarques ont des ministres responsables; les rois d'Angleterre se tiennent dans une sphère trop élevée, dont ils ne descendent jamais, pour se mêler aux détails des affaires. Ils reçoivent de la majorité des Chambres les hommes qui doivent diriger les affaires de l'État; il n'y a exception que dans le cas où la majorité ne représentant pas la véritable opinion publique, le prince fait appel aux électeurs; mais, à part cette exception, les potentats anglais redoutent d'exercer une influence qui, tôt ou tard, pourrait leur être fatale. Napoléon et Alexandre, habitués à prendre eux-mêmes les décisions les plus importantes comme les plus frivoles, intervenaient chaque jour dans le gouvernement; ils s'en regardaient comme les arbitres; ils étaient donc tout-à-fait étrangers aux habitudes des gouvernements libres. M. Canning, ministre anglais, fit parvenir à l'ambassadeur de Russie à Paris, une note à laquelle était jointe la lettre suivante: « Quelque disposé qu'aurait pu être Sa Majesté à répondre directement à Sa Majesté l'empereur de Russie, vous ne pourrez vous empêcher de sentir, M. l'ambassadeur, que par la manière inusitée dont la lettre signée par S. M. I. a été rédigée, et qui l'a privée entièrement du caractère d'une communication personnelle, S. M. s'est trouvée dans l'impossibilité de se servir de cette marque de respect envers l'empereur de Russie, sans reconnaître en même temps des titres que S. M. n'a pas reconnus. » Tel fut le résultat de la lettre écrite par les deux empereurs au roi d'Angleterre, lettre qui, en définitive, avait été inspirée par Napoléon. Les deux souverains se séparèrent, l'un pour aller vaincre en Espagne, l'autre pour retourner dans ses États.

On a prétendu que déjà au moment de la réunion d'Erfurth l'empereur de Russie avait renié dans son cœur le traité de Tilsitt. Napoléon lui-même répandit plus tard d'étranges soupçons sur la bonne foi de son allié, il était alors vaincu; à l'entendre, Alexandre se montra à Erfurt « le plus fin et le plus faux des » Grecs. » Cette accusation pèche par sa base. L'empereur de Russie était à cette époque plein de bonne foi et de candeur; s'il eût voulu faire la guerre à Napoléon, rien ne lui eût été plus facile, l'Angleterre et l'Autriche lui auraient tendu les bras. Alexandre possédait toutes les vertus qui font honorer et toutes les qualités qui font chérir un prince; mais il n'avait ni la ruse d'esprit de Bonaparte, ni ses immenses talents. Le czar fut long-temps dupe, puisqu'il s'était allié contre ses intérêts au maître de la France; mais il ne le dupa jamais. On a encore prétendu dans une foule de pamphlets que les deux empereurs, qui s'étaient *devinés*, firent assaut d'épigrammes l'un contre l'autre; c'était un jeu que Napoléon n'aurait passé à personne, pas même à l'empereur de Russie. Bonaparte aurait donc dit à l'autocrate: « Sire, votre majesté est le plus bel » homme de son empire. » A quoi le czar aurait répondu, avec une malice toute de circonstance: « Sire, Souvarof était le plus » bel homme de mon armée à Zurich. » Dans une autre occasion, les deux empereurs se rencontrèrent au bal. L'empereur de Russie estimait beaucoup les talents de pur agrément dans les hommes, comme la beauté de leurs traits ou de leur taille. Pendant qu'Alexandre dansait, Napoléon aurait causé avec le célèbre Gœthe et d'autres gens de lettres, il aurait dit tout haut: « Comme le czar danse »bien! » Celui-ci, en se retournant, aurait aussitôt aperçu Napoléon battant du pied la mesure, et aussitôt il lui aurait répondu: « Comme votre majesté bat mal la mesure! » Et l'empereur des Français, atterré par un trait aussi spirituel, se serait retiré dans un coin de la salle. Évidemment ce sont là des contes faits pour amuser les oisifs d'estaminet, mais qu'aucun homme sensé ne voudra jamais croire. Bonaparte avait sans doute conservé quelque chose de rude dans les manières, mais il n'en avait pas moins un esprit plein de grâce et de séduction, surtout quand son intérêt le condamnait à plaire aux autres. Le czar, de son côté, était cité comme un modèle de politesse et de bons mots, et deux hommes pareils auraient risqué des plaisanteries aussi lourdes et aussi déplacées! [1803]

A la suite du congrès d'Erfurth, Napoléon se rendit en Espagne, où il accumula des trophées qui expirèrent stériles. Pendant ce

temps une nouvelle coalition se formait entre l'Angleterre et l'Autriche. Les préparatifs de guerre, faits par François II, n'échappèrent pas à la pénétration de l'empereur des Français. En effet, l'archiduc Charles s'épuisait d'efforts pour rétablir non-seulement l'armée, mais pour créer une sorte de levée générale, appelée la *landwehr*. Les Allemands étaient las du joug français, ils répondirent à cet appel, et la Hongrie offrit à elle seule trente mille cavaliers. Il ne faut jamais oublier que ce sont les masses nationales qui ont vaincu Napoléon : fort avec les rois, il était faible avec les peuples. Le duc de Cadore, ministre des affaires étrangères, écrivit, au nom de son maître, au cabinet de Vienne pour avoir des explications positives sur le but de pareils armements. On lui répondit : « L'Autriche ne veut que
» se mettre à l'unisson avec ses voisins, les
» institutions sociales ont depuis vingt ans
» changé dans la plus grande partie de l'Eu-
» rope. Tous les États qui se trouvaient en-
» deçà de la frontière de l'Isonzo, de l'Inn et
» de la Bohême, sont devenus éminemment
» militaires; tous ont adopté les principes
» d'une conscription qui englobe la totalité
» de leur population; la conscription française,
» en un mot, cette institution par laquelle
» l'empire a fourni tant de ressources, n'est
» pas seulement mise à exécution dans les
» deux tiers du continent, elle se trouve
» former une des bases premières du pacte
» social et de la constitution de plusieurs nou-
» veaux États, tels que le royaume de
» Westphalie; elle vient d'être également in-
» troduite dans le duché de Varsovie. La
» Bavière se donne une constitution, et la
» conscription y est étendue à l'universalité
» de ses habitants. Toute l'Italie recrute ses
» armées par la voie de la conscription. En
» Autriche, au contraire, la conscription ne
» peut atteindre que certaines classes, et c'est
» un vice auquel il a fallu remédier. » Ces explications endormirent la prudence de l'empereur des Français, et au moment venu l'Autriche lui déclara la guerre. Après avoir rencontré une vigoureuse résistance, la maison d'Autriche fut vaincue à Wagram, et François II donna une de ses filles en mariage à Napoléon. Alexandre, se conformant au traité de Tilsitt, avait aussi déclaré la guerre à l'Autriche; mais il évita d'entrer en hostilités avec cette puissance, et cependant il obtint plusieurs districts de la Galicie, renfermant une population de près de cinq cent mille âmes. Le czar s'occupa d'organiser la conquête qu'il avait récemment faite de la Finlande; ses généraux remportèrent aussi de nombreux avantages sur les Turcs [1810]. Les hostilités avec les Ottomans reprirent leur cours en 1811. Las d'être battus, ceux-ci signèrent un traité de paix en 1812 à Bucharest; il était, comme on peut le croire, tout à l'avantage du cabinet de Saint-Pétersbourg. On affirme que ce qui détermina le divan à se soumettre à un traité aussi funeste, ce fut le bruit répandu que Napoléon voulait s'emparer de toutes les provinces de la Turquie d'Europe. Quoi qu'il en soit, la Porte céda aux Russes une partie de la Moldavie, ainsi que les forteresses de Chotchim et de Bender, et toute la Bessarabie, avec Ismaïl et Kalia.

Alexandre attachait la plus haute importance à conclure au plus vite la paix avec les Turcs. D'immenses inquiétudes envahissaient dans ce moment sa pensée toute entière : il se sentait incapable de soutenir plus longtemps le poids que le traité de Tilsitt avait imposé à l'empire russe. Le blocus continental, cette impérieuse exigence de Napoléon, causait le désespoir de ses sujets; ils avaient perdu tout débouché pour leurs exportations; la balance du commerce, entièrement à leur désavantage, avait amené la dépréciation de leur papier-monnaie. Ces effets si désastreux ne s'étaient pas montrés seulement dans les vastes États d'Alexandre, ils avaient surgi dans toutes les contrées où le blocus continental avait été exécuté fidèlement. La Hollande et une partie de l'Allemagne étaient donc complètement ruinées; il était impossible de faire des représentations à l'empereur des Français, il ne les admettait pas. Recourir aux armes! Mais les frères de Napoléon n'en avaient pas la puissance; ils prirent, comme tous les souverains de l'Allemagne, un moyen terme; ils laissèrent faire la contrebande, quelquefois même ils l'encouragèrent. L'empereur, profitant d'une pareille infrac-

tion, envahissait royaumes et principautés; ainsi, Bremen, Hambourg, le duché de Lauenbourg et Lubeck devinrent successivement la proie de l'empire français. Ces usurpations, jointes aux désastres du blocus continental, aigrirent Alexandre. Bonaparte, d'ailleurs, ne dissimulait pas l'étendue de ses desseins. Il disait, au milieu de son sénat, : « Les arrêts publiés par le » conseil britannique, en 1806 et 1807, » ont déchiré le droit public de l'Europe; » un nouvel ordre de choses régit l'univers. » De nouvelles garanties m'étant devenues » nécessaires, la réunion des embouchures » de l'Escaut, de la Meuse, du Rhin, de » l'Ems, du Véser et de l'Elbe à l'empire, » l'établissement d'une navigation intérieure » avec la Baltique, m'ont paru être les premières et les plus importantes. J'ai fait » dresser le plan d'un canal qui sera exécuté » dans cinq ans, et qui joindra la Baltique à » la Seine. Des indemnités seront données » aux princes qui pourront se trouver froissés par cette grande mesure que commande » la nécessité, et qui appuie sur la Baltique » la droite des frontières de mon empire. » D'aussi vastes conceptions auraient exigé la vie entière de deux hommes comme Napoléon, et il fallait des siècles pour en enfanter un seul. L'empereur des Français n'eût-il rencontré aucun obstacle sérieux, n'aurait pu accomplir la tâche qu'il s'était imposée : le temps lui aurait toujours manqué. D'un autre côté, il cédait sans cesse à l'impétuosité de son caractère, et ne savait pas s'arrêter toujours en présence de certaines difficultés. Il avait donc compris les États du duc d'Oldembourg dans l'usurpation qu'il avait faite du littoral de la mer d'Allemagne. Or, le duc d'Oldembourg, issu de la maison même de l'empereur de Russie, était son plus proche parent. En vain Bonaparte proposat-il en échange la ville d'Erfurt et son territoire, un cri d'indignation retentit dans la cour du czar : Alexandre adressa à toutes les cours de l'Europe une protestation dans laquelle il explique que les comtés « d'Oldem» bourg et de Delmenhorst furent érigés en » un duché souverain en faveur d'une bran» che cadette de la maison de Holstein-Got» torp, à laquelle S. M. I. appartient par le » lien du sang le plus direct. L'empereur » juge que cet état, créé par la générosité » de son empire, ne peut être annulé sans » blesser toute justice et ses droits. . . . . » Quel prix pourrai. conserver des alliances, » si les traités qui les fondent ne conservaient » pas le leur? »

Le czar mit d'ailleurs beaucoup de forme et de réserve dans la protestation dont je viens de placer un extrait sous les yeux du lecteur; mais, dans les rapports diplomatiques, c'est le fond des choses qu'il faut toujours sonder. Il était donc évident qu'une scission profonde existait entre les deux empereurs, et qu'elle était sans remède, puisque l'un ne voudrait jamais céder à l'autre. D'un autre côté, Alexandre avait déjà publié un tarif des douanes, d'après lequel l'introduction des denrées coloniales pouvait avoir lieu, pourvu qu'elles n'appartinssent pas à des sujets anglais. Mais le cabinet de Saint-Pétersbourg, jugeant d'une manière souveraine la question de propriété, le commerce de la Grande-Bretagne avec les Russes se trouvait rétabli. Napoléon, dans la prévoyance d'une guerre qui ne pouvait pas encore être éloignée, éleva la garnison française de Dantzick jusqu'à vingt mille hommes. Le corps de Davout en Allemagne reçut des renforts considérables; enfin l'armée du grand-duché de Varsovie admit dans ses rangs de nouvelles levées. Alexandre appela sous les drapeaux plus de deux cent mille hommes : tout se préparait donc pour un nouveau choc qui devait ébranler l'Europe entière. Cependant les deux empereurs hésitaient : Alexandre voulait réunir des forces encore plus considérables; Napoléon, ébranlé par les conseils du duc de Vicence, qui avait été ambassadeur en Russie, reculait avant de se précipiter sur un ennemi qu'il ne pouvait rencontrer qu'à plus de six cents lieues de Paris. Enfin il ne pouvait compter sur la Turquie, dont la politique est si mobile; la Suède avait pour prince royal Bernadotte, ancien maréchal de l'empire; mais qui, rompant avec tous ses anciens souvenirs, s'était dévoué aux nouveaux devoirs qui l'attendaient. Il était donc devenu, par position, ennemi de l'empereur des Français, et venait de signer un traité d'alliance avec l'empereur Alexandre. Telles furent les conditions principales auxquelles on se soumit de part et d'autre. « Les deux hautes par- »ties contractantes se garantirent réciproque- »ment l'intégralité de leurs États; elles tombè- »rent d'accord de faire une diversion en Alle- »magne au détriment de la France et de ses al- »liés : le nombre des combattants sera de »trente mille Suédois et de vingt mille Russes. »L'empereur de Russie prend l'engagement »de livrer la Norwège à la Suède, soit par »la force des armes, soit par la voie des né- »gociations. » Alexandre conclut un autre traité avec l'Angleterre, c'est-à-dire rentra, après plusieurs années, dans le cercle où se trouvait l'intérêt russe. Enfin le czar signa aussi un traité avec le conseil suprême d'Espagne, agissant au nom de Ferdinand VII. Ce traité, suivant Alphonse Rabbe, toujours si rigoureux envers le czar et si indulgent pour son rival; « ce traité, »le premier que l'histoire signale entre les »monarchies de Charles V et de Pierre-le- »Grand, attestait bien, par son étrange nou- »veauté, cette longue chaîne des ressenti- »ments et des inimitiés qui menaçaient la »France. Il faut remarquer que c'était au mo- »ment où Wellington gagnait, contre Mar- »mont, la bataille des Aropyles, et où les »affaires de Napoléon dans la Péninsule pa- »raissaient désespérées. » Je laisse de côté une foule de détails aujourd'hui sans aucune importance, pour arriver plus vite au dénouement. Les troupes françaises marchent en avant; la garde d'Alexandre quitte Saint-Pétersbourg et se dirige sur Vilna. Mais le lecteur ne peut pas comprendre la grandeur de cette lutte où s'évanouit la fortune de Napoléon, si d'abord je ne lui fais connaître le nombre des combattants qui vont se heurter les uns contre les autres. Suivant le maréchal de camp marquis de Chambrai, auteur d'une histoire de l'expédition de Russie, six **cent quarante sept mille cent cinquante-huit hommes** ont pris part à l'invasion (dans ce nombre sont compris les alliés des Français), **treize cent soixante-douze pièces d'artillerie étaient attachées aux divers corps de troupes; enfin on comptait en tout cent quatre-vingt-** sept mille onze cent onze chevaux. Les forces russes s'élevaient à sept cent mille combattants, mais dont trois cent mille seulement étaient disponibles. Ces derniers formaient deux grands corps distincts, dont l'un avait pour chef le général Barclai de Tolli; l'autre obéissait au prince Bagration. Napoléon s'avance avec la rapidité de la foudre; il menace déjà les frontières de la Russie; et, pour enflammer ses troupes, il s'adresse à leur imagination. De son quartier-général il lance, le 22 juin 1812, la proclamation suivante :

« Soldats, la seconde guerre de Pologne »est commencée. La première s'est terminée »à Friedland et à Tilsitt. A Tilsitt, la Russie »a juré éternelle alliance à la France et »guerre à l'Angleterre; elle viole aujourd'hui ses serments; elle ne veut donner »aucune explication de son étrange conduite »que les aigles françaises n'aient repassé le »Rhin, laissant par-là nos alliés à sa discrétion. *La Russie est entraînée par la fatalité! ses destins doivent s'accomplir.* »Nous croirait-elle dégénérés? Ne serions- »nous plus les soldats d'Austerlitz! Elle »nous place entre le déshonneur et la guerre : »le choix ne saurait être douteux; mar- »chons donc en avant! passons le Niémen! »Portons la guerre sur son territoire! La »seconde guerre de Pologne sera glorieuse »aux armes françaises comme la première; »mais la paix que nous conclurons portera »avec elle et mettra un terme à cette orgueil- »leuse influence que la Russie a exercée de- »puis cinquante ans sur l'Europe! » Le 24 juin le Niémen fut franchi. A cette nouvelle, Alexandre publia à son tour une proclamation; sous la date du 25 juin 1812. En voici le texte : « Depuis long-temps déjà »nous avions remarqué, de la part de l'em- »pereur des Français, des procédés hostiles »envers la Russie; mais nous avions tou- »jours espéré les éloigner par des moyens »conciliants et pacifiques. Enfin, voyant le »renouvellement continuel d'offenses évi- »dentes, malgré notre désir de conserver la »tranquillité, nous avons été contraint de »compléter et de rassembler nos armées. »Mais alors encore nous nous flattions de

» parvenir à une réconciliation en restant
» aux frontières de notre empire sans violer
» l'état de paix, étant seulement prêt à nous
» défendre. Tous ces moyens conciliants et
» pacifiques ne purent conserver le repos que
» nous désirions. L'empereur des Français,
» en attaquant subitement notre armée à
» Kovno, a le premier déclaré la guerre.
» Ainsi, voyant que rien ne peut le rendre
» accessible au désir de conserver la paix, il
» ne nous reste plus, en invoquant à notre
» secours le Tout-Puissant, témoin et dé-
» fenseur de la vérité, qu'à opposer nos for-
» ces aux forces de l'ennemi. Il ne m'est pas
» nécessaire de rappeler aux commandants,
» aux chefs de corps et aux soldats leur de-
» voir et leur bravoure : le sang des valeu-
» reux Slavons coule dans leurs veines.
» Guerriers ! vous défendez la religion, la
» patrie et la liberté ! Je suis avec vous !
» Dieu est contre l'agresseur ! »

Tandis qu'Alexandre s'adressait à son peuple et à ses soldats, Napoléon, dont les mouvements étaient toujours si rapides, s'avançait en vainqueur dans l'ancien duché de la Lithuanie, qui jadis formait une portion du royaume de Pologne, et qui, depuis plusieurs années, était réuni à l'empire russe. A Vilna, les magistrats lui offrirent les clefs de leur ville ; mais, d'un autre côté, les soldats russes, en se retirant, avaient dévasté tous les magasins que depuis long-temps ils avaient rassemblés : dès lors il fut prouvé que l'intention d'Alexandre était d'entraîner son impétueux rival au milieu des solitudes de la Russie, afin de le livrer, ainsi que ses soldats, aux rigueurs désastreuses d'un climat qui dévorerait cette armée si nombreuse, sans que les Russes s'exposassent à la combattre.

On devait croire que l'empereur des Français, dont la perspicacité était si prodigieuse, échapperait à un pareil piège ; mais chaque homme subit les défauts de ses propres qualités. L'audace et l'activité caractérisaient Napoléon comme général ; il aimait en outre à surprendre l'admiration publique, il lui réservait des coups de théâtre inattendus ; il aurait été honteux d'une campagne qu'il aurait terminée sans devenir maître de la capitale de son ennemi. Il fallait qu'il signât un bulletin à Moscou ou à Saint-Pétersbourg. La puissance de sa volonté avait été pervertie par les faveurs que lui avait prodiguées la victoire en Allemagne. Il lui semblait que rien n'était plus impossible à son génie, qu'aucun obstacle ne pouvait triompher de la valeur de ses soldats. Cependant, comme si la Providence eût voulu l'éclairer sur les bords de l'abîme, il fut témoin, le 29 juin, d'une de ces scènes affreuses que le climat de la Russie peut étaler. « Tout-à-coup, une pluie très-abon-
» dante, et qui s'étendit sur la Lithuanie,
» tomba sans interruption pendant cinq
» jours..... Tous les corps en marche furent
» retardés ; quantité de chevaux périrent ;
» on trouvait sur la seule route de Vilna plus
» de dix mille de leurs cadavres, qui répan-
» daient l'infection. Les soldats eurent beau-
» coup à souffrir aussi, et il y en eut quel-
» ques-uns qui succombèrent ; un plus grand
» nombre vint encombrer les hôpitaux, qu'on
» se hâta d'établir (1). » Certes, si au milieu de l'été, cette saison si favorable à la guerre, des pluies faisaient périr jusqu'à dix mille chevaux, décimaient des soldats et encombraient les hôpitaux de malades, quels ravages ne devait pas exercer l'hiver ! Un pareil rapprochement était fait par les esprits les plus simples, et il ne dessilla pas les yeux de Napoléon !!

J'ai déjà fait connaître au lecteur que la Lithuanie avait en exécration la domination russe ; il suffisait de faire un appel à tous ses souvenirs, et une guerre nationale allait surgir tout-à-coup menaçant Alexandre : tel devait être le but principal de l'invasion française. En effet, il était impossible à Napoléon d'exercer une souveraineté immédiate sur des États aussi éloignés du centre de son empire. Il fallait donc qu'il fît sortir de ses cendres la nationalité polonaise ; devenue bientôt une force immense, elle aurait refoulé les sujets d'Alexandre dans leurs limites naturelles. En un mot, la nationalité polonaise aurait formé une armée, vigilante

---

(1) *Histoire de l'expédition de Russie*, par le maréchal-de-camp marquis de Chambrai, tome I, liv. I, p. 181 et 182, troisième édition.

gardienne de la civilisation. L'empereur entrevit cette grande pensée; mais dans la crainte de faire échouer ses desseins ambitieux, il ne voulut pas inquiéter le cabinet de Vienne, son allié, et qui avait eu part aux dépouilles de la Pologne. Ainsi gêné dans ses mouvements, l'empereur des Français se renferma en définitive dans des demi-mesures qui perdirent tout. Après avoir imprudemment appelé les Lithuaniens, ou, si l'on aime mieux, les paysans, à une liberté pour laquelle ils n'étaient pas encore mûris, il abandonna bientôt leur cause, lorsqu'il les vit se livrer à d'odieuses représailles contre leurs seigneurs. Le conquérant s'aliéna donc la multitude, sans pouvoir parvenir plus tard à captiver la confiance des hautes classes. L'empereur des Français créa en même temps une commission, qu'il chargea du gouvernement de la Lithuanie; celle-ci publia plusieurs proclamations, une, entre autres, qu'elle adressa aux Lithuaniens incorporés dans les rangs de l'armée russe. Ce document, inspiré par Napoléon, est de la plus haute importance. L'empereur de Russie dut le considérer comme la pensée personnelle de son redoutable ennemi; de telle sorte que le czar se décida irrévocablement à une résistance que rien ne pouvait faire plier, tandis que Bonaparte prenait un engagement qu'il ne voulait pas tenir, car la proclamation que je vais citer était, à l'égard des Lithuaniens, une pure déception, astuce maladroite, qui, d'un seul coup, produisit deux fautes. Voici, au reste, cette proclamation : « Polonais,
» vous êtes sous les drapeaux russes ; ce ser-
» vice vous était permis, alors que vous
» n'aviez plus de patrie; mais tout est changé
» aujourd'hui, *la Pologne est ressuscitée ;*
» c'est pour son entier rétablissement qu'il
» s'agit de combattre maintenant, c'est
» pour obliger les Russes à reconnaître des
» droits dont nous avons été dépouillés par
» l'injustice et l'usurpation. La confédéra-
» tion générale de la Pologne et de la Li-
» thuanie rappelle tous les Polonais du ser-
» vice de la Russie. Généraux, officiers, sol-
» dats polonais! entendez la voix de la patrie,
» abandonnez les drapeaux de vos oppres-
» seurs, accourez tous auprès de nous,
» afin de vous ranger sous l'aigle des Jagel-
» lon, des Casimir, des Sobieski ! La patrie
» vous le demande; l'honneur et la religion
» vous l'ordonnent également. » Ce luxe de phrases resta sans effet sur les Lithuaniens; car, pendant que le gouvernement provisoire les appelait à la liberté, ils étaient soumis à toutes les exactions des soldats français, et la faute devait en être attribuée à leur général. L'empereur des Français, pour hâter la marche de ses troupes, ne leur faisait faire que de très-rares distributions de vivres : il en résulta un pillage effroyable. Les populations entières, au lieu d'attendre l'arrivée des Français, se dispersaient dans les bois. « En-
» fin, pour donner une idée du désordre qui
» régnait, j'ajouterai, » dit un témoin oculaire (1), « que le sous-préfet de Nev-Troki,
» venant de Vilna pour se rendre à son poste,
» fut arrêté par nos troupes, qui le dévali-
» sèrent; son escorte même lui ayant mangé
» ses provisions et enlevé ses habits, il ar-
» riva à pied, et dans un état si misérable,
» que chacun prit pour un espion celui qui
» venait pour être notre premier administra-
» teur. »

Une commission chargée du gouvernement s'établit à Varsovie, et rédigea un acte de confédération qui avait pour but principal de reconstituer un nouveau royaume de Pologne. Elle chargea une députation, tirée de son sein, de se rendre auprès de l'empereur des Français, pour lui donner communication de l'acte solennel qui ressuscitait un peuple généreux. Mais Napoléon se tint sur une réserve qui glaça les nobles sentiments des Polonais; ils devinèrent que leur liberté était perdue, seulement la victoire allait peut-être les faire changer de maîtres ; ils se renfermèrent donc autant qu'ils le purent dans une neutralité prudente.

Les Russes, de leur côté, continuaient à se retirer; ils touchaient les bords de la Dvina, lorsque l'Empereur Alexandre leur fit parvenir du camp de Drissa, le 9 juillet 1812, la proclamation suivante. « Guerriers

---

(1) *Relation circonstanciée de la campagne de Russie*, par Eugène Labaume, officier d'ordonnance du vice-roi d'Italie. Sixième édition.

» russes, vous avez enfin atteint le but vers
» lequel vos regards étaient tournés. Lors-
» que l'ennemi osa franchir les limites de
» notre empire, vous étiez sur les frontières,
» disposés à les défendre ; mais, jusqu'à ce que
» l'entière réunion de nos troupes pût être
» effectuée, il fallut arrêter votre courage in-
» trépide. Nous sommes venus ici pour ras-
» sembler et concentrer nos forces ; nos calculs
» ont été heureux : la totalité de la première
» armée est en ce lieu. Soldats, le champ est
» ouvert à votre valeur, si noblement docile
» à modérer, si ardente à maintenir la réputa-
» tion que votre nom a acquise. Vous allez
» cueillir des lauriers dignes de vous-mêmes et
» de vos ancêtres. Le souvenir de leur valeur,
» l'éclat de leur renommée vous engagent à
» surpasser l'un et l'autre par la gloire de vos
» actions !.. Les ennemis de votre pays con-
» naissent déjà la valeur de votre bras. Allez
» donc dans l'esprit de vos pères, et anéantis-
» sez l'ennemi qui ose attaquer votre religion
» et votre honneur jusque dans vos foyers, et
» au milieu de vos femmes et de vos enfants.
» Dieu, témoin de la justice de votre cause,
» sanctifiera vos bras par la bénédiction
» divine. » Le général Barclai de Tolli, de
son côté, répandit parmi nos soldats une
proclamation qui les appelait à la désertion. « Retournez chez vous, » leur disait-on, « ou, si vous voulez, en atten-
» dant, un asile en Russie, vous y oublierez
» les mots de conscription, de levée, de
» bans et d'arrière-bans, et toute cette tyran-
» nie militaire, qui ne vous laisse pas un in-
» stant sortir de dessous le joug. » Cette dernière proclamation resta sans effet, car quel est
le guerrier français qui aurait abandonné son
drapeau pour chercher une retraite au fond
des solitudes de la Russie ? Notre armée, au
contraire, ne s'était jamais montrée aussi remplie d'ardeur. Ces troupes qu'elle avait battues à Austerlitz et à Friedland, elle les voyait
fuir devant elle sans qu'elles risquassent même
un simple combat : « Nous avancions, » dit un
témoin oculaire, « sans obstacles, et presque
» avec autant de sécurité que si nous tra-
» versions la Bavière et la Saxe (1). »

(1) *Relation circonstanciée de la campagne de Russie*, par E. Labaume, sixième édition.

Mais, en dépit de ce calme apparent, Alexandre était parvenu à organiser une résistance nationale. Les nobles, charmés de la douceur de ce prince et des garanties que son gouvernement leur offrait, appelaient leurs serfs sous les armes, et se mettaient à leur tête. Si les seigneurs abandonnaient avec joie leurs châteaux et leurs domaines, qu'ils dévastaient de leurs propres mains, les masses les accompagnaient, fières de combattre pour le salut de la patrie. A ce sentiment, qui commande déjà tant de sacrifices, se joignait l'enthousiasme religieux ; c'étaient des martyrs qui couraient à une mort tout à la fois glorieuse et sainte ; ils recueillaient leurs derniers efforts pour défendre le sol de la patrie et les saints autels. Les marchands des villes se dépouillaient spontanément du fruit de leurs vieilles économies pour en faire hommage au czar ; c'étaient des recrues qu'on levait sur tous les points de l'empire, des dons volontaires, qui venaient accroître les ressources du trésor de l'État ; la reconnaissance des peuples se montrait pleine de mémoire pour les bienfaits qu'elle avait reçus de la magnanimité d'Alexandre. Cependant les troupes russes reculaient toujours devant l'armée de Napoléon, n'opposant par moments une légère résistance que pour mieux protéger leur mouvement de retraite. Napoléon, de son côté, ne respirait que pour entraîner les Russes dans un de ces mémorables combats où la puissance de son génie et l'étendue de ses ressources devaient lui assurer une victoire éclatante, à la suite de laquelle il espérait obtenir un traité avantageux, ou, du moins, entrer dans l'une des capitales de la Russie, et, là, il aurait dicté à Alexandre une paix remplie de conditions humiliantes. Les soldats français eux-mêmes, accablés de fatigues et manquant de tout, désiraient ardemment en venir aux mains avec les Russes. Le 27 juillet au soir, les deux armées passèrent la nuit en présence l'une de l'autre, la Luczissa, seule, les séparait ; mais la nuit même les Moscovites, après avoir allumé leurs feux de bivouac, opérèrent leur retraite... « avec
» tant d'ordre et de rapidité, qu'au point du
» jour cette plaine, couverte la veille de leur

» armée, n'en conservait plus de traces ; on
» n'y trouva ni traîneurs ni débris de voi-
» tures, enfin rien qui pût faire connaître
» par quelle route ils s'étaient retirés ; on ne
» pouvait d'ailleurs prendre des renseigne-
» ments, les habitants des campagnes ayant
» fui : on se trouvait donc dans une igno-
» rance véritablement extraordinaire (1). »
Napoléon entra dans les murs de Vitepsk,
où il séjourna quelques jours ; ses troupes sou-
piraient après le repos ; elles n'avaient eu que
de courtes rencontres avec les soldats de
l'arrière-garde russe, et cependant elles
avaient éprouvé des pertes considérables,
dues au manque d'aliments. Sur ces entrefaites, les deux armées russes opérèrent leur
jonction le 3 août 1812 ; elles offraient un
effectif de cent vingt mille combattants.
D'une autre part, Napoléon opposa à Barclai
de Tolli et à Bagration cent quatre-vingt-
cinq mille hommes, parmi lesquels on comptait trente-deux mille cavaliers. Ces forces
considérables marchèrent sur Smolensk. Ney
se trouva en présence de cette ville le
16 août ; elle avait une garnison de dix-neuf
mille hommes placés sous les ordres de
Raïevskoi. Ney tenta aussitôt un coup de
main sur la citadelle ; il échoua ; Bagration
et Barclai de Tolli arrivèrent à leur tour.
Napoléon approchait, dans l'espoir de vaincre
les Russes dans une bataille rangée ; Smolensk aurait été témoin de leur défaite. Cette
ville ne comptait en tout que vingt mille habitants ; elle était éloignée de cent soixante-onze
lieues de Saint-Pétersbourg, et de quatre-
vingt-treize de Moscou. « La ville, propre-
» ment dite, » d'après M. de Chambrai, « était
» entourée d'une muraille de trente à trente-
» cinq pieds, épaisse de dix-huit à sa base,
» d'un développement d'environ trois mille
» toises, et percée seulement de trois por-
» tes ; celle de Dniéprovski, qui conduisait
» au Dniéper ; celle de Malakhovsk, qui
» donnait entrée aux routes de Krasnoï, de
» Mstislaf et de Roslaf, et celle de Nikolsk,
» qui servait de communication avec un fau-
» bourg. Dix-sept tours, de dimensions diffé-
» rentes, tenant à la muraille, la dépassent
» un peu ; les unes carrées, les autres ron-
» des, étaient placées irrégulièrement sur son
» contour : on ne les avait point dispo-
» sées pour recevoir de l'artillerie. La place
» ne possédait d'ailleurs qu'une cinquantaine
» de bouches à feu, de fonte, en mauvais état
» et sans affût..... Autour de la muraille
» régnait un vieux fossé avec chemin cou-
» vert et glacis, le tout en très-mauvais
» état (1). »
Un combat opiniâtre s'engagea sous les
murs de Smolensk, dans lequel les Français et les Russes déployèrent la valeur
la plus brillante ; notre armée ne parvint point à enlever la ville d'assaut. La
nuit survint ; les assiégeants établirent leur
bivouac au lieu même où ils avaient combattu. Durant l'action nos troupes avaient
lancé des obus qui, au bout de quelques heures, firent naître une multitude
d'incendies, que les ténèbres rendaient encore plus effrayants. Barclai de Tolli battit en
retraite, et dans un silence si profond, qu'on
découvrit seulement le lendemain, à la pointe
du jour, que la place était évacuée. Napoléon y pénétra, entouré d'une partie de la
garde impériale : les rues étaient jonchées de
cadavres et de blessés, à moitié brûlés.
Les incendies se reproduisaient sous une multitude de formes, et sur les points les plus
éloignés ; la moitié de la ville fut con-
sumée avant que les flammes pussent être
éteintes par les Français. Le 19 août, le
troisième corps de l'armée traversa le Dnie-
per ; toutes traces des soldats moscovites
étaient perdues. Barclai de Tolli en profita
pour s'opposer au maréchal Ney, qui avait
déjà atteint la ville de Valutina-Gora. Barclai réussit à forcer le maréchal Ney à repasser la Kolodnia ; le général russe avait sous
ses ordres trente-cinq mille hommes. Napoléon, instruit de la position de l'avant-garde
française, commanda au général Gudin de
voler au secours de Ney : il le rejoignit vers
les cinq heures du soir. Celui-ci lui commanda
aussitôt « de se former en colonne, de fran-
» chir le ruisseau et d'attaquer les Russes.

---

(1) *Expédition de Russie*, par le maréchal-de-camp marquis de Chambrai.

(1) *Loc. cit.*

» Il fallait passer sur un pont battu par un feu terrible d'artillerie ; ce passage s'exécuta avec une rare intrépidité. Gudin fut frappé à mort par un boulet, au moment où il animait les troupes de son exemple ; Gérard, le plus ancien des deux généraux de brigade de la division Gudin, le remplaça. Le corps de Ney, ayant suivi la division Gérard, le combat devint général et remarquable par l'impétuosité de l'attaque et l'opiniâtreté de la défense ; ce fut dans le voisinage de la route qu'il fut le plus acharné ; on s'y joignit plusieurs fois à l'arme blanche ; le combat ne cessa qu'à la nuit. Les Russes perdirent dans le combat de Valutina environ quinze mille hommes (1). » Quant à Barclai de Tolli, il continua à opérer sa retraite. Napoléon, après s'être rendu sur le champ de bataille, où il distribua des récompenses à ses soldats victorieux, retourna dans les murs de Smolensk. L'opinion unanime des généraux français et des hommes qui entouraient l'empereur des Français, était que cette première campagne contre la Russie devait être considérée comme close. Le vainqueur allait séjourner à Smolensk, où il passerait plusieurs mois à refaire ses troupes, épuisées par tant de marches et tant de privations ; au printemps de l'année 1813 une nouvelle campagne aurait été ouverte, et les Français auraient pu planter leurs aigles victorieuses sur les murs de Moscou et de Saint-Pétersbourg. Voilà ce que commandait sans doute le bon sens. Mais Napoléon ne put contenir son impétuosité ; il avait soif aussi d'un de ces grands effets dramatiques qui avaient terminé ses guerres précédentes, entreprises contre l'Autriche et la Prusse. Il s'élança de nouveau dans une carrière où devait s'engloutir tant de gloire déjà acquise, tant de trophées si intrépidement conquis. Il était parti à la tête de la plus belle armée que l'Europe moderne eût encore enfantée, il devait la perdre. Cet arrêt, il le prononça de sa bouche, en donnant l'ordre à ses soldats de marcher en avant ; ils partirent de nouveau pour poursuivre les Russes, ils ne revinrent plus.

Il me reste une seule bataille à décrire, monument éternel du courage des Français ; c'est là que pour la dernière fois ils parvinrent à triompher d'ennemis dignes d'eux. Le plan de campagne, suivi avec persévérance par le général Barclai de Tolli, avait déjà amené les résultats les plus avantageux pour la Russie, et, comme je l'ai déjà fait connaître au lecteur, des privations de tous genres avaient enlevé un nombre considérable de soldats aux divers corps d'armée marchant sous les ordres de Napoléon. L'absence de toute distribution régulière de vivres condamnait une partie de nos troupes à se livrer à une maraude continuelle. La rapidité des marches était si prodigieuse, qu'une foule de fantassins restaient en arrière. Si les Russes, avant de continuer leur mouvement de retraite, mettaient le feu aux villes, les Français, qui arrivaient quelques heures après, épuisaient les dernières ressources des habitants, et livraient aux flammes les maisons qui étaient restées debout : on aurait dit qu'il existait entre les deux armées une émulation de ruines, une rivalité de destruction. Alexandre, en dépit des défaites que ses troupes avaient jusque là éprouvées dans diverses rencontres avec les soldats de Napoléon, Alexandre, dis-je, loin de se laisser abattre, puisait dans le malheur une nouvelle force de résistance. Il se rendit à Moscou, où il ordonna d'immenses levées de troupes ; le synode, de son côté, appela tous les Russes, au nom de la religion, pour qu'ils accourussent sauver la patrie. L'archevêque métropolitain de Moscou fit remettre au czar l'image de saint Serge, en lui transmettant la lettre suivante, qui devint bientôt publique. « La ville de Moscou, la première » capitale de l'empire, la nouvelle Jérusa» lem, reçoit son Christ... Comme une mère » dans les bras de ses fils zélés, et à travers » le brouillard qui s'élève, prévoyant la » gloire brillante de sa puissance, elle chante » dans ses transports : Hozanna, béni soit » celui qui arrive ! Que l'arrogant, l'effronté » Goliath, apporte, des limites de la France, » l'effroi mortel aux confins de la Russie!

(1) *Expédition de Russie*, par M. de Chambrai, livre I, pages 327-328.

» La pacifique religion, cette fronde du David » russe, abattra soudain la tête de son san- » guinaire orgueil. Cette image de saint » Serge, antique défenseur du bonheur de » notre patrie, est offerte à Votre Majesté » Impériale. » La milice de Moscou reçut avec enthousiasme l'image sacrée du saint. Alexandre, de son côté, se rendit à Saint-Pétersbourg, pour imprimer une profonde impulsion à cette seconde capitale de l'empire. Cependant, l'armée française continuait de s'avancer sur trois colonnes, voyant toujours reculer devant elle les ennemis. Ceux-ci opposèrent seulement de la résistance près de Rybki et sur les bords de la Viazma; et en se retirant, ils livrèrent aux flammes les magasins de farine qu'ils avaient réunis dans la ville de Viazma, que traversait la rivière portant ce nom. Le 27 août, l'empereur des Français avait passé la nuit dans un château situé à deux lieues de la ville russe (1). Presque tous les compagnons d'armes du conquérant avaient conçu les craintes les plus vives sur la témérité avec laquelle Napoléon se portait sur Moscou; plus d'une fois on osa même lui dire la vérité. Cet illustre capitaine se promenait dans le jardin entourant le château où il devait passer la nuit, lorsque des débats orageux s'élevèrent entre Murat et le maréchal Davout, relativement à la pointe que Napoléon hasardait sur la vieille capitale de la Russie. Davout appuyait la résolution du maître; le roi de Naples lui répondit qu'il remplissait le rôle d'un flatteur. L'empereur des Français, sans donner tort ou raison à l'un des deux interlocuteurs, se retira brusquement.

Il y a des crises, même sous les gouvernements absolus, où l'opinion publique se fait jour et impose à tous une commune obéissance. L'empire des successeurs de Pierre-le-Grand était envahi, et les soldats russes, au lieu de combattre, fuyaient sans cesse devant les Français. Cinquante lieues les séparaient tout au plus de Moscou, la ville sainte, ce berceau de la grandeur moscovite; les armes qui étaient entre leurs mains à peine les avaient-ils tournées contre les troupes de Napoléon! La patrie touchait à sa ruine, et c'était un général étranger qui était mis à leur tête! Si le sang russe eût coulé dans ses veines, il les aurait déjà menés à la victoire! L'indignation était devenue si générale, que les soldats russes, dont la soumission est grande, éclataient en murmures, lorsque le général en chef, Barclai de Tolli, approchait de leurs rangs. La nation partageait les mêmes sentiments que l'armée, et le czar ne pouvait triompher que s'il obtenait le concours de tous ses sujets. La conduite de Barclai de Tolli avait été jusque là un modèle de prudence et d'habileté; les forces dont il avait pu disposer à l'ouverture de la campagne, étaient de beaucoup inférieures à celles de Bonaparte; il avait en outre compris qu'il était impossible de vaincre l'empereur des Français dans une bataille rangée: c'était le plus grand capitaine, commandant aux meilleures troupes de l'Europe. Tolli avait donc battu en retraite, livrant de temps à autre des affaires d'arrière-garde, dans lesquelles ses troupes s'habituaient à affronter l'audace de notre armée. Ce général connaissait d'ailleurs l'impétuosité de Napoléon; il était convaincu qu'il l'entraînerait sur ses pas au fond de la Russie, en l'isolant de plus de cinq cents lieues de tous ses magasins. Ce n'est pas tout, comme les Moscovites brûlaient, chemin faisant, les villes et les villages, et détruisaient les vivres, les soldats français seraient atteints par les rigueurs de l'hiver, manquant de tout et réduits à coucher sur la terre..... Quelques nuits, et l'empire russe, au lieu de lutter contre d'intrépides soldats, n'aurait plus qu'à recueillir des multitudes de cadavres. Ce plan, dont le succès était infaillible, aurait couronné les efforts de Barclai; il avait l'approbation d'Alexandre, il épargnait le sang de ses soldats. Mais le sentiment de la fierté nationale était blessé profondément: le czar lui céda, c'était son devoir; et, tout en conservant au chef de l'armée sa bienveillance (1), il lui ôta le commandement géné-

(1) Viazma.

(1) Barclai de Tolli fut placé, tout le reste de la campagne, à la tête d'un corps d'armée séparé.

ral pour le donner à un vétéran russe, à Koutousof. Le respect que manifesta dans cette occasion Alexandre pour la volonté générale, fut poussé si loin, qu'il abandonna Barclai, au moment où celui-ci, se résignant à un combat qu'il blâmait, se préparait à lutter contre l'empereur des Français à Tzarevo-Zaimisze.

Koutousof touchait à sa soixante-quatorzième année lorsque sa nation tout entière le salua comme un prochain libérateur. Napoléon, en apprenant un pareil choix, bénit sa destinée ; il avait déjà triomphé de ce vieux général à Austerlitz, il avait l'espoir de l'entraîner incessamment dans une affaire générale, il serait vainqueur, et le sort de l'empire russe resterait entre ses mains!! Koutousof déserta bientôt la position de Tzarevo-Zaimisze pour se retirer dans celle de Borodino, qu'il fit fortifier. Napoléon, de son côté, séjourna dans les murs de Gjatzk, où il donna ses derniers ordres aux divers chefs de son armée. Bref, il leur laissa un jour de repos, afin qu'ils pussent se préparer, ainsi que les soldats sous leurs ordres, à une bataille décisive. Enfin, le 5 septembre, on aperçut l'ennemi sous les armes. « Les Rus-
» ses, » dit M. Eugène de Labaume (1),
» avaient vers l'extrême droite de notre
» armée une redoute, dont le feu meurtrier
» portait la consternation dans nos rangs ;
» ils l'avaient construite pour fortifier l'aile
» gauche, qui était le côté faible de leur
» camp retranché. Napoléon le comprit, et
» dès lors il ne fut plus question que de
» prendre cette redoute. L'honneur en fut
» confié aux soldats de la division Compans,
» et ces braves marchèrent avec une intré-
» pidité qui nous garantit le succès de l'en-
» treprise. Dans cet intervalle, le prince
» Poniatowski manœuvra sur notre droite
» avec de la cavalerie, pour tourner la po-
» sition; lorsqu'il fut à la hauteur conve-
» nable, la division Compans attaqua la
» redoute, et parvint à l'enlever après une
» heure de combat.... La division Compans
» acheta cet honneur par des pertes consi-
» dérables : douze cents de nos soldats payè-
» rent de leur sang cette importante posi-
» tion. » Les deux armées passèrent la nuit en présence l'une de l'autre; le lendemain, 6 septembre, Napoléon reconnut avec joie que le vieux Koutousof, loin de battre en retraite, s'était maintenu dans sa même position. Le reste de la journée se consumma à prendre des dispositions pour la grande bataille qui devait avoir lieu le lendemain.

Koutousof, après avoir placé à Borodino un régiment de chasseurs à pied de la garde impériale, assigna les divers points où les corps placés sous ses ordres devaient agir dans l'après-midi. Il se montra à son armée, faisant marcher devant lui une image de la sainte Vierge, sauvée des ruines de Smolensk. Quelques heures auparavant il avait fait circuler dans les rangs de ses soldats la proclamation suivante : « Frères et compagnons
» d'armes, vous voyez devant vous dans cette
» image de la sainte Vierge, objet de votre
» piété, un appel adressé au ciel, pour qu'il
» s'unisse aux hommes contre le tyran qui
» trouble l'univers. Non content de détruire
» des millions de créatures, image de Dieu,
» cet archi-rebelle à toutes les lois divines et
» humaines pénètre à main armée dans nos
» sanctuaires, les souille de sang, renverse
» nos autels, et expose l'arche même du Sei-
» gneur, consacrée dans cette sainte image
» de notre église, aux profanations des acci-
» dents, des éléments et des mains sacriléges.
» Ne craignez donc pas que ce Dieu, dont les
» autels ont été ainsi insultés par ce *vermis-*
» *seau*, que sa toute-puissance a tiré de la pous-
» sière, ne soit pas avec vous ; ne craignez
» point qu'il refuse d'étendre son bouclier
» sur vos rangs et de combattre son ennemi
» avec l'épée de saint Michel. C'est dans
» cette croyance que je veux combattre,
» vaincre et mourir; sûr que mes yeux, à
» demi éteints, verront la victoire. Soldats,
» remplissez votre devoir, songez au sacrifice
» de vos cités en flamme, et à vos enfants,
» qui implorent votre protection; songez à
» votre empereur, votre seigneur, qui vous
» considère comme le nerf de sa force, et
» demain, avant que le soleil ait disparu, vous

---

(1) *Relation circonstanciée de la campagne de Russie*, sixième édition.

» aurez tracé votre foi et votre fidélité sur le » sol de votre patrie avec le sang de l'agres- » seur et de ses guerriers. »

Le caractère de cette proclamation est complétement religieux : Koutousof semble s'adresser plutôt à des chrétiens qu'à des soldats qui sont sous les armes ; mais tel était le langage qu'il devait tenir aux Russes ; les croyances religieuses étant chez eux le foyer de l'énergie morale. Les légions moscovites se préparèrent donc au combat comme des martyrs qui luttent pour entrer dans le ciel, et s'exposèrent à la mort, remplies d'une sainte joie. Leurs chefs, d'ailleurs, avaient veillé avec soin pour que rien ne leur manquât. Des subsistances abondantes, du vin et des liqueurs égayèrent leurs bivouacs, où ils goûtèrent un profond sommeil ; aussi retrouvèrent-ils à la pointe du jour la plénitude de leurs forces. Tel n'était pas le sort réservé aux soldats français : les uns marchèrent presque toute la nuit, et attendirent, étendus sur la terre et sans feu, le lever de l'aurore ; d'autres ne se soutinrent qu'en mangeant la chair des troupeaux maigres et harassés qui suivaient les régiments ou les corps d'armée. A la pointe du jour les tambours battirent, et chaque capitaine donna lecture à sa compagnie de la proclamation suivante, qui forme un contraste si tranchant avec les paroles religieuses que Koutousof avait fait entendre la veille à son armée. C'est à des souvenirs de gloire seulement que Napoléon s'adresse : « Soldats ! voilà la bataille que » vous avez tant désirée ! Désormais la vic- » toire dépend de vous ; elle nous est néces- » saire ; elle nous donnera l'abondance, de » bons quartiers d'hiver et un prompt re- » tour dans la patrie ! Conduisez-vous comme » à Austerlitz, à Friedland, à Vitepsk, à » Smolensk, et que la postérité la plus recu- » lée cite avec orgueil votre conduite dans » cette journée ; que l'on dise de chacun de » vous : Il était à cette grande bataille sous » les murs de Moscou ! »

Dans ce moment le soleil se lève plein d'éclat et de splendeur, dissipant un brouillard épais ; Napoléon s'écrie : « *Voilà le soleil d'Austerlitz!* » Six heures sonnent, un coup de canon annonce que la bataille va commencer : cent vingt mille Français et cent deux mille Russes vont être aux prises les uns contre les autres : douze cents bouches à feu vomissent incessamment la mort au milieu de ces masses. Le maréchal Davout marche le premier contre les Russes, à la tête des divisions Desaix et Compans ; un premier redan, celui qui est le plus près d'un bois, est aussitôt enlevé ; mais les Français le perdent. Ney s'élance, suivi des troupes placées sous les ordres de Junot, trois redans tombent en son pouvoir ; le général russe Bagration parvient à les reprendre ; nos troupes s'en emparent de nouveau. Ney fait alors ses préparatifs pour devenir maître du village de Semonovskoé. Tandis que Compans et Desaix s'étendent sur sa droite, Eugène s'est déjà emparé du village de Borodino, et est sur la rive droite de la Kalotcha, d'où il doit attaquer avec la plus grande partie de ses forces la principale redoute russe ; enfin Poniatowski avait déjà enlevé le village d'Utitsa. Koutousof comprit aussitôt que l'empereur des Français disposait de grandes masses d'infanterie et de cavalerie. Près du bois, les soldats russes qui défendaient les redans avaient besoin d'être rapidement secourus ; il commande aussitôt à Baggovout de se transporter à la gauche pour y recevoir les ordres de Bagration. Ce dernier avait déjà été rejoint, à sept heures du matin, par une brigade d'infanterie de la garde et une de cuirassiers. D'un autre côté, la division Konovnitzin contenait, à droite dans le bois, les efforts de Davout ; Baggovout pénètre dans Semenovskoé. A huit heures du matin, Bagration reprend aussitôt l'offensive. Ney, accablé par le nombre, fait demander des renforts à Napoléon, qui envoie à son secours le général Friant : Semenovskoé est alors enlevé aux Russes par les Français, qui occupent le village ainsi que les redans. Poniatowski, arrêté un instant par le général russe Toutchkof, le repousse à une demi-lieue du village d'Utitsa ; il est aidé par Junot. Pendant ce temps, le prince vice-roi d'Italie, Eugène, se trouve dans la position la plus périlleuse ; il avait laissé une brigade de la division Delzons dans le village de Borodino ; le reste de ses troupes était établi sur la rive

droite de la Kalotcha. A peine Koutousof eut-il aperçu ce mouvement, qu'il dirigea, entre la redoute et Semenovskoé, le corps d'Osterman et le corps de cavalerie de Korf. Le général français Morand s'était déjà dirigé vers la redoute à travers le ravin qui le séparait des Russes. A peine était-il parvenu sur le plateau où se trouvait cette même redoute, qu'il fut reçu par un épouvantable feu d'artillerie; il ne s'arrêta pas cependant, et ordonna au général Bonami de monter à l'assaut avec une brigade. Celui-ci a déjà pénétré dans la redoute; mais il est enveloppé de toutes parts: Morand ne peut venir à son secours; lui-même est obligé de soutenir une vigoureuse attaque: la brigade Bonami bat en retraite, afin de faire sa jonction avec sa division; et le chef intrépide qui la commande, accablé de blessures, reste au pouvoir des Russes. Eugène envoie au secours de Morand les divisions Gérard et Broussier; on se bat depuis le village de Borodino jusqu'à la vieille route de Smolensk; déjà Eugène allait redoubler d'énergie pour devenir le maître de la terrible redoute, lorsqu'il est forcé d'accourir sur la rive gauche de la Kalotcha, où les troupes qu'il a laissées reculent devant le général russe Ouvarof; mais si une brigade de cavalerie légère a fléchi, l'infanterie oppose une invincible résistance. Ouvarof bat en retraite: aussitôt Eugène revole sur la rive droite de la Kalotcha, et prescrit aux divisions Broussier, Morand et Gérard d'arrêter leur feu et d'aller droit à l'ennemi. Sur ces entrefaites, Caulaincourt remplace Monbrun; et, soutenu par les cuirassiers de la division Wathier, passe sur le ventre des Russes, qui tentent de l'arrêter, et détruit la ligne ennemie qui s'étendait derrière la redoute, dans laquelle il pénètre par la gorge. Eugène y marche droit, et en franchit les épaulements. Les Français sont maîtres des vingt et une bouches à feu qui la défendaient: Caulaincourt est tué; tous les Russes qui se trouvent sur ce point sont massacrés; nul d'eux ne veut se rendre. « L'intérieur de la redoute, » dit un officier qui a pris part à cette lutte (1); « l'intérieur de la redoute présentait un effrayant » tableau; les cadavres étaient jonchés les » uns sur les autres, et, parmi eux, beau-» coup de blessés dont les cris étaient à peine » entendus; des armes de toutes espèces » étaient éparses; les parapets, à moitié dé-» truits, avaient tous leurs créneaux rasés, » et l'on ne distinguait plus les embrasures » qu'aux pièces de canon; mais la plupart » étaient renversées et détachées de leurs af-» fûts brisés. Au milieu de cet affreux dés-» ordre, se remarquait le cadavre d'un canon-» nier russe, qui, sur sa boutonnière, avait » trois décorations: ce brave semblait respi-» rer encore; d'une main il tenait le tronçon » d'une épée, et de l'autre serrait étroitement » la pièce de canon qu'il avait si bien servie. »
Trois heures venaient de sonner; Koutousof, dont les soldats étaient chassés de tous leurs retranchements; Koutousof ordonna au corps d'Osterman et à l'infanterie du cinquième corps qui n'avaient pas encore combattu, de se porter sur le centre de l'armée française, où l'on ne comptait que de la cavalerie. Ce mouvement est exécuté avec lenteur; le général Sorbier, qui commande l'artillerie de la garde, donne ordre à la batterie de réserve de tirer sur les masses russes qui commencent à marcher. Murat et Davout font avancer de leur côté de l'artillerie; près de cent bouches à feu répandent aussitôt la mort; les Moscovites s'avancent en dépit de la mitraille qui les atteint; la cavalerie russe s'élance sur les batteries françaises, en prend quelques-unes; mais notre cavalerie a bientôt en son pouvoir ces trophées que l'ennemi est forcé de lui céder. La colonne russe, éclaircie de tous côtés par le canon, suspend sa marche; puis elle bat en retraite, se faisant couvrir par son artillerie et sa cavalerie. La garde, si l'on en excepte trente-six bouches à feu, n'avait pas encore donné. Du côté des Russes, la milice seule de Moscou n'avait pas pris part à cette épouvantable boucherie. Napoléon, en disposant de sa garde, aurait pu remporter sur Koutousof un succès éclatant; mais il donna seulement ordre à la division Claparède de se porter en réserve derrière le prince vice-roi d'Italie, et la canonnade se prolongea jusque dans la nuit.

(1) E. Labaume, *Relat. circ. de la camp. de Russie.*

Telle fut la célèbre bataille que l'empereur des Français décora du nom de la Moskowa, quoique cette rivière coulât à la distance d'une lieue où cette grande journée avait eu lieu. Les Russes donnèrent à ce mémorable combat le nom de Borodino. On compta que plus de soixante-dix mille hommes furent tués ou blessés dans cette terrible journée, dont la date, le 7 septembre 1812, sera toujours marquée en traits sanglants dans les annales de la Russie. « En parcourant » le terrain sur lequel on avait combattu, » nous pûmes, affirme M. Labaume, juger de » l'immensité des pertes qu'avaient faites les » Moscovites; sur un espace d'environ une » lieue carrée il n'y avait pas un endroit qui » ne fût couvert de morts ou de blessés ; il y » en avait même où des éclats d'obus, en bri-» sant une pièce, avaient renversé à la fois » les hommes et les chevaux. De pareils coups, » souvent répétés, faisaient un tel ravage, » qu'on voyait sur cette plaine des montagnes » de cadavres; et le peu d'endroits où il n'y » en avait pas, étaient couverts par des débris » d'armes, de lances, de casques ou de cui-» rasses, ou bien par des biscayens aussi nom-» breux que des grêlons après un violent » orage. Mais le plus effrayant à voir, était » l'intérieur des ravins : presque tous les bles-» sés, par un instinct naturel, s'y étaient » traînés, afin d'éviter de nouveaux coups ; » c'est là que ces malheureux, entassés l'un » sur l'autre et nageant dans leur sang, pous-» saient des gémissements horribles, invo-» quant à grands cris la mort. Ils nous » la demandaient pour mettre un terme à » leur affreux supplice. » Koutousof se retira pendant la nuit ; et les Français, comme s'ils n'avaient pas été victorieux la veille, se remirent en route pour poursuivre de nouveau les Russes ; et, d'après les ordres de Napoléon, ils se dirigèrent sur Moscou. Cette ville avait pour gouverneur le comte de Rostopchin, patriote sincère, et, par suite, ennemi ardent des Français. Long-temps avant le revers de la Moskowa, un Hollandais, du nom de Schmidt, avait prétendu avoir un secret pour causer la ruine complète de l'armée de Napoléon. Cet homme fut envoyé au gouverneur de Moscou, qui lui commanda un ballon incendiaire. Rostopchin décida alors qu'il brûlerait Moscou plutôt que de rendre cette cité sainte à un ennemi qu'il avait en horreur. Il réunit de nombreux ouvriers sous les ordres de Schmidt, qui prépara des torches, des fusées et une foule de matières inflammables.

Koutousof, toujours battant en retraite, avait pris position à une demi-lieue en avant de Moscou ; le jour même il décida avec Rostopchin que la ville sainte serait livrée aux flammes dans le cas où on l'abandonnerait : déjà la haute noblesse s'était retirée ; Rostopchin s'éloigna aussi. Tous les notables habitants imitèrent cet exemple, et le gouverneur de Moscou publia une proclamation dont voici le texte : « Je pars demain pour » me rendre près de son altesse le prince » Koutousof, afin de prendre conjointement » avec lui des mesures pour exterminer nos » ennemis. Nous renverrons au diable ces » hôtes, et nous leur ferons rendre l'âme. » Je reviendrai pour le dîner et nous met-» trons la main à l'œuvre pour réduire en pou-» dre ces perfides. » Mais, avant de quitter la ville dont il était gouverneur, Rostopchin avait eu le soin de distribuer à des soldats de police les torches, les fusées, les mèches, bref toutes les matières incendiaires préparées par Schmidt et ses compagnons. Enfin l'armée de Napoléon s'avança en trois colonnes sur la vieille capitale de la Russie, dans laquelle elle entra le 14 septembre 1812. Une profonde solitude régnait au sein de cette vaste cité, où nos soldats ne s'avançaient qu'avec des précautions infinies ; arrivés près du Kremlin, ils aperçurent quelques hommes des dernières classes confondus avec des soldats et des cosaques ; au milieu de cette populace on découvrait des voitures remplies de blessés. Des coups de fusil furent dirigés sur l'avant-garde, que commandait du roi de Naples, mais ce ramas d'hommes fut aussitôt mis en fuite, et les Français continuèrent de se glisser dans Moscou. Napoléon donna ordre à des officiers polonais de se rendre auprès de Murat, afin que celui-ci hâtât le départ de la députation moscovite, qu'il attendait : quelques marchands étrangers, qui avaient invoqué la protection de Murat, furent bientôt amenés en présence de Napoléon. « Les Russes, » dirent-ils à l'empereur, « ont abandonné » Moscou; il n'y est resté que quelques » étrangers comme nous, qui s'adonnent » au commerce, et quelques individus des » dernières classes du peuple. Nous ferons » tout ce qui sera en notre pouvoir pour le » service de votre majesté, et nous la sup- » plions de nous accorder sa protection. » L'empereur Napoléon, qui s'attendait à voir paraître devant lui l'élite des magistrats de Moscou, ne daigna pas adresser un seul mot de réponse à ces harangueurs cosmopolites, et pénétra dans la ville, où il choisit d'abord pour son quartier général une maison située dans un faubourg.

Je dois maintenant faire savoir au lecteur que dans Moscou, comme dans toutes les autres villes de la Russie, les maisons et les édifices publics sont construits en bois; les incendies se propagent donc avec une rapidité funeste; d'une autre part, Rostopchin avait distribué, comme je l'ai déjà dit, aux soldats de police une multitude de fusées incendiaires : des forçats avaient été rendus à la liberté; ils devaient mettre le feu sur une multitude de points à la fois. Les Français, terrifiés par la solitude de Moscou, où à peine avaient-ils rencontré quelques hommes du peuple et quelques cosaques, n'avaient pu se mettre en communication avec un seul des notables habitants. La présence de Napoléon et les mesures d'ordre qui furent prises par ses généraux continrent les soldats pendant le jour; mais, lorsque la nuit survint, ils pénétrèrent dans toutes les parties de la ville pour se procurer des vivres, dont ils manquaient. Dans ce moment une fumée épaisse sortit à la fois du Bazar, de la Bourse et de la Banque; on voulut arrêter ces premiers incendies, mais Rostopchin avait fait enlever les pompes de la ville. Les troupes françaises se portèrent aussitôt vers la Bourse, où étaient renfermés une foule de marchandises et de produits; là c'étaient des mousselines, des cotons, des draps; ici des huiles, de la résine, des spiritueux et des sucres; le feu régnait dans toutes les parties de l'édifice; il partait des caves pour atteindre le comble. Au milieu des poutres en-flammées, et qui tombaient de tous côtés, nos soldats s'élançant à travers les portiques, brisaient les caisses renfermant les objets les plus précieux et qu'ils partageaient entre eux comme une conquête légitime. Napoléon se retira le 15 septembre, à la pointe du jour, dans le Kremlin, cet antique palais des czars. Bientôt le feu éclata dans une multitude de rues et de quartiers; des forçats, des soldats de police furent saisis la torche à la main; on les interrogea, et ils déclarèrent qu'ils obéissaient à Rostopchin; on les fusilla : mais ce châtiment, tombé sur quelques individus isolés, n'arrêta pas leurs compagnons. L'empereur des Français, convaincu que toute mesure serait impuissante contre les suites effrayantes du patriotisme des Russes, ne donna aucun ordre, et, pendant la nuit du 15 au 16, les flammes s'étendirent avec une rapidité meurtrière; pour comble de malheur un vent impétueux souffla le 16, au matin. Moscou devint alors une vaste mer de feu; du haut d'un balcon du Kremlin, Bonaparte apercevait dans toute son étendue les flammes qui menaçaient de parvenir jusqu'à lui; alors il s'écria : « Moscou n'est plus, » je perds la récompense que j'avais pro- » mise à ma brave armée! » En proie à cette chaleur ardente, dont l'incendie vomissait à chaque instant les flots, entouré d'une pluie de feu, qui couvrait tous les bâtiments que recèle le Kremlin, il persévère à demeurer dans cette demeure souveraine. Mais on l'informe que des tentatives ont déjà été faites pour livrer au feu l'édifice où il s'était établi; le soir même le vainqueur de la Moskova déserta le Kremlin : une seule issue était encore praticable; les flammes, qui avaient gagné les maisons voisines, fermaient toutes les autres. Napoléon et son état-major se réfugièrent dans un château impérial, situé à une demi-lieue de la ville.

A partir de ce moment, Moscou offrit le scènes les plus désolantes que jamais les hommes aient vues; les soldats s'abandonnèrent, à la lueur des incendies, à tous les crimes et à tous les désordres qui accompagnent un pillage universel. Les uns enlevaient tout, les autres achetaient à bas prix

ce que le luxe enfante de plus précieux ; « l'in-
»térêt réunit plus d'une fois dans le même
»lieu l'habit brodé du général et l'humble ha-
»bit du soldat (1). » A côté des vainqueurs,
gorgés de richesses, on voyait çà et là, er-
rant dans les rues, quelques pauvres habitants de Moscou qui n'avaient pu s'enfuir ;
pâles et exténués de faim, les uns traînaient
par la main leurs enfants, les vieillards
s'appuyaient sur leurs filles, puis, après avoir
fait quelques pas, ils s'arrêtaient immobiles
sur les ruines ; quelques-uns de ces malheureux tenaient-ils dans leurs mains les
débris de leur dernière fortune, ils étaient
aussitôt arrêtés par des soldats, qui les con-
traignaient de force à porter au camp français leurs dernières dépouilles ; quelques-uns
s'étaient traînés dans les églises, et, étendus
sur les restes de leur mobilier, gémissaient
sans donner le moindre signe de désespoir.
« On n'entendait aucun cri ; le vainqueur et le
»vaincu étaient également abrutis, l'un par
»l'excès de sa fortune, l'autre par l'excès de
»sa misère (2). » Ici c'étaient des vivandières,
des forçats, des prostituées, des soldats qui,
revêtus des étoffes les plus précieuses, et
chargés de fourrures, pliant sous le poids
des rapines, se reposaient un instant sur les
décombres, qu'ils quittaient bientôt pour
mettre leur butin en sûreté ; puis ce ramas de
misérables s'élançaient dans les caves des
hôtels, où ils se gorgeaient de vin et de
liqueurs. Un spectacle, le plus horrible de
tous, vint couronner ces scènes d'horreur :
la flamme s'étendit dans les hôpitaux russes,
qui renfermaient plus de vingt mille blessés ;
les uns tentaient de se traîner sur les marches des escaliers, les autres se précipitaient
par les fenêtres, et trouvaient une mort
prompte. C'était un mélange de toutes les
douleurs réunies ; ici de malheureureux am-
putés étaient atteints par les flammes, qui les
dévoraient ; là gisaient, étendus sur la terre,
des blessés qui avaient encore eu assez de
force pour franchir le seuil de cet horrible
séjour ; ils étaient écrasés par la chute de
ceux qui, pour trouver leur salut, s'élançaient
des toits ou de la première ouverture qu'ils
rencontraient sur leurs pas ; quelques-uns
enfin purent échapper au feu ou aux nouvelles
blessures causées par leur chute ; ils conçurent l'espoir de conserver encore la vie ;
mais, au milieu de cette abondance où vivaient les soldats français, on laissa ces
braves mourir de faim et de misère.

L'incendie de Moscou, qui avait commencé le 14 septembre, se termina le 20 ;
dans certaines parties il manqua d'aliments,
car la cité sainte offre de vastes terres labou-
rables ; d'un autre côté, une pluie abondante sauva quelques maisons et quelques
églises ; les neuf dixièmes de cette capitale
avaient disparu. « Dans la partie détruite
» la terre était couverte de cendres, de tas
» de briques, de feuilles de tôle, de débris
» fumants, et de cadavres d'hommes et d'ani-
» maux défigurés par le feu ; il ne restait
» debout que quelques églises, des pans de
» murailles, des débris de péristyle, des ar-
» bres à demi consumés et un grand nombre
» de cheminées, qui, d'une certaine distance,
» semblaient être de hautes colonnes iso-
» lées (1). » Le 20 septembre, Napoléon vint
séjourner de nouveau dans le Kremlin, que les
flammes avaient épargné. Il partagea Moscou,
ou pour mieux dire ses débris, en vingt quartiers différents, à la tête desquels il plaça un
commandant ; avec beaucoup de peine, il parvint à créer une municipalité, dans laquelle
des marchands étrangers entrèrent seuls ;
des hôpitaux furent organisés ; on procéda
à un pillage régulier de la cité sainte, dans
laquelle on trouva encore une grande quantité de poissons secs, de sucre, de café, de
vin et de liqueurs. Divers corps de l'armée
française commencèrent enfin à se refaire ;
mais les soldats qui marchaient sur les traces
de Koutousof furent soumis à des privations
encore plus cruelles que celles qu'ils avaient
jadis éprouvées. L'empereur de Russie, pour
enflammer de plus en plus l'opinion publique,
livra à la publicité un rapport de Koutousof,
en date du 16 septembre, dans lequel ce

---

(1) E. Labaume, *Relation circonstanciée de la campagne de Russie.*
(2) Idem.

(1) *Hist. de l'expédition de Russie*, par le maréchal-
de-camp marquis de Chambrai, t. II, p. 126.

vieux général, après avoir exalté la victoire qu'il avait obtenue à Borodino sur les Français, convint qu'il avait été obligé de battre en retraite et de livrer Moscou ; l'ennemi ayant reçu de nouveaux renforts. A la suite de cette pièce mensongère, Alexandre publia une proclamation mémorable, empreinte de cet esprit religieux qui produit tant de merveilles ; je n'en citerai que certains passages. « Avec une douleur extrême et poignante »pour le cœur de chaque enfant de la patrie, »l'on annonce que l'ennemi est entré à »Moscou. Mais que le grand peuple russe »n'en soit point abattu ; qu'il redouble plu- »tôt de persévérance et de courage pour »rejeter sur l'ennemi les maux dont il veut »l'accabler. Moscou, cependant, est occupé »par ses troupes, mais ce n'est point par »la suite de la destruction de nos armées. Le »commandant en chef, de concert avec ses »généraux, a jugé prudent de céder un ins- »tant à la nécessité. Il s'est replié afin d'a- »jouter de nouvelles forces aux siennes ; ainsi, »le triomphe passager du chef des Français »le conduira à une destruction inévitable. » Ici Alexandre explique à ses sujets que la possession de Moscou sera inutile aux dévastateurs de la Russie, puisque cette ville, privée de ses trésors et de ses ressources, deviendra un tombeau, plutôt qu'un lieu de repos, au farouche agresseur.... « Et la »nécessité l'obligera enfin à fuir au travers »des rangs de notre intrépide armée pour »échapper à la famine....... Lorsque le »monde entier, opprimé, voit en nous un »exemple et un encouragement, pourrions- »nous reculer ?..... Non, saluons plutôt la »main qui nous élit pour être les chefs des »nations dans la cause de la liberté et de la »vertu. Les maux du genre humain sont »poussés à leur comble : il ne faut que jeter »les yeux autour de nous pour voir les cala- »mités de la guerre et les cruautés de l'ambi- »tion dans toute leur horreur ; mais nous les »braverons pour le maintien de notre liberté »et dans l'intérêt de l'humanité. Nous éprou- »verons le sentiment d'une bonne action, et »un bonheur immortel sera la récompense »d'une nation qui, en endurant les maux »d'une guerre cruelle, résistant avec cons- »tance et courage à celui qui l'apporte par- »tout, obtiendra une paix durable non-seu- »lement pour elle-même, mais encore pour »les malheureuses nations que le tyran a »forcées de combattre pour sa querelle ; il »est noble, il est digne d'un grand peuple de »rendre le bien pour le mal. Dieu puissant ! »la cause pour laquelle nous acombattons »n'est-elle pas juste ? Jette un œil de misé- »ricorde sur ta sainte Église ! Conserve à »ce peuple son courage et sa constance ! »Puisse-t-il triompher de son adversaire et »du tien ! Puisse-t-il être dans tes mains, et, »en se délivrant lui-même, racheter la li- »berté et l'indépendance des nations et des »rois !..... »

Tandis que plusieurs corps de l'armée française continuaient de poursuivre Koutousof, qu'ils ne pouvaient atteindre, Napoléon restait à Moscou, où il fit jouer la comédie, moins pour apporter une diversion à toutes les inquiétudes qui le dévoraient, qu'afin de prouver aux Russes qu'il ne songeait pas à se retirer. De toutes parts il réunissait des vivres pour six mois, et mettait en état de défense le Kremlin. Le 4 octobre cependant il donna ordre au général de division Lauriston d'aller porter une lettre à Koutousof, qui devait la faire parvenir à l'empereur Alexandre. Le vieux général russe manifesta le désir de voir se terminer promptement une guerre aussi désastreuse, et, pour faire croire à la sincérité de ses paroles, il fit cesser les hostilités avec Murat. Mais en même temps il adressa à l'empereur Alexandre un rapport, qui ne respirait que la continuation de la guerre. « Bonaparte, » disait-il au czar, « ne par- »vient à se procurer des vivres qu'avec la »plus grande difficulté, et les prisonniers »assurent unanimement que son armée n'a »que de la chair de cheval pour nourriture. »Les chevaux de son artillerie et de sa cava- »lerie souffrent encore davantage. Les paysans »s'arment et s'organisent ; ils placent des »sentinelles sur les sommets des montagnes »et sur les clochers pour épier l'ennemi ; »quand il paraît, le tocsin sonne. A ce signal, »les paysans s'assemblent, fondent en déses- »pérés sur l'ennemi, lui tuent beaucoup de

»monde, et lui font beaucoup de prisonniers.
»Chaque jour on voit arriver au quartier-
»général de ces dignes fils de la patrie, qui
»demandent des armes; dans plusieurs villa-
»ges ils se sont liés, pour leur défense, par
»un serment mutuel, et infligent des puni-
»tions sévères aux lâches et aux déserteurs...
»J'apprends à l'instant que les Espagnols et
»les Anglais ont chassé les Français de
»Madrid. Ainsi les agresseurs sont repoussés
»partout, et tandis qu'à l'autre extrémité de
»l Europe ils sont moissonnés par milliers,
»*leurs tombes se creusent dans le sol de*
»*cet empire*, qu'ils auront en vain menacé
»de la destruction. » Ces derniers mots ne
prophétisaient qu'avec trop de vérité les
désastres épouvantables qui dans quelques
jours attendaient les soldats de Napoléon.

Le czar, au reste, loin de vouloir accéder
aux propositions de Bonaparte, qu'il regardait comme son adversaire personnel, de Bonaparte, qui n'avait paru être son ami que
pour mieux le tromper, adressa à Koutousof
une lettre où il blâma l'entrevue qu'il avait
accordée à Lauriston. Cette lettre prouve
l'inébranlable résolution d'Alexandre, et
la haine que tout ce qui portait un cœur
russe ressentait contre l'envahisseur de la
patrie. Voici cette lettre, elle appelle
toutes les méditations du lecteur. « Le rap-
»port que j'ai reçu de vous, par le prince
»Volkouski, m'a appris l'entrevue que vous
»avez eue avec l'aide-de-camp-général français
»Lauriston. Les entretiens que j'ai eus avec
»vous, au moment même de votre départ
»pour les armées confiées à vos soins, vous
»avaient instruit *de mon désir ferme et*
»*absolu d'éviter avec l'ennemi toute né-*
»*gociation et toute relation tendant à la*
»*paix*. Maintenant, après l'événement sus-
»mentionné, je dois vous répéter avec la
»même résolution, que je désire que ce
»principe, adopté par moi, soit observé par
»vous dans toute sa latitude, et de la manière
»*la plus rigoureuse et la plus inébranla-*
»*ble*. J'ai appris pareillement, à mon extrême
»mécontentement, que le général Beningsen
»a eu une entrevue avec le roi de Naples,
»et cela sans qu'aucun motif pût même l'y
»inciter. Après lui avoir fait sentir l'incon-
»venance de cette démarche, j'exige de vous
»une *surveillance active et sévère*, pour
»que les autres généraux n'aient point d'en-
»trevue avec les ennemis, ni encore moins
»de conférences semblables, qu'il faut éviter
»avec le plus grand soin. Toutes les notions
»que vous avez reçues de moi, toutes les dé-
»terminations consignées dans les ordres qui
»vous ont été adressés par moi, en un mot,
»tout doit vous convaincre que ma résolution
»est inébranlable, et que dans ce moment
»aucune proposition de l'ennemi ne pourra
»m'engager à terminer la guerre, et à affai-
»blir par là le devoir sacré de venger la
»patrie lezée. » Ainsi, la volonté d'Alexandre,
ou pour mieux dire le sentiment de l honneur
national, soutenu des efforts de tous les Russes,
préparait à nos intrépides soldats la retraite
la plus désastreuse; viennent les rigueurs de
l'hiver, et tout sera perdu!...

Napoléon, qui jusque là s'était joué impunément de tous les traités, et qui avait poursuivi avec tant d'audace et de ruse les avantages que la fortune lui offrait, semblait
croire à un oubli complet de tous les maux
qu'il avait répandus sur la Russie; il s'ima-
ginait que, parqué sur les ruines de Moscou,
il avait seulement à faire entendre quelques
paroles de paix..... Alexandre allait les recueillir avec joie. Étrange aveuglement d'un
esprit si supérieur! Il ignorait donc que les
peuples qui à peine jouissent des douceurs de la civilisation, portent un cœur
éminemment sensible à tous les outrages faits
à leur nationalité, surtout lorsque chez eux
ce sentiment s'appuie sur un esprit religieux.
Les souvenirs de la patrie, se mêlant au
respect des autels, impriment au cœur des
citoyens cette énergie indomptable que rien
ne peut vaincre, cette patience dans les maux
qui triomphe de tout, et ces saintes convictions que le malheur accable sans jamais les
faire plier. Napoléon avait déjà eu devant les
yeux l'héroïsme de conscience des Espagnols,
il allait recevoir un nouvel exemple des
Russes. Ce n'est pas que des lueurs soudaines
ne vinssent l'éclairer, il cédait même à leurs
influences; ainsi, dès le 28 septembre il avait
conçu la pensée d'opérer sa retraite; mais
il retomba bientôt dans cet esprit d'aveu-

glement que Dieu lui tenait en réserve pour châtier l'insolence de ses anciens succès. Une fortune aussi superbe devait une expiation au monde ; la Providence dépose au fond de tous les événements une leçon de moralité ; son effet est d'autant plus immense qu'il tombe de haut. Enfin, Napoléon, après être resté trente-quatre jours dans la cité sainte des Russes, la quitta le 18 octobre ; son armée formait encore un total de cent quatre mille combattants.

Un aussi long séjour dans les murs de Moscou avait été utile, surtout à l'infanterie ; c'était sur elle seule que l'empereur des Français devait compter. Mais par malheur les mouvements de l'armée étaient difficiles à opérer, à cause d'une quantité innombrable d'équipages, qui encombraient sa marche ; jusqu'aux simples soldats, tous pliaient sous le poids des richesses qu'ils emportaient. L'artillerie, qui avait perdu presque tous ses chevaux, était dans un état déplorable. Napoléon ne s'éloigna de Moscou que le 19 octobre. Le lendemain, il envoya un ordre au maréchal Mortier, duc de Trévise, pour qu'il évacuât la ville sainte dans la nuit du 23, il devait en même temps faire sauter le Kremlin. L'empereur fit en même temps adresser, par son major-général Alexandre Berthier, une lettre à Koutousof, espérant toujours par son intermédiaire une paix avantageuse. Voici cette lettre, que Napoléon avait lui-même dictée :
« Au quartier impérial, le 20 octobre 1812.
» — Monsieur le prince Koutousof, le général
» Lauriston avait été chargé de proposer à
» votre altesse de prendre des arrangements
» pour donner à la guerre un caractère con-
» forme aux règles établies, et prendre des
» mesures pour ne faire supporter au pays
» que les maux indispensables qui résultent
» de l'état de guerre. En effet, la dévastation
» de son propre pays est nuisible à la Russie,
» autant qu'il affecte douloureusement l'em-
» pereur. Votre altesse sentira facilement
» l'intérêt que j'ai à connaître la détermi-
» nation définitive de son gouvernement. »
Le vétéran russe fut loin de tomber dans le piège qui lui était tendu ; sous des formes pleines de convenance, il manifesta l'intention de poursuivre les hostilités avec une nouvelle vigueur : il adressa donc à Berthier la réponse suivante : « Mon prince, le colo-
» nel Berthemi, que j'ai admis dans mon
» propre quartier, m'a remis la lettre dont
» Votre Altesse l'avait chargée pour moi.
» Tout ce qui fait l'objet de cette nouvelle
» démarche a déjà été soumis à l'empereur,
» mon maître..... Je ne saurais donc que me
» référer personnellement à tout ce que j'ai
» eu l'honneur de dire à M. le général Lau-
» riston sur la même matière. Je répéterai
» cependant ici une vérité, dont vous appré-
» cierez sans doute, mon prince, toute la
» force et l'étendue : c'est qu'il est difficile
» d'arrêter, malgré tout le désir qu'on peut
» en avoir, un peuple aigri par ce qu'il voit ;
» un peuple qui, depuis trois cents ans, n'a
» point connu de guerre intérieure, qui est
» prêt à s'immoler pour sa patrie, et qui
» n'est point susceptible de ces distinctions
» entre ce qui est ou n'est pas d'usage dans
» les guerres ordinaires. Quant aux armées
» que je commande, je me flatte, mon prince,
» que tout le monde reconnaîtra dans la ma-
» nière dont elles agissent les principes qui
» caractérisent toute nation loyale, brave
» et généreuse ; je n'en ai jamais connu
» d'autres dans ma longue carrière militaire,
» et je me flatte que les ennemis que j'ai eus
» à combattre ont toujours rendu justice à
» mes maximes à cet égard. »

Il ne restait plus désormais à Napoléon qu'un seul parti à prendre, c'était de hâter sa retraite. Koutousof, instruit de l'évacuation de Moscou, ordonna aussitôt à Platof de se rendre avec ses cosaques à Malo-Jaroslavetz, petite ville, située sur le penchant d'une colline qui s'étend sur la rive droite de la Luja. Le général Delzons était chargé de défendre cette position avec deux bataillons ; mais les forces supérieures de l'ennemi l'avaient contraint de se replier. Le vice-roi d'Italie donna des renforts à Delzons, qui reprit aussitôt l'offensive ; mais au moment où il encourageait ses soldats, il fut frappé à mort d'une balle au front. Le général Guilleminot, chef de l'état-major du quatrième corps, prit aussitôt le commandement et se maintint dans Malo-Jaroslavetz, jus-

qu'à l'arrivée de la division Broussier ; les Russes cependant étaient parvenus à rester maîtres d'une partie de la ville. Enfin, la division Pino accourut, et nos troupes devinrent maîtresses du sommet de la colline ; de ce point elles recoururent à leur artillerie. Sur ces entrefaites, les divisions Gérard et Compans traversèrent la Luja, et s'établirent l'une à droite, l'autre à gauche de la ville. La nuit arriva, on continua cependant de combattre, et la fusillade ne s'arrêta qu'à onze heures du soir. Koutousof s'approchait avec son armée, et s'arrêta à peu de distance de Malo-Jaroslavetz. Napoléon, qui avait quitté le village de Ghorodnia pour reconnaître les troupes russes qui marchaient sur la ville, dans laquelle on combattait avec acharnement, Napoléon, dis-je, retourna le soir à Ghorodnia, où il habitait la maison d'un pauvre paysan. On avait remarqué que le jour de la victoire de la Moskova, accablé par la maladie (1), il s'était tenu loin du champ de bataille; depuis il semblait par moment céder à une apathie dont il ne pouvait triompher; il en donna dans cette circonstance une nouvelle preuve, attestée par un écrivain auquel on ne saurait accorder trop de confiance. « Napoléon, aussitôt arrivé au lieu
» où il devait passer la nuit, réunit en conseil
» Berthier, Murat et Bessière, autour d'une
» table, sur laquelle fut étendue une carte du
» pays; il leur parla d'abord du changement
» que l'arrivée de Koutousof apportait à sa
» situation; puis, tout-à-coup saisissant sa
» tête entre ses mains, les coudes appuyés
» sur la table, et les yeux fixés sur la carte,
» il resta immobile dans cette position. Les
» trois généraux se regardaient avec étonne-
» ment, attendant en silence qu'il sortît
» d'une méditation qui attestait si énergi-
» quement son embarras. Plus d'une heure
» s'était écoulée dans cette attente, lorsque
» Napoléon, quittant enfin sa position et
» rompant le silence, les congédia, sans leur
» avoir fait part de sa résolution (2). »

Koutousof, ainsi que je l'ai déjà dit, avait pris position à trois quarts de lieue de Malo-Jaroslavetz ; il avait sous ses ordres cent mille hommes de troupes régulières. Napoléon commandait seulement dans cette circonstance à soixante-douze mille hommes; les Français cependant restèrent maîtres de Malo-Jaroslavetz, et, le 26, l'empereur apprit à neuf heures du matin que les avant-postes russes se retiraient sur Kaluga ; alors il dirigea sa retraite sur Smolensk, par Mojaïsk et Viazma. Quant à l'infortunée ville de Malo-Jaroslavetz, il n'en restait plus que des débris. « On ne distinguait l'alignement des
» rues que par les nombreux cadavres dont
» elles étaient jonchées ; de tous côtés on ne
» voyait que des membres épars et des têtes
» humaines écrasées par les pièces d'artil-
» lerie qu'on avait fait manœuvrer. Les
» maisons ne formaient qu'un monceau de
» ruines, et sous leurs cendres brûlantes
» paraissaient des squelettes à demi consu-
» més (1). » Tel est le témoignage rendu par un homme qui a assisté à cet horrible combat. L'armée française continua son mouvement de retraite, incendiant maisons, villages et châteaux. Sur tant de ruines on apercevait des paysans égorgés ; à leur côté des enfants avaient été passés au fil de l'épée, et de jeunes filles rendaient le dernier soupir à la place même où le soldat, après avoir assouvi la brutalité de ses sens, les avait massacrées. Tant de crimes ajoutaient encore à la rage qui enflammait les Russes ; des villes entières disparaissaient en un jour : tel fut le sort de Ghiatz, naguère centre d'un immense commerce. Jusque là cependant la retraite des Français ne leur était pas encore devenue fatale ; s'ils n'avaient pour toute nourriture que de la chair de cheval, le temps se soutenait magnifique, et entretenait la gaieté naturelle de nos soldats. Le 3 novembre les corps du prince vice-roi d'Italie, de Davout et de Poniatovski marchèrent sur Viazma ; ils furent attaqués par les Russes mais, après avoir perdu environ quatre mille hommes, les soldats de Napoléon purent

---

(1) Un rhume obstiné.
(2) *Histoire de l'expédition de Russie*, par le maréchal-de-camp marquis de Chambrai, troisième édition, livre 3, page 334.

(1) *Relation circonstanciée* de la campagne de Russie, par E. Labaume, sixième édition.

continuer leur retraite, et les derniers débris de Viazma furent abandonnés aux flammes par le maréchal Ney, qui formait l'arrière-garde. Le premier corps d'armée perdit un nombre considérable d'hommes; les divers généraux qui prirent part à ce combat ne réussirent pas à se concerter; aucun d'eux, dans l'absence de Napoléon, n'avait le commandement en chef. A partir de ce jour, on remarqua aussi que l'énergie de nos troupes commençait à fléchir. On trouve dans un rapport que le maréchal Ney adressa le lendemain à Napoléon, le passage suivant: « De meilleures dispositions auraient pu » produire un résultat plus favorable. Ce » que cette journée a de fâcheux, c'est que » mes troupes ont été témoins des désordres » du premier corps (1). C'est un exemple » funeste qui ébranle le moral des soldats. Je » dis la vérité à votre majesté, et quelque » répugnance que j'éprouve à blâmer les » dispositions de l'un de mes camarades, je » ne puis m'empêcher, sire, de vous dé-» clarer que je ne puis répondre de la re-» traite comme si je la commandais seul. »

Il était constant qu'une désorganisation plus ou moins complète pénétrait dans nos rangs; la cavalerie, si l'on en excepte celle de la garde, avait perdu ses chevaux; il en était à peu près de même de l'artillerie; qu'à chaque instant l'on était contraint d'abandonner. Tous ces hommes, démontés, et qui n'appartenaient plus à aucun corps ni aucune division, ne présentaient qu'un rassemblement confus, qui, à la moindre alerte, jetait le désordre dans les divers mouvements : d'une autre part, les privations de tout genre, en s'accumulant, devenaient plus difficiles à supporter; enfin le 6 novembre, et lorsqu'on était éloigné seulement de vingt lieues de Smolensk, le temps devint tout-à-coup sombre et noir. « Le soleil, caché sous d'é-» pais nuages, disparut, et la neige, tom-» bant à gros flocons, obscurcit dans un ins-» tant le jour, et confondit la terre avec » le firmament. Au milieu de cette sombre » horreur, le soldat, accablé par la neige et » le vent, qui venait sur lui en forme de » tourbillon, ne distinguait plus la grande » route des fossés, et souvent s'enfonçait » dans ces derniers, qui lui servaient de » tombeau. Ah! combien de ces infortunés » qui luttaient contre les angoisses de la » mort! Étendus sur les chemins, on ne les » distinguait plus qu'aux tas de neige qui » recouvraient leurs cadavres, et qui, sur » toute la route, formaient des ondulations » semblables à celles des cimetières; enfin, » ajoute M. de Labaume, assez heureux pour » avoir échappé à tant de périls, « des nuées » de corbeaux, abandonnant la plaine, pous-» saient, en passant sur nos têtes, des cris » sinistres, et des troupeaux de chiens, venus » de Moscou, ne vivant que de nos débris » ensanglantés, venaient hurler autour de » nous, comme pour hâter le moment où » nous devions leur servir de pâture (1). »

Depuis ce jour fatal Napoléon n'eut plus de soldats, mais des masses qui, accablées sous le poids des maux, avaient à peine la force de soutenir l'arme dont elles avaient fait naguères un si redoutable usage. Hors quelques hommes d'une trempe à part, les vainqueurs de la Moscova, en proie à des désastres qui surpassaient les forces humaines, et que l'imagination même n'aurait pu concevoir, songèrent uniquement à disputer les derniers restes de vie qui leur restaient. Toute règle de discipline militaire était foulée aux pieds, car chacun ne respirait plus que pour soi; l'esprit de corps, cet honneur des camps, était oublié; les soldats ne répondaient plus à la voix de leurs officiers; les chefs s'isolaient dans un egoïsme impitoyable, et consommaient les dernières ressources que leur prévoyance avait su se ménager. Les simples officiers, plus malheureux que tous, n'avaient encore osé, jusque là, ni prendre ni demander, et ils tombaient, épuisés d'inanition. On ne reconnaissait plus le commandement général; il n'y avait plus ni divisions, ni brigades, ni corps d'armée, ni même de régiments : on marchait tous mêlés; les

---

(1) Il était placé sous les ordres du maréchal Davout.

(1) *Relation circonstanciée* de la campagne de Russie, par E. de Labaume, l. VII, p. 279 et 180.

uns s'éparpillaient dans les plaines, mettant le feu à tout ce qui se rencontrait sous leurs mains ; d'autres, faute de pouvoir faire un pas, s'arrêtaient pour rendre bientôt le dernier soupir. Une masse de traînards restaient en arrière; bientôt ils tombaient sous les coups réunis des cosaques et des paysans russes. Apercevait-on une ville? elle n'offrait plus d'asile; elle avait été pillée, ou la flamme avait dévoré ses habitations. Quelques maisons, échappées à l'incendie, restaient-elles encore à moitié debout? elles étaient réservées à des généraux. Si les soldats qui avaient conservé leurs armes trouvaient à peine quelques misérables aliments, un sort plus déplorable attendait encore les soldats séparés de leurs corps; on leur refusait même une place au bivouac. Errants, en proie à tous les supplices de la faim, ils se précipitaient sur les derniers lambeaux de chair des chevaux qui, comme les hommes, tombaient pour ne plus se relever. Il faut avoir pris part à ces scènes de désolation, qui resteront à jamais gravées dans la mémoire des hommes, pour savoir les peindre : c'est donc un témoin oculaire qui complétera ces lugubres récits : « Excédés par le sommeil et les longues » marches, nos soldats ne voyaient que de » la neige, et, autour d'eux, pas un seul » point pour s'asseoir ni se reposer. Transis » de froid, ils erraient de tous côtés pour » trouver du bois; la neige l'avait fait disparaître, et, s'ils en trouvaient, ils ne savaient où l'allumer. Aussi, voyait-on tous » les hommes, serrés ensemble comme des » bestiaux, se coucher au pied des sapins, » des bouleaux, ou sous des voitures. D'autres arrachaient des arbres, ou, de vive » force, brûlaient les maisons où les officiers » étaient logés, et, quoique excédés de lassitude, on les voyait droits, semblables à » des spectres, rester immobiles toute la » nuit, autour de ces immenses bûchers (1). » Le lendemain cependant il fallait de nouveau se remettre en route.

(1) *Relation circonstanciée* de la campagne de Russie, par E. de Labaume, sixième édit., liv. VII, p. 281-282.

Tant de misères cependant s'accroissaient encore dans certaines circonstances : par exemple, lorsqu'il s'agissait de passer des fleuves ou des rivières. Les troupes du vice-roi devaient traverser le Vop, qui apporte le tribut de ses eaux au Niéper ; le 8 novembre, Eugène avait donné ordre au général Potevin d'établir un pont ; mais le 9 au matin il était rompu. Platof se présenta avec ses cosaques, que les tirailleurs cherchèrent long-temps à contenir. Le prince vice-roi commanda au colonel Delfanti, un de ses officiers d'ordonnance, de traverser la rivière à gué, suivi de la garde royale italienne. Cet ordre fut exécuté. Les soldats avaient de l'eau jusqu'au cou; mais, écartant les glaces, ils parvinrent à s'établir sur la rive droite. Vint alors le tour des voitures : les premières filèrent avec bonheur; mais les canons, forcés de traverser tous sur le même terrain, y laissèrent des traces si profondes qu'ils s'y engloutirent eux-mêmes. Il en résulta que le seul gué, jusque là praticable, se trouva tellement obstrué par l'artillerie, que les équipages furent obligés de s'arrêter : cent pièces de canon furent abandonnées, ainsi qu'une immense quantité de drouschki, qui renfermaient le reste des provisions recueillies à Moscou. D'un autre côté, on savait que les Russes s'avançaient ; « on vit alors, » dit M. de Labaume, « chacun renoncer à ses » équipages, et charger précipitamment sur ses » chevaux les effets les plus précieux. A peine » avait-on pris la résolution de laisser une » voiture, qu'une foule de soldats ne donnaient plus au propriétaire le temps de choisir ce qui lui convenait ; ils en devenaient » les maîtres et la pillaient. Mais ils cherchaient de préférence la farine et les liqueurs: » les artilleurs enclouaient leurs pièces, désespérant de franchir une rivière qui de toute » part était encombrée par des voitures embourbées et par quantité d'hommes et de chevaux noyés. Spectacle affreux, et dont les » fastes militaires n'avaient point encore offert » d'exemple ! » Ici on entendait les cris horribles de ceux qui franchissaient le Vop chargé de glaçons ; là l'horrible silence de ceux qui allaient les suivre; on voyait ailleurs des hommes et des chevaux qui, saisis par le froid, périssaient aussitôt ; enfin, au milieu de toutes ces horreurs, on entendait les sanglots des femmes, les pleurs des enfants ; des membres de la même famille étaient parvenus sur le bord opposé, tandis que les autres se disposaient à franchir la rivière au milieu des cadavres qui embarrassaient son cours. En vain ceux qui se considéraient comme sauvés, parce qu'ils étaient parvenus sur la rive droite, réussirent-ils à allumer des feux, un grand nombre périt faute de liqueurs et d'aliments. Ce n'est pas tout, une multitude de blessés et de malades restèrent sur la rive opposée. Surpris le lendemain par des cosaques, ceux-ci les dépouillèrent de leurs vêtements, les laissant nus sur la neige. A peine cette multitude, arrivée au milieu des ténèbres, dans quelques villages réduits en cendres, avait-elle eu le temps de reposer ses membres, qu'elle se remettait en route au milieu de la nuit ; souvent à deux heures du matin.

Au milieu de nos soldats, on apercevait quelques femmes françaises qui avaient quitté Moscou où elles étaient établies, car elles craignaient d'éprouver les suites du ressentiment des Russes ; elles étaient à pied, en simples souliers d'étoffe, portant des robes de soie ou de percale, sur lesquelles étaient placées des pelisses ou des capotes de soldat qu'elles avaient enlevées à des cadavres. Si les hommes, dont le tempérament était plus robuste, tombaient par milliers, quel avenir pouvaient attendre ces infortunées mourant de faim ? Elles devenaient les compagnes passagères de ceux qui pouvaient apporter quelque adoucissement à leur sort ; elles passaient ainsi dans les bras de nos soldats jusqu'au moment où toutes leurs forces morales étant épuisées, elles expiraient sur le grand chemin. Quelques-unes, dans l'impuissance de faire un pas de plus en avant, se tenaient à la queue d'un cheval pour disparaître un peu plus loin dans la neige, dont nul bras ami ne cherchait à les tirer. Smolensk, que l'on considérait comme une sorte de terre promise, trompa toutes les espérances. Cependant les Russes, dont la supériorité numérique aurait seule suffi pour écraser jusqu'au dernier soldat de Napoléon ; les Russes, abondamment pourvus de vivres et entourés d'une population qui leur était dévouée, purent suspendre la marche des Français, mais ne parvinrent jamais à les vaincre complètement. Le défaut d'espace m'empêche de retracer tant d'actions où nos troupes, à moitié vaincues par le manque de nourriture et les rigueurs d'un climat contre lequel le chef suprême n'avait pris aucune espèce de précaution ; le défaut d'espace, dis-je, m'empêche de retracer tant de hauts faits ; mais l'Europe sait qu'au milieu des déserts de la Moscovie, nos troupes ont recueilli de la gloire, et ont prouvé, à toutes les époques de cette désastreuse campagne, combien elles l'emportaient sur leurs ennemis. Napoléon se tint long-temps dans une voiture bien fermée. « Il portait même, » suivant M. de Labaume, « une pelisse et un bonnet en martre zibeline, qui l'empêchaient » de ressentir le froid le plus rigoureux. » Le 18 novembre, on le vit pour la première fois marcher presque toute la journée à pied ; il fut alors témoin du découragement profond où était tombée jusqu'à sa garde. Le maréchal Ney, qui, à la suite de la journée de Krasnoë, avait été contraint de faire retraite sur l'autre rive du Nieper, livra des combats aux Russes pendant trois jours consécutifs. C'est la partie la plus brillante de la vie de cet illustre maréchal, d'ailleurs remplie de tant de merveilles ; il fut enfin sauvé par le prince vice-roi, qui parvint à le dégager.

Je laisse de côté une foule de détails pour arriver au triste jour où notre armée entreprit le passage de la Bérésina, que voulait nous couper l'ennemi. Le 25 novembre, Napoléon, à la suite d'habiles manœuvres, fit élever deux ponts. Le maréchal Oudinot, duc de Reggio, franchit alors la Bérésina, et mit en fuite l'ennemi, qui tentait de lui disputer le passage. Le 27, l'empereur, accompagné de sa garde, franchit également le fleuve, laissant derrière lui les derniers restes de cette brillante armée qui naguère parcourait avec tant de rapidité le sol de la Russie. Ce n'était plus des troupes, mais une masse confuse de Français, d'Allemands, de Polonais, d'Italiens, d'Espagnols, de Portugais et de Croates ; tous ces malheureux se disputaient à qui arriverait le plus vite sur la rive opposée ; une neige épaisse glaçait tous leurs membres, et couvrait au loin de sa blancheur uniforme les collines et les forêts. « Quoiqu'il y eût deux ponts, l'un pour les voitures et l'autre pour les fantassins, néanmoins la foule était si grande et les approches si dangereuses, qu'arrivé près de la Bérésina, les hommes, réunis en masse, ne pouvaient plus se mouvoir. Cependant, malgré ces difficultés, les gens à pied, à force de persévérance, parvenaient à se sauver; mais vers les huit heures du matin, le pont pour les voitures et les chevaux ayant été rompu, les bagages et l'artillerie s'avancèrent vers l'autre pont, et voulurent tenter de forcer le passage. Alors s'engagea une lutte affreuse entre les fantassins et les cavaliers : beaucoup périrent en s'égorgeant entre eux; mais un plus grand nombre encore fut étouffé vers la tête du pont; et, pour approcher de la rivière, il fallait gravir des montagnes de cadavres. Il y en avait qui respiraient encore; et, luttant contre les horreurs de la mort pour se relever, se saisissaient de ceux qui montaient sur eux : ceux-ci, pour se dégager, les repoussaient avec violence et les foulaient aux pieds. » (1) Le 28 novembre, les trois armées russes ayant fait leur jonction, attaquèrent le duc de Reggio sur la rive droite; une demi-heure après le maréchal Victor, duc de Bellune, était assailli sur la gauche. Oudinot, blessé dangereusement, fut remplacé par Ney : déjà le neuvième corps, placé à l'arrière-garde de notre armée, courait les plus grands risques; le bruit du canon russe qui retentissait vint apporter la terreur dans toutes les âmes; l'artillerie de l'ennemi vomissait un feu redoutable du sommet des collines; enfin un combat terrible allait s'engager sur le même terrain où étaient amoncelés des femmes, des enfants, des malades, des blessés et des soldats sans armes. Ney communique à ses troupes cette ardeur qui le dévore; les cuirassiers Doumerc chargent les Russes avec une énergie que n'ont pu éteindre ni les fatigues ni les misères de tous les genres; ils se font jour à travers les carrés de l'infanterie, les hachent et s'emparent de plusieurs pièces de canon : quatre mille prisonniers sont en leur pouvoir. Au milieu de l'action, des boulets passent sur la tête de la multitude, qui s'étouffe autour du pont de la Bérésina. Des obus portent au milieu d'elle la mort sous une forme nouvelle; les femmes, les enfants, qui jusque là avaient échappé à tant de périls, s'élancent des voitures qui leur avaient servi d'asile; elles se jettent avec leurs enfants aux genoux de tous ceux qu'elles rencontrent; elles implorent leur pitié pour qu'ils les fassent parvenir sur l'autre bord du fleuve. « Les malades et les blessés, assis sur le tronc des arbres, cherchent partout d'un air inquiet un ami pour les secourir; mais leur voix se perd dans les airs. » Deux amis, l'un inspecteur aux revues et d'un âge avancé, l'autre plus jeune et officier, promettent de ne plus se quitter : alors tous les deux s'embrassant étroitement allèrent vers le pont; s'appuyant l'un sur l'autre, ils se perdirent dans la foule. Les Russes, qui recevaient à chaque instant de nouveaux renforts, repoussèrent la division polonaise du général Girard. « Les blessés, les malades, les infirmes, enfin tout ce qui restait en arrière se mêlant avec les Polonais, se précipitèrent vers le pont; l'artillerie, les bagages, les cavaliers, les fantassins, chacun voulait traverser le premier; le plus fort jetait dans l'eau le plus faible qui l'empêchait d'avancer. Plusieurs centaines d'hommes restèrent écrasés sous les roues des canons; d'autres, espérant se sauver à la nage, se gelèrent au milieu de la rivière, ou périrent sur des morceaux de glace. » Enfin, lorsque la division Girard eut opéré son passage, les Français mirent le feu au pont; il était déjà livré aux flammes lorsque les malheureux qui étaient restés en arrière, réunissant leurs derniers efforts, hâtèrent leur marche; il n'était plus temps, ils furent tous noyés. Les Russes firent vingt mille prisonniers, prirent des bagages immenses et deux cents pièces de canon. De cette armée si nombreuse et si aguerrie, qui s'était précipitée comme un torrent sur l'empire moscovite, à peine en restait-il vingt mille; ils n'avaient plus ni armes, ni uniforme, ni linge, ni chaussure; et, à chaque

---

(1) *Relation circonstanciée de la campagne de Russie* par E. Labaume.

instant, ils étaient harcelés par leurs adversaires. Le 5 décembre, Napoléon, après avoir réuni les chefs de corps d'armée, abandonna ses soldats, et partit en voiture, accompagné du grand écuyer Caulaincourt et du général Lefebvre Desnouettes; il laissa le commandement suprême à son beau-frère Murat, roi de Naples. Le froid semblait devenir de plus en plus rigoureux, et cependant il restait encore à traverser le Niémen, ce port du salut général. Cet espoir ranimait quelques hommes doués d'une énergie morale pour ainsi dire inépuisable; mais le plus grand nombre, qui avait échappé par miracle à tant de maux, semblait ne plus appartenir à la civilisation européenne : « les uns avaient » perdu l'ouïe, d'autres la parole, et beau- » coup d'autres, par excès de froid et de faim, » étaient réduits à un état de stupidité qui » leur faisait rôtir des cadavres pour les dé- » vorer; ou bien on les voyait se ronger les » mains et les bras (1). — Il y en avait de » tellement faibles que, ne pouvant ni porter » du bois ni rouler une pierre, ils s'asseyaient » sur les corps morts de leurs frères, et, le » visage tout décomposé, regardaient fixé- » ment quelques charbons allumés. Bientôt ces charbons venant à s'éteindre, ces spectres livides ne pouvant plus se relever, tombaient à côté de ceux sur lesquels ils s'étaient assis. On en voyait plusieurs ayant » l'esprit aliéné, et qui, pour se réchauffer, » se plaçaient les pieds nus au milieu de nos » feux; les uns, avec un rire convulsif, se je- » taient à travers les flammes, et périssaient » en poussant des cris affreux et faisant d'hor- » ribles contorsions, pendant que d'autres, » également insensés, les suivaient et trou- » vaient la même mort. » Telle était l'armée de Napoléon le 7 décembre 1812. Enfin, le 13 décembre au matin, les débris de nos braves traversèrent le Niémen. Murat quitta bientôt l'armée pour se retirer dans le royaume de Naples; elle passa alors sous le commandement du prince Eugène, vice-roi d'Italie. De quarante-huit mille soldats que ce prince avait amenés en Russie, huit cents à peine avaient conservé la vie, mais incapables d'ailleurs de soutenir de long-temps les fatigues de la guerre.

Des écrivains militaires d'un rare mérite ont prétendu que pendant la campagne de Moscou le génie militaire de Napoléon avait sommeillé. M. de Ségur, attaché à l'état-major général de notre grande armée, est entré dans de longs détails pour prouver que l'empereur des Français avait souffert continuellement dans sa santé. Il est certain que le jour de la Moskova il se sentit en proie à un rhume très-violent, et qu'on lui servit du punch sur le champ de bataille. Dans cette grande journée il fit preuve d'une indécision qui surprit tous ceux qui l'entouraient; mais, dès l'instant où il donna l'ordre définitif de battre en retraite, il retrouva ces inspirations qui ont porté sa gloire si haut. Suivant un officier russe, M. Boutourlin, « investi » de tous côtés, il trompe par des démonstra- » tions habiles les généraux qui lui sont » opposés, et glissant, pour ainsi dire, entre » les armées qui s'apprêtent à fondre sur lui, » il exécute son passage sur un point bien » choisi, où tout l'avantage du terrain se » trouve de son côté. Le mauvais état des » ponts, dont il ne dépendait pas de lui d'a- » méliorer la construction, fut l'unique » cause qui, en ralentissant l'opération, la » rendit si périlleuse. » Le général Wilson reproche de son côté à Koutousof d'avoir manqué d'audace, et d'avoir apporté dans tous ses mouvements une lenteur inexprimable, de telle sorte qu'il ne profita pas des avantages que lui assurait la supériorité du nombre : avec plus de hardiesse, pas un seul Français ne serait rentré dans ses foyers et Napoléon lui-même serait devenu captif. On peut répondre que le climat fût encore plus rigoureux au moment de la retraite de l'armée française, qu'il ne l'est ordinairement en Russie. Il y a un point où les forces humaines s'arrêtent vaincues : il était impossible aux soldats russes de tenir long-temps campagne; au bout de quelques jours les chevaux mouraient et les fantassins eux-mêmes se trouvaient démoralisés; c'est ce qui explique comment Koutousof n'apporta pas dans ses attaques une rapidité qui aurait sans doute empêché un seul soldat français de

(1) Rapport officiel publié par les Russes à Vilna.

repasser la Vistule. Ses troupes subissaient comme les nôtres les rigueurs d'une saison contre laquelle se brisent impuissantes toutes les combinaisons militaires. La grande faute qui, dans cette triste campagne, fut commise par Napoléon, ne tint pas à l'éclipse momentanée de ses talents comme général, mais elle dériva de son ambition gigantesque et de cette rage de produire sur la France une série d'*effets dramatiques*, qui accroissaient sans cesse l'admiration pour sa personne. S'il se fût arrêté dans le duché de Lithuanie, ou il aurait forcé la Russie à faire la paix, ou bien il aurait recommencé une seconde campagne, dans laquelle il aurait complétement soumis Alexandre. En effet, d'après l'aveu fait par Napoléon à Sainte-Hélène, on peut chaque année, pendant quelques mois, faire la guerre à l'empire moscovite avec chance de succès. Une autre cause contribua encore à perdre la fortune de Bonaparte : c'est qu'il ne voulut jamais s'en rapporter aux témoignages d'hommes éclairés qui, comme Caulaincourt, connaissaient à fond la Russie ; il négligea donc une foule de mesures de conservation, dont l'absence devint fatale à ses soldats. Ainsi, rien n'était plus aisé que de leur prescrire de s'envelopper de fourrures, au moment où ils quittèrent Moscou ; rien aussi n'était plus aisé que de pourvoir les chevaux d'artillerie et de la simple cavalerie de fers à glace. Grâce à Caulaincourt, duc de Vicence, qui usa de cette précaution à l'égard des chevaux de Bonaparte, ceux-ci purent survivre. Au reste, une fois de retour en France, nul n'a mieux sondé que Napoléon toutes les ressources défensives de la Russie « Elle n'offrait, » disait-il, « aux assail-
» lants que les rigueurs, les souffrances, les privations d'un sol désert, d'une nature
» morte et engourdie, tandis que ces peuples
» ne se lançaient qu'avec ardeur vers les délices du midi. Outre ces circonstances phy-
» siques, ajoutait l'empereur, à sa nombreuse
» population sédentaire, brave, endurcie, dé-
» vouée, passive, se joignaient d'immenses
» peuplades, dont le dénûment et le vagabon-
» dage sont l'état naturel. On ne peut s'em-
» pêcher de frémir à l'idée d'une telle masse,
» qu'on ne saurait attaquer ni par les côtés,
» ni sur les derrières, qui déborde impunément
» sur vous, inondant tout si elle triomphe,
» ou se retirant au milieu des glaces, au sein
» de la désolation et de la mort, devenues ses
» réserves si elle est défaite..... Il n'apparte-
» nait qu'à nous d'y prétendre, et nous l'avons
» tenté *gauchement*, il faut en convenir. »

Si Alexandre, pendant cette campagne, rejoignit seulement son armée à Vilna, il ne cessa de s'occuper de son sort ; on le vit donner tous les ordres relatifs à la création des hôpitaux et des ambulances, réorganisant les corps au fur et à mesure qu'ils éprouvaient des vides, et s'élevant à la hauteur de ce dévouement national dont les Russes de toutes les classes donnaient chaque jour l'exemple. Le noble patriotisme d'Alexandre était encore tempéré par cette douceur et cette bonté qui formaient le fond de son caractère, et il prononça une amnistie en faveur de tous les Polonais qui avaient servi la cause de Napoléon, jetant un voile sur des fautes qu'il aimait mieux pardonner que punir.

J'ai déjà eu l'occasion de faire remarquer au lecteur combien l'alliance de Napoléon pesait sur les princes de l'Allemagne : ils obéissaient en frémissant de rage à un maître dont ils ne pouvaient pas secouer le joug : le roi de Prusse portait surtout la haine la plus violente à l'empereur des Français. Ce dernier, dans un bulletin plus digne d'un barbare que d'un roi civilisé, avait essayé de répandre l'outrage sur la compagne de Guillaume. Napoléon était vaincu à son tour : l'instant de la vengeance était arrivé. Le général prussien York s'empressa de signer un traité de neutralité avec la Russie ; ce premier pas risqué, le cabinet de Potsdam fit une pause. Le roi de Prusse, appelant à son secours la dissimulation, s'écria en apprenant la nouvelle de la déroute de Moscou : *Il y a de quoi prendre une attaque d'apoplexie*. Il proposa ensuite à Napoléon de mettre à sa disposition un nouveau contingent de troupes ; puis, quelques jours après, il signa avec Alexandre le traité de Kalisch. On s'est beaucoup récrié contre cette conduite du souverain de la Prusse : elle offre incontestablement un caractère de duplicité que la morale ne peut absoudre. Mais il faut considérer, d'une part, le joug si pesamment odieux que les Français avaient imposé aux sujets de ce monarque; d'une autre part, tout ce qui était en état de porter les armes ne respirait que pour combattre un homme si longtemps l'oppresseur de toute l'Allemagne. La Prusse en masse voulait vaincre ou mourir, elle savait « qu'elle devait s'attendre depuis » long-temps à être effacée par Napoléon » de la liste des États européens (1). » Dans une pareille circonstance Frédéric-Guillaume se vit contraint d'user de ménagements envers l'empereur des Français, jusqu'à ce qu'il fût en mesure de l'attaquer sur les champs de bataille. Bref, par le traité de Kalisch, Alexandre fournit cent cinquante mille hommes, et Frédéric-Guillaume quatre-vingt mille combattants. Enfin, le czar s'engageait à ne pas mettre bas les armes que le roi de Prusse ne fût rentré dans l'intégralité de territoire et de puissance, dont il était en possession avant la guerre de 1806. Bernadotte, prince royal de Suède, signa avec l'empereur de Russie un traité définitif, en vertu duquel on lui céderait la Norwège après la fin de la guerre; en attendant, l'Angleterre, qui intervint dans ce même traité, abandonna la Guadeloupe à Bernadotte, afin qu'il se déclarât un des protecteurs du commerce des denrées coloniales.

Le célèbre général prussien Blücher, qui avait sous ses ordres l'armée de Silésie, et qui formait, avec le corps de Wintzingerode, l'avant-garde des alliés, s'établit devant Dresde, tandis que Wittgenstein menaçait le Bas-Elbe. L'armée de Koutousof accourait de son côté. Le maréchal Davout détruisit alors le pont qui servait de communication entre la vieille et la nouvelle ville : le roi de Saxe avait quitté sa capitale. Ses sujets, qui, comme tous les autres peuples de l'Allemagne, ne respiraient que pour briser le joug de Napoléon, accueillirent avec acclamation les parlementaires envoyés par Wintzingerode (2). L'empereur des Français vint à la tête d'une armée de deux cent cinquante mille hommes. Les victoires de Lutzen, Bautzen et de Wurschen forcèrent les Russes et les Prussiens à repasser l'Elbe; mais ces succès inespérés ne trompèrent pas Napoléon lui-même; ses vieux soldats avaient disparu, et ce n'était pas avec des conscrits, à peine échappés de l'enfance, qu'il pouvait espérer de vaincre l'Europe. Il proposa un armistice, qui fut accepté : les coalisés voulaient gagner du temps. En effet, l'armée russe ne tarda pas à recevoir soixante mille combattants, tandis que vingt-cinq mille Suédois débarquèrent à Stralsund en qualité d'alliés. On tomba bientôt d'accord qu'un congrès aurait lieu à Prague, où la Russie devait être représentée par le baron d'Anstett, la Prusse par le baron de Humboldt, et la France par MM. de Caulaincourt et de Narbonne. Pendant ce temps, le cabinet de Vienne, sur lequel Napoléon s'obstinait à compter, prenait ses mesures pour entrer dans la coalition. Bonaparte, dans son exil à Sainte-Hélène, s'est livré aux plus étranges déclamations contre un beau-père qui contribua à détrôner son gendre, oubliant que les souverains sont plus étroitement liés envers leur peuple qu'envers leurs proches parents; lui-même n'avait-il pas, à une autre époque, contraint son frère Louis à descendre du trône de Hollande? La maison d'Autriche avait perdu, à la suite des différentes guerres entreprises contre Napoléon, un trop grand nombre de provinces pour qu'elle ne cherchât pas à les récupérer; en outre, les sujets de François II, comme Allemands, éprouvaient ce besoin général de repousser les Français dans leurs anciennes limites. Enfin, le cabinet de Vienne, avant de se joindre aux coalisés, épuisa tous ses efforts pour amener Napoléon à conclure avec la Russie et la Prusse une paix honorable; mais Bonaparte,

---

(1) Frédéric Schoell.
(2) L'auteur de cette histoire, qui avait l'honneur d'appartenir à l'armée française, devint plus tard prisonnier de guerre. Il a encore présente à la mémoire cette fièvre de liberté qui s'était emparée de tous les peuples de l'Allemagne. Il partait chaque jour des universités, comme des demeures des riches ou des chaumières des paysans, des masses de volontaires. Cet élan universel ne peut être comparé qu'à l'enthousiasme dont furent saisis les Français, lorsqu'en 1792 les puissances réunies menacèrent leur indépendance nationale.

qui avait tant pris, ne voulait rien rendre.
La réponse de Napoléon n'arriva à Prague que le lendemain du jour où expira l'armistice. Le cabinet de Vienne renonça donc à son rôle de médiateur pour prendre place parmi les ennemis de la France. D'une autre part, l'Angleterre, afin d'accomplir plus sûrement la perte de Napoléon, prodigua les subsides à la Prusse et à la Russie. Aussi les forces totales des alliés s'élevèrent-elles bientôt à huit cent mille hommes, divisés en onze armées différentes. Ce n'est pas tout. « Les » trois grandes armées étaient organisées » de manière que les troupes d'aucune nation » alliée ne se trouvaient isolées, et, quoique » la Russie eût le mérite d'avoir brisé seule » la puissance de Bonaparte, et qu'elle formât » encore plus du quart des forces combinées, » elle avait néanmoins renoncé au droit de » donner un général en chef aux armées de » la coalition (1). » Alexandre et le roi de Prusse ne cessèrent, depuis l'armistice, de paraître sur les champs de bataille. La modération du premier, cette égalité de caractère qu'il possédait à un aussi haut degré, captivèrent le roi de Prusse, ce compagnon du czar, et tous deux agirent avec un ensemble et une harmonie qui triomphèrent avec le temps du génie de Napoléon.

La guerre avait repris son cours, et près de cent mille Russes et Prussiens venaient, sous les ordres de Barclai de Tolli, de pénétrer en Bohême, pour marcher ensuite sur la Saxe. Bonaparte alla chercher en Silésie Blücher, afin qu'il ne se joignît pas aux troupes autrichiennes; mais celui-ci lui échappa. Napoléon revint aussitôt sur ses pas pour concourir à la défense de Dresde, dont il avait chargé le maréchal Saint-Cyr. Trois batailles furent livrées par les coalisés; mais les jeunes troupes de l'empereur des Français, redoublant d'énergie, restèrent victorieuses. Ce fut dans la première de ces grandes journées que le général Moreau, qui s'était rendu si célèbre dans nos guerres de la révolution, et que depuis Bonaparte avait fait condamner à l'exil, mourut atteint d'un coup de canon. Il était alors à côté du czar; ce dernier lui prodigua les soins les plus tendres, car c'était lui qui l'avait appelé dans les armées de la coalition. Moreau rendit le dernier soupir au moment où on venait de lui amputer les deux jambes. Il supporta cette cruelle opération avec le courage le plus héroïque, et, recueillant ses forces, il écrivit ces mots à l'empereur Alexandre : « Sire, je » descends au tombeau avec les mêmes sen- » timents d'admiration, de respect et de dé- » vouement que Votre Majesté m'avait » inspirés dès le premier moment de notre » entrevue. » Ici la main de l'illustre guerrier s'arrêta, il était mort. Alexandre adressa sur-le-champ à la veuve du vainqueur de Hohenlinden la lettre suivante, où son noble caractère se décèle tout entier. « Madame, » lorsque le malheur affreux qui atteignit le » général Moreau à mes côtés, me priva des » lumières et de l'expérience de ce grand » homme, je concevais l'espoir qu'on réus- » sirait, par un traitement soigneux, à le » conserver à sa famille et à mon amitié. La » Providence en a autrement ordonné : il » est mort comme il a vécu, avec l'énergie » d'une âme forte et constante. Il n'existe » pour les grandes souffrances de la vie » qu'un seul remède; c'est d'y voir prendre » part les autres. En Russie vous trouverez, » madame, partout ces sentiments, et, s'il » vous convenait de vous y fixer, je cher- » cherais tous les moyens d'embellir la vie » d'une personne à laquelle je me fais un » devoir sacré d'offrir des consolations et un » soutien. Je vous prie, madame, d'y comp- » ter irrévocablement, de me faire connaître » toutes les circonstances où je pourrais vous » être utile, et de m'écrire toujours direc- » tement; ce sera pour moi un bonheur de » prévenir vos vœux. L'amitié que j'ai as- » surée à votre époux s'étend au-delà du » tombeau, et je n'ai d'autre moyen de » m'acquitter, au moins en partie, de ma » dette envers lui, qu'en faisant quelque » bien à sa famille. Recevez, madame, dans » ces circonstances tristes et cruelles, les » témoignages d'amitié et l'assurance de » mon vif intérêt. »

L'issue, glorieuse pour la France, des

(1) Histoire d'Alexandre I, par Alph. Rabbe, tome II, page 157.

trois batailles livrées sous les murs de Dresde, avait ranimé les espérances de Napoléon ; mais de nouveaux désastres décidèrent de sa ruine en Allemagne. Le maréchal Oudinot, qui avait reçu l'ordre de se diriger sur Berlin, fut battu à Gross-Beeren ; Macdonald éprouva une défaite entre Valstadt et Katzbach ; mais le désastre du Kulm, causé par l'imprudence du général Vandamme, eut des conséquences bien plus fâcheuses. Les coalisés, depuis leur déroute sous les murs de Dresde, s'étaient dirigés sur la ville de Tœplitz ; et Vandamme avait choisi une excellente position dans la direction de la route de Prague, d'où il devait intercepter la retraite de l'ennemi. Déjà il avait rempli avec gloire cette tâche, lorsqu'il voulut s'emparer, comme à l'improviste, de la ville de Tœplitz. Cette démarche téméraire échoua, et le général français fut complétement perdu avec les troupes qui lui avaient été confiées. Nul écrivain n'a mieux fait comprendre ce désastre que M. de Boutourlin, auteur de l'*Histoire de la Campagne de* 1813 : « A l'approche de Van-
» damme, » dit-il, « le dépôt du grand
» quartier-général allemand et celui du corps
» diplomatique, les cabinets des souverains
» alliés, et une foule de grands personnages
» qui s'étaient entassés à Tœplitz, avaient
» pris la fuite, les uns, du côté de Duch, les
» autres, du côté de Lahn. Déjà l'avant-
» garde française n'était plus qu'à une demi-
» lieue, lorsque l'ennemi, cessant tout-à-coup
» de plier, avait opposé la plus vigoureuse
» résistance. Le comte Ostermann, comman-
» dant les grenadiers de la garde russe, s'é-
» tait placé à travers le chemin : il avait
» ordre d'arrêter Vandamme à tout prix. L'ar-
» mée des alliés descendait alors sur Tœplitz
» par tous les ravins de la montagne ; sa
» position était critique. Si Vandamme ar-
» rivait avant elle, le sort de plusieurs
» colonnes était compromis, mais quelques
» heures de délai pouvaient tout sauver.
» Ostermann et ses grenadiers avaient com-
» pris ce que le salut commun exigeait d'eux ;
» ils s'étaient montrés dignes d'occuper le
» poste du péril, et le vallon de Tœplitz
» était devenu leurs Thermopyles. L'élite de
» la garde russe s'était fait tuer : Ostermann
» avait eu un bras emporté, mais Vandamme
» n'avait pu forcer le passage. Cependant ce
» général, une fois engagé, avait appelé suc-
» cessivement toutes ses forces à son secours.
» Les sommets de Petersvald avaient été
» dégarnis, et le premier corps avait fini par
» se trouver tout entier entre Kulm et Tœ-
» plitz, au pied du Geyersberg : il était trop
» tard. Ostermann avait gagné le temps
» nécessaire ; déjà Barclai de Tolli était ac-
» couru à son aide avec les premières colonnes
» arrivées. Schwartzenberg n'avait pas tardé
» à lui en envoyer de nouvelles ; Vandamme,
» forcé de se retirer le soir sur Kulm, avait
» pris position entre les villages de Karvitz
» et de Pisten. Son entreprise sur Tœplitz
» était manquée ; il pouvait y renoncer, et
» profiter encore de la nuit pour remonter,
» avec toutes ses troupes, à Petersvald. Le
» conseil lui en avait été donné ; mais sa
» malheureuse étoile l'avait emporté : il s'é-
» tait décidé à se maintenir dans la position
» qu'il venait de prendre. Peut-être devait-
» il croire que l'armée ennemie, poursuivie
» pendant quatre jours de suite dans les val-
» lées inhospitalières de l'Ertzebirge, ne
» pourrait en sortir que dans le plus grand
» désordre : il devait du moins s'attendre à
» voir les colonnes françaises, non moins
» actives que les vaincus, arriver assez tôt
» sur leurs pas pour les empêcher de se ral-
» lier contre lui : il n'en a pas été ainsi. Le
» 30 au matin, ce n'est pas seulement l'en-
» nemi de la veille, ce sont toutes les troupes
» de Schwartzenberg et de Barclai de Tolli
» qui sont tombées en bon ordre sur Van-
» damme. On avait tourné sa gauche ; d'au-
» tres colonnes l'avaient débordé jusqu'à Ar-
» besan pour lui couper la retraite. Il s'était
» vu environné par quatre-vingt mille
» hommes : pas un de ses quinze mille com-
» pagnons ne semblait devoir échapper ; mais
» l'intrépidité suppléa à tout : les Fran-
» çais avaient fini par triompher du nombre
» et des dangers. Vandamme, après avoir
» soutenu, pendant toute la matinée du 30,
» les efforts de cette nuée d'ennemis, se re-
» tirait sans être entamé, évacuait Kulm, et
» se disposait, vers deux heures, à remonter
» à sa première position, lorsque, tout-à-

» coup, un nouvel ennemi apparaissant sur
» la montagne et saisissant tous les défilés
» en arrière, lui avait barré le chemin de
» Petersvald. Ce nouvel ennemi, c'était
» l'armée prussienne de Kleist, échappant au
» maréchal Saint-Cyr, débouchant par les
» bois de Schouvald, se glissant à travers le
» vallon de Telnits, heureuse d'avoir ainsi
» tourné la position de Petersvald, et se
» hâtant de descendre sur la chaussée de
» Prague, avec tout l'empressement d'une
» foule qui se sauve de sa perte par un pas-
» sage inespéré. Si Vandamme se fût trouvé
» à Petersvald, Kleist et tous ses Prussiens
» étaient pris. Mais Kleist, maître de cette
» hauteur, au pied de laquelle était Van-
» damme, c'était ce dernier qui devait être
» accablé. Cependant les Prussiens, à la vue
» des Français qui remontaient à leur ren-
» contre, s'étaient cru de nouveau perdus :
» ils avaient hésité un moment. Les Fran-
» çais, au contraire, apercevant les Prus-
» siens, s'étaient aussitôt élancés sur eux.
» Corbineau était à leur tête, rien n'avait
» pu soutenir leur choc : passant sur le corps
» de l'avant-garde ennemie, ils avaient tout
» entraîné, et, prodige de fureur aussi bien
» que d'audace, ils avaient enlevé aux Prus-
» siens jusqu'à leur artillerie. Cependant les
» Prussiens, toujours refoulés sur eux-
» mêmes, s'étaient ralliés, et la mêlée la plus
» épouvantable avait recommencé. Qu'on
» se figure une chaussée étroite encaissée par
» le flanc des montagnes, et, dans ce creux,
» deux colonnes, dont l'une monte et l'autre
» descend, qui se rencontrent, s'arrêtent
» d'abord par leur masse, se soulent, se bri-
» sent au second choc, et finissent par se faire
» un passage l'une à travers l'autre. La con-
» fusion et le tumulte sont au comble; cha-
» cun combat corps à corps; mais ce n'est
» plus pour vaincre, c'est pour passer. On
» se culbute plutôt qu'on ne se tue : géné-
» raux, officiers et soldats, tout est pêle-
» mêle. Ici Vandamme est entraîné par les
» Prussiens; là c'est Kleist, dont les Fran-
» çais viennent de se saisir : ils sont pris et re-
» pris; Kleist est enfin délivré par les siens :
» on assurait, dans les premiers moments,
» que Kleist et Vandamme étaient restés

» morts dans la foule. Tous ceux qui ont pu
» se dégager du défilé de la route, et se jeter
» dans les rochers et dans les bois voisins,
» parviennent à s'échapper les premiers. Les
» Prussiens courent se rallier à l'avant-garde
» de Barclai de Tolli; les Français arrivent
» à Liebenau, où ils sont recueillis par les
» troupes du maréchal Saint-Cyr. Bientôt
» les sentiers de la montagne de Petersvald
» se remplissent de soldats dispersés, qui,
» semblables aux coursiers démontés dans
» un choc de cavalerie, n'ont rien de plus
» pressé que de retourner au camp. Le géné-
» ral Corbineau, qui commandait la cavalerie
» de Vandamme, arrive jusqu'à l'empereur,
» dont il est aide-de-camp : couvert de sang
» ennemi, et blessé lui-même, il est encore
» armé d'un sabre prussien que, dans la
» mêlée, il a changé contre le sien. Les gé-
» néraux Dumonceau et Philippon sont éga-
» lement sauvés; mais le général Heimrad,
» qui venait de passer du service de Bade à
» celui de France, est resté parmi les morts.
» Le général Guyot et le général Haxo, que
» ses blessures avaient forcé de rester à Kulm,
» sont prisonniers. Quant au général Van-
» damme, dont l'audace a été si malheureuse,
» il n'est pas tué; les alliés le traînent en
» triomphe à Prague. Cependant on apprend
» que la plus grande partie de notre corps
» d'armée, descendue par les ravins de la
» montagne, se rallie à Pyrna. Trente pièces
» de canon et plus de trois cents voitures,
» caissons d'équipages et d'artillerie sont
» perdus pour nous. » Napoléon apprit avec
beaucoup de calme une nouvelle aussi désastreuse : « Eh bien ! » dit-il à Maret, duc de
Bassano, qui se trouvait auprès de lui,
« voilà la guerre : bien haut le matin,
» bien bas le soir :

» Du triomphe à la chute il n'est souvent qu'un pas. »

On comptait que Napoléon aurait bientôt
réparé un pareil échec, et qu'il s'élancerait
sur Berlin; mais cette même apathie qu'on
lui avait reprochée dans la campagne contre
l'empire russe, se montra encore cette fois,
et il passa un temps précieux à réorganiser
des régiments et des corps d'armée. Enfin,

sentant la nécessité d'agir, il quitta Dresde, le 3 septembre 1813, pour courir au-devant de Blücher avec sa garde; il se porta ensuite sur la route de Lœbau, où il parut vouloir reprendre l'offensive. Blücher, de son côté, fit marcher ses troupes sur Gœrlitz, Lœbau et Herrnhul. Napoléon rentra alors dans Dresde, qu'il quitta de nouveau le 8 septembre, pour disperser l'avant-garde ennemie, qui se retira devant le corps du maréchal Saint-Cyr. L'empereur des Français, pensant « acculer le corps de Wittgenstein » contre l'Elbe, et lui fermer l'entrée de la » Bohême, se porta sur Liebstadt. Pour évi- » ter ce danger, le général russe se replia en » toute hâte sur Petersvald, où il joignit le » corps prussien de Kleist. L'armée autri- » chienne, en se rapprochant, obligea les » autres corps qui s'étaient portés sur la route » de Chemnitz à rentrer en Bohême, et à se » concentrer entre Kulm et Tœplitz: leur » arrière-garde n'avait été laissée que pour » tromper Napoléon et l'exciter à s'avan- » cer (1). » L'empereur des Français désirait ardemment pénétrer en Bohême; mais il manquait de cartes topographiques; d'une autre part, les coalisés avaient tout détruit sur la route qu'ils avaient parcourue à diverses reprises. S'avançant avec circonspection, Bonaparte ordonna des reconnaissances du côté d'Altembourg, et se dirigea de sa personne jusqu'au premier village, appelé Ebersdof (ou Libersdof). De ce point, il aperçut les débris de l'armée de Vendamme et les soldats de l'armée des coalisés; plus loin il découvrit un renfort de vingt-cinq mille Autrichiens: le feu des bivouacs français hâtait leurs pas. Le général Drouot, après être descendu dans la vallée pour y faire une reconnaissance, annonça que la route était impraticable. L'empereur des Français prit alors le chemin de Petersvald. Nos soldats, arrêtés au débouché de Nollendorf par des cavaliers ennemis, les eurent bientôt mis en fuite; et, dans cette rencontre, le fils de Blücher tomba au pouvoir de notre cavalerie. Napoléon occupait déjà une excellente position lorsque, dans la crainte qu'un piége lui fût tendu, il se décida à retourner à Pyrna. Dès que les coalisés surent qu'il n'était plus à la tête de l'armée, ils chassèrent le premier corps de Gieshubel. Napoléon revient le 15 septembre sur ses pas; il est suivi de sa garde, et marche sur la position que ses troupes ont quittée. Wittgenstein est attaqué par le premier corps et une division de celui de Gouvion Saint-Cyr. Napoléon est sur les lieux, et le général de la coalition se replie jusque sous Nollendorf. Bonaparte occupe déjà la hauteur; il veut déboucher dans la plaine. Le général prussien Ziethen se défend contre la cavalerie de la garde. D'un autre côté, le général Mouton-Duvernet prolonge un feu meurtrier: la cavalerie de la garde est dans la plaine, où l'on combat avec une grande vigueur. Dans ce moment, la plus effroyable canonnade porte la mort dans les rangs de nos soldats. Enfin les Autrichiens se portent sur notre gauche, où ils tentent de nous intercepter la retraite par Nollendorf. Napoléon se retire sur la hauteur, puis revient à Petersvald. Ainsi échoua la seconde tentative de l'armée française pour s'emparer de la Bohême. Néanmoins, le 18 septembre, l'empereur se porta de nouveau vers la montagne de Nollendorf; et, après avoir observé sur une des hauteurs les troupes coalisées, il revint dans les murs de Pyrna le découragement dans l'âme, « convaincu, » dit M. de Labaume, « que son armée n'était » pas assez forte pour tenter une entreprise » (l'envahissement de la Bohême), contre » laquelle l'ennemi était prémuni (1).

L'empereur Alexandre, qui ne pouvait pardonner à Bonaparte tant de ravages exercés en Russie, redoublait d'efforts pour écraser un si redoutable ennemi. Les coalisés comptaient donc sur l'arrivée très-prochaine de trente mille Russes, qui, sous les ordres de Beningsen, avaient déjà dépassé la ville de Breslau. D'un autre côté, le prince royal de Suède, Bernadotte, s'apprêtait à opérer sa jonction avec Blücher, qui s'était emparé de Bautzen, et qui était maître des deux rives

---

(1) *Histoire de la chute de l'empire de Napoléon*, par Eugène de Labaume, tom. I, pag. 346.

(1) *Histoire de la chute de l'empire de Napoléon*, t. p. 354.

de la Sprée. Napoléon, pour mieux reconnaître la direction de l'armée de Silésie, se dirigea sur Schmiedfeld. Sur ces entrefaites, l'avant garde française, reprenant Harta, chassait les Russes jusque derrière Bischofsverda. Napoléon arriva à Neustadt, où le général Lauriston avait battu le général autrichien Neiperg; il se rendit ensuite dans les murs d'Harta : il séjournait depuis deux jours dans cette ville lorsqu'on lui apprit que le général russe Sacken marchait par Camenz : se portait-on à sa rencontre, le flanc droit des Français serait entamé par Blücher. Aussitôt Napoléon est à Bischofsverda, où il espérait qu'il serait attaqué. Mais les coalisés étaient convenus entre eux qu'ils se borneraient, en attendant l'arrivée de Beningsen, à gêner les communications des Français et à arrêter leurs approvisionnements. Napoléon retourna donc de nouveau à Dresde. Blücher contraint le roi de Naples à repasser l'Elbe auprès de Meissen; puis il bat les divisions Morand et Fontanelli : onze pièces de canon tombent en son pouvoir, et il opère enfin sa jonction avec Bernadotte, qui commande les troupes suédoises.

Napoléon donne ordre au corps d'Augereau d'accourir en toute hâte. Ces troupes avaient jusque là contenu la cour de Munich : dès ce moment elle se réunit aux coalisés, quoique le roi de Bavière fût le beau-père d'Eugène, vice-roi d'Italie, fils adoptif de Napoléon. Il est inconcevable que l'empereur des Français ait eu foi jusqu'à la fin à ses alliances avec les princes allemands. Si, en sa qualité de médiateur de la confédération du Rhin, il leur eût prodigué tous les genres de ménagements, il les aurait trouvés fidèles dans les jours de malheur. Mais une oppression commune désolait tous les peuples de la Germanie; ils aspiraient donc avec ardeur à briser le joug des étrangers; c'était un sentiment général qui rendait doux et faciles tous les genres de sacrifices. Les populations allemandes marchaient avec joie aux combats et à la mort, et aux chants d'une foule d'hymnes enfantés par la fécondité de leurs poètes. Ces refrains patriotiques, que de fois n'ont-ils pas retenti à mes oreilles lorsque j'étais prisonnier en Saxe! Ce que j'ai vu

dans une position infiniment subalterne, comment le chef suprême de notre armée n'en avait-il pas connaissance? Les guerres entreprises par lui avec tant de gloire en Allemagne avaient enfin amené la ruine de toutes les classes; en outre elles avaient été toutes humiliées dans leur amour-propre national : elles s'unirent alors dans le même ressentiment. Ce résultat, si facile à prévoir, comment n'a-t-il pas commandé une légitime méfiance à Napoléon? Les peuples voient, au dix-neuvième siècle, se lever promptement pour eux le jour de la vengance, qui tôt ou tard atteint les conquérants et brise leurs desseins. C'est par les masses, je ne saurais trop le répéter, que l'empereur des Français a été vaincu en Espagne, en Russie et en Allemagne : vérité consolante, car elle prouve qu'il est un point où il faut que la tyrannie militaire s'arrête.

Napoléon, en présence des forces immenses qui menaçaient de l'écraser, se retira sur Leipsig. « Blücher et Bernadotte, après »avoir fait leur jonction, se portèrent rapi- »dement derrière la Saale, afin d'établir »leurs communications avec la grande armée »de Bohême, et de couper celles de Napoléon »avec la France (1). » A peine les souverains alliés furent-ils instruits que Bonaparte avait quitté Dresde, qu'ils se dirigèrent avec leur armée vers les plaines de Leipsig. L'empereur Napoléon, de son côté, venait de recevoir une nouveau renfort de quinze mille hommes, qui composaient le corps du maréchal Augereau. Mais la défection du cabinet de Munich avait assuré à la coalition trente mille combattants. Ceux-ci reçurent mission d'intercepter nos communications avec le Rhin : d'un autre côté, l'Autriche n'avait plus rien à craindre sur sa frontière la plus faible. L'empereur, qui avait concentré toutes ses forces auprès de Leipsig, commit la faute si grave de ne pas fondre avant leur jonction sur les divers corps alliés, encore à deux journées de distance; il donna seulement ordre au général Bertrand de s'emparer de Lindenau, « pour faire face à l'ennemi, don

(1) *Histoire de la chute de l'empire de Napoléon* par E. Labaume, t. I, p. 374.

»une forte colonne menaçait d'enlever sur ce
»point la ville de Leipsig, tandis que Blü-
»cher, de Halle s'avançait sur Lieuthal con-
»tre les corps de Marmont, de Souham,
»et la cavalerie du duc de Padoue (1). »
Cette armée, destinée à faire face à celle de
Blücher et à celle du prince royal de Suède,
Bernadotte, était placée sous les ordres de
Ney, prince de la Moskova. Le combat gigantesque, ou, pour mieux dire, les combats
livrés autour de Leipsig exercèrent une influence si prodigieuse sur les destinées du
monde entier, que le lecteur ne saurait trop bien
connaître les dispositions militaires qui ont
présidé à ce choc de cinq cent mille hommes;
c'est un homme de l'art qui va prendre la
parole, écoutons M. de Labaume: « L'armée
»où se trouvait l'empereur appuyait sa droite
»sur la Pleiss, aux villages de Connevitz,
»Dœlitz et Mark-Kleberg, qu'occupaient les
»Polonais. Auprès du village de Dosen était
»Augereau, duc de Castiglione, et, en arrière
»de Vachau, se trouvait Victor, duc de Bel-
»lune. Ces corps étaient flanqués par la cava-
»lerie des généraux Milhau et Kellermann.
»Le général Lauriston défendait Liébert-Volk-
»vitz; à sa gauche était Macdonald, duc de Ta-
»rente, avec la cavalerie des généraux Latour-
»Maubourg et Sébastiani. Au centre campait
»la garde impériale, en réserve auprès de
»Probstheide. » Les chefs de la coalition
donnèrent ordre aux corps russes et autrichiens de Beningsen et de Colloredo, d'accélérer leur marche. Enfin, dans la soirée du
15 octobre 1813, des fusées rouges et blanches s'élancèrent à une grande hauteur de
Pégau et de Lutzen, annonçant que les corps
de Merfeldt, de Giulai et de Blücher étaient
à la disposition des souverains alliés; quant
au prince royal de Suède, Bernadotte, il
n'était encore arrivé que dans les environs
de Zorbig. Néanmoins, les souverains alliés
résolurent de combattre le lendemain. On a
blâmé Napoléon de s'être tenu ainsi que ses
troupes dans la partie orientale des plaines
de Leipsig. En effet, était-il vaincu il avait
pour point d'appui une ville présentant plusieurs routes favorables pour l'attaquer, tandis que pour fuir il ne lui en restait qu'une
seule au milieu de marais; mais, d'un autre
côté, il faut faire attention que, sur la gauche
des coalisés, les rivières de la Pleiss et de
l'Elster interceptaient les communications
de l'armée alliée. Le conseil de guerre décida d'abord que cet ordre de bataille serait
changé, mais le prince de Schvarzenberg, qui
commandait les Autrichiens, s'y refusa; il
insista même pour que les réserves russes et
prussiennes fussent protégées par les deux
rivières de la Pleiss et de l'Elster. Alexandre obtint cependant que ses troupes d'élite
resteraient au lieu même où devait se décider
la victoire (1). Le 16 octobre, Napoléon,
établi sur un tertre auprès de Liébert-Volkvitz, aperçoit avec le roi de Naples, qui l'accompagne, trois colonnes ennemies qui se
préparent à l'attaque.

Trois coups de canon annoncent que
la bataille va commencer. Les troupes
de Vittgenstein, placées sous les ordres
de Kleist, du prince de Wurtemberg et
de Klenau, firent reculer la première
ligne française depuis Mark-Kleberg jusqu'à Liébert-Volkvitz. Napoléon, pour
contenir les Prussiens sur la rive droite de
la Pleiss, lança, du côté de Mark-Kleberg,
des cavaliers, auxquels furent opposés deux
régiments de cuirassiers russes. Sur le centre et sur la gauche, les troupes de Napoléon
combattirent avec tant d'énergie, qu'elles
restèrent maîtresses de Vachau; notre artillerie, commandée par Napoléon lui-même,
débusqua de Liébert Volkvitz, Klénau. Six
fois les coalisés se précipitèrent comme des
lions furieux sur Vachau et Liébert-Volkvitz,
six fois ils furent chassés. Sur ces entrefaites
Macdonald emporta, au pas de charge, une
hauteur appelée la redoute suédoise. Onze
heures venaient de sonner; Napoléon fait
marcher sa vieille garde sur Dœlitz, en
même temps Oudinot, duc de Reggio, suivi
de deux divisions de la jeune garde, s'élance
sur Vachau, et Mortier, duc de Trévise, accourt pour protéger Macdonald; enfin le duc

---

(1) *Histoire de la chute de l'empire de Napoléon*, par E. Labaume.

(2) *Tableau de la campagne d'automne de 1813*, par le baron d'Odeleben p. 111.

de Bellune, soutenu par soixante bouches à feu, précède Mortier. Le corps du prince Eugène de Wurtemberg succombe sous le poids de tant de forces réunies; la garde s'attache à sa poursuite. Le centre des alliés va être percé, mais l'élite des grenadiers russes arrête les Français. Le général Kellermann se précipite avec six mille chevaux sur les escadrons ennemis, et se fait jour, lorsque des réserves de cavalerie assurent leur salut. Dans cet instant, Latour-Maubourg se dirige sur la gauche de Vachau, tandis que l'infanterie française reste maîtresse de la ferme d'Auenheim. Dans ce péril, Alexandre se présente avec les cosaques de sa garde et les grenadiers de Moscou. Ces derniers reprennent à la pointe de la baïonnette la ferme d'Auenheim; pendant ce temps, Macdonald contraint Klénau à se replier sur Gross-Posna, où il se sent dans l'impuissance de rester. Mais bientôt une redoutable attaque a lieu sur notre flanc droit, près du village de Mark-Kleberg; c'est l'effort suprême des coalisés, c'est le dernier qu'ils tenteront, car la victoire paraissait déjà assurée aux Français. Malheureusement Napoléon, au lieu d'employer la vieille garde et les deux divisions du corps de Souham, alors disponibles, s'inquiète à la vue de quelques cavaliers qui agissent sur ses derrières, il ordonne aux deux divisions de rétrograder, et sa garde se forme en un carré. Cependant le prince de Schwarzenberg traverse la Pleiss; il ne peut plus disposer que du corps de Merfeld et de la réserve du prince de Hombourg; mais la Pleiss est défendue par l'intrépide Polonais, maréchal Poniatowski; les Autrichiens sont repoussés. Le soir, Merfeld traverse un gué auprès de Dœlitz; ses soldats sont culbutés par le général Curial, qui commandait des grenadiers de la vieille garde; le général autrichien est fait lui-même prisonnier. La nuit arrive, le corps du général Bertrand avait lutté contre les corps de Giulai et de Thielmann; mais, cédant au grand nombre, il s'était établi en deçà de la Tour-des-Vaches (Kuththurm).

L'armée française était perdue si l'ennemi eût fait sauter les ponts de Lindenau. Napoléon, tourmenté par cette crainte, va lui-même, malgré la fatigue de la journée, sur les lieux. Il ordonne à Bertrand de rentrer dans le village de Lindenau; cet ordre est accompli. Le maréchal Ney défendit avec intrépidité la plaine au nord de Leipsig, et, avec vingt-cinq mille hommes, il arrêta d'abord Blücher, venu de Mœckern avec soixante mille combattants; mais l'armée ennemie, ayant fait marcher ses réserves, s'empara, après quatre attaques successives, du village de Mœckern, et les Français furent réduits à prendre position à Gohlis. Quant à la cavalerie d'Arrighi et à la division Dombrowski, elles se défendirent avec le courage le plus héroïque dans leur position auprès de Leipsig. Enfin elles battirent en retraite jusque sous les murs de la ville, et se virent enlever un aigle, vingt canons et deux mille prisonniers. En définitive, l'avantage de cette première journée paraissait appartenir aux Français; cependant l'opiniâtreté avec laquelle les Russes et les Prussiens combattirent était effrayante; en effet, rien n'était encore décidé, et les coalisés attendaient à chaque instant Bernadotte, Beningsen et Colloredo.

Napoléon pouvait encore battre en retraite, mais, cédant à l'espoir de rester vainqueur, il ne voulut pas s'éloigner du champ de bataille qu'il avait choisi, et il passa toute la journée du 17 octobre à faire de nouveaux préparatifs. Pendant ce temps, les coalisés ne négligeaient rien pour reprendre une revanche éclatante le lendemain. Bref, les souverains alliés acquirent la preuve, le soir même [17 septembre], que Colloredo avait opéré sa jonction, et, d'un autre côté, que le prince de Suède combattrait conjointement avec Blücher, et, enfin, « que les qua-
» tre-vingt mille hommes de Beningsen, de
» Naunhof, pénétreraient par le vide laissé
» entre la grande armée française et celle que
» commandait le prince de la Moskova : si
» Napoléon n'avait pu la veille fixer la vic-
» toire, comment pouvait-il espérer de l'ob-
» tenir après que ses adversaires eurent reçu
» de si puissants secours (1)? » Il est vrai que l'empereur fut rejoint par le corps de Regnier, composé de Saxons. La nuit il se ren-

(1) Labaume.

dit à Lindenau, afin que Bertrand se saisît du passage de la Saale. Le 18 octobre, la première colonne des coalisés, se dirigeant le long de la Pleiss, essaya de s'emparer des villages de Dosen, Dœlitz et Lossnig, puis de Connévitz; mais ces troupes se trouvèrent tellement engagées, que le prince de Schwarzenberg les fit soutenir par le corps de Giulai et de Colloredo. La colonne ennemie du centre prit position vis-à-vis de Probstheide; quant à Macdonald, duc de Tarente, il contenait, sur l'extrême gauche des Français, la troisième colonne des alliés, placée sous les ordres de Beningsen, et, pour éviter d'être débordé par le mouvement que ce corps opérait sur sa gauche, il s'appuya sur Stotteritz. Les corps des ducs de Bellune et de Lauriston étaient chargés de la défense du village de Probstheide, sur lequel les Prussiens dirigèrent tous leurs efforts. Repoussés par nos soldats, ils tentent une seconde attaque, font quelques pas dans Probstheide, dont ils sont de nouveau chassés. La division prussienne du général Ziethen tenta également de s'emparer de Stotteritz, mais elle fut exterminée par le feu de notre artillerie. Au reste, avant de poursuivre le récit de cette immense bataille, je vais faire connaître au lecteur les dispositions prises par Napoléon. « Notre armée, » dit M. Labaume, « par sa position concentrée, formait une » ligne circulaire; nos phalanges, de » tous côtés, présentaient un front inac» cessible; la garde impériale surtout, » rangée en bataille autour d'un moulin à » tabac, s'offrait dans toute sa majesté. » L'action était déjà engagée, lorsque les coalisés adoptèrent un nouveau plan. « Toute » leur artillerie, placée en avant de leurs » troupes, fut dirigée contre nous; de sorte » qu'on ne vit plus qu'un immense cercle » enflammé, d'où sortaient des milliers de » projectiles, qui portaient le ravage et la » mort au milieu de nos régiments entassés, » tandis que nos coups, partant d'une ligne » plus resserrée, n'étaient pas aussi nom» breux, et, en divergeant, devenaient beau» coup moins meurtriers que ceux de l'en» nemi. Écrasés sous le feu d'une fou» droyante artillerie, nos guerriers, résolus » de braver la mort plutôt que de l'attendre, » sortent de leur immobilité, et débouchent » à plusieurs reprises de Probstheide; mais » une grêle de mitraille éclaircit leurs pro» fondes colonnes, et ces braves tombent et » meurent plutôt que d'hésiter à faire leur » devoir. Cette horrible boucherie dura jus» qu'à la nuit, et coûta la vie aux généraux » Vial et Rochambeau. »

Telle était la position des soldats qui combattaient sous Napoléon, tandis que le maréchal de la Moskova essayait de repousser Blücher, qui redoublait d'énergie pour emporter la ligne de la Partha. Bernadotte, de son côté, après s'être concerté avec le général en chef prussien (1), déboucha par la route de Taucha. La garde de ce point avait été confiée à un bataillon saxon, qui, au lieu de combattre, laissa Winzingerode traverser la Partha. Les Suédois franchirent aussi cette rivière auprès de Plaussig, et les Russes à Mockau. Ney commanda sur-le-champ à ses troupes de rétrograder. Tous les corps de l'armée française, rangés en avant de Leipsig, achevèrent de former autour de cette ville une demi-circonférence. Mais une brigade de cavalerie saxonne, qui avait pour mission de protéger les avenues de Taucha, se détachant des nôtres, alla servir d'avant-garde aux Russes qu'elle devait repousser; puis sept bataillons et trois batteries se réunissant à une brigade de cavalerie wurtembergeoise, coururent se mêler aux rangs des coalisés. A la suite de cette défection, la position de Paunsdorf fut perdue pour les Français, et le prince de la Moskova fut contraint de reculer devant Bulow, qui accourait par la route de Taucha. Enfin le prince royal de Suède exécuta de brillantes charges avec la cavalerie russe, tandis que Langeron tentait de chasser nos troupes de Schœnfeld. Deux fois ce village fut pris et repris, mais il resta au pouvoir des Moscovites.

La division Durutte, quoiqu'abandonnée par huit mille Saxons et Wurtembergeois, fit des prodiges de valeur; renforcée par la division Delmas et la cavalerie légère

(1) Blücher.

du troisième corps, elle devint de nouveau maîtresse du village de Kohlgœrten, mais qu'elle perdit bientôt, accablée par le nombre. Napoléon est instruit de la trahison de ses alliés, il fait remplir par sa vieille garde le vide qu'ils laissent, et il commande à Nansouti de se placer, avec de la cavalerie de la garde et vingt pièces d'artillerie, entre l'armée russe de Beningsein et les troupes de Bernadotte. Nansouti et ses braves sont attaqués à la fois par une brigade prussienne et les divisions de Bubna et de Nieperg. De son côté, Bernadotte supplie le commandant de l'artillerie saxonne, qui a passé dans les rangs des coalisés, de tourner ses pièces contre les Français. Ce dernier, qui avait combattu à Wagram sous les ordres du prince royal de Suède, alors maréchal de l'empire, se conforme aussitôt à une prière qu'il regarde comme un ordre, et vingt-six bouches à feu, sur lesquelles les Français avaient jusque là compté, vomissent la mort dans leurs rangs. Pour comble d'infortune, des fusées à la Congrève sont lancées sur nos troupes ; néanmoins elles luttent et résistent encore, mais les villages de Stuntz et de Lellerhausen tombent au pouvoir de l'ennemi : rien ne peut plus arrêter sa marche sur Leipsig : la journée est perdue. Cependant l'empereur voulait encore tenter une dernière résistance, mais les généraux d'artillerie Sorbier et Dulauloi lui révélèrent que les munitions étaient complètement épuisées. En effet deux cent vingt mille coups de canon avaient été tirés depuis cinq jours. Il ne restait plus qu'à régler les détails de la retraite, c'est ce que fit Napoléon sur le champ de bataille même.

Jamais on ne vit des masses aussi nombreuses s'entr'égorger comme dans les champs de Leipsig : Français, Russes, Autrichiens, Suédois et Prussiens rivalisèrent d'audace et d'énergie. Chacun semblait avoir le sentiment de la grande lutte pour laquelle il se dévouait tout entier : les uns sacrifiaient leur vie pour conserver intact l'honneur de vingt années de combats et de gloire, les autres bravaient la mort pour défendre ce que le cœur de l'homme possède de plus cher, l'indépendance de sa patrie. Les deux combats livrés dans les plaines de Leipsig ne furent néanmoins, pour la fortune de Napoléon, que des accidents glorieux. Un coup bien autrement redoutable lui avait été porté dans la retraite de Moscou : là il avait perdu une armée que rien ne pouvait plus lui rendre. L'empereur des Français éprouva sans doute, dans la bataille du 18, une trahison inouïe dans les fastes militaires, mais qu'il lui était bien facile de prévoir. Cette défection si blâmable, quoique pressentie par l'état de l'opinion générale de l'Allemagne, dérangea les plans de Bonaparte. Au reste, eût-il été encore vainqueur cette fois, son arrêt n'en était pas moins prononcé : il devait tomber du trône. En résumé, la campagne de 1813 sembla indigne de son génie, et M. de Boutourlin, cet officier russe, si sincère admirateur du chef suprême des Français, a laissé échapper l'aveu suivant : « Enfin Napoléon, ce grand »capitaine, fut, dans cette campagne, au-des»sous de sa réputation. Toutes ses manœu»vres portent un caractère d'irrésolution et »de tâtonnement qui étonnent d'autant plus, »que l'audace et l'activité étaient ses qualités »distinctives. Il se laisse enlever partout »l'initiative des mouvements ; il ne profite »pas des avantages que sa position centrale »lui procure, et ne rachète ses fautes par »aucune de ces belles combinaisons qui font »la gloire d'un général, et auxquelles il dut »lui-même sa célébrité et la couronne impé»riale. C'est surtout dans les mouvements »préparatoires de la bataille de Leipsig, de»puis son départ de Dresde, qu'il est inex»cusable. Un général secrètement dévoué à »la cause des alliés n'aurait pas mieux agi en »leur faveur. Ceux qui ne connaîtraient de »lui que sa campagne de 1813 pourraient, »avec raison, douter de ses grands talents mi»litaires, et le ranger dans la classe des »Daun, des Soubise et des Cobourg. On di»rait que son génie militaire se trouvait en»chaîné par un pouvoir supérieur, devant »lequel il se trouvait obligé de ployer. »

Mais, si la journée du 18 avait été fatale aux Français, des maux encore plus inouïs les attendaient encore. Il fallait que notre armée traversât Leipsig : les différents corps débouchaient par quatre portes à la fois tandis qu'il n'y en avait qu'une seule pour se retirer : de là un encombrement continuel formé de convois d'artillerie et de soldats de toutes armes. Le 19 octobre, les souverains coalisés se mirent aussitôt en mouvement; car Leipsig, qui formait tête de pont pour la Pleiss et l'Elster, « était l'unique position » qui pût protéger notre armée (1). » Le désordre le plus effroyable régnait dans la ville : ici c'étaient les habitants qui couraient éplorés, là les Français qui s'apprêtaient à mourir en combattant; car les coalisés, auxques avait été envoyé un parlementaire afin que nous pussions nous retirer sans être poursuivis, avaient donné l'ordre qu'on pénétrât de vive force dans Leipsig. Macdonald et Poniatowski formant l'arrière-garde, firent brûler leurs caissons auprès de la porte de Dresde. Blücher commanda à Sacken d'emporter le faubourg de Halle; mais les soldats du troisième corps se défendant dans les premières maisons de ce faubourg, chassèrent les assaillants, et une seconde attaque, exécutée par le régiment russe d'Archangel, ne fut pas plus heureuse. Langeron fait passer des soldats entre la Partha et la chaussée, mais il cède au feu de notre artillerie. Ses troupes marchent alors contre la fabrique de Pfaffendorf, elles s'en rendent maîtresses. Les Français établissent aussitôt sous la porte de Halle deux canons qui balayent tout ce qui se présente, mais les masses russes ne se laissent pas décourager, et elles se logent dans la grande rue du faubourg. Nos soldats, sans pouvoir contenir l'ennemi, l'accablent d'une grêle de balles. Les Suédois, les Prussiens et le corps de Voronzof entrent dans le faubourg de Dresde, mais sans réussir à déloger les Français dont l'héroïque résistance se soutient toujours. Dans ce moment l'avant-garde de Béningsen et celle de la grande-armée s'emparent des faubourgs de Leipsig situés au midi. « Alors, » dit M. Labaume, « les » corps chargés de leur défense, surpris » dans un lieu ouvert, suppléèrent, à force » d'intrépidité, aux retranchements, et leurs » corps furent pour ainsi dire des murailles » vivantes. Accablés par le nombre, ils » se replient sur les boulevarts, qui, obs- » trués par l'artillerie et les équipages, ne » leur laissent point d'espace pour se mettre » en bataille. Adossés au pied des murs, ne » pouvant plus se mouvoir, ils ne trouvent » aucune issue ni aucune position pour ar- » rêter l'ennemi, tandis que les Saxons restés » dans Leipsig tirent aussi sur eux du haut » des remparts ; et, par cette nouvelle tra- » hison, plus lâche encore que la première, » précipitent notre retraite, et augmentent » le désordre du défilé de Lindeneau. Enfin les » Russes et les Prussiens victorieux, maîtres » des faubourgs de Halle et de Dresde, se » réunissent, sur la grande place, aux troupes » autrichiennes, à qui une compagnie badoise » venait d'ouvrir la porte qu'on lui avait » confiée. Dans ce moment critique, Napo- » léon, accompagné d'une suite nombreuse, » se fraya un passage à travers les jardins, » et franchit le défilé de Lindeneau, où la » confusion était si grande, qu'on peut met- » tre au rang des choses miraculeuses la » manière dont il parvint à s'échapper. » Cependant nos soldats qui formaient l'arrière-garde luttaient avec tant de courage, que leur salut paraissait assuré. Mais un sous-officier de sapeurs, qui avait miné le pont de Lindeneau, le fit sauter avec trop de précipitation. Il en résulta que vingt mille hommes et un nombre considérable de pièces d'artillerie furent séparés de l'armée sans pouvoir s'y réunir; ils se trouvaient arrêtés entre le pont et Leipsig. Les soldats français comprirent aussitôt toute l'horreur de leur position : les uns résolurent de se faire hacher plutôt que de se rendre, les autres se précipitèrent dans la Pleiss, qu'ils réussirent à passer; malheureusement le lit de l'Elster, qui coulait le long d'une plaine marécageuse, devint le tombeau de tous ceux qui ne savaient pas nager. Poniatowski, à la tête de ses Polonais, avait défendu avec une valeur héroïque le faubourg de Borna, et, se voyant enveloppé de tous côtés, s'adressa à ses officiers et leur dit : « Messieurs, *c'est ici qu'il faut* » *succomber avec honneur.* » Il se précipite alors sur les coalisés, quoiqu'il eût déjà été dangereusement blessé dans le combat du

(1) Labaume.

16 octobre ; ses efforts et ceux des braves qui l'entourent sont impuissants. Il franchit alors la Pleiss, et s'élance dans les flots de l'Elster, où il trouve la mort. A partir de ce jour, l'Allemagne devint libre, et Napoléon, quoiqu'arrêté un instant à Hanau par les Austro-Bavarois, revint en France avec les débris de son armée. Les souffrances de tout genre qu'éprouvèrent nos soldats dans cette seconde retraite, sans doute moins désastreuse que celle de Moscou, méritent d'avoir place dans l'histoire. « Des milliers de guerriers, pâles, décharnés, le regard morne et l'âme consternée, devenus hideux par des habits souillés de sang, se traînaient à peine ; mourant de faim, accablés de fatigue, ils restaient en arrière, et périssaient avant d'atteindre les hôpitaux. Les forêts situées aux deux côtés de la route étaient, à la distance de plusieurs lieues, remplies de maraudeurs et de malades. Repoussés par les habitants des campagnes, ils étaient exposés à toutes les misères. Le peu de force qui restait à ces malheureux, ils l'épuisaient en recherches infructueuses pour découvrir quelques aliments ; ne pouvant rien trouver, la plupart succombaient de fatigue et d'inanition... et les cadavres d'une foule de soldats n'eurent pour sépulture que les fossés des grandes routes. »

Les coalisés, dont l'empereur de Russie avait été l'âme, avaient délivré l'Allemagne ; il leur restait encore à pénétrer en France. Cette partie de leur œuvre, ils n'auraient jamais pu l'accomplir, si Napoléon, au lieu de régner dans son intérêt personnel et au profit de son ambition particulière, eût établi un gouvernement national. Sans doute les populations allemandes avaient eu à souffrir de l'insolence du joug impérial ; mais les Français avaient eu à supporter un esclavage qui leur enlevait jusqu'à la dernière liberté, tandis que leurs enfants leur étaient ravis pour aller périr dans des guerres qui paraissaient sans fin ; d'autres causes, que j'ai indiquées ailleurs (1), avaient isolé Napoléon. Les coalisés en avaient la preuve : aussi publièrent-ils à Francfort une déclaration portant « qu'ils ne » faisaient point la guerre à la France, mais » à Napoléon ; qu'ils voulaient que la France » fût forte, heureuse, et plus puissante que » sous ses anciens rois. » Alexandre et ses alliés franchirent le Rhin, et inondèrent de leurs soldats notre patrie infortunée. La principale invasion s'opéra aux environs de Huningue ; les Autrichiens se présentèrent dans le midi de la France, le corps de Wittgenstein et le corps de la garde impériale russe franchirent le Rhin ; l'armée de Silésie passa ce fleuve entre Mayence et Coblentz ; celle du nord, entre Coblentz et Nimègue. Napoléon ordonna aussitôt que des cohortes de grenadiers, de fusiliers fussent levées, ainsi que des compagnies d'artillerie dans les trente divisions territoriales de l'empire français. Il convoqua enfin le corps législatif, où il ne tarda pas, d'ailleurs, à rencontrer une légitime opposition ; aussi le vit-on chasser promptement des hommes qui osèrent lui dire la vérité. Cependant, au milieu des périls qui menaçaient l'empereur des Français, il ne pouvait se sauver qu'en marchant d'accord avec les représentants de ce peuple que lui-même il avait appelé la *grande nation*. Déjà trois cent mille Russes et Allemands avaient pénétré sur notre territoire, tandis que quatre-vingt mille Anglais, Espagnols et Portugais menaçaient le midi ; enfin, dans l'espace de six jours, un quart de l'empire fut conquis. Pendant que les coalisés faisaient d'aussi rapides conquêtes, Bonaparte entretenait des négociations, persuadé que l'empereur d'Autriche ne voudrait jamais se résigner à faire descendre du trône l'homme qui avait épousé sa fille. Mais, j'en ai déjà fait la remarque au lecteur, François II ne pouvait, dans les circonstances où il était placé, obéir à son cœur : il avait des devoirs à remplir, d'abord envers son peuple, dont la puissance avait été si affaiblie par les victoires de Napoléon ; il lui était, en outre, impossible de refuser son concours aux souverains, ses alliés, envers lesquels il avait pris des engagements sacrés. Sans entrer ici dans une foule de détails diplomatiques, je dirai que l'empereur des Français, dans ses

---

(1) Voir, dans la collection *le Monde*, le second volume de mon *Histoire de France*, règne de Napoléon.

négociations avec le cabinet autrichien, fut tour-à-tour trompé et trompeur. Ses plus proches parents, ceux dont il avait élevé la fortune si haut, l'abandonnèrent eux-mêmes : ainsi son beau-frère, Joachim Murat, et sa sœur, Élisa, devenue grande-duchesse de Lucques, se liguèrent contre leur bienfaiteur. Enfin la puissance de Bonaparte se trouva minée sur tous les points à la fois. Les souverains alliés, pour former un contraste tranchant avec l'orgueil de Napoléon dans ses jours de triomphe, relevaient, par une modération continuelle, les victoires qu'ils avaient remportées. Alexandre, après avoir traversé le Rhin à Bâle, ne voulut pas séjourner sur le territoire suisse, et il fit répandre une proclamation dans laquelle il promit que chaque peuple rentrerait incessamment dans la possession de ses anciennes lois : la paix, pour laquelle les coalisés étaient armés, allait bientôt ramener des jours heureux pour les arts, les sciences et l'industrie. Sans doute l'empereur des Français avait répandu des maux épouvantables sur l'empire moscovite, mais Dieu l'en avait cruellement châtié. « Ne
» l'imitons pas, » ajoutait le czar dans son manifeste; « oublions le mal qu'il nous a
» fait en lui offrant paix et amitié. L'hon-
» neur de nos armes consiste à vaincre, et à
» pardonner aux vaincus comme à un frère.
» C'est le principe que notre sainte religion
» a gravé dans nos cœurs. Aimez vos enne-
» mis, et faites-leur tout le bien que vous
» pourrez : c'est un principe divin. Oui, sol-
» dats, votre valeur contre ceux qui résiste-
» ront, et votre charité chrétienne envers les
» paisibles habitants, mettront, n'en doutez
» pas, un terme à vos longues fatigues, et
» vous acquerront la gloire d'un peuple bon
» et vertueux. » Ces nobles paroles devinrent, sauf quelques exceptions, la règle de conduite que s'imposèrent les généraux et jusqu'aux simples soldats russes, du moins ceux qui étaient soumis à une discipline habituelle; malheureusement il n'en fut pas de même des Cosaques, qui se livrèrent à tous les genres d'excès.

Cependant Napoléon, dont l'activité était si prodigieuse, restait dans Paris. Déjà une grande portion de la France appartenait aux coalisés : nos villes semblaient avoir oublié leurs glorieux souvenirs, et l'on vit Mâcon, menacé seulement par soixante hussards, leur ouvrir ses portes. Enfin Bonaparte, après avoir nommé Marie-Louise régente, convoqua aux Tuileries le corps des officiers de la garde nationale. Se plaçant au milieu d'eux, il leur dit qu'une partie du territoire français étant envahi, il allait se mettre à la tête de l'armée, et qu'avec l'aide de Dieu et la valeur de ses troupes, il espérait repousser l'ennemi au-delà des frontières; puis, jetant un regard plein de tristesse sur sa compagne et sur son fils qu'elle portait dans ses bras : « Je confie ma femme et mon en-
» fant à ma fidèle ville de Paris; je lui donne
» la plus grande marque d'estime en laissant
» sous sa garde les objets de mes plus chères
» affections. » Enfin, le 25 janvier 1814 il quitta sa capitale pour aller combattre l'armée de Silésie, composée de Russes et de Prussiens. Dans cette dernière campagne, le génie de Napoléon se releva plus sublime que jamais, ajoutant encore à tant de merveilles qui, depuis si long-temps, avaient comme épuisé l'admiration. Le défaut d'espace m'empêche d'entrer dans les détails; je serai donc, malgré moi, réduit à une concision qui me désespère. Les soldats de Napoléon manquant de tout, s'élèvent à peine à soixante mille hommes, et ils ont à tenir tête, sur la Seine et sur la Marne, à deux cent mille soldats coalisés, qui marchent sous les ordres de Winzingerode, de Blücher et de Schwarzenberg.

Les mouvements de l'empereur des Français sont vifs et rapides, et il ne se précipite sur l'ennemi que pour le mettre en fuite; vainqueur à Brienne, hors sa garde il ne commande qu'à des soldats nouvellement levés. Mais ses combinaisons sont si habiles, qu'elles triomphent de l'énergie des soldats coalisés, même lorsqu'ils luttent sous les yeux de leurs souverains. S'il cède au combat de la Rothière, où la neige tombe en flocons si épais, que plusieurs fois l'artillerie suspend ses feux, c'est accablé par le nombre; et il va bientôt obtenir une revanche éclatante. Deux armées le débordent, l'une se dirige par l'Yonne, l'autre par la Marne. L'empe-

reur des Français bat en retraite de Troyes sur Nogent, au milieu des ténèbres de la nuit et par des chemins impraticables; les conscrits, tout récemment arrivés sous ses drapeaux, jettent dans les fossés leurs fusils, leurs shakos et leurs gibernes. Ainsi allégés, à peine peuvent-ils soutenir la fatigue d'une pareille marche. Enfin, Bonaparte prend position à Nogent; il s'aperçoit aussitôt que les coalisés veulent renfermer son armée entre la Seine et la Marne, afin de se précipiter avec leurs masses sur Paris. Il laisse devant Nogent et Montereau les ducs de Bellune et de Reggio, avec la réserve de Paris et le sixième corps de cavalerie; quant à lui, il tombera sur les flancs de l'armée de Blücher. « Ce général, en s'é-
» loignant trop de Schwarzenberg et en dis-
» persant ses divisions, les avait mises hors
» d'état de lier leurs opérations et de se sou-
» tenir mutuellement (1). » D'après le plan de Napoléon, il se créera un débouché par la route de Villenoxe, en deux jours il sera sur celle de Châlons à Paris, il arrivera vers Sézanne pendant que l'armée de Silésie sera en marche, il détruira les deux corps de Yorck et de Sacken, et écrasera ensuite Blücher. Il fait dix lieues à travers des marais, et il envoye ses ordres au prince de la Moskova et au duc de Raguse; ce dernier se portera en avant et formera l'avant-garde. On arrive à Sézanne dans un véritable état de désorganisation; le général Grouchi engage une action avec le corps du général Alzuziew, établi près du village de Saint-Gond; le duc de Raguse, de son côté, menace le village de Baye.

Le général Alzuziew, reconnaissant que les Français arrivaient par un chemin qui devait tenir fermé les manœuvres de Schwarzenberg, se prépare à une résistance opiniâtre. Mais déjà le village de Baye est au pouvoir de la cavalerie du premier corps, soutenu par les divisions Ricard et Lagrange. Les Russes veulent battre en retraite sur Champaubert; la route est interceptée par la cavalerie du général Doumerc. Alzuziew fait former à son infanterie des carrés qui se frayeront une route à travers la cavalerie française. Les efforts des Russes restent sans succès; ils veulent marcher sur Épernai, mais la division Ricard leur ferme encore cette route; ils prennent alors la fuite. Le général Alzuziew, deux généraux de brigade, plusieurs colonels et deux mille soldats tombent au pouvoir des Français; telle est la journée de Champaubert. A peine Sacken est-il informé de la destruction du corps d'Alzuziew, qu'il se retire vers Montmirail, en informant le général Yorck de l'état des choses. Le général prussien profite de cet avis pour se rapprocher de Montmirail; d'un autre côté, le duc de Raguse se dirige sur Éloges; il arrêtera Blücher, qui était à peine à Vertus, tandis que Yorck et Sacken étaient déjà parvenus à Meaux et à la Ferté. Ces deux chefs étaient entièrement isolés. Napoléon choisit aussitôt une position en avant de Montmirail, et pendant que le duc de Raguse arrête Blücher, le général Nansouti, destiné à combattre Sacken, s'établit en-deçà d'un ravin, où il le combattra. Les Russes s'élancent pour emporter le passage; mais l'empereur des Français est aux avant-gardes du général Nansouti, et il ordonne au prince de la Moskova de s'emparer de Marchais, sur lequel se dirige l'aile droite de l'ennemi; la division Ricard avait à peine pénétré dans le village, qu'elle est attaquée avec vigueur par Sacken. Une lutte horrible s'engage sur ce point, et Marchais est pris, repris et perdu par les Moscovites. A peine faisait-il encore jour que la garde impériale arrive. Nansouti intercepte aux Russes leur retraite sur Château-Thierry; le général Ricard paraît vouloir abandonner Marchais; Sacken affaiblit alors son centre pour accourir sur le point où il pense que la victoire a couronné ses efforts. Sur ces entrefaites, l'artillerie de la garde vomit un feu continuel sur la ferme de l'Épine-aux-Bois, où les Russes ont réuni leurs principales forces. Napoléon, dont le coup-d'œil est si rapide, s'aperçoit aussitôt que Sacken s'est laissé tromper. Sans perdre de temps, il commande au général Friant de s'emparer de la ferme de l'Épine-aux-Bois; elle est bientôt

(1) *Histoire de la chute de l'empire de Napoléon*, pages 183 et 184, tome II, par Eug. Labaume.

au pouvoir des Français. Une horrible mêlée s'engage, on est tellement près les uns des autres, qu'on se bat à la baïonnette. Bonaparte fait aussitôt marcher la cavalerie de sa garde : tout ce qui se trouve de Russes et de Prussiens dans le village de Marchais est égorgé ou tombe en notre pouvoir ; bref, les coalisés s'enfuient. Mais déjà l'avant-garde de Yorck est sur la route de Château-Thierry : elle veut sauver Sacken. L'empereur ordonne à des escadrons de sa garde de marcher contre deux brigades russes, qui se dirigent sur Fontenelle ; elles cèdent à l'impétuosité française, et ne trouvent leur salut qu'en opérant leur retraite à travers champ. Ce nouveau triomphe, connu sous le nom de Montmirail, coûta plus de six mille hommes aux alliés, à la poursuite desquels nos troupes se remirent le lendemain ; enfin, on les rejeta jusque dans les faubourgs de Château-Thierry, qu'ils évacuèrent le lendemain à la pointe du jour.

Blücher avait affaibli ses forces en les éparpillant sur une foule de points, et il était depuis trois jours à Vertus, lorsqu'il fut informé que l'empereur des Français était sur la route de Reims ; sa marche n'était couverte que par le duc maréchal de Raguse, établi auprès d'Étoges. Blücher fond, à la tête de trente mille hommes, sur le maréchal. Ce dernier se retire sur la route de Montmirail ; Bonaparte, grâce à l'énergie de ses soldats, est à Montmirail, à la suite d'une marche forcée. Le duc de Raguse s'arrête, et, réunissant les divisions Lagrange et Ricard, se précipite sur le village de Vauchamp, pendant que le général Grouchi, à la tête de sa cavalerie, extermine cinq bataillons de coalisés ; mais son artillerie, arrêtée par d'horribles chemins, ne peut l'accompagner. Blücher est coupé, et il bat en retraite sur Champaubert. Il est déjà parvenu à la position où les Français espèrent lui intercepter le passage ; mais Grouchi n'a pas avec lui son artillerie : cependant il réussit encore à couper de nouveau aux Prussiens la route. Blücher commande aussitôt qu'on mitraille notre cavalerie, et, de cette manière, sauve l'armée prussienne, qui, du reste, éprouve de très grandes pertes. En résumé, Napoléon avait été vainqueur, en quatre jours, à Champaubert, Montmirail, Château-Thierry et de Vauchamps. « Sa dernière expédition était » une des plus étonnantes de sa vie militaire, » non-seulement par l'importance des résul- » tats, mais encore par la profondeur du » plan et la hardiesse de l'exécution (1). » Paris, qui, un instant, sembla presque au pouvoir des ennemis, fut provisoirement sauvé ; mais Bonaparte, qui ne possédait plus qu'une certaine partie du territoire national, ne pouvait remplacer les soldats que la mort et les fatigues lui enlevaient, tandis que les coalisés recevaient à chaque instant de nouveaux renforts ; il devait donc non pas être vaincu, mais accablé sous le nombre. Ainsi, dans le moment même où l'empereur des Français, en triomphant dans les plaines de Vauchamps, avait arraché à Blücher la capitale de la France, cette dernière était de nouveau inquiétée par l'armée austro-russe, placée sous les ordres de Schwarzenberg. Bonaparte s'élance à sa rencontre ; des bords de la Marne il arrive en quatorze heures à la Ferté : devant lui marche le duc de Tarente, qui a sous ses ordres douze mille combattants. Il est rejoint par les ducs de Reggio et de Bellune à Guignes, où il se trouve le lendemain. Au milieu des rigueurs de l'hiver ses troupes ont fait trente lieues de marche en deux jours. Les coalisés s'arrêtent entre Guignes et Nangis ; c'est dans ce dernier lieu que Witgenstein, attaqué par les Français, perd quatre mille hommes et un immense matériel. Mais les ennemis que notre cavalerie, accablée par trente-six heures de marche, ne put poursuivre, se retirèrent sur les hauteurs de Montereau, où, le lendemain, ils furent attaqués par le général Château, qui fut tué au moment où il voulait s'emparer du pont de Montereau ; en vain le général Gérard essayat-il de reprendre l'offensive, il fut repoussé. Il était trois heures de l'après-midi et rien encore n'était décidé ; alors Napoléon, à la tête de ses troupes, s'avance contre l'ennemi ; le général Pajol débouche avec sa division

(1) *Chute de l'empire*, par E. de Labaume, t. II, p. 204.

par la route de Melun : elle compte sous ses drapeaux des gardes nationales qui appartiennent à la Bretagne et au Poitou. L'empereur, en se dirigeant vers eux, s'écrie : « Montrez de quoi sont capables les hommes » de l'ouest ; ils furent de tout temps les » défenseurs de leur pays et les plus fermes » appuis de la monarchie. » Les Vendéens, bravant toutes les difficultés, ont bientôt gravi le plateau qui protégeait les coalisés, et les pressent avec une telle vigueur qu'ils battent en retraite par le pont de Montereau. Cette nouvelle victoire ranime les généraux français ; les ennemis sont repoussés à Orléans et chassés de Fontainebleau ; en définitive ils battent en retraite sur tous les points.

Tant de défaites, survenues coup sur coup, portèrent la terreur dans l'âme d'Alexandre et de ses alliés, le roi de Prusse et l'empereur d'Autriche, et ils envoyèrent le général autrichien comte de Paar, pour obtenir un armistice. Mais Napoléon, enivré par tant de succès qu'il venait d'obtenir, voulut rentrer dans la plénitude de l'ancien empire français, et retira au duc de Vicence, son négociateur à Châtillon, les pouvoirs qu'il lui avait accordés. « Les alliés, » s'écriait il, » oublient que je » suis plus près de Munich que de Paris. » Cependant, tandis que Napoléon se laissait encore une fois fasciner par sa fatale ambition, les Anglais jurèrent sa perte, car ils le considéraient comme leur ennemi le plus redoutable. Le général Wellington, après avoir chassé les Français d'Espagne, avait passé les Pyrénées, et foulait le territoire national. Le duc d'Angoulême, neveu de Louis XVIII, roi de France, servait en qualité de volontaire sous les drapeaux de l'armée de la Grande-Bretagne ; déjà il avait publié à Saint-Jean-de-Luz un manifeste de son oncle, dans lequel il exhortait les habitants du midi à briser le joug de Bonaparte. Enfin Bordeaux était le centre d'un certain nombre de royalistes, qui n'attendaient qu'un signal pour proclamer la restauration des Bourbons, restauration d'ailleurs méditée par le cabinet de Saint-James : d'un autre côté la haute noblesse française, qui formait dans le faubourg Saint-Germain, à Paris, une sorte de colonie à part, appelait avec ardeur le retour de nos anciens princes. De pareils vœux auraient pu rester stériles, sans une circonstance particulière, car la réaction contre l'empereur des Français ne pouvait réussir qu'entreprise par un homme qui jouissait d'une très-grande influence ; tel était le prince Maurice de Talleyrand de Périgord, ancien évêque d'Autun. Cet illustre personnage avait d'abord partagé les idées de la révolution, et on l'avait vu dans l'assemblée constituante poursuivre la vente des biens du clergé. Il émigra plus tard, et parvint à ravir sa tête aux massacreurs de 1793. De retour en France, et attaché au directoire comme ministre, il l'avait abandonné pour embrasser la cause de Bonaparte. Celui-ci lui donna le portefeuille des affaires étrangères, et, devenu empereur, le créa prince de Bénévent ; mais, lors de la guerre d'Espagne, il disgracia son ministre, dont les sages avis l'avaient blessé. M. de Talleyrand était resté néanmoins un des hommes sur lesquels tous les regards étaient fixés. En dépit de ses opinions nouvelles, il jouissait d'une très-grande considération parmi l'élite des nobles habitants du faubourg Saint-Germain, avec lesquels il comptait de nombreuses alliances de famille. Séparé désormais de Napoléon, sa maison devint le centre d'une foule de vieux royalistes, avec lesquels il sympathisa naturellement, car le prince, frappé du vertige de Bonaparte, regardait la restauration des Bourbons comme le seul espoir qui restât à la France.

Ce n'est pas tout : M. de Laharpe, ce gentilhomme suisse, qui avait été le précepteur si chéri de l'empereur Alexandre, avait été admis, pendant son séjour à Paris, dans la société de M. de Talleyrand. Éloigné depuis long-temps de sa patrie, Laharpe voulut y rentrer ; mais en route, il tomba dans un parti ennemi qui l'entraîna au quartier-général des souverains coalisés. Il leur révèle l'aversion que la France portait à Napoléon, qu'elle regardait comme l'auteur de tous ses maux. Lord Castelreag, qui faisait partie du congrès de Châtillon, ne négligea pas cette ouverture pour marcher vers le but où tendait le cabinet de Saint-James : je veux dire vers la restauration des Bourbons. Enfin, M. de Talleyrand, qui, sous l'apparence d'une froideur nonchalante, possédait une grande activité d'esprit, s'était servi du baron de Vitrolles, comme son organe auprès des souverains coalisés. Ainsi Bonaparte était diplomatiquement cerné de toutes parts, pendant que les troupes alliées le menaçaient du poids de leurs masses. Il aurait pu profiter de ses dernières victoires, je ne dis pas pour conserver sa qualité d'empereur commandant à l'Europe presque entière, mais du moins avait-il quelque chance, en rattachant son beau-père François à ses intérêts, de garder les anciennes limites de la France. Telle était la position des choses lorsque les coalisés, battant en retraite, parvinrent à Troyes.

Si la génération née depuis 1789 n'avait aucune idée des Bourbons, il n'en était pas de même de celle qui avait vu le jour au milieu du dix-huitième siècle. Les gentilshommes de province de ce temps étaient pleins de souvenirs de l'ancienne monarchie; ils abondaient surtout à Troyes; ils demandèrent en conséquence à l'empereur de Russie de rétablir nos princes, car ils connaissaient déjà le retour en France du comte d'Artois et de son fils, le duc d'Angoulême. Deux chevaliers de Saint-Louis, le marquis de Vidranges et M. de Gouault, se firent les interprètes du vœu d'un certain nombre de leurs concitoyens. L'empereur de Russie leur dit : « Je ne suis pas tout-puissant; les chan- » ces de la guerre sont incertaines; et quels » seraient mes regrets si de braves gens comme » vous étaient compromis et sacrifiés! Nous » ne venons pas pour donner nous-mêmes un » roi à la France; nous voulons seulement » connaître ses intentions; c'est à elle à se » déclarer, mais hors de notre ligne mi- » litaire; car il importe qu'on ne croie pas » que l'opinion a pu être influencée par nos » armées. » M. de Vidranges répondit au czar : « Bonaparte n'est point aimé, mais on le » craint. D'ailleurs, la France sera toujours » en révolution tant qu'elle ne rentrera pas » sous sa dynastie légitime. Les trônes ne se- » ront en sûreté que quand les souverains » érigeront en principe cette grande vérité; » et l'Europe ne connaîtra point les douceurs » de la paix tant que Bonaparte conservera » l'autorité. — C'est pour cela, » reprit Alexandre, « qu'il faut le dompter avant » de rien décider. »

Les royalistes de la ville de Troyes reprirent néanmoins la cocarde blanche, et envoyèrent le marquis de Vidranges auprès du comte d'Artois, pour qu'il portât à ses pieds l'hommage de leur dévouement. Un mouvement en faveur des Bourbons se manifesta aussi dans la petite ville de Pont-sur-Seine. Mais bientôt les troupes de Napoléon se présentèrent devant la ville de Troyes, que les souverains coalisés quittèrent. Ces derniers, avertis par l'expérience, décidèrent de réunir leurs forces en une masse énorme qui, sous les ordres de Blücher, tenterait une nouvelle pointe sur Paris. Napoléon, arrivé dans les murs de Troyes, fit fusiller M. de Gouault, qui ne sut pas se sauver assez vite : cette cruauté devait être superflue. En effet les troupes de Bonaparte diminuaient à vue d'œil, et il écrivait à son frère Joseph, auquel il avait, conjointement avec la régente, confié la défense de Paris : « La vieille garde seule se » soutient, le reste fond comme neige. » Les avantages que l'empereur pouvait obtenir tournaient en définitive à sa ruine. Je ne rendrai donc plus un compte détaillé des opérations militaires; je dirai seulement qu'au combat d'Arcis-sur-Aube, son cheval fut frappé d'un boulet, et que ceux qui l'entouraient combattirent plusieurs fois pour sauver sa personne. Enfin, Napoléon, par un mouvement qu'on ne peut s'expliquer; Napoléon, qui aurait dû se réunir aux corps de Marmont et de Mortier, afin de couvrir avec eux la capitale, se dirigea sur Vitry et Saint-Dizier. Les alliés profitèrent de cette faute, et marchèrent, avec toutes leurs réserves, sur Paris. Cette résolution fut due principalement à l'empereur Alexandre, qui, dans un grand conseil tenu à Sommepuis, l'emporta. « Pour arri- » ver à notre but, » dit-il, « trouverons- » nous jamais une occasion plus favorable? » Napoléon s'éloigne de sa capitale, à la- » quelle se rattache sa domination. Profitons » de cette faute pour nous rapprocher de » Blücher : une fois notre jonction opérée, » passons la Seine à Paris, et là, finissons

» nos travaux. » En effet, quelques jours après, les coalisés pénétrèrent dans la capitale, sous les murs de laquelle ils soutinrent une dernière bataille. Joseph, frère de Bonaparte, contraignit pour ainsi dire Marie-Louise, régente, à s'enfuir avec son fils dans les murs de Blois. Talleyrand, comme vice-grand-électeur de l'empire, se mit en route pour suivre l'impératrice; mais sa voiture ayant été, dit-on, arrêtée à la barrière par des gens apostés, le prince rentra dans son hôtel à Paris.

Cependant, le 27 mars, Napoléon reçoit la nouvelle que les deux armées coalisées marchent sur Meaux. Il se dirige en toute hâte sur Saint-Dizier, pour défendre avec ses troupes la capitale. Il est à Troyes à six heures du soir : au lieu de se hâter, il passe la nuit dans cette ville, et part le lendemain; il arrive à la cour de France, près de Juvisi; mais à Morangis, le général Belliard lui apprend que Paris a capitulé. Il s'abandonne alors à la colère la plus violente, et retourne à Fontainebleau. Il veut tenter encore une nouvelle bataille; mais les maréchaux envoient successivement leur adhésion au gouvernement provisoire établi dans la capitale, et Napoléon part pour l'île d'Elbe, dont il obtient la souveraineté. L'empereur Alexandre était descendu à l'hôtel même de M. de Talleyrand, où il se vit entouré de tous les hommes appartenant à l'ancienne ou à la nouvelle France, et qui désiraient si vivement la restauration des Bourbons. De jeunes nobles royalistes se répandirent dans Paris, portant des cocardes blanches; des femmes, dans tout l'éclat de leur beauté, forçaient, pour ainsi dire, les hommes à arborer les couleurs de l'ancienne monarchie. L'illustre auteur de la *Monarchie* publia une brochure éloquente qui porta le dernier coup à la fortune de Napoléon; le sénat lui-même, cet organe si long-temps servile des volontés de l'empereur des Français, prononça sa déchéance, en même temps qu'il publia la restauration des Bourbons : en définitive, M. Talleyrand fut l'âme de ce mouvement. Les troupes coalisées, inspirées par l'âme d'Alexandre, se montrèrent pleines de modération au sein de la victoire. Quant à l'empereur de Russie, les grâces de sa personne, l'aménité de sa manières et la magnanimité de son cœur le rendirent l'idole des Parisiens; il ne pouvait faire un pas sans être suivi par la foule. Enfin un traité fut signé à Paris, en vertu duquel la France rentrait dans ses anciennes limites de 1792. Un congrès eut aussi lieu à Vienne, dans lequel furent réglés les droits des souverains coalisés. Le roi de Prusse obtint un dédommagement assez considérable, qu'on prit sur les états du roi de Saxe, auquel on fit un crime de s'être montré l'allié le plus fidèle de Napoléon; l'Autriche rentra en possession de l'Italie; le grand duché de Varsovie demeura entre les mains de l'empereur de Russie, qui le constitua en royaume particulier. Alexandre et le roi de Prusse quittèrent la France; et, arrivés à Calais le 7 juin 1814, s'embarquèrent sur une escadre anglaise, que commandait S. A. R. le duc de Clarence, devenu depuis roi sous le nom de Guillaume IV. Le cabinet de Saint-James avait joué un rôle important dans la coalition, à laquelle il avait fourni d'immenses subsides; c'était lui qui, le premier, avait évoqué le retour des Bourbons : en d'autres termes, le cabinet de Saint-James était l'ennemi personnel de Napoléon. Lorsque les deux souverains débarquèrent à Douvres, ils entendirent les acclamations d'une foule immense, et furent reçus au bruit des salves de l'artillerie. Une pareille réception les attendait sur toute leur route; mais, pour échapper à des manifestations qui les auraient arrêtés trop long-temps dans le cours de leur voyage, ils partirent conservant l'*incognito*. De grands honneurs furent aussi rendus au vieux maréchal Blücher, auquel le prince régent donna son portrait. Alexandre devint bientôt l'objet des attentions les plus délicates de la part de la haute société anglaise : en même temps que le petit peuple l'entourait d'une espèce de culte continuel, quoiqu'accompagné du roi de Prusse, il l'éclipsait entièrement. La ville de Londres présenta une adresse au czar, à laquelle il fit la réponse suivante : « Je vous remercie de » votre obligeante et flatteuse adresse. Depuis » long-temps je désirais visiter ce pays; et » c'est avec une satisfaction toute particulière

»que je me trouve aujourd'hui parmi vous, » après une guerre pleine de gloire, suivie » de la paix générale rendue à l'Europe. Je » suis persuadé que cette paix durera long- » temps pour le bonheur du genre humain. » Assurez vos concitoyens que la nation an- » glaise a toujours eu mon estime. Sa con- » duite pendant la longue et périlleuse guerre » dans laquelle je me suis trouvé engagé, » commande mon admiration et celle du » monde entier. J'ai été l'allié fidèle de la » Grande-Bretagne pendant la guerre, et je » désire continuer d'être son ami dévoué pen- » dant la paix. »

Alexandre, en quittant l'Angleterre, visita La Haye et Amsterdam; il se rendit ensuite à Saardam, où il vit avec émotion la chétive maison que Pierre-le-Grand avait habitée; sur la porte d'entrée il lut cette inscription : *Pour un grand homme, il n'y a rien de trop petit*. L'empereur alla ensuite à Carlsruhe, où il rejoignit sa femme, l'impératrice Élisabeth. Il était à Weimar, lorsqu'une députation, composée de MM. Kourakin, Tormasoff et Soltykof, lui remit une délibération, prise par le sénat de Saint-Pétersbourg, qui lui accordait le surnom de *Béni*. L'autocrate, que tant de triomphes n'avaient pu enivrer, répondit : « J'ai toujours tâché » de donner à la nation l'exemple de la sim- » plicité et de la modestie, je ne pourrais » accepter le titre qui m'est offert, sans m'é- » carter de mes principes. Quant au monu- » ment dont vous me parlez, c'est à la pos- » térité qu'il appartient de l'ériger si elle » m'en trouve digne. » Le gouverneur de Saint-Pétersbourg, Sergey Kosmitsch, se préparait à faire au czar la réception la plus pompeuse; mais il lui envoya le rescrit suivant : « J'ai appris qu'on fait pour ma ré- » ception divers préparatifs; j'ai toujours eu » de la répugnance pour toutes ces choses, » et dans les circonstances présentes je les » désavoue plus que jamais. Les événements » qui ont mis fin aux guerres sanglantes de » l'Europe, sont l'œuvre du seul Tout-Puis- » sant : c'est devant lui qu'il faut nous » prosterner tous. Faites connaître cette » inébranlable résolution, afin qu'il ne soit » donné aucune suite à des préparatifs quel- » conques pour me recevoir. » Depuis qu'Alexandre était parvenu, avec ses coalisés, à détruire la fortune de Napoléon, on avait fait la remarque que, loin de céder au prestige de la gloire qui l'environnait, ce prince se cachait, pour ainsi dire, tout entier dans une modestie religieuse, qui atteignait les dernières limites de l'humilité chrétienne. Il se plaisait à abaisser sa majesté au pied des autels du maître des rois; à Dieu seul il reportait ces cris d'admiration, qui retentissaient sans cesse à ses oreilles. Le sentiment religieux tenait désormais la place souveraine dans son cœur; il était vivifié et agrandi par une imagination tout à la fois riche et rêveuse. L'empereur de Russie avait eu en 1814 des rapports avec madame de Krudener, qui avait abandonné les séductions si trompeuses du monde pour se vouer à une mission qui avait pour but de régénérer le genre humain. Cette femme, née dans une haute classe, allait prêchant et suivie d'une multitude de pauvres. « Alexandre, » disait-elle, « a reçu mission » de rééditier ce que Napoléon avait reçu » mission de détruire. Alexandre est l'ange » blanc de l'Europe et du monde, comme » Napoléon en fut l'ange noir. » Le czar était devenu un des prosélytes les plus ardents de la prophétesse allemande. Cette dernière lui inspirait une multitude de résolutions, qui ajoutaient encore du charme et de la grandeur aux vertus déjà si admirables d'Alexandre, vertus qui, formant un contraste complet avec les autres souverains russes, lui assurent une place à part dans les annales nationales. Ainsi, à peine rentré dans sa capitale, l'empereur va rendre des actions de grâce à Dieu, suivi de tout son peuple; puis, dans un ukase adressé à la commission d'éducation du clergé, son âme si pieuse s'exhale sans réserve. « L'éducation, » dit-il dans ce document, « n'est, à proprement parler, que » l'étendue des lumières; elle doit donc s'at- » tacher à étendre et à propager cette lumière » *qui luit dans les ténèbres, et que les* » *ténèbres n'ont pas comprise*; c'est en » s'attachant à elle qu'il faut diriger les » élèves dans les véritables sources du bien, » par les préceptes que l'Évangile nous en- » seigne avec tant de simplicité et de sagesse,

» savoir : *que Jésus est la voie, la vérité et la vie.* » La grande Catherine, aïeule d'Alexandre, affichait dans certaines circonstances une sorte d'apparat de dévotion, pour mieux captiver les Russes; mais la piété de son petit-fils était aussi sincère que vive, et lui commanda, si je puis ainsi m'exprimer, des actes qui appartiennent à l'histoire. Il avait déjà refusé d'adopter le surnom de *Béni;* le synode, le conseil de l'empire et le sénat dirigeant, firent de nouveaux efforts; mais le czar resta inébranlable. Le lecteur jugera, par la pièce que je vais mettre sous ses yeux, quelle était l'âme de l'empereur. « La demande qui m'a été »faite par le saint-synode, le conseil de l'em- »pire et le sénat dirigeant, concernant l'é- »rection d'un monument à ma personne dans »la capitale, en me sollicitant d'accepter le »nom de *Béni,* me fait beaucoup de plaisir, »parce que j'y reconnais, d'une part la béné- »diction de Dieu, qui veille sur nous, et de »l'autre, les sentiments du corps de l'empire »russe. Tous mes efforts et mes plus ferventes »prières n'ont pour but que d'obtenir, en »effet, la durée de cette faveur divine, tant »pour moi-même que pour mon peuple fidèle, »mes sujets loyaux et bien-aimés, *et pour* »*le genre humain tout entier.* C'est là »mon désir le plus ardent et mon plus grand »bonheur. Mais, malgré tous mes efforts »pour y parvenir, je ne puis, comme homme, »être assez présomptueux pour accepter ce »titre et pour m'imaginer de l'avoir mérité. »Cela est d'autant plus incompatible avec »mes principes, que, dans tous les temps et »toutes les occasions, j'ai exhorté mes fidèles »sujets à l'humilité et à la modestie. Je ne »puis donner un exemple qui serait en con- »tradiction avec mes véritables sentiments. »Ainsi donc, en même temps que par la pré- »sente je témoigne mon entière gratitude, »je prie les corps constitués de l'empire d'a- »bandonner tous ces projets. Puisse un mo- »nument m'être élevé dans vos cœurs comme »je vous en élève un dans le mien! Puissent »mes peuples me bénir dans leurs cœurs »comme le mien les bénit! Puisse la Russie »être heureuse, et puisse la divine Provi- »dence veiller sur elle et sur moi! »

Ces assurances d'un si vif attachement pour ses sujets furent attestées par une foule de mesures bienfaisantes, dont je ne puis donner ici qu'un aperçu superficiel. Tous les officiers qui avaient quitté les rangs de l'armée, comme blessés ou malades, reçurent des pensions ou des indemnités. Toutes les créances du gouvernement qui étaient au-dessous de deux mille roubles, furent remises; les paysans qui, dans certaines localités, avaient vu pendant la guerre leurs maisons incendiées, ne furent pas astreints au paiement de l'arriéré de leur taxe personnelle; enfin les habitants de l'Allemagne, qui, au milieu des désastres de la guerre, avaient reçu en paiement des billets de la banque de Russie, et qui ne pouvaient pas en retirer leur valeur nominale, n'eurent qu'à faire présenter ces titres à Berlin et à Kœnigsberg, où ils furent escomptés au cours du change. Bref, l'année 1814 ajouta à la renommée du czar comme à sa puissance réelle. Ainsi, dans le mois de septembre, il obtint de la Perse la cession définitive de plusieurs provinces importantes.

Les coalisés, en donnant à Napoléon la souveraineté de l'île d'Elbe et en replaçant les Bourbons sur leur trône héréditaire, pensaient avoir accompli pour toujours leur tâche. Mais Bonaparte rentra dans Paris le 20 mars 1815, et les coalisés recoururent de nouveau aux armes; quatorze cent mille hommes se mirent en marche pour venir fondre sur notre patrie. Les Russes étaient encore en route lorsque Napoléon succomba dans les plaines de Waterloo. Il avait alors à combattre seulement les Anglais et les Prussiens commandés par lord Wellington et Blücher. Ces masses d'étrangers, accourus de tous les points de l'Allemagne, et même des confins de la Moscovie, s'emparèrent de notre territoire tout entier, où ils s'établirent comme au milieu de leur conquête. Une indemnité de sept cent millions fut imposée à la France, qui, grâce à l'intervention d'Alexandre, conserva ses limites de 1790.

Le czar, revenu pour la seconde fois en France, attribua la fièvre révolutionnaire qui, selon lui, dévorait cette contrée à l'absence de toute croyance religieuse; il chercha en conséquence un remède à ce mal dont la contagion menaçait toute l'Europe, et il signa, d'accord avec le roi de Prusse et l'empereur d'Autriche, un traité qu'il appela *traité de la sainte alliance*. Ce document est du plus haut intérêt, parce que c'est le pivot sur lequel va tourner toute la politique pendant plusieurs années. Au reste, ce traité présente une physionomie particulière; au lieu de se fonder sur des intérêts positifs, il a pour base des principes de charité chrétienne; il émane plutôt d'hommes religieux que d'hommes d'État. Considéré sous cet aspect, le traité de la sainte alliance est digne d'admiration; il constitue une ligue en faveur de l'humanité et de l'ordre; c'est une confession de fraternité faite par trois puissants souverains. Mais, d'un autre côté, la politique d'application ne repose que sur des faits accomplis; pour mieux dire, elle règle des intérêts réels, et évite de se mettre en contact avec des doctrines purement spéculatives. La sainte alliance, comme traité diplomatique, ne renfermait pas un long avenir, et la génération qui l'avait vue naître assista à sa destruction complète. En général les choses humaines ne se meuvent longtemps et à l'aise que dans la sphère qui leur est propre. Le traité de la sainte alliance devait donc être écrasé sous le poids des affaires. Néanmoins, ce document remarquable forme un contraste trop complet avec les événements qui ont eu lieu depuis 1830 pour n'avoir pas ici sa place. La traduction suivante, que je mets sous les yeux du lecteur, est empruntée aux auteurs de l'*Histoire philosophique et politique de la Russie* :

« Au nom de la très-sainte et indivi»sible Trinité, leurs majestés, l'emp»ereur d'Autriche, le roi de Prusse et l'em»pereur de Russie, considérant les grands »événements qui ont eu lieu en Europe du»rant le cours des trois dernières années, et »spécialement les bienfaits qu'il a plu à la »divine Providence de répandre sur les États »qui placent leur confiance et leur espé»rance en elle seule, et étant intimement »convaincus de la nécessité de prendre pour »règles de conduite dans leurs rapports res»pectifs les vérités sublimes que la sainte »religion de notre Sauveur nous enseigne; »déclarent solennellement que le présent »acte n'a d'autre objet que de proclamer à »la face du monde entier leur résolution iné»branlable de prendre pour seul guide, tant »dans l'administration de leurs États respec»tifs que dans leurs rapports politiques avec »tout autre gouvernement, ces principes de »justice, de charité chrétienne et de paix, »qui, loin de n'être applicables qu'à des in»térêts privés, doivent avoir une influence »immédiate sur les conseils des princes, et »régler toutes leurs démarches, comme »étant le seul moyen de consolider les insti»tutions humaines, et de remédier à leurs »imperfections. En conséquence, leurs ma»jestés sont convenues des dispositions sui»vantes :

»Article 1. — Conformément aux paroles »des saintes Écritures, qui commandent à »tous les hommes de se regarder comme frè»res, les trois monarques contractants reste»ront unis par les liens d'une *sincère et in*»*dissoluble fraternité*. Se considérant »comme des hommes privés, ils se prêteront »en tout temps et en tout lieu aide et assis»tance; et, se regardant à l'égard de leurs »peuples et de leurs armées comme des pères »de famille, ils les gouverneront dans le »même esprit de fraternité dont ils sont ani»més, à l'effet de protéger la religion, la »paix et la justice.

»Art. 2. — Ainsi, la seule obligation de »rigueur, soit entre lesdits gouvernements, »soit entre leurs sujets, consistera à se ren»dre les uns aux autres toute sorte de ser»vices, et de se témoigner par une bienveil»lance inaltérable cette affection mutuelle »qui porte à se considérer comme membres »d'une seule et même famille chrétienne. »Les trois princes alliés eux-mêmes se re»gardent simplement comme délégués par la »Providence, à l'effet de gouverner trois »branches de cette famille, l'Autriche, la »Prusse et la Russie; reconnaissant que »le monde chrétien, dont eux et leurs su»jets font partie, n'a pas, en réalité, d'au»tre souverain que celui à qui seul appar»tient toute puissance, parce qu'en lui seul

» sont les trésors d'amour, de science et de
» sagesse infinie, c'est-à-dire Dieu, notre di-
» vin sauveur, la parole du Très-Haut la pa-
» role de vie. En conséquence, leurs majestés
» recommandent à leurs peuples avec la plus
» grande sollicitude, et comme le seul moyen
» de jouir de cette paix, qui naît d'une bonne
» conscience, et qui seul est durable, de se
» fortifier eux-mêmes chaque jour de plus en
» plus dans l'exercice des devoirs enseignés
» au genre humain par son divin Sauveur.

» Art. 3. — Toutes les puissances qui
» croiront devoir professer solennellement les
» principes sacrés qui ont dicté le présent
» acte, et qui reconnaîtront combien il im-
» porte au bonheur des nations, trop long-
» temps agitées, que ces vérités exercent dé-
» sormais sur les destinées du genre humain
» toute l'influence qui leur appartient, seront
» reçues avec la même ardeur et la même af-
» fection dans cette sainte alliance. »

A la suite de cet acte important, Alexandre assista, à Bruxelles, au mariage de l'une de ses sœurs avec le prince d'Orange, fils de Guillaume, en faveur duquel on avait récemment érigé le royaume des Pays-Bas, composé de la Hollande et de la Belgique, c'est-à-dire, de deux peuples entièrement opposés de mœurs et de croyance. Mais on espérait, en créant cet état, opposer une barrière à la France : aussi fit-on élever dans la Belgique d'immenses forteresses ; quinze années s'écoulèrent, et tous ces châteaux-forts si redoutables, devinrent des instruments de défense et de salut pour la France : qu'une guerre éclate avec l'Allemagne, et nos soldats seront, au bout de quelques heures, dans Bruxelles. Le czar voulut aussi visiter le champ de bataille de Waterloo ; il en étudia avec soin les diverses positions. Parvenu à la ferme dite de la *Belle-Alliance*, Alexandre demanda un verre de vin, et dit à Guillaume et au prince d'Orange, son fils : « Oui, c'est véritablement la belle
» alliance, aussi bien celle des États que celle
» des familles : fasse le ciel qu'elle soit de lon-
» gue durée ! » Après être revenu en France, et avoir assisté, à Dijon, à une revue des troupes autrichiennes, il alla à Zurich, et, de cette ville, se rendit à Berlin, où il décida le mariage de son frère Nicolas, aujourd'hui empereur de Russie, avec la princesse Charlotte, fille du roi de Prusse. Délivré de ces divers soins, le czar s'occupa d'accorder aux Polonais la constitution qu'il leur avait promise ; il avait déjà adressé d'Allemagne une lettre au président du sénat. « Le sort
» de votre pays vient enfin d'être fixé par l'ac-
» cord de toutes les puissances réunies en con-
» grès. En prenant le titre de roi de Pologne,
» j'ai voulu satisfaire aux vœux de la nation.
» Le royaume de Pologne sera uni à l'empire
» par les liens de sa propre constitution... Si
» le grand intérêt du repos général n'a pas
» permis que tous les Polonais fussent réunis
» sous le même sceptre, je me suis efforcé du
» moins d'adoucir, autant que possible, la
» rigueur de leur séparation, et de leur ob-
» tenir la jouissance paisible de leur na-
» tionalité. Avant que les formalités per-
» mettent de publier d'une manière détaillée
» le projet concernant l'arrangement définitif
» des affaires de Pologne, j'ai voulu qu'en
» substance vous en soyez le premier informé
» de ma part. Je vous autorise à faire part
» de la présente à vos compatriotes. » Alexandre alla ensuite à Varsovie pour être témoin de la régénération du peuple polonais, auquel il accorda une constitution qu'il tâcha d'adapter aux exigences du moment. Néanmoins, en rendant hommage à l'établissement « du régime constitutionnel et des ins-
» titutions libérales dont sa majesté espérait,
» avec l'aide de Dieu, étendre l'influence sa-
» lutaire sur toutes les contrées que la Provi-
» dence avait confiées à ses soins, » il invitait « les Polonais à ne pas confondre les principes
» à jamais sacrés de ces institutions avec les
» doctrines subversives qui, de nos jours, ont
» menacé le système social d'une épouvantable
» catastrophe. » Le ministre de l'intérieur et de la police succéda à l'empereur, et il loua avec effusion la nouvelle charte, « si supé-
» rieure à l'ancien statut constitutionnel du
» duché de Varsovie ; charte remarquable sous
» les rapports de la nationalité, des garanties
» générales relatives à la liberté des per-
» sonnes, des consciences et des opinions, de
» la sûreté des propriétés ; de la protection
» spéciale accordée au culte catholique, sans

» déroger aux droits des autres cultes ; des
» privilèges de la représentation nationale ;
» des attributions déléguées à la diète et à
» l'ordre judiciaire, dont les membres sont
» indépendants de toute influence du gouver-
» nement ; charte qui renferme, autant que
» la situation de la Pologne le comporte, les
» principes de la raison la plus libérale, réu-
» nis aux plus hautes leçons des siècles... Ce
» grand exemple, offert par un des plus puis-
» sants souverains, prouve donc irrévocable-
» ment que la victoire, loin d'absoudre, a
» réellement renversé la tyrannie, et que c'est
» le pouvoir, éclairé lui-même, qui fonde
» ou qui ramène le règne de la raison, des
» lois et de la liberté. »

L'empereur de Russie nomma vice-roi du royaume de Pologne le général Zaïonezek : celui-ci, se fondant sur son peu de fortune pour ne pas accepter un aussi haut emploi, Alexandre lui répondit : « C'est un mérite de » plus à mes yeux, » et il lui donna un revenu de deux cent mille florins. Des commencements si heureux semblaient annoncer le plus brillant avenir aux habitants du nouveau royaume ; et, comme pour s'identifier davantage aux projets de félicité qu'il méditait, Alexandre se fit sacrer roi de Pologne. Cependant, au bout d'une année, l'opinion publique parut se détacher de la reconnaissance qu'elle avait d'abord témoignée à son bienfaiteur, qui avait généreusement accordé la liberté de la presse. Ce mécontentement émanait surtout des nobles polonais, car eux seuls exercent de l'influence : les dernières classes, en dépit des améliorations qu'on avait, à la fin du siècle dernier, apportées à leur sort, vivaient toujours en dehors des affaires. Il faut donc le reconnaître, les nobles polonais seuls faisaient entendre des plaintes ; l'esprit d'inquiétude, cet esprit qui les dévore depuis des siècles, et qui a causé la ruine de leur patrie, ne put long-temps se tenir en repos. Au lieu de profiter des avantages que leur accordait la constitution octroyée par Alexandre, et qui avait rappelé à la vie leur nationalité, ils cédèrent à l'entraînement de ces idées d'indépendance politique sans limites, qui tôt ou tard produisent l'anarchie, cette ennemie mortelle de la liberté. Ils ne comprirent point qu'Alexandre ne pouvait leur donner à profusion des droits politiques dont les Russes ne jouissaient pas encore. Sans doute depuis l'avénement au trône du czar, ces derniers connaissaient toutes les douceurs d'une monarchie tempérée, mais qui tenait seulement aux vertus de l'empereur. Les Moscovites n'avaient aucune constitution écrite, Alexandre leur devait des ménagements ; d'une autre part, il avait mis à la tête de l'armée polonaise son frère, le grand duc Constantin, tandis qu'un commissaire russe, M. de Novoziltsof, représentait à Varsovie l'empereur : par une conséquence naturelle, une partie du pouvoir se trouvait entre les mains des deux représentants du czar.

Les nobles polonais s'irritèrent de cet état de choses ; ils voulaient obéir exclusivement à leur compatriote le vice-roi Zaïonezek. Une actrice française, arrivée de Saint-Pétersbourg, fut le prétexte de troubles au théâtre de Varsovie. La police opéra des arrestations ; celles-ci firent naître à leur tour une multitude d'écrits séditieux, et la liberté de la presse fut suspendue. Alexandre vint dans les murs de Varsovie ; l'armée polonaise subit un licenciement général. Enfin l'empereur sembla être revenu complétement de cet amour qu'il avait témoigné si haut pour les constitutions nouvelles ; et, dans la diète de 1820, qu'il convoqua, il prononça l'arrêt de mort de ces innovations qui agitaient l'Europe entière. Les nobles polonais, au lieu de ramener Alexandre, affichèrent l'opposition la plus complète, et les membres de la diète rejetèrent un projet de loi de procédure criminelle à la majorité de cent vingt voix. Il est à remarquer que le grand duc Constantin assistait à cette séance. Tandis qu'un pareil spectacle était donné au monde, un événement, qui tenait à d'autres causes, éclata à Saint-Pétersbourg, et fit une profonde impression sur Alexandre : le régiment de Semonowsky, qui appartient à la garde impériale russe depuis le règne de Pierre-le-Grand se révolta en masse contre son colonel. Cet officier, outrant la sévérité des peines militaires, infligeait, pour la faute la plus insignifiante, des châtiments ignominieux : de cette cause seule était provenue l'insurrection des soldats placés sous ses ordres. Justice fut faite à ces derniers, et le colonel se vit enlever son régiment ; mais l'esprit du czar resta frappé ; puis les tristes pressentiments qu'il nourrissait furent vérifiés plus tard par des révoltes générales qui éclatèrent en Italie et en Espagne.

L'empereur, qui aimait à connaître, par lui-même les besoins de ses peuples, entreprit un voyage de quinze cents lieues, pendant lequel il visita les provinces méridionales de la Russie ; on le vit prononcer l'affranchissement définitif des paysans de l'Esthonie, de la Courlande et de la Livonie. Il signa, avec ses anciens coalisés, un traité supplémentaire à celui de Paris, et qui allégeait les charges de la France. Ce nouveau trait de magnanimité ajouta encore à la renommée d'Alexandre. Enfin ce prince, dont les vertus étaient si sincères, et qui, par humilité, avait refusé qu'on lui érigeât un monument à Saint-Pétersbourg, voulut, par reconnaissance, que de splendides monuments fussent élevés aux généraux Romanzof, Souvarof, Barclay de Tolly et Koutousof. Le czar, dont l'activité était prodigieuse, reparut bientôt sur les bords du Rhin, au congrès d'Aix-la-Chapelle. Une déclaration rendue publique annonça le retour prochain de ces réunions, qui auraient pour objet de » discuter les intérêts des souverains ou de » traiter des questions dans lesquelles d'autres » gouvernements auraient formellement réclamé leur intervention. » Les séances du congrès d'Aix-la-Chapelle étant closes, l'empereur de Russie se mit en route pour aller visiter sa mère à Bruxelles, laquelle elle-même était venue voir la famille royale des Pays-Bas. S'il faut en croire une histoire moderne, « au milieu des fêtes auxquelles » donna lieu la présence de ces augustes » voyageurs, la joie publique fut troublée » par la découverte d'un complot tramé » contre la personne d'Alexandre. Suivant » les bruits qui coururent alors, une bande » nombreuse, postée sur la route d'Aix-la-» Chapelle à Bruxelles, devait arrêter sa » voiture qui n'était pas escortée, se saisir de sa personne, le forcer à signer un » acte par lequel il se serait engagé à faire » relâcher le captif de Sainte-Hélène, ou » même à rétablir lui ou son fils sous la » régence de Marie-Louise ; et, dans le cas » d'un refus, garder sa majesté comme otage. » Je ne m'amuserai pas à faire remarquer au lecteur la puérilité d'un pareil projet : comment l'empereur aurait-il pu se regarder lié par un engagement, résultat forcé d'un pareil guet-apens ? Dans le cas même où il aurait voulu accomplir une pareille promesse, quel moyen d'exécution aurait-il employé ? Il aurait donc fallu qu'avec le secours des seuls soldats russes il eût restauré le trône impérial ! En vérité un plan de cette force ne mérite pas l'honneur d'une réfutation.

Si Alexandre avait en horreur ces menées démagogiques, ces affiliations secrètes, qui, en rompant tous les liens de l'obéissance, conduisent à travers l'anarchie les peuples au despotisme sans garantie d'une assemblée, ou bien au despotisme monstrueux d'un seul, il était hostile en matières religieuses à tout esprit de propagande. Souverain d'une multitude de peuples qui professent des cultes différents, il ne voulait qu'aucun régnât d'une manière exclusive ; en un mot, quoique religieux, il était excessivement tolérant. Les jésuites étaient depuis de longues années admis dans l'empire moscovite ; ils parvinrent à posséder même une église à Saint-Pétersbourg ; mais on reconnut bientôt que les disciples de Loyola s'épuisaient d'efforts afin de détacher les jeunes nobles russes du culte grec pour les faire entrer dans la communion romaine. Ces pères furent avertis à différentes reprises, mais toujours en vain, car l'esprit de leur institution les oblige à tenter la conversion de tous ceux qui leur semblent, comme infidèles, être plongés dans l'erreur. Alors le ministre des cultes présenta à l'empereur un rapport dont voici l'analyse, et qui fera comprendre au lecteur de quelle manière sont envisagées les matières religieuses par le gouvernement russe. « Se » mettant constamment au-dessus des lois, » dit le ministre, « les jésuites, malgré l'ukase » impérial du 14 mai 1801, persistèrent à ne » re dre aucun compte de l'administration des » fonds de la communion catholique, disposèrent arbitrairement des bénéfices du pen-

» sionnat, et loin d'acquitter les dettes dont
» l'Église était grevée, en contractèrent de
» nouvelles... Enfin le délaissement et le mau-
» vais état des paysans de leurs terres était
» peu propre à attester leur foi dans leurs
» œuvres. Tant d'empiétements et de viola-
» tions des lois sociales déterminèrent l'em-
» pereur à ordonner, en 1815, leur renvoi
» de Saint-Pétersbourg, et leur exclusion
» future des deux capitales. Les jésuites,
» quoique suffisamment avertis, ne chan-
» gèrent point de conduite; ils continuèrent
» à attirer dans leur communion les élèves
» du rit orthodoxe placés au collége de Mo-
» hilof. Défense leur fut faite alors de rece-
» voir dans leurs écoles des élèves autres que
» ceux du culte romain : vaines précautions !
» Sans égard aux bulles du saint siége et aux
» lois de l'État, les jésuites tentèrent de
» soumettre les Grecs unis à la juridiction
» du rit romain : leur ardeur de prosély-
» tisme se montra à Vitepsk; elle se fit jour
» jusqu'à Saratof, et pénétra dans plusieurs
» contrées de la Sibérie, où ne les appelaient
» point d'exercice légal de leur ministère.
» Enfin, malgré de nombreuses et incessan-
» tes remontrances du gouvernement, au
» sujet de ces transgressions, les jésuites,
» loin de s'interdire, à l'exemple de l'Église
» dominante, tout moyen de séduction ou de
» coaction, continuèrent à semer le trouble
» dans les colonies du rit protestant et se per-
» mirent jusqu'à la violence pour soustraire
» des enfants juifs à leurs parents. Tel était, »
disait le ministre, « le simple exposé des faits;
» on ne s'arrête point à détailler les cir-
» constances qui les aggravent, elles se pré-
» sentent sans effort à tout esprit droit. »
Les jésuites furent alors chassés de l'empire,
et tous les établissements qu'ils avaient formés furent détruits. Ces religieux, qui étaient
au nombre de sept cent cinquante, se retirèrent les uns en Chine, d'autre en Italie et à
Vienne. Alexandre les fit d'ailleurs remplacer par des prêtres catholiques; de sorte que
le principe de tolérance universelle se trouva
respecté.

Vers cette même époque l'empereur
donna un grand exemple de sévérité, mais
dans un autre genre. Plusieurs officiers
avaient commis, il y avait environ neuf années, des exactions en Lithuanie; on les soumit à un jugement, et, par suite, ils furent
dégradés et devinrent simples soldats : on
comptait parmi eux le général Tutchlof.
Rien de plus contraire, sans doute, à une civilisation parfaite que ces changements rapides,
qui, d'une position élevée, précipitent un
homme dans la bassesse et l'abjection ; c'est
briser avec violence tous les liens de hiérarchie,
et ôter au commandement cette majesté qui
le protége parmi nous autres Français, dont
les lois militaires sont d'ailleurs si inflexibles.
Un officier général qui, dans notre noble patrie, a donné l'exemple du pillage est déclaré
incapable d'appartenir désormais à l'armée;
il a manqué à l'honneur : on le dégrade en
conséquence dans sa considération personnelle. Mais enfin l'empereur, en condamnant
à devenir simples soldats des généraux, s'est
montré tout à la fois sévère et juste, seulement à la manière dont il convenait au pays
qu'il gouverne; car il faut répéter que la civilisation russe est bien inférieure à celle des
autres peuples de l'Europe.

Tandis que l'empire moscovite recevait
avec reconnaissance, de l'empereur Alexandre, une foule d'améliorations en tout genre,
le conseil établi à Varsovie adressa au ministre
de l'intérieur du royaume une lettre à laquelle ce dernier fit la réponse suivante :
« Lorsque l'empereur entreprit de rétablir la
» Pologne il n'avait pas d'autre but, il n'a-
» vait en vue d'autre récompense pour lui
» que d'assurer le bonheur de la Pologne,
» en l'appelant à partager la destinée de son
» empire, et en l'attachant, par des liens
» fraternels, de la manière qui lui paraissait
» la plus propre à conserver les avantages
» de son caractère national. S. M. ne se
» cacha point les difficultés de cette entre-
» prise, qu'elle n'abandonnerait qu'avec
» beaucoup de chagrins et qu'après avoir
» reconnu l'impossibilité et les dangers de
» l'exécution. *Cette impossibilité et ces*
» *dangers ne pourraient provenir que des*
» *Polonais.* Le ministre de l'intérieur et de
» la police est encore chargé d'ajouter que
» le moment actuel redouble ce danger, et
» qu'on ne peut l'écarter que par une juste

» confiance dans le gouvernement, par une
» prudence persévérante, par une modéra-
» tion sensée, par un esprit d'ordre et de
» soumission aux autorités. En signalant ce
» danger S. M. s'est acquittée de son premier
» devoir ; mais il lui en resterait un second,
» non moins sacré à remplir, si malgré ces
» avertissements, que ses soins paternels lui
» ont suggérés aujourd'hui, un danger sem-
» blable devait se manifester, alors ce se-
» rait un devoir d'empêcher, par les moyens
» les plus efficaces, toute entreprise qui ten-
» drait à troubler la tranquillité publique
» ou à produire du scandale. Il est satisfai-
» sant pour sa majesté de pouvoir espérer que
» l'attachement des Polonais pour leur patrie
» triomphera toujours sur des tentatives sé-
» ditieuses de quelques esprits remuants, s'il
» devait jamais s'en trouver parmi eux ; que
» les Polonais ne voudront pas sûrement
» fournir à leurs ennemis l'occasion, désirée
» par ceux-ci, de répéter encore, avec quelque
» vraisemblance, l'accusation que toutes les
» tentatives pour faire le bonheur de la Po-
» logne, pour lui procurer une situation
» tranquille et florissante par le moyen d'une
» constitution qui assure son existence natio-
» nale, ont été et sont toujours sans succès.
» Le ministre ne doute pas que le conseil de
» Varsovie ne se convainque de l'extrême
» prudence et des précautions que la situa-
» tion du royaume commande au milieu des
» circonstances où il se trouve, s'il veut par-
» venir à la jouissance des avantages que sa
» constitution et les dispositions bienfaisantes
» de S. M. l'empereur et roi lui permettent
» d'attendre. En conséquence le conseil de
» Varsovie tâchera sans doute de faire com-
» prendre à tous les habitants que la tran-
» quillité et la patience sont les seuls et indis-
» pensables moyens pour conduire la nation à
» un avenir heureux, tandis qu'autrement
» l'avenir ne lui amènerait qu'une dissolu-
» tion et une ruine totale. »

Des mesures sévères, et que nécessitaient non seulement la Pologne, mais l'état des esprits en Europe, amenèrent de nouvelles restrictions aux droits politiques dont jouissaient les habitants du nouveau royaume ; d'un côté les étudiants des universités allemandes avaient formé des sociétés secrètes qui, non-seulement, répandaient des doctrines anarchiques, mais qui commandaient encore le meurtre. C'est ainsi que le célèbre Kotzbue tomba sous le poignard de Sand ; en Italie, des clubs se tenaient au milieu des ténèbres ; les hommes qui en faisaient partie s'appelaient *carbonari*. Les trônes d'Espagne, de Sardaigne et de Naples s'écroulèrent devant les agitateurs ; les membres de la sainte alliance convoquèrent donc de nouveaux congrès à Laybac et à Vérone, dans lesquels Alexandre se déclara avec persévérance l'ami de l'ordre. A plus forte raison chercha-t-il à étouffer l'esprit révolutionnaire parmi ses sujets du royaume de Pologne : il défendit aux étudiants de se faire recevoir dans une université étrangère sans sa permission ; il publia un ukase contenant une foule de précautions contre les sociétés secrètes, qu'il regardait comme la source de tous les désordres qui désolaient la civilisation moderne. Il ordonna à tous les employés de l'État de déclarer sous serment s'ils font partie de sociétés secrètes, et, dans le cas où ils se seraient laissés entraîner dans un pareil piège, de rompre aussitôt avec leurs complices, sous peine de destitution immédiate ; enfin nul ne pouvait obtenir un emploi civil ou militaire s'il ne s'engageait par écrit à fuir toute espèce d'association. Le préambule de cet ukase explique ce sentiment d'inquiétude que le spectacle de tant de révolutions successives avait déposé dans l'esprit d'Alexandre. « L'existence, dans
» d'autres États, des sociétés secrètes, dont
» les unes, sous le nom de loge de francs-
» maçons, n'avaient pour but que des actes
» de bienfaisance, mais dont les autres s'oc-
» cupaient de matières politiques, a fini
» par troubler le repos de ces États. Il
» en est résulté des désordres qui ont déter-
» miné plusieurs gouvernements à supprimer
» ces sociétés secrètes. J'ai toujours été très-
» attentif à éviter tout ce qui pouvait porter
» préjudice à l'empire, et je dois l'être da-
» vantage à une époque où, malheureuse-
» ment, les *abstractions insensées de la*
» *philosophie moderne* ont produit de si
» déplorables effets en d'autres États. »

L'empereur Alexandre assistait au congrès de Laybach, lorsqu'il fut informé que le prince grec Ypsilanti, général attaché au service de Russie, venait de provoquer le soulèvement de ses infortunés compatriotes. Dans le même moment le czar venait, d'accord avec les souverains ses alliés, de se prononcer contre les révolutionnaires de Naples, qu'une armée autrichienne allait incessamment soumettre, et il se serait déclaré le soutien d'une insurrection tentée contre la Porte ottomane!.. C'était là, selon lui, une inconséquence qui priverait de toute autorité les décisions de la sainte alliance. Mais, d'une autre part, il aurait dû considérer que les Turcs n'ont jamais été que campés en Europe. La légitimité, telle que l'entendait Alexandre, est sans doute la source féconde de toute espèce d'ordre politique; mais elle a aussi ses conditions, elle doit au peuple des garanties. Un monarque perd-il la raison, on confie la direction de l'État à son fils, comme nous l'avons vu de nos jours en Angleterre, où le prince régent a tenu si long-temps les rênes de l'État. Eh bien, les sultans n'ont jamais rempli, à l'égard des Grecs, les devoirs qui sont imposés aux souverains; ils eussent été frappés d'aliénation mentale, qu'ils n'auraient pas fait éprouver plus de maux aux descendants de Miltiade, leurs prétendus sujets. En réalité, et à part la différence de religion, aucun contrat n'existait entre les Grecs et les chefs des Ottomans; entre ces deux peuples l'état de guerre n'avait jamais été interrompu. On ne pouvait donc pas établir de similitude entre les coreligionnaires des Russes et les Napolitains. En effet, ces derniers avaient obéi à un pur caprice de révolution; les Grecs, au contraire, se soulevaient encore cette fois pour tâcher de rentrer en possession de leur nationalité. Enfin, à partir de Pierre-le-Grand, il était de tradition politique, pour le cabinet russe, de venir au secours des Hellènes, lorsqu'ils chercheraient à secouer le joug de leurs oppresseurs. Alexandre, afin de se montrer fidèle à la sainte alliance, désertait donc l'intérêt de son peuple : il comprit bien toute la gravité de sa position; aussi s'écria-t-il : « C'est une » bombe que les révolutionnaires ont lancée » au congrès; mais elle n'éclatera pas. » Cependant le prince Ypsilanti réclama la protection du czar; il éprouva un refus, et Alexandre fit déclarer par ses ministres qu'il repoussait la tentative des Hellènes, « ne » pouvant la considérer que comme l'effet » de l'exaltation qui caractérise l'époque ac- » tuelle. » A cet égard, je ne saurais trop le répéter, il était dans l'erreur; il y avait impossibilité que les Grecs restassent plus long-temps en proie à la rage destructive des Turcs. Cette vérité a été sentie par tous les cœurs généreux, et l'Europe civilisée a donné elle-même, plus tard, un monarque aux Grecs, qui, bravant tous les périls et tous les sacrifices, se sont montrés dignes d'occuper une place parmi les nations modernes. Mais, après avoir abandonné ainsi une cause sacrée, le czar ne put échapper à une foule de difficultés qui vinrent l'assaillir; il aurait fallu que sa toute puissance anéantît d'un seul mot une multitude de faits, dont les conséquences étaient devenues inévitables. Il est à remarquer que, du jour où la grandeur de Napoléon s'écroula, les Grecs eurent le pressentiment de leur régénération, tandis que les Turcs, que toute nouveauté inquiète, demeurèrent convaincus que la sainte alliance se tournerait tôt ou tard contre eux.

Le prince Ypsilanti s'était lié à Vienne, en 1814, avec l'archevêque Ignace, qu'on regardait comme un agent secret du cabinet de Saint-Pétersbourg. Celui-ci, s'épanchant, en présence du prince, sur les misères de la Grèce, dit que le jour de son indépendance allait peut-être se lever. « Ce » projet, » ajouta-t-il, « conçu par la » grande Catherine, existant même depuis » une époque très-reculée dans le cabinet de » Saint-Pétersbourg, ne serait sans doute pas » désapprouvé par Alexandre, s'il lui était » présenté. » Cette ouverture, comme on peut le croire, fut accueillie avec empressement. D'un autre côté, le comte Capo d'Istria, autre Grec de distinction, attaché comme ambassadeur au cabinet de Saint-Pétersbourg, obtint la faveur du czar. Sous les auspices de leurs deux illustres compatriotes, les Grecs

formèrent la société des *Philomuses*, c'est-à-dire, amis des muses. Ceux-ci, au moyen de souscriptions, réunirent un capital considérable, destiné à soutenir une foule de jeunes gens, qui, après avoir étudié dans les universités les plus savantes de l'Europe, devaient venir répandre l'instruction que, depuis plusieurs années, les Turcs, par apathie, laissaient s'introduire parmi leurs malheureux sujets répandus sur le sol de la Grèce. Une seconde association fut créée quelque temps après, sous le nom d'hétairie : elle avait pour chef le prince Ypsilanti. Au lieu de concourir à la propagation des lumières, elle s'occupa exclusivement de chercher tous les moyens propres à reconquérir la liberté publique ; elle avait des émissaires, appelés *apôtres*, dont la mission était de préparer en secret un soulèvement général contre les Turcs. Chaque initié prêtait le serment que je vais transcrire. « Je jure par toi, patrie malheureuse,
» je jure par tes longues souffrances, je jure
» par les larmes amères que tes fils ont ré-
» pandues depuis tant de siècles, je jure par
» la liberté future de mes compatriotes, que
» je me dévoue tout entier à toi, que désor-
» mais tu seras le principe et la fin de mes
» pensées, que ton nom sera la règle de mes
» actions, et ton bonheur le digne fruit de
» mes travaux. » Ces faits avaient lieu en 1814, et il est certain que, sans les révoltes démocratiques de Naples et de Piémont, Alexandre eût continué de se montrer favorable aux Grecs, car de jour en jour la faveur de M. Capo-d'Istria grandissait. Ypsilanti appelle ses compatriotes aux armes ; quarante mille Russes, affirme-t-il dans ses proclamations, vont traverser le Pruth. Mais ce prince a quitté à peine les murs de Yassi, accompagné de quelques hétairistes et de plusieurs milliers de Grecs, que le consul russe, d'après un ordre qu'il a reçu de Laybach, désavoue l'entreprise, au nom de son maître. Quelque temps après, Capo-d'Istria est disgracié, et Ypsilanti est battu par les Turcs, puis arrêté à Trieste, en vertu d'un ordre émané du cabinet autrichien. Mais si l'insurrection fut promptement étouffée dans les provinces danubiennes, elle se montra plus heureuse en Épire et en Morée : là le dévouement de la patrie fut sans bornes ; rien de plus héroïque que la proclamation adressée à ses compatriotes par Germanos, archevêque de Patras. « La chrétienté verra avec indif-
» férence les efforts glorieux que nous allons
» faire pour remonter au rang des nations,
» si même elle ne s'oppose à la plus légi-
» time des insurrections..... Nous serons
» frappés de censures politiques, parce qu'il
» est plus aisé de blâmer un peuple malheu-
» reux que de lui tendre une main généreuse.
» Nos titres à une restauration auront pour
» adversaires des chrétiens. . . . .
» . . . . et ces chrétiens,
» nouveaux Architopels, prévaudront dans
» les conseils de la puissance..... Cessons
» donc, avant même d'élever les yeux sur la
» chrétienté, de compter sur son assistance.
» La politique, et je ne sais quels intérêts,
» l'empêcheront de remplir à notre égard un
» devoir moral et religieux..... Préparons-
» nous donc, par nous seuls et pour nous
» seuls, aux grands combats de l'indépen-
» dance. »
Alexandre, fidèle à la résolution qu'il avait prise à Laybach, fit déclarer au divan, par le baron Strogonof, son ambassadeur à Constantinople, que ses troupes sur le Pruth se tiendraient dans la neutralité la plus parfaite. Le cabinet de Vienne appuya la démarche du czar par une note conçue dans le même esprit. Mais les ministres ottomans crurent que cette déviation de la politique russe cachait un piége ; par suite ils ordonnèrent que tous les navires qui traverseraient le détroit des Dardanelles seraient soumis à une visite rigoureuse. Le baron Strogonof adressa des remontrances à la Porte, relativement aux massacres des Grecs, massacres qui atteignaient même ceux qui n'avaient pris aucune part à l'insurrection. Le divan rejeta une pareille intervention. Le baron Strogonof adressa une nouvelle lettre, dans laquelle il mit en relief les sujets particuliers de plainte que la Russie prétendait avoir à faire ; il insista en outre pour obtenir la liberté du banquier de la légation russe, accusé d'avoir envoyé des fonds aux insurgés. « Si
» le gouvernement turc, » ajoutait-il, « té-
» moignait, contre toute attente, que c'est

» par suite d'un plan définitivement arrêté
» qu'il prend les mesures relativement aux-
» quelles le soussigné lui a déjà exprimé le
» sentiment de son auguste maître, il ne
» resterait à l'empereur qu'à déclarer dès à
» présent à la Sublime Porte, qu'elle se
» constitue en hostilités déclarées contre le
» monde chrétien ; qu'elle légitime la dé-
» fense des Grecs, qui, dès lors, combat-
» traient uniquement pour se soustraire à
» une perte inévitable ; et que, vu le carac-
» tère de cette lutte, la Russie se trouverait
» dans l'obligation de leur accorder asile,
» parce qu'ils seraient persécutés ; protec-
» tion, parce qu'elle en aurait le droit ; as-
» sistance avec toute la chrétienté, parce
» qu'elle ne pourrait consentir à livrer ses
» frères de religion à la merci d'un aveugle
» fanatisme. »

Cette note diplomatique semblait annoncer que les Russes allaient intervenir en faveur de leurs co-religionnaires ; mais, d'un autre côté, si une guerre s'engageait entre le czar et le sultan, il était à craindre que ce dernier ne resta vaincu, et alors, grâce aux conquêtes des soldats d'Alexandre, l'équilibre de l'Europe ne serait-il pas rompu ? Enfin, le maître de la Russie se trouverait en contradiction avec lui-même, car il viendrait au secours de peuples constitués en état de révolte. En effet, les Grecs, en dépit de leur qualité de chrétiens, n'avaient pas le droit de secouer le joug de l'empereur ottoman : du moins, telle est l'opinion du petit-fils de Catherine. Les cabinets de Saint-James et de Vienne se proposèrent alors comme médiateurs ; en d'autres termes, Alexandre abandonna les menaces de guerre, pour s'en rapporter aux moyens d'action que lui offrirent les négociations de la diplomatie. Je ne suivrai pas celle-ci dans les nombreux détours, où plus d'une fois elle s'égara, tandis que le divan, fort des *scrupules* qui agitaient l'âme de l'empereur de Russie, opposa une résistance opiniâtre, soutenant qu'à sa volonté il devait disposer du sort des Grecs, ses sujets. Enfin, le czar crut devoir au monde entier des explications sur la nouvelle route où il était entré, et qui était contraire aux traditions de la politique créée par Pierre-le-Grand, comme aux sympathies des Moscovites : on lut donc dans la *Gazette de Brême*, sous la rubrique de Saint-Pétersbourg, la justification suivante :

« La Russie ne fut jamais plus éloignée
» de penser à des guerres et à des conquê-
» tes étrangères, qu'à l'époque où Ypsilanti
» commença sa folle entreprise, car ses
» plaies n'étaient pas encore cicatrisées.....
» L'empereur Alexandre venait de prononcer
» la grande résolution de maintenir la paix
» en Europe, et de n'y plus souffrir d'*insur-*
» *rections*. Était-il possible que, se trouvant
» alors même occupé à tranquilliser l'Italie,
» il approuvât les troubles qui s'élevaient
» en Turquie ? Cet empire, d'ailleurs, n'a-
» vait-il pas été reconnu partie intégrante
» de l'Europe, au congrès tenu à Vienne.
» *A la vérité*, des hommes de bien et des
» âmes sensibles, parce que l'empereur s'é-
» tait efforcé antérieurement, et dans tous
» les traités de paix, d'adoucir l'oppression
» qu'éprouvaient les Grecs, le croyaient en
» quelque façon obligé de voler aussitôt à
» main armée au secours de ses protégés,
» sans égard à aucune autre considération.
» Ces pieux désirs se réfutent, et par la si-
» tuation dans laquelle se trouvait alors la
» Russie, et par les *circonstances qui ont*
» *forcé l'empereur à improuver les trou-*
» *bles de la Grèce*. Dans le cas où sa ma-
» jesté eût changé d'avis, tous les cabinets
» ne l'auraient-ils pas accusée d'*inconsé-*
» *quence*, ou, ce qui est pis encore, de
» desseins ambitieux ?.... Notre différent
» avec la Turquie a une origine purement
» diplomatique..... Il est fondé sur une
» contestation particulière, que les deux
» États ont à vider entre eux, et pour la-
» quelle notre empereur a réclamé, ou plutôt
» accepté, la médiation des puissances étran-
» gères, parce que les intérêts politiques ac-
» tuels de la Russie commandent le maintien
» de la paix..... ; parce que *tous les mo-*
» *narques sont d'accord pour maintenir*
» *les conventions européennes conclues*
» *au congrès de Vienne.* »

En définitive, Alexandre, même au détriment de la Russie, avait déclaré une guerre à mort à l'*insurrection*, quel que fût d'ailleurs sa cause. Le congrès de Vérone, auquel le czar assista en 1822, ne pouvait que le fortifier dans la haine qu'il portait à toute révolte contre la légitimité des souverains. Cette fois, il faut le dire, il défendait ses propres intérêts ; car le roi d'Espagne, dont le congrès de Vérone décida le rétablissement sur le trône, avait été renversé à la suite d'une émeute de soldats ; or, tel est le danger auquel sont exposés sans cesse les descendants de Pierre-le-Grand. Le comte de Métaxas, que les Grecs avaient envoyé au congrès, pour embrasser leur défense, ne put obtenir d'être entendu. M. de Chateaubriand, qui représentait alors la France à Vérone, a rapporté la conversation qu'il eut avec Alexandre. « Je suis bien aise, » lui dit l'empereur de Russie, « que vous soyez venu à Vérone, » afin de rendre témoignage à la vérité. » Auriez-vous cru, comme le disent nos en- » nemis, que l'alliance n'est qu'un mot qui » sert à couvrir des ambitions? Cela peut- » être eût été vrai dans l'ancien état des » choses, mais *il s'agit bien aujourd'hui* » *de quelques intérêts particuliers,* » *quand le monde civilisé est en péril !!* » Il ne peut plus y avoir de politique an- » glaise, française, russe, prussienne, au- » trichienne ; il n'y a plus qu'une politique » *générale*, qui doit, pour le salut de tous, » être admise en commun par les peuples et » par les rois. C'est à moi de me montrer le » premier convaincu des principes sur les- » quels j'ai fondé l'alliance. Une occasion » s'est présentée, le soulèvement de la Grèce. » Rien, sans doute, ne paraissait être plus » *dans mes intérêts*, dans ceux de *mes* » *peuples*, dans *l'opinion de mon pays*, » qu'une *guerre religieuse* contre la Tur- » quie ; mais j'ai cru remarquer dans les » troubles du Péloponèse *le signe révolu-* » *tionnaire ;* dès lors je me suis abstenu. » Que n'a-t-on point fait pour rompre l'al- » liance! On a cherché tour à tour à me » donner des préventions ou à blesser mon » amour-propre ; on m'a outragé ouverte- » ment : on me connaissait bien mal, si » on a cru que mes principes ne tenaient » qu'à des vanités, ou pouvaient céder à des » ressentiments. Non, je ne me séparerai » jamais des monarques auxquels je me suis » uni. Il doit être permis aux rois d'avoir » des alliances publiques, pour se défendre » contre des sociétés secrètes. Qu'est-ce qui » pourrait me tenter ? Qu'ai-je besoin d'ac- » croître mon empire ? La Providence n'a » pas mis à mes ordres huit cent mille sol- » dats pour satisfaire mon ambition, mais » pour protéger la religion, la morale et la » justice, et pour faire régner les principes » d'ordre sur lesquels repose la société » humaine. »

Si le czar désertait aussi hautement la défense des Grecs, ses co-religionnaires, par la crainte d'être entraîné dans une guerre contre la Turquie, cette dernière était loin de lui tenir compte d'une conduite dont elle recueillait tout le profit. Le divan, incapable de comprendre la pensée d'Alexandre, restait convaincu qu'il fournissait secrètement du secours aux insurgés : il lui paraissait impossible que les traditions du cabinet de Saint-Pétersbourg fussent abandonnées tout-à-coup. En un mot, la méfiance de la Sublime-Porte grandissait avec ses revers, car les Grecs combattaient avec cette énergie qui tôt ou tard conquiert la liberté. Le divan, dans son ignorance, attribuait à la duplicité des Moscovites des victoires que le czar, au contraire, condamnait, parce qu'elles le plaçaient de plus en plus dans une situation très-fausse ; d'un autre côté, comme l'absence de tact caractérise le cabinet turc, il établit l'embargo sur quatre navires russes, qu'il soutint être grecs. Sous le règne de Catherine, une injure beaucoup plus légère aurait suffi pour amener aussitôt des hostilités ; mais les diplomates autrichiens et anglais restèrent juges de la réparation qui était due à l'empereur de Russie, et la guerre fut encore ajournée.

Un instant, on eut la pensée « de dis- » tribuer la Grèce continentale en trois » principautés, régies par des princes qui » reconnaîtraient la suzeraineté de la Porte, » à peu près comme les provinces de la Va- » lachie et de la Moldavie. Les îles auraient » été soumises au régime municipal et gou- » vernées par des *primaties* ou supériorités

» locales de leur choix. Les gouverneurs ou
» hospodars des principautés de terre ferme,
» choisis par les Grecs, auraient été nommés
» par le divan : la Porte rejeta cette ouver-
» ture. »

Les Polonais, sur la reconnaissance desquels Alexandre comptait, trompèrent une de ses espérances les plus chères, car ils ne cessaient de donner des signes de mécontentement et d'agitation. Enfin Saint-Pétersbourg éprouva les désastres d'une inondation, qui fit briller le cœur généreux et sensible du czar, et, comme si tous les maux eussent dû l'accabler, il perdit une fille naturelle qui touchait à sa dix-septième année. Il s'écria, en apprenant ce malheur : « *J'ai reçu ma punition !* » On le vit entreprendre, pour adoucir sa douleur, un voyage en Tauride; mais après une maladie qui d'abord n'avait inspiré aucune inquiétude, il rendit le dernier soupir le 1er décembre 1829, à Taganrock, dans les bras de sa femme, l'impératrice Élisabeth.

Suivant une relation, qui porte tous les caractères de l'authenticité, l'empereur, « en
» revenant de la Crimée, fut si frappé, dans
» les environs de Sébastopol, de l'éclat et de
» la beauté de la végétation méridionale,
» et surtout du tableau pittoresque qu'il avait
» sous les yeux, qu'il dit au général Die-
» bitsch et au comte Woronzoff, qui l'ac-
» compagnaient : Si je quittais un jour les
» soins du gouvernement, je voudrais passer
» le reste de ma vie en ce lieu. Plein de ces
» idées, il entra dans un monastère du voi-
» sinage, où il resta plus d'une heure dans
» une pieuse contemplation. Quand il re-
» joignit son escorte, il se plaignait de
» malaise et de frissons. La fièvre, qui se
» déclara avec intermittence, devint dans
» un instant plus violente, et l'empereur se
» hâta de revenir à Taganrock, auprès de
» l'impératrice Élisabeth, sa femme. Comme
» il était doué d'une forte constitution, sa
» maladie n'eût point été dangereuse s'il
» avait reçu des secours à temps. Mais il
» avait jugé trop légèrement de son mal,
» et pendant la première quinzaine, il refusa
» de prendre aucun médicament : il était
» trop tard lorsqu'enfin il se rendit aux sol-
» licitations de sa famille et aux pieuses re-
» montrances de l'archimandrite. Sa mala-
» die empira rapidement; mais il conserva
» l'usage de ses sens jusqu'à la dernière
» heure, où il dicta son testament. L'impéra-
» trice Élisabeth lui prodigua les soins les
» plus tendres, et pendant cinq jours et cinq
» nuits elle ne quitta pas le chevet de son
» lit. Les dernières paroles du czar furent :
» *Ah ! le beau jour !* Les rideaux des croi-
» sées avaient été tirés, et un beau soleil
» d'automne dardait ses rayons dans l'ap-
» partement. Lorsque l'empereur eut rendu
» le dernier soupir, dans les bras de l'impé-
» ratrice Élisabeth, elle rassembla ses forces
» pour lui fermer les yeux et croiser ses bras
» sur sa poitrine ; après cet effort, elle s'é-
» vanouit. »

L'attachement qu'Élisabeth avait voué à son auguste époux était si profond, elle portait un culte si sincère à toutes les vertus du petit-fils de Catherine, qu'elle ne put soutenir la douleur d'une telle séparation; elle expira bientôt, anéantie sous le poids de la douleur. Pendant le cours de la maladie du czar, elle adressa à l'impératrice-mère deux lettres qui peignent toute l'anxiété de son âme.

« Tanganrock, novembre 1825.

» Chère maman,

» Je n'ai pas été en état de vous écrire par
» le courrier d'hier ; rendons aujourd'hui
» mille et mille actions de grâces à l'Être-
» Suprême. Décidément la santé de l'em-
» pereur, de cet ange de bonté, au milieu
» de ses souffrances, va beaucoup mieux. A
» qui donc Dieu réserverait-il sa miséricorde
» infinie, si ce n'était pour celui-ci ? O mon
» Dieu ! que de moments d'affliction j'ai
» passés ! Et vous, chère maman, je ne puis
» me figurer votre inquiétude. Vous recevez
» les bulletins ; vous avez donc vu à quelle
» extrémité nous avons été réduits hier, et
» surtout dans la soirée. Mais Wilie (le mé-
» decin anglais) dit lui-même aujourd'hui
» que l'état de notre cher malade est satis-
» faisant ; mais il est très-faible. Chère ma-

» man, je vous avoue que je ne suis pas à
» moi, et je ne puis vous en dire davantage.
» Priez avec nous, avec cinquante millions
» d'hommes, la guérison de notre malade
» bien-aimé.

» ÉLISABETH. »

« Notre ange est au ciel, et moi je languis
» encore sur la terre!... Qui aurait pu
» croire que moi, infirme, je lui aurais sur-
» vécu!... Ne m'abandonnez pas, ma chère
» maman, car je suis absolument seule dans
» le monde.

» Notre cher défunt a repris son regard
» de bonté; son sourire me prouve qu'il est
» heureux, et qu'il a devant ses yeux des
» objets meilleurs que ceux d'ici-bas. Ma
» seule consolation, dans ce malheur irrépa-
» rable, c'est l'espoir de ne pas lui survivre:
» *j'espère être bientôt réunie à lui.*

» ÉLISABETH. »

Alexandre avait déjà rendu le dernier soupir, qu'à Saint-Pétersbourg on le regardait comme sauvé. En effet, un courrier avait remis une lettre, en date du 29 novembre, annonçant qu'un mieux sensible s'était opéré dans la santé de l'empereur. Mais, le 9 décembre, un autre courrier annonça la déplorable nouvelle que le maître de l'empire avait été enlevé à ses sujets le 1er décembre. L'impératrice-mère entendait dans ce moment un *Te Deum* qu'on célébrait pour remercier celui qui dispose du sort des rois comme de celui de leur dernier sujet, lorsque le grand-duc Nicolas, à peine informé de la mort de son frère, donna des ordres pour que le service divin fût suspendu. Il supplia en même temps l'archimandrite de se rendre, le crucifix à la main, auprès de la mère d'Alexandre pour la préparer à entendre la funeste nouvelle dont il était le dépositaire, et à lui prodiguer ces saintes consolations, qui donnent de la douceur même aux larmes. Il me reste à faire connaître maintenant le petit-fils de Catherine comme homme privé. Je terminerai ensuite le tableau de ce règne si glorieux pour la Russie, en jetant un coup d'œil sur le gouvernement et les institutions dont il fut le créateur.

L'empereur Alexandre formait une heureuse exception au milieu de ses sujets. Parmi eux, les plus grands comme les plus illustres ont, ainsi que le petit peuple, quelque chose de barbare qui se décèle du moment où leurs passions sont en jeu; le petit-fils de Catherine était doué, au contraire, d'une sensibilité profonde, qui, dans les crises les plus violentes, ne se démentait jamais. Entraîné par une imagination tendre et rêveuse, il aimait non-seulement à répandre le bonheur sur tous ceux qui l'entouraient; mais sa bonté, franchissant un cercle aussi étroit, s'étendait à l'humanité tout entière; il aurait voulu employer sa puissance pour faire parvenir ses semblables jusqu'au dernier degré de la perfectibilité. Il était aussi étranger à la colère qu'à la vengeance; car la magnanimité formait le fond de son caractère. Pierre-le-Grand n'aurait jamais pu placer les Russes sur la route de la civilisation, sans l'opiniâtreté sanguinaire de sa volonté; il entrevoyait le but, et brisait tous les obstacles pour l'atteindre. Le génie de ce prince est admirable, sa vie est horrible, et c'est en bourreau qu'il remplit une admirable mission. La tâche d'Alexandre était toute différente; il fallait qu'il mêlât les Russes à la civilisation si parfaite du centre de l'Europe. Cette tâche n'exigeait pas un esprit étendu, mais une foule de qualités individuelles; aucune d'elles ne manqua à l'empereur; il eut jusqu'à la grâce qui séduit les yeux. Dans son genre, il se montra réformateur; et il adoucit, par son exemple, les mœurs de ses peuples. La célèbre madame de Staël, l'auteur de *Corine*, s'étant enfui jusqu'à Saint-Pétersbourg pour échapper aux persécutions jalouses de l'empereur des Français, reçut d'Alexandre le plus noble accueil : « Vous serez
» blessée, » lui dit-il, « madame, du spectacle
» de l'esclavage établi parmi nos paysans
» Quant à moi, j'ai tout fait pour adoucir leur
» sort, je les ai rendus libres dans mes do
» maines particuliers; mais je dois respecter
» les droits de propriété de ma noblesse
» comme si nous avions une constitution
» qui, malheureusement, nous manque. —

» Sire, » reprit la fille de Necker, « votre ca-
» ractère est une *constitution*. — Dans ce
» cas, » reprit Alexandre, « je ne suis
» qu'un heureux accident. » Le langage
de madame de Staël n'était pas de la
flatterie ingénieuse, mais la vérité toute
pure. Et si, dans la lutte où le czar fut
engagé avec Napoléon, il resta en définitive
vainqueur, on doit convenir que la grandeur des talents appartenait à ce dernier,
tandis qu'Alexandre l'éclipsa par la pureté
morale du caractère. L'un surprit l'admiration, l'autre captiva l'amour universel des
peuples.

Dès son enfance, il témoigna à sa mère,
l'impératrice Marie, un attachement qui l'accompagna jusqu'au dernier soupir. Un jeune
Russe d'une haute distinction ayant manqué
au respect qu'il devait à la femme qui l'a-
vait porté dans son sein, Alexandre lui fit
nommer des tuteurs, comme s'il eût perdu la
raison. En 1808, le monarque qui commandait à tant de millions d'hommes, suivit à
pied et la tête découverte les dernières dépouilles du comte de Soltikof, son ancien
gouverneur. Il porta toujours la tendresse la
plus vive au colonel Laharpe, qui lui avait
servi de précepteur, et il se précipita un jour
avec tant d'effusion dans ses bras, que ses
vêtements furent tout couverts de la poudre
que portait son précepteur, coiffé à la mode du
temps. « Voyez, mon cher prince, » lui dit-il,
« comme vous avez été arrangé. — Oh!
» c'est égal, » répondit Alexandre, « personne
» ne me blâmera d'emporter tout ce que je
» puis de mon cher précepteur. » Dans une
autre circonstance, l'illustre élève se présenta
pour aller, suivant sa coutume, rendre visite
à son maître; le portier, qui était tout nouvellement installé dans la maison, demanda au
jeune prince quel était son nom. « Alexan-
» dre, » répondit-il. Il fut ensuite conduit
dans l'antichambre où se tenaient les domestiques, qui lui dirent que le colonel Laharpe
travaillait, et ne pourrait être visible que
dans une heure. Les domestiques, dans ce
moment, se mirent à table, et invitèrent
Alexandre à prendre place parmi eux; il accepta. Au bout d'une heure, on avertit Laharpe
qu'un jeune homme, appelé Alexandre, demandait à le voir. « Faites entrer, » dit le colonel, qui, bientôt après, reconnut son élève.
Il s'apprêtait à se confondre en excuses, mais
le petit-fils de Catherine, lui plaçant la main
sur la bouche, s'écria : « Mon cher maître,
» n'en parlez plus; une de vos heures vaut
» une de mes journées; et, d'ailleurs, pen-
» dant ce temps, j'ai gaîment déjeûné avec
» vos gens, et j'aurais perdu ce plaisir si j'a-
» vais été admis dès mon arrivée. » En se
retirant, il rencontra sur son passage le portier, qui était tout tremblant, mais il lui dit :
« Je vous sais bon gré de votre conduite;
» vous êtes un fidèle serviteur, et voici cent
» roubles pour vous convaincre de ce que
» j'en pense. » Alexandre revit, en 1814,
madame de Laharpe à Paris. Cette dame, par
respect, se tenait debout devant l'empereur
de Russie, alors il s'écria : « O madame,
» vous êtes bien changée! — Sire, » répondit-elle, « comme tout le monde, j'ai eu
» beaucoup à souffrir des circonstances. —
» Vous ne me comprenez pas; je veux dire
» que vous ne vous asseyez pas, comme vous
» aviez coutume de le faire, à côté de l'élève
» de votre mari, en causant familièrement
» avec lui. » Madame de Laharpe l'entrete-
nant de l'enthousiasme que son affabilité avait
inspiré aux habitants de Paris de toutes les
classes, il répondit : « Si je possède quelque
» chose qui puisse plaire, à qui le dois-je?
» S'il n'y avait pas eu de Laharpe, il n'y au-
» rait pas eu d'Alexandre »

Alexandre, dans un voyage en Pologne,
avait laissé derrière lui la plus grande partie
de sa suite : arrivé sur les bords d'une petite
rivière, il aperçut un paysan qu'on venait de
retirer de l'eau, et qui ne donnait aucun signe
de vie. L'empereur le déshabille aussitôt, et
lui frotte les tempes et les poignets. Dans ce
moment, le docteur Wilie, médecin du czar,
se présenta avec d'autres personnes de la suite
d'Alexandre : il trouva le maître de la Russie
occupé à donner ses soins à un pauvre paysan
qui lui parut sans espoir de salut; il essaya
de le saigner, mais, après trois heures de
tentatives infructueuses, il déclara que tout
était fini. L'empereur insista pour qu'un dernier effort fût fait : Wilie se résigna à obéir;
quelques gouttes de sang coulèrent, et le

malheureux paysan poussa un faible soupir. Alexandre, au comble de la joie, s'écria : « Mon Dieu, voilà le beau jour de ma vie ! » et des larmes inondèrent sa figure. Le czar, plein d'espoir, déchira son mouchoir par bandes, avec lesquelles il lia le bras du malade, et, après l'avoir fait conduire dans une maison où les soins les plus affectueux lui furent prodigués, il lui fit don d'une somme considérable, et se chargea de son avenir et de celui de sa famille. La Société royale d'Humanité de Londres fut à peine informée de cette touchante action, qu'elle adressa une médaille d'or à l'empereur de Russie. Alexandre fit bientôt parvenir au président de la Société d'Humanité de Londres la lettre suivante : « Monsieur le président, le marquis
» de Douglas et Clydesdale, ambassadeur
» de S. M. britannique à ma cour, m'a remis
» les marques extrêmement flatteuses de
» l'approbation donnée par votre Société à
» une action qui n'a que de bien faibles droits
» à l'attention publique, dans des annales
» destinées à consacrer la mémoire des ser-
» vices rendus à l'humanité Cependant, sans
» considérer cette action, si naturelle en elle-
» même, comme pouvant me donner des droits
» à la distinction qu'elle m'a procurée, j'ac-
» cepte celle-ci avec plaisir et avec recon-
» naissance, ne voulant pas me priver de la
» satisfaction d'appartenir à une Société dont
» l'objet et les travaux sont si intéressants
» pour la cause de l'humanité, et s'accordent
» si bien avec les émotions de mon cœur. Je
» vous prie d'exprimer, de ma part, à votre
» Société l'estime sincère et l'intérêt qu'elle
» m'inspire, etc. »

Si Alexandre saisissait avec avidité toutes les occasions de soulager les maux dont il était témoin, il récompensait avec une admirable générosité tous ceux qui, au péril de leur vie, cherchaient à sauver leurs semblables. Un officier de police, placé sur les bords de la Néva, avait reçu la consigne d'empêcher qu'on ne traversât la rivière, dont la glace ne présentait pas encore assez de solidité, car on était au commencement de l'hiver. Il vit bientôt un individu, qui s'avançait avec si peu de précaution, que la glace se brisa sous ses pieds ; l'officier de police, se jetant dans l'eau, parvint à ramener sur le rivage l'imprudent qui, quelques minutes plus tard, était perdu sans ressource. L'empereur arriva dans ce moment, ému jusqu'au fond du cœur d'un pareil dévouement ; il tira de son doigt une bague, qu'il donna à l'officier de police, auquel il accorda ensuite un brillant avancement.

Les princes, habitués à ne rencontrer aucun obstacle, regardent leurs agents comme investis de l'infaillibilité que les lois politiques leur accordent à eux-mêmes ; le czar, au contraire, était toujours prêt à revenir sur les arrêts ou les mesures iniques prises en son nom, et, comme il était facile d'approcher sa personne, les fonctionnaires publics, dans toutes les hiérarchies, craignaient d'être dénoncés au prince. Alexandre venait de donner le mot d'ordre, lorsqu'un homme, l'œil hagard, les cheveux en désordre et le corps tout couvert de haillons, frappe le maître de la Russie sur l'épaule ; celui-ci lui demande aussitôt ce qu'il lui veut. « J'ai quelque chose à te dire, » Alexandre Paulovistch. — Eh bien, dites » donc, » reprit l'empereur, qui, souriant, le toucha à l'épaule. L'étranger dit alors « qu'il avait été attaché comme capitaine au
» service de la Russie, et qu'il avait fait les
» campagnes de Suisse et d'Italie ; mais, ca-
» lomnié par ses ennemis auprès du général
» en chef Souvarof, il avait perdu son grade,
» et avait été obligé, pour ne pas mourir de
» faim, d'entrer plus tard comme soldat dans
» les rangs des Moscovites. Découvrant sa
» poitrine, il montra les traces de plusieurs
» blessures qu'il avait reçues en combattant ;
» tombé entre les mains des ennemis, il avait
» long-temps langui prisonnier des Français ;
» rendu à la liberté, il était venu à Saint-
» Pétersbourg, en implorant la pitié publi-
» que, mais il était sauvé, puisqu'il avait pu
» parler à l'empereur. — N'y a-t-il pas un
» peu d'exagération dans le récit que vous
» venez de me faire ? — Que je périsse sous le
» knout, reprit l'officier, si l'on acquiert la
» preuve que j'ai manqué d'un seul mot à la
» vérité. » Des secours furent d'abord donnés au malheureux, puis, une enquête ayant été ordonnée, le capitaine, dont l'innocence fut

reconnue, rentra dans la possession de son grade, et reçut d'Alexandre une indemnité considérable. Ce prince chérissait en toute chose la vérité et la justice; possesseur d'un pouvoir étendu, il ne cherchait qu'à le limiter lui-même; on en trouve la preuve dans une lettre, qu'il adressa à la princesse de Galitzin : « Je ne voudrais pas être » au-dessus de la loi, si même je le pou- » vais, car je ne reconnais sur toute la terre » aucun pouvoir comme légitime, s'il ne dé- » coule pas de la loi. » A tant de vertus, que les prospérités les plus enivrantes ne purent jamais corrompre, Alexandre réunissait une affabilité et un désir d'être agréable, qui s'étendait à toutes les classes de la société : il voulait plaire à ceux auxquels il faisait du bien. Ce désir chez lui était continuel et se montrait dans toutes les circonstances. Une seule classe existe en Russie, c'est la noblesse; la bourgeoisie, quoique très-riche, surtout celle qui se livre au commerce, ne jouit d'aucune considération. Alexandre aimait à adoucir l'amertume des distances; s'il les reconnaissait dans l'ordre politique; il les effaçait par ses prévenances dans la vie privée. La noblesse de Livonie lui offrit un bal brillant, *dont tous les bourgeois furent exclus;* Alexandre ne se rendit pas à cette invitation, et le lendemain il donna un bal, dans lequel on le vit danser avec les dames de la bourgeoisie comme avec celles de la noblesse.

Le petit-fils de Catherine avait-il quelque faveur éclatante à donner, il en relevait encore le prix par une délicatesse ingénieuse, qui lui était particulière. Ainsi, informe-t-il Koutousof de son élévation au rang de prince, pour les services qu'il a rendus dans la campagne de 1812, il joint à sa lettre un joyau d'une grande valeur et qui avait appartenu au trésor de la couronne impériale; et qu'il remplaça par une simple plaque en or, sur laquelle il fit graver le nom de Koutousof. La bonté de l'empereur était si connue, elle était devenue tellement populaire, qu'on en abusait quelquefois; alors la patience d'Alexandre, et je devrais même ajouter sa condescendance, devenait infinie. Il était accompagné de sa suite et franchissait l'escalier par lequel il se rendait à la parade, quand une jeune Allemande l'arrêta sur les marches mêmes. — « S'il plaît » à Votre Majesté, j'ai quelque chose à lui » dire. — Qu'est-ce donc? — Je trouve » l'occasion de me marier, mais je n'ai pas » de fortune, s'il vous plaisait de me donner » une dot. — Ah ma fille, reprit le czar, » s'il me fallait doter toutes les jeunes filles » de Saint-Pétersbourg, où pensez-vous que » je trouverais tant d'argent? » La jeune fille, qui avait grande envie de se marier, insista, et Alexandre lui fit don de cinquante roubles. Les officiers de la garde à Saint-Pétersbourg ne se piquent pas de payer avec exactitude les cochers de fiacre qu'ils employent dans la ville; ces derniers se font alors régler à l'avance, ou exigent qu'on leur donne une valeur comme gage. « Alexandre, qui était » ordinairement vêtu d'un simple uniforme, » recouvert d'un manteau gris, se prome- » nait une matinée sur le quai des Anglais, » quand tout-à-coup il vint à pleuvoir très- » fort; il ne se souciait pas d'entrer nulle » part, en conséquence il se mit dans la pre- » mière voiture qu'il rencontra, donnant » ordre au cocher de le conduire au palais » d'hiver. En passant devant la maison du » sénat, on cria à la garde, et le tambour » battit aux champs. Le cocher regarda et dit » qu'il croyait que l'empereur passait devant » le corps-de-garde. Vous le verrez bientôt, » répliqua Alexandre. Ils arrivèrent enfin » au palais d'hiver, et l'empereur, qui n'a- » vait pas d'argent sur lui, ordonna au » cocher d'attendre, qu'il allait lui envoyer » le prix de sa course. Non, répondit celui-ci, » il faut que vous me laissiez quelque chose » pour sûreté, les officiers m'ont trop sou- » vent trompé : laissez-moi votre manteau. » Alexandre y consentit et le lui remit. Il » envoya bientôt un de ses valets de pied » avec vingt-cinq roubles pour le cocher, » auquel il apprendrait qu'il avait conduit » l'empereur, et auquel il redemanderait » son manteau. Le valet de pied s'acquitta » de sa commission; mais le cocher, au lieu » de se réjouir de l'honneur et du présent, » se prit à rire, en disant : Me prenez-vous » pour un sot? Le manteau vaut plus de

» vingt-cinq roubles. Qui sait? peut-être
» avez-vous envie de le voler; non, cela ne
» se passera pas ainsi, et, à moins que le
» monsieur que j'ai conduit ne vienne lui-
» même le réclamer, je ne m'en dessaisirai
» pas. Alexandre fut presque obligé de des-
» cendre; mais son premier cocher, venant
» à passer, confirma ce qu'avait dit le valet
» de pied, et le pauvre cocher de fiacre faillit
» perdre la tête de joie. »

Dans une autre occasion, et où il s'agissait d'une faute, ou du moins d'une très-
grande indiscrétion, commise par un des
plus illustres personnages de l'empire, l'empereur fit preuve d'une mansuétude qu'on
ne saurait trop admirer. « Le grand-cham-
» bellan N*** avait reçu d'Alexandre une
» très-belle étoile de l'ordre de Saint-André,
» montée en diamants, et évaluée à trente
» mille roubles; mais il alla aussitôt la
» mettre en gage chez un prêteur. Peu de
» temps après, la cour donna une grande
» fête où le précieux cadeau devait nécessai-
» rement figurer..... Il ne restait au grand
» chambellan aucune autre ressource que de
» s'adresser au valet de chambre de l'empe-
» reur, qui avait en sa possession deux ma-
» gnifiques étoiles en diamants, appartenant
» à l'empereur, et dont l'une, encore toute
» neuve, coûtait soixante mille roubles.
» M. N*** va le trouver, et, après avoir
» long-temps cité, allégué son devoir, à
» force d'instances et de protestations, qu'il
» la rendra aussitôt après la fête, il le déter-
» mina à lui livrer la nouvelle étoile.
» M. N*** parut donc à la cour avec cette
» étoile. Alexandre remarqua bientôt dans
» les quatre gros diamants des coins une
» ressemblance avec la sienne propre. Il la
» fixa à plusieurs fois, et dit enfin à M. N*** :
» *Mon cousin, je suis étonné, vous por-*
» *tez là une étoile qui a infiniment de*
» *ressemblance avec une que je viens de*
» *recevoir des mains du joaillier.* M. N***
» reste interdit, au milieu de compliments
» embarrassés et d'hommages insignifiants.
» L'empereur, que cet embarras et la res-
» semblance toujours plus frappante de l'é-
» toile rendent encore plus attentif, lui dit
» enfin très-sèchement : « Mon cousin, je

» ne sais où j'en suis, mais il faut que je
» vous dise la vérité, je crois que c'est pré-
» cisément mon étoile, la ressemblance en
» est trop frappante. » Le chambellan, con-
» fondu, avoue alors toute l'affaire, se soumet
» à toutes les punitions, et se borne à deman-
» der instamment la grâce du trop officieux
» valet de chambre. A cet aveu, l'empereur
» sent expirer sa juste indignation, et dit
» avec un excès de bonté à M. N*** : « Ras-
» surez-vous, mon cousin, le crime n'est
» pas assez grand pour que je ne sache le
» pardonner; cependant, je ne pourrais
» désormais porter moi-même cette décora-
» tion, il faut donc que je vous en fasse ca-
» deau, à condition qu'à l'avenir je sois en
» sûreté contre de pareilles *appropria-*
» *tions* (1). »

C'est surtout pendant son premier séjour
à Paris, que l'empereur Alexandre se fit remarquer par la séduction de ses manières;
il déploya envers tous ceux qui l'approchèrent une affabilité qui rappela l'ancienne politesse française, dans ce qu'elle avait de plus
exquis. Il ressemblait, non pas à un vainqueur qui s'efforce d'être modeste, mais à un
simple voyageur, visitant les merveilles
d'une ville civilisée; il fréquentait les ateliers des artistes, comme ceux des industriels,
leur adressant aux uns et aux autres des
paroles pleines d'aménité. Enfin, dans ses
rapports avec les corps constitués de l'État,
il manifesta toujours l'attachement le plus
vif pour le peuple français; c'est ainsi que,
le 2 avril 1814, il répondit à une députation
des sénateurs de l'empire. « Un homme, qui
» se disait mon allié, est entré dans mes États
» comme un injuste agresseur; c'est à lui que
» je fais la guerre, et non pas à la France;
» je suis l'ami du peuple français : ce que
» vous venez de faire ajoute à ce sentiment.
» Il est juste, il est sage de donner à la France
» des institutions fortes et libérales, qui
» soient conformes à ce siècle éclairé. Mes
» alliés, tout comme moi, ne sont venus que
» pour protéger la liberté de vos décisions.
» En témoignage de l'alliance durable que

(1) Rabbe, *Histoire d'Alexandre*, premier appen-
dice, tome II, pages 446, 447.

» je désire contracter avec votre nation, je
» lui rends tous les prisonniers français qui
» sont actuellement en Russie. Le gouverne-
» ment provisoire m'a demandé cette faveur,
» je l'accorde au sénat, en conséquence des
» résolutions qu'il a prises aujourd'hui. »

L'Institut de France envoya aussi une députation à l'empereur de Russie ; en réponse au discours que prononça M. Lacretelle, le czar fit entendre les paroles suivantes : « J'ai » toujours admiré les progrès que les Français ont faits dans les sciences et la littérature, ils ont beaucoup contribué à répandre les connaissances en Europe. Je ne leur » impute pas les malheurs de leur pays, et » je prends un vif intérêt au rétablissement » de leur liberté. Mon but unique est d'être » utile à l'humanité, et c'est le seul motif » qui m'a conduit en France. » Le czar s'abandonnant à cette familiarité si touchante, et qui avait tant de charme pour son cœur, se présenta un matin chez M. Laffitte, qui alors était le banquier le plus célèbre de Paris. « Monsieur, » lui dit-il, « j'ai désiré » faire votre connaissance ; je suis Alexandre, » et je voudrais avoir le plaisir de déjeûner » avec vous. » L'empereur se rendit le 27 avril 1814 au devant de Louis XVIII, déjà arrivé à Compiègne. Il monta dans une voiture ordinaire ; il avait seulement avec lui le général Czernitschef et un domestique ; comme il était fatigué, il dormit pendant toute la route, comme s'il eût été aussi en sûreté qu'à Saint-Pétersbourg. Alexandre rendit plusieurs visites à Joséphine, la première femme de Napoléon, qui alors habitait la retraite si délicieuse de la Malmaison. Apprenant qu'un mal subit venait de la réduire à toute extrémité, il alla aussitôt la voir ; le prince Eugène, ainsi que sa sœur Hortense, recevaient les dernières bénédictions de leur mère, au moment où Alexandre fut admis. Joséphine rendit bientôt le dernier soupir ; le czar, ayant soulevé le drap mortuaire qui couvrait les derniers restes d'une femme qui, sur le trône, avait fait les délices de la France, s'écria en versant des pleurs :
« Elle meurt en laissant dans le cœur de ses
» amies, et de tous ceux qui l'ont connue, un
» éternel regret. »

L'empereur voulut examiner dans les détails les plus minutieux l'hôtel des monnaies, où on lui montra des médailles qui jadis avaient été gravées lors de la visite de Pierre-le-Grand à Paris. « Sur » l'un des côtés ; » dit Rabbe, « on voyait » la tête du régent, et de l'autre, la figure » du czar et celle de Louis XV, encore » enfant, avec l'inscription suivante : *Petri Russorum autocratoris cum rege congressio MDCCXVII*. Dans l'une des » salles, le directeur eut l'honneur de lui » présenter une médaille qui portait d'un » côté la tête du czar Pierre, et de l'autre » sa propre effigie. Alexandre examina avec » un intérêt tout particulier les nombreuses » collections qui se trouvaient dans le cabinet, et qui offrent la série des événements » les plus remarquables arrivés en France » depuis le règne de Louis XII. Je prends » le plus grand plaisir, dit-il, à voir les archives des siècles polis de la France, et je » sens combien il est important, pour une » nation puissante, d'avoir une histoire qui » parle aux yeux et qui est comme vivante. »

J'aurais besoin d'un volume entier pour bien faire connaître au lecteur Alexandre : comme homme privé, le caractère de ce prince fut un des plus grands bienfaits que la Providence daigna accorder aux Russes. Tous les jours de sa vie devinrent pour ses sujets l'exemple vivant d'une civilisation parfaite, et sous son règne, qui dura de longues années, l'empire jouit de toutes les douceurs d'une monarchie tempérée : il était impossible de faire et mieux et davantage. Les détracteurs d'Alexandre, tout en reconnaissant les efforts qu'il déploya d'abord en faveur de la liberté des peuples, lui ont reproché la part qu'il a prise plus tard aux différents congrès, tenus en vertu du traité de la sainte alliance. Je répondrai à toutes ces accusations, que l'Europe entière, représentée par ses ambassadeurs à Aix-la-Chapelle, à Troppau ou à Vérone, a sévi contre des insurrections qui déjà avaient amené l'anarchie en Piémont, en Espagne ou à Naples. L'abus n'est pas l'usage, les souverains, et à leur tête Alexandre, en étouffant une fausse liberté, ont assuré le salut de la véritable ; les États périssent encore plus vite par tous les excès de la démocratie que par les crimes du despotisme. Il faut enfin remarquer que les peuples qui repoussent les règles les plus légitimes de l'ordre, tombent toujours sous le joug des tyrans militaires. Au reste, toutes les aggrégations d'hommes ne peuvent jouir tout-à-coup d'institutions libérales, il faut que leurs mœurs les aient préparées à la possession de certains droits politiques. Mais tenter de les obtenir par des révoltes, n'est-ce pas installer la volonté du petit nombre à la place de celle du peuple entier? Rapprochons la poignée d'hommes qui ont troublé la Péninsule italienne et la Péninsule ibérique des masses qui les habitent, et nous ne trouverons plus que des coups de main téméraires, entrepris contre la sûreté générale. Alexandre, qui avait eu tant à souffrir de l'invasion armée tentée par Napoléon, pouvait craindre des gouvernements démagogiques, qui, une fois constitués, auraient répandu sur la Russie tous les fléaux d'une nouvelle guerre, et, d'accord avec les autres monarques, il a opposé une digue à des torrents dévastateurs. Loin de vouloir faire rétrograder l'Europe civilisée, il a combattu pour sa conservation comme pour sa gloire. Il ne faut pas s'y tromper, avec les idées dominantes, on n'a rien à craindre du despotisme, et, dans un temps plus ou moins éloigné, nous ne périrons tous que par la démagogie; elle nous ouvrira la route qui, tôt ou tard, doit nous faire rentrer dans la barbarie.

Des détracteurs assez nombreux ont encore vu, dans la formation des colonies militaires, une pépinière sans limite de soldats toujours prêts à fondre sur le globe, au simple ordre d'un empereur de Russie. Je vais donner quelques détails sur cette institution d'un genre particulier, et tout-à-coup va se trouver dissipée cette nouvelle fantasmagorie, évoquée par des publicistes, qui ne vivent que dans des terreurs continuelles. La première pensée, la pensée créatrice des colonies militaires, remonte à Munich, qui, pour protéger, dans le siècle dernier, l'Ukraine contre les attaques si fréquentes des Tartares, la fortifia par une ligne composée de seize retranchements; chacun de ces retranchements avait pour garnison un régiment de dragons; plusieurs régiments de milice étaient répandus sur toute la ligne, et ceux qui étaient chargés de sa défense, cultivateurs dans les moments de paix, devenaient des soldats en temps de guerre. Eh bien, c'est cette même idée que le comte Aratcheif réalisa en la fondant sur des bases beaucoup plus larges; il voulut que le même homme pût, dans telle ou telle circonstance, être cultivateur et soldat, et qu'en outre, une sorte d'instruction élémentaire lui fût donnée. Il arriva que, pour atteindre ce double but, il fallut établir des règles d'une discipline si sévère, si impitoyable, que l'esclavage, sous lequel vivent tous les paysans russes, leur parut un état délicieux, comparé au sort que leur réservaient les colonies militaires; de là une véritable haine nationale contre ces dernières. Ce n'est pas tout, l'homme ne réussit jamais également bien dans deux professions différentes : s'il est libre, il préfère toujours l'une à l'autre. Les paysans russes, forcés à l'obéissance, se montrent dans les colonies militaires médiocres soldats et mauvais cultivateurs. Il y a une foule de difficultés d'exécution qui, à chaque instant, font manquer l'*ensemble*; puis, c'est vouloir tenter l'impossible que de mêler des hommes à des habitudes de famille, tandis qu'on les soumet le même jour aux rigueurs de la discipline militaire; enfin, cette institution, de nature si compliquée, si féconde en contradictions, ne put être établie que d'une manière exceptionnelle; il ne sortira jamais de son sein des masses armées. L'établissement des gardes nationales en France, telles qu'elles existent depuis 1830, offre des ressources bien autrement étendues, soit pour la défense, soit pour l'attaque; remarquons-le bien ensuite, il faut en Russie que l'État intervienne pour faire la première dépense, tandis que chez nous le citoyen-soldat s'habille et se nourrit à ses frais.

Voici, au reste, la manière dont sont constitués les villages appelés à former une colonie militaire: On abat d'abord toutes les chaumières, et l'on élève des maisons, qu'on aligne avec soin; le *colon en che-*

ou *maître colon* reçoit un terrain, se composant de quarante acres anglais, auquel on décerne le nom de *ferme* ; on donne au *colon en chef* un *adjoint* ou aide, qui lui sert de second pour la culture, puis *un soldat-cultivateur*, qui mène de front les exercices militaires et les travaux des champs ; arrive ensuite le *réserve*, qu'on prépare et comme soldat et comme cultivateur ; il remplace le *soldat* au besoin. Voilà les dispositions concernant les hommes en état de porter les armes. Viennent à leur suite les *cantonniers*, c'est-à-dire, tous les enfants mâles de la colonie de treize à dix-sept ans, *les enfants de troupe* de huit à treize ans, les enfants mâles au-dessous de huit, les femmes et les invalides. Tous ces malheureux, si l'on en excepte le chef colon, supportent deux jougs à la fois : celui de leur chef militaire, et le joug du paysan en chef ; il faut qu'ils obéissent tour à tour à deux maîtres. Enfin les femmes, une fois introduites dans les colonies militaires, ne peuvent plus se marier ailleurs. La pensée mère qui a présidé à la création des colonies militaires se trouve ébranlée et à moitié détruite à chaque instant, car il y a deux intérêts *supérieurs*, qui sont dans une guerre perpétuelle. Le chef militaire, voulant que ses soldats lui fassent honneur, les accable d'exercices ; alors le maître colon ne peut plus compter sur les bras de ceux qui doivent l'aider dans ses travaux champêtres. Le maître colon, au contraire, l'emporte-t-il, on finit par avoir des cultivateurs plus ou moins exercés, mais on manque de soldats ; se tient-on dans un juste milieu, on n'obtient que des individus médiocres dans les deux professions, et il ne faut pas oublier, en outre, qu'un soldat russe ne se forme au maniement des armes qu'avec beaucoup de peine et de lenteur. Il n'en est pas de même du soldat français, quelques mois suffisent à son instruction ; il n'en faut pas davantage non plus pour former la partie jeune de la garde nationale. Ainsi, je le répète, soumis à un examen attentif, les colonies militaires des Moscovites promettront toujours beaucoup plus qu'elles ne tiendront. En définitive, les ressources militaires de la France, son armée de ligne et sa garde nationale réunies, l'emportent infiniment sur l'état militaire des Russes. Ces derniers ne pourront jamais paraître sur les champs de bataille de l'Europe centrale que comme alliés, des autres peuples, et, réduit à lui-même, l'empire moscovite n'offre rien d'inquiétant pour les autres États.

Mais, si on a reproché fort injustement à Alexandre de s'être montré, dans les dernières années de son règne, un adversaire opiniâtre de la civilisation, il a été accusé, par un célèbre écrivain, d'avoir tout à la fois trop fait et pas assez pour la liberté. On trouve dans l'ouvrage de M. de Châteaubriant, intitulé *le Congrès de Vérone*, le passage suivant que je transcris : « Quelles » qu'aient été les hautes qualités du czar, en » dernier résultat, il *a été funeste à son* » *empire* ; il le mit trop en contact avec » l'Europe de l'occident ; il y sema des ger- » mes de civilisation qu'il voulut ensuite » étouffer. Tiraillées en sens contraires, les » populations ne surent ce qu'on leur deman- » dait, ce qu'on voulait d'elles : pensée ou » abrutissement, obéissance passive ou obéis- » sance légale, mouvement ou immobilité. » Alexandre, *franc Tartare*, retenant ses » peuples dans la barbarie ; Alexandre, prince » éclairé, les menant par degrés aux lumiè- » res, eût mieux servi son pays. Il était trop » fort pour employer le despotisme, trop » faible pour établir la liberté. Son hésita- » tion ne créa point l'affranchissement na- » tional ; mais elle enfanta l'indépendance » individuelle, laquelle, à son tour, au lieu » de libérateurs, ne produisit que des assas- » sins. » Il me semble qu'il existe, dans le passage que je viens de citer, une erreur fondamentale. Comment Alexandre aurait-il pu se montrer un *franc Tartare* ; lui, élevé par Laharpe, lui, petit-fils de la grande Catherine ? C'est, en réalité, cette princesse qui, la première, *a mis l'empire de Russie en contact avec l'Europe de l'occident*. En correspondance avec les Voltaire, les Diderot et les d'Alembert, elle a rendu les idées du dix-huitième siècle populaires parmi les hautes classes moscovites. Il est vrai que, du moment où les Français voulurent passer à l'application de ces mêmes idées, l'impératrice s'en détacha, mais seulement dans son intérêt, comme *souveraine* : il était trop tard. En effet, depuis plus d'un demi-siècle (1), des doctrines philosophiques ou des systèmes de liberté mal entendus ont attiré l'attention de l'aristocratie russe, qui, ne les considérant que d'une manière abstraite, en exagère toutes les conséquences. Le jour où Pierre-le-Grand conçut la première pensée de ses réformes, il ne put choisir pour modèles que les peuples de l'Europe occidentale : aussi entreprit-il des voyages parmi eux ; de même qu'il apprit le métier de constructeur de vaisseaux à Sardam, en Hollande, il visita la France avec attention. Il fallait des années pour amener la réalisation complète des vastes projets de ce génie si original et si vigoureux. Il était d'ailleurs impossible, par la constitution même de la société, en Russie, d'éclairer les masses ; on devait s'en tenir à certaines sommités. Voyons maintenant quel sort a été réservé aux princes de la famille impériale qui, dans le cours du dix-huitième ou du dix-neuvième siècle, ont tenté de se conduire en *francs Tartares* : Pierre, le mari de Catherine, a été détrôné pour tomber ensuite sous le poignard des assassins ; quant à Paul, fils de cette même Catherine, il a été égorgé dans sa chambre à coucher. De semblables avertissements auraient suffi pour éclairer Alexandre, si la bonté de son caractère et les préceptes de son éducation n'en eussent fait un homme accompli, un souverain parfait : il ne lui était donc pas possible de se montrer un *franc Tartare ;* on ne se donne pas des vices à volonté. Mais on me répondra : on peut, comme les vertus, les apprendre d'imitation. Qui donc aurait voulu, dans l'entourage de l'empereur de Russie, lui inculquer des habitudes dont il aurait fallu subir ensuite les suites funestes ? Maintenant, voyons quelle route devait suivre Alexandre, *prince éclairé*. L'empereur Napoléon se répand sur la Russie comme un torrent dévastateur : les rigueurs du climat dévorent l'armée de ce conquérant ; mais il lui reste encore des ressources, et surtout cette terreur que ses inspirations militaires avaient laissée empreinte dans toutes les âmes. Alexandre comprend qu'il n'aura rien fait tant que Napoléon restera sur le trône de France. Après l'avoir vu déserter la Moscovie, il le poursuivra en Allemagne, pour l'atteindre au centre de toutes ses forces. Mais, pour accomplir une tâche aussi importante, l'empereur de Russie est trop faible : il forme, d'accord avec d'autres monarques réunis par le même intérêt, une coalition redoutable. Les populations de l'Allemagne, qui avaient si long-temps souffert du joug de Bonaparte, demandent des armes aux cris de *vive la liberté ! vive l'indépendance nationale !* Ces deux sentiments deviennent les foyers d'une énergie sans cesse renouvelée ; car il fallait un courage inépuisable et des sacrifices sans bornes pour faire tomber un homme tel que Napoléon. C'est comme le tyran de l'Europe qu'on le dénonce au monde, et l'on aurait voulu qu'Alexandre et ses troupes se fussent tenus dans une froide réserve, et comme étrangers à un si grand mouvement ! mais c'est demander l'impossible. C'est par suite d'un élan commun, universel, des coalisés, que *le maître* des Français a été renversé. Les soldats étrangers viennent à Paris, et, au bout d'une année, ils sont condamnés à reprendre leur œuvre : une dernière victoire, enfin, termine le sort de Bonaparte comme conquérant et monarque. C'est par les masses, cédant elles-mêmes à certaines idées, que Napoléon, je ne saurais trop le répéter, a été banni de l'Europe, et est mort à Sainte-Hélène. Mais les sentiments de liberté et d'indépendance qui ont produit la chute de cet homme si extraordinaire subissent une certaine exagération qui inquiète les princes, et il s'arment contre ce nouveau péril : de là les congrès de Troppau, et de Vérone, où M. de Châteaubriant lui-même a été appelé comme l'un des représentants de la France. Il était alors compagnon de tâche des souverains ; il prêtait la main à des projets de résistance contre des révoltes tentées au nom d'une fausse liberté. Il im-

---

(1) Je renvoie le lecteur au règne de l'impératrice Anne.

porte fort peu, au fond, que la guerre déclarée aux insurrections de Piémont, d'Espagne et de Naples ait été basée sur le traité de la sainte-alliance ou sur des intérêts exclusivement politiques. Alexandre, assistant au congrès de Vérone, était *éclairé* de la même lumière que M. de Châteaubriant; tous deux voulaient atteindre le même but : c'est-à-dire séparer la vraie liberté de l'abus que quelques hommes voulaient en faire; c'était, comme l'illustre auteur du *Génie du Christianisme*, par *degrés*, que l'empereur de Russie (1) voulait *mener* ses sujets aux *lumières*; et telle a toujours été, jusqu'à sa mort, la pensée dirigeante de sa politique. Si des projets aussi sages ont été déjoués; si, au lieu de *libérateurs*, ils ont produit des *assassins*, c'est qu'il est des époques où les meilleures intentions échouent, et où les peuples valent moins que les princes... Une

(1) Je recommande à l'attention des lecteurs la lettre suivante adressée à M. de Châteaubriant par Alexandre. On trouvera la preuve, dans ce document, que l'empereur de Russie ne voulait pas être considéré comme l'unique pensée de la sainte-alliance.

Saint-Pétersbourg, le 15 mars 1823.

« J'ai reçu, monsieur le vicomte, la lettre que
» vous m'avez écrite le 1ᵉʳ mars. Vos principes me
» donnaient les meilleures espérances, et chaque
» jour fournit une nouvelle preuve de vos honora-
» bles intentions. Vous les avez développées à la tri-
» bune avec une rare supériorité de talent. *La bonne
» cause* a trouvé en vous le plus éloquent défenseur;
» et, profondément convaincu vous-même, vous
» avez dû, j'aime à le croire, opérer la conviction.
» Ma franchise habituelle ne me permet pas, néan-
» moins, de vous dissimuler un regret : je crois qu'il
» y a eu méprise dans la manière de nous compren-
» dre. Dans nos entretiens à Vérone, je ne m'étais
» attaché à vous fournir qu'une seule définition de
» l'alliance. Identifié à mes alliés, et connaissant leurs
» pensées les plus intimes, je vous ai exprimé, à cet
» égard, *nos sentiments communs*; vous avez reçu *les
» miens particulièrement*, ce qui leur donne un carac-
» tère particulier. En vous bornant à rapporter la
» définition des engagements qui unissent les monar-
» ques alliés, en la présentant comme celle qu'ils leur
» donnent tous, vous vous seriez rapproché davan-
» tage, et de mes désirs, et des termes réels de nos
» conversations. La nuance est délicate, sans doute,
» mais vous êtes fait pour l'apprécier, et je ne puis
» m'empêcher de la relever ici, car elle tient aux *in-
» térêts de l'alliance*. Vous savez qu'à mes yeux ces in-
» térêts sont les premiers de tous. »

dernière remarque : que serait devenue la France, si Alexandre, *franc Tartare*, selon l'expression de M. de Châteaubriant, eût voulu traiter notre pays à la façon de Blücher, qui, arrivé le premier, avec ses Prussiens, à la suite de la bataille de Waterloo, tenta de faire *sauter* des monuments, parce qu'ils rappelaient une défaite naguère éprouvée par ses compatriotes? Remercions Dieu, au contraire, d'avoir trouvé dans le czar le modèle de la véritable civilisation : grâce à sa magnanimité, la France, après avoir été envahie par plus de douze cents mille soldats, a pu sortir radieuse, au bout de quelques années, de tous les désastres qui ont pesé sur son territoire; et, adviennent de nouveaux événements, elle prouvera au monde entier que si elle a été vaincue, parce qu'elle-même avait désespéré du sort que lui réservait un despote de *génie*, elle est rentrée aujourd'hui dans la possession d'elle-même, et n'a plus à craindre que ses propres fautes; mais il n'en faut toujours pas moins reconnaître qu'en 1815, les hautes qualités d'Alexandre ont contribué à son salut.

NICOLAS I.

Ce prince n'était pas appelé, par l'ordre de sa naissance, à monter sur le trône impérial, où devait le précéder le grand-duc Constantin, héritier présomptif de la couronne. Mais des arrangements de famille, arrêtés en 1823, avaient changé la loi relative à la succession. Constantin, à la suite de son divorce avec la grande-duchesse Ulrique de Saxe-Cobourg, avait pris pour femme Jeanne Grusjuska, fille d'un gentilhomme polonais. Ce mariage ravissait la couronne au second enfant mâle de Paul; et lui-même avait été au-devant de cette nécessité, en adressant, le 14 janvier 1822, la lettre suivante au czar : « Sire, enhar-
» di par les prémices multipliées de la bonté
» de Sa Majesté impériale envers moi, j'ose
» la réclamer encore une fois, et mettre à vos
» pieds mes humbles prières. Ne me croyant
» ni *l'esprit*, ni *la capacité*, ni *la force
» nécessaire*, si jamais j'étais revêtu de la
» haute dignité à laquelle je suis appelé par

» ma naissance, je supplie instamment sa
» majesté impériale de transférer ce droit
» sur celui qui me suit immédiatement, et
» d'assurer à jamais la stabilité de l'empire.
» Quant à ce qui me concerne, je donnerai,
» par cette renonciation, une nouvelle ga-
» rantie et une nouvelle force à celle à la-
» quelle j'ai librement et solennellement
» consenti, à l'époque de mon divorce avec
» ma première épouse. Toutes les circons tan-
» ces de ma situation présente me déter-
» minent, de plus en plus, à prendre une
» mesure qui prouvera à l'empire et au
» monde entier la sincérité de mes senti-
» ments. Puisse votre majesté impériale ac-
» cueillir mes vœux avec bonté ; puisse-t-elle
» déterminer notre auguste mère à les ac-
» cueillir elle-même, et à les sanctionner
» par son consentement impérial ! Dans le
» cercle de la vie privée, je m'efforcerai tou-
» jours de servir de modèle à vos fidèles su-
» jets, et à tous ceux qu'anime l'amour de
» notre chère patrie. » Cette renonciation
formelle de Constantin fut communiquée à
l'impératrice-mère, et obtint le consentement
d'Alexandre, qui ordonna de faire quatre
expéditions de cette pièce si importante.
L'une d'entre elles prit place dans les archives de la cathédrale de l'Assomption, à
Moscou ; les autres furent confiées au synode,
au sénat et au conseil dirigeant. A la mort
du czar, son frère aîné, le grand-duc Nicolas, faisant abstraction de l'acte par lequel
Constantin avait renoncé au sceptre, voulut
le faire proclamer empereur par le sénat, et,
le premier, lui prêta serment. Tandis que Nicolas s'éloignait volontairement du trône qu'il
avait eu si long-temps en perspective, les
grands-ducs Constantin, et Michel, qui étaient
à Varsovie, furent informés, le 7 décembre,
de la mort du czar, c'est-à-dire deux jours
avant que cette nouvelle pût être connue
à Saint Pétersbourg. Constantin écrivit alors
à Nicolas pour l'instruire que sa résolution
était définitive ; il le reconnaissait donc
comme empereur de toutes les Russies. Le
grand-duc Michel partit en toute hâte pour
aller lui-même porter cette dépêche à Saint-
Pétersbourg. Cette même dépêche était accompagnée d'une lettre pour l'impératrice-
mère. Voici le contenu de la lettre adressée
au nouvel empereur : « Mon très-cher frère,
» c'est avec la plus profonde tristesse que
» j'ai appris hier soir la nouvelle de la mort
» de notre adoré souverain, mon bienfaiteur,
» l'empereur Alexandre. En m'empressant
» de vous témoigner les sentiments que me
» fait éprouver ce cruel malheur, je me fais
» un devoir de vous annoncer que j'adresse
» par le présent courrier, à S. M. I. notre
» auguste mère, une lettre par laquelle je
» déclare que, par suite du rescrit que j'a-
» vais obtenu de feu l'empereur, à l'effet de
» sanctionner ma renonciation au trône,
» c'est encore aujourd'hui ma *résolution
» inébranlable* de vous céder tous mes droits
» de succession au trône des empereurs de
» toutes les Russies ; je prie en même temps
» notre bien-aimée mère et tous ceux que
» cela peut concerner, de faire connaître ma
» *volonté invariable* à cet égard, afin que
» l'exécution en soit complète. » Cette dernière lettre mit fin à la lutte de générosité qui existait entre les deux frères. Nicolas prit possession du trône, et publia un
manifeste dans lequel on trouve le passage
suivant : « Nous exhortons tous nos fidèles
» sujets à adresser, avec nous, leurs ferventes
» prières au Tout-Puissant, afin qu'il daigne
» nous donner la force de porter le fardeau
» qui nous est imposé par la divine Provi-
» dence, et qu'il nous maintienne dans la
» ferme volonté de ne vivre que pour notre
» chère patrie, et de marcher sur les traces
» du monarque que nous pleurons. Puisse
» *notre règne n'être qu'une continuation
» du sien*, et puissions-nous remplir tous les
» vœux que formait, pour la prospérité de
» la Russie, celui dont le souvenir sacré vous
» soutiendra dans les efforts et dans l'espé-
» rance de mériter les bénédictions du Ciel
» et l'amour de mes peuples. »
Les fonctionnaires publics de Saint-Pétersbourg prêtèrent avec joie le serment de
fidélité qu'ils devaient à Nicolas ; mais divers signes, tous avant-coureurs d'une révolte armée, se manifestèrent le 26 décembre 1825 dans le régiment de Moscou, les
gardes-du-corps et les marins de la garde.
Le prince Stchepine Rostomfski, le capitaine

en second Michel Bestujef, son frère Alexandre et deux autres officiers excitèrent leurs soldats à refuser le serment qu'on allait leur demander. « Le grand-duc Constantin n'a
» point renoncé, » disaient-ils, « à la cou-
» ronne ; il est dans les fers, ainsi que le
» grand-duc Michel, chef de notre régi-
» ment... L'empereur Constantin aime notre
» régiment, et il augmentera votre solde ;
» main-basse sur tous ceux qui ne lui res-
» teront pas fidèles. » Déjà les troupes s'apprêtent à charger leurs armes, lorsqu'un aide-de-camp se présente ; il a pour mission de presser les officiers du régiment de Moscou de venir chez le colonel placé sous les ordres du grand-duc Michel. « Je ne
» reconnais pas l'autorité du général, » répond Stchepine, et il tombe à coups de sabre sur le général-major Sriedricks et le général-major Schenschine ; puis il dirige les soldats vers la place du Sénat : tous font entendre le cri de *vive l'empereur Constantin I!* Les grenadiers-du-corps furent séduits par les deux lieutenants Suthof et Panof, tandis que le lieutenant Arbouzof souleva le bataillon de la marine. Tous les conjurés, au nombre de plus de deux mille, tant soldats que bourgeois, se réunirent sur la place du Sénat. Cependant l'insurrection se développait d'une manière effrayante : déjà la place du palais était encombrée ; mais sur ce point, on rencontrait plutôt des masses curieuses que des conspirateurs passionnés. Nicolas se rendit seul au milieu de cette foule, et, en dépit des acclamations générales, on entendit néanmoins quelques cris séditieux. Mais c'était dans les environs du sénat que le péril devenait plus menaçant. « La présence d'une force militaire devenait
» indispensable : l'empereur fit venir un ba-
» taillon du régiment de Preobrajenski, se
» mit à sa tête, et s'avança dans la direction
» du groupe des séditieux ; mais, avec la ré-
» solution inébranlable de ne recourir à la
» force que quand toutes voies de la persua-
» sion seraient épuisées. Alors le gouver-
» neur militaire de Saint-Pétersbourg, le
» comte Miloradovitch s'avança vers les mu-
» tins ; il espérait que sa voix les ferait ren-
» trer dans le devoir, quand un homme en
» frac le fit tomber d'un coup de pistolet.
» Ce brave général, qui s'était rendu fa-
» meux dans la campagne de 1812, est mort
» le lendemain de sa blessure... Sur ces entrefaites, d'après les ordres de l'empereur,
» les chasseurs de Finlande, qui montaient
» la garde au château impérial, avaient été
» renforcés par le bataillon des sapeurs, et
» d'après ses ordres aussi, la garde à cheval,
» le régiment des grenadiers de Pavlovks,
» les chevaliers-gardes et la première bri-
» gade de l'artillerie de la garde étaient venus
» rejoindre sa majesté... Les rebelles, de leur
» côté, s'étaient augmentés de quelques sol-
» dats des grenadiers-du-corps, qui s'étaient
» formés en bataillon carré. En revanche, le
» grand-duc Michel, qui venait d'arriver
» dans le moment même à Saint-Pétersbourg,
» ayant appris que c'était un des régiments
» de sa division, celui de Moscou, qui se
» rendait coupable d'insurrection, avait volé
» seul aux casernes ; il avait, sans coup fé-
» rir, fait jurer obéissance et fidélité à l'em-
» pereur Nicolas par les six compagnies de
» ce régiment, qui, sans avoir voulu prêter
» serment, avaient néanmoins refusé de sui-
» vre l'exemple de celles qu'on voyait sur la
» place du Sénat. Bien plus, il avait marché
» en tête de ces six compagnies, et les avait
» amenées... Ce ne fut cependant qu'à l'ap-
» proche de la nuit, lorsque les moyens de
» conciliation eurent été inutilement tentés,
» lorsque la voix même du métropolitain eut
» été méconnue, que l'empereur se décida
» enfin... à employer la force. Des canons
» furent braqués, quelques coups tirés sur
» les rebelles, et la place déblayée en un in-
» stant. La cavalerie chargea les faibles restes
» des mutins en fuite, et les poursuivit dans
» toutes les directions. Des patrouilles se
» mirent aussitôt à parcourir les rues. A six
» heures du soir, de toute cette tourbe il n'y
» avait plus deux hommes réunis ; les mutins
» jetaient leurs armes ou se rendaient à dis-
» crétion. Vers les dix heures du soir, plus
» de cinq cents de ces malheureux avaient
» été ramassés isolément par les patrouilles.
» Les officiers coupables étaient déjà saisis,
» et conduits provisoirement à la forteresse
» de Saint-Pétersbourg... La tranquillité se

» rétablit dans la capitale ; plusieurs régi-
» ments bivouaquèrent la nuit autour du
» château impérial (1). »

Nicolas triompha, le jour même où elle avait éclaté, d'une conspiration qui devait amener, non-seulement la ruine de son trône, mais encore la destruction de la famille impériale. Quelle était la cause de cette attaque sacrilége? Les principes démagogiques que des officiers russes, appartenant aux maisons les plus illustres, avaient puisés dans leur contact avec les étudiants de l'Allemagne attachés aux armées de la coalition. Alexandre avait eu quelques avertissements sur l'agitation révolutionnaire qui avait jeté dans le délire l'élite de la jeunesse noble moscovite ; il avait même ordonné des arrestations : il était certain que des sociétés secrètes existaient au sein des régiments de la première et de la seconde armée. Aussi, dans la proclamation que publia l'empereur relativement à la révolte dont Saint-Pétersbourg avait été le témoin, l'attention publique fut vivement frappée du passage suivant : « D'après les mesures déjà
» prises, le procès, le châtiment embrasse-
» ront, dans toute son étendue, dans toutes
» ses ramifications, un mal dont *le germe*
» *compte déjà des années*, et, j'en ai la
» confiance, ils le détruiront jusque dans la
» racine ; ils purgeront de cette contagion
» étrangère le sol sacré de la Russie... Ils
» tireront à jamais une ligne de démarcation
» tranchante et ineffaçable entre l'amour de
» la patrie et *les passions révolution-*
» *naires* ; entre le désir du mieux et la fu-
» reur des bouleversements... » Dans ce même manifeste, Nicolas convient que « en-
» traînés dans le tumulte, les soldats des
» compagnies séduites n'ont participé à *ces*
» *attentats* ni de *fait* ni d'intention. »

En réalité, quelques troupes avaient été mises en mouvement sous le faux prétexte que l'empereur Nicolas avait ravi le sceptre à son frère Constantin, héritier légitime du trône ; des officiers seuls, dont plusieurs appartenaient aux plus grandes familles de l'empire, étaient dans le secret de la révolte, qui, au fond, fut inspirée par la soif des innovations politiques. Ainsi, les nobles conspirateurs devaient établir *un gouvernement provisoire,* deux chambres législatives auraient ensuite été formées : l'une, la chambre haute, devait être composée de membres à vie ; on se serait occupé plus tard de la formation de chambres de provinces, qui eussent été converties en autant de législatures locales : les colonies militaires auraient été changées en gardes nationales.

Le sénat de Saint-Pétersbourg procéda à une enquête remplie des détails les plus minutieux, et qui établirent « que dans
» l'année 1816, quelques jeunes gens, re-
» venus de l'étranger après les campa-
» gnes de 1813, 1814 et 1815, et connais-
» sant la tendance politique de plusieurs so-
» ciétés secrètes qui existaient alors en Alle-
» magne, conçurent l'idée d'établir en Russie
» des associations semblables. Les premiers
» qui se communiquèrent cette idée furent
» Alexandre Mouriavef, le capitaine Nikita
» Mouriavef et le colonel prince Troubetz-
» koï... Ils ne procédèrent point alors à l'exé-
» cution de leurs projets, et ce ne fut qu'au
» mois de février de l'année 1817 que le ca-
» pitain Nikita Mouravief, lia connaissance
» avec le colonel Pestel, et le mit en rapport
» avec Alexandre Mouriavef, qui avait déjà
» des relations intimes avec le prince Serge
» Troubetzkoï, ce fut alors aussi que s'organisa
» une première société secrète sous le titre
» d'*Union du salut ou des Vrais et fidèles*
» *Enfants de la patrie.* Les statuts en fu-
» rent rédigés par Pestel. Cette société comp-
» tait alors trois classes, celle des *frères,*
» celle des *hommes* et celle des *boyards.*
» C'est dans cette dernière classe, supérieure
» aux deux autres, qu'étaient choisis, tous les
» mois, *les anciens ou directeurs*; savoir :
» *le président, le surveillant* et *le secré-*
» *taire.* Les réceptions étaient accompagnées
» de cérémonies solennelles. Les candidats
» prêtaient serment de garder le secret sur
» tout ce qui leur serait confié, quand même
» leurs opinions et leurs vues ne s'accorde-
» raient pas avec celles de la société. A leur
» admission, ils prêtaient un second serment.
» Chaque classe et *les anciens* étaient liés,
» en outre, par un serment spécial : ils s'en-

(1) Extrait du rapport officiel.

» gageaient à marcher vers le but de *l'union*,
» et à se soumettre aux décisions du conseil
» suprême des *boyards*, bien que, d'après les
» déclarations du seul prince Troubetzkoi, ce
» titre de *boyard* dût rester ignoré de tous
» les individus des classes inférieures. » Une
autre société secrète se forma bientôt ; mais,
en dépit de tout le mouvement que se donnèrent les personnages qui la composaient,
on ne voyait aucun plan raisonnable surgir
de tant d'agitations. Les cotisations personnelles, le nerf des sociétés secrètes, ne se
montraient pas abondantes : on remit cependant entre les mains du prince Troubetzkoi
une somme du 5 000 roubles qu'il appliqua
à ses dépenses personnelles. Les uns, irrités
de la perte complète de leurs espérances, proposaient, dans des réunions particulières, le
meurtre de l'empereur ; d'autres, l'extermination de toute la famille impériale ; un certain
nombre de conjurés, soit ennui, soit inconstance, finirent par se retirer. Il en était qu'on
voyait céder à la crainte : Mathieu Mouravief écrivit à son frère Serge, le 3 novembre 1824, une lettre où il s'exprime ainsi :
« L'esprit de la garde, et, en général, l'es-
» prit de toutes les troupes, n'est nullement
» tel que nous nous le sommes imaginé. L'em-
» pereur et les grands-ducs sont aimés : à
» l'autorité ils joignent les moyens de ga-
» gner l'affection par les bienfaits ; et nous,
» que pouvons-nous offrir à la place des rangs,
» de l'argent et de la tranquillité ? des abs-
» tractions politiques, et des enseignes de
» *vingt ans* pour gouverner l'empire. Parmi
» les membres de Saint-Pétersbourg, les plus
» sensés commencent à s'apercevoir que nous
» nous sommes trompés, et que nous nous
» trompons les uns et les autres. A Moscou, je
» n'ai trouvé que deux membres qui m'ont dit :
» On ne fait rien ici, et il n'y a rien à faire. »

En résumé, cent vingt-un membres appartenant à ces sociétés secrètes furent traduits devant la haute-cour de justice ; trente-six furent condamnés à la peine de mort ; les
autres à l'exil perpétuel en Sibérie, à la dégradation de noblesse, et à servir comme soldats dans les colonies militaires. Mais Nicolas adoucit ou allégea la plus grande partie
de ces peines. Cinq membres des sociétés secrètes furent les seuls qui perdirent la vie,
savoir : le colonel Pestel, du régiment de
Viatka ; le sous-lieutenant Ryleif, journaliste ; le lieutenant-colonel Serge Mouravief-Apostol, du régiment de Tchernigof ; le
sous-lieutenant Bestoujef-Rumine, du régiment de la garde de Moscou ; le lieutenant
Kahovski. Trente-un condamnés, parmi lesquels il faut distinguer le colonel prince
Troubetzkoi, le lieutenant-colonel Mathieu
Mouravief-Apostol, le colonel Davidof, le
général-major prince Serge Volkonski, le
colonel Payalo-Schveikovski, le capitaine en
second prince Stchpine-Boslovki, le conseiller
d'état Nicolas Tourguenef, etc., qui, d'après
le jugement de la haute-cour de justice,
avaient été condamnés à perdre la tête, virent
leur peine se commuer en celle des travaux
forcés à perpétuité dans les mines. L'analyse très-succincte que j'ai donnée de ce mémorable procès doit suffire pour prouver au
lecteur que les sociétés secrètes, imaginées
par quelques jeunes Russes de la plus haute
extraction, n'ont jamais pris racine dans le
sol ; elles représentaient des idées étrangères,
dont les masses ne pouvaient désirer la réalisation, puisqu'elles sont incapables de comprendre ces mêmes idées. Il y avait chez la
plupart des nobles conspirateurs de l'inquiétude d'esprit, et un désir d'institutions libérales mêlé à de l'enfantillage, et au besoin
de se donner de l'importance politique. L'un
des principaux chefs, le prince Troubetzkoi,
se conduisit, au moment de l'action, avec
une lâcheté remarquable : au lieu de combattre avec ceux qu'il avait séduits, il se cacha chez sa sœur, femme du comte de Lebzeltern, ambassadeur d'Autriche, et tomba
dans des attaques de nerfs, oubliant de brûler ou de faire brûler chez lui tous les papiers
qui, plus tard, amenèrent sa perte. A quatre
heures du matin, le comte Nesselrode se présenta chez M. de Lebzeltern pour ordonner
au jeune conspirateur de se rendre aux ordres
de Nicolas. En présence de l'empereur, il
voulut d'abord soutenir qu'il était innocent ;
mais on lui remit aussitôt entre les mains
des preuves évidentes de sa culpabilité. Se
jetant aux genoux du *maitre*, il invoqua sa
clémence. L'empereur lui dit : « Si vous

» vous sentez la force de survivre à votre
» honte et aux remords de votre conscience,
» vous pouvez annoncer à votre épouse que
» je vous fais grâce de la vie : c'est la seule
» chose que je puisse vous promettre. » A ces
mots, Nicolas fit conduire le prince Troubetzkoi à la citadelle.

J'ajouterai, pour compléter mon récit, qu'à la suite du mouvement du 26 décembre, dont Saint-Pétersbourg fut le témoin, une légère révolte éclata dans le district de Vastilkof; elle avait pour chef Mouravief-Apostol, et fut comprimée par le lieutenant-général Roth. Depuis la mort ou le châtiment des membres des sociétés secrètes, aucune insurrection ayant pour but de changer la forme du gouvernement n'a éclaté dans l'empire qui, depuis 1825, jouit à l'intérieur de la plus profonde tranquillité. Nicolas, après avoir triomphé avec tant de bonheur et de promptitude d'un complot qui menaçait sa vie et son trône, adressa une proclamation aux Polonais, dans laquelle il les assura qu'il continuerait pour eux le règne d'Alexandre, et les laisserait jouir des institutions qu'il leur avait concédées. On s'attendait à un changement de ministère, mais le nouvel empereur conserva les hommes d'État en possession de la confiance de son frère. On vit paraître bientôt des ukases pour mettre un terme aux lenteurs judiciaires; deux millions huit cent cinquante mille procès étaient en retard, ils furent la plupart jugés en 1826 ; et, sur cent vingt-sept mille Russes en état d'arrestation, on n'en comptait plus, en janvier 1827, que quatre mille neuf cents dans les prisons. Des fêtes magnifiques signalèrent le couronnement de l'empereur, qui eut lieu le 3 septembre 1826. Jusqu'au 26 août on avait attendu avec impatience le grand-duc Constantin, dont la présence à l'auguste cérémonie devait être comme une nouvelle confirmation des droits suprêmes qu'il avait concédés à son frère. Le 26 août, la famille impériale jouit de la présence de ce prince. Voici dans quels termes la *Gazette officielle* rendit compte de cette circonstance : « *L'auguste voyageur, dont la présence* » *manquait à nos vœux et à la tendresse* » *de la famille impériale, n'était point*

» *attendu.* Ainsi, le moment désiré de la
» réunion s'embellit, pour les membres de la
» famille impériale, de tout le charme d'une
» surprise aussi agréable qu'elle était imprévue. » Deux jours après, Constantin se mit en route pour retourner à Varsovie.

Je passe sous silence les fêtes qui furent données à l'occasion du couronnement ; j'entrerai seulement dans quelques détails relatifs au festin que l'empereur, se conformant à l'ancien usage, offrit à son peuple dans la place nommée Devitchies-Pole : c'est une manière de connaître quelles sont encore, au dix-neuvième siècle, les mœurs populaires des Russes : « On avait construit, au centre de
» la place Devitchies-Pole, un pavillon richement décoré pour recevoir l'empereur
» et la famille impériale; quatre galeries en
» colonnades pour les personnes des trois
» premières classes, le corps diplomatique,
» et, tout autour, des pavillons pour la musique, des cascades, des fontaines de vins
» blanc et rouge, des théâtres forains, un cirque de voltigeurs... et dans toute la longueur étaient dressées deux cent quarante
» tables couvertes de viandes de toute espèce,
» de vin, de bière et d'hydromel, de pains
» blancs, de fruits et de fleurs distribués avec
» profusion. Une foule immense était répandue, dès le matin, sur cette place... L'empereur, s'adressant au peuple, fit entendre
» ces paroles en montrant les fontaines de
» vin et les tables : *Mes enfants, tout ceci*
» *est à vous.* A ces mots, deux cent mille
» individus se précipitèrent sur les tables, et
» tout fut *dévoré, gaspillé, enlevé, détruit en quelques minutes.* Les scènes de
» cette espèce, que la capitale de la France
» offre dans ses réjouissances publiques, ne
» peuvent donner qu'une faible idée du désordre et de la confusion de celles du Devitchies-Pole. Des fontaines et des tables,
» dont il ne restait que les débris, le peuple
» se répandit dans des pavillons réservés
» aux curieux, et tout fut mis au pillage.
» Les Cosaques employés pour rétablir l'ordre chargèrent à coups de fouets et du
» bois de leur lance : leurs efforts furent
» inutiles. Comme on ne voulait pas ensanglanter la scène, on fit jouer les pompes,

» et ce n'est qu'en versant des flots d'eau » qu'on parvint à chasser cette populace » ivre, de la plaine couverte des débris du » banquet (1). » Ces détails suffisent pour prouver à quel degré d'abjection végète encore, au dix-neuvième siècle, la populace russe, la plus basse de toutes celles qui font tache dans la civilisation de l'Europe. Le vaste empire de la Moscovie ne peut donc espérer, avant de longues années, d'entrer en partage dans cette diffusion de connaissances et de lumières, véritables trésors de la France, de l'Angleterre ou de l'Allemagne : il faut, avant tout, que les classes moyennes aient eu le temps de naître ; à peine si les éléments en existent parmi les Russes. La haute noblesse passe sa vie au milieu de tous les délices du luxe ou des occupations des camps. Elle reçoit, dans sa jeunesse, une instruction brillante, mais qui n'a rien de solide : douée de plus d'imagination que de raison, elle est étrangère à ce qu'il y a de positif dans les choses ; elle ne saisit donc, dans les idées nouvelles, que leur partie extrême, c'est-à-dire tout ce qui n'est pas exécutable : elle *révera* une république, tandis que l'empire est à peine capable de jouir des bienfaits d'une monarchie tempérée. Enfin, il faut avoir l'intelligence des institutions politiques qu'on reçoit ; or, les marchands riches qui habitent les villes commerciales de la Russie sont des esclaves qui paient un impôt à leur maître, dont ils restent *la chose*. Avant d'en faire des citoyens, il faut d'abord qu'ils soient des hommes, des chefs de famille. Cependant, il est à remarquer que les jours de la barbarie sont passés pour les czars ; ils ne peuvent, grâce à ces mœurs européennes qui ont pénétré chez la haute noblesse russe, *tuer* de leurs propres mains, comme l'a fait plus d'une fois Pierre-le-Grand ; ils ne doivent pas non plus pactiser complètement avec les idées libérales du centre de l'Europe : ils sont condamnés, soit dans l'intérieur de l'empire, soit dans leurs rapports avec les puissances étrangères, à vivre dans une sorte de milieu difficile à conserver. Telle est la position de l'empereur Nicolas, qui, depuis quelques années, est en proie à tant d'attaques différentes.

Il me reste désormais à raconter les deux événements les plus mémorables du règne de ce prince : la guerre qu'il a entreprise avec tant de succès contre la Turquie, et la soumission militaire qu'il a imposée aux Polonais. Je rappellerai au lecteur la faute grave commise par l'empereur Alexandre relativement aux Grecs, dont il aurait dû se montrer le premier défenseur, et qu'il abandonna si long-temps aux dévastations et aux massacres des Turcs. Il était impossible que l'Europe restât toujours froide spectatrice de tant de cruautés ; aussi un traité relatif à la pacification de la Grèce fut signé à Londres, le 6 juillet 1827, entre le roi de France, l'empereur de Russie et le roi d'Angleterre. Voici le préambule de ce traité, dans lequel les souverains déclarent « qu'ils » sont pénétrés de la nécessité de mettre un terme à la lutte sanglante qui, » en livrant les provinces grecques et les » îles de l'Archipel à tous les désordres de » l'anarchie, apporte chaque jour de nouvelles entraves au commerce des États eu» ropéens, et donne lieu à des pirateries » qui, non-seulement exposent les sujets des » hautes parties contractantes à des pertes » considérables, mais exigent en outre des » mesures onéreuses de surveillance et de » répression. » Par un article additionnel et secret, il fut convenu que, dans l'hypothèse où la Porte ottomane n'accepterait pas, dans le terme d'un mois, la médiation qui lui sera proposée, les hautes parties contractantes enverraient des agents consulaires auprès des Grecs, et que, dans le cas où ces derniers voudraient continuer les hostilités, de même que la Porte, les trois cabinets de Paris, de Saint-Pétersbourg et de Londres emploieraient conjointement tous leurs moyens pour accomplir le but de leur médiation. Il était évident que les Turcs, comme les Grecs, se trouvaient dans l'impuissance de résister aux efforts combinés de trois grandes puissances. Mais la Porte ottomane, grâce à cet esprit d'aveuglement qui la rend incapable d'apercevoir ce qui se passe autour d'elle, fit re-

(1) Ancelot, *Six mois en Russie*.

mettre une note aux ambassadeurs des grandes puissances, dans laquelle on la vit établir : « Que les mesures par elle adoptées depuis le »commencement, et qu'elle fait exécuter main- »tenant contre les insurgés, ne sont pas pro- »pres à faire regarder la guerre comme une »guerre de religion. Ces mesures ne s'éten- »dent pas à tout le peuple; elles ont pour »unique but de réprimer la révolte, et de »punir les sujets de la Porte, qui, agissant »comme de *vrais chefs de brigands*, ont »commis des atrocités horribles... Les maux »occasionnés par la guerre n'ont été sentis »que par la Porte; car le monde entier sait »que la navigation européenne n'a jamais »été interrompue par cet état de choses (la »guerre contre les Grecs), qui, loin d'être »préjudiciable aux négociants européens, »leur a fourni bien des avantages. De plus, »les troubles et la révolte n'existent que dans »un seul pays de l'empire ottoman, et parmi »les partisans de la malveillance... Il n'est »pas facile de comprendre comment ces trou- »bles peuvent se communiquer aux autres »pays de l'Europe. Mais, supposez qu'il en »soit ainsi, comme chaque puissance est »maîtresse chez elle; elle doit savoir qui sont »ceux de ses sujets qui manifestent des dis- »positions séditieuses, et elle doit les punir »suivant ses propres lois, afin de remplir les »devoirs que la souveraineté impose. En ré- »fléchissant sur tous les points discutés ci- »dessus, sous les rapports de la justice et de »l'équité, on se convaincra facilement qu'il »n'y a plus aucun prétexte pour discuter ces »affaires. Cependant, quoi qu'il convienne »que toute intervention ultérieure cesse, on »a fait, pour dernier résultat, une offre de »médiation... Mais, comment peut-on la ren- »dre applicable à la Sublime-Porte? et le »gouvernement ottoman ne doit-il pas attri- »buer à ceux qui font les propositions, des »vues tendantes à donner de l'importance à une »troupe de brigands?... La Sublime-Porte »ne peut donc jamais prêter l'oreille à »de pareilles propositions; propositions, »au reste, qu'elle ne veut *ni écouter ni* »*comprendre*, aussi long-temps que la »Grèce fera partie de l'empire ottoman, et »qu'elle sera tributaire de la Porte, *qui*

»*ne renoncera jamais à ses droits.* »

Le sultan prit aussitôt l'attitude la plus belliqueuse; mais la victoire remportée à Navarin par les flottes anglaise, française et russe, et où les Turcs perdirent près de huit mille hommes, prouva que, chez ces derniers, les effets étaient très-au-dessous des paroles. Le reis-effendi (ministre des affaires étrangères) adressa cependant aux ambassadeurs européens une note par laquelle il sommait les trois grandes puissances de renoncer à intervenir dans les hostilités existantes entre la Porte et la Grèce; les trois grandes puissances s'engageraient, en outre, à payer une indemnité au sultan pour les dommages qu'il avait éprouvés par suite de la bataille de Navarin; enfin, elles promettraient de faire une réparation à la Sublime-Porte relativement à l'insulte qu'elle avait fait subir à son pavillon. Les ambassadeurs des grandes puissances répondirent que les trois cabinets, irrévocablement liés par le traité du 6 juillet, interviendraient dans la question grecque : ils ajoutèrent qu'aucune indemnité n'était due relativement aux dommages éprouvés par suite du combat de Navarin, puisque les Turcs avaient attaqué les premiers; enfin, aucune réparation ne serait faite, parce que la Porte avait été avertie qu'on recourrait à la force dans le cas où elle préluderait à une attaque armée. Les ambassadeurs insistèrent ensuite pour obtenir leurs passeports. Enfin, le 18 décembre 1827, sa hautesse fit parvenir un *khatti scherif* aux chefs des populations d'Europe et d'Asie. Le début de ce document contient un *aveu* qui prouve que les sultans se trouvèrent toujours dans l'impuissance, par leur religion même, de traiter les Hellènes comme de véritables sujets : le lien de la souveraineté ne fut donc jamais formé entre les princes turcs et les Grecs. « Quiconque, » dit sa hautesse, « est doué de jugement sait que si » tous les musulmans haïssent naturellement » les infidèles, les infidèles, de leur côté, » sont les ennemis des musulmans; que la » Russie porte surtout une haine particu- » lière à l'islamisme, et qu'elle est depuis » cinquante ou soixante ans la principale » ennemie de la Sublime-Porte. **Toujours**

» occupée de mettre à exécution ses coupa-
» bles projets contre la nation musulmane et
» l'empire ottoman, la Russie a profité du
» moindre prétexte pour déclarer la guerre;
» les désordres commis par les janissaires,
» qui, grâce à Dieu, sont anéantis, favori-
» saient ses projets. Elle a peu à peu envahi
» nos provinces; son arrogance et ses pré-
» tentions n'ont fait qu'augmenter, et elle a
» cru trouver un moyen facile d'exécuter son
» ancien plan contre la Sublime-Porte, en
» soulevant les Grecs, ses co-religionnaires.
» Ceux-ci, réunis au nom de la religion, se
» révoltèrent simultanément; ils firent aux
» musulmans tout le mal possible, et, de
» concert avec les Russes, qui, de leur côté,
» attaquèrent l'empire ottoman, ils conspi-
» rèrent l'extermination de tous les vrais
» croyants et la ruine de la Sublime-Porte. »
Après avoir prodigué des outrages aux
Russes, la proclamation ne ménage pas davantage l'Angleterre et la France.... « qui
» depuis trois ans ont demandé simultané-
» ment la liberté grecque..... *comme une
» concession toute simple.* La Sublime-
» Porte n'a pu y souscrire, ni suivant la loi,
» ni suivant la raison, ni selon la politique,
» ni selon la religion; la nation musulmane
» en a été indignée, et il est de toute impos-
» sibilité que jamais on y consente..... »

Cette proclamation était terminée par un
appel au sentiment religieux. « Le but des
» infidèles est d'anéantir l'islamisme, et de
» fouler aux pieds la nation mahométane;
» ainsi, la guerre actuelle doit être consi-
» dérée purement comme une guerre reli-
» gieuse et nationale..... » Nicolas ne pouvait laisser sans réponse les accusations qui
étaient dirigées contre lui, en présence du
monde entier..... Reprenant dans son manifeste les faits de très-haut : « La Russie, »
dit-il, « n'hésita pas un instant à frapper
» d'une juste réprobation l'entreprise du
» prince Ypsilanti..... Le représentant de
» Sa Majesté fut insulté dans sa propre de-
» meure, l'élite du clergé grec et le patriar-
» che qui en était le chef subirent, au mi-
» lieu des solennités de notre sainte religion,
» un supplice ignominieux. Tout ce qu'il
» y avait d'élevé parmi les chrétiens fut
» saisi, dépouillé, massacré sans jugement;
» le reste prit la fuite. Cependant le feu de
» l'insurrection, loin de se ralentir, se pro-
» pageait de toutes parts. En vain le ministre
» de Russie essaya de rendre à la Porte un
» dernier service; en vain, par sa note du
» 16 juillet 1821, il lui indiqua des voies
» de conciliation et de salut..... Ce fut dans
» ces temps que les puissances amies et al-
» liées de la Russie, toutes intéressées au
» maintien de la tranquillité générale, s'em-
» pressèrent d'offrir et d'employer leurs bons
» offices, à l'effet de conjurer l'orage qui
» allait fondre sur le gouvernement turc,
» frappé d'un aveuglement funeste..... La
» guerre avec les Grecs soulevés, redoubla
» d'acharnement, au mépris de démarches
» qui, dès lors, eurent pour objet la pacifi-
» cation de la Grèce. L'attitude du divan
» devint de jour en jour plus menaçante à
» l'égard de la Servie, nonobstant son
» exemplaire fidélité, et l'occupation de la
» Moldavie et de la Valachie se prolongea,
» malgré la plus solennelle promesse, faite
» au représentant de la Grande-Bretagne.....
» La Russie, provoquée par la Turquie, fera
» peser à sa charge l'indemnisation des frais
» qu'elle entraîne et des pertes essuyées par
» les sujets de S. M. I..... »

Tel est en analyse le manifeste de Nicolas.
Les hostilités commencèrent bientôt après, et,
à la suite de deux campagnes malheureuses,
la Porte fut réduite à invoquer la paix. Les
Russes, après avoir passé le Balkan sous les ordres du feld-maréchal Diebitch, se montrèrent
à une vingtaine de lieues de Constantinople;
mais la paix fut signée, et à des conditions
rigoureuses pour l'empire turc. Il faut convenir cependant que l'empereur Nicolas fit
preuve de modération, car s'il eut obéi à
l'opinion générale de son peuple, ou pour
mieux dire, à son instinct, il serait entré
dans les murs de l'antique Bysance et aurait
chassé de l'Europe la barbarie musulmane.
A la suite du changement de dynastie, opéré
en France dans l'année 1830, une révolution
éclata en Pologne, et attira sur cet infortuné
pays des maux et des désastres qui surpas-
sèrent tout ce qu'il avait souffert jusque là.
Sa nationalité fut engloutie complètement

cette fois, grâce aux mesures de rigueur prises par l'empereur Nicolas. D'une part, la soumission de la Pologne était pour ce monarque une question de la plus haute importance ; il était flétri parmi les Russes s'il n'eût pas triomphé. D'une autre part, il était menacé de perdre la Pologne, *cette tête de pont*, que le cabinet de Saint-Pétersbourg a établie avec tant de peine et qui le met en contact avec l'Europe centrale. Je renvoie, au reste, tous les détails sur ce grave événement à l'histoire de Pologne, où ils se trouveront rapportés dans leur ensemble. Je terminerai, en disant que Nicolas, à la suite d'une guerre heureuse, a obtenu de grands avantages en Perse. Mais depuis plusieurs années, ses troupes luttent avec moins de succès contre certaines populations du Caucase, où elles trouvent une résistance insurmontable, attribuée à l'influence des Anglais. Il est à remarquer que la guerre, si elle n'est pas faite dans des proportions gigantesques, est un élément de bonheur pour l'empire ; elle occupe une partie de sa population, elle remplit en outre les loisirs de la partie jeune de la haute noblesse, et lui fait perdre de vue certaines idées politiques qui ne trouveraient pas d'application en Russie. L'empereur Nicolas possède des qualités précieuses pour un prince, maître d'un si vaste empire : il est laborieux et actif, et s'il ne commande pas lui-même ses armées, il sait les animer par sa présence. Les grands changements opérés par la révolution de juillet semblent lui avoir inspiré une profonde répugnance contre toute espèce de révolution ou même de réforme : il s'efforce, en un mot, de tenir la Russie dans un état d'isolement complet, afin de la préserver de tout contact avec les systèmes de la nouvelle école politique. Nicolas réussira-t-il dans la croisade qu'il a entreprise ? C'est le temps qui nous l'apprendra. Il faut néanmoins remarquer qu'abstraction faite de certaines idées dont l'empereur est l'ennemi déclaré, il se trouve en Orient dans la position la plus délicate. Vaincre les Turcs, et détruire leur gouvernement à la suite d'un grand triomphe, rien, à mon sens, n'est plus aisé pour les Russes. Mais, par suite, le cabinet de Saint-Pétersbourg se trouve en guerre avec toute l'Europe : les vaisseaux de l'Angleterre, la puissance de ses subsides et les ressources de sa diplomatie l'emporteront vite sur la force matérielle, seul appui de Nicolas. Puis, quand il aura planté ses drapeaux sur les murs de Constantinople, il n'en sera qu'au début de l'œuvre immense dont la réalisation passionne ses innombrables populations. La capitale des Turcs sera seulement pour les Moscovites un séjour glorieux, mais momentané, où ils prendront quelques heures de repos, afin de recueillir leurs forces, et de s'élancer plus loin dans l'Asie. Ils sont condamnés à remplir ce vaste continent, et leur véritable point d'arrêt sont les Indes-Orientales. Voilà la route que les Russes doivent parcourir sans quitter leurs armes. Les conquêtes en Europe leur sont interdites, parce que, sur cette terre de la civilisation, l'intelligence, le courage, les ressources de la tactique, le nombre des combattants, tout est infini. Il faudrait réunir cinq cent mille Russes avant d'espérer un succès sur les bords du Rhin, et l'empire, livré à lui-même, ne peut guère faire marcher plus de cent vingt mille hommes. La garde des frontières moscovites emploie des masses de soldats qui se consument dans cet obscur service. Enfin, que les garnisons russes quittent la Pologne pour faire un pas, un seul pas en avant, et les derniers débris de cette nation se réveillent ! La sévérité de Nicolas à l'égard de la noblesse si vaillante qui a combattu sous les Jagellons et les Sobieski, s'adoucira : le temps désarme la colère des souverains, et le jour du pardon se lève tôt ou tard. En résumé, si Nicolas ne peut abandonner la Pologne, il lui est impossible de la frapper sans cesse ; de sorte que, sur ce point, l'empire russe sera long-temps vulnérable. Il se répandra donc dans l'Asie ; mais, là encore il aura l'Europe à combattre ; car, avant de renoncer à son influence sur la Perse, à ses possessions dans les Indes-Orientales, l'Angleterre épuisera son dernier scheling ; et, avec son or, elle ajoutera des soldats mercenaires à ses troupes déjà si redoutables. L'empereur Nicolas se trouve donc en présence de nombreux périls. Les doctrines nouvelles, sans se montrer populaires parmi ses sujets, peuvent lui réserver un second guet-apens dont il ne se tirera pas, cette fois, avec bonheur. Néanmoins, si c'est là un *accident* que l'on peut prévoir, on doit dire qu'il n'a rien d'imminent ; et, ce qui le prouve, c'est que la conspiration de Saint-Pétersbourg est demeurée, depuis quatorze ans, un événement isolé. Reste ce besoin, pour les Russes, d'envahir l'Asie ; mais le cabinet de Saint-Pétersbourg est doué de patience : il sait remettre au lendemain ce qu'il ne peut exécuter la veille. Si Nicolas possède, relativement aux idées, quelque chose d'inflexible, il se montre, en retour, plein de mesure lorsqu'il est en présence des *faits* : la conduite politique qu'il a tenue, relativement à la question si brûlante de l'Orient, en est la meilleure preuve. En définitive, ce prince règne déjà depuis quinze années avec bonheur et éclat, et l'empire qui lui obéit a reçu de nombreux accroissements.

FIN DE L'HISTOIRE DE RUSSIE.

LE MONDE

ou

HISTOIRE DE TOUS LES PEUPLES

DEPUIS LES TEMPS LES PLUS RECULÉS

JUSQU'A NOS JOURS.

HISTOIRE

DE

LA POLOGNE.

Il ne faut pas que le lecteur s'attende à rencontrer dans les pages qui vont passer sous ses yeux l'histoire d'un peuple libre tel que nous l'entendons au dix-neuvième siècle, c'est-à-dire où tous sont aptes à jouir de certains droits politiques. Les annales de la Pologne offrent exclusivement le récit des hauts faits d'une seule classe de la société. Je veux parler des nobles: on trouve, il est vrai, à leur tête des monarques; mais ils sont successivement dépouillés des prérogatives indispensables à la royauté : revêtus du commandement suprême, ils se résignent à tomber sous le joug des factions ; ils en subissent les lois. Par une coïncidence fort remarquable, la grandeur de la Pologne s'efface en même temps que le pouvoir de ses princes s'amoindrit. Cet État est conquérant sous la dynastie des Piast, la première de toutes, suivant l'ordre des dates; sous la dynastie des Jagellons, il jouit de toutes les douceurs d'une monarchie tempérée, et il s'illustre par d'éclatantes victoires. Cette noble race s'éteint en 1572, et la royauté, au moyen de l'élection, passe à un grand nombre de princes qui appartiennent à des familles différentes. Tout homme noble put ceindre la couronne, et régner sur les nobles qui, naguère, ont été ses égaux. Alors chaque vacance du trône met en mouvement toutes les passions basses du cœur humain; on ne songe plus à mériter la première place, on ne songe qu'à corrompre à force d'argent ceux qui en disposent, et, dans l'espace de deux cent huit années, la Pologne subit la honte de trois partages successifs; enfin, en 1830, sa nationalité périt sans retour. La cause incontestable de tant de catastrophes remonte à un changement qui s'opéra dans le sein même de la noblesse ; long-temps la partie inférieure de cet ordre avait reconnu la suprématie, ou du moins supporté l'inégalité entre elle et quelques familles puissantes. Mais une démocratie, pour être plus exact, un nivellement complet s'établit dans tous les rangs de cet *ordre*, maître des droits qui constituent le gouvernement chez les hommes.

Le pouvoir se conserve dans une aristocratie peu nombreuse et héréditaire, parce que certaines traditions passent de générations en générations, et qu'en outre, par la force des choses, les richesses, comme les intérêts positifs, se concentrent dans un petit nombre de mains; on trouve donc alors cette continuité, cette constance de desseins qui ajoutent sans cesse à la splendeur d'un peuple. Une aristocratie fortement organisée, soit qu'elle ait à sa tête un monarque, soit qu'elle gouverne seule, offre de nombreuses garanties de félicité et de paix : l'Angleterre nous en fournit la preuve, tandis que Venise, où le pouvoir était si énergiquement exercé par quelques hommes faisant partie de la caste nobiliaire, a survécu à toutes les républiques démocratiques de l'Italie. Mais qu'attendre de quatre-vingt mille gentilshommes pouvant tous prétendre au titre de roi, et se divisant, au moment de l'élection, en une multitude de partis opposés? On conçoit combien il est difficile d'obtenir, au milieu d'une telle multitude, une décision éclairée, une décision définitive, surtout lorsqu'un seul homme, par son vote, arrêtait, comme en Pologne, toutes les opérations d'une diète. Si, dans une monarchie, le moment où un prince succède au souverain dont il est le plus proche parent, présente des périls et cause des inquiétudes, dans quels désordres l'élection d'un roi ne devait-elle pas précipiter la Pologne! Le choix eût-il été limité parmi les grandes familles, la lutte, en définitive, se serait renfermée entre quelques citoyens puissants. Mais l'ambition de tous les princes des maisons régnantes de l'Europe était attisée; de là les intrigues des ambassadeurs, augmentant l'anarchie générale; de là l'or de l'étranger achetant des voix, quand il n'introduisait pas, comme dans le siècle dernier, des troupes pour soutenir tel ou tel compétiteur, qu'il portait au trône. Une élection était-elle faite, des confédérations armées surgissaient sur tous les points, et au désordre des diètes succédaient les ravages de la guerre civile.

Sans doute si les habitants des villes et des campagnes n'eussent pas rampé sous le joug de l'esclavage le plus pesant ils auraient formé un contre-poids et se seraient portés, en général, au secours de la royauté, qui, devenue libre, leur aurait accordé, avec les avantages de la paix, la jouissance de nombreux droits politiques. Mais les masses, que nous appelons en France classes intermédiaires, n'avaient en Pologne aucune existence politique; une guerre à mort existait entre quatre-vingt mille nobles, délibérant toujours sous les armes : bref, pendant les deux derniers siècles, le royaume, jadis si florissant ne présente plus qu'une anarchie sanglante, où brillent sans doute un héroïsme admirable et un amour profond de la gloire nationale. Eh bien! ces vertus restent non-seulement stériles, mais couvrent la patrie de ruines amoncelées les unes sur les autres; c'est une arène où toutes les grandeurs tombent, minées par l'esprit de faction, et où toutes les vertus obtinrent des applaudissements sans pouvoir sauver l'indépendance nationale. Avertissement tout à la fois sublime et salutaire, et qui démontre aux peuples que le premier des devoirs qui les attendent, s'ils veulent conserver la liberté, c'est l'établissement de l'ordre · seul il assure l'avenir des institutions politiques. C'est dans cet esprit qu'il faut lire, pour en comprendre le sens, non pas l'histoire de la Pologne, mais celle de ses nobles : ce sont eux seuls qui, à force de fautes, de malheurs et de courage, ont rencontré une défaite qui s'est élevée plus haut que le triomphe des vainqueurs. Grâce à ce renversement des choses humaines, les souvenirs d'une patrie désormais éteinte, sont plus puissants sur la mémoire des hommes que toutes les splendeurs vivantes de l'empire russe, resté maître désormais du sol de la Pologne.

A en croire les étymologistes, le nom de la Pologne, *Polska*, dans la langue nationale, vient des mots champ, plaine, *polé*, *rovnina*. Le peuple qui habite la Pologne, et qui est d'origine slave, aurait trouvé dans la conformation même de la contrée où il s'est établi une cause déterminante pour s'appliquer l'appellation particulière qui le distingue dans l'histoire. La plus grande partie de la Pologne, lorsqu'elle tenait une place honorable parmi les nations, se développait « comme une plaine immense des bords de la » Baltique aux rivages du Pont-Euxin (1)...» » Les grands fleuves de la Pologne, quoi- » qu'ils s'écoulent vers deux mers diverses, » communiquent, dans les grandes pluies, par » quelques-unes de leurs rivières tributaires, » et confondent ensemble leurs eaux (2). » Les principaux fleuves de la Pologne sont le *Dniéper*, ou Borysthène, la *Vistule* et le *Niémen*. L'hiver, en Pologne, est long, rigoureux et humide ; dans l'été de fréquents orages éclatent, et des torrents de pluie tombent sans interruption pendant plusieurs jours entiers ; le sol est d'ailleurs très-fécond, et jusqu'au dix-huitième siècle la Pologne a été considérée comme le grenier de l'Europe ; elle a aussi des mines de sel, sources pour elle d'immenses revenus. Je veux parler des salines de Viéliczka et de Bochnia (3). Quant aux mœurs des Polonais, elles offrent beaucoup de variétés, et se sont calquées, principalement dans les derniers siècles, sur les habitudes nouvelles introduites par un grand nombre de princes appelés au trône par l'élec- » tion. « Au commencement, les Polonais n'a- » vaient aucun rapport avec les autres na- » tions, soit par mer, soit par terre ; leurs vête- » ments étaient grossiers, et ils les fabriquaient » eux-mêmes. Leur nourriture consistait en » viande, en poisson et en lait ; ils n'avaient » point de richesses et n'excitaient pas l'en- » vie de leurs voisins ; ils payaient leurs im- » pôts à leur souverain en pelisses de zibeline, » de cassar, de lampart et d'autres animaux, » qu'ils trouvaient dans leurs forêts ; ils y » ajoutaient du poisson, du bétail et du blé ; » les ordres de ce souverain tenaient lieu de

---

(1) Je joins en note, et pour la plus grande lucidité de mon récit, un extrait substantiel sur l'état politico-géographique de la Pologne. Le lecteur connaissant les localités, se rendra mieux compte des faits : la *Petite-Pologne* ou *Haute* renfermait les anciens palatinats de Cracovie, de Sandomir et de Lublin. Cette province, relativement à Varsovie, était au sud-ouest, et se trouvait voisine de la *Haute-Silésie* et de la *Hongrie*. La *Grande-Pologne*, appelée aussi *Basse*, était composée des palatinats de Posen, de Kalitz, de Siéradie et de Lencyca. La *Prusse*-Polonaise offrait les palatinats de Culm, de Malborg ou Marienbourg et la Prusse-Ducale. Le *grand-duché de Lithuanie* était situé au nord-est de l'empire polonais ; en le quittant par le nord, on passait dans la *Courlande*, qui, avec la Semigalle, constituait un duché vassal de la couronne unie de Pologne et de Lithuanie ; on pénétrait ensuite dans la *Livonie*, dont une portion représentait un palatinat appelé la *Livonie-Polonaise*. On rencontrait au midi de la *Lithuanie* diverses provinces dépendantes de la *Petite-Pologne* ; savoir : la *Russie-Rouge* ; au nord-est de ce point se trouvaient la *Volhinie*, l'*Ukraine* et le pays des Cosaques.

(2) Tableau de la Pologne ancienne et moderne, sous les rapports géographiques, statistiques, géologiques, politiques, moraux, historiques, législatifs, scientifiques et littéraires, publié en un volume par Malte-Brun ; nouvelle édition entièrement refondue par Léonard Chodzco.

(3) Un voyageur, M. Coxe, a donné de ces lieux souterrains la description suivante : « A notre arri- » vée à Viéliczka, nous nous rendîmes à une des en- » trées de la mine : on attacha trois petits lits de » sangle autour de la grande corde qui sert à monter » le sel ; nous nous y trouvâmes commodément assis » et nous descendîmes sans la moindre apparence » de danger... Ayant quitté nos lits, nous descendî- » mes par un long chemin, quelquefois assez large » pour que plusieurs voitures y pussent passer de » front, quelquefois coupé en forme de degrés taillés » dans le sel, qui a la grandeur et la commodité » de l'escalier d'un palais. Chacun de nous portait » un flambeau, et plusieurs guides nous précédaient » avec des lampes à la main. La réflexion de ces lu- » mières sur les côtés brillants de la mine produisait » un très-bel effet. La mine paraît inépuisable... Sa » largeur connue est de onze cent quinze pieds ; sa » longueur de six mille six cent quatre-vingt-onze » pieds, et sa profondeur de sept cent quarante-trois. » Notre guide ne manqua pas de nous faire observer » des petites chapelles, creusées dans le sol, où l'on » dit la messe certains jours de l'année. Une de ces » chapelles a plus de trente pieds de longueur sur » vingt-cinq de largeur ; l'autel, le crucifix, les orne- » ments, les statues de plusieurs saints, tout y est » fait de sel. Plusieurs des excavations d'où le sel a » été tiré sont d'une immense étendue ; quelques- » unes sont soutenues par des poutres, d'autres par » de grands piliers de sel qu'on y a laissés dans ce » dessein ; d'autres, quoique très-vastes, n'ont aucun » support dans le milieu... C'est sans doute l'étendue » immense de ces chambres, de ces chapelles dont je » je viens de parler, et les couverts construits en » quelques endroits pour les chevaux et le fourrage, » qui ont donné lieu à ces relations exagérées, où » l'on assure que ces mines contiennent plusieurs » villages dont le peuple n'a jamais vu la lumière du » jour. Il est certain qu'il y aurait assez de place ici » pour recevoir une colonie nombreuse ; mais le fait » est que les mineurs ne demeurent jamais sous » terre plus de huit heures de suite, après lesquelles » ils sont relevés par d'autres...

»lois; leurs chaumières étaient couvertes de
»paille; libres et tranquilles, ils vivaient en
»paix entre eux et avec leurs voisins. Ce
»temps était un âge d'or, de simplicité et de
»bonheur pour notre nation (1). »

Comme les autres branches de la famille slave, les Polonais avaient un grand nombre de divinités; c'étaient Jessa (Jupiter), Liada (Mars), Dziezdzilia (Vénus), Nia (Pluton), Dzievanna (Diane), Zyvie Marzana (Cérès). Les richesses nationales prirent des développements considérables lorsque, à la suite de la guerre de 1466, la Poméranie fut réunie à la Pologne. Telles étaient, au commencement du seizième siècle, d'après Jovius Ludovicus Decius, secrétaire du roi Sigismond I, les mœurs de la nation. « Il est inutile, » dit cet écrivain, « de remarquer la différence qui »existe entre les anciennes mœurs des Po- »lonais et celles du temps de Sigismond I, »pour apprécier les heureux changements qui »se sont opérés au commencement du règne »de Casimir-le-Jagellon. Les Polonais, en- »traînés dans de longues guerres, ne s'exer- »çaient que dans l'art militaire: les cam- »pagnes heureusement terminées, le luxe et »la mollesse remplacèrent la sévérité des ver- »tus guerrières. » L'instruction à cette époque était si généralement répandue, que tous les nobles s'énonçaient avec grâce dans trois ou quatre langues différentes; le latin était sans cesse parlé à la cour, aussi le célèbre Érasme de Rotterdam écrivit-il à cette époque à son ami Severin Bonaz: « C'est »dans ce pays que la philosophie possède »d'excellents disciples; c'est là qu'elle forme »ces citoyens polonais qui osent être sa- »vants. » Le célèbre historien De Thou appelle la Pologne « un pays fertile, plein de »villes, de châteaux....., rempli d'une no- »blesse courageuse, qui joint ordinairement »l'amour des lettres à l'exercice des armes. »

L'apparition des ambassadeurs polonais au Louvre, lorsqu'ils vinrent recevoir le serment de Henri III, qu'ils avaient appelé au trône, produisit une profonde impression sur les Parisiens. « On ne peut exprimer l'étonne- »ment de tout le peuple quand il vit ces am- »bassadeurs avec des robes longues, des »bonnets de fourrure, des sabres, des flèches »et des carquois. Mais l'admiration fut extrême »lorsqu'on vit la somptuosité de leurs équi- »pages, les fourreaux de leurs sabres garnis »de pierreries, les brides, les selles, les »housses de leurs chevaux enrichies de »même, et un air d'assurance et de dignité »qui les distinguait par dessus tout...... Ce »qu'on remarqua le plus ce fut leur facilité »à s'énoncer en latin, en français, en alle- »mand et en italien; ces quatre langues »leur étaient aussi familières que la langue »même de leur pays. Il ne se trouva à la cour »que deux hommes de condition qui pussent »leur répondre en latin, le baron de Millau »et le marquis de Castelnau-Mauvissière. Ils »avaient été mandés exprès pour soutenir »sur ce point l'honneur de la noblesse fran- »çaise. » Les Polonais se trouvaient en réalité, pendant le seizième siècle, à la tête des nations européennes; leur territoire était étendu, le commerce, l'agriculture avaient répandu parmi eux d'immenses capitaux; leur esprit était cultivé par les arts et les sciences, et le célèbre Muret, qui vivait lui-même au quinzième siècle, les place bien au-dessus des Italiens, ses compatriotes. A ces témoignages d'une si éclatante justice rendus par d'illustres contemporains, je joindrai maintenant les détails que nous a légués, sur ses compatriotes, l'écrivain national Kromer, dans son ouvrage intitulé *De la situation de la Pologne et de la nation polonaise* (1). « Le peuple polonais a le teint » clair, les cheveux blonds; il est d'une belle » stature et d'une taille moyenne; la bonté et » la loyauté naturelles se peignent sur la fi- » gure des deux sexes. Le caractère des Polo- » nais est franc et ouvert; ils aiment mieux » être trompés que tromper eux-mêmes....; » ils sont hospitaliers et bienfaisants, ouverts » et généreux dans leur accueil avec les étran- » gers. Ils sont portés à imiter les mœurs des » autres peuples; il arrive quelquefois que la » jeunesse laissée à elle-même dévie du che-

(1) Dlugotz, historien polonais, p.42

(1) *De sita Poloniæ et gente polona.* Cet ouvrage, qui a paru en 1574, renferme une dédicace à l'évêque de Cuiavie, Karnkovski.

» min du devoir : cependant toute la noblesse
» ainsi que la bourgeoisie envoient leurs en-
» fants au collège pour y apprendre la lan-
» gue latine ; plusieurs d'entre eux ont des
» maîtres particuliers. Les filles nobles ou
» bourgeoises apprennent le polonais et le
» latin dans les couvents des religieuses ;
» quand elles avancent en âge elles brodent
» et s'occupent de leur ménage.... Les nobles
» (szlachta), ou habitants terriens, étaient
» ainsi nommés parce que originairement ils
» acquéraient en propriété les terres des
» domaines des princes, qui leur revenaient
» par suite de leurs services militaires. De
» temps immémorial leurs habitations sont
» dispersées tant dans les bois que dans les
» champs : chacun dans son château ou
» maison s'occupe du ménage et de la
» chasse ; leurs femmes sont économes, pren-
» nent soin de la cuisine et font la toile, ex-
» cepté les dames de la plus haute classe. Les
» femmes voyagent dans des voitures cou-
» vertes, et les hommes ordinairement à che-
» val. Les plus puissants parmi eux sont
» entourés d'une petite noblesse habillée de
» drap de même couleur ; cette assistance n'est
» pas une nécésssité, mais elle sert à acqué-
» rir protection dans les tribunaux, dont les
» places sont occupées par les grands, ainsi
» que pour s'attirer la bienveillance des sé-
» nateurs séculiers et ecclésiastiques, ou des
» grands citoyens qui ont bien mérité de
» la patrie, de cette manière, loin d'être
» humiliée, la petite noblesse tenait à hon-
» neur de servir les grands. » Plus tard, un
Anglais, attaché au service du roi Jean So-
bjeski, a laissé un ouvrage intitulé Description de la Pologne, où se trouvent des
détails pleins d'intérêt sur les mœurs nationales.... « Plusieurs familles, » dit-il, « se
ruinent par le luxe, car les gens des nobles
» sont aussi richement habillés qu'eux-mêmes.
» Ils font construire des châteaux aussi ma-
» gnifiques que ceux d'Italie : ils préfèrent
» l'habitation du rez-de-chaussée. Ces châ-
» teaux ont des dépendances (officyny), telles
» que la cuisine, l'écurie et autres. L'ameu-
» blement de l'intérieur est en riche étoffe
» brodée d'or.... On trouve des bains dans
» presque tous les villages ; les dames ne
» sortent qu'accompagnées de femmes âgées,
» espèce de matrones-surveillantes, qui ne sont
» là que pour la forme, car les Polonaises sont
» très-fidèles à leurs époux ; les hommes de
» leur côté ont une estime et un attachement
» inviolable pour leur femme ; cependant ils
» ne les laissent pas prodiguer leurs biens. Les
» noces durent communément pendant trois
» jours. On accompagne ordinairement à che-
» val le futur époux à l'église, tandis que la
» future s'y rend en voiture. Dans les céré-
» monies funéraires on voit suivre trois cava-
» liers, dont l'un porte le glaive, l'autre la
» lance, et le troisième une flèche, que l'on
» brise, vers la fin de la cérémonie, contre
» le catafalque du défunt. »

A l'époque de la plus haute prospérité des Polonais, leur territoire représentait au-delà de trente mille carrés de superficie (1). La population de ce peuple s'élevait encore, dans la première partie du dix-septième siècle, à quinze millions d'habitants. Maintenant que j'ai placé sous les yeux du lecteur ces documents indispensables pour éclairer sur l'état propre à la Pologne, je vais entrer dans le récit des faits qui ont illustré ce pays. Resserré dans des bornes très-étroites, je m'attacherai seulement à ce qu'il y a de plus essentiel et dans les hommes et dans les choses. Au reste, mes récits pour être rapides n'en seront pas moins instructifs, car les mêmes scènes se répéteront souvent ; j'essaierai donc de les saisir dans ce qu'elles offrent de plus dramatique, et de ce choix découlera, je l'espère, de hautes leçons (2).

(1) Un mille de Pologne répond à un mille d'Allemagne, ou environ deux lieues de France.

(2) Il m'a paru essentiel de résumer en une seule note, qui servira de guide, les événements principaux de la Pologne.

900. La Pologne se compose de la grande et de la petite Pologne, et de la Silésie.

1008. Boleslas Chobry, Ier du nom, réduit en état de vasselage toute la Russie, jusqu'à Kiov, ainsi que la Moravie.

1040. La Prusse et la Moravie sont incorporées à la Pologne.

1084. La Russie-Rouge est enlevée par les Hongrois.

1138. Partage en quatre duchés ; 1° La Silésie, Cracovie, Siéradie et Lenczyca ; 2° la Masovie ;

Une longue suite de rois remplissent les annales de la Pologne sans leur donner une véritable importance historique ; je les laisserai dormir dans la tombe ces princes sortis de la mémoire des hommes. Mais comme il est des lecteurs qui veulent savoir tout, je joins ici, et afin de les satisfaire, la nomenclature des potentats qui ont porté le sceptre illustré par les Jagellons et les Sobieski (1).

3° le reste de la grande Pologne ; 4° Sendomir et le reste de la petite Pologne.
1146. Perte de la Silésie.
1194. Conquête de la Pomérellie.
1215. Le duché de Mazovie devient indépendant.
1352. Conquête définitive de la Russie-Rouge par les Polonais.
1386. Première réunion de la Lithuanie et de ses dépendances, savoir : la Volhynie, la Kiovie, la Podolie.
1401. La Moldavie et la Valachie se mettent sous la protection de la Pologne.
1466. La Prusse occidentale se soumet à la Pologne. L'ordre teutonique conserve le reste comme un fief polonais.
1501. Réunion définitive de la Lithuanie.
1561. La Livonie est annexée à la Pologne. La Courlande et le Semigalle sont réduits en fief.
1611. Conquête de Smolensk.
1621. La Moldavie et la Valachie cessent de relever de la Pologne.
1629. Les Suédois s'emparent de la Livonie.
1657. La Prusse ducale est cédée à perpétuité à l'électeur de Brandebourg.
1767. Smolensk et Kiov sont cédés aux Russes.
1772. Premier partage. La moitié de la Russie-Blanche, la Russie-Rouge, une partie de la petite Pologne, la Prusse polonaise, etc., sont usurpées. De 38,000 lieues carrées il n'en reste plus que 26,000.
1793. Deuxième partage. La Pologne perd plus de 15,000 lieues carrées. Il n'en reste que 11,000. Les parties démembrées sont presque toute la grande Pologne, la Courlande, le reste de la Russie-Blanche, la moitié de la Russie-Noire, la Podlésie, la Wolhynie, l'Ukraine et la Podolie.
1795. Troisième partage, ou anéantissement.
1807. Une petite portion de l'ancienne Pologne est érigée en duché de Varsovie, et donnée à l'électeur de Saxe, créé roi par Napoléon, et grand duc de Varsovie.

(1) *Ducs et rois, date de leur avènement.*

Lechus ou Lech, 550.
Les successeurs de ce premier prince polonais n'ont laissé aucune trace certaine dans l'histoire.
Le gouvernement du royaume passa au pouvoir de douze chefs, *duces* ou palatins, et resta entre leurs mains environ un siècle et demi.

Le tableau analytique que je viens de placer sous les yeux du lecteur, relativement à la première dynastie, celle de Piasts, me dispense d'entrer dans de longs détails ; je

Gracus, ou Cracus, régna à son tour sur la Pologne comme souverain et sous le titre de duc ; on ne sait, au reste, d'une manière précise, ni la date de l'avénement de ce prince au trône, ni la date de sa mort. La couronne aurait passé, pour un espace de temps très-court, entre les mains de Gracus, ou Cracus, l'aîné. Ce dernier périt assassiné par la main de son frère Lech II ; le crime de ce prince ayant été très-promptement découvert, il fut chassé par les Polonais. De profondes ténèbres enveloppent nécessairement de pareilles traditions ; enfin il paraîtrait que le troisième enfant de Gracus I obtint la couronne. C'était une fille, appelée Vanda. Elle monta sur le trône en 750.
Après la mort de Vanda, les Polonais confièrent de nouveau le gouvernement à douze palatins, ducs ou vaivodes. Cette oligarchie eut peu de durée, et le pouvoir suprême passa entre les mains de Prémillas, que d'autres appellent Lesko. Ce prince, qui d'origine était un faiseur de roues, fut élu à la suite d'une victoire qu'il remporta sur l'ennemi, 760.
Lesko II, 776.
Lesko III, 804.
Popiel, ou Popielus I, 815.
Popiel II. Les dates manquent pour ce prince, mais en sa personne s'éteignit la race des Popiel ou Popielus. Elle fut remplacée par la dynastie des Piasts.

Dynastie des Piasts.

Piasts 842.
Ziemovit, fils de Piasts, monta sur le trône en 861.
Ce prince passe pour avoir établi les premiers éléments de la discipline parmi les Polonais, et il remporta des victoires signalées sur les Moraves, les Hongrois et les Prussiens : il laissa pour successeur un fils appelé Lesko IV ; il monta sur le trône vers 892.
Ce prince régna environ vingt-un ans, et eut pour successeur son fils Ziémomistas, que d'autres appellent Ziéromislas ou Ziémomysl ; il serait monté sur le trône vers 922, et serait mort en 962.
Il eut pour successeur son fils Micislas, ou Miecislaf ou Mieczyslas ; il aurait obtenu la couronne l'an 964, et aurait régné jusqu'en 992.
Micislas fut surnommé l'*OEil de la chrétienté*, et embrassa le christianisme vers 965. Il devint l'époux d'une princesse de Bohême, et travailla avec beaucoup d'ardeur à la conversion de ses sujets. Les princes de la dynastie des Piasts n'avaient jusque là porté que le titre de ducs.

Rois de la dynastie des Piasts.

Boleslas I, dit Chobry, monta sur le trône en 999.
Il secoua le joug des empereurs et prit le titre de roi

dirai seulement que la vanité nationale fait remonter l'origine première de la Pologne à l'an 550 avant Jésus-Christ ; Lech en serait le fondateur. Il aurait abattu des arbres et élevé une cabane, qui aurait été entourée de beaucoup d'autres. Mais voilà qu'au moment où l'on y songeait le moins un arbre d'une grande hauteur serait tombé, et on aurait découvert dans ses branches un nid d'aigles ; aussitôt les premiers habitants de donner à l'assemblage de chaumières qu'ils élevaient le nom de Gnesne, ou, si l'on aime mieux, Gniazdo : ce qui veut il soumit la Saxe, la Poméranie, la Prusse et une partie de la Russie, et, après un règne glorieux, rendit le dernier soupir en 1025.

Son fils, Micislas II, appelé par d'autres historiens Mieczyslas II, monta sur le trône en 1025, et régna, sans aucune espèce de gloire, jusqu'en 1034. Il eut pour successeur un prince connu dans l'histoire sous le nom de Casimir I, qui, maître du sceptre en 1034, aurait régné seize ans, selon d'autres vingt années. Il est à remarquer qu'un interrègne suivit la mort de Micislas.

Boleslas II, connu dans les annales de la Pologne sous le nom de l'*Intrépide*, succéda à son père, Casimir I, 1058.

A la suite des exploits les plus héroïques, il se livra à de grandes débauches, et assassina Stanislas, évêque de Cracovie. Le pape Grégoire VII lança les foudres du Vatican contre Boleslas II ; quoi qu'il en soit, ce prince mourut dans l'exil en 1080. Son fils, Mieczyslas, fut, dit-on, empoisonné, et eut pour successeur son oncle Vladislas, que d'autres appellent Ladislas ou Udislas Herman I ; il monta sur le trône en 1081. Son fils Boleslas III, dit *Bouche-de-Travers*, obtint la couronne en 1102, et la garda jusqu'en 1139. Il se fit remarquer par son courage comme plusieurs rois ses prédécesseurs. L'étendue de la Pologne était alors considérable ; Boleslas III partagea le royaume entre ses quatre fils, Vladislas, ou autrement Udislas, Boleslas, Mieczyslas et Henri ; le dernier, appelé Casimir, ne fut pas compris dans ce même partage. Udislas s'empara de la couronne au préjudice de ses frères, et monta sur le trône en 1139. Mais, battu par ses frères, il fut réduit à se sauver en Allemagne. Il fut remplacé sur le trône par son frère Boleslas IV, le *Frisé*, 1146.

A son tour il eut pour successeur Mieczyslas III, dit le *Vieux*, qui parvint à la couronne, 1173. Déposé par une aristocratie puissante, il fut remplacé sur le trône, en 1198, par Casimir II, dit le *Juste*. A la mort de Casimir, arrivée en 1194, la guerre civile éclata entre plusieurs princes de la maison régnante, et le pouvoir suprême tomba entre les mains de Vladislas, ou autrement Udislas III. Ce dernier céda le trône à Leszek, ou Lezko V, dit le *Blanc*, qui l'occupa en 1207. Il laissa le sceptre à son fils Boleslas V, dit le *Pudique* ou le *Chaste* : il ceignit la couronne en 1227.

La Pologne, sous le règne de ce prince, éprouva de nombreux revers ; Boleslas V n'eut aucune postérité, et laissa pour successeur Leszek ou Leszko II, dit le Noir, 1279.

A partir de Vladislas Herman I, tous les différents princes dont je viens de parler prirent le titre de ducs de Pologne ; mais leurs successeurs revêtirent le titre de rois.

Nouveaux rois.

A la mort de Leszek, ou Leszko, la couronne, au lieu de passer entre les mains de Vladislas Lokietek, ou le *Bref*, frère du dernier roi, tomba au pouvoir de Henri le *Probe*, duc de Breslau : avant de mourir, Henri légua la couronne à Przemyslas ou Przemislav, qui fut proclamé roi par les évêques en 1295. Mais, au bout de quelques mois, il succomba sous le poignard du marquis de Brandebourg. Les Polonais firent monter sur le trône Venceslas.

Ce prince était gendre de Przemyslas ; son règne dura près de six années : à sa mort, Vladislas, ou Vladislas Lokietek, c'est-à-dire le *Bref*, ou le *Nain*, monta sur le trône en 1306, ou selon d'autres, en 1305. Il fut couronné roi de Pologne à Cracovie, en 1319 ; l'archevêque de Gnezne plaça la couronne sur le front du nouveau roi : ce prince abaissa l'autorité des principaux grands qui formaient une véritable oligarchie, et appela à la jouissance de tous les droits qui jusque là avaient formé leur propriété particulière, toute la milice, c'est-à-dire tous les hommes qui portaient les armes, et réunit une assemblée générale à Chencini ; c'est la première diète législative des Polonais. A la suite de cette assemblée générale, où l'on ne compta que les nobles, ou, en d'autres termes, les gens d'armes, Vladislas alla combattre les chevaliers Teutoniques, et signa, en outre, un traité d'alliance offensive et défensive avec Gedymin, grand duc de Lithuanie, qui maria sa fille, Anne Aldone, à Casimir, fils de Vladislas. Ce prince remporta, en 1331, une bataille glorieuse sur les chevaliers de l'ordre teutonique : il mourut deux ans après, léguant à ses fils les instructions suivantes : « Si vous mettez, » leur dit-il, « quelque intérêt à votre honneur et à votre »réputation, prenez garde de rien céder aux che- »valiers teutoniques et aux marquis de Brande- »bourg. Formez la résolution de vous ensevelir sous »les ruines de votre trône, plutôt que de leur aban- »donner cette portion de votre héritage, qu'ils pos- »sèdent, et dont vous êtes responsables envers votre »peuple et envers vos enfants. Ne laissez pas à vos »successeurs un tel exemple de lâcheté, qui suffirait »pour ternir toutes vos vertus et la splendeur du »plus beau règne. Punissez les perfides, et, plus »heureux que votre père, chassez-les d'un royaume

dire un nid. Ce sont là de ces contes comme on en trouve au début de toutes les histoires ; il est vrai que maintes fois ils renferment un sens allégorique, mais ce dernier se perd avec les années ; on forme alors des conjectures à l'infini, et le berceau des nations se trouve environné d'une multitude de fictions. Lech ne manqua pas de laisser des successeurs, dont l'histoire est aussi authentique que la sienne, et c'est ainsi que l'on parvient, à travers diverses révolutions, jusque vers l'an 760, que Premislas, après avoir triomphé des Hongrois et des Moraves, fut couronné roi. J'arrive, en laissant de côté une foule de détails sans aucune authenticité, au premier des Piasts. Voici comment on raconte son avènement au trône : A la suite de la mort de leur prince, Popiel, un si grand nombre d'électeurs polonais étaient accourus que les vivres vinrent à manquer. Quelques seigneurs se présentèrent chez Piast, qui possédait un petit champ et quelques ruches à miel ; il accueillit ses hôtes avec empressement et leur offrit tout ce qu'il possédait. Ému jusqu'au fond du cœur d'une pareille réception, les seigneurs polonais firent obtenir la couronne à Piast.

» où la pitié leur ouvrit un asile, car ils se sont souillés
» de l'ingratitude la plus noire. »

Ce prince légua son trône à son fils, dit Casimir III, qui l'occupa en 1333. On le vit continuer avec persévérance et succès la gloire de son père. Comme il ne laissa point d'enfants légitimes, il fit tomber la couronne sur la tête de son neveu Louis, issu de la maison d'Anjou, et qui était roi de Hongrie. Dans ce dessein, Casimir convoqua une assemblée générale à Cracovie. « C'est depuis cette époque, » dit M. Léonard Chodzko, « que la couronne de Po-
» logne fut reconnue élective. » Casimir réunit une diète à Vislica, en 1347 ; c'est dans cette assemblée que furent rédigées en langue latine les différentes lois du pays. Ce grand monarque maria, en 1363, sa petite fille avec l'empereur d'Allemagne, Charles IV, et mourut en 1370. Il fut remplacé sur le trône par son neveu Louis de Hongrie, en cette même année, 1370.

Ce prince n'avait pas d'enfant mâle ; il chercha en conséquence à faire placer sur la tête d'une de ses filles la couronne de Pologne ; il réunit en conséquence une diète, en 1374, à Koszice, et assura à la Pologne qu'elle serait entièrement indépendante de la Hongrie. Mais cette promesse, qui fut bientôt après violée, présageait de longues guerres. Lorsque Louis de Hongrie vint à mourir, la couronne revint de droit à sa fille Hedvige, 1384.

Cette princesse épousa en 1386 Jagellon, grand duc de Lithuanie, qui fut baptisé sous le nom de Vladislas II. « Il réunit, » dit Léonard Chodzko, « le grand duché à la couronne de Pologne, et, le » 12 février de la même année 1386, il fit son entrée » solennelle à Cracovie, et la réunion des deux na-
» tions fut alors consommée. »

Dynastie des Jagellons.

Vladislas, ou Uladislas dit Jagellon, monte sur le trône de Pologne, 1386.

Les princes de la maison de Jagellon devant occuper une place plus ou moins longue dans le texte de cette histoire, je me contenterai de citer ici la date de leur avènement au trône.

Uladislas VI, 1434.
Casimir IV, 1445.
Jean I, dit Jean-Albert, 1492.
Alexandre, 1501.
Sigismond I, 1506.
Sigismond II, dit Sigismond-Auguste, 1548.

Rois électifs, appartenant à différentes maisons.

Henri de Valois, frère de Charles IX, 1574.
Étienne Bathori, prince de Transylvanie, 1575.
Sigismond III, fils de Jean, roi de Suède, 1587.
Uladislas VII, 1633.
Jean II, dit Jean Casimir, 1648.
Michel Koributh Visnoviecki, 1669.
Jean III, dit Sobieski, 1674.
Frédéric-Auguste II, électeur de Saxe ; il est un instant déposé et remplacé, 1697.
Stanislas Leczinski, remplacé à son tour, 1704.
Frédéric-Auguste II, 1709.
Frédéric-Auguste III, électeur de Saxe, 1733.
Stanislas Auguste Poniatowski, 1764.

La Pologne subit deux démembrements ou partages opérés au profit de l'Autriche, de la Russie et de la Prusse. Le premier de ces démembrements a lieu en 1774, et le second en 1793. Enfin, anéantissement complet de la Pologne, 1795.

Frédéric-Auguste, électeur de Saxe, et depuis devenu roi de ce pays, est proclamé par Napoléon, grand duc de Varsovie ; une légère portion de l'ancienne Pologne est donnée à ce prince pour former son nouveau duché, 1807.

Alexandre I, empereur de Russie, reconstitue, à titre de royaume particulier, une partie de l'ancienne Pologne, 1816.

L'empereur Nicolas I succède à son frère Alexandre, comme empereur de Russie et roi de Pologne, 1825.

Révolte des Polonais : après avoir remporté plusieurs victoires, ils sont battus par les Russes, et leur nationalité disparaît complètement dans les années 1830 et 1831. Supplices et exils infligés aux nobles Polonais ; leurs biens sont vendus ou donnés à des généraux de Nicolas. Tel est l'état actuel des choses (4 mai 1839).

Les Polonais, qui étaient d'origine slave (1), abandonnèrent le culte de leurs idoles, pour embrasser la religion chrétienne, sous le règne de Micislas. Cette révolution si importante fit entrer les sujets de ce prince dans la grande famille des peuples éclairés par les enseignements du Saint-Siége; en un mot, elle mit les Polonais dans la route de la civilisation moderne [964]. Au reste, ils avaient déjà fait à cette époque des conquêtes importantes sur leurs voisins. Boleslas I, fils de Micislas, remportait aussi de nombreux succès militaires; son petit-fils, Casimir I, agrandit encore la splendeur de la Pologne; Boleslas II, son successeur, après avoir battu les Bohémiens, les Russes et les Prussiens, acquit le surnom de l'*Intrépide*. On l'accusa plus tard de s'abandonner à toutes les délices de la volupté dans les murs de Kiovie, appelé par d'autres historiens Kiow. Ses soldats ne manquèrent pas d'imiter un pareil exemple; huit années s'étaient écoulées depuis qu'ils n'avaient revu leur patrie. Une pareille absence parut beaucoup trop longue aux dames polonaises; indignées en outre des excès auxquels leurs maris se livrèrent, elles résolurent d'en tirer une vengeance éclatante. « Il ne restait » alors dans le royaume que les hommes qui, » lors du départ de l'armée, étaient trop » jeunes pour porter les armes, et les esclaves. » Quelques dames polonaises s'unirent aux » premiers; mais comme le nombre en était » peu considérable, la plupart d'entre elles se » livrèrent aux seconds, et devinrent les con» cubines de leurs propres esclaves. Les maris » apprirent bientôt les déréglements de leurs » femmes et se hâtèrent de revenir dans leur » patrie pour punir les outrages qu'ils avaient » reçus. A leur retour, il y eut une bataille » sanglante, dans laquelle les femmes com» battirent pour leurs ignobles amants contre » leurs époux : les premiers furent vaincus, » et la Pologne fut inondée de sang (1). »

Je supplie bien les lecteurs de ne pas croire un mot de ce conte, qui se trouve répété dans les annales de plusieurs peuples. Je demande comment il est possible que des femmes, laissées dans un vaste pays, s'entendent toutes pour trahir la foi conjugale. Un pareil concert est en opposition avec l'amour que certaines femmes pouvaient avoir conservé pour leurs volages époux; d'un autre côté, les maximes chrétiennes dans lesquelles toute la population vivait alors, éloignaient de pareilles pensées. Il est vrai qu'un historien, pour donner plus de vraisemblance à ce récit, est parvenu à découvrir une noble dame polonaise, Marguerite de Zambocin, qui garda la fidélité conjugale; mais elle fut exposée à tant de railleries qu'elle se confina dans un clocher avec deux de ses sœurs, et s'y tint constamment renfermée jusqu'au retour de son noble époux. Et comme si tout devait être contraire à la raison, à une époque où les mœurs auraient été aussi dissolues, l'influence de la religion chrétienne aurait été, d'un autre côté, assez puissante pour réduire à la fuite Boleslas II, qui, plus tard, fit assassiner un évêque. L'excommunication que lança contre ce prince le pape Grégoire VII eut des suites si funestes, que Boleslas, abandonné de ses plus fidèles serviteurs, se retira en pays étranger, où il expira inconnu. Ces faits prouvent qu'un grand nombre de doutes se mêlent aux règnes des monarques, successeurs de Piast. Hors quelques principaux événements, on ne trouve dans les annales du pays ni intérêt réel ni instructions positives, et nous voilà cependant déjà arrivés jusqu'en l'année 1080!! Pour suppléer à l'incertitude et à la monotonie de ces tristes époques, je vais fournir quelques détails sur la législation des Polonais, pendant plusieurs siècles. Le caractère distinctif des races slaves, c'est l'obéissance; ainsi, d'une part, nous trouvons les Russes soumis à un gouvernement qui, suivant le caractère de leur prince, est plus ou moins absolu; chez les Polonais, qui

---

(1) Un savant polonais a trouvé dix-neuf étymologies différentes relativement au mot *slave*. De là vient peut-être que dans ces dix-neuf étymologies ne se rencontre pas la véritable : en effet, *quantité* n'est pas synonyme de *qualité*. Au reste, les érudits peuvent seuls attacher de l'importance à de pareils débats, véritables futilités.

(1) *Histoire de la Pologne*, depuis son origine jusqu'en 1795, par F. M. ***, tome I, page 105.

aussi sont d'origine slave, les masses languissent dans l'esclavage. Un différend s'élevait-il dans ces temps reculés, le juge, ou le *zupan*, prononçait ses jugements de vive voix, sans les écrire. Avait-on occasionné un tort à un tiers, on lui devait une indemnité en argent, et en outre, on payait une certaine somme aux juges pour être libéré de la punition ; des supplices corporels étaient appliqués dans certains cas, et on recourait à la lapidation comme au gibet. Était-on coupable de trahison, on était mis à mort ; la peine du fouet était réservée aux incendiaires et aux meurtriers ; les voleurs mêmes, dans certaines circonstances, étaient pendus. En cas de guerre tous les habitants étaient appelés à la défense de la patrie et se rendaient sous les drapeaux du *comes*, c'est-à-dire, du comte du district. Les comtes étaient en même temps magistrats ; on les appelait dans la langue du pays *prystaldy* (1) ou bien encore *gvastaldi, kastellani* (2). « Le roi était juge suprême (3), »et jugeait également la noblesse et les pay-»sans (4). Outre les tribunaux, où prési-»daient les castellans, il y en avait d'autres, »institués anciennement par les communes ; »mais on ne peut voir dans leurs procédures »aucune distinction entre les procès criminels »et civils, et ces deux genres de causes ap-»partenaient également à ces tribunaux. » La procédure qu'on mettait en usage à la cour (curia) de Boleslas, servait d'exemple pour toutes les autres cours de justice. Le *komornik* (camearius) ordonnait à l'accusé de comparaître ; celui-ci se rendait à cet ordre le jour marqué. Dans quelque lieu que le roi se trouvât, dès que quelqu'un lui portait des plaintes, il s'arrêtait sur-le-champ, revoyait les affaires selon l'ordre, et prononçait les décrets (5). Des lieux sûrs de détention répondaient de la personne du criminel convaincu (6). Les amendes qu'il devait payer ou les punitions qu'il devait subir lui étaient infligées par les huissiers (ministeriales) ou employés de la cour de justice, ou enfin par la partie adverse, à laquelle on le livrait quelquefois. Boleslas se réservait le droit d'adoucir la peine ou de faire grâce. Il donnait quelquefois la vie à ceux qui étaient condamnés à mourir pour de grands crimes, faisait venir chez lui ceux qui avaient commis de petites fautes, les exhortait à se mieux conduire, et souvent même il les invitait à venir prendre un bain avec lui, et là il leur faisait donner des coups de fouet pour les corriger. Le peuple lapidait ceux qui avaient mérité une mort honteuse. Mais les cruels supplices commandés par Boleslas en punition de beaucoup de crimes, comme par exemple le brûlement des yeux, l'arrachement des dents, le supplice dans lequel on clouait les membres, requérait l'emploi des bourreaux (*oprawça*).

Telle fut jusqu'en l'année 1030 la législation des Polonais ; mais l'esprit véritable du christianisme, c'est-à-dire, l'amour de l'humanité, se répandant de plus en plus, le caractère national s'adoucit et les mœurs publiques repoussèrent les supplices sanguinaires contre lesquels s'élevaient avec force le clergé. Bientôt le droit canonique exerça une véritable souveraineté dans tout ce qui concernait le mariage, et détermina à quel degré de parenté il y avait prohibition entre ceux qui voulaient s'unir ; d'une autre part, le droit de disposer de ses propriétés après sa mort, prit de l'importance, grâce aux ecclésiastiques. En effet, ces derniers, qui recevaient de magnifiques donations des Polonais riches, entourèrent d'une sorte de vénération les dernières volontés de l'homme. Pendant le siècle suivant [de 1130 à 1230] des changements s'introduisirent dans la législation : ainsi du juge (judex) ou du subjudex, juge subalterne de la castellanie, ou du castellan même, on put appeler à la juridiction propre du palatin, et dans les affaires plus importantes à celui de la cour. « Tout jugement, » dit Lelevel, « se passait ouvertement devant »un nombreux concours de citoyens, d'où »se formaient les rassemblements, nommés en

(1) Gallus, II, 21, 16, p. 141, 160.
(2) Gallus, I, 12, p. 66, II, 1, p. 133.
(3) Gallus, I, 13, p. 47, 48. Matheus, II, 11, p. 128. Anonym. inter scr. siles. Sommersb., I, 1, p. 19.
(4) Gallus, I, 9, 55, 56, cf. 12, p. 45.
(5) Gallus, I, 9, p. 15.
(6) Gallus, I, 13, p. 67, 68.

» langue vulgaire vieca (vietza), en latin
» *colloquia, conventus,* par lesquels la pro-
» cédure devint plus auguste et plus solen-
» nelle. Les jugements des palatins étaient de
» ce genre, et ceux qui avaient lieu à la
» cour (1). » Ce développement, ou, si l'on
aime mieux, cette élévation de la juridiction,
puisqu'elle remontait jusqu'au prince, rendit
toute réclamation très-onéreuse aux pauvres,
car il fallait qu'ils payassent aux juges une
somme considérable, et le salaire de ces derniers s'élevait quelquefois jusqu'à treize
marcs; on l'appelait Czesne (2).

Je ferai remarquer ici en passant qu'un des
signes les plus caractéristiques de la barbarie,
c'est d'imposer le paiement d'un impôt au
malheureux qui est réduit à réclamer justice
du magistrat. Dans l'Asie on ne peut faire
une réclamation sans apporter un présent au
juge, c'est un préliminaire indispensable.
Avant notre révolution de 1789 les juges
recevaient des plaideurs des épices, véritable impôt, puisqu'il *s'agissait d'argent à donner; le paiement des magistrats aujourd'hui est entré parmi nous
dans les dépenses générales de l'État.*
Sans doute c'est déjà là une amélioration
importante; mais reste toujours, grâce à
des formes trop compliquées, des frais très-
lourds à payer. Procédure courte et écono-
mique, voilà le but marqué par la raison,
car du moment où il faut faire des sacrifices
d'argent qui s'élèvent au-dessus de l'objet
en réclamation, on renonce aux droits
les plus sacrés, ou bien on se livre à
des vengeances individuelles ; dans les deux
cas on se trouve en dehors de la civilisation.
On vit Mieczyslas III faire payer, pour avoir
abattu un ours ou frappé un juif, la soixante-
dixième, *septuaginta*, c'était juste le total
de l'amende infligée pour le crime de lèse-
majesté et celui des sacriléges, et qui s'élevait à quatorze marcs (3); les frais de procédure suivirent la même progression. « Si
» les parents d'un noble tué prenaient douze
» marcs pour sa tête, la justice levait sur lui
» une somme de *septuaginta*, en forme de pu-
» nition (1). Que dire encore de beaucoup de
» frais de l'amende, nommée amende de sang,
» où l'huissier prenait non-seulement l'ar-
» gent, mais encore les joyaux qui couvraient
» et décoraient le mort (2) ? » Il est vrai que ce
dernier abus, je veux parler de l'exagération
des frais de justice, fut due à Mieczyslas III,
et amenèrent pour lui un triste résultat.

Dans les douzième et treizième siècles on vit
s'établir divers priviléges, en vertu desquels
les biens des prélats et des seigneurs étaient dé-
livrés de tout impôt et de tout service envers
la patrie; en vertu de ces mêmes priviléges,
on recevait des terres et des propriétés *jure
hæreditario*, ou, en d'autres termes, complétement libres et indépendants. Ces droits,
si nuisibles à l'intérêt général, étaient transmissibles aux enfants, héritiers de ceux qui
primitivement avaient obtenu ces priviléges.
Les communes et les corporations avaient
des propriétés et des biens comme des *hæreditates jure hæreditario* (3). Si chez les
propriétaires laïques les *hæreditates* étaient
transmissibles aux héritiers du sang, chez
les prélats elles passaient à leurs successeurs,
elles restaient ainsi comme immobiles entre
les mains des corporations et des communes;
dès lors les *pusizna*, c'est-à-dire, les héritages dont les propriétaires étaient morts
sans héritiers, devinrent beaucoup plus
rares. En résumé, d'immenses domaines
se conservèrent entre les mains du petit
nombre, ce qui semblerait expliquer les
immenses richesses de certains nobles polonais. S'agissait-il alors de faire la guerre,
on voyait en général les *comites*, les *barons*,
marcher les premiers. Il n'y avait dans ces
temps ni noms ni armes de famille, et les
pères s'empressaient d'introduire leurs fils
dans leur propriété. Les domaines de la fa-

---

(1) Vita S. Stanis., cap. II, 15, p. 338, 348, et les diplomes du treizième siècle.

(2) Vol. leg., t. p. 21. Dipl. Henrici barbati, 1218, ap. Sommersb. script. sil., t. I, p. 825. *Dlugotz*, t. I, l. 6. Les statuts traduits en polonais par Svientoslas, ch. 1449, lib. I, art. 43, p. 41.

(3) Vinc. Cald., cap. II, p. 396, 397, eff. La traduction des statuts par Svientoslas, II, 34, p. 88.

(1) *Statut de la Grande Pologne*, traduit par Svient, II, 21, 34.

(2) Vol. leg., t. p. 27.

(3) Les diplomes de 1251-1255, apud Nakielski Miechovia, p. 171, 176, de 1258. Szczygielski; T. necia, p. 55, de 1326. Somers ad script. sil. accessione, t. III, p. 29.

mille passaient aux enfants après la mort de leur père, et même il arrivait qu'ils en prenaient une partie, quelquefois la moitié, lorsqu'ils avaient atteint certain âge. Leur mère venait-elle à mourir, les enfants devenaient propriétaires des biens dont elle avait joui et d'une partie de ceux qui appartenaient à leur père (1). Les fils étaient, en un mot, considérés comme co-propriétaires des biens héréditaires; leur état de minorité les empêchait seulement d'en avoir la jouissance, et comme dans le cas où leurs parents seraient décédés on leur aurait nommé des tuteurs, de même le père en remplissait auprès d'eux l'office. Dès que les fils touchaient à leur majorité, le père ne pouvait plus disposer de sa fortune. « Il fallait pour cela, » dit Lelevel, « le consentement et la permission de son fils, ou qu'il agît en commun avec lui (2). » Le sort des enfants mineurs était réglé par des dispositions qui leur étaient particulières; on donnait d'abord la préférence comme tuteur au fils aîné majeur (3), puis à la mère. Les filles recevaient non-seulement des dots pour leur part, mais elles jouissaient encore des donations (viano) que pouvaient leur faire leurs époux. Elles étaient aptes à hériter des biens de leur père, si celui-ci ne laissait point de fils. Aucun texte de loi n'établit d'ailleurs qu'une fille agît elle-même en justice; au contraire, la femme mariée ou la veuve administraient elles-mêmes leur fortune, estaient en justice en leur propre et privé nom. Il était permis d'adopter un fils par testament. Les enfants des paysans héritaient avec beaucoup de peine de leurs parents; en effet, les nobles prenaient tout ce que ces malheureux pouvaient laisser; à plus forte raison s'emparaient-ils de ce qu'avaient acquis les paysans qui mouraient sans laisser d'enfants. La succession d'un prêtre passait également aux nobles ou aux seigneurs qui la réclamaient, à titre de *puscizna*. Enfin, une grande assemblée fut convoquée sous le règne de Casimir-le-Juste à Lenczysça, dans laquelle on publia diverses lois pour venir au secours de la propriété, attaquée de toutes parts. « Parmi ces lois, les » unes renfermaient des clauses pour que les » nobles ou guerriers ne forçassent point » sur leur route les paysans à leur donner » des chariots de corvée, et ne pillassent » point leur grange et leurs blés; une autre » loi, votée à Lenczysça, garantissait la possession des richesses laissées par les prêtres » à l'Église ou à leurs parents (1). »

Je passe maintenant au nombre des juridictions. « On comptait d'abord la cour de » justice (haute justice), *curia*, près du » prince. Les affaires d'une haute importance, criminelles ou civiles, et particulièrement celles qui concernaient les fortunes des nobles, étaient portées devant le » prince, et il en jugeait *coram nobis* (2). » Cette cour de justice prenait le nom de » tribunal ducal; elle était composée de seigneurs appartenant au conseil du prince » ou des juges du lieu. De là se formait un » nombreux collège en présence d'une foule » de personnes, tous hommes de qualité et » de considération; enfin, le prince, en qualité de président (*præses*), prononçait la » sentence (3). Mais outre ce tribunal ducal, » il y avait encore un *judex curiæ*, *judex* » *noster*, *judex maior*, et près de lui un » *subjudex curiæ* (4). Ils composaient une » haute instance, qui s'appelait *ante curiam* (5) (*przeddvorcze*), et dans certains » cas on appelait de leur jugement à celui

(1) Vol. leg., t. I., p. 31, 37.
(2) Diplomata, 1233, apud, Nakielski, Miechovia, p. 158, 1253, ib., p. 172, 1285, ib., p. 159, 1287, ib., 210, 1251, ib., p. 171.
(3) *Vinc Cadlubeck*.

(1) Lelevel.
(2) Dipl. Henrici Probi, 1290, apud Somersb., t. I, p. 781. Lesci Ducis Craco, 1286, ap. Szczyglieski Tinecia, p. 159.
(3) *Dipl*. Conradi *Ducis cracov.*, 1243, ap. Nakielski *Miechovice*, p. 166. Boleslaus *Duc. crac.*, 1256, ib., p. 177. Lesci *Duc. crac.*, 1287-1288, ib., p. 210, 211, cf. Vinc. Cadlubek.
(4) Henricus *Pius*, 1239, ap. Som., t. I, p. 933. Henricus *Barb.*, 1234, ib., 884, id., 1232, apud Nakielski, p. 156. Conrad. D. crac. 1242, ib., p. 464. Casimirus D. *cujav.*, 1248, ap. Paprocki. *Les armoiries de la noblesse polonaise*. p. 363, 364.
(5) Lesco D. Pol., 1217, ap. Nakielski, p. 155, cf Henri IV. D. Silesiæ 1288 ; ap. Somer., I, I, p. 863.

» du prince. » Je ne dois pas omettre ici de faire mention du tribunal particulier des prélats et des seigneurs en possession du *jus hæreditarium*. Quoique nous soyons déjà dans le treizième siècle, la législation était toujours pleine de rigueur : aussi les hommes coupables de haute trahison, ceux qui attentaient à la vie du prince ou essayaient de violer les femmes, étaient punis de mort. On avait en outre conservé quelques lois qui remontaient à l'origine de la Pologne, par exemple, en présence du prince blessait-on un autre homme, on avait la main percée par un clou. Déjà cependant une partie des anciennes peines étaient remplacées par des amendes; il est à considérer, au reste, que le meurtre, les injures personnelles et les contestations relatives à des intérêts d'argent, se conciliaient par des médiateurs; on payait alors aux tribunaux un droit, dit *d'arrangement*. En définitive, le plus grand nombre des peines aboutissait à des amendes : par exemple, quelqu'un pendant la nuit détournait-il du blé dans le champ d'un autre, il payait la *chansba*. Suivant la remarque de Lelevel, « les amendes ou paie-
» ments de convention sont toujours expri-
» més par des nombres déterminés, soixante
» marcs, trente marcs, six marcs, et ainsi
» des autres, au lieu que les amendes ou
» peines judiciaires ont une désignation qui
» ne répond pas véritablement à la somme
» de leur valeur. Ainsi les peines nommées
» *siedmdziesiont*, soixante-et-dix; *szescd-*
» *ziesiont*, soixante; *piencdziesiont*, cin-
» quante; *siedmnadziesta*, dix-sept; *szes-*
» *nadziesta*, seize; *pientnadziesta*, quin-
» ze, renferment quatorze, douze, dix, trois
» deux cinquièmes, trois et demi, trois marcs.
» La peine nommée de six marcs fixait une
» valeur de la sixième partie d'un marc.
» Mais en outre, il y avait encore des droits
» qu'on devait payer comme salaire aux em-
» ployés judiciaires, aux huissiers, en ré-
» compense de leurs fatigues et services
» (*pozevné, niestanné, iédnané, godné,*
» *kravavé, naganné*), citation, défaut,
» composition, réconciliation, visa de bles-
» sures, répréhension d'un juge. On ne
» payait point ces droits absolument avec
» de l'argent comptant, car les employés
» judiciaires prenaient en échange des bœufs,
» du bétail ou des fourrures et des pelisses. »
Je terminerai ces détails sur la législation polonaise par les deux remarques suivantes : c'est que les lois nationales furent profondément changées par l'adoption de la loi allemande ou teutonique, car il était très-ordinaire au moyen-âge que les membres, appartenant à la même société, fussent régis par deux législations différentes dont ils avaient le choix. Les incendiaires et les prévenus de vol se placèrent donc sous l'abri de la loi allemande, qui était beaucoup moins sévère que l'ancienne loi nationale, et l'esprit d'imitation fut poussé si loin à cet égard, que les jugements de Dieu furent admis par les tribunaux polonais; ils se résumaient en trois sortes d'épreuves : 1° celle de l'eau bouillante; 2° celle du fer rouge; 3° le duel avec les bâtons, les épées ou le bouclier; enfin le statut de Visliça apporta des améliorations considérables. Telles furent, en analyse, les institutions judiciaires dont jouirent les Polonais jusqu'à ce que la couronne passât entre les mains de la dynastie des Jagellons.

DYNASTIE DES JAGELLONS.

Jagellon eut à peine épousé Edvige, qu'il voulut se retirer en Lithuanie. Mais les Polonais, espérant obtenir de grands avantages de la réunion des deux pays, décidèrent ce prince à rester au milieu d'eux comme monarque. Il faut remarquer d'ailleurs que Jagellon s'était réservé seulement la suzeraineté de la Lithuanie et qu'il avait élevé au grand duché Vitold, son cousin. L'époux d'Edvige, devenu chrétien, employa tous ses efforts pour ramener à la religion qu'il avait adoptée ses anciens sujets. Il réussit facilement dans cette entreprise, et alors s'opéra un commencement de fusion entre les Polonais et les Lithuaniens, ces anciens idolâtres. A peine le roi eut-il achevé cette tâche si importante, qu'il revint en Pologne; il paraîtrait qu'il nourrissait des sentiments de jalousie contre Guillaume d'Autriche, qui d'abord s'était mis sur les rangs pour épouser Edvige, dont il avait déjà touché le cœur. Cette princesse fut accusée d'entretenir une correspondance active avec l'homme que les exigences de la politique l'avait forcée de sacrifier. Mais l'accusateur, sommé de fournir des preuves, vacilla dans ses réponses, fut condamné à s'étendre par terre et à faire l'aveu public qu'il avait manqué à la vérité, puis il imita trois fois les aboiements d'un chien.

L'accroissement que la Pologne avait pris, grâce au grand-duché de Lithuanie, souleva une multitude de guerres et de révoltes, dont Jagellon se démêla avec beaucoup d'habileté. L'empereur d'Allemagne, Sigismond, s'unit avec les chevaliers de l'ordre teutonique pour détruire une puissance qui leur inspirait les inquiétudes les plus graves. Une guerre éclata, et les chevaliers teutoniques éprouvèrent une défaite complète à Grunevald, en 1410. D'un autre côté, Vitold employait toute son adresse pour s'emparer de la Lithuanie, aidé dans toutes ses intrigues par l'ordre teutonique. Jagellon réunit alors en diète générale les deux peuples à Herodlo, et accorda aux nobles de la Lithuanie tous les avantages, prérogatives et priviléges dont jouissaient les nobles de la Pologne. Comme dans ces deux contrées il n'existait pas alors de classes intermédiaires, le point essentiel était de satisfaire exclusivement l'intérêt des gentilshommes, puisque le reste de la population ne comptait pas. D'un autre côté, comme les priviléges des nobles polonais étaient fort étendus, les nobles lithuaniens, en les obtenant, se trouvèrent placés tout-à-coup dans la meilleure des positions et que n'aurait pu leur accorder Vitold. Cette circonstance n'empêcha pas que les hostilités ne suivissent leur cours entre Jagellon et les membres de l'ordre teutonique. Enfin, le roi de Pologne signa dans l'année 1422 un traité de paix avec ses ennemis. L'empereur Sigismond cependant ne renonça pas à l'espoir de rompre les liens qui venaient récemment d'attacher la Lithuanie à la Pologne, et sous le prétexte de sauver l'empire de Bysance, où les Ottomans venaient de faire une invasion, il assigna à Vitold un rendez-vous dans les murs de Luck [1429] Sigismond n'eut pas de peine à décider le cousin de Jagellon à se faire proclamer roi, et déjà il s'occupait des fêtes de son couronnement lorsqu'il rendit le dernier soupir [1430]. Cet événement inattendu délivra le roi de Pologne d'une des difficultés les plus sérieuses qui compliquaient sa position, et assura en même temps l'avenir de sa descendance masculine; en effet, celle-ci conserva la couronne jusqu'à son extinction définitive.

Mais les contemporains ne sentent pas toujours d'une manière immédiate les avantages qui résultent des mesures les plus salutaires; il faut que le temps mette en relief ces mêmes avantages pour qu'on en comprenne tout le prix. Jagellon s'occupa donc de placer sur la tête de son fils la couronne de Pologne, dont il avait agrandi la splendeur; la reconnaissance publique aurait dû aller au devant d'un vœu que le cœur d'un père devait naturellement former. Le monarque néanmoins crut devoir recourir à l'amorce de nouvelles garanties politiques qu'il offrit à ses sujets. Je dois me hâter de dire qu'au dix-neuvième siècle ces mêmes garanties paraissent découler, comme les conséquences naturelles, de toute association politique. Mais dans le siècle où régnait le premier des Jagellon, tout était exposé à une incertitude continuelle : ce qu'on avait arraché le matin par la force, on était exposé à le perdre le soir par la violence. Le monarque, pour se concilier les suffrages publics, réunit une diète à Brzesc-Litevski, dans laquelle il s'engagea à ce qu'un citoyen ne serait jamais jeté dans les fers avant d'avoir été proclamé coupable par une cour de justice [1430] : *neminem captivabimus nisi jure victum aut in crimine deprehensum.* Quatre années après, Jagellon rendit le dernier soupir [1434]. Ce prince, qui au moment de son mariage avec Edvige était regardé comme une espèce de barbare, car il était plongé, ainsi que ses sujets, dans l'idolâtrie, fit preuve de grand talent, soit pour la guerre, soit pour l'administration de ses États. Le principe monarchique, dont les Polonais déplorèrent plus tard l'affaiblissement complet, le principe monarchique, dis-je, se fortifia sous les règnes des successeurs de ce monarque, et alors se levèrent les plus beaux jours qu'aient connus le royaume.

Jagellon eut pour héritier son fils Vladislas ou Uladislas [1434], prince qui signala plus d'une fois son habileté à la guerre. A peine possédait-il la couronne, que les Hongrois voulurent l'avoir pour souverain. Dans cette dernière qualité, il remporta de brillantes victoires sur les Turcs, et les réduisit à demander la paix. Mais, excité par les prières de la cour de Rome, qui regardait les Ottomans comme les ennemis les plus redoutables de la chrétienté, il ouvre une nouvelle campagne, et rencontre une mort glorieuse à la bataille de Varna : il touchait à sa vingt-unième année. Au moment où le fils aîné de Jagellon fut proclamé roi de Hongrie, les Lithuaniens avaient appelé au gouvernement de leur grand-duché Casimir IV [1445], frère d'Udislas. A la mort de ce dernier, les Polonais employèrent tous leurs efforts pour placer sur la tête de Casimir la double couronne, et ils réussirent. Le territoire national que cette nouvelle réunion de la Lithuanie rendait déjà si puissante, vit ses frontières s'étendre au loin. Zator et Osviécim se soumirent au sceptre de Casimir. Une portion de la Silésie imita cet exemple ; puis, en 1462, Casimir, à la suite de l'extinction des ducs de Plock, entra en possession de Rava et de Belz. Ce n'est pas tout : l'ancienne Poméranie de Dantzig et la Prusse de Kœnigsberg se placèrent sous la protection de Casimir, et il s'en suivit une guerre de douze années, dans laquelle la noblesse polonaise fit preuve du courage le plus héroïque, mais qui n'amena point de prompts résultats ; car, si la valeur était inépuisable, l'indiscipline était sans limite. Enfin l'ordre teutonique céda, surtout lorsque Casimir eut réuni sous ses drapeaux des soldats étrangers, parmi lesquels brillaient des Bohémiens. La paix, signée à Thorn en 1466, assura aux Polonais une portion de la Poméranie, de Dantzig, le territoire de Culm. On laissa à l'ordre teutonique ce qui restait de la Prusse proprement dite. Cette portion fut constituée en fief, et l'ordre teutonique, par l'organe de son grand-maître, fut soumis à rendre foi et hommage au monarque de la Pologne. « De cette paix, » dit Léonard Chodzko (1), « date la vraie prospérité de la
» Pologne : commerce, agriculture, scien-
» ces, tout commençait à fleurir. L'instruc-
» tion pénétra jusque dans les dernières
» classes du peuple. Le célèbre Janicki, dont
» les poésies latines sont connues de l'Eu-
» rope, n'était qu'un simple paysan ; Dan-
» tiscus est fils d'un cordier, et le prince-
» évêque de Varmie, Cromer, que Solignac
» appelle le Tite-Live moderne, était issu
» d'une famille plébéienne. Des nations voi-
» sines offraient alors leurs couronnes aux
» rois de Pologne. Casimir n'accepta que
» celle de Bohême, en 1471, pour son fils
» aîné, Vladislas, qui devint ensuite, en
» 1490, roi de Hongrie. »

Rien n'est plus admirable que les formes représentatives pour imprimer tout à la fois le mouvement et la régularité à un État. Ce système, qui permet d'embrasser l'ensemble du mécanisme social comme de descendre dans ses détails les plus minutieux, stimule, en outre, par les discussions de la tribune, l'opinion publique, et la convertit en une infatigable surveillante. Fidèle à sa mission, elle contrôle tous les actes des agents du pouvoir, et les force à se tenir sur une réserve continuelle. Entraînée par son ardeur même du bien, l'opinion publique tombe-t-elle dans l'erreur, la royauté intervient ; grâce à l'une de ses prérogatives, elle renvoie devant leurs mandataires les députés, ces organes du pays. Nulle chose ne se faisant avec une précipitation téméraire, le temps parvient, en général, à ramener les esprits dans la voie de la vérité ; les préjugés, les exagérations se dissipent, et on se rattache à ce qu'il est possible de réaliser dans les circonstances du moment. On arrive, en définitive, à tomber juste dans la mesure du bien. Mais les Polonais, au quinzième siècle, étaient loin de deviner toutes les garanties de grandeur et de sécurité que présentait le système représentatif, tel que les Anglais l'ont conçu depuis leur révolution de 1688.

(1) *Tableau de la Pologne ancienne et moderne*, etc.

Il exige d'abord une sorte de modération dans les mœurs nationales, et cette modération ne peut venir qu'à la suite de longues commotions politiques ; enfin, ce système se compose de tant d'idées complexes, et qui, en apparence, renferment des espèces de contradictions, qu'il faut toute l'intelligence de la civilisation moderne pour le faire fonctionner, et encore cette dernière ne réussit-elle pas toujours dans une entreprise aussi délicate. La noblesse polonaise, dont le caractère a toujours été si fougueux, et dont l'amour pour la liberté s'est montré si ardent à toutes les époques, ne pouvait s'expliquer que l'indépendance du peuple n'a de chance de vie que si la royauté se meut à l'aise dans des prérogatives qui lui sont propres.

Déjà la diète de Nieszava avait décidé, en 1454, que le roi ne pouvait déclarer la guerre sans la permission préalable du sénat. Une des attributions les plus importantes de la royauté lui était donc ravie. Maintenant, de quoi se composait le sénat ? de la haute noblesse et de la haute magistrature. Un pareil corps était trop nombreux, et devait céder chaque jour aux passions les plus désordonnées ; au lieu d'éclairer le monarque, il ne pouvait lui donner que des conseils violents ; et, si celui-ci refusait de les suivre, ils le considéraient comme un ennemi. Vers cette même époque, c'est-à-dire en 1468, les diètes représentatives furent constituées dans une pleine indépendance des rois ; elles n'attendirent plus leurs ordres pour se réunir. « Dès lors deux députés de chaque »district, nommés *nuncii terrestres*, dépu-»tés territoriaux, furent appelés à chaque »diète ; ils étaient tenus de recevoir des in-»structions précises de leurs mandataires, dont »il leur était défendu de s'écarter, et de l'exé-»cution desquelles ils étaient obligés de ren-»dre compte. A la suite de cette institution »vinrent nécessairement les diétines ante-co-»mitiales, ou celles de relation, qui suivaient »la tenue de la diète, et dans lesquelles les »nonces rendaient compte de leur mandat. » Alors aussi aucune hiérarchie n'exista plus dans les rangs des nobles polonais, qui tous exercèrent les mêmes droits politiques. Le roi se trouvait donc en présence d'un sénat qui, composé de nobles, partageait les sentiments manifestés dans les diètes, composées à leur tour de nobles. Ce n'était plus une monarchie, ni une république, telle que nous en voyons aujourd'hui parmi les Anglo-Américains, où une sorte d'assemblée aristocratique tempère l'ardeur générale. La souveraineté, en définitive, résidait exclusivement parmi les nobles ; le monarque n'était donc qu'une superfétation, espèce de chef dont la voix n'était plus écoutée, et auquel on assurait seulement une somptueuse existence. Mais les lois civiles comme les lois politiques sont modifiées par les mœurs régnantes, et l'attachement qui se manifesta pour les successeurs de Jagellon servit de contre-poids à la toute-puissance des nobles, et les causes qui devaient amener la ruine complète de la Pologne ne devinrent évidentes que vers le milieu du seizième siècle, et lorsque des monarques électifs furent fournis par les différentes maisons régnantes de l'Europe.

Casimir IV mourut [1492] en laissant plusieurs fils. A la suite des débats les plus tumultueux, Jean Albert, le dernier dans l'ordre de naissance, fut élu roi de Pologne [1492]. On l'accusa bientôt après de vouloir restreindre les priviléges des nobles, mesure qui lui avait été conseillée, disait-on, par un Italien, son ancien précepteur, nommé Buonacorsi, et qui n'était connu que sous le nom de Callimachus. Par une coïncidence malheureuse, et quelque temps après [1497], des gentilshommes polonais furent massacrés par des Valaques, qui leur avaient tendu un piège dans les bois de Boukovine. La malveillance affirma sur-le-champ que Jean Albert, toujours par les suggestions de Callimachus, avait été le complice de cet horrible massacre : c'était là un prétexte pour apporter de nouvelles limites au pouvoir royal, malheureusement déjà trop affaibli. Les nobles Polonais manifestèrent alors les prétentions les plus excessives, et poussèrent à l'agrandissement de prérogatives, qui ne menaçaient déjà que trop l'ordre et la sécurité. Il arriva d'un autre côté, et toujours pour le malheur du royaume, que les habitants des villes, de même que les habitants des campagnes, furent dépouillés des droits les plus précieux. Dès l'année précédente il leur avait été défendu d'acheter des terres; ils ne purent à l'avenir posséder des prélatures ecclésiastiques, à l'exception de quelques prélatures doctorales. Bref, c'est à l'époque où dans les autres parties de l'Europe, et en France, le système féodal commença à plier sous l'ascendant de la royauté, que les masses slaves, en Pologne, tombèrent dans le dernier degré de l'abjection humaine, à laquelle ils se résignèrent jusqu'à la fin du siècle dernier. Les paysans polonais ont un proverbe qui peint l'heureuse insouciance au milieu de laquelle ils vivent, c'est qu'*un homme n'est pas malheureux tant qu'il a de quoi manger.*

Jean Albert, après avoir régné sans éclat sur la Pologne, mourut en 1501, et fut remplacé sur le trône par son frère Alexandre. Celui-ci gouvernait le duché de la Lithuanie, théâtre d'intrigues perpétuelles ayant pour but d'amener une séparation nouvelle entre deux États qui, par leur réunion seule, pouvaient conserver leur indépendance. Alexandre, en possession du sceptre des Jagellons [1501], sanctionna une nouvelle alliance entre la Lithuanie et la Pologne, et qui, en dépit de nombreux différends, a duré aussi long-temps que la république. Ce prince fut engagé dans de longues guerres avec les Russes, les Moldaves et les Tartares. Sous son règne les prérogatives les plus essentielles à la royauté furent encore restreintes; par conséquent le pouvoir des nobles prit des accroissements considérables. Ils profitèrent des prodigalités excessives du monarque, soit envers ses favoris, soit envers des musiciens, et même des baladins, pour en extorquer des concessions sans limites. Alexandre s'engagea non-seulement pour lui, mais encore au nom de ses successeurs (1505), à ne jamais promulguer aucune loi sans avoir obtenu au préalable l'assentiment de son conseil et celui des nonces territoriaux. Il fut interdit désormais aux rois de Pologne de donner des portions de leur domaine, ni de faire des emprunts en les hypothéquant sans avoir été autorisé par la diète à cette époque. Le chancelier Laski réunit en un code, auquel il donna son nom, toutes les lois qui avaient été publiées jusque là. Le règne d'Alexandre fut court puisqu'il ne dura en tout que cinq années.

Ce prince eut pour successeur son frère Sigismond, qui fut un des plus grands rois élus par les Polonais : aussi mérite-t-il de nous arrêter quelques instants. Monté sur le trône en 1506, la mort l'en fit descendre quarante-deux ans après. Quand un souverain possède de grandes qualités, c'est un bonheur pour ses peuples de le conserver pendant presque un demi-siècle : il s'établit dans le gouvernement des traditions d'ordre qui, en mettant chaque chose à sa place, en tirent toute l'utilité qu'elle contient. Les guerres se font avec succès et avantage, parce que le même esprit qui a présidé aux préparatifs qui les précèdent, inspire généraux et soldats. Enfin une sorte d'unité se glisse dans toutes les mesures de la politique, de même que tous les efforts se concentrent dans l'accomplissement des mêmes desseins. La position du nouveau prince était remplie de difficultés; il les envisagea avec calme et intelligence, et acquit la certitude qu'il saurait en triompher. Il s'appliqua d'abord à extirper un certain nombre d'abus dans l'administration des finances du royaume, et fut aidé dans cette entreprise si délicate, et qui demande tant de ménagements, par Jean Bonnaire, son ministre. La Pologne florissait de nouveau, lorsque Sigismond se trouva engagé dans une guerre contre les Moscovites, grâce à une révolte que Glinski, gouverneur de Lithuanie, opéra dans cette contrée, sujette à tant d'agitations. Glinski, qui tenait son origine des anciens ducs de Russie, aspirait à se créer une principauté à part. Ce dernier, après avoir subi la honte d'une défaite, se réfugia dans les murs de Moscou, introduisit les Russes dans la Lithuanie, et les fit pénétrer à Smolensk. Sigismond prit sa revanche, et remporta d'éclatantes victoires sur les Russes, les Valaques et les Moldaves. Ce prince eut à soutenir ensuite des hostilités avec Albert, margrave de Brandebourg, et que les chevaliers de l'ordre teutonique avaient élu pour leur grand-maître : il refusait en cette dernière qualité de prêter l'hommage qu'il devait comme vassal de la Pologne. Sigismond entra dans le domaine héréditaire des grands-maîtres, et déjà il était en possession de plusieurs places importantes, lorsque Albert, après avoir reçu un renfort de quatre mille Allemands, assiégea Dantzig. Les habitants se défendirent avec tant de courage, et firent plusieurs sorties si heureuses, que le siége fut levé; les ennemis battaient en retraite, lorsqu'ils furent massacrés par la cavalerie polonaise. Albert demanda la paix: neveu de Sigismond, car son père, Frédéric, avait épousé Sophie, fille de Casimir, il obtint des conditions avantageuses. D'un autre côté, les chevaliers de l'ordre teutonique ayant, ainsi que leur grand-maître, Albert, adopté les opinions de Luther, Sigismond fit de la Prusse un duché. L'ordre teutonique disparut, et Albert, reconnu duc de Prusse, ainsi que ses descendants mâles, fut soumis à prêter foi et hommage à la république de Pologne. C'est ce même duché de Prusse qui, dans le dix-septième siècle, fut érigé en royaume, et que nous verrons, dans le dix-huitième, concourir au démembrement d'un État dont il avait jadis reconnu la suzeraineté.

Albert rendit l'hommage qu'il devait à la Pologne dans les murs de Cracovie, en 1525; l'année suivante, la branche des Piasts de Mazovie s'éteignit, et leur duché fut incorporé à la Pologne. L'empereur d'Allemagne, Maximilien, ne cessait d'ourdir des intrigues contre Sigismond, dont il redoutait la puissance, car les diverses branches issues des Jagellons possédaient alors la Lithuanie, la Pologne, la Bohême et la Hongrie. Maximilien ayant acquis la preuve que la puissance de Sigismond était inébranlable, fit demander pour son petit-fils la main d'Anne, princesse de Hongrie et de Bohême, et qui était issue des Jagellons; ce mariage eut lieu, et tendit plus tard à accroître la grandeur de la maison d'Autriche, Sigismond, toujours heureux, imposa, en 1533, la paix à la Porte-Ottomane. Il fut convenu que les Polonais jouiraient de tous les avantages d'un commerce libre sur la mer Noire, qu'ils exerceraient un droit de souveraineté sur la Moldavie, et que les Turcs emploieraient tous leurs efforts pour arrêter les excursions des Tatars dans la Pologne; enfin la paix fut conclue avec les Russes. En récompense de tous ces services, le monarque vit couronner son fils de son vivant. Sous ce grand prince le commerce prit les développements les plus étendus, et les sciences brillèrent du plus vif éclat: alors vivait le célèbre astronome Copernic. Sigismond voulut aussi être législateur, et donna aux Lithuaniens un code civil appelé *Statut-Russien* (*Statut-Ruski*). Le roi résolut aussi de réunir en un seul code les lois relatives à la Pologne, et qui, presque toutes, avaient été publiées dans la langue latine. Mais ce dessein, qui, en apparence, semblait si raisonnable, troubla la vieillesse de Sigismond. D'autres causes se joignirent encore pour accroître le mécontentement de ses sujets; ils reprochaient au grand monarque de céder continuellement aux suggestions de Bona, sa femme, qui, avide de richesses, vendait, disaient-ils, toutes les charges publiques, et qui, pour fortifier sa puissance, avait répandu la discorde entre les grands et les petits nobles; plusieurs, parmi les premiers, recevaient des titres des empereurs d'Allemagne. C'est ainsi que les Radzivill avaient obtenu le titre de prince du saint empire; on voyait encore les nobles de haute extraction constituer des majorats dans leurs familles, afin d'en perpétuer la grandeur. *Les frères mineurs*, c'est ainsi qu'on appelait les petits nobles, enflammés de jalousie, obtinrent une loi [1538] qui prononça l'abolition du droit d'aînesse. Mais pendant que les nobles se disputaient entr'eux, ils ne cessaient de réunir leurs efforts pour rendre de plus en plus odieux le joug qui pesait sur les habitants des villes et des campagnes. Sigismond ayant convoqué la *pospolite*, cent cinquante mille hommes accoururent à Léopol; au lieu de se présenter armés, ils firent entendre des plaintes contre le monarque, sa femme, le sénat et les grands. Une pluie, survenue fort à propos, fit retirer les confédérés, qui, d'ailleurs, avaient cherché à établir la légalité de leur réunion par des remontrances solennelles. Ils donnèrent à leur assemblée le nom de *Rokosz*, dont se servent les Hongrois, parce que, dans les moments de périls, ils s'assemblent dans la plaine de Rokosz, voisine de Pesth. « Nous consignons ici ce fait, » dit M. Léonard Chodzko (1), « car, tout » insignifiant qu'il soit en lui-même, il a, » dans la suite, donné une apparence de léga-» lité aux rébellions dites confédérations. »

Les nobles dits *frères mineurs* ne manquèrent pas de se réunir de nouveau à Léopol ; mais Sigismond, après avoir épuisé tous les moyens de douceur et de conciliation, leur ordonna de se retirer ; ils obéirent. Enfin ce grand prince mourut en 1548 : il avait perdu, bien des années auparavant, son neveu Louis, fils de son frère aîné Ladislas, roi de Hongrie et de Bohême. Ce prince fut tué à la bataille de Mohatz, qu'il livra aux Turcs. Les Polonais portent encore aujourd'hui la plus grande vénération à la mémoire de Sigismond, qui, dans le seizième siècle, leur a assuré une place d'honneur en Europe. Telles furent les dernières instructions que ce prince donna, dit-on, à son fils (2). « Je vois depuis long-temps, » avec un plaisir extrême, tous les cœurs » de mes peuples qui se tournent vers vous, » et je ne doute pas que vous ne remplissiez » un jour leurs espérances. Vous n'ignorez » pas que la Pologne nous doit beaucoup ; » apprenez, aujourd'hui, que nous lui devons encore plus nous-mêmes. C'est elle » qui, nous préférant, nous et nos ancêtres, » à des princes qui étaient au-dessus de nous » par leurs biens et leur puissance, peut-être » même par leur naissance et par leurs talents, nous a choisis pour ses chefs et ses » maîtres. Et combien, dans le cours d'un » siècle et demi, ne nous a-t-elle pas donné » des marques de son zèle ! C'est elle qui vous » a jugé digne de ses suffrages, lorsqu'à peine » vous étiez capable de les mériter. Est-il rien » de si pénible, rien de si grand que vous » ne deviez entreprendre pour son repos et » pour sa gloire ? Vous la satisferez, sans » doute, si vous n'affectez point de gouverner en souverain des peuples que leur liberté doit rendre les arbitres de votre conduite, et les juges mêmes de vos vertus. » Vous ne pouvez les dominer que par la » sagesse de vos conseils, leur rien ordonner » que par l'autorité des lois qu'ils se sont » faites ; leur rien commander, si j'ose ainsi » dire, qu'en leur obéissant. Ce n'est qu'en » ménageant leurs privilèges que vous acquerrez sur eux quelque pouvoir. Descendez vers eux sans vous abaisser, flattez leur » ambition sans vous avilir ; gagnez leur » confiance, ils vous abandonneront tous » leurs droits ; faites en sorte qu'ils ne vous » craignent point, dès ce moment ils ne » craindront que pour vous, et vous n'aurez » point sujet de les craindre. N'ayez jamais » d'autres ennemis que les leurs ; mais songez moins à les défendre qu'à les rendre » heureux. Fidèle dans vos promesses, équitable dans vos jugements, magnifique dans » vos largesses, obligeant, même dans vos » refus, réduisez-les à n'oser mettre des » bornes à votre pouvoir, qu'ils ne craignent, » en même temps, d'en donner à la félicité » publique (1). »

Sigismond-Auguste prit possession du sceptre en 1548, et continua la gloire de son père : comme lui il fut guerrier. Ce prince rencontra d'abord une opposition formidable de la part des nobles qui, cette fois, agirent au nom de l'intérêt commun. Sigismond-Auguste avait, d'après le vœu de son père, épousé une princesse autrichienne. Il la perdit, et conçut ensuite l'amour le plus ardent pour Barbe Radzivill, veuve de Gaston, appartenant à l'une des plus illustres familles de la Lithuanie. Barbe, néanmoins, n'était pas d'un rang assez élevé pour s'asseoir sur le trône de Pologne. Auguste, de son côté, plein de respect pour son père, ne voulut pas, dans la crainte de l'affliger, lui ouvrir son cœur. Pour tout concilier, il se maria en secret avec la femme à laquelle il avait voué l'attachement le plus sincère. En possession de la couronne,

---

(1) Tableau de la Pologne ancienne et moderne, etc., par Léonard Chodzko.

(2) Voici l'épitaphe que l'on plaça sur le monument de ce prince, dans la cathédrale de Cracovie : *Divus Sigismundus Jagellonius, Poloniæ rex et Lithuaniæ dux magnus, Scythicus, Valachicus, Moscoviticus, Prussicus victor ac triumphator, pater patriæ in hoc monumentum à se magnificentissimè erectum ; illatus requiescit.*

(1) *Fastes de la Pologne.*

il avoua son secret; un orage violent se forma au sein de la diète. Les nobles soutinrent, avec beaucoup de raison, que les princes sont tenus de se marier dans l'intérêt de l'État, et non pour satisfaire leurs goûts et leurs passions, qu'ils doivent sacrifier au bonheur général. On proposait déjà d'annuler le mariage, lorsque Sigismond Auguste imposa le silence à Pierre Kmitha, palatin de Cracovie. Alors, suivant un écrivain moderne (1), Raphael Leczinski s'écria : « Nous » sommes Polonais, et les Polonais, si vous » ne les connaissez pas, se font autant de » gloire d'honorer les princes qui respec» tent les lois, que d'abaisser la hauteur » de ceux qui les méprisent. Prenez garde » qu'en trahissant vos serments, vous ne » nous rendiez les nôtres. Le roi, votre » père, écoutait nos avis. Il nous appartient » de vous contraindre d'écouter ceux d'une » république dont vous n'êtes que le premier » citoyen. » Le roi, sans se laisser effrayer par de telles paroles, persista dans la résolution qu'il avait prise de placer à ses côtés Barbe sur le trône, déclarant qu'il préférait renoncer à la couronne plutôt que de ne pas tenir le serment qu'il avait fait; et, pour vaincre la résistance des principaux nobles, il ordonna que la diète serait contrainte de vérifier les droits que ces mêmes seigneurs prétendaient avoir aux plus hautes charges et aux domaines publics, dont ils s'étaient emparés par ruse ou par violence. Cette proposition, dont le résultat aurait été la ruine des plus illustres familles, triompha d'une opposition qui d'abord s'était montrée si formidable. La reine douairière, Bona, qui avait causé cette fermentation, fut réduite à reconnaître elle-même Barbe pour reine. Le roi était au comble de ses vœux, lorsque, six mois après, il perdit sa compagne si bien aimée : Bona sa se retira en même temps en Italie.

L'Europe était alors en proie à tous les désastres enfantés par les opinions de Luther et de Calvin. Tandis que le sang ruisselait dans l'Allemagne comme dans la France, Auguste voulut que la Pologne offrît un asile à tous les dissidents, et que les nobles qui s'étaient séparés du catholicisme pussent continuer à voter dans la diète comme s'ils professaient la religion nationale. Les lettres et les sciences, qui avaient déjà fait tant de progrès sous Sigismond, semblèrent briller d'un nouvel éclat : l'université de Cracovie devint un centre de lumières; et la langue polonaise, qui, dans tous les actes publics, cédait le pas à la langue latine, reprit sa supériorité. Quatre-vingt-trois villes, en Pologne, eurent des imprimeries; Cracovie en renfermait cinquante dans son sein, et les classiques de l'antiquité furent tous traduits avec un rare succès. « La première époque de l'histoire de la Po» logne n'avait laissé à ce pays d'autre élé» ment de civilisation que le christianisme » et les institutions de Boleslas-le-Grand; la » seconde époque avait eu ses chroniqueurs, » tels que Martin Gallus, Mathieu Choleva, » l'évêque Vincent Cadlubek, et autres, qui » écrivaient en latin... C'est le siècle de Si » gismond qui produisit des écrivains tels que » Cromer, Orzechovski, Sarnicki, Bielski, » Paprocki; Rey, Zimorovicz, Symonovicz et » les frères Kochanovski, brillèrent comme » poètes; Ocieski, Modrzevski, Varszevicki, » Groicki, Herburt, se firent un nom dans » les sciences politiques; Brudzevski, Ko» pernik (1), Grzebski, Spiezynski, Sien» nik, Sendzivoy, s'illustrèrent dans les » sciences exactes (2). »

Il restait encore une tâche à accomplir pour que la Pologne atteignît le comble de la prospérité : c'était de confondre en une seule nationalité la Lithuanie et la Pologne, de compléter enfin ce que Sigismond avait commencé avec tant de bonheur. Une circonstance particulière vint au secours de son fils Auguste. Les chevaliers *porte-glaives* s'étaient constitués dans la Livonie, comme l'avaient fait jadis les membres de l'ordre teutonique, en Prusse. L'archevêque de Riga, descendant des margraves de Brandebourg, et qui était très-proche parent du roi de Po-

(1) Léon Thiessé, *Résumé de l'histoire de Pologne*.

(1) Ou, comme nous écrivons en français, Copernic.

(2) *Tableau de la Pologne ancienne et moderne*, par Léonard Chodźko.

logne, était tombé entre les mains des chevaliers porte-glaives, qui l'avaient jeté dans les fers. Auguste fit partir des députés qui, en son nom, réclamèrent la liberté de l'archevêque de Riga. Ces députés furent massacrés ; le roi de Pologne éclata sur-le-champ en menaces : les chevaliers porte-glaives, effrayés, mirent en liberté le prélat, cousin-germain du monarque polonais, et signèrent avec lui un traité d'alliance. Le czar fit une invasion en Livonie [1558]. Les chevaliers porte-glaives signèrent alors un traité avec Auguste, dont la conséquence fut que la Livonie deviendrait une province polonaise. Les chevaliers devaient être sécularisés, et Kettler, leur grand-maître, reçut le duché de Courlande, que ses successeurs mâles posséderaient après lui. Le czar tentait cependant de nouvelles excursions en Livonie; il les poussait même jusque dans la Lithuanie, et il s'empara de la ville de Plock en 1563. Auguste appela aux armes les Lithuaniens et les Polonais. Ces derniers demandèrent qu'avant tout de nouvelles preuves fussent données de la fusion qui devait être irrévocablement accomplie entre la Pologne et la Lithuanie. La noblesse de cette dernière province dut envoyer, à l'avenir, des représentants à la diète, et elle reçut des cours de justice pareilles à celles que Jean-Albert avait instituées en Pologne.

Auguste renonça encore [1564] à ses droits héréditaires sur la Lithuanie, et, en 1566, à tous les droits seigneuriaux et féodaux qu'il avait sur cette même province. Enfin, en 1569, une diète générale des deux nations fut convoquée à Lublin, et l'union fut consommée; la Livonie appartint aux deux nations. « La Podlaquie, la
» Volhynie et l'Ukraine échurent, dans la
» division politique de l'État, à la Petite-
» Pologne. Le royaume de Pologne et le
» grand-duché de Lithuanie furent alors
» proclamés une même république gouver-
» née par un même roi, élu en commun par
» les deux nations. Il fut convenu que leurs
» représentants respectifs s'assembleraient,
» pour les diètes, à Varsovie, ville centrale
» des deux pays, et qui, appartenant à la
» Mazovie, n'était alors ni polonaise ni li-
» thuanienne (1) ; que les deux peuples n'au-
» raient plus que les mêmes intérêts, les
» mêmes prérogatives, les mêmes monnaies ;
» que tout serait commun entre eux, à cela
» près qu'ils conserveraient chacun, dans
» leurs cours judiciaires, les formes de pro-
» cédure et les règles de droit qui leur étaient
» particulières (2). » A ce bienfait, le monarque en joignit un autre : il décida que la distribution des domaines royaux ou nationaux, donnés aux citoyens qui avaient combattu vaillamment pour la patrie, serait faite de manière à ce que les possesseurs donnassent un quart de leur revenu pour subvenir aux dépenses de l'armée ; il conclut enfin une trêve de trois ans avec l'empereur de Russie. S'il faut en croire quelques historiens, ce monarque eut une vieillesse honteuse, et entretint un nombre si considérable de concubines, qu'il épuisa avec elles et ses trésors et sa santé; enfin il serait mort dans un état d'indigence si complète, qu'il aurait à peine laissé des ressources assez suffisantes pour couvrir les frais de ses funérailles. Quoi qu'il en soit, Auguste eut de très-grandes qualités, et gouverna les Polonais avec une douceur dont ils gardèrent long-temps le souvenir. Pour le malheur de cet État, la race des Jagellons, qui avait étendu si loin les frontières de la Pologne, et lui avait apporté cet empire que les lettres et les sciences assurent au peuple, s'éteignit en la personne de ce souverain, qui expira en 1572.

Une nouvelle ère va s'ouvrir pour la Pologne; mais, à part quelques hommes d'élite, comme Bathori et Sobieski, nous n'allons plus voir que des princes entre les mains desquels le royaume marchera inévitablement vers sa ruine; conséquence des priviléges excessifs des nobles, qui, après la mort du dernier des Jagellons, constituèrent une anarchie; car, tous pouvant prétendre au trône, c'était plus de quatre-vingt mille concurrents qui,

---

(1) Cette circonstance rendit Varsovie, dans la suite, la capitale du royaume, surtout lorsque Sigismond III y eut transporté sa résidence.
(2) *Tableau de la Pologne ancienne et moderne* de Malte-Brun, augmenté par Léonard Chodzko.

à chaque interrègne, appelaient à leur secours la violence, l'intrigue et la corruption. Le lecteur va donc assister à des scènes tour à tour horribles et magnifiques : ici, les nobles polonais vendront leurs suffrages, d'autres mourront avec le courage le plus sublime pour défendre des alliances de partis ; enfin la plupart céderont à un esprit de sédition et de trouble qui les saisira comme une espèce d'aliénation mentale. On a de la peine à s'expliquer, au premier instant, comment la Pologne a pu conserver, jusque dans le dix-huitième siècle, sa nationalité. Les vices de sa malheureuse constitution avaient frappé bien auparavant les regards des princes ambitieux, comme l'attention des hommes éclairés; aussi Rulhière affirme-t-il, dans son célèbre ouvrage (1), que le plan de partage avait été médité de très-vieille date. Voici ses propres expressions : « Les projets exécutés de nos jours contre la Pologne ont été proposés il y a plus de cent ans. J'ai trouvé dans les archives des affaires étrangères de France cette anecdote importante et jusqu'alors ignorée. » Si la Pologne, à part les qualités éminentes des Jagellons, a touché, sous leur sceptre, l'apogée de la grandeur, elle doit ces éclatantes prospérités à un fait auquel on n'a pas attaché assez d'importance, c'est que la couronne resta héréditaire dans la même famille. L'ambition de tous les nobles n'étant pas attisée à chaque changement de règne, l'hérédité était placée comme en dehors de leurs passions. Ce qu'il y a de plus élevé au monde, le sceptre, ne se trouva pas livré au concours : d'un autre côté, les projets de conquête comme les projets de défense se perpétuant dans une même famille, au lieu des efforts passagers d'un individu, on parvient à recueillir l'énergie de toute une race.

Auguste ne laissa en mourant aucun enfant mâle. Le trône était vacant ; les nobles décidèrent qu'à eux seul appartenait non-seulement le droit de disposer de la couronne, mais encore celui de changer les lois fondamentales de la constitution. Une diète fut convoquée en 1575, elle s'occupa d'abord des dispositions qu'il serait sage de prendre à l'avenir lorsqu'un nouvel interrègne aurait lieu. On arrêta d'abord que le droit de réunir les diètes appartiendrait alors à l'archevêque de Gnezne, primat du royaume. Une grande question devait encore être tranchée : des inégalités prodigieuses s'étaient jusque là manifestées entre la grande et la petite noblesse ; l'une avait tout fait pour arriver au niveau de l'autre. Mais la nature des choses a une force de résistance qui dure longtemps, et il faut des siècles avant qu'elle se plie aux exigences de la vanité; ainsi les gentilshommes polonais, issus de pauvres familles, entraient au service des grands, où ils remplissaient les offices les plus bas, et l'on voulait qu'à l'heure dite ils se trouvassent sur la même ligne que leurs maîtres ! Un inconvénient bien autrement grave se présentait : ces gentilshommes si misérables n'offraient aucune espèce de garantie de fortune ; ils appartenaient donc au parti qui voulait bien les acheter. Cependant Jean Zamoyski, nonce de Belz, proposa que toute la noblesse, à quelque position sociale qu'elle se trouverait descendue, eût le droit de donner ses suffrages lorsqu'il s'agirait de l'élection d'un monarque. « Ce sera, » ajouta le nonce, « donner au monde entier la preuve que la plus parfaite égalité existe entre les nobles. » Cette motion passa sans difficulté, et une révolution complète fut accomplie. En effet, qu'étaient les nobles Polonais ? des mandataires de leur propre classe, qui représentait à elle seule la nation; ils étaient plus, car ils nommaient l'homme chargé de représenter le pouvoir exécutif parmi eux; augmenter sans réserve le nombre des électeurs chargés de remplir des fonctions aussi hautes, c'était aller droit contre le bon sens. En effet, le choix d'un monarque exige du calme et de la réflexion ; il est donc sage de réduire à un très-petit nombre d'hommes ceux qui sont chargés d'une mission aussi délicate. Eh bien, par l'accession d'une masse de petits gentilshommes, n'offrant d'ailleurs, je le répète, aucune garantie d'indépendance personnelle, c'était appeler la foule et le tumulte là où le recueillement ou la médita-

(1) Histoire de l'anarchie de la Pologne.

tion était de rigueur. Voilà la cause principale de l'anarchie qui depuis si long-temps a dévoré la Pologne; c'est aussi à cette époque que l'on place l'origine de la démocratie nobiliaire qui devait tout briser dans l'État.

Mais le mouvement de réaction contre toute espèce de supériorité fut poussé encore plus loin. La qualification de seigneur et maître, donnée jusqu'alors au souverain, fut abolie, et l'on publia plusieurs lois cardinales, connues sous le nom de *pacta conventa*, qui devaient être jurées par les rois. D'après ces lois le monarque perdait la faculté de choisir son successeur; il lui était interdit de contracter un mariage si le sénat ne ratifiait le choix qu'il avait fait; il était tenu de concourir à la conservation de la paix parmi les dissidents en matière religieuse; enfin, au moment où l'on augmentait ses devoirs, on diminuait ses droits; car on lui ravit la faculté de déclarer la guerre, et de conclure des traités de paix avec les puissances étrangères, sans le consentement de la diète. D'un autre côté, comme celle-ci n'était pas en permanence, on établit auprès du monarque un conseil composé de sénateurs et de nonces. Ce n'est pas tout : le roi était soumis à réunir tous les deux ans une diète, et comme si la royauté n'était pas suffisamment désarmée, je devrais dire avilie, les *pacta conventa* proclamèrent que si le monarque n'était pas fidèle à ses serments, ses sujets seraient dégagés de toute espèce d'obéissance à son égard. Mais qui serait juge entre le roi et ses accusateurs? Les nobles! de telle sorte que ceux-là qui par position étaient les adversaires du prince, prononceraient s'il était coupable ou innocent; ainsi, contre tout principe de justice, ils étaient en même temps juges et parties.

Mais comme il entre dans la nature de toute espèce de corporation qui sort de ses limites, de tendre à une omnipotence, où tôt ou tard elle ira se perdre, les nobles Polonais rendirent de plus en plus intolérable le joug qu'ils avaient fait peser sur les habitants des villes et des campagnes. A tous les droits qu'après la mort d'Auguste se firent donner les nobles, ils parvinrent à en joindre une foule d'autres. Le gentilhomme établi dans ses domaines exerçait l'empire le plus absolu sur ses serfs; il pouvait en outre entretenir pour son compte personnel des troupes et construire des forteresses. « Aucun » gentilhomme propriétaire ne pouvait être » arrêté, sinon dans les cas de vol, de viol, » de meurtre ou d'invasion à main armée, » encore dans ce cas sa détention ne pou- » vait excéder une année et six semaines. Il » comparaissait devant le tribunal le sabre » au côté, et on ne le désarmait qu'après sa » condamnation (1). » Mais la noblesse se perdait par l'exercice du commerce ou d'un métier quelconque, par l'emploi dans les charges municipales des villes non privilégiées, par la condamnation à des peines infamantes. Le gouvernement de la république était représenté par un sénat, la noblesse et le roi. J'ai fait connaître plus haut que le monarque, depuis l'extinction des Jagellons, avait perdu ses prérogatives les plus précieuses; et comme il constituait le pouvoir exécutif, toute harmonie, toute direction vigoureuse et tendant à l'unité, disparut du jour où les attributions essentielles de la royauté furent anéanties.

Maintenant je vais entrer dans quelques détails sur les divers titres qui étaient attribués aux nobles. On appelait palatins les gouverneurs des provinces, et castellans les gouverneurs des châteaux royaux. Les starostes étaient des nobles qui, après avoir combattu pour la patrie, recevaient pour le reste de leurs jours des starosties ou domaines que le roi avait le droit de donner. C'était là sans doute un moyen d'influence qui aurait dû tourner au profit de la royauté; mais comme ces dons viagers ne pouvaient être repris, les Polonais, qui, pour les obtenir, se montraient très-dévoués, oubliaient bientôt toute espèce de reconnaissance lorsqu'ils étaient nantis. J'ai fait connaître ailleurs (2) la double organisation, nécessitée par la réunion de la Lithuanie à la Pologne; je suis

---

(1) *Résumé de l'histoire de Pologne*, par Léon Thiessé, pages 133 et 134.

(2) Voyez mon *Histoire de Russie*, en tête de ce volume.

entré, en outre, dans des détails nombreux sur la manière dont étaient tenues les diètes; j'ajouterai seulement ici que lorsqu'elles étaient assez peu nombreuses pour être renfermées dans les salles d'un palais, elles offraient alors à l'œil attentif un noble spectacle. Le roi était monté sur son trône, sur les marches duquel on voyait les grands officiers de la couronne; vis-à-vis le monarque se trouvaient placés les ministres; autour de ces derniers étaient groupés et debout tous les nonces. Leur premier soin était de procéder au choix d'un maréchal ou président de la diète; les opérations préalables accomplies, les nonces avaient la faculté de faire des propositions sur toute espèce d'objets. Il est nécessaire, au reste, d'expliquer ici au lecteur que des changements successifs s'introduisirent dans les formes relatives à ces assemblées publiques. Cependant les droits des nobles tendirent toujours à s'accroître, puisqu'ils avaient le pouvoir de réaliser, comme législateurs, tous les vœux qu'ils pouvaient former. Ainsi c'est vers le milieu du dix-septième siècle que l'opposition d'un nonce appela la création du *liberum veto*, qui exigeait une unanimité absolue; la volonté d'un seul homme suspendait donc l'action vitale d'une assemblée toute entière. L'omnipotence de chaque nonce ou député ne pouvait être poussée plus loin; mais en retour, elle anéantissait l'exercice des droits de tous les autres nonces; c'est là, sans contredit, une des plus monstrueuses erreurs qui se soient glissées dans le gouvernement des hommes. J'allais oublier de dire qu'il y avait une nature particulière de diète qui se tenait à cheval et où chaque noble se présentait armé; c'était dans ces diètes que se décidait d'habitude l'élection des rois; on nommait donc un prince au milieu de la fureur des partis menaçant de fondre les uns sur les autres; on aurait cru assister plutôt à une bataille qu'à une délibération. Si un certain nombre de nonces l'emportait, les autres formaient aussitôt des confédérations, qui se tournaient toutes en guerres civiles; en définitive c'était la force brutale à laquelle on en appelait. La Pologne, par sa position, était condamnée à de fréquentes guerres; les nobles alors montaient tous à cheval, et formaient ce que l'on appelait la *pospolite*; mais le défaut de subsistance, le manque d'argent et cette soif d'indépendance personnelle, qui rendait l'obéissance si difficile aux gentilshommes, ne permettait pas de les tenir long-temps sous les armes, de sorte que l'anarchie se présentait sous toutes les formes. Enfin, je rappellerai au lecteur une remarque que j'ai déjà eu occasion de faire (1), c'est que plus les ressorts de la constitution des anciens sujets des Jagellons se détendaient plus les autres États de l'Europe marchaient vers l'unité monarchique : armée, administration, influence de cour, tout se concentrait dans les mains des autres monarques.

Ces considérations, sans lesquelles il aurait été impossible de se rendre compte de la décadence si rapide de la Pologne, me rappellent au récit des faits qu'elles ont déjà fait préjuger. En effet, une diète fut convoquée, dans laquelle se présentèrent un nombre si considérable de nobles, que l'assemblée se tint en plein champ. « Une tente élégante reçut le
» sénat et les ambassadeurs de tous les prin-
» ces de l'Europe. La noblesse, à cheval, se
» réunit en cercle autour de cette tente. Le
» sénat, après avoir entendu les représenta-
» tions des ambassadeurs, discutait les préten-
» tions des candidats, et un des évêques par-
» courait les rangs pour recueillir les votes
» des deux prétendants, Ernest d'Autriche,
» et Henri, duc d'Anjou, fils de Catherine
» de Médicis. Ce dernier fut élu roi de Po-
» logne, et proclamé tel par l'inter-roi,
» primat du royaume (2). » Le duc d'Anjou jouissait alors d'une brillante réputation en Europe; il avait remporté, ou plutôt on avait remporté sous son nom plusieurs victoires sur le parti protestant. Ces succès inspirèrent de la jalousie à Charles IX, il voyait la réputation de son frère s'étendre, il était en outre blessé de la tendresse que Catherine de Médicis portait au vainqueur de Moncontour. Il voulait éloigner le duc d'Anjou de France; une occasion favorable se

---

(1) Voir mon *Histoire de Russie*.
(2) *Tableau de la Pologne ancienne et moderne*, par Léonard Chodzko.

présenta. Le trône de Pologne était devenu vacant, il décida de le faire obtenir à son frère. Montluc, évêque de Valence, fut placé à la tête de l'ambassade envoyée à Varsovie : il était accompagné de Gilles de Noailles, un des plus habiles négociateurs du seizième siècle. Montluc, qui possédait au plus haut degré la finesse d'esprit, la faconde et l'habitude des intrigues, l'emporta facilement sur Ernest d'Autriche : les suffrages que l'évêque de Valence ne put conquérir par la persuasion il les acheta par l'argent. L'élection du fils de Catherine accomplie, des ambassadeurs polonais vinrent le trouver dans la capitale de la France, et reçurent les serments qu'il prononça, de respecter les lois cardinales (*pacta conventa*). Sur ces entrefaites, le duc d'Anjou, persuadé que son frère Charles IX serait promptement enlevé par la maladie à laquelle il était en proie, trouvait sans cesse de nouveaux prétextes pour retarder son départ : il était sur ce point d'accord avec sa mère Catherine. Mais le roi de France intima d'une manière si ferme au duc d'Anjou l'ordre de partir pour la Pologne, qu'il dut obéir. Parvenu à Cracovie, il fut informé que désormais le trône de France lui appartenait, car son frère Charles IX avait rendu le dernier soupir. Henri III eut à peine connaissance d'un événement aussi grave, qu'il résolut de retourner en France, où l'attendait une couronne si brillante. Mais il demeura bientôt convaincu que ses nouveaux sujets, auxquels il avait su plaire, ne le laisseraient pas partir. En effet, l'élection d'un roi amenant toujours pour les Polonais une crise redoutable, ils ne voulaient pas s'exposer deux fois, dans un espace de temps très-court, aux mêmes agitations. Le nouveau roi de France avait su prendre l'habitude de la dissimulation lorsqu'il n'était encore que duc d'Anjou ; faisant ses préparatifs en secret, il s'évada pendant les ténèbres : on se mit à sa poursuite, mais, avant qu'on pût l'atteindre, il était déjà en Moravie. Ce fut, au reste, un grand bonheur pour les anciens sujets des Jagellons, car si leur puissance s'était accrue, si l'on comptait parmi eux des savants et des littérateurs illustres, leurs mœurs, encore rudes et austères, n'auraient pu sympathiser long-temps avec la mollesse de Henri de Valois : enfin un roi de Pologne, dans ces temps, avait des devoirs à remplir, qui, bientôt, auraient répugné à l'indolence du fils de Catherine de Médicis. Ce prince ne se hâta pas d'arriver en France, séjournant partout où des plaisirs l'attendaient.

Les Polonais se résignèrent à une nouvelle élection. Soutenu par le sénat, l'archiduc Maximilien se mit sur les rangs, et l'archevêque primat, sans s'inquiéter des suffrages des nonces, qu'il n'attendit pas même, proclama roi le prince autrichien. Zamoyski, à la tête d'un parti nombreux, ouvrit l'opinion de placer la couronne sur la tête d'Anne, sœur de Sigismond-Auguste : la majorité des votes se prononça en faveur de cette princesse. Quelque temps après elle fut épousée par Étienne Bathori, duc de Transylvanie. Élevé, dès sa plus tendre jeunesse, au milieu des camps, il s'était fait remarquer par d'éclatants services, et, quoiqu'il eût vu le jour dans une condition fort ordinaire, il avait été nommé, d'un consentement universel, souverain de la Transylvanie : cette haute dignité lui fraya plus tard le chemin de la Pologne [1575]. Bathori eut d'abord à soumettre la ville si puissante de Dantzig : elle s'était dévouée à la cause de Maximilien, qui persistait toujours à se regarder comme roi de Pologne ; mais l'époux d'Anne triompha de cette résistance. Ce n'était pas seulement un grand guerrier, c'était plus, un législateur habile et un politique profond ; il s'occupa de donner aux nobles des tribunaux d'appel, qu'ils réclamaient : les juges de ces mêmes tribunaux étaient élus tous les dix ans par les diétines. A partir de cette institution judiciaire, qui fut créée en 1578, l'indépendance des magistrats fut complète. Les Lithuaniens jouirent de cette amélioration deux années plus tard : il ne resta plus aux rois de Pologne que le droit de grâce, ce complément de toute justice humaine. Les juges obéissent comme les autres hommes à des passions qui, à leur insu, s'emparent de leur esprit : dans les pays où règne l'opinion publique, ils sont entraînés par sa puissance et cèdent à des préventions ou à des erreurs générales enfantées par l'esprit de parti : telle était la Pologne. Le droit de grâce était donc la plus puissante des garanties. Une pensée, digne d'un veritable homme d'État, fut encore réalisée avec bonheur par Bathori ; il réunit en un corps de nation des tribus de Cosaques qui erraient dans les îles du Borysthène ; il donna une ville à leurs chefs, et il fit enseigner à ces hommes, qui jusque là n'avaient vécu que de brigandages et de pirateries, les métiers les plus indispensables ; enfin eux qui tant de fois avaient, dans leurs excursions rapides, dévasté la Pologne, lui servirent désormais de rempart pour arrêter les Turcs, les Russes et les Tatars. Bathori, comme guerrier, rendit des services signalés au peuple dont il était devenu le monarque, et triompha des Moscovites, qui perdirent Polock [1579]. Le czar Ivan Vassilievitch implora alors le secours du saint siége pour obtenir la paix, et il intéressa le pontife suprême à sa cause, en lui promettant de se réunir à l'Église romaine. Possévinus, jésuite, fut chargé d'une mission auprès du roi de Pologne, et réussit si bien à captiver ses bonnes grâces, qu'il abandonna au nouvel ordre religieux la direction de l'académie de Vilna, qu'il avait tout récemment fondée : nous verrons plus tard ce même ordre jouer un rôle important dans une contrée où le catholicisme fut toujours plein de ferveur. Bathori, en 1582, accorda la paix à Ivan ; Polock resta entre les mains de la Pologne, et le czar prit l'engagement de renoncer à la Livonie.

Les nobles n'auraient pas long-temps possédé le pouvoir, dont tant de fois ils abusèrent, si la mort n'eût frappé Bathori. Irrité des désordres où ces hommes plongeaient sans cesse la patrie, et déchirant les voiles qui couvraient encore l'avenir, le roi de Pologne voulut appliquer le remède qui devait guérir tant de maux. Il essaya, en conséquence, de rendre la couronne héréditaire dans sa famille. Cette sage mesure détruisait à sa base cette démocratie nobiliaire, fléau qui a fait périr au milieu des convulsions l'indépendance nationale. Il réunit, en conséquence, une diète à Varsovie, et il était prêt à recourir à la force pour obtenir le salut de la Pologne, lorsqu'une mort subite, d'autres disent une violente attaque d'épilepsie, l'enleva à Grodno [1586]. Il est à présumer que ce grand prince aurait réussi dans le sage dessein qu'il avait médité, car l'influence qu'exerçait son caractère était prodigieuse : ce qu'il voulait était toujours dicté par la raison et la justice, et pour atteindre son but, rien ne l'arrêtait, ni vaines considérations, ni périls pressants ; il en donna une preuve qui doit avoir place dans l'histoire.

Un monarque électif se trouve engagé par la reconnaissance envers les familles puissantes qui lui ont accordé leurs suffrages : c'est un joug que la prudence lui conseille de porter avec résignation, car si ceux qui vous ont porté d'abord au trône deviennent vos ennemis, ils peuvent vous faire perdre cette haute position. Cependant Bathori avait dû la main de la princesse Anne surtout à la famille Zborovski, dont l'aîné, Samuel, avait été exilé pour avoir pris part à un assassinat. Samuel, s'appuyant sur le service que les siens venaient de rendre, se montra en Pologne sans avoir même songé à demander sa grâce au roi : Bathori fit livrer au bourreau le coupable, dont la tête fut tranchée. Les frères de Zborovski recoururent aux armes, mais l'un, appelé Christophe, fut condamné à mort par la diète, et n'échappa que par la fuite au dernier supplice. On a reproché avec beaucoup d'injustice à la mémoire de Bathori l'accès qu'il donna aux jésuites dans ses États ; mais ces pères, étrangers alors aux mouvements et aux intrigues politiques des cours, n'avaient pas encore soulevé contre eux cette foule d'ennemis, sous lesquels ils ont succombé ; ils apportaient à la Pologne des lumières, de l'instruction et une grande ardeur de catholicisme : pourquoi donc leur aurait-on fermé l'entrée du royaume ? On ne peut juger les *religieux* que comme les autres hommes, sur des faits accomplis, et l'ordre de Jésus était encore nouveau dans l'Europe. Bathori, qui déployait tous ses efforts pour policer la Pologne, devait donc accueillir avec faveur des moines dont l'instruction était étendue, la foi ardente, et les manières pleines d'élé-

... nce et de savoir-vivre. Un historien français, dont le nom fait autorité, Rulhière (1), a rendu la justice la plus éclatante au génie du prince dont je viens de narrer d'une manière si brève les actions. « Dans l'ancienne » histoire de la république, » dit-il, « ce » temps est son plus bel âge. La liberté, par» venue à son plus haut période, si on peut » parler ainsi d'une liberté qui n'est pas fon» dée sur de sages lois, allait décliner rapi» dement vers l'anarchie ; mais les abus nais» sants n'avaient encore donné aux âmes que » plus d'élévation et de force. Au milieu de » l'Europe agitée, la république était floris» sante et tranquille, pleine de grands » hommes et de grands courages, pacifique à » la fois et guerrière ; elle opposa une bar» rière insurmontable aux premières incur» sions des Moscovites, dont les armées » de ce temps-là avaient effrayé l'Europe. »

Bathori n'eut aucun enfant de la princesse Anne, qui avait, dit-on, soixante ans quand il l'épousa. On a consacré à ce grand monarque l'épitaphe suivante : « Il fut dans le » temple plus qu'un prêtre, dans la répu» blique plus qu'un roi, sur le tribunal plus » qu'un jurisconsulte, à l'armée plus qu'un » général, dans l'action plus qu'un soldat, » dans l'adversité et le pardon des injures » plus qu'un homme, dans la défense de la » liberté plus qu'un citoyen, dans les rapports » de l'amitié bien plus qu'un ami, dans le » commerce plus que sociable, à la chasse » contre les bêtes féroces plus qu'un lion, et » dans toute sa vie plus qu'un philosophe (2). » J'ajouterai qu'il fut le dernier des rois de Pologne qui réussirent à conserver les prérogatives indispensables de la couronne : dans cette lutte il se montra plein d'énergie et d'habileté, quoiqu'il portât d'ailleurs le plus profond respect aux libertés du royaume. Il disait souvent aux nobles : « O Polonais ! ce » n'est pas l'ordre légal, vous n'en avez point ; » ce n'est pas le gouvernement, vous le mé» prisez ; c'est le destin seul qui régit votre » république. » Ce prince aurait dû plutôt dire : Polonais, si votre république existe encore, c'est grâce à l'anarchie qui, sous d'autres formes, se montre chez vos voisins ; que l'unité monarchique inspirée par le génie paraisse à son tour, et vous disparaîtrez du catalogue des nations.

Les nouvelles doctrines religieuses répandues par Luther et par Calvin avaient pénétré dans la Pologne, comme parmi toutes les autres nations de l'Europe. Il semble, au premier instant, que les sujets des Jagellons devaient incliner vers la réforme, qui reposait sur *le libre examen*, ou, en d'autres termes, apportait, en matière de foi, la liberté qui existait déjà dans les institutions politiques du pays. Mais il ne faut jamais oublier qu'on ne considérait comme citoyens, en Pologne, que les nobles seuls ; le reste de la population languissait dans l'esclavage. Les paysans et les bourgeois des villes, étrangers à toute espèce de mouvement intellectuel, restèrent fidèles aux vieilles croyances du catholicisme ; quelques nobles seulement se firent luthériens ou calvinistes : on les appela *dissidents*, et, plus tard, des lois d'exception furent prononcées contre eux. Cependant, si la majorité des nobles n'eût considéré que son propre intérêt, elle aurait dû embrasser les nouvelles opinions religieuses, ne fût-ce que par opposition à la maison d'Autriche, qui était restée fidèle au catholicisme. En effet cette famille, qu'on avait vu sous Charles-Quint, aspirer à la domination universelle, avait une de ses branches en Espagne, tandis que l'autre occupait en Allemagne les trônes de Bohême et de Hongrie. Or, comme la Pologne choisissait elle-même ses rois, trois princes autrichiens s'étaient déjà mis sur les rangs ; et, chose remarquable, quatre archiduchesses avaient été unies, dans un espace de temps assez court, à quatre souverains qui avaient porté la couronne élective ! Il importait donc beaucoup aux Polonais de ne

---

(1) Histoire de l'anarchie de Pologne.

(2) In templo plus quàm sacerdos, in republicâ plus quàm rex, in sententiâ dicendâ plus quàm jurisconsultus, in exercitu plus quàm imperator, in acie plus quàm miles, in adversis perferendis, injuriisque condonandis plus quàm vir, in publicâ libertate tuendâ plus quàm civis, in amicitiâ colendâ plus quàm amicus, in convictu plus quàm familiaris, in venatione ferisque domandis plus quàm leo, in totâ reliquâ vitâ plus quàm philosophus.

pas placer le sceptre entre les mains d'un prince de la famille d'Autriche ; et cependant l'un d'eux déjà, Maximilien, avait signalé ses prétentions à la couronne : il était soutenu par la famille Zborovski. Dans des circonstances aussi délicates, la diète réunie après la mort de Bathori, élut pour roi [1587] Sigismond III Vasa. Ce jeune prince descendait, par sa mère, des Jagellons. C'était donc un choix qui paraissait habilement concerté, car l'influence de la maison d'Autriche était écartée, et la liberté des nobles polonais était en sûreté. Mais Sigismond portait l'attachement le plus sincère et le plus profond à la religion catholique, et on le laissa prendre pour femme une archiduchesse d'Autriche. Le nouveau roi nommé par les Polonais avait, en outre, droit au trône de Suède du chef de son père ; ce dernier avait embrassé le luthéranisme, ainsi que tout son peuple. Sigismond se trouvait donc séparé par un abîme des sujets que son droit de naissance lui avait donnés. L'archiduc Maximilien et ses partisans en appelèrent aux armes. Le grand-général Zamoyski força l'archiduc de quitter Varsovie. Celui-ci fut fait prisonnier de guerre en 1588, et n'obtint sa liberté qu'en renonçant à ses prétentions à la couronne de Pologne. Voilà donc Sigismond Vasa tranquille possesseur du trône électif qu'il a obtenu. Le roi de Suède, son père, meurt : après quelques difficultés, il part pour aller recueillir l'héritage qui lui était destiné dans la Scandinavie. Mais Sigismond Vasa, dont la foi était ardente, donna des preuves si nombreuses de catholicisme, que le duc, son oncle, connu dans l'histoire sous le nom de Charles IX, lui ravit la couronne de Suède. Converti au luthéranisme, il avait en sa faveur l'opinion générale. Les Polonais intervinrent dans la défense de leur roi, et remportèrent une victoire célèbre à Kircholm [1605] ; mais les Suédois ne s'emparèrent pas moins de presque toute la Livonie. D'un autre côté, Sigismond, dirigé exclusivement par les jésuites, se livra à des persécutions contre les nobles polonais qui étaient devenus protestants ; ils se trouvèrent repoussés de tous les emplois publics. A ces premières attaques en succédèrent d'autres : elles aigrirent la population ; car, sous les derniers règnes des Jagellons, la tolérance la plus complète était une des maximes favorites de leur gouvernement. Bref, les jésuites employèrent leurs efforts pour amener la fermeture de tous les établissements d'éducation publique qui étaient dirigés par des hommes ne faisant pas partie de leur ordre. Enfin, affirme Léonard Chodzko (1), « quand Sigismond vint » en Pologne, la majorité du sénat était pro» testante ; à sa mort, deux membres seuls » n'étaient pas catholiques. »

Il était facile de prévoir ce qui devait résulter de tant de fautes accumulées les unes sur les autres, surtout dans un pays comme la Pologne. Une insurrection formidable éclata en 1605 ; en voici l'occasion : le roi, en dépit du consentement du sénat, se maria en secondes noces à une archiduchesse d'Autriche, sœur de sa première femme. On comprit aussitôt les conséquences fâcheuses de cette nouvelle union, et cent mille nobles s'avancèrent, sous les ordres de Sebrzydovski et de Janus Radzivil, pour venir déposer Sigismond. Une sorte de désunion se mit parmi les confédérés, et soixante mille seulement apposèrent leur signature [1607] à l'acte de révolte. Cependant Sigismond, grâce à une victoire qu'il remporta à Guzov, conserva sa couronne ; mais il se vit forcé d'amnistier les chefs de cette formidable insurrection. Au reste, le pouvoir déclinait tellement entre les mains de ce prince, que, dans l'année 1609, une loi déclara légale toute résistance armée ayant pour but de s'opposer aux empiétements de la couronne. Voilà la source d'où découlèrent ces confédérations armées, qui éclatèrent pour ainsi dire à chaque élection, et qui, avec le *liberum veto*, creusèrent le tombeau de la Pologne. Les rois auxquels le discernement des circonstances manque, se jettent souvent au milieu des entreprises les plus téméraires, dans l'espoir de restaurer une puissance qui va déclinant entre leurs mains. Mais l'impéritie, cause de ces malheureuses

---

(1) *Tableau de la Pologne ancienne et moderne*, par Léonard Chodsko.

tentatives, les fait échouer, et alors ces monarques imbécilles, faute d'avoir su respecter les droits légitimes de leurs sujets, leur en accordent d'autres auxquels il ne doivent pas prétendre, et qui amènent une anarchie contre laquelle il est impossible de lutter. Sigismond III, qui s'était livré sans mesure à l'intolérance religieuse, dans un pays où naguère toutes les opinions religieuses étaient libres, sanctionna, en politique, le droit de la révolte armée. Un publiciste anglais a fait, sur les confédérations des nobles polonais, des remarques qui tendent à les justifier. Ces remarques je les mets par esprit d'impartialité, sous les yeux du lecteur : « Elles avaient quelque chose de par» ticulier (les confédérations), qui mé» rite d'autant plus d'être remarqué, » qu'on ne trouve rien de pareil chez un » autre peuple. On voit partout des révoltes » contre l'autorité souveraine, mais l'ori» gine en est secrète, la marche sans ordre, » et presque toujours sans suite. En Polo» gne, au contraire, les nobles s'associent » publiquement pour se faire rendre justice, » et établir de force ce qu'ils veulent. Au » lieu de se cacher, ils publient des mani» festes, ils font des réglements et les sui» vent ; et, quand on voit une confédération » liguée contre le roi ou d'autres confédé» rations, *on croit voir une nation liguée* » *contre une nation voisine*, et non pas » *des rebelles en armes contre l'au*» *torité souveraine au milieu de l'État.*» Je demanderai, à mon tour, au publiciste anglais s'il y a des chances de durée pour un gouvernement dont les sujets se divisent en deux camps au moment de l'élection du chef suprême, et donnent, dans une circonstance aussi difficile, le spectacle *d'une nation liguée contre une autre nation* ; l'existence de la Pologne, jusqu'à la fin du dix-huitième siècle, est donc une espèce de merveille.

Il ne me reste plus qu'à raconter en peu de mots la fin du règne de Sigismond. On aurait pu espérer que l'expérience, résultat de l'âge, aurait fait éviter à ce prince, instruit par le malheur, de nouvelles fautes : il finit comme il avait commencé, et, pour le malheur des Polonais, ce prince resta plus de trente ans sur le trône. Un jeune Moscovite prétendit, sous le nom de Démétrius(1), être le possesseur légitime de la Russie : la fortune lui fut un instant favorable. La guerre civile éclata bientôt au sein de l'empire, et les Polonais pénétrèrent dans Moscou. Sigismond voulut profiter du succès de ses troupes pour contraindre les Russes à reconnaître la suprématie du Saint-Siège et à rentrer dans l'unité catholique. Les Russes portèrent alors sur le trône la maison des Romanof; les Polonais, de leur côté, perdirent Moscou, et ne gardèrent, de toutes leurs conquêtes, que Smolensk et le duché de Severie. Sigismond s'engagea, en outre, dans une guerre imprudente avec les Turcs : ceux-ci le battirent d'abord; mais, grâce à une victoire éclatante remportée par Zolkievski, les Polonais obtinrent une paix honorable. Enfin, à la suite d'hostilités avec Gustave-Adolphe, ce *lion du nord*, les Suédois, malgré une trève, signée en 1625, enlevèrent à la Pologne [1629] la Livonie et une grande partie de la Prusse. Bref, Sigismond Vasa rendit le dernier soupir en 1632.

On aurait pu croire qu'à la suite de toutes les fautes commises par Sigismond Vasa, le choix des Polonais se serait porté sur une autre famille; mais Uladislas, fils aîné du dernier roi, descendait, par les femmes, des Jagellons : c'était un motif suffisant pour qu'on lui donnât la couronne. Loin de trouver un rival dans Jean-Casimir, son frère, qui était issu d'un second mariage, Uladislas, au contraire, fut appuyé vivement par ce jeune prince, qui se montra rempli de dédain pour les mauvais conseils que lui prodigua sa mère. Les Polonais n'eurent pas à se repentir d'avoir assis sur le trône Uladislas [1632] : habitué aux fatigues de la guerre, il rendit au pays qui l'avait vu naître une partie de son ancienne splendeur : il triompha des Russes, et les réduisit [1634] à recevoir le traité de Viazma. Gustave-Adolphe, après être accouru en Allemagne au secours des protestants, et avoir ébranlé la puissante

---

(1) Voir mon histoire de Russie au commencement du volume.

maison d'Autriche, fut tué à la bataille de Lutzen, laissant pour héritier une fille, Christine. Cette dernière était encore dans l'enfance, on lui nomma un régent. Le roi de Pologne profita d'une circonstance aussi favorable pour obtenir la restitution de la Prusse et signer à Stumsdorf une paix avantageuse avec le cabinet de Stockholm, et il réduisit l'empereur des Turcs à faire couper le cou à un de ses pachas pour avoir violé le traité de paix conclu avec Sigismond. Bref, le règne d'Uladislas eût été plein de gloire, sans une révolte imprudemment provoquée chez les Cosaques, et à laquelle se mêlèrent plus tard des persécutions religieuses. Le lecteur a encore présente à la mémoire l'heureuse conception de Bathori, qui était parvenu à rattacher ces tribus à la Pologne, qu'elles protégeaient contre les Russes, les Tatars et les Turcs.

Mais quelques nobles voyaient avec peine leurs esclaves se retirer au milieu des Cosaques, où ils trouvaient une existence douce et tranquille, comparée aux mauvais traitements que leur réservaient leurs maîtres. Il paraîtrait, d'un autre côté, que, cédant aux sollicitations de la maison d'Autriche, ces peuplades faisaient des excursions sur le territoire ottoman. Les starostes, pour venger les nobles, et pour imposer en même temps de la crainte aux Cosaques, les soumettaient aux traitements les plus rigoureux, et même les condamnaient à devenir esclaves; enfin, ils faisaient plus : ils réduisaient ces infortunés à renoncer au rite grec pour embrasser la foi catholique. Les Cosaques frémissaient d'indignation : Uladislas, pour les contenir, fit construire la forteresse de Cudac. Toutes ces mesures se trouvaient en opposition avec la politique si douce et si habile que Bathori avait naguère adoptée à l'égard de ces populations, alors à demi sauvages. Les Cosaques, réduits au désespoir, se soulevèrent ; mais ils furent soumis par la force des armes [1638] : on leur enleva leur hetman, et tous ceux qu'on ne fit pas entrer de force dans les rangs de l'armée polonaise furent déclarés esclaves. On avait d'abord accordé sa grâce à leur chef Pavluk, mais on la révoqua pour le livrer au bourreau. Ce nouveau crime porta au plus haut degré la rage des Cosaques, qui perdaient tout à la fois leur religion et leur prince. Se venger, ce n'était plus pour eux qu'une affaire d'à-propos ou de temps. Mais Uladislas ne tarda pas à être puni par ses complices, les nobles : après l'avoir poussé à des démarches aussi imprudentes que cruelles, ils essayèrent de les tourner contre le roi. En effet, ils se plaignirent de l'introduction des Cosaques dans les rangs de l'armée; introduction qui, à les entendre, devait avoir pour résultat que le monarque les priverait de leurs priviléges, puisqu'il avait désormais à sa disposition des forces considérables. Ces clameurs devinrent si violentes, elles présageaient au prince de si grands périls, qu'à la diète de 1646 il licencia les troupes, et réduisit la garde royale à douze mille hommes. Uladislas, qui méditait diverses réformes destinées à rappeler l'ordre au sein de la Pologne, vit tous ses projets confondus; car les nobles, dont le concours lui était indispensable, le regardèrent comme un tyran contre lequel il fallait accumuler tous les genres de précautions. « Le même sort frappa son institution
» de la Conception de la Vierge-Marie. La
» loi de 1638 prohiba jusqu'aux plus insi-
» gnifiantes distinctions, et les titres con-
» traires à l'égalité parmi la noblesse. Quel-
» ques évêques seulement, et plusieurs fa-
» milles issues des anciens ducs de Lithuanie,
» eurent la liberté de porter le titre de
» princes, et la famille Ossolinski celui de
» comte, mais à condition que ce titre n'em-
» porterait aucune autre prérogative (1). »
C'est ici le lieu de faire une remarque destinée à fournir l'explication des fléaux qui, pendant les deux derniers siècles de son existence, ont désolé la Pologne : plus l'égalité fait de progrès au sein de la démocratie nobiliaire, plus aussi ce royaume se précipite vers sa ruine définitive. Il ne faudrait pas croire, néanmoins, que tous les nobles polonais fussent saisis du même esprit d'aveuglement : plusieurs comprenaient que la patrie était poussée à l'abîme ; ils joi-

---

(1) *Tableau de la Pologne ancienne et moderne*, par L. Chodsko.

gnirent leurs efforts à ceux des monarques, mais eux-mêmes étaient entraînés par la violence du torrent. Ainsi, ce fut en vain qu'Uladislas vit plusieurs de ses mesures recevoir l'appui de deux personnages influents, Jérôme Radzieïovski et Georges Ossolinski. Cependant, je le répète, les mêmes mesures n'en échouèrent pas moins.

Un dernier incident, produit par la violence d'un Polonais appelé Czaplinski, et qui était homme d'affaires de la famille Koniecpolksi, causa un embrâsement général dont le roi ne put voir la fin. Czaplinski s'empara de la femme d'un gentilhomme polonais, connu sous le nom de Chmielnicki, et fit fustiger son fils. A la suite de tant d'actes abominables, Chmielnicki réclama la justice des tribunaux; elle lui fut refusée. Il se retira chez les Tatars et les Cosaques, les appela aux armes; et, se mettant à leur tête, il commença le siège de la forteresse de Cudak. C'est au milieu de tous les embarras produits par cette nouvelle crise, qu'Ulasdislas rendit le dernier soupir [1648] : il avait régné en tout seize ans. Les Cosaques et les Tatars continuèrent le cours des hostilités; mais ils éprouvèrent une défaite pendant qu'on s'occupait de choisir un successeur au dernier monarque; ces tribus, sans se laisser abattre, prirent de nouveau les armes, fondirent sur les Polonais à Pilavce, les mirent tous en fuite, et marchèrent sur Léopol et Zamosc. Pendant ce temps, on choisit pour roi Jean-Casimir Vasa; le sang des Jagellons, du côté des femmes, coulait dans ses veines; et comme le dernier monarque n'avait pas laissé d'enfant, on lui donna la couronne. Il était loin cependant de commander à une armée ou d'être appuyé par une puissance étrangère; il y avait en outre un motif qui paraissait déterminant pour l'éloigner du trône : il avait embrassé l'état ecclésiastique, et s'était fait recevoir dans l'ordre des jésuites. Or, ces religieux, à partir du règne de Bathori, avaient joué un rôle fâcheux dans les affaires de l'État. On les avait vu mêlés à une foule d'intrigues; ils avaient, en outre, dirigé des persécutions, soit contre les dissidents, soit contre tous ceux qui, depuis long-temps, étaient chargés de la mission si difficile d'élever la jeunesse. Les nobles polonais devaient donc craindre que le nouveau roi, quoique devenu cardinal, n'eût pas oublié les doctrines qu'il avait puisées chez ses anciens confrères les jésuites. Enfin, si des guerres éclataient, comment un ancien moine s'entendrait-il à les conduire? étranger au métier des armes, pourrait-il jamais réussir à soumettre les Cosaques et les Tatars, qui, dans ce moment même, menaçaient l'indépendance nationale? Tous ces inconvénients disparurent devant ce seul fait : Casimir descendait des Jagellons par les femmes!... et on le nomma roi de Pologne [1648].

Le frère d'Uladislas avait des principes de justice fortement arrêtés : il blâma donc la conduite qui avait été tenue à l'égard de Chmielnicki, et dont la guerre actuelle était une des causes. Avant de songer à exterminer les Cosaques par la force, il voulut recourir à des moyens de conciliation, et fit parvenir à Chmielnicki le bâton d'hetman, ou de chef suprême de ces tribus. Ce dernier accueillit avec joie la marque d'honneur qui lui était offerte; mais il ne put faire admettre certains droits que réclamaient les Cosaques ni des mesures qu'il sollicitaient contre les jésuites. La guerre seule devait trancher le nœud gordien. Les nobles crurent reconnaître que Casimir n'apportait pas un dévouement complet à venger les injures qu'ils prétendaient avoir reçues de Chmielnicki et des tribus qui obéissaient à ses ordres. Il en résulta une très-grande froideur de leur part envers le nouveau monarque qu'ils venaient si récemment de choisir. Cependant les nobles s'imposèrent les plus grands sacrifices personnels, et les hostilités reprirent leur cours, mais avec une férocité inouïe : nul quartier n'était fait aux vaincus ou aux prisonniers. Les villes comme les hameaux étaient livrés aux flammes, et des masses entières étaient passées au fil de l'épée comme s'il se fût agi d'un seul homme. Chmielnicki faisait sans doute des pertes nombreuses; mais il trouvait toujours à les réparer. Casimir s'était enfin mis à la tête des troupes; soit défaut d'habileté ou soit découragement, il fut enveloppé dans son camp de Zborow [1649], et consentit à ce que le fleuve du Horyn servît désormais de barrière aux Cosaques. Il accorda encore d'autres avantages aux vainqueurs : les Grecs co-religionnaires de ces derniers possédèrent plusieurs siéges dans le sénat polonais. Les jésuites, si odieux à ces peuplades, ne devaient pas plus que les juifs, franchir le Horyn. Enfin Chmielnicki avait le droit d'entretenir quarante mille hommes sous les armes. De nouvelles hostilités surgirent bientôt, et Casimir, triomphant à son tour à Bersteczko, de tant de concessions qu'il avait faites jadis aux Cosaques, se borna seulement à les délivrer du poids de la corvée. Mais Chmielnicki réussit, l'année suivante, à suprendre l'armée polonaise à Batov, et contraignit le roi à reconnaître le traité de 1649. Devenus définitivement vainqueurs, les Cosaques se refusèrent à réduire leurs troupes à quarante mille combattants. Les évêques catholiques, de leur côté, annoncèrent l'intention d'abandonner le sénat, si des prêtres grecs y étaient admis. Enfin Chmielnicki se plaça, en 1654, sous la protection du czar.

A tant de calamités qui affligeaient la Pologne, vint s'en joindre une nouvelle : Casimir Vasa avait des droits légitimes sur le trône de Suède; il se considérait donc toujours comme le monarque de cette contrée, et en conservait le titre. Charles Gustave, de son côté, possédait la couronne. Il profita des difficultés au milieu desquelles se débattait Casimir pour aggraver sa position. Les nobles polonais, comme le lecteur en a déjà eu tant de fois la preuve, vivaient dans des luttes perpétuelles contre leur prince : tantôt ils lui imposaient des conditions rigoureuses, tantôt aussi ils étaient réduits à plier sous sa volonté; quelquefois, afin d'échapper à son juste ressentiment, ils se sauvaient en pays étranger pour ourdir contre leur patrie les projets les plus criminels. Radziciovski avait à se plaindre de Casimir, qui avait séduit sa femme. Le mari trompé chercha un refuge dans les murs de Stockholm, et décida le monarque suédois à pénétrer dans la Pologne. Chez tous les peuples où des formes républicaines permettent aux opinions les plus opposées de se faire librement jour, des partis hostiles les uns aux aux autres naissent et se combattent avec un acharnement qui, tôt ou tard, entraîne pour les vaincus les conditions les plus rigoureuses : de part et d'autre on arrive à cet excès de fureur, qu'on appelle l'étranger à son secours. Ce sort fut souvent réservé à la Pologne, surtout dès que les prérogatives les plus essentielles des rois leur furent ravies. Radziciovski, non-seulement servit d'introducteur à Charles-Gustave, mais d'autres mécontents lui ouvrirent les portes de Varsovie, qui tomba au pouvoir des Suédois. Ce n'est pas tout : Janus Radzivil livra une partie de la Lithuanie; tandis que les Russes, devenus les maîtres de Smolensk et de Vilna, marchèrent sur Léopol. Ainsi, grâce aux discordes qui s'étaient élevées entre le roi et quelques grands, le royaume était entre les mains de l'ennemi. Dans cette extrémité, Casimir se sauva en Silésie; et, comme si tant de désastres n'eussent pas suffi au présent, l'anarchie la plus effroyable régnait dans la diète comme dans les diétines. Ce fut à cette déplorable époque que surgit le *liberum veto*, cette fatale unanimité des votes imposée aux assemblées délibérantes des nobles; de sorte qu'un seul d'entre eux pouvait empêcher l'élection d'un roi. Sycienski, nonce d'Upila, fut le premier qui introduisit cette innovation. Heureux les Polonais, s'ils l'eussent repoussée avec une légitime indignation! mais elle fut reçue, pour ainsi dire, avec joie, car elle sympathisait avec leurs mœurs politiques. « En vain, » dit Rulhière (1), « on
» représenta, en pleine diète, que c'était
» perdre la république, lui ôter les moyens
» de se gouverner et de pourvoir à sa dé-
» fense, plusieurs députés répondirent
» qu'ils aimaient mieux exposer l'État aux
» invasions étrangères, que de souffrir la
» moindre atteinte à leur liberté. Le *liberum*
» *veto*, malgré toutes les réclamations, s'est
» donc maintenu dans toute sa puissance,
» toujours maudit et toujours respecté. »

Cependant Casimir ne désespéra pas de

(1) *Histoire de l'Anarchie de Pologne*, liv. I, p. 49.

son sort : quelques nobles, qui appartenaient aux palatinats prussiens, lui restèrent fidèles, et un simple moine défendit avec tant de courage la forteresse de Czenstochova, que les Suédois ne purent jamais en devenir les maîtres. Les Polonais ne tardèrent pas à s'indigner du joug des étrangers ; ils étaient réduits à subir l'amertume des traitements, partage ordinaire des vaincus, eux qui commandaient jadis à leurs rois ! Charles-Gustave les écrasait d'impôts : il ne fallait qu'un premier exemple de résistance ; il venait d'être donné par un simple moine, et des guerriers n'oseraient pas recourir à leurs armes ! Les nobles polonais jurent de vaincre ou de mourir : les Potochi et Stanislas Lanckoronski organisent une confédération [1655] à Tyszovce, à laquelle Casimir appose son seing royal. Tandis que des troupes combattent déjà sous les ordres de Georges Lubomirski et d'Étienne Czarniecki, les Suédois sont détruits en détail sur tous les points du territoire : la Pologne semble s'être levée en masse. Il est impossible désormais à un seul prince de la conserver : c'est une proie qu'il faut partager en commun. Telle est la pensée de Charles-Gustave : il offre la Grande-Pologne à l'électeur de Brandebourg, donne la Petite-Pologne à Georges Radoczy, palatin de Transylvanie ; la Lithuanie devient le lot de Janus Radzivil. En retour, le roi de Suède compta de nombreux soldats sous ses drapeaux, et, grâce à ces renforts, resta vainqueur à Praga, et put assiéger de nouveau Varsovie ; mais, à titre de compensation, le palatin de Transylvanie éprouva une défaite sanglante à Cracovie.

En dépit de leur courage et des sacrifices de tous genres qu'ils s'imposaient, les nobles polonais reconnurent qu'ils ne pourraient pas reconquérir l'indépendance de leur patrie par les armes seules ; ils eurent recours, ainsi que Casimir, à d'habiles négociations avec les princes que leur position rendait les adversaires de Charles-Gustave. L'empereur d'Allemagne fournit des secours, et reçut, comme gages des frais de guerre dans lesquels il allait s'engager, les salines de Viéliczka. On obtint la suspension des hostilités avec les Moscovites ; enfin on conclut un traité de paix avec l'électeur de Brandebourg [1657], et la Prusse échappa à la suzeraineté de la Pologne. Enfin Casimir compta les Danois au nombre de ses alliés. Cette dernière combinaison politique eut les résultats les plus heureux, car le roi de Suède emmena ses troupes avec lui pour aller combattre dans le Danemarck. Il est indispensable maintenant de revenir sur un fait accompli depuis quelques années : c'est en 1652 que Sycinski, nonce d'Upita, use pour la première fois du redoutable privilége appelé *liberum veto*, et il enfante de tels désastres, qu'en 1657 la Pologne est réduite aux abois. L'histoire ne doit pas servir seulement à distraire l'esprit et à divertir la curiosité : c'est une science positive, fertile en instructions pour les peuples comme pour les rois ; elle offre des principes incontestables, dont l'absence ou la simple modification fournissent des résultats qu'on peut prédire. L'histoire, en un mot est *la logique des faits* : la Pologne en est la preuve incontestable. Ainsi se trouve réduit en poussière le misérable système de *fatalité* qu'on a voulu introduire de nos jours dans une science toute *morale* : justification commode des crimes les plus épouvantables. Les hommes, dépouillés de leur conscience comme de leur libre arbitre, n'interviendraient plus, au milieu des faits, que comme des agents inertes poussés au gré du hasard. Dans les événements de la vie privée ils seront doués d'attention, de prudence, de perspicacité et de résolution ! ! Mais, lancés dans les affaires publiques, ils deviennent tout-à-fait dépourvus de sagacité, de force, de discernement et de volonté ! ! Ainsi, c'est au moment où ils déploient leur véritable grandeur, parce qu'ils se trouvent dans des circonstances qui les exaltent, qu'ils tombent au-dessous d'eux-mêmes. Tel est le système de *fatalité* que des sophistes, avocats de *bourreaux* (1), ont vou-

(1) Le misérable système de *fatalité* que j'attaque dans ce moment, a été imaginé pour la plus grande gloire des Marat et des Robespierre, de ces hommes de sang qui ont décimé la France : il y a beaucoup plus de rapports qu'on ne le croit entre les sophistes et les bourreaux, ce sont gens de la même famille.

lu faire prévaloir de nos jours ; système dont le plus léger examen fait ressortir les contradictions, et que la conscience doit repousser, parce que, s'il triomphait jamais, la civilisation deviendrait impossible, puisqu'elle repose, en définitive, sur la responsabilité, cette conséquence de nos œuvres personnelles : et, que devient à son tour cette même responsabilité, du moment où il n'y a pas libre arbitre pour nous ? Alors disparaissent tout à la fois devoirs, lumières et conscience.

Je reprends la suite du règne de Casimir, où la gloire eut aussi sa place : en effet, Czarniecki se mettant sur les traces des Suédois, en triompha dans diverses rencontres. Cette guerre, si désastreuse, eut pour conclusion le traité d'Oliva [1660]. En dernier résultat, Casimir consentit à perdre son vain titre de roi de Suède ; il céda, en outre, presque toute *la Livonie*, à l'exception d'un seul palatinat. La Pologne, comme on le voit, tendait toujours à s'amoindrir. Quant aux Suédois, ils renoncèrent à leur prétendu droit de conquête sur ce royaume. « Depuis, » dit un historien, « la Pologne cessa d'être » comptée au nombre des puissances du pre-» mier ordre. » Une nouvelle guerre survint avec les Moscovites, relativement aux Cosaques, dont un certain nombre voulut rentrer dans l'alliance de la Pologne. Je laisse de côté une multitude de petits détails sans intérêt, pour dire que Casimir et le général Czraniecki obtinrent de grands succès militaires ; mais ils furent stériles, car l'anarchie existait même dans les rangs de l'armée, et on la vit déserter de glorieux combats pour venir réclamer de sa patrie couverte de ruines, un arriéré de paye [1662]. En présence d'un péril aussi imminent, les évêques Florian Czartoriski et Georges Biallozor n'hésitèrent pas à livrer les ornements et les richesses des églises. Il fallait sauver le Pologne, car les diètes, à force de désordres, étaient devenues incapables de prendre de sages délibérations. En effet, à part le *liberum veto*, récemment introduit, on continuait de délibérer, dans ces assemblées, le sabre au côté, « usage » qui prévalut, malgré les lois de 1496 et » de 1507, puisqu'il était tout naturel qu'un » peuple tout militaire fût attaché à ses at-» tributs guerriers (1). » Les rivalités des nobles, les agitations, les intrigues, les combats qu'elles produisaient, enfin toutes les causes d'une ruine prochaine ne se montraient pas seules : les épouses des rois de Pologne avaient aussi leurs prétentions et formaient des ligues. Un des plus graves inconvénients des couronnes électives, c'est que ceux qui en sont possesseurs se hâtent de leur demander tout-à-coup des avantages nombreux : ils ignorent s'ils seront le lendemain sur le trône, ils veulent accumuler jouissances sur jouissances. Le roi n'a-t-il pas d'enfants issus de son mariage, et penche-t-il à renoncer au trône, sa compagne, alors, essaie de lui donner pour successeur un prince sur le dévouement duquel elle compte. Dans une monarchie viagère, on escompte sans cesse le présent au profit de l'avenir. Nous acquerrons plus tard la preuve de l'influence fatale qu'une reine de Pologne exerça sur son mari, un des plus grands monarques de son siècle : il suffisait à la femme qui partageait le trône d'acheter l'opposition d'un seul noble, et ce dernier, au moyen du *liberum veto*, annulait toutes les opérations d'une diète. La reine Marie-Louise de Gonzague, épouse de Casimir, voulait que la couronne tombât sur la tête du prince de Condé ; Georges Lubomirski s'opposa vivement à ce projet, qu'il regardait comme fatal à l'indépendance de la patrie. Cet acte de résistance, qui fut d'ailleurs partagé par d'autres Polonais, valut à Lubomirski la haine de la reine. Elle réussit à mettre dans ses intérêts Nicolas Prazmovski, chancelier de la couronne, et, d'accord, ils soutinrent que l'ancien vainqueur des Moscovites avait l'ambition de se faire *protecteur du royaume, comme un autre Cromwell*.

Il n'en fallut pas davantage pour que la diète de 1664 prononçât la peine de mort contre Lubomirski, qu'elle dépouilla en outre de ses dignités ; mais ce grand homme était absent. Il ne put vaincre, néanmoins, le ressentiment que lui inspira un arrêt aussi

---

(1) *Tableau de la Pologne ancienne et moderne*, par Léonard Chodzko.

inique, et ala se mettre à la tête d'une insurrection qui avait éclaté dans la Grande-Pologne. Casimir leva des troupes pour soumettre son ancien sujet, mais il fut défait à Montvy [1666]. Vainqueur, Lubomirski voulut bien recevoir du monarque une grâce dont il pouvait si aisément se passer, puis il chercha un refuge en Silésie, où il mourut. La reine ne tarda pas aussi à descendre dans la tombe; Casimir témoigna la douleur la plus profonde de cette perte. De nouveaux revers vinrent encore accabler le royaume: les triomphes qui auraient dû avoir les suites les plus heureuses expiraient sans résultat, parce que soumission, argent, discipline, tout manquait à la fois. En dépit des victoires remportées sur les Russes, la Pologne fut donc obligée de baisser la tête sous le traité d'Andruszov, qui lui enleva Smolensk, Severie, Czerniechof et l'Ukraine-Stransborystane. Enfin, pour comble de maux, les Cosaques, qui avaient recherché tout récemment l'alliance de la Pologne, méditèrent de se placer sous la protection de la Turquie. Il me reste à compléter cette esquisse des misères et des abjections où l'anarchie avait précipité une puissance naguère si prépondérante, par le récit des persécutions religieuses, qui, sous le règne de Casimir, furent dirigées par les jésuites contre la secte des sociniens, qui comptait des adeptes dans le royaume. Sans juger en rien leurs doctrines je dirai qu'ils se montraient justes, fidèles, intelligents et courageux. A ce titre, ils devaient jouir de tous les bienfaits d'une tolérance éclairée. Les jésuites, leurs ennemis, arguèrent de l'attachement qu'ils avaient montré aux Suédois, lors de leur invasion; ils reprochèrent, en outre, aux sociniens quelques désordres qu'ils auraient commis. Il s'agissait alors de réclamer contre les coupables les peines prononcées par les lois; mais les jésuites voulaient l'expulsion de ces sectaires, ils l'obtinrent: seulement, on laissa un délai de deux mois à ces malheureux pour disposer de leurs biens. Ils se retirèrent en Hollande, et publièrent contre leur ancienne patrie un manifeste où, selon Bayle (1), se trouve le passage suivant: « La Pologne a attiré sur » elle la colère céleste par les persécutions » qu'elle a multipliées, non-seulement contre » nous, mais contre les évangéliques, au » mépris des lois et de la foi des serments. » De là sont nées les pestes, les calamités » sans fin qui accablent ce peuple, si floris- » sant, si riche, si paisible, tant qu'il res- » pecta la liberté de conscience et de reli- » gion. Dès que le lien qui retenait tous » les cultes sous les lois de l'égalité a été » rompu, la patrie tout entière est tombée » dans un abîme d'infortunes. » Sans doute les sociniens se plaignaient avec justice de l'intolérance maladroite dont ils étaient les victimes; mais attribuer à elle seule tous les maux qui affligeaient le royaume, c'était ramener à une cause unique une multitude de maux qui avaient des sources différentes. Mais, en général, rien ne restreint l'intelligence comme l'esprit de secte: il n'aperçoit au monde qu'un point unique auquel il rapporte tout.

Casimir, accablé sous le poids des maux de la patrie, et exposé aux plaintes continuelles des nobles, voulut rompre avec le pouvoir suprême: il avait perdu sa compagne, il était sans enfants, à quoi bon laisser sur sa tête une couronne où il ne rencontrait que des épines? il résolut d'abdiquer, car il avait toujours présentes à l'esprit ces paroles d'un nonce: « Que les malheurs de » l'État ne finiraient qu'avec son règne. » Entraîné par les sentiments religieux qui, pendant toute sa vie, lui avaient servi de règle de conduite, il adressa une lettre au souverain pontife, Clément IX, dans laquelle se trouve le passage suivant: « Le diadème » que j'ai reçu par la bénédiction aposto- » lique du saint-siège, je le dépose aux pieds » de votre sainteté. » Casimir communiqua ensuite en pleine diète [1669] un écrit, dont le grand chancelier donna lecture. « Le roi a » résolu de mettre un intervalle entre l'agi- » tation du trône et le repos de l'éternité, » dont il veut s'occuper uniquement. Le » moment n'est pas loin où il ne pourra plus » soutenir le poids de la couronne; il aime » mieux le prévenir que d'en être prévenu. » Il a entendu les murmures prononcés contre

---

(1) *Dictionnaire* de Bayle, article *Socin*.

» son gouvernement ; il a su les interpréta-
» tions sinistres qu'on a données plus d une
» fois à ses intentions....; il va délivrer la
» république de ses craintes en lui remettant
» le sceptre qu'il tient d'elle ; c'est un dessein
» irrévocablement arrêté : c'est pourquoi il
» supplie le sénat de s'épargner d'inutiles re-
» présentations. » Le primat employa tous ses
efforts pour faire revenir le roi de sa résolution ; mais il resta inébranlable. Néanmoins,
avant de descendre du trône, il apporta le
dernier tribut de ses conseils aux nobles Polonais. « Je prévois, » leur dit-il, « les mal-
» heurs qui menacent notre patrie, et plût à
» Dieu que je fusse un faux prophète ! Le
» Moscovite et le Cosaque se joindront au
» peuple qui parle la même langue qu'eux,
» et s'approprieront le grand duché de Li-
» thuanie. Les confins de la Grande-Pologne
» seront ouverts au Brandebourg, et la
» Prusse elle-même fera valoir les traités ou
» le droit des armes pour envahir notre ter-
» ritoire. Au milieu de ces démembrements
» de nos États, la maison d'Autriche ne lais-
» sera pas échapper l'occasion de porter ses
» vues sur Cracovie. » Enfin le jour où la
diète devait recevoir l'abdication se leva ; par
un de ces contrastes si ordinaires aux hommes,
les nobles qui, tant de fois, avaient éclaté en
plaintes contre Casimir, furent saisis d'une
profonde douleur au moment de la séparation définitive, et, les larmes aux yeux, ils
vinrent tous lui baiser la main. L'abdication
de ce prince était sincère, et, se retirant en
France, où il rentra dans l'état religieux, il
mourut en 1672, abbé de Saint-Germain-
des-Prés et de Saint-Martin-de-Nevers. Entraîné par la rapidité de mon récit, j'ai oublié de faire mention du reproche qui lui fut
fait d'avoir altéré les monnaies ; cette mesure
était une conséquence forcée de la misère
de la Pologne.

L'abdication de Casimir ouvrit une nouvelle arène non-seulement à l'ambition
des nobles, mais elle détermina plusieurs
princes à se mettre sur les rangs. En première ligne se montra d'abord l'empereur
de Russie : il demandait la couronne pour
un de ses fils. Dans la crainte d'éprouver un
refus, il avait réuni quatre vingt mille
hommes sur les frontières de la Lithuanie ;
un prince de la maison de Lorraine était soutenu par l'empereur d'Allemagne ; le prince
de Condé, ou le duc d'Enghien, était poussé
par la France. Enfin le duc de Neubourg, de
la maison palatine et allié des Jagellons,
employait tous les moyens d'influence que
lui donnaient ses immenses richesses pour
faire tomber sur sa tête la couronne. Tant
de rivalités menaçaient non-seulement de
troubler la diète, mais encore de porter un
coup funeste à l'indépendance de la Pologne.
La petite noblesse, toujours hostile aux
grandes familles, repoussait également tous
les candidats, et elle obtint que l'élection
aurait lieu dans le mois de mai, au lieu d'ê-
tre accomplie dans le mois de février, ainsi
que le désiraient les membres des principales
familles. Ces derniers se présentaient à
Varsovie avec des cortéges si nombreux
qu'on s'attendait aux luttes les plus sanglantes ; ainsi Michel Radziwil était accompagné de seize cents dragons, dans lesquels n'étaient pas compris ses gentilhommes.
Le prince Bogaslas se faisait suivre de quatre mille nobles : tous ces illustres personnages étaient originaires du duché de Lithuanie. Jean Sobieski, grand maréchal de
la diète, s'avançait à la tête de l'armée placée
sous ses ordres ; enfin l'ambassadeur du czar
avait pour cortége six cents boyards. Je ne
retracerai pas, faute d'espace, les intrigues
auxquelles s'abandonnèrent ces diverses factions, je passerai sous silence toutes les ruses employées par les diplomates représentant les principaux cabinets de l'Europe ; je
ne parlerai pas des assassinats commis dans
les rues de Varsovie. Enfin, les divers
chefs de parti, fatigués de ne pouvoir arriver à aucun résultat décisif, convinrent
de déposer les noms des compétiteurs
dans le saint-ciboire, d'où un prêtre, les
yeux bandés, devait les tirer ; mais le 19
juin 1669, tandis que les sénateurs étaient
encore en séance, que les dignitaires du
royaume ne s'étaient pas encore rendus dans
le champ où se faisait l'élection, les cris de
Un Piast! Un Piast! se firent entendre ;
aussitôt Opalinski propose comme roi Michel Koributh Visnioviecki, qui descendait

du frère du roi Jagellon. Michel, malgré sa naissance, vivait dans la plus profonde obscurité, et sans aucune espèce de fortune ; il était faible d'esprit et malsain de corps. A peine les sénateurs se présentèrent-ils dans la plaine qui venait d'être témoin d'un choix si extraordinaire, qu'on les força de donner leur voix à Michel Koributh Visniovieki. « Ce que la petite noblesse accueillit en lui » avec transport ce fut une vie que ne re- » commandaient ni les richesses, ni les » charges, ni le talent, ni la gloire. On ap- » prenait ainsi que le système électif n'avait » pas même sur l'ordre héréditaire l'avantage » de préserver les États du règne de la mé- » diocrité (1). » Casimir, qui n'avait pas encore quitté la Pologne, s'écria, en recevant la nouvelle de cette nomination : « Quoi ! ils » ont élu ce pauvre homme ! » Mais la jalousie que portait la petite noblesse à tout ce qui avait de l'éclat et de la grandeur explique l'élévation d'un nouveau roi, qui, en moins de quatre ans, attira sur la Pologne tous les fléaux réunis.

Michel touchait à sa trentième année ; toutes ses ressources consistaient dans une pension de six mille livres, que lui avait accordée l'ancienne reine de Pologne femme de Casimir. Il avait cherché, mais en vain, à devenir chambellan d'Autriche : loin d'envier la couronne il fallut l'aller chercher au milieu des électeurs du palatinat de Sandomir, dans les rangs desquels il s'était caché ; on le fit monter sur un char superbe, et, traversant les comices, il entendit éclater des houras unanimes. Il versa alors des larmes, mais quand il fut revenu de sa première surprise il céda tout-à-coup à l'enivrement d'une si étonnante fortune, non pas que sa naissance fût au-dessous d'un trône, mais il avait jusque là manqué de toute espèce d'influence, de crédit et de considération. Il n'était connu que par la voracité de son appétit, voracité qui s'augmenta encore dès qu'il fut possesseur de la couronne ; aussi le vit-on dévorer, dans l'espace de quelques heures, mille pommes de la Chine, qu'on lui avait envoyées en présent. Le nouveau monarque se prit aussitôt d'une haine violente contre Sobieski, grand hetman de la couronne et le plus grand général que possédât le royaume. Comme ce palatin, que le lecteur va voir incessamment porter au trône, occupera pendant plus de trente ans la scène politique, c'est ici le lieu de faire connaître son origine et les exploits qui remplirent sa jeunesse. Sobieski descendait d'une longue suite d'ancêtres ; mais le seul qui eût laissé un profond souvenir était Jacques Sobieski, qui se distingua également dans les guerres et les négociations. Quatre fois les nonces le mirent à leur tête dans les diètes, en l'élisant maréchal, et il finit par arriver de charges en charges au poste de premier sénateur séculier de la Pologne, sous le titre de Castellan de Cracovie (1). La fortune de ce noble était prodigieuse : la ville de Zolkiev, cinquante villages et vingt lieues de territoire, ne représentaient qu'une portion de ses domaines. Jean Sobieski et son frère Marc reçurent de leur père l'éducation la plus brillante ; il leur enseigna huit langues et les initia à la connaissance des mathématiques, de l'histoire et de la philosophie ; ils entreprirent ensuite de longs voyages, et vinrent en France. Au moment de leur départ, Jacques Sobieski leur dit : « Ne vous occupez en France que » des arts utiles, car, pour ce qui est de la » danse, vous aurez le temps de vous perfec- » tionner avec les Tatars. » Les jeunes Sobieski furent présentés à la cour d'Anne d'Autriche, mère de Louis XIV. Jean servit dans les mousquetaires ; il fut surtout accueilli par le grand Condé, avec lequel il conserva un commerce épistolaire. Les troubles de la patrie rappelèrent les deux frères en Pologne ; l'un d'eux mourut très-jeune en combattant les Tatars ; l'autre, Jean Sobieski, était parvenu, par des actions d'éclat aux premières dignités du royaume. Il semble qu'après la mort de Casimir on aurait dû choisir Sobieski pour roi, car on avait le pressentiment des périls qui allaient assiéger la Pologne : son salut exigeait un général

---

(1) Histoire de Pologne avant et sous Sobieski, par M. de Salvandy.

(1) Extrait d'une note manuscrite de Sobieski.

habile et courageux ; mais, comme le lecteur le sait déjà, c'est Michel qui lui fut préféré.

Les grands, indignés d'un pareil choix, supplièrent le primat Prazmovski et Jean Sobieski de renverser le roi imbécille entre les mains duquel on avait remis le sceptre des Jagellons : Sobieski répondit par un refus, sur la sincérité duquel plusieurs historiens ont élevé des doutes. Sur ces entrefaites, le royaume était désolé par les attaques continuelles des Cosaques ; leur chef, Doroszensko, livrait tout à feu et à sang, et le nombre des prisonniers qu'il fit fut si considérable, « que le prix courant d'un esclave polonais, » prêtre ou gentilhomme, mais qui avait » passé la force de l'âge, était tombé dans » les marchés à une prise de tabac (1). » Le grand-maréchal résolut de venger sa patrie, mais auparavant il se rendit au sacre de Michel : on essaya même de marier le roi avec la duchesse d'Ostrog, fille de la princesse Sobiesko Radzivill, nièce de Sobieski. Cette union devait avoir pour but d'opérer un rapprochement entre le guerrier et le monarque ; mais Michel accepta la proposition que lui fit faire l'empereur d'Allemagne, de devenir l'époux de sa propre sœur, Éléonore, archiduchesse d'Autriche. C'était là sans doute une illustre alliance, cependant elle devait déplaire aux nobles, en même temps qu'elle élevait de nouveaux nuages entre Sobieski et Michel. Il fallait obtenir l'aveu du sénat ; le roi, dans la crainte d'un refus, ne le demanda pas. Une teinte romanesque s'attache aux événements de la Pologne, et leur assigne une place à part. « Le vice-chancelier » Olzovski va chercher à Vienne l'archidu-» chesse, et ne peut lui porter les présents » d'un époux, faute d'avoir pu obtenir quel-» ques bijoux à crédit chez les juifs de Var-» sovie. Les rigueurs de l'hiver n'effraient » pas Éléonore ; une débâcle même, qui em-» porte le pont du Danube, ne l'arrête point : » impatiente de voler vers l'époux couronné » qui l'attend, elle passe le fleuve sur les » glaces, manque de périr, fait jusqu'à dix » lieues par jour, traîne des régiments après » elle pour intimider la noblesse, qu'on disait » résolue à la repousser [1670], arrive enfin » sur le seuil de la république polonaise, à » Czentochova : l'heureux monarque est ac-» couru sur cette extrême frontière ; il y re-» çoit Éléonore. Le lendemain elle est reine » de Pologne, et, à la pointe du jour, son » royal époux part en poste pour aller assis-» ter à l'ouverture de la diète de Varsovie » et braver les assauts d'une opposition dé-» sormais tardive et inutile (1). » Néanmoins, à la nouvelle d'une pareille union, le plus effroyable tumulte s'éleva dans l'assemblée, et, à quelques pas du monarque, un nonce de son parti reçut un coup de sabre. Quant au revenu que la reine devait toucher, le trouble empêcha d'en déterminer le taux. Cependant Sobieski, à la tête de quelques soldats mal payés, et qui manquaient de chaussures et de pain, réussit encore à repousser les Cosaques au delà du Dniester. Le roi, sensible à un service aussi signalé, lui adressa une dépêche, dans laquelle se rencontre le passage suivant : « Que l'envie » elle-même était réduite à reconnaître qu'a-» près Dieu c'était lui seul, chef d'une si » faible armée, à qui la Pologne devait en-» core une fois son salut. »

Le grand-maréchal insistait pour que l'on fît des concessions aux Cosaques. Michel s'opposa à un dessein aussi sage, et leur chef, Doroszensko, invoqua le secours de la Porte-Ottomane. Sobieski, qui comprend toute l'imminence de ce nouveau péril, supplie le roi de faire rassembler la pospolite ; il n'accède pas à cette mesure, et des nuées de Tatars, avant-garde des Turcs, inondent le royaume : Varsovie est déjà en proie à la terreur. Le grand-maréchal (2) met en fuite ces bandes, et accourt sur le Borystène. Il est bientôt maître de Czetvertinka, Bathev, Stanislav, Human-Mohilov, Braclav, Jampol et Rascov [1671]. Il supplie, à la suite de tant de triomphes, qu'on lui envoie de nouvelles troupes ; il reçoit, pour toute réponse de Michel, que la campagne est terminée. So-

---

(1) *Histoire de Pologne avant et sous le roi Jean Sobieski*, par N. A. de Salvandy.

(1) *Histoire de Pologne avant et sous le roi Jean Sobieski*, par M. de Salvandy.

(2) Sobieski.

bieski tombe malade de désespoir; il est à toute extrémité. Michel, de son côté, veut rentrer en possession des domaines que son père possédait jadis dans l'Ukraine; mais ce dernier avait laissé des souvenirs d'une haine si profonde, qu'ils se réveillent tout-à-coup, et les villes enlevées par Sobieski rentrent sous la domination de Doroszensko. Sur ces entrefaites, un chiaoux se présente à Varsovie, porteur d'un message de Mahomet IV : il annonce que l'Ukraine appartient désormais à la Porte-Ottomane, et qu'elle a reconnu Doroszensko comme prince de ce pays. Les grands attachés au parti français décident qu'il faut renverser le roi, qui ne songe pas même à lever des troupes. On communique ce projet à l'empereur Léopold, beau-frère de Michel, et dont on veut à l'avance apaiser le ressentiment. Il entre dans de pareilles vues, dont on fait également part à Sobieski; mais ce dernier les rejette, parce qu'elles assureront, dit-il, une trop grande influence à la maison d'Autriche. A son tour, il propose de donner pour successeur à Michel le comte de Saint-Pol, de la maison de Longueville, et neveu du grand Condé [1672]. Sobieski, à peine échappé à la maladie cruelle qui a menacé ses jours, presse le monarque et les membres de la diète de faire des propositions honorables à Doroszensko. Ce dernier était à peine placé sous la protection des Ottomans qu'il tremblait pour son sort : il était bien facile de conclure avec lui un traité avantageux. Sobieski veut aussi qu'on relève les fortifications de Kaminiek, qui couvrent les frontières de la Pologne.

Une nouvelle diète est réunie : elle déclare, d'accord avec le roi, qu'il n'y a pas nécessité de recourir aux armes. Sobieski se rend alors au milieu de l'assemblée; le primat Razmouski accuse Michel, et le somme de quitter le trône; le roi se réfugie dans son palais. Dans ce moment, on reçoit la nouvelle que le duc de Longueville, attendu par les familles les plus puissantes comme successeur de Koribut, a été tué au passage du Rhin. On jette les yeux sur Ernest de Brunswick : il est luthérien, évêque d'Ornabruck et marié. Le temps manque à ce prince pour rompre tous ces liens; Michel reprend courage et conserve sa couronne : il lève la pospolite. Le primat du royaume, ennemi le plus acharné du monarque, réunit des troupes dans la résidence épiscopale de Loviez; d'un autre côté l'armée de Sambor, naguère placée sous les ordres de Sobieski, va le rejoindre et s'engage à lui obéir. « J'accepte vos serments, » leur répondit-il, « et la première chose que j'exige » de vous est de sauver la Pologne. » A la tête de quelques milliers d'hommes il tente de conserver Kaminiek; il est trop tard; cette forteresse est au pouvoir des Turcs. Une terreur universelle s'empare du royaume, et Varsovie devient un désert : la moitié du territoire appartient à l'ennemi. Mais tout n'est pas perdu; Sobieski a encore les armes à la main; il bat à Caluz les fils et le frère du kan des Tartares, et sauve trente mille prisonniers qu'ils emmenaient avec eux; puis, par une heureuse surprise, il pénètre dans le camp de Mahomet IV, à Boudchaz, et devient maître du quartier des femmes. Michel, que ces brillants avantages auraient dû rassurer, traite en secret, et cède aux Turcs l'Ukraine, la Podolie et Kaminiek. Le parti qui soutenait ce prince condamne à mort et confisque les biens des plus illustres citoyens de la Pologne. Les soldats de Sobieski, de leur côté, se confédèrent pour embrasser sa défense. La guerre civile et l'étranger dévorent le royaume; tout est trouble, désordre et confusion. Cinq confédérations sous les armes se choquent et se heurtent; ici ce sont les grands, là des armées, puis des Lithuaniens; enfin de petits nobles, de simples valets mêmes se réunissent pour délibérer. Il semble que la Pologne va être engloutie; mais la pospolite rejoint ses foyers, les familles puissantes renvoient leurs troupes, l'armée se donne des quartiers d'hiver, et Sobieski se retire dans ses domaines. Cependant la confédération royale avait transporté son autorité à une *convocation*, espèce de diète, qui est constituée au milieu des tempêtes; elle forme une seule Chambre, dont les délibérations sont prises à la majorité des suffrages; enfin elle ne peut être dissoute par le *liberum veto*. Un parti modéré se forme dans cette assemblée; Sobieski se rend à Loviez pour gagner le primat; mais voilà qu'un gentilhomme qui faisait partie de la *convocation* déclare à haute voix que la forteresse de Kaminiek a été livrée aux Turcs par Sobieski, moyennant deux millions. Le grand-maréchal se présente aussitôt au milieu de l'assemblée, et le calomniateur se rétracte [1673]. Michel porte toujours le titre de roi, mais il ne règne plus. Le traité de Boudchaz est rompu ; il faut recourir de nouveau aux armes : le trésor de l'État renferme à peine cent mille livres. Sobieski marche contre les Turcs ; plus de trente mille hommes sont sous ses drapeaux, et parmi eux brillent les chefs ou les enfants des plus illustres familles. Une révolte éclate parmi les troupes ; le grand-maréchal l'apaise : il remporte alors à Kotzim une victoire mémorable sur les Ottomans. La Pologne est sauvée ; Sobieski est son libérateur. Michel Koributh Viecnoviecki meurt la veille même de la bataille ; il était âgé de trente-cinq ans, et, pour le malheur de la Pologne, il régnait depuis environ quatre ans et demi [1673].

La victoire de Kotzim remplit le royaume de joie, et à peine s'aperçut-on de la mort du dernier monarque. Il fallait le remplacer. L'Europe entière prit part au triomphe de Sobieski. « Il a gagné, » écrivait madame de Sévigné à sa fille (1), « il a » gagné une bataille si pleine et si entière, » qu'il est demeuré quinze mille Turcs sur » la place...., et cette victoire est si grande » qu'on ne doute point qu'il ne soit élu roi. » Ce pressentiment de madame de Sévigné ne tarda pas à être réalisé, non pas qu'un grand nombre de princes ne se missent sur les rangs, ni que les brigues et les factions ordinaires fissent défaut cette fois ; mais l'opinion publique était convaincue qu'il fallait un bras fort comme celui de grand-maréchal pour rendre à la patrie son ancienne splendeur. La diète déclara que les travaux de l'élection ne dureraient que trois semaines, « et fixa au 20 avril 1674 l'ouverture des » comices, qui devaient donner un roi à la » Pologne. On avait deux manières de pour- » voir à l'élection : 1° ce grand acte de la » souveraineté nationale s'accomplissait ou » par une diète simple composée de manda- » taires du pays, du sénat et des nonces ter- » ritoriaux, ou par une diète à cheval, as- » semblée terrible de l'ordre équestre, c'est- » à-dire de la nation entière, accourant en » armes pour élever son nouveau chef sur le » pavois (1). » Avant de se séparer, la convocation décida l'adoption du premier mode, celui qui offrait le moins de chances, sinon aux manœuvres de l'étranger, du moins aux attentats des partis et aux développements des discordes civiles. Sobieski se tint d'abord à l'écart, puis, sortant de sa retraite, il fortifia les passages du Dniester, et prit des dispositions militaires pour repousser une nouvelle invasion des Turcs. Enfin la diète qui doit choisir le nouveau roi est réunie : Sobieski paraît à son tour ; il touchait alors à sa quarantième année ; les drapeaux que sa valeur a conquis à Kotzim précèdent sa marche : comme grand-maréchal il a pour mission d'établir l'ordre au milieu de l'assemblée. L'instant où il doit donner son suffrage est arrivé ; il propose pour roi le grand Condé. Enfin le 19 mai 1674 Stanislas Jablonovski parle en ces termes :

« Parvenus au terme de cette orageuse dis- » cussion, nous sommes tous d'accord sur ce » que doit être notre roi dans les circonstan- » ces qui nous pressent. Nous savons que la » couronne est un fardeau pesant : reste à » savoir qui est le plus de force à le porter. Il » n'est plus question du prince de Neubourg. » Le prince de Lorraine possède des titres à » l'estime de la Pologne ; il en pourrait avoir » à ses suffrages s'il était moins dévoué à un » cabinet de qui nos pères n'ont jamais voulu » tenir ni des princes ni des exemples. Je pense » comme nos pères : je déclare que j'opposerai » au candidat de l'empereur mon *veto*. Rem- » part de la république chrétienne, la Pologne » veut à sa tête un nom glorieux, et Condé » est le premier capitaine de notre âge. Ce » matin je me suis humilié devant Dieu pour » chercher des lumières au pied de la croix » sur une décision qui doit finir le deuil de » mon pays. Je sais bien qu'en nommant

---

(1) 22 décembre 1673.

(1) *Histoire de Pologne avant et sous Jean Sobieski*, par M. de Salvandy.

»Condé je ne me préparerais pas des remords ;
» sa renommée répond pour lui, et cependant
» ce grand homme n'aura pas non plus mon
» suffrage. Condé est vieux, son tempérament
» est affaibli, et nous pouvons avoir un prince
» dans la maturité de l'âge et du génie. Condé
» fut élevé et a vieilli dans un autre gouver-
» nement, d'autres mœurs, d'autres préjugés
» que les nôtres, et nous pouvons avoir un
» roi qui comprenne la liberté et l'égalité, qui
» les chérisse, dont le serment soit sincère
» quand il jurera d'être à la vie et à la mort
» dévoué de cœur à la sainte cause de nos
» lois. Condé ignore notre tactique, nos ar-
» mes, notre système militaire ; il ignore
» notre langue et notre histoire ; il ignore
» jusqu'aux campagnes, aux grandes actions ;
» que dis-je ? jusqu'au nom même de chacun
» de nous ; il lui faudra un siècle pour con-
» naître nos visages, et nous pouvons avoir un
» chef, compagnon et juge de nos travaux,
» citoyen de notre patrie ! Je demande qu'un
» Polonais règne sur la Pologne. Si nos an-
» cêtres eurent souvent recours à des étran-
» gers pour les élever au rang suprême, ce
» fut parce qu'ils redoutaient les luttes sans
» fin de compétiteurs égaux. Aujourd'hui ce
» péril n'est pas à craindre ; la preuve c'est que
» tous les regards viennent sans hésitation et
» sans calcul se fixer sur un seul d'entre nous.
» Parmi nous est un homme que le salut de
» la république, assuré dix fois par ses con-
» seils et par ses victoires, a déjà établi dans
» les respects du monde et dans les nôtres,
» comme le plus grand, le premier des fils de
» la Pologne. En le plaçant à notre tête, nous
» ne ferons que consacrer l'ouvrage de sa
» gloire ; heureux de pouvoir honorer par
» un titre de plus les restes d'une vie dont
» pas un jour ne s'est écoulé qui n'ait appar-
» tenu à la république. Plus heureux de pou-
» voir, pour notre propre salut, affranchir
» d'entraves déplorables, investir de force et
» de puissance le patriotisme et le génie !
» Dans cette élection, rien ne sera donné au
» hasard. Nous savons qu'un tel roi maintien-
» dra notre nation au rang qu'elle occupe
» dans l'univers, puisque lui-même l'a déjà
» maintenue à ce haut degré, ou l'y a portée.
» Celui-là ne fera pas de nous la proie de l'é-
» tranger ; il ne fera pas de lui-même un
» vassal de l'infidèle. Tout ce que nous pour-
» rions souhaiter d'un prince ou en attendre,
» il l'a reçu en partage de sa vertu et de sa
» fortune..... Une dernière considération me
» touche, Polonais : si nous délibérons ici
» en paix sur l'élection d'un roi, si les plus
» illustres dynasties briguent nos suffrages,
» si notre puissance a grandi, si notre liberté
» est debout, si même nous avons une patrie,
» à qui le devons-nous ? Rappelez-vous les
» merveilles de Slobodisza, Padhaïce, Kalusz,
» Kotzim surtout, nom immortel, et prenez
» pour roi Jean Sobieski ! »

A ces derniers mots, des acclamations universelles éclatèrent, et le castellan de Lemberg s'écria :

« Vous savez quels dangers nous envi-
» ronnent ; vous entendez le bruit des arme-
» ments du Turc, la marche de ses troupes,
» ses cris de vengeance, ses ordres de sujétion
» et de repentir. La vie de la république n'est
» qu'un long et noble combat contre les en-
» nemis du monde chrétien. Prenez pour roi
» le héros dont la vie semble avoir été pré-
» destinée par le dévouement de tous les siens
» à n'être qu'un long combat contre les infi-
» dèles, et qu'une longue victoire. Prenez
» celui de tous les candidats dont le nom est
» le plus grand, le plus terrible pour eux,
» celui qu'ils seraient le plus prompt à ex-
» clure s'ils avaient voix délibérative parmi
» nous, celui que le Dieu des chrétiens a
» marqué de son sceau dans le champ de Kot-
» zim, au premier jour de l'interrègne. C'é-
» tait, il vous en souvient, un samedi, comme
» le jour où nous sommes ; le doigt de Dieu
» est là : je vote pour Jean Sobieski (1). »

De toutes parts ce nom glorieux est répété,
et Sobieski est roi de Pologne. Cet événement parvint à Paris par une lettre de la nouvelle reine, Marie Casimir. Elle était née en
France, et avait été attachée, dès l'âge de
onze ans, à la princesse Louise de Gonzague,
épouse en secondes noces de Casimir Vasa.
Fille du marquis d'Arquien, elle avait d'a-
bord été unie au palatin de Sandomir ;
veuve à trente-un ans, elle inspira l'amour le

(1) Zal, t. I, p. 645.

plus vif à Sobieski, qui devint son époux. La suscription qui contenait cette grande nouvelle était ainsi conçue : « A M. le mar- » quis d'Arquien, père de la reine de Po- » logne. » Louis XIV fit aussitôt paraître une feuille officielle, pour annoncer à la France l'élection d'un roi dont les victoires étaient populaires. J'emprunterai à cette pièce la citation suivante. « On peut dire » que jamais élection ne s'était faite en Po- » logne avec plus d'éclat. C'est une espèce » de miracle que le ciel, qui comble sans » cesse la France et son auguste monarque » de ses plus particulières grâces, a voulu » opérer en faveur de leur plus ancien et » plus constant ami, pour le bien de la Po- » logne. » Les premières mesures du monar- que furent pleines de sagesse et d'habileté; non-seulement il pardonna à ses anciens ennemis, mais il les combla de dons, leur accordant en outre les plus hautes dignités. Dès le moment où l'on parvient au trône, on doit croire que des richesses immenses vous attendent, et qu'il reste seulement à puiser dans les coffres de l'État. Il n'en fut pas ainsi pour le vainqueur de Kotzim : le jour même de son avénement, il distribua cent mille florins à l'armée lithuanienne, deux cent mille à l'armée polonaise ; il sa- crifia soixante mille florins pour réparer les remparts de Lemberg ; enfin les juifs de Vienne et de Varsovie lui firent payer trois cent mille florins ; à cette seule condition, il put obtenir les joyaux de la couronne. Enfin Sobieski, mettant le comble à tous les sacri- fices qu'il avait déjà faits pour la Pologne, accrut de vingt-cinq mille florins la pension de la veuve de Michel Koributh [1674]. Le jour de la Saint-Jean, fête du roi, on le vit répondre aux félicitations des ambassadeurs étrangers, en turc, en français, en italien et en anglais.

C'était sans doute une œuvre pénible que de relever les ruines de la Pologne, même pour un prince tel que Sobieski : cependant il y avait encore quelque chose de plus dif- ficile, à savoir de rétablir l'obéissance parmi les grands. Lorsque le trône est de droit héréditaire dans la même famille; celle- ci s'élève, avec les siècles, tellement au-

dessus de tous, qu'on s'accoutume à fléchir le genou devant elle ; on ne raisonne plus sur une autorité fille du temps, on s'abaisse de- vant elle. Mais il ne peut en être de même lorsque le trône est électif : l'homme qui reçoit la couronne a eu long-temps des amis, des égaux ; de pareils souvenirs s'effa- cent avec peine, et il est des jours où ils reprennent leur ascendant. Sobieski, devenu monarque, rencontra des résistances qui se multiplièrent sous toutes les formes. Le bien qu'il médita et que son génie pouvait réali- ser s'éteignit souvent sans résultat utile. Les grands dignitaires lui causaient des embar- ras ; les généraux ne se soumettaient pas à ses ordres. Les Turcs font une nouvelle in- vasion dans l'Ukraine ; ils s'emparent de Kot- zim et d'Human. Le roi marche à la ren- contre des ennemis ; déjà la Porte demande à conclure la paix : Doroszensko sollicite une capitulation ; les Russes désirent vivement une alliance avec la république ; le siége de Kaminiek va être entrepris ; mais Pac, ou Paz, grand-hetman, redoute une campagne d'hi- ver [1674] ; il annonce l'intention de se re- tirer. Sobieski, plein d'indignation, par- court les rangs des Lithuaniens ; ils jurent de ne pas abandonner le monarque : Pac, ou Paz, retourne dans ses foyers, et tous ses sol- dats le suivent. C'est en vain que le roi, pour ranimer en eux un dernier reste d'honneur, leur ordonne de mettre bas les armes; ils obéissent. Cependant Paz, honteux des mur- mures que fait entendre l'opinion publique, rassemble une nouvelle armée, il obtient son pardon ; mais, suivant la remarque de M. de Salvandy, « le prestige qui naissait de la » concorde de la Pologne sous les auspices de » son roi se trouvait détruit sans retour...... » On savait maintenant qu'il n'avait pas plus » que ses prédécesseurs la puissance de tenir » une armée polonaise sous les armes, après » quelques semaines d'engagement ; que les » opérations, suivies des siéges, un plan de » de campagne, la conduite d'une longue » guerre étaient, malgré son génie, livrés » aux mêmes hasards. » Ce n'est pas tout, les soldats lithuaniens, qui avaient aban- nés les drapeaux, saccageaient tout sur leur passage, traitant leurs compatriotes comme des ennemis [1675]. C'est vers cette époque qu'on place une conspiration qui fut ourdie contre les jours de Sobieski, et cependant il employait ses revenus personnels à lever des soldats, et les châteaux de ses pères devenaient, à ses frais, des forteresses!..

Les Turcs font une nouvelle invasion dans la Podolie, l'Ukraine et la Pokutie, ils ont pour avant-garde les Tatars, qui mettent tout à feu et à sang. Lemberg est investi, c'est le dernier boulevart qui reste à la Pologne. Sobieski en augmente les fortifications, il appelle auprès de lui la reine et leurs enfants : il sera vainqueur, ou ils mourront tous ensemble. Le roi marche au combat : un instant la cavalerie polonaise recule ; Sobieski la ramène en avant. « Vous entendez bien, » dit-il, « *qu'il faut que je sois tué ici ou que je triomphe*, » et il se précipite sur l'ennemi. Avant que la bataille s'engageât, le roi avait donné la bénédiction à l'armée, comme père de la patrie, et il la précipita sur les Turcs aux cris trois fois répétés de *vive Jésus!* Pendant ce temps, « agenouillée avec ses enfants et tout »le peuple de Lemberg, dans l'église des »jésuites, aux pieds d'une image miracu- »leuse du bienheureux Stanislas Kotska, »saint de la maison de Jablonovski, la reine »demandait au ciel le salut de la Polo- »gne (1). » L'armée ottomane, dont le nombre était porté à trois cent mille hommes, fut mise en fuite. L'évêque de Marseille, qui représentait alors la France comme ambassadeur, eut dans ce combat trois chevaux blessés sous lui. Rien de plus extraordinaire, pour le dix-neuvième siècle, qu'un prêtre exerçant le métier de soldat; mais les guerres contre les Turcs étaient encore considérées, sous Louis XIV, comme de véritables croisades; on en trouve la preuve dans la *Gazette de France* du temps : « Ceux de la »postérité qui liront dans l'histoire de Polo- »gne les campagnes de cette année ne pour- »ront s'imaginer qu'un roi, manquant de »toutes sortes de secours, et tirant toute sa »fortune de sa prudence et de sa valeur, ait »eu le courage de camper, avec quatre ou »cinq mille hommes, à onze lieues de plus »de cent cinquante mille Turcs ou Tartares; »qu'il ait eu le bonheur de les empêcher, »pendant six semaines, d'entreprendre l'at- »taque de ses avant-postes; qu'il ait pu »vaincre, enfin, des ennemis si puissants par »sa merveilleuse conduite, réduisant *les in- »fidèles* à une fuite si précipitée, qu'ils »firent en une seule nuit, dans leur retraite, »plus de chemin qu'en trois jours pour venir »attaquer Sa Majesté polonaise... Le ciel a »sensiblement fait voir qu'il *défendait le »boulevart de la chrétienté*. On a aussi »connu plus que jamais, dans cette grande »journée, qui fait une si belle suite des mer- »veilleux exploits de Sa Majesté, que la Po- »logne ne pouvait placer sur son trône au- »cun prince plus digne d'y monter. » Il faut faire, dans ce récit, la part de l'exagération : le nombre des Turcs est augmenté; tandis que, par suite de l'enthousiasme religieux, on porte beaucoup trop bas celui des Polonais. Mais cette circonstance prouve que l'Europe religieuse voyait surtout dans Sobieski un *héros chrétien :* et elle ne se trompait pas ; c'était parce que les Osmanlis se montraient depuis tant de siècles les implacables ennemis de notre foi, que le vainqueur de Koztim luttait contre eux avec tant de courage et d'habileté. Otez à Sobieski la puissance de sa conviction, vous n'aurez plus le secret de ses triomphes. Cependant, à la suite de la victoire de Lemberg, Podhaïce tombe au pouvoir des Turcs. Trembolva est bientôt menacée; cette ville est défendue avec courage par Samuel Chrzanovski, il a sous ses ordres une centaine de soldats, et déjà il a repoussé quatre assauts. La femme de ce vaillant gouverneur parcourt les rangs, elle porte deux poignards à la main, s'écriant : « S'il pensait à se rendre, il y en aurait un pour lui, l'autre serait pour moi. » En dépit de tant d'héroïsme, Trembovla allait avoir le même sort que Podhaïce, lorsque Jean se présente pour sauver la ville. Le général turc se détermine à livrer un dernier assaut, les assiégés redoublent d'énergie. Sur ces entrefaites, Ibrahim, qui commande les Ottomans, est instruit que le

(1) Histoire de la Pologne avant et sous Jean Sobieski.

roi est à la tête de l'armée polonaise ; il bat aussitôt en retraite ; poursuivi, il ne se trouve en sûreté que derrière le Pruth et le Danube. Jean allait traverser ces fleuves ; mais les soldats d'avant-garde, dans la crainte d'avoir à soutenir les fatigues de la guerre au-delà des frontières de la Pologne, incendient les ponts abandonnés par les Turcs. La Pologne est encore une fois à l'abri des étrangers (1675). Le grand monarque alors s'occupa de son couronnement et de celui de la reine (1676). La diète appelée *du couronnement*, vaincue par les immenses services de Sobieski, se montra pleine de dévouement. Le roi eut alors la pensée de n'accorder les charges militaires que pour trois ans ; ceux qui les auraient obtenues devaient à l'avenir prêter un serment d'obéissance. Mais la reine Marie Casimire, douée d'un caractère impérieux, et qui trop souvent exerça sur son royal époux une influence déplorable, empêcha la réalisation de la mesure conçue par le monarque ; elle forma des intrigues avec des gentilshommes appartenant à la petite noblesse, et aucun nonce ne se trouva présent lorsque cette réforme si importante fut discutée dans le sénat. Mais quel motif avait pu déterminer Sobieska (1) à suivre un pareil plan ? La reconnaissance qu'elle portait à Stanislas Jablonovski, qui le premier avait donné sa voix au vainqueur de Kotzim. Comme elle avait échoué dans le dessein qu'elle avait conçu, de faire obtenir à ce noble polonais la dignité de grand-hetman, elle aspirait alors à lui faire accorder le bâton d'hetman de campagne, et il lui répugnait que ce titre arrivât entre ses mains, dépouillé d'une partie de sa grandeur. Deux importantes mesures furent adoptées : la première, une capitation qui s'étendit sur toutes les classes de la société ; l'autre, la création d'une infanterie permanente ; elle devait se composer de trente mille hommes. La diète statua encore que le monarque convoquerait à l'avenir la pospolite, toutes les fois qu'il en reconnaîtrait la nécessité ; enfin soixante-treize mille hommes durent être levés afin de combattre dans la campagne prochaine ; on songea même à créer des magasins d'approvisionnement, et des fonds furent assignés pour faire face à ces diverses dépenses. Il fallait, comme Sobieski, réunir les qualités les plus opposées, c'est-à-dire allier la fermeté à la douceur, pour obtenir de pareils résultats, et encore n'aurait-il pas réussi, sans les souvenirs tout récents de gloire qui plaidaient en sa faveur. Ce grand homme, pour couper court aux résistances instantanées qui surgissaient du dehors, demeura sur son trône pendant quarante heures consécutives, et il enleva, séance tenante, toutes les lois dont il réclamait la sanction. Mais que d'obstacles ne rencontra-t-il pas lorsqu'il s'agit de les faire exécuter ! Cependant les Turcs se précipitèrent de nouveau sur la Pologne. Le roi se trouve renfermé avec ses troupes dans un camp que l'armée musulmane pressait de tous côtés ; les vivres comme les munitions étaient épuisés ; Michel Pac ou Paz se présente à la tête de soldats mutinés, il n'y a plus de salut, s'écrie l'interprète de la lâcheté générale, que dans la fuite : « Déserte » qui voudra, » répond le monarque ; « moi » je reste, et du moins les infidèles n'arrive- » ront au cœur de la république qu'en pas- » sant sur mon cadavre ; j'aurais pu vaincre, » je mourrai. Du reste, je sais bien qui sou- » fle aux soldats cet esprit de décourage- » ment et de révolte ; il est juste que ceux » qui arrivent les derniers sous les drapeaux, » parlent les premiers de fuir. » Aussitôt Sobieski s'élance à cheval et parcourt les rangs des soldats : « Amis, » leur dit-il, « je vous ai tirés de pas plus mauvais que » celui-ci. Quelqu'un croit-il par hasard » que ma tête se soit affaiblie parce que vous y » avez mis une couronne ? » L'armée retrouve son antique énergie ; en vain les ennemis accablent de projectiles le camp polonais, Sobieski paie chaque boulet, bombe ou obus que lui apportent ses soldats. Une escarmouche a lieu, la victoire est favorable au roi ; alors les Ottomans proposent une paix honorable, elle est acceptée ; le traité si honteux de Boudohaz est déchiré ; plus tard on réglera le sort de la Podolie, et on laisse

---

(1) C'est-à-dire l'épouse du roi Sobieski. Dans la langue polonaise, l'*i* des noms propres est changé en *a*, lorsqu'il s'agit d'une femme.

à la Porte une partie seulement de l'Ukraine et la ville de Kaminiek : l'armée des infidèles se retire (1676).

Louis XIV, qui avait pris un si vif intérêt à l'élévation de Sobieski, se trouva blessé des prétentions que la reine de Pologne élevait, soit pour elle, soit pour ses proches parents. Le monarque de France nourrissait un mépris involontaire pour ces royautés improvisées par l'élection; il n'oublia jamais que le père de Marie Casimire était un de ses sujets. Celle-ci, forte de l'autorité absolue qu'elle exerçait sur son mari, le détacha de la cour de Versailles. La vengeance ne se fit pas long-temps attendre, et dans la diète de janvier 1681, grâce à l'influence du marquis de Vitry, ambassadeur de Louis XIV, un nonce prononce le fatal *veto*. On lui offre vingt mille ducats pour qu'il retire son vote, il s'y refuse; un autre membre appartenant à l'ordre équestre, Dombrovski, use aussi du *liberum veto*: tous les plans de restauration conçus par le roi sont renversés; il ne reprendra pas Kaminieck, le boulevart du royaume. C'est alors que Sobieski, pénétré de douleur, s'écria : « Auguste vaincu ne savait que répéter : Varus, rends-moi mes légions ! » Que ceux qui ont rompu la diète, me rendent aussi mes légions à moi ! qu'ils me » rendent notre sécurité troublée, notre honneur compromis, nos frontières assujéties! » qu'ils me rendent ces moissons de gloire » que nous avons conquises, et qui sont perdues, toutes celles qui nous attendaient » encore ! qu'ils me rendent Kaminieck, que » nous aurions repris sans doute, et qui ne » sera bientôt peut-être qu'en troisième li» gne parmi les places d'armes enlevées par » les barbares sur notre malheureuse pa» trie (1). » A cet échec éprouvé par le roi, succédèrent deux années de paix, dont il profita dans l'intérêt de la république; mais déjà de graves événements se préparaient et l'empereur d'Autriche, Léopold, était menacé par tous les désastres d'une invasion turque; il implora le secours de la Pologne, ou pour mieux dire, réveillant dans le cœur de la reine le ressentiment qu'elle portait au roi de France, l'empereur mit dans ses intérêts Marie Casimire : c'était s'assurer le consentement de Sobieski. De son côté Louis XIV, qui formait une ligue formidable contre la maison d'Autriche, fit les offres les plus brillantes au vainqueur de Kotzim : il devait, au moment du partage des dépouilles, avoir la Hongrie pour lui et ses fils.

Au reste, il ne faut pas juger cette fois encore le roi de Pologne comme un prince absorbé par la politique ou qui cède à des intérêts de famille; son cœur, ainsi que j'en ai déjà fait la remarque, nourrissait dès l'enfance la haine la plus profonde contre les infidèles, il les combattait avec une ardeur toujours nouvelle; c'était avec délices qu'il les moissonnait dans les batailles. Venait-il au secours de Léopold, il était le bras droit de la chrétienté, il allait ajouter un triomphe de plus à tous ceux qu'il avait remportés sur ces barbares. Sobieski se décide; il marche pour dégager Vienne, que les Turcs assiègent et qui est déjà réduite aux abois [1683]. La haute noblesse du royaume se précipite avec enthousiasme dans cette chevaleresque entreprise : quatre mille hussards sont levés; le monarque reçoit un subside de Rome qui lui allège une partie des premières dépenses de la guerre, il suffit au reste avec ses revenus personnels. Déjà le cabinet de Vienne ne compte plus sur Sobieski : il arrive, l'espoir renaît dans tous les cœurs. Dans cette campagne immortelle et qui a répandu tant d'éclat sur le nom du roi de Pologne, on le suit pas à pas. En effet, on a retrouvé les lettres qu'au milieu de tant de périls il adressait avec la ponctualité la plus persévérante à sa royale compagne, qu'il appelle *Mariette*. On reconnaît dans ces épanchements de famille le grand guerrier et, il faut le dire, le mari *débonnaire* : il est sans cesse à se justifier sur ce qu'il n'écrit pas plus souvent à son *amour* : « De continuelles harangues, mes » conférences avec le duc de Lorraine et les » autres chefs, des ordres sans nombre à » donner, m'empêchent non-seulement d'é» crire, mais même de prendre de la nour» riture et du repos. C'est bien pis encor,

---

(1) Zaluski, tom. 1, part. 2.

» maintenant que Vienne est à toute extré-
» mité et que quatre milles seulement nous
» séparent de l'ennemi. Ajoutez le cérémo-
» nial des entrevues, les difficultés que fait
» naître l'étiquette, tantôt une chose, tantôt
» une autre : qui passera le premier ou le
» dernier, qui aura la droite ou la gauche ;
» viennent ensuite les conseils sans fin, les
» lenteurs, l'indécision, et tout cela, en fai-
» sant perdre beaucoup de temps, fait faire
» en outre beaucoup de mauvais sang. Une
» foule de princes nous arrivent jour et nuit de
» toutes les parties de l'Europe; viennent
» ensuite les comtes et les chevaliers des dif-
» férentes nations qui veulent me voir, ils
» me prennent mon temps. » Dans une
autre lettre, c'est de la manière suivante
qu'il répond aux reproches de la reine :

« Il faut que je me plaigne de vous à vous,
» ma chère et incomparable Mariette. Com-
» ment est-il possible que vous n'ayez pas
» meilleure opinion de moi, après toutes les
» preuves de tendresse que je vous ai don-
» nées? Pouvez-vous dire sérieusement que
» je ne lis pas vos lettres? Pouvez-vous le
» croire, tandis qu'il est de fait qu'au mi-
» lieu de tous mes embarras et de toutes
» mes sollicitudes je lis chacune d'elles pour
» le moins trois fois : la première lorsqu'elles
» arrivent, la seconde en me couchant lors-
» que je suis libre enfin, et la troisième lors-
» que je me mets à y répondre. Tout ce
» compte des années de notre union, du
» nombre de nos enfants, n'avait rien à faire
» dans votre lettre, pas plus que dans votre
» pensée; si parfois je manque à vous écrire
» longuement, ah! ma chère amie, n'est-il
» donc pas facile de s'expliquer mes retards in-
» volontaires sans le secours des suppositions
» injurieuses? Les combattants des deux par-
» ties du monde ne sont plus qu'à quelques
» milles les uns des autres; il faut penser à
» tout, il faut pourvoir au moindre détail.
» Je vous conjure, mon cœur, pour l'amour
» de moi, de ne pas vous lever aussi matin :
» quelle est la santé qui pourrait y tenir,
» surtout en se couchant aussi tard que vous
» en avez l'habitude? Vous m'affligerez sen-
» siblement si vous n'avez pas égard à ma
» prière, vous m'ôterez le repos, vous m'ô-
» terez la santé, et, ce qui est bien pis, vous
» nuirez à la vôtre, qui est ma seule conso-
» lation dans ce monde. Quant à notre affec-
» tion mutuelle, voyons lequel des deux se
» refroidit davantage. Si mon âge n'est pas
» celui de l'ardeur, mon cœur et mon âme
» sont toujours aussi jeunes qu'autrefois.
» N'étions-nous pas convenus, mon *amour*,
» que ce devait être votre tour maintenant,
» et que c'était à vous à faire les avances?
» M'avez-vous tenu parole, mon cœur?
» Ainsi donc, n'allez pas rejeter votre propre
» tort sur un autre; mais prouvez-moi, au
» contraire, en paroles, par écrit, et surtout
» en réalité, que vous garderez un constant
» attachement pour votre fidèle et dévoué
» *Céladon*, qui est obligé de finir sa lettre,
» en embrassant avec délices son aimable et
» bien aimée Mariette. »

Maintenant je vais suivre Sobieski comme guerrier; c'en était fait de Vienne s'il se fût présenté quelques jours plus tard. Le 11 septembre 1683 l'armée polonaise s'arrêta sur le mont Calemberg, d'où elle aperçut la capitale de l'Autriche, ainsi que les Turcs qui l'assiégeaient. Le comte de Stahremberg, gouverneur de Vienne, ne cessait à chaque instant de multiplier des signes de détresse. L'empereur d'Allemagne avait négligé toutes les mesures de précaution. Sobieski écrivait à la reine : « Nous avons si bien fait maigre
» ces deux derniers jours de vendredi et de
» samedi, que chacun de nous pourrait chasser
» le cerf..... Les chevaux sont le plus mal
» partagés, ils n'ont rien à manger que les
» feuilles des arbres. Les fourrages qu'on
» avait promis n'ont pas été fournis. » Le dimanche, 12 septembre, Sobieski entendit la messe et communia, puis un prêtre s'écria, en présence des troupes : « Je vous annonce
» de par le Saint-Siége, que si vous avez
» confiance en Dieu la victoire est à vous. »
» Marchons présentement avec assurance, dit
» le roi, Dieu nous assistera. » A onze heures le monarque polonais et les chefs de l'armée impériale, placés sous ses ordres, dînèrent à l'ombre d'un arbre : la chaleur était acca-blante. A midi l'action s'engagea, et, grâce à la valeur et aux excellentes dispositions de Sobieski, les Turcs furent anéantis, et, après

soixante jours de tranchée ouverte, Vienne se trouva sauvée. Le roi adressa le récit de cette grande bataille à *Mariette*; sa lettre porte la date suivante : *Dans les tentes du visir, le 13 septembre, la nuit.* « *Seule »joie de mon âme, charmante et bien »aimée Mariette,* Dieu soit béni à jamais! »Il a donné la victoire à notre nation; il lui »a donné un triomphe, tel que les siècles »passés n'en virent jamais de semblable. »Toute l'artillerie, tout le camp des musul- »mans, des richesses infinies, nous sont tom- »bés dans les mains. Les approches de la »ville (Vienne), les champs d'alentour sont »couverts des morts de l'armée infidèle, et »le reste fuit dans la consternation..... La »victoire a été si subite et si extraordinaire, »que dans la ville comme dans notre camp »on était toujours en alarme : on croyait voir »l'ennemi revenir à tout moment..... Le »visir a tout abandonné dans sa fuite, il n'a »gardé que son habit et son cheval... C'est »moi qui me suis établi son héritier, car la »plus grand partie de ses richesses me sont »tombées entre les mains..... Vous ne me »direz donc pas, mon cœur, comme les »femmes tartares à leurs maris, lorsqu'ils »reviennent sans butin : *Tu n'es pas un »guerrier, puisque tu ne m'as rien rap- »porté, car il n'y a que l'homme qui se »met en avant qui peut attraper quelque »chose.....* Aujourd'hui je suis allé voir la »ville (Vienne), elle n'aurait pu tenir au- »delà de *cinq jours*. Le palais impérial est »criblé de boulets..... Toutes les troupes »ont bien fait leur devoir : elles attribuent »à Dieu et à nous la victoire. Au moment »où l'ennemi a commencé de plier (et le »grand choc a eu lieu où je me trouvais vis- »à-vis le visir) toute la cavalerie du reste de »l'armée s'est portée vers moi, à l'aile droite ; »le centre et l'aile gauche ayant déjà fort »peu à faire ; j'ai vu alors accourir l'élec- »teur de Bavière, le prince de Valdeck et »autres; ils m'embrassaient, ils me baisaient »le visage ; les généraux me baisaient les »mains et les pieds; les soldats, les officiers »à pied et à cheval s'écriaient : *Ah ! unser »brave konig* (1)! Tous m'obéissaient en-

(1) Ah ! notre vaillant roi !

»core mieux que les miens..... Le comman- »dant de la ville, Stahremberg, est aussi »venu me voir aujourd'hui. Tout cela m'a »embrassé, en me donnant le nom de sau- »veur. J'ai été dans deux églises, où le »peuple m'a baisé les mains, les pieds, les »habits..... Un gros de peuple fit entendre »une espèce de *vivat*. Je remarquai que les »supérieurs le voyaient de mauvais œil; »aussi, après avoir dîné chez le commandant, »me hatai-je de quitter la ville et de revenir au »camp... L'empereur est à un mille et demi. »Il descend le Danube en chaloupe ; mais je »m'aperçois qu'il n'a pas grande envie de me »voir, peut-être à cause de l'étiquette.... »Notre *Fanfan* (le prince Jacques, fils aîné »de Sobieski et filleul de Louis XIV) *est »brave au dernier point.* » Le comte de Pla- ter, auquel nous devons la publication de la correspondance de Sobieski, rapporte, d'après l'historien Kochowski, « qu'à la bataille de »Vienne, le roi était vêtu d'un habit bleu de »ciel, à la polonaise, et qu'il montait un »cheval alezan. Il était toujours devancé par »un écuyer portant un grand bouclier à ar- »moiries, et par un enseigne qui, pour faire »reconnaître au loin la place où était le roi, »avait attaché un panache au bout de sa »lance. Le prince Jacques (Fanfan) avait un »casque sur la tête, une cuirasse sur le devant »du corps, et, outre l'épée qu'il tenait à la »main, une espèce de sabre court et très- »large, en usage chez les Polonais d'autre- »fois. Il ne quitta pas son père un moment »pendant tout le temps de la bataille. »

La reconnaissance de l'empereur aurait dû être sans bornes : le roi de Pologne avait non-seulement sauvé Vienne, mais le reste de ses États. Léopold témoigna la plus profonde ingratitude; les lois de l'étiquette occupèrent d'une manière ex- clusive son esprit. Ira-t-il au devant de Sobieski ? lui adressera-t-il la parole en restant à cheval ? ou bien mettra-t-il pied à terre ? Il consulta le prince Charles de Lor- raine sur ces graves questions. Ce dernier lui répondit : « *C'est à bras ouverts qu'il »faut recevoir le roi de Pologne.* » L'em- pereur, comme nous le verrons plus tard, ne trouva pas un pareil conseil à son gré. Un

fait remarquable, c'est que Sobieski, lorsqu'il entra dans les murs de Vienne, se rendit dans l'église des Augustins réformés, où, à défaut de prêtres, il chanta lui-même le *Te Deum*. Quelque temps après, le monarque assista dans la cathédrale de Saint-Étienne à la célébration d'un second *Te Deum*, accompagné de la plus grande pompe. C'est alors qu'un prêtre s'écria : *Fuit homo » missus a Deo, cui nomen erat Johannes; » il fut un homme envoyé de Dieu, son » nom était Jean,* » allusion heureuse à Sobieski, dont le prénom était Jean. L'empereur cependant était dans le plus grand embarras ; le roi de Pologne allait se mettre à la poursuite des Turcs, il fallait le voir avant qu'il partît. Des négociations furent ouvertes et elles aboutirent à un résultat des plus étranges ; le roi lui-même l'annonça dans les termes suivants à sa royale compagne : « L'empereur avait à sa suite une cin- » quantaine de cavaliers de sa cour, d'em- » ployés et de ministres. Des trompettes le » devançaient ; des gardes du corps et une » dizaine de valets de pied le suivaient..... » Nous nous sommes salués assez poliment, » je lui ai fait mon compliment en latin, il a » répondu dans la même langue en termes » choisis. Étant vis-à-vis l'un de l'autre, je » lui ai présenté mon fils, qui s'est approché » et l'a salué. L'empereur n'a *pas seulement » mis la main à son chapeau ;* j'en ai été » comme *terrifié.* Il en a usé de même avec » les sénateurs et les hetmans, et même avec » son allié, le prince palatin de Beltz. Pour » éviter le scandale et les gloses du public, » j'ai encore adressé quelques mots à l'em- » pereur, après quoi j'ai tourné mon cheval, » nous nous sommes salués mutuellement et » j'ai repris la route de mon camp..... Nos » gens ont été très-piqués et se plaignaient » hautement de ce que l'empereur n'avait » pas daigné les remercier, ne serait-ce que » du chapeau, pour tant de peines et de pri- » vations. » Sobieski, dans cette lettre à sa compagne, lui cache la réponse qu'il fit au remerciment si maladroit de l'empereur. « Je suis bien aise, sire, de vous avoir rendu » ce *petit service.* » Cette entrevue se passa dans la plaine d'Ébersdorf ; le roi se plaça à la tête droite de son armée ; Léopold, pour le rejoindre, se rendit à l'extrémité du front des troupes polonaises. A quelque distance, les deux monarques s'approchèrent au petit galop : Sobieski porta la main à son bonnet, l'empereur à son chapeau. Cependant le dernier écrivit le lendemain pour atténuer le mauvais effet produit par la conduite qu'il avait tenue à l'égard du fils de Sobieski, auquel une archiduchesse avait été promise en mariage, et il fit don d'une épée au prince Jacques. Dans sa lettre, Léopold assura que s'il n'avait pas témoigné plus vivement sa joie et sa reconnaissance, c'est qu'à la vue de son libérateur il avait été troublé par le souvenir des périls auxquels il venait d'échapper.

L'empereur, après cet effort, crut devoir reprendre sa revanche : ainsi on pilla les bagages des Polonais, on leur enleva de force leurs chevaux..... Les blessés qui appartenaient à cette nation si courageuse furent couchés sur du fumier ; un dragon allemand mit à quelques pas du roi un de ses pages en sang. Néanmoins Sobieski, s'élevant par sa grandeur d'âme au-dessus de tant de bassesses, se lança courageusement à la poursuite des Turcs. Il éprouva d'abord une légère défaite ; exposé lui-même aux plus grands dangers, il se trouva en outre séparé de son fils Jacques. Mais sous les murs de Parkan, il triompha bientôt après des Ottomans, le samedi 9 octobre 1683 ; c'est alors qu'il écrivit à la reine : « Voilà donc » la Hongrie délivrée de l'infidèle, après » deux cents ans. Belgrade n'est plus en » Hongrie, mais en Servie..... Les Turcs » n'ont de garnison que dans cinq ou six » principales forteresses ; ainsi il ne nous » faut que quatorze jours de temps pour » qu'à l'aide de Dieu nous délivrions en- » tièrement ce grand et brave royaume. » Voilà qui a passé notre espoir et je crois » celui de tous nos contemporains. » Enfin, le roi, de retour en Pologne, fit son entrée solennelle à Cracovie, la veille des fêtes de Noël, au bruit des acclamations générales, en moins de quatre mois, Sobieski avait sauvé un empire. Sans doute c'est à sa haine profonde contre les infidèles qu'il faut attribuer le succès des décisions que prit le monarque d'aller secourir Léopold. C'était au dix-septième siècle un véritable *croisé*; cependant avant de partir il avait dit : « Que le bélier qui battait les murailles de Vienne, porterait aussi sur Lemberg, sur Cracovie, sur Dantzig. » C'était résumer la question avec autant de justesse que de précision ; au reste, la ruine des Turcs date de l'époque où ils furent battus par le roi de Pologne, dans les champs autrichiens. « Depuis la victoire de Jean, » dit M. de Salvandy, « le divan n'a pas fait une guerre, pas un traité où il ait gagné un pouce de terre..... Dans la campagne de Vienne, Jean lui arracha en trois mois plus qu'il n'avait conquis en cent ans. » Quant à la Pologne, elle fut désormais à l'abri des barbares, qui tant de fois avaient désolé ses frontières. L'effet moral des trophées tout récemment remportées par le vainqueur de Kotzim fut immense en Europe, et répandit sur le royaume un éclat et un lustre qui rajeunirent son ancienne gloire. Heureux les Polonais s'ils eussent pu obtenir sur eux-mêmes un triomphe qui aurait sauvé l'indépendance de la patrie; s'ils eussent pu renoncer à cet esprit de faction qui leur rendait tout joug impossible à supporter long-temps, même celui des bienfaits !

Il ne fallut pas, au reste, beaucoup de temps pour que la vieillesse glorieuse du roi fût désolée par d'odieuses fureurs et d'atroces calomnies. Grâce à une multitude d'intrigues, fomentées par les cabinets de Versailles et de Vienne, à l'ambition de Jablonovski, à l'ingratitude des Sapiéha, aux efforts réunis d'autres grands seigneurs polonais ou lithuaniens, les projets et les réformes proposés par le roi restèrent sans exécution. Les diètes, livrées aux désordres les plus intolérables, arrivaient à leur terme sans produire aucun résultat utile. Kaminieck, boulevart du royaume, resta entre les mains des Ottomans. Sobieski, ce vainqueur que l'Europe admirait, était réduit à chaque instant à subir des affronts : un noble, appartenant à l'illustre famille des Pac ou des Paz, adressa en pleine assemblée de telles injures au monarque, que par un mouvement involontaire il saisit son cimeterre pour le frapper. Il fallait multiplier toutes les prévenances, prodiguer tous les pardons, afin de tâcher de rallier autour du trône des hommes qui naguère en avaient frayé les abords à un prince dont on trouvait la vie trop longue, et cependant chacune de ses heures avait été consacrée à l'agrandissement et à la sécurité du royaume ! Telle fut la lettre que le roi adressa au grand-hetman Jablonovski, qui le premier lui avait naguère donné sa voix à la diète, le présentant comme le seul roi qui pouvait sauver la Pologne. Le monarque avait depuis long-temps à se plaindre de l'ingratitude de ce grand seigneur. « Les nombreuses obligations que je vous ai, monsieur le grand-hetman, et l'affection qui me lie à vous, me font apercevoir votre longue absence, et remarquer avec *douleur* l'indifférence que vous me témoignez. Que je l'aie méritée ou non, venez promptement dissiper le nuage qui a couvert notre *intime amitié*, et croyez que votre présence sera plus efficace pour mon prompt rétablissement que tout l'art des médecins dont je suis entouré. » C'était parvenu à l'apogée de sa gloire que le monarque recourait à un langage qui dénonçait plutôt le courtisan que le maître du pouvoir suprême. Mais c'est une des missions du système électif d'établir un joug qui ne peut jamais être complètement rompu : règle générale, l'électeur commande toujours à celui qu'il a nommé, dans quelque position élevée où il parvienne. Il semble aussi que celui qui en politique a *donné une fois* puisse reprendre toujours.

A part tous les vices de la constitution polonaise, il existait contre Sobieski une circonstance particulière qui le réduisait à l'obéissance : il avait trois enfants mâles, son devoir était d'assurer la couronne à l'un d'eux ; l'intérêt général l'exigeait. En effet, le trône devenait-il héréditaire dans la famille de Sobieski, comme il l'avait été dans les dynasties des Piasts et des Jagellons, l'anarchie était tuée dans le royaume pour des siècles. Ce résultat si précieux le monarque ne pouvait l'obtenir que grâce à de nombreuses concessions et à d'infatigables complaisances ; mais il aurait fallu que ses efforts fussent secondés par sa propre famille : il était loin d'en être ainsi. Le roi s'était marié par amour, et Marie Casimire, que dans ses lettres ou ses rapports de famille il appelait *Mariette*, exerçait sur son esprit l'influence la plus fâcheuse; parvenait-il à en triompher, tous les vices inhérents au caractère de sa compagne se faisaient aussitôt jour sur un autre point. Elle était hautaine, ambitieuse, intrigante, ne reculant d'ailleurs devant aucun moyen ; enfin, elle se montrait tout à la fois violente et faible. On l'avait vue chasser du palais sa propre sœur, la grande-chancelière Vielopolska, la princesse Sobieska Radzivil, et se soumettre aux caprices de deux femmes de chambre, ennemies jurées, et qui lui faisaient tour-à-tour adopter les desseins les plus contradictoires. Sobieski, pour conserver la paix dans son intérieur, se résignait souvent aux démarches les plus étranges. En dépit de la volonté de la reine, il avait promis les sceaux à Zaluski ; il les dépose dans ses mains. « Mais mon ami, » lui dit-il, « si »vous les acceptez, c'en est fait de moi ; je »serai obligé de fuir ma maison ; je n'ima-»gine pas où je pourrai aller mourir en paix.» Sobieski avait trois enfants mâles. Dans une monarchie où le système héréditaire eût été établi, l'aîné étant appelé par sa naissance à la couronne, aucune rivalité n'était plus possible; mais en Pologne, « *au sortir du* »*berceau, ils n'étaient déjà plus frères;* »*c'étaient des compétiteurs* (1). »

Ils se détestèrent donc, car chacun d'eux espérait ou avait droit d'espérer qu'en écartant de pareils rivaux il monterait sur le trône. Jacques, l'aîné, que son père nommait Fanfan, était plein de bravoure; mais son air déplaisait au premier abord, ce qui est un très-grand désavantage dans un gouvernement électif; son oncle, le marquis de Béthune, disait, « qu'il portait l'*exclusion* sur son visage. » Alexandre et Constantin (tels étaient les noms des deux autres frères) étaient pleins de grâces et de séductions; leur mère les adorait, en même temps qu'elle détestait Jacques. Maintenant il ne faut pas oublier que dans le cas même où l'harmonie la plus parfaite eût régné dans le sein de la famille royale, il aurait été très-difficile à Sobieski de réaliser le dessein qu'il avait conçu de faire décerner la couronne à l'aîné de ses fils. Les nobles polonais ne faisaient pas aussi bon marché du droit qu'ils possédaient d'élire leurs monarques, droit qui était souvent pour eux l'origine de la plus brillante fortune ; l'esprit de faction était en outre inoculé dans leurs veines. Les services rendus par le roi, de même que ses triomphes, étaient immenses, et néanmoins on vit [1688] le palatin de Siradie traiter le vainqueur de Słobodysa et de Podhaïce de traître à la patrie. C'est alors que, se tournant vers les membres du sénat, Sobieski s'écria : « Celui-là connaissait bien »les peines de l'âme qui a dit que si les pe-»tites douleurs aiment à parler, les grandes »sont muettes. L'univers même restera muet »en contemplant nous et nos conseils ! Il »semble que la nature doive être saisie d'é-»tonnement. Cette mère bienfaisante a doté »tout ce qui a vie, de l'instinct de la con-»servation, et donné aux plus chétives créa-»tures des armes pour leur défense ; nous »seuls dans le monde tournons les nôtres »contre nous. Cet instinct nous est ravi, non »par quelque force supérieure, par un iné-»vitable destin, mais par un délire volon-»taire, par nos passions, par le besoin de »nous nuire à nous-même. Oh! quelle sera »un jour la morne surprise de la postérité, »de voir que du faîte de tant de gloire, quand »le nom polonais remplissait l'univers, nous »ayons laissé notre patrie tomber en ruine; »y tomber, hélas! pour jamais ! Car, quant »à moi, j'ai su vous gagner çà et là des ba-»tailles; mais je me reconnais destitué de »tout moyen de salut. Il ne me reste plus »qu'à m'en remettre, non pas à la destinée, »car je suis chrétien, mais au Dieu grand et »fort, de l'avenir de ma patrie bien aimée. »Il est vrai que, s'adressant à moi, on a dit »qu'il y avait un remède aux maux de la »république ; ce serait que le roi ne fît point »divorce avec la liberté et la restituât....

(1) Salvandy, *Histoire de Pologne avant et sous Jean Sobieski*, tome III, page 364.

» L'a-t-il donc ravie? Sénateurs, cette liberté
» sainte dans laquelle je suis né, dans laquelle
» j'ai grandi, repose sur la foi de mes ser-
» ments, et je ne suis pas un parjure. Je lui
» ai dévoué ma vie; dès mon jeune âge, le
» sang de tous les miens m'apprit à fonder
» ma gloire sur ce dévouement. Qu'il aille,
» celui qui en doute, visiter les tombeaux de
» mes ancêtres; qu'il suive la route qu'ils
» me frayaient vers l'immortalité. Il recon-
» naîtra à la trace de leur sang le chemin du
» pays des Tartares et des déserts de la Vala-
» chie. Il entendra sortir du sein des entrail-
» les de la terre et de dessous le marbre
» glacé, des voix criant : *Qu'on apprenne*
» *de moi qu'il est beau et doux de mourir*
» *pour la patrie*. Je pourrais invoquer les
» souvenirs de mon père, la gloire qu'il eut
» d'être appelé quatre fois à présider les co-
» mices dans ce sanctuaire de nos lois, et le
» nom de *bouclier* de la patrie qu'il mérita...
» Croyez-moi, toute cette éloquence tribuni-
» tienne serait mieux employée contre ceux-
» là qui par leurs désordres appellent sur
» notre patrie le cri du prophète, que je
» crois, hélas! entendre déjà retentir au-dessus
» de nos têtes : *Encore quarante jours et*
» *Ninive sera détruite!* Vos dominations
» illustrissimes savent que je ne crois point
» aux augures, je ne cherche point les ora-
» cles, je n'ajoute pas foi aux songes. Ce ne
» sont pas des oracles, c'est la foi qui m'en-
» seigne que les décrets de la Providence ne
» peuvent manquer de s'accomplir. La puis-
» sance et la justice de celui qui régit l'uni-
» vers règlent le destin des États, et là où
» l'on peut impunément oser tout du vivant
» du prince, élever autel contre autel, cher-
» cher les dieux étrangers sous l'œil du véri-
» table, là grondent déjà les vengeances du
» Très-Haut. Sénateurs, en présence de Dieu,
» du monde et de la république entière, je
» proteste de mon respect pour la liberté; je
» promets de la conserver telle que nous l'a-
» vons reçue. Rien ne pourra me détacher de
» ce saint dépôt, pas même l'ingratitude, ce
» monstre de la nature. Je continuerai d'im-
» moler ma vie aux intérêts de la religion et
» de la république, espérant que Dieu ne re-
» fusera point ses miséricordes à qui ne refusa
» jamais de donner ses jours pour son peu-
» ple. »

A ces derniers mots, l'assemblée se
leva tout entière, saisie d'attendrissement.
Le cardinal Radziejovski, primat du royaume, attesta, au nom de toute la Pologne,
l'admiration et la reconnaissance qu'elle
avait vouées à son roi, et les subsides qui
étaient demandés furent votés par acclamation. Les années condamnèrent Sobieski à
un embonpoint incommode; il n'en fit pas
moins, en 1691, une dernière campagne;
après avoir triomphé dans les champs de
Pérérita, il soumit Soroka, Sereth, Soczova,
et donna le Pruth pour frontière au royaume.
Il vécut encore cinq ans, au milieu des troubles et des agitations causés par les luttes
des factions, et ne trouvant pas à titre de
compensation dans l'intérieur de sa famille
ni joie ni amour. Marie Casimire, voyant
que les forces du monarque faiblissaient de
jour en jour, ne craignit pas de charger un
prélat polonais de faire sentir au roi combien il devenait pressant qu'il partageât sa
fortune particulière entre elle et ses fils.
Zaluski, c'était le nom du prélat, a conservé
lui-même à la postérité le récit de cette circonstance (1). « Peu d'espoir restait, » dit-il.
« Dans sa prévoyance de l'avenir, ou plutôt,
» en ayant plus que la *préscience (futuro-*
» *rum provida et plus quam prescia),* la
» reine me demanda de chercher, d'une façon
» quelconque, l'occasion de persuader au roi
» de songer enfin à déposer dans un testa-
» ment ses dispositions dernières. L'occasion
» ne se fit pas attendre. Le lendemain même
» le roi me parlait des ravages qu'avait faits
» en lui une dose de mercure qu'il n'avait
» prise qu'avec effroi..... Avec quelle affec-
» tion je compatis à ses peines, Dieu le sait.
» En l'écoutant, qui aurait retenu ses larmes?
» Ce grand prince, l'amour et l'espoir public,
» chez qui la bonté est moins une qualité
» qu'un instinct, force l'affection des plus
» prévenus. Je répondis, non comme j'aurais
» voulu, mais comme je pus..... » Le roi
demanda à Zaluski à quoi il passait son
temps dans sa retraite de Pultova, l'évêque

(1) *Amico confidenti*, tome II, in-fol., page 95.

répondit qu'il y faisait son testament. Sobieski s'écria, après avoir beaucoup ri : « *O medici mediam pertundite venam !* » Reprenant tout-à-coup un ton sérieux : « Je ne comprends pas, monsieur l'évêque, qu'un homme d'autant de sens que vous perde ainsi son temps. » Le prélat crut devoir alors parler plus ouvertement. « Pour l'amour de Dieu, » reprit le roi, « brisons là. Pouvez-vous vous attendre à quelque chose de bien du temps où nous sommes ? Voyez le débordement des vices, la contagion des folies, et nous croirions à l'exécution de notre volonté dernière ! Nous ordonnons vivants, et ne sommes pas écoutés ; morts, le serions-nous ? » Dans la soirée du 17 juin 1696, le roi fut frappé d'une attaque d'apoplexie ; il recouvra néanmoins sa connaissance et prononça ces deux mots italiens : *Stava bene*. Une seconde attaque succéda bientôt, à la suite de laquelle il rendit le dernier soupir ; il avait soixante-dix-sept ans. La mort de ce grand monarque produisit une profonde impression en Pologne. Tels sont les termes dans lesquels Zaluski s'exprime : « Avec cet Atlas est tombée à mes yeux (et puissé-je être un faux prophète !) la république même. Aussi semblons-nous l'avoir moins perdu qu'être tous descendus avec lui au tombeau. Il a porté la couronne de manière à donner à l'autorité royale plus de lustre qu'il n'en a reçu. On dirait que la patrie et sa gloire sont mortes avec lui. Je crains trop du moins que c'en *soit fait de notre puissance*. Aussi à cette nouvelle le deuil est public. On s'aborde en pleurant, et ceux mêmes qui ne pleurent pas s'épouvantent du sort qui nous attend. A part l'effroi, quelle douleur fut jamais plus *légitime!!!* Il est peut-être le premier des rois sous lequel pas une goutte de sang n'ait été versée, en réparation de ses injures ; il n'a eu qu'un seul tort, c'est de n'être pas immortel..... Excellent et grand homme, merveilleux assemblage que la nature même ne croirait pas pouvoir produire, si elle n'en avait étonné une fois le monde. » Ces louanges, sans doute, sont exagérées ; mais elles n'en peignent que plus fidèlement la douleur publique. Une fois mort, Sobieski fut estimé, non-seulement ce qu'il valait, mais encore au-delà. C'était, après tout, un grand homme de guerre, un administrateur habile, et il eût restauré la Pologne si les éléments de désordre et d'anarchie, renfermés dans son sein, eussent pu permettre un pareil miracle : en définitive, il est le dernier monarque qui ait régné avec gloire dans les murs de Varsovie. Quelques heures après sa mort, justice était déjà faite de toutes les accusations dont on avait cherché à le flétrir. On l'avait attaqué sur son avarice, soit dans des pamphlets, soit dans des caricatures, et il ne laissa pas plus de six millions d'économie, somme fort modique si l'on songe à l'immensité de sa fortune particulière. A peine eut-il fermé les yeux que la discorde la plus hideuse éclata dans sa famille. Jacques Sobieski, l'aîné de ses fils, fit signifier à sa mère qu'elle ne se présentât pas à Varsovie ; déjà il s'était emparé du château et avait reçu le serment de la garde royale. Marie Casimire n'en continua pas moins sa marche, se faisant précéder du corps de son époux. Il fallut recourir à de nombreuses négociations ; elles furent inutiles jusqu'au moment où les évêques intervinrent. Alors les dépouilles mortelles du monarque furent reçues dans le château de Varsovie. On voulut placer sur sa tête le diadème royal ; Marie Casimire, qui s'était emparé de tous les joyaux, refusa d'en accorder un seul, dans la crainte, dit-elle, que Jacques ne s'en emparât. On mit donc sur la tête de Sobieski un casque de simple soldat.

Tandis que le fils aîné et la veuve du vainqueur de Kotzim donnaient un si déplorable exemple, le cardinal Radziejovski, en sa qualité de primat de la Pologne, commença à exercer la royauté provisoire, qui lui était dévolue par la constitution. Son premier soin fut de chercher à rétablir l'harmonie entre Jacques et Marie Casimire. Zaluski, palatin de Kiovie, et Stanislas Leczinski, destiné plus tard à devenir roi, et à donner sa fille en mariage au petit-fils de Louis XIV, cherchent aussi à amener une réconciliation, qui doit avoir pour résultat de laisser la couronne aux héritiers de Sobieski. Mais des scènes encore bien plus affligeantes arment contre ces derniers l'opinion publique ; Jacques est déjà à Zolkiev, retraite habituelle du dernier monarque ; il veut saisir le premier des richesses que son imagination grossit encore. Ses deux frères ne tardent pas à se présenter à leur tour ; c'est à coups de canon qu'il les accueille. La reine douairière accourt ; elle est entourée par les gens du cardinal d'Arquin, son père ; mais ces malheureux tombent frappés par les ordres de Jacques ; bientôt les trois frères, ainsi que leur mère, lancent les uns contre les autres des pamphlets, où ils se déchirent et se déshonorent. Cette race dégénérée a perdu le trône : la nation entière la dégrade du rang suprême qu'elle paraissait prête à lui accorder. Une foule de rivaux se mettent sur les rangs : les hommes qui les soutiennent déclarent que « pour ce qui est des princes » du sang de Sobieski il ne saurait être » question d'eux ; puisqu'ils sont si occupés » d'arranger leur fortune privée, c'est qu'ils » ont abdiqué. » Dans une brochure du temps on trouve cette prédiction : « Des trois (fils de » Sobieski) aura les biens de Jean qui voudra ; » aucun n'aura sa couronne plus que ses » vertus. » Jacques, ouvrant les yeux trop tard, sentit combien il était important pour sa cause d'obtenir un pardon éclatant de sa mère, qui ne cessait de se montrer son ennemie implacable : elle lui accorda un entretien, mais pour mieux lui témoigner sa haine et pour l'accabler tout à son aise de reproches. « Jacques la poursuivit alors sur » les chemins pour embrasser ses genoux. » Un jour il la joignit ; une foule de sénateurs » et de prélats étaient à cheval autour de lui. » A sa vue Marie Casimire ordonne à son » cocher et à ses Tatars de fuir. Mais le » cocher n'ose manquer à cet illustre cortége ; » il s'arrête. Jacques se précipite sous les » roues de la voiture de sa mère ; elle refuse » de l'entendre, d'entendre même les grands » qui l'accompagnent, et ne lève pas, en » leur parlant, le masque dont elle faisait » usage pour protéger ses traits contre les » ravages d'un soleil brûlant. Ce procédé » envers tant d'éminents personnages parut » une insulte à la république même, et on » ne sait en vérité ce qui indigna le plus la » noblesse, de l'incivilité de la reine ou de » la dureté de la mère (1). »

Aux divisions intérieures se joignirent les intrigues des cours de Versailles et de Vienne : le prince Jacques, quoique filleul de Louis XIV, le détestait : ce prince, en retour, entreprit de l'exclure du trône. La maison d'Autriche, de son côté, espérant tirer tôt ou tard de grands avantages des désordres de la Pologne, employa tous ses efforts pour que le trône ne fût pas offert à un des enfants mâles de Sobieski. Cet événement aurait eu pour résultat inévitable la création d'une quatrième dynastie nationale, à l'ombre de laquelle le pouvoir royal aurait grandi. D'un autre côté, l'abbé de Polignac, notre ambassadeur auprès de la Pologne, insinua à la veuve de Sobieski que ce qu'elle avait de plus sage à faire était d'envoyer dans la capitale de la France ses deux derniers fils, de cette manière ils mettraient les richesses qui leur revenaient de la succession paternelle à l'abri des violences et de l'avidité du prince Jacques. Marie Casimire donna dans ce piége. La cour de Versailles entoura les deux jeunes princes d'hommages, et réussit à leur faire placer les trois millions dont ils étaient possesseurs sur la ville de Paris. L'ancienne compagne de Sobieski ne tarda pas à s'apercevoir que le placement des fonds choisi par ses deux enfants lui enlevait tout espoir de voir l'un d'eux monter sur le trône. S'aveuglant alors comme toutes les femmes sur le déclin de ses attraits et sur la décadence de son pouvoir politique depuis la perte de son époux, elle rêva une seconde union qui assurerait le trône à l'homme de son choix : aussi, dans une réunion nombreuse où l'on s'occupait de l'avenir de la Pologne, elle s'écria : « Sachez » que si je ne suis pas Polonaise de nais» sance, je le suis de cœur. Je préfère la Po» logne à ma famille, et c'est pourquoi je » vous le dis : gardez-vous de prendre un » roi parmi les miens. Je connais mon sang » mieux que vous ; si vous élisez un de mes » fils, et surtout le prince Jacques, c'en

(1) Histoire de Pologne avant et sous le roi Jean Sobieski, par N. A. de Salvandy, t. III, p. 433.

» est fait de la république. » Sur la remarque qu'elle devait mesurer ses paroles, elle répondit : « Jamais je ne me repentirai de ma sollicitude pour les intérêts et l'avenir de la Pologne. Prenez un simple gentilhomme plutôt que le prince Jacques. N'avez-vous pas ce brave palatin de Kiovie, illustré par tant de combats ?.... — Madame, » dit ce dernier en l'interrompant, « votre majesté sacrée s'est opposée, il y a peu de mois, à ce que le bulava des hetmans fût remis en mes mains ; comment vous paraîtrais-je digne du sceptre aujourd'hui ? » En réalité Marie Casimire voulait assurer la couronne à Jablonovski ; celui-ci se refuse à ses empressements. Elle jette alors les yeux sur un prince français, le duc de Vendôme. Mais Louis XIV désigne comme candidat le jeune Conti ; dans sa rage Marie Casimire se précipite dans le palais de l'ambassadeur de France pour en arracher son portrait, qu'elle lui a récemment donné. Elle se rappelle enfin que Jacques est son fils [1696]. Elle employa tous ses efforts pour faire tomber sur sa tête une couronne que les Polonais, sans le spectacle de tant de discordes, lui auraient décernée. Enfin cette femme devint tellement odieuse qu'elle reçut l'ordre de s'éloigner de Varsovie. Le cabinet de Vienne, qui, jusque là, avait caché ses véritables desseins, protégea le choix de l'électeur de Saxe, Frédéric-Auguste. La diète procéda dans le mois de juillet 1697 au remplacement de Sobieski : quelques voix se prononcèrent en faveur de son fils aîné ; vain témoignage d'admiration pour la mémoire d'un grand homme !.... Le prince de Conti obtint un nombre très-considérable de suffrages ; mais une minorité énergique et compacte se prononça en faveur d'Auguste II. Il se passa dans cette mémorable diète un fait qui a droit ici à une place. Marie Casimire, en haine de la perfidie de la France, qui, jusqu'au dernier instant, lui avait caché les prétentions du prince de Conti, fit soutenir par ses agents le triomphe d'Auguste. « Jacques entra dans ces combinai-
» sons afin de capter du moins la bienveillance
» de Léopold. Ses émissaires, d'après ses ins-
» tructions, employèrent le temps qui restait à
» obtenir de ses partisans l'abandon de sa candidature en faveur de l'électeur, et, ce qu'on
» ne pourrait croire si des actes de lui, dans
» lesquels il réclama hautement le salaire
» promis, n'étaient d'irrécusables preuves,
» il avait passé d'avance un marché avec
» Auguste pour lui vendre des voix (1). »

Auguste, qui était dans le voisinage, accourut sur les frontières avec une armée de Saxons, ses sujets ; il réunit quelques-uns de ses partisans, appela ce conciliabule une diète, et érigea un cénotaphe à Jean. Peu de jours auparavant il avait changé de religion, et, aidé de ses soldats, il ne conçut aucune inquiétude des protestations que firent entendre les membres de quelques familles illustres appartenant à la Pologne. Bref, il arriva sans encombre, et suivant l'expression du temps, au dénouement d'une véritable comédie en cinq actes, et qui offrait un roi sans diplôme, un enterrement sans cerceuil, une diète sans nonces, un sacre sans primat, des protestations sans effet. Le prince de Conti, confié au célèbre Jean-Bart, débarqua à Dantzig ; il avait dix mille louis et des lettres de change. Le cardinal primat Zaluski et les princes Sapiéha allèrent le trouver sur son navire, lui annonçant qu'ils l'avaient choisi pour roi parce qu'une tâche immense était à remplir, celle de consoler la Pologne de la perte de Jean Sobieski. Le prince français aurait dû aussitôt s'élancer sur la plage pour combattre entouré de ses partisans ; mais, au lieu d'agir avec promptitude, il voulut attendre de nouveaux renforts, puis renonça bientôt à un sceptre qui ne pouvait après tout lui donner le bonheur [1697]. C'était tout pour l'électeur d'être resté maître du terrain ; il avait des troupes; il possédait de l'argent : il sut le distribuer avec intelligence, et ceux qui jusque là s'étaient prononcés contre lui reconnurent que ses droits étaient incontestables. L'ex-reine, Marie Casimire, après avoir été introduite à la nouvelle cour, se retira quelque temps après à Rome. Le prince Jacques quitta aussi la Pologne pour chercher une

(1) Histoire de la Pologne avant et sous Sobieski, par N. A. Salvandy t. III, p. 443.

retraite paisible en Allemagne. Quant à l'un de ses jeunes frères, Alexandre, il accepta un commandement dans la garde saxonne du roi Auguste. Il était impossible de donner une preuve plus complète de sa renonciation au rang suprême que sa mère, qui lui portait l'attachement le plus tendre, avait naguère cherché à lui conquérir. Ce serait méconnaître, au reste, le caractère des Polonais et les vices de leur constitution, que de croire à une réconciliation immédiate de tous les partis : la guerre civile se prolongea jusqu'en l'année 1700, où elle s'arrêta épuisée d'efforts. L'année précédente, la Pologne, à la suite du traité de Carlovitz, où cinq puissances belligérantes prirent part sous la médiation de l'Angleterre et de la Hollande, la Pologne, dis-je, avait obtenu la restitution de Kaminiek. L'étiquette se montrait alors si puissante en Europe, qu'on fit élever un grand pavillon circulaire contenant sept portes; chaque légation avait placé sa tente du côté du pays qui l'avait député; tous les ambassadeurs arrivaient à la fois et prenaient place sur les siéges mis devant eux. Le nouveau roi, Auguste, dont la maison d'Autriche avait soutenu vivement l'élection, fit rendre à la Pologne les salines de Vieliczka, cette source si immense de richesses pour le royaume. Enfin, devenu tranquille possesseur du sceptre des Jagellons, Auguste II contracta une alliance avec Pierre-le-Grand. Tous deux nourrissaient des projets d'ambition qui devaient retomber sur la Suède. Le roi de Pologne voulait reconquérir la Livonie, qui, jadis, avait appartenu au royaume. Le czar, de son côté, méditait déjà de fonder une ville sur la côte de la mer Baltique; il espérait, de cette manière, pouvoir rattacher son empire à la civilisation européenne. Le roi de Dannemarck, Frédéric IV, ne manqua pas d'entrer dans une alliance qui avait pour but d'abaisser la grandeur de la Suède; elle était gouvernée par un monarque qui venait pour ainsi dire d'échapper à l'enfance, mais dont le nom et les exploits vont bientôt remplir l'Europe.

Auguste II, auquel les Polonais refusèrent des troupes et de l'argent, entreprit avec les ressources de son électorat une guerre dont il attendait de brillants avantages. Néanmoins il ne put réussir à entrer dans les murs de la capitale de la Livonie. Les Russes, à leur tour, sont battus à Narva; les Danois sont vaincus, et tous ces prodiges sont opérés par un prince âgé de dix-huit ans. Le jeune triomphateur aurait dû sur-le-champ s'avancer au sein de la Russie, et imposer la paix aux trois monarques ses ennemis; mais c'est la Pologne qu'il veut frapper la première, ou pour mieux dire Auguste II. Pendant que Charles XII se prépare à en appeler à la force, il s'engage dans une foule de négociations avec les grands, restés les adversaires du successeur de Sobieski. En vain celui-ci, connaissant tout le péril de sa position, commande aux hetmans de voler à la défense des frontières, ils déclarent à Auguste II que, puisqu'il a entrepris en son propre nom la guerre avec les Suédois, c'est à lui d'y faire face avec ses troupes électorales. Bref, les Saxons furent exterminés sur la Dzvina [1701], et Charles pénétra dans la Lithuanie et la Pologne, où il chassa des emplois tous ceux qui avaient donné des preuves d'attachement au roi Auguste. Cette mesure sévère enflamma de haine les nobles qui avaient concouru à l'élection du nouveau roi. Deux partis se forment; l'un en faveur d'Auguste II, l'autre appelle Charles XII. Ce dernier entre dans les murs de Varsovie [1702]. Il m'est impossible, faute d'espace, de suivre pas à pas les événements, tout au plus puis-je en offrir une rapide analyse. Le roi de Suède était victorieux; il avait donc intérêt à chasser du trône l'électeur de Saxe, devenu roi de Pologne; il le considérait comme un usurpateur; faisait-il monter sur le trône un prince de son choix, il espérait en recevoir des témoignages de reconnaissance. La pensée du jeune monarque se porta d'abord sur le prince Jacques, fils aîné de Sobieski. L'anarchie qui dévorait la Pologne empêchait que rien ne marchât avec rapidité; les hommes comme les intérêts étaient sans cesse bouleversés. Jacques, le lecteur se le rappelle sans doute, s'était retiré en Allemagne, et il avait des ménagements à garder avec l'empereur Léopold, qui était tout à la fois son protecteur et son beau-frère. Profitant de toutes ces tergiversations, Auguste II fait enlever le prince et l'un de ses frères pendant qu'ils étaient à la chasse dans leurs domaines de Silésie; puis il les enferme dans une forteresse en Saxe. Restait un troisième frère : on lui offrit la couronne; mais il fallait d'abord qu'il fît de grands sacrifices en argent. Il répondit « qu'il ne pla» cerait pas un sou sur quelque chose d'aussi » fragile que la faveur qu'on lui montrait... » Ses amis essayèrent de lui faire voir l'abîme où il précipitait sa maison et sa patrie; tout fut inutile, et de tous les dangers celui des dépenses vaines n'était pas encore à ses yeux le plus redoutable. « Que deviendrait-on, » disait-il, « si l'empereur, faisant la paix avec le » roi de France, tournait ses armes contre l'élu » du parti suédois? Qui pouvait lui répon» dre *qu'en mettant la main dans ce tronc » brisé il l'en retirerait tout entière?* »

Charles XII, sentant de plus en plus la nécessité d'un roi pour la Pologne, convoqua une diète qui donna la couronne à Stanislas Leszczynski, palatin de Poznanie [1704]. Cette œuvre accomplie, le monarque suédois alla combattre Auguste II au sein de ses États héréditaires, et le contraignit, par le traité d'Altranstadt, à renoncer au sceptre de la république : pour comble d'humiliation, ce dernier se soumit à féliciter, par lettre, Stanislas sur son avénement à la couronne. Mais la fortune de Charles XII, comme celle de la Pologne, devait être sujette à bien d'autres vicissitudes. Ce prince veut renverser Pierre-le-Grand comme il a abattu l'électeur de Saxe; la bataille de Pultava, où il est vaincu par le czar, engloutit toutes ses espérances, et Stanislas Leszczynski, que d'autres aventures qui tiennent du roman attendent plus tard, tombe à son tour du trône. Auguste II avait conservé des partisans; il avait toujours à sa disposition les ressources de son électorat; il rentra donc en possession du sceptre des Jagellons l'année même où Charles XII vit disparaître sa gloire dans les champs de Pultava. « Cepen» dant, » dit Rulhière (1), « la Pologne

(1) *Histoire de l'Anarchie de la Pologne*, tome I, p. 117.

» n'offrait dans toute son étendue qu'un » spectacle de dévastation et de ruine. Les » plus belles provinces étaient remplies de » terres incultes et de déserts. Les peuples de » la campagne ne vivaient que d'écorce » d'arbre. »

On aurait dû croire que dans des circonstances aussi déplorables Auguste II, éprouvé lui-même par de cruelles adversités, aurait fait tous ses efforts pour réparer les maux de ses sujets; mais telle n'était pas son intention. Il était convaincu que la cause unique de tant de désastres tenait aux vices de la constitution polonaise : il eût été sage sans doute d'y apporter des modifications; mais, se jetant dans un parti extrême, il tenta de remplacer l'anarchie par le pouvoir absolu. Il commença d'abord par profiter d'un des abus les plus désastreux, qui conspira la ruine du royaume; je veux parler du droit d'établir une confédération. « En » effet, Auguste II, pour remonter sur son » trône, était devenu le chef d'une confédé» ration que son parti avait formée pour son » rétablissement; ce titre lui servit de pré» texte pour ne point convoquer de diète. » L'armée saxonne, répartie dans les pro» vinces, y subsistait de contributions impo» sées par les seuls ordres de la cour, et » levées par des exécutions militaires. Le » projet qu'on se proposait vaguement d'exé» cuter, quand on se croirait assez puissant » pour donner une forme à cette tyrannie, » était de convoquer la nation, de la forcer » à consentir à l'incorporation des troupes » saxonnes dans les armées de la république. » Ces troupes, éparses en petits détache» ments, éprouvaient la misère générale; » mais elles allaient de châteaux en châteaux, » arracher à la noblesse les restes de sa fortune, et la cour, au milieu du luxe de » la capitale, dédaignant les plaintes, les ré» clamations et les murmures, n'était occu» pée que de divertissements et de fêtes. Son » faste et ses plaisirs insultaient aux cala» mités publiques. Les grands, plus ménagés » que la simple noblesse, obtenaient facile» ment des exemptions, soit par la condes» cendance naturelle des généraux pour » des courtisans assidus et admis à tous

» les plaisirs du roi, soit par une politique
» artificieuse, qui entretenait leur indiffé-
» rence sur l'oppression de leur patrie, et
» qui les ménageait alors pour les opprimer
» plus sûrement un jour (1). »

J'ai emprunté ce tableau à un écrivain qui a passé plusieurs années dans le nord de l'Europe, attaché à un ambassadeur français ; il a eu de plus à sa disposition tous les trésors des archives étrangères en France. Il a dit la vérité, la vérité tout entière sur la Pologne. Voilà à quel degré de misère elle se trouvait descendue au commencement du dix-huitième siècle. Telle était, au reste, la position désespérée de cette héroïque nation, ou, pour mieux dire, de la noblesse, qui seule la constituait, qu'un excès ne pouvait être guéri que par un autre excès. Les petits gentilshommes, qui nommaient eux-mêmes leur roi, ne purent souffrir long-temps de pareilles indignités ; ils harcelèrent dans une foule de combats la cavalerie saxonne, qui fut exterminée en détail. Au bout de dix-huit mois, une confédération générale fut formée ; à sa tête se trouvait un simple gentilhomme, nommé Ledukoski : c'était le type le plus accompli du noble polonais. Long-temps il ne prit aucune part aux avantages que purent offrir soit Auguste II, soit Stanislas Leszczynski ; il avait seulement exercé les magistratures que lui avaient déférées ses concitoyens dans les tribunaux et dans les diètes. Possesseur d'immenses richesses, il avait fait des donations à ses parents, aux églises et aux pauvres. Lorsqu'il reconnut que la liberté en Pologne courait les plus grands périls, il révoqua ces mêmes donations, et consacra toutes ses ressources à soutenir les troupes de la confédération. Auguste, dont les soldats étaient défaits, songea à invoquer l'intervention de Pierre-le-Grand. Les confédérés prirent de leur côté ce prince pour juge ; c'était introduire l'ennemi le plus redoutable dans son sein. Une transaction fut conclue en présence d'une armée et d'un ambassadeur russes, et les débris des troupes saxonnes quittèrent le royaume. Il fut en outre convenu que les deux armées polonaise et lithuanienne seraient réduites à dix-huit mille hommes, dont on régla la solde. Ledukoski, maréchal de la confédération et de la diète, suivi des principaux confédérés, se présenta devant le roi et lui dit : « Sire, nous paraissons devant votre » majesté sans baisser les yeux, parce que » nous n'avons rien à nous reprocher. Puis- » siez-vous vivre de longues années, et régner » désormais sur nous avec plus de bonté ! » Et il repartit aussitôt pour aller reprendre dans sa province la vie d'un simple citoyen (1).

Les Polonais, comme leur roi Auguste II, perdirent toute indépendance politique du moment où ils signèrent entre eux un traité sous l'inspiration d'un monarque aussi redoutable que Pierre-le-Grand. Et, pour obtenir un résultat qui devait coûter si cher, on fut obligé de convenir que nul dans la diète ne prendrait la parole ; aussi est-elle connue dans l'histoire sous le nom de la *diète muette* [1717]. Il fallut que trois années s'écoulassent encore avant que les Russes consentissent à quitter la Pologne. Auguste II, après avoir fait l'expérience que la force brutale ne pouvait soumettre ses sujets, recourut à la corruption : il donna des fêtes magnifiques, où les grands accoururent avec joie ; ils introduisirent bientôt dans ce centre des plaisirs et des magnificences leurs femmes, qui jusque là avaient vécu dans la retraite. Elles devinrent habiles dans les intrigues, mais aux dépens de leur chasteté ; firent accorder des emplois, et se disputèrent à qui pourrait répandre le plus de faveurs. Celles qui furent vaincues à la cour excitèrent dans les provinces le penchant déjà trop prononcé pour une liberté tumultueuse, et elles retrouvèrent dans la politique l'influence qu'elles avaient perdue dans l'amour. Auguste II oublia si complètement l'ardeur martiale qu'il avait naguère montrée, qu'on le vit céder un magnifique régiment de dragons, jadis l'objet de tous ses soins, à Frédéric-Guillaume, roi de Prusse, dont il reçut en échange douze

---

(1) *Histoire de l'Anarchie de la Pologne*, par Rulhières, t. I, p. 119.

(1) *Histoire de l'Anarchie de Pologne*, par Rulhière, tome I, page 125.

grands vases de porcelaine. Ce changement dans les mœurs, qui avait pénétré plus ou moins dans les autres parties de l'Europe, n'avait rien de funeste pour l'indépendance nationale, car les Polonais, dont la mobilité est extrême, seraient facilement revenus, sous un autre prince, à leurs anciennes habitudes de famille. Mais ce qui leur fut fatal, c'est qu'ils oublièrent de jeter les yeux autour d'eux ; ils auraient alors acquis la preuve qu'ils devaient entrer dans la voie des améliorations adoptées par les autres peuples ; ils auraient alors fortifié leurs villes, établi un bon régime pour la rentrée des impôts, et favorisé le développement du commerce, qui leur aurait apporté ses trésors. Pierre-le-Grand était descendu dans la tombe [1724], laissant l'empire à Catherine, sa femme. Les projets que le grand réformateur de la Russie avait formés sur l'avenir des Polonais se trouvèrent arrêtés dans leur cours, et ceux-ci purent jouir jusqu'à la fin du règne d'Auguste II des douceurs de la paix ; mais le royaume était frappé au cœur. « Quand
» on songe que pendant soixante-dix ans
» [1648-1717] la Pologne, déchirée par des
» guerres intérieures, et envahie en outre
» par les Suédois, les Moscovites, les Turcs,
» les Transylvaniens et les Brandebourgeois,
» c'est-à-dire, par presque tous les peuples
» qui l'entouraient, se trouva plusieurs
» fois dans une situation telle, que ses rois
» avaient à peine quelques pouces de terre
» à leur disposition ; il faut vraiment s'éton-
» ner des ressources immenses qu'elle ren-
» fermait dans son sein, puisque, malgré les
» factions intestines, elle parvint à éviter sa
» ruine totale à cette époque ; elle paraissait
» même hors de tout danger. Des traités
» solennels lui garantissaient la paix avec
» tous ses voisins. Toutefois, elle ressem-
» blait déjà à un malade dont l'amputation
» a assuré la vie, mais qui n'est plus destiné
» qu'à végéter et languir. L'Europe n'en-
» tendit plus parler de ce malheureux pays
» que lorsque le moment arriva où des voi-
» sins spoliateurs entreprirent de s'en empa-
» rer, comme d'une proie facile à saisir (1).»

(1) *Tableau de la Pologne ancienne et moderne*, par Leonard Chodzko, tome II, pages 88, 89.

Un seul événement produisit, à la suite de rixes entre enfants, des mesures de rigueur contre les dissidents, et amena le supplice, je devrais plutôt dire l'assassinat, du bourgmestre ou maire de Thorn et celui d'un autre magistrat. Cette fois encore nous allons retrouver l'influence des jésuites. Ils possédaient dans la ville un collége, où étaient élevés les jeunes gens de la haute noblesse, attachés au culte catholique ; ceux-ci insultèrent des écoliers protestants. Les parents de ces derniers interviennent, sans pouvoir obtenir justice ; ils se portent en foule au collége des jésuites. En vain les Pères essaient de les repousser ; les protestants, qui étaient en plus grand nombre, pénètrent dans l'intérieur de l'établissement, dévastent l'église et outragent une image de la sainte Vierge, qu'ils jettent dans les ruisseaux. Une profanation aussi horrible souleva d'indignation la Pologne catholique. Le bourgmestre fut condamné à mort avec un autre magistrat comme lui innocent, et dont rien n'attestait la culpabilité. Quelque temps après, Auguste II rendit le dernier soupir. Un interrègne eut lieu, et la diète décida que les protestants seraient désormais exclus des emplois publics ; ainsi la faute de quelques-uns retomba sur une classe entière. Cette iniquité eut, quelques années après, les suites les plus déplorables et servit de prétexte à Catherine II, impératrice de Russie, pour hâter la ruine de la Pologne. Il fallait nommer un monarque ; Auguste II laissait un fils qui, par droit de naissance, héritait de l'électorat de Saxe ; il désirait y joindre le royaume de Pologne. Mais les nobles voulaient qu'un *piast*, c'est-à-dire qu'un gentilhomme né parmi eux portât cette fois le sceptre. Les souvenirs légués par Auguste II n'étaient pas favorables à son fils. Le dernier prince avait mis à l'encan toutes les dignités ; il avait entretenu une cour pleine de splendeur ; on l'avait vu faire de la ville de Dresde, la capitale de son électorat, une des cités les plus magnifiques de l'Europe ; enfin, il avait réuni dans une seule galerie pour quarante-quatre millions de porcelaine ; néanmoins, au moment de sa mort, son trésor renfermait douze millions. Il avait sur pied une armée saxonne, composée de trente-trois mille hommes; avec de pareilles ressources, Auguste III devait parvenir au trône de Pologne. Un adversaire redoutable se présentait, c'était Stanislas Leszczynski. L'attachement qu'il avait montré à Charles XII, ses vertus, ses grâces, l'éclat de ses aventures, tout enflammait l'imagination publique. Ce prince proscrit était devenu le beau-père de Louis XV, qui voulut lui rendre une couronne déjà une fois placée sur sa tête. La France partageait les sentiments de son roi; l'or fut prodigué et ajouta encore de nouveaux suffrages à ceux qui spontanément se prononçaient en faveur de Stanislas. Les nobles espéraient rétablir la grandeur dont l'État avait joui sous les Jagellons, et si la liberté ou le salut de la république étaient menacés, on pouvait, en dépit de l'éloignement, avoir foi dans les secours que promettait d'envoyer le roi qui avait élevé jusqu'à lui la fille de Stanislas. Soixante mille gentilshommes se pressent déjà dans le champ électoral et saluent de leurs acclamations le nouvel avènement de Leszczynski au trône. « Par une singularité digne de tout le reste » de sa vie, pendant qu'une flotte encore » éloignée, sur laquelle s'était embarqué, à » la vue de tout un peuple, un homme dont » tous les traits ressemblaient à ceux de ce » prince, était attendue à Dantzig, comme » si elle l'eût amené par mer, il se trouva » présent et parut tout-à-coup au moment » où il fut élu. Un seul Polonais s'avance » alors au milieu du camp, et d'un mot sus- » pend l'élection; mais il se laisse fléchir » aux prières générales. Son opposition re- » tractée ne sert que de témoignage, et pour » ainsi dire de monument à la liberté qui » règne dans cette élection. Soixante mille » suffrages donnèrent donc une seconde fois » la couronne à Stanislas, et les Polonais » s'applaudissaient de voir enfin renaître » parmi eux cette heureuse unanimité de » leurs ancêtres, qui autrefois, disaient-ils, » donnait à leurs lois une sanction si vénéra- » ble, et à leurs actions de guerre un accord » invincible (1). »

(1) *Histoire de l'Anarchie de la Pologne*, par Rulhière, tome I, page 451.

Cette démonstration éclatante aurait produit un effet salutaire si les suffrages des nobles eussent été appuyés par une armée française assez considérable pour inspirer la terreur; mais le cabinet de Versailles n'avait fait aucun préparatif militaire. Le fils d'Auguste II profita de cette faute pour se placer sous la protection de la Russie; il offrait de donner à Biren, amant de l'impératrice Anne II, l'investiture du duché de Courlande. Cette proposition fut agréée, car elle permettait au cabinet de Saint-Pétersbourg de s'immiscer d'une manière directe dans les affaires de la Pologne, et il rentrait ainsi dans les traditions de Pierre-le-Grand. Le cabinet de Vienne se porta, de son côté, comme garant des lois du royaume jadis gouverné par les Jagellons. S'il est un principe certain et qui doit toujours dominer les rapports politiques des peuples, c'est que nul parmi eux n'a capacité légale de se mêler aux mouvements intérieurs des autres, à moins cependant qu'il n'en résulte des périls et des dommages, soit pour les voisins, soit pour le repos général. Rien de pareil n'avait lieu dans ce moment; la tranquillité de la Russie, comme celle de l'Europe, n'avait pas plus à craindre, soit que Stanislas fût élu, soit que le fils d'Auguste II montât sur le trône. Mais il y a long-temps que le poète de la sagesse (1) a dit : *La raison du plus fort est toujours la meilleure.* L'Autriche, après avoir consulté les monuments des siècles passés, découvrit des traités où les nobles polonais et ceux de la Hongrie s'étaient engagés à se garantir réciproquement leur indépendance nationale. Ces traités remontaient à une époque où la Hongrie n'appartenait pas encore à la maison d'Autriche; ils n'étaient donc pas applicables aux événements qui se passaient en Pologne dans l'année 1733. Néanmoins, le cabinet de Vienne, bravant toute pudeur, se porta héritier de droits résultats exclusifs d'un état social désormais anéanti, et il se déclara juge des événements qui s'accomplissaient dans la république, au nom des nobles hongrois, qu'il ne cessait d'opprimer. Quant à la Russie, elle argua du traité de 1717,

(1) La Fontaine.

conclu par la médiation de Pierre I, pour soutenir qu'elle devait désormais, et comme surveillante de la Pologne, apposer le sceau de son autorité sur toutes les actions de cette dernière; en d'autres termes, c'était la force violente qui, en attendant une occasion favorable, se cachait sous le sophisme.

Dans de telles circonstances, Louis XV aurait dû appeler ses sujets aux armes et marcher lui-même à leur tête, car il s'agissait bien plus que d'un intérêt de famille, il s'agissait du salut de la civilisation européenne. Mais le dix-huitième siècle, hors ses dernières années, fut, comme on le sait, une époque de langueur pour la France. Trois armées environnaient déjà les frontières de la république, et Stanislas ne put s'établir à Varsovie : il alla chercher un refuge à Dantzig, où il rencontra quelques troupes que lui avait envoyées le cabinet de Versailles. L'Autriche et la Russie ne perdent pas de temps; le chancelier Michel Visnioviecki, l'évêque de Pozen et plusieurs autres nobles, après s'être vendus aux ennemis de la patrie, procèdent furtivement à l'élection du fils d'Auguste II. Ce n'était pas là un titre, la légalité seule en donne; mais c'était un fait, et comme la force brutale seule devait désormais tout décider en Pologne, le nouveau prince ceignit la couronne sous le nom d'Auguste III. Cependant les nobles ne désespérèrent pas encore de la fortune de la république; ils continrent assez long-temps les Russes, au moment où ils tentaient de traverser la Vistule, pour les empêcher de parvenir au champ de l'élection avant que le délai fixé par la loi fût accompli. « Ils » parvinrent (les Russes), » dit Rulhière (1), « dans une forêt voisine de Varsovie, le jour » même où le terme expirait, et là une élection, faite dans une auberge sur une route » au milieu des bois par un petit nombre de » gentilshommes, dont quelques-uns furent » conduits *enchaînés*, devint le titre que le » nouvel électeur de Saxe eut à faire valoir » contre l'élection unanime de son concur-» rent Stanislas. » Les Russes et les Saxons crurent, à la vérité, qu'en mettant à feu et à sang la Pologne, ils réduiraient par la terreur un certain nombre de nobles à reconnaître un prince dont l'élection avait présenté des circonstances aussi extraordinaires; ce moyen eut quelque succès. Néanmoins l'élite des grands entourait Stanislas à Dantzig, qui opposa la plus héroïque résistance. Dans une occasion les Moscovites perdirent huit mille hommes; aussi le lieu où le combat se livra a-t-il été appelé depuis le Cimetière des Russes; enfin, après cinq mois la ville dut se rendre. Stanislas avait quitté auparavant ses murs, obligé de fuir à travers les cantonnements des Moscovites, et réduit à emprunter les déguisements les plus étranges. Ce monarque, deux fois détrôné, adressa à sa propre fille, la reine de France, le récit de son évasion. J'en citerai seulement les circonstances les plus dignes d'intérêt, en les empruntant à une histoire de Pologne (1).

On trouve d'abord dans la lettre du roi ce caractère essentiellement religieux et qui est particulier aux races slaves. « Vous verrez, » dit-il à sa fille, « la Providence me conduire, » pour ainsi dire, par la main, veiller à tous » mes pas, régler les sentiments de ceux que » l'intérêt avait fait résoudre à me servir de » guides, et qu'un plus grand intérêt, tou-» jours présent à leurs yeux, pouvait enga-» ger à me trahir. Vous la verrez tout » aplanir devant moi, jusqu'à me rendre » comme invisible à ceux mêmes qui étaient » envoyés pour me reconnaître..... Je ne » doute point que bien des gens ne m'aient » blâmé, et vous peut être avec eux, d'avoir » attendu si tard à sortir de Dantzig; mais » quand la conscience, l'honneur, la patrie » réclament leurs droits, doit-on songer à se » précautionner contre les dangers person-» nels ?..... Pour moi, je pensais alors et je » pense encore, qu'il est du devoir de l'hon-» nête homme de s'oublier en ces moments. » Le roi, entrant ensuite dans les détails, raconte à sa fille qu'à l'instant de la capitulation, les Russes imposèrent pour première

---

(1) *Histoire de l'Anarchie de la Pologne*, tome I, page 156.

(1) *Histoire de la Pologne depuis son origine jusqu'en 1725*, etc., par F. M. M***

condition qu'il serait remis entre leurs mains; il fallait donc fuir. Stanislas allait partir, habillé en simple paysan, lorsqu'on s'aperçut que des bottes, qui avaient été dérobées pour son usage, ne pourraient pas lui servir; il fallut recourir à la chaussure d'un domestique, qui sembla faite exprès pour le prince. Après lui avoir fait traverser les fossés de la ville en nacelle, ses conducteurs le menèrent dans une cabane, ne renfermant qu'une seule chambre. Parmi ces mêmes conducteurs se trouvait un banqueroutier, qui était dans le secret de la fuite, « et qui n'ignore point, » dit Stanislas à sa fille, « qu'en me livrant à » mes ennemis, il peut recevoir en une seule » fois, non seulement de quoi réparer ses » pertes, mais de quoi se mettre dans un état » à n'avoir jamais besoin de commerce ni de » travail. » Le beau-père de Louis XV passa le reste de la nuit couché sur un banc et la tête appuyée sur les genoux du banqueroutier, dont il avait tant de motif de redouter une trahison. La nuit suivante le roi s'embarqua de nouveau. « Notre route, » ajoute-t-il à la reine de France, « fut infiniment » plus pénible qu'elle ne l'avait été en sor» tant de Dantzig. Ce n'était que roseaux » épais qui résistaient au bateau; ils ne » pliaient sous lui qu'avec un espèce de sif» flement, qui, se répandant au loin, pouvait » déceler notre marche. Leur courbure même » marquait notre passage, et nous laissait » craindre que le lendemain on ne vît les » traces du chemin que nous aurions fait. » Souvent, nous fumes obligés de descendre » du bateau, et, enfoncés dans la vase, de » le tirer à force de bras pour le transporter » dans les endroits où il y avait plus d'eau. »

Vers minuit le roi et ses compagnons arrivèrent sur les bords d'un fleuve qu'on crut être la Vistule; ils s'étaient trompés, c'était une autre rivière. Sur ces entrefaites, le jour commençait à se montrer, il fallait donc découvrir une retraite propre à cacher Stanislas; mais il n'y avait dans tous les environs que des chaumières remplies de Russes et de Cosaques. Dans cette extrémité, quel parti prendre pour ne pas tomber aux mains des ennemis? Les conducteurs du prince lui indiquèrent la maison d'un paysan qui était de leur connaissance. Stanislas se résigne à entrer dans cette chaumière et se retire dans une petite pièce, où il peut s'étendre sur de la paille. Ses bottes étaient remplies d'eau et de fange; il aperçut bientôt, d'une lucarne placée dans ce misérable taudis, des cosaques qui battaient la campagne dans tous les sens; plusieurs entrèrent dans la maison. L'hôte se rend auprès de Stanislas pour l'inviter à ne pas faire le moindre bruit. Les cosaques se firent servir à déjeûner; leur repas dura deux heures, pendant lesquelles le prince s'attendait à chaque minute à être arrêté. A peine furent-ils dehors que la femme de l'hôte monta avec précipitation auprès du fugitif. « Que » n'êtes-vous, » lui dit-elle, « venu boire et » vous amuser avec les cosaques et vos ca» marades? Sûrement vous n'êtes point de » ce pays; je le connais à votre langage, et » puis votre physionomie annonce en vous » quelque chose qui dément l'habit que vous » portez. Parlez, expliquez-vous, je ne veux » point vous trahir, et à votre air, qui me » touche infiniment, je me sens portée à » vous rendre service. » Stanislas, sans découvrir son secret, convint qu'il lui importait beaucoup de ne pas être découvert par les Russes. « Mais si cela est ainsi, » répliqua l'hôtesse, « je vous prie de sortir de » chez nous, s'ils vous y découvraient je serais » perdue, peut-être en viendraient-ils jus» qu'à brûler ma maison. » Enfin, cédant aux prières du prince, elle consentit à le laisser jusqu'à la nuit sur la paille où il était couché.

Le roi se remit en marche au milieu des ténèbres; il eut à traverser, pendant plusieurs heures, des terres molles et bourbeuses, où il enfonçait avec ses conducteurs jusqu'aux genoux. Il arriva ainsi à la chaussée de la Vistule; un bateau devait être prêt sur l'un des points du fleuve. Il alla pour le reconnaître; mais au bout d'une heure, on apprit à Stanislas que le bateau n'y était plus, et qu'apparemment les Moscovites l'avaient enlevé. Le roi rentra dans les marais dont il avait déjà eu tant de peine à sortir. Il s'engagea ensuite dans une autre route, et, après une lieue de chemin, ses conducteurs le menèrent dans une maison où il fut aussitôt reconnu. Je cède ici la place à Stanislas.

« Que vois-je ? s'écria l'hôte dès qu'il m'eût aperçu. — Tu vois un de nos camarades, lui répondirent mes conducteurs ; que trouves-tu dans son air de si extraordinaire ? — Vraiment, je ne me trompe point, ajouta cet homme ; c'est le roi Stanislas. — Oui, mon ami, lui dis-je aussitôt d'un air ferme et assuré, c'est lui-même ; mais à votre physionomie je connais que vous êtes trop honnête homme pour me refuser le secours dont j'ai besoin dans l'état où je parais à vos yeux. » Cet aveu simple et naturel eut le succès du monde le plus heureux. En effet, cet homme promit au roi de lui faire traverser la Vistule et tint exactement sa parole. Mais tous les périls étaient loin d'être passés, car une foule de cosaques, qui avaient reçu l'ordre d'arrêter le roi fugitif, parcouraient les environs. Cependant plus tard le passage devint libre et le bateau se trouva prêt à une lieue de l'endroit où était alors Stanislas. Ce prince monta à cheval, ainsi que son hôte, les conducteurs suivaient à pied et formaient une sorte d'arrière-garde. « C'était là, » ajoute-t-il, « toute l'armée que j'avais à opposer à celle dont la force ne se tournait plus que contre moi seul. Nous traversâmes des bourbiers très-profonds, où mon cheval, qui était mal sur ses jambes, s'abattait à chaque pas. De tous côtés paraissaient les feux des divers camps volants des ennemis, qui n'étaient pas aussi éloignés que mon hôte l'avait pensé. La clarté que ces feux répandaient sur ma route m'était favorable. Et qui eût dit alors aux Russes que c'étaient eux-mêmes qui m'éclairaient pour m'aider à les éviter ? »

L'hôte, pour mieux examiner les lieux, quitta le roi, auquel il vint bientôt annoncer qu'il était tombé un instant dans les mains des cosaques, et avait eu beaucoup de peine à s'échapper. Les conducteurs du roi de Pologne déclarèrent qu'ils n'iraient pas plus loin ; à force de prières, ils se mirent en route, se tenant éloignés de Stanislas. Après avoir encore marché une demi-lieue, l'hôte, qui n'avait pas quitté le roi, lui dit : « C'est ici l'endroit destiné à votre passage ; je vous laisse pour un moment, mais accordez-moi une grâce, cachez-vous dans ces broussailles, en attendant que je vous amène le bateau. » Le bruit des rames se fit bientôt entendre, et le roi et ses conducteurs s'embarquèrent. Il eut grand'peine à faire accepter deux ducats au sujet fidèle qui, pour son salut, avait bravé tant de périls. Stanislas aperçut à quelque cent pas de la Vistule un gros village, où il arriva à la pointe du jour. Un de ses guides lui amena ensuite un chariot rempli de marchandises ; le roi acheta le tout vingt-cinq ducats. Ce marché, fait à la hâte, surprit les paysans, qui faisaient foule autour du roi ; lui-même était vêtu comme un simple campagnard. Un des conducteurs, qui était pris de vin, se mit à rappeler au milieu de la foule les hasards qu'il avait courus, et demanda à Stanislas quelle récompense il lui donnerait. Enfin, ce misérable leva en partie le voile qui couvrait l'incognito du prince ; il était perdu si un autre des guides ne s'était écrié : « Quel sujet as-tu de te plaindre ? N'avons-nous pas partagé tes peines et tes dangers, et nous vois-tu former des prétentions comme les tiennes ? » Puis, s'adressant à tous les auditeurs, « C'est sa folie dans le vin de se croire en compagnie de rois et de princes ; si vous l'écoutez, je serai bientôt quelque grand personnage, pour qui cependant il n'aura guère plus de respect, que s'il ne me croyait que ce que je suis, aussi pauvre et aussi malheureux qu'il l'est lui-même. » Des huées s'élevèrent aussitôt contre le premier conducteur, que la foule traita d'ivrogne qui avait perdu sa raison. Stanislas traversa, sans être découvert, plusieurs autres villages remplis de soldats russes et saxons, et il entra dans un cabaret où il se fit passer, ainsi que ses compagnons, pour des bouchers de Marienbourg qui désiraient passer le Nogat, afin d'aller au-delà faire divers achats de bétail. « Ce trajet n'est pas possible, » dit l'hôte, « tous les bateaux de cette rivière, jusqu'aux plus petits, ont été enlevés par les Russes et conduits à Marienbourg, à cause des partis polonais qui battent la campagne de l'autre côté. » Le roi passa la nuit dans une grange sans pouvoir fermer l'œil. Le lendemain il se mit en route à la pointe du jour et se présenta chez une villageoise, lui disant qu'il voulait aller au-delà du Nogat pour acheter du bétail; il la pria en outre de lui indiquer l'endroit le plus facile pour le passage. « Vraiment, » répondit-elle, « vous venez fort à propos, je » puis vous épargner la peine d'un trajet, » d'ailleurs fort difficile; j'ai du bétail à vous » vendre, et à votre air je connais que nous » nous accommoderons aisément du prix. » Stanislas la remercia, en lui déclarant qu'il ne pourrait traiter avec elle qu'à son retour, parce qu'il allait toucher une somme d'argent qui lui était due. « Il n'y a pas un seul » bateau, » reprit-elle, « comment ferez- » vous? — Mais il n'est pas possible, » dit à son tour Stanislas, « qu'obligée d'avoir un » commerce continuel du côté de la rivière, » vous n'ayez, malgré toutes les précau- » tions des Moscovites, quelques moyens » de la passer. — Je vois bien que vous » êtes un bon homme; tenez, je vais vous » donner mon fils, qui vous mènera à un » quart de lieue d'ici; il y a à l'autre bord » un pêcheur de ses amis, qui garde dans sa » maison un petit bateau. A un certain » signal, cet homme viendra vous prendre, » et vous ne sauriez avoir un moyen plus » sûr et plus aisé de vous tirer de l'embarras » où je vous vois. » Les choses se passèrent ainsi que l'avait prévu l'hôtesse, et le roi arriva à Marienverder, petite ville des États du roi de Prusse. Il était sauvé, mais la Pologne était définitivement perdue pour lui.

Une guerre générale s'engagea bientôt en Europe. Louis XV, qui avait pour ainsi dire déserté la cause de son beau-père, résolut de venger l'injure qui lui avait été faite; mais après plusieurs années d'hostilités, les cabinets de Vienne et de Versailles conclurent un traité de paix dont voici les principales dispositions. L'électeur de Saxe, Frédéric-Auguste III, fut reconnu roi de Pologne et grand-duc de Lithuanie; les provinces et villes de la république conservèrent la jouissance de tous leurs droits; l'empereur, le roi de France, la czarine et l'électeur de Saxe garantirent pour toujours les libertés et priviléges de la nation, et particulièrement la libre élection de son roi. Stanislas abdiqua le trône; tout en gardant le titre et les honneurs de roi; il obtint la Lorraine, où il devait régner sa vie durant; enfin, les gentilshommes polonais furent convoqués dans une diète de pacification, où ils reconnurent Frédéric-Auguste III pour leur roi. Ils déclarèrent dans la même diète que quiconque à l'avenir et pendant un interrègne appellerait des troupes étrangères encourrait la peine de mort. Le règne d'Auguste III dura trente années, pendant lesquelles les anciens sujets des Jagellons tombèrent dans une véritable torpeur. Ils avaient désormais acquis la conviction que s'il leur était impossible de résister aux Russes et aux impériaux, ils étaient impuissants pour réformer les vices de leur constitution politique; car ils formaient des brèches que les étrangers se réservaient de défendre, dans l'espoir d'en profiter plus tard pour envahir ce malheureux pays. On peut donc affirmer que sa nationalité s'effaça de plus en plus, à partir du jour où Auguste III monta sur le trône. Ce n'est pas que ce prince eût conservé le moindre ressentiment contre ceux qui lui avaient disputé la couronne; mais il n'avait aucune ardeur dans l'esprit, à ce point qu'il ne se donna jamais la peine d'apprendre la langue de ses nouveaux sujets. La chasse remplissait tous les moments de sa vie; il était jaloux d'ailleurs au dernier point de son autorité. La cour du monarque était fastueuse, et il y avait établi une étiquette sévère.

Auguste III avait pour premier ministre le comte Brulh, qui l'accompagnait sans cesse au milieu des bois, où le prince passait pour ainsi dire sa vie. Il restait aussi des matinées entières en présence du roi, auquel il n'osait jamais adresser un mot. « Tandis, » ajoute Rulhière (1), « que celui-ci se promenait en fumant, » et laissait tomber les yeux sur lui sans le » voir : Brulh, ai-je de l'argent? — Oui, » sire; ce fut toujours sa réponse. Mais » pour satisfaire chaque jour aux nouvelles » fantaisies du prince, il chargea, en Saxe, » la banque de l'État de plus de billets qu'elle » n'avait de fonds, et en Pologne il mit à » l'encan tous les emplois de la république. »

(1) *Histoire de l'Anarchie de la Pologne*, t. I, p. 183.

Ce favori était faux, perfide, et entretenait un luxe qui n'avait pas de bornes. « C'était, » disait-il, « pour flatter son maître, qui voulait être servi par un ministre fastueux. » Sans mes profusions, il me laisserait manquer du nécessaire. » Le comte Bruhl, quoiqu'il ne quittât le roi que dans des intervalles très-courts, s'abandonnait à des pratiques religieuses. Deux étrangers le surprirent un jour dans l'intérieur de ses appartements ; il se tenait à genoux, avait le visage contre terre, et était placé devant une table qui était illuminée à la manière des tombeaux dans les cérémonies funèbres : il se releva avec précipitation, et dit « qu'après avoir donné sa journée entière à son » maître temporel, il fallait bien donner quelques moments à l'éternité. » Il eût été à désirer que les sentiments honorables manifestés dans ce moment par le ministre principal lui eussent servi de guide dans sa conduite : au contraire, rien ne l'arrêtait pour arriver au but qu'il voulait atteindre. Il était d'origine ministre seulement dans l'électorat de Saxe ; mais il voulut, dans son ambition, gouverner la Pologne. Cependant, comme étranger, il ne pouvait exercer aucune fonction dans le royaume acquis par son maître : que fait-il ? Il intente un procès et en profite pour se faire reconnaître Polonais par le tribunal, devant lequel il produit une fausse généalogie. Ce fut là pour le comte Bruhl un triomphe éclatant. En effet, à partir de ce moment il règne sur la Pologne aussi bien que sur la Saxe.

Auguste III, auquel les affaires devenaient de plus en plus odieuses, séjournait de préférence à Dresde, car, dans ses États héréditaires, il trouvait des forêts plus propres à la chasse que celles de la Pologne. A l'abri de toute critique, c'était en Saxe qu'il faisait venir des troupes de danseurs français et de chanteurs italiens, source de dépenses incalculables. Bruhl et son maître, au lieu de relever les ruines de la république, ne s'occupèrent qu'à gagner les bonnes grâces de la cour de Saint-Pétersbourg. Les jeunes gens qui appartenaient aux plus illustres familles de la Pologne se rendaient en Russie, où ils tâchaient d'attirer sur eux les regards de l'impératrice, assurés que la plus légère faveur de cette souveraine suffirait pour les porter à la plus haute fortune dans leur patrie. Le comte Bruhl, de son côté, partageait avec Bestucheff, grand-chancelier de l'empire moscovite, le prix des starosties et des autres dignités du royaume. Ceux qui achetaient des places se remboursaient de leurs avances par des concussions qui se reproduisaient sous toutes les formes. Les nobles, de leur côté, se piquaient à l'envi les uns des autres d'étaler un luxe qui allait jusqu'à l'extravagance ; ils pressuraient alors les malheureux habitants des campagnes, leur refusant le nécessaire, tandis qu'ils les accablaient de travaux. Le sort des habitants des villes n'était guère plus heureux : comme en Asie, on ne rencontrait que quelques maîtres superbes et une population exténuée par la détresse. Ces mêmes nobles, qui déployaient une magnificence digne des souverains, vivaient dans une gêne continuelle : on ne trouvait dans l'État aucune trace d'administration ; aussi les affaires, à force de subir des remises, finissaient-elles par s'éteindre sans être décidées. Des fonds manquaient pour envoyer des ambassadeurs auprès des puissances étrangères, et la Pologne semblait ne plus appartenir à la grande famille européenne. Un seul exemple fera juger des désordres qui régnaient. « Les hôtels » des monnaies avaient été fermés en 1685, » en attendant la première assemblée des » états, afin qu'on pût, pendant cet intervalle, délibérer avec les grandes villes » de Prusse sur le règlement qu'on projetait » alors. Mais la rupture des diètes empêchant » toujours ce règlement, les hôtels des » monnaies restaient fermés. Les anciennes » pièces, d'une valeur très-supérieure à celles » qui avaient cours dans les pays étrangers, » furent bientôt enlevées par les peuples » voisins et par les juifs. La monnaie étrangère devenant plus nécessaire de jour en » jour, avait un cours arbitraire ; le commerce intérieur manquait de petite monnaie. La république ne pouvant même remédier à ce désordre, le roi se crut suffisamment autorisé par la nécessité évidente » à faire frapper en Saxe des pièces polo-

» naises, et, dans l'avidité de gagner sur
» cette entreprise, il donna aux princes voi-
» sins le dangereux exemple de les falsi-
» fier (1). »

Le grand Frédéric de Prusse, étranger à toute espèce de scrupule, profita de la position de la Pologne pour l'exploiter comme un pays désormais sans défense. Ce prince avait-il besoin de troupes, il faisait de force des levées dans les provinces; avait-il besoin d'argent, il altérait la monnaie nationale. Les Russes, de leur côté, traversèrent le royaume en corps de troupes pendant la guerre de sept ans, et établirent des contributions qu'ils faisaient rentrer les armes à la main. Le monarque et son ministre, loin de venger de pareils outrages, ne voulaient pas même paraître s'en apercevoir. Les armées de la république étaient réduites à un si petit nombre de troupes, qu'elles étaient impuissantes à résister aux efforts de puissances militaires telles que la Russie et la Prusse. Les gentilhommes polonais, qui avaient tranché du *satrape*, n'auraient pu entrer en campagne faute de chevaux ni même d'armes : par une conséquence forcée, les revues annuelles, qui jadis avaient lieu et qui entretenaient l'ardeur guerrière des nobles, tombèrent en désuétude. Il semblait que chacun, fatigué des anciennes agitations de la patrie, aspirât à un repos absolu, semblable à ce sommeil qu'on goûte, lorsque toutes les forces sont épuisées, sur le bord d'un abîme. La nation entière se laissa vivre dans l'anarchie, sans même essayer de la combattre, et il passa bientôt en proverbe que la confusion était l'état naturel du royaume : *Polonia confusione regitur*. Cependant quelques bons citoyens s'inquiétaient pour l'avenir; mais quel remède trouver à tant de maux? La convocation de fréquentes diètes? Le *liberum veto* était alors dans sa toute-puissance!.... Il était si facile d'acheter un seul nonce, que le roi et les cabinets étrangers recouraient tour-à-tour à ce moyen, devant lequel s'évanouissaient tous les genres d'améliorations qui avaient été

projetées. Le grand Frédéric, ayant intérêt à faire rompre une diète, découvrit qu'une loi polonaise défendait de discuter les affaires lorsque le jour était fini. Il manda en conséquence à ses partisans de prolonger les débats de manière à ce qu'il fallût que des lumières devinssent indispensables. On en apporta au sein de l'assemblée; une multitude de députés réclament aussitôt contre la violation des lois nationales, « l'ancien ordre » des diètes est interverti; le pouvoir arbi- » traire tente tous les moyens de s'établir, » et un nonce s'élève contre la validité des opérations. On peut affirmer que jamais gouvernement aussi monstrueux n'avait encore existé. Mais comme si la république, ou pour mieux dire cette réunion de désordres politiques qu'on est convenu d'appeler la constitution polonaise, devait causer tous les genres de surprises, « la sûreté » régnait dans les villes; les voyageurs pou- » vaient, sans rien craindre, traverser les » forêts les plus solitaires et les routes les » plus fréquentées. Jamais on n'entendait » parler d'aucun crime.... Toutes les haines » de religion semblaient assoupies.... Plus » d'injures, plus de ressentiments.... La » cour, qui, sous le dernier règne, s'était ou- » vertement livrée à tous les plaisirs, était » devenue plus décente et plus réservée sous » la reine actuelle (1), qui ne parlait jamais » à une femme d'une vertu suspecte. Le » frein des lois n'étant presque plus sensible » en Pologne, les mœurs publiques suffi- » saient à maintenir partout l'apparence de » l'ordre (2). »

Mais un grand nombre de Polonais n'avaient pas voulu déserter la fortune de Lecszzynski. Ce prince, dont la bonté était sans bornes, fit élever à ses frais les enfants de ceux qui s'étaient attachés à sa personne. Devenus hommes, la plupart de ces Polonais, ne pouvaient plus rendre de services à Stanislas, dont la position était désormais à l'abri des tempêtes puisqu'il régnait sur la Lorraine, revinrent dans leur patrie. Ils avaient été

---

(1) Rulhière, *Histoire de l'Anarchie de la Pologne*, tom. I, pag. 190.

(1) La femme d'Auguste III.
(2) Rulhière, *Histoire de l'Anarchie de la Pologne*, p. 194-195.

frappés de tous les avantages, de tous les bienfaits qu'entre les mains de ce bon prince répandait le système monarchique ; ils firent des comparaisons, et elles ne tournèrent pas à l'avantage de la Pologne. Ils communiquèrent à leurs compatriotes tout ce qu'ils avaient vu, et une sorte de réaction avait commencé à s'opérer, même sous le règne d'Auguste II. Les saturnales du gouvernement de son fils, saturnales qui étaient dues primitivement à l'anarchie où depuis tant d'années était plongée la Pologne, éclairèrent une foule d'hommes distingués. C'était grâce au *liberum veto* et à une multitude d'abus, que la Russie, l'Autriche ou toute autre puissance pouvaient disposer du trône. Or il était dans leur intérêt d'imposer de mauvais choix, parce qu'avec le temps il devait en résulter de si effroyables désordres, que, tôt ou tard, la nationalité de la république disparaîtrait. Les hommes supérieurs reconnurent qu'une seule voie de salut restait à la Pologne ; c'était d'abroger, au moment où finirait le règne d'Auguste III, certaines lois politiques, et, après avoir élu un prince sur lequel on pourrait compter, de fortifier le pouvoir royal. Certes, de pareils projets, exécutés avec mesure et à propos, étaient de nature à restaurer la république. Malheureusement, comme l'esprit de faction était héréditaire parmi les nobles, et qu'il tend sans cesse à diviser ceux même qui aspirent à faire le bien, il en résulta que les améliorations méditées devinrent de nouvelles sources de maux. Deux partis réformateurs étaient en présence ; l'un reconnaissait pour chef les Potocki, l'autre les princes Czartorinski. La première de ces deux maisons puissantes comptait dans son sein un primat du royaume et un grand-général. Les Potocki blâmaient le *liberum veto ;* mais il leur répugnait d'établir dans les diètes la pluralité des suffrages, car le roi de Pologne, pouvant sans cesse distribuer des grâces, arrivait droit au despotisme. Les Potocki, convaincus néanmoins de la nécessité d'abroger le *liberum veto,* voulaient établir un conseil suprême qui nommerait à toutes les dignités et à tous les emplois. A quoi bon alors un monarque? En effet, comment pourra-t-il rallier des partisans au trône, s'il n'a rien à promettre ou à donner ? Pour éviter un inconvénient fâcheux on tombait dans un autre encore plus grave. Les Potocki avaient, en 1742, tenté de réaliser leur projet ; ils n'avaient pas réussi : ils espéraient être plus heureux au moment de l'interrègne, et avaient ajourné jusque là leurs espérances.

Les Czartorinski descendaient d'une branche des Jagellons ; leur naissance était donc illustre. A cet avantage, si précieux en Pologne, ils ajoutèrent l'influence que leur procura la fille du grand-chancelier de Morstin, devenue l'épouse de l'un d'eux. Cette femme, qui avait passé sa jeunesse en France, étonna Varsovie par la grâce et la politesse de ses manières. Sa maison devint le rendez-vous de tout ce qu'il y avait de plus grand et de plus spirituel. C'est au milieu de cette société d'élite qu'elle éleva trois enfants qui étaient à la tête de la faction opposée à celle des Potocki. Parmi ces trois enfants se trouvait une fille douée d'une volonté ferme et d'une imagination ardente ; elle s'éprit d'amour pour un homme nouveau, mais plein de talents, et dont la vie avait été aventureuse ; je veux parler du comte Poniatowski. Cet homme extraordinaire était fils d'un bâtard appartenant à la famille des princes Sapiéha, et qui avait obtenu l'emploi d'économe d'une de leurs terres. Il eut un enfant mâle, qui fut élevé avec le plus grand soin. Ce dernier devint page d'un membre de la famille Sapiéha, qui le conduisit en pays étranger. C'était déjà un premier pas fait dans la carrière, et pour les hommes de génie c'est souvent le plus difficile, car il ne dépend pas toujours d'eux d'obéir à la vocation à laquelle ils se sentent appelés ; ce premier obstacle franchi, seuls ils se chargent de leur fortune. Comme tous les grands seigneurs polonais, les Sapiéha s'attachaient toujours à l'un des deux partis qui déchiraient la république ; ils marchaient cette fois d'accord avec Charles XII. Ils lui envoyèrent comme négociateur le jeune Poniatowski : il plut au roi de Suède, qui le retint auprès de sa personne. Il donna les preuves les plus signalées de courage et d'intelligence à ce prince, dirigea sa fuite en Turquie, et

entraîna le divan à déclarer la guerre aux Russes. Lorsque le roi de Suède fut tué, Poniatowski implora la grandeur d'âme d'Auguste II, devenu roi de Pologne. « J'étais
» trop jeune pour faire choix d'un parti
» quand le roi de Suède, vous faisant la
» guerre, me demanda au seigneur à qui
» j'étais attaché. Depuis ce temps ma for-
» tune fut de lui plaire, mon devoir de le
» servir ; aujourd'hui que sa mort me rend
» à moi-même, je ne reconnais plus d'autre
» maître que votre majesté. — C'est un
» grand bonheur d'être servi par un homme
» tel que vous, » telle fut la réponse d'Auguste II. Poniatowski parvint, comme les lecteurs le savent déjà, à inspirer la passion la plus vive à la sœur des princes Czartorinski : cette dernière, cédant à un enthousiasme irrésistible, voulut l'avoir pour mari et l'obtint. Un miracle beaucoup plus extraordinaire était réservé au nouvel époux ; il gagna la confiance et l'attachement de ses deux beaux-frères, qui avaient vu avec peine une pareille mésalliance. Je dois dire que déjà Stanislas l'avait choisi pour son capitaine des gardes, et il était rempli de dévouement pour le prince, auquel il ne manqua pas lorsqu'il vint disputer la couronne au nouvel électeur Auguste III. Poniatowski comptait parmi les braves qui défendirent Dantzig ; il se trouvait donc en opposition avec les Russes. Mais le cabinet de Versailles ayant abandonné la cause de Stanislas et de tous ceux qui s'étaient attachés à son sort, les princes Czartorinski se rapprochèrent de la cour de Saint-Pétersbourg ainsi que leur beau-frère ; ils espéraient, en paraissant favoriser la politique moscovite, la faire tourner au profit de la Pologne : le temps a prouvé que c'était là une grande erreur. Quoi qu'il en soit, ces illustres personnages réussirent d'un autre côté à entrer dans la faveur intime d'Auguste III, et à contracter en outre des rapports particuliers avec l'Angleterre et l'Autriche : pour faire marcher de front tant d'intrigues différentes, ils avaient besoin des lumières d'un homme élevé au milieu des cours. Poniatowski était leur conseil habituel ; il possédait en outre une influence sans bornes, qu'il réservait tout entière pour faire réussir leurs projets. Les richesses qui avaient manqué long-temps aux ancêtres des princes Czartorinski, ces derniers en jouissaient. L'un d'eux, Auguste, à la suite d'un duel, avait épousé une veuve polonaise dont il avait reçu d'immenses trésors et des domaines sans nombre. Tant de ressources étaient mises en commun pour accroître la grandeur de la famille. Dans un gouvernement électif, où chaque noble peut parvenir au rang suprême, les qualités les plus héroïques comme les plus sublimes ne sont pas employées toujours au profit général, à moins que les mœurs politiques ne commandent toute espèce d'abnégation personnelle. Il n'en était pas ainsi en Pologne ; en effet, dans cette république les lois, les usages et les traditions faisaient considérer le trône comme un but légitime sanctifiant toute espèce de moyens. Par une singularité remarquable, les Czartorinski ne parurent pas aspirer exclusivement pour eux à la couronne : ils voulurent d'abord la placer sur la tête de Poniatowski, puis, plus tard, la faire obtenir au fils de leur beau-frère, Stanislas-Auguste. Cette fois le succès couronna leurs efforts. Mais avant de pénétrer dans le récit des faits qui m'attendent, il faut que je mette sous les yeux du lecteur le portrait qui nous a été laissé par un historien (1) des deux célèbres Polonais qui, dans le siècle dernier, ont joué un rôle qui a fixé sur eux l'attention du monde.

« L'un, le prince Auguste Czartorinski,
» conservait dans une fortune immense, dans le
» faste d'un souverain, une sévère économie,
» une conduite mesurée, et dans toutes ses dé-
» marches cette gravité qui inspire si aisément
» de la confiance au peuple. Il veillait lui-même
» sur tous les administrateurs de ses biens ;
» mais cette économie vigilante, qui multi-
» pliait ses richesses, n'empêchait pas qu'elles
» ne fussent ouvertes aux besoins de ses amis
» et de ses clients, et dans le même temps
» de perpétuels emprunts liaient toutes les
» fortunes de la Pologne à la sienne, et
» mettaient entre ses mains de grandes
» sommes toujours prêtes à l'exécution de
» ses desseins. Il passait sans cesse d'une

(1) Rulhière.

» province à l'autre, ayant dans chacune de
» vastes domaines, où, pendant son séjour,
» la noblesse se rassemblait de toutes parts;
» protecteur puissant et sûr, attirant la mul-
» titude par sa représentation, son crédit et
» ses bienfaits; jouissant de la plus haute
» réputation de sagesse, de probité et d'hon-
» neur, et par là conciliant à toutes ses en-
» treprises la faveur publique, qui doit sui-
» vre cette réputation. S'il faut en croire
» ceux qui ont le mieux connu cette républi-
» que, il avait entièrement à ses ordres la
» quatrième partie de la noblesse polonaise. »
Tels sont les principaux traits sous lesquels
l'auteur de l'*Anarchie de la Pologne* représente le prince Czartorinski..... « Son
» frère Michel avait, » dit-il, « une grande
» connaissance des hommes, des affaires et
» des gouvernements; génie ardent et opi-
» niâtre, versé dans toutes les intrigues ré-
» publicaines, propre à tous les manéges des
» diètes, à rassembler des partis dans toutes
» les diétines des provinces. Il connaissait
» plus de cent mille gentilshommes par leur
» nom, par leur caractère, par leurs liai-
» sons; il n'y en avait point à qui il ne pût
» parler soit de leurs affaires personnelles,
» soit des événements de leur vie. Il démê-
» lait, d'un seul coup d'œil, dans chaque
» homme, l'intérêt capable de le faire agir;
» mais son caractère rendait quelquefois dan-
» gereux pour lui-même et nuisible à ses
» desseins ce talent nécessaire dans un chef
» de parti, parce que cette facilité à pénétrer
» les hommes lui donnait une grande mali-
» gnité dans ses discours, et qu'il se laissait
» dominer par son goût pour l'ironie, même
» quand il cherchait à plaire. Il possédait
» à fond toutes les lois, toutes les formes;
» habile à les interpréter à son avantage, et
» plus souvent encore à trouver moyen de les
» éluder; inquiet et remuant, voulant tout
» faire dans la république et tout donner à
» la cour, prenant plaisir à soutenir les plus
» violents efforts des factions contraires, et
» pouvant même, s'il le fallait, soutenir le
» fardeau de la haine publique. »

On conçoit que deux princes doués de si
grands talents, soutenus par une position
aussi haute, ne firent pas en vain des prévenances au comte Brulh. Il leur abandonna le
poids des affaires publiques, heureux d'employer désormais tous les instants de sa vie
à conserver la faveur d'Auguste III. Les
frères Czartorinski avaient déjà rendu un
service signalé au ministre principal : c'était
grâce à leur appui qu'il s'était fait reconnaître Polonais par un tribunal, au moyen de
faux titres. Les princes profitèrent de leur
crédit, fortifié encore par le comte Brulh,
pour gorger de places leurs créatures et
leurs amis : ils arrivaient tout doucement à
être les maîtres du royaume. Mais Michel
Czartorinski était déjà fatigué de l'impuissance, comme homme d'état, du ministre
principal; il le pressait d'adopter des mesures pour porter remède à l'anarchie générale.
Ce dernier répondait, « *qu'en vivant au*
» *jour le jour, les affaires se font toutes*
» *seules.* » Cette immobilité systématique
jeta de l'aigreur dans une liaison qui, pour
durer, aurait dû présenter à tous des avantages. Brulh proposa une double union entre
sa famille et celle du prince polonais; cette
offre fut rejetée avec hauteur. Le ministre
principal se réserva de perdre plus tard les
Czartorinski; mais en attendant qu'il les eût
compromis auprès d'Auguste III, il leur
laissa le maniement principal des affaires. On
touchait à l'année 1752, et comme une
guerre générale menaçait l'Europe, le cabinet de Saint-James résolut de réunir contre
la France, la Russie, la Saxe, la Pologne et
l'Autriche, et il envoya le chevalier Wil-
liam en qualité d'ambassadeur à Varsovie. Ce
dernier forma bientôt la liaison la plus étroite
avec les princes Czartorinski. Une diète allait
être réunie à Grodno; les deux frères conçurent la pensée de saisir sa direction et de lier
la Pologne par une alliance au système de
l'Angleterre, de la Russie et de la Prusse.
Sur ces entrefaites arriva le comte de Broglie,
ambassadeur de la cour de Versailles : il méditait de relever la république de ses ruines
pour l'opposer aux envahissements du cabinet de Saint-Pétersbourg. Le diplomate
français eut d'abord à lutter contre une foule
de souvenirs fâcheux. « Les Polonais n'a-
» vaient pas encore oublié que trois fois,
» depuis un siècle, la France avait rassemblé

» chez eux des factions puissantes, avec d'au-
» tant plus de facilité que les intérêts des deux
» royaumes ont toujours été réciproques ;
» mais qu'après les avoir formées avec cha-
» leur, elle les avait chaque fois abandonnées
» avec légèreté. »

Les princes Czartorinski préludèrent à leurs attaques contre le comte de Broglie en faisant rompre la diète de Grodno. Voici comment ils s'y prirent : un nonce, avec lequel ils s'étaient entendus, lança une proclamation, dans laquelle il accusa le roi Auguste III de violer toutes les conditions qui l'avaient fait monter sur le trône. Les Czartorinski se déclarèrent sur-le-champ les avocats du monarque, et firent apposer les signatures de presque tous les nobles à l'apologie dont ils étaient les auteurs, proposant de former une confédération pour la défense du prince. Le comte Branitski, récemment élu grand-général du royaume, avait déjà donné sa signature, ainsi que cent trente sénateurs. Un Polonais, appelé Mokranouski, s'effraie du danger que doit produire l'engagement proposé par les princes Czartorinski ; il pénètre jusqu'auprès du grand-général et lui expose, « combien » la protection de la Russie devait rendre » suspect un pareil projet ; que la France » offrait aux Polonais une protection plus » sûre ; qu'il convenait à son nom et à sa » dignité d'être, sous ce nouvel appui, le libé- » rateur de la Pologne ; que s'il avait l'am- » bition de disposer un jour de la couronne, » de la donner à son choix, ou peut-être de » la recevoir lui-même de la reconnaissance » publique, ce ne serait ni par la faveur des » Russes, ni par celle des Anglais, qui sou- » tiendraient ou la maison de Saxe, ou la » maison Czartorinski, et qu'ainsi une poli- » tique personnelle devait se joindre aux vé- » ritables intérêts de la patrie. » A ces derniers mots, Mokranouski remet au grand-général l'acte de confédération, mais déchiré en morceaux ; et Branitski devient le chef du parti français. Bientôt le cabinet de Versailles, suivant son habitude, renonce à toutes les espérances que pendant trois années il avait fait donner par son ambassadeur, le comte de Broglie, à tous les Polonais qui allaient s'armer pour déjouer les projets hostiles des Russes. Ce fut alors que le grand-général, auquel on annonçait l'approche des troupes moscovites, s'écria : « Qu'il préférait sa ruine à la honte » et au malheur de manquer à son devoir, et » qu'une paix obtenue en cédant aux mena- » ces, deviendrait plus funeste qu'une guerre » déclarée. »

On était, comme je l'ai déjà dit, dans l'attente d'une guerre générale, lorsque le roi de Prusse signa un traité d'alliance avec les Anglais et se précipita sur la Saxe, que l'incurie du comte Bruhl avait laissée sans défense. Auguste III s'enfuit de Dresde, où sa femme voulut rester ; il se retira en Pologne, et se trouva en présence de familles puissantes qui, sous le prétexte de l'aider à reconquérir l'électorat, méditaient de former une confédération. Élisabeth régnait alors à Saint-Pétersbourg ; en dépit d'une longue résistance, elle fut engagée dans la guerre générale, et ses troupes livrèrent plusieurs combats au roi de Prusse ; on les vit même entrer dans les murs de Berlin. Quoique l'impératrice donnât de nombreuses preuves d'attachement au roi Auguste III, les Moscovites n'en traversèrent pas moins en armes le territoire de la république, sans même solliciter son consentement, et la Pologne, pour comble d'abaissement, ne prit aucune part aux hostilités qui désolaient alors le monde ; c'était assez dire qu'elle était retranchée du nombre des grandes puissances. Sans doute le royaume n'avait rien à craindre dans ce moment de la part du cabinet de Saint-Pétersbourg, qui accorda même l'investiture du duché de Courlande à un fils d'Auguste III. Mais ce qui démontrait cependant que tôt ou tard le péril devait jaillir du nord, c'est que les princes Czartorinski, comme le ministre Bruhl, faisaient jouer leurs principales intrigues dans la capitale des Moscovites. Cependant au milieu de la cour d'Élisabeth tout était alors incertitude ; le grand-duc de Russie, cédant à une folle admiration pour le roi de Prusse, se promettait, lorsqu'il serait le maître de l'empire, de devenir l'allié du grand Frédéric ; d'une autre part, sa compagne, la grande-duchesse, s'était éprise d'amour pour un jeune Polonais, émissaire et neveu des Czartorinski, je veux parler de Stanislas-Auguste Poniatowski, qui plus tard fut porté sur le trône. L'enfance de ce prince présente des circonstances extraordinaires, comme tout ce qui appartient à la Pologne. Il était le quatrième enfant mâle issu du mariage contracté par une sœur des princes Czartorinski. Au moment où il vint au monde, un Italien, appelé Fornica, et qui était attaché à la maison par le titre de chirurgien, déclara que le nouveau-né deviendrait roi. Une pareille prédiction fut accueillie avec joie; d'autant plus que Fornica avait la prétention d'être astrologue et alchimiste. On éleva Stanislas-Auguste de façon qu'il ne fût pas au-dessous de l'avenir qui l'attendait; sa mère se chargea elle-même de le veiller, et à la pointe du jour elle le mandait auprès d'elle pour qu'il étudiât ses leçons sous ses yeux. Quand il eut atteint l'âge des affaires, Stanislas-Auguste fut confié au chevalier Williams, cet ambassadeur anglais dont j'ai déjà parlé et qui le conduisit en pays étrangers; il parcourut ainsi l'Angleterre et la France, où on lui reprocha quelques intrigues d'amour, fort excusables à son âge. Nommé ambassadeur en Russie, Williams obtint que le jeune Poniatowski le suivît en qualité de secrétaire d'ambassade.

Stanislas-Auguste touchait à sa vingt-troisième année; plusieurs fois il prit place à la table de l'impératrice Élisabeth, et inspira une passion si violente à la grande-duchesse, qu'elle se rendit au milieu des ténèbres dans le palais du consul d'Angleterre, où elle se trouva tête à tête avec l'homme qu'elle chérissait d'une si vive tendresse. Poniatowski, à la suite des changements d'alliance survenus entre les différents cabinets, ne put conserver son poste auprès de l'ambassadeur Williams; il retourna donc à Varsovie, sollicitant son retour à Saint-Pétersbourg, mais avec la qualité de ministre de Pologne. Les amis du comte Brulh s'efforcèrent de lui faire sentir « que rien ne »serait plus imprudent que d'envoyer en »Russie, et au nom du roi, un émissaire de »la maison Czartorinski ; que le bonheur »d'avoir plu à l'héritière de cet empire, dé- »veloppant dans ce jeune homme un esprit »naturellement romanesque, son ambition »ne verrait plus aucune borne ; en un mot, »que d'une manière ou d'une autre, cette »complaisance coûterait un jour le trône à »la maison de Saxe. » Mais le ministre favori s'imagina que Stanislas-Auguste pourrait lui servir dans quelques nouvelles intrigues qu'il méditait à Saint-Pétersbourg ; ce dernier obtint donc la nomination qu'il sollicitait. Au moment de son départ, sa mère lui représenta « que ce n'était pas par un com- »merce de galanterie, mais par de grandes »qualités et de grandes vertus qu'il devait »mériter l'élévation qui lui était prédite; »que cette passion ne pourrait servir qu'à »l'égarer et peut-être l'engager un jour à »sacrifier l'honneur de sa couronne, son »royaume et sa patrie à sa maîtresse. » Rien de plus noble que ce langage, si digne en tous les points d'une mère de famille, et cependant si le jeune Poniatowski l'eût écouté, comme c'était son devoir, il ne serait jamais monté sur le trône ! Quand on étudie avec attention la marche des événements humains, on s'effraie de la place que les vices y tiennent ; il est des époques où ils saisissent la direction suprême de la société et distribuent rangs et fortune. Mais que peuvent-ils faire pour le bonheur !! C'est pour avoir été l'amant de la grande-duchesse de Russie que Stanislas-Auguste devint roi de Pologne ; à quelles conditions !! Aussi l'amertume de l'existence commença-t-elle pour lui du jour où il ceignit la couronne; il était loin de prévoir un pareil avenir. De retour dans la capitale des Russes, il se livra de nouveau à l'amour qu'il portait à Catherine et s'enivra de ses faveurs. Catherine et Poniatowski avaient pour confident le grand-chancelier Bestucheff; ce dernier tomba dans la disgrâce, et le prince Charles de Saxe, l'un des fils du roi, demanda le rappel de Stanislas-Auguste, qu'il obtint à force de sollicitations. Il revint en Pologne et remit à son père une lettre de la grande-duchesse, ainsi conçue : « Charles XII a »distingué votre mérite, je saurai distinguer celui de votre fils et l'élever peut-être au-dessus de Charles XII lui-même. » Catherine se montra fidèle à cet engagement écrit ; mais ce fut dans son seul intérêt. Le prince Charles de Saxe avait été proclamé par Élisabeth duc de Courlande. Le roi Auguste III réunit le sénat à Varsovie, auquel il fit cette importante communication. Michel Czartorinski, prenant la parole, fit remarquer, « que la Courlande était un fief, » non pas seulement du trône, mais de la » république ; que jamais en aucun cas important les rois de Pologne n'avaient transigé » au sujet de ce duché sans le concours d'une » diète ; que tels étaient les serments du roi » en montant au trône, les conditions même » auxquelles il régnait ; que si dans le désordre de ces temps malheureux ces assemblées (les diètes) se séparaient chaque fois » sans parvenir à prendre aucune résolution, » c'était une calamité générale à laquelle un » fief, dépendant de la république, n'était pas » moins soumis que les autres provinces ; » qu'à la vérité, en 1736, une diète avait » donné au roi le pouvoir de conférer ce fief, » mais non le pouvoir de le conférer dans toutes » les vacances, encore moins le pouvoir d'en » destituer à son gré le nouveau possesseur » et de ravir à ses enfants le droit de lui succéder, sans avoir subi toute la rigueur d'un » procès criminel et d'un jugement légal ; » que la déclaration d'une puissance étrangère n'équivalait point à cette procédure » juridique ; qu'il voulait bien croire méritées » les disgrâces que Biren (l'ancien duc) » éprouvait en Russie ; mais que d'examiner » si à de tels malheurs se mêlait quelque » crime de félonie envers la république, c'était un droit réservé à la république elle-même ; que la Russie, en annonçant comme » éternelle la proscription de ce duc et de sa » postérité, se fondait sur des raisons d'état, » sorte de jurisprudence heureusement inconnue dans les pays libres, et toujours variable dans les pays même où l'autorité » n'a besoin que de ce mot pour motiver ses » rigueurs ; que les années, les événements, » les changements de règne amèneraient en » Russie d'autres raisons d'état ; que cette » cour demeurerait toujours maîtresse de » faire revivre à son gré les droits d'une » famille qui continuerait d'habiter en Russie ; enfin, qu'on ne saurait trop admirer » l'imprudence des ministres qui s'engageaient, non pas avec audace, mais avec » légèreté, dans une affaire aussi dangereuse. » J'ai cité ce discours, parce qu'il me semble un modèle de mesure et d'adresse ; aucun argument n'est négligé, et cette fois le raisonnement ne sert pas à voiler la vérité, car bientôt après, et sous le règne de Pierre III, le nouveau duc jugea convenable de s'éloigner de la Courlande, la cour de Saint-Pétersbourg s'étant prononcée contre lui. Cependant les sénateurs, au nombre de cent vingt-huit, décidèrent : « Que la constitu- » tion de 1736, ayant laissé au roi le choix » libre d'un nouveau duc de Courlande, » et depuis cette époque toutes les assem- » blées de la nation ayant été rompues, le » roi avait toujours cette constitution pour » règle. » Le sénat permit donc au prince Charles de Saxe, l'un des fils d'Auguste III, d'accepter l'investiture du duché de Courlande.

Dans le temps même où le cabinet de Saint-Pétersbourg se montrait si bienveillant et si généreux, cent mille Russes, répandus dans les provinces polonaises, y vivaient à discrétion, sans que le comte Brulh osât faire entendre une seule réclamation. Les Moscovites insistèrent bientôt pour qu'on leur ouvrît les portes de Dantzig ; cette ville, en cas de revers, leur servirait de retraite. Le ministre favori se montra en apparence favorable à cette demande ; mais, en secret, il supplia les magistrats de Dantzig de repousser les Russes ; en effet, quand ceux-ci se présentèrent sur le glacis, ils trouvèrent tous les canons en batterie. Malgré le machiavélisme, ou pour mieux dire à cause du machiavélisme du comte Brulh, la position d'Auguste III était des plus déplorables l'électorat avait été dévasté par le grand Frédéric, qui s'était ainsi vengé du ministre favori. ce dernier, au moyen de fausses clés, avait ravi les chiffres et la correspondance de l'ambassadeur prussien à Varsovie. Un pareil guet-apens ne le satisfit pas encore ; il supposa avoir trouvé dans les papiers de l'agent diplomatique du roi de Prusse les projets les plus désastreux contre les autres puissances, et il les leur communiqua. La guerre générale durait déjà depuis six ans, et Frédéric semblait perdu : le comte Bruhl, qui nourrissait d'ailleurs l'espoir d'une paix prochaine, tenta de profiter de la présence des Russes pour assurer le trône à l'un des fils d'Auguste. La restitution de la Courlande, celle de la Saxe, la succession au trône de Pologne, également due à une alliance étrangère, auraient prouvé la sagesse de sa politique. Les succès trompeurs de son administration en auraient couvert les fautes réelles. Mais la mort de l'impératrice Élisabeth trompa toutes les prévisions de Bruhl. Cette princesse fut remplacée sur le trône par Pierre III : cédant à l'admiration imbécile qu'il portait au roi de Prusse, il lui rendit toutes les conquêtes faites par les Russes. « Il faut, » dit-il, « que chacun se console » de ce qu'il a souffert, rentre dans son bien, » et se tienne tranquille. » Aux sages représentations que lui fit le grand-chancelier de l'empire, qu'il ne fallait pas changer les anciennes alliances sans de longues méditations, il répondit : *Vous êtes un sot, et vous n'êtes pas mon précepteur.* A partir de ce moment, Pierre III put se permettre tous les genres de folie ; il ne rencontra plus ni conseil ni opposition : seulement il ne tarda pas à perdre la couronne et la vie. Les esprits clairvoyants tremblèrent pour le sort que l'alliance du nouvel empereur avec Frédéric devait réserver à la Pologne, et les vrais patriotes se réunirent au château de Bialistok, appartenant au comte Branitski, pour délibérer sur le sort de la patrie. « Le » vœu unanime était que la république réu- » nît toutes ses forces, que le roi revînt » avec confiance à la nation, afin qu'elle agît » tout entière avec un même esprit, unique » voie de salut qui restât encore à la Polo- » gne dans les dangers imminents que le » concert de ses voisins faisait dès lors en- » visager ; mais tous pensèrent avec une » égale douleur que le moment de cette réu- » nion n'était pas encore venu. »

Cependant l'insolence des généraux comme des soldats russes s'accroissait de jour en jour ; ils ne gardaient plus aucun ménagement avec les malheureux Polonais, depuis l'alliance de leur maître avec le roi de Prusse : on enlevait de force, pour être soldats, les paysans, et, jusques aux portes du palais de Varsovie, on enrôlait les gardes du roi. Dans cet excès de malheur et d'avilissement, on craignit qu'une foule de confédérations particulières ne se formassent ; incapables de résister long-temps, elles auraient eu pour résultat de rompre la grande unité nationale. Mokranouski, qui naguère avait déchiré l'acte de confédération proposé par les princes Czartorinski, parcourut les provinces pour apaiser l'effervescence des nobles ; plein d'amour pour sa patrie, il adorait les femmes : parlant un jour en présence de jeunes Français, il s'écria : « Je n'ai que » deux intérêts au monde : défendre la » liberté de mon pays et perdre la mienne. » Le caractère de ce Polonais, sa bravoure, qui passait pour extraordinaire, même parmi ses compatriotes, la grâce de son élocution, ce coup-d'œil rapide avec lequel il jugeait les hommes, tout enfin lui avait acquis une immense popularité, et il fut arrêté qu'il deviendrait le maréchal de la prochaine diète. Mais un événement inattendu vint imprimer une nouvelle face aux affaires ; Pierre III fut renversé du trône, et bientôt il cessa de vivre. La Pologne salua l'aurore de cette révolution avec joie, se considérant comme sauvée. Poniatowski, de son côté, allait retrouver une maîtresse désormais toute puissante ; depuis quatre années il avait vécu loin d'elle, mais sans cesser de lui écrire ou de recevoir des lettres de sa main ; il se montrait mélancolique et rêveur, et rendait des visites à une seule femme, qui était sa parente, parce qu'elle avait de la ressemblance avec Catherine. Les princes Czartorinski, qui vivaient dans ce moment comme en dehors des affaires, ne cessaient de faire répandre le bruit par leurs émissaires que tôt ou tard Stanislas-Auguste, leur neveu, exercerait l'influence suprême en Russie, et ils ressentaient pour ce jeune prince une considération qu'on n'accorde jamais à l'âge qu'il avait alors ; ce qui prouve, en passant, que Poniatowski possédait des qualités supérieures. Il était couché au moment où le comte Bruhl lui fit connaître la nouvelle révolution éclatée en Russie : à chaque côté de son lit était placée une image de Catherine ; l'une la montrait sous les traits de Bellone, l'autre sous ceux de Minerve. Stanislas-Auguste, s'élançant de son lit, se précipite aux pieds de l'émissaire, remercie Dieu et adresse tour-à-tour des hommages aux deux portraits de Catherine. Il veut partir en toute hâte pour Saint-Pétersbourg : ses deux oncles parviennent à contenir son impatience, et lui évitent une fausse démarche : en effet, sa place était prise, et l'impératrice avait pour amant le comte Orlof, l'un des chefs de la conspiration qui avait renversé Pierre III. Le lecteur se rappelle que Michel Czartorinski avait combattu dans une assemblée du sénat l'investiture du duché de Courlande accordée par le cabinet de Saint-Pétersbourg au prince Charles de Saxe ; il avait prédit que cette cour demeurerait toujours maîtresse de faire revivre à son gré les droits d'une famille (celle de Biren) qui continuerait d'habiter en Russie. Pierre III, dont la politique, si toutefois on peut donner ce nom aux actes émanés de ce prince (1), Pierre III, dont la politique était opposée à la marche suivie par Élisabeth, se prononça contre Charles de Saxe ; car la Courlande, professant la religion luthérienne, ne pouvait être gouvernée par un duc catholique.

Catherine, sans invoquer des principes religieux, voulut restituer le duché à Biren, qui avait été rappelé de la Sibérie ; mais Charles, doué d'un caractère énergique, opposa une force de résistance qui mit le cabinet de Saint-Pétersbourg dans le plus grand embarras. Ce dernier avait envoyé quinze mille Russes en Courlande pour obtenir par la crainte ce qui lui était refusé au nom de la justice ; il avait en outre fait occuper la ville de Graudentz par deux mille soldats tout prêts à recevoir ses ordres. Catherine venait, de son côté, d'écrire à Poniatowski ; voici le début de la lettre qu'elle adressait à ce jeune homme,

(1) Il se rendit recommandable, au début de son règne, par certaines améliorations intérieures.

jadis son amant : « J'envoie Keyserling en » Pologne, avec ordre de faire roi vous ou le » prince Adam Czartorinski, votre cousin. »
On voit que l'impératrice, à peine montée sur le trône, regardait la république comme une sorte d'annexe de l'empire dont elle pouvait disposer à son gré. Dans cette même lettre Catherine révélait l'état de son cœur à Stanislas-Auguste, lui faisant connaître le rôle que le comte Orlof jouait à la cour, et quelle était sa puissance ; elle lui disait : « Sa pas- » sion pour moi était publique ; tout a été » fait par lui dans cette vue. Ils sont quatre » frères, tous quatre extrêmement détermi- » nés, et fort aimés du commun des soldats. » Cependant le prince Charles de Saxe, auquel Catherine ne pouvait pardonner d'avoir fait rappeler naguère Poniatowski de Saint-Pétersbourg, était revenu en toute hâte dans la Courlande pour défendre son bien ; mais le jour même de son arrivée il trouva la capitale du duché remplie de troupes russes. D'autre part, Biren était dans les murs de Riga, où les plus grands honneurs lui étaient prodigués : il attendait dans cette ville le départ de son rival, mais celui-ci avait déjà écrit à son père en qualité de suzerain de la Courlande, pour qu'il fît citer à la diète de Pologne les gentilshommes de cette contrée qui manquaient à la fidélité qu'ils lui devaient. Enfin une diète fut convoquée par Auguste III [1762] ; le comte Bruhl, effrayé de l'ascendant russe, invoqua le secours des princes Czartorinski, les suppliant de ne pas déserter la cause de Charles de Saxe. Cet illustres personnages déclarèrent que c'était une affaire toute spéciale à la famille royale, et à laquelle il ne convenait pas qu'ils se mêlassent, parce qu'ils ne voulaient pas entraîner la république dans les suites fâcheuses dont cette même affaire serait tôt ou tard la cause. Ils n'en demandèrent pas moins une foule de places et d'emplois pour leurs partisans ; mais ils éprouvèrent un refus complet. Sur ces entrefaites, la diète s'ouvrit le 4 octobre 1762 ; le jeune prince Radzivill, né dans la Lithuanie, et auquel les Czartorinski disputaient dans cette province la suprématie, s'engagea à faire assassiner ces princes au sein même de l'assemblée ; le roi refusa son

assentiment à un pareil crime. Il faut en louer Auguste III, car le parti contraire (1) n'aurait pas reculé devant les plus noirs forfaits. En effet, au moment où les nonces marchaient pour se rendre dans leur chambre, Adam Czartorinski dit au fils aîné du comte Brulh : « Vous allez entendre bien » du bruit contre vous ; mais soyez tran- » quille pour votre personne, vous n'y per- » drez pas un cheveu : c'est uniquement vo- » tre père qu'on veut insulter en vous. » L'assemblée avait pour président le comte Malakouski, vieillard vénérable, encore plein de feu et de vigueur. A peine les députés furent-ils rangés, que d'une voix mâle il dit : « que la république, tombée dans une es- » pèce de léthargie, pouvait être ranimée » par les délibérations de l'assemblée ; que » depuis trente ans la seule Providence avait » préservé le nom polonais des outrages » auxquels il semblait destiné, ou pour » mieux dire de son extinction totale ; que » cette patience du ciel paraissait se lasser ; » que tout bon citoyen devait frémir en en- » visageant les maux qui menaçaient la pa- » trie si l'esprit de discorde jetait encore » dans cette assemblée le même trouble que » dans les précédentes ; mais qu'il fallait » mieux attendre du zèle de tous les non- » ces, à qui la garde des lois et le salut » de la patrie étaient maintenant con- » fiés. » Le président annonce ensuite qu'on va s'occuper de la nomination du maréchal de la diète. Poniatowski demande à être entendu ; ses partisans font chorus avec lui ; d'autres nonces s'écrient « que s'ils » parlent avant leur tour ce serait donner » atteinte aux lois, et renverser l'ordre éta- » bli pour les diètes. » Les amis du neveu des Czartorinski répondent « que l'af- » faire dont il s'agit regarde toute la » chambre des nonces et le plus précieux » de leurs priviléges. » Les esprits s'échauffent, et Malakouski, craignant qu'on n'en vînt aux voies de fait, remet la séance au lendemain. Mais à l'ouverture Poniatowski déclare qu'il ne se prêterait à rien tant que le comte Brulh serait présent, puis il se couvre. Une foule de nonces se lèvent, et, tirant leurs sabres, se précipitent du côté où se trouve le jeune Brulh : Mokranouski le couvre de son corps, quoiqu'il eût à souffrir des haines de sa famille ; le président s'épuise aussi d'efforts pour rétablir l'ordre ; il y réussit ; mais alors éclatent des accusations réciproques. Cependant les chefs des diverses factions décident qu'une réconciliation aura lieu, et la séance est levée. Quelques bons citoyens essayèrent d'amener un oubli complet de ces premières divisions ; mais les Czartorinski repoussèrent toute espèce d'avance ; alors un nonce, Michel Zimakouski, déposa un manifeste par lequel il requérait la rupture de la diète. Le lendemain, à l'ouverture de la troisième séance, on donna lecture de ce manifeste, ainsi conçu : « que la haine et l'am- » bition avaient renversé dans cette diète » les plus solides projets ; que le temps des- » tiné aux affaires se perdait dans les trou- » bles ; qu'elle n'offrait aux yeux que le » triste spectacle de la ruine de la patrie ; » que prévoyant avec effroi, par ces pre- » mières dissensions, leurs progrès inévi- » tables, sentant la liberté blessée par le sé- » jour des troupes russes au milieu du » royaume ; ne pouvant, comme il l'avait » désiré, s'en plaindre à la face de la répu- » blique ; voyant la sûreté des nonces dans » leur sanctuaire, violée par les armes, au » point qu'il fallait plutôt se défendre que » délibérer, il ne connaissait plus aucun » moyen de tenir la diète en liberté. » Cette protestation jeta l'assemblée dans le plus profond abattement ; le comte Malakouski s'écria « qu'il fallait, avant de désespérer » du salut de la patrie, faire une députation » au nonce absent, et qu'il pourrait être » fléchi par les représentations salutaires » qu'il entendrait contre un si grand abus » de la liberté. » Mais les nonces envoyés à la recherche de Michel Zimakouski ne purent découvrir sa retraite : la diète, par ce seul fait, était rompue ; alors le vénérable président s'écria, en congédiant l'assemblée, « qu'il suppliait le ciel que la vengeance di- » vine accompagnât partout ce mauvais ci- » toyen, plus criminel qu'un parricide... » Nous avons fait, quant à nous, tout ce qui » était en notre pouvoir ; il est de notre

(1) Les Czartorinski et leurs partisans.

» dignité, il est de notre devoir de ne point
» abandonner la république jusqu'à notre
» dernier soupir. » Cependant la nécessité
des affaires était si pressante que des
sénateurs se réunirent dans la maison du
primat et choisirent deux d'entre eux,
leur donnant la mission de se rendre
en Courlande auprès du duc Charles de Saxe,
qu'ils aideraient de leurs lumières. Les
princes Czartorinski se présentèrent bientôt
dans cette assemblée, soutenant que ce n'était
point dans une maison particulière, que
c'était en plein sénat et en présence du roi
qu'ils devaient dire leur avis sur des matières
aussi graves. Le roi réunit donc les sénateurs
suivant les formes légales; mais, au lieu de
s'occuper de l'état si désastreux du royaume,
ils s'abandonnèrent à des querelles de parti,
qui compliquèrent un état de choses déjà si
fâcheux.

Sur ces entrefaites, le comte Keyserling,
ambassadeur de Russie, vint occuper en Pologne
le poste que lui avait accordé Catherine;
il était impossible dans les circonstances
actuelles de faire un meilleur choix. Le
moment de la violence n'était pas encore
venu, il s'agissait seulement de se mêler aux
affaires du royaume, de façon à l'engager de
plus en plus dans la route où il devait rencontrer
un abîme sans fond. Il est à remarquer
que dans tous les pays libres, on attache
une grande importance aux formes, et l'on a
raison; en effet, seules elles sont assez puissantes
pour défendre tous les droits; elles
remplissent le même office dans la politique
que les lois de procédure lorsqu'il s'agit d'une
action au civil ou au criminel; elles sont,
en un mot, la source de toutes les garanties.
Mais il faut reconnaître en ceci, comme en
toute autre chose, que l'*apparence* ne suffit
pas, il faut encore que la *sincérité* la plus
complète s'y trouve réunie; les formes peuvent
mentir comme tout le reste; en réalité,
elles ne reçoivent de valeur intrinsèque que
de la bonne foi. Les plus grands ennemis
qu'elles puissent donc rencontrer sont les
avocats et les professeurs. Élevés dans l'habitude
de l'argumentation, ils sont au besoin
toujours prêts à détruire, car les institutions
humaines ont un côté faible, contre lequel le
raisonnement a toujours prise. Mais ils se
montrent en même temps habiles à voiler leurs
attaques, et vont droit à la sappe d'un État :
tel était le comte Keyserling. Il avait débuté
comme professeur de droit public dans l'université
de Kœnisberg; introduit à la cour
de Russie, il était entré dans les ambassades
et avait concouru à l'élection d'Auguste II;
depuis il avait contracté une liaison intime
avec le comte Bruhl, et avait déployé tous ses
efforts pour élever Biren (1), son compatriote,
sur le trône de Courlande. Une tempête
avait été soulevée sous le règne d'Élisabeth
contre les étrangers; il était parvenu à y
échapper et servait encore le cabinet de
Saint-Pétersbourg lorsque Catherine réussit
à occuper le rang suprême. Devinant qu'un
pareil homme lui serait utile, elle l'envoya
en Pologne. Néanmoins l'impératrice attendait
encore de Keyserling un autre service;
elle lui avait recommandé de traverser Mittau,
capitale de la Courlande, et de décider, par
la crainte, le duc Charles de Saxe à renoncer
à toutes ses prétentions sur ce duché;
mais il éprouva de la part de ce dernier un
refus complet.

L'ambassadeur de Russie donna une nouvelle
face à cette affaire; Catherine avait agi
jusque là comme une femme pleine encore
d'anciens ressentiments (2); Keyserling,
prenant aussitôt une position exclusivement
politique, soutint qu'Auguste III avait violé
tous les droits de la république en disposant
de la Courlande en faveur de son fils Charles.
Le monarque, en faisant répondre à la déclaration
de l'ancien professeur de Kœnisberg,
s'étendit avec soin sur la proscription

(1) Le lecteur se rappelle sans doute que Biren,
amant de l'impératrice Anne de Russie, se baigna
dans le sang de plus de vingt-cinq mille nobles russes.
Il avait pour maxime que les Moscovites ne pouvaient
être gouvernés que par la verge et la hache.
Ce misérable, condamné plus tard à mort, obtint
sa grâce, et fut envoyé en Sibérie. Mais comme les
États despotiques sont sujets à de fréquentes révolutions,
Biren reparut à Saint-Pétersbourg, et Catherine
II ne recula pas devant la pensée de restituer
la couronne de Courlande à un pareil monstre.

(2) Le duc Charles avait demandé le rappel de
Poniatowski, qui avait été envoyé à Saint-Pétersbourg
comme chargé d'affaires de Pologne.

de Biren, et évoqua une foule de souvenirs, relatifs à l'empereur Ivan, auquel se ralliaient les Russes qui détestaient Catherine. Celle-ci, pour se venger, redoubla de persécutions contre le duc Charles de Saxe, et le chancelier de Courlande lui notifia que s'il ne retournait promptement en Pologne, il aurait à se repentir d'un si funeste entêtement. Le duc fit savoir : « Que, malgré tout le respect » qu'il devait à l'impératrice, il n'avait » d'ordres à recevoir que du roi son père, » et qu'il les attendait pour se déterminer. » A la suite de cette réponse, Biren parut quelques heures à Mittau, et en profita pour adresser des universaux assurant : « Que » dans trois semaines il viendrait s'établir » dans son duché avec toute sa famille, et il » finissait par convoquer toute la noblesse, » à quelque temps de là, pour en recevoir » l'hommage. » Biren se présenta dans les murs de Mittau, et, comme il l'avait annoncé, fit son entrée solennelle ; la population resta renfermée jusqu'au moment où les Russes la contraignirent d'offrir son hommage à l'usurpateur. Le prince Charles, de son côté, persista dans sa résistance, et quoique entouré d'un petit nombre de soldats, resta immobile dans son palais. Au milieu de cette crise parurent les deux sénateurs qui avaient été députés de Varsovie pour servir de conseils au prince ; ils reçurent d'un officier russe la notification suivante, faite au nom de l'impératrice : Qu'elle ne permettrait jamais » que la commission dont ils étaient chargés » eût lieu, ni qu'ils exerçassent en Courlande » le moindre acte de juridiction. » Les deux sénateurs polonais firent à cette notification la réponse suivante : « Que si l'impératrice » ne reconnaissait pas le duc Charles, c'était » un malheur pour lui ; mais que le fief n'en » était pas moins sous la souveraineté du roi » et de la république. » Ils se retirèrent ensuite auprès du fils de leur monarque.

Biren fit entrer de nouvelles troupes dans Mittau : tout se préparait pour l'attaque du palais ; le commandant, effrayé du petit nombre d'hommes placés sous ses ordres, demanda quel parti il devait prendre. « *Vous défen-* » *dre !* » s'écrièrent les deux sénateurs. Le général russe se présente alors devant le prince et lui signifie, au nom de l'impératrice, « Qu'il devait, puisque Biren était » rentré dans son duché, sortir aussitôt de » la ville, et que, par un plus long séjour, » il risquerait d'altérer l'amitié qui subsis- » tait entre le roi de Pologne et l'impéra- » trice. » Charles de Saxe répondit : « Qu'il » devait, non-seulement comme fils, mais » comme prince feudataire, lié par un ser- » ment de fidélité, suivre exactement les or- » dres du roi, et qu'il allait, sans perdre de » temps, les lui demander. » Le général russe, ne trouvant rien à opposer à de telles paroles, donna ordre à ses troupes d'évacuer la place du palais. Mais dans cette circonstance tout devait rappeler l'héroïsme de la nation ; quarante gentilshommes polonais vinrent donc inopinément dans les murs de Mittau pour servir de gardes-du-corps à Charles de Saxe ; les Moscovites, saisis d'étonnement, ne songèrent pas même à les arrêter. Quant au roi Auguste, accablé sous le poids de tant de malheurs réunis, il ne donna pas ordre à son fils de revenir à Varsovie ; il était sur le bord de la tombe, et déjà la pensée de la mort prochaine de ce monarque inquiétait les factions, comme l'Europe entière. Ce fut alors que le cabinet de Versailles fit insinuer à Catherine, par son ambassadeur le baron de Breteuil, « qu'il était con- » venable que les deux cours s'entendissent » relativement à la prochaine élection d'un » roi en Pologne. » L'impératrice, cédant à un premier mouvement, reprit : « C'est la » faiblesse et la fausse politique de mes pré- » décesseurs qui ont si long-temps laissé à » la France quelque influence dans les affai- » res de la Pologne. Voyez la position de » mon empire, et jugez si ce n'est pas à moi » seule qu'il appartient de nommer le roi » que recevra cette république ! ! — Si votre » majesté en juge, répondit le baron de Bre- » teuil, par la position géographique de son » empire, elle a raison de le croire ; mais si » elle considère l'influence qu'a depuis long- » temps en Europe et que doit avoir un » royaume tel que la France, elle reconnaî- » tra la nécessité du concert qu'on lui offre » et elle renoncera vraisemblablement au » dessein de donner de force au roi aux Po-

» lonais ; d'ailleurs, ce prétendu succès en-
» traînerait une longue suite de guerres et
» déciderait *seul* des évènements de tout son
» règne. »

En dépit des conseils de l'ambassadeur de France, Catherine n'abandonna pas le plan qu'elle avait conçu, et parvint à en réaliser l'accomplissement. La santé du roi continuait toujours à inspirer les plus vives inquiétudes ; Kayserling profita de cette circonstance pour lancer une déclaration de sa souveraine, dans laquelle elle justifiait, avec beaucoup de hauteur, la conduite qui avait été tenue en son nom dans la Courlande ; elle soutenait : « Que
» cette province avait été de tout temps re-
» gardée comme une barrière ; elle ne faisait
» rien dans ce duché, qu'en vertu du droit
» de voisinage, reconnu par tous les peu-
» ples..... Ses vues étaient de maintenir in-
» violablement les droits et les prérogatives
» du corps entier de la république..... Elle
» accorderait surtout sa protection à ceux
» qui s'étaient distingués dans l'affaire de
» Courlande pour la défense des lois fonda-
» mentales de leur patrie et éprouvaient, à
» cause de leur zèle, d'injustes persécutions. »
Cependant Auguste II, quoique affaibli par le mal qui le dévorait, convoqua les sénateurs ; on fut obligé de porter ce malheureux prince sur son trône. Une discussion très-vive s'engagea en sa présence ; des orateurs démontrèrent : « Que Biren n'avait jamais
» été duc de Courlande, soit parce qu'aucune
» des formalités nécessaires n'avait été ob-
» servée à son égard, soit parce que la Cour-
» lande, état uniquement composé de no-
» blesse, ne pouvait avoir un roturier pour
» duc, ni le roi de Pologne lui en accorder
» l'investiture (1). » D'autres sénateurs firent remarquer : « Que Biren, eût-il jamais eu
» des droits réels, il les avait perdus parce
» qu'il avait manqué à toutes les conditions
» auxquelles il avait obtenu ce fief ; que le
» possesseur est déchu de tous ses droits, s'il
» ne remplit pas les conditions auxquelles

» il possède, et que s'il est destitué par cette
» raison, il n'a point de remplacement à
» prétendre. » L'évêque de Cracovie, Caëtan-Soltik, ajouta, relativement à Biren : « Que
» la mort naturelle dépouille les hommes de
» tous les privilèges ; mais que la mort ci-
» vile les en dégrade ; qu'un prince peut
» délivrer de la prison et faire grâce du sup-
» plice, mais que de rendre l'honneur après
» la conviction d'un crime, n'est pas au
» pouvoir d'un despote, et que, quand même
» dans ces contrées soumises au pouvoir le
» plus arbitraire, le prince pourrait s'arro-
» ger un pareil droit, arracher les coupables
» à l'infamie, et leur rendre l'honneur avec
» leurs dignités, il n'est pas en lui, quelque
» puissant que soit son empire, d'étendre
» une si étrange prérogative à d'autres États
» que le sien, et de faire passer de la prison
» sur un trône étranger un homme flétri et
» privé par une condamnation de tous les
» droits de citoyen. » La Pologne pouvait donc être accablée sous le poids du malheur sans que le courage de ses enfants faiblît, et c'était, pour ainsi dire, en présence des Russes que se faisaient entendre les accents d'une noble liberté ; mais l'esprit de faction ne pouvait à son tour être réprimé, quels que fussent les dangers de la patrie. Michel Czartorinski demanda la parole. « L'amour-
» propre ne me séduit pas assez, » dit-il, en se tournant du côté du roi, « pour me faire
» sentir quelque satisfaction d'avoir prévu et
» annoncé les chagrins qu'éprouve aujour-
» d'hui le cœur paternel de votre majesté ;
» je les partage en sujet fidèle ; mais cette
» fidélité même me force à vous représenter
» que du moment où vous eûtes prêté l'oreille
» à de pernicieuses flatteries, ces mortifica-
» tions devinrent inévitables et qu'elles de-
» vaient troubler tôt ou tard l'heureuse
» tranquillité de votre règne. Comment les
» auteurs de ces funestes conseils n'ont-ils
» pas vu qu'ils allaient soumettre la desti-
» née du prince votre fils aux vicissitudes
» d'une cour étrangère et à tous les caprices
» de la fortune ? » L'orateur, examinant ici le reproche qui avait été adressé au duc de Biren d'avoir seulement rendu l'hommage qu'il devait à la Pologne par un plénipoten-

---

(1) Auguste II, électeur de Saxe et roi de Pologne, avait donné l'investiture du duché de Courlande à Biren, ainsi qu'il en avait pris l'engagement.

tiaire, fit remarquer qu'une dispense lui avait été donnée de rendre cet hommage en personne, attendu que sa présence en Russie était alors indispensable. « On » ne cesse, » ajouta-t-il, « de s'écrier » que le cabinet de Saint-Pétersbourg » intervient illégalement dans une affaire » intérieure de la république. Voici la » réponse de l'ambassadeur de cette puis- » sance : qu'il importe à cette cour, plus qu'à » toute autre (1), que nos lois, notre forme » de gouvernement, et par conséquent l'in- » dispensable concours de l'ordre équestre » aux actes de la souveraineté, soient entiè- » rement conservés en Pologne. Je ne puis » vous conseiller, sire, d'accumuler sur votre » tête les embarras de cette affaire. Pesez un » instant quelles seraient les suites de votre » résistance : de plus grands déplaisirs pour » le cœur paternel de votre majesté et des » périls pour l'État, qui est sans défense. » Daignez donc sacrifier aux véritables in- » térêts de la patrie un dangereux intérêt de » famille. Daignez, en maintenant le duc de » Biren dans son duché, confirmer vous- » même vos propres bienfaits. » Ces importants débats se prolongèrent pendant sept jours consécutifs; douze sénateurs s'absentèrent, mais quarante-huit opinèrent pour qu'une procédure criminelle fût intentée contre Biren et ses complices ; ils décidèrent en outre qu'une diète extraordinaire serait incessamment réunie.

Mais Auguste III éprouva bientôt ce désir si naturel aux hommes de rendre le dernier soupir dans les lieux où ils ont vu le jour, et il se retira dans son électorat de Saxe, accompagné du comte Brulh, son ministre favori. Le prince Charles reçut l'ordre d'abandonner Mittau ; il obéit à son père. Il avait eu à soutenir dans son palais un blocus si rigoureux, qu'il serait mort de faim sans la fidélité de quelques Courlandais qui lui firent parvenir des vivres. Cependant son caractère ne se démentit point, et il ordonna aux nobles du pays de ne pas se rendre aux diètes qui pourraient être convoquées par Biren, cet odieux usurpateur. Enfin, Charles de Saxe ne consentit à quitter Mittau qu'en plein jour, et reçut des troupes russes, au milieu desquelles il passa, tous les honneurs qui appartiennent aux têtes couronnées. Quant aux deux sénateurs envoyés auprès du prince comme conseillers, on employa la force pour les contraindre à quitter le palais où s'était si long-temps maintenu le fils de leur roi. Mais ces deux hommes intrépides réussirent à se cacher dans la ville, et lorsque Biren réunit une diète, ils lui adressèrent une protestation en règle. Tandis que le comte Keyserling menaçait à chaque instant la république de l'arrivée prochaine d'une armée russe, Frédéric envoya une partie de ses troupes en Pologne ; elles devaient acheter tout argent comptant ; mais tout fut payé en monnaie fausse. Ce prince ne rougit pas, au reste, de s'entendre avec des juifs, devenus maîtres de la circulation des monnaies polonaises ; en sept ans il les fit refondre sept fois,

---

(1) Je ferai remarquer ici au lecteur jusqu'à quel point l'esprit de faction peut dégrader les plus nobles caractères. Comment un Polonais, sincère patriote, peut-il menacer la république et son chef suprême du ressentiment de la Russie ? Cependant c'est sur la terreur qu'il espère inspirer dans cette occasion que s'appuie surtout le prince Michel Czartorinski. En reconnaissant qu'il importe à la Russie plus qu'à toute autre puissance de veiller sur la Pologne, c'était faire passer cette dernière sous le joug du cabinet de Saint-Pétersbourg. On a dit avec raison que les intérêts privés des favoris ou les maîtresses avaient plus d'une fois précipité les monarques et les peuples dans l'abîme. Mais il faut aussi avouer que, soit dans les républiques proprement dites, soit dans les aristocraties qui assurent de grands droits à la classe qui règne, l'esprit de faction produit souvent d'affreux ravages. Il faut, en outre, remarquer que le nombre des favoris ou des maîtresses est toujours restreint, même sous un prince absolu : des limites sont posées par la nature des choses. En Pologne, au contraire, on comptait plus de quatre-vingt mille nobles, qui, pour satisfaire leur ambition ou leur avidité personnelles, pouvaient attaquer à sa base la république. Sans doute chaque espèce de gouvernement a ses inconvénients qui lui sont propres ; mais plus on multiplie le nombre des citoyens qui interviennent d'une manière directe dans l'État, plus aussi les périls deviennent nombreux. Je supplie le lecteur de faire bien attention que du jour où le prince Michel Czartorinski fit un appel direct au cabinet de Saint-Pétersbourg, tous les événements marchèrent avec constance et rapidité vers le même but : olonaise.

augmentant sans cesse le degré d'alliage. Le roi de Prusse, qui nourrissait un profond mépris pour ce que tous les autres hommes respectent le plus, savoir, l'humanité, la bonne foi, les vertus et les devoirs, le roi de Prusse avait envoyé de nouvelles troupes sur le territoire de la république, afin, disait-il, de contraindre un certain nombre de ses sujets à rentrer dans leurs foyers, qu'ils avaient quittés depuis la guerre générale. Il est impossible de se faire une idée des excès, je devrais plutôt dire des infamies en tous genres qui furent alors commises, et qu'un persiflage continuel accompagnait comme pour les rendre encore plus odieuses.

J'invoquerai encore cette fois le témoignage de Rulhière, toujours si imposant. « La licence la plus effrénée régnait
» dans l'exécution de ces ordres cruels. Une
» plaisanterie de ce prince (Frédéric) en
» avait été le signal. Ses généraux lui ayant
» écrit que tout était fort cher, il répondit :
» Je suis étonné de vos plaintes sur la cherté
» des vivres en Pologne, c'est un si bon
» pays, que vous devez *y avoir tout pour
» rien*. On forçait chaque seigneur chez qui
» les fugitifs prussiens s'étaient fixés, de
» leur payer en argent la valeur de la maison
» qu'ils avaient bâtie, du terrain qu'ils
» avaient cultivé, et même une somme arbi-
» traire pour le profit que le pays avait re-
» tiré de leur séjour. On saisissait les doua-
» nes pour indemniser, disait-on, le roi de
» Prusse de la perte qu'il avait faite sur les
» monnaies pendant la guerre. On taxait
» tous les gentilshommes sous les prétextes
» les plus extraordinaires, comme des créan-
» ces du temps des croisades. Des hommes
» flétris et bannis par la justice rentraient
» sur les terres de leurs seigneurs, en y con-
» duisant les troupes prussiennes pour re-
» demander les confiscations faites sur eux
» par la loi, et ceux qui refusaient de satis-
» faire à ces prétentions étaient conduits
» enchaînés à Driesen, ville frontière appar-
» tenant au roi de Prusse, où le bourg-
» mestre, érigé en juge, les condamnait aux
» restitutions et aux frais du procès. » Des plaintes furent adressées au comte Brulh; il était alors malade à Dresde. « Je suis, » répondit-il, « ministre de Saxe et ne me mêle
» point de ce qui regarde la Pologne. » Les gentilshommes des provinces désolées par les Prussiens résolurent alors de se confédérer ; le primat et le grand-général firent choix d'un ambassadeur, qui remit à Frédéric des lettres pressantes. Ce monarque parut ouvrir les yeux sur les brigandages de ses agents et promit de rendre justice. La commission de Driesen fut révoquée, le bourgmestre alla en prison, quelques officiers subirent la peine du cachot; mais quant au roi, « il ne perdit rien et *reprit
» pour lui-même*, par des confiscations,
» tout ce qu'ils avaient acquis par le pil-
» lage. »

Sur ces entrefaites, huit mille Russes pénétrèrent dans la Lithuanie, répandant la nouvelle que d'autres troupes les suivaient. Les partisans de Poniatowski jetèrent au milieu des ténèbres une foule de manifestes, par lesquels ils appelaient aux armes les Polonais, à titre d'alliés des troupes étrangères. Les princes Czartorinski, fidèles au plan qu'ils avaient conçu de réformer la république, en même temps qu'ils en resteraient les chefs, établirent dans les environs de Varsovie un camp, où se rendirent toutes les troupes attachées à leur maison ; elles s'élevaient à quatre mille hommes. Ces puissants personnages adressèrent en outre des messages à tous les nobles qui leur étaient dévoués; ils leur représentaient dans ces mêmes messages « Qu'enfin le temps était venu de re-
» médier à tous les désordres des deux der-
» niers règnes; qu'il fallait profiter des
» heureuses dispositions des Russes, se réu-
» nir à eux, former une ligue de toute la
» nation et se confédérer sous la protection
» nouvelle que la fortune donnait à la ré-
» publique. » Il y avait deux parts à faire dans les projets de réformes médités par les Czartorinski : la première méritait tous les éloges, car elle avait pour objet d'extirper une multitude d'abus. Mais il n'en était pas de même de la seconde partie de leurs projets, je veux parler du plan qu'ils avaient conçu de s'emparer du pouvoir sous la protection des Russes armés, qui ne connais-

saient déjà que trop la route de la Pologne. Un cri de réprobation universelle s'éleva contre ces deux princes ; les uns tonnaient contre leur ingratitude, car enfin n'était-ce pas au ministre favori d'Auguste III qu'ils devaient cette haute puissance dont ils usaient maintenant d'une manière si funeste à la république ? D'autres s'écriaient : « Quand il s'agirait même d'abolir toutes les » lois, de changer la constitution et de » créer un gouvernement nouveau, la Polo» gne ne devrait en pareil cas avoir d'autre » règle que sa volonté et d'arbitre que » Dieu. » Le prince Radzivill, de son côté, cet adversaire des Czartorinski, comptait également quatre mille hommes sous ses drapeaux.

Tel était l'état de la Pologne, lorsque le 5 octobre 1763 le roi rendit le dernier soupir ; le comte Bruhl expira bientôt à son tour. Jamais interrègne n'avait eu lieu dans des circonstances aussi périlleuses pour la république. Lubienski, archevêque de Gnesne et primat de Pologne, déploya aussitôt tous ses efforts pour amener une réconciliation entre les chefs des grandes maisons, qui ne vivaient que trop souvent dans un état d'hostilité contraire à la prospérité du royaume. Le nouvel électeur de Saxe se mit sur les rangs pour succéder à son père; mais il ne convenait pas à l'impératrice de Russie qu'il fût élu. Keyserling, entrant avec adresse dans la pensée générale, soutenait qu'un Polonais seul devait ceindre la couronne des Jagellons. « Il était temps » d'interrompre une succession qui devien» drait enfin dangereuse pour la liberté si » elle se maintenait encore cette fois-ci dans » la famille des derniers rois, et rien n'était » plus honorable pour la noblesse polonaise » que l'intention où était la czarine de » faire revivre les droits que les moindres » d'entre eux avaient également à la cou» ronne. » La majorité des nobles se prononça d'abord pour le comte de Branitski, grand-général de Pologne, qui lui-même s'était jadis montré favorable à l'élection d'Auguste III. D'un autre côté, quelques gentilshommes s'ouvrirent à l'ambassadeur russe sur le choix qu'ils voulaient faire de Branitski. « Nous sommes, » lui dirent-ils, « environ deux cents de toutes les » familles qui pouvons prétendre à la cou» ronne et qui nous ferons hacher pour nous » en exclure les uns les autres. S'il est vrai » cependant que les cours voisines veuillent » nous laisser choisir entre nous, le comte » Branitski est le seul de nos concitoyens » qui puisse parvenir à concilier tous les » suffrages. La nation est accoutumée à le » respecter. Il ne lui manque, dans la ma» gnificence royale avec laquelle il a toujours » vécu, que le titre de roi. Il tient aux deux » partis : à l'un par lui-même, à l'autre par » son épouse(1); le malheur même d'être le » dernier de son nom lui deviendrait favo» rable, en lui permettant de donner tous » ses biens à la république, et en nous ras» surant contre la crainte de voir toutes les » grâces envahies par une seule maison. » Enfin, lorsque le comte Branitski fit son entrée dans les murs de Varsovie, au milieu d'un grand nombre de sénateurs, il entendit retentir de toutes parts les acclamations de tous les spectateurs.

Mais Catherine, qui se regardait déjà comme maîtresse du sort de la Pologne, avait un candidat dont rien ne pouvait la détacher, c'était le jeune Auguste-Stanislas Poniatowski (2), dont les oncles, les

(1) Le comte Branitski avait épousé la sœur de Stanislas-Auguste Poniatowski.

(2) Rulhière, qui en général mérite toute espèce de confiance, a manqué, selon moi, d'impartialité à l'égard de Stanislas-Auguste : il le représente comme un jeune homme frivole, exclusivement occupé des détails de sa toilette et de ses triomphes auprès du beau sexe, puis il le peint comme le plus ambitieux des hommes. Il y a dans ces diverses accusations quelque chose de contradictoire, et qui, d'ailleurs, se trouve en opposition avec les faits principaux de la vie du dernier roi de Pologne. Comment, ce serait pour assurer la couronne à une espèce de fat sans consistance que les deux princes Czartorinski auraient déployé tant d'efforts? Non, s'ils ont soutenu les prétentions de leur neveu, c'est qu'ils lui ont reconnu de certaines qualités. Je demanderai ensuite de quelle manière on expliquera l'influence prodigieuse que Stanislas-Auguste ne cessa d'exercer sur son cousin-germain, le prince Adam Czartorinski, lequel à sa prière renonça, comme on le verra plus tard, non-seulement au trône de Pologne, mais supplia l'impératrice Catherine d'en disposer en faveur de Ponia-

princes Czartorinski, continuaient de favoriser les prétentions, car l'un d'eux, Michel, comptait sur le nouvel élu pour faire triompher les réformes, objet de ses plus longues méditations comme de ses plus vifs désirs. Poniatowski ne respirait que pour monter sur le trône, et il fut assez heureux pour obtenir de son cousin-germain, le prince Adam Czartorinski, qu'il écrivît une lettre à Catherine dans laquelle il lui annonça sa renonciation formelle à la couronne, avec prière de l'accorder à Stanislas-Auguste. Néanmoins, quoique emporté par l'ambition, le jeune prétendant faisait quelquefois des retours sur l'avenir qui devait l'attendre s'il était élu. « Je prévois, » disait-il, « que
»j'aurai un règne difficile; je n'aurai que
»les épines pour laisser aux autres toutes les
»fleurs. Peut-être, comme Charles Iᵉʳ, subi-

towski. Au reste, pour mieux mettre à même le lecteur de porter un jugement éclairé, je place ici sous ses yeux une citation que j'emprunte à Rulhière. Un jour le grand-général Braniski aperçut Stanislas-Auguste dans la foule; il l'appela, « et,
»l'ayant fait placer sur le devant de son carrosse,
»il lui parla comme son beau-frère, et avec la di-
»gnité qui convenait au chef de la république. Il
»lui représenta dans quels troubles ses intrigues je-
»taient la patrie; que la Pologne était assez malheu-
»reuse par son mauvais gouvernement; que d'y ap-
»peler les étrangers, ce n'était pas travailler à son
»rétablissement, mais en précipiter la ruine ; que
»tout ne serait pas perdu si l'ambition ne prenait
»pas ces voies criminelles; que le courage et l'a-
»mour de la liberté avaient de grandes ressources.
»Vous êtes jeune, ajouta-t-il, et vous pouvez un jour
»voir la république rétablie, plus heureux que nous,
»qui avons passé nos jours dans les malheurs publics,
»et à qui la vieillesse ne laisse plus assez de temps
»pour voir tant de maux réparés. Mais ce n'est point
»en confiant le rétablissement de l'État à ses enne-
»mis naturels (les Russes), que vous jouirez de ce
»bonheur. Votre ambition vous trompe; elle vous
»conduit à l'esclavage, et peut-être vos plus grands
»succès ne serviront-ils que d'époque à l'entière
»destruction de votre patrie. Poniatowski ne répon-
»dit qu'en se laissant suffoquer par ses pleurs. Le grand-général lui demanda comment il devait les
»interpréter, et, n'obtenant pour toute réponse que
»de nouvelles larmes et des mots vagues d'inimitié
»contre la maison de Saxe, et des suites d'engage-
»ment, il arrêta son carrosse, l'y en laissa descendre,
»et, quoiqu'ils fussent alliés de si près, quoique ce
»vieillard ait encore vécu de longues années, ce mo-
»ment fut celui où ils se séparèrent pour jamais. »

»rai-je une longue prison. » Cependant Keyserling préparait déjà les voies au succès de l'ancien amant de Catherine. « Ponia-
»towski, » disait-il, « est bien jeune ; mais
»il suivra de bons conseils, et quand il sera
»roi je me charge de sa conduite. » J'ai déjà raconté ailleurs (1) à la suite de quelles intrigues, et je devrais ajouter de quelles violences, l'impératrice, soutenue de la puissante famille des Czartorinski, parvint à faire nommer roi de Pologne Poniatowski. La conduite des oncles de ce prince fut bien loin sans doute d'être irréprochable; mais il faut reconnaître que les divers partis qui déchiraient la république ne s'arrêtaient pas plus les uns que les autres devant les formes légales. Les illustres parents de Stanislas-Auguste se montrèrent en définitive au niveau de leurs contemporains; ils partagèrent les mœurs politiques de leur temps. On arguera sans doute de la pureté de leurs intentions : elle plaide en leur faveur; mais la morale défend d'employer des voies illicites, même pour faire triompher le *bien*. Ils reçurent au reste le châtiment de leurs fautes. En effet, après avoir obtenu la révocation du *liberum veto*, l'un d'eux vint en pleine diète annoncer que les cours de Saint-Pétersbourg et de Berlin ordonnaient le rétablissement de ce droit fatal, l'une des causes de l'anarchie de la Pologne.

Stanislas-Auguste, j'en ai déjà fait la remarque (2), déploya de la grandeur d'âme envers ceux qu'il aurait pu considérer comme ses ennemis; il donna en outre de nombreuses preuves d'habileté, et ne se conduisit pas envers Catherine comme un esclave couronné; il oublia plus d'une fois qu'il avait été jadis l'amant de l'impératrice de Russie pour défendre les droits de ses sujets. Mais il était trop tard pour que la Pologne pût être rendue à son indépendance nationale; cette dernière lui fut ravie le jour où se fermèrent les yeux du grand Sobieski. Stanislas-Auguste commit sans doute des fautes ; elles étaient inévitables dans sa position. Cepen-

(1) Voir mon *Histoire de Russie*, en tête de ce volume, pages 90 et suivantes.
(2) *Histoire de Russie.*

dant les jugements de l'histoire se sont montrés rigoureux jusqu'à l'injustice envers ce prince. Comme la Pologne disparut sous son règne, on le rendit responsable d'une foule d'événements accomplis depuis longues années, et dont les dernières conséquences se développèrent à une époque où il aurait été impossible à aucun monarque de les dompter ou même de les diriger. Stanislas-Auguste a été la victime désignée; on l'a rendu responsable de tous les maux enfantés par les vices de la constitution polonaise. Une réprobation générale s'est attachée à son nom, et comme si ce n'eût pas été assez pour lui d'avoir assisté au spectacle de la ruine de sa patrie, il a eu à subir les calomnies de toutes les factions; il semblerait, à les entendre, qu'au moment de son élection il a reçu un royaume rempli de force et de ressources. Mais quand il n'aurait pas été porté sur le trône, le noble Polonais élu à sa place n'aurait-il pas eu à soutenir les attaques de la Russie et de la Prusse? En supposant la défaite de ces deux puissances, le prince aurait toujours succombé sous le machiavélisme de leur politique, surtout si l'on songe que la France, qui avait mission de sauver la Pologne, n'a fait aucun généreux effort en sa faveur. Les victoires n'ont pas manqué à Sobieski; eh bien! dans quel état n'a-t-il pas laissé la république à sa mort! Ces réflexions, analyse philosophique du règne de Stanislas-Auguste, me font une loi de m'attacher seulement aux faits principaux de cette époque; à ceux qui peuvent donner une idée exacte des mœurs politiques de la Pologne au moment de l'élection du dernier de ses rois. L'État, comme les familles, était en proie à des divisions intestines; si les deux oncles de Poniatowski, de même que son cousin, le prince Adam, étaient dévoués à sa fortune, le comte Oginski, gendre du prince Michel Czartorinski, s'était rendu à Saint-Pétersbourg, espérant, s'il pouvait captiver les bonnes grâces de Catherine, se frayer la route du trône.

Tandis que les membres et les alliés de cette illustre famille épuisaient tous leurs efforts pour s'emparer du gouvernement de la république, un parti national s'était formé sous les auspices du comte Branitski, beau-frère de Stanislas-Auguste. Ce personnage, sur lequel tous les regards étaient fixés, comme le libérateur de la patrie, adressa une circulaire aux nobles les plus importants de chaque district; il leur manda « que des » destinées des premières assemblées allait » dépendre l'asservissement ou la liberté de » leur patrie; que la fermeté ou la faiblesse » de ceux qu'ils chargeraient de la destinée » de l'État pouvait assurer ou faire évanouir » toutes les espérances de leurs adversaires; » que les cours alliées de la république at- » tendaient sans doute ce premier événement » pour juger de l'esprit général qui animait » les Polonais, et pour les déterminer à les » abandonner ou à les secourir. » Dans le grand-duché de Lithuanie, le prince Radzivill, adversaire des Czartorinski, et ennemi, en outre, des Massalski, était tombé d'accord avec ces derniers sur le choix des députés. Mais, pendant que Radzivill se montrait plein de bonne foi, les Massalski, dont l'un était grand-général de la Lithuanie et l'autre évêque, employèrent l'argent, l'intrigue et la violence pour écarter les députés désignés par leur rival. Informé d'une aussi noire perfidie, Radzivill, accompagné de deux cents gentilshommes, prend d'assaut la maison de l'évêque, et, rappelant à ce prélat tous les princes de l'Église qui avaient été mis à mort pour s'être ingérés dans les affaires publiques, il ajouta : « Quand vous » serez pris une seconde fois de la même ten- » tation, n'oubliez pas que j'ai cent mille » ducats en réserve pour aller à Rome deman- » der mon absolution. » Les Czartorinski, de leur côté, supplièrent l'impératrice de Russie de leur envoyer un renfort de dix mille Russes; car ils avaient, disaient-ils, à tenir tête au comte Branitski et à Radzivill; Catherine accéda sur-le-champ à leur demande. La Pologne ne pouvait plus être sauvée que dans le cas où la France et l'Autriche se seraient jetées du côté du parti national. Ces deux puissances se contentèrent de déclarer « qu'elles ne recommandaient aucun des » concurrents au trône; qu'elles reconnaî- » traient pour roi quiconque serait élu par le » choix libre de la nation; et que, si elle

« était troublée dans l'exercice de ce droit » légitime; si quelque ennemi entreprenait » de lui faire violence, elle pouvait compter » sur leurs secours et les requérir avec assu- » rance. » Déjà Varsovie ressemblait à un camp, et dans ses murs on comptait les troupes des Czartorinski; le comte Branitski lui-même s'apprêtait à entrer dans les murs de la ville à la tête d'un cortége militaire considérable. Le primat, à la sollicitation du comte de Keyserling et du prince Repnin, ambassadeurs de Catherine, envoya trois députations : l'une supplia Branitski de ne pas s'avancer avec des troupes aussi nombreuses sur Varsovie; l'autre fit des représentations aux ambassadeurs de l'impératrice, relativement à l'entrée de ses troupes russes sur le territoire de la Pologne; enfin la troisième députation s'efforça d'obtenir des princes Czartorinski le renvoi de leurs soldats.

Le succès de ces démarches fut loin de répondre aux espérances du primat : le grand-général Branitski fit la réponse suivante : « Que ses prédécesseurs avaient, dans tous » les interrègnes, augmenté leur garde, sans » que jamais les Polonais eussent conçu des » soupçons contre les troupes de leur répu- » blique destinées à les défendre, et surtout » sans que jamais aucun ministre étranger » eût imaginé avoir droit de s'en plaindre. » S'adressant aux députés, il les somma de lui dire « s'il était vrai qu'il y eût des troupes » particulières dans Varsovie et des troupes » étrangères près de cette ville. » Branitski reçut, sur ces deux points, une réponse affirmative. « Sur ce pied-là, » ajouta-t-il, « je sais quel est mon devoir; » et, sans se détourner de sa route, il entra dans Varsovie à la tête de trois cents Tatars d'un courage à toute épreuve; il avait, en outre, accru le nombre des soldats qui composaient ordinairement ses compagnies de janissaires et de Hongrois. Les ambassadeurs de la czarine soutinrent aux députés qui se présentaient au nom du primat « que l'impératrice » agissait en bonne voisine, puisqu'elle s'ef- » forçait de prévenir les maux qui mena- » çaient de fondre sur les Polonais. » Dans le cours de la conversation, les députés s'informèrent pourquoi Catherine tenait tant à intervenir dans les querelles de la république. Repnin s'écria avec hauteur : « *Il y* » *a bien long-temps qu'il aurait fallu* » *faire cette demande; aujourd'hui il* » *n'est plus temps.* » Bref, les députés qui se rendirent auprès des Czartorinski ne réussirent pas mieux; les deux princes répondirent à la déclaration du primat « que le nom- » bre des troupes qu'ils avaient amenées » était à peine suffisant pour leur sûreté, et » qu'ils licencieraient au reste leurs soldats, » si on pouvait les garantir de tout péril » pour leur vie. » Cette réponse évasive, en mettant de leur côté les formes, les autorisa dans la désobéissance qu'ils avaient préméditée de longue main. Au reste, la république touchait à sa fin, et chacun en avait le pressentiment.

Dans les autres interrègnes, une foule de princes se mettaient sur les rangs; cette fois, aucun candidat ne s'était hautement déclaré : un dégoût universel se manifestait pour un trône désormais avili : il ne s'agissait plus d'être roi, mais vassal couronné de la Russie et de la Prusse, car on avait la conviction qu'il faudrait subir les caprices de deux maîtres à la fois; et l'un, déjà, c'était trop. Si les bons citoyens avaient également en horreur les menées des princes Czatorinski et les attentats des deux cabinets voisins (1), ils manquaient d'un centre commun où tous leurs efforts pussent converger; ils avaient la pensée du bien, mais aucun moyen pour le réaliser. Une si longue anarchie avait faussé tous les ressorts du gouvernement, et, dans un pareil péril, ils ne pouvaient ni agir ni être remplacés : il ne restait plus au principe vital de la république qu'une sorte de mouvement physique tout près encore de s'éteindre. Les gentilshommes, convaincus de leur impuissance, puisqu'ils ne s'appuyaient ni sur les classes intermédiaires ni sur le peuple, s'isolaient dans leurs terres; là ils conservaient un reste de commandement : heureux de ne pas paraitre dans les murs de Varsovie, où ils ne pouvaient remplir un rôle honorable. Lorsque le

---

(1) Les cabinets de Saint-Pétersbourg et de Berlin.

grand-général Branitski entrait jadis dans la capitale(1), un peuple nombreux se pressait sur ses pas, et le saluait de ses joyeuses acclamations ; cette fois il était venu, se dévouant au salut de sa patrie, et à son passage tout était resté morne et silencieux. Cependant les cœurs généreux ne cédaient pas à l'abattement, et ne désespéraient pas encore de l'avenir. Dans les plus mauvais jours, il y a des hommes que le courage n'abandonne jamais, parce qu'ils ont soif de mourir en remplissant leurs devoirs. « Mais, » dit Rulhière, « Varsovie offrait un singulier spec» tacle... c'était une multitude de gens en » armes... Turcs, Tartares, Hongrois, Rus» ses, Prussiens inondaient tous les quar» tiers et toutes les rues ; on voyait deux ou » trois cents uniformes différents. Il sem» blait que ce fût une ville neutre au milieu » de plusieurs armées ennemies : toutes les » apparences de la paix y régnaient en» core... Les boutiques demeuraient ouvertes, » et toutes les marchandises exposées sous » les yeux du public ; des bateaux chargés » de grains descendaient paisiblement la » Vistule ; des ouvriers travaillaient avec » tranquillité au pont qui devait communi» quer de la ville au champ électoral. Pres» que tous les hommes s'appelaient encore » frères, suivant l'usage de la langue escla» vonne ; mais on les voyait apprêter leurs » armes pour un combat, et renoncer à cet » autre usage antique et sacré de ne point » affiler leurs sabres dans leurs dissensions » civiles. Il y avait dans la cour de chacun » des ministres russes un train d'artillerie. »

Le prince Radzivill se présenta bientôt, à son tour, dans les murs de Varsovie : il était accompagné de six cents hommes, et portait le dévouement le plus absolu au parti national ; mais le discernement de ce prince n'était pas au niveau de ses bonnes intentions, et tous ses secrets étaient vendus par un abbé qui lui servait de guide et de confident. Sur vingt-un sénateurs qui étaient à Varsovie, quinze se réunirent pour demander en commun des secours aux ambassadeurs de France et d'Autriche. Ces diplomates, qui avaient *le mot* de leurs cours, firent répondre aux sénateurs « que des secours pou» vaient seulement être réclamés par un » corps qui représentât la république. » Les sénateurs, sans se laisser arrêter par une aussi misérable fin de non recevoir, adressèrent en commun une réclamation à tous les cabinets alliés de la Pologne, et la déposèrent entre les mains des deux ambassadeurs. « S'il manque, » leur dit-il, « quelques for» malités à cette réclamation, ce défaut tient » à l'état d'oppression sous lequel gémit la » Pologne ; elle ressemble à un homme que » son ennemi a saisi à la gorge : il jette des » cris à demi articulés ; mais, moins il peut » élever la voix, plus il prouve l'extrémité » à laquelle il se trouve réduit. » Ces généreux Polonais, ne considérant que le péril extrême de la patrie, ordonnèrent à l'armée de la couronne de se réunir dans les environs de Varsovie ; enfin, ils reçurent à la même époque cinquante mille ducats du prince régent de Saxe, à la condition de le porter au trône. Branitski, oubliant toutes les prétentions qu'il pouvait nourrir, s'écria : « Ce » n'est pas au trône que je prétends, mais » à la gloire de verser mon sang pour la » patrie. » Le moment fatal approchait de plus en plus : dans les dernières délibérations tenues par le parti national, de jeunes nobles opinèrent pour qu'on attaquât les Russes et leurs partisans au sein même de Varsovie ; un chef de Tatars lithuaniens affirma qu'après avoir parcouru, sous le costume d'un payson, le camp des Moscovites, il avait acquis la preuve qu'on pouvait les contraindre à mettre bas les armes. Alors l'intrépide Mokranouski demande la parole : entrant aussitôt en matière, « il compare » l'état actuel des deux partis, dont l'un, sou» tenu par plus de quinze mille hommes » aguerris et disciplinés, est maître de la » ville et de tous les ports aux environs, et » dont l'autre a rassemblé à peine trois » mille hommes, parmi lesquels les seuls » Tatars lithuaniens ont quelque usage » de la guerre ; le reste étant composé de » troupes domestiques, de nouvelles recrues, » d'anciens gardes de châteaux à qui, depuis » leur naissance, la guerre est inconnue. »

---

(1) Varsovie.

Cet état fidèle des choses, exposé par un homme dont la bravoure est connue de toute la Pologne, frappe toute l'assemblée. Mokranouski, profitant aussitôt de cette première impression, reprend : « Que dans le cas même où une attaque aussi téméraire serait couronnée par le succès, elle attirerait infailliblement sur la Pologne de nouvelles armées russes et prussiennes, qui amèneraient l'oppression éternelle de la patrie; il a, quant à lui, à proposer un parti tout à la fois plus sûr et plus sage : c'est de refuser de tenir la diète tant que des troupes étrangères seront sur le territoire de la république. Les ennemis de la patrie osent-ils tenter de se réunir dans une diète illégale, il ira leur porter à eux-mêmes un manifeste pour la rompre. Enfin si, contre toute attente, les mauvais citoyens persévèrent dans leur criminelle opposition, et tiennent une diète contre toutes les lois, il sera temps alors de sortir de Varsovie, et de se frayer un passage les armes à la main. » Ce plan fut adopté.

La diète s'ouvrit le 7 mai 1764; des troupes russes inondaient Varsovie, et plus de deux mille soldats appartenant à la maison Czartorinski remplissaient la salle des sénateurs et celle des nonces, sur les bancs desquels plusieurs s'étaient placés. Sur cinquante sénateurs qui se trouvaient dans les murs de Varsovie, huit seulement s'étaient présentés. Une députation fut envoyée au comte Malakouski, qui, malgré son grand âge, devait présider la diète. Comme il tardait à se présenter, Poniatowski ouvrit l'opinion de passer outre. Sur ces entrefaites, Mokranouski enregistrait au dépôt des actes publics *le manifeste où la loi annulait tout ce que la force allait faire.* Enfin Malakouski, maréchal de la diète, s'offre à tous les regards; il s'arrête debout au milieu de l'assemblée; le bâton, signe de sa haute dignité, et qu'il doit élever pour indiquer que la diète est ouverte, il le tient renversé. Alors Mokranouski, se tournant du côté du vieillard, lui dit d'une voix ferme : « La sage » prévoyance de vingt-deux sénateurs et » de quarante-cinq nonces nous a appris » que nous ne pouvions point délibérer sur » les affaires publiques. Voici leur manifeste, » je le déploie à tous les yeux ; je vous supplie donc, monsieur le maréchal, de ne » pas lever le bâton, puisque les troupes » russes sont dans le royaume et nous entourent : *J'arrête l'activité de la diète.* »

Les soldats placés dans les diverses parties de la salle se précipitent aussitôt, le sabre nu, sur Mokranouski; les hulans de garde ferment toutes les issues de la salle : ils craignent que les nonces, se dispersant, la diète ne soit rompue. Mais déjà les amis de Mokranouski, accourus les premiers, ont été assez heureux pour le couvrir de leurs corps, et le tumulte commence à s'apaiser. L'intrépide Polonais, qui avait tiré son épée pour se défendre, la remet dans le fourreau, il aperçoit des nonces qui portent des cocardes à leurs chapeaux, et il s'écrie : « Quoi, » messieurs! vous êtes députés de la Pologne » et vous arborez la livrée d'une famille! » Alors le maréchal de la diète, le vénérable Malakouski, resté toujours immobile dans l'assemblée, fait entendre ces paroles : « Messieurs, puisque la liberté » n'existe plus parmi nous, j'emporte ce » bâton, et je ne le lèverai que lorsque la » république sera délivrée de ses maux. » Des cris de fureur éclatent de tous les points de la salle: on le somme de lever le bâton. Mokranouski, s'adressant à Malakouski : « Monsieur le maréchal, vous ne pouvez » ouvrir la diète en présence de tant de » Russes et de soldats qui remplissent ici la » place de nos frères. » Une tempête horrible éclate ; les jours de l'intrépide nonce sont menacés de nouveau : du haut des tribunes on le couche en joue, tandis que la foule de ses adversaires, qui le pressent, le touchent déjà de la pointe de leurs épées. Les amis de Mokranouski lui crient : « Rétractez-vous ; nous » ne sommes plus les maîtres, vous allez » périr. » Il croise les bras, et, regardant ceux qui le menacent : *Frappez, je mourrai libre et pour la liberté ; mais faites vite, achevez.* Ce sublime dévouement arrête les assassins, et l'ordre se rétablit. Les partisans de Poniatowski, s'adressant au maréchal de la diète, lui ordonnent de rendre le bâton, signe de sa dignité, puisqu'il ne veut pas le lever. Malakouski touchait à sa quatre-vingtième année; impassible au milieu de tant de cris, « Vous me couperez le poing » ou m'arracherez la vie; mais je suis maréchal, élu par un peuple libre; je ne » puis être destitué que par un peuple libre. » Je veux sortir. » Déjà on retient de force cet auguste vieillard, qui essaie en vain de se défendre; Mokranouski, oubliant ses dangers passés, s'écrie : « Messieurs, respectez le maréchal de la diète; laissez-le sortir : s'il vous faut une victime, me voici; » mais respectez la vieillesse et la vertu. » Puis il se dégage de la foule qui l'entoure, et entraîne le maréchal à l'une des portes de la salle; les soldats refusent de l'ouvrir : sur un signe qui leur est fait, ils laissent le passage libre. Mokranouski, déjà parvenu sur le seuil, se retournant vers l'assemblée, dit : « Vos gens, qui vont voir le maréchal emporter le bâton, vont le massacrer. » Un partisan de Poniatowski se décide à marcher devant le vieillard; Mokranouski les accompagne. Ils pénètrent au milieu des troupes, et chaque pas leur décèle un nouveau péril; leurs jours sont encore plus menacés que dans la diète. Dans ce moment un jeune homme, entraîné par une héroïque inspiration, s'échappe de la foule, et, se plaçant derrière Mokranouski, crie à diverses reprises : *C'est le général Gadomski ! Place au général Gadomski !* A ce nom la foule s'écarte; Malakouski et ses deux compagnons traversent plusieurs détachements russes, qui ne songent pas à les arrêter, et toute la ville, en reconnaissant le bâton de maréchal, sait que la diète est rompue.

Si les anciens souvenirs de la république eussent encore laissé quelques traces dans les cœurs, c'en était fait de la faction des princes Czartorinski comme de tous les projets de Poniatowski : légalement la diète était rompue. Mais les temps étaient changés; les lois comme les institutions ne puisent leur sève que dans les mœurs générales d'un pays; or la Pologne, si l'on en excepte quelques bons citoyens, avait pris en dégoût sa constitution; l'amour de la liberté avait cédé la place à la haine contre l'anarchie. Telle est la moralité qui découle de tous les récits placés sous les yeux du lecteur : en effet, pour que les nations restent attachées à leurs droits politiques il ne faut pas qu'ils leur coûtent trop cher. Néanmoins, au moment où les hommes sont sur le point de violer les lois les plus saintes, et à l'abri desquelles leur vie s'est écoulée, ils éprouvent une terreur secrète qui suspend toutes leurs facultés. La diète était dissoute, et il y avait nécessité pour les partisans des Czartorinski de procéder sur-le-champ à l'élection d'un roi. Huit nonces venaient de se retirer; ce commencement de désertion était de mauvais augure; encore quelques minutes.... et tout était perdu. Poniatowski devine qu'il faut agir sur-le-champ, et dit aux nonces qui, par l'ordre de leur rang, doivent prendre les premiers la parole, qu'ils donnent leurs suffrages pour la nomination du maréchal de la diète.

Quand on a vécu dans les assemblées délibérantes, on sait qu'il est des circonstances où la majorité, hésitant sur le parti qui est à prendre, se précipite dans la première voie qu'on lui indique : les nonces font aussitôt tomber leurs suffrages sur le prince Adam Czartorinski; la diète, en dépit de tous les principes et de toutes les lois, n'a donc pas cessé d'être en action. La nuit s'écoule dans les inquiétudes les plus vives : le parti national fait ses préparatifs pour partir le lendemain; les Russes prennent des dispositions militaires afin d'empêcher ces loyaux Polonais de franchir les murs de Varsovie. A la pointe du jour ils vont s'éloigner; les ambassadeurs de Catherine invitent le grand-général à ne point passer devant le camp des Russes ni à la portée de leur canon. Branitski fait répondre qu'il ne s'inquiète pas où sont les Russes, et qu'il passera par le chemin ordinaire; que si on ne veut pas laisser traverser les Polonais ils se frayeront le passage les armes à la main. Il donne au reste sa parole d'honneur que hors ce cas aucune hostilité ne sera commise. Le parti national et ses troupes formaient environ trois mille hommes, qui allèrent s'établir non loin de Varsovie. Le roi de Prusse, qui comptait sur les troubles de la Pologne pour s'arrondir à ses dépens, avait le plus grand intérêt à ce que le bon droit ne triomphât pas; il fit parvenir en conséquence une lettre au grand-général pour lui recommander une extrême modération. Mais le comte Branitski, fidèle à son devoir, répondit à Frédéric : « Une modération qui »nous ferait supporter l'oppression serait »coupable; elle toucherait à la trahison. »Attenter à la liberté de sa patrie est le pre- »mier des crimes dans une république, »souffrir qu'elle soit perdue est le second. » C'était déjà beaucoup que d'avoir levé le drapeau de la légalité; quatre-vingt nonces restaient seulement aux Czartorinski pour représenter la diète; ils étaient honteux de leur petit nombre; il fallait y suppléer par des décisions pleines de promptitude et de hardiesse : on dépouilla de son titre le grand-général, et on le donna au prince Auguste Czartorinski, avec l'autorisation de requérir l'assistance des troupes étrangères. Les quatre-vingt nonces présents adhérèrent en outre à une confédération qui s'était formée en Lithuanie pour ravir au prince Radzivill tous ses biens; d'autres proscriptions vinrent se joindre à ces premières. Poniatowski déclara dans la diète que son cœur saignait à la pensée de tous les maux qui affligeaient l'élite des grands citoyens de la république; que la capitale offrait le plus triste spectacle, puisqu'elle renfermait dans son sein des troupes étrangères; il affirma enfin que les bons Polonais devaient sans doute être alarmés. Mais, se rejetant aussitôt sur les vertus de Catherine, il assura que les soldats russes étaient venus pour maintenir la paix, rétablir l'ordre, empêcher les citoyens de se massacrer; que l'on voyait déjà par l'union qui régnait dans cette assemblée (la diète) le bien qui résultait de leur présence, et il proposa que l'assemblée écrivît à l'impératrice pour remercier cette princesse du service qu'elle rendait à la république. La diète, entraînée par cette force des événements qui précipite toujours les hommes réunis lorsqu'ils sont sortis de la légalité, agréa la proposition de Poniatowski.

Sur ces entrefaites, le grand-général, parvenu au rendez-vous où il comptait trouver une armée, n'y rencontra pas un seul homme sous les armes. Le palatin de Kiovie, après avoir donné l'assurance qu'il rassemblerait les troupes de la couronne, cherchait à entrer en arrangement avec les princes Czartorinski, et traînait tout en longueur; plusieurs sénateurs partirent aussi pour leurs terres : de sorte que le parti national allait s'affaiblissant chaque jour. Le comte Branitski ne cédait pas cependant à la mauvaise fortune, et, poursuivi par quelques troupes russes, il se retira dans le comté de Zips, après avoir rejeté la proposition de paix qu'un frère de Poniatowski avait adressée à la femme du grand-général. Cette dernière, nièce du prince Czartorinski, avait été jugée propre à servir d'intermédiaire; mais le vieux général répondit à toutes les instances de sa jeune épouse : « Comment puis-je me re- »lâcher, actuellement qu'aucun intérêt per- »sonnel ne me guide. » Le prince Radzivill, résolu à opposer la force à la force, lève une armée de trois mille hommes; mais il se décourage : aucune puissance étrangère ne se déclare en faveur du parti national; il cherche alors à s'entendre avec les Czartorinski, qui repoussent ses avances. En effet, ce prince avait été condamné par la confédération de la Lithuanie à une prison perpétuelle, et à être dépouillé de ses titres et de sa fortune; en vain avait-il réclamé la protection du roi de Prusse, son parent, il n'en avait reçu aucun secours. Abandonné à lui-même, Radzivill se décide à combattre; il lance un manifeste, dans lequel il déclare « qu'il ne prend les armes pour aucune en- »treprise violente, mais uniquement pour le »droit de la défense naturelle; qu'il est ci- »toyen de la république, égal à tous »les autres; qu'il a été attaqué pendant »qu'il vivait tranquille, sans avoir été con- »damné juridiquement, sans avoir été con- »damné par aucune procédure, et qu'il »offre toutes ses ressources à ses concitoyens »pour la défense des lois. » Radzivill bat les Russes à Slonim; mais il apprend qu'un Sobieski, qu'il avait nommé gouverneur de sa forteresse de Niévitz, l'a livrée aux Moscovites; il se réfugie alors en Turquie. Le parti national est comme désarmé.

Ces premiers succès sont loin de répondre

aux vastes desseins médités par les princes Czartorinski ; il ne leur suffit pas d'être désormais assurés que leur neveu deviendra roi de Pologne, il faut qu'ils changent les lois politiques du royaume, source de l'anarchie ; mais au premier pas qu'ils feront dans cette carrière ils seront arrêtés par l'opposition de l'impératrice de Russie : l'obstacle qu'ils ne peuvent renverser ils le tournent. Le comte Keyserling est étranger à la connaissance de la langue polonaise ; on gagne le secrétaire, auquel il a donné mission de traduire tous les projets de loi en latin ; il y glisse des expressions équivoques, de sorte que les lois proposées à la diète par Michel Czartotorinski, ainsi traduites, présentent un sens nouveau : en résumé, on obtint de cette manière un retour complet vers l'unité monarchique, et le pouvoir royal se trouve dégagé du joug sous lequel il a si long-temps gémi. Les princes Czartorinski, à la suite d'un triomphe aussi complet, voulurent forcer les ambassadeurs français à quitter Varsovie : ils soupçonnaient ces diplomates d'entretenir en Pologne des liaisons qui leur étaient contraires. Le marquis de Paulmi, dans une audience solennelle, déclare au primat que, la république étant divisée et la ville de Varsovie livrée à des troupes étrangères, il ne peut rester décemment au milieu de ces troupes, et qu'il a ordre de se retirer jusqu'à ce que la bonne harmonie et le calme soient rétablis. Le primat répond à l'ambassadeur français : « Vous ne » reconnaissez donc plus la république. » M. de Paulmi reprend : « Je reconnais la ré- » publique ; mais *divisée*. » — « Eh bien, » puisque vous ne reconnaissez pas la répu- » blique, vous pouvez l'aller chercher où il » vous plaira, vous et tous les ministres de » France ; adieu, M. le marquis de Paulmi. » — « Adieu, M. l'archevêque de Guesne. » Ce n'est pas tout, et comme si les dernières paroles du primat n'eussent pas été assez significatives, l'ambassadeur de Louis XV ne reçut pas au moment où il se retirait les honneurs qui lui étaient dus comme représentant de la France. Le marquis de Paulmi et les ambassadeurs alliés profitèrent de cette faute du primat pour quitter le territoire de la république, où ils se trouvaient exposés aux injures des deux partis qui divisaient la Pologne.

Le lecteur doit remarquer que de jour en jour les princes Czartorinski poursuivaient avec une persévérance que le succès avait toujours couronnée, le but auquel ils tendaient ; ils étaient parvenus à constituer, contre toutes les lois, une diète qui leur était dévouée. Le grand-général et le prince Radzivill étaient vaincus, et avaient quitté le royaume ; les ambassadeurs des cours alliées avaient reçu l'ordre de leur rappel ; bref, tous les obstacles avaient été successivement écartés : il restait à écraser encore un excellent citoyen, Mokranouski, car il était impossible de le séduire. Dans l'abîme du malheur où était tombé le parti du devoir, Mokranouski recourut au roi de Prusse, et obtint de ce prince une audience particulière. Ce monarque débuta en disant à l'intrépide Polonais : « Vous êtes les plus » faibles, il faut céder. » — « Votre majesté » ne nous a pas donné de pareils exemples ; » elle a seule résisté à toute l'Europe. » — « Sans un événement j'étais perdu. » — « Il » est arrivé, et les talents de votre majesté » ont donné le temps à la fortune. » — « Mais, vous autres Polonais, vous êtes ac- » coutumés à recevoir vos rois de la Russie. » — « Elle nous en a donné un seul, et nous » n'en voulons plus de sa main. Mais votre » majesté ne paraîtra-t-elle jamais chez nous » que pour jouer un rôle secondaire ? Quand » vous étiez allié de la France, votre ministre » en Pologne se joignait à l'ambassadeur de » France, et répétait les mêmes choses que » lui ; aujourd'hui que vous êtes allié de la » Russie, votre ministre ne paraît qu'à la » suite de son ambassadeur. Emparez-vous » enfin du rôle qui convient à votre gloire ; » donnez-nous un roi ; donnez-nous votre » frère, le prince Henri. » — « Il ne veut pas » se faire catholique, il ne le veut pas ; et » son parti est si bien pris qu'il est inutile » que vous lui parliez ; je vous défends de » le voir. » — « Sire, au moins sauvez notre » liberté. » J'ai cité cet entretien, parce qu'il prouve à quel degré de dégradation était tombée la république, puisque l'un de ses plus vertueux citoyens ne rougissait pas d'invoquer la protection de Frédéric, qui déjà avait conçu la pensée de prendre sa part dans les dépouilles de la Pologne. Un trône que l'on offre de toutes parts a perdu son prix, car il ne lui reste plus ni dignité, ni indépendance.

Le roi de Prusse était trop habile pour faire tomber la couronne sur la tête de son frère Henri. Cette royale élection lui aurait amené une foule d'embarras et de difficultés ; Frédéric portait sans doute dans les affaires un rare cynisme, mais il lui aurait été pénible de renverser une fortune édifiée d'abord par lui-même ; d'un autre côté, il courait le risque d'une guerre avec Catherine ; il était bien plus simple qu'il laissât nommer Poniatovski comme roi. Une pareille élection devait produire d'affreux déchirements, et, en intervenant comme allié, au milieu des partis, il devait arriver tôt ou tard à prendre ou à recevoir une part considérable lorsque le jour du partage serait levé. La maison de Saxe, qui avait précédemment envoyé cinquante mille ducats à Branitski, se ravisa, en renonçant à toute ses prétentions. « Nous ne pouvons empê- » cher l'élection de Poniatowski, il faut le » laisser monter sur le trône ; dans peu » d'années nous verrons à l'en faire descen- » dre. » Bref, le 17 septembre 1764, le neveu des princes Czartorinski fut proclamé roi. L'ambassadeur de Russie, le comte Keyserling, transmit à la diète une harangue, où il loua les nobles Polonais sur le choix qu'ils venaient de faire. Cette pièce d'éloquence, qui rappelait l'ancien professeur, était terminée par une citation empruntée à Publius Cyrus : *Donner un bienfait à celui qui en est digne, c'est rendre service à tout le monde.* Dans la même journée le vieux diplomate rendit le dernier soupir. Mais enfin Stanislas-Auguste possédait la couronne, agrandie des priviléges que l'habileté de ses oncles venait de lui conquérir : ainsi, les quatre régiments des gardes recevaient directement les ordres du nouveau monarque ; les hôtels des monnaies, les bureaux des postes lui étaient confiés, et il devenait propriétaire des quatre plus beaux domaines qu'il était d'usage de réserver aux gentilhommes qui avaient glorieusement servi la république.

Pendant quatre années consécutives, c'est-à-dire jusqu'en 1768, Stanislas-Auguste, dévoué à l'intérêt national, opposa, comme j'en ai déjà fait la remarque, une noble résistance à la cour de Russie, et peut-être aurait-il réussi à sauver la Pologne, ou du moins à retarder sa perte, s'il n'eût rencontré des obstacles insurmontables dans le caractère et les habitudes politiques de ses sujets. J'ajouterai encore que le prince de Repnin imposa une nouvelle constitution à la république [1768], dans laquelle on vit renaître le *liberum veto* et toutes les funestes institutions extirpées, grâce aux efforts des princes Czartorinski. Une confédération se forma dans les murs de Bar en Podolie ; mais, après cinq années de résistance, elle succomba. Le grand-général, Branitski, rendit le dernier soupir [1771], et le duc de Choiseul, qui avait compris que la France devait se ranger du côté de la Pologne, fut renvoyé du ministère. Enfin le 5 août 1772, un premier traité de partage fut signé entre la Russie, la Prusse et l'Autriche, à la suite duquel la Pologne perdit un tiers de son territoire. Un pareil acte de brigandage, toléré par la France, devait être suivi de plusieurs autres, et les trois puissances s'entendirent de nouveau pour dépouiller l'infortunée république [1793]. Un jeune héros, Kociusko, combattit encore avec gloire pour l'indépendance de la patrie ; mais, les Russes, quoiqu'ils éprouvassent la plus énergique résistance, s'emparèrent du faubourg de Praga, et la capitale tomba entre leurs mains : alors un troisième et dernier partage eut lieu, à la suite duquel la république disparut. Stanislas-Auguste fut contraint de se retirer à Grodno, où il apposa sa signature à l'acte d'abdication qui lui fut commandé [1795]. A la mort de Catherine, il lui fut permis de venir habiter Saint-Pétersbourg : il mourut dans cette ville le 12 février 1798.

Il semble qu'en annonçant la destruction complète d'un État, l'historien ait achevé sa tâche ; mais la république aura ses moments de réveil. Elle n'échappera pas sans doute à l'horrible oppression qui l'accable ; en augmentant sa gloire elle verra s'accroître ses maux ; peu lui importe : elle prouvera par ses protestations que si la fortune couronne quelquefois l'iniquité habile, la conscience d'une généreuse nation, sans se laisser abattre par les plus rudes épreuves, réclame tôt ou tard, et les armes à la main, la justice qui lui a été déniée jusque là. Elle ne s'arrêtera donc pas devant la certitude de verser son sang, même sans triompher, si le monde reste convaincu qu'il y a des forfaits en faveur desquels on ne peut jamais invoquer la prescription. Les trois puissances copartageantes s'aperçurent bien vite que la conquête du territoire sans l'affection de ceux qui l'habitent donne peu de profit et amène beaucoup de difficultés : mais elles s'en remirent à la terreur pour imposer du moins une apparence de soumission. Quatorze mille Polonais furent envoyés dans les déserts de la Sibérie ; Kociusko, Vavrechi, Ignace Potocki, Zakrzevski, Niemcevicz et d'autres illustres patriotes trouvèrent des cachots à Saint-Pétersbourg : l'Autriche ouvrit ses prisons et la Prusse ses forteresses de Glogau et Magdebourg. Un grand nombre de Polonais furent assez heureux pour émigrer et venir prendre du service en France. L'intrépide général Dombrowski arriva le 30 septembre 1796 à Paris, où il fut précédé par l'acte de confédération que les patriotes polonais, réunis à Cracovie malgré la surveillance autrichienne, avaient dressé le 6 janvier de la même année. Par cet acte les confédérés s'engageaient à sacrifier leurs biens et leur vie au premier appel de la nation française. Ils reconnaissaient en outre la députation polonaise établie à Paris, comme légalement constituée. Le directoire gouvernait alors la France, et, aux termes de la constitution, la république ne pouvait prendre des troupes étrangères à sa solde. Dombrowski, soutenu de l'ascendant du général Bonaparte, entra au service de la république lombarde, et le 20 janvier 1797 il lança une proclamation ; douze cents Polonais accoururent sous ses drapeaux : au mois d'avril suivant, le nombre s'était déjà élevé à cinq mille : mais la paix fut bientôt signée à Léoben.

La république française engagea des hostilités avec la cour de Rome ; puis, sur la fin de l'année 1798, elle déclara la guerre au roi de Naples. Les légionnaires polonais prirent une part glorieuse aux triomphes de Civita-Castellana, de Magliano, de Calvi, et ils entrèrent dans les murs de Gaëte, de Sezza, de Cascano, de Naples et de Capoue. Souvarof descendit à son tour dans l'Italie ; il commandait l'élite des vétérans russes : les Polonais de la deuxième légion furent répartis dans les divisions Montrichard, Victor et Grenier, chargées de la défense de la ligne de l'Adige. A la fin de la campagne, les braves de cette légion furent réduits de quatre mille combattants à deux mille. On les destina bientôt à faire partie de la garnison de Mantoue, placée sous les ordres du général Foissac-Latour : la défense de la porte Cérèse échut à leur bravoure, et à la fin du siége il ne resta plus que huit cents Polonais. Ce n'est pas tout, par un article additionnel à la capitulation consentie le 28 juillet 1799, on abandonna le sort des déserteurs au cabinet de Vienne, avec la réserve cependant que ces malheureux ne seraient pas mis à mort. Les Autrichiens recoururent à la force pour faire entrer les Polonais dans leurs rangs, et cent cinquante seulement purent revoir la France. Tout le temps que dura le siége les officiers de la deuxième légion qui tombèrent au pouvoir des Autrichiens furent condamnés à devenir simples soldats. Quant à la première légion polonaise, sous les ordres du général Dombrowski, elle éprouva les pertes les plus grandes à la bataille de la Trebia, où mille de ses braves furent tués et cinq cents blessés : elle n'eut pas un sort plus heureux dans le combat de Novi.

La révolution du 18 brumaire [9 novembre 1799] porta Napoléon Bonaparte à la tête des affaires : il avait eu en Égypte pour aide-de-camp un Polonais, le courageux Sulkowski. Le premier consul portait une haute estime à l'aptitude militaire de la nation : aussi Dombrowski ne tarda pas à lever sept nouveaux bataillons d'infanterie et un d'artillerie ; ils furent à la solde de la France et prirent le nom de première légion polonaise. La patrie avait disparu ; les anciens sujets des Jagellons, plutôt que de ramper sous le joug des Autrichiens, des Russes ou des Prussiens, préféraient trouver sur les champs de bataille une mort glorieuse en rivalisant d'ardeur avec les Français. Ils nourrissaient l'espoir qu'à la suite de tant de sacrifices, Napoléon rendrait à ceux qui auraient survécu la Pologne proclamée libre : ce rêve, il ne devait pas être réalisé. Quoi qu'il en soit, une nouvelle légion composée de Polonais, et appelée la légion du Danube, eut bientôt dans ses rangs plus de trois mille soldats, qui se firent remarquer au célèbre combat de Hohenlinden. La légion commandée par Dombrowski se signala de son côté au blocus de Mantoue. Napoléon, vainqueur, voulait alors la paix : elle fut signée à Lunéville le 26 janvier 1801. A l'avenir les services des légionnaires devenaient inutiles ; d'un autre côté, les cabinets de Vienne, de Saint-Pétersbourg et de Berlin se montrèrent prodigues de concessions, et décrétèrent une amnistie en faveur des Polonais émigrés. Cette mesure, tout à la fois sage et bienfaisante, fut reçue avec reconnaissance : il est si doux de revoir sa patrie, fut-ce seulement pour quelques jours, et de lui apporter en hommage des lauriers. Sans doute ils avaient été cueillis sur un sol étranger, mais ils n'en promettaient pas moins d'intrépides défenseurs pour l'avenir de la république. Un autre motif détermina encore les débris des légions à retourner dans leurs foyers ; ces intrépides soldats étaient indignés de l'ingratitude du gouvernement français. Un certain noyau de Polonais voulut cependant se maintenir sous les armes ; les uns s'engagèrent au service du roi d'Étrurie, les autres s'attachèrent à la cour de Naples ; quelques-uns entrèrent dans les rangs d'une armée d'observation créée alors dans la haute Italie. Mais le chef du gouvernement français jugea convenable, en 1802, d'adjoindre ces malheureux Polonais à l'armée d'expédition chargée de reprendre Saint-Domingue : presque tous moururent de la fièvre jaune. Quelques braves, qui restaient, devinrent prisonniers de guerre des Anglais, qui les contraignirent à servir comme soldats dans la Jamaïque.

De graves événements s'étaient passés en Russie depuis la mort de Catherine II, arrivée en 1796 : elle avait laissé la couronne à son fils Paul ; mais la conduite de ce prince, mélange de folie, de caprice et de cruauté, arma des assassins, qui lui ravirent le trône et la vie après un règne assez court. Il avait néanmoins rendu à la liberté le célèbre Kociusko. Alexandre, auquel échut l'empire moscovite, traita l'ancien peuple des Jagellons tombé depuis Catherine sous la domination russe, avec cette bonté qu'il portait indistinctement à tous ses sujets. Depuis son avénement les institutions d'éducation publique obtinrent un grand développement dans la Pologne russe. Le ministère éclairé de Pierre Zawadovski et le zèle infatigable du prince Adam Czartorinski fils, alors ministre des affaires étrangères en Russie, rendirent d'immenses services à cette partie de l'antique république. L'université de Vilna, fondée en 1578, réorganisée en 1781, et relevée sur de larges bases en 1803 par le rescrit impérial du 4 avril, est un monument glorieux de cette époque. La Prusse, qui, depuis l'invasion de la Champagne, s'était maintenue dans une longue neutralité avec la France, avait relevé les ruines de la partie de la Pologne qui lui avait été cédée ; l'Autriche seule faisait peser sur ses nouveaux sujets un joug accablant : elle les désolait surtout dans les souvenirs de leur vieille nationalité.

Mais l'heure d'un immense changement venait de sonner pour la Pologne : Napoléon avait vaincu les Prussiens à Iéna [14 octobre 1806], et la monarchie du grand Frédéric ne pouvait désormais subsister que grâce à la pitié du vainqueur. Dombrowski et Vybicki signent un appel à la nation polonaise [3 novembre 1806] ; quatre jours après les troupes françaises pénètrent dans les murs de Posen. Quinze jours sont à peine passés, que Dombrowski a quatre régiments sur pied ; une foule de Polonais accourent de tous les points de l'ancien territoire pour demander des armes, méprisant les menaces des souverains de l'Autriche et de la Russie ; enfin une fièvre de liberté a saisi toute la nation. Cependant Kociusko, républicain sincère, resta étranger au mouvement général, en dépit de toutes les instances de Napoléon. « Despotisme » pour despotisme, » répondit-il aux émissaires de l'empereur des Français, « les Polonais n'en manquent pas chez eux, pour » l'aller chercher si loin et l'acheter au » prix de leur sang. » Néanmoins Napoléon, qui se complaisait dans la ruse et le mensonge, dont il aurait pu si facilement se passer, fit publier en Pologne une fausse proclamation sous le nom de l'illustre patriote. Mais l'élan était donné ; la garnison prussienne de Calisz s'était rendue, et le 28 novembre les Français étaient maîtres de Varsovie..... Déjà les généraux russes et prussiens, pour échapper à un soulèvement dont ils redoutaient les suites, avaient remis le commandement de la capitale au prince Joseph Poniatowski. Plus tard le grand-duc de Berg, Joachim Murat, forma un conseil municipal où entrèrent les Polonais appartenant aux plus illustres familles. « Tous » les nobles montaient à cheval ; les vieil- » lards envoyaient leurs remplaçants, et » chaque palatinat s'assemblait séparément, » en prenant des couleurs particulières, selon » les usages antiques. Toute la force armée » reçut l'ordre de se réunir le 25 décembre à » Loevicz, pour paraître le 1ᵉʳ janvier sous » les drapeaux de l'indépendance, dans la » capitale de l'ancienne république. Des » caisses furent ouvertes pour recueillir les » dons patriotiques, et les femmes sacri- » fiaient leurs ornements et leurs bijoux sur » l'autel de la patrie. En vain le roi de » Prusse déclara-t-il rebelles ses soi-disant » sujets participant à l'insurrection, les pa- » triotes répondirent à son manifeste en » proclamant infâme tout Polonais qui ne » seconderait pas de toute son influence la » cause sacrée de l'indépendance nationale. »

Napoléon constitua, par un décret du 14 janvier, une commission suprême de gouvernement : cinq directeurs furent ensuite nommés aux départements de la justice, de l'intérieur, de la guerre, des finances et de la police. L'armée nationale de la Pologne prit bientôt part aux nouveaux combats livrés par les Français aux Russes et aux Prussiens ; ces intrépides soldats assistèrent à la grande journée de Friedland [14 juin 1807] : elle fut suivie du traité de paix de Tilsitt, fatal au petit-neveu du grand Frédéric. En effet, « il renonça » à perpétuité à la possession de toutes les » provinces qui, ayant appartenu au royaume » de Pologne, avaient, postérieurement au » 1ᵉʳ janvier 1772, passé à diverses époques » sous la domination de la Prusse, à l'excep- » tion de la Varmie et des pays situés à l'ouest » de la vieille Prusse, à l'est de la Poméranie » et de la Nouvelle-Marche, au nord du cercle » de Culm, comprenant la ligne qui allait de » la Vistule à Schneidemuhle par Valdau ; en » suivant les limites du cercle de Bromberg et » de la chaussée de Schneidemuhle à Driesen, » lesquels, avec la ville et la citadelle de Grau- » dentz, devaient continuer d'être possédés en » toute propriété par les Russes » (art. 13). Le territoire si JUSTEMENT ravi à la monarchie prussienne se composait de plus de deux millions d'habitants, et allait prendre le nom de duché de Varsovie : une constitution était donnée à ce nouvel État.

Pendant les derniers troubles qui avaient agité la république sous le règne de Stanislas-Auguste on avait accordé des droits politiques à tous les Polonais ; mais ils leur furent bientôt enlevés par les puissances co-partageantes. La nouvelle constitution établit l'égalité devant la loi ; elle créa en outre une assemblée législative formant deux chambres, ayant le droit de discuter le budget ; enfin l'indépendance des tribunaux fut reconnue. Le roi de Saxe, grand-duc de Varsovie, arriva dans sa nouvelle capitale le 20 novembre 1807, où bientôt on le vit publier plusieurs lois d'un très-grand intérêt ; une d'entre elles régla les qualités qui, à l'avenir, pourraient seules faire obtenir le titre de citoyen : un emprunt de trois millions fut aussi décrété. Si les habitants du duché de Varsovie touchèrent au comble de leurs vœux lorsque leur nationalité fut établie, ils n'en devinrent pas plus libres, car, en réalité, qu'était le roi de Saxe grand-duc de Varsovie ? Un préfet de Napoléon. Mais les mots ont un grand empire sur les hommes ; d'un autre côté, le anciens sujets des Jagellons jouirent de certaines formes propres au gouvernement représentatif, et qui leur rappelaient les antiques souvenirs de la patrie : en retour ils furent soumis à la conscription comme en France. Mais comme l'esprit de la nation est éminemment militaire, les Polonais ne firent entendre aucune plainte ; ils étaient fiers d'ailleurs de combattre sur les mêmes champs de bataille que les soldats de l'empereur des Français. On leva en conséquence douze régiments d'infanterie, six de cavalerie, et une brigade d'artillerie. Ces troupes formaient trois divisions sous les ordres du prince Joseph Poniatowski, et des généraux Zaionczek et Dombrowski. Au moment où la guerre éclata [1808] entre la France et l'Espagne, les quatrième, septième et neuvième régiments d'infanterie furent dirigés sur la péninsule ibérique, où ils se couvrirent de gloire.

Une diète eut lieu l'année suivante [1809] ; elle accorda quarante-huit millions d'impôts, et déclara que le Code Napoléon régirait à l'avenir le grand-duché de Varsovie. On conserva provisoirement, en matière criminelle, les lois de la Prusse, en les purifiant des horribles supplices qui les déshonoraient : des tribunaux de première instance furent institués ; on créa une cour d'appel et une cour suprême régulatrice. Cette dernière était composée des membres du conseil-d'état, sous la présidence du ministre de la justice ; enfin on nomma des juges de paix, qui ne reçurent aucune rétribution : pour réveiller leur zèle, des médailles furent distribuées à ceux qui réussiraient à mettre d'accord le plus grand nombre de parties. Mais le cabinet de Vienne se préparait à combattre de nouveau l'empereur Napoléon. Le prince Joseph Poniatowski, en sa qualité de ministre de la guerre, lève aussitôt neuf mille conscrits. Déjà l'armée autrichienne marche par Konskie sur Nove-Miasto : l'archiduc Ferdinand-d'Este fait remettre une dépêche renfermant son ultimatum. Le roi de Saxe, grand-duc de Varsovie, était absent ; le conseil-d'état, sous la présidence de Stanislas-Kostka Potocki, déclare qu'il vaut mieux mourir les armes à la main que d'accepter le manifeste de l'archiduc, quoiqu'il renfermât les promesses les plus pompeuses pour la Pologne. La garde nationale remplace dans la capitale l'armée de ligne, qui entre en campagne sous les ordres du prince Joseph Poniatowski : elle compte seulement sous ses drapeaux dix mille soldats ; elle doit résister à trente mille Autrichiens. Le prince s'arrête à Raszyn, à quatre lieues de Varsovie : le 19 avril il soutient l'effort des ennemis, qui trois fois l'assaillissent. A onze heures du soir, il bat en retraite dans la crainte d'être coupé de la capitale. L'archiduc lui demande une entrevue, et une convention est signée : les Autrichiens occuperont Varsovie ; mais ils respecteront la vie et les propriétés des citoyens ; quant à l'armée polonaise, elle se retirera dans le faubourg de Praga, après avoir enlevé derrière elle le pont de bateaux. Hornovski, promu au commandement de cette place, reçut l'assurance de n'être pas attaqué du côté de Varsovie, mais à la condition qu'il ne lancerait pas de bombes du côté de Praga. L'armée polonaise se dirigea aussitôt sur la Gallicie, qu'elle appela à la liberté ; elle battit les troupes impériales à Radzmin et Gora. Le 13 mai Poniatowski, après s'être emparé de la rive droite de la Vistule, pénètre dans les murs de Lublin : le 18 du même mois Sandomir est au pouvoir des Polonais, et le 28 ils font leur entrée solennelle à Léopold, « vieille capitale de la Gallicie, »courbée depuis 1773 sous le joug de l'Autri-»che. Les habitants sortirent à quatre lieues »à la rencontre de leurs concitoyens. Les »vieillards versaient des larmes à la vue des »bannières nationales ; la jeunesse se pres-»sait dans les rangs de ses libérateurs, et »les femmes jonchaient de fleurs le chemin »où passaient les vainqueurs. » Du sein de la Gallicie sortirent aussitôt armés des bataillons d'infanterie et des escadrons de cavalerie. Une multitude de gardes nationaux se chargèrent de veiller à la défense des villes.

Tandis qu'une légitime insurrection se propageait, Zaioneczek et Dombrowski repassèrent la Vistule ; le premier suivit pas à pas l'armée de l'archiduc, le second appela la Grande-Pologne aux armes : le succès répondit à son attente ; des levées universelles s'opérèrent comme par miracle, et les troupes impériales furent pressées avec vigueur. L'archiduc Ferdinand ne trouva de salut que dans une fuite dont la promptitude fut telle, que le lendemain de sa retraite les femmes de la halle, à Varsovie, désarmèrent les postes autrichiens. Un détachement de la division placée sous les ordres de Zaionczck fit son entrée dans les murs de la capitale du grand-duché, le 2 juin 1809 ; les dames quittèrent alors le deuil, qu'elles avaient porté constamment pendant les quarante jours de son occupation par l'ennemi. Je laisse à part quelques faits d'armes où la bravoure polonaise soutint sa vieille renommée, la place me manque ; je ferai seulement remarquer ici au lecteur l'ingratitude que l'empereur Napoléon, cédant à une fausse politique, montra toujours à l'égard des anciens sujets des Jagellons. Ils venaient de faire des conquêtes assez considérables ; l'empereur ordonna que tous les pouvoirs en Gallicie fussent exercés en son nom, et les troupes lui prêtèrent serment de fidélité. Poniatowski avait pénétré en vainqueur dans les murs de Cracovie. « Les Autrichiens fuyaient déjà »partout devant ses avant-postes ; ils tom- »baient par milliers entre les mains de ses »soldats ; aussi donnait-on trois soldats au- »trichiens pour un Polonais, et un officier »de cette nation pour deux officiers autri- »chiens, quand il s'agissait d'échanger les »prisonniers. »

Les braves du grand-duché de Varsovie, après avoir triomphé des Autrichiens sur les champs de bataille, ne pouvaient se mettre en possession des avantages que leur courage avait conquis ; à l'empereur Napoléon seul appartenait le droit de régler le partage. Cependant Ignace Potocki, Thadée Matuszevic et Nicolas Broukovski entreprirent le voyage de Vienne, afin de plaider la cause de leurs compatriotes. On allait signer le traité de Vienne ; il fut enfin conclu le 14 octobre 1809. Les Polonais, pour prix de leur sang, se virent enlever la moitié de leurs conquêtes, et on ne leur laissa que quatre départements : ceux de Cracovie, de Rœdom, de Lublin et de Siedlce ; on leur ravit Léopold et la Gallicie proprement dite. Les quatre départements, fruits de leur valeur, reçurent l'organisation qui, précédemment, avait été imposée au grand-duché de Varsovie, et ils furent divisés en quatre cercles militaires placés sous les ordres de Zaionczck, Dombrovski, Kamieniecki et Sokolnicki. Quant au prince Joseph Poniatowski, on lui décerna le commandement général de l'armée polonaise, qui s'élevait en tout à soixante mille hommes. Ce qui rendait à la nation tous les genres de sacrifices si doux à supporter, c'est que les Polonais considéraient seulement le grand-duché comme le *noyau* de leur ancienne république, dont l'empereur des Français devait leur restituer *l'intégralité*. En effet, celui-ci faisait travailler avec une rare activité à une ligne de forteresses sur la Vistule, pour mieux tenir en respect les Russes. Enfin Napoléon se prépara, pour son malheur, à porter la guerre au centre des immenses possessions d'Alexandre ; déjà il avait signé un traité avec le cabinet de Vienne par lequel la Gallicie devait être rendue à la Pologne, dont la population serait alors portée à dix-sept millions d'habitants, et elle n'en possédait encore, en 1812, que quatre : c'était un grand pas vers une restauration complète. Une diète générale fut convoquée le 26 juin, et les ministres invitèrent la nation entière à se confédérer. Cette proposition fut acceptée au milieu des applaudissements unanimes : les dames portèrent aussitôt les anciennes couleurs nationales ; les bannières de Pologne et de Lithuanie flottèrent réunies sur tous les monuments publics : l'ancienne république sortait toute vivante de ses ruines

Deux députations se rendirent, l'une auprès du roi de Saxe, Frédéric-Auguste, afin de lui annoncer l'établissement de la confédération générale ; l'autre alla implorer la protection de l'empereur des Français. En réponse à la harangue qui lui fut adressée dans cette mémorable circonstance, Napoléon répondit « que la Lithuanie, la Samo- »gitie, Vitebsk, Polock, Mohilev, la Vol- »hynie, l'Ukraine, la Podolie soient animés

»du même esprit que j'ai vu dans la Grande-Pologne, et la Providence couronnera par le succès la sainteté de votre cause; elle récompensera ce dévouement à votre patrie, qui vous a rendus si intéressants... » La Lithuanie partagea l'ivresse de la Pologne, et créa dans son sein un gouvernement provisoire; les étudiants de l'université de Vilna s'enrôlèrent dans une garde d'honneur destinée, au moment du passage de l'empereur, à faire le service auprès de sa personne; de simples particuliers offrirent de lever des régiments à leurs frais. « L'enthousiasme général gagna en même temps les braves Tatars, colonisés, depuis les Jagellons, en Lithuanie; ils résolurent de former un régiment de cavalerie pour la cause de l'indépendance de la Pologne. » Tandis que tant de ressources étaient mises à la disposition de l'empereur des Français, les Polonais, qui marchaient sous les drapeaux du prince Joseph Poniatowski, composaient le cinquième corps de la grande-armée, et prirent une part glorieuse aux périls de la campagne. Elle fut loin de répondre aux espérances qu'elle avait fait naître, mais l'infortune trouva la fidélité des sujets des Jagellons inébranlable; ils restèrent attachés à Napoléon comme aux plus beaux jours de sa carrière. A la suite de la désastreuse retraite de Moscou, l'armée nationale comptait encore dans ses rangs vingt mille hommes; on les distribua dans les places de Dantzig, de Thorn, de Modlin et de Zamoc. L'intrépide Dombrovski suivit l'armée française dans sa retraite. Le prince Joseph Poniatowski, après avoir rallié treize mille combattants, opéra par la Saxe sa jonction avec la grande armée française. Le lecteur connaît l'héroïque dévouement dont firent preuve à Leipsick les braves Polonais, et la mort glorieuse de leur chef suprême (1). *Ces soldats modèles* accompagnèrent Napoléon jusqu'à Fulde. Au moment où l'on allait arriver dans cette ville, l'illustre guerrier, faisant former en cercle les officiers, leur adressa ce discours : « Je n'ai rien à vous reprocher;

»vous en avez agi loyalement envers moi, et, loin de m'abandonner, vous m'avez promis de me conduire jusqu'au Rhin... Aujourd'hui je veux vous donner de bons conseils. Pensez-vous retourner chez votre roi, qui peut-être lui-même n'a plus d'asile? Je vous l'ai donné, parce que d'autres puissances ne voulaient pas que vous eussiez un roi d'un caractère énergique. Il fallait qu'*il* fût Allemand pour ne pas exciter la jalousie, et, comme il est honnête homme et mon ami, je l'ai fait votre duc pour qu'il fût l'organe de mes volontés. Je vous laisse les maîtres de retourner chez vous. Deux ou trois mille, tous braves que vous êtes, ne changeront rien à mes affaires. Mais, craignez que vos compatriotes ne vous reprochent un jour l'anéantissement de la Pologne. Si vous m'abandonnez, pourrai-je parler pour vous? Songez que je suis encore le plus puissant monarque de l'Europe. Les choses peuvent changer de face... D'ailleurs, vous existez par des traités, et, tant qu'il n'y en aura pas d'autres, votre grand-duché subsistera. Si je suis contraint de vous sacrifier, on fera mention de vous dans le traité; alors vous pourrez retourner chez vous. Maintenant vous arriveriez *chapeau bas*; qui sait même si un jour vous n'y rentrerez pas les armes à la main? J'ai toujours tenu à votre existence, et, pour vous en donner la preuve, lisez le *Moniteur;* il vous éclairera sur un traité de paix fait avec l'Autriche, par lequel j'échangeais l'Illyrie pour la Gallicie. Si je ne tenais pas si fort à vous, j'aurais pu faire la paix à Dresde en vous sacrifiant. Dans les temps les plus critiques, vous avez toujours conservé de l'espoir : aujourd'hui, s'il vous abandonne, on vous taxera d'inconstance et de légèreté. » Des cris de *vive l'empereur* retentissent aussitôt; tous l'appellent *le libérateur* de la patrie. Mais, quel sort attend le corps polonais dans la crise actuelle? « Je vous regarde, » reprit l'empereur, « comme les troupes du duché de Varsovie, comme des troupes alliées; comme les représentants de votre nation. Vous aurez vos relations avec mon ministre des affaires étrangères. » A ces paroles, de

(1) Voir mon *Histoire de Russie*, au commencement du volume.

nouveaux cris de joie et d'enthousiasme éclatèrent. Cependant Napoléon, après avoir développé tout ce que le génie militaire renferme de combinaisons soudaines et de mouvements pleins de profondeur, fut vaincu, et les coalisés entrèrent à Paris [1814].

Mais précédemment des Polonais placés dans un rang élevé avaient plaidé auprès de l'empereur Alexandre la cause de leur infortunée patrie, et ils lui avaient offert la couronne pour son frère Michel. L'empereur de Russie, sans accepter cette offre, chercha cependant à rassurer les anciens sujets des Jagellons, et écrivit le 13 janvier 1813 au prince Czartozinski une lettre dans laquelle se trouvent les passages suivants : « Ayez »quelque confiance en moi, dans mon carac- »tère, dans mes principes, et vos espérances »ne seront pas trompées. A mesure que les »résultats militaires se développeront, vous »verrez à quel point les intérêts de votre »patrie me sont chers. Quant aux formes, »*les plus libérales* sont celles que j'ai tou- »jours préférées. » La pensée de réunir la Lithuanie à la Pologne semblait même sourire à Alexandre. « Quant à la dénomina- tion, » ajouta-t-il, « sous laquelle elle se »trouvera en faire partie, cette difficulté est »facile à vaincre. » Enfin le sort de l'ancien grand-duché de Varsovie fut décidé au congrès de Vienne, et un nouveau royaume de Pologne fut établi; on en détacha les salines de Vieliczka pour l'Autriche, et le duché de Posen pour la Prusse. Enfin une foule d'améliorations ramenèrent la confiance dans les cœurs, et le 24 décembre 1815 un gouvernement constitutionnel réalisa toutes les pérances. L'ancien sénat du grand-duché de Varsovie servit à la création de la chambre haute du nouveau royaume; les membres de ce corps furent nommés à vie; la chambre des députés, passant le niveau sur les antiques inégalités, vit siéger sur ses bancs le noble comme le bourgeois et le paysan. Les conditions de cens étaient faciles à réaliser : tout propriétaire était de droit électeur, et, pour devenir éligible, on devait payer seulement un impôt foncier de 60 fr.; pour être nommé sénateur, il ne fallait s'élever qu'à 1,200 fr. d'impôt. Liberté de la presse, indépendance de la magistrature, liberté individuelle, telles étaient les garanties données par la nouvelle constitution. Elle renfermait néanmoins quelques articles qui formaient contraste avec les dispositions que je viens de citer : ainsi le budget ne devait être voté que tous les quatre ans, et le jugement par *jurés* n'était pas concédé. Enfin les chambres ne possédaient pas l'initiative directe ou indirecte, et les amendements aux projets de loi n'étaient reçus que dans une seule chambre, celle qui la première avait délibéré sur les projets.

Cette constitution, accordée par Alexandre, n'était pas sans doute parfaite; cependant elle faisait jouir les Polonais d'une multitude de droits politiques dont ils étaient déshérités depuis long-temps; aussi reçurent-ils avec la plus vive reconnaissance les concessions de l'empereur de Russie, et trois ans après l'empereur fit entendre en public les paroles suivantes : « L'organisation qui était en vigueur dans »votre pays a permis l'établissement immé- »diat de celle que je vous ai donnée, en met- »tant en pratique les principes de ces insti- »tutions libérales qui n'ont cessé de faire »l'objet de ma sollicitude, et dont j'espère, »avec l'aide de Dieu, étendre l'*influence »salutaire sur toutes les contrées que la »Providence a confiées à mes soins.* Vous »m'avez ainsi offert les moyens de montrer »à ma patrie ce que je prépare pour elle de- »puis long-temps, et ce qu'elle obtiendra. »Je me plais à croire que vous produirez des »lois destinées à garantir les liens les plus »précieux : la sûreté de vos personnes, celle »de vos propriétés et la liberté de vos opi- »nions... Les résultats de vos travaux m'ap- »prendront si, fidèle à mes résolutions, je »puis étendre ce que j'ai déjà fait pour vous. » Les droits politiques, lorsqu'ils sont renfermés dans les limites avouées par la raison et l'expérience, possèdent un grand prix aux yeux des peuples; ils leur assurent à la fois la dignité personnelle et l'indépendance nationale; mais à côté de ces grands bienfaits doivent se glisser les améliorations administratives. On vit bientôt le grand-duché, théâtre de tant de guerres, sortir, brillant de jeunesse, de ses vieilles ruines : des voies de communication s'ouvrirent, une école d'agriculture fut fondée, et une ferme-modèle s'éleva à Marie-Mont. Bref, le commerce reçut des encouragements de tous genres, tandis que l'instruction publique ne cessa d'attirer les regards attentifs du gouvernement. En moins de trois années, la Pologne sembla un royaume tout-à-fait nouveau... Elle avait marché à pas de géant dans la voie des réformes salutaires. Mais, si le gouvernement représentatif offre de grands avantages, il renferme aussi des inconvénients : à force d'aiguillonner l'opinion publique, il la rend impatiente et inquiète, et elle se montre, avec le temps, plus avide de changements et de nouveautés que prompte à tirer parti des améliorations qui déjà lui ont été accordées. Un parti de mécontents et d'agitateurs se forma en Pologne ; d'une autre part, les rois furent effrayés par une multitude d'insurrections qui éclatèrent en Europe, où des trônes furent renversés. L'empereur de Russie avait non-seulement signé le traité de la sainte-alliance, mais il en était le créateur. Ce même traité devait servir de lien aux grandes puissances, et établir entre elles une *sincère et indissoluble fraternité*. Divers congrès eurent lieu ; les souverains, convaincus que les principes démocratiques allaient tout entraîner dans leurs débordements, firent peser tout leur poids de l'autre côté de la balance, et une réaction s'opéra en faveur du pouvoir royal. Par une conséquence toute naturelle, les droits politiques des peuples furent restreints : ainsi la liberté de la presse fut supprimée en Pologne le 31 juillet 1819, et à sa place la censure gouverna.

Les habitants du grand-duché de Varsovie auraient dû considérer cette dernière mesure comme un mal transitoire, et peut-être Alexandre aurait-il été désarmé par leur soumission. Mais la patience et la résignation ne sont pas des vertus polonaises, et au sein de la diète de 1820 une formidable opposition se montra : dans la chambre des nonces elle disposait de cent dix-sept voix contre trois ; elle fut aussi très-puissante dans le sénat. Un projet de loi relatif à la procédure en matière criminelle se trouva rejeté, parce qu'il ne reconnaissait point l'institution du jury. La diète, allant plus loin, dressa l'acte d'accusation des deux ministres signataires de l'ordonnance qui avait supprimé la liberté de la presse. Ces attaques pouvaient manquer d'à-propos, mais elles étaient légales ; d'un autre côté, Alexandre, frappé des excès qui, selon lui, étaient découlés en Europe des constitutions accordées par plusieurs princes, et saisi de remords pour les concessions qu'il avait faites à ses sujets de l'ancien duché de Varsovie, Alexandre, dis-je, prit en horreur toute espèce d'agitation ou de révolte populaire, et ne comprit plus de salut pour les peuples que dans une obéissance muette. Il fut donc profondément blessé de la résistance des Polonais, que, dans sa conscience, il taxait d'ingratitude. L'armée en Pologne absorbait la plus grande partie des revenus publics ; un vide existait donc dans les finances du royaume : il fallait le remplir. Sur ces entrefaites, parut le 21 mai 1821 un rescrit où se faisait remarquer le passage suivant : « Il s'agit de pro- »noncer sur l'existence de la Pologne et sur »les intérêts les plus chers des Polonais ; »l'expérience seule devant être consultée sur »cette question, si le royaume de Pologne »peut, par ses propres ressources, se main- »tenir dans le mode actuel d'existence poli- »tique et civile dont il a été gratifié, ou s'il »doit, après avoir avoué son défaut de »moyens à cet égard, subir l'établissement »d'un ordre de choses plus conforme à l'exi- »guité de ses forces ! » Ce document devait-il tâter l'opinion publique pour la préparer à l'avance au sacrifice qui était assez clairement annoncé ? ou ne s'agissait-il tout simplement que d'une menace propre à rappeler le peuple à l'obéissance ? Sans rien décider à cet égard, je ferai remarquer que le rescrit repoussait toute pensée de porter la main sur les fonds réservés pour les troupes, « car »leur chiffre n'atteint pas même celui de »l'ancien duché de Varsovie ; d'ailleurs c'est »le seul moyen de reconnaître les bienfaits »que l'union avec la Russie assure à la Po- »logne. »

Dans cette grave circonstance, le prince

Lubecki, ministre des finances du royaume, s'adressa à la générosité de la nation, et au bout de trente jours il n'y avait plus de déficit. Cependant une méfiance générale avait succédé à l'amour que d'abord avait inspiré Alexandre, et toutes les mesures prises en son nom devinrent l'objet de critiques plus ou moins violentes ; de part et d'autre, l'irritation parvint à son comble, et une prison d'État fut élevée dans les murs de Varsovie. Cinq ans se passèrent sans qu'une diète fût convoquée ; à proprement parler, le gouvernement représentatif semblait avoir disparu ; la police et son espionnage inquiétaient toutes les familles, tandis que de nombreux monopoles, affirment les écrivains polonais, ruinaient le pays ; d'un autre côté, s'il faut ajouter foi aux aveux qui leur sont échappés, la prospérité matérielle ne s'était jamais élevée aussi haut dans les jours les plus brillants de la république. Une diète fut enfin réunie le **13 mai 1825**. Tel était l'état des choses, lorsque la mort enleva l'empereur Alexandre [1er décembre 1825]. Ce prince eut pour successeur Nicolas I, que l'ordre de sa naissance n'appelait pas au trône ; mais un arrangement de famille, consenti par le grand-duc Constantin, assurait la couronne au frère qui était né après lui. De jeunes officiers russes qui, au milieu des guerres de la coalition, avaient puisé des principes ultra-démocratiques, ourdirent une conspiration militaire, qui fut promptement réprimée, mais non sans effusion de sang. Le cabinet de Saint-Pétersbourg ordonna une enquête et acquit la preuve que des sociétés secrètes avaient été formées en Russie, et qu'elles avaient pour but de renverser le trône. Des poursuites criminelles furent dirigées contre les conspirateurs. Dans les mêmes poursuites se trouvèrent compromis plus de deux cents Polonais et Lithuaniens ; ces derniers, après trois ans de détention, furent acquittés à l'unanimité moins une voix. L'empereur Nicolas était à peine monté sur le trône de Russie, qu'il adressa, le **25 décembre 1825**, un manifeste à ses sujets du royaume de Pologne, dans lequel il contracta l'engagement de conserver la constitution de l'État. « Polonais, les institutions que vous a garanties » l'empereur Alexandre seront maintenues. Je » jure devant Dieu et promets que je maintiendrai la charte constitutionnelle, et que je n'épargnerai aucun effort pour la faire observer. »

Les promesses de l'empereur Nicolas étaient sans doute sincères, et il avait l'intention de les réaliser, mais il était trop tard ; tous ces liens qui reposent sur une confiance réciproque n'existaient plus. Le cabinet de Saint-Pétersbourg ne comptait désormais que sur la terreur ; les Polonais, de leur côté, appelaient le jour où pour eux se leverait la vengeance nationale. En dépit de la surveillance la plus minutieuse, comme la plus tracassière, les sociétés secrètes se préparaient dans l'ombre. Il est à remarquer que dans aucun temps les princes ne se sont appuyés davantage sur la police, et au dix-neuvième siècle seulement on a vu autant d'États s'écrouler au souffle des insurrections populaires ! Depuis l'avénement de Nicolas comme roi de Pologne, les arrestations se multiplièrent avec une rapidité qui porta la rage dans tous les cœurs. Il n'y avait pas besoin pour qu'un père fût arraché à sa famille qu'il eût manifesté par une série d'actes publics son opposition à la marche des affaires ; une obscure dénonciation faite par un ennemi personnel et donnant aux faits les plus simples une empreinte politique, dispensait de toute espèce de preuves : on était convaincu quand on était habilement accusé. La justice criminelle, quand même elle se montre impitoyable, est soumise à des formes dont elle ne peut s'écarter ; ce sont des garanties qui apportent à l'innocence l'espoir de son salut. Mais on imagina en Pologne d'intervertir l'ordre de juridiction, et les conseils de guerre, en violant toutes les lois, devinrent les juges suprêmes du pays. Il ne faut pas oublier que la liberté de la presse était supprimée, et que, d'une autre part, les Polonais étaient censés jouir d'un gouvernement représentatif, qui, faisant tourner à son profit l'apparence des formes, épuisait le pays par des demandes de sacrifices continuelles, tandis qu'il faisait peser l'oppression la plus terrible. Enfin, par une réunion de circonstances déplorables, le cza-

revistsch Constantin, placé à la tête de l'armée nationale, la soumettait aux châtiments physiques appliqués aux soldats russes et qui font le désespoir des peuples libres. Ce n'est pas tout, Nicolas, absorbé par les soins d'un vaste empire, subissait les impressions que ses agents à Varsovie lui faisaient partager, et cinq années se passèrent avant qu'il convoquât une diète.

Cependant, le 6 avril 1830, l'empereur et roi publia une proclamation, ainsi conçue : « Sénateurs, nonces et députés, il »s'est écoulé déjà douze ans depuis que » *l'immortel restaurateur de votre patrie* »vous rassembla pour la première fois autour »de son trône pour vous mettre en posses- »sion du plus précieux des privilèges qu'il »vous a conférés. Ayant hérité de ses senti- »ments pour vous en même temps que de son »sceptre, nous vous convoquons aussi dans »le même dessein..... L'expérience vous a »montré les avantages des délibérations »calmes et tranquilles, de même que les »suites préjudiciables des dissensions ; cette »expérience ne sera sûrement pas sans fruit »pour vous. » Nicolas fit son entrée dans les murs de Varsovie le 20 mai, et huit jours après la diète s'ouvrit. L'autocrate-roi prononça le discours d'ouverture, qui fut terminé de la manière suivante : « Représentants »du peuple polonais, en accomplissant dans »toute son étendue le quarante-cinquième ar- »ticle de l'acte constitutionnel, je vous ai »donné un gage de mes dispositions. C'est à »vous maintenant à affermir l'ouvrage du »restaurateur de votre patrie, en usant avec »sagesse et modération des droits qu'il vous »a accordés. Puissent le calme et l'union »présider à vos délibérations!! Les amélio- »rations que vous seriez dans le cas de pro- »poser aux projets de loi qu'on vous soumet- »tra seront favorablement accueillies, et je »me flatte de l'espoir que le Ciel bénira des »opérations commencées sous d'aussi heureux »auspices. » Ce langage fit concevoir des espérances qui ne se trouvèrent pas démenties, et les projets du gouvernement éprouvèrent des modifications auxquelles Nicolas donna sans hésitation son consentement. Des vœux d'une nature assez délicate retentirent jusqu'aux oreilles du monarque, savoir : la réunion de la Lithuanie à la Pologne et le renvoi de ses ministres polonais. Il s'engagea, lors de son arrivée à Saint-Pétersbourg, d'examiner ces demandes, et d'adopter celles qui lui paraîtraient conformes aux intérêts du royaume. La présence de Nicolas à Varsovie, la conduite qu'il y tint, apaisèrent, comme je l'ai dit, le mécontentement général, et firent naître pour l'avenir de douces espérances.

Sur ces entrefaites, éclata la révolution de juillet, à la suite de laquelle la branche aînée des Bourbons reprit la route de l'exil. Un événement aussi prodigieux ne pouvait rester isolé en Europe : Bruxelles, se levant en armes, chassa le vieux Guillaume de Nassau, qui régnait sur les Belges et les Hollandais ; il y avait entre ces deux peuples une antipathie profonde : la religion les séparait. Le fils aîné de Guillaume, le prince d'Orange, était beau-frère de Nicolas ; la Belgique néanmoins fut ravie au sceptre du souverain hollandais. Enfin, le tour de la Pologne arriva, elle eut aussi sa révolution ; de sorte que dans l'espace de quelques mois l'autocrate-roi fut blessé dans ses opinions politiques et dans ses affections de famille. Il faut maintenant dire que des abîmes sans nombre s'élevaient entre les Polonais et les Russes ; je laisse à part les actes tyranniques reprochés au cabinet de Saint-Pétersbourg ; mais il restait encore une différence ou plutôt une haine de religion, les uns appartenant à l'église grecque, les autres à la communion catholique. Nicolas était donc sans cesse accusé de favoriser le culte qu'il pratiquait, aux dépens de celui auquel étaient attachés les anciens sujets des Jagellons ; puis, pourquoi le dissimuler, ces derniers ne pouvaient oublier par quelles manœuvres perfides et déloyales les Russes avaient absorbé l'ancienne république. Il aurait fallu une longue suite de prospérités non interrompues pour que les souvenirs des Polonais amnistiassent la conduite de Catherine. Cependant l'autocrate-roi était réduit à mesurer la liberté et le bonheur qu'il aurait voulu accorder à ses nouveaux sujets, car il avait à craindre que la grande aristocratie de Saint-Pétersbourg, jugeant par comparaison, ne lui imposât des réformes sans mesure. Ainsi, et c'est ce qu'il ne faut jamais oublier, Nicolas et les Polonais étaient également dans une fausse position ; mais comme ces derniers se trouvaient sous le poids des maux que leur apportait le présent, l'attaque devait partir de leur côté. Le drapeau tricolore flottait sur la maison du consul français à Varsovie, réveillant à la fois les souvenirs de 1789 et ceux de l'empire : c'était sous ces couleurs que les Polonais avaient moissonné tant de gloire, et maintenant, esclaves flétris des Moscovites, ils étaient déchirés par le knout !! Les nouvelles les plus alarmantes ne cessaient de circuler ; des soldats russes marchaient sur la Pologne, tandis que l'armée nationale serait lancée sur la France ! La mort était cent fois préférable à ce degré d'ignominie !...

Les jeunes nobles qui composaient l'école militaire des *Enseignes*, se laissèrent entraîner par l'enivrement général et portèrent des toasts à la mémoire de Kociusko. Constantin, au lieu de recourir à la douceur et à la modération, annonça l'intention de livrer ces jeunes gens au supplice du knout. Cette menace devient le signal de la révolte ; ils se portent tous au palais du Belvéder, habité par le grand-duc, et font main-basse sur le lieutenant-général Gendre et le sous-directeur de la police Lubovicki ; c'en était fait de Constantin s'il ne se fût sauvé par une porte secrète. Le 4e régiment d'infanterie, un bataillon de sapeurs, le régiment des grenadiers et l'artillerie à cheval se réunirent aussitôt aux insurgés. Ceux-ci marchèrent sur l'arsenal, où ils devinrent maîtres de trente mille fusils. Le grand-duc cependant, après s'être retiré au milieu de ses gardes, était parvenu à rassembler dix mille soldats sur le dévouement desquels il pouvait compter ; mais le mouvement était devenu si général, si unanime, qu'il n'était plus possible de l'arrêter. Le czarevitch, cédant à l'empire de la nécessité, quitta Varsovie, battant en retraite sur le village de Virzba, où il campa au milieu de ses troupes. Les dernières classes de la société se mêlèrent à leur tour avec les insurgés, et répandirent la terreur en se livrant au pillage et au meurtre. Le conseil d'administration du royaume, dans la pensée de sauver la capitale, s'adjoignit des hommes qui jouissaient d'une grande popularité, et compta bientôt dans son sein Adam Czartorinski, Michel Radzivill, Michel Kochnovski, le comte Louis Pac ou Pas, Julien Niemcevicz et le général en retraite Chlopicki. Ces illustres personnages firent paraître une proclamation, dans laquelle ils déclarèrent que le grand-duc Constantin avait interdit à ses troupes de s'opposer à l'élan général ; les Polonais seuls avaient donc mission d'apaiser les esprits de leurs concitoyens. « Vous ne voudrez pas, » portait cette même proclamation, « vous ne »voudrez pas donner au monde le spectacle »d'une guerre civile. La modération peut »seule éloigner de vous les maux qui vous »menacent. Rentrez dans l'ordre, dans le »repos, et puissent toutes les agitations cesser »avec la nuit fatale qui les a aussi couvertes »de son voile. Pensez à l'avenir et à votre »patrie si malheureuse ; éloignez tout ce qui »pourrait en compromettre l'existence. C'est »à nous à remplir nos devoirs en maintenant »la sûreté publique, les lois et les libertés »constitutionnelles assurées au pays. »

Un langage aussi sage ne fut pas écouté par ces esprits ardents, qui, au début de toute révolution, frappent sans pitié ; ils se précipitèrent au palais du gouvernement pour expulser les membres de l'ancien conseil russo-polonais. Ces derniers furent remplacés par une commission nouvelle, que présida le prince Adam Czartorinski, et où l'on comptait entre autres le savant professeur Lelevel. Mais il fallait un bras pour faire exécuter les décisions du corps municipal ; on fit choix du général Chlopicki, auquel fut remis le commandement suprême de la force armée. Les membres des sociétés secrètes qui existaient en Pologne avaient été très-utiles pour organiser la résistance et le mécontentement ; ils s'étaient aussi mêlés à l'insurrection générale. Leur tâche étant remplie, ils devinrent bientôt la source d'une foule d'embarras et de difficultés. Les hommes éclairés, convaincus qu'il ne fallait pas s'engager dans une lutte dont l'issue serait fatale, voulaient

qu'on profitât des premiers avantages obtenus pour entrer en arrangement avec Nicolas; les membres des sociétés secrètes tentaient, au contraire, de pousser tout à l'extrême. Les membres du gouvernement ne voulaient recourir à la force que dans le cas où les moyens de conciliation auraient été épuisés; ils firent donc des ouvertures de paix à Constantin; celui-ci les accepta et fit savoir : « Qu'il n'était pas dans l'intention d'atta-
»quer Varsovie; mais que si les hostilités
»devaient recommencer, on se préviendrait
»réciproquement quarante-huit heures d'a-
»vance; qu'il n'avait donné au corps de Li-
»thuanie aucun ordre de se diriger vers la
»Pologne, et qu'en rendant compte des évé-
»nements, il consentait à en solliciter le
»pardon et l'oubli. » Le grand-duc consentait en outre à renvoyer le régiment de chasseurs polonais, ainsi que des détachements d'infanterie et l'artillerie nationale qui lui étaient restés fidèles; il quitterait enfin le royaume avec ses soldats russes. A ces conditions, Constantin se retira, mais après avoir publié la proclamation suivante, qui n'annonce pas de sa part un ressentiment bien profond. « Je permets aux troupes polonai-
»ses qui sont restées fidèles jusqu'au dernier
»moment auprès de moi, de rejoindre les
»leurs. Je me mets en marche avec les trou-
»pes impériales pour m'éloigner de la capi-
»tale, et j'espère de la loyauté polonaise
»qu'elles ne seront point inquiétées dans leurs
»mouvements pour rejoindre l'empire. Je
»recommande de même tous les établisse-
»ments, les propriétés et les individus à la
»protection de la nation polonaise, et les
»mets sous la sauve-garde de sa foi la plus
»sacrée. » La Pologne était donc délivrée de la présence des Russes; on avait obtenu un immense résultat. Mais les membres des clubs, que rien ne pouvait satisfaire, semaient à pleines mains l'anarchie... Toute espèce de gouvernement allait devenir impossible.

Le général Chlopicki se présente le 5 décembre 1830 devant la commission du gouvernement et lui demande la dictature jusqu'au moment où sera réunie la diète. La commission, entraînée par la puissance des événements, accompagne le général au Champ-de-Mars, où les troupes lui jurent serment de fidélité en qualité de dictateur : il décide sur-le-champ que les clubs ne pourront être ouverts qu'avec sa permission; le mal est coupé à sa racine. A cette mesure en succèdent d'autres, toutes dans l'intérêt général; la formation de l'armée de ligne, portée à quarante-cinq mille hommes, est décrétée, et Varsovie compte dans son sein une garde nationale, s'élevant à vingt mille hommes. Mais il faut des armes : les cloches servent à fondre des canons, des fusils sont fabriqués sur tous les points du territoire; des sénateurs lèvent à leurs frais les uns des compagnies, les autres des régiments; Praga et Varsovie n'ont plus à craindre un coup de main, leurs fortifications sont réparées. Pendant qu'il se prépare à soutenir la guerre, le dictateur envoie à l'empereur Nicolas deux députés, le prince Lubecki et le comte Jeverski, afin d'obtenir une réconciliation.

Le 20 décembre, les chambres se réunissent : le général Chlopicki leur envoie sa démission comme dictateur; elle est refusée dans la chambre des représentants par cent-huit voix sur cent neuf. Le sénat adopte la même résolution, et, dans la soirée même, les deux chambres se forment en assemblée plénière. Le prince Adam Czartorinski, président du sénat, s'adressant à Chlopicki : « Respectable dictateur, les deux
» chambres vous donnent une preuve de la
» confiance la plus flatteuse qu'aucun citoyen
» puisse jamais obtenir de sa nation. Agis-
» sez pour le bien de la patrie; il ne peut
» naître dans nos cœurs aucun doute que
» toutes vos pensées, vos désirs n'aient
» pour but son bonheur. Nous nous aban-
» donnons à vos lumières, à votre prudence,
» à la fermeté de votre caractère, et à la
» parole d'un loyal Polonais. La confiance
» de la nation sera inséparable de votre per-
» sonne. Vous avez à attendre, dans cette
» vie, la plus belle récompense, la gloire,
» et les générations à venir vous devront
» leur bonheur. » Le maréchal de la chambre des nonces ajouta quelques paroles dans le même sens. Le dictateur répondit à son tour : « Messieurs, je n'accepte ce pouvoir

» qu'avec la ferme intention de l'employer
» au bien de la patrie ; je m'en servirai jus-
» qu'à ce que vous jugiez devoir le repren-
» dre ; alors, obéissant aux ordres de la na-
» tion, je regagnerai paisiblement mes
» foyers, riche d'une conscience tranquille,
» fier d'avoir consacré mes derniers efforts à
» l'affranchissement de ma malheureuse pa-
» trie. » Chlopicki, joignant les effets aux
paroles, refuse le traitement de deux cent
mille florins qu'on voulait lui attribuer. Une
foule de dons patriotiques se succédèrent
bientôt les uns aux autres, et l'on espéra
pouvoir posséder sous les armes jusqu'à trois
cent mille hommes. Sur ces entrefaites,
l'empereur Nicolas, qui était déjà informé
de l'insurrection polonaise, publia une proclamation menaçante, à laquelle les membres
du gouvernement opposèrent un document
de la plus haute importance, et qu'ils intitu-
lèrent *manifeste du peuple polonais* ;
d'une autre part, le prince Lubecki et le
comte Jeverski échouèrent dans la mission
qu'ils avaient été chargés de remplir auprès
du cabinet de Saint-Pétersbourg : il restait
seulement à recourir aux armes.

La diète fut réunie le 19 janvier 1831, et
ne recula devant aucun des sacrifices que réclamait la patrie. Dans la chambre des nonces, le
maréchal Ostrovski s'exprima de la manière
suivante : « Les troupes régulières augmen-
» tent tous les jours : le bourgeois saisit son
» épée, le paysan sa faux. L'ordre renaît
» dans toutes les branches de l'administra-
» tion ; l'esprit public prend des forces nou-
» velles, et les nations amies ont promis des
» secours aux envoyés de la Pologne. Mais
» voici le moment décisif où les représen-
» tants de la nation doivent achever leur
» ouvrage. *Périr plutôt que de se sou-
» mettre, tel est le cri unanime du peu-
» ple. Il ne faut pas compter le nombre,
» il faut interroger les cœurs.* Les nations
» constitutionnelles de l'Europe qui ont
» épousé notre cause à leur tribune ou dans
» leurs journaux, n'attendent que la déclara-
» tion de notre indépendance, et, des rives
» de la Seine comme celles de la Tamise,
» s'avanceront des bataillons à notre se-
» cours. Le premier devoir de la diète est
» donc de proclamer cette indépendance. »
En effet, sur la proposition du nonce Roman
Soltyck, la déchéance de la dynastie russe
fut prononcée. Tel est le texte de cet acte
important : « Les traités les plus sacrés et
» les plus inviolables ne sont obligatoires
» qu'autant qu'ils sont observés religieuse-
» ment : nos longues souffrances sont con-
» nues du monde entier. La violation, tant de
» fois renouvelée, des libertés qui nous
» avaient été garanties par le serment de
» deux monarques, *délie* également aujour-
» d'hui la nation polonaise du serment de
» fidélité qu'elle a prêté à son souverain.
» Les propres paroles, enfin, de l'empereur
» Nicolas, qui a dit que le premier coup de
» fusil tiré de notre part deviendrait le si-
» gnal de la ruine de la Pologne, nous
» ôtent toute espérance de voir nos griefs
» réparés, et ne nous laissent qu'un noble
« désespoir. La nation polonaise, réunie en
» diète, déclare donc qu'elle forme désor-
» mais un *peuple indépendant ;* qu'elle a
» droit de donner la couronne à celui
» qu'elle en jugera digne, à celui qu'elle ju-
» gera capable d'observer fidèlement la loi
» qu'il aura jurée, et de conserver intactes
» les libertés nationales. »

Signé : le prince Adam CZARTORINSKI,
président du sénat ; le comte OS-
TROVSKI, *maréchal de la chambre
des nonces,* et tous les membres du
sénat et de la chambre des nonces.

Le général Chlopicki fut remplacé dans le
commandement de l'armée par le prince Michel Radzivill. Les 5, 6 et 7 février, les
Russes pénétrèrent en Pologne. Le 19 du
même mois, une bataille sanglante s'engagea entre les deux armées près de Grochov ;
elle dura deux jours de suite, sans que la victoire appartînt aux Moscovites. Le méréchal
Diebitsch, à la suite de ces deux combats,
resta plusieurs jours sur la défensive ;
mais, à la différence des Polonais, dont le
nombre était pour ainsi dire limité, il recevait à chaque instant des renforts considérables, et, à force de sacrifier des masses, il
resta maître du village de Bialolenski. Le
lendemain, 27 février 1831, il s'empara

d'un bois occupé par les Polonais. L'ancien dictateur Chlopicki et le général Skrzynecki reprirent la position; mais, après la résistance la plus héroïque, ils durent enfin céder à la supériorité de l'artillerie russe, et se mirent à l'abri sous les fortifications de Praga; puis, traversant la Vistule, ils opérèrent leur rentrée dans les murs de Varsovie. Dans ces diverses rencontres, les Polonais eurent à regretter neuf mille tués ou blessés : parmi ceux-ci on compte le général Chlopicki. Cependant les Russes se préparaient à l'attaque de Varsovie; mais il fallait auparavant qu'ils s'emparassent de Praga. Le général Diebitsch, avant d'agir, sentit la nécessité de recevoir des renforts; d'un autre côté, le débordement de la Vistule suspendit pendant le mois de mars 1831 toute espèce d'opération sérieuse. Le général Skrzynecki, qui avait donné tant de preuves de talent à la bataille du 25 février, remplaça le prince Michel Radzivill comme chef suprême de l'armée. Il s'éloigne de Varsovie, pendant la nuit du 30 au 31 mars, avec un corps de vingt-cinq mille hommes; , faisant couvrir les chemins d'une paille épaisse, il attaque avec de la cavalerie et de l'artillerie le général russe Geismar, qui, surpris à l'improviste, se replie sur le corps du général Roden. Là une lutte sanglante a lieu; mais les Moscovites, après cinq heures de résistance, prennent la fuite. Le général Rosen se retire sur ses réserves; il est atteint par les Polonais, qui remportent une victoire signalée à Inganie : quelques troupes d'avant-garde traversent le Bug, et reconnaissent les positions du maréchal Diebitsch. Mais le choléra-morbus, qui décimait les soldats de l'empereur Nicolas, pénètre dans les rangs des Polonais. C'était pour éviter un pareil fléau qu'à la suite du triomphe d'Inganie, le généralissime n'avait pas voulu entrer dans les murs de Siedlec, remplis de malades. « Mais, vaine prévoyance ! » comme le disait Skrzynecki, dans un de ses rapports en date du 22 avril 1831, « le contact de nos troupes
» avec celles de l'ennemi, le 22 avril, avait
» déjà porté le mal dans nos rangs... Nous
» avons quelques centaines de soldats atteints
» du choléra... C'est ainsi que, dans sa
» cruauté, l'ennemi qui, depuis des siècles,
» vomissait sur notre sol toutes sortes de
» maux, vient de nous apporter le fléau qui
» nous manquait. » A titre de compensation, une insurrection contre Nicolas souleva une partie de la Lithuanie; d'un autre côté, le général Dvernicki essaya de faire révolter la Volhinie, et fut aidé par le général Sieravski; mais ils agirent à une trop grande distance l'un de l'autre. Le 17 avril 1831 Sieravski, n'écoutant que son courage, reçut le combat qui lui fut offert par le général russe Kreutz, ayant sous ses ordres vingt-quatre mille hommes. Forcé, après la plus brillante résistance, de battre en retraite, il traversa de nouveau la Vistule, mais après avoir perdu douze cents hommes. Le général Dvernicki, pressé par le général Rudiger, se trouva coupé de la Vistule; il se dirigea vers la Podolie en marchant le long de la frontière autrichienne; mais, enveloppé de toutes parts, il se retira sur le territoire de l'empereur, où ses troupes furent désarmées. Ces accidents, plutôt que ces défaites, auraient passé inaperçus dans une guerre ordinaire; mais les Polonais, comparés aux Russes, avaient un très-petit nombre de troupes : d'un autre côté, il était à craindre que le découragement ne s'emparât des esprits, et tout alors était perdu; car, enfin, c'étaient quatre millions d'hommes libres qui devaient tenir tête à cinquante-quatre millions d'esclaves prêts à se faire couper en morceaux au premier ordre qui leur serait intimé par *le maître*. Cependant Diebitsch venait de recevoir des renforts; alors Skrzynecki marcha de nouveau contre les Russes, et les chassa de Tykocin. Déjà le chemin de la Lithuanie était ouvert, et un corps polonais y pénétra. D'une autre part, le maréchal Diebitsch, après avoir traversé de nouveau *le Bug*, se remit en communication avec son aile droite. « Ainsi le royaume de Pologne tout entier
» fut encore une fois délivré de ses ennemis. »
Je ne puis suivre pas à pas les opérations des deux armées; je dirai seulement qu'un dernier combat fut livré à Ostrolenka par le général en chef russe, dans lequel les Polonais qui étaient placés sous les ordres de Skrzynecki se couvrirent de gloire, mais perdi-

rent plus de cinq mille hommes. Le 10 juin Diebitsch rendit le dernier soupir, et le 25 du même mois le grand-duc Constantin mourut à Vitepsk : tous deux furent atteints, dit-on, du choléra.

Le comte Paskevitsch d'Érivan, cet ancien triomphateur des Perses, fut chargé par le czar de continuer la guerre contre les Polonais. Abandonnant le système suivi par son prédécesseur, il résolut de traverser la Vistule au nord-ouest de Varsovie, et de presser cette ville du côté de l'ouest, où il ne se trouverait pas arrêté par une rivière profonde et rapide. Le 7 juillet, l'armée russe marche vers la Vistule, et la traverse le 19. Il semblait que le moment était venu de mourir tous en défendant la capitale ; un pareil concert, s'il n'eût pu sauver la Pologne, lui assurait du moins l'admiration du monde. Mais cet esprit de faction qui avait creusé le tombeau de l'ancienne république, se reproduisit cette fois sous des formes nouvelles, pour se montrer encore plus funeste. On accusa le général Skrzynecki de n'avoir pas su vaincre à Ostrolenka ; comme les autres chefs, il était devenu traître : on voulut que ses plans fussent soumis aux membres du gouvernement ; il refusa de s'abaisser sous le joug d'une pareille exigence. Les nobles, dans des intérêts qui leur étaient personnels, compromettaient autrefois le sort de la patrie ; désormais les clubistes, que rien ne contenait plus, s'abandonnèrent aux déclamations les plus furibondes, et souillèrent de leurs calomnies les plus illustres personnages. Skrzynecki donna sa démission : les clubistes demandèrent qu'il fût mis en jugement, et on lui donna pour successeur le général Dembinski. A peine avait-on obéi aux ordres des agitateurs qu'ils en intimaient de nouveaux ; enfin ils se soulevèrent les 15 et 16 août 1831, entrèrent de force dans le château, où ils commirent d'odieux massacres tant sur des Russes que sur des Polonais prisonniers. La diète proclama comme dictateur le général Krakoviecki, qui, sans hésiter, fit fusiller un certain nombre des assassins qui s'étaient fait remarquer dans les déplorables journées des 15 et 16 août. Cependant le maréchal Paskevitsch, profitant des discordes publiques, s'approchait de plus en plus de Varsovie, et le 6 septembre 1831 il attaqua les villages fortifiés qui entouraient cette capitale. Des prodiges de valeur furent faits de part et d'autre, mais les Russes restèrent vainqueurs, et entrèrent le lendemain, 8 septembre, dans les murs de l'héroïque cité. Les soldats polonais se dirigèrent sur Plock...... Quelques semaines après, l'ancien royaume de Pologne était retombé dans les fers..... L'année suivante [1832] la charte donnée par Alexandre fut remplacée par les statuts organiques de l'administration du royaume de Pologne.... Le premier article portait : « Le royaume de Pologne est » à jamais réuni à l'empire russe, et forme » une partie inséparable de cet empire.... » Je n'entrerai pas ici dans le détail des mesures de rigueur adoptées par l'empereur Nicolas ; je passerai sous silence les proscriptions ; je ne représenterai pas l'élite des nobles polonais dépouillés de leurs biens ; les uns invoquant la pitié des gouvernements, les autres, comme Oginski (1), demandant un morceau de pain pour sa famille au métier auquel il s'est condamné : le monde entier a pris part à tant de malheurs..., il a même cherché à en adoucir l'amertume. Sans prétendre, au reste, accuser Nicolas des mesures cruelles qui lui sont commandées par la haine des Russes, je dirai : Il est un crime politique contre lequel la civilisation chrétienne doit protester éternellement, c'est l'inique partage de la Pologne, et espérons que tôt ou tard Dieu permettra au jour de la justice de se lever pour rétablir dans ses droits un des peuples les plus héroïques qui aient jamais illustré les annales du monde.

Mais il sera permis en même temps à l'impartialité de l'historien de revenir sur une pensée qu'on ne saurait trop offrir au lecteur, et qui constitue la *moralité* de tous les récits qui ont passé sous ses yeux. Si l'ancien peuple des Jagellons s'est vu ravir jusqu'à sa nationalité, c'est qu'il est resté en arrière des autres nations civilisées

---

(1) Un Oginski a été gendre d'un des princes Czartorinski. Un membre de cette même famille s'est fait *relieur* depuis 1830.

COSTUMES MILITAIRES POLONAIS EN 1840.

de l'Europe. Oui, les Polonais, si vifs, si spirituels et si ardents, se sont maintenus immobiles dans l'ornière de la barbarie ; ils ont abandonné le gouvernement de leur pays, non pas à une aristocratie de nobles, sorte de gouvernement où l'ordre peut se rencontrer, mais au caprice comme à l'intérêt personnel de chaque gentilhomme né au sein de la république ; en d'autres termes, l'anarchie a été proclamée la première loi de l'État. Les nations, comme les particuliers, ne peuvent se conserver long-temps que si elles obéissent aux lois émanées de leur propre nature. L'homme porte avec lui l'instinct de la sociabilité ; c'est-à-dire que, membre d'une agrégation, il faut qu'il se détache de son *individualité* pour concourir à l'avantage général, sans être tenu d'ailleurs de renoncer à certains sentiments, honneur de son espèce. Que voyons-nous en Pologne pendant des siècles ? Non pas un peuple, puisque la multitude est deshéritée de toute espèce de droits politiques, mais une classe qui s'attribue tout, jusqu'à la royauté ; encore si dans cette même classe il y avait eu hiérarchie, c'est-à-dire que dans certaines circonstances les uns obéissent aux autres, il aurait été possible de parvenir à une sorte d'ordre apparent, si l'on veut même provisoire. Mais quoi ! quatre-vingt mille gentilshommes, qui ne reconnaissent pour règle que leur *volonté* ou leur *profit*, réussiront à s'entendre pour continuer la gloire d'un pays ou assurer le salut public !... Non, pareil spectacle ne sera jamais donné au monde. Sans doute l'Europe, au moyen-âge, était abandonnée sur tous les points de son territoire à des *guerres privées ;* mais, écoles d'un héroïsme continuel, elles firent sortir les masses de l'engourdissement où elles avaient été livrées pendant des siècles : elles les élevèrent au lieu de les abaisser ; puis, le moment venu, elles furent aptes à jouir de tous les bienfaits de la civilisation. Un autre sort était réservé à la Pologne : elle ne connut ni les avantages, ni les inconvénients de la *grande féodalité* proprement dite, cet apprentissage de la liberté moderne. Les nobles de la Pologne usurpèrent une foule de droits sur le pouvoir monarchique, tandis que partout ailleurs on renforçait la royauté. L'Europe tendait donc à l'unité, tandis que le royaume des Jagellons courait se perdre dans la *diffusion*. En effet, chaque noble en Pologne possédait le *liberum veto*, c'est-à-dire que quatre-vingt mille volontés purent se montrer divergentes et égales en droit et en puissance à une époque où une *seule* aurait dû commander. Aux yeux des hommes attentifs, et qui, par la connaissance du passé, parviennent à scruter l'avenir, l'existence du royaume des Jagellons devait disparaître devant la lumière éclatante de la civilisation : c'était une exception trop triste et trop déplorable ; elle ne pouvait se perpétuer long-temps. Les annales de la Pologne comptent, me répondra-t-on, des siècles, mais c'est grâce à l'état d'imperfection où languissaient les peuples qui l'entouraient. Sa nationalité échappa, j'en conviens, aux Russes ; eh bien, le règne de Pierre-le-Grand ne date-t-il pas de la fin du dix-septième siècle ? A cette même époque la Prusse était à peine naissante ; quant à la maison d'Autriche, elle avait encore trop de combats à livrer pour venir réclamer sa portion dans le partage de la Pologne. Les années s'écoulent,.... les vices de la constitution donnée au plus courageux des peuples se développent et s'étendent ; ils envahissent l'État entier. Tout tombe en ruines : on a encore des armes et du courage pour combattre ; on manque de discipline ; la valeur individuelle s'isole dans des efforts sans résultat. Les nobles semblent anéantis ; ils ont à tenir tête à des armées innombrables : puis, se regardant comme destinés au commandement, nul parmi eux ne veut plus obéir : ils sont tous rois. Bientôt ils reconnaissent leur impuissance ; ils appellent à leur secours les habitants des villes et des campagnes ; comme ils les ont tenus jusque là dans l'esclavage, ils ne peuvent plus retrouver chez ces hommes les qualités qui assurent le triomphe à la multitude sous les armes. Les nobles résistent encore : vaincus les derniers, tout le poids des proscriptions retombe sur leurs familles ; déchues d'immenses richesses, elles reçoivent dans l'exil les dons de la charité : heureux encore quand ces illustres races ne disparaissent pas tout entières sous la hache du bourreau ou le knout moscovite. Haute leçon, qui doit prouver aux races à venir qu'aucune classe dans la société ne peut posséder long-temps des droits exclusifs. C'est par le partage qu'un État s'enrichit ; voilà le grand bienfait de la civilisation moderne. Il faut sans doute que ce bienfait s'avance d'une manière lente, progressive et n'ait rien d'absolu ; mais vouloir, comme les nobles polonais, être à la fois monarques et sujets, c'est courir à une perte assurée ; c'est s'approprier pour soi seul un bien qui est à tous. Puis cette accumulation d'avantages entre les mains de quelques-uns les jette dans une sorte d'ambition folle et furieuse, qui condamne l'État à l'anarchie, et enfin à sa ruine totale : l'héroïque Pologne en est la preuve

FIN DE L'HISTOIRE DE POLOGNE.

LE MONDE

OU

HISTOIRE DE TOUS LES PEUPLES

DEPUIS LES TEMPS LES PLUS RECULÉS
JUSQU'A NOS JOURS.

HISTOIRE
DE
LA SUÈDE.

Les peuples qui habitent la péninsule scandinave appartiennent à la race indo-germaine. Doués d'une grande bravoure, ils apportent en naissant l'instinct de la guerre; aussi les a-t-on vus remplir le monde du bruit de leurs exploits, et répandre tour à tour la terreur sous les appellations de Goths, de Normands, de Vandales. J'éviterai les longs détails sur l'origine des rois de Suède, à cause de l'incertitude qui s'y mêle. Les recherches historiques qui remontent au berceau des dynasties ou des nations n'offrent un véritable intérêt que si elles s'appliquent à la patrie où nous avons reçu le jour : rien alors ne rebute l'attention. Mais il n'en est pas ainsi pour les peuples étrangers, nous demandons seulement à leurs annales ce qu'elles renferment de faits dramatiques ou d'enseignements utiles : tel est le plan que je suivrai pour l'histoire de la Suède. Je donnerai d'abord quelques notions sur la mythologie des anciens Scandinaves. Sous le nom de Friga ou de Freya, ils adoraient la déesse de l'amour; Odin était leur dieu de la guerre.

Celui-ci avait fixé sa résidence dans un palais élevé au milieu des airs, et où étaient reçues les âmes des héros qui avaient trouvé une mort glorieuse au milieu des batailles. C'était là que, s'enivrant de délices, ils buvaient dans les crânes de leurs ennemis la bière que leur versaient des vierges immortelles. Ces hommes, toujours errants et abandonnés aux fatigues de la chasse, avaient cependant entrevu la haute destinée, privilége particulier de notre nature; le monde, à leurs yeux, avait été déshérité de sa grandeur primitive. « Ils ont consigné (1) dans le *Volupsa* les secrets de la création, le triomphe momentané du mal, et la victoire finale de la lumière, ou du bon principe. Les *nornies*, ou les fées inférieures, disparaîtront un jour; le *Grand-Etre* gouvernera son empire sans intermédiaire; les climats du nord n'auront plus ni glaces, ni ténèbres; un autre système commencera, et

(1) *Résumé de l'Histoire de Suède*, par Charles Coquerel, p. 12.

» la vertu jointe à la beauté fixeront à jamais
» leur séjour chez les hommes régénérés. »

Un historien (1), dont l'ouvrage porte une date assez récente, est entré dans de plus longs détails : il pense que les diverses religions du nord de l'Europe doivent tirer leur origine de la Haute Asie ; on rencontre donc chez les Scandinaves une *triade* de dieux suprêmes représentant, sous différentes formes, la puissance, la sagesse et la bonté.... « Les trois grands dieux des Scandinaves » étaient *Thor*, *Odin* et *Freyr*, désignés » aussi sous le nom de *Har*, *Jafnhar* et » *Thridie* ; c'est-à-dire le *sublime*, l'*également sublime* et le *troisième*. » Il paraît, au reste, que dans les temps primitifs on regardait Thor comme le dieu suprême ; *Freyr* présidait à la fertilité de la terre et du temps. On jugea convenable, plus tard, de lui donner une sœur *Freya*, qui fut reconnue comme la déesse de l'amour ; *Odin*, avant d'être adoré comme dieu de *la guerre*, recevait les hommages en qualité de dieu du *soleil*. S'il faut s'en rapporter à l'ancienne *Edda* (2), Odin « sait guérir les maladies, » émousser le glaive de l'ennemi, faire tomber les chaînes des prisonniers. Son regard » retient les flèches dans l'air ; il sait retomber les imprécations sur ceux qui en prononcent contre lui. Par ses charmes, il » éteint la flamme, et amortit la haine dans » le cœur de ses ennemis ; il commande au » vent de la mer, il apaise les vagues. Son » seul regard est un charme puissant, qui » maîtrise les esprits malins. Il sait rendre » la vie à un homme pendu ; qu'il jette quelques gouttes d'eau sur un enfant nouveau-» né, et celui-ci devient invulnérable. Enfin,

(1) M. Lebas, *Histoire de Suède*.

(2) Il y a deux *Eddas*, l'ancienne et la nouvelle : l'une, je veux dire l'ancienne, se compose de chants païens, qui auraient précédé de beaucoup le douzième siècle de notre ère. Ces chants traitent, entre autres, de la cosmogonie, de la création et de l'histoire des dieux. La nouvelle *Edda*, suivant M. Lebas, « est une sorte de manuel à l'usage des Bardes »de l'école chrétienne, et qui a pour objet de leur »enseigner l'art de la versification, et la mythologie »ancienne, dont ils se servaient comme les poètes »romains, ou nos versificateurs du seizième siècle »se servaient de la mythologie grecque. »

» s'il veut posséder seul le cœur d'une jeune » fille aux blanches mains, il sait à son gré » captiver ses pensées. » Les Saxons, qui soutinrent de si longues guerres contre Charlemagne, invoquaient la protection d'Odin : « Saint et grand Vudan (c'est la modification allemande d'Odin), sois-nous en aide, » à nous et à nos princes Vittekind et Kelta, » contre le méchant Charles ! Fi, le boucher ! » je te donnerai un ure, deux brebis et le » butin ! je t'immolerai tous les Francs sur » la sainte montagne du Hartz. » L'historien auquel j'emprunte ces détails ajoute : « Odin donna aux Suédois les lois qui existaient dans le Caucase, sa patrie. La tradition nomme parmi ses successeurs en » Suède trois dieux, c'est-à-dire trois de ses » compagnons. Le troisième, qui se donnait » pour le dieu *Freyer*, s'appelait *Yngve* (1) ;

(1) C'est ici le lieu de mettre sous les yeux du lecteur une citation importante que j'emprunte au docte Max. Samson-Frédéric Shœll, dans son *Cours d'Histoire des États européens* : « En Suède, comme »en Danemarck, les traditions parlent d'Odin, »dont le petit-fils, Yngue Freyr, fonda le temple »national d'Upsala, s'y établit sous le titre de droit »ou seigneur, et devint la souche d'une dynastie »nommée d'après lui les Ynglingiens, laquelle régna sous le nom de rois d'Upsal (Upsala (la salle »élevée). L'Ynglingasaga, qui établit la généalogie »des rois issus d'Yngue Freyr, a été rédigée d'après »un poème de Thiodolf le Sage, d'Yvim (en Norvége), poète de la cour de Harald Haarfager, »roi de Norvége. C'est l'histoire des malheurs et des »querelles d'une famille de héros issus des dieux, »mais frappée de la malédiction divine, qui la con»damne à périr par une suite de fratricides et de par»ricides. Les Ynglingiens étaient des *Envaldshofding* »ou *Enralskonoung*, nommés aussi *Thiudkonung*, c'est-»à-dire des rois en chef, ayant sous eux des *Iarls*, »ou rois tributaires, nommés aussi *Smalkonungars*, »ou rois subordonnés. Le dernier roi de la dynas»tie des *Ynglingiens* fut Yngiald, qui, se voyant at»taqué par Ivar Vidfamne, s'enferma avec sa fille »et sa suite à Upsal, et, après avoir enivré tout son »monde, mit le feu à la maison. Cet événement est »connu sous la dénomination de Brenno ad Upso»lum, l'incendie d'Upsal. Ainsi, les royaumes d'Up»sal et de *Leithra* se trouvaient réunis dans les »mains d'Ivar. L'histoire de la Suède est très-ob»scure depuis cet événement. On nomme comme »successeur d'Ivar, son petit-fils, Harald-Hildetund, »fameux guerrier. Parvenu à un âge avancé, Ha»rald donna, dit toujours la tradition, à Sigurd »Ring, fils de son frère utérin, le Suithiod (la Suède »et l'Ostrogothie, se réservant la Vestgothie, et Lei

» de lui descendent les rois mythiques, appelés les Ynglinges, qui n'étaient rois que du district d'*Upsal*. La série des rois historiques ne commence qu'au onzième siècle. » Quelle forme de gouvernement avaient adoptée les Scandinaves? La monarchie, mais soumise à l'élection; de telle sorte que le prince sortait du sein même de la nation, qui, à son tour, était composée des hommes libres, divisés en deux classes, les prêtres et les guerriers. Du reste, d'épaisses ténèbres enveloppent ces commencements, où l'on marche appuyé plutôt sur des conjectures que sur des preuves. Quant aux mœurs de ces nations, je devrais dire de ces tribus, elles se rapprochaient de celles des Germains; comme ces derniers, les Scandinaves portaient un profond respect à leurs femmes, qui les accompagnaient dans les combats. Les Suédois (1), ces descendants de la race primitive de la péninsule du nord, n'appartiennent à l'histoire moderne que du jour où le christianisme leur fut apporté par Ansgaren ou Anschaire, évêque de Brême et de Hambourg [829]. Des siècles d'anarchie se succédèrent jusqu'au moment où Marguerite, fille de Valdemar, roi de Danemarck, et veuve d'Haquin, roi de Norvége, réunit une triple couronne sur sa tête, c'est-à-dire devint souveraine de la Suède, du Danemark et de la Norvége. De fréquentes luttes naquirent du célèbre traité de Calmar; mais la Suède fut rendue à sa nationalité sous le règne du féroce Christiern, ou Christian II, contraint de céder au génie de Gustave Vasa, prince accompli, et que la fortune condamna à travailler de ses mains dans les mines de la Dalécarlie. Ce héros ne brille pas seul dans les annales suédoises; nous verrons apparaître au seizième siècle Gustave-Adolphe, qui, protecteur des protestants, fit trembler la maison d'Autriche; il légua le trône à sa fille Christine, sur laquelle se portèrent tous les regards de l'Europe. Au commencement du dix-huitième siècle s'avance dans sa gloire Charles XII; il remporte des triomphes à dix-huit ans. Puis c'est un soldat républicain, qui, devenu maréchal de l'empire français, commande en 1839 (1) aux anciens sujets de Gustave Vasa (2).

»thra ou le Danemarck. Rien de plus fameux, dans »l'histoire fabuleuse du Nord, que la guerre qui s'é-»leva entre les deux rois, et la bataille de Bravalla »qui la termina. Le souvenir en a été conservé par »le poëte Starkother, qui assista à la bataille, et d'a-»près lui par Saxo-Grammaticus. Harald mourut de »la mort des héros, et Sigurd régna en Suède et en »Danemarck. Les alliés d'Autriche et de Karugard, »qui, d'après les auteurs, se trouvaient dans l'armée »de Harald, étaient les Russes septentrionaux d'Os-»tragard et méridionaux de Kief. Régnard Lobbrok, »fils de Sigurd, ne lui succéda qu'à Leithra et à »Upsala; néanmoins, une autre tradition dit »qu'Esten, ou Oesten, fils de Harald Hildetand, ré-»gna à Upsala. Biorn Yarnsida (Côte-de-fer) occupa »le trône d'Upsala après Régnard son père. On a vai-»nement essayé de porter le flambeau de la chro-»nologie dans ce chaos. (tome II.) »

Voici en résumé le jugement que porte Shœll sur les origines de la Suède..... « Le temps de la critique »historique ne commence pour elle *qu'au quinzième* »*siècle*. Plus que dans tout autre pays, les écrivains de »celui-ci ont tenu aux fables dont le berceau de »chaque nation est entouré. » Max. Samson-Fréd. Shœll, *Cours des États européens*, tome VI, pag. 321.

(1) D'après le témoignage si important de M. Max.-Samson-Fréd. Schœll, « on rencontre pour la pre-»mière fois le nom de Suiones, ancêtres des Suédois, »dans la *Germanie* de Tacite; telle est la manière »dont s'exprime cet auteur : On trouve ensuite dans »l'Océan même les cités des Suiones, aussi puissantes »par leurs flottes qu'abondantes en armes et en »guerriers (traduction de Burnouf), *Suionum hinc* »*civitates, ipso in Oceano, præter viros armaque, clas-*»*sibus valent.* »

Les Suédois, suivant les apparences, descendent des Suiones; Jornandes appelle les Suédois Suathidi Svethans.

(1) 25 juin 1839, (jour où je commence cette histoire.

(2) Les historiens suédois, convaincus que la nation à laquelle ils appartiennent joue un trop grand rôle pour n'être pas contemporaine des premiers jours du monde, ont démontré que leurs premiers ancêtres sont issus d'un fils de Japhet; lequel, appelé Magog, a eu cinq enfants. Parmi ces derniers se trouve Suenon, dont les Suédois descendent incontestablement. Ce sont là des contes, inspirations de la vanité nationale, et qui ne tirent pas à conséquence. L'abbé de Vertot fait remonter l'origine de la Suède à un nommé Éric I, qui aurait régné l'an du monde 1849; mais le spirituel historien déclare que cette partie des annales du peuple gouverné plus tard par Gustave Vasa est entièrement fabuleuse. C'est à partir seulement de 1150 qu'il trouve un commencement de certitude dans les annales suédoises; les auteurs de l'*Art de vérifier les Dates* ont adopté cette opinion. Cependant,

Il m'a paru indispensable, avant de pénétrer dans cette série d'événements mémorables qui vont passer sous les yeux du lecteur, de lui faire connaître les mœurs actuelles, les institutions politiques et le climat, pour ainsi dire à part, d'un peuple qui, sans être

il faut descendre près de deux cent cinquante ans plus bas pour arriver à des faits authentiques : en réalité, l'intérêt historique apparaît seulement avec Marguerite de Valdemar; il s'arrête ensuite pour renaître avec Gustave Vasa, au seizième siècle, et se soutient jusqu'à nos jours. Maintenant je ferai remarquer au lecteur que c'est à partir de l'époque où le christianisme a pénétré chez les peuples modernes qu'ils comptent dans la grande famille européenne. C'est donc à cette période de l'histoire de Suède que je placerai le berceau de la première dynastie suédoise, sans garantir en rien les faits relatifs à ces monarques que tant d'épaisses ténèbres enveloppent.

Dynastie des monarques Lodbrokiens de Suède.

Sous Bero ou Biorn III, le christianisme fut introduit en Suède dans le huitième siècle; il fleurit seulement vers 1250.

Un écrivain moderne, M. Charles Coquerel, énumère, dans son *Résumé de la Suède*, de l'année 835 jusqu'à 1129, les monarques suivants : Olaüs III, Amund (Jacques), Amund III, Stenkill I, Inge, dit le Bon; Halstan, Ingo II. Les auteurs de l'*Histoire universelle*, édition du format in-4°, fournissent une liste plus nombreuse de rois : à Bero ou Biorn III ils donnent pour successeurs Asmund III, puis Sivard, Herol, Harold ou Herold, Charles VI, Biorn IV, surnommé Côte-de-Fer; Ingel II, Olaüs, Trætelga, Ingo II, Éric VI, Éric VII, Éric VIII, Olaüs II, Asmund-le-Brûleur, Asmund-Stemme, Hacquin-Rufus et Stenchil II: Ingo III, Hastan, Philippe, Ingo IV, Ragvald-Knaphœfde ou Cerveau-Creux (1129).

Ce rapprochement doit suffire pour convaincre le lecteur de l'incertitude qui règne dans ces temps. Je passe à la dynastie des princes de la maison de *Suerker* et de *Saint-Éric*.

Suerker I, après un règne agité, tombe sous le poignard des assassins, 1155. — Éric-le-Saint, qui lui succède, subit le même sort, 1161.

Charles VII (de la maison des Suerker), fils de Suerker I, meurt aussi assassiné, 1164.

Canut jouit d'un règne dont les longues années s'écoulent dans le bonheur et la tranquillité, 1196.

Suerker II, surnommé Hack, fils de Charles VII, périt les armes à la main, 1210.

Ce prince a pour successeur Éric II, surnommé l'*Étique*, 1216.

Jean I, dit le Débonnaire, monte sur le trône, et expire encore jeune, 1222.

Ce prince est remplacé par Éric III, surnommé le *Bègue*, dont le règne dure plus de vingt ans, 1250.

Dynastie des Focklungiens ou Folkunges.

Valdemar I ceint la couronne, 1251.

Il est vaincu par son frère Magnus, qui le remplace sur le trône, 1275.

Magnus I règne avec gloire; il se croise contre les infidèles; mais il rend le dernier soupir avant d'avoir pu réaliser le voyage de la Terre-Sainte, 1290.

Ce prince laisse pour successeur Birgel ou Birger, qui fut renversé du trône par ses frères, 1319.

Magnus II, seul représentant de la famille des Focklungiens ou Folkunges, est placé sur le trône à l'âge de trois ans, 1320.

A la suite d'un grand nombre de fautes, ce prince perd la couronne; son fils Éric le remplace sur le trône de Suède, tandis que son fils Haquin devient roi de Norvège. Magnus II, après une longue captivité, rend le dernier soupir.

Albert, duc de Mecklembourg, monte sur le trône de Suède vers 1371.

Puis, à la suite de la bataille de Falkoping, il perd la liberté et le trône, 1389.

Monarques de l'Union.

Marguerite Valdemar réunit sous son sceptre le Danemark, la Suède et la Norvège, 1397.

Éric V, fils de la nièce de Marguerite Valdemar, succède à cette illustre princesse, mais ne continue pas sa gloire : et, à la suite d'une révolte des paysans de la Dalécarlie, il est déposé, et Engilbert est nommé administrateur de l'État. Éric V se retire dans l'île de Gothland, où il exerce, pour vivre, le métier de pirate; il est remplacé par son neveu Christophe de Bavière, 1440.

Ce prince règne en tout près de huit années, et a pour successeur Charles VIII (Canutson), 1448.

Christian I, de Danemark, profitant de la fuite de Charles VIII, qui avait cherché un asile dans les murs de Dantzig, s'empare de la couronne, 1450.

Après des fortunes diverses, Charles VIII est replacé sur le trône, 1467.

Administrateurs pendant l'Union.

Steen ou Sténon-Sture, surnommé le Vieux, est nommé administrateur de la Suède, qu'il gouverne avec sagesse et talent. La célèbre université d'Upsal fut fondée pendant qu'il tenait les rênes de l'Etat, 1471.

Jean I, roi de Danemark, est élu roi de Suède, mais le pouvoir reste en réalité entre les mains de Steen-Sture, 1497.

Le roi Jean I perd le trône, 1504.

Steen-Sture rend le dernier soupir; on nomme alors comme administrateur du royaume Suante ou Svante-Sture, 1504.

Suante, ou Svante Sture, entretient pendant huit ans des hostilités continuelles avec les Danois, et meurt en 1512.

nombreux, car il ne s'est jamais élevé à trois millions d'habitants, a exercé, néanmoins, à certaines époques, une très-grande in-fluence. Je m'appuierai sur un écrivain dont le nom, en pareille matière, fait autorité (1).

On donne pour successeur à ce prince son fils Sténon-Sture le jeune. Ce dernier fut tué les armes à la main en combattant contre Christiern, ou Christian II, roi de Danemark, 1520.

Ce monarque, après avoir ordonné les massacres les plus affreux, tant à Stockholm que dans d'autres villes de la Suède, retourne en Danemark. Gustave Vasa, fils d'un des sénateurs tombés sous les coups des bourreaux de Christian II, provoque un soulèvement parmi les Dalécarliens et s'empare de Stockholm, 1523.

La couronne de Suède est déclarée héréditaire dans la maison des Vasa. Le grand-Gustave, après avoir restauré le royaume, meurt après une maladie de six semaines, 1560.

Il laisse le trône à son fils Eric XIV, qui, après un nombre considérable de crimes, et d'extravagances, est déposé par les états, et meurt empoisonné, 1577.

Il a pour successeur son frère, Jean Ier, qui, après avoir manifesté des dispositions très-prononcées en faveur du catholicisme, retourne avec ardeur au luthéranisme. Ce prince expire le 17 novembre 1592.

La couronne passe à son fils aîné, Sigismond, qui était déjà roi de Pologne. Mais l'oncle de ce monarque, Charles Vasa, troisième fils du grand Gustave, se montrant zélé luthérien, réussit à faire déposer son neveu Sigismond, ainsi que sa postérité. Charles Vasa est reconnu comme roi de Suède en 1604 ; il n'est sacré que dans l'année 1607, et meurt en 1611.

Ce monarque a pour successeur son fils, Gustave-Adolphe, qui se couvre de gloire en Allemagne, où il embrasse la défense des protestants ; après avoir remporté plusieurs victoires, il est tué à Lutzen, 1632.

Christine, fille de ce prince, si grand guerrier, monte sur le trône en 1632, et abdique en faveur de son cousin Charles-Gustave, 1654.

Dynastie des Deux-Ponts.

Charles-Gustave, connu dans l'histoire sous le nom de Charles X, fils de Jean-Casimir, duc des Deux-Ponts-Clebourg, soutient la guerre avec gloire, et rend le dernier soupir, à Gothembourg, le 23 février 1660.

Il laisse la couronne à son fils, Charles XI, qui se montre aussi habile guerrier. Ce prince introduit de grands changements et abaisse le sénat à ce point de ne plus être qu'un simple conseil ; il crée enfin un gouvernement absolu et expire, 1697.

Il a pour successeur le célèbre Charles XII, qui monte sur le trône en 1697 ; meurt au siège de Fréderikshal, à l'âge de trente-six ans et demi, 1715.

Ce prince, qui n'avait pas d'enfant, laissa la couronne à sa sœur Ulrique-Éléonore, qui avait épousé Frédéric, prince de Cassel.

« Le peuple, en Suède, est très-attaché à
» sa religion ; il ne néglige aucun acte du
» culte, et regarde avec mépris ceux qui
» affectent les airs d'esprit fort. Il y avait
» autrefois dans chaque église de Suède un
» inspecteur chargé de veiller à ce que cha-
» cun écoutât avec attention et en silence le
» sermon, quelquefois un peu long : si quel-
» qu'un s'endormait, l'inspecteur le touchait
» avec une longue hallebarde dont il était
» muni. Dans les provinces les moins peu-
» plées il règne encore des superstitions qui
» remontent aux temps du paganisme. On
» croit les montagnes remplies de pygmées
» industrieux, bienveillants, et possesseurs
» de beaucoup d'or et d'argent : on croit en-
» tendre la harpe que fait résonner dans le
» silence de la nuit le génie du fleuve, où
» vont danser des fées, à la clarté de l'au-
» rore boréale, sur la prairie émaillée de
» fleurs. L'irréligion est assez répandue
» dans les villes et même parmi les ministres
» du culte ; mais une sorte de prudence, le
» respect des convenances, et même la poli-
» tique nationale, empêchent l'incrédulité de
» lever le front en public. C'est dans les
» provinces les plus isolées que l'hospitalité
» suédoise se montre sous le plus beau jour.

Rois de la maison d'Oldembourg.

Adolphe-Frédéric de Hosltein-Eusin est proclamé roi de Suède le 6 avril 1751. Sous ce règne, de grands changements eurent lieu dans la constitution de la Suède, et le pouvoir royal reçut de nombreuses modifications. Adolphe-Frédéric avait épousé Louise-Ulrique, sœur du Grand-Frédéric de Prusse ; ce prince mourut le 13 février 1771.

Il eut pour successeur Gustave III, son fils aîné, qui restaura le pouvoir royal ; ce monarque expira sous le poignard d'un assassin, 1792.

La couronne passe paisiblement à son fils, Gustave IV, et les fonctions de régent sont accordées au duc de Sudermanie. Gustave IV abdique, 1809.

Le duc de Sudermanie, oncle du monarque, lui succède sous le nom de Charles XIII, et nomme pour son héritier un Français, le maréchal Bernadotte, qui, sous le nom de Charles XIV, règne en Suède depuis le 25 février 1818.

(1) Malte-Brun.

» Le voyageur qui sait parler la langue du pays et se conformer à ses usages, n'éprouve nulle part plus de plaisir que dans les hautes vallées de la Suède septentrionale : les ecclésiastiques, qui souvent jouissent d'une grande aisance ; les nobles et les propriétaires des mines s'empressent de recevoir l'étranger honnête ; ils éprouvent un noble orgueil en lui faisant remarquer soit les beautés majestueuses de la nature, soit les travaux audacieux de l'homme ; en peu de jours il est comme membre de la famille ; il partage les jeux de la jeunesse, les femmes se disputent à qui l'aura pour danseur, les vieillards discutent avec lui les intérêts de l'Europe et ceux de la patrie. On l'empêche de partir, et si on ne peut le retenir on le fait conduire ou même on l'accompagne jusqu'à l'endroit voisin, où, sur la seule recommandation de son premier hôte, il trouve une réception non moins amicale. Dans les villes, dans les contrées maritimes, et le long des routes les plus fréquentées cette simplicité patriarchale n'existe plus ; on y essuie comme ailleurs des tromperies, des exactions, de la malveillance ; on y voit de temps à autre un postillon insolent, un hôte malhonnête ; mais au total la Suède est avec la Norvége le pays de l'Europe où l'on voyage avec le plus d'agrément et de sûreté. On peut confier sa malle à un postillon, à un batelier dont on ignore le nom sans craindre de la perdre. Quoique dans les grandes villes on trouve beaucoup d'individus à qui la langue française ou anglaise est familière, il est certain qu'un voyageur ne saurait apprécier les Suédois s'il ne parle pas leur langue...... On ne trouve en Suède ni l'*aria cattiva* (le mauvais air), ni les auberges sales, ni les tarentules, ni les lazzaroni de la belle Italie.
» La promptitude avec laquelle le voyageur est servi en Suède, la beauté des routes, les précautions ingénieuses qu'on prend contre les intempéries de l'air, la bienveillance avec laquelle on est reçu, les aspects pittoresques, imposants, extraordinaires dont on est environné, tout concourt à faire oublier au voyageur les rigueurs de la saison ou la simplicité des aliments. (1). »

En dépit des efforts entrepris depuis quelques années en France pour donner les premiers éléments de l'instruction aux classes pauvres, on est loin d'avoir égalé tout ce qui a été fait en Suède. Dans cette contrée il n'y a pas un seul paysan qui ne sache lire et écrire, et qui ne soit prêt à sacrifier sa vie pour la défense des libertés publiques. On peut traverser la nuit comme le jour les routes sans y rencontrer ni un malfaiteur, ni un gendarme. La simplicité des mœurs publiques est telle, que les noms des hommes appelés au service actif de l'armée sont seulement affichés dans les églises ; à peine ce genre d'appel si naïf est-il venu à leur connaissance qu'ils se rendent avec ardeur sous le drapeau national. C'est de la même manière que se lèvent les impôts, qui, en général, ne dépassent pas cinq pour cent des revenus. Les forces militaires de la Suède et de la Norvége réunies se composent de cinquante-quatre mille deux cent trente-six hommes, dans lesquelles ne se trouve pas comprise la milice nationale. S'il y a guerre ou invasion, on peut mettre sur pied une réserve de cinquante mille soldats. Tout Suédois, sans distinction de rang, subit la loi de la conscription. L'armée se partage en deux parties complétement distinctes ; l'*Indelta* : elle est formée d'individus qui restent soldats jusqu'à leur dernier soupir ; l'autre partie de l'armée, appelée *Varvat*, embrasse les hommes qui servent à temps. L'infanterie de l'*Indelta*, dont le total est porté à trente-deux mille hommes, exécute en temps de paix des travaux d'utilité publique. « Dans chaque province il y a deux régiments de cette partie de l'armée cantonnés à perpétuité ; chaque officier a sa métairie, qu'il fait valoir, et dont le revenu forme la solde de son grade : chaque soldat a une chaumière et un coin de terre qui suffisent à ses besoins ; il reçoit du gouvernement l'équipement militaire. Une compagnie est cantonnée autour d'un village ; tous les di-

(1) Malte-Brun, *Mélanges scientifiques et littéraires*, tome I.

» manches elle se met sous les armes et
» s'exerce. Chaque année le régiment se rend
» au champ de manœuvre, et campe pendant
» trois semaines. Quelquefois plusieurs régiments se réunissent pour exécuter de
» grandes manœuvres. Pendant tout le
» temps que les soldats passent sous la tente,
» ils reçoivent du gouvernement les vivres
» de campagne (1). »

La législation criminelle en Suède n'est pas souillée, comme dans d'autres pays, par une foule de supplices atroces ; la question est supprimée, et la peine de mort ne s'applique que rarement. Lorsqu'il s'agit d'un procès civil, chaque plaideur paie sa part de frais. Le pouvoir royal est héréditaire dans la même famille, à l'exclusion des femmes. Le prince n'exerce l'autorité suprême qu'à sa vingt-unième année ; à dix-huit ans il assiste aux différents conseils, mais sans y avoir voix délibérative. Le monarque, pendant son absence, délègue l'autorité à une régence, qui se compose du ministre de la justice et de quatre membres du conseil-d'état. Si l'éloignement du roi s'étend au-delà d'une année, la diète est réunie par le conseil-d'état (*stœnderne*), et les états-généraux délibèrent sur les mesures que les circonstances peuvent rendre nécessaires. Jusqu'au moment où la diète a pris une résolution, les ambassadeurs des puissances étrangères s'écartent de vingt-quatre lieues de la ville où les états tiennent leurs séances. Le sénat compte dans son sein vingt-deux membres ; douze conseillers-d'état, réunis en un collége, fournissent au monarque leur avis sur toutes les matières qu'il leur soumet, de sorte que s'il prononce, c'est en parfaite connaissance de cause. Il dispose de tous les emplois et jouit du droit de faire grâce. Mais, en retour, il lui est interdit d'établir des impôts et d'entreprendre aucune guerre s'il n'obtient pas d'abord l'agrément des états ; lui seul les convoque : la liberté de la presse est reconnue par la constitution, et, comme loi fondamentale, elle ne peut subir aucun changement sans le concours du roi et des états.

La diète est partagée en quatre chambres, « une pour chaque ordre. Celle de la noblesse,
» se divise en trois classes : les seigneurs, les
» chevaliers et les écuyers, et dans laquelle
» chaque membre a droit de voter à l'âge de
» vingt-quatre ans ; celle du clergé, composée
» d'évêques et de pasteurs élus dans chaque
» chapitre ; celle de la bourgeoisie, dont les
» députés sont choisis par les principales
» villes du royaume, et qui comprend des
» négociants, des fabricants et des artisans ;
» et celle des paysans, choisis par ceux-ci
» dans leurs assemblées. Chaque député, à
» l'exception de ceux de la noblesse, doit
» avoir vingt-cinq ans accomplis, appartenir à l'un des ordres qu'il représente, et
» professer la religion protestante. La chambre de la noblesse se compose de onze cent
» dix-sept députés, celle du clergé de cinquante à quatre-vingts, celle de la bourgeoisie de cent à deux cents, et celle des
» paysans à un peu plus de cent. La disproportion du nombre de ces députés serait un
» grave inconvénient dans les discussions, si
» la constitution ne l'avait modifié par une
» disposition importante, qui n'admet pas le
» vote par tête mais par ordre. Les états
» sont en général réunis tous les cinq ans,
» à moins que des cas urgents ne hâtent leur
» convocation. »

A ces renseignements sur l'état actuel des mœurs et des institutions, j'ajouterai quelques documents sur les habitudes primitives des Suédois. Ils appelaient leurs chefs *diar*, *drott* ou *drottnar*, c'est-à-dire *dieu*, *maître*, *juge*, *prêtre*. Chez un grand nombre de peuplades sauvages le chef suprême est tout à la fois sacrificateur, juge et guerrier : de cette manière tous les pouvoirs étant concentrés dans ses mains, il exerce la plus horrible tyrannie. En réalité, il n'y a commencement de civilisation et de liberté que du jour où le prince délègue à des corps constitués les fonctions principales de la société : alors il y a des magistrats qui rendent la justice en son nom, des administrateurs qui règlent des intérêts spéciaux, et des chefs qui, élus par le souverain, commandent les

---

(1) Voir, dans les *Annales de l'Industrie française et étrangère* (1830), la notice de M. T. Olivier sur les travaux publics exécutés en Suède par l'armée.

armées pour lui. Mais pour arriver à de pareils résultats, il faut en général posséder des lumières, une expérience et un discernement auxquels étaient loin d'atteindre les Suédois des premiers siècles. On les voyait se réunir trois fois par an pour assister à des sacrifices : la communauté de culte produisait toujours l'alliance politique. Ces petits rois vivaient au milieu de leurs cours entourés de *jarls*, ou *comtes*, qui, à titre de compagnons, se dévouaient à leur service ; rapprochement de plus avec les Germains, dont les mœurs semblent avoir été dominantes dans tout le nord de l'Europe ; aussi des savants ont-ils affirmé que pour ces tribus le point de départ avait été le même, et qu'elles étaient toutes de race caucasienne. Il n'y avait pas, comme chez les modernes, le peuple et l'armée ; en effet, cette dernière, à laquelle étaient appelés les hommes libres, représentait la nation proprement dite. Comme l'état de guerre était perpétuel, les prisonniers devenaient esclaves, et ne pouvaient se relever de cet état d'abjection ; seulement s'ils mouraient les armes à la main, ils étaient admis dans le valhalla, c'est-à-dire le paradis des Scandinaves. Un souverain venait-il à expirer, tous ses enfants mâles étaient revêtus du titre de *sœkongar*, roi de la mer, et, rassemblant aussitôt leurs *jarls*, ils allaient comme pirates tenter des excursions dans l'Europe.

Les monarques eux-mêmes, réunissaient-ils un certain nombre de *compagnons*, se faisaient un devoir d'opprimer la population entière. Celle-ci, réduite au désespoir par tant d'exactions ou de mauvais traitements, secoua le joug et institua des *lagmanner*, qui, dans les assemblées générales, eurent pour mission d'embrasser sa défense. La puissance paternelle ne connaissait aucune limite chez ces barbares ; tuer leurs enfants, les abandonner à la commisération publique au moment de leur naissance, étaient des usages licites. Le citoyen ne pouvait avoir qu'une épouse légitime, mais il avait le droit d'entretenir des concubines autant que ses ressources le lui permettaient ; de là des haines ardentes entre ces enfants nés de mères différentes, et une sorte d'anarchie permanente au sein du foyer domestique. La famille proprement dite se conservait cependant, grâce à la règle qui avait été adoptée de laisser les biens-fonds aux enfants issus de l'épouse légitime. Enfin chez les Suédois, comme chez les Germains, les femmes étaient libres et entourées d'hommages ; au milieu des batailles elles combattaient à côté de leurs époux, et leur donnaient l'exemple du plus sublime courage. Les poètes qui chantaient les exploits de ces tribus guerrières recevaient partout l'accueil le plus honorable ; on les appelait *bardes*. Ils étaient admis dans les repas ou dans les assemblées, et portaient l'enthousiasme guerrier au plus haut point ; ils jetaient tous les convives dans une véritable exaltation. Je transcris les derniers vers d'un chant scandinave (1). « Nous avons combattu avec le
» glaive, aujourd'hui nous marchons à la
» mort ! Les serpents (s'écrie Rangar) me
» déchirent cruellement, la vipère fait son
» nid dans mon cœur ; mais j'espère que mes
» fils teindront leurs lances dans le sang
» d'*Hella*. Autrefois l'acier des piques était
» bleu, bientôt il sera rouge !... Les hardis
» guerriers ne prépareront pas à Hella une
» couche paisible. — Nous avons combattu
» avec le glaive ; je puis nommer cinquante
» et une batailles, toujours livrées sous mon
» drapeau ; je n'ai jamais pu trouver de roi
» plus grand que moi. Dès mon enfance j'ai
» appris à teindre le glaive de rouge ; au-
» jourd'hui les dieux me réclament : il ne
» faut pas pleurer ma mort ! Je vais bientôt
» atteindre le but ; les Dyses, envoyées par
» Othin, m'appellent dans la patrie des bra-
» ves, dans les salles du Valhalla. Dans le
» palais élevé des dieux je vais boire de la
» bière avec les Ases. Le temps de ma vie est
» écoulé, je meurs en souriant ! »

Dans ces temps primitifs, à peine parvenait-on à recueillir un peu d'orge et de seigle ; on réussissait cependant à faire le pain et à brasser la bière. Les maisons des Scandinaves étaient construites en bois : dans les jours de cérémonie on jonchait le sol de

---

(1) Chant de *Rangar*. Lebas, *Histoire de Suède*, pag. 18.

paille ; des bancs étaient placés le long de l'édifice, et devant ces mêmes bancs se trouvaient des tables ; quant aux convives, ils se portaient de nombreuses santés, et une vaste coupe, remplie de bière, qui avait d'abord été présentée au feu, circulait de main en main. C'était au milieu de la chambre qu'était allumé le brasier, dont la fumée avait pour issue un trou fait à la muraille ou au toit.

L'or et l'argent qu'on rencontrait chez les Suédois étaient le fruit de la piraterie. En effet, ces peuplades s'adonnaient rarement à l'agriculture, elles vivaient principalement de la pêche et de la chasse : pendant des siècles elles furent étrangères à l'écriture. Les faits les plus remarquables de leurs annales, de même que leurs lois, se conservaient de pères en fils dans la mémoire. Comme les Germains, avec lesquels ils ont tant de points de similitude, les Scandinaves avaient en horreur d'être renfermés dans les villes. Mais au sein de leurs demeures, perdues au milieu des bois, ils se plaisaient à remplir tous les devoirs de l'hospitalité. « On enterrait les guerriers au » bord de la mer, dans des endroits alter» nativement couverts et abandonnés par » la marée. Ces peuples s'étaient imaginé » que les ombres des héros devaient préférer » le bruit majestueux des vagues au repos » silencieux d'un vallon ou d'une plaine, et » que leur spectre, s'élevant dans les nuages » du soir, aimerait à contempler les fils d'O» din revenir de leurs expéditions lointaines » en répétant les chansons guerrières qu'ils » avaient inspirées. (1) »

Le gouvernement de la Suède fut, à son origine, électif ; mais, à la différence de la Pologne, le pouvoir royal prit des accroissements considérables aux dix-septième et dix-huitième siècles, où il offrit des monarques tout à la fois habiles à la guerre et versés dans la politique. Ainsi, à l'époque où la civilisation pénétra plus ou moins dans les divers États de l'Europe, la Suède, échappant aux ravages de l'anarchie, put conserver un haut rang. Il est même à remarquer que, sous Charles XII, la gloire militaire de la nation jeta dans toute l'Europe le plus vif éclat. Mais le prince, d'abord vainqueur, ayant, en définitive, échoué dans ses entreprises, la Suède a cessé d'être comptée au nombre des grands États, tout en conservant d'ailleurs sa nationalité. Au système purement électif succéda, chez les Suédois en 1385, le système féodal, établi dans cette contrée par le roi Albert ; mais il ne parvint pas à y prendre une solide racine. Une révolution, dont je raconterai plus tard les détails, assura sur la tête de Marguerite les couronnes de Suède, de Danemark et de Norvége, et l'acte d'union de Calmar devint la nouvelle charte de la Scandinavie [1387]. Tels furent les articles principaux de ce pacte politique : Chacun des trois royaumes conservera ses coutumes, usages et priviléges ; le monarque ne pourra promulguer des lois sans l'approbation des États ; aucune guerre ne sera entreprise sans la décision des sénateurs des trois royaumes ; chacun des états contractants aura le droit d'invoquer le secours des autres, sauf à lui à pourvoir aux besoins des troupes qui lui auront été envoyées, et à partir du moment où elles auront pénétré sur son territoire.

A part les assemblées générales de la nation, convoquées pour délibérer dans les circonstances graves, il y avait en Suède un corps politique appelé sénat : il se composait des membres de la haute noblesse, et, pendant l'absence des assemblées publiques, il servait de contrôle aux actes du monarque. Dans certaines circonstances il devenait corps judiciaire. Cette multiplicité d'attributions présente, en général, des inconvénients. Cependant, en France, et dans l'année 1839, notre chambre des pairs est constituée en corps judiciaire, et, au moment où j'écris, représente une sorte de grand jury national, appelé à porter une décision suprême sur une révolte à main armée, entreprise dans la capitale. Cette anomalie tient au grand nombre de révolutions qui ont bouleversé notre patrie depuis 1789 ; on a donc pris toutes les précautions pour fortifier le pouvoir royal, et on a considéré que le premier corps politique offrait des garanties qui pouvaient manquer à des jurés ordinaires. En Suède, le sénat perdit, dans les dix-septième et dix-

(1) *Résumé de la Suède*, par Charles Coquerel.

huitième siècles, toute son indépendance, et il fut converti en un *conseil privé*, à la nomination du prince, et qu'il pouvait révoquer suivant son bon plaisir; mais ce corps politique sortit d'une pareille abjection. Quant aux états-généraux, ils renfermaient dans leur sein les principaux chefs de la noblesse et les possesseurs de fiefs dépendants de la couronne; les évêques possesseurs de grands bénéfices, les magistrats élus par les bourgeois, enfin les *paysans*, qui, comme propriétaires, offraient des garanties. En Suède seulement on a vu, jusqu'à la fin du dix-huitième siècle, cette classe si utile appelée à discuter les affaires publiques; mais il faut ajouter qu'elle participe à l'éducation si généralement répandue dans le pays. Elle réunit donc toutes les conditions de l'éligibilité; elle possède une partie du sol; elle est, en outre, éclairée. Les ecclésiastiques, ou, pour mieux dire, le haut clergé suédois joua un grand rôle pendant le moyen-âge; mais Gustave Vasa, en adoptant avec son peuple la réforme, détruisit le pouvoir des prélats. Ce fut aussi là une des causes qui fortifièrent le pouvoir royal; des rivalités qui s'élevèrent ensuite entre la noblesse, la bourgeoisie et l'ordre des paysans, apportèrent de notables changements à la constitution politique; mais il n'en est toujours pas moins vrai que le pouvoir du roi, en Suède, est renfermé dans les limites les plus étroites. Cependant le peuple n'est pas tombé dans le vice fondamental, cause essentielle de tous les maux de la Pologne; il n'a pas, dans les cas de vacance du trône, délégué la souveraineté entière à chaque membre d'un ordre aussi nombreux que celui de la noblesse; aucun citoyen n'a pu, par l'effet de sa volonté unique, annuler toutes les opérations d'une assemblée générale. En Suède, les nobles ont été seulement un des éléments de l'assemblée générale de la nation; il n'y a donc pas eu cette perpétuité d'anarchie qui a causé la perte des Polonais. Dans les crises qui ont menacé le royaume, on a nommé quelquefois un administrateur; mais il a formé un centre dans lequel sont venus aboutir tous les intérêts: sous une autre appellation, c'était un monarque qui gouvernait. J'aurais pu sans doute me livrer à de plus longs développements, un pareil sujet s'y prête facilement; mais je n'ai voulu, après tout, que présenter au lecteur certains éclaircissements sur les institutions et les mœurs nationales; et si je n'ai point suivi l'ordre chronologique, ce n'est pas sans intention : il m'a paru logique de rapprocher les événements contemporains du berceau de la monarchie suédoise des anciennes coutumes du pays; de cette manière, les unes expliqueront les autres. Je vais narrer en très peu de mots la *première période des annales suédoises; elle comprend les siècles qui se sont écoulés depuis l'introduction du christianisme jusqu'à l'avénement de Marguerite sur le trône de Suède, de Danemark et de Norvége.*

PREMIÈRE PÉRIODE.

SUÈDE CATHOLIQUE.

Bero ou Biorn régnait lorsque *Louis-le-Débonnaire* envoya des missionnaires en Suède. Ils ne firent pas d'abord un grand nombre de prosélytes; mais, plus tard, ils parvinrent à obtenir la conversion du roi Olaüs. Suivant une tradition qui, d'ailleurs, est dénuée de toute vraisemblance, ce prince aurait été, dans un moment de famine, offert en holocauste par ses sujets à leurs anciens dieux. C'est sous Olaüs III que serait placé le triomphe définitif du christianisme. Je passe sous silence une foule de princes dont tout est douteux, jusqu'au nom, pour arriver tout d'un coup à la dynastie des *Focklungiens* ou *Folkunges*. Selon M. Lebas (1), « cette dynastie offre de nombreu-
» ses ressemblances avec la seconde race des
» rois de France. L'influence des deux fa-
» milles, avant leur avénement au trône,
» était fondée sur la noblesse; et cette
» influence, les uns l'exerçaient comme mai-
» res du palais, et les autres comme *jarls*. »
A peine aurai-je assez de place pour indiquer les principaux événements des grands princes qui ont régné, dans les siècles suivants, sur la Suède; je suis donc réduit à

(1) *Histoire de Suède.*

indiquer en passant les monarques de la dynastie des *Focklungiens* ou *Folkunges*, dont l'auteur Birger était *jarl*, et avait tenu les rênes de l'État. Pendant l'absence de ce dernier, les Suédois décernèrent la couronne à son jeune fils Valdemar. Birger, de retour, se présenta à l'assemblée, et demanda qui avait osé nommer un roi pendant son absence. « Moi, » lui répondit un noble; « et si la nomination de ton fils ne te » convient pas, nous saurons trouver un au- » tre roi. » Le *jarl* garda quelques instants le silence, puis il reprit : « Et qui donc » nommerez-vous ? — Sous le manteau que » je porte, » reprit le noble, « on trouverait » facilement un roi. Birger n'osa pas insis- » ter, et son fils Valdemar, âgé de neuf » ans, fut couronné roi (1). » La citation qui vient d'être placée sous les yeux du lecteur prouve que le gouvernement, en Suède, avait déjà changé de nature, et qu'au pouvoir des rois, qui, dans l'origine, devait être très-considérable, avait succédé celui des nobles; à la place d'une monarchie absolue s'était glissée une véritable aristocratie. Néanmoins, comme le *jarl* Birger possédait à un très-haut degré le génie politique, il s'empara des affaires, et sous le nom de son fils fut roi de Suède.

C'est à ce prince que la fondation de Stockholm est attribuée; il se montra législateur habile, et voulut que les femmes partageassent avec leurs frères par égale portion; il interdit les guerres privées, supprima l'épreuve du fer chaud, et défendit qu'à l'avenir aucun homme libre se vendît comme serf. Il eut à résister aux attaques de ses propres parents, jaloux de l'avoir vu porter sa fortune aussi haut que le trône; mais il triompha de ces ligues de famille, soit par la victoire, soit par la perfidie; on l'accuse d'avoir attiré ses parents au milieu de son armée et de les avoir ensuite abandonnés aux bourreaux. Birger rétablit sans doute par des moyens criminels l'ordre et la paix publique; mais du moins il en profita pour con-

tracter des traités avec Hambourg et Lubeck et plusieurs autres villes anséatiques, traités qui tournèrent au profit du commerce national. Mais cette grandeur pour l'avenir dont il jetait les bases se trouva détruite par le funeste projet qu'il réalisa de diviser ses provinces entre ses enfants; c'était l'habitude du temps, et Charlemagne lui-même s'y soumit. A la mort de Birger, son fils *Valdemar* saisit les rênes de l'État. Ce prince, dont les mœurs étaient fort dissolues, avait épousé Sophie, de la famille royale du Danemark. Cette dernière avait une sœur, nommée *Jutta*, belle comme un ange du ciel, à ce que dit la chronique du temps; elle inspira l'amour le plus vif à Valdemar, qui la rendit mère. Le clergé, qui était alors très-puissant, fit entendre un cri général d'indignation, et le jeune monarque fut obligé d'aller faire pénitence à Rome; néanmoins il fut détrôné plus tard par ses frères Magnus et Eric, quoiqu'il fût soutenu par son beau-frère le roi de Danemark. Devenu prisonnier, il rendit le dernier soupir [1302] dans le château de Nikœping. *Magnus*, son frère, qui avait reçu la couronne, se décora le premier du titre de roi des *Suédois et des Goths*. Il eut d'abord à soutenir une lutte contre plusieurs de ses parents; sous le prétexte d'une réconciliation, il leur offrit un repas splendide, puis les fit arrêter; quatre d'entre eux eurent ensuite la tête tranchée à Stockholm. Le trait caractéristique de la conduite de *Magnus*, comme souverain, c'est qu'il comprit tout ce que le droit romain, étudié alors avec ardeur dans l'Europe, pouvait fournir de ressources au pouvoir royal. Ce dernier, il ne faut jamais le perdre de mémoire, a été fécondé, surtout par les légistes, tandis que plus tard le christianisme lui a donné une sanction céleste. *Magnus*, qui marchait bien au-delà de son temps, avait d'abord fait condamner ses alliés les Folkunges, au nom de la loi romaine. C'était un premier pas qui était tenté pour l'affranchissement du pouvoir royal; le second fut bientôt fait par l'assemblée générale de la nation, qui proclama : « Que quiconque attenterait à la personne »d'un roi couronné serait *excommunié* et

---

(1) *Histoire de Suède*, par Lebas. Le travail de cet écrivain a pour base principale une histoire de Suède par M. Geijer.

» perdrait tous ses droits éventuels à la cou-
» ronne. » J'en ai déjà fait la remarque, une aristocratie puissante existait en Suède au treizième siècle. Birger, comme nous l'avons vu plus haut, avait partagé ses provinces entre ses enfants ; le plus grand péril pour l'aîné de ces mêmes enfants, qui devait occuper le trône de Suède, devait donc venir des plus proches parents du monarque; aussi *ceux qui attenteront à sa personne perdront-ils leurs droits éventuels à la couronne.* Ce seul *acte* doit faire sentir au lecteur la justesse et la profondeur de vues qui, au treizième siècle, étaient l'apanage de certains rois.

Mais *Magnus* ne songea pas exclusivement à étendre les limites de la puissance royale, il réprima les désordres des nobles et leur enjoignit de ne plus se présenter dans les assemblées nationales avec des armes ou une suite nombreuse; enfin, on le vit se déclarer le protecteur des paysans, soumis à une multitude d'exactions et de rapines. « Sous son règne, » dit M. Lagerbring, auteur d'une histoire de Suède, « les cul-
» tivateurs n'avaient plus besoin que d'un
» loquet de bois pour mettre les greniers à
» l'abri des bêtes fauves, ce qui fit donner à
» ce prince le surnom de *Ladulas,* c'est-à-
» dire serrure des greniers. » Bien auparavant M. Lagerbring, on trouve le passage suivant dans une chronique suédoise : « Le nom de
» *Ladulas* est un titre bien honorable, et il
» a fait plus de gloire au roi *Magnus* que
» n'aurait pu lui en faire celui d'empereur
» des Romains, car bien peu de princes jus-
» qu'ici auraient mérité d'être surnommés
» *Ladulas ;* les Ladubrott (qui brise la porte
» des granges) ont toujours été beaucoup
» plus communs. » *Magnus* publia enfin une loi qui défendit aux nobles de se faire nourrir gratuitement, eux et leur suite, pendant les voyages qu'ils entreprenaient, chez les habitants des campagnes qui se trouvaient sur leur route. Tant d'améliorations ont rendu cher au peuple suédois la mémoire de ce prince. A sa mort, arrivée en 1290, la couronne échut à son fils aîné *Birgel* ou *Birger,* auquel, à cause de sa grande jeunesse, il donna pour tuteur le maréchal *Torkel,* fils de *Canut.* Ce dernier rendit les plus grands services à l'État; mais *Birger* avait deux frères qui possédaient de riches provinces qui leur avaient été assurées par le testament de leur père *Magnus ;* devenus majeurs, et soutenus par le roi de Norvège, ils attaquèrent *Birger* [1304] et lui imposèrent la condition de renvoyer *Torkel,* qui fut décapité en 1306. Quelques mois après ce lâche abandon, *Birger,* sa femme et ses enfants tombèrent entre les mains des frères du roi ; l'héritier présomptif de la couronne put cependant être emmené par un fidèle sujet dans le royaume de Danemark. Le souverain de cette contrée était beau-frère de Birger, qui avait épousé sa sœur ; il mit en fuite les ducs Éric et Valdemar, fils de Magnus (1) et le contraignit à l'obéissance. Une sorte d'harmonie parut renaître dans la famille royale; le duc Valdemar vint rendre visite à *Birger* et à la reine, qui l'accueillirent avec la plus vive tendresse. Le duc détermina donc son frère Éric à le suivre dans un nouveau voyage qu'il fit à la cour; mais à peine eurent-ils mis le pied dans le château royal, qu'on les jeta dans les fers : « Maintenant, s'écria
» Birger, *je tiens la Suède en mon pou-
» voir.* » Les amis des ducs coururent aussitôt aux armes; mais le roi, pour leur ravir toute espérance, laissa mourir ses frères de faim. Un pareil crime aurait dû, dans les mœurs du temps, être avantageux à Birger; mais ce prince avait sans doute commis un grand nombre de cruautés, sur lesquelles l'histoire n'a fourni aucune espèce de documents, car une sorte d'indignation générale s'empara des Suédois. Stockholm refusa de recevoir le monarque. Il est cependant à remarquer que ses frères l'avaient précédé dans la carrière de la perfidie, où il n'était entré que pour échapper plus sûrement aux nouvelles trahisons qu'ils lui préparaient. Quoi qu'il en soit, *Birger* fut chassé du royaume et expira de douleur en Danemark, à la nouvelle que son fils *Magnus,* après avoir obtenu une capitulation à Stockholm, avait

(1) Ces princes étaient par conséquent les frères de Birger, ce qui ne les avait pas empêchés d'attenter à sa liberté.

été livré à l'échafaud, en dépit de cette même capitulation.

Cette série d'attentats et de déloyautés que je viens de dérouler ici, atteste d'une manière certaine qu'il y a une science sociale renfermant des principes incontestables, puisque, dans l'absence de ces principes, les mêmes désordres se reproduisent chez tous les peuples et toujours sous les mêmes formes. Je le demande, pourquoi les Suédois se montrent-ils aux treizième et quatorzième siècles si cruels? C'est qu'un vice organique existait dans une des parties les plus essentielles de leur système politique. En voulant que chaque enfant du monarque reçût au moment de la mort de son auteur des provinces en partage, on enfantait des rivalités perpétuelles qui, entre frères, éteignaient les affections les plus chères et les sentiments les plus sacrés. Ainsi, quoique Magnus I eût dans un sens abattu l'aristocratie pour mettre à sa place une royauté forte et indépendante, il échoua dans son dessein, parce que cette sorte d'égalité qu'il établit entre ses enfants les arma les uns contre les autres, et produisit cette conséquence que la branche aînée se trouva renversée du trône, puis disparut au milieu des meurtres et des exécutions commandés au bourreau. Si, au contraire, Magnus I eût laissé tous ses États à son fils aîné, en assurant une fortune indépendante à ses autres enfants, il ne serait pas resté, dans un espace de temps très-court, de la race des Folkunges, qu'un frêle héritier âgé de trois ans.

Ce petit prince, connu sous le nom de Magnus II, était fils du duc Éric, et neveu du dernier roi. Les peuples destinés à vivre sous le joug bienfaisant de la civilisation ont l'instinct qu'un pouvoir régulier leur est indispensable; une branche de la famille qui les gouverne vient-elle à manquer, ils se jettent dans les bras de ceux qui doivent lui succéder. Ainsi on appela sur-le-champ, à Upsal, l'élite de la nation, pour que le trône ne restât pas vacant; c'est alors, suivant certains historiens, qu'on vit paraître pour la première fois les députés des villes et quatre paysans de chaque district. Mats, qui était à la tête des amis des deux derniers ducs Valdemar et Éric, Mats, dis-je, qui exerçait les fonctions de régent, saisit dans ses bras l'héritier de la couronne, et le montra à tous les regards. Cet enfant venait d'être reconnu dans le même temps roi de Norvége du chef de sa mère, fille de Haquin VIII. Deux régences différentes furent établies pour les deux royaumes; il arriva en Suède ce qui était inévitable, les nobles accrurent considérablement leur puissance. Magnus II épousa Blanche, fille du comte de Namur; il se livra néanmoins à de honteuses débauches, qui lui attirèrent le surnom de Smek (mignon); on le vit ensuite déclarer aux Russes une guerre qui ne tourna pas plus à son avantage qu'elle n'accrut sa gloire [1340]. Des maladies contagieuses, entr'autres la peste noire, ajoutèrent à toutes les misères qui décimaient le peuple suédois. Magnus II, ne pouvant rendre au clergé les sommes que celui-ci lui avait prêtées pour porter la guerre en Russie, fut excommunié: ce n'est pas tout, il eut la douleur de voir monter sur le trône de Suède son fils aîné, Éric, tandis que son fils puîné, Haquin, prit possession de la couronne de Norvége. Une guerre éclata entre le père et les enfants; elle fut suivie d'un traité de paix par lequel Magnus II s'engagea à renvoyer de la Suède *Bengt*, qui servait à ses plaisirs en même temps qu'il était l'amant de la reine. Éric mourut, et Magnus II reçut de nouveau la couronne de ses anciens sujets, les Suédois. Ce prince rappela sur-le-champ son favori, Bengt.

Mais la puissance dont il était revêtu ne put le défendre d'un mépris si général, que son fils Haquin, roi de Norvége, cédant aux prières qui lui étaient adressées de toutes parts, accourut détrôner son père, Magnus II. Mais, cédant à la mobilité, apanage particulier des temps de barbarie, le père et le fils se réconcilient. Haquin prend ensuite pour compagne une princesse danoise, et ordonne le bannissement du royaume des nobles les plus influents. Ceux-ci proclament la déposition de Magnus II et de Haquin, et choisissent pour roi Albert, duc de Mecklembourg. Des deux côtés on en appelle aux armes; mais le roi et son fils furent défaits à la bataille d'Enkoeping; le second, quoique blessé, put se retirer en Norvége, tandis que Magnus devint prisonnier des vainqueurs. La captivité du monarque prit seulement fin en 1371, grâce à l'intervention des villes anséatiques. D'une autre part, son fils Haquin porta la guerre en Suède, où Albert comptait déjà de nombreux ennemis. Magnus II, devenu libre, fit plusieurs tentatives pour rentrer en possession de la Suède, mais ses efforts ne furent pas couronnés par le succès. Suivant quelques écrivains, il rencontra la mort en voulant passer à gué une rivière. Le duc Albert de Meklembourg se trouva, de son côté, engagé dans une guerre avec Marguerite, cette veuve de Haquin, roi de Norvége et le dernier descendant des Folkunges. Des nobles suédois appelèrent Marguerite à la couronne de Suède : elle était régente en Danemark et régnait déjà en Norvége; elle accepta une offre qui souriait si bien à son ambition. Une bataille célèbre fut livrée, dans laquelle Albert et son fils furent faits prisonniers [1389, ou selon d'autres 1388]. Enfin, à la suite d'un traité de paix, Meklembourg et son fils recouvrèrent la liberté en payant une rançon de 60,000 marcs d'argent, et Marguerite fut reconnue souveraine de Suède, de Danemark et de Norvége. Ainsi disparut la dynastie des Focklungiens ou Folkunges : elle renferme sans doute un grand homme, Magnus I; mais, vaincu par les préjugés du temps, il ne put établir sa postérité sur des bases solides. En retour, cette dynastie épouvanta par des scènes qui saisissent le cœur, et qui, malgré les ténèbres dont elles sont entourées, ont pour le philosophe et le moraliste observateur une sorte de certitude historique, parce qu'elles dérivent de la nature même des choses à cette époque. Il ne faut pas, au reste, chercher dans ces récits une chronologie exacte ni des documents sur lesquels repose l'histoire moderne : des chroniques rimées, des traditions sont les seules sources où il soit possible de puiser. Mais, je ne saurais trop le répéter, si certains détails ne sont pas authentiques, il y a au fond de tout ceci une vérité positive, réelle, et qui mérite la confiance des bons esprits, car elle se trouve confirmée par les événements qui ont eu lieu chez d'autres peuples dont l'état social était semblable à celui des Suédois dans les siècles que je viens de dépeindre.

UNION DE CALMAR.

Marguerite, victorieuse d'Albert, cherchant à consolider l'œuvre dont elle était la créatrice, fit poser la couronne de Suède sur la tête d'Éric, fils de sa nièce. Ce prince avait déjà été salué comme roi de Danemark et de Norvége. « A l'occasion de ce couron- » nement, » fait remarquer M. Lebas (1), « fut conclue, le 20 juillet 1397, la fameuse » ligue de Calmar, qui fut signée par dix- » sept seigneurs, et resta si inconnue en » Suède qu'aucun des historiens contempo- » rains n'en parle. » Ce silence doit sans doute paraître aujourd'hui fort extraordinaire, mais il n'en est pas moins incontestable que l'*union de Calmar* fut entourée des formes les plus solennelles, et qu'elle contint des stipulations d'une haute importance. Ainsi « chaque État devait garder ses lois et » libertés, que le roi ne pourrait changer » sans le consentement des citoyens. Le roi » devait laisser dans chaque royaume un » maréchal pour gouverner en son absence; » nulle guerre ne devait être entreprise sans » la volonté commune; l'élection d'un nou- » veau roi aurait lieu à Helmstadt par les » députés des trois royaumes réunis; il de- » vait y avoir en tout quarante électeurs par » nation, qui seraient tenus de préférer dans » l'élection les descendants mâles d'Éric, » *s'ils étaient dignes de régner*. Les élec- » teurs avaient cependant le droit de préfé- » rer un étranger, et alors on convint qu'on » ferait tirer au sort, par un jeune enfant, » la nation dans laquelle on choisirait cet » étranger.... Enfin, dans le cas d'une élec- » tion contestée, douze électeurs enfermés » dans une chambre devaient s'engager à » n'en sortir qu'après être tombés d'accord » sur le choix du nouveau monarque (2). »

La reine Marguerite, quoiqu'elle eût fait

---

(1) *Histoire de Suède.*
(2) *Résumé de la Suède*, par Charles Coquerel.

couronner le jeune Éric, avait conservé tout le pouvoir entre ses mains ; elle régnait sous le nom du prince, qui monta sur le trône à l'âge de dix ans. Les nobles suédois laissèrent bientôt éclater les plaintes les plus vives ; à les entendre, places, emplois, dignités, tout était entre les mains des Danois ; ils prétendirent que la reine avait dit à Éric : « La Suède doit vous fournir la » nourriture, la Norvége de quoi vous vêtir ; » qua t au Danemark, il faut le ménager » comme un pays destiné à vous défendre. » Marguerite n'en continua pas moins de tenir le sceptre d'une main ferme jusqu'en l'année 1412, où elle rendit le dernier soupir. Elle avait précédemment marié Éric à la fille du roi d'Angleterre Henri IV. L'administration de cette souveraine se fit remarquer par une intelligence complète des hommes et des intérêts du temps ; elle rentra en possession de l'île de Gothland, et, à l'intérieur, opéra une foule de réformes toutes salutaires. Pour arriver à ce but, elle ne prodigua ni les trésors ni le sang des peuples : aussi est-elle connue dans l'histoire sous le nom glorieux de la *Sémiramis du Nord*. Il paraît cependant que, sur la fin de son règne, un événement déplorable aurait déchiré son cœur : Abraham Broderson, qui passait pour son favori ou son amant, aurait péri par la main du bourreau ; les uns attribuent son supplice à la reine, dont il aurait fini par mépriser les faveurs ; d'autres imputent une fin aussi tragique au ressentiment du roi Éric.

Ce dernier, une fois en possession du trône, plongea, ou, pour mieux dire, laissa plonger la Suède dans un abîme de maux et de misères. Il soutint d'abord une guerre désastreuse contre les ducs de Holstein, dont il méditait de réunir les États au royaume de Danemark. Abandonné par les villes anséatiques, qui, dès l'origine, s'étaient déclarées ses alliées, il imposa les impôts les plus lourds et les plus vexatoires aux infortunés Suédois ; et, comme il se méfiait de tous les citoyens qui appartenaient à cette généreuse nation, il donna sa confiance entière à des Danois. Ceux-ci commettaient non-seulement d'horribles exactions, mais ils commandaient, au gré de leurs caprices, les cruautés les plus inouïes ; tous les gouverneurs de provinces ou de châteaux étaient étrangers, et regardaient le royaume comme une mine inépuisable. « Un envoyé royal, » affirme M. Lebas, « faisait suspendre les paysans dans la » cheminée et attelait aux voitures des fem- » mes enceintes. » Éricson des Vestéraas s'était constitué le bourreau des montagnards de la Dalécarlie, qu'il faisait jeter dans des bûchers ardents, ou rouer pour les attacher ensuite sur des gibets. Ceux-ci lui déclarèrent « qu'il n'eût plus à sortir seul, puisqu'ils » se proposaient de le tuer. » Éric, pour n'être pas sans doute témoin du désespoir de ses sujets, vivait dans le Danemark au sein de tous les délices. Les paysans de la Dalécarlie lui députèrent Engilbert, que d'autres historiens appellent Engelbrechtson ou Engelbrecht. Ce gentilhomme découvrit toute la vérité au monarque, qui lui déclara que justice serait faite. Mais, las d'attendre la réalisation de cette promesse, il se présenta de nouveau devant Éric, et s'exprima avec une énergie qui blessa le prince. Ce dernier lui défendit de jamais se remontrer à la cour. « *Je reviendrai pourtant encore* » *une fois*, » reprit Engilbert. En effet, à peine de retour dans ses foyers, il appela les intrépides Dalécarliens aux armes, et, dans l'espace de quelques mois, tous les étrangers furent chassés de la Suède ; puis, le 16 août 1434, ils proclamèrent la déchéance d'Éric. L'année suivante [janvier 1435], les paysans suédois reconnurent pour administrateur général du royaume Engilbert ; jusqu'à ce moment il avait signé de la manière suivante : « *Moi Engilbert, fils d'Engil-* » *bert, et tous mes consorts.* » Un certain nombre de seigneurs parvinrent à faire adopter par Éric un traité dans lequel il s'engagea à ne plus jamais attacher d'étrangers à son service, et choisit pour administrateur du royaume *Charles Bonde*, *fils de Canut*, et pour grand-échanson *Christer Vasa*, *fils de Nils*. Mais le roi viola pour ainsi dire ce traité sur-le-champ ; car, tandis qu'il s'en retournait en Danemark, il livra les côtes de la Suède au pillage. Charles Bonde et Engilbert entrèrent dans les murs de Stockholm ; mais les grands firent assassiner ce dernier par jalousie. Charles Bonde ne punit pas l'assassin, et s'empara du pouvoir suprême; on le vit, de 1434 à 1439, négocier continuellement avec Éric. Enfin les Suédois prononcèrent sa déchéance définitive, « et ce prince se retira dans l'île de » Gothland, où il vécut encore dix ans avec » ses maîtresses, exerçant la piraterie sans » être inquiété par son neveu et son succes- » seur, qui tolérait ses brigandages en di- » sant : *Il faut bien que mon oncle ait » de quoi vivre* (1). »

Ce monarque, qui témoignait un si grand laisser-aller, a pris place dans l'histoire sous le nom de *Christophe de Bavière*; il descendait d'une sœur d'Éric et du duc palatin ; il aimait le luxe et la magnificence à un point si prodigieux, qu'il réduisit ses peuples à se nourrir de l'écorce des arbres : aussi lui donnèrent-ils le surnom de *Bark-Konnung, roi de l'écorce*; il appartenait, d'ailleurs, à une confrérie religieuse et s'assujettissait aux pratiques les plus minutieuses de la dévotion. Sous le règne de ce prince, un paysan, convaincu qu'il était inspiré par la sainte Vierge, se livra à des déclamations contre les moines; jeté dans les fers, on lui refusa toute espèce de nourriture tant qu'il ne prononça pas la rétractation la plus complète; il fut ensuite conduit dans les rues, et tout nu jusqu'à la ceinture; il avait un flambeau à la main et un fagot était attaché à son dos. Christophe de Bavière tenta de s'emparer de Lubeck; mais il échoua dans cette entreprise, et rendit le dernier soupir à Helsingorb [1448]. Suivant M. Lagerbring, « le *Code des Lois* de Ma- » gnus II, étant revu, corrigé et confirmé » sous ce règne (celui de Christophe de Ba- » vière), servit jusqu'en **1736** de règle gé- » nérale pour tout le royaume; il y est même » encore suivi, quant au chapitre du Code » actuel qui contient les devoirs et les droits » du souverain. »

Il fallait nommer un successeur au dernier monarque. Charles Bonde, auquel Christophe avait fini par retirer sa faveur, aspirait au trône; il avait pour adversaires les Oxenstierna, famille très-puissante en Suède. Néanmoins il réussit à se faire élire comme roi dans une réunion de notables dans laquelle, sur soixante-dix voix, il en obtint soixante-deux; la Norvége le prit, un peu plus tard, pour souverain. Quant aux Danois, ils firent tomber leur choix sur Christian, duc d'Oldenbourg. Le nouveau prince de la Suède monta sur le trône sous le nom de Charles VIII, mais son règne ne fut qu'une longue suite de malheurs personnels et de calamités publiques; la disette et la peste décimèrent la population; quant à lui, il fut dépouillé deux fois de la couronne. Sa position était entourée d'écueils; il était impossible qu'il accordât d'accorder sa confiance aux Suédois, et il était sans cesse trahi par les officiers danois qu'il avait pris à son service. Cédant en outre à une mauvaise inspiration, il fit des recherches relatives aux biens du clergé, qui lui opposa une résistance invincible. Charles VIII avait entrepris une expédition contre l'île d'Oéland lorsque l'archevêque Oxenstierna marcha contre lui. Le roi se réfugia d'abord dans les murs de Stockholm; mais, effrayé par le mauvais esprit des habitants de cette ville, il s'enfuit à Dantzig, où il passa sept années. Sur ces entrefaites, Christian I, souverain du Danemark, fut appelé en Suède, dont il reçut la couronne en 1457. Engagé dans une guerre avec les comtes de Schaumbourg, il soumit ses nouveaux sujets à des contributions si exorbitantes, qu'ils le surnommèrent *Poche-sans-Fond*. Christian entreprit, dans l'année 1463, des hostilités contre la Russie, et chargea, pendant son absence, l'archevêque d'Upsal de veiller à la rentrée d'un impôt qui devait peser jusque sur les paysans feudataires de l'Église. Le prélat, reculant en présence d'une opposition générale, suspend la levée de la contribution. A peine Christian est-il revenu de Russie, qu'il accuse l'archevêque de s'être concerté avec les paysans; il se saisit de sa personne et l'emmène avec lui en Danemark. Aussitôt l'évêque de Linkoping, Kettl Vasa, proclame que Christian a perdu la couronne de Suède; ce prince veut reconquérir le trône; il est

---

(1) *Histoire de Suède*, par Lebas.

vaincu par les paysans, qui restituent le sceptre à Charles Bonde. Alors Christian rend l'archevêque à la liberté ; Charles Bonde s'enfuit dans la Finlande. Une horrible anarchie s'empare du royaume, et les paysans proclament de nouveau [1467] Charles Bonde pour roi ; mois, trois ans après, il expire à l'âge de soixante-un ans.

Charles VIII laissa la couronne à Stenon, autrement dit Sten-Sture, son propre neveu ; mais celui-ci ne voulut prendre que le titre d'administrateur du royaume. Christian, toujours dominé par le désir de remonter sur le trône, fit plusieurs descentes en Suède. Vaincu et blessé dans une bataille qu'il livra le 14 octobre 1471, il renonça, pendant l'espace de dix ans, à aucune nouvelle attaque contre Stenon. Cet *administrateur* parvint à porter alors la Suède à un haut degré de splendeur, et, en 1477, il fonda l'université d'Upsal. Christian mourut dans l'année 1481. Son fils Jean, grâce aux discordes des nobles, fut appelé au trône de Suède moyennant les promesses les plus pompeuses qu'il ne manqua pas de faire, sauf à les violer plus tard. Stenon le reconnut pour monarque, mais en lui imposant les deux conditions suivantes : la première, de lui céder une partie du royaume en fief ; la seconde, qu'on n'exigerait jamais aucun compte de son administration. Lui-même servit d'introducteur à Jean dans son propre palais. « M'avez-vous » bien tout préparé ? » lui dit-il. — « De» mandez-le leur, » reprit Stenon en indiquant au roi un certain nombre de seigneurs suédois, « car ce sont eux qui ont préparé » votre ménage ! — Sire Stenon, » ajouta Jean, « vous me laissez en Suède une suc» cession bien triste : vous avez rendu maî» tres les paysans que Dieu a créés pour ren» dre esclaves ; et ceux qui devaient être les » maîtres, vous avez voulu en faire des es» claves. » En effet, l'ancien administrateur comptait de nombreux partisans parmi les habitants des campagnes, qu'il avait protégés contre les brigandages des nobles. Pleins de reconnaissance, les cultivateurs avaient coutume de dire « que Stenon-Sture se ferait » plutôt tuer que de souffrir qu'une seule » brebis fût volée à un paysan. » Jean, après avoir pris possession de son nouveau royaume, retourna en Danemark, et en 1500 ses troupes furent détruites dans une bataille que leur livrèrent des paysans. Le monarque s'adressa aux Suédois pour leur demander des secours en argent ; mais Stenon-Oxenstierna, que le monarque avait dépouillé du monopole de la pêche du saumon, leva l'étendard de la révolte. Quant à Svante-Sture, il ne craignit pas d'entreprendre des hostilités en son propre nom ; et, dans une proclamation, il affirma « que Sa Grâce ne l'a» vait pas récompensé pour lui avoir procuré » la couronne contre la volonté du peuple. »

Enfin, le 29 juillet 1501, Stenon-Sture fut élu encore une fois *administrateur*. Hemming-Gadd, déjà appelé comme évêque au siége de Linkoping, accourut en armes devant Stockholm, où s'étaient réfugiés la femme et les enfants du roi. Le château résista pendant huit mois, et il ne se rendit que trois jours après le débarquement de Jean, qui fut obligé de se remettre en mer avec ses troupes. Rien n'atteste plus le désordre qui règne dans la société, que les changements perpétuels de princes ; ils sont d'autant plus funestes, que chaque révolution amène des bouleversements nouveaux : aucune position n'est assurée, en même temps que tous les intérêts sont froissés. Au milieu d'une pareille vacillation, on arrive à douter de ses devoirs, on s'attache au plus fort, comme on vend sa foi au plus riche ; enfin, tout est donné au hasard, jusqu'au sort de la patrie ; telle était la Suède pendant ces malheureux jours. En effet, il ne faut pas s'y méprendre, roi ou administrateur, en dépit des mots, signifiaient *maître du pouvoir*, et nous voyons que la multitude va sans cesse de l'un à l'autre. Un motif, il est vrai, explique cette mobilité : la nation suédoise était divisée en deux grands partis : les nobles, qui, en dépit de leurs révoltes, penchaient vers les rois dont ils espéraient exploiter les règnes ; les paysans, au contraire, voulaient avoir à la tête des affaires un *administrateur* du royaume, parce que, pour suppléer à l'insuffisance de son titre, il embrassait leur défense. Mais il n'en est toujours pas moins incontestable que tant de révolutions successives mirent la Suède et son indépendance nationale à deux doigts de leur perte. Stenon-Sture exerça jusqu'à la fin de ses jours la souveraineté. Dans l'année 1503, il escorta à la frontière la femme du roi Jean, qu'il avait tenue en captivité pendant dix-huit mois. Il revenait en Suède, lorsqu'il expira dans les murs de *Jonkoping*. On affirma que le médecin de la reine de Danemark lui avait administré une dose de poison; il aurait attendu bien tard pour commettre un aussi horrible crime, et qui ne devait lui assurer aucun avantage. D'autres historiens ont fait planer des soupçons sur la maîtresse de *Svante-Sture*. Quoi qu'il en soit, ce dernier réussit à cacher la mort de l'administrateur jusqu'au moment où il parvint à s'emparer du château de Stockholm, puis à se faire nommer administrateur à son tour [1504]. Svante-Sture tint les rênes de l'État pendant huit années : dans les guerres continuelles qu'il eut avec les Danois, il confia le commandement de ses troupes à l'évêque *Hemming-Gadd*, qui, à l'âge de soixante-dix ans, combattait sur mer et sur terre. L'administrateur rendit le dernier soupir en janvier 1512, et eut pour successeur son fils *Sténon-Sture* le jeune. Quelque temps après, Jean, roi de Danemark, mourut; sa couronne passa à *Christian* ou *Christiern II*, son fils, qui manifesta sur-le-champ ses prétentions sur la Suède; elles furent soutenues par l'archevêque Gustave Trolle; mais, défait, ainsi que ses troupes, par *Sténon-Sture* le jeune, il perdit son siége. Christian, néanmoins, fit une invasion dans le royaume [1518], mais il fut vaincu. Il demanda une conférence; et, foulant aux pieds le droit des gens, il donna ordre que sa flotte cinglât, emmenant en Danemark les députés suédois qui lui avaient été envoyés; savoir : *Hemming-Gadd*, le jeune Gustave Vasa et quatre autres chevaliers. Deux ans après [1520] les Danois pénétrèrent de nouveau dans la Suède ; une bataille sanglante fut livrée sur les glaces du lac Asunder : *Stenon-Sture* le jeune fut blessé et vaincu. Il se fit transporter en toute hâte sur Stockholm, mais pendant le trajet il expira en traîneau.

De nouvelles scènes vont s'ouvrir. J'ai retracé tous les maux de l'anarchie; je vais peindre maintenant les abominations et les crimes du despotisme, comme si les hommes n'échappaient à un excès que pour retomber dans un autre ! La majorité de la nation avait en horreur Christian II, dont le caractère s'était déjà divulgué lorsque son père lui avait confié, de son vivant, l'administration du Danemark. Bref, le véritable parti national ne voulait plus retomber sous le joug des Danois; il craignait d'autant plus la tyrannie du nouveau prince, qu'il étendait déjà ses lois sur deux royaumes (1) : il serait donc tout-puissant pour le mal. Mais la mort inattendue de Stenon-Sture le jeune laissait le royaume sans aucune espèce de direction; en un mot, aucun centre de pouvoir n'existait. Les nobles, désunis entre entre eux, parce qu'ils avaient des vues d'ambition particulières, ne pouvaient offrir de résistance; les paysans, de leur côté, cette force armée de la Suède, n'avaient plus un chef sous l'étendard duquel ils pussent marcher avec assurance. Dans l'inconstance perpétuelle des hommes et des choses, il n'y avait ni institutions politiques, ni mœurs publiques; le courage individuel sans doute était grand; il était dû à une éducation dure et austère. Ainsi, on ne donnait à manger aux jeunes enfants que lorsqu'ils s'étaient exercés, et avec succès, au maniement de l'arc et de la hache; alors seulement ils pouvaient faire leur repas du matin. La population était rare et clairsemée : les guerres civiles, qui, depuis si long-temps, se succédaient les unes aux autres, avaient détruit un grand nombre de familles entières : nul n'osait sortir sans être armé; car, dans les campagnes, on aurait couru le risque d'être dévoré par les bêtes féroces. Enfin, les misérables maisons où se réfugiaient les restes du peuple suédois étaient élevées dans des solitudes si profondes, qu'on ne se rendait à la messe que deux fois l'an : on plaçait alors ses armes sous le portique des églises, qui portent encore le nom, au dix-neuvième siècle, de *la maison des armes*.

(1) La Norvége et le Danemark.

Dans de pareilles circonstances, Christian II avait en sa faveur une multitude de chances ; il comptait en outre parmi ses partisans l'archevêque Trolle, qui avait été déposé par Stenon-Sture le jeune. Ce prélat, dans l'ardeur de sa vengeance, appelait le tyran de tous ses vœux : ce qui peut faire comprendre sa conduite, c'est qu'il possédait de grands biens en Danemark. L'alliance de Trolle était d'un grand poids pour Christian, parce qu'elle lui assurait le concours de la plus grande partie du clergé, qui exerçait alors un ascendant prodigieux sur les esprits. Cependant, en dépit de tant de ressources, le monarque danois fut obligé de recourir aux armes et aux promesses : il inonda la Suède sous les flots d'une cavalerie qui porta partout la terreur, la mort et la destruction. Les membres des plus puissantes familles se réunirent à Upsal, et proclamèrent comme roi Christian II; on exigea d'ailleurs qu'il se soumît à toutes les clauses qui avaient été imposées par le traité d'union de Calmar. Mais, dans l'état désastreux où se trouvait le royaume, de pareilles stipulations étaient illusoires, surtout avec le caractère du nouveau monarque ; il ne tarda pas à en donner des preuves sanglantes. Néanmoins, pour mieux tromper ses victimes, et pour que leur perte fût encore plus assurée, il publia l'amnistie la plus étendue : c'est un piège auquel on se laisse toujours prendre, surtout à la suite des guerres civiles et des révolutions, tant on aspire après le repos! La lassitude publique fait tout croire aveuglément : c'est l'époque la plus favorable aux déceptions des tyrans, et ils aiguisent, pleins de sécurité, les armes avec lesquelles ils vont frapper tous ceux qu'ils ont déjà marqués du doigt. Christian éclatait de joie en comptant qu'il s'était réservé un pareil avenir.

En effet, plus le moment approchait où le monstre allait monter sur le trône de Suède, plus il prodigua à ceux qui l'approchaient des marques de douceur et d'affabilité. L'archevêque Gustave Trolle, qui, à la demande de l'ancien administrateur Stenon-Sture le jeune, avait été déposé pour avoir embrassé la cause du roi de Danemark, lui posa cette fois la couronne sur la tête. Le surlendemain de cette cérémonie, Trolle, suivi de ses nombreux partisans, invoque la justice du souverain ; il lui expose qu'on lui a ravi injustement son archevêché; il ajoute qu'une bulle du pape a jeté pour ce fait un interdit sur le royaume ; il réclame donc le châtiment de ceux qui l'ont condamné. Christiana Gyllenstierna, veuve de l'administrateur, est mandée; elle entend avec douleur les accusations dont on cherche à souiller la mémoire de son mari. « S'il a assiégé » la forteresse de Trolle, s'il l'a fait raser, » c'est par une ordonnance des états et du » sénat; convaincu ensuite de trahison contre » sa patrie, l'archevêque avait été jugé dans » les formes et selon les lois du pays... Son » arrêt est encore dans les registres publics, » signé des sénateurs séculiers et ecclésiastiques. (1) » Christian se récuse : « C'est à » des évêques qu'il convient, dit-il, de pro- » noncer l'arrêt définitif. » De cette manière le tyran convertit en *affaire religieuse* un acte exclusivement politique. Il nomme pour commissaires des évêques danois, et il fait arrêter sur-le-champ les signataires du jugement rendu contre Gustave, qui faisaient partie de l'assemblée. Le lendemain on leur fait subir un interrogatoire, dans lequel on les somme de déclarer si l'on ne se rend pas coupable d'hérésie lorsque l'on se ligue contre le Saint-Siége. Ils répondent affirmativement; on leur députe des bourreaux pour leur notifier qu'ils n'ont plus qu'à recevoir la mort. Le jour de leur exécution se lève, toutes les troupes sont sous les armes; défense est faite aux habitants de franchir le seuil de leur demeure avant midi. L'heure fatale sonne, les portes du château fort de Stockholm s'ouvrent, et, à travers une double haie de soldats, on voit s'avancer sur la grande place les évêques de Strenguas et de Skara, douze nobles de la plus haute extraction, le bourgmestre, des sénateurs et la plus grande partie des membres du conseil. Un officier danois donna lecture de la bulle du pape, qui était considérée comme le seul arrêt de condamnation de tant de victimes, que par la plus infâme des hypocrisies on cou-

(1) *Histoire des Révolutions de Suède*, par l'abbé de Vertot.

sidéra comme hérétiques. Les évêques réclamèrent, avant d'être frappés, l'assistance d'un confesseur; elle leur fut refusée. Au moment où l'exécuteur des hautes-œuvres saisissait l'évêque de Linkoping, il déclara « que sous le sceau et le cachet de ses armes » qu'il avait apposé à l'arrêt de l'archevêque » on trouverait les preuves de son innocence. » En effet, la cire du cachet fut levée et on aperçut dessous un billet, dans lequel le prélat attestait que s'il signait l'arrêt de condamnation contre Gustave Trolle, c'était pour se mettre à l'abri de la violence dont il était menacé. Un sursis fut aussitôt accordé à ce prélat si prévoyant, et il obtint plus tard sa grâce.

Lorsque les bourreaux eurent abattu les têtes des évêques, ils livrèrent à la mort les sénateurs, en commençant par Éric Vasa, père du jeune Gustave, qui, grâce à la déloyauté de Christian, était captif en Danemark; les magistrats municipaux de Stockholm périrent ensuite; enfin ces massacres furent terminés par le supplice de plusieurs nobles. « Bientôt, » dit M. Lebas, » le massacre devint général; les spectateurs » qu'on vit pleurer eurent immédiatement la » tête tranchée, et l'on alla jusque dans l'in» térieur des maisons chercher ceux qui étaient » réputés pour ne pas aimer les Danois. Olaus » Magnus, qui nous a conservé le récit de ce » carnage, vit de ses yeux décapiter quatre» vingt-quatorze personnes, plusieurs autres » furent étranglées ou massacrées. La nuit » même ne mit pas un terme à cette scène » d'horreur : les maisons des victimes furent » pillées, leurs femmes et filles déshonorées, » puis on proclama une amnistie générale, » afin de faire sortir de leur retraite ceux qui » le premier jour étaient parvenus à se sous» traire aux bourreaux, et l'on continua les » exécutions pendant deux jours encore. Les » corps de Stenon-Sture et de l'un de ses en» fants furent exhumés et brûlés; on dit » même que le roi les déchira avec ses dents. »

Ces atrocités ne se renfermèrent pas seulement dans les murs de Stockholm; elles ensanglantèrent plusieurs autres provinces, et avant qu'il ne retournât dans le Danemark, Christian avait fait verser le sang de plus de six cents Suédois. Mais Dieu avait déjà désigné un vengeur : il devait tout à la fois punir le monarque-meurtrier et imprimer à la Suède une grandeur qui jusque là lui avait été inconnue.

Le jeune Gustave Vasa, retenu prisonnier en Danemark, fut remis entre les mains du Danois Éric Baner, son parent, qui le conduisit dans une de ses forteresses; on lui laissa bientôt la permission de sortir et même d'aller à la chasse. Gustave apprit dans sa retraite que Christian, qui n'était pas encore roi de Suède, faisait des préparatifs immenses pour soumettre Stockholm; il brûlait d'aller combattre avec ses compatriotes. Profitant de la liberté dont on le laissait jouir, il prétexta une partie de chasse, et, sous l'habit d'un paysan, il prit la fuite. Il manquait de passeport, il entra comme garçon boucher au service de marchands saxons, qui, chaque année, achetaient des bœufs dans le Jutland; il put ainsi arriver à Lubeck. Éric Baner vint le réclamer dans cette ville; mais le jeune Vasa soutint que, victime d'une perfidie, il n'était pas prisonnier de guerre. Les magistrats municipaux de Lubeck furent touchés de cette raison; ils éprouvaient en outre la jalousie la plus vive contre Christian, qui récemment avait été élu roi de Suède. Gustave fut donc rendu à la liberté; mais avant qu'il ne remplisse à lui seul la scène politique, je dois entrer dans quelques détails sur son enfance. Il était né le 12 mai 1496, d'une des familles les plus antiques et les plus puissantes du royaume. Allié très-proche de Stenon-Sture, il embrassa sa cause et fit preuve de la plus brillante valeur dans la lutte contre les Danois. Le roi Jean avait deviné l'avenir qui l'attendait : « Ce sera, » dit-il, « un grand homme. » Gustave, dans l'abandon du jeune âge, parla de la manière suivante à l'un de ses camarades : « Voici ce que je ferai un jour : j'irai en » Dalécarlie rallier autour de moi les paysans, » et alors je saurai bien *casser le nez aux* » *Danois.* » Le pédagogue, présent à ce propos, administra un soufflet à son écolier, qui le perça sur-le-champ de son épée. De Lubeck Gustave s'embarqua pour la Suède, et aborda dans le château de Calmar, qui n'était pas encore tombé au pouvoir de Christian. Le découragement était si général, qu'on le menaça de la mort lorsqu'il proposa de se défendre avec énergie. Réduit à prendre la fuite, il se déguisa en campagnard, « et, à la faveur de ce déguisement, » il passa, caché dans un chariot chargé de » paille, au travers de tous les quartiers de » l'armée danoise, et il se rendit ensuite dans » la province de Sudermanie, où son père avait » des possessions. »

Le jeune Vasa invita ses parents et ses amis à courir aux armes ; mais tous étaient si rebutés de la guerre civile, qu'ils repoussèrent sa proposition ; il s'adressa aux paysans de la province, qui lui répondirent, « qu'ils ne manqueraient jamais de sel ni » de hareng sous le gouvernement du roi de » Danemark. » Le jeune héros, doué d'une persévérance invincible, résolut de se jeter dans le château-fort de Stockholm, pour le défendre contre les soldats de Christian ; il se mit en route, mais la campagne était infestée de partis ennemis, il revint sur ses pas et demanda un asile aux chartreux du couvent de Gryshydolme, que ses ancêtres avaient fondé. Ces moines, qui avaient plus de prudence que de reconnaissance, se gardèrent de le recevoir, et il se retira de nouveau dans la Sudermanie, où un paysan, jadis attaché au service des Vasa, le recueillit. Sur ces entrefaites, Christian monta sur le trône de Suède [1520], et se couvrit bientôt après de meurtres. Le lecteur se rappelle que le père de Gustave périt dans le massacre de Stockholm ; des ordres furent donnés pour découvrir la retraite de son fils, qui, à la nouvelle des proscriptions du roi de Danemark, était parvenu, à travers tous les genres de périls, dans les montagnes de la Dalécarlie. A peine arrivé, il se vit tout-à-coup perdu dans ces solitudes, car son guide le quitta, après lui avoir enlevé tout son argent. Ce nouveau malheur ne l'ébranla pas, et il gagna son pain en travaillant dans les mines de cuivre, battant le blé et fendant le bois. Les granges témoins des labeurs de ce grand homme existent encore, et sont visitées avec vénération. On connaît le lieu où,

dans la forêt de Marnas, il se cacha pendant trois jours sous les branches d'un sapin qui avait été abattu ; on montre aux voyageurs la colline située au milieu de marais et qui lui servit de retraite ; on voit dans le hameau d'Utmedland la cave qui le protégea contre les recherches des Danois ; enfin on montre, non loin de l'église de Mora, la place où, pour la première fois, il appela les paysans dalécarliens aux armes.

Gustave, en prodiguant ses sueurs dans les travaux si vulgaires des mines, se croyait du moins en sûreté ; mais le collet brodé de sa chemise, découvert par la femme de son hôte, lui fit donner congé. Il eut accès auprès d'un gentilhomme, auquel il découvrit le dessein qu'il nourrissait de briser le joug sous lequel gémissait la Suède ; mais ce dernier lui répondit : « Où sont les » forces nécessaires pour soutenir une pareille » entreprise ? et quelle armée avez-vous à » opposer aux troupes ennemies qui sem- » blent jusqu'ici avoir respecté nos privi- » léges, mais qui se répandront avec vio- » lence dans toute la province, au premier » mouvement que vous ferez (1). » En effet, la crainte inspirée par les Dalécarliens avait empêché jusque là les agents du roi de désoler cette intrépide population de montagnards ; ainsi Gustave ne pouvait trouver de cœur qui répondît au sien. Un autre gentilhomme surprit sa confiance par les démonstrations d'un zèle à toute épreuve, et l'accueillit dans sa demeure comme un frère, puis il alla le dénoncer aux Danois. Ces derniers étaient déjà en route pour venir le surprendre, lorsque la femme du gentilhomme, qui avait connaissance de cet affreux dessein, le découvrit au jeune Vasa et servit de protectrice à sa fuite. Quoique environné de piéges et sur le point d'être pris à chaque instant par les soldats de Christian, il s'aventurait jusqu'à paraître dans les assemblées des villages, s'épuisant d'efforts pour reveiller dans ses harangues les vieux souvenirs de gloire des paysans ; il leur représentait la patrie abattue sous la tyrannie des Danois : c'était en vain. Alors il quitta les Dalécarliens,

(1) Vertot, *Histoire des Révolutions de Suède*.

mais ils apprirent bientôt après que le roi avait décidé que tous les paysans du royaume seraient dépouillés de leurs armes et ne porteraient plus pour leur défense que des bâtons ; ils envoyèrent alors des *patineurs* sur les traces de Gustave. Il revint sur ses pas, et fut nommé chef par les montagnards ; il les harangua sur-le-champ, et l'on fit la remarque que pendant qu'il parlait le vent soufflait du nord ; c'était un heureux présage.

Voilà Gustave entré dans la carrière ; il touchait à sa vingt-cinquième année. Toutes ses ressources consistèrent d'abord en seize cavaliers, qui formaient sa garde personnelle, et en une centaine de fantassins qui suivaient son étendard. Mais Christian, après être devenu pour la Suède l'objet de l'horreur universelle, s'était retiré dans le Danemark, livrant le pouvoir à Diétrick Slaghok, évêque de Sara. L'impulsion une fois donnée, les forces de Vasa s'accrurent, et, au milieu des ténèbres, il s'empara du château-fort, habité par le gouverneur de la province. Ce premier succès lui amena une foule de volontaires, parmi lesquels on compta plusieurs gentilshommes d'une haute extraction. Enfin il se vit bientôt à la tête de quinze mille hommes, et triompha du vice-roi qui remplaçait Christian. Gustave Trolle réunit des soldats, ainsi que la plupart des prélats nommés par le roi de Danemark. Ces troupes, conduites par des ecclésiastiques, marchèrent jusque sur les bords de la rivière de Brunneback, qui servait de frontière à la Dalécarlie. Cette rivière était défendue, en l'absence de Gustave Vasa, par des montagnards ; se précipitant sur la rive où était l'armée danoise, ils la taillèrent en pièces. Des chants populaires (1) ont immortalisé

le souvenir de cette victoire. Gustave triompha en personne à Vesteras. Diétrik Slaghok, qui avait mission de défendre le château-fort de cette ville, avait tout brûlé dans les environs pour faire manœuvrer plus à l'aise sa cavalerie. Mais l'avant-garde de Gustave chargea avec une telle fureur, qu'elle mit tout en fuite, et un corps détaché entra pêle-mêle avec les troupes danoises dans les murs de Vesteras. Les Dalécarliens, maîtres de la ville, se précipitèrent dans les maisons pour se gorger de liqueurs ; méprisant la voix de leurs chefs, ils n'eurent bientôt plus la force de tenir leurs armes. Les Danois sortirent alors du château-fort, et moissonèrent les soldats de Gustave, incapables désormais de se défendre. Ce dernier, qui avait tenu en réserve un corps de troupes assez considérable, accourut dégager les siens, et fit briser à coups de hache les tonneaux de vin et d'eau-de-vie qui restaient encore dans les caves : bref, il resta maître de la ville, mais les Danois conservèrent le château-fort.

Cependant les progrès de Vasa ne pouvaient être rapides, et plus d'une fois il était contraint de s'arrêter au milieu de ses victoires. A plusieurs époques de l'année, les Dalécarliens le quittaient tantôt pour ensemencer leurs terres, tantôt pour faire leurs moissons. Privé du plus grand nombre de ses soldats, Gustave recourait à toutes les ruses des petites guerres, soit pour surprendre des forteresses et des bourgades, soit pour échapper à des attaques qu'il n'était pas de force à repousser dans le moment : tour-à-tour il négociait, combattait, et recourait à l'éloquence qui lui était naturelle pour augmenter le nombre de ses partisans. Autant il apportait d'impétuosité dans les combats, autant il savait se modérer lorsqu'il avait un intérêt pressant à rallier à sa cause un personnage de haute importance. Il était parvenu sous les murs d'Upsal, siège de l'archevêque Trolle, à

---

(1) Je place sous les yeux du lecteur deux de ces chants cités par M. Lebas : « La flèche des paysans atteint bien la poule de neige et l'écureuil sur le sapin, pourquoi donc Christian, ce bourreau sanguinaire, parviendrait-il à l'éviter ? — Ils poussèrent les Jutois dans le ruisseau de Brunnebak ; l'eau qui bouillonnait autour d'eux les ensevelit ; par malheur, Christian n'était pas avec eux. Les Jutois se mirent tous à fuir, en chantant ce chant lugubre : *Nous ne voulons plus boire de la bière de Pars que l'on brasse dans les mines de la Dalécartie.* » Un autre chant populaire est ainsi conçu : « Le fleuve de Brunnebak est bien large et bien profond, *falivilom!* nous y avons jeté nombre de Jutois, *falivilom!* c'est ainsi qu'on chasse de Suède les Danois, *falivilom!* »

'époque de la fête de saint Éric ; des députés vinrent à sa rencontre ; il leur dit que ses paysans voulaient prendre part aux plaisirs et aux amusements qui se préparaient. L'archevêque n'était pas alors dans la ville ; le lieutenant qui le remplaçait, pour témoigner le mépris qu'il portait aux campagnards dalécarliens, fit consacrer toute la nuit à des danses et à des divertissements ; puis voilà qu'au moment où on s'y attendait le moins, ces derniers lancèrent sur l'archevêché des flèches enflammées, et réduisirent l'édifice en poussière. Cependant Gustave ne parvint à pénétrer dans les murs de la ville que le jour de la Pentecôte, et il adressa un messager à Trolle, le suppliant d'entrer dans le parti national. L'archevêque ne voulut pas que le messager retournât auprès de son maître, et il se mit en route avec cinq cents cavaliers et trois mille fantassins ; mais il fut défait par Gustave, qui vint mettre le siége devant Stockholm [1521]. Deux ans s'écoulèrent avant qu'il pût s'emparer de cette capitale, ravitaillée constamment par mer ; enfin il se montra dans ses murs le 20 juin 1523.

Christian, détesté par ses sujets danois, avait perdu aussi son trône à Copenhague, et la couronne avait été donnée à Frédéric, son oncle. Quelque temps avant cette époque, Gustave avait réuni les états-généraux à Stregnesz [1523], et avait fait remplacer par des hommes sur le dévouement desquels il pouvait compter tous les sénateurs égorgés par les ordres de Christian. L'assemblée, cédant à la reconnaissance, nomma le jeune Vasa roi de Suède ; la capitale étant tombée, un peu plus tard, entre les mains du monarque, la révolution sembla accomplie d'une manière irrévocable. Mais de nouvelles difficultés attendaient le maître du royaume ; il avait déjà couru d'immenses périls et éprouvé les pertes les plus chères : son père était mort par la main de l'ennemi ; sa sœur et sa mère, après avoir été renfermées dans un sac, avaient été jetées à la mer par les ordres de Christian ; ce n'est pas tout, la Suède était réduite à la dernière détresse, et il fallait cependant lui demander des impôts ! ! Les montagnards Dalécarliens, enorgueillis des services qu'ils venaient de rendre, manifestaient les prétentions les plus étranges, tandis que le nouveau roi était tenu de conserver des ménagements avec ses anciens ennemis. La ville de Lubeck, qui avait rendu des services signalés à Gustave, avait exigé, en retour, de grands avantages pour son commerce, avantages funestes à l'industrie des Suédois. Frédéric, qui avait succédé à Christian comme souverain du Danemark, se regardait seul comme légitime propriétaire du royaume sur lequel régnait Vasa ; Christian, beau-frère de Charles-Quint, ne vivait que dans l'espoir de restaurer son ancienne fortune. Enfin la réforme religieuse de Luther amena bientôt à son tour de nouvelles complications, tandis que l'ancienne faction démocratique, représentée par les Stures, entra en arrangement avec le prince auquel on avait enlevé la couronne (1). C'est de cette multitude d'entraves que Gustave sut se dégager ; il ne faut pas en être surpris, car ce n'est pas seulement comme homme de guerre qu'il avait triomphé, mais comme possédant une foule de qualités dont le concours habile lui servit à récréer le pouvoir. Son ennemi le plus redoutable était le haut clergé ; ce fut contre lui qu'il dirigea ses premiers coups.

Il ne faut pas, au reste, chercher dans les actions de ce souverain un éclat et une grandeur qui n'appartenaient pas alors en Suède à la nature des événements ; il importait de laisser à peine traces de ses pas pour avoir certitude d'arriver au but. Dès l'année 1519, les frères Olaüs et Laurence Pétri, après s'être nourris des doctrines de Luther, les répandirent dans la Suède ; aussitôt Gustave se déclara leur protecteur, et il adressa une lettre à l'archevêque Brask dans laquelle il lui déclara qu'il « *était de sa* » *dignité de protéger tous ses sujets.* » Ainsi et à une époque où la lutte était si vivement engagée entre les catholiques et les protestants, le nouveau roi semblait dédaigner l'importance qu'on attachait à la question religieuse, et il ne voyait dans deux hérétiques, pour me servir du langage du

(1) Christian.

temps, que *deux sujets* qu'il devait protéger comme tous les autres. Nous allons voir Gustave se prononcer d'une manière encore plus haute : il refuse [1524] d'empêcher que les ouvrages de Luther pénètrent dans le royaume, « parce que, » soutenait-il, « il se » rait équitable de supprimer également ce » qu'on a écrit contre Luther. » Mais, en 1526, Gustave sort de la neutralité apparente qu'il a gardée jusque là ; il ne veut pas que les brefs du pape circulent dans le royaume ; en d'autres termes, une seule partie sera désormais entendue; puis il appelle Olaüs Pétri à Stockholm pour qu'il y prêche les doctrines nouvelles, et nomme son frère Laurence professeur à Upsal. Enfin la messe est supprimée dans la capitale par ordre du conseil municipal, qui assurément ne pouvait pas être juge en pareille matière. Gustave, sûr désormais du succès, harangue la populace à la foire d'Upsal, et cherche à la convaincre que la messe ne doit pas être dite en latin, et que rien n'est plus pernicieux au monde que des couvents. Mais les moines qui les habitent possèdent des biens immenses ; si on les chasse, à qui reviendront ces biens? aux nobles, dont les ancêtres ont été les fondateurs de tous les couvents. Ces derniers se déclarent aussitôt partisans d'une réforme religieuse qui doit les enrichir. Le roi, qui, de son côté, avait besoin d'argent pour faire face aux dépenses publiques, ne se faisait pas scrupule de piller l'or et l'argent des églises ; il détestait d'ailleurs les évêques, dont les prétentions lui paraissaient antipathiques au pouvoir royal. L'archevêque d'Upsal s'étant permis de lui dire au milieu d'un repas : *Notre grâce boit à la santé de votre grâce*, il répliqua vivement : *Il n'y a pas de place pour deux grâces sous un même toit.*

Au milieu des contestations religieuses qui s'élevaient entre les catholiques et les protestants, Jean Brask, évêque de Linkoping, se fit remarquer comme défenseur des anciennes doctrines pour lesquelles le peuple, en dépit des efforts de Gustave, témoignait alors un profond attachement. En effet la réforme a été l'œuvre particulière des princes et des savants du seizième siècle ; les uns voulaient s'enrichir, les autres voulaient faire prédominer leurs opinions. Vers le même temps les Dalécarliens, entraînés par un paysan appelé Hans, qui soutenait être le fils de Stenon-Sture, coururent aux armes. Le roi convoqua donc les états-généraux à Vesteras, dans le sein desquels on vit paraître l'évêque Brask et trois autres prélats, et quatre chanoines fondés de pouvoir de deux autres évêques ; on compta en outre quinze sénateurs, cent vingt-neuf nobles, trente-deux bourgeois, cent cinq paysans et quatorze montagnards ; on ne remarqua pas de Dalécarliens, car ils étaient dans le moment en pleine révolte. Avant de s'occuper des affaires publiques, l'assemblée assista à un grand repas, dans lequel les sénateurs occupèrent les places d'honneur qui étaient réservées habituellement aux évêques ; ces derniers firent en secret une protestation. Suivant Pufendorf, Gustave aurait d'abord publié une déclaration justificative de sa conduite sous le rapport religieux (1). Le lendemain le chancelier prononça un discours en présence des états, dans lequel il rappela « tout ce que » le roi avait fait pour le royaume, ajoutant

---

(1) Voici ce document dans lequel le roi affirmait « qu'il n'avait point embrassé d'autre doctrine que » celle qui avait été annoncée par *Jésus-Christ* lui-» même et par ses apôtres, que les ecclésiastiques » n'imposaient à cette doctrine le nom de *nouvelle* » *religion* que parce que lui Gustave trouvait injuste » qu'ils exigeassent d'abord des amendes pécuniaires » des misérables paysans, lorsque, dans les jours de » fête, ils prenaient quelques oiseaux ou quelques » poissons pour subvenir à leur nécessité, ou parce » qu'il avait ordonné que, dans les affaires ordinai-» res, les clercs seraient obligés de répondre aux » laïques devant les tribunaux de la puissance sé-» culière ; qu'un ecclésiastique qui se serait battu » avec une personne séculière serait excommunié » aussi bien que le séculier ; qu'un prêtre de village » ne pourrait pas défendre la communion à ses dé-» biteurs, uniquement pour raison de leurs dettes, » mais qu'il serait tenu de les ajourner devant les » tribunaux ordinaires ; que les évêques ne pour-» raient point hériter des biens des prêtres qui » mourraient sans faire de testament, à cause du » grand préjudice qu'en recevaient les parents ; et » qu'ils ne pouvaient pas posséder plus long-temps » les biens qu'ils retenaient à la couronne, parce » que le roi se trouvait obligé de charger les peuples » de quantité d'impositions pour rétablir ses finan-» ces, qui se trouvaient épuisées par ce moyen. »

» que Gustave, bien que jeune encore, ne
» connaissait que trop jusqu'où pouvait aller
» l'inconstance populaire, et que s'il avait
» accepté le titre de roi, c'était uniquement
» dans l'intérêt de l'État ; que depuis il s'en
» était souvent repenti, ne sachant comment
» gouverner un peuple qui menaçait de se
» révolter toutes les fois qu'il voulait sup-
» primer quelque abus ; que la conduite des
» Dalécarliens en particulier ne se pouvait
» plus long-temps souffrir, et que, bien
» qu'ils eussent les premiers soutenu le roi,
» ils n'avaient cependant pas tout fait ; que
» jamais le roi ne céderait à leur prétention
» d'imposer leur volonté au royaume ; qu'il
» était temps de mettre un terme à ces ré-
» voltes qui éclataient toutes les fois que le
» roi demandait de l'argent pour payer les
» dettes contractées envers l'étranger ; que
» ce n'était pas avec des révoltes que l'on
» s'acquitterait envers Lubeck ; que du reste
» on avait étrangement calomnié le roi au
» sujet de la religion ; qu'il ne désirait que
» le bien de l'église ; que si l'on voulait un
» gouvernement, il fallait aussi lui donner
» les moyens d'exister ; que la manière de
» faire la guerre avait changé et exigeait
» plus d'argent ; que toutes les recettes étaient
» considérablement diminuées ; qu'elles ne
» s'élevaient plus qu'à 24,000 marcs, tandis
» que la dépense montait au-delà de 60,000 ;
» qu'il fallait porter remède à un tel état de
» choses, quel que fût du reste le gouverne-
» ment que la Suède voudrait se donner (1). »
A ces premiers reproches, le chancelier aurait ajouté : « Que le sénat, qui connaissait
» les besoins de l'État et combien la puis-
» sance excessive et les grandes richesses des
» évêques étaient préjudiciables au repos de
» la Suède, avait judicieusement ordonné
» qu'on emploierait les deux tiers des dîmes
» pour l'entretien et la subsistance des trou-
» pes ; que le roi demandait aux états que
» les déclarations qu'il avait rendues et
» l'arrêt du sénat, qui n'avait pour but que
» le soulagement du peuple, fussent confir-
» més ; que les ecclésiastiques et les reli-
» gieux rendissent incessamment soit au

» domaine du prince ou à la noblesse et à
» tous les particuliers les biens qu'ils pré-
» tendaient leur avoir été donnés ; qu'ils
» fussent obligés de contribuer comme les
» séculiers à l'entretien des troupes, à pro-
» portion de leur ancien domaine et de leurs
» acquisitions ; que les évêques n'usurpassent
» plus la succession de leurs ecclésiastiques,
» ce qui ruinait insensiblement les meilleu-
» res familles du royaume ; que ces prélats
» renonçassent aux droits d'amende et de
» confiscation ; qu'ils fussent condamnés à
» remettre incessamment entre les mains du
» prince leurs forteresses, qui ne servaient
» souvent qu'à donner retraite aux séditieux
» et aux révoltés, et enfin, qu'on exclût
» pour toujours ces prélats du sénat, sans
» qu'il leur fût jamais permis, dans la suite,
» de se mêler du gouvernement (1). »

Gustave Vasa était présent à cette philip-
pique, que lui-même avait inspirée ; se tournant aussitôt du côté des évêques, il les
somma de répondre. Alors Brask, prenant la
parole : « Si je dois être soumis envers le roi
» ma conscience me commande aussi d'obéir
» au pape, et sans ses ordres je ne consenti-
» rai jamais à ce que nos dogmes soient
» changés, et à ce que les revenus ecclésias-
» tiques subissent la plus légère diminu-
» tion. » Gustave, s'adressant aux nobles,
leur demanda s'ils étaient de cet avis ;
alors le grand-maréchal de la diète, se levant, dit : « Qu'on ne ne saurait accorder
» trop de louanges à l'opinion manifestée
» par l'évêque Brask, et que tous les Suédois
» devaient défendre avec le même courage
» la cause sainte de la religion. » Gustave
s'écria, cédant à son impatience : « Cher-
» chez donc un autre roi. Je ne m'étonne
» plus des troubles qui s'élèvent parmi les
» paysans, si tels sont les sentiments de la
» noblesse ; je ne m'étonne plus que le peu-
» ple vous impute la pluie et les tempê-
» tes. Vous voulez vous soumettre aux créa-
» tures du pape ! Permis à vous de le faire.
» Vous voudriez bien aussi que la hache fût
» posée sur mon cou ; mais personne d'en-

(1) Lebas, *Histoire de Suède.*

(1) Vertot, *Révolutions de Suède*, tome II, p. 174, 175 et 176.

» tre vous n'en ose élever le manche. Allez,
» le plus malheureux des damnés de l'enfer
» ne voudrait pas être votre roi. Songez à
» me décharger du gouvernement et à me
» rendre ce que l'État me doit, car pour moi
» je suis disposé à quitter pour toujours une
» ingrate patrie. »

En prononçant ces derniers mots, des larmes inondèrent son visage ; puis il quitta la salle pour aller se renfermer dans le château-fort de la ville. Deux jours se passèrent sans que les états prissent une décision définitive, tant la lutte entre les partis religieux était balancée. Cependant l'assemblée fit supplier Gustave de reprendre les rênes de l'État : il ne céda que le quatrième jour, et après avoir fait entendre trois refus successifs. Lorsqu'il se présenta au milieu des états, il reçut de nombreux applaudissements, et un recez appelé de *Vesteras* trancha la question. Les évêques durent remettre au roi leurs forteresses ; il leur fut interdit de ravir aux héritiers des ecclésiastiques morts dans leur juridiction les biens que ces mêmes ecclésiastiques laissaient à leurs parents ; les saintes Écritures, traduites en suédois, devaient être lues à la jeunesse des écoles ; en cas de contestation entre un prêtre et un laïque, ils comparaîtraient tous deux devant les juges séculiers ; les nobles étaient admis à réclamer leurs biens donnés jadis à des couvents par leurs ancêtres ; enfin les prédicateurs devaient à l'avenir faire entendre la parole de Dieu dans toute sa pureté, c'est-à-dire que le luthéranisme devenait la religion de l'État. Aussi verrons-nous dans le siècle suivant ses ministres devenir les persécuteurs de toutes les autres sectes, oubliant la tolérance qu'ils avaient réclamée pour eux-mêmes. Bref, ce ne fut qu'après une résistance opiniâtre, et où il joua le sort de la Suède, que Gustave triompha du catholicisme. L'évêque Brask se retira en Pologne ; quant aux autres prélats, ils se résignèrent à subir une réforme à laquelle ils étaient hors d'état de s'opposer ; néanmoins quelques-uns d'entr'eux, suivis d'un nombre assez considérable de fidèles, se retirèrent dans les montagnes de la Dalécarlie, dont les habitants étaient restés attachés à l'ancienne foi. Gustave, au reste, découvrit bientôt à tous quelle était sa véritable pensée ; « Il fit rechercher, « dit un historien dont le témoignage ne peut être suspect, « dans
» les monastères et dans les abbayes toutes
» les lettres de donation, et réunit au do-
» maine de la couronne tous les biens qui
» avaient été donnés aux ecclésiastiques de-
» puis l'an 1464. Gustave se saisit encore
» de quantité d'autres biens ecclésiastiques,
» et s'appropria les plus précieux meubles
» des monastères et des églises. De là sont
» venus les grands biens de la couronne de
» Suède ; de là se forma le trésor que Gus-
» tave laissa à ses enfants.... »

Ce prince ne se contenta pas d'avoir prescrit des recherches dans les couvents, il parcourut à la tête d'un corps de cavalerie les diverses provinces de son royaume, s'enquérant par lui-même des revenus et des propriétés qui pourraient avoir été laissés aux monastères, et les réunissant à son propre domaine, qui se trouva composé de treize mille fermes. Je n'entrerai pas ici, faute de place, dans les divers soulèvements qui troublèrent le règne de ce prince et se montrèrent long-temps encore après sa mort. Le sol avait été trop violemment ébranlé pour se raffermir en peu de temps ; il lui fallut près d'un siècle pour retrouver son assiette primitive. Les Dalécarliens se révoltèrent de nouveau ; Gustave leur assigna un rendez-vous, auquel il se rendit avec une armée de quatorze mille hommes ; les montagnards lui livrent aussitôt leurs chefs. Ce prince triompha également de Ture, fils de Jons, et qui, à la diète de Vesteras, s'était déclaré le défenseur des évêques. Ce zélé catholique se retira en Danemark. Le roi avait précédemment réuni dans une assemblée générale l'élite du clergé devenu luthérien, et avait réglé d'une manière définitive le nouveau culte que devait suivre le royaume. Restait à payer l'argent qui était dû à la ville de Lubeck [1531] ; les états-généraux accordèrent à Gustave le droit d'enlever une cloche à chaque église, et sur cette garantie, qui n'était pas inconnue à l'Europe du moyen-âge, les célèbres banquiers Fugger d'Augsbourg firent les avances nécessaires.

L'esprit essentiellement religieux qui animait les Suédois, surtout ceux qui habitaient les campagnes, leur fit regarder cette ressource comme un sacrilége, et ils coururent tous aux armes. A cette fâcheuse nouvelle, Gustave s'écria : « Le temps des paysans » est venu ; le mien viendra plus tard. » Mais il céda à l'empire des circonstances, et, pour désarmer les chefs de la révolte, il les prit eux-mêmes pour lieutenants. C'est ainsi que ce prince, qui, plus tard, se montra si altier envers d'autres campagnards insurgés, fléchit cette fois, se rappelant qu'il avait subi au début de sa carrière politique les caprices d'une multitude à laquelle il n'avait pas même le droit de commander. Mais les circonstances où était placée dans ce moment la Suède étaient d'une nature bien désastreuse, pour que le roi fût réduit à une pareille extrémité : c'est ce que va savoir le lecteur.

J'ai déjà eu occasion d'en faire la remarque : rien ne paraît définitif en Europe jusqu'au milieu du seizième siècle ; ce sont des changements, des révolutions perpétuelles, qui semblent renaître de leurs propres cendres. Christian a perdu le trône de Suède et celui du Danemark ; sa mémoire reste en exécration aux peuples qu'il a gouvernés, et il ose faire une nouvelle tentative pour dépouiller Gustave. Il est excité par Ture, par l'ancien archevêque d'Upsal Gustave Trolle, et par une multitude d'émigrés qui cèdent au désir de rentrer vainqueurs dans leur patrie, n'apercevant pas eux-mêmes toutes les difficultés d'une pareille entreprise. Christian part d'un port de la Hollande, emmenant avec lui dix mille soldats ; il débarquera en Norvége, où il compte de nombreux partisans ; mais une horrible tempête disperse les vaisseaux qui portent ses troupes. Le tyran néanmoins parvient à prendre terre ; Trolle le rejoint avec quelques soldats, et cherche par ses missives à soulever les Dalécarliens au nom de la religion : le monarque déchu publie de son côté une amnistie générale, que ses émissaires répandent dans toutes les parties de la Suède ; c'est comme défenseur de la foi catholique qu'il prend les armes. Christian s'empare de quelques villes ouvertes ; là se bornent ses succès. Enveloppé de toutes parts par les troupes réunies de la Suède et du Danemark, il se rend au roi, son oncle Frédéric, qui règne à Copenhague : celui-ci fait enfermer le monstre dans un château-fort, où, après de longues années, il termine sa vie. Auparavant il a fait assassiner Ture, auquel il reproche de l'avoir entraîné dans un dessein téméraire. L'archevêque Trolle ne désespère pas encore de la fortune du tyran ; il se ligue avec la ville de Lubeck et un prince de la maison d'Oldenbourg ; ils méditent d'arracher Christian à ses fers, mais Trolle reçoit une blessure dans un combat livré en Fionie, et meurt. Gustave triomphait successivement des ennemis qui pouvaient lui inspirer de violentes inquiétudes ; mais d'autres se présentaient.

Les habitants de Lubeck, irrités contre le roi, auquel ils faisaient sans cesse de nouvelles demandes, s'unirent à quelques bourgeois de Stockholm pour faire périr Vasa. Cette trame fut découverte à temps [1534]. Frédéric de Danemark, oncle de Christian, meurt ; son successeur s'empresse de signer un traité d'alliance avec la Suède. Tout annonçait donc que des années de paix couronneraient le règne glorieux de Gustave ; mais de nouvelles révoltes de paysans éclatèrent : elles furent sans doute réprimées, sans pouvoir être complétement éteintes dans leur germe. Le roi, affermi désormais sur son trône, ne descendait plus à des concessions comme jadis : telle fut la lettre qu'il adressa en 1540 aux paysans *uplandais* : « Vous prétendez, » leur disait-il, « être plus savants que nous et que » d'autres personnages sages ; vous aimez » mieux vous faire diriger par des traîtres » d'évêques et des papistes que par la parole » du Dieu vivant et par l'Évangile ; mais il » n'en sera point ainsi. Prenez soin de vos » maisons, de vos champs et de vos prés, de » vos femmes et de vos enfants, de votre gros » et de votre menu bétail ; mais ne songez » nullement à nous circonscrire dans notre » gouvernement et dans les affaires religieu- » ses ; car il est de notre devoir, de par Dieu

»et de par la justice, et selon la raison na-
»turelle, de vous donner des ordres et des
»réglements comme il convient à un roi
»chrétien. En sorte que si vous ne voulez
»pas encourir notre disgrâce et une punition
»sévère, vous obéirez à nos ordres royaux
»tant dans les affaires *mondaines* que dans
»celles de la *religion.* » C'était sans doute
beaucoup pour Gustave que d'avoir été
porté sur le trône; mais il désirait y faire
asseoir sa famille, et il faut lui rendre cette
justice, c'était dans l'intérêt même de la
Suède. Dans l'année 1540 les membres de
la diète s'engagèrent, en plaçant les doigts
sur l'épée du monarque, d'assurer la couronne à son fils. Enfin, en 1544, les états-
généraux décidèrent que le sceptre resterait
héréditaire dans la famille des Vasa; dans le
cas où cette dernière s'éteindrait, la nation
devait rentrer dans le droit d'élire ses souverains. Ces derniers actes consolidèrent la
maison des Vasa sur le trône.

Un des talents les plus remarquables de
Gustave, qui en possédait beaucoup, c'é-
tait le discernement du pouvoir, qu'il portait au plus haut degré : il saisissait d'un
seul coup-d'œil tout ce qui devait lui donner de la force, et cette dernière il la faisait
tourner bien vite à son profit : il eut la qualité principale des souverains chefs de race,
la science du pouvoir. Il comprit aussi d'une
manière merveilleuse la grande question de
la réforme religieuse; la Suède, politiquement parlant, devait être protestante; autrement les Vasa ne se seraient jamais maintenus sur le trône : leur peuple se trouva donc
naturellement en opposition avec la maison
d'Autriche et en rapport d'alliance avec le
cabinet français. Cette position était la vraie ;
aussi un siècle n'était pas encore écoulé
qu'un monarque suédois triomphait en Allemagne comme défenseur des princes protestants. Si la maison d'Autriche fut restée
victorieuse dans cette lutte, appelée la guerre
de trente ans, elle eût étouffé le protestantisme, et par conséquent enlevé l'indépendance à la Suède. Voilà ce que les événements nous ont révélé, mais voilà ce que
Gustave sut deviner : dans cette prévision, il
contracta deux traités d'alliance avec François Ier; l'un en 1542, l'autre en 1559 : il
devint aussi l'allié de l'Angleterre protestante. Je terminerai le règne de ce monarque en indiquant les améliorations dont il
enrichit la Suède. Le commerce attira d'a-
bord son attention, et lui-même envoya
pour son propre compte des vaisseaux à Lisbonne et dans différents ports de la Hollande. En prince éclairé, il attachait la plus
grande importance à la marine, il fit donc
venir à grands frais des ingénieurs de l'Italie; puis, par ses ordres, une multitude de
canaux furent creusés, et de nombreuses
routes, mirent en communication des points
fort éloignés ; il fixa les ouvriers au sein
des villes, qui devinrent de véritables centres d'industrie. Dans l'état de guerre et
de révolte où était plongée l'Europe dans
le seizième siècle, le premier soin d'un
roi habile et prévoyant c'était d'avoir sur
pied des forces militaires toujours prêtes à
marcher au premier ordre. Gustave parvint
à posséder une armée considérable pour le
temps ; elle se composait de douze mille
neuf cent trente-quatre fantassins, de mille
trois cent soixante-dix-neuf cavaliers, et
d'une garde allemande s'élevant à huit cents
hommes. Il avait en outre jeté les bases d'une
levée générale de tous les habitants dans le
cas où il aurait fallu repousser une invasion.
Au reste, pour rendre une justice pleine et
entière à ce grand monarque, il faut toujours avoir présent à l'esprit que ce fut accompagné de seize cavaliers et d'une centaine de fantassins qu'il quitta la Dalécarlie
pour renverser Christian du trône. Ce seul
rapprochement suffit pour faire juger un
prince.

Mais il ne suffit pas d'avoir fondé une dynastie, il faut qu'elle survive à la gloire de son
créateur. Gustave laissa de nombreux héritiers de son nom ; de son premier mariage
avec Catherine, fille du duc de Saxe-Lauen-
bourg, il eut un fils appelé Éric, et qui monta
sur le trône. Cette première union dura deux
ans. Vasa choisit pour seconde épouse Marguerite, fille d'un noble suédois ; il en eut dix
enfants : cinq garçons et cinq filles. Le pre-
mier-né de cette seconde union fut le prince
Jean, qui reçut de son père la Finlande à

titre de fief. Entouré d'une aussi nombreuse famille, le monarque aurait joui de la vieillesse la plus heureuse si les princes Éric et Jean n'eussent pas laissé percer de son vivant la haine qu'ils se portaient. Enfin ce prince éprouva en 1560 les atteintes du mal qui le conduisit au tombeau. Il réunit les états-généraux du royaume. leur adressa les adieux les plus touchants, et donna le pouvoir suprême à Éric. Convaincu que la mort l'attendait sous peu de jours, il fit rendre à la liberté quelques captifs, invoqua le pardon de ceux qu'il avait pu offenser, oublia les injures des hommes qu'il regardait comme ses ennemis, et, rompant avec toutes ces pensées de politique qui avaient absorbé sa vie, il s'abandonna sincèrement à la miséricorde de Dieu. Incapable néanmoins de se détacher tout-à-fait de la Suède, vers laquelle il se sentait des retours involontaires, il supplia ses fils de vivre désormais d'accord; puis, frappé du néant où étaient réduites les grandeurs qu'il avait tant de fois poursuivies, il s'écria : « *Un homme est un homme; la comédie finie, nous sommes tous égaux.* » Vers le 20 septembre 1560 la parole lui fut ravie; il souleva alors ses mains avec peine et comme pour prier : le 29 il touchait au moment suprême, et son confesseur lui prodiguait les dernières consolations; mais un des spectateurs dit que le roi n'entendait plus rien : le prêtre s'approcha de l'oreille de Gustave, et, élevant la voix : « *Si vous croyez en Jésus-Christ, et si vous entendez ma voix, donnez-nous en un signe.* » Gustave reprit avec vivacité : « *Oui;* » et, à la suite de ce dernier effort, rendit le dernier soupir. Il touchait à sa soixante-quatrième année.

ÉRIC XIV.

Avant de raconter le règne de ce prince, il faut que je fasse connaître la manière dont Gustave disposa entre ses enfants de la succession qu'il leur laissait. Il ordonna d'abord que chacune de ses filles recevrait, à titre de dot, une somme de cent mille écus. Ce point, qui concernait surtout le père de famille, étant réglé d'une manière définitive; il assura le trône à Éric, et donna, mais seulement à titre de fief, la Finlande à son second fils, Jean; la Gothie occidentale à Magnus, et la Sudermanie au duc Charles, le plus jeune de ses enfants. Il était impossible qu'un pareil état de choses, d'accord d'ailleurs avec les idées du temps, n'enfantât pas une multitude de désordres. En effet, la position d'Éric, comme celle de ses frères, était tout-à-fait fausse : l'un devait commander aux autres; si ceux-ci se résignaient à l'obéissance qui leur était imposée par le devoir, de quelle utilité pouvaient leur être les provinces dont les avait dotés le testament paternel? D'un autre côté, il aurait fallu que le nouveau roi de Suède eût été doué d'un véritable génie pour conserver cette sorte de supériorité qui, en apparence, lui avait été accordée. Loin de là, Éric était sujet à des accès d'aliénation mentale. Le monument de puissance et de grandeur édifié avec tant de peine par Gustave menaçait donc déjà de tomber en ruines.

Cet avenir n'avait pas échappé au discernement du fondateur de la race des Vasa, et il avait voulu placer la couronne sur la tête de son second fils Jean. Mais cette déviation à l'ordre successif lui avait semblé de mauvais augure; seulement il s'efforçait de réprimer les goûts extravagants d'Éric. Celui-ci le pressant un jour de lui procurer des costumes pour la représentation d'une pièce de théâtre : « Mon fils, » lui dit-il, « un prince ne doit aimer d'autre spectacle qu'une revue de cavalerie. » Cette leçon fut perdue, car le futur monarque de la Suède ne put pas même apporter, dans ses rapports de famille, cette réserve et ce bon sens dont ne s'écartent pas les esprits les plus vulgaires. Il découvrit un jour, dans la chambre de sa sœur Cécile, *la plus belle des femmes*, le comte Jean de Frise, son amant; au lieu d'ensevelir dans le plus profond secret ce scandale de famille, il le livra, dans son premier mouvement, à la publicité. Honteux d'une pareille imprudence, il fit frapper sur une médaille, d'un côté l'effigie de sa sœur, et de l'autre celle de la chaste Suzanne. Ce rapprochement était une nouvelle marque de folie que donnait le prince. Éric se mit sur les rangs pour épouser la célèbre reine d'Angleterre Élisabeth ; mais il échoua, comme tant d'autres. A peine Gustave-le-Grand eut-il fermé les yeux, qu'une querelle s'éleva entre ses enfants pour savoir à qui appartenaient les trésors que le dernier monarque avait laissés. Éric prétendait qu'il fallait d'abord prélever sur ces mêmes sommes toutes les dépenses qu'il avait faites pour les diverses ambassades auxquelles il avait donné mission d'aller demander la main de la souveraine de la Grande-Bretagne. Des contestations assez vives eurent lieu encore relativement aux droits qui seraient accordés aux princes dans les provinces dont ils avaient reçu l'investiture. Ces divers points furent réglés.

D'une autre part, comme une méfiance poussée jusqu'à la folie caractérisait Éric, il imposa les conditions suivantes à ses frères, lorsqu'il les mit en possession de leurs fiefs : « que, s'il se trouvait qu'aucun d'eux » eût attenté sur la vie du roi ou sur celle » de quelqu'un de ses enfants, il perdrait » non-seulement sa principauté, mais qu'il » serait encore déchu du droit qu'il aurait » pu prétendre à la succession du royaume ; » que celui d'entre eux qui refuserait de » tenir sa principauté en fief de la couronne » serait soumis à la même peine ; que les » sujets des principautés, quoique tenus de » leur payer les impositions, ne seraient » point obligés envers eux par serment et » par obéissance ; que celui qui se liguerait » avec d'autres perdrait ses biens et la vie ; » que si, dans une de ces principautés, quel» qu'un venait à offenser le roi, les officiers » de sa majesté se saisiraient de sa personne » sans que le prince pût s'y opposer ; que, » si quelqu'un des princes négligeait de » contribuer à l'entretien des troupes qu'on » aurait levées, ou qu'il contribuât moins » qu'il ne devait, il serait obligé de payer » l'amende, comme font les paysans à l'é» gard de leur seigneur en pareille occasion, » et qu'en temps de paix, au lieu de ces » contributions, ils seraient tenus de donner » de l'argent ; qu'aucun d'eux ne pourrait » venir à la cour avec plus de cent hommes ; » qu'ils n'assembleraient point tout à la fois » les sujets de leurs principautés ; qu'ils ne » pourraient entreprendre une guerre, ni » faire la paix ou quelque alliance, ni né» gocier des affaires importantes avec quel» que prince ou seigneur étranger, sans en » avoir auparavant donné connaissance à sa » majesté ; que les sujets des principautés, » aussi bien que les autres sujets de la cou» ronne, seraient obligés de fournir leur » contingent lorsque le roi ferait construire » ou rétablir des châteaux, lorsqu'il passe» rait à cheval par la *rue Éric* (1), lors» qu'il marierait quelques-uns de ses en» fants, ou qu'il devrait s'opposer aux en» nemis du dehors ; que les princes eux» mêmes seraient soumis aux ordonnances » et aux déclarations du roi ; qu'aucun d'eux » n'aurait le pouvoir de donner des titres » de noblesse, ni de donner quelqu'un de ses » biens à perpétuité, ni d'élever des étran» gers à des charges considérables ; qu'il ne » leur serait permis d'acheter aucuns biens » appartenant à la couronne, ni de faire » battre de la monnaie à un plus bas titre » que celle du roi ; qu'ils ne pourraient » hausser les impositions ordinaires, ni éta» blir aucun évêque ni intendant de pro» vince ; qu'ils n'empêcheraient point leurs » sujets d'en appeler au roi ; que, pour les » affaires du royaume, le roi aurait le pas» sage libre sur les terres des princes ; qu'au» cun d'eux ne pourrait donner asile, ni » donner sa protection à une personne qui » aurait entrepris quelque chose d'injuste » contre sa majesté ou contre ses sujets, ou » qui, ayant encouru la disgrâce de sa ma» jesté, aurait été chassée de son service (2). »

Éric, après avoir imposé à ses frères des conditions qui pouvaient en apparence lui répondre de leur soumission, s'abandonna sans réserve à son goût pour le faste ; il distribua donc les titres de comtes et de barons aux chefs de certaines familles puissantes de Suède, tels que les Sture, les

---

(1) C'était apparemment une cavalcade et une cérémonie qui demandaient une grande dépense.
(2) Puffendorf.

Brahé et les Raos. Ce prince ne se contenta pas de ces marques d'une vaine ostentation, et, dans un pays où les principales familles avaient déjà plus d'une fois ébranlé le trône, il détacha de la couronne d'immenses domaines qu'il accorda aux nouveaux comtes et aux nouveaux barons; à ces domaines il attacha le droit de justice. En donnant l'accolade à vingt chevaliers qu'il venait d'instituer, il leur adressa les paroles suivantes : » D'abord tu fus païen, puis chrétien, au» jourd'hui tu deviens chevalier. » A partir de ce moment, presque tous les actes du règne d'Éric vont porter l'empreinte d'une folie complète. Pendant qu'il fait demander en mariage Élisabeth, il sollicite la main de Marie Stuart, celle de la princesse de Lorraine, et en même temps signe un contrat de mariage avec la princesse de Hesse; le voilà engagé, mais aussitôt, et de sa seule volonté, il annule ce même contrat pour devenir l'époux de la fille d'un caporal en garnison à Stockholm. Cette jeune fille, que les uns appellent Catherine Mansdoter, et d'autres Catherine Médelpad, vendait des noix dans les rues de la capitale; il ne l'en fit pas moins couronner reine de Suède. Son frère Jean, pour être en état de repousser l'invasion des Russes dans la Finlande, avait obtenu la main de la princesse Catherine Jagellonica, fille de Sigismond, roi de Pologne. Cette union excita au plus haut point la méfiance d'Éric, qui obtint des états qu'ils condamnassent à mort son frère Jean. Ce dernier, oubliant le respect qui était dû au caractère des ambassadeurs du roi de Suède, n'avait pas craint de les faire arrêter. Mais Jean ne reçut pas les secours qu'il attendait de la Pologne, et fut fait prisonnier avec sa femme. Éric les renferma dans le château de Gripsholm, où, d'après le témoignage de M. Lebas (1), « l'on conserve encore, dans » son ancien état, la chambre que Jean et » son épouse occupèrent pendant leur longue » captivité. Elle est au-dessous de celle qui, » plus tard, servit de prison à Éric. »

Il semble, au premier instant, qu'une capture d'une aussi haute importance aurait dû calmer les soupçons du roi; mais, comme ils constituaient chez lui un état d'aliénation mentale, ces mêmes soupçons s'accrurent à l'infini. Ce prince avait en outre la prétention d'être un très-savant astrologue; il avait vu dans les astres qu'il serait renversé du trône par un homme qui aurait *une chevelure blonde*; déjà il avait plongé dans les fers le duc Jean, à qui Dieu avait départi cette fatale couleur. Il condamna à mort Nils-Sture, fils d'un homme qui avait porté un dévouement sans bornes à Gustave, parce qu'il était aussi blond. Cependant il recula devant le dernier supplice qu'il voulait d'abord faire appliquer à ce jeune noble issu d'une des familles les plus illustres du royaume; il ordonna donc « que, placé sur un che» val maigre, avec une couronne de paille » sur la tête, il fût promené dans Stock» holm. » Un héraut d'armes le précédait, criant : *Voilà un traître*. L'indignation devint si générale, qu'Éric, cédant à la crainte, nomma aussitôt ambassadeur en Lorraine ce même Sture qu'il avait exposé à la dérision de tout un peuple.

Quand on songe aux diverses révoltes qui éclatèrent sous le règne de Gustave, de ce prince qui avait déployé tant d'efforts pour restaurer le royaume, et à la soumission générale, qui s'inclina d'abord avec respect devant les extravagances d'Éric, on est forcé de convenir qu'il est des époques où les princes peuvent tout se permettre. Néanmoins peu de mois s'étaient à peine écoulés, et le monarque apprit à ses dépens qu'il est de certaines bornes devant lesquelles il faut s'arrêter. Ainsi, en 1562, une seule exécution à mort eut lieu; en 1563, on en compta cinquante; en 1567, elles s'élevèrent à deux cent trente-deux. Je n'entrerai pas dans le détail des guerres qu'Éric eut à soutenir avec ses voisins; en effet, dans ces mêmes guerres, on remarqua cet esprit de vertige qui présidait aux divers actes de son administration comme souverain. Dans les hostilités qui s'élevèrent entre lui et les Danois en 1563, et qui durèrent en tout sept années, la marine militaire de Suède se couvrit de gloire. Le roi, qui, dans maintes occasions, fit preuve, comme homme de

---

(1) *Histoire de Suède.*

guerre, de la plus grande lâcheté, montrait en même temps la cruauté la plus sanguinaire. Dans les instructions qu'il donnait à ses généraux, il leur recommandait « de se procurer des personnes que sussent faire usage du poison, mais toutefois de ne s'en servir qu'avec réserve. » Il créa aussi dans tous ses corps d'armées des charges de *mattre incendiaire*, et lui-même mit à feu et à sang Blekingen.

Le duc Charles, le plus jeune des frères du roi, touchait à l'âge où il devait être mis en possession d'une province qui lui avait été concédée par Gustave; une diète fut, en conséquence, réunie, dans laquelle Éric appela l'élite des nobles suédois. Aussitôt que ceux-ci furent présents, il ordonna leur arrestation et voulut les faire condamner sur place; mais les états ne trouvèrent aucune preuve de culpabilité dans les prétendus documents produits par le monarque, et se refusèrent à prononcer aucune condamnation. Alors Éric, toujours en proie à l'idée fixe qu'un *homme blond* lui ferait perdre sa couronne, fit jeter dans les fers le jeune Nils-Sture, dont il avait déjà été le persécuteur; il écrivit en même temps à son père pour le rassurer, puis il alla visiter le jeune captif, et lui demanda mille fois pardon. Mais, le soir même, la nouvelle se répand que le duc Jean est parvenu à briser ses fers; le monarque, armé d'un poignard, court à la prison de Nils-Sture, le frappe au bras, puis il ordonne aux trabans de sa garde d'achever la malheureuse victime. La vue du sang rappelle Éric à lui-même; il se précipite aux genoux du père auquel il vient de ravir ce qu'il a de plus cher au monde : « Pour l'amour de Dieu, » lui dit-il, « pardonnez-moi le mal que je viens de vous faire! — Je vous pardonne tout; mais si la vie de mon fils est en danger, vous allez m'en répondre devant Dieu! — Je le vois bien, » reprit Éric, « vous ne me le pardonnerez jamais; ainsi il faut que je fasse de vous ce que je viens de faire de lui. » A ces mots, un accès de véritable frénésie s'empara du prince, et il donna ordre de faire mettre à mort tous les prisonniers, puis il se retira au fond des bois, où il resta assez longtemps caché; mais son précepteur Denis Burrée, et Georges Péterson, qui le servait dans tous ses caprices, se mirent sur ses traces. Denis fut aperçu le premier par le prince, qui ordonna qu'on le mît à mort; puis, après avoir fait exécuter ce crime par quelques-uns de ses gardes qui l'avaient accompagné, Éric se précipita au travers des taillis, ne laissant plus aucune trace; on finit cependant par le retrouver. Il portait le costume habituel des paysans; il soutint qu'il n'était pas le monarque de la Suède; que, comme Néron, il avait fait répandre le sang de son précepteur, et qu'il fallait s'adresser désormais à Nils-Sture, devenu administrateur du royaume. Sa maîtresse Catherine, que plus tard il éleva au trône, réussit, par la tendresse de ses soins, à le rendre à la raison, et le fit rentrer dans les murs de Stockholm.

Convaincu que la justice de Dieu allait l'atteindre, il se confessa plusieurs fois avec la dévotion la plus fervente, fit déclarer l'innocence des captifs auxquels il avait prescrit d'appliquer la peine capitale, et ordonna qu'une procédure fût instruite contre Georges Peterson. Éric, qui, en dépit de ses fureurs extravagantes, était rempli d'instruction, a légué un journal manuscrit dans lequel il rend compte de ses actions. L'époque dont je viens de retracer les plus effroyables circonstances, il l'appelle son *temps de faiblesse*. Cependant le calme rentra dans son âme; son frère le duc Charles, et son beau-frère le duc Magnus de Suède, en profitèrent pour le décider à briser les fers de Jean. Lorsqu'il revit ce prince, il se jeta à ses genoux, le traitant comme un roi : « Je suis allé à Ventholm, »porte son *Memorandum*, « et je me suis entretenu avec mon frère, le priant *quam humillime* de me dire si vraiment il était roi, *quod nullo modo, nisi obscuris ambagibus, potuit intelligere*. Cependant lui et la princesse sa femme m'ont pardonné de bon cœur en m'embrassant. » Quoique le prince Éric, grâce à la folie à laquelle il était en proie, se crût lui-même captif, il n'en fit pas moins contracter à son frère Jean l'engagement de regarder comme héritier de la couronne de Suède le fils que sa maîtresse Catherine portait dans son sein, car il n'avait pas encore osé l'épouser. Au milieu de tous les désordres amenés par le fâcheux état où se trouvait Éric, les marins suédois triomphaient toujours des Danois. Ceux-ci firent une invasion par terre en Suède. Les généraux d'Éric étaient sur le point d'intercepter la retraite aux ennemis lorsque le roi fit revenir ses troupes. Les Danois auraient donné une somme considérable d'argent à Éric, que ce prince n'aurait pu leur rendre un service plus signalé; en effet, ils se retirèrent tranquillement dans leurs foyers. Le roi, auquel sa maîtresse venait de donner un enfant mâle, réalisa [1567] le dessein qu'il avait conçu depuis longtemps de la faire couronner. Il s'imagina qu'il pouvait remplacer, par la pompe et la magnificence du luxe, la naissance qui manquait à Catherine; il s'abandonna donc aux dépenses les plus excessives, mais elles servirent seulement à donner plus de relief au contraste que présentait la position primitive de cette femme et le rang suprême auquel elle était élevée.

La nation suédoise, si fière, se sentit blessée dans le sentiment le plus cher, je veux dire sa nationalité. On ne manqua pas de remarquer que la couronne avait glissé des mains du chancelier lorsqu'il la présenta au roi pour qu'il la mît sur la tête de sa compagne, et l'on en tira le plus mauvais augure. Les ducs Charles et Jean, conviés à cette cérémonie, ne s'y rendirent pas. « Jean, » dit un historien moderne, « outre sa longue
» captivité, avait encore un autre motif de
» haine contre son frère Éric : sa femme
» Catherine Jagellonica avait été recherchée,
» avant son mariage, par le grand-duc de
» Russie, qu'elle avait repoussé avec dédain.
» L'autocrate russe ne désespéra pas pour
» cela de l'obtenir; à plusieurs reprises, il
» demanda à son allié Éric, qui la tenait
» prisonnière, de la lui livrer; l'infâme Éric
» y avait consenti, et désormais les Russes
» le pressaient de remplir sa promesse. »
Jean comprit qu'il n'y avait pas de temps à perdre pour lui, et, d'accord avec son frère Charles, il se rendit maître de Vadstena, où vinrent le rejoindre tous les jeunes nobles, las du joug que leur imposait la folie du roi. Les deux princes marchèrent sans perdre de temps sur Stockholm. Aussitôt qu'Éric fut informé de ce mouvement, il n'imagina rien de mieux que de faire étrangler son médecin, parce que, disait-il, il se refusait à lui enseigner une méthode prompte de se tuer. Le roi, à la suite de ce nouveau meurtre, entreprit des négociations avec ses frères; voyant qu'ils refusaient toutes ses offres, il marcha contre eux à la tête de quelques troupes. Mais, le 17 septembre 1568, il vint chercher une retraite dans les murs de sa capitale. Il jetait un regard plein de mélancolie sur les troupes qui enveloppaient Stockholm, lorsque Georges Péterson, cet ancien confident qu'il avait naguère fait mettre en jugement, lui représenta « que, s'il avait daigné suivre
» son conseil à l'égard du duc Jean, et lui
» mettre la tête devant les pieds, il en se-
» rait autrement aujourd'hui. » Mais ce conseil plein de cruauté était tardif, et le 29 septembre 1568 Éric capitula.

Il était vaincu, ce qui était déjà un grand crime; en outre, il s'était rendu odieux aux Suédois de tous les rangs; les états prononcèrent donc sa déchéance. Il demanda néanmoins la parole, et, à la surprise de tous les assistants, il se défendit avec habileté; mais sa cause était perdue à l'avance. La diète le déclara indigne du trône, lui et ses enfants; il fut en outre condamné à rester en prison jusqu'à la fin de ses jours. Le préambule qui précéda l'arrêt rendu contre ce prince, établit le principe de la souveraineté du peuple, ou du moins il la regarde comme un fait; ce qui ne doit pas étonner, puisque, chez les Suédois, la monarchie était élective. Voici, au reste, les expressions de ce même préambule : « Toute autorité,
» étant instituée par Dieu pour favoriser le
» bien et pour punir le mal; le roi Éric, au
» contraire, ayant favorisé les méchants et
» ayant persécuté les bons, a clairement agi
» contre la loi, la volonté et l'ordre de Dieu.
» De plus, le roi Éric a juré, à son couronne-
» ment, d'être, tant qu'il vivrait, un roi bon,
» juste, chrétien et pieux; mais, ayant violé
» ce serment, tant envers Dieu qu'envers la

»Suède, il a rendu *nuls et de nul effet le* »*serment et l'hommage que les Suédois* »*lui ont prêtés;* d'où il suit que, devant »*Dieu* et devant les *hommes*, il a perdu ses »droits de roi. » Un des vingt-quatre griefs reprochés à Éric mérite d'être placé sous les yeux du lecteur; il fera connaître la susceptibilité des mœurs nationales des habitants du royaume. Ce grief, ou, si l'on aime mieux, cet article, portant le numéro 16, est ainsi conçu : « Le roi Éric a voulu rendre les Sué- »dois esclaves comme des *Esthions* (peuple »de Russie); cette intention, il l'a manifes- »tée par une gravure qu'il a faite lui-même, »et qu'il voulait publier. Elle représentait »un homme conduisant un âne par le licou; »l'âne était chargé d'un grand sac de sable, »et derrière lui se tenait un autre homme »avec un fouet dont il frappait l'âne sans »relâche. L'âne, c'était *le peuple suédois;* »l'homme qui le conduisait, Georges Péter- »son, et celui qui le frappait, le roi Éric. »*Voilà sa gratitude envers le peuple* »*suédois, qui l'a reconnu comme pre-* »*mier roi héréditaire. Que Dieu ait pitié* »*de lui!* »

Je touche à la fin du règne d'un monarque qui évidemment fut attaqué par intervalle d'aliénation d'esprit. Les actes d'Éric, aux yeux du bon sens, de la justice et de l'humanité, appellent une réprobation universelle. Cependant l'excellence du principe monarchique fondé par le grand Gustave avait déjà pris des racines si profondes en Suède, qu'on en appela aux armes alors seulement que la patience publique fut épuisée; la guerre civile ne déchira pas le royaume; on se garda bien, comme jadis, de nommer un *administrateur* qui, chef d'une famille nouvelle, aurait apporté de nouveaux intérêts : c'est l'élite de la noblesse qui, s'associant avec les ducs Jean et Charles, frères du dernier monarque, accourut pour sauver la patrie. L'État n'est pas en proie à des déchirements, il n'est dépouillé d'aucune de ses provinces; on sort, vaincu par des circonstances impérieuses, de l'ordre légitime de la succession, mais c'est pour y rentrer au plus vite, et l'on fait monter sur le trône le duc Jean, second fils de Gustave; on réalise, en un mot, le projet conçu de vieille date par le fondateur de la race des Vasa. Il est vrai qu'on écarte du trône la descendance d'Éric, mais c'est à cause de la condition primitive de la mère. Ainsi l'ordre successif offre de grands avantages aux peuples; je puis même affirmer qu'il est la première de toutes leurs garanties, surtout quand on médite sur l'organisation qui, depuis deux siècles, a été donnée à l'Europe. L'unité s'étant introduite tour-à-tour dans les lois, les actes de l'administration et dans la direction suprême imprimée par de grands hommes d'État, il en est résulté que, sous peine de perdre leur nationalité, les puissances de second ordre surtout doivent se préserver du fléau de l'anarchie : c'est la route qui les mène jusqu'à l'anéantissement de leur nom. Il ne faut jamais oublier le sort qui a été réservé à la Pologne par ses voisins.

Il était difficile de croire que le roi déchu vivrait long-temps dans les fers; cependant il n'en fut pas ainsi; on lui accorda même la présence, je devrais plutôt écrire la cohabitation, de sa femme pendant six années; comme il l'aimait de la tendresse la plus vive, elle était pour lui une consolation continuelle. Mais, en 1574, on enleva ce dernier bonheur à Éric; il paraît même que, dans sa prison, il fut plus d'une fois exposé aux outrages de ceux qui avaient à lui reprocher la perte de leurs plus proches parents. Le duc Charles, touché du sort de son frère aîné, demandait qu'on l'adoucît sans cesse; il n'en était pas de même de Jean, il ne put jamais oublier que le monarque déchu avait voulu livrer sa compagne Jagellonica aux embrassements impurs du grand-duc de Russie. Le pardon alors était commandé par le malheur même d'Éric. Ce dernier, rendu à son bon sens, adressait au duc Jean de fréquentes lettres, le suppliant de lui permettre de chercher une retraite tranquille et honorable hors de Suède, *nam mundus est satis amplus ut odia inter fratres distantia locorum et regionum bene possint sedari.* On sent que, dans sa position, Jean ne pouvait accueillir la demande que lui faisait son frère; mais du moins aurait-il pu soulager ses misères et faire respecter surtout sa personne ; car les états-généraux, en prononçant la déchéance d'Éric, avaient ordonné qu'il garderait une prison *princière*. Quoi qu'il en soit, d'anciens partisans d'Éric tentèrent de le délivrer, mais sans pouvoir y réussir ; lui-même parvint à entretenir une correspondance avec les Danois. Après avoir transféré de prison en prison l'ancien monarque, les duc Jean et Charles se résignèrent à l'empoisonner le 26 février 1577. Ainsi se termina la vie d'Éric. De son mariage avec Catherine il eut un fils et une fille ; le premier rendit le dernier soupir en Pologne (1607) ; quant à la fille, elle fut donnée en mariage à un gentilhomme suédois : de cette manière s'éteignit, *politiquement parlant*, la postérité du fils aîné de Gustave.

JEAN.

Les princes qui ont passé la plus grande partie de leur existence loin du trône, s'ils y montent par l'effet de quelque révolution subite, apportent dans leur nouvelle position un *caractère* pour ainsi dire *tout fait* ; le pouvoir suprême, loin de le modifier, en reçoit une empreinte profonde. Jean, long-temps prisonnier, avait eu le bonheur de conserver auprès de lui sa compagne Catherine Jagellonica. Cette princesse, née catholique, déployait la plus grande ferveur religieuse ; elle y trouvait une force inépuisable pour remplir tous ses devoirs. Aussi lui avait-on proposé en vain de se retirer au château royal ; elle avait préféré partager les fers de son mari, et pour toute réponse à la proposition qui lui avait été faite, elle avait montré son anneau nuptial, sur lequel étaient gravés ces mots *mors sola*. Un dévouement aussi sublime inspira à Jean la tendresse la plus profonde pour Catherine Jagellonica. Cette vertueuse princesse réussit donc à communiquer à son époux les opinions religieuses qu'elle ressentait, et elles lui servirent de consolation. Mais les circonstances étaient changées ; Jean était devenu possesseur d'une couronne, et le peuple sur lequel il était appelé à régner venait d'être converti, il y avait peu d'années aux doctrines de Luther. Ce n'est pas tout, les intérêts nationaux de ce même peuple se trouvaient d'accord avec le nouveau culte qu'il avait récemment embrassé. Jean allait donc se trouver placé entre ses devoirs comme monarque et les obligations que sa conscience lui imposait : de là vinrent les premiers embarras du règne de ce prince ; cette même cause enfin ravit le trône à sa postérité. Il ne faut pas, au reste, condamner Jean d'une manière trop absolue : la majorité de la nation suédoise avait long-temps porté un cœur catholique ; la longue résistance qu'elle opposa aux changements religieux introduits par Gustave Vasa en est la preuve la plus certaine. D'un autre côté, le père du roi avait plutôt passé un compromis entre les deux cultes qu'il n'en avait fondé un nouveau ; il paraissait alors facile à Jean de rentrer dans les anciennes habitudes religieuses du pays. Il publia donc, en 1571, une ordonnance relative aux églises et aux écoles, ordonnance renfermant diverses dispositions qu'on peut considérer comme les bases premières d'une transaction à venir : ainsi les paroissiens éliront eux-mêmes leurs curés, l'évêque approuvera le choix, seulement les prêtres seront tenus de posséder la langue latine, dont se sert la l'église romaine. Laurent Pétri, archevêque protestant de Stockholm, et qui avait tant contribué à introduire le luthéranisme dans la Suède, rendit le dernier soupir ; aussitôt Jean ne nomma un successeur à l'ancien prélat qu'aux conditions suivantes : « il fera un aveu public » des avantages que présentent les couvents ; » il reconnaîtra l'adoration des saints, les » prières pour les morts. » C'était rentrer de plus en plus dans le catholicisme.

Sur ces entrefaites, la reine avait fait entamer des négociations avec le saint-siége, qui envoya deux jésuites à Stockholm. Il fut prescrit à ces deux bons pères de se donner l'apparence de sincères et zélés luthériens ; ils jouèrent si bien leur rôle, que les ministres protestants voulurent qu'ils fissent partie de l'université qu'on créait dans la capitale. Une fois entrés dans le corps de la place, les deux jésuites manœuvrèrent assez habilement pour faire un grand nombre de prosélytes. Mais ce succès même les trahit, et les ministres luthériens, furieux de s'être laissé duper, rompirent plus haut que jamais avec le saint-siège. Jean imagina, dans cette crise, de fabriquer lui-même une nouvelle liturgie à laquelle devaient se soumettre tous ceux qui prétendraient à remplir à l'avenir des fonctions ecclésiastiques. Enfin, dans l'année 1576, le monarque fit de nouvelles propositions à la cour de Rome : il en recevrait un concordat, mais les biens du clergé, ravis par Gustave Vasa, ne lui seraient pas rendus ; d'un autre côté, les prêtres pourraient se marier. Le saint-siège, sans vouloir prendre aucun engagement positif, donna ordre à un jésuite de se rendre en Suède. Ce religieux reçut de la part de Jean et de sa femme l'accueil le plus favorable, et, en attendant mieux, il parvint à faire prohiber les ouvrages de Luther ; quelques historiens soutiennent même, sans en donner d'ailleurs aucune preuve, que, dans l'année 1578, le monarque se fit catholique. Les choses, néanmoins, restèrent dans cet état jusqu'en 1583, époque où la reine mourut ; Jean prétendit alors que le saint-siège n'avait pas appuyé la revendication qu'il avait formée des duchés de Bari et de Rossani, auxquels il prétendait au nom de sa femme, comme héritière de Bona Sforza. Enfin, l'année qui suivit la mort de Catherine Jagellonica, le monarque convola à de secondes noces avec Gunnilla Bjelke, âgée de seize ans. Une aussi grande différence d'âge explique l'empire que cette jeune femme exerça sur l'esprit du roi, auquel elle persuada d'abandonner le catholicisme et toute idée de fusion de ce culte avec le luthéranisme. Mais si la jeune reine obtint ce triomphe, elle ne put jamais faire renoncer son époux à la liturgie dont il était l'auteur. Cette obstination rendait Jean odieux à ses sujets, qui, devenus luthériens, considéraient la liturgie inventée par leur prince comme une sorte de catholicisme mitigé, que le pape, de son côté, repoussait avec horreur. Enfin, les hommes qui, en Suède, auraient pu, de leur propre mouvement, se rallier aux vieilles doctrines religieuses, s'indignèrent des persécutions du roi, et cédèrent aux suggestions du clergé et des nobles, qui étaient liés par leurs intérêts aux réformes religieuses entreprises par Gustave Vasa.

Néanmoins les diverses entreprises contre le culte luthérien tentées par Jean se seraient éteintes d'elles-mêmes, sans une circonstance particulière qu'il faut que je révèle au lecteur. Le duc Charles, le plus jeune des fils de Vasa, avait le discernement le plus complet de la position de la Suède ; appréciant, d'un autre côté, le caractère du monarque, il resta convaincu qu'il se jetait dans une mauvaise route. Dans le cas même, et c'était le contraire qui avait lieu, où les mases auraient incliné vers le catholicisme, ce fait n'avait aucune importance, puisque les nobles et les prêtres étaient attachés au luthéranisme : c'étaient ces derniers qui, après tout, constituaient le parti national. Charles aspira donc à devenir son chef suprême ; en possession d'un duché, il en ouvrit l'accès aux ecclésiastiques persécutés par Jean au nom de sa prétendue liturgie, et entretint à ses frais une foule de jeunes gens qui allèrent puiser dans les universités allemandes le fanatisme des doctrines nouvelles. Bref, Charles déclara positivement à son frère qu'il n'accepterait jamais la liturgie dont il était le père. A une époque où la religion exerçait une influence si prodigieuse, voilà deux frères qui se trouvent en dissentiment sur le point le plus grave ; voyons maintenant quelle fut la conduite du roi dans la direction politique qu'il imprima à la Suède. Au moment où il monta sur le trône, une guerre existait entre la Suède et le Danemark. Jean, qui alors était simple duc, signa, d'accord avec son frère Charles, une trêve qui était plus à leur avantage qu'à celui du royaume. Ce traité s'explique par la position difficile où se trouvaient alors ces princes ; mais Jean, devenu roi, ne craignit pas d'engager les états [1569] à subir les mêmes conditions. Ceux-ci, cédant à cette fierté, apanage de la nation, offrirent au monarque « autant de poudre, de boulets et » de piques qu'il pourrait jamais en récla- » mer. » Les hostilités furent alors reprises, et, en 1570, on conclut un traité de paix avec le Danemark, mais ce fut pour s'engager dans une guerre avec la Russie : le résultat en fut glorieux pour la Suède. En effet, le czar n'obtint la paix qu'en se soumettant aux stipulations les plus dures comme les plus humiliantes.

Mais ce fut dans ses rapports avec la Pologne que la descendance masculine de Jean rencontra l'échec le plus sensible; car, grâce à ces mêmes rapports, elle se vit dépouillée du trône de Suède, qui était devenu héréditaire dans la famille des Vasa. La république polonaise réclamait la Livonie, qui, pour échapper aux Russes, s'était donnée à la Suède. Sur ces entrefaites, et lorsqu'une nouvelle guerre allait éclater, Étienne Bathori, roi de Pologne, expira [1586]. La veuve de ce monarque illustre appela le choix des anciens sujets de Jagellon sur Sigismond, fils de Jean. Cette prédilection s'explique : le jeune prince était, du côté de sa mère, neveu de la reine douairière. Sigismond, ainsi appuyé, l'emporta sur son rival Maximilien d'Autriche. Il faut maintenant remarquer que le roi de Suède fut comblé de joie par l'élection de son fils, car il fallait être catholique pour régner en Pologne; or, Sigismond était, comme sa mère, attaché de cœur à l'ancienne religion de la Suède. D'un autre côté, les grands seigneurs de ce royaume, qui ne respiraient que pour rentrer dans leur puissance première, sentaient combien il était important pour eux que le fils aîné de leur monarque acceptât une royauté élective : c'était une reconnaissance du principe. Si des circonstances plus heureuses arrivaient, on les verrait en profiter pour rendre la couronne de Suède élective à son tour. Enfin, lorsque tous les obstacles furent levés, grâce à l'habileté du négociateur Éric Sparre, Jean et Sigismond son fils s'engagèrent à faire revivre les *statuts de Calmar sur le gouvernement des deux États*, c'est-à-dire que tous les nobles suédois durent rentrer dans la possession des privilèges dont ils jouissaient à cette époque : en résumé, pour obtenir la couronne de Pologne, le père et le fils dépouillèrent celle de Suède de toutes les prérogatives dont l'avait agrandie Gustave Vasa. Voici, au reste, les stipulations qui furent consenties : « Il y aura entre les deux États paix et »alliance; les lois et les libertés de chacun »d'eux seront maintenues; on ne pourra »nommer au gouvernement que des natio- »naux. Tous les trois ans, le roi doit venir »en Suède, et, pendant son absence, le gou- »vernement sera entre les mains de sept sei- »gneurs; le roi nommera aux charges de la »couronne, mais sur la proposition du sénat; »les trésors et les joyaux de la couronne, »les munitions et le matériel de la guerre ne »pourront sortir du royaume, sauf le cas du »mariage d'un membre de la famille royale; »les impôts, les traités de paix et d'alliance, »ainsi que les déclarations de guerre, ne se- »ront dictés que de concert avec les états; »enfin le roi ne pourra se servir, dans les »affaires de la Suède, que de la langue sué- »doise; les suédois ne pourront être jugés »qu'en Suède, par des Suédois, et d'après la »loi suédoise; toutefois, en cas de révolte »dans l'un des deux royaumes, le roi peut se »servir des troupes de l'autre pour dompter »les rebelles, en dédommageant le royaume »qui aura fait les frais de la guerre. » Si un pareil acte eût été exécuté, c'en était fait du pouvoir royal en Suède; mais Jean confia ses craintes à son frère le duc Charles, qui lui fit comprendre la nécessité d'échapper au joug qu'il s'était préparé.

A partir de ce moment, de fréquentes contestations eurent lieu entre Jean et les nobles. Le monarque, d'ailleurs, éprouvait le besoin le plus vif de revoir Sigismond, qui régnait en Pologne; et le 3 juillet 1589 il cingla vers Revel, où il eut une entrevue avec son fils. L'opinion publique s'alarma... Sigismond allait abandonner le trône de Pologne!! Jean assura que cette nouvelle, répandue à dessein, était une calomnie; il voulait seulement ramener son fils en Suède, afin de le faire reconnaître et couronner comme son successeur. Les Polonais, qui considéraient une élection nouvelle comme une crise menaçante pour la tranquillité publique, supplièrent Sigismond de hâter son retour au milieu d'eux. La noblesse suédoise, de son côté, pressait Jean de revenir dans le royaume, et elle publia un écrit portant la signature de soixante-un membres de cet ordre si illustre; parmi ces signatures où remarquait celles de tous les sénateurs, hors une seule. Cet écrit portait en substance, « que si Sigismond répudiait la couronne »de Pologne, il faillirait à l'honneur et à »la bonne foi royale. Il est vrai que l'his- »toire nous offre des monarques qui sont »descendus du trône; mais ils en sont des- »cendus publiquement et en hommes d'hon- »neur. Il n'existe qu'un seul exemple d'un »roi qui ait quitté clandestinement sa cou- »ronne et son royaume, c'est celui de Henri »de Valois, d'un prince qu'on ne peut être »jaloux d'imiter. Si le roi Sigismond aban- »donne comme lui le trône de la Pologne, »la Suède, déjà en guerre avec les Russes, »le sera bientôt avec la Pologne, et les im- »positions en hommes et en argent, que ces »deux guerres nécessiteront, ne pourront »pas manquer de *provoquer des révoltes.* »Au reste, le roi peut compter sur la fidé- »lité des seigneurs, qui n'épargneront ni »leur vie ni leur sang pour assurer à Sigis- »mond la succession à la couronne de Suède. »

Ce document, que j'ai emprunté au plus récent historien (1) de la Suède, mérite d'attirer un instant notre attention; la pensée intime, la pensée véritable des nobles, c'est que si le roi et son fils ne se rendent pas à leur *prière*, ils en appelleront à la force, tant il est vrai que les anciens souvenirs des *corporations* ou des *ordres* laissent dans les esprits des souvenirs ineffaçables! C'est après le règne si grand, si glorieux de Gustave Vasa que les nobles osent faire entendre un pareil langage à son fils! Rien ne peut les arrêter, pas même la majesté du pouvoir royal, qu'ils offensent au lieu de l'éclairer, qu'ils provoquent avec audace, tandis qu'ils n'auraient dû avoir que des vœux à lui offrir. Insensibles à ce sentiment de tendresse, le premier de tous dans le cœur de l'homme, ils défendent à un père de revoir son fils, ils interdisent ces communications de famille, plus puissantes que toutes les lois; tel est le résumé exact de l'écrit des nobles suédois. Mais la justice me force aussi de faire remarquer au lecteur le grand nombre de fautes qui ont été commises par le roi Jean et et son frère Éric. Ces cruautés avaient affaibli le prestige enfanté par la gloire du premier des Vasa, et dont il avait entouré le principe monarchique. A la lecture du manifeste rapporté plus haut, on doit croire que tous les liens de l'obéissance sont rompus, qu'une insurrection générale va embrasser le royaume entier et que le roi Jean, saisi de crainte, accourra en Suède. Eh bien, voici la réponse du monarque : « *Il faut obéir ou chercher un* »*autre roi.* » Les officiers de l'armée, dont le premier devoir est une obéissance passive, font parvenir à Jean leurs drapeaux, manière significative de lui annoncer qu'ils ne veulent plus combattre pour lui. Ce n'est pas tout, l'homme que le roi a choisi pour administrateur du royaume en son absence lui apprend que le duc Charles prépare une révolution nouvelle; alors Jean revient parmi son peuple. Les soupçons élevés contre son frère Charles ne reposent sur aucune base solide, il en reconnaît la fausseté; le duc, de son côté, fait d'immenses sacrifices pour faire face dans ce moment aux dépenses de l'État. Mais Jean, ulcéré jusqu'au fond du cœur de la protestation des nobles, leur suscite un procès; il déclare que son intention est de régner désormais en *roi absolu*, et il somme les sénateurs de jurer, sous la foi du serment, qu'à l'avenir ils obéiront à *toutes ses volontés*. Une guerre, ajoute-t-il, a lieu entre la Suède et la Russie; eh bien, c'est au czar à se présenter à genoux devant lui, s'il veut obtenir la paix.

Voilà l'Europe, telle qu'elle existait à la fin du seizième siècle; tout était poussé à l'extrême, ce qui explique les horribles bouleversements qui avaient lieu alors. Il en est des États comme des familles : s'ils prospèrent, c'est à la condition que de part et d'autre on se fera des concessions; certaines classes de la société, ou bien le monarque, sont-ils inflexibles sur ce qu'ils appellent leurs droits, il en résulte avec le temps une conflagration générale ou du moins des secousses qui compromettent la sûreté de tous. Les nobles, comme les sénateurs, se résignèrent cette fois à l'obéissance; il n'en fut pas de même du czar : se riant de la forfanterie de Jean, il vint l'attaquer à la tête d'une armée

---

(1) M. Lebas.

considérable; Gustave Horn triompha d'un pareil ennemi. C'était là un service rendu à Jean III, et qui était digne de sa reconnaissance; mais il fit condamner à mort le triomphateur, et ne lui laissa la vie que sur la place même où le dernier supplice devait lui être infligé. Enfin le monarque rompit de nouveau avec son frère Charles, et entra dans une grande mésintelligence avec son fils chéri Sigismond, parce qu'il avait signé la paix avec les Moscovites. Un trait qui caractérise le second fils de Vasa, c'est que jusqu'à son dernier moment il se livra contre ceux qui ne voulaient pas adopter sa liturgie à la haine la plus violente, usant de tous les moyens en son pouvoir pour les châtier. Bref, Jean rendit le dernier soupir le 17 novembre 1592. En dépit de toutes les fautes qu'on peut reprocher à ce prince, il possédait des connaissances très étendues son temps, et parlait un assez grand nombre de langues; ce genre de science ne lui fut pas sans doute très-utile dans le gouvernement de ses États. Mais c'est ici le lieu de faire un aveu bien triste pour l'humanité, c'est que, si on en excepte le duc Charles, tous les autres enfants de Gustave Vasa furent atteints d'une sorte d'aliénation mentale. Éric, sans contredit, était fou... et fou jusqu'à la fureur : son règne dut donc être court. Jean n'était guère plus sage; mais comme les travers de son esprit ne se traduisaient pas en meurtres capricieux, il fut possible de supporter son empire, qui d'ailleurs rencontrait d'utiles contrepoids. L'histoire le prouve : ou les grands hommes ne laissent pas de postérité, comme s'ils devaient rester seuls dans l'espace, ou si la Providence leur envoie des successeurs, ils sont indignes de leur gloire et la font rougir par un contraste qui surprend toujours, tant il crée de distance entre le père et le fils! Il semble donc que la nature humaine ne peut continuer dans plusieurs générations une grandeur qui franchit les limites ordinaires; ses forces s'épuisent tout-à-coup, et en moins de quelques années le niveau est rétabli. César n'a pas légué au monde un fils, et Dieu n'a accordé un héritier à Napoléon que pour le frapper à l'âge où le siècle s'apprêtait à lui demander compte du grand nom qu'il portait. Il m'est pénible, sans doute, de descendre de ces hauteurs pour revenir à Jean; j'ai encore un mot à dire de ce prince : il avait fait assassiner Éric, son frère, et il ne mourut pas de remords!! Mais il obtint l'absolution du pape, et, dans les idées du temps, il n'en fallait pas davantage pour rassurer une conscience.

SIGISMOND ET CHARLES IX.

Le lecteur sera surpris, et à juste titre, de voir un royaume gouverné en même temps par deux monarques; il est des places où l'on ne peut s'asseoir *deux*, puisqu'elles semblent trop étroites pour un *seul*; c'est ce qui effectivement va se réaliser, et nous verrons un oncle s'emparer du bien de son neveu; il est vrai que ce dernier ne commit que des fautes comme monarque de la Suède. La politique, je ne saurais trop le répéter, est une science positive; elle s'exerce sur des intérêts, des opinions et des sentiments; il ne faut pas qu'elle attaque les uns et qu'elle froisse les autres. Le duc Charles s'était montré jusque là invinciblement attaché au luthéranisme, de sorte que, par ce fait même, il se trouvait placé à la tête du parti national; il était en outre sur les lieux : que d'avantages réunis! Il allait avoir à lutter contre un prince dépourvu de toute espèce d'habileté, tandis que lui-même avait, comme son père, l'instinct du pouvoir, étendu et perfectionné par l'habitude des affaires. Dans les temps de révolution, il importe de se dessiner nettement, surtout lorsqu'on marche d'accord avec l'opinion publique; alors on peut compter sur elle. Le duc Charles connaissait l'attachement que son neveu Sigismond portait au catholicisme, dans lequel sa mère Catherine Jagellonica l'avait nourri; il dit donc dans le sein du grand-conseil « que la réforme de » la religion et la liberté étaient les deux » plus grands bienfaits de son père envers la » Suède; que c'était par reconnaissance pour » ces bienfaits que les états avaient rendu la » couronne héréditaire dans la maison de » Vasa, et que celui-là seulement mériterait » de porter le titre de roi qui travaillerait à » conserver ces libertés au royaume. Vous

»avez maintenant un roi qui, dans sa con-
»science, est soumis à la puissance et à la
»volonté du pape; il est aussi nécessaire
»d'exiger de lui des garanties pour notre
»religion et pour notre liberté, comme an-
»ciennement les Suédois en avaient exigé de
»leurs rois. » Je reviens sur mes pas pour
donner quelques détails sur le nouveau monarque de Suède; sa foi dans le catholicisme
était si vive et si profonde que, lorsque son
père Jean, marié en secondes noces (1),
voulut le ramener au luthéranisme, culte désormais dominant en Suède, auquel le roi se
rallia franchement, sauf sa liturgie, il rencontra dans son fils l'opposition la plus complète. Charles comprit alors que, grâce aux
convictions religieuses de Sigismond, le trône
de Suède devait lui revenir.

Un concile national fut convoqué, le 25
février 1593, à Upsal, dans lequel la confession d'Augsbourg fut acceptée. Le concile était présidé par Nicolas de Bothnie,
qui naguère avait refusé de reconnaître la
liturgie du roi Jean. Sur la demande que
fit ce théologien à l'assemblée si elle ratiﬁ-
ait à l'unanimité la résolution qu'elle venait de prendre : « Nous n'épargnerons pour
» la maintenir, » s'écrièrent tous les membres, « ni *notre vie* ni *nos biens.* » Alors
le président reprit : « Maintenant la Suède
» est comme un seul homme, nous n'avons
» plus qu'un seul Dieu. » Une réaction s'o-
péra, les ouvrages de Luther furent de nouveau répandus dans les mains du peuple,
et les restes des cérémonies religieuses qui
pouvaient rappeler le catholicisme furent détruits. Néanmoins on accusa le duc Charles de calvinisme; quelques évêques vou-

laient, en conséquence, le déclarer héréti-
que; il leur fit répondre : « Étendez la
» proscription sur tous ceux que vous savez
» appartenir à cette croyance, *et au diable*
» *lui-même, si bon vous semble.* » Mais,
désavouant plus tard ces paroles imprudentes,
il adressa une lettre au clergé d'Upsal, dans
laquelle se trouve le passage suivant : « Nous
» ne confessons que Jésus-Christ et sa parole,
» et nous ne voulons soumettre notre foi aux
» opinions d'aucun homme, qu'il s'appelle
» *Luther, Svingle* ou *Calvin.* » Cette der-
» nière démarche replaçait le prince dans la
juste mesure, expression réelle et sincère
de l'opinion publique, car les Suédois répu-
gnaient à se jeter, en matière religieuse,
dans un parti extrême; aussi ne vit-on pas
parmi eux des proscriptions et des massacres.
Cependant Sigismond débarqua à Stockholm
le 30 septembre 1593; Charles partit aussitôt pour son duché, laissant son neveu au
milieu d'une foule d'embarras inextricables.
En effet, comme catholique, il ne voulut pas
ratifier les résolutions du synode d'Upsal.
Lorsqu'ensuite on voulut célébrer les obsè-
ques du dernier roi et couronner son successeur, le peuple interdit de force l'entrée de
l'église au cardinal et aux jésuites qui entouraient Sigismond. Charles, de son côté,
se déclara le protecteur des états, et soutint que son neveu ne devait pas être couronné, à moins qu'il ne donnât des garanties.
A l'appui de cette protestation, le duc mit
sous les armes trois mille hommes.

Ces troupes remplirent d'audace les états-
généraux, Sigismond ratifia de sa signature les résolutions prises par le concile d'Upsal, et il reçut la couronne des mains d'un
évêque protestant (1594). Sigismond, pour
se venger d'une soumission qui avait coûté si
cher à sa conscience, choisit pour gouverneur
de Stockholm le comte Éric Brahé, catholique dévoué, et il ne prit aucune mesure, au
moment de son retour pour la Pologne, relativement à la régence de Suède, convaincu
qu'il suffisait de la jalousie que les gouvernements des provinces se portaient entre eux
pour entretenir une sorte d'anarchie qui serait fatale au duc son oncle, auquel il permit, plus tard, de gouverner, pendant son

---

(1) Jean, après avoir perdu sa première femme
Catherine Jagellonica, se refroidit à l'égard du catholicisme, pour lequel sa seconde épouse éprouvait
de la répugnance. Mais le monarque, en persécu-
tant d'abord ses sujets luthériens, réveilla, surtout
chez les ecclésiastiques, l'ardeur qu'ils ressentaient
pour les nouvelles idées religieuses. Jean lui-même
se rattacha plus tard à la *réforme*, sauf la liturgie
dont il était l'inventeur, et en vint au point de vouloir faire embrasser le culte nouveau à son fils Sigismond. Au reste, comme je l'ai dit dans mon *Histoire de Pologne*, p. 262, ce fut sous son père Gustave Vasa que Jean adopta, dans sa jeunesse, le
luthéranisme, avec la majorité du peuple suédois.

absence, l'état avec les sénateurs. Cette combinaison devait encore avoir pour résultat de jeter le royaume dans une confusion sans fin. Mais cette politique, qui, en définitive, devait tourner au détriment des Polonais, échoua devant le caractère résolu de Charles; il réunit les états-généraux; la majorité des sénateurs lui était dévouée, mais la minorité, conduite par Clas-Flemming, maréchal du royaume, lui était hostile. Deux circonstances favorables vinrent au secours du régent : il eut [9 septembre 1594] un fils qui, depuis, fut le célèbre Gustave-Adolphe; presque tous les sénateurs assistèrent au baptême de cet enfant; Charles signa ensuite [1595] un traité de paix avec les Russes, traité qui était à l'avantage des Suédois. Clas-Flemming ne voulut cependant pas le ratifier. Charles décida que les états-généraux seraient immédiatement réunis; les sénateurs déclarèrent qu'ils n'apposeraient pas leur seing aux lettres de convocation. « Il faut, » leur répondit le prince, » que vous signiez les lettres et que vous » veniez avec moi à Soderhoping (1) si vous » ne voulez pas vous exposer à suivre une » autre route. Rappelez à votre mémoire » l'histoire d'Engelbrecht, qui, simple fils de » paysan, força les seigneurs à faire sa volonté. Moi, je suis fils d'un roi et prince » héréditaire; si vous ne me suivez pas de » bon gré vous irez de force, dussiez-vous » faire le chemin garrottés. » Les sénateurs se rendirent à des menaces aussi énergiques, et l'assemblée se tint dans les murs de Soderkoping; mais les discussions traînèrent en longueur. Alors le prince décide qu'une réunion générale aura lieu sur la place de ville; il possède les affections du peuple, son triomphe est assuré; les nobles lui jurent serment de fidélité. Charles déclare ensuite que Clas-Flemming sera puni; il rencontre, sur ce point, de la résistance de la part de Sigismond; il se démet de ses fonctions de régent, et annonce la résolution de déposer l'autorité qu'il a reçue entre les mains des états-généraux.

(1) Ville d'Ostrogothie où les états devaient s'assembler.

Sigismond agrée la démission de son oncle, et, à l'avenir, c'est le sénat qui gouvernera le royaume. Charles en appelle à une nouvelle assemblée [1597], où se rendent seulement en masse les habitants des campagnes. Ceux-ci obtiennent que le prince tiendra de nouveau les rênes de l'État; les sénateurs se retirent en pays étranger, et Clas-Flemming rend le dernier soupir. Charles, qui a pour point d'appui les paysans, est devenu maître du royaume. Tandis qu'il est en pleine révolte contre son neveu, souverain légitime de la Suède, Sigismond débarque à Calmar le 30 juillet 1598; il est accompagné de cinq mille soldats polonais. Les villes se déclarent en sa faveur, et il remporte une victoire sur son oncle; mais ce dernier prend une revanche éclatante le 25 septembre 1598, et met dans une déroute complète l'armée royale. Tout semble décidé d'une manière irrévocable, mais tel n'est pas l'esprit du temps : une trêve est signée, dans laquelle Charles consent à ce que de part et d'autre on désarme; puis Sigismond, après avoir renvoyé ses soldats, gouvernera lui-même après avoir convoqué les états-généraux. Il est difficile de s'expliquer une pareille conduite de la part d'un prince qui avait fait preuve jusque là de talents véritables et d'une grande force de volonté; il touche enfin au but objet de tous ses désirs, puis il l'abandonne, comme s'il eût cédé à un simple caprice. Charles espérait-il que son neveu commettrait de nouvelles fautes qui lui raviraient pour toujours l'attachement de ses sujets? Mais la défaite subie par Sigismond le faisait tout naturellement tomber du trône; pourquoi donc recourir à une épreuve dont le résultat pouvait être douteux? Un pareil problème est donc insoluble. Mais les avantages qui venaient d'être accordés à Sigismond, il ne devait pas les conserver long-temps. Il avait été convenu que le prince débarquerait à Stockholm; les vents ne lui étant pas favorables, il aborda à Calmar, et, après avoir laissé dans cette ville une garnison polonaise, il se fit transporter à Dantzig. La nation entière se prononça contre Sigismond, qui annonçait tout haut qu'il reviendrait incessamment avec une armée formidable pour soumettre enfin la Suède.

Alors les états-généraux furent rassemblés à Stockholm, et prononcèrent [juillet 1599] la déchéance du fils de Jean; on respecta néanmoins les droits des enfants de ce monarque, à la condition que, dans le délai d'un mois, l'aîné se rendrait en Suède pour embrasser le luthéranisme. On conçoit que Sigismond était un catholique trop sincère pour vouloir faire acheter à sa postérité un trône qu'elle paierait par l'apostasie. La conclusion logique de cette résolution fut que la couronne de Suède passa, du petit-fils de Gustave Vasa, au duc Charles, troisième fils du héros. Mais les principes monarchiques, en dépit de quelques manifestations contraires, avaient fait des progrès étendus dans le royaume; aussi, rappelons-nous combien Sigismond commit de fautes politiques avant de tomber du trône. Au reste, ce qui est surtout digne de l'attention du lecteur, c'est que les états accordèrent seulement au duc Charles le titre de régent, et que de longues années se passèrent avant qu'il acceptât lui-même celui de roi. Si un monarque aussi ambitieux se soumit à une pareille atteinte, c'est qu'une révolution s'était opérée dans les mœurs politiques des Suédois; éclairés par l'expérience, ils savaient quels sacrifices imposent aux peuples les usurpations; ce n'est donc qu'à leur corps défendant qu'ils prononcèrent la *déchéance personnelle*, si je puis m'exprimer ainsi, de Sigismond. Long-temps ils espèrent pouvoir rendre au fils ce que l'impérieuse nécessité avait forcé de ravir au père. Ce respect pour les droits acquis prouve qu'un peuple est digne de tous les bienfaits de la civilisation. Maintenant quel spectacle offre un peuple voisin des Suédois, je veux parler des Polonais. Sous le règne de ce même Sigismond, leur monarque électif, naquit le *liberum veto*, qui plongea la république dans la plus effroyable anarchie; elle résista encore long-temps, sans doute, mais, à partir du jour fatal où chaque noble put arrêter la diète entière, combien compte-t-elle encore de grands rois? La Suède, au contraire, qui, en dépit de la déchéance de Sigismond, s'était rapprochée des principes monarchiques, a vu paraître dans ses annales des princes qui ont fait l'admiration de l'Europe et assuré une prépondérance véritable à un peuple qui compte à peine trois millions d'habitants. Ce seul rapprochement prouve de quelle énergie sont doués certains principes d'ordre.

CHARLES IX.

Devenu définitivement maître de la Suède, Charles IX se montra sanguinaire et vindicatif, et fit livrer au dernier supplice Jean Sparre, qui, fidèle à Sigismond, lui avait opposé dans le château-fort de Calmar une défense héroïque. Le duc, car il n'avait pas encore le titre de roi, fut assez heureux pour rester maître de la Finlande; mais il en coûta la vie à vingt-huit nobles, parmi lesquels on compta Jean Flemming, fils de Class. Charles IX, qui, pour faire triompher ses desseins, avait été réduit à s'appuyer sur les dernières classes, portait la haine la plus profonde aux gentilshommes suédois, qui, fidèles à leurs devoirs, s'étaient déclarés ses ennemis. D'un autre côté, ce prince, qui aspirait à établir un pouvoir assez fort pour broyer toute espèce de résistance, était convaincu que les classes supérieures, afin de conserver leurs priviléges, provoqueraient des soulèvements perpétuels; les exemples du passé l'effrayaient pour l'avenir. On possède une de ses lettres, qui renferme contre l'élite des seigneurs suédois l'accusation suivante : « Éric Sparre et ses amis veulent » que le roi n'ait que le titre et les ennuis » du pouvoir, tandis qu'eux ils en auront tous » les profits, avec la liberté de chasser et de » déposer le roi aussi souvent que cela » pourra leur convenir. » Cédant à cette conviction, Charles parvint à obtenir, en 1600, la condamnation à la peine capitale de quatre gentilshommes de haute extraction, parmi lesquels se trouvaient ce même Éric Sparre, qu'il considérait comme l'adversaire le plus redoutable du pouvoir royal. Dans la même année Charles fut proclamé roi par une portion des membres de la diète de Linkoping; mais les nobles se renfermèrent dans le vœu qu'il *continuât à tenir les rênes de l'État.* Le principe de l'hérédité légitime exerçait une telle influence, que plusieurs députés émirent l'opinion qu'un nouveau délai de cinq mois devait être laissé à Sigismond pour qu'il envoyât son fils en Suède.

Charles, jugeant avec intelligence sa position, se contenta de conserver le titre de régent du royaume, et marcha droit contre les Polonais, auxquels il enleva la Livonie et l'Esthonie; mais il fut vaincu à son tour par Zamoiski, qui fit prisonnier Charles Gyllenhielm, fils naturel du prince, auquel ce dernier avait confié la défense du château-fort de Volmar, et que Sigismond retint douze ans dans les fers sans vouloir l'échanger. La guerre, au reste, se perpétua encore pendant de longues années entre le neveu et l'oncle; Sigismond ne pouvant se résigner à perdre la Suède, qu'il n'avait pas su gouverner. D'un autre côté, Charles semblait reculer devant la pensée de s'asseoir sur le trône comme monarque, et s'il repoussait Sigismond il reconnaissait les droits du jeune Jean, frère du précédent roi. « Il hésita » long-temps, « dit M. Lebas (1), » à profiter de la renonciation que ce jeune prince » signa à l'âge de quinze ans ; il prit toujours le plus grand soin de son éducation, » et, dans son testament, il reconnut de » nouveau ses droits, et pria les états de » choisir entre Jean et Gustave-Adolphe, » son propre fils. » Ainsi Charles tenait son neveu Sigismond comme frappé d'une sorte d'incapacité qui l'éloignait pour toujours du trône; mais dans ce cas pourquoi ne pas appeler le fils de ce prince à la couronne, et donner la préférence à Jean ? En choisissant le prince on sortait du principe véritable en matière d'hérédité; serait-ce enfin que le régent espérait diriger comme bienfaiteur son second neveu, je veux dire Jean. Quoi qu'il en soit, Charles ne reçut le titre de roi qu'en 1604, et son sacre n'eut lieu que trois ans après, c'est-à-dire en 1607. Le monarque d'ailleurs se montra fidèle au plan qu'il avait adopté de ravir la puissance à la noblesse, et il prit la mesure la plus propre à le conduire à son but. Il établit une armée

qu'il tint toujours sur le pied de guerre ; il essaya de faire promulguer par les états-généraux des lois qui devaient réprimer les exactions auxquelles se livraient les nobles ; mais ceux-ci firent échouer les diverses tentatives du roi.

Charles, dont l'esprit était fort étendu, protégea le commerce, et fonda la ville de Gothembourg, où il sut attirer des Hollandais, qui, par leur travail et leur industrie, enrichirent promptement la nouvelle cité. Je n'entrerai pas dans les détails des diverses guerres que le monarque eut à soutenir contre les Russes et les Danois ; ces guerres n'ont pas laissé de traces dans l'histoire, quoique Gustave y déployât souvent la plus brillante valeur. La gloire militaire du roi devait d'ailleurs être effacée par celle de son fils, Gustave-Adolphe, dont il avait deviné les hautes destinées : aussi, rencontrait-il des obstacles qu'il ne pouvait surmonter, il plaçait la main sur la tête de son fils, et s'écriait : « *Ille faciet*: celui-là le fera. » Charles, au reste, sentant toute l'importance des rapports diplomatiques, se rendit favorables la reine d'Angleterre Élisabeth, et Henri IV, qui gouvernait alors la France avec tant de gloire. Si l'on envisage seulement le père du grand Gustave-Adolphe sous les rapports moraux, les devoirs de l'historien le condamnent à porter un jugement sévère. En effet, ce monarque ravit la couronne par des voies criminelles à son neveu Sigismond, et à sa descendance : en possession du pouvoir suprême, Charles se montra impitoyable envers la haute noblesse du royaume, et il répandit le sang plus d'une fois pour satisfaire des ressentiments personnels. Mais, si on laisse dans l'ombre le monarque usurpateur pour porter uniquement ses regards sur la Suède, on est forcé de convenir qu'il releva les ruines de ce royaume, et qu'il porta en outre sa puissance à un très-haut degré; en un mot il sema l'avenir que Gustave-Adolphe sut, grâce à ses grands talents, faire lever si vite. Charles, qui avait passé la plus grande partie de sa carrière au milieu des intrigues de la politique et des agitations de la guerre, était doué d'un génie éminemment organisateur; mais, contenu par des

(1) *Histoire de Suède.*

difficultés de tout genre, il ne put accomplir en entier toutes les améliorations qu'il avait méditées : il réussit néanmoins, par la persévérance et la sévérité de son caractère, à faire pénétrer quelque ordre dans ce chaos qu'on appelait alors l'administration ; mais les états-généraux lui étaient sur ce point presque toujours hostiles. Il tourna son attention sur les richesses naturelles du royaume, par exemple les mines de fer, dont il perfectionna l'exploitation : enfin il fit élever à ses propres dépens des usines et des manufactures, qu'il considéra comme des ressources inépuisables, qui devaient féconder la splendeur du royaume. En réalité, ce prince était bien en avant de son siècle : il en fit preuve dans des circonstances très-délicates : il avait la certitude que la prépondérance de la Suède était attachée au culte nouveau qu'elle avait embrassé, le luthéranisme ; sous le rapport politique, le roi ne se trompait pas. Mais, parmi ses sujets, la réforme religieuse ne présenta jamais rien de précis ni de déterminé, comme dans beaucoup d'autres parties de l'Europe, et toutes les formes extérieures du culte romain furent conservées, alors que le *fond des choses* était complétement changé. Les prélats, qui avaient le cœur véritablement catholique, s'arrêtaient à chaque pas nouveau que Charles voulait faire pour arriver à une réforme religieuse complète. On aurait donc pu croire qu'un prince dont la volonté était aussi énergique, aurait recouru à la force pour soumettre des prêtres entravant la direction qu'il voulait imprimer au christianisme ; loin de là, Charles se contenta, comme un simple théologien, d'entretenir une guerre de plume, dans laquelle il réussit plus d'une fois à entraîner l'opinion publique de son côté. Au reste, ce monarque, qui n'employa que trop souvent la hache du bourreau contre ses ennemis politiques, s'imposa la loi de ne combattre en théologie qu'avec des pamphlets, sorte d'armes qui ne fait verser le sang de personne ; enfin, il poussa la tolérance si loin que nul sous son règne ne fut tourmenté pour ses croyances ; certes voilà un éloge qu'il était bien difficile de mériter encore aux premiers jours du seizième siècle.

GUSTAVE-ADOLPHE.

Je touche à l'époque la plus glorieuse des annales de la Suède : je vais narrer les hauts faits d'un prince aussi illustre par ses talents que par ses vertus : cette fois l'admiration sera sans réserve, et le cœur sera profondément touché, en même temps que l'esprit recevra de nombreux enseignements. Gustave-Adolphe est un héros accompli ; sa jeunesse se passa loin des flatteurs et au milieu des orages où vécut son père. Aussitôt que la raison se développa chez ce jeune prince il prit part à des guerres et à des négociations : il connut donc les hommes de bonne heure, et, loin de les mépriser, il voulut conquérir leurs suffrages au prix des plus généreux sacrifices. Le fils de Charles IX était à peine parvenu à sa dix-septième année lorsqu'il monta sur le trône, quelques jours après la mort de son père, arrivée le 30 octobre 1611. Je ne dirai pas que les droits de Gustave-Adolphe étaient incertains ; en réalité il n'en avait pas ; cependant les états-généraux lui décernèrent la couronne, car toutes les classes de la société en Suède, fatiguées du joug sous lequel les avait courbées Charles IX, n'aspiraient qu'à rentrer dans leur vieille indépendance. Il fallut donc que le nouveau roi fît des concessions, qui amoindrirent l'étendue et la force de la royauté. Dans l'espace de quelques années, il réussit à signer un traité de paix avec le Danemark [1613], et un autre [1617] avec le czar : il fut moins heureux avec les Polonais, contre lesquels il combattit, sauf quelques trèves assez courtes jusqu'en 1629. Ce fut dans les guerres que se développa le génie militaire que Gustave-Adolphe allait rendre si redoutable à la maison d'Autriche. Cette fois j'aurai besoin de certains développements ; ils me sont commandés par l'importance et la nature du sujet ; il faut même que je remonte à quelques années en avant pour que le lecteur puisse suivre avec intérêt mon récit. L'Allemagne, grâce à une jalousie de couvent, fut déchirée par des guerres qui détruisirent les anciens rapports pour en créer de nouveaux, et qui partagèrent le christianisme en deux grands par-

tis, dont les fureurs moissonnèrent la population de l'Europe, incendièrent des villes, et s'éteignirent d'épuisement et de lassitude dans un célèbre traité, où la France joua le principal rôle. J'entre maintenant en matière. Léon X, qui, comme tous les Médicis, ses ancêtres, avait la passion du luxe, des beaux-arts et de la magnificence, épuisait les trésors que, comme souverain-pontife, la piété des fidèles lui apportait : il s'occupait de poursuivre l'édification de la basilique de Saint-Pierre. Pour faire face à des dépenses aussi prodigieuses, il fit vendre des indulgences en Allemagne par des dominicains. Cette façon religieuse de battre monnaie était d'accord avec les mœurs du temps et les habitudes des peuples ; d'une autre part, les sommes étaient destinées à élever une église dans Rome, qui était alors considérée comme la capitale du catholicisme. Rien dans la conduite du souverain pontife n'était donc blâmable ; mais les dominicains étaient en rivalité avec un autre ordre, les augustins ; or Luther faisait partie de ces derniers : il s'indigna donc contre ce qu'il appela le trafic des indulgences. Une polémique s'engage, et, à la suite d'une foule d'incidents, que je ne retracerai pas, Luther et ses partisans nient l'autorité du souverain-pontife, abolissent la confession auriculaire, se prononcent contre la messe et l'adoration des saints ; ils vont plus loin, ils autorisent le mariage des prêtres, annulent les vœux monastiques, s'emparent des biens des couvents ; enfin une guerre à mort s'allume entre les nouveaux sectateurs et l'ancien catholicisme. Luther, en dépit de la fermeté de son caractère, aurait vu échouer la réforme dont il était le créateur, si un immense intérêt n'eût décidé les princes à se déclarer en faveur du fougueux réformateur ; ils devenaient propriétaires de tous les biens du clergé catholique...
« Car partout, » suivant un écrivain protestant, « le clergé était grand propriétaire. » Schiller, dans sa célèbre histoire de la guerre de trente ans, confesse que la saisie des biens ecclésiastiques fut un puissant motif qui entraîna tant de princes vers les doctrines de Luther.

Cependant une lutte terrible s'engagea entre Charles-Quint, défenseur du principe catholique, et divers potentats protestants de l'Allemagne : sur le point d'obtenir un triomphe définitif, l'empereur fut vaincu, et les deux partis signèrent une transaction, de telle sorte que le luthéranisme se trouva reconnu. Les révolutions produites par des guerres religieuses, tenant à ce qu'il y a de plus intime, de plus impérieux dans l'esprit de l'homme, produisent des ébranlements si profonds, qu'il faut des siècles pour rentrer dans l'ordre. D'un autre côté, la branche de la maison d'Autriche, qui occupait la dignité impériale, vit naître des princes en proie à la plus ardente conviction religieuse : tel était Ferdinand II. Élevé par des jésuites, sa foi catholique ne reculait devant aucun genre de sacrifices ; simple duc d'Illyrie, il déclara « qu'il aimerait
» mieux mendier son pain et se faire hacher
» par morceaux, que de tolérer plus long-
» temps l'hérésie dans ses États. » Il déposa les pasteurs protestants, fit sauter leurs églises au moyen de la poudre à canon, et fit brûler dix mille bibles. Puis il vint poser sur le lieu même de l'exécution la première pierre d'un couvent de capucins. Ferdinand ne voulait pas faire plus de concessions lorsqu'il s'agissait des prérogatives de la royauté, qu'il considérait comme un dépôt que la Providence avait confié aux monarques ; il transmit à la cour d'Espagne un mémoire dans lequel il soutenait « que consentir à ne le-
» ver des impôts qu'avec l'agrément du peu-
» ple, c'était faire du souverain le serviteur
» de ce même peuple ; que si l'autorité ve-
» nait de la grâce de Dieu, ce pouvoir du
» peuple ne pouvait être que *l'ouvrage du*
» *diable* ; qu'il fallait prendre des mesures
» sévères, sinon l'on aurait bientôt une ré-
» publique *de facto* ; qu'il fallait profiter
» des circonstances pour rendre l'autorité
» des princes *absolue* ; que, sans doute, on
» aurait de grands sacrifices à faire, mais que
» l'obéissance, qui ne manquerait d'en ré-
» sulter à la fin, dédommagerait largement
» les rois ! »

C'est ici le lieu d'apprendre au lecteur que, depuis la réforme, l'Allemagne était restée constamment divisée en deux partis : l'un, composé des catholiques, se ralliait à la maison d'Autriche ; l'autre avait pour protecteur l'électeur de Saxe. Le second de ces partis s'appelait l'*union*, l'autre la *ligue*. A peine Ferdinand II eut-il succédé à Mathias, en Autriche, en Hongrie et en Bohême, qu'il irrita par des persécutions les protestants. Les Bohémiens entr'autres le déclarèrent déchu comme monarque de leur pays. Cependant il fut mis en possession de la dignité impériale le 28 août 1619. C'était là un avantage prodigieux, surtout si l'on songe aux projets que nourrissait ce prince. Les Bohémiens offrent aussitôt la couronne royale, dont ils se regardent comme les dispensateurs légitimes, à Frédéric V, comte palatin et gendre de Jacques Ier, roi d'Angleterre. Le comte palatin cède aux prières de sa femme, qui lui représentait sans cesse « qu'elle aimait mieux manger de la choucroûte avec un roi que du rôti avec » un électeur ; » et il est couronné roi de Bohême. Chef lui-même de l'*union évangélique*, il pouvait disposer des forces des protestants possesseurs ; du Haut-Palatinat, il était à portée de fournir de prompts secours à la Bohême. Il est vrai qu'il était *réformé*, et cette circonstance le rendait désagréable aux zélés luthériens. Il aimait en outre les fêtes et les dépenses ; puis les autres princes protestants souffraient de l'accroissement que venait de prendre sa puissance. Ferdinand, de son côté, mit dans ses intérêts Maximilien Ier, duc de Bavière, catholique fervent, mais dévoré d'ambition. Il obtint du pape un subside de vingt mille florins d'or par mois. Le souverain-pontife, Paul V, imposa en faveur de ce prince des décimes en Italie, qui rapportaient deux cent cinquante mille écus par an. La cour de Madrid lui fit parvenir une somme d'un million deux cent mille florins, et promit de faire diversion dans le Palatinat, où elle envoya, à la tête de vingt-cinq mille hommes qui se trouvaient dans les Pays-Bas, le célèbre Ambroise, marquis de Spinola. J'ajouterai en peu de mots que l'armée de Frédéric, qui s'élevait en tout à trente-cinq mille hommes, commandée par le prince d'Anhalt-Bernbourg et Georges-Frédéric, comte de Hohenlohe-Veickersheim, fut détruite en Bohême le 8 novembre 1620 par le duc de Bavière.

A la suite de cette défaite, Frédéric se sauva en Hollande, et ses États héréditaires devinrent la proie du marquis de Spinola. Le 22 janvier 1622, le gendre de Jacques Ier fut mis au ban de l'empire, ainsi que le prince Anhalt Bernbourg ; Georges-Frédéric, comte de Hohenlohe-Veickersheim, et le margrave de Brandebourg-Tægerndorf. Enfin le duc de Bavière entra en possession des biens et de la dignité électorale, dont avait joui jusque là le comte-palatin. Jacques Ier, qui aurait dû venir au secours de son gendre, se laissa jouer de la manière la plus stupide. Frédéric fut défendu avec dévouement par Ernest, comte légitimé de Mansfeld ; Christian, prince de Brunswick, et Georges-Frédéric, margrave de Bade-Darlach : mais ces intrépides partisans succombèrent dans la lutte. Le comte palatin entreprit des négociations auprès de son beau-frère, Christian IV, roi de Danemark ; ce dernier fit tous ses efforts pour décider à la guerre les princes de la Basse Saxe, les Pays-Bas, et la Suède, gouvernée avec gloire par Gustave-Adolphe ; il leur fit sentir les périls que courait le protestantisme avec un prince qui, comme Ferdinand II, avait juré sa ruine complète. Le roi de Suède avait fait précédemment des propositions à Jacques Ier pour restaurer son gendre ; mais le roi de Danemark offrant tout-à-coup son intervention, elle fut acceptée aussitôt aux conditions suivantes : « L'Angleterre paierait » trois cent mille florins, et les États-généraux de la Hollande cinquante mille, qui seraient employés à la solde et à l'entretien de trente mille hommes de pied et de huit mille cavaliers. Les deux cabinets s'engagèrent en outre à employer leurs flottes pour faire des diversions favorables à la guerre qui allait être entreprise ; « et d'autant, » ajoute l'article 10 du traité, « qu'il a plu » au sérénissime roi très-chrétien de France » de faire de sérieuses instances au roi de » Danemark, même par l'envoi de deux » siens ministres, afin de le disposer pour » prendre à la main le remède contre les per- » nicieuses menées et oppressions en Empire,

» accompagnées, lesdites instances, de plu-
» sieurs offres et aides pour pouvoir soutenir ce
» fait. La majesté dudit rois très-chrétien
» sera au plutôt requise de vouloir mainte-
» nant entrer en cette alliance, ou bien de
» subvenir à l'entretien de l'armée du roi de
» Danemark d'un bon et loyal subside, selon
» ses offres royaux (sic), et à l'égal des autres
» confédérés qui s'engagent pour le bien pu-
» blic. » Richelieu gouvernait alors la France;
mais il n'était pas encore parvenu à dompter les protestants comme parti, ni à faire plier sous l'obéissance les familles les plus puissantes : il se contenta de faire passer de l'argent au roi de Danemark.

Tandis que cet orage se formait, Ferdinand, servi par la fortune, s'abandonnait contre les protestants aux réactions les plus fâcheuses, et les poussait à prendre les armes. Le roi de Danemark se présenta dans la lice à la tête d'une armée considérable, et s'établit auprès de Verden pour attendre de nouveaux secours. L'empereur, de son côté, las de n'avoir employé jusqu'à présent à son service que les soldats de la ligue, appelés *armée d'exécution*, voulut créer une armée dont il disposerait d'une manière absolue; mais l'argent lui manquait. Sur ces entrefaites, Albert Venceslas Eusèbe de Valdstein, gentilhomme bohémien, connu en Allemagne sous le nom de Vallenstein, et en France sous celui de Valstein, offrit à l'empereur de réunir une armée de cinquante mille hommes, qu'il ferait vivre aux dépens de l'ennemi. Valstein, qui avait reçu le jour en 1583, appartenait à une famille protestante; mais, à la suite d'une chute, dont il sortit sain et sauf, et qui aurait dû lui coûter la vie, il se fit catholique. On le vit alors, quoique très-jeune, se livrer avec ardeur à l'étude, et surtout à l'astrologie. Devenu l'époux de la fille du comte Charles de Harrack, qui lui assura une fortune prodigieuse, il embrassa la carrière des armes, et déploya un talent si rare, que Ferdinand lui accorda le titre de comte et la seigneurie de Friedland. Dans ces circonstances, Valstein conçut la pensée de lever une armée pour l'empereur; le prince d'Eggenberg lui servit de protecteur, et il compta bientôt sous ses ordres près de vingt-cinq mille hommes, et triompha de Mansfeldt à l'attaque du pont de Dessau. Ce dernier expira d'épuisement le 20 novembre; il avait à peine 46 ans. Lorsqu'il vit la mort s'approcher, il se fit revêtir de son grand costume, et, appuyé sur deux serviteurs, il mourut debout. Le roi de Danemark, sous les ordres duquel il combattait dans ce moment, ressentit une profonde douleur de cette perte. Quatorze jours après, le duc de Veimar, qui avait sous ses ordres cinq mille Danois, rendit le dernier soupir le 4 décembre 1626, dans sa trente-neuvième année. Enfin, le 6 mai de cette même année, si fatale au parti protestant en Allemagne, le prince Christian de Brunswick fut enlevé à vingt-neuf ans; il était attaqué de la maladie du ver solitaire. « Trois hommes, » affirme l'historien Schmidt, « qui auraient été dignes,
» ou de vivre dans un temps meilleur, ou de
» s'être dévoués à une meilleure cause, ou
» de l'avoir défendue d'une meilleure ma-
» nière, Mansfeldt et Brunswick réunissaient
» à des talents militaires une rapacité trop
» grande même pour leur siècle, aussi de-
» vinrent-ils des objets d'horreur pour un
» nombre de personnes plus grand que celui
» de leurs amis. »

Christian IV fut rencontré le 26 avril 1526 par Tilli, l'un des plus illustres généraux de l'empereur Ferdinand; une bataille sanglante s'engagea près de Lutter-sous-Barenberg. Le roi de Danemark, après la plus héroïque résistance, fut vaincu, perdit dix mille hommes, et battit en retraite au-delà de l'Elbe; puis il se retira en Holstein. De son côté, Valstein s'empara du Slesvick et du Jutland, et mit en garnison le plus grand nombre de ses soldats dans les marches de Brandebourg, où ils se livrèrent à de tels excès, que, dans une seule année, ils coûtèrent plus de vingt millions de florins. Valstein s'empara ensuite des duchés de Mecklembourg et de Poméranie, dont il dépouilla les princes légitimes, sous le prétexte qu'ils avaient été favorables aux Danois. Cet illustre général fut bientôt après déclaré par Ferdinand II duc de Mecklembourg et *général de l'armée océanique et baltique*. Il était sorti de la condition de sujet, dans laquelle il était né, pour parvenir à celle de prince. Mais, s'il possédait la faveur de son maître, il était en exécration aux protestants et aux catholiques, qu'il pillait les uns comme les autres. Le roi de Danemark, poursuivi par Tilli, son ancien vainqueur, auquel Valstein avait confié le soin de dépouiller de ses places sur le continent le beau-frère du comte palatin; le roi de Danemark, dis-je, ne conserva plus que Gluckstadt. Valstein, qui était le plus insatiable des hommes, fit assiéger Stralsund par le feld-maréchal Jean Georges d'Arium; mais grâce à l'intervention de Gustave-Adolphe la ville fut sauvée. La guerre n'en fut pas moins continuée avec vigueur contre le roi de Danemark, qui aurait perdu la totalité de ses États, car il avait à résister à Tilli et à Valstein; mais par bonheur pour ce monarque, l'intervention des villes anséatiques et la crainte que la Suède inspirait amenèrent une paix définitive. Christian IV rentra dans les villes que la guerre lui avaient fait perdre; et il dut cesser d'être l'allié des ducs de Mecklembourg. Maintenant le lecteur ne doit pas oublier que deux causes, agissant d'une manière simultanée, portaient au plus haut degré l'exaspération des Allemands. La première de ces causes, les guerres entreprises par Valstein et Tilli, causaient le désespoir des catholiques, qui en payaient les frais comme les protestants; la seconde cause de l'irritation générale, c'est que Ferdinand persécutait de plus en plus les novateurs en matière de foi. Le 6 mars 1629 parut le célèbre édit de *restitution*, en vertu duquel les biens ecclésiastiques possédés depuis la paix de la religion par les protestants, ou qu'ils avaient convertis à l'usage de leur culte, devaient être restitués à leurs anciens propriétaires ou affectés à leur destination première. En d'autres termes, il fallait rendre aux catholiques et à l'Église romaine les richesses dont la réforme les avait dépouillés; bref, et pour faire comprendre toute l'importance de cette mesure, c'est comme si de nos jours on eût restitué en masse les domaines nationaux à leurs anciens propriétaires. Il y avait une différence, cependant, que des princes souverains étaient intéressés dans cette immense question, ou, pour mieux dire, étaient frappés du même coup qui atteignait leurs peuples. A partir de ce jour une guerre à mort fut décidée.

Il me reste à faire remarquer que Ferdinand n'agit pas avec légèreté; il consulta tous les électeurs catholiques, qui le pressèrent, au nom de la religion, de porter le dernier coup à l'hérésie; cependant le général Colalto, auquel l'empereur demanda son avis, lui annonça tous les maux qui depuis éclatèrent sur la maison d'Autriche et sur l'Allemagne. Un écrivain catholique, que j'ai déjà cité (1), juge de la manière suivante cet *acte* du règne de Ferdinand. « La » publication de cet édit fut un coup de ton- » nerre pour les protestants, et le signal de » grandes jubilations pour les zélateurs à » courte vue, pour les moines et les jésuites. » Il est certain que l'édit de religion a donné » à la guerre, qui se faisait depuis dix ans, » le caractère d'une vraie guerre de religion, » et qu'il est devenu la cause d'une longue » suite de malheurs pour la maison d'Autri- » che, qui, par les stipulations de la paix de » Vestphalie, a perdu à jamais l'espoir de ré- » tablir l'ancienne constitution monarchique » en Allemagne. Mais peut-on rendre res- » ponsable des événements un prince qui, » ayant à choisir entre deux maux, préféra » celui qui, de l'avis de ses conseillers, fut » jugé le moindre? La religion de Ferdi- » nand II lui faisait un devoir de publier » l'édit; mais en ne considérant cette mesure » que sous le point de vue politique, il est » manifeste qu'elle seule pouvait empêcher » que le parti catholique, qui était en même » temps le parti impérial, ne fût successive- » ment dépouillé de toutes les possessions » ecclésiastiques, et, par suite, de toute in- » fluence à la diète. Si donc l'empereur était » dans la nécessité de prendre des mesures » rigoureuses pour arrêter le mal, le moment » où il s'y détermina paraissait extrêmement » favorable. » Ces allégations, auxquelles il serait facile de répondre, semblent néanmoins justifier, ou, si l'on aime mieux, expliquer la conduite de l'empereur; au reste,

(1) Schmidt.

les catholiques eux-mêmes se déclarèrent les premiers ennemis de Ferdinand. En effet, à la diète que la ligue catholique tint à Heidelberg [1629], elle éclata en plaintes contre les excès de tous genres des troupes impériales ; on invita vainement les confédérés à licencier leur armée, ils l'augmentèrent de quarante mille hommes, et se répandirent en menaces contre Valstein, qu'ils traitèrent de rebut et d'exécration du genre humain ; à lui seul étaient dus tous les maux sous lesquels pliait l'Allemagne ; il devait être chassé du service de l'empereur.

Cette condition, Ferdinand dut la subir ; il réduisit ensuite sa propre armée à trente-neuf mille combattants, quoiqu'il sût que Gustave-Adolphe menaçait l'empire d'une invasion ; puis, au moment où il espérait que, touchés de tant de concessions, les électeurs allaient nommer son fils *roi des Romains*, ceux-ci lui déclarèrent qu'un pareil choix ne pouvait être légalement fait que dans les murs de Francfort. Tel était l'état des choses en Allemagne, lorsque le 25 septembre 1629, grâce à l'intervention du cardinal de Richelieu, une trève de six ans fut signée entre la Pologne et la Suède. Gustave-Adolphe, maître de tous ses mouvements, passa l'hiver à faire les préparatifs de l'expédition qu'il méditait contre l'empire, et, le 24 juin 1630, il débarqua en Poméranie. A peine eut-il touché la terre, que, s'agenouillant, il s'écria : « O Dieu, toi qui domines » sur le ciel et sur la terre, sur les vents et » sur la mer, combien je te dois remercier » de m'avoir protégé si efficacement dans ce » voyage périlleux !! Oui, je te remercie du » fond de mon cœur, et je te prie de m'accorder toujours ta grâce et ta bénédiction ; car » tu le sais, je n'entreprends pas cette guerre » pour ma gloire, mais pour la tienne ; tu le » sais, je ne veux que consoler et protéger » ta pauvre église abandonnée. » Il est certain que sa piété fut une des causes qui firent embrasser à Gustave-Adolphe la généreuse résolution de briser les fers de l'Allemagne : en défendant le protestantisme, il détruisait la tyrannie de la maison d'Autriche, dont la Suède devait s'inquiéter à bon droit ; il sauvait donc ce qu'il regardait comme la vérité religieuse en conservant l'indépendance de ses sujets. « Et alors, » dit un écrivain moderne (1), « Gustave-Adolphe fondit » sur l'empire [1630]. Ferdinand s'effraya » peu d'abord ; il disait que *ce roi de neige* » *allait fondre en s'avançant vers le midi.* » On ne savait pas encore ce que c'étaient » que ces hommes de fer, cette armée héroï- » que et pieuse, en comparaison des troupes » mercenaires de l'Allemagne. Peu après » l'arrivée de Gustave-Adolphe, Torquato » Conti, général de l'empereur, lui demandant une trève à cause des grands froids, » Gustave répondit que *les Suédois ne con-* » *naissaient point d'hiver.* Le génie du » conquérant déconcerta la routine allemande » par une tactique impétueuse, qui sacrifiait » tout à la rapidité des mouvements, qui » prodiguait les hommes pour abréger la » guerre. Se rendre maître des places fortes » en suivant le cours des fleuves, assurer la » Suède en fermant la Baltique aux impé- » riaux, leur enlever tous leurs alliés, cerner » l'Autriche avant de l'attaquer, tel fut le » plan de Gustave. S'il eût marché droit à » Vienne, il n'apparaissait dans l'Allemagne » que comme un conquérant étranger ; en » chassant les impériaux des États du nord » et de l'occident, qu'ils écrasaient, il se » présentait comme le champion de l'*empire* » contre l'*empereur.* »

Déjà le roi de Suède signe un traité de paix avec Bogeslas XIV, duc de Poméranie, qui lui donne de l'argent ; le 9 novembre 1630 il accorde sa protection au margrave de Hesse-Cassel ; déjà encore il balaye devant lui les garnisons impériales de plusieurs places du Mecklembourg et de la Poméranie ; il pénètre dans la Marche et veut entraîner dans son alliance Georges-Guillaume, électeur de Brandebourg, et Jean-George, électeur de Saxe ; la crainte retint ces deux princes. Ferdinand était convaincu que les supplices seuls pouvaient lui répondre de la fidélité des peuples ; ceux-ci étaient-ils vaincus par Gustave, devenaient coupables ; les généraux comme les soldats de l'empereur admirèrent cette logique, qui leur per-

---

(1) Michelet, *Précis de l'Histoire moderne.*

mettait le meurtre comme le pillage. Les Suédois étaient devenus les maîtres de Pasevalk, en Poméranie; les impériaux reprirent la ville, et voici comment ils la traitèrent. « Les bourgeois furent massacrés dans les » rues et dans l'intérieur de leurs maisons; » on les mettait à la torture pour savoir » d'eux s'ils avaient de l'argent. A peine un » soldat avait-il quitté une maison, qu'un » autre, survenant, agissait avec la même » cruauté. Il est vrai que les capitaines ac- » cordaient des sauf-conduits à prix d'ar- » gent; mais leurs soldats n'en tenaient aucun » compte. Tous les meubles, tous les usten- » siles furent brisés, et les femmes, aussi » bien que les hommes, se virent dépouillées » de leurs vêtements. En sortant de sa » maison, on voyait à chaque pas un voisin, » un ami, blessé, demi-mort, ou impitoya- » blement massacré, et s'il arrivait qu'un » citoyen allât secourir ou consoler une de » ces trop nombreuses victimes, on lui faisait » aussitôt subir le même sort. Mais ce fut » surtout sur les femmes que se commirent » les crimes les plus révoltants; quel que fût » leur âge, elles étaient violées en plein » jour dans les rues, dans les jardins et » jusque dans les cimetières. Les femmes et » les filles les plus belles étaient attachées à » des chariots ou au pommeau de la selle des » cavaliers, et conduites dans le camp, où » les soldats, après avoir assouvi leurs bru- » tales passions, les vendaient comme un vil » bétail. Enfin le feu fut mis à la ville; dix » petits enfants furent brûlés à dessein dans » une cave, et les corps à demi vivants furent » jetés à des chiens et à des pourceaux. » C'était avec cette barbarie, digne de cannibales, que les soldats de Ferdinand faisaient la guerre en Poméranie, comme précédemment ils l'avaient faite en Allemagne contre leurs propres frères les protestants.

Les succès de Gustave-Adolphe ne présentaient encore rien d'important ni de décisif, lorsque le 21 janvier 1631 il signa un traité à Bervald avec la France, qui s'engagea à lui fournir, pendant cinq années, un subside annuel de 1,200,000 fr., à la condition qu'il tiendrait sur pied une armée de trente-six mille hommes. Richelieu, dans ce moment, avait maté le protestantisme et les familles les plus puissantes de la cour, et il travaillait à l'abaissement de la maison d'Autriche. A la même époque, le cardinal signa un traité d'alliance avec l'électeur de Bavière, Maximilien, car il songeait à retirer à l'empereur Ferdinand II l'appui des princes catholiques; aussi obtint-il de Gustave qu'il n'apporterait aucun changement à la religion des habitants des villes dont il se rendrait maître, et que de plus il reconnaîtrait le droit de neutralité à tout prince professant le catholicisme, sous la condition qu'il conserverait cette même neutralité. L'électeur de Saxe, qui avait reculé devant l'alliance suédoise, réunit à Leipzig une assemblée des États protestants en Allemagne, et leur soumit le projet d'une ligue, à l'effet de lever une armée pour mettre un terme aux pillages et aux exactions des troupes impériales. Gustave-Adolphe envoya, pour le représenter à cette assemblée, Bogeslas-Philippe de Chemnitz, illustre historien de la guerre de trente ans; celui-ci invita les États à s'allier à son maître, ou du moins à lui fournir des subsides et des vivres; mais cette proposition fut rejetée, grâce à la jalousie que l'électeur de Saxe ressentait contre le roi de Suède. Cette faute reçut vite son châtiment. En effet, Ferdinand interdit, par des *avocatoires* et des *monitoires*, aux protestants de faire aucune levée d'hommes. Des troupes qui revenaient d'Italie, sous les ordres du comte de Furstemberg, inspirèrent une telle crainte qu'à la fin de juillet 1630 la ligue s'était entièrement dissoute dans la Franconie, comme dans la Souabe. Cependant la guerre se poursuivait toujours en Poméranie et dans la Marche; Tilli, qui s'était mis à la tête de l'armée commandée d'abord par Torquato Conti, s'empara de Neu-Brandebourg, où ses soldats s'abandonnèrent aux cruautés les plus horribles.

Gustave-Adolphe pénètre dans les murs de Colberg, traverse l'Oder, où il choisit une position si redoutable, que le général impérial se retire et assiège Magdebourg, car il veut entraîner le roi de Suède sur l'Elbe. Gustave, rapide comme la foudre, rentre en vainqueur dans les murs de Neu-Brandebourg ; le 3 avril 1631 il est maître de Francfort-sur-l'Oder et de Landsberg ; il sent la nécessité de sauver Magdebourg. « Il n'avait, » dit un écrivain militaire (1), « que deux chemins pour s'approcher de cette ville..... Il ne pouvait suivre le premier, car, outre la difficulté de trouver des vivres et des fourrages dans un pays depuis long-temps occupé par les Autrichiens, il aurait fallu passer l'Elbe en leur présence, et le pont de Magdebourg était rompu ; d'ailleurs le roi n'avait aucuns matériaux pour en construire un autre ; il était donc forcé de traverser le fleuve à Vittemberg, et, afin d'occuper cette ville, de se rendre maître du cours de l'Elbe, pour recevoir facilement de Saxe par eau les subsistances et les munitions dont il aurait besoin. Il fallait engager l'électeur de Saxe à remettre ce passage aux Suédois ; Gustave écrivit à ce prince, afin de lui représenter l'utilité du pont de Vittemberg pour secourir Magdebourg, dont la conservation importait également à la Saxe et à tous les protestants de l'empire..... Ces raisons ne firent aucune impression sur Jean-Georges. » Ce prince, cédant aux illusions les plus étranges, voulait que Gustave et Ferdinand ne pussent obtenir aucune prépondérance décisive en Allemagne ; car il avait la prétention de tenir la balance égale entre les deux monarques. Il fit donc répondre au roi de Suède « qu'il ne voulait ni attirer la guerre dans son pays en se tournant contre les catholiques, ni manquer à ses devoirs envers le chef de l'empire. » Gustave, vaincu par un premier mouvement d'indignation, s'écria : « Puisque les protestants veulent périr, qu'ils périssent. Je vais me cantonner en Poméranie, en attendant que ces politiques, qui touchent à leur perte, m'appellent à leur secours. » Il supplia néanmoins Jean-Georges de lui accorder une conférence ; mais il ne put jamais l'obtenir. Pendant le cours de ces négociations, Tilli pressait de plus en plus le siége de Magdebourg ; après une résistance opiniâtre, cette ville tomba entre les mains des impériaux, qui se montrèrent encore cette fois fidèles à leurs traditions de barbarie, si même ils n'en agrandirent pas les horreurs, car il s'agissait d'une cité florissante et où le nombre des habitants servit comme d'aiguillon nouveau à la rage des soldats.

Ce tableau si désolant des fureurs de la guerre a été tracé par un grand poète, historien sublime, et cependant aucune exagération ne s'est mêlée dans ses récits, dont la certitude est attestée par Khevenhuller, écrivain catholique, et qui, par conséquent, avait un intérêt de parti à voiler la vérité. Déjà les troupes ennemies sont dans la ville. « Alors, » dit Schiller, « commence une scène de sang, pour laquelle » l'histoire n'a point d'expressions, ni la » poésie de pinceaux. L'enfance innocente, » la vieillesse abandonnée, la jeunesse, le » sexe, la condition, la beauté, rien ne » désarme la furie du vainqueur. Des » femmes sont déshonorées dans les bras de » leurs époux, des filles aux pieds de leurs » pères, et l'opprobre est suivi de la » mort, récompense digne de ces tigres. » Aucunes places ne sont assez secrètes, » aucuns lieux ne sont assez saints pour » sauver des recherches d'une soldatesque » effrénée : cinquante-trois femmes sont » trouvées décapitées dans une église. Ici » les Croates se délectaient à précipiter les » enfants au milieu des flammes ; là, les » Vallons de Pappenheim (1) se disputaient à » qui tuerait le plus d'enfants sur le sein de » leurs mères. Des officiers de la ligue se » hasardent-ils à représenter à Tilli qu'il » est de son devoir de mettre fin à de pareilles atrocités, il leur répond : repassez » dans une heure, je verrai alors ce que » j'aurai à faire ; il faut accorder quelque » chose au soldat pour ses travaux et ses » périls. Ces abominations durèrent sans » trêve, et toujours avec la même frénésie, » jusqu'à ce qu'enfin la fumée et les flammes » vinssent arrêter la rapacité du soldat. » Pour augmenter la confusion et triompher

---

(1) *Histoire des Conquêtes de Gustave-Adolphe*, par le comte de Grimoard, tome 2, page 200.

(1) L'un des généraux de Ferdinand.

» de la résistance des habitants, le feu avait
» été mis dans plusieurs lieux à la fois.
» Bientôt s'élève un vent impétueux, qui
» pousse les flammes sur toute la ville avec
» la rapidité d'un torrent; alors l'incendie
» s'étend et devient général. Une foule horrible se presse au milieu des vapeurs embrasées, des cadavres, des armes étincelantes et à travers des débris et des ruisseaux de sang; l'atmosphère brûle, et de
» ses feux sort une chaleur dévorante, qui
» précipite le départ de ces monstres : ils
» vont chercher un refuge dans leur camp.
» En moins de douze heures, Magdebourg,
» cette ville naguère si peuplée, si riche et
» l'un des ornements de l'Allemagne, n'est
» plus qu'un monceau de cendres, au milieu
» desquelles restent solitaires une église et
» quelques misérables masures. L'ancien
» administrateur de cette cité qui n'est plus,
» Christian-Guillaume, atteint de plusieurs
» blessures, est pris avec trois bourgmestres; une foule d'intrépides officiers et de
» courageux magistrats rencontrent, les
» armes à la main, une mort glorieuse, une
» mort qui est enviée par ceux qui leur survivent. Quatre cents des plus riches bourgeois rachètent, par d'immenses rançons,
» une vie sur laquelle spécule l'avidité de
» l'ennemi, et encore les officiers seuls de la
» ligue laissèrent-ils éclater cette sorte d'humanité! qui, grâce à la rage aveugle des
» soldats impériaux, les faisait considérer
» comme des anges tutélaires!! A peine la
» fureur de l'incendie est-elle apaisée, que
» les bandes de Tilli fondent de nouveau sur
» les ruines de la ville, dont ils fouillent
» jusqu'aux cendres avec une avidité inexprimable; plusieurs tombent morts, étouffés par la vapeur, tandis qu'à côté d'eux
» d'autres ramassent de précieuses dépouilles; quelques-uns recueillent un butin
» immense dans les caves, où les bourgeois ont enfoui leurs trésors. Enfin, le
» comte de Tilli parut dans la ville le
» 13 mai, après que les principales rues
» eurent été déblayées des cadavres et des
» ruines, qui interceptaient leur passage.
» Quel tableau s'offrit alors aux regards! il
» révoltait l'âme et la glaçait d'effroi : des
» infortunés qui se traînaient sous des monceaux de cadavres, cherchant à reparaître
» à la lumière; des enfants qui erraient çà
» et là, appelant avec des cris de désespoir
» les auteurs de leurs jours; d'autres suçaient
» le sein de leurs mères qui n'existaient plus.
» On jeta dans l'Elbe plus de dix mille cadavres pour débarrasser les rues; les flammes avaient consumé un nombre beaucoup
» plus considérable de vivants et de morts :
» on fait monter à trente mille hommes la
» totalité de ceux qui périrent dans cette
» effroyable journée. Le 14 mai, Tilli se
» présenta comme triomphateur au milieu
» de tous ces décombres, arrêta le pillage,
» et tout ce qui avait échappé jusque là au
» massacre conserva la vie. Environ mille
» personnes furent retirées de la cathédrale
» protestante, où elles étaient restées trois
» jours et deux nuits sans nourriture et dans
» l'attente continuelle d'une mort affreuse;
» Tilli leur fit annoncer le pardon et donner
» du pain. Le jour suivant on célébra une
» messe et on chanta un *Te Deum* dans
» cette même cathédrale, au milieu des salves
» de l'artillerie. Le général de Ferdinand II
» parcourut à cheval les rues de la ville,
» afin de pouvoir mieux rapporter à son
» maître, comme témoin oculaire, que,
» depuis la prise de Troie et de Jérusalem,
» on n'avait vu aucune victoire aussi éclatante. Rien, en effet, n'était exagéré dans
» ce récit, si l'on considère à la fois la grandeur, la prospérité, l'importance de la
» ville qui périt et la rage de ses destructeurs. »

Le général en chef de l'empereur, le comte Tilli, annonça sur-le-champ la prise de Magdebourg aux principaux chefs protestants; il écrivit entre autres à l'électeur de Saxe : « Que le sac de Magdebourg
» était une juste punition de sa résistance
» aux ordres de l'empereur, ajoutant que
» tous ceux qui s'opposeraient ou pourraient
» s'opposer au monarque autrichien, encourraient les mêmes châtiments, et qu'on
» ferait incessamment à la cour de Saxe
» quelques nouvelles propositions relatives à
» la paix de l'Empire. » Un cri d'indignation retentit dans l'Allemagne, lorsque les

protestants apprirent la chute de Magdebourg et sa ruine entière ; ils auraient dû appeler l'opprobre et le déshonneur sur le général de Ferdinand, ils aimèrent mieux éclater en injures contre Gustave-Adolphe, dont le premier devoir était, disaient-ils, de venir au secours de cette ville. Le roi de Suède, pour éclairer l'opinion publique, publia un manifeste, dont j'extrais le passage suivant : « Que le sénat et le peuple (1) avaient
» refusé opiniâtrement de contribuer aux
» dépenses indispensables, soit pour lever des
» troupes, soit pour mettre Magdebourg en
» état de défense, jusqu'au moment où l'armée
» autrichienne l'attaqua..... Qu'avant de
» s'approcher de l'armée impériale, il était
» nécessaire que les Suédois s'emparassent
» de Francfort-sur-l'Oder et de Landsberg,
» pour ne pas laisser des garnisons enne-
» mies sur leurs derrières ; que le roi avait
» promis plusieurs fois de secourir Magde-
» bourg ; mais que cet engagement ne l'obli-
» geait pas à des démarches opposées à la
» prudence et qui l'eussent perdu sans aucune
» utilité pour la ville..... Qu'il n'avait
» jamais prévu que la cour de Berlin différât
» plusieurs jours à lui remettre Spandau, qui
» lui devenait indispensable pour assurer sa
» retraite après une action malheureuse, et
» que l'électeur de Saxe refusât de lui laisser
» passer l'Elbe sur le pont de Vittemberg ;
» que ces obstacles imprévus avaient arrêté
» l'armée suédoise. »

Ce manifeste, dont j'ai placé seulement la substance sous les yeux du lecteur, prouve, je ne saurais trop le répéter, que Gustave, en s'avançant dans l'Allemagne, fut loin de rencontrer chez les princes protestants le concours sur lequel il devait compter. En effet, si ceux-ci voulaient éviter à tout prix d'attirer sur leurs États la vengeance de l'empereur, ils redoutaient, d'une autre part, les victoires du roi de Suède, comme funestes pour leur indépendance. Gustave s'était emparé précédemment de Spandau, ou du moins avait imposé à l'électeur de Brandebourg (2) la condition de recevoir les troupes suédoises

dans cette forteresse jusqu'à ce que le sort de Magdebourg fût décidé. La cité célèbre étant tombée entre les mains de Tilli, Gustave se replia sur Spandau ; mais l'électeur le somma, puisque Magdebourg n'existait plus, de lui restituer cette forteresse. Gustave, indigné, l'évacue, et assiège Berlin. Il allait faire canonner la capitale du Brandebourg, lorsque l'électeur lui remit Spandau et s'engagea en outre à fournir aux Suédois un subside de 300,000 écus par mois. Telle était la nécessité où le premier de tous les intérêts, celui de sa conservation, plaçait le roi de Suède, et cependant le monarque qu'il traitait avec tant de rigueur était son beau-frère ! ! Vers cette époque, Greifsvald, la seule place qui restât encore aux impériaux dans la Poméranie, se rendit aux armes suédoises. Gustave traverse aussitôt l'Elbe, réunit ses forces principales à Verben, dans un camp qu'il fortifie avec soin, et où il espère recevoir des secours qui lui viennent de l'Écosse et de la Suède ; c'est dans ce camp qu'il accueille le duc Bernard de Saxe-Weimar, qui n'avait pas pris part à la guerre depuis 1627. Tilli accourt de la Hesse et de la Thuringe ; il reconnaît que la position des Suédois est inattaquable ; il se décide à envahir la Saxe, que Ferdinand considère comme lui étant hostile. Rien n'était plus facile, au contraire, que de ramener l'électeur Jean-Georges, qui, jusqu'au dernier instant, hésita pour se jeter dans les bras de Gustave. Tilli, parvenu à Eisleben, rallie le corps de Furstemberg, pénètre dans Halle et livre au pillage Mersebourg, Veissenfels, Naumbourg et Zeitz ; puis il s'empare de Leipzig, et lui impose une contribution de 200,000 écus ; dans cette course rapide plus de deux cents villages sont livrés aux flammes.

A la vue de tant de maux qui fondent sur son électorat, Jean-Georges invoque la protection du roi de Suède, et, dans une conférence, où il est accompagné de l'électeur de Brandebourg, il déclare à Gustave qu'il attaquera Tilli. « *Et non, monsieur*
» *l'électeur,* » répondit le roi, « *vous ne*
» *combattrez pas seul, et les Suédois vous*
» *accompagneront. Quant à moi, je*

---

(1) De Magdebourg.
(2) Ce prince était beau-frère du roi de Suède.

» suis charmé de vous voir prendre une
» résolution digne de vous. » Se tournant
vers ses généraux : « Nous irons donc frotter
» une couronne et deux bonnets électoraux
» contre la carcasse de ce *vieux caporal*
» Tilli, lui disputer l'honneur de la victoire
» et faire nos efforts pour enlever à ses maî-
» tres le fruit de leurs usurpations et de
» leurs injustices. » Le 2 septembre 1631,
Gustave pénètre dans les murs de Vittemberg, et dit aux étudiants qui se rendent
auprès de lui : « Messieurs, c'est de chez
» vous que nous est venue la lumière de
» l'Évangile ; mais ses ennemis l'ayant
» obscurcie, il faut que nous venions à notre
» tour rallumer le flambeau, avec l'aide de
» Dieu. » Tilli, maître de Leipzig, voulait
s'établir entre cette ville et Mersebourg,
derrière les rivières d'Elster et de Luppa, en
attendant des renforts qui dans six jours
devaient lui arriver ; mais le comte de Pappenheim combattit une pareille mesure.
« Le projet du généralissime annoncerait
» une timidité flétrissante pour les armes de
» l'empereur, et qui ternirait l'éclat dont
» elles avaient brillé jusqu'alors ; il fallait
» marcher en avant, passer la Mulda sans
» délai... Qu'enfin, il fallait nécessairement
» combattre avant que les confédérés fussent
» renforcés par les troupes que Gustave pour-
» rait tirer de la Poméranie, du duché de
» Mecklembourg et de l'électorat de Brande-
» bourg. » Tilli hésite d'abord, puis il se
rend, et il fait marcher son armée sur deux
colonnes ; la première suit le chemin de
Leipsig à Duben et se porte ensuite sur sa
droite ; la seconde colonne, se dirigeant sur
la gauche par Lindenthal, passe un ruisseau,
et, tournant à droite par Breitenfeld, se
réunit sur le terrain où l'action aura lieu ;
Gustave et ses alliés traversent la Mulda.
Maintenant écoutons Schiller.

« Le 7 septembre 1631, dès le point du
» jour, les deux armées se trouvèrent en pré-
» sence. Tilli, qui n'avait pas apporté d'obsta-
» cles à la réunion des Suédois et des Saxons,
» se décida à attendre les renforts qui devaient
» lui arriver. Il avait choisi un camp auprès
» de Leipsig dans une forte position, et où il
» lui semblait impossible qu'on le contraignît
» à livrer bataille. Mais à peine l'armée
» suédoise a-t-elle opéré ses premiers mou-
» vements, que Pappenheim, qui brûle d'en
» venir aux mains, le supplie de prendre une
» position nouvelle. Tilli se rend aux instan-
» ces de son lieutenant, il se porte sur la gau-
» che vers les collines qui s'étendent depuis
» le village de Varen jusqu'à Lindenthal. Son
» armée, ne formant qu'une seule ligne, se
» développe au pied du côteau, et son artil-
» lerie, distribuée sur les hauteurs, balayera
» toute la grande plaine de Breitenfeld. Les
» troupes suédo-saxonnes se déploient de ce
» côté même sur deux colonnes, et elles ont
» à traverser le Lober auprès de Podelvitz,
» village situé devant le front de l'armée im-
» périale. Tilli, qui veut opposer quelque
» obstacle au passage du fleuve, envoie Pap-
» penheim, quoique avec une extrême répu-
» gnance, à la tête de deux mille cavaliers,
» mais avec injonction de ne pas engager
» l'affaire. En dépit d'une défense aussi
» expresse, Pappenheim en vient aux mains
» avec l'avant-garde suédoise et est forcé à
» battre en retraite, après une courte résis-
» tance ; il tente d'arrêter l'ennemi en livrant
» aux flammes Podelvitz ; mais les deux ar-
» mées se portent en avant et se forment en
» ordre de bataille. Les Suédois se rangent
» sur la droite en deux lignes ; l'infanterie se
» tient au milieu de chacune d'elles, partagée
» en petits bataillons, propres à exécuter
» sans désordre les évolutions les plus rapides.
» La cavalerie, distribuée sur les ailes, est
» également divisée en petits escadrons et
» entrecoupée de pelotons de fantassins ; ils
» sont destinés à masquer leur petit nombre
» et à tirer sur les cavaliers ennemis. Le gé-
» néral Teufel est au centre, Horn est à la
» gauche, Gustave commande la droite ; il
» est opposé à Pappenheim. Un intervalle
» considérable existe entre les Suédois et les
» Saxons, disposition que justifie bientôt
» l'événement.

» Ce plan de bataille, c'est l'électeur qui
» l'a proposé, d'accord avec son feld-maré-
» chal ; le roi l'accepte : il veut, si l'on doit
» s'en rapporter aux apparences, que la
» valeur suédoise ressorte, comparée à celle
» des Saxons ; en effet la fortune ne les con-

»fondit pas. Aux pieds des hauteurs, vers
»le couchant, l'ennemi se déploie sur une
»ligne immense, qui débordera l'armée sué-
»doise; l'infanterie se presse en gros batail-
»lons, tandis que la cavalerie est formée en
»escadrons épais, difficiles à mouvoir; der-
»rière lui, son artillerie était placée sur les
»hauteurs, et Tilli se trouvait ainsi com-
»mandé par ses propres boulets, qui décri-
»vaient leur arc au dessus de sa tête. D'après
»cette position de l'artillerie, il paraîtrait,
»si toutefois on peut se fier entièrement à
»l'exactitude de ce rapport, que Tilli son-
»geait plutôt à attendre l'ennemi qu'à l'atta-
»quer, car il ne lui était pas possible de pé-
»nétrer dans les rangs des coalisés sans
»s'exposer au feu de ses propres canons.
»Tilli avait le centre sous ses ordres, Pap-
»penheim l'aile gauche; le comte de Fursten-
»berg commandait l'aile droite. Les troupes
»impériales et celles de la ligue s'élevaient
»de trente-quatre à trente-cinq mille hommes;
»les forces réunies des Suédois et des Saxons
»montaient au même nombre. Deux millions
»d'hommes en présence auraient pu rendre
»cette journée plus sanglante, mais ni plus
»importante ni plus décisive. C'était pour
»cette journée que Gustave avait traversé la
»Baltique, qu'il avait cherché les périls sur
»une terre étrangère, et livré à la fortune
»inconstante sa couronne et sa vie. Les
»deux plus grands généraux du dix-septième
»siècle, tous les deux invincibles jusqu'à ce
»jour, allaient enfin se mesurer dans un
»combat long-temps évité; à l'un des deux
»sera ravie sur le champ de bataille sa re-
»nommée tout entière. Les deux moitiés de
»l'Allemagne voient s'approcher en trem-
»blant le moment où cette lutte va être déci-
»dée; les contemporains en attendent l'issue
»dans l'anxiété la plus profonde, et la pos-
»térité doit la bénir ou la pleurer.

»La résolution, qui, jusque là, n'avait ja-
»mais abandonné Tilly, lui manque complète-
»ment dans cette circonstance mémorable. Il
»hésite s'il attaquera Gustave, et il n'a pas
»assez de fermeté pour éviter une action;
»Pappenheim l'y entraîne malgré lui. Il est
»en proie à des doutes, à des craintes, qu'il
»ressent pour la première fois; de noirs
»pressentiments l'obsèdent et obscurcissent
»son front, jusque là toujours serein : on
»dirait que le génie de Magdebourg le pour-
»suit dans les plaines de Leipsig. Enfin, le
»combat commence par une canonnade de
»deux heures; le vent d'ouest soufflait avec
»violence et poussait contre les Suédois la
»fumée de la poudre et une poussière épaisse,
»qui s'élevait des champs nouvellement la-
»bourés. Gustave commande sur-le-champ à
»ses soldats un mouvement général vers le
»nord; la célérité de cette manœuvre est
»telle que le temps manque à l'ennemi pour
»s'y opposer. Tilli quitte les hauteurs et
»risque une attaque contre les Suédois;
»mais il est reçu par un feu terrible; il se
»porte vers sa droite et charge les Saxons
»avec une impétuosité si meurtrière que leurs
»rangs sont rompus : ils prennent la fuite,
»et l'électeur ne se reconnaît lui-même que
»parvenu dans les murs d'Eilembourg. Ce-
»pendant quelques régiments tiennent pied
»assez long-temps pour sauver, par leur in-
»trépide résistance, l'honneur saxon. A peine
»voit-on le désordre répandu parmi les sol-
»dats de l'électeur, que des Croates s'élan-
»cent sur le champ de bataille pour piller,
»et déjà des courriers partent afin de porter
»la nouvelle du triomphe à Vienne et à
»Munich. De son côté, Pappenheim se pré-
»cipite avec sa cavalerie sur l'aile droite des
»Suédois, il ne peut l'ébranler; Gustave la
»commande, il a sous ses ordres le général
»Banner. Sept fois Pappenheim charge avec
»sa cavalerie, sept fois il est repoussé; il a
»perdu un nombre immense de combattants,
»il prend alors la fuite.

»Tilli, qui avait dispersé les derniers
»restes de l'armée saxonne, marche contre
»l'aile gauche des Suédois; mais Gustave
»a déjà aperçu le désordre des troupes élec-
»torales, et y porte remède : trois régi-
»ments sont envoyés à son aile gauche,
»son flanc est renforcé et couvert. Horn,
»qui commande cette aile, oppose une hé-
»roïque résistance aux cuirassiers ennemis,
»tandis que l'infanterie, placée dans les in-
»tervalles des escadrons de cavalerie, vomit
»la mort. Déjà les impériaux plient, lorsque
»le roi accourt pour décider la victoire et

»battre leur aile gauche. Désormais les Sué-
»dois n'ont plus d'ennemis qui leur tiennent
»tête dans la plaine; ils vont être em-
»ployés ailleurs et d'une manière utile.
»Gustave, à la tête de son aile droite et du
»corps de bataille, attaque les hauteurs, où
»est établie l'artillerie de l'ennemi ; elle est
»entre ses mains; les soldats de Ferdinand
»sont foudroyés par leurs propres canons,
»et cette armée, jusque là invincible, finit
»par se rompre. Une seule ressource reste à
»Tilli : une prompte retraite ; il l'effectuera
»à travers les rangs ennemis. Mais à ce
»moment même, une sorte de *sauve qui*
»*peut* s'empare de l'armée impériale; quatre
»régiments seuls, dont les soldats, aguerris
»et vieillis dans les camps, n'ont jamais re-
»culé d'un pas sur les champs de bataille,
»offrent un mur d'airain aux coups multi-
»pliés des Suédois. Serrés en masse, ils
»percent l'armée victorieuse, gagnent, tou-
»jours combattant, un petit bois, où ils font
»de nouveau face à l'ennemi ; ils combattent
»jusqu'à la nuit, et luttent avec la même
»rage, jusqu'à ce qu'enfin ils soient réduits
»à six cents. La bataille de Leipsig est alors
»terminée. »

Le premier mouvement de Gustave-Adolphe fut de se jeter à genoux sur le champ de bataille, et d'adresser à Dieu une prière ardente. La guerre de trente ans était une guerre essentiellement religieuse; non pas que l'ambition y fût tout-à-fait étrangère : elle se mêle comme à leur insu aux plus généreuses pensées des hommes; mais Gustave était avant tout un prince protestant, et il était convaincu que la victoire de Leipsig venait de sauver sa foi : il avait donc, sur le champ de bataille, au milieu des morts et des blessés, remercié le *Tout-Puissant*, qui lui avait accordé un triomphe si complet. Ce premier devoir accompli, il donna des ordres à sa cavalerie pour qu'elle s'élançât sur les traces des vaincus : de toutes parts le tocsin fut sonné ; les habitants des campagnes, tant de fois victimes des exactions et des cruautés des soldats de Tilli, massacrèrent tous ceux qui tombèrent entre leurs mains : déplorable vengeance, puisqu'elle ajoutait encore aux désastres de la guerre !

En effet, la journée de Leipsig coûta aux impériaux sept mille morts et cinq mille blessés ; ils perdirent en outre leur artillerie et plus de cent drapeaux. Bref, de cette armée naguère si redoutable, de cette armée de trente-quatre mille hommes, Tilli réunit seulement six cents soldats, et Pappeinheim quatorze cents ; encore ce fut comme par miracle que le général en chef échappa à la mort que lui destinait un capitaine suédois ; mais ce dernier fut prévenu, et un coup de pistolet l'étendit sur la place. Tilli, du reste, était couvert de blessures. Mersebourg ouvrit ses portes, Halle fut enlevée de vive force. Ce fut dans cette dernière ville que l'électeur de Saxe, Jean-Georges, délibéra avec Gustave sur le plan de campagne qu'il fallait désormais adopter. Les pertes que Ferdinand II venait d'éprouver étaient sans doute considérables, mais, à une époque où la population en Allemagne cherchait un refuge dans les camps, il suffisait de quelques jours pour recruter des forces nombreuses. Les soldats impériaux d'ailleurs ne connaissaient aucune espèce de discipline : Tilli comme Valstein n'étaient pas des généraux proprement dits, mais des chefs de partisans ; la guerre devait enrichir les troupes, qui ne recevaient ni vivres, ni paie ; combattre était pour elles un métier : il était donc bien facile d'appeler sous les drapeaux de nouvelles recrues ; mais là aussi ne gisait pas la difficulté. Ne l'oublions pas : la guerre de trente ans était née d'une lutte de doctrines religieuses ; depuis long-temps les catholiques étaient restés vainqueurs, et ces triomphes étaient aux yeux des peuples de véritables arrêts du ciel. Cependant la journée de Leipsig venait de se prononcer en faveur des protestants, et troublait la conscience d'un grand nombre de fidèles attachés à la cour de Rome. Lorsqu'on apprit à Vienne la funeste nouvelle, un ministre de l'empereur s'écria : « *Je n'aurais ja-*
» *mais cru que Dieu serait devenu lu-*
» *thérien.* »

Le gain de la bataille de Leipsig jeta donc un profond découragement parmi les catholiques, tandis que leurs adversaires, auxquels ils avaient causé tant de maux, s'apprêtaient à en tirer une vengeance éclatante, dont Gustave serait comme le bras séculier. Une conférence, comme je l'ai déjà dit, eut lieu dans Halle, entre l'électeur de Saxe et le roi de Suède, conférence à laquelle assistèrent plusieurs autres princes protestants. Il fut décidé que Jean-Georges combattrait en Bohême et en Silésie, tandis que Gustave pénétrerait par la Thuringe en Franconie, et marcherait, d'après les circonstances, soit dans le cercle du Rhin, soit dans la Bavière pour forcer les catholiques à mettre bas les armes. Quelques esprits aventureux proposèrent un autre plan : les Suédois et les Saxons se seraient élancés ensemble par les défilés de la Bohême, dans les États héréditaires de Ferdinand, où l'on aurait trouvé un grand nombre de protestants, convertis par la crainte des supplices, et qui seraient entrés aussitôt dans les rangs de l'armée envahissante; on aurait ensuite soumis Vienne. On opposa à cette opinion si hardie qu'il importait avant tout de s'assurer des alliés dans la partie occidentale de l'Allemagne : on se rapprocherait de cette manière de la France; que, dans le cas d'une conquête rapide, les forces suffisantes manqueraient pour établir des garnisons, et qu'enfin il importait de poursuivre Tilli, qui, déjà, avait créé sur le Veser une nouvelle armée. D'après le plan définitivement arrêté, les Saxons pénétrèrent dans la Bohême, où ils ne rencontrèrent aucun obstacle. Le roi de Suède, de son côté, s'empare de Vurtzbourg [octobre 1631], dont il fait augmenter les fortifications ; bref, il parcourt avec rapidité la Franconie, le cercle du Haut-Rhin et la Souabe, où les peuples accourent sur ses pas; Volkach, Kitzingen, Vinsheim, Ochsenfurt, Carlstadt, Gemunden, Lohr, Remlingen lui ouvrent leurs portes; Aschaffembourg, Hanau et Francfort sont en son pouvoir. Il traverse le Rhin, s'empare d'Oppeinheim, de Mayence et de Spire; Landau, Vissembourg, Ulm lui appartiennent bientôt : il délivre la plus grande partie du Palatinat et de l'Alsace des ennemis qui les ruinent et qui les oppriment ; enfin une foule de villes libres signent des traités avec Gustave, traités qui donnent de l'appui au protestantisme. Tilli, qui d'abord s'était tenu dans la Haute-Allemagne, accourt en Franconie ; le 2 mars 1632 il chasse Horn de Bamberg. Le roi de Suède, craignant qu'il ne restât maître du cours du Mein, marcha contre lui par Schwabach et Donauwert; le 16 avril 1632 il emporta le passage du Lech, où Tilli reçut une blessure, dont il mourut quatorze jours après (1) : il était dans la soixante-treizième année de son âge.

Le roi de Suède était déjà maître d'Augsbourg le 25 avril 1632, où il rétablit les protestants dans la propriété de leurs anciens temples, sans faire subir d'ailleurs au-

(1) Le comte de Guiche, qui plus tard devint maréchal de Grammont, ayant, par suite d'un duel, quitté la France en 1625, se rendit auprès du comte de Tilli, dont il reçut le meilleur accueil. L'auteur des *Mémoires du maréchal de Grammont*, je veux dire son propre fils, rend compte de la manière suivante de la première entrevue qui eut lieu entre son père et le général de la ligue : « Jamais le comte de » Guiche ne fut plus étonné que lorsqu'il vit pour la » première fois le comte de Tilli, dont la renommée » faisait tant de bruit dans toute l'Europe. Il le » trouva marchant, à la tête de son armée, monté » sur un petit cravate blanc, et vêtu assez bizarre- » ment pour un général : il avait un pourpoint de » satin vert découpé à manches taillardées, des chaus- » ses de même, un petit chapeau carré avec une » grande plume rouge qui lui tombait sur les reins, » un petit ceinturon large de deux doigts, auquel » était pendue une épée de combat, et un seul pis- » tolet à l'arçon de sa selle. Un accoutrement aussi » singulier fit d'abord croire au comte de Guiche que » l'homme qui en était revêtu n'avait pas la cervelle » bien timbrée, et qu'au lieu de trouver un général » tel qu'il se l'était proposé sur la réputation publi- » que, il était tombé entre les mains d'un fou ; mais » il ne tarda pas à connaître le contraire, car il ne » démêla jamais un capitaine plus sensé ni plus sage » ni plus absolu dans son armée. » Si Tilli se montra, comme général, moins rapace que Valstein, il laissait commettre à ses soldats des pillages et des meurtres continuels, comme à titre d'indemnité. Les Suédois, tant que vécut Gustave-Adolphe, se montrèrent les véritables modèles d'une discipline sévère, mais ils surent reprendre plus tard leur revanche. La guerre de trente ans dévasta l'Allemagne d'une manière si complète, que les habitants de campagnes, ne trouvant plus à *vivre*, s'enrôlaient tous. Les soldats traînaient avec eux leurs femmes et leurs enfants : de telle sorte que les camps ressemblaient à des villes ambulantes. Ces masses n'avaient pour moyen d'existence que le pillage.

en outrage aux catholiques; il mit ensuite le siége devant Ingolstad. Saint-Étienne, ambassadeur de France, essaya de négocier alors la neutralité de l'électeur de Bavière. « Je connais trop bien, » répondit Gustave, « l'électeur de Bavière et sa » *prêtrise;* il porte une casaque doublée, » et, selon les circonstances, il t urne aujourd'hui en dedans le rouge, demain le » bleu. Je conçois qu'on puisse le défendre : » à qui voudrait faire l'éloge du pou, cet » animal immonde, il se présenterait vingt » choses à dire : que c'est un animal fidèle » et utile, qui suce le mauvais sang de » l'homme. Mais pour cette fois on ne m'y » prendra point; je connais le cœur faux » du Bavarois. » Gustave imposa d'ailleurs des conditions si dures à l'électeur, que celui-ci les refusa. Landshut tomba bientôt aux mains des Suédois, sans éprouver aucun désastre, quoique la ville ouvrit ses portes le jour même de l'anniversaire de la prise de Magdebourg. Enfin le 17 mai, le héros fit son entrée dans Munich, capitale de la Bavière : ses soldats observèrent une discipline si parfaite que deux heures après leur entrée les boutiques étaient ouvertes, et que les femmes et les filles les plus jolies de la ville parcouraient les rues en donnant le bras aux officiers suédois. Le roi, non-seulement prescrivit que le culte catholique fût respecté, mais lui-même fut spectateur attentif de ses cérémonies. Néanmoins il leva sur Munich une forte contribution, et s'empara de cent quarante canons cachés sous les dalles de l'arsenal, en disant avec esprit : « *Surgite a mortuis et venite ad judi-* » *cium.* »

Il semblait que les affaires de Ferdinand II déclinassent de plus en plus; mais ce monarque, jadis si absolu, avait plié à son tour sous le joug de la nécessité. Après avoir enlevé le commandement de ses troupes à Valstein, il l'avait supplié de le reprendre, tant la défaite de Leipzig avait humilié l'orgueil de cet empereur! Mais ce général, plein de ressentiment de l'injure qu'il avait reçue, imposa les conditions les plus rigoureuses à son maître : elles appartiennent à l'histoire, et prouvent qu'en 1632 le pouvoir impérial avait peut-être plus les apparences que la réalité du despotisme; c'est au lecteur à en juger Voici le texte de ces conditions : Article 1er. « Le duc de » Friedland (Valstein) sera généralissime, » non-seulement de S. M. I. R., mais aussi » de toute la maison d'Autriche et de la couronne d'Espagne. — Art. 2. Le généralat accepté par le duc de Friedland lui sera » conféré dans la meilleure forme. — » Art. 3. S. M. I. R. *ne se trouvera pas* » *personnellement* à l'armée, et encore » moins *ne la commandera-t-elle pas.* » Lorsque le royaume de Bohême sera recouvré, ladite majesté résidera à Prague, » et don Balthasar de Marradas, avec douze » mille hommes, restera dans le royaume » pour lui servir de *sauve-garde*, jusqu'à ce » qu'une paix générale soit faite en Empire, vu que le duc croyait qu'il est nécessaire que les Bohémiens aient un roi » présent au milieu d'eux. — Art. 4. Parole impériale pour une terre située dans » les États héréditaires de la maison d'Autriche, à titre de récompense ordinaire. — » Art. 5. Après l'occupation des États, le » domaine suprême dans l'empire romain » (c'est-à-dire une principauté souveraine), » à titre de récompense extraordinaire. — » Art. 6. La confiscation en Empire, *in absolutissima forma*, de manière que » l'empereur, le conseil aulique, ou la chambre de la cour impériale, ni la chambre » impériale de Spire n'y forment quelque » prétention, ni puissent donner à cet égard » quelque décision ou s'en mêler. — Art. 7. » En affaire de confiscation et de pardon, le » duc de Friedland disposera en pleine liberté; et quand même il serait donné par » la cour impériale quelque sauf conduit ou » pardon, un tel acte n'aura pas de force » sans la confirmation du duc de Friedland, » et ne s'étendra qu'à la vie et à l'honneur, » nullement *aux biens*. Le pardon réel ne » pourra être accordé que par le duc de Friedland, vu qu'à cause de la trop grande bonté » de S. M. I. R. chacun obtiendrait son pardon, et qu'il ne resterait pas de moyens » pour *récompenser les officiers et contenter les soldats.* — Art. 8. Si l'on

» traitait de la paix, les intérêts du duc de
» Friedland, nommément pour le duché de
» Mecklembourg, y seraient inclus. —
» Art. 9. On fournira au duc tous les
» moyens pour continuer la guerre. —
» Art. 10. Tous les États héréditaires de
» S. M. I. R. lui seront ouverts, et à son
» armée pour une retraite. »

Valstein, ayant ainsi pris ses précautions contre Ferdinand, et sûr désormais de distribuer en maître suprême les récompenses comme les châtiments, réunit bien vite sous ses drapeaux quarante mille hommes, qui ne respirent plus que le pillage. Il se précipite comme un torrent sur les Saxons, et les balaie de la Bohême; puis, le 11 juin 1632, il fait sa jonction avec l'électeur de Bavière. Le roi de Suède s'établit dans un camp fortifié auprès de Nuremberg; les impériaux et les Bavarois accourent, ils sont en force, mais ils reculent devant une attaque. Valstein disait: « Si les Suédois sont battus, ils trouveront une retraite inattaquable dans Nuremberg, et si nous le sommes, rien ne s'opposera plus à leur marche sur Vienne. » Des renforts arrivent au roi de Suède, et le 24 août 1632 il livre un assaut au camp de Valstein: des deux côtés on se bat avec un courage héroïque pendant six heures; Gustave ne peut réussir dans son dessein. Le 8 septembre, il jette une forte garnison dans Nuremberg et se retire sur Nordlingen et Donauvert. Valstein et l'électeur de Bavière séparent leurs troupes; le premier marche sur Meissen, le second se rend à Ratisbonne. Le 22 octobre Valstein est maître de Leipzig et de Halle: Gustave vole au secours de la Saxe; il n'a plus pour ressource que les troupes qui marchent sous ses ordres. Les impériaux, dont le nombre est supérieur, n'osent pas néanmoins l'attaquer; le roi de Suède se dirige sur Lutzen, où les deux armées se rencontrent.

Un épais brouillard suspend d'abord l'attaque; il se dissipe, et les combattants s'aperçoivent. Déjà le roi s'était jeté à genoux devant le front de bataille, l'armée avait suivi son exemple et entonné un cantique touchant, auquel une musique militaire servait d'accompagnement. Gustave-Adolphe est à cheval, vêtu d'un simple habit de drap, avec un juste-au-corps de buffle (les douleurs qu'il éprouve d'une ancienne blessure ne lui permettent pas de revêtir la cuirasse). *Dieu est avec nous* est le mot de ralliement des Suédois; *Jésus-Marie* celui des impériaux. La cavalerie de Gustave se précipite avec impétuosité, tandis que son infanterie s'élance vers les fossés: les trois premières brigades de Valstein sont enfoncées, « mais (1) sa présence d'esprit arrête
» les progrès de l'ennemi; prompt comme l'é-
» clair, il rétablit l'ordre dans son infanterie;
» un mot de sa bouche, et les fuyards ont re-
» pris leurs rangs. Soutenues de trois régiments
» de cavalerie les brigades se reforment et
» pénètrent avec rage dans les rangs suédois:
» alors se livre le combat le plus terrible; la
» proximité de l'ennemi rend inutile l'arme à
» feu; le temps de la charge est refusé à la fu-
» reur de l'attaque. On combat d'homme à
» homme; l'arme à feu est remplacée par la
» pique et l'épée; l'art fait place à la rage.
» Les Suédois, épuisés de fatigue et accablés
» par le nombre, plient jusqu'au-delà des
» fossés; la batterie dont ils se sont rendus
» maîtres, ils l'abandonnent dans leur retraite;
» mille corps mutilés couvrent la plaine, et
» un seul pouce de terrain n'est pas encore
» gagné! Cependant l'aile droite des Suédois,
» enflammée par la présence du roi, qui la
» conduit, attaque l'aile gauche de l'ennemi:
» il suffit du premier choc des cuirassiers Fin-
» landais pour disperser les corps légers
» polonais et croates qui couvrent cette aile:
» leur fuite apporte la terreur et la confu-
» sion dans le reste de la cavalerie. A cet
» instant même, le monarque apprend que
» son infanterie se retire au-delà des fossés,
» et que son aile gauche, cruellement mal-
» traitée par l'artillerie des moulins, com-
» mence aussi à plier. Il commande aussitôt
» au général Horn de s'élancer à la pour-
» suite de l'aile gauche ennemie, qu'il a bat-
» tue, puis il part à la tête du régiment de
» Steinbock pour aller arrêter le désordre de
» sa propre aile gauche. Son fier coursier le
» porte comme un trait au-delà des fossés;

(1) Schiller.

»mais le passage est plus difficile pour les
»escadrons qui le suivent, et un petit nom-
»bre de cavaliers, parmi lesquels se trouve
»le duc François-Albert de Saxe-Lauembourg,
»sont assez heureux pour se trouver à ses
»côtés. Gustave se dirige aussitôt vers l'en-
»droit où son infanterie est assaillie avec le
»plus de fureur, et tandis qu'il regarde au-
»tour de lui pour découvrir dans l'armée en-
»nemie un jour vers lequel il puisse diriger
»son attaque, sa vue courte le conduit trop
»près des troupes de Ferdinand. Un caporal des
»impériaux remarque que tout s'éloigne avec
»respect pour céder le pas à celui qui s'a-
»vance le premier ; il ordonne sur-le-champ
»à un mousquetaire de le coucher en
»joue. » — « Tire sur celui-là, » crie-t-il,
« ce doit être un personnage d'importance. » —
« Le coup part, et le roi a le bras gauche
»fracassé. Dans ce moment, ses intrépides
»escadrons se pressent autour de lui ; c'est
»un bruit confus, au milieu duquel on n'en-
»tend plus que ces mots : *Le roi est blessé !*
»*Le roi a reçu un coup de feu !* Ces pa-
»roles jettent parmi eux l'horreur et l'é-
»pouvante. Gustave, faisant un dernier
»effort, s'écrie : — « Ce n'est rien ; suivez-
»moi. » — Mais la douleur triomphe sur
»son énergie ; il est prêt à s'évanouir, et prie
»en langue française le duc de Lauembourg
»de le tirer sans éclat de la foule. Tandis que
»celui-ci se porte avec le monarque vers
»l'aile droite, et fait un long détour pour
»cacher à l'infanterie désolée un si déplora-
»ble spectacle, Gustave reçoit dans le dos
»un second coup de feu, qui lui enlève le
»reste de ses forces. » — « J'en ai assez mon
»frère, » dit-il d'une voix mourante ; « toi,
»cherche seulement à sauver ta vie. » — « En
»même temps il tombe de cheval, et, atteint
»de nouveaux coups de feu, abandonné de
»tous, il rend le dernier soupir entre les
»mains des Croates. Bientôt son cheval de
»bataille, tout couvert de sang, erre seul
»dans la plaine, et divulgue aux Suédois
»la perte qu'ils viennent de faire. La cava-
»lerie, en proie à une rage inexprimable, se
»précipite vers l'endroit où Gustave est
»tombé ; elle veut arracher les précieux restes
»de son roi aux mains barbares qui se les

»disputent : un combat horrible s'engage au-
»tour de ce glorieux cadavre, qui, défiguré,
»reste enseveli sous un monceau de morts. »
A peine eurent-ils appris la mort du vainqueur de Leipzig, que les soldats suédois, redoublant de rage, restèrent les maîtres du
champ de bataille. Les généraux de l'armée
ennemie déployèrent de leur côté la valeur
la plus héroïque : « on vit (1) le duc de Fried-
»land (Valstein), au milieu d'une grêle de bal-
»les, parcourir avec calme toutes ses divisions,
»secourant le faible, applaudissant au brave,
»punissant le lâche d'un regard foudroyant.
»Autour de lui, à ses côtés, la mort mois-
»sonne en foule ses soldats ; son manteau
»même est criblé de balles. Mais les dieux
»vengeurs veillent, dans le jour néfaste, sur
»celui que doit bientôt atteindre un fer as-
»sassin, qu'on aiguise déjà dans l'ombre.
»Valstein ne devait pas terminer une vie
»coupable sur le lit d'honneur où Gus-
»tave-Adolphe venait de rendre le dernier
»soupir. »

Pappenheim reçut au commencement de
la bataille deux balles dans la poitrine ;
l'exaltation de son courage était telle qu'il
fallut l'enlever de force de cette scène de carnage. Il apprit, pendant qu'on le transportait, la mort du vainqueur de Leipzig ; ses
yeux rayonnèrent aussitôt de joie, et il s'é-
cria : « Qu'on annonce au duc de Friedland
»que je suis blessé sans espérance ; mais que
»j'expire content, puisque l'implacable en-
»nemi de ma religion est mort le même jour
»que moi. » Il est donc bien vrai que la
guerre de trente ans, même parmi les chefs,
était une guerre sortie de la différence des
doctrines religieuses ! Voilà ce qui explique
la durée de ce drame, si fécond en grandes
péripéties. Maintenant que le lecteur a eu
sous les yeux la description de la bataille de
Lutzen, tracée par un peintre de génie, je
vais donner place au récit que nous a légué
le plus grand homme d'état du seizième
siècle ; on va entendre Richelieu, le promo-
teur de l'alliance suédoise ; ces rapprochements forment les véritables leçons de l'histoire. « Le désordre des impériaux fut si

(1) Schiller.

»grand en leur fuite, que leur cavalerie, ren-
»contrant leur propre bagage auprès de
»Leipzig, le pilla, comme si c'eût été celui
»de l'ennemi...... Il y eut six mille hommes
»de morts, la plupart impériaux, grand nom-
»bre de blessés, qui moururent presque tous
»depuis, et trente-six pièces de canon des
»ennemis prises..... La mort du roi de
»Suède est un exemple mémorable de la mi-
»sère humaine, ne lui étant pas, à l'instant
»de sa mort, resté de tant de provinces qu'il
»avait conquises sur ses voisins, et de tant de
»richesses qu'il avait gagnées en Allemagne,
»une seule chemise pour couvrir son infir-
»mité; l'orgueil de sa naissance et la répu-
»tation de ses armes, qui l'élevaient au-dessus
»de plusieurs grands monarques, ayant été
»abattu jusqu'à ce point que d'être foulé aux
»pieds des chevaux amis et ennemis, et si
»égal au corps des moindres soldats, entre
»lesquels le sien était gisant, meurtri et
»souillé de sang, que ses plus familiers eurent
»peine à le reconnaître, pour lui rendre
»l'honneur de la sépulture. Telle fut la fin
»de toute sa grandeur..... Si, après la ba-
»taille de Leipsig, il eût été droit attaquer
»l'empereur en ses provinces héréditaires,
»c'était fait de la maison d'Autriche, vu que
»la moindre victoire qu'il eût remportée en
»ce lieu là, qui lui était facile, ses forces
»ayant été défaites à Leipsig, elle n'avait
»plus de ressources ni de lieu où pouvoir
»rassembler un corps d'armée, ou, au con-
»traire, tandis que le dit roi s'amusa, comme
»les autres princes, toutes les provinces qui
»n'avaient point été affligées de la guerre,
»fournirent à l'Autriche des gens de guerre,
»des munitions et des moyens de remettre
»sur pied et entretenir une armée deux fois
»plus grande que celle qu'elle avait eue au-
»paravant. Mais, ou Dieu ne voulait pas
»*l'entière destruction de cette maison,
»qui eût peut-être été lors trop préjudi-
»ciable à la religion catholique*, et dé-
»tourna le roi de Suède du conseil qui lui était
»avantageux de prendre ; ou le même Dieu,
»qui ne donne pas tout à tous, mais divise ses
»dons diversement à chacun, avait donné à ce
»roi, comme à Annibal, la science de vaincre,
»mais non pas celle d'user de la victoire. »

Le reproche adressé ici par le cardinal de Richelieu à Gustave était propagé par l'opinion contemporaine; mais depuis, de nouveaux documents sont parvenus à la connaissance des historiens et ont justifié complétement la conduite du roi de Suède. Quel était l'adversaire le plus redoutable à la suite de la première victoire remportée auprès de Leipsig? C'était Tilli. Le vainqueur, qui venait d'avoir des preuves de la lâcheté de l'électeur de Saxe et de celle de ses troupes, ne voulut pas, avec raison, lui confier la tâche la plus difficile; il se réserva donc la mission de vaincre le général de Ferdinand II. Le roi de Suède pouvait-il prévoir que Tilli, à la tête de soixante mille hommes, lui refuserait la bataille? Pouvait-il deviner que des ordres supérieurs seraient donnés à l'illustre chef impérial, pour lui défendre de combattre? En envoyant l'électeur de Saxe dans la Bohême, où un grand nombre de protestants étaient prêts de courir aux armes, le roi de Suède le chargeait, pour ainsi dire, d'une œuvre qui s'accomplissait d'elle-même, et pour laquelle seule il était propre. Le vainqueur de Leipsig n'a donc commis aucune faute; il a raisonné sur ce qui *logiquement* devait arriver, et l'on ne peut rien demander de plus aux hommes, car il appartient seulement à Dieu de savoir l'avenir. A la suite de cette accusation, qui se réfute d'elle-même, Richelieu ajoute, en parlant de Gustave : « Il était prince savant, »qui parlait beaucoup de langues, accort et »affable, et qui savait l'art de la guerre par-
»faitement et avait pris plaisir de le mettre
»en pratique depuis son avénement à la cou-
»ronne, et non-seulement donnait les com-
»mandements, mais les faisait exécuter lui-
»même en personne. Il avait accoutumé de
»dire qu'un roi n'était pas digne de porter
»la couronne sur la tête, qui faisait difficulté
»de la porter partout où un simple soldat
»pouvait aller; aussi courut-il souvent for-
»tune d'être pris et eut quantité de coups
»sur lui, entre autres, un sur l'épaule, dont
»la balle lui est demeurée. »

La mort du roi de Suède, au sein même d'une seconde victoire, parut aux imaginations de l'époque, déjà si fortement ébranlées, un événement qui sortait de la ligne ordinaire. Il était cependant bien simple qu'un roi, s'exposant comme un simple soldat, rencontrât une mort glorieuse sur les champs de bataille ; Gustave n'était-il pas chargé de blessures, reçues dans d'autres rencontres. Cependant on prétendit qu'il avait été assassiné, et l'on chargea de ce crime le le duc de Lauembourg, qui, jusqu'au dernier moment, n'avait pas quitté le roi. Ce qui donna une sorte de consistance à cette rumeur accusatrice, c'est que ce prince venait de quitter le service impérial pour s'attacher à Gustave. Ce fait, néanmoins, pouvait s'expliquer par les circonstances particulières de la guerre : l'empereur avait long-temps désolé catholiques comme protestants, sujets comme souverains ; ces derniers, lorsqu'ils conçurent l'espoir de voir briser leur joug par le roi de Suède, s'éloignèrent tour-à-tour de Ferdinand pour passer sous les drapeaux victorieux de son rival. On allègue que, quelque temps après la mort de Gustave, le duc de Lauembourg reprit le service impérial ; mais ces changements rapides se montrent dans toutes les dissensions civiles, et pour les Allemands, les querelles religieuses qui les avaient divisés en deux camps, ne constituaient-elles pas une véritable guerre. Enfin, si après la mort de Gustave, le duc de Lauembourg s'est attaché de nouveau à Ferdinand, c'est qu'après la mort de leur monarque, les Suédois laissèrent éclater une morgue et une insolence qui éloignèrent grand nombre de leurs alliés. En réalité, aucune preuve directe ne s'élève contre le duc de Lauembourg, et il faut dire avec Schiller : « Que la manière dont a été atteint Gustave-Adolphe » est restée enveloppée dans une obscurité » impénétrable ; aussi, ici plus que nulle part, » on doit appliquer cette maxime de ne » jamais dégrader la dignité de la nature » humaine par une accusation morale, toutes » les fois que le cours naturel des choses » suffit pour fournir un entier éclaircisse- » ment. » Bref, Gustave-Adolphe mourut âgé de trente-sept ans un mois et vingt-sept jours ; il laissa une fille unique, Christine, encore dans l'enfance. Ce prince, lorsqu'il rendit le dernier soupir, possédait cent trente villes en Allemagne et plus des deux tiers de l'empire. Sa mort plongea l'Europe entière dans la consternation. « Mais pour- » quoi ? » demande un historien moderne, « peut-être mourut-il à temps pour sa gloire. » Il avait sauvé l'Allemagne et n'avait pas eu » le temps de l'opprimer ; il n'avait point » rendu le palatinat à l'électeur Frédéric V, » dépouillé ; il destinait Mayence à son chan- » celier Oxentierna ; il avait témoigné du goût » pour la résidence d'Augsbourg, qui serait » devenue le siége d'un nouvel empire. » D'autres historiens ont accusé ce prince d'avoir songé à se faire nommer empereur d'Allemagne à la place de Ferdinand II. Schiller soutient, de son côté, « que la mort » précipitée de Gustave assura à l'empire » germanique sa liberté, et à lui-même la » pureté de sa gloire, si toutefois elle ne lui » épargna pas la mortification de voir ses » alliés armés contre lui, et de perdre tout le » fruit de ses victoires dans une paix désavan- » tageuse. Déjà la Saxe songeait à déserter » son parti ; le Danemark voyait sa grandeur » avec inquiétude et jalousie, et la France » même, son allié le plus important, effrayée » de la fierté de son langage et de l'accrois- » sement formidable de sa puissance, chercha, » dès son passage du Lech, quelques alliances » étrangères qui pussent arrêter le Goth dans » sa marche triomphante et rétablir l'équili- » bre des forces en Europe. » La justice me fait un devoir de déclarer d'abord que l'électeur de Saxe, qui voulait remplir en Allemagne le rôle d'arbitre, rôle bien au-dessus de ses forces, ne recourut à Gustave qu'à la dernière extrémité, et ne fut jamais pour ce prince un allié utile ni même sincère. Quant au monarque danois, on doit se rappeler qu'il avait voulu se montrer avant Gustave le libérateur de l'Allemagne, mais qu'il échoua dans cette entreprise. Enfin, si la France a vu avec inquiétude la puissance de Gustave s'élever aussi haut, c'est que Richelieu tenait essentiellement à maintenir l'équilibre de l'Europe, qui pouvait être mis plus tard en danger par le roi de Suède. En résumé, aucun fait certain ne prouve que Gustave ait voulu rompre avec cette modération qui avait commencé sa fortune. On l'a jugé comme le

commun des princes auxquels les triomphes inoculent tant de vices : Gustave, au contraire, valait mieux que ses succès, et je ne saurais mieux terminer son règne que par cette citation, empruntée à l'abbé Raynal : « C'était un homme supérieur, né pour » l'honneur de sa nation et de son siècle, qui » n'eut point de vices, peu de défauts, de » grandes vertus et encore de plus grands ta- » lents (1). »

CHRISTINE.

Gustave-Adolphe laissa pour héritière de son trône et de ses conquêtes une jeune fille, à peine âgée de six ans; mais le vainqueur de Lutzen avait créé, grâce aux exemples légués par son génie militaire, une foule de généraux qui soutinrent avec éclat l'honneur des armes suédoises. Toutefois, il ne suffisait pas de vaincre; il fallait encore savoir user de la victoire; il importait qu'un homme d'État, se mettant à la tête du parti de la réforme religieuse en Allemagne, lui imprimât une direction suprême. Cet homme d'État existait déjà et possédait la confiance tout entière de Gustave-Adolphe : je veux parler du chancelier Axel-Oxenstierna. Quelque temps après son arrivée dans le Mecklembourg, Gustave avait adressé au chancelier une lettre où se trouve le passage suivant :

(1) Je cède à la tentation de placer sous les yeux du lecteur un portrait du grand Gustave tracé par sa fille Catherine : « Ce prince, qui mourut entre »les bras de la victoire, était grand en tout. Sa nais-
»sance était grande, son habileté l'était aussi ; son »ambition était plus grande que ses forces, mais »pas plus grande que sa fortune. Il était sage, il »était brave, il était grand capitaine, grand roi. »Enfin, c'était le plus grand homme de son siècle, »aussi bien que de ceux qui ont vécu trois ou quatre »siècles avant lui. Il était généreux, libéral presque »jusqu'à la profusion ; avec tout cela économe et »habile en tout. Il parlait et entendait plusieurs »langues ; haranguait bien, aimait la lecture et les »belles-lettres. Il était beau prince, mais trop gros et trop replet ; ce qui commençait à l'incommoder. Il était trop colère et trop prompt, aimant »trop les femmes. Il n'aimait pas le vin, mais il bu- »vait, défaut commun du nord ; mais cela ne l'em- »pêchait pas de vaquer, ni à sa gloire, ni à son de- »voir. Il était familier avec ses amis, et réservé en- »vers les soldats.

« Faites pour moi et les miens ce que je fe- » rais moi-même pour vous et les vôtres, si, » par la volonté de Dieu, je vivais assez » long-temps pour que vous eussiez besoin de » moi de la même manière. Les miens, par » rapport à moi, si quelque attention m'est » due, et à bien d'autres égards, doivent » inspirer de l'intérêt. Ce sont des femmes; » la mère est incapable de prendre conseil » d'elle-même ; la fille est encore enfant : » malheureuses si elles devaient dominer, et » menacées de dangers si d'autres parvenaient » à dominer sur elles. C'est la tendresse que » la nature donne au cœur des parents, qui » arrache ces lignes à ma plume (1). »

Les généraux suédois et les princes allemands qui servaient sous leurs drapeaux s'empressèrent de prêter serment de fidélité et d'obéissance à Christine, l'héritière de Gustave. De leur côté les états-généraux, réunis à Stockholm, proclamèrent souveraine l'unique rejeton de leur grand roi. Un député qui appartenait à l'ordre des paysans s'écria au moment où il entendit le président soumettre la proposition relative à la succession royale et à la prestation d'hommage : « Qui » est cette Christine? Nous ne la connaissons » pas, nous ne l'avons jamais vue ! » La jeune princesse ayant été aussitôt introduite, le même député, après l'avoir considérée avec la plus vive attention, dit : « Oui, » voilà les yeux, le front, tous les traits de » Gustave : elle est sa fille ; elle sera notre » reine ! » Les états-généraux lui nommèrent ensuite pour tuteurs les cinq grands dignitaires de la couronne, parmi lesquels on comptait le chancelier Axel Oxenstierna. Christine annonçait déjà qu'elle serait un jour une femme hors de ligne (2). A l'âge de deux ans, elle se trouvait avec son père à Calmar ; l'officier supérieur qui commandait dans cette place répugnait à faire tirer le ca-

(1) *Mémoires d'Arkenholtz.*
(2) Quand Christine vint au monde, sa peau était si brune et sa voix si forte qu'on la prit d'abord pour un garçon. Mais l'erreur ayant été reconnue, on en avertit Gustave-Adolphe ; il répondit : « J'es- » père que cette fille vaudra un jour un garçon : » elle aura de l'esprit, car elle nous a tous trom- » pés. »

non, dans la crainte d'inspirer de la terreur à l'enfant. « Faites tirer, dit Gustave, elle » est la fille d'un soldat; elle doit s'accoutu- » mer à ce bruit. » Christine, au lieu d'être effrayée, battit des mains, et demanda que les salves continuassent (1). La jeune princesse, lorsqu'elle apprit la mort de son père, témoigna la douleur la plus profonde; celle de la mère ne connut point de bornes.

Il fallait s'occuper sur-le-champ de prendre les mesures commandées par les circonstances ; il fallait remplacer Gustave-Adolphe : les états-généraux donnèrent en conséquence les pouvoirs les plus étendus au chancelier Oxenstierna. « Il fut autorisé, suivant le » biographe (2) de Christine, à diriger » toutes les opérations militaires, à don- » ner des ordres aux généraux et à traiter » avec les puissances, directement ou par les » agents qu'il aurait nommés lui-même. » Les états-généraux contractèrent l'engagement d'approuver à l'avance toutes les mesures qu'il aurait prises, et il n'eut d'autre responsabilité que celle qui lui était commandée par sa conscience; enfin on le revêtit du titre de légat en Allemagne (3).

(1) *Histoire de Christine, reine de Suède*, par Catteau-Calleville, tome I, p. 103.
(2) M. Catteau-Calleville.
(3) Plus tard, Oxenstierna fit adopter par la diète un réglement qui apporta de nombreuses modifications au pouvoir royal. Voici les dispositions de cette charte :
« La religion luthérienne était prescrite comme »celle du prince et de l'État. Les décrets portés sous »Gustave Vasa et sous Charles IX, pour assurer la »succession au trône, étaient confirmés, ainsi que »l'assurance particulière donnée à Gustave-Adolphe »relativement aux droits de Christine. Le chef de la »nation devait régner selon les lois constitution- »nellement établies aux assemblées des états. Le »sénat était son conseil ; il nommait les membres »de ce corps, mais il ne pouvait les choisir que dans »la noblesse du pays. Les sénateurs devaient être au »nombre de vingt-cinq ; cependant ce nombre pou- »vait être augmenté selon les circonstances. Les »cinq dignitaires, le sénéchal, le connétable, l'ami- »ral, le chancelier et le trésorier faisaient partie du »sénat, et avaient le premier rang parmi les séna- »teurs. Il appartenait au sénat, non-seulement de »donner des conseils au monarque, mais d'appuyer »ses intérêts auprès de la nation, et ceux de la na- »tion auprès du monarque. Ce corps formait donc »un intermédiaire entre le chef et le peuple. L'ad- »ministration était répartie en cinq départements

Le premier soin d'Oxenstierna fut d'obtenir un nouveau traité avec Richelieu, traité que ratifia la jeune reine. Le chancelier réunit en outre une assemblée des états à Heilbron [1633] ; il se rendit auparavant auprès de l'électeur de Saxe pour stimuler son zèle;

»ou ministères : ceux de la justice, de la guerre, de »la marine, de la chancellerie et des finances. Cha- »cun de ces départements était présidé par un des »dignitaires, qui avait sous lui un nombre déterminé »de conseillers, d'assesseurs et de secrétaires. Le »royaume était divisé en vingt-trois gouvernements »et quatorze sénéchaussées, sous-divisées en bailliages. Tous les emplois et charges étaient à la nomi- »nation du roi ; il lui était cependant recommandé »de donner la préférence aux nobles pour les em- »plois supérieurs. Un tribunal extraordinaire, com- »posé de tous les sénateurs des membres de toutes »les cours supérieures, des gouverneurs des provin- »ces et des magistrats des principales villes, con- »naissait, au nom de la nation, des délits que »leur nature ou le rang de l'accusé ne permettaient »point de soumettre à la procédure ordinaire. Le »commandement suprême de l'armée devait être »entre les mains du roi, et l'organisation des trou- »pes ne devait dépendre que de lui. Dans les oc- »casions importantes où il était question d'arme- »ments extraordinaires, d'impositions nouvelles ou »de changements dans les lois, le prince convo- »quait la diète ou l'assemblée des états. Cette as- »semblée se composait du sénat, de l'ordre de la »noblesse, représenté par les comtes, barons et gen- »tilshommes propriétaires en âge de majorité ; de »l'ordre du clergé, représenté par l'archevêque »d'Upsal, les évêques et un certain nombre de curés »de chaque diocèse ; de l'ordre des bourgeois, re- »présenté par un bourgmestre et quelques bour- »geois de chaque ville, et de l'ordre des paysans, »représenté par quelques laboureurs de chaque »bailliage. Dans les circonstances où le bien public »demandait des délibérations plus secrètes, ou des »résolutions plus promptes, le prince pouvait con- »voquer une assemblée de notables, composée de »deux gentilshommes de chaque sénéchaussée, de »l'archevêque et des évêques, et d'un député de »Stockholm, de Gotembourg, et des autres villes les »plus considérables. En cas d'extinction de la mai- »son royale, sans élection préalable d'un successeur, »le gouvernement devait être dirigé par les digni- »taires, de concert avec le sénat, jusqu'à ce que les »états eussent prononcé sur la succession. En cas de »minorité, l'autorité devait être également exercée »par les dignitaires et le sénat, de manière, cepen- »dant, que le prince, parvenu en âge de majorité, »aurait le droit de juger de l'administration de la »régence, et de maintenir ou de rejeter les mesures »prises par elle. » Évidemment cette constitution était aristocratique, et tendait à ramener le temps où les grandes familles gouvernaient la Suède.

mais il trouva ce prince dans les plus mauvaises dispositions. Oxenstierna, sans perdre de temps, obtint une entrevue avec l'électeur de Brandebourg, qui se transporta ensuite dans les murs de Dresde pour requérir le concours loyal du prince de Saxe. Ce dernier, toujours en proie à l'idée fixe d'exercer un rôle principal, déclara que si on ne lui confiait la direction de la ligue protestante, il emploierait tous ses efforts pour faire rompre l'assemblée de Heilbron. Mais les députés des cercles de Souabe et de Franconie, du Haut et du Bas-Rhin reconnurent le chancelier comme arbitre suprême; ils lui adjoignirent néanmoins un conseil de dix personnes. Oxenstierna choisit alors pour résidence la ville de Francfort-sur-le-Mein, comme le point le plus central, et donna des ordres afin que la guerre fût reprise. Avant d'entrer dans le détail des opérations militaires, je ferai connaître en peu de mots au lecteur la position des deux partis qui divisaient pour le moment l'Allemagne : je veux dire les catholiques et les protestants.

La maison d'Autriche, représentée par l'empereur Ferdinand, était, comme je l'ai déjà dit, à la tête des premiers : elle avait éprouvé de nombreux revers : ses généraux les plus illustres, Tilli et Valstein, avaient été battus par Gustave. Le dernier de ces généraux, profitant des malheurs de son maître, s'était attribué un commandement si absolu sur les troupes, qu'elles semblaient lui appartenir exclusivement. Valstein était dévoré d'ambition; il croyait en outre à l'astrologie : tour-à-tour plein de souplesse et de hauteur, sa conduite fourmillait de contradictions, suivant que la science mensongère à laquelle il était livré lui annonçait un avenir plus ou moins brillant. Valstein avait de nombreux ennemis, parmi lesquels il fallait compter le duc de Bavière et les Jésuites; prince de l'Empire, il se considérait comme appelé à régner un jour sur le Mecklembourg; bref, il n'était plus sujet suivant l'acception de ce mot. D'un autre côté, il manquait de ressources pour édifier la haute fortune que rêvait son esprit gigantesque. Sans entrer en révolte ouverte, il entretenait des négociations pour son compte particulier avec l'électeur de Saxe et les ambassadeurs de France et de Suède, quoiqu'il ne prît d'ailleurs aucun engagement politique. La cour de Vienne pénétra les pensées du duc de Friedland, plutôt qu'elle n'obtint des preuves de sa trahison; car aujourd'hui même elles manquent encore : on sait seulement qu'un comte de Kinski agit comme son agent, mais sans aucun pouvoir signé. Néanmoins, l'Empereur d'Allemagne, dont les convictions religieuses repoussaient toute espèce de transaction avec les protestants, doutait de la fidélité de son généralissime, et c'était sur la force des armes qu'il voulait s'appuyer exclusivement!!

Mais d'un autre côté la ligue protestante, qui ne pouvait remporter des succès que par l'harmonie, renfermait dans son sein diverses causes de dissolution. Si les populations allemandes professant la réforme religieuse aimaient les Suédois comme leurs libérateurs, il n'en était pas de même des princes protestants; ils craignaient toujours pour leur indépendance : le nom du maître leur importait peu s'ils devaient cesser d'être libres comme souverains. La fierté de leur caractère souffrait d'ailleurs de recevoir des ordres d'un simple chancelier de Suède: ajoutez en outre les prétentions particulières des cabinets étrangers. Ainsi Richelieu consentait bien à donner des secours, mais à fin de compte il fallait que la France trouvât des avantages particuliers, ou qu'elle obtînt des cessions de territoire. Parmi les généraux placés sous les ordres d'Oxenstierna, le prince Bernard de Veimar, cadet de la maison ducale de ce nom, réclamait un établissement en Allemagne. Enfin les officiers suédois eux-mêmes s'indignaient quelquefois en songeant qu'ils étaient conduits par un dignitaire civil, eux qui avaient vu tant de fois Gustave-Adolphe à leur tête.

Après avoir fait connaître en peu de mots la position de l'Europe à cette époque, je vais rentrer dans le récit des faits. On avait reproché au dernier roi de Suède de n'avoir pas restitué aux enfants de l'électeur palatin l'héritage de leur père : Oxenstierna répara cette faute, et rallia ainsi à la cause protestante le roi d'Angleterre, les Hollandais, et la maison palatine. Ce n'est pas tout : des agents se rendirent en Hollande pour solliciter le concours de cette république. Toutes ces mesures étaient marquées au coin de la sagesse ; mais elles exigèrent du temps : c'était déjà un grand désavantage pour les Suédois, qui, comme conquérants, devaient frapper sans cesse l'imagination des peuples. Valstein aurait dû sans doute profiter de cette circonstance pour porter un grand coup : en effet, à la suite de la bataille de Lutzen, il s'était retiré en Bohême, où il avait réorganisé ses troupes. Cédant à la rapacité qui lui était naturelle, il écrasa ensuite d'impôts énormes les États héréditaires de la monarchie autrichienne, et se gorgea d'immenses confiscations ; car, aux termes du traité conclu avec Ferdinand, il prononçait en cette matière comme un souverain absolu : au lieu marcher droit à l'ennemi, il se tint donc dans une sorte d'immobilité complète. Les généraux qui étaient placés sous les ordres d'Oxenstierna prirent l'initiative ; mais je dois faire connaître ici le nom de ces illustres personnages, qui continuèrent la gloire de Gustave-Adolphe. J'ai déjà parlé de Bernard de Veimar ; je citerai Horn, gendre du chancelier de Suède ; Banner, Torstenson, Charles-Gustave, Vrangel, Herman Vrangel, Vittembeg, Kœnigsmarck. A la suite de la bataille de Lutzen, Veimar se mit en marche pour aller se réunir à Horn, dans la Haute-Allemagne. Leur jonction était opérée, et ils étaient déjà en Bavière, lorsque deux officiers Suédois, Mitchlau et Pfuhl, après avoir organisé une sédition dans l'armée, exigèrent une part dans le butin, et la promesse de recevoir de plus hautes récompenses que par le passé. Veimar, de son côté, demanda l'investiture des principautés et des évêchés de Franconie ; il insistait en outre pour être revêtu du titre de généralissime. Oxenstierna, sans se troubler, déclara au duc qu'il allait prononcer sa destitution s'il persistait à vouloir obtenir le titre de chef suprême de l'armée suédoise. Sentant néanmoins le prix d'un pareil homme de guerre, il lui accorda l'inféodation de la Franconie, mais aux deux conditions suivantes :

qu'il contracterait de nouveaux engagements avec la Suède, et qu'il se reconnaîtrait dépendant de cette puissance pendant tout le reste de la guerre : quant aux officiers, on leur donna quelques fiefs dans l'Allemagne.

Ce mouvement séditieux étant apaisé avec autant de bonheur, les troupes suédoises reprirent l'offensive. Bernard Veimar devint maître de Ratisbonne, tandis qu'Horn, après avoir traversé la Souabe, arriva jusqu'au bord du lac de Constance : enfin le duc de Lunebourg triompha des impériaux près d'Oldenbourg, et s'empara de la forteresse de Hameln. Osnabruck tomba aussi entre les mains des Suédois, qui nommèrent évêque de cette dernière ville le comte de Vasabourg, enfant naturel de Gustave. Ces vaillantes troupes conquirent l'Alsace ; mais les Saxons furent moins heureux, et Valstein, après une victoire éclatante à Steinau [1633], fit prisonnier le comte de Thurn, qu'il rendit aussitôt à la liberté. La cour de Vienne témoigna le plus profond mécontentement d'une pareille conduite. Le généralissime répondit. « Que » vouliez-vous que je fisse de ce vieux fou ; » à la tête des armées ennemies il nous est » plus utile que dans une prison. » Valstein envahit la Silésie, et entra dans les murs de Berlin le 11 novembre ; mais les succès de Veimar le rappelèrent bientôt dans le midi de l'Allemagne, et il établit ses quartiers d'hiver dans la Bohême « Quoi qu'en » général la fortune semblât se montrer plus » favorable à la Suède et à ses alliés, le » chancelier sentait qu'il restait encore de » grandes difficultés à surmonter. Il observait d'un œil attentif Valstein ; d'un autre côté, il suivait les intrigues auxquelles » la politique se livrait en Allemagne, en » France, en Angleterre, en Hollande. Les » prétentions de Richelieu sur l'Alsace, et » les places fortes du Rhin, les rapports » mystérieux qui s'établissaient entre le roi » d'Angleterre et celui d'Espagne ; la tiédeur des Hollandais, la correspondance, » toujours très-active, des cours de Dresde, » de Copenhague et de Vienne ; les sollicitations de l'électeur de Brandebourg, pour » faire reconnaître ses droits sur la Pomé-

» ranie, devaient faire prendre de nouvelles
» précautions, et demandaient un redouble-
» ment de vigilance. Les États de Suède,
» assemblés à Stockholm, furent d'avis de ne
» faire la paix que lorsqu'on aurait obtenu
» une juste satisfaction, et ils sollicitèrent le
» chancelier d'écarter les obstacles qui
» pourraient s'opposer à l'accomplissement
» de leurs vœux (1). »

Oxenstierna convoqua [1634] les états de la Basse-Saxe à Helberstadt, pour les engager à se joindre à la ligue d'Heilbron ; il les invita en même temps à fournir des hommes et de l'argent, tâchant de leur faire comprendre la nécessité d'appeler tous les députés protestants dans les murs de Francfort, afin qu'ils délibérassent sur les affaires du parti.

Cependant Valstein, engagé dans une foule de négociations contradictoires, n'exécutait aucune opération militaire. L'empereur envoya à son généralissime le sieur Questemberg pour l'inviter à faire sortir l'armée des États héréditaires de la maison d'Autriche. D'un autre côté, le père Chiroga se chargea de faire comprendre à Valstein que, dans l'état d'infirmité où l'avait réduit la goutte, il agirait avec sagesse s'il se démettait du commandement suprême ; de cette manière, il conserverait son ancienne gloire intacte. Ferdinand se réservait au reste de lui donner pour successeur son fils aîné, le roi de Hongrie ; il pouvait, sans craindre le déshonneur, remettre son armée en de pareilles mains. Valstein fit répondre à l'empereur qu'il était prêt à obéir aux ordres qui lui seraient donnés ; mais il osait croire que Ferdinand se montrerait fidèle aux conditions du traité, en vertu duquel il était devenu généralissime. Une multitude d'intrigues s'engagèrent, soit à la cour de Vienne, soit dans le camp de Valstein. Ce dernier avait donné sa confiance entière à l'un de ses officiers supérieurs, Octavio Piccolomini, « parce » que, » dit Richelieu, « il savait *que sa* » *nativité convenait avec la sienne*. Ce » qui, » ajoute le cardinal, « lui devait donner » le plus de défiance, car, puisqu'il était de » naturel si rusé, il devait croire que Picco- » lomini n'était pas moins trompeur que » lui. » Cet Italien, trahissant l'homme qui lui avait prodigué les honneurs et les richesses, se fit l'un des agents de l'empereur. Sur ces entrefaites, le commandement suprême de l'armée fut enlevé à Valstein, et accordé, mais en secret, à Gallas, auquel on donna mission de s'emparer mort ou vif du généralissime. Valstein, devinant le sort qui le menaçait, publia, le 20 février 1634, un manifeste, dans lequel il se défendait de trahir Ferdinand, ou de vouloir abandonner la religion catholique. Mais deux jours auparavant, c'est-à-dire le 18 février, il avait été déclaré traître à l'empire ; lui-même avait fait supplier Bernard de Veimar de venir le rejoindre avec ses troupes. Ce prince avait reçu tout récemment des dépêches d'Oxenstierna, lui prescrivant de ne pas arrêter Valstein dans l'exécution des plans qu'il pouvait méditer contre l'empereur ; mais en même temps Veimar devait se montrer très-circonspect, car on craignait toujours que le généralissime ne tendît aux Suédois des pièges. Il fit donc répondre à Valstein qu'il ne pouvait se fier à un homme qui ne croyait pas en Dieu : il se dirigea néanmoins sur Égra. Le 24 février Valstein avait pénétré dans les murs de cette ville. Piccolomi était déjà sûr de la plus grande partie de l'armée ; cependant le généralissime espérait pouvoir se soustraire à la mort, car il avait autour de lui quelques amis, sur le dévouement desquels il comptait : précisément c'était parmi ceux-ci que se trouvaient les hommes qui avaient promis sa tête à Ferdinand. Buttler, Gordon, et Leslie, tous étrangers, étaient les chefs des conspirateurs, qui se composaient de trente soldats, dont deux Écossais, un Espagnol, et tous les autres Irlandais. Au milieu des joies d'un banquet, auquel Gordon avait appelé comme convives les plus dévoués serviteurs de Valstein, des assassins se précipitèrent dans la salle où se donnait le festin, et, aux cris de *Vive Ferdinand ! Vive la maison d'Autriche !* ils égorgèrent Kinki, Illo et Terski ; les gardes du généralissime furent ensuite désarmés. Valstein était au

(1) *Histoire de Christine*, par Catteau-Calleville, p. 155-156.

lit : réveillé en sursaut, il se lève à l'instant où le capitaine Deveraux, après avoir fait briser la porte, se précipite dans sa chambre. « Voilà, » s'écrie-t-il, « le lâche qui veut » conduire à l'ennemi l'armée de l'empe- » reur, et lui arracher sa couronne. » Valstein, sans articuler un seul mot, reçoit le coup mortel : il touchait à peine à sa cinquantième année.

La ligue protestante, où des causes de désunion étaient en permanence, ne profita pas de la terreur que ce meurtre répandit, pour se décider à quelque opération militaire d'une haute importance. Ratisbonne tomba bientôt au pouvoir des troupes impériales, et la guerre se trouva de nouveau confinée dans les États du duc de Bavière. Au reste, une méfiance continuelle existait entre les Français et les Suédois ; l'ambassadeur Feuquières écrivait à la cour de Louis XIII : « Nous ne nous trouvons pas peu empêchés, » M. de Lagrange et moi, de la sorte dont » nous avons à nous conduire à l'égard dudit » chancelier (1), auquel la fierté brutale fait » perdre le jugement ; parce que, si d'une part » nous voulons le gagner par la persuasion, » son humeur méfiante, couverte et insolente » nous ôte tout moyen de nous ajuster » ensemble, et si, d'un autre côté, nous le » voulons combattre, la mauvaise disposi- » tion de tous les esprits est telle contre lui, » qu'il nous sera difficile de l'ébranler sans le » faire tomber, et par ainsi, ne voyant per- » sonne à pouvoir prendre sa place sans » extrême péril de renverser toutes choses, » nous nous conduirons le plus adroitement » qu'il nous sera possible entre ces deux » considérations (2)». Les impériaux, après s'être emparés d'Ingolstadt, de Donauverth, battirent, à Nordlingue, les généraux Suédois Bernard de Veimar et Horn ; ce dernier resta entre les mains de l'ennemi. Oxenstierna, en apprenant cette funeste nouvelle, ne perdit pas courage ; il convenait cependant, dans sa vieillesse, qu'il n'avait connu, dans tout le cours de son existence, que deux nuits d'insomnie ; l'une, lorsqu'il reçut la nouvelle de la mort de Gustave-Adolphe, et l'autre lorsqu'on lui apprit la perte de la bataille de Nordlingue. Bientôt, retrouvant son calme ordinaire, Oxenstierna fit rassembler les restes de l'armée, et donna ordre à Banner de couvrir les contrées de la Baltique. En effet, la Bavière, la Souabe et la Franconie furent bientôt enlevées au parti protestant. L'électeur de Saxe conclut la paix avec l'empereur, et, le 12 juin 1635, celui-ci ordonna aux états allemands de mettre bas les armes ; ce qu'ils exécutèrent presque tous. Cependant Bernard de Veimar avait déjà créé une nouvelle armée sur les bords du Rhin ; mais il fallut battre en retraite jusqu'à Metz, et le chancelier se rendit en France, auprès de Richelieu, qui consentit à ce que le maréchal de la Force joignît ses troupes à celles que le duc de Veimar avait déjà réunies. Ce n'est pas tout : la trève, qui avait été signée en 1629 entre les Suédois et les Polonais, touchait à sa fin ; on parvint à la prolonger pour vingt-six années. Banner, prenant l'offensive, triompha des Saxons près de Domiz, en Meklembourg, le 22 octobre 1635, et battit les impériaux le 7 décembre, près de Zyritz.

Cet homme de guerre si habile, et qui avait puisé son instruction militaire à l'école de Gustave-Adolphe, fut nommé généralissime de l'armée suédoise. Bernard de Veimar avait conclu avec Richelieu un traité qui, en lui assurant de grandes ressources, l'avait pour ainsi dire placé sous les ordres du cardinal. Banner, maître désormais de tous ses mouvements, triompha le 4 octobre 1636, dans les environs de Vittstock, des Saxons et des impériaux. Cette victoire ouvrit aux Suédois le Brandebourg, la Saxe, la Thuringe et la Franconie, qui furent saccagés de fond en comble, surtout la Saxe. Les princes protestants, privés des garanties qu'ils attendaient du traité de paix récemment signé avec l'empereur, tentèrent de renouer des négociations avec les Suédois. La guerre durait depuis long-temps ; elle avait causé tant de désastres, et amoncelé tant de ruines, qu'on songea à conclure un arrangement. Les plénipotentiaires des puissances belligérantes devaient se réunir à Hambourg,

---

(1) Oxenstierna.
(2) Feuquières, t. II, p. 277.

où l'empereur députa le comte de Kurtt, la France le comte d'Avaux, et la Suède Adler Salvius. Mais Ferdinand s'opposa à l'admission des états d'Allemagne, en qualité d'alliés de la France ou de la Suède. Les négociations furent alors rompues, et, le 15 septembre 1637, l'empereur rendit le dernier soupir; il laissa pour successeur son fils aîné, Ferdinand III. Un seul fait fera comprendre au lecteur ce qu'était la guerre de trente ans. La Bohême, à l'avénement du dernier empereur, possédait trois millions d'habitants, et il ne lui en restait plus, en 1637 que sept cent soixante mille. Quelque temps après la reprise des hostilités, Banner se trouva enveloppé par les impériaux auprès de Torgau; il leur échappa et battit en retraite jusque dans la Poméranie; il commandait à quatorze mille hommes, et il avait à tenir tête à soixante mille soldats. Néanmoins la conséquence de la retraite de Banner fut que les Suédois se virent enlever leurs conquêtes sur l'Elbe, et ne se maintinrent qu'avec peine en Vestphalie. Le duc Bernard de Veimar, quoiqu'il eût remporté divers triomphes sur les bords du Rhin, n'était pas assez vigoureusement soutenu par les généraux français, car Richelieu craignait que les Suédois ne devinssent trop puissants. Le système de l'équilibre européen occupait sans cesse la pensée du cardinal. Cependant le péril qu'il fallait éviter avant tout, c'est que la maison d'Autriche ne gardât en définitive la prépondérance en Allemagne, et les troupes suédoises étaient sur le point d'abandonner cette contrée!... Alors le ministre français conclut un nouveau traité avec Oxenstierna, en vertu duquel il devait payer un subside annuel d'un million [1638]. Gallas, généralissime de l'empereur Ferdinand III, tenta de se rendre maître de la Poméranie; mais, battu par Banner, il se retira dans la Silésie et la Bohême. Le général en chef suédois, qui avait sous ses ordres Torstenson, destiné à devenir plus tard célèbre, le général en chef suédois, dis-je, vint à la rencontre des impériaux et des Saxons; il les écrasa près de Chemintz.

Il entre ensuite en Bohême, et paraît deux fois sous les murs de Prague, où les impériaux ont cherché leur salut. Ceux-ci ne voulant pas sortir de la ville, Banner se campe près de Leutmeritz; d'un autre côté, Kœnigsmarck, après avoir reçu le commandement suprême en Vestphalie, rend les armes suédoises victorieuses dans cette partie de l'Allemagne. Enfin, le duc de Veimar obtint un succès éclatant à Rheinfeld et devint maître de Brissack. Déjà Amélie-Élisabeth, régente de Hesse-Cassel, lui avait offert sa main, lorsqu'une fièvre contagieuse enleva ce grand homme le 19 juillet 1639. à la haute fortune qui l'attendait et à la gloire qu'il possédait; il touchait à peine à sa trente-cinquième année. Richelieu, qui ne manquait aucune occasion d'accroître la splendeur de la France, la rendit héritière des conquêtes et de l'armée du duc. La guerre, à laquelle les Français étaient mêlés, se soutint avec gloire jusqu'en 1641, époque à laquelle Banner mourut épuisé de fatigue; une année auparavant il était devenu l'époux de Jeanne, princesse de Bade. Christine, qui était encore fort jeune lors de la maladie du célèbre guerrier, adressa la lettre suivante à son oncle, Jean-Casimir de Deux-Ponts : « Je ne puis vous cacher les bruits
» affligeants qui courent ici; on dit que
» Banner est malade, et que, humainement
» parlant, il ne pourra pas en revenir. Il n'a
» personne auprès de lui auquel il puisse se
» confier; on s'en met trop peu en peine ici,
» et l'on se flatte qu'on en trouvera facile-
» ment un autre; mais *on ne secoue pas*
» *de la manche* des hommes comme lui;
» s'il meurt, il est à craindre que nos affaires
» ne tombent en décadence. » La jeune reine ne se trompait pas. A peine Banner eut-il rendu le dernier soupir, que l'insubordination et l'indiscipline se montrèrent dans tous les rangs de l'armée. Plusieurs généraux se réunirent pour en prendre le commandement; mais on refusa d'obéir à leurs ordres; les colonels exigèrent de nouveaux avantages et les soldats réclamèrent la solde arriérée qui leur était due. Heureusement pour la Suède, que le sénat comprit l'importance de l'homme qui devait remplacer Banner; il laissa tomber son choix sur Léonard Torstenson. C'était

encore un de ces personnages d'élite, formés à l'école du dernier roi ; il lui avait été attaché dès l'âge de quinze ans en qualité de page, et l'avait suivi dans ses nombreuses campagnes. Torstenson se fit remarquer à la bataille de Leipzig, puis au passage du Leck ; fait prisonnier en 1632 à la bataille livrée près de Nuremberg, il fut jeté à Ingolstad dans une prison humide, où il perdit la santé. On l'échangea à la suite de la bataille de Lutzen ; mais il ne put recouvrer complétement ses forces passées ; il n'en fit pas moins la guerre avec éclat sous les drapeaux de Banner ; il venait de retourner en Suède lorsque ce grand général mourut. Torstenson, qui le remplaça, se rendit en toute hâte sur le théâtre de la guerre ; il passa quelque temps dans la Basse-Saxe pour réorganiser son armée et attendre des renforts ; il choisit, d'ailleurs, une position si forte que les alliés ne purent réussir, après les plus grandes pertes, à le déloger. Torstenson quitte la Basse-Saxe et pénètre dans la Silésie, au moment même où les ennemis ont perdu sa trace. Après s'être emparé de plusieurs villes, l'armée suédoise est en Moravie ; un secours de huit mille hommes lui arrive, elle s'empare de Zittau, en présence des troupes impériales. Torstenson se porte ensuite dans la Saxe, et le 23 octobre 1642 il remporte dans la plaine de Breitenfeldt, près de Leipzig, où déjà a triomphé Gustave-Adolphe, une victoire mémorable sur les impériaux. Ceux-ci perdirent cinq mille hommes, quatre mille cinq cents prisonniers, quarante-six canons, soixante-neuf étendards et cent vingt-un drapeaux. Leipzig ouvrit ses portes et le chemin de la Bohême devint libre pour Torstenson. D'un autre côté, Kœnigsmarck arrête les efforts des soldats impériaux et ceux des Saxons en Misnie et en Franconie. A la suite de marches forcées, il rassure la Poméranie contre l'invasion dont la menace Krackau, général de l'empereur, et le réduit à s'enfuir jusque dans la Pologne. La guerre se montre sur une foule de points à la fois ; le maréchal de France Guébriant reçoit une blessure mortelle sur les bords du Rhin au siège de Rotveil ; la ville ouvre ses portes, mais le 23 novembre 1643 le triomphateur rend le dernier soupir ; l'armée placée sous ses ordres éprouve plusieurs défaites dans le canton de Dutlingen. Turenne, qui faisait alors son début dans la carrière des armes, est assez heureux pour conduire de nombreux renforts qui relèvent le courage des soldats de Guébriant. Le duc d'Enghien, appelé plus tard le grand Condé, triomphe à Rocroi de l'infanterie espagnole, jusque là si redoutable. Richelieu et Louis XIII disparaissent de la scène politique ; Mazarin devient maître des affaires sous la régente Anne de France, et s'attache à conserver l'alliance suédoise : les hommes changent, le système politique reste le même.

Cependant la cour de Vienne comprit, à la suite des dernières victoires de Torstenson, la nécessité de conclure la paix ; les préliminaires furent changés le 23 mars 1643, et on décida qu'un congrès serait ouvert dans les murs de Munster et d'Osnabruck. Christian IV, roi de Danemark, comptait au nombre des médiateurs ; mais ce prince avait encouru la haine du chancelier Oxenstierna, qui, revenu depuis plusieurs années en Suède, résolut de lui déclarer la guerre. Les préparatifs nécessaires sont exécutés dans le plus profond secret ; Torstenson quitte aussitôt la Moravie, laisse quelques troupes dans le centre de l'Allemagne sous les ordres de Kœnigsmarck, et en décembre 1643 il est maître des duchés de Holstein et de Slesvig ; dans le mois de janvier 1644 il s'empare du Jutland. Sur ces entrefaites, une armée suédoise, placée sous les ordres de Gustave Horn, s'avançait en Scanie et s'établissait vis-à-vis de Copenhague. Le roi de Danemark déploya dans un combat naval, et malgré son grand âge, le courage le plus admirable. L'empereur Ferdinand III donna ordre à Gallas d'accourir au secours de Christian IV (1) ; mais Torstenton, sans attendre l'ennemi, marcha à sa rencontre ; quittant le Holstein, il atteignit le général en chef des impériaux, qui s'étaient retranchés sur une hauteur près du château de Bernbourg. Enveloppée par les troupes suédoises, l'armée impériale fut réduite à une

(1) Le roi de Danemark.

telle disette de vivres, que pendant la nuit elle se sauva, espérant atteindre Magdebourg. Quant à la cavalerie, elle fut taillée en pièces; l'infanterie ne fut guère plus heureuse, car en sortant de Magdebourg elle fut exterminée. Bref, Gallas ne ramena sous ses drapeaux qu'un millier de soldats, et à la fin de l'année 1644 Torstenson retrouva au centre de l'Allemagne toute son influence. Les Français, de leur côté, combattaient toujours avec gloire sur les bords du Rhin, où le grand Condé venait de remporter une nouvelle victoire, la victoire de Fribourg.

La fille de Gustave-Adolphe, dont la jeunesse s'était écoulée au milieu des triomphes des Suédois, touchait à sa dix-huitième année; elle possédait une instruction forte et variée, connaissait le latin, le grec et plusieurs langues vivantes; elle excellait aussi dans plusieurs exercices du corps, tels que la course; on l'avait enfin élevée comme si elle eût été un prince. Mais Christine, en dépit d'une éducation aussi forte, était restée femme à beaucoup d'égards; cependant elle tenait à dédain toutes les bienséances de son sexe, sans avoir les hautes qualités du nôtre. Une contradiction perpétuelle se fit donc remarquer dans toutes les actions de sa vie; elle parvint sans doute à devenir un personnage extraordinaire; elle ne sut jamais régner avec grandeur, et la fille de Gustave-Adolphe, après avoir abdiqué le trône, mourut comme une aventurière. Sa renommée fut grande, mais ne put lui constituer une gloire véritable; le respect des hommes lui manqua, et elle n'eut jamais l'estime des femmes. Les savants et les gens de lettres, qu'elle a comblés de bienfaits, ont conservé dans leurs ouvrages ou dans leurs correspondances la mémoire de son nom, sans pouvoir lui assurer une place dans le catalogue des grandes reines. A la fin de l'année 1644 les états-généraux se réunirent à Stockholm, et, sur la proposition du chancelier Oxenstierna, remirent les rênes de l'État entre les mains de Christine. La première pensée de la jeune reine se porta vers la paix; car la Suède, quoique victorieuse, avait eu beaucoup à souffrir de la guerre; elle voulut d'abord conclure un arrangement avec son voisin le roi de Danemark. Le chancelier Oxenstierna et le sénateur Skytte lui servirent de plénipotentiaires, tandis que le Danemark fut représenté par le comte Corfitz Ulfeld et le sénateur Thomas Sehested. Christine prit d'ailleurs une part assez directe à cette négociation; on en trouve la preuve dans deux lettres qu'elle écrivit à Oxenstierna.

Dans la première elle lui dit : « L'occasion » d'obtenir une paix avantageuse est en notre » pouvoir; cependant il faut y réfléchir. La » plupart des sénateurs ne pensent pas comme » vous et moi; je crains même que, si les » choses prenaient une tournure défavorable, » quelques-uns, pour détourner la guerre, » ne fussent d'avis qu'on se laissât contenter » sans garantie. Il y aurait d'ailleurs d'autres » suites fâcheuses à appréhender. On ne » manquerait pas de dire que ce jeu, commencé par des esprits inquiets, a été continué par mon ambition et celle de quelques autres; mon innocente jeunesse serait calomniée, et j'essuierais le reproche d'avoir été incapable de prendre de bons conseils, et d'avoir commis des fautes, par le désir de dominer; car, je le vois bien, mon sort sera que, si je prends des mesures sages et fortes, d'autres en auront l'honneur, et que s'il y a de la négligence, le tort en retombera sur moi. » Dans la seconde lettre, écrite comme la première en suédois, la jeune reine se prononce d'une manière encore plus positive. « Je trouve, » dit-elle, « tant de difficultés à la continuation de cette guerre, que ce sera trop donner au hasard que de rejeter les conditions qui nous sont offertes. Il faut aussi considérer combien il serait difficile de supporter les calomnies qui se répandraient parmi les Suédois et les étrangers; les uns et les autres, au cas que les négociations échouassent, en attribueraient la cause à une ambition fondée sur l'injustice, et n'ayant pour but que de dominer. Et comme je ne compte pas entièrement sur la coopération des Hollandais, je craindrais, si les conditions n'étaient pas acceptées, qu'ils ne cherchassent à devenir les arbitres de la paix et de la guerre, et que la jalousie ne leur fît entreprendre

» quelque chose d'inattendu. Je ne parle pas
» de ce que pourraient tenter les Polonais.
» Du reste, le point essentiel, c'est de satis-
» faire sa conscience, de manière qu'on
» puisse se rendre le témoignage de s'être
» prêté à tous les moyens raisonnables d'ac-
» commodement (1). »

La France et les Provinces-Unies avaient l'intérêt le plus vif à la conclusion de la paix ; elle fut donc signée le 13 août 1645. Le roi de Danemark perdit les îles d'Oésel, de Gottland, le Jemtland, le Herjedalen, en Norvége, et le Halland, voisin de la Scanie. Ce fut à cette occasion qu'Oxenstierna, après avoir dirigé avec tant de bonheur la guerre contre le Danemark, et avoir en outre écrit de sa propre main toutes les lettres (2) que nécessita la conclusion de la paix, s'écria : « Je suis né avec le travail, » j'ai vécu avec le travail, et je mourrai en » travaillant. » Lors du retour du chancelier en Suède, Christine, pour lui témoigner sa reconnaissance des services qu'il lui avait rendus, ainsi qu'à son père, le décora du titre de comte; elle lui donna en outre le domaine de Sœdermoere, dont le revenu annuel s'élevait à cent mille francs. Ce n'est pas tout, elle remit en plein sénat au chancelier les titres de la propriété qu'elle venait de lui accorder, et lui adressa un discours qu'elle avait composé et qui donnera au lecteur une idée complète de l'éloquence de la jeune reine. « Me trouvant, » dit-elle, « par la grâce de Dieu, en état d'honorer » ceux qui m'ont rendu de fidèles et d'im-
» portants services, je vous confère une di-
» gnité qui est la première du royaume (3).
» Je puis dire avec raison, et sans préjudice
» pour qui que ce soit, que durant les trente-
» quatre années, si je m'en souviens bien,
» que vous avez été au service de mon père
» et de mon grand-père, de glorieuse mé-
» moire, ainsi qu'au mien, dans les ambas-
» sades, les commissions et les gouverne-
» ments, vous vous êtes conduit de manière
» à vous faire reconnaître pour le ministre
» d'un grand roi. Il ne m'appartient peut-
» être pas de nommer ainsi celui dont je
» tiens le jour ; mais il est connu du monde
» entier que c'est lui qui nous a fait sortir
» de notre nullité, et il est juste que nous
» lui donnions le titre de grand. Je ne veux
» point relever toutes les particularités qui
» vous concernent, craignant de blesser
» votre modestie. Il suffira de dire que le
» ciel a été votre témoin, que votre con-
» science peut se reposer dans ses souvenirs,
» et que vous avez satisfait un grand mo-
» narque, qui, par un bienfait de la Provi-
» dence, a trouvé en vous un grand ministre,
» à qui il a eu la gloire de commander. Ce
» qui n'est pas moins estimable de votre part,
» c'est qu'en l'assistant de vos conseils et en
» travaillant avec lui à donner aux affaires
» une issue désirable, vous avez su cepen-
» dant respecter votre roi comme votre
» maître, et vous lui avez prouvé votre fidé-
» lité, votre activité et votre zèle. Depuis,
» lorsqu'il a plu au ciel de retirer mon père
» de ce monde et de m'y laisser comme un
» faible enfant, vous avez continué à servir
» la patrie, et, de concert avec vos collègues,
» vous avez dirigé ma jeunesse, de manière
» que je me vois arrivée heureusement à
» l'âge où je suis appelée à régner, et que
» j'ai trouvé le royaume dans une situation
» satisfaisante à tous égards. Un autre que
» vous n'aurait peut-être pas su se modérer
» et mettre un frein à son ambition ; mais
» vous ne vous êtes point laissé entraîner à
» de pareilles vanités, ayant toujours devant
» les yeux le respect dû à Dieu et celui que
» vous me devez à moi comme votre légi-
» time souveraine. Quoiqu'il y ait peu de
» temps que je tiens les rênes de l'adminis-
» tration, combien n'ai-je pas eu d'occasions
» de me convaincre de votre capacité, de
» votre vigilance, de votre discernement et
» de toutes vos qualités éminentes !! Il est
» connu généralement que si la guerre avec
» le Danemark a eu une issue si favorable,
» ce n'est pas seulement par les efforts des

---

(1) Arkenholtz, *Mémoires de Christine*, t. I, pages 63 et suivantes.

(2) Son collègue le sénateur Skytte fut dans l'impossibilité de lui rendre le plus léger service, car il se trouva atteint dans ce moment d'une maladie mortelle.

(3) Le titre de comte n'avait, jusque là, été accordé en Suède qu'à trois familles.

» armes, mais surtout par votre conduite
» ferme et prudente dans la négociation de
» la paix. J'indique légèrement ces objets,
» et il sera facile de remarquer que j'en
» passe sous silence un grand nombre d'au-
» tres. Cependant vous serez assuré, par le
» peu que j'ai dit, que je connais votre mé-
» rite, et comme vous avez pensé vous-même
» qu'il était de votre devoir de me servir fi-
» dèlement, je me crois obligée, de mon
» côté, de reconnaître vos travaux et vos
» talents. Je me flatte que vous continuerez
» à donner un si bon exemple à vos enfants,
» et que vous les exhorterez à bien mériter
» de la patrie et de moi, que Dieu et la na-
» ture ont établie leur souveraine. J'aurai
» égard à leurs services et je les récompen-
» serai selon la justice et les circonstances. »

Un pareil discours fut sans doute la récompense la plus douce à laquelle pouvait prétendre Oxenstiern; il dépose aussi en faveur de Christine; il prouve qu'elle portait un cœur reconnaissant. Mais, pour son malheur, la jeune souveraine cédait à une mobilité continuelle : elle se fatigua donc vite des soins du gouvernement, et s'abandonna sans réserve aux plaisirs de la chasse, de la musique, des carrousels, évitant d'ailleurs de confier les rênes de l'État à un homme digne de sa confiance; elle voulait régner elle-même, et échapper aux fatigues du gouvernement. Sa conduite devint bientôt l'objet d'une critique universelle. Je quitterai un instant Christine : un objet du plus haut intérêt appelle l'attention du lecteur; je veux parler des négociations relatives à la paix avec l'empereur; mais, comme l'espace menace de me manquer, je dirai, en peu de mots, que Torstenson, à la suite de ses triomphes, succombant sous le poids d'infirmités précoces, confia le commandement de l'armée de Bohême à Arvid Vittemberg, et se retira en Suède, où il mourut en 1651. Charles-Gustave Vrangel, qui avait servi avec gloire sous Gustave-Adolphe, fut promu au commandement en chef de l'armée d'Allemagne. En 1647 il réduisit l'électeur de Bavière à signer une trêve, et soutint avec éclat l'honneur des armes suédoises. Les négociations cependant n'étaient pas suspendues en Vestphalie, et les séances du congrès étaient ouvertes à Munster et Osnabruck. Les plénipotentiaires de Suède, de Hollande et des États protestants en Allemagne délibéraient dans la dernière de ces villes; ceux de France, d'Autriche, d'Espagne et des autres États catholiques débattaient dans la ville de Munster les graves intérêts dont la défense leur avait été confiée : le nonce du pape était admis seulement au sein de ces dernières discussions diplomatiques. Un volume entier ne suffirait pas pour retracer les divers incidents qui retardèrent la marche du congrès, où tant de questions importantes devaient être tranchées d'une manière définitive. Il convient, au reste, de faire connaître, en peu de mots, les ambassadeurs des puissances.

La Suède était représentée par Jean Oxenstierna, fils du chancelier; il avait reculé devant sa propre nomination, car il se trouvait beaucoup trop jeune pour soutenir le poids de tant d'intérêts. Mais son père l'avait rassuré en lui écrivant : « *Vous ne savez pas combien peu de sagesse suffit pour régir le monde.* » « Jean
»Oxenstierna, » dit Valtman, le continuateur de Schiller, « voulait directement ce
»qui était juste, mais avec une simplicité
»remplie de rudesse; la susceptibilité que
»lui inspirait l'honneur de la couronne de
»Suède, et la prétention affichée par les
»Français, le faisait tomber dans de fréquents
»accès de colère. Il avait la connaissance du
»monde, grâce aux études qu'il avait faites
»dans les écoles supérieures d'Upsal, à ses
»voyages en Belgique, en Angleterre et en
»France, et à ses rapports avec plusieurs
»personnages célèbres. Voué d'abord aux
»armes comme colonel, sous les ordres de
»son beau-frère Gustave Horn, il connais-
»sait les intérêts des divers États de l'Alle-
»magne; mais il avait peu d'idées et man-
»quait surtout de chaleur pour les commu-
»niquer aux autres. » A ce trait, j'ajouterai qu'il aimait le faste de la représentation et tenait les princes protestants à distance; dans plusieurs occasions on vit ces derniers suivre à pied son carosse. Il était loin, au reste, de posséder la confiance entière de

Christine; aussi lui donna-t-elle pour collègue Adler Salvius, avec lequel elle entretenait une correspondance. Celui-ci était un homme nouveau, et qui du sein de la dernière misère, avait pu achever, non-seulement ses études à Upsal, mais encore entreprendre de nombreux voyages en Allemagne, où son esprit s'était formé. Ce qui lui manquait pour entrer dans la carrière, c'était de la fortune; il épousa une veuve âgée qui lui apporta de grandes richesses. Gustave-Adolphe s'attacha Salvius, qui était très-versé dans les affaires de l'Allemagne; il captiva bientôt ce prince par la clarté et l'élégance de son élocution, comme par l'ardeur qu'il témoignait pour le travail. Successivement nommé secrétaire-d'état et agrégé au corps de la noblesse, le roi l'employa dans les affaires les plus importantes et fut toujours satisfait de ses services : tel était le collègue donné à Jean Oxenstierna.

Les ambassadeurs français étaient le comte Claude d'Avaux, et le second le comte Servien. Le premier « jouissait de la plus grande »réputation comme diplomate; diverses mis»sions qu'il avait remplies en Allemagne, »en Danemark, en Suède et en Polo»gne, avaient tellement formé son expérience »et développé ses talents, qu'il pouvait être »considéré avec raison comme capable de »traiter les affaires les plus délicates; mais »son orgueil, sa vanité lui faisaient faci»lement croire qu'il n'avait pas d'égal en »politique. Cette présomption était forte»ment enracinée chez lui, parce qu'en gé»néral son esprit était lourd, et qu'il avait »besoin de faire les plus grands efforts pour »vaincre et dissimuler cette espèce de pesan»teur naturelle. Il était obligé de retoucher »plusieurs fois ce qu'il avait péniblement com»posé; mais alors il ne fallait pas que personne »se crût capable de rédiger d'aussi belles »phrases, ni de mettre un tel art dans l'en»semble de son travail. Son principal mérite »en politique était une grande prudence, et »beaucoup de mesure dans ses pensées comme »dans ses démarches. Il était d'ailleurs trop »pesant et trop orgueilleux pour savoir tirer »parti des qualités ou des défauts des autres. »Si d'Avaux ne souffrait point d'égal, le »comte de Servien ne concevait du moins »personne au-dessus de lui. C'était déjà un »sujet de douleur pour son amour-propre, que »son collègue, d'une famille plus ancienne »que lui, et distingué par ses alliances avec »la cour, parût jouir d'un plus grand crédit, »et c'est pour cette raison qu'il cherchait à »l'écraser par l'éclat d'un génie supérieur; »et sans doute que le feu, la plénitude et la »promptitude de ses idées décelaient réelle»ment en lui plus de génie que dans le comte »d'Avaux, avec sa science et ses pénibles »efforts. Sans doute aussi que Servien qui, »en qualité de secrétaire-d'état, avait servi »avec gloire, même sous le cardinal de Ri»chelieu, et jouissait encore en ce moment »de la confiance particulière de Mazarin, »connaissait mieux les desseins et les pensées »du ministère. Mais, au lieu de faire tourner »ces avantages vers la gloire et les intérêts »de sa cour, il ne s'en servait que pour bles»ser l'amour-propre de son collègue, et les »discussions amères qu'ils eurent ensemble »lui laissèrent la réputation d'un homme de »mauvais caractère (1). »

Le comte Maximilien de Trantmansdorf, l'un des ambassadeurs de la maison d'Autriche, se fit remarquer par son caractère conciliant et sa facilité à traiter les affaires les plus épineuses. Il avait reçu de l'empereur Ferdinand III les pouvoirs les plus étendus, ce prince lui écrivait de sa propre main ses pensées les plus secrètes. Les préséances soulevaient à chaque instant des difficultés interminables; le comte Maximilien de Trantmansdorf n'y attachait aucune importance. Au reste, ce fut seulement dans le mois de juin 1645 que la France et la Suède firent connaître leurs prétentions. Mazarin réclamait Metz, Toul, Verdun, la Lorraine, l'Alsace, l'Artois, la Flandre, le Roussillon et la Catalogne; la Suède, de son côté, demandait la Silésie, la Poméranie, un grand nombre de villes sur la Baltique et vingt millions d'écus. Des réclamations aussi exagérées eurent pour résultat immédiat de rallier toutes les populations allemandes à

(1) Valtman, continuateur de Schiller, traduction de Lebas, *Histoire de Suède*.

la cause de la maison d'Autriche : ce sentiment fut partagé par tous les souverains de l'Empire. « Nous devons représenter à votre » excellence, écrivaient d'Avaux et Servien » au cardinal Mazarin, que l'inclination des » princes allemands est très-différente de celle » des princes italiens. Ceux-ci, pleins de pré- » voyance et bien conseillés, approuvent et » désirent tout ce qui peut contribuer à les » rendre indépendants ; en conséquence, ils se » réjouissent beaucoup que la France conserve » quelques places en Italie, pour leur tendre » la main en cas de besoin. Les princes alle- » mands, au contraire, sont mus surtout par » l'amour de la patrie : ils ne peuvent con- » sentir à ce que les étrangers morcellent » l'empire, et ils préfèrent, par une politique » digne du climat, l'existence d'un corps po- » litique dont ils sont membres, aux avan- » tages que chacun d'eux pourrait retirer de » la division de l'Allemagne. En un mot, ils » désirent bien d'être rétablis dans leurs an- » ciens droits, et que l'autorité de l'empereur » soit restreinte par les constitutions ; mais » ils ne veulent pas obtenir ce bienfait au » prix d'une séparation des divers États de » l'Empire, ni que des princes étrangers, » sous prétexte de mieux les aider par la suite, » s'agrandissent à leurs dépens. Nous ne né- » gligerons pas de leur faire comprendre dans » l'occasion que, dans l'intérêt de leur propre » conservation, ils devraient adopter une » tout autre maxime ; mais il sera difficile » de leur persuader ce que nous désirons, ni » d'empêcher qu'ils ne préfèrent au fond nous » voir rendre toutes nos conquêtes que de » nous les voir conserver. » Il semble, puisque les ambassadeurs français avaient une connaissance si juste du caractère allemand, qu'il aurait été sage de présenter seulement au congrès les conditions auxquelles on tenait d'une manière absolue ; mais en diplomatie on demande toujours au-delà de ce qu'on désire obtenir : on *surfait* en un mot. D'un autre côté, le chancelier Oxenstierna, qui avait contribué si long-temps aux succès de la Suède, portait très-haut les prétentions de cette couronne, et donnait en conséquence des instructions à son fils. Mais Christine appelait de tous ses vœux la conclusion de la paix, qui devait la rendre moins dépendante du chancelier et de ses partisans : « J'ai peur, » disait-elle, dans une de ses lettres adressées » à Salvius ; j'ai peur que je n'aie beaucoup » à faire ici, de sorte que je serai dans le cas » de bénir le ciel, si je puis obtenir une paix » convenable. »

Cependant le congrès était tombé d'accord, au commencement de 1647, sur les bases principales d'un traité général, lorsque Christine, craignant encore de nouveaux retards, adressa la lettre suivante à ses deux ambassadeurs. Cette lettre, qui, en définitive, n'avait été composée que pour Jean Oxenstierna, respire la hauteur, la fierté et le mécontentement ; aussi la reine écrivit en secret à Salvius pour le remercier de son zèle, lui promettant de lui accorder plus tard la dignité de sénateur. Maintenant voici la traduction fidèle de cette *lettre d'état*, faite exprès pour le fils du chancelier ; elle donne une idée exacte du caractère de la reine. — « Pour que vous » sachiez parfaitement ma volonté, vous devez » être très-persuadé que je veux, avant toute » chose, une paix sûre et honorable, et » puisque la satisfaction de la couronne est » déjà réglée, et qu'il ne s'agit plus que de » celle de l'état militaire et des griefs des » États de l'empire, je veux que vous teniez » les affaires en bon train jusqu'à l'arrivée » de mon agent Ersken, qui vous fera part » de sa commission. Alors, sans plus tarder, » vous conduirez la négociation à une fin » désirable, en rendant les conditions aussi » avantageuses que possible, sans rompre la » paix, *ni laisser traîner les affaires en* » *longueur*, comme cela s'est fait jusqu'ici. » S'il en arrive autrement, ce sera à vous » de voir comment vous en répondrez *devant* » *Dieu, devant les États du royaume et* » *devant moi*. Ne vous laissez pas détourner » du but par les *fantaisies de gens ambi-* » *tieux*, à moins que vous ne vouliez en- » courir ma disgrâce et vous exposer à rougir » en ma présence. Croyez bien qu'aucune » autorité, *aucune considération de fa-* » *mille* ne m'empêchera de montrer publi- » quement le déplaisir que me donnent des » procédés déraisonnables. Car je suis as- » surée que si le traité avançait mal, je

» me trouverais, par votre faute, dans un
» labyrinthe d'où vous ne pourriez me tirer,
» ni vous, ni ceux qui auraient ourdi de pa-
» reilles trames : c'est pourquoi vous devez
» bien prendre garde à vous. Je ne doute pas,
» non plus, que vous ne le fassiez, et je ne
» vous écris cette lettre que par forme d'a-
» vertissement, me reposant sur votre vigi-
» lance ; de sorte qu'avec l'assistance de
» Dieu, je m'attends à une heureuse con-
» clusion de la paix, si long-temps désirée.
» Si en tout ceci vous me donnez des preu-
» ves de votre fidélité, vous pouvez vous as-
» surer qu'à votre retour vous me trouverez
» l'un et l'autre en tout temps votre bien
» affectionnée. »

Le chancelier eut à peine connaissance de cette lettre qu'il donna sa démission, que Christine accepta; mais les sénateurs du royaume lui firent comprendre la grandeur de la perte qu'elle allait faire, et la reine supplia l'ancien ami de son père de changer de résolution : ce qui, en effet, eut lieu ; car il disait souvent : « Elle est toujours pour moi la fille de Gustave. » Mais la reine n'en conservait pas moins tous ses soupçons, et on a gardé une de ses lettres, dans laquelle elle dit à Salvius : « Le chan-
»celier fait fort le souple ; *mais je crains
»les Grecs et leurs présents* (1). Tous les
»jours il me rappelle ces mots de Tacite :
»*Déjà Tibère était abandonné de son
»corps, de ses forces* ; mais la dissimulation
»ne l'abandonnait pas. Cependant cela pren-
»dra une fin, et loin de moi la pensée de lui
»souhaiter du mal. » Quelque temps après, Christine nomma Salvius sénateur (2). Enfin,

(1) *Timeo Danaos et dona ferentes.* (Énéide.)
(2) Rien ne fait mieux connaître les idées propres à Christine que le discours prononcé par cette reine en plein sénat, à l'occasion de la nomination de Salvius : « Dans les occasions, » dit-elle, « où l'État a besoin de sages conseils et de bons avis, il ne faut pas s'informer des seize quartiers, mais de ce qu'on est en état de faire. Adler Salvius serait sans doute généralement regardé comme un homme capable, s'il était de grande famille. Cependant il peut compter comme un avantage qu'on n'ait que ce reproche à lui faire. Il importe d'avoir des hommes capables. Si les enfants des grandes maisons ont de la capacité, ils feront fortune comme les autres, sans que cependant il faille se restreindre à un petit

la paix générale fut signée à Munster et à Osnabruck, le 24 novembre 1648. La Suède obtint dans le partage des dépouilles : 1° la Poméranie citérieure, avec une portion de l'ultérieure, comprenant la ville de Stettin et les cités de Gartz, Dam, Golnau, placées sur les deux rives de l'Oder vers son embouchure, avec l'île de Volin ; 2° la promesse de toute la Poméranie et de l'évêché de Camin, dans le cas d'extinction des mâles de la maison de Brandebourg ; 3° l'île de Rugen à titre de principauté ; 4° la ville et le port de Vismar avec les bailliages mecklembourgeois de Pœl et de Neukloster ; 5° enfin l'archevêché de Bremen et l'évêché de Verdun. « Tous ces
» États furent concédés à la Suède à titre de
» fiefs perpétuels et immédiats, et en qualité
» d'États d'empire, avec la triple voix et
» séance à la diète pour Bremen, Verdun et
» la Poméranie. On lui accorda pour ces
» États le privilége de *non appellando*,
» à condition qu'elle érigerait une cour sou-
» veraine en Empire, où les autres causes
» seraient décidées en dernier ressort. Cette
» cour fut établie à Vismar. On accorda aussi
» à la Suède le privilége d'opter entre le
» conseil aulique et la chambre impériale,
» lorsqu'elle serait actionnée en justice pour
» ses possessions en Allemagne. Enfin on lui
» donna le droit d'ériger une université où
» elle le jugerait à propos. Cette université
» fut fixée à Griefval, dans la Poméranie
» citérieure (1). » Bref on s'engagea en outre à payer aux Suédois une somme de cinq millions d'écus.

C'est ainsi que la guerre de trente ans fut close par le traité de Vestphalie : les ravages qui marchèrent à sa suite ne s'effacèrent pas de long-temps de la mémoire des peuples.

»nombre de familles ou de personnes. » A une époque où la naissance était de rigueur pour prendre part aux affaires publiques, Christine avait secoué le joug de ce préjugé : heureuse si sa hardiesse n'avait pas franchi d'autres bornes ! En annonçant à Salvius sa nomination de sénateur, elle lui avait écrit : « Cela ne pourra se faire sans vous attirer beaucoup d'envieux ; mais vous pouvez répondre comme Marius, dans Salluste : *Ils méprisent mon obscurité*, et moi leur *indolence* ; et, *si l'on me reproche ma fortune*, on peut leur reprocher leurs vices. »
(1) Traité de Vesphalie.

En Silésie on mangea du pain fait avec des racines et des écorces d'arbres, et des parents, faute de pouvoir nourrir leurs enfants, les égorgèrent eux-mêmes. Au siége de Brisach, en 1639, on paya une souris un florin, et l'on donna jusqu'à sept florins pour un quartier de chien. Des hommes allèrent à la chasse d'autres hommes, et dans les environs de Vorms, on vit des bandes qui étaient assises autour d'un chaudron, dans lequel bouillaient des bras, des mains et des jambes. On ravissait des enfants pour les dévorer : ceux qui expiraient dans les prisons étaient mangés par les compagnons de malheur qui leur survivaient. Les cadavres suspendus à la potence étaient enlevés, et il fallait établir des gardes dans les cimetières pour empêcher que les cadavres ne fussent déterrés. Des villages où l'on avait vu avant la guerre quatre cents habitants, n'en conservèrent plus que vingt ; la propriété de terres qui avait été portée à deux mille florins, descendit à soixante-dix. La Hesse perdit un quart de sa population ; de quatre-vingt mille habitants, Augsbourg n'en conserva plus que dix-huit mille ; des curés et des professeurs se firent cordonniers ou musiciens ambulants, pour ne pas expirer de faim. Si les troupes de Tilli ou de Valstein avaient effrayé par des excès de tous genres, les Suédois, sous Banner et Torstenson portèrent partout le deuil, le pillage et les ruines ; les Français les imitèrent : enfin la civilisation menaçait de s'éteindre en Allemagne. C'est au nom de la religion que tous ces crimes furent commis, tant il est vrai que les hommes n'abusent jamais autant que des plus excellentes choses !... Un poète satirique du temps, Logau, publia le distique suivant : « J'ai bien vu des » Luthériens, des papistes et des calvinistes ; » mais pour des chrétiens je ne sais pas où » il s'en trouve. »

Christine touchait au comble de la joie ; la paix était faite : elle pouvait cultiver les arts et les sciences, ses véritables délices. On vit se rendre à sa cour Saumaise, Freinsheim, Isaac Vossius, Heinsius, Descartes, Grotius, Conring, Bochart, Huet, Naudé, Meibom, Comenins, etc. La jeune reine contracta bientôt une témérité, une audace d'esprit qui jetèrent l'épouvante dans l'esprit de sa mère. « Si votre père vivait encore, il » ne permettrait point tout cela. » — « Alors » il a bien fait de mourir, » lui répondit Christine. Plusieurs fois déjà la reine avait été demandée en mariage, mais elle avait repoussé les différents partis qui s'étaient présentés ; son cousin, Charles-Gustave, se mit sur les rangs ; elle lui fit comprendre qu'elle n'engagerait jamais sa liberté. Les états furent convoqués en 1649 : la fille de Gustave-Adolphe se présenta dans le sénat et dit : « Depuis quelques années on ne cesse de me » solliciter à me marier ; je ne puis désap- » prouver la prudence de ceux qui, aimant » leur patrie, souhaitent de prévenir les » malheurs qu'elle pourrait éprouver si Dieu » me retirait de ce monde avant que la suc- » cession eût été assurée. Ce soin me tou- » che plus que personne, ayant consacré ma » vie au salut de l'État, depuis que j'en ai » pris le gouvernement. Mais le mariage en- » traîne des sujétions que je ne saurais encore » goûter, et je ne puis déterminer le moment » où je serai en état de vaincre cette répu- » gnance. Je dois donc faire, pour la sûreté » du royaume, ce que plusieurs trouveront » être moins utile à ma personne ; c'est de » présenter aux états un successeur au trône » qui, étant choisi et proclamé légitimement, » mettra mes sujets à l'abri de toute inquié- » tude. Le prince Charles-Gustave a toutes » les qualités requises ; il est du sang royal ; » c'est sur lui que je désirerais que se » fixât le choix de la nation. »

Une opposition très-vive se manifesta parmi les sénateurs ; l'un d'eux fit remarquer que si le prince n'épousait pas la reine, il renoncerait au mariage, de telle sorte que la succession au trône resterait incertaine. « Oh, » reprit Christine, « il se mariera ; l'amour ne » brûle pas pour une seule, et la couronne » est une bien *belle fille*, qui sera toujours » recherchée. » La majorité des sénateurs pensèrent qu'il fallait renvoyer une décision aussi importante à un tout autre moment, car c'était à l'improviste que la fille de Gustave-Adolphe venait de communiquer le dessein qu'elle avait conçu. Christine déclara qu'elle allait en appeler aux états-généraux. Les représentants de la nation envoyèrent aussitôt une députation à leur souveraine ; de vifs débats eurent lieu. En vain les députés supplièrent Christine de prendre un époux, elle leur répondit : « Vous ne tirerez pas de moi » un mot sur ce sujet avant que vous n'ayez » adopté la résolution de déclarer le prince » Charles-Gustave héritier de la couronne. » Jean Mathiœ, ancien précepteur de Christine, devenu depuis évêque de Steugner, et qui faisait partie de la députation, dit : « Votre majesté est tenue de se marier par les » constitutions du royaume ; car c'est ainsi » que la succession héréditaire est établie. » — « Personne au monde, » répliqua la reine, » ne peut m'y contraindre si je n'en prends moi-» même la résolution. Je ne nie point que je ne » puisse m'y décider un jour. Se marier » pour le bien du royaume est un grand motif ; mais quand j'indique un moyen éga-» lement propre à rassurer, que peut-on demander de plus ? La succession assurée » n'empêchera pas que je me marie. D'ail-» leurs personne au monde ne me fera changer de dessein : si je me décide au mariage, » je n'épouserai que le prince Charles Gustave, j'en donne ma parole ; mais je ne puis » vous dire maintenant si je me marierai. » La reine insista ensuite pour que les états-généraux délibérassent sur la succession au trône, en laissant à part l'article de son mariage. Les ordres du clergé, des bourgeois et des paysans, qui étaient très-attachés à Christine, choisirent pour successeur au trône le prince Charles-Gustave. Le chancelier Oxenstierna, auquel il répugnait de voir monter ce prince sur le trône, se rendit cependant, d'accord avec la haute noblesse, au vœu général de la nation.

L'année suivante [1650], les états-généraux donnèrent une nouvelle confirmation au décret concernant la succession au trône de Suède, et l'étendirent à la postérité de Charles-Gustave. Ce prince se rendit à Stockholm, et, après avoir témoigné sa reconnaissance à Christine, il jura, en présence des députés de la nation, d'observer les conditions suivantes, qui lui furent imposées. « Lui et les » siens se soumettraient à une complète obéis-» sance envers la reine, et lui seraient fidèles » comme à leur légitime souveraine..... Il » n'entreprendrait aucune affaire relative à » l'administration de l'État sans le consentement du sénat et de la reine..... Cette » dernière et le sénat ayant trouvé bon que » le royaume ne fût point divisé, le prince ne » pourrait prétendre à aucune principauté à » titre héréditaire, mais il se contenterait de » ce qui lui était assigné pour son entretien... » S'il venait à lui échoir des fonds de terre, » il les posséderait comme les seigneurs du » royaume, aux mêmes droits et avec les » mêmes charges, si ce n'est qu'il aurait la » juridiction sur les domestiques de sa maison.... Si avant le décès de la reine on » lui offrait quelque seigneurie ou principauté hors du royaume, il ne pourrait l'accepter que sous la condition qu'il résiderait toujours en Suède.... Lorsqu'il penserait à se marier, il en conférerait avec la » reine et le sénat, et ne ferait point d'alliance qui serait jugée préjudiciable à l'État..... S'il parvenait au trône il n'entreprendrait rien de contraire aux constitutions et aux lois du royaume.... Il maintiendrait tous les ordres, et chaque sujet en particulier, dans leurs droits, privilèges et libertés. »

Les états-généraux, après avoir ainsi réglé l'avenir de la nation, accordèrent au prince Charles-Gustave le titre d'altesse royale : il reçut en outre une pension annuelle, et l'île d'Oeland comme apanage. La succession au trône étant définitivement établie, Christine se fit couronner. Dès ce moment, il sembla que tous les devoirs commandés au nom de la royauté fussent accomplis pour elle : entourée comme je l'ai déjà dit, de savants et de favoris, n'écoutant que sa générosité, elle mit promptement à sec le trésor royal, et réduisit à la détresse un royaume dénué de grandes ressources comme la Suède. On compta au nombre des favoris de la jeune reine un médecin français, nommé Michon Bourdelot, qui la précipita dans une foule de dépenses, lui inspirant en outre le dégoût des affaires, et cherchant à la détacher de la Suède. Les impressions qu'il communiqua à Christine ne s'effacèrent jamais complétement de sa mémoire ; il contribua surtout à lui donner une hardiesse d'opinions qui la rendit odieuse au clergé protestant. Bourdelot n'avait aucun sentiment des convenances, et il tournait sans cesse en ridicule les savants attirés par la reine dans son intérieur ; son plus grand plaisir était de les faire se quereller entre eux, de leur jouer des tours, ou de les placer dans de fausses positions. Un jour il amena Meibom et Naudé, deux doctes personnages, qui avaient composé des ouvrages sur la musique et sur la danse des anciens, à chanter et à danser devant Christine et sa cour. Il railla ensuite avec si peu de ménagements ces savants personnages, que l'un d'eux, Meibom, lui donna un soufflet. Bourdelot, cédant à la jalousie, écartait de la reine tous les hommes qui voulaient se montrer utiles à l'État et à leur souveraine ; enfin il se lia de la manière la plus étroite avec Pimentel, ambassadeur d'Espagne, afin de rompre les rapports de bonne intelligence qui existaient entre la Suède et la France. Des plaintes si universelles s'élevèrent contre ce brouillon, qu'il fut obligé de quitter le royaume.

Pimentel succéda dans sa faveur ; il finit par loger dans la maison de campagne de Christine, causant des nuits entières avec elle, et lorsqu'il fut sur le point de retourner en Espagne, elle lui fit de magnifiques présents. Tout le monde sait que la fille de Gustave-Adolphe attira l'illustre Descartes en Suède, et qu'elle le combla de prévenances et de bienfaits. Elle entretint aussi des rapports avec le célèbre Pascal, et le philosophe français Gassendi ; Balzac reçut de sa part une chaîne d'or ; Ménage obtint un pareil cadeau de sa munificence. Benserade, Scuderi, enfin toutes les célébrités littéraires de l'époque attirèrent son attention ; elle n'oublia pas non plus dans la distribution de ses bienfaits les érudits ; elle envoya aux deux frères Valois une belle médaille. Le savant Bochart, célèbre ministre protestant, accompagné d'Huet, depuis évêque d'Avranches, voulut aller visiter Christine. Elle nomma historiographe de Suède Bogeslas Philippe-Chemnitz, qui publia plus tard l'histoire de la guerre d'Allemagne. Les encouragements que la fille de Gustave-Adolphe prodigua aux sciences et aux arts méritaient d'attirer un instant l'attention du lecteur, et les Suédois, qui venaient de s'illustrer tout récemment dans la carrière des armes, cultivèrent avec succès, grâce à l'impulsion de leur souveraine, le domaine si riche de l'intelligence ; ils eurent des prosateurs, des poètes, et à partir du dix-septième siècle conquirent une place honorable parmi les peuples civilisés de l'Europe. Christine, d'ailleurs, n'entretint pas exclusivement des rapports avec les gens de lettres ; elle discernait le mérite partout où elle le rencontrait. Elle avait donné sa confiance à Chanut, ambassadeur de France, qu'elle recevait dans son intimité : il suivit la reine dans un voyage qu'elle entreprit aux mines de Fahlun, en Dalécarlie. Sans prendre une part active aux événements politiques qui avaient lieu en Europe, Christine étudia avec soin les troubles de la Fronde ; elle essaya même d'intervenir comme médiatrice, mais sans succès. Reportant ensuite son attention sur le sort des paysans suédois, elle fut assez heureuse pour alléger le poids des misères féodales qui les écrasaient ; elle alla plus loin, elle voulut que tous les citoyens issus de mariages légitimes, nobles ou non, pussent parvenir à tous les honneurs et à tous les emplois. Mais pour que le bien puisse être réalisé, il faut beaucoup de mesure et d'à propos ; c'était précisément ce qui manquait à Christine. Douée d'une imagination vive, elle s'efforçait d'obtenir un résultat complet dans un espace de temps très-court, sans se soumettre d'ailleurs à l'empire des circonstances. Malheureusement l'état des esprits en Suède n'était pas alors favorable aux projets de la reine ;
« les grandes familles, accoutumées à jouer
» le premier rôle à la cour, étaient choquées
» des avantages que Christine accordait à
» des hommes qui ne leur paraissaient pas
» les avoir mérités, et qu'elles désignaient
» par le nom dédaigneux de favoris. Le cler-
» gé, fidèle à son antique rigorisme, la
» taxait d'indifférence sur la religion et
» les mœurs : le peuple, qui avait toujours
» vu ses rois entourés d'une grande simpli-
» cité, lui reprochait les dépenses de sa cour.
» Dans le même temps, le sénat se divisa en
» partis, dont il était difficile de suivre les

» vues et les projets. Plusieurs sénateurs se
» retirèrent même de la capitale, et le chan-
» celier Oxenstierna ne semblait y rester que
» pour sauver la réputation du gouvernement.
» Le prince royal vivait dans la retraite, et
» observait de loin les intrigues des ambi-
» tieux, les trames des mécontents, et le
» mouvement général des esprits (1). »

Christine ne témoignait aucune crainte; le péril n'était pas imminent : elle ne prenait donc aucune mesure; elle nourrissait d'ailleurs depuis long-temps dans son esprit un dessein qui devait lui assurer l'attention de l'Europe tout entière : elle songeait à une abdication. Renoncer encore jeune à l'éclat d'un diadème, pour cultiver dans la retraite les arts et les sciences, c'était là une de ces pensées généreuses et extraordinaires qui devaient ravir l'imagination romanesque de la jeune reine, toujours avide de produire de l'effet sur la multitude. Christine ne se décida pas cependant tout d'un coup; elle ressentit des combats honorables pour sa raison; plus d'une fois elle flotta incertaine. Elle fut devinée par Chanut, ambassadeur de France, qui en donna avis à sa cour. Il reçut l'ordre d'employer toute son influence sur l'esprit de la fille de Gustave-Adolphe pour la détacher d'un projet qui menaçait d'être funeste à la tranquillité générale, car le successeur de Christine pouvait renoncer à l'alliance française. Chanut obtint plusieurs conférences de Christine, mais sans aucun résultat utile. En effet, dans le mois d'octobre 1651, elle réunit le sénat, et lui annonça sa volonté positive de remettre les rênes de l'État entre les mains du prince Charles-Gustave.

« Après avoir mûrement réfléchi, » dit-elle, « à une démarche de cette importance,
» je n'ai point trouvé de meilleur moyen
» d'assurer le repos de l'État et la tranquil-
» lité de mes peuples, qui désirent voir la
» succession affermie par des héritiers.
» Étant fermement décidée à ne point me
» marier, le prince, parvenu au trône,
» sera obligé de contracter les liens du
» mariage, et toutes les craintes seront
» apaisées. » Les sénateurs et les hommes les plus remarquables de la Suède réunirent leurs efforts afin que la reine restât sur le trône; ils lui firent ensuite comprendre qu'il fallait réunir les états-généraux pour leur donner notification d'un acte aussi important; puis ils se rendirent auprès de la fille de Gustave-Adolphe. Le chancelier Oxenstierna, qui était à leur tête, prit la parole. Il adressa d'abord des remercîments à la reine pour les soins qu'elle avait apportés à la gloire et à la prospérité du royaume; mais cette gloire et cette prospérité ne pouvaient se conserver que si la reine gardait la couronne. Le prince héréditaire n'aspirerait jamais au pouvoir suprême tant qu'elle vivrait; elle-même ne ressentirait-elle pas la plus profonde douleur en voyant le fruit de ses travaux et de ses efforts périr par sa retraite volontaire!! La vraie gloire, la vraie grandeur ne consistaient pas tant à acquérir qu'à conserver ce qu'on avait acquis. Il eût été à souhaiter que son administration eût été moins florissante, plutôt que de l'abandonner après lui avoir imprimé un éclat qui faisait l'admiration de tous les peuples. Le chancelier lui donna ensuite l'assurance que si elle quittait les rênes de l'État, tous les grands officiers se retireraient à leur tour; avec la tendresse d'un père, il la supplia de dire si elle était mécontente de ses sujets; s'ils ne l'entouraient pas assez de respects, et s'ils manquaient à l'obéissance qui lui était due : il la pressa de parler avec franchise, parce qu'eux-mêmes lui feraient justice, et qu'ils étaient décidés à ne rien épargner pour soutenir sa grandeur et son pouvoir. Tous leurs biens ils les mettaient à ses pieds pour subvenir à la détresse où se trouvait la couronne, et pour acquitter les dettes de l'État.

Christine se sentit profondément émue, et prit l'engagement de rester sur le trône : néanmoins elle dit à Chanut que si elle avait cédé aux vœux de ses sujets, ce n'était pas pour toujours. Le prince Charles-Gustave, dans une circonstance aussi délicate, tint une conduite pleine de circonspection et de dévouement, et supplia la reine, à diverses reprises, de garder la couronne. Mais, peu de

---

(1) *Histoire de Christine*, par Catteau-Caileville, tome I, pages 290, 291.

temps après, Arnold Messénius publia un pamphlet, injurieux pour la personne de la reine, où il appelait le peuple à la révolte. Ce pamphlet [1651] parvint à Charles-Gustave, qui l'envoya à Christine. Messénius et son fils furent mis à mort; mais ils compromirent dans leurs aveux une foule de grands personnages. Cette ingratitude brisa le cœur de la reine, et réveilla dans son esprit la pensée d'une abdication. Suivant le biographe de la reine, « les difficul- » tés et les soucis dont Christine s'était vue » environnée n'avaient pas détourné son at- » tention des grands intérêts de l'État. » L'activité (1) et le zèle pour le maintien » de la gloire de son règne ne l'abandonnè- » rent jamais aussi long-temps qu'elle fut » assise sur le trône. Ses ministres dans les » cours étrangères recevaient leurs instruc- » tions directement d'elle-même, et souvent » elle leur écrivait de sa propre main. Elle con- » tinuait d'encourager l'agriculture, l'in- » dustrie, le commerce, comme elle avait » fait dès le commmencement de son règne. » Déjà la nation lui devait plusieurs institu- » tions utiles, plusieurs lois pleines de sa- » gesse. Elle fonda des écoles et des maisons » d'orphelines; elle créa le conseil des mi- » nes et celui du commerce; elle soutint » les établissements des Suédois en Améri- » que, leur en procura de nouveaux sur la » côte de Guinée, et conclut des traités avec » l'Angleterre, la Hollande, le Portugal, » pour faire respecter le pavillon de Suède » dans toutes les mers. Ce fut aussi dans le » même temps que naquirent à Stockholm les » fabriques de soie. » Plusieurs années se passèrent encore sans que la reine, livrée aux délices des sciences et des arts, revînt à la pensée première de descendre du trône. Mais la pénurie des finances se montra si affligeante, que la cour était réduite à manquer même du nécessaire; Christine, d'un autre côté, avait donné une foule de domaines appartenant à la couronne; comment les reprendre sans causer des troubles publics? Enfin les étrangers et les savants au milieu desquels la fille de Gustave-Adolphe vivait lui inspiraient perpétuellement le dégoût de la Suède; elle prit en haine les affaires, et passait des mois entiers sans tenir conseil; bref, elle paraissait triste et abattue; ordinairement si communicative, on l'entendait proférer à peine quelques rares paroles: elle avait soif d'une position nouvelle, d'une position *à part*. Mais son orgueil souffrait de renoncer à toutes les grandeurs, qui étaient devenues pour elle une seconde nature. Les combats qui la déchiraient n'échappèrent pas aux yeux des courtisans; le bruit se répandit en Europe que la reine songeait sérieusement à une abdication. Chanut, qui était ambassadeur de France en Hollande, écrivit une lettre à Christine, pour lui faire sentir l'importance de la décision qu'elle allait prendre. La reine adressa à ce diplomate, qui lui était cher, une réponse, véritable modèle de haute philosophie.

« Je vous ai rendu compte autrefois, » lui disait-elle, « des raisons qui m'ont obligée » de persévérer dans le dessein de mon abdi- » cation; vous savez que cette fantaisie m'a » duré long-temps, et que ce n'est qu'après » y avoir pensé huit ans que je me suis ré- » solue de l'exécuter. Il y en a près de cinq » que je vous ai communiqué cette résolution, » et je vis alors que c'était votre pure affec- » tion et l'intérêt seul que vous preniez en » ma fortune qui vous obligeaient à me ré- » sister malgré mes raisons, que vous ne pou- » viez condamner. Quelque peine que vous » prissiez pour m'en dissuader, j'avais plaisir » de voir que vous ne trouviez rien dans cette » pensée qui fût indigne de moi. Vous savez » ce que je vous ai dit sur ce sujet la dernière » fois que j'eus la satisfaction de vous entre- » tenir. Dans l'espace d'un si long-temps » tous les incidents ne m'ont jamais fait » changer. J'ai réglé toutes mes actions sur » ce but, et je les ai conduites à cette fin sans » balancer : à cette heure que je suis prête d'a- » chever mon rôle pour me retirer derrière le » théâtre, je ne m'inquiète pas du *plaudite*. » Je sais que la scène que j'ai représentée n'a pu » être composée selon les lois communes du » théâtre. Il est malaisé que ce qu'il y a de fort,

---

(1) Le biographe se laisse ici trop entraîner par son admiration pour Christine : l'*activité* de la reine, relativement aux affaires publiques, eut bien vite des intermittences très-longues.

»de mâle et de vigoureux puisse plaire : je per-
»mets à chacun d'en juger selon son génie.
»Je ne leur puis ôter cette liberté, et je ne
»le voudrais pas, même quand cela serait en
»mon pouvoir. Je sais qu'il y en aura peu
»qui en jugeront favorablement, et je m'as-
»sure que vous serez de ce nombre. Le reste
»des hommes ignore mes raisons et mon
»humeur, puisque je ne me suis jamais dé-
»clarée qu'à vous et à un autre ami qui a
»l'âme assez grande et assez belle pour en
»juger comme vous : *sufficit unus, sufficit
»nullus* (1). Je méprise le reste, et je ferais
»honneur à celui de la troupe que j'estimerais
»assez ridicule pour m'en divertir. Ceux qui
»examineront cette action selon les maximes
»qui sont établies parmi les hommes, la
»blâmeront sans doute; mais je ne pren-
»drai jamais la peine de leur faire sérieu-
»sement mon apologie, et dans le grand
»loisir que je me prépare je ne serai ja-
»mais assez oisive pour me souvenir d'eux.
»Je l'emploierai à examiner ma vie pas-
»sée, et à corriger mes erreurs, sans
»m'en étonner ni m'en repentir. Que
»j'aurai de plaisir à me souvenir d'avoir fait
»du bien aux hommes avec joie, et d'avoir
»puni sans pitié ceux qui le méritaient! J'au-
»rai la consolation de n'avoir rendu personne
»criminel qui ne le fût, et d'avoir épargné
»même ceux qui l'étaient. J'ai préféré la con-
»servation de l'État à toute autre considéra-
»tion; j'ai tout sacrifié avec joie à ses inté-
»rêts; et je n'ai rien à me reprocher dans
»son administration. J'ai possédé sans faste
»et je quitte avec facilité. Après tout cela, ne
»craignez pas pour moi; je suis en sûreté, et
»mon bien n'est pas au pouvoir de la fortune.
»Je suis heureuse, quoi qu'il puisse arriver.

Sum tamen, o superi ! felix; nulllique potestas
Hoc auferre Deo. . . . . (2).

»Oui, je le suis plus que personne, et je le
»serai toujours. Je n'appréhende point cette
»Providence dont vous me parlez : *omina

(1) Le suffrage d'un seul me suffit, et je me pas-
serais même d'en avoir aucun.

(2) Je suis cependant heureuse, Dieu puissant, et
il n'est au pouvoir d'aucune divinité de m'enlever
mon bonheur.

»*sunt propitia* (1). Soit qu'elle veuille
»prendre la peine de régler mes affaires,
»je me soumets avec le respect et la rési-
»gnation que je dois à ses volontés; soit
»qu'elle me laisse la conduite de moi-même,
»j'emploierai ce qu'elle m'a donné de facultés
»pour me rendre heureuse, et je le serai
»tant que je serai persuadée que je ne dois
»rien craindre ni des hommes ni de Dieu.
»J'emploierai ce qui me reste de vie à me fami-
»liariser avec ces pensées, à me fortifier l'âme,
»et à regarder du port le tourment de ceux
»qui sont agités dans la vie par les orages
»qu'on y souffre, faute d'avoir appliqué
»l'esprit à ces pensées. Ne suis-je pas digne
»d'envie dans l'état où je suis? J'aurais sans
»doute trop d'envieux si mon bonheur était
»connu. Vous m'aimez pourtant assez pour
»ne me l'envier pas, et je le mérite, puisque
»j'ai l'ingénuité de confesser que je tiens une
»partie de ces sentiments de vous. Je les ai
»appris dans vos entretiens, et j'espère les
»cultiver un jour avec vous dans mon loisir.
»Je m'assure que vous ne pourrez manquer
»de parole, et que vous ne cesserez pas, dans
»ce changement, d'être mon ami, puisque
»je ne quitterai rien de ce qui est digne de
»votre estime. Je vous conserverai, en quel-
»que état que je sois, mon amitié, et vous
»verrez qu'aucun changement ne peut sur-
»venir qui puisse altérer les sentiments dont
»je fais gloire.»

Christine, dont la décision était irrévocablement prise, convoqua le sénat à Upsal.
« Je me suis laissé dissuader,» dit-elle,
« il y a environ trois ans, d'abdiquer le
»gouvernement; mais désormais, ayant tout
»examiné mûrement, je me suis décidée à
»prendre ce parti. Il n'y a aucune difficulté
»par rapport au prince Charles-Gustave,
»puisqu'ayant été désigné successeur à la
»couronne, le royaume, qu'il est très en état
»de gouverner, lui est dû. Par rapport à
»moi, plusieurs motifs me portent à résigner
»l'administration. Je n'ignore pas que bien
»des personnes raisonneront différemment sur
»le parti que je prends; mais je ne m'en
»mettrai pas en peine, ma résolution est

(1) Les augures sont propices.

»prise, et je ne m'en départirai jamais. Je ne
»demande donc point votre avis, mais votre
»concours pour faire réussir cette affaire, et
»pour que le prince Charles-Gustave puisse
»posséder la couronne en toute sûreté. » De
vives représentations furent adressées à la
reine, elle persista ; les états-généraux furent
réunis ; ils acceptèrent l'abdication et assurèrent à Christine un revenu annuel d'un
million et demi [1654]. La fille de Gustave-
Adolphe touchait à sa vingt-huitième année
le jour où elle quitta toutes les grandeurs.

Comme elle appartient désormais à la vie
privée, je raconterai le reste de sa carrière
en peu de mots. Elle quitta précipitamment
la Suède et traversa le Danemark, habillée
en homme ; le lendemain de son arrivée à
Bruxelles [24 décembre 1654], elle changea
de religion pour embrasser le catholicisme :
il ne paraît pas que ses mœurs y gagnèrent
beaucoup, car on la vit se plonger dans tous
les plaisirs du monde. Dans une de ses lettres à mademoiselle Sparre, jeune Suédoise
qui avait toute sa confiance, on remarque le
passage suivant : « Enfin, je n'écoute plus de
»sermons, je méprise tous les orateurs ;
»après ce que dit Salomon, tout le reste n'est
»que sottise, car chacun doit vivre content
»en *mangeant, buvant* et *chantant*. » La
reine arriva ensuite à Rome ; elle était habillée en amazone, et montait un cheval
blanc à la manière des hommes [1655]. Le
besoin de mouvement qui la dévorait l'entraîna en France, où elle reçut de la cour
l'accueil le plus brillant. Les savants, les artistes, les courtisans, les guerriers les plus
célèbres, entre autres le prince de Condé,
avec lequel elle était en correspondance, l'en-
vironnèrent de leurs hommages. Mais à l'admiration qu'elle avait d'abord inspirée succéda bientôt un autre sentiment lorsqu'elle
eut fait assassiner à Fontainebleau, dans le
palais de nos rois, son grand-écuyer le marquis Monaldeschi. Cet Italien, auquel elle
paraît avoir accordé ses faveurs, la sacrifia,
dit-on, à une autre femme. Christine, après
en avoir acquis la preuve, le fit égorger par
trois soldats et son capitaine des gardes. Au
reste, la constance avec laquelle l'ex-reine
aurait soutenu le sort nouveau qu'elle s'était
imposé pouvait seule lui conquérir l'opinion
publique, qui console même d'un trône. Mais
à la mort de Charles-Gustave [1660], elle se
rendit en Suède pour tâcher de rentrer en
possession du pouvoir suprême ; reçue avec
indifférence par le peuple et les états-généraux, elle eut en outre à soutenir la haine
du clergé luthérien, qu'elle avait soulevée
par son changement de religion. Cependant
elle revint encore en Suède dans l'année 1667 ;
mais elle quitta sa patrie de nouveau, où
l'intolérance lui refusa la pratique du culte
catholique. La fille de Gustave-Adolphe,
que tant de leçons auraient dû instruire,
tenta de monter sur le trône de Pologne ; elle
éprouva un refus, et mourut à Rome, le 16
avril 1689, à l'âge de 63 ans. Il me reste
maintenant à faire connaître au lecteur cette
femme, plus extraordinaire que grande, dans
les détails de sa vie privée.

Des études fortes et graves occupaient la
plus grande partie de ses heures ; et il ne se
passait pas de jour où elle ne lût avec attention plusieurs pages de Tacite. Cet auteur,
dont le sens est si difficile à saisir, elle le
traduisait à livre ouvert ; elle goûtait aussi
un charme infini dans la méditation des
œuvres de Platon ; elle le préférait à tous
les écrivains de la Grèce. Mais la mobilité, qui était si naturelle à la fille de Gustave-Adolphe, l'arrachait bientôt à l'étude
pour la précipiter dans tous les plaisirs du
monde, et comme elle avait quelque chose
d'excessif dans le caractère, elle ne respectait
aucune des convenances imposées à son sexe.
Habituée à vivre au milieu de savants et d'artistes, ses manières étaient beaucoup trop
ouvertes ; elle dédaignait, en un mot, le
joug imposé par la bienséance. Jusqu'à sa
manière de se vêtir, tout était étrange en
elle ; ainsi, à Hambourg, elle portait une longue redingote, une perruque, un chapeau et
une épée. Remplie d'instruction, Christine ne
pouvait se plier aux conversations futiles des
personnes de son sexe ; sa supériorité, d'ailleurs, était odieuse aux femmes : aussi ne l'ont-
elles pas ménagée. La duchesse d'Orléans,
mère du régent, a tracé un portrait peu flatteur
de cette princesse. « Madame Christine, »
dit-elle, « était une dame galante, quoique

» fort contrefaite ; la grande demoiselle (1) m'a raconté, qu'étant toute blanche, elle se couchait toute nue sur un lit de velours noir pour se présenter ainsi à ses amants. Elle était très-vindicative et débauchée au plus haut point. » Un Français, contemporain, a voulu aussi esquisser les traits de Christine. « Sa taille, » dit-il, « est tout-à-fait irrégulière : elle est voûtée, elle a une hanche hors d'architecture, elle boite. Elle a le nez plus long que le pied, les yeux assez beaux, mais elle n'a pas la vue bonne ; elle rit de si mauvaise grâce, que son visage se ride comme un morceau de parchemin que l'on met sur des charbons ardents ; elle a un sein plus bas que l'autre d'un demi-pied et si enfoncé sous l'épaule qu'il semble qu'elle ait la moitié de la gorge absolument plate ; elle n'a pas la bouche laide, pourvu qu'elle ne rie point ; elle n'a pas soin de ses dents, elle pue assez honnêtement pour obliger ceux qui s'approchent à se précautionner et à parer de la main. On dit qu'elle avait autrefois les cheveux admirablement beaux ; mais depuis qu'elle les a fait couper pour faire le métier de vagabonde, elle a pris une perruque noire. La manière dont elle est habillée n'est pas moins extraordinaire que celle de sa personne ; elle porte des jupes fort courtes avec un justaucorps, un chapeau, un collet d'homme ou un mouchoir, qu'elle noue comme un cavalier qui va en partie, et quand elle porte une cravate comme les dames, elle ne laisse pas de fermer sa chemise jusqu'au menton et de porter un petit collet d'homme avec des manchettes, telles que nous les portons ; en sorte que, la voyant marcher avec sa perruque noire, sa jupe courte, sa gorge fermée et son épaule élevée, on dirait que c'est un visage déguisé. » A ce portrait si évidemment satirique, c'est-à-dire, mensonger, je vais faire succéder les aveux que l'ex-reine de Suède a faits dans un ouvrage intitulé : *Vie de Christine, écrite par elle-même et dédiée à Dieu.* « J'étais, » dit-elle,

(1) Mademoiselle de Montpensier, petite-fille de Henri IV et cousine-germaine de Louis XIV.

« méfiante, soupçonneuse, de plus, ambitieuse jusqu'à l'excès ; j'étais emportée, superbe et impatiente. Ces défauts, au lieu de diminuer avec l'âge et la fortune, se sont si fort augmentés, qu'ils ne m'ont que trop fait connaître qu'ils étaient de ma personne, et non pas de ma fortune. Je sais bien que je puis les dissimuler quand je veux ; mais je ne sais si j'ai travaillé jamais à les dompter tout-à-fait. C'est votre seule grâce, Seigneur, qui les a empêchés de m'emporter aussi loin qu'ils pouvaient aller, et si vous leur avez lâché quelquefois la bride, vous n'avez jamais permis qu'ils me précipitassent. De plus, j'étais incrédule et peu dévote, et mon tempérament ardent et impétueux ne m'a pas donné moins de penchant à l'amour que pour l'ambition. En quel état ne m'eût pas précipitée un si terrible penchant, si votre grâce n'eût employé mes défauts même pour m'en corriger ! Mon ambition, ma fierté, incapables de se soumettre à personne, et mon orgueil, méprisant tout, m'ont servi de merveilleux préservatifs, et quelque proche que j'aie été du précipice, votre puissante main m'en a retirée..... J'ai encore un défaut dont j'oubliais presque de m'accuser, c'est d'avoir trop méprisé *les bienséances de mon sexe, et c'est ce qui m'a fait souvent paraître plus criminelle que je n'étais* ; mais j'ai reconnu trop tard ce défaut pour pouvoir le corriger. »

A ces aveux de Christine, il faut joindre quelques légères imperfections qui auront sans doute échappé à sa sincérité ; elle était parfois fort libre dans ses propos, et, en sa qualité de savante, ne reculait devant aucune espèce de lecture ; ainsi elle avait une prédilection particulière pour Pétrone. Le célèbre Saumaise alla lui rendre une visite dans l'été de 1650 ; elle le logea dans son palais même. Saumaise tomba malade, et garda le lit ; la reine lui rendit néanmoins une visite ; elle était accompagnée de sa jeune amie mademoiselle Sparre. Au moment où la reine entrait, le savant cacha un livre qu'il lisait : « Ah ! dit la reine, voyons ce que c'est : montrez-m'en les *bons endroits.* » Il lui montra alors plusieurs passages d'un rare cynisme. Christine les parcourut en riant; puis, faisant signe à mademoiselle Sparre : « Venez, lui dit-elle ; venez voir un beau livre de dévotion intitulé *le Moyen de Parvenir*. » La jeune fille eut à peine laissé tomber les yeux sur l'œuvre si déshonnête du sieur Verville, qu'elle rougit; mais la reine, fort amusée de son embarras, la fit lire tout haut pendant quelques instants.

Christine poussait aussi le mépris de la toilette si loin qu'elle en tombait dans la malpropreté ; les manches de ses robes étaient couvertes de taches d'encre; l'en faisait-on apercevoir, elle répondait : « Il faut laisser ces soins aux personnes désœuvrées. » — « A vingt-cinq ans, dit son biographe (1), sa taille, un peu au-dessous de la médiocre, était relevée par un port noble, une démarche aisée et une contenance mâle. « Ses yeux bleus et bien fendus étaient pleins »d'expression ; elle avait le nez aquilin, la »bouche bien faite, quoiqu'un peu grande; »les dents très-belles. Le son de sa voix, »ordinairement doux, se haussait lorsqu'elle »donnait des ordres importants ou qu'elle »parlait d'objets graves et sérieux ; elle »avait souvent l'air pensif, sans que cependant son visage perdît de sa sérénité.... » Christine a écrit un nombre considérable de lettres adressées à des princes, à des savants et à des hommes célèbres : plusieurs de ces lettres sont fort remarquables par l'élévation des idées et la vigueur du style; les citations que j'ai faites justifient ces éloges. A part l'ouvrage intitulé : *Vie de Christine écrite par elle-même et dédiée à Dieu*, elle a composé des réflexions sur *Alexandre* et sur *César* : il lui appartenait de juger ces grandes âmes. Voici l'introduction qui précède ses réflexions sur César : « C'est un »plaisir extrême que de considérer les grands »hommes et d'examiner à fond leur mérite. »Ils naissent d'eux-mêmes pour donner au »monde de magnifiques spectacles, et il semble que le destin ne les mette aux prises »avec la fortune que pour les en faire triompher même en succombant. Tout ce qu'elle »leur ppose de fâcheux et de contraire ne »les empêche pas à la fin d'accomplir la »gloire de leur destinée. Tout contribue à »les rendre grands ; leurs fautes et leurs forfaits sont les crimes de leur temps, qui les y »force malgré eux, mais qui ne les empêche »pas d'être les objets de l'admiration et de »l'étonnement de tous les hommes. On ne »peut se donner une plus belle occupation »que celle de les étudier. Cette étude nous »instruit, elle nous corrige; elle élève l'âme »au-dessus d'elle-même, l'enflamme et lui »fait connaître de quoi elle est capable. Ce »sont les nobles sentiments et les grandes »actions des hommes extraordinaires qui »remplissent une âme de vertu et de vigueur, »par une espèce d'heureuse contagion dont »on ne saurait se préserver sans être malheureux. » Je terminerai mon récit en empruntant quelques dernières citations à une autre œuvre littéraire de Christine qu'elle appelait l'*Ouvrage de Loisir*; c'est un recueil de pensées et de maximes : elles ne manquent ni de justesse ni de profondeur. Je transcris : « La crainte, toute indigne qu'elle paraît, »est noble et juste, quand on ne craint que »Dieu et soi-même. — L'argent des riches »est dû aux pauvres, et le travail des pauvres est dû aux riches. — Les petites armées sont de grande dépense; mais les »grandes subsistent d'elles-mêmes. — Le »monde est un grand et magnifique temple, »dont la terre où nous sommes est le superbe autel, sur lequel le temps et la mort »immolent à tous moments des victimes à »l'auteur de la nature, qui tira du néant »cette grande et belle machine, où tout ce »qui vit doit mourir : tout y change, mais »rien n'y périt. — Les grandeurs sont comme »les parfums : ceux qui les portent ne les »sentent quasi pas. — La fausse gloire est »à bon marché ; mais la véritable coûte cher. » — L'ambition est plus superbe quand elle »obéit que lorsqu'elle commande. »

CHARLES-GUSTAVE.

Ce prince, proche parent de Christine, avait reçu le jour à Nykoping en Suède, le 8 novembre 1622 ; il avait servi sous les

---

(1) M. Catteau-Calleville.

ordres de Torstenson, et s'était distingué aux batailles de Jenkau et Leipsig. Enfin il prit part, comme commissaire de la fille de Gustave-Adolphe, aux conférences relatives à la paix de Vestphalie. Il revint en Suède en 1650 ; fut nommé par les états-généraux prince héréditaire, et en 1654 posséda la couronne. Ce prince, du moment où il fut choisi par l'ancienne reine pour lui succéder, fit preuve de beaucoup de réserve et de beaucoup de prudence, se tenant en dehors de toute affaire politique ; dans la crainte d'attirer sur lui l'attention, il vécut dans une retraite profonde. Christine laissa les finances dans l'état le plus déplorable ; les dettes du royaume étaient de dix millions, tandis que les revenus étaient abaissés à deux cent mille écus : aussi le nouveau monarque déclara, que tout hardi qu'il était, il n'aurait pas accepté la couronne s'il eût été instruit de la pénurie du trésor public. La reine, regardant le mobilier royal comme sa propriété particulière, avait tout enlevé ; elle abandonna seulement à son successeur un vieux lit vermoulu. Charles-Gustave fut réduit à emprunter jusqu'aux ustensiles de cuisine, et lors du repas qu'il offrit pour son couronnement, on présenta aux bourgeois des assiettes d'étain et aux paysans des écuelles de bois. Dans la détresse où était tombée la Suède, elle aurait eu besoin d'un roi ami de la paix, et qui aurait porté l'ordre et l'économie dans toutes les branches de l'administration. Mais Charles-Gustave aimait passionnément la guerre ; il avait pris pour modèle Gustave-Adolphe, dont il possédait le courage. Cependant les victoires de ce grand homme, trop tôt ravi à ses sujets, leur étaient devenues en définitive funestes, parce qu'elles ne se trouvèrent pas en rapport avec les ressources réelles du royaume. Sans doute, il en aurait été autrement si ce héros eût vécu de longues années ; il aurait trouvé dans l'étendue de son génie des dédommagements pour les sacrifices imposés à l'État ; mais sa mort rapide l'empêcha d'exécuter tous les projets qu'il avait conçus pour la prospérité et la grandeur de la Suède. D'un autre côté, la haute noblesse, qui s'illustra dans la guerre de trente ans, prit l'habitude, au milieu des pillages et des dévastations, de dépenses fastueuses et poussées jusqu'à la folie. Les grands seigneurs suédois, restreints après la paix de Vestphalie à leurs revenus personnels, n'eurent pas la force de se soumettre à l'antique économie de leurs ancêtres, et ils se chargèrent de dettes pour soutenir une vaine représentation. Bientôt le pénurie d'argent les força de se vendre aux puissances étrangères ; voilà ce qui explique la décadence rapide que la Suède éprouva dans le cours du dix-huitième siècle.

Charles-Gustave, une fois en possession de la couronne, hésita à qui il déclarerait la guerre ; il balançait entre les Danois, les Russes et les Polonais, n'ayant pas plus de raison de combattre les uns que les autres. Cependant il lui revint à la mémoire que Jean-Casimir, roi de Pologne, avait protesté contre son accession au trône, parce qu'il prétendait y avoir seul des droits : c'était une contestation que la diplomatie aurait pu facilement terminer. Mais Gustave-Adolphe voulait guerroyer ; il marcha donc en Pologne, où il mit tout à feu et à sang. Les Russes, redoutant que le monarque suédois ne s'emparât d'une partie des provinces de la république (1), opérèrent une diversion dans la Livonie. L'empereur Ferdinand III, d'une autre part, réussit à décider le roi de Danemark à déclarer la guerre aux Suédois. Il était superflu de recourir à de pareils moyens, car les forces du roi, suivant Terlon, ambassadeur de Louis XIV auprès de la cour de Stockholm, « qui étaient de plus de 30,000 hommes » lorsqu'il entra dans la Pologne étaient réduites [en 1657] à six ou sept mille ; et » vingt-cinq régiments qu'il avait laissés » dans la Prusse royale, étaient devenus si » faibles, que tous ensemble ne faisaient que » deux mille hommes ; encore, dans cette » petite armée, y avait-il trois mille hommes » de l'électeur du Brandebourg. » Le Danemark profita de la circonstance pour déclarer, dans l'année 1657, la guerre à Charles-Gustave. Celui-ci, avec la rapidité de l'éclair, pénètre en Poméranie, et il parvient sur la lisière du Holstein sans avoir même

(1) La Pologne.

rencontré un seul ennemi ; il bat le général Korber, le fait prisonnier et établit son armée dans le Holstein ; elle vit aux dépens de cette contrée : bref il est maître de toutes les possessions continentales du roi de Danemark. L'année suivante (1658), il réalise un projet d'une témérité surprenante ; mais je vais laisser la parole à un témoin oculaire, au chevalier de Terlon, qui accompagna Charles-Gustave. Je demande pardon au lecteur du style un peu étrange du narrateur : ici l'intérêt qui se trouve au fond des choses doit plaider en faveur de la forme.

« Le roi, dit Terlon, ayant depuis fort »long-temps formé le dessein de faire une »tentative sur l'île de Funen, en se préva»lant des glaces, comme le grand froid qu'il »faisait depuis plusieurs jours semblait lui »en donner l'occasion, il voulut exécuter son »entreprise en cas que les glaces fussent assez »fortes pour porter en sûreté son armée et »son artillerie. Il avait envoyé auparavant »le grand-amiral Vrangel pour assembler ses »troupes et les mettre en état de marcher, »qui, étant arrivé le 8 du même mois sur le »bord du petit Belt, fit aussitôt passer quel»ques escadrons avec cent dragons, pour se »saisir d'une petite péninsule qu'on appelle »Bogen, qui s'avance jusqu'au milieu du »petit Belt, entre les villes d'Assins et de Mi»delsar, où le prince se rendit le même jour »en traîneau ; m'ayant fait l'honneur de me »faire mettre auprès de lui. Mais l'amiral »Vrangel, ayant sçeu de ceux que le roi de »Suède avait envoyés pour reconnoître les »glaces et pour passer dans l'île de Funen, »en cas qu'elles fussent fortes, qu'elles étaient »trop faibles du côté qu'ils marchaient ; ce »qui était véritable, car il avait vu périr »devant lui quelques-uns de ses cavaliers qui »enfoncèrent dans la mer : de plus, les »Danois qui étaient postés sur les bords de »cette île avec de l'artillerie, tiraient sans »cesse pour rompre et affaiblir la glace ; et »comme l'armée suédoise qui était à décou»vert en était fort incommodée, en ce que »les boulets de canon glissaient sur la mer, »qui était unie, hormis en quelques endroits »où il y avait des hauteurs de glace et de »neige, où trouvant de la résistance ils s'é»lançaient avec impétuosité ; il en avertit le »roi de Suède, qui crut se devoir retirer et »remettre la partie au lendemain, espérant »que les glaces seraient plus fortes. Ce»pendant ce prince fit camper son armée »le long du petit Belt, et envoya toute la »nuit de petits partis de tous les côtés pour »sonder la glace et reconnaître où l'on pour»rait passer plus sûrement. Il en attendit des »nouvelles avec bien de l'impatience et bien »de l'inquiétude, et même sans prendre »aucun repos toute la nuit, jusqu'à ce qu'il »fût averti sur les deux heures du matin par »le retour des partis et par le rapport des »divers payans, qu'il avait extrêmement gelé »toute la nuit, et qu'on pouvait passer sur les »glaces sans danger jusqu'à l'île de Funen.

» J'étais pour lors dans sa chambre, et »je lui vis donner l'ordre à la même heure »de faire avancer toute son armée dans la »péninsule, dont il s'était emparé le jour »précédent. Et pour exécuter son dessein, il »donna les ordres du combat et commanda »que les cavaliers menassent leurs chevaux »par la bride et marchassent assez loin les »uns des autres, que les canons iraient aussi »dans une égale distance pour ne pas rompre »les glaces par un trop grand poids, jusqu'à »ce qu'on eût passé le courant de la mer où »elles étaient plus faibles. Il commanda en»core que l'armée se mît en bataille lors»qu'elle serait passée pour aller aux ennemis, »qui paraissaient tout le long du bord de la »mer. Le roi de Suède passa jusque là en »traîneau, où il monta à cheval, ce que je fis »aussi pour être toujours auprès de sa per»sonne. Il donna l'aile droite de son armée »au grand-amiral Vrangel, sous qui com»mandaient le marquis de Baden, lieutenant »général, le comte Toot, général-major et »commandant de la cavalerie. Le roi de »Suède prit l'aile gauche pour lui, et le »comte Jacob de La Gardie commandait l'in»fanterie. Mais comme elle marchait trop »lentement, parce que les soldats étaient »épars pour n'enfoncer pas les glaces, et qu'ils »avaient même beaucoup de peine à marcher, »le roi de Suède, ayant vu que son avant-»garde avait déjà passé l'endroit du courant »de la mer qui était le plus dangereux, donna

»l'ordre à l'amiral Vrangel de s'avancer avec
»l'aile droite et de seconder l'avant-garde
»quand elle donnerait sur les Danois, qui
»paraissaient en bataille tout le long du
»bord de la mer, tandis qu'il attendrait l'in-
»fanterie et qu'il mettrait l'aile gauche en
»état de le suivre. Le roi de Suède ne voulait
»pas avancer trop vite, de crainte que les
»Danois, voyant toute son armée passée dans
»l'île, ne gagnassent le chemin qui va en
»Jutland et en Holstein, du côté que l'île
»regarde ce pays-là, et par le même chemin
»que le roi de Suède était venu en Funen, y
»ayant laissé tout le bagage de son armée
»pour aller plus librement à cette expédition.
»Ce qui aurait été d'un grand avantage aux
»Danois, s'ils avaient été prévoyants pour
»prendre cette résolution, qui aurait beau-
»coup nui aux Suédois, et ils auraient mieux
»fait de prendre ce parti, voyant bien qu'ils
»n'empêcheraient pas le roi de Suède de se
»rendre maître de l'île, comme il fit. Le roi
»de Suède, ayant remarqué que les troupes
»danoises s'ébranlaient au lieu de venir
»charger, fit marcher diligemment l'aile
»gauche, d'autant plus qu'on le vint aver-
»tir que le grand-amiral Vrangel avait
»poussé les Danois qu'il avait trouvés devant
»lui, et fait prisonnier le colonel qui les
»commandait, avec tous les officiers. Cela
»obligea ce prince de doubler le pas pour
»s'approcher de l'île, où il sut que le colo-
»nel Jens, qui commandait toutes les troupes
»danoises en l'absence du général Guldenleu,
»qui était fort malade, s'était posté en un
»lieu tout-à-fait avantageux, ayant les haies
»qui le couvraient d'un côté, et la mer de
»l'autre. Cette posture des ennemis fit que
»le roi de Suède partagea son aile droite et
»en donna une partie au grand-amiral Vran-
»gel, avec ordre d'attaquer les Danois du
»côté de la mer, tandis qu'avec le reste il
»tâcherait de passer les haies, et comme ce
»prince jugea que le colonel Jens, qu'il
»connaissait pour avoir autant de prudence
»que de cœur, se voyant trop faible pour lui
»résister, ne soutiendrait qu'une simple
»charge pour faire ensuite sa retraite avec
»plus d'honneur, il prit son temps si à propos
»pour l'environner, qu'il ne put échapper.

»Ayant enfin percé les haies, il commanda
»au marquis de Baden de commencer l'atta-
»que avec trois escadrons, ce qu'il fit avec
»tant de succès, qu'il renversa d'abord quatre
»escadrons danois, et le grand-amiral Vran-
»gel, qui était à la droite du roi de Suède,
»donna aussi en même temps, poussa et
»rompit pareillement tout ce qui lui fit ré-
»sistance. Il est vrai que les glaces s'étant
»rompues en un endroit, il y eut deux com-
»pagnies de l'un et l'autre parti qui enfon-
»cèrent dans la mer et se noyèrent; le roi
»de Suède perdit au même lieu le carosse
»qui lui servait ordinairement, et ma calèche
»eut la même infortune. Le roi de Suède,
»ayant vu cet accident, avait raison de crain-
»dre qu'il ne lui en arrivât autant, et à toute
»son armée, à la tête de laquelle il était.
»Mais, étant un prince intrépide, quoiqu'il
»connût bien le danger où il était, au lieu
»de prendre le parti de tourner du côté de la
»terre, ce qu'il pouvait faire sans danger, il
»prit celui de laisser à sa gauche l'ouverture
»de la mer où ses cavaliers avaient péri, et
»alla chercher les ennemis qui étaient sur la
»mer, à la droite, et, de peur que les Danois
»ne se servissent de cette conjoncture pour
»prendre l'amiral Vrangel en flanc, le roi de
»Suède leur opposa le comte Toot avec un
»régiment Suédois, qui fit en cette rencontre
»tout ce qu'un brave cavalier et très-brave
»officier pouvait faire. Après que tous les
»escadrons danois furent rompus, l'amiral
»Vrangel alla lui-même à l'infanterie danoise,
»qui était sur la glace et qui gardait le
»poste où était l'artillerie, leur criant de
»mettre bas leurs armes. Le colonel Jens,
»l'ayant reconnu, et ne se voyant pas en
»état de faire résistance, lui demanda quar-
»tier et se rendit à lui, ce que l'amiral lui
»accorda de bonne grâce, et à tous ceux
»qui le voulurent avoir, parce qu'il avait de
»l'estime et de l'amitié pour les officiers et
»pour les soldats qui témoignent avoir du
»cœur, sachant d'ailleurs que les armes sont
»journalières, et que les plus vaillants ne
»sont pas exempts des malheurs de la guerre.
»Ainsi les troupes danoises furent défaites et
»prisonnières, et la fuite n'en sauva pas
»deux cents. Sur l'avis que le roi de Suède

» eut des prisonniers que l'on venait de faire,
» il commanda le général-major Berner, avec
» quelques régiments, pour aller au-devant
» de cinq cents chevaux qui venaient se join-
» dre aux troupes que ce prince avait défaites,
» et le général Archamberg fut aussi com-
» mandé pour aller vers Midelsar, où il y
» avait six cents chevaux qui étaient en
» chemin pour le même sujet. Ils exécutèrent
» si bien leurs ordres, que toutes les troupes
» de leurs ennemis, tant danoises qu'alleman-
» des, capitulèrent et prirent parti avec les
» officiers suédois. Le colonel Jens avoua que
» toutes les troupes qui étaient dans l'île de
» Funen, sous son commandement, faisaient
» plus de trois mille chevaux, sept cents
» hommes de pied allemands et quinze cents
» de la milice du pays. Ce combat rendit le
» roi de Suède entièrement maître de l'île de
» Funen. »

Les avantages que Charles-Gustave obtint devinrent si menaçants, que le roi de Danemark s'empressa de conclure la paix aux conditions les plus dures : il céda donc à la Suède la Scanie, le Halland, Blecking et l'île de Bornholm. Mais, quelque temps après, le monarque victorieux renouvela ses attaques contre les Danois, parce que, disait-il, on avait le droit de faire la guerre à ceux qui n'étaient pas en état de se défendre. « En
» effet, » ajoutait-il, « Dieu ne punissant
» pas immédiatement les fautes des grands
» de ce monde, la faiblesse d'un voisin est
» comme un signal donné par la divinité et
» impose le devoir de se constituer à son
» égard, le représentant de la vengeance di-
» vine. » Tranquillisé par ce sophisme, plus digne d'un barbare que d'un roi chrétien, Charles-Gustave fit le 8 août 1658 une invasion subite dans la Séelande ; mais il trouva cette fois une vive résistance, et les habitants de Copenhague déployèrent un courage si héroïque, qu'ils laissèrent le temps à une flotte hollandaise de venir opérer une diversion en leur faveur. D'un autre côté, les Polonais prirent les armes, comme alliés des Danois, tandis que les autres États de l'Europe intervinrent comme médiateurs. Charles-Gustave, en présence de tant de difficultés, essaya de conclure la paix avec les Polonais, afin de tenter une invasion dans la Norvége ; mais il mourut le 23 février 1660 à Gothenbourg, des suites d'une fièvre cérébrale.

Le règne de ce prince, qui ne manquait pas de grandes qualités, fut court, et la Suède dut s'en réjouir ; la grandeur de ses desseins n'était pas en rapport avec les ressources du royaume. Lorsque Gustave se précipita sur l'Allemagne, il se présentait comme le défenseur de la réforme religieuse, faisant appel à des croyances et à des intérêts attaqués par Ferdinand II, et auxquels se ralliait une partie des masses composant l'empire. Le grand Gustave était en outre l'inventeur d'une nouvelle tactique militaire, qui lui avait assuré de nombreuses victoires dans sa guerre contre les Polonais ; son nom comme monarque guerrier exerçait une grande puissance ; voilà qui explique ses succès contre l'empire. Mais depuis, les circonstances étaient changées ; grâce au génie de Richelieu, l'équilibre était établi en Europe ; les conquêtes obtenues par la Suède dans la guerre de trente ans, et que lui avait reconnues le traité de Vestphalie, ne pouvaient encore être agrandies sans péril pour la tranquillité commune. Les efforts du dernier roi devaient donc s'éteindre stériles, puisque l'Europe entière aurait armé contre lui ; bref, ils ne pouvaient avoir pour résultat définitif que la ruine du royaume : ce fut donc une bonne fortune que ce prince expira jeune. L'ambassadeur hollandais adressa au pensionnaire de Vit une lettre qui peint l'anxiété des esprits en Suède, où les choses, quoique envisagées sous un aspect différent, n'en paraissaient pas moins d'une nature alarmante. « Il s'en
» trouve plus d'un dans le sénat et même
» parmi ceux qui gouvernent (1) conjointe-
» ment avec la reine-douairière, qui con-
» viennent franchement que la mort de leur
» roi a été un heureux événement pour eux.
» Il ne pouvait leur arriver un malheur plus
» grand que de faire la conquête du Dane-
» mark, puisqu'ils n'appréhendent rien tant

(1) Cette lettre a été écrite postérieurement à la mort du dernier monarque et lorsque des tuteurs avaient été donnés au fils de Charles-Gustave.

» qu'un gouvernement despotique, et qu'un
» roi conquérant et fort de ses victoires n'eût
» pas manqué de les assujettir. » Les dernières classes de la Suède, qui gémissaient écrasées sous le poids des impôts, furent loin, de leur côté, d'accorder des larmes à la mort précoce de Charles-Gustave.

CHARLES XI.

Le dernier roi avait fait un testament avant a mort, par lequel il appelait à la régence sa femme Éléonore, à laquelle il confiait la tutelle de son fils, ainsi qu'aux cinq grands officiers de la couronne (1). Mais la volonté dernière des potentats est rarement respectée; on se croit quitte envers eux lorsqu'on leur a obéi de leur vivant. Les états remirent la tutelle à la reine douairière et à cinq grands personnages, savoir : P. Brahé, grand-justicier ; Vrangel, grand-amiral ; de La Gardie, grand-chancelier, et Bonde, grand-trésorier. Éléonore avait peu d'aptitude pour les affaires ; le pouvoir tomba donc entre les mains des cinq grands personnages que je viens de nommer ; c'est-à-dire que la puissance de l'aristocratie fut substituée au bon vouloir royal, quoique ce dernier se trouvât renfermé en Suède dans des bornes fort étroites. Le premier soin du nouveau gouvernement fut d'obtenir la paix, que Charles-Gustave avait si imprudemment rompue; cette paix, d'ailleurs, fut conclue à des conditions avantageuses et honorables. La Pologne abandonna [3 mai 1660] l'Esthonie, une partie de la Livonie et l'île d'Oesel, et le roi Jean-Casimir abdiqua ses prétentions sur le trône de Suède. L'année suivante [1661], la Russie conclut la paix avec la Suède, en prenant pour base le *statu quo ante bellum*.

L'intérêt général commandait de donner au jeune monarque une instruction digne de son rang, et qui lui permît d'en remplir les devoirs ; mais la reine portait à son fils une tendresse si aveugle, qu'elle voulut lui épargner toutes les fatigues de l'étude; aussi à vingt ans ne savait-il pas lire. Les tuteurs, d'un autre côté, avaient tout profit à l'entretenir dans la plus profonde ignorance ; mais, lorsqu'il se rendit à l'armée, il s'indigna contre lui-même. En effet, il se trouvait comme en dehors de tout, et incapable de rien diriger. « Les suppliques
» qu'on lui présentait lui causaient le plus
» grand embarras ; il rougissait, puis pâlissait tout à coup ; faisait semblant de
» lire, et retournait sans cesse la feuille (1); »
aussi il déclara qu'il ne rentrerait pas dans les murs de Stockholm sans savoir lire ; il tint sa promesse. On l'entendait dire à son vieil écuyer : « Toi, tu m'as appris à monter
» à cheval, mais tous les autres ne m'ont
» rien appris. » Le royaume ne tarda pas à être livré à des partis ennemis les uns des autres, et toujours prêts à se vendre à l'étranger. Le comte de Tott, qui représentait le royaume auprès du cabinet de Versailles, reçut un à-compte sur un subside annuel de 600,000 écus, en vertu duquel la Suède devait entretenir une armée nombreuse, prête à entrer en Pologne pour prendre la défense des intérêts français. Le comte de Tott dissipa très-vite l'à-compte qu'il avait reçu. « C'était un homme bien fait, jeune, de beau-
» coup d'esprit, magnifique, galant, grand
» joueur, donnant dans toutes les dépenses ;
» l'air noble, et parlant mieux français que
» pas un courtisan..... Le comte Tott, adoré
» et flatté des femmes, qui trouvaient leur
» compte avec lui, ne fut pas embarrassé sur
» les moyens de dépenser son argent. Les
» affaires s'étant depuis tournées en Pologne
» de manière à n'y pouvoir faire agir les
» Suédois, la régence de Suède, qui se vit
» hors d'état d'exécuter ce qu'elle avait promis, et le roi Louis XIV, de son côté, qui
» vit qu'il n'y avait rien à faire en Pologne,
» tombèrent d'accord pour rompre le traité.
» On laissa aux Suédois, ou pour mieux
» dire au comte Tott, tout ce qu'il avait touché et mangé; on le dispensa d'exécuter
» ce qu'il avait promis (2). »

---

(1) C'étaient Adolphe-Jean, oncle paternel du jeune monarque, et généralissime de l'armée; Pierre Brahé, grand-justicier; Vrangel, grand-amiral; de La Gardie, grand-chancelier, et Flemming, grand-trésorier. Laberbing, *Abrégé de l'Histoire de Suède*.

(1) Lebas.
(2) Mémoires de l'abbé de Choisy.

J'ai déjà informé le lecteur de l'état de pénurie où l'amour d'un luxe extravagant avait réduit les seigneurs du royaume, toujours prêts à tendre la main à l'étranger. J'en trouve une nouvelle preuve dans la correspondance que l'ambassadeur hollandais entretenait avec son gouvernement. « Le roi de France, » dit-il, « a donné, en une seule fois, à M. R... K.. soixante mille florins, sous prétexte de
» faire un présent à l'un de ses enfants, dont
» il avait été le parrain, et, quoique je croie
» M. R. un très-honnête homme, on est
» persuadé ici que ce n'est pas pour rien
» qu'il a été si avant dans les intérêts de
» l'Angleterre. C'est pourquoi j'avais pris
» la liberté de vous marquer qu'on ferait un
» singulier plaisir à la reine, *que je mets*
» *à cet égard au nombre des particuliers*,
» de lui faire présent d'un de ces yachts dont
» on se sert dans les parties de plaisir. » Une autre lettre du même diplomate est encore plus positive. « Je suis d'avis qu'on ne doit
» point négliger l'avantage qu'on peut tirer
» d'une judicieuse distribution de quelques
» sommes d'argent, surtout dans un royaume
» où tout est fort cher, où l'on a coutume
» de dépenser plus que l'on a, où l'on *ne fait*
» *rien pour rien*, et où chacun *préfère le*
» *particulier au public*; en un mot où
» personne ne ferait un pas pour le public,
« s'il n'était assuré d'y trouver son intérêt
» particulier. Il y a des personnes ici qui
» ont soixante à soixante-dix mille rixdalers
» de revenu, qui ne leur suffisent pas; il y
» en a d'autres qui, sans avoir des revenus
» considérables, dépensent tous les ans, en
» vin seulement quatre à cinq mille rixdalers. Enfin il n'y en a pas un qui n'ait besoin, ou *des revenans-bons* de la guerre,
» ou des libéralités de leurs alliés. C'est par ce
» moyen que la France a toujours ici un parti
» formé; c'est par ce moyen que le roi d'Angleterre l'a emporté dans la dernière
» guerre; et c'est ce moyen qu'il faudra
» mettre en œuvre, si l'on veut engager
» cette couronne à quitter tout-à-fait le parti
» de la France. Je trouve même que c'est le
» plus court, le moins dispendieux et le
» moins préjudiciable, puisqu'avec vingt
» mille rixdalers de présents on fera plus
» qu'avec deux cent mille de subsides. Je
» ne mets point de distinction, à cet égard,
» entre la reine et les particuliers, d'autant
» plus qu'elle n'a rien à dire par rapport aux
» finances, et qu'elle est souvent sans argent. » Les hommes d'État, en Suède, pouvaient donc être achetés; néanmoins ils ne pouvaient consentir à se vendre complètement. Ainsi le royaume se trouva au nombre des puissances européennes qui contraignirent Louis XIV à signer la paix d'Aix-la-Chapelle.

Un des plus grands fléaux qui découlent de la vénalité, c'est qu'elle pénètre dans tous les rangs. Les uns reçoivent d'immenses sommes d'argent, les autres de magnifiques cadeaux; quelques-uns acceptent des revenants-bons qu'avec les années ils considèrent comme un supplément de leur emploi; enfin il en est qui se *contentent de la pièce*. Mais le résultat définitif, c'est que nul ne remplit son devoir; l'État tombe donc dans une sorte de ruine anticipée : il est incapable avec le temps, soit d'attaquer avec à propos, soit même de se défendre avec énergie et espoir de succès; car il arrive un moment où tout lui manque jusqu'aux armes. La décadence de la Suède frappait tous les regards, même ceux du jeune monarque. Si l'instruction lui avait été refusée, il avait en retour du bon sens et de la fermeté de caractère, qualités royales qui l'emportent de beaucoup sur la science; car celle-ci peut s'acquérir à tout âge, tandis que les autres, on les apporte en naissant. Charles XI, qui comptait sur lui-même, laissa passer les fautes de l'aristocratie comme s'il ne les comprenait pas, bien convaincu que plus tard il prendrait sa revanche. Parvenu à l'âge de dix-sept ans, c'est-à-dire dans le mois de décembre 1672, il gouverna par lui-même; mais au préalable on lui fit prêter serment de ne jamais tolérer aucun autre culte que celui établi par la confession d'Augsbourg; d'aimer et de respecter sa mère. Ce même serment était terminé de la manière suivante : « Nous maintiendrons et observerons également tout ce que les lois de Suède exigent de nous, relativement aux états.
» Nous nous conduirons de la même manière
» à l'égard de tous nos sujets, dans tout ce

» qui concernera leurs droits...; et, dans le
» cas où il serait nécessaire de faire quelque
» changement relatif à la défense, à la sû-
» reté, à la prospérité et aux besoins du
» royaume, nous ne ferons ni ne souffrirons
» qu'il se fasse rien sans l'avis du sénat ou
» sans la participation et le concours des
» états. » Charles XI connaissait parfaitement les dilapidations de ses tuteurs; on le
pressait de leur faire rendre gorge, mais il
ne voulut pas courir le risque de voir troubler
le commencement de son règne, et reçut les
comptes qui lui furent présentés. Cette première mesure fut suivie par une autre pleine
de sagesse; il choisit exclusivement, pour
membres de son conseil privé, des personnages n'appartenant pas à la haute noblesse,
et dont la fidélité lui était assurée.

Louis XIV inquiétait alors l'Europe par
ses projets ambitieux; le cabinet français
cherchait de tous côtés des alliés : il contracta donc un traité avec la Suède, à laquelle il assura un subside de 400,000
rixdalers, lequel serait porté au double
si la guerre venait à éclater. La Suède,
de son côté, s'engagea à faire une invasion
dans les États de l'électeur de Brandebourg,
dans le cas où ce prince prendrait les armes
en faveur de la Hollande. Tout le monde sait
avec quelle rapidité la France triompha de
cette république; mais l'Europe ne pouvait
souffrir qu'on la détruisît; la Suède se présente comme médiatrice entre les États bel-
ligérants, et des conférences s'ouvrirent à
Cologne. Malheureusement Tott, Sparre et
Ehrenstein, représentants de Charles XI,
s'étaient trop notoirement vendus au cabinet
de Versailles; la médiation de la Suède ne
produisit aucun résultat. L'électeur de Brandebourg signa le 1er juillet 1694 un nouveau traité avec l'empereur, l'Espagne et la
Hollande; le marquis de Feuquières somma
la Suède, suivant le traité de 1672, d'entrer dans les États de l'électeur de Brandebourg. La politique commandait d'éviter une
faute aussi capitale; mais Charles XI, entraîné
par un faux sentiment d'honneur, voulait
faire ses premières armes, et les troupes suédoises pénétrèrent [décembre 1674] dans la
marche de Brandebourg, qui fut mise à feu

et à sang. L'électeur obtint l'appui de l'Angleterre, de la Hollande et de l'Espagne
[1675]. Le défaut d'espace m'interdisant
toute espèce de détails, je dirai que l'électeur
de Brandebourg battit les Suédois à Fehrbel
lin; le Danemark profita de ce désastre pour
faire une déclaration de guerre. La faction
française, qui avait pour chef La Gardie, insistait pour que l'on résistât à tant d'ennemis; mais les états-généraux se refusèrent à
donner de l'argent : « Les sénateurs, affir-
» maient-ils, ont sans doute préparé dans
» leur sagesse les moyens de terminer heu-
» reusement cette entreprise avant que de
» la commencer. D'ailleurs, pendant qua-
» torze ans de paix, on doit avoir amassé des
» sommes d'argent considérables, et les sé-
» nateurs connaissent sans doute d'autres
» moyens que les impôts extraordinaires pour
» se procurer de l'argent. Mais s'ils persis-
» tent à demander des subsides, ils doivent
» avant tout exposer clairement aux états
» par quels motifs on a commencé la guerre. »

Les sénateurs savaient que le trésor était
vide; ils ne purent donc faire aucune réponse satisfaisante : alors les états-généraux
obtinrent qu'une commission d'enquête serait
nommée à l'effet de poursuivre les coupables,
à la condition cependant que la reine ne
pourrait pas être compromise. Après avoir
enlevé ce point si important, les états-généraux accordèrent des secours en argent.
La diète germanique avait mis précédemment
le roi de Suède au ban de l'Empire; des alliances furent contractées entre le Danemark,
le duc de Lunebourg, l'évêque de Munster
et Frédéric-Guillaume, à l'effet de se partager les dépouilles de Charles XI. La guerre
se prolongea mêlée de victoires et de revers;
d'un autre côté, des négociations étaient ouvertes à Nimègue, et Louis XIV avait déclaré aux puissances qu'il conserverait toutes
ses conquêtes si on ne rendait pas à la Suède
les villes qui lui avaient été récemment enlevées par l'électeur du Brandebourg et par le
roi de Danemark. En définitive, Charles XI
obtint la paix de ses ennemis sans éprouver
aucune perte territoriale importante, seulement la gloire des armes suédoises se vit ravir
momentanément son éclat. Le jeune roi s'é-

tait montré dans le cours de la guerre plein de résolution, de courage et de présence d'esprit : « A la bataille de Lund, il com-
» battit à la tête de son armée, et, au plus
» fort de la mêlée, il se trouva tout-à-coup
» au milieu de ses ennemis ; mais il feignit
» qu'il était un officier de l'armée danoise et
» excita un corps ennemi à fondre sur les
» troupes suédoises, qu'il regagna de cette
» manière » (1). Ce prince, au reste, fut profondément ému du spectale des ruines et des misères au milieu desquelles il avait vécu ; il jura, en conséquence, de ne plus entreprendre de guerre que pour la défense légitime du royaume. Tombé gravement malade en 1679, on l'entendit dire : « Je sais que Dieu de-
» mandera beaucoup de moi, car il m'a
» beaucoup confié ; mais le Dieu qui m'a
» imposé une responsabilité si pesante, a vu
» ma bonne volonté, et lui seul peut me
» donner la force nécessaire. Ce que j'ai
» juré à mes sujets, ce n'est pas la sagesse
» et l'habileté, mais la fidélité et la justice ;
» et je crois autant que personne avoir fait
» preuve de ces deux qualités. »

La tâche de Charles XI était loin d'être accomplie ; c'était sans doute beaucoup d'avoir obtenu la paix, mais il fallait savoir la fertiliser. Le jeune roi développa, dans cette tâche si difficile, une réunion de talents et de vertus qui lui ont assuré une des premières places dans les annales du royaume. On sait avec quelle barbarie la guerre se faisait même au dix-septième siècle ; rien n'était épargné ; le feu dévorait les villes, l'épée fauchait les populations, et les malheureux habitants de la campagne s'estimaient contents de conserver la vie en perdant tout ce qu'ils possédaient. La destruction s'étendait souvent sur des espaces immenses, où la terre seule restait, car elle est indestructible. Des provinces de la Suède, entre autres la Scanie, ne présentaient plus qu'un terrain nu traversé dans tous les sens par des bandes de paysans ; on n'avait plus ni flottes ni armées : tout était à recréer de nouveau. L'opinion publique attribuait tous ces maux aux factions qui avaient divisé les sénateurs ; elle appelait la vengeance sur leur tête : l'ordre des bourgeois et celui des paysans étaient remplis d'une haine antique contre la noblesse, à laquelle ils reprochaient l'abus le plus tyrannique de ses priviléges. Cette haine, suivant M. Lagerbring (1),
« éclata d'abord par des représentations
» faites pour procurer la restitution des fonds
» de terre de la couronne aliénés par diffé-
» rentes concessions. En vertu des deuxième
» et quatrième chapitres du Code législatif,
» qui déterminent les droits du souverain, il
» était, sans contredit, autorisé à recouvrer
» ces possessions. D'ailleurs, dès l'année
» 1636, Oxenstierna et Banner avaient an-
» noncé, comme inévitable, cette restitu-
» tion... » Je ferai remarquer, à mon tour, qu'au milieu de la détresse du royaume, les nobles ne payaient pas les impôts comme les autres ordres de l'État ; eux qui possédaient une partie des terres de la couronne et les emplois les plus lucratifs de la Suède ! Charles XI, de son côté, ne pouvait rendre à la Suède son ancienne splendeur que dans le cas où il ne rencontrerait aucune opposition ; il fallait donc lui accorder temporairement un pouvoir immense. Mais nous allons voir que la haine vouée par les autres ordres à la noblesse, rompant toute mesure, les précipita beaucoup plus loin.

Par suite des résolutions prises dans les diètes de 1680 et de 1682, le sénat fut converti en un simple conseil du roi ; les nobles durent payer les impôts comme les autres classes de la société ; les domaines qui avaient été séparés de la couronne lui firent retour ; enfin une dernière mesure satisfit complètement la colère nationale, et étouffa la liberté publique pour mieux détruire des priviléges odieux : telle fut la résolution qui changea la constitution suédoise. « Les États ont décidé
» que toutes les formes de gouvernement,
» avec leurs additions nécessaires, ne seraient
» plus considérées comme liant le roi ; mais
» qu'il serait le maître de les changer selon
» son *bon plaisir*. Ils ont reconnu qu'il est
» nécessaire, pour le bien du royaume, qu'il
» ne soit obligé de suivre aucune forme de
» gouvernement, pourvu qu'il s'astreigne à

---

(1) Lebas, *Histoire de Suède*.

(1) *Abrégé de l'Histoire de Suède*.

» gouverner selon *les lois et statuts du* » *royaume ;* que, s'il arrive qu'il gouverne » avec le consentement du sénat, il ne sera » censé le faire que comme volontairement, » et en vertu de son bon et juste discerne- » ment. De sorte que Sa Majesté, en qualité » de roi, revêtu du suprême pouvoir de gou- » verner son royaume conformément *aux* » *lois et aux statuts,* comme un *héritage* » qu'il tient de *Dieu,* n'est responsable de » son autorité qu'à Dieu seul. » Cette pièce importante mérite d'arrêter un instant notre attention ; on voit une diète qui, par sa nature, est destinée à contenir dans leurs limites les prérogatives du trône, les agrandir cette fois. Néanmoins, il ne faut pas considérer une pareille conduite comme un abandon complet des droits nationaux. Ces droits reposent principalement sur les mœurs générales d'un peuple ; aussi il faut reconnaître que la diète impose au monarque la condition de gouverner son royaume conformément *aux lois et aux statuts* : on ne lui confie donc pas un pouvoir arbitraire ; seulement, les ordres inférieurs qui pensaient avoir à se plaindre des excès de la noblesse à leur égard, veulent qu'un *bras* vigoureux intervienne pour arrêter des hommes qu'ils tiennent pour ennemis. A tort s'écrierait-on avec l'Anglais Shéridan : « Que ne mérite pas de souffrir de la » tyrannie une nation capable de forger ainsi » ses propres chaînes, et d'établir le despo- » tisme par les lois!! »

Les Suédois avaient le sentiment de leurs forces, et si le joug venait à trop peser sur eux, ils étaient bien capables de le briser : ce qu'ils voulaient, je le répète, c'était de se venger des nobles et d'être pour l'avenir à l'abri de leurs coups. Sans doute, les choses furent poussées très-loin, mais les assemblées ont trop de force pour avoir toujours de la mesure ; elles dépassent ordinairement le but. Cependant la diète n'eut pas à se repentir, et, dès 1693, grâce à l'économie, à la fermeté de Charles XI, le niveau était rétabli dans les finances, les anciennes dettes étaient soldées ; les emplois civils et militaires se virent payés de l'arriéré qui leur était dû, et une nouvelle flotte fut créée. Aussi voit-on les états prendre dans cette même année

1693 la décision suivante : « Dieu, la na- » ture, le droit héréditaire et la déclaration » des états ont établi Sa Majesté Royale, » ainsi que sa postérité en ligne directe mâle » et femelle pour être seul maître absolu et » dépositaire de tout, sans être responsable » de ses actions à qui que ce soit sur la terre, » et pour jouir du droit de gouverner son » royaume selon son bon plaisir, et comme il » convient à un roi chrétien. » Cette fois, on ne peut le nier, le pouvoir le plus absolu fut remis entre les mains de Charles XI. Mais, il faut savoir faire abstraction des mots pour pénétrer au fond des choses : sans la connaissance parfaite des mœurs des peuples et des rois on ne possède l'histoire que d'une manière superficielle, et l'on prend l'apparence pour la réalité. Le peuple suédois ne fut à aucune époque traité avec plus de ménagement, et Charles XI n'usa de la toute-puissance qui lui avait été confiée que pour veiller sur ses sujets de toutes les classes. Il entreprenait des voyages continuels qu'il faisait, pour ainsi dire, sans suite ; et comme il arrivait toujours au moment où il n'était pas attendu, il découvrait la vérité qu'on a tant d'intérêt à cacher aux princes. De cette manière il put se constituer le défenseur des paysans, qu'il sauva des exactions des officiers royaux : l'aisance et toutes ses douceurs pénétrèrent jusque dans la chaumière du pauvre. Si des impôts furent encore demandés au peuple, il sut l'usage que le monarque en faisait ; car Charles XI livrait tous les ans à la publicité un compte-rendu dans lequel on suivait, grâce à une multitude de détails, l'emploi qui avait été fait des recettes et des dépenses.

Un historien suédois affirme : « Quelque » absolu que fût l'énoncé de la déclaration de » 1693, le roi n'acquit point un pouvoir plus » étendu que celui dont avaient joui ses pré- » décesseurs, depuis Gustave I, desquels on » n'avait jamais non plus exigé qu'ils dussent » être responsables de leur conduite. C'est ce » qui résulte des diètes du temps, où l'on n'a- » vait point égard à la pluralité des voix, mais » à la décision seule du souverain ; tandis » que le sénat se bornait à donner de simples » avis, sans se mêler du gouvernement. » Aussi, paraît-il que Charles XI, en ac-

» ceptant la déclaration, n'y avait point at-
» taché d'autre sens, puisque, dans les as-
» semblées suivantes, tenues tous les trois
» ans, ce prince communiqua aux états les
» affaires les plus importantes, et que de
» nouvelles contributions n'y furent établies
» que conformément aux usages précédents.
» La forme de la constitution ne laissa pas
» cependant que d'éprouver plusieurs chan-
» gements. Les membres du sénat ne por-
» tèrent plus que celui de conseillers royaux,
» titre par lequel ils étaient anciennement
» désignés. » En retour, Charles XI publia
une multitude de mesures administratives,
dont la plupart existent encore aujourd'hui,
mais enrichies des améliorations que le
temps a fait découvrir. « Il fut résolu, dit
» toujours le même historien, que l'on en-
» tretiendrait une armée permanente de ca-
» valiers et de fantassins, que les frais de l'ar-
» mement d'un cavalier seraient à la charge
» d'une terre médiate, taxée à 120 dalers;
» enfin que les terres domaniales du roi, ainsi
» que les médiates, serviraient de demeure
» aux officiers : les enrôlements, précédem-
» ment en usage, cessèrent dès qu'il fut ré-
» glé que deux terres, dont l'une était af-
» franchie de tributs, l'autre médiate, en-
» tretiendraient un fantassin. Outre cela, on
» établit plusieurs régiments qui devaient
» être levés et entretenus aux frais de la cou-
» ronne. Bientôt les forces, tant par terre
» que sur mer, se trouvèrent dans un état
» très-respectable. »

Charles XI s'occupa encore avec soin de
l'exploitation des mines, et des vaisseaux
suédois furent expédiés pour la pêche de la
baleine; on appela des fabricants étrangers à Barnanger, et on habilla les troupes
avec du drap sortant des fabriques de Suède,
où l'on vit bientôt s'établir des métiers à
soie. Sous le règne de ce prince si habile
l'alliance entre la Suède et la France parut
se dénouer, surtout lorsque le cabinet de
Versailles prétendit exercer un droit de suzeraineté sur le duché de Deux-Ponts, dont
le monarque avait été mis en possession par
un héritage; cependant le roi garda la neutralité pendant le cours de la guerre de 1692.
Charles XI avait épousé Ulrique-Éléonore de
Danemark; cette alliance et la modération
du prince contribuèrent à entretenir la bonne
harmonie entre les deux royaumes. La Suède,
à la suite d'un traité avec la Hollande, fit
passer dans ce pays un secours de dix mille
hommes qui ne rentrèrent dans leurs foyers
qu'en 1698. J'ajouterai qu'aucun nuage ne
s'éleva entre la Russie, la Pologne, l'Allemagne et l'État gouverné par Charles XI.
Enfin, sous ce prince, dont la mémoire
vivra éternellement en Suède, dix comtés,
soixante-dix baronnies, une multitude de
terres furent réunies à la couronne, d'où elles
avaient été détachées pour être données à des
nobles. L'économie et l'ordre établis par
Charles XI lui permirent de distribuer pendant une disette 110,000 tonneaux de blé
aux pauvres. Pour le malheur de ses sujets,
ce monarque si aimé rendit le dernier soupir
le 5 avril 1697, laissant plusieurs millions
de rixdalers. Nous venons de voir la Suède
touchant à l'apogée d'une admirable prospérité intérieure : sous le règne qui suit un
autre spectacle va s'offrir. C'est un prince
amant de la gloire qui, après s'être annoncé
en conquérant invincible dans le nord de
l'Europe, se laissera ravir tant de prestiges
dans une seule bataille, et, après avoir disposé
de trônes et de couronnes, réduira la Suède à
un état d'épuisement si complet, si absolu,
qu'elle descendra au dernier rang des puissances inférieures.

CHARLES XII.

La jeunesse de ce prince, dont le nom devait remplir le monde, annonça ce qu'il serait
un jour. Son père avait eu trop à souffrir de
l'ignorance dans laquelle il avait été élevé
pour ne pas vouloir que l'héritier de son sceptre reçût une instruction forte et variée; mais
en même temps le jeune prince ne négligea
pas de se livrer à tous les exercices du corps.
« Le premier livre qu'on lui fit lire fut l'ou-
» vrage de Samuel Puffendorf, afin qu'il pût
» connaître de bonne heure ses États et ceux
» de ses voisins. Il apprit d'abord l'allemand,
» qu'il parla toujours depuis aussi bien que
» sa langue maternelle. A l'âge de sept ans
» il savait manier un cheval. Les exercices

» violents où il se plaisait, et qui découvraient ses inclinations martiales, lui formèrent de bonne heure une constitution vigoureuse, capable de soutenir les fatigues où le portait son tempérament. Quoique doux dans son enfance, il avait une opiniâtreté insurmontable : le seul moyen de le plier était de le piquer d'honneur : avec le mot de gloire, on obtenait tout de lui.
» Il avait de l'aversion pour le latin ; mais dès qu'on lui eut dit que le roi de Pologne et le roi de Danemark l'entendaient, il l'apprit bien vite, et en retint assez pour le parler le reste de sa vie. On s'y prit de la même manière pour l'engager à entendre le français ; mais il s'obstina, tant qu'il vécut, à ne jamais s'en servir, même avec des ambassadeurs français qui ne savaient point d'autre langue. »

» Dès qu'il eut quelque connaissance de la langue latine, on lui fit traduire Quinte-Curce : il prit pour ce livre un goût que le sujet lui inspirait, beaucoup plus encore que le style. Celui qui lui expliquait cet auteur lui ayant demandé ce qu'il pensait d'Alexandre : ». — « Je pense, » dit le prince, « que je voudrais lui ressembler. » — « Mais, » lui dit-on, « il n'a vécu que trente-deux ans. » — « Ah, » reprit-il, « n'est-ce pas assez quand on a conquis des royaumes ? On ne manqua pas de rapporter ces réponses au roi son père, qui s'écria : » *Voilà un enfant qui vaudra mieux que moi ; il ira plus loin que le grand Gustave.* » Mais les qualités héroïques dont ce jeune prince portait le germe étaient corrompues à leur source par un amour romanesque de gloire et de renommée, qui, plus tard, causa sa perte et amena la décadence de la Suède. Cet amour du bruit, qui est si loin de la véritable grandeur, on le développa chez le jeune Charles au lieu de le réprimer.

Un monarque, en Europe, ne peut longtemps agir d'une manière spontanée ; il faut qu'il règle ses actions sur les circonstances au milieu desquelles il est placé ; il ne vit pas isolé, car il est membre d'une confédération de souverains, qui marchent tous vers un but commun, l'équilibre général. Il résulte de cette condition imposée aux princes que chacune de leurs mesures doit être inspirée par la raison d'État ; ils ne peuvent être à leur guise ni guerriers indomptables, ni se précipiter sur les États voisins. Quand même ils sont attaqués les premiers, ils sont tenus dans l'exercice de leur propre défense de s'arrêter devant certaines limites ; s'ils les franchissent, ils soulèvent contre eux une multitude d'ennemis, sous le poids desquels ils tombent tôt ou tard accablés. Charles XII, roi d'un petit État, ne se trouvait donc pas en harmonie avec le cadre où il était resserré ; il aurait dû recevoir le jour en Orient, où il aurait été le modèle des potentats asiatiques. En effet, il avait un courage héroïque, une obstination que rien ne pouvait désarmer ; d'une autre part, la carrière ne lui aurait pas manqué pour l'étendue des conquêtes, et il aurait pu acquérir de la gloire à satiété ; car dans ces contrées barbares on ne connaît pas entre États la loi de l'équilibre ; enfin on peut à son gré réunir sous ses drapeaux des masses innombrables quand on leur donne seulement l'espoir du pillage. Charles XII, étouffé dans les liens de la politique européenne, n'a pu s'y développer à l'aise ; il a, dans un sens, passé à côté de sa destinée ici bas. Mais, par un retour de fortune inespéré, sa vie, tout aventureuse, a enflammé l'imagination d'un des plus grands écrivains du siècle dernier. Divers points de ressemblance existaient entre Charles XII et Voltaire ; tous deux aimaient l'éclat, la renommée, la gloire ; et le plus brillant des historiens devait, à juste titre, écrire la vie du prince le plus étonnant du dix-huitième siècle : en un mot, la biographie du monarque suédois est restée un des chefs-d'œuvre les plus merveilleux du philosophe de Ferney, et dans sa prose, modèle inimitable de grâce et de clarté, il a immortalisé Charles XII, comme dans ses vers il avait popularisé le nom de Henri IV. Ainsi il est bien convenu que toutes les conquêtes du fils de Charles XI, qui manquaient de base dans notre système moderne, auraient eu à peine place dans les annales de l'Europe sans le génie de Voltaire. La conclusion à en tirer, c'est que, comme prince, Charles XII est un modèle à fuir; il parle seulement à l'imagination, tandis que, pour être un véritable roi, il faut éclairer la raison des autres.

Je rentre maintenant dans le récit des faits. Charles XII, qui était né le 27 juin 1682, sous le signe du lion, avait quinze ans lorsqu'il perdit son père. « Un jour, il venait de faire » une revue de plusieurs régiments, le con- » seiller-d'État Piper était auprès de lui; » le roi paraissait abîmé dans une profonde » rêverie. » — « Puis-je prendre la liberté, » lui dit Piper, « de demander à votre ma- » jesté à quoi elle songe si sérieusement. » — « Je songe, » répondit le prince, « que » je me sens digne de commander à ces bra- » ves gens; et je voudrais que ni eux ni moi » ne reçussions l'ordre d'une femme...(1). » » Les conseillers de la régence allèrent, en » corps, en faire la proposition à la ré- » gente..... Les états-généraux étaient as- » semblés...Il n'y eut pas une voix contre..; de » sorte que Charles XII souhaita de régner, » et, en trois jours, les états lui déférèrent le » gouvernement (2). » Trois princes se li- guèrent aussitôt contre le roi, pour ainsi dire enfant, si l'on s'en rapporte seulement aux années. Ces princes étaient Frédéric IV, roi de Danemark; Auguste, électeur de Saxe, roi de Pologne, et Pierre-le-Grand, empereur de Russie. Le premier de ces mo- narques ne cessait de désoler par ses persécu- tions le duc de Holstein, beau-frère de Char- les; le second, Frédéric-Auguste, aspirait à reprendre aux Suédois la Livonie, province qu'ils avaient ravie aux Polonais, et qui leur avait été concédée par la paix d'Oliva; le czar, de son côté, voulait restituer aux Russes leurs anciens rapports commerciaux avec la Baltique, par les embouchures de la Néva, qui étaient tombées au pouvoir de la Suède. Les confédérés signèrent un traité, qui eut pour bases les conditions suivantes : Pierre devait posséder une province sur la Baltique; les deux autres monarques auraient aussi une portion assurée dans le partage des dépouilles.

Charles XII, dont les ambassadeurs avaient été amusés, par d'insidieuses négociations ap- prit, au moment où il s'y attendait le moins, l'invasion des Saxons en Livonie, et celle des Danois dans le Holstein : il s'écria, en plein conseil : « Je m'étais proposé de ne jamais » prendre les armes le premier; mais puis- » que mes ennemis commencent la guerre, » elle ne finira pas sans qu'ils aient à s'en re- » pentir. » A la nouvelle des premières hos- tilités, il dit : « Dieu nous sera en aide; » parlons d'abord à l'un, puis nous aurons » affaire à l'autre. » Ce n'était pas là un de ces premiers mouvements pleins de géné- rosité, mais que le plaisir ou le caprice font passer vite dans la jeunesse. Du moment où Charles XII se prépara à la guerre, « il com- » mença une vie nouvelle, dont il ne s'est » jamais depuis écarté. Plein de l'idée d'A- » lexandre et de César, il se proposa d'imiter » tout de ces deux conquérants, hors leurs » vices. Il ne connut plus ni magnificence, » ni jeux, ni délassements; il réduisit sa » table à la frugalité la plus grande. Il avait » aimé le faste dans les habits, il ne fut » vêtu depuis que comme un simple soldat. » On l'avait soupçonné d'avoir eu une pas- » sion pour une femme de sa cour; soit que » cette intrigue fût vraie ou non, il est cer- » tain qu'il renonça alors aux femmes pour » jamais, non-seulement de peur d'en être » gouverné, mais pour donner l'exemple à » ses soldats, qu'il voulait contenir dans la » discipline la plus rigoureuse; peut-être » encore par la vanité d'être le seul de tous » les rois qui domptât un penchant si diffi- » cile à surmonter (1). »

Après avoir fait passer un renfort assez consi- dérable au duc de Holstein, son beau-frère, il quitta Stockholm le 8 mai 1700, pour ne plus jamais y revenir. « Une foule innom- » brable de peuple l'accompagna jusqu'au » port de Carlscroo, en faisant des vœux » pour lui, en versant des larmes, et en l'ad- » mirant.... Sa flotte était composée de » quarante-trois vaisseaux : celui qu'il monta, » nommé le *Roi-Charles*, le plus grand qu'on » ait jamais vu, était de cent-vingt pièces de » canons; le comte de Piper, son premier

---

(1) La grand'-mère de Charles XII, qui exerçait les fonctions de régente du royaume.
(2) Voltaire.

(1) Voltaire.

» ministre, et le général Renschild s'y em-
» barquèrent avec lui. Il joignit les escadres
» des alliés. La flotte danoise évita le com-
» bat.... Ce fut le roi lui même...... qui pro-
» posa de faire une descente, et d'assiéger
» Copenhague par terre, tandis qu'elle se-
» rait bloquée par mer (1). Charles XII
» brûlait d'impatience de ne pas aborder des
» premiers ; il se précipita de sa chaloupe
» dans les flots, l'épée à la main, ayant de
» l'eau par-delà la ceinture. Ses ministres,
» l'ambassadeur de France, les officiers, les
» soldats suivent aussitôt son exemple, et
» marchent au rivage, malgré une grêle
» de mousquetades. Le roi, qui n'avait ja-
» mais entendu de sa vie de mousqueterie
» chargée à balles, demanda au major-géné-
» ral Stuart, qui se trouva auprès de lui, ce
» que c'était que ce petit sifflement qu'il
» entendait à ses oreilles. » — « C'est le
» bruit que font les balles de fusil qu'on vous
» tire, » lui dit le major. — « Bon, » dit
» le roi, « ce sera là dorénavant ma musi-
» que. » — « Dans le même moment le ma-
» jor, qui expliquait le bruit des mousque-
» tades, en reçut une dans l'épaule, et un
» lieutenant tomba mort à l'autre côté du
» roi. »

Copenhague envoya une députation à Charles XII, pour le supplier de ne point brûler la ville ; il se contenta de faire payer à la capitale du Danemark quatre cent mille rixdalers, et accorda la paix à Frédéric IV, à la condition qu'il indemniserait le duc de Holstein des frais de la guerre, et s'engagerait à ne plus l'opprimer à l'avenir. « Ain
» si, » dit Voltaire, « Charles XII, à dix-
» huit ans, commença et finit cette guerre
» en moins de six semaines. »

Le roi de Pologne, électeur de Saxe, Auguste, ne put s'emparer de Riga, dont il avait levé le siège ; il se préparait même à invoquer la médiation de la France et de l'Angleterre pour désarmer le jeune vainqueur, lorsque Pierre-le-Grand déclara, de son côté, la guerre à la Suède, et, à la tête de quatre-vingt mille hommes, mit à feu et à sang l'Ingrie. Charles XII, à la tête d'une armée de cinq mille hommes d'infanterie, de trois mille chevaux, et de trente-sept bouches à feu, enlève les défilés de Pyhajoko, et triomphe des Russes à Narva ; au printemps il pénètre dans la Livonie, et bat les Saxons Auguste signe un nouveau traité d'alliance avec le czar. Le roi de Suède envahit la Pologne, se déclare le protecteur du parti représenté par les princes Sapiéha, et se mêle à une foule d'intrigues politiques. En 1702 il est maître de Varsovie. Mais il est loin d'avoir touché le but auquel il aspire, la ruine complète d'Auguste. Enfin il fait élire [1704 Stanislas Leszcynski, roi de Pologne ; celui-ci fut couronné le 21 septembre 1705.

» Charles, » suivant M. Lebas (1), « ne de
» manda pas un pouce de terrain : il promit
» même de contraindre Pierre-le-Grand à
» rendre ce qu'il avait enlevé à la Pologne ;
» tout ce qu'il exigea ce fut qu'on rétablît
» la maison de Sapiéha, et qu'on tolérât la
» religion protestante. » Pierre-le-Grand avait sollicité la paix de son jeune rival, à la suite de la bataille de Narva ; mais elle avait été refusée. Le czar, sans se laisser abattre, avait exercé ses troupes dans plusieurs combats livrés à des généraux suédois, sur lesquelles elles avaient remporté quelques avantages.

Charles résolut d'aller combattre en personne l'empereur de Russie. Le 16 janvier 1706, il traverse le Bug et marche sur Grodno ; mais, ne pouvant joindre l'ennemi, il revient sur ses pas pour détruire jusque dans sa racine l'influence conservée jusque là par Auguste, et il décide qu'il ira l'attaquer dans son électorat : il passe le 2 septembre l'Oder ; le 16 il a traversé l'Èlbe. L'armée saxonne ne l'attend pas ; Auguste n'ose pas même opposer de résistance au roi de Suède, et le 25 septembre il signe le traité d'Altrenstadt, par lequel il reconnaît Stanislas Leszcynski comme roi de Pologne. Il se soumet en outre à remettre entre les mains des Suédois le Livonien Patkul (2), ambassadeur du czar. Mais pendant que

(1) Voltaire.

(1) *Histoire de Suède.*
(2) Nous rappelons au lecteur que, contre le droit des gens, Patkul, livré au roi de Suède, fut condamné au supplice de la roue.

Charles XII triomphait ainsi en Saxe, le parti d'Auguste se relevait dans la Pologne, aidé du secours d'une armée russe, et le général suédois Mardefeld fut vaincu. Alors le roi, convaincu de la connivence de l'électeur, lui imposa des sacrifices qui s'élevèrent à cent millions. Charles occupait l'attention générale, lorsque le duc de Marlborough le visita en Saxe, le suppliant de prendre part aux affaires de l'Europe occidentale. Le cabinet de Versailles, de son côté, s'efforçait de faire tourner à son profit le courage des troupes suédoises, qui combattaient dans l'Allemagne (1), et espérait faire conclure la paix entre Charles et Pierre-l-Grand. Tous les efforts de la France furent vains.

Le jeune roi quitta la Saxe dans le mois d'août 1707, conduisant sous ses drapeaux environ quarante-quatre mille hommes. Les Russes évacuèrent aussitôt la Pologne : le premier dessein de Charles était de traverser la Finlande, et de se diriger ensuite sur Moscou ; mais on traversa la Vistule [1708]. Grodno ouvrit ses portes le 8 février : les Russes battirent en retraite sur la Bérésina, que le roi passa le 17 mai. Ces marches, dans lesquelles les Suédois perdirent une partie de leur artillerie, épuisaient les soldats de fatigues. Enfin Charles put rencontrer les Moscovites ; ils étaient établis dans un camp retranché sur le Valis ; il les mit en fuite, et s'empara de Mohilev. Le roi aventurier, arrivé près de Smolensk, se dirigea sur le sud, se laissant éblouir par les promesses qui lui furent faites par Mazeppa, le chef des cosaques. Charles s'empara de Gadiatch, sur la Soula. Il pouvait y prendre de bons quartiers d'hiver ; il préféra s'élancer en avant. Cent trois ans après, le même spectacle nous a été donné par Napoléon. Arrivé à Boudichtchae, Charles se mit de nouveau en route; parvenu à Kolomak, il demanda à un officier : « N'est-ce pas le chemin de l'Asie ? » Celui-ci répondit que l'Asie était bien loin, et dans une direction tout opposée. — » Mais Mazeppa, » reprit le roi, « m'a as» suré que l'Asie n'était pas à une grande » distance, et il faut que nous puissions dire » que nous avons été en Asie. » Ici Charles découvre le véritable mobile de toutes ses actions ; c'est le besoin de faire des choses extraordinaires, de forcer les hommes à l'admirer et à répéter son nom, qui le précipitait dans les entreprises les plus téméraires, comme les plus romanesques. Il devait donc tôt ou tard succomber : c'était affaire de temps. Le roi de Suède gagna ensuite les rives de la Vorskla, où chaque jour des engagements eurent lieu entre les Russes et les Suédois.

Le 12 mai 1709 on entreprit le siège de Pultava : Charles, dans une reconnaissance, reçut au pied une blessure assez dangereuse. « Ce n'est qu'au pied, » dit-il à Levenhaupt, qui était auprès de lui, « la » balle est dans les chairs, et nous la ferons » extraire sans peine. » Maintenant je laisse parler Voltaire. « Ce fut le 8 juillet 1709 » que se donna cette bataille décisive de Pul» tava, entre les deux plus singuliers mo» narques qui fussent alors au monde : Char» les XII, illustre par neuf années de victoi» res ; Pierre Alexiovitz, par neuf années de » peines, prises pour former des troupes » égales aux troupes suédoises : l'un glo» rieux d'avoir donné des États, l'autre d'a» voir civilisé les siens ; Charles aimant les » dangers et ne combattant que pour la » gloire, Alexiovitz ne fuyant point le péril, » et ne faisant la guerre que pour ses inté» rêts ; le monarque suédois libéral par gran» deur d'âme, le Moscovite ne donnant ja» mais que par quelque vue ; celui-là d'une » sobriété et d'une continence sans exem» ple, d'un naturel magnanime, et qui n'a» vait été barbare qu'une fois (1) ; celui-ci » n'ayant pas dépouillé la rudesse de son

---

(1) Après la déposition du roi Auguste, Louis XIV fit les plus grands efforts pour retenir Charles XII en Allemagne, et l'investir du rôle brillant d'un second Gustave-Adolphe. Nos ambassadeurs lui adressèrent en conséquence, ainsi qu'au sénat de Stockholm, les propositions les plus honorables. Mais l'empereur et le duc de Marlborough corrompirent le comte de Piper par de grosses sommes d'argent. Le général anglais eut une entrevue secrète avec ce ministre avare, qui entraîna furtivement son maître au parti le moins sensé.

Lemontey, *Histoire de la Régence*, t. II, p. 333.

(1) Le supplice si injuste et si affreux de Patkul.

» éducation et de son pays, aussi terrible
» à ses sujets qu'admirable aux étrangers, et
» trop adonné à des excès, qui ont même
» abrégé ses jours; Charles avait le titre
» d'invincible, qu'un moment pouvait lui
» ôter; les nations avaient déjà donné à
» Pierre Alexiovitz le nom de Grand, qu'une
» défaite ne pouvait lui faire perdre, parce
» qu'il ne le devait pas à des victoires. Pour
» avoir une idée nette de cette bataille, et
» du lieu où elle fut donnée, il faut se figu-
» rer Pultava au nord, le camp du roi de
» Suède au sud, tirant un peu vers l'orient;
» ses bagages derrière lui, à environ un mille,
» et la rivière de Pultava, au nord de la
» ville, coulant de l'orient à l'occident. Le
» czar avait passé la rivière à une lieue de Pul-
» tava, du côté de l'occident, et commençait
» à former son camp.

» A la pointe du jour les Suédois paru-
» rent hors de leur tranchée avec quatre
» canons de fer pour toute artillerie; le reste
» fut laissé dans le camp avec environ trois
» mille hommes; quatre mille demeurèrent
» aux bagages, de sorte que l'armée suédoise
» marcha aux ennemis forte d'environ vingt-
» un mille hommes, dont il y avait environ
» seize mille Suédois. Les généraux Rens-
» child, Roos, Levenhaupt, Slipenbak,
» Hoorn, Sparre, Hamilton, le prince de
» Virtemberg, parent du roi, et quelques
» autres, dont la plupart avaient vu la ba-
» taille de Narva, faisaient tous souvenir les
» officiers subalternes de cette journée, où
» huit mille Suédois avaient détruit une ar-
» mée de quatre-vingt mille Moscovites dans
» un camp retranché. Les officiers le disaient
» aux soldats; tous s'encourageaient en mar-
» chant. Le roi conduisait la marche, porté
» sur un brancard, à la tête de son infante-
» rie. Une partie de la cavalerie s'avança
» par son ordre pour attaquer celle des en-
» nemis. La bataille commença par cet enga-
» gement, et à quatre heures et demie du
» matin la cavalerie ennemie était à l'occi-
» dent, à la droite du camp moscovite: le
» prince Menzikoff et le comte Golovin l'a-
» vaient disposée par intervalles entre des re-
» doutes garnies de canons. Le général Sli-
» penbak, à la tête des Suédois, fondit sur
» cette cavalerie. Tous ceux qui ont servi
» dans les troupes suédoises savent qu'il était
» presque impossible de résister à la fureur
» de leur premier choc: les escadrons mos-
» covites furent rompus et enfoncés. Le
» czar accourut lui-même pour les rallier;
» son chapeau fut percé d'une balle de mous-
» quet; Menzikof eut trois chevaux tués
» sous lui: les Suédois crièrent victoire.
» Charles ne douta pas que la bataille ne
» fût gagnée; il avait envoyé, au milieu de
» la nuit, le général Creuts avec cinq mille
» cavaliers ou dragons, qui devaient prendre
» les ennemis en flanc, tandis qu'il les atta-
» rait de front; mais son malheur voulut
« que Creuts s'égarât et ne parût point. Le
» czar, qui s'était cru perdu, avait eu le
» temps de rallier sa cavalerie. Il fondit à
» son tour sur celle du roi, qui, n'étant point
» soutenue par le détachement de Creuts,
» fut rompue à son tour; Slipenbak même
» fut fait prisonnier dans cet engagement.
» En même temps soixante-et-douze canons
» tiraient du camp sur la cavalerie suédoise,
» et l'infanterie russienne, débouchant de ses
» lignes, venait attaquer celle de Charles.
» Le czar détacha alors le prince Menzikof
» pour aller se poster entre Pultava et les
» Suédois.

» Le prince Menzikof exécuta avec habi-
» leté et avec promptitude l'ordre de son
» maître; non-seulement il coupa la commu-
» nication entre l'armée suédoise et les trou-
» pes restées au camp devant Pultava, mais
» ayant rencontré un corps de réserve de trois
» mille hommes, il l'enveloppa et le tailla en
» pièces. Si Menzikof fit cette manœuvre de
» lui-même, la Russie lui dut son salut; si
» le czar l'ordonna il était un digne adversaire
» de Charles XII. Cependant l'infanterie
» moscovite sortait de sa ligne, et s'avan-
» çait en bataille dans la plaine. D'un autre
» côté la cavalerie suédoise se ralliait à un
» un quart de lieue de l'armée ennemie, et le
» roi, aidé de son feld-maréchal, Renschild,
» ordonnait tout pour un combat général. Il
» rangea sur deux lignes ce qui lui restait de
» troupes; son infanterie occupant le centre,
» sa cavalerie les deux ailes. Le czar disposa
» son armée de même: il avait l'avantage du

» nombre et celui de soixante-douze canons,
» tandis que les Suédois ne lui en opposaient
» que quatre, et qu'ils commençaient à
» manquer de poudre. L'empereur moscovite
» était au centre de son armée, n'ayant alors
» que le titre de major-général, et semblait
» obéir au général Czermitoff; mais il al-
» lait, comme empereur, de rang en rang,
» monté sur un cheval turc, qui était un
» présent du grand-seigneur, exhortant les
» capitaines et les soldats, et promettant à
» chacun des récompenses. A neuf heures
» du matin la bataille recommença; une des
» premières volées du canon moscovite em-
» porta les deux chevaux du brancard de
» Charles: il en fit atteler deux autres; une
» seconde volée mit le brancard en pièces, et
» renversa le roi. De vingt-quatre drabans
» qui se relayaient pour le porter, vingt-un
» furent tués. Les Suédois, consternés, s'é-
» branlèrent, et le canon ennemi continuant
» à les écraser, la première ligne se replia
» sur la seconde, et la seconde s'enfuit. Ce
» ne fut, en cette dernière action, qu'une
» ligne de dix mille hommes de l'infanterie
» russe qui mit en déroute l'armée suédoise;
» tant les choses étaient changées!.... »

Charles XII, en proie aux douleurs d'une blessure qui le faisait horriblement souffrir, parvint, à travers tous les périls et en se soumettant à tous les genres de privations, à se sauver, avec un petit nombre de serviteurs dévoués, sur le territoire de la Turquie, où il fut reçu par le pacha de Bender. La nouvelle de la bataille de Pultava fut à peine connue que l'électeur de Saxe, ancien roi de Pologne, arriva dans les murs de Varsovie pour se concerter avec le czar, qui était déjà devenu maître de la plus grande partie des provinces de la république (1). Il s'empara encore des possessions suédoises au sud de la Baltique : il n'y avait sur ce point aucune résistance à opposer depuis le départ du général Levenhaupt, qui, à la tête d'un corps de troupes, avait été rejoindre le roi en Lithuanie (2). Frédéric IV, roi de Danemark, se réunit de son côté à l'ancien roi de Pologne et au czar, pour déclarer la guerre à la Suède; ainsi, après toutes les victoires remportées par Charles XII, on en était revenu à la même position où le royaume se trouvait lorsque ce prince saisit les rênes de l'État, avec cette différence que si, grâce à l'économie et à l'ordre apportés par son père dans les diverses parties de l'administration, toutes les classes de la société étaient alors dans l'abondance, les guerres qui duraient depuis plusieurs années avaient amené une détresse universelle.

Rien encore n'était perdu : il fallait seulement que Charles consentît à revenir dans ses États, où sa présence, en électrisant tous les cœurs, lui aurait assuré d'immenses ressources. Mais une fausse idée s'empara du roi; toujours dominé par le sentiment d'une gloire exagérée, il ne voulait se présenter à ses sujets qu'en vainqueur. Il conçut en conséquence le dessein d'envahir la Russie à la tête d'une armée turque, se fiant à la promesse faite par un grand-vizir, qui avait dit à Poniatowski: « Je prendrai votre roi d'une
» main et une épée dans l'autre, je le mène-
» rai à Moscou à la tête de deux cent mille
» hommes. » Mais le temps n'était plus où la puissance ottomane pouvait inspirer de la terreur; Sobieski lui avait porté le coup de la mort à la fin du dix-septième siècle. C'était donc rêver une chimère que de supposer qu'il serait possible d'entraîner la Porte-Ottomane dans une guerre où elle n'avait pas un intérêt direct, et qu'il lui aurait été impossible d'ailleurs de soutenir avec gloire. C'était, d'un autre côté, se soumettre à tous les caprices d'un cabinet entraîné ou séduit tour-à-tour par les autres princes de l'Europe. Il y avait dans le divan deux partis opposés : l'un voulait la paix, l'autre ne respirait que pour la guerre; le rôle de Charles XII se réduisait à faire présenter des mémoires, et à faire agir auprès des ministres turcs, ou même du sultan, pour appuyer le parti de la guerre, tandis que le czar offrait des monceaux d'or. Il avait trouvé à Pultava six millions dans les bagages de son ennemi, et avec ces fonds il acheta le même grand-vizir qui avait fait d'abord de si pompeuses

(1) La Pologne.
(2) Levenhaupt, après la déroute de Pultava, fut fait prisonnier avec son corps d'armée par le prince russe Menzikof.

promesses au roi de Suède. Aussi le sultan souffrit que les Russes enlevassent sur le territoire de l'empire quinze cents Suédois que Charles avait fait partir de Bender pour les renvoyer en Pologne. Bientôt les choses furent poussées beaucoup plus loin, et le grand-visir promit d'abandonner le monarque vaincu au czar ; mais il tomba du pouvoir [1710], et son successeur s'apprêta à déclarer la guerre à la Russie.

Sur ces entrefaites, le royaume était en proie à tous les maux, suites inévitables des invasions. Mais que faisait Charles, ce prince doué d'une si prodigieuse activité ? Il ordonna qu'on lui construisît une maison près de Bender, car il ne voulait jamais fixer son séjour dans cette ville ; ses officiers élevèrent aussi des édifices à leur usage ; les soldats »dressèrent des baraques, de sorte que ce »camp devint insensiblement une petite ville. »Le roi n'étant point guéri de sa blessure, il »fallut lui tirer du pied un os carié ; mais »dès qu'il put monter à cheval, il reprit ses »fatigues ordinaires, toujours se levant avant »le soleil, lassant trois chevaux par jour, »faisant faire l'exercice à ses soldats.... Il se »trouvait à Bender dans une abondance de »toutes choses, bien rares pour un prince »vaincu et fugitif ; car, outre des provisions »plus que suffisantes et les cinq cents écus par »jour qu'il recevait de la munificence otto-»mane, il tirait encore de l'argent de la »France, et il empruntait des marchands de »Constantinople. »

Ces ressources Charles les employait d'abord à faire vivre les chefs et les soldats suédois qui avaient pu le suivre dans sa retraite, et à entretenir de nombreuses intrigues dans le divan, mais qui restèrent toujours sans résultat décisif. En vain le rappelait-on en Suède ; en vain l'empereur d'Allemagne lui fit proposer un sauf-conduit pour qu'il s'en retournât dans son royaume en traversant les provinces autrichiennes, il refusa. La Hollande, et jusqu'au sultan mirent à ses ordres une flotte pour le ramener dans ses États ; il ne voulut pas en profiter. Une idée fixe, comme je l'ai déjà dit, s'était emparée de son esprit ; il avait juré de ne rentrer en Suède que comme vainqueur. Pendant qu'il s'obstinait à rester ainsi à Bender, son royaume continuait à subir les plus déplorables extrémités. Le conseil que le monarque avait laissé au moment de son départ avait réuni les états-généraux, lesquels avaient pris les mesures les plus énergiques ; les impôts avaient été doublés, et l'on avait levé de nouveaux soldats. Mais une maladie pestilentielle s'était répandue en Suède, et la ville de Stockholm perdit plus de trente mille habitants. Le comte Stenbock ou Steimbock, gouverneur de la Scanie, avait déjà pris plusieurs mesures de défense, lorsque les Danois pénétrèrent dans cette province : Karlshamm tomba entre leurs mains dans le mois de janvier 1711. Steimbock recourut alors à une levée en masse ; huit mille paysans se présentèrent pour s'enrôler sous ses drapeaux, et il mit bientôt en fuite l'ennemi. Ce triomphe fit rejaillir un éclat momentané sur les armes suédoises ; mais l'éloignement du roi rendait toute victoire stérile. Charles »s'opposait continuellement à toute négocia-»tion ; il voulait qu'on lui demandât son »avis sur toutes les mesures importantes, et »comme ses réponses ne pouvaient arriver »qu'au bout de neuf mois, le défaut de promp-»titude dans les résolutions à prendre, et »l'état malheureux du pays ne permirent pas »de réorganiser l'armée (1). » Pierre-le-Grand, qui sentait de quelle importance il était pour lui de détruire la puissance de la Suède, profita de l'obstination désastreuse avec laquelle Charles prolongeait son séjour dans la Turquie, pour chercher de nouveaux ennemis à ce prince : il poussait donc le Danemark à faire une nouvelle invasion, pendant que la flotte suédoise, qui manquait de tout, ne pouvait sortir du port. Il faut encore remarquer que les États principaux de l'Europe prenaient tous une part plus ou moins grande à la guerre de la succession, et étaient dans l'impuissance de fournir des secours au malheureux Charles, qui avait encore contre lui la haute noblesse, fatiguée de l'entêtement avec lequel il prolongeait son séjour à Bender. Cependant la Suède se trouvait préservée sur plusieurs points ; en effet,

(1) Lebas, *Histoire de Suède*.

[1713]

les puissances coalisées contre Louis XIV avaient stipulé un traité de neutralité relatif aux possessions suédoises situées dans l'empire ; mais le roi ne voulut pas admettre cette même neutralité, qui réduisait à l'inaction les troupes du général Krassov : la conséquence d'un pareil refus fut l'invasion de la Poméranie par les armées réunies de la Saxe et du Danemark. Vismar, Stettin et Stralsund osent seules combattre pour la Suède ; trente-six mille Russes se présentent pour en faire le siège.

Cependant deux armées turques entrent en campagne contre le czar ; ce dernier s'aventure avec ses troupes : son sort dépend du général turc, qui lui accorde une paix honorable, tandis qu'il pouvait lui imposer les conditions les plus rigoureuses. Charles XII se présente sur les lieux ; le salut de son rival est déjà assuré : le traité de paix est signé. J'ai raconté ailleurs (1) les emportements du roi ; ils furent inutiles. Le visir qui avait rempli à l'égard de Pierre-le-Grand le rôle de libérateur est chassé ; mais celui qui le remplace accorde aux Russes, ou, pour mieux dire, renouvelle avec eux un traité de paix s'étendant à vingt-cinq années. Toutes les espérances du roi de Suède s'évanouissent ; il n'a plus à compter sur les Turcs : il va donc retourner dans son royaume ? Nullement : l'empereur lui offre de nouveau de traverser ses États ; il se garde bien d'accepter. Mais, en retour, il s'entête à obtenir le passage par la Pologne : c'est précisément ce que lui refuse Auguste, qui était redevenu maître du territoire de la république.

On trouve une foule d'actes pareils dans la vie de Charles XII, qui dénoncent le coureur d'aventures, bien plus que le monarque. Cependant le comte Steimbock remporte sur les Danois une victoire importante près de Gadebusch (14 décembre 1712), et il incendie Altona (9 janvier 1713). Une armée saxo-russe lui coupe toute communication avec Hambourg ; il faut qu'il s'ouvre un passage à travers le Danemark ; à la suite d'une infinité de marches et de contremarches, il trouve un refuge dans la forteresse de Tonningen, et le 16 mai 1713 il capitule. Le czar, dont toutes les pensées ont un but exclusivement politique, s'empare des villes d'Abo, d'Helsinfors ; la flotte impériale, dont Pierre-le-Grand est le créateur, dévaste les îles d'Aland, et Stockholm fait des préparatifs de défense ; car les habitants se croient sur le point d'être assiégés. Les Turcs, après avoir renouvelé pour vingt-cinq ans la paix avec les Russes, sentirent la nécessité de se délivrer d'un hôte tel que Charles ; le sultan Achmet lui adressa en conséquence une lettre pour qu'il hâtât son départ. « Tout ce qui
» sera nécessaire pour votre voyage, » lui disait-il, « vous sera fourni par ma Sublime
» Porte, tant en argent qu'en hommes, chevaux et chariots. Nous vous exhortons
» surtout et vous recommandons de donner
» vos ordres les plus positifs et les plus clairs
» aux Suédois et autres gens qui se trouvent
» auprès de vous, de ne commettre aucun
» désordre, et de ne faire aucune action qui
» tende directement ou indirectement à violer cette paix et amitié. Vous conserverez
» par là notre bienveillance, dont nous chercherons à vous donner d'aussi grandes et
» d'aussi fréquentes marques qu'il s'en présentera d'occasions. Nos troupes destinées
» à vous accompagner recevront des ordres
» conformes à nos intentions impériales. »
Mais Charles, qui croyait, selon Voltaire, qu'on avait l'intention de le livrer à ses ennemis, imagina une foule de prétextes pour ne pas partir, et fit parvenir des réclamations jusqu'au sultan, qui convoqua un divan extraordinaire, dans lequel il s'exprima de la manière suivante : « Je n'ai presque connu
» le roi de Suède que par la défaite de Pultava et par la prière qu'il m'a faite de lui
» accorder un asile dans mon empire : je
» n'ai, je crois, nul besoin de lui, et n'ai
» sujet ni de l'aimer ni de le craindre. Cependant, sans consulter d'autres motifs que
» l'hospitalité d'un musulman, et ma générosité, qui répand la rosée de ses faveurs sur
» les grands comme sur les petits, sur les
» étrangers comme sur mes sujets, je l'ai
» reçu et secouru de tout lui, ses ministres,

---

(1) Voyez mon *Histoire de Russie*, pag. 52 de ce volume.

» ses officiers, ses soldats, et n'ai cessé, pendant trois ans et demi, de l'accabler de présents. Je lui ai accordé une escorte considérable pour le conduire dans ses États.
» Il a demandé mille bourses pour payer quelques frais, quoique je les fasse tous; au lieu de mille, j'en ai accordé douze cents, après les avoir tirées de la main du séraskier de Bender; il en demande encore mille autres et ne veut point partir, sous prétexte que l'escorte est trop petite, au lieu qu'elle n'est que trop grande pour passer par un pays ami. Je demande donc si c'est violer les lois de l'hospitalité que de renvoyer ce prince, et si les puissances étrangères doivent m'accuser de violence et d'injustice, en cas qu'on soit réduit à le faire partir par force. »

Il était de toute évidence qu'en employant la force pour chasser le roi de Suède, Achmet était dans son droit; il voulut néanmoins mettre de son côté toutes les formes, et obtint du muphti un fetfa portant l'ordre du départ. Charles ne voulut point s'y soumettre. Allant plus loin, il dit au pacha de Bender : *Obéis à ton maître si tu l'oses, et sors de ma présence.* A partir de ce jour, les vivres furent retranchés au roi, auquel on enleva sa garde de janissaires. « Ce prince, sans » s'étonner, fit faire des retranchements ré- » guliers par ses trois cents Suédois; il y » travailla lui-même; son chancelier, son tré- » sorier, ses secrétaires, les valets de chambre, » tous ses domestiques aidaient à l'ouvrage : » les uns barricadaient les fenêtres, les autres » enfonçaient des solives derrière les portes » en forme d'arcs-boutants. Quand on eut » bien barricadé la maison, et que le roi eut » fait le tour de ses prétendus retranchements, » il se mit à jouer aux échecs tranquille- » ment. » Avant d'en venir à un parti qui menaçait de devenir si funeste pour Charles, on en référa au sultan; celui-ci envoya un nouvel ordre de tuer tous les Suédois qui opposeraient de la résistance, et de massacrer même le roi. On lui montra cet ordre; il répondit qu'il était supposé et qu'il ne voulait point partir. Les chapelains de Charles XII se jetèrent à ses genoux, le suppliant de ne pas condamner à une mort certaine les derniers débris de Pultava, et *surtout sa personne sacrée;* le roi repoussa leur prière avec emportement. Les généraux Hord et Dardoff, montrant leurs poitrines couvertes de blessures, conjurèrent le prince de réserver ce qui leur restait encore de sang pour une circonstance plus utile. « Je sais, par » vos blessures et les miennes, » leur dit Charles, « que nous avons vaillamment com- » battu ensemble; vous avez fait votre devoir » jusqu'à présent, faites-le encore aujour- » d'hui. »

Ces dernières paroles prononcées, le roi indiqua à chacun le poste qu'il avait à occuper. Les assiégeants parurent bientôt; ils traînaient avec eux dix pièces de canon et deux mortiers. Le baron de Grothusen, remarquant que les Turcs ne proféraient aucune injure contre le roi, et qu'ils l'appelaient seulement *demirbash* (tête de fer), s'approcha des rangs ennemis. « Eh quoi, leur dit-il, « venez-vous massacrer trois » cents Suédois sans défense? Vous, qui » avez pardonné à cent mille Russes quand » ils vous ont crié *amman* (pardon), avez- » vous oublié les bienfaits que vous avez » reçus de nous? et voulez-vous assas- » siner ce grand roi de Suède, que vous » aimez tant, et qui vous a fait tant de libé- » ralités? Mes amis, il ne demande que trois » jours, et les ordres du sultan ne sont pas » aussi sévères qu'on vous le fait croire. » Parmi les Turcs se trouvaient des janissaires qui avaient profité du caractère généreux de Grothusen; ils accordèrent le délai de trois jours qui était réclamé, et se mirent en route pour Bender. Le lendemain, ils se présentèrent au logis de Charles, suppliant Grothusen et le chancelier Mullern de faire tous leurs efforts pour que le roi changeât de résolution; mais il fut inébranlable, et fit dire aux janissaires que, « s'ils ne se retiraient pas il » leur ferait couper la barbe, ce qui est dans » l'Orient le plus outrageant de tous les » affronts. » Les janissaires s'en allèrent, s'écriant : « *Ah! la tête de fer!* puisqu'il » veut périr, qu'il périsse. » Ils sont à peine de retour à Bender, que l'on décide l'attaque.

Les Suédois qui occupaient les retranchements, convaincus que l'obstination de leur souverain touchait à la folie, n'opposent pas même de résistance. Charles dit alors : « Allons défendre la maison, nous combat» trons *pro aris et focis.* » Il s'élance aussitôt vers ce point ; mais déjà les Turcs et les Tatars ont pénétré par une des fenêtres de l'édifice ; ils sont les maîtres de toutes les pièces, à l'exception d'une seule, où les domestiques du monarque se tiennent. « Cette salle, » dit Voltaire, « était heureusement près de » la porte par où le roi voulait entrer avec » sa petite troupe de vingt personnes ; il s'é» tait jeté en bas de son cheval, le pistolet » et l'épée à la main, et sa suite en avait fait » autant. » Les janissaires pressent le monarque de tous côtés, mais il frappe et blesse tous ceux qui l'approchent. Un janissaire le vise au visage, son bras est dérangé par la foule ; il tire cependant, la balle glisse sur le nez de Charles, lui enlève un bout de l'oreille et casse le bras au général Hord. Le roi passe son épée à travers du corps du janissaire ; dans le même moment, ses domestiques lui ouvrent la porte de la grande salle où ils s'étaient renfermés ; il entre et on referme la porte, que l'on barricade. Charles se trouve alors au milieu d'une soixantaine de domestiques. Pendant ce temps, les Turcs et les Tatars pillent le reste de la maison. Après quelques minutes de repos, Charles s'écrie : « Allons un peu chasser de » chez moi ces barbares. » Il ouvre la porte et fait feu sur les assiégeants. Ceux-ci, effrayés par l'apparition inattendue du roi, prennent la fuite ; le monarque les poursuit de chambre en chambre ; il voit deux janissaires cachés sous son lit, il en tue un de sa propre main ; l'autre lui crie *amman* (pardon). « Je te donne la vie, » lui dit-il, « à la con» dition que tu iras faire au pacha un fidèle » récit de ce que tu as vu. » Le Turc accepte cette proposition avec joie. Voilà Charles, avec ses soixante domestiques, redevenu le maître de sa maison ; il fait alors tirer par les fenêtres sur les Turcs et en met près de deux cents hors de combat.

Le pacha fait lancer sur les toits des matières inflammables ; elles embrasent la chambre à coucher du roi ; une horrible fumée pénètre dans la grande salle où se tiennent les domestiques, derniers soldats de Charles. Un des gardes, Valberg, s'écrie : « Il faut se rendre. » — « Voilà un étrange » homme, » dit Charles, « qui s'imagine » qu'il n'est pas plus beau d'être brûlé que » d'être prisonnier. » Un autre garde, appelé Rosen, ouvre l'avis qu'on se retire, les armes à la main, dans la maison de la chancellerie, où l'on se défendrait jusqu'au dernier soupir. « Voilà un vrai Suédois, » s'écrie Charles ; il le nomme sur-le-champ colonel. « Allons, » mes amis, » ajoute-t-il, « prenez avec » vous le plus de poudre et de plomb que » vous pourrez, et gagnons la chancellerie » l'épée à la main. » Les Turcs, qui d'abord s'étonnaient beaucoup de ne pas voir les Suédois sortir d'une maison en proie tout entière aux flammes, furent bien autrement surpris quand ils aperçurent Charles et ceux qui l'entouraient se précipiter sur eux l'épée à la main. Les assiégeants reculèrent de plus de cinquante pas ; mais, rassurés par leur nombre, ils enveloppèrent le monarque. « Charles, qui était en bottes, selon sa cou» tume, s'embarassa dans ses éperons et »tomba ; vingt-un janissaires se jetèrent aus»sitôt sur lui ; il jette en l'air son épée pour »s'épargner la douleur de la rendre ; les »Turcs l'emmènent au quartier du pacha, »les uns le tenant sous les jambes, les autres »sous les bras, comme on porte un malade »que l'on craint d'incommoder. » Pendant le trajet, il ne proféra pas une seule plainte. Arrivé en présence du pacha, il n'accepta pas un sopha, sur lequel celui-ci le supplia de se reposer. Le pacha lui dit alors : « Le »Tout-Puissant soit béni de ce que ta ma»jesté est en vie ! Mon désespoir est amer »d'avoir été réduit par ta majesté à exécuter »les ordres de sa hautesse. » Charles lui répondit : « Ah ! si mes soldats s'étaient dé»fendus comme ils le devaient, on ne nous »aurait pas forcés en dix jours. » — « Hélas ! » reprit le Turc, « voilà du courage bien mal »employé. »

On est forcé de convenir que le barbare cette fois l'emportait par la raison sur le roi chrétien. Charles fut ensuite dirigé sur Andrinople, où, se faisant passer pour malade, il resta dans le lit l'espace de quarante-trois semaines, afin de ne pas rendre de visite au grand-visir. Un entêtement aussi aveugle était une véritable trahison à l'égard de la Suède, car le monarque, en même temps qu'il restait éloigné de ses sujets, les réduisait à l'impossibilité de pouvoir défendre l'indépendance nationale; on n'osait agir sans recevoir ses ordres, et, attendu les distances, ils ne parvenaient jamais à temps. Le gouvernement turc, fatigué de la force d'inertie que lui opposait Charles, se décida à lui faire passer l'hiver à Demotika, et il était dans ce lieu lorsque le comte de Lieven vint le supplier, au nom du sénat, de revenir en Suède. La franchise avec laquelle ce noble s'exprima, l'horrible peinture qu'il fit au prince de l'état où était tombé le royaume, triomphèrent d'une obstination, qui, jusque là, était restée invincible. Charles consentit donc à partir. Il fallait de l'argent; on parvint, à la suite de pénibles efforts, à réunir une somme suffisante pour s'assurer une escorte jusqu'à la frontière autrichienne; là le monarque renvoya les hommes de sa suite, ne voulant avoir désormais pour compagnons de route que le baron Rosen et le colonel During. Tous trois se mirent de nouveau en route, prenant ce qu'on appelle des noms de guerre : le roi se faisait nommer le capitaine Carl-Frisch; il avait une perruque noire, un chapeau bordé d'un galon d'or, un habit brun et un manteau bleu. Voyageant au hasard jour et nuit, ils quittaient souvent leurs chevaux pour retrouver leur route. Cette vie de hasard plaisait singulièrement à Charles, qu'aucune fatigue ne pouvait abattre; Rosen, l'un de ses compagnons, fut obligé de s'arrêter; quant à During, c'est à peine s'il avait encore la force de se soutenir.

Cependant, on obtint du prince qu'il consentirait à traverser la Hongrie en voiture. Arrivé à Vienne, il voulut remonter à cheval et repartit avec le comte During. Craignant d'être reconnu dans les auberges et les hôtelleries, où il fallait bien qu'il s'arrêtât par moments, il se faisait servir du vin, qu'il buvait avec une rapidité inconcevable, déjouant ainsi les soupçons, car l'Europe entière, initiée aux habitudes de sa vie intime, savait que Charles buvait seulement de l'eau. Enfin, après avoir fait en quinze jours deux cent soixante-huit milles d'Allemagne, il se présenta le 22 novembre avec During aux portes de Stralsund, une heure après minuit. « Le » roi cria à la sentinelle qu'il était un cour- » rier dépêché de Turquie par le roi de Suède, » qu'il fallait qu'on le fît parler dans le mo- » ment au général Ducker, gouverneur de la » place. La sentinelle répondit qu'il était » tard, que le gouverneur était couché, et » qu'il fallait attendre au point du jour. Le » roi répliqua qu'il venait pour des affaires » importantes, et leur déclara que, s'ils n'al- » laient pas réveiller le gouverneur sans délai, » ils seraient tous punis le lendemain matin. » Un sergent alla enfin réveiller le gouver- » neur. Ducker s'imagina que c'était peut- » être un des généraux du roi de Suède; on » fit ouvrir les portes, on introduisit ce cour- » rier dans sa chambre. Ducker, à moitié en- » dormi, lui demanda des nouvelles du roi de » Suède. Le roi, le prenant par le bras : » — Eh quoi! dit-il à Ducker, mes plus » fidèles sujets m'ont-ils oublié? Le général » reconnut le roi... Il ne pouvait croire ses » yeux. »

On conduisit le monarque au lit, et on coupa ses bottes sur ses jambes, que la fatigue avait enflées d'une manière prodigieuse. Charles s'occupa sur-le-champ de réparer les fortifications de Stralsund, et consentit au mariage de sa sœur avec le prince Frédéric de Hesse-Cassel. Il nomma son beau-frère généralissime de ses armées. La position du monarque était des plus fâcheuses; il avait à défendre Stralsund contre les rois de Danemark et de Prusse, dont les forces, réunies à celles des Saxons, s'élevaient à trente-six mille hommes. Charles, renfermé dans une ville ainsi menacée, « ne s'étonnait de rien; » le jour il faisait faire des coupures et des » retranchements derrière les murailles; la » nuit il faisait des sorties sur l'ennemi. » Cependant Stralsund était battu en brèche...; la moitié de la ville était en cendres, mais le courage et la tranquillité d'esprit du monarque ne l'abandonnaient pas un seul instant : il avait électrisé les bourgeois, qui, devenus soldats, combattaient avec joie sous ses ordres... Un jour que le roi dictait des

»lettres pour la Suède à un secrétaire, une
»bombe tomba sur la maison, perça le toit,
»et vint éclater près de la chambre même du
»roi. La moitié du plancher tomba en pièces;
»le cabinet où le roi dictait, étant pratiqué
»en partie dans une grosse muraille, ne souf-
»frit point de l'ébranlement; et, par un
»bonheur étonnant, nul des éclats qui sau-
»taient en l'air n'entra dans ce cabinet dont
»la porte était ouverte. Au bruit de la bombe
»et au fracas de la maison qui semblait tom-
»ber, la plume échappa des mains du secré-
»taire : Qu'y a-t-il donc, lui dit le roi d'un
»air tranquille; pourquoi n'écrivez-vous pas?
»Celui-ci ne put répondre que ces mots : Eh!
»sire, la bombe! — Eh bien! reprit le roi,
»qu'a de commun la bombe avec la lettre
»que je vous dicte? Continuez. »

Cependant, et en dépit de la résistance la
plus héroïque, il ne resta bientôt plus que des
ruines et des décombres dans Stralsund, et
Charles quitta la ville dans la nuit du 20 décembre 1715, et on ne put le décider à se retirer que *parce que la retraite était devenue
aussi dangereuse que la place même....*
« La Mer-Baltique était couverte de vais-
»seaux moscovites et danois; on n'avait dans
»le port de Stralsund qu'une petite barque à
»voiles et à rames... Il fallut casser la glace
»dont la mer était couverte dans le port,
»avant que la barque pût voguer librement.
»Les amiraux ennemis avaient des ordres
»précis de ne point laisser sortir Charles de
»Stralsund, et de le prendre mort ou vif.
»Heureusement ils étaient sous le vent, et ne
»purent l'aborder. Il courut un danger encore
»plus grand en passant à la vue de l'île de
»Rugen, près d'un endroit nommé la Rabette,
»où les Danois avaient élevé une batterie de
»douze canons : ils tirèrent sur lui. Les ma-
»telots faisaient force de voiles et de rames
»pour s'éloigner; un coup de canon tua deux
»hommes à côté de Charles; un autre fra-
»cassa le mât de la barque. Au milieu de ces
»dangers, le roi arriva vers deux de ses vais-
»seaux qui croisaient dans la Mer-Baltique.
»Le lendemain même le gouverneur de Stral-
»sund capitula. »

Maintenant le lecteur doit savoir qu'aux
ennemis armés contre le roi de Suède vint
encore se joindre l'Angleterre Cependant
Charles venait de rentrer dans son royaume
après une absence de quinze ans. En présence de tant de périls, il n'était pas
abattu. Mais, où trouver de l'argent? et,
sans argent, comment faire la guerre? La
banque de Stockholm avait prêté à l'État
plus de vingt millions, et personne ne se
présentait plus pour faire des avances. C'est
alors que le baron de Goertz, ancien ministre
du duc de Holstein, fut choisi par le roi
comme ministre des finances. Cet homme
d'État ne se chargea de ces fonctions, toujours si difficiles, que pour l'espace d'une
année; mais, en sa qualité d'étranger, on fit
naître contre lui des obstacles sans cesse re-
naissants, et il devint l'objet de la haine publique. Il réussit néanmoins à faire conclure
une trêve de trois mois. Charles, de son côté,
fit une invasion en Norvége [1716], et pénétra jusqu'à Christiana; il retourna ensuite
en Suède, après avoir fait des pertes assez
considérables. L'année 1717 s'écoula tout
entière dans une guerre d'avant-postes : en
1718, le roi revint en Norvége, et, après
s'être rendu maître de la ville de Frédérikshall,
en assiégea le château Le 11 décembre,
Charles visitait la tranchée, lorsqu'il fut atteint par une balle de pistolet. « On le
»trouva, » dit M. Lebas, « appuyé sur le pa-
»rapet, la figure tournée du côté de la for-
»teresse; la balle était entrée du côté droit
»et sortie du côté opposé; sa main était en-
»core sur la garde de son épée..... Ce héros,
»qui avait échappé aux dangers de tant de
»batailles, périt assassiné. »

Voltaire, qui avait vécu avec une foule de
personnes attachées au service de Charles, soutient qu'il est mort par un de ces accidents que
les princes eux-mêmes ne peuvent éviter au
milieu des périls de la guerre. On cacha quelques instants la mort du monarque, dans la
crainte d'alarmer les soldats; un conseil de
guerre fut convoqué plus tard, dans lequel on
décida que le baron de Goertz, qui était en
route pour la Norvége, serait arrêté. Au
reste, la nouvelle de la mort de Charles fut
à peine connue dans l'armée, qu'elle déclara
reine Ulrique-Éléonore, sœur du monarque.
Ainsi se termina la vie d'un prince qui put

étonner le monde, mais qui, en définitive, ruina de fond en comble un royaume que son père lui avait laissé si riche et si florissant. Il devint une preuve de plus que l'excès, même des plus rares qualités, est pour les peuples un triste fléau, et que la plus sainte obligation d'un roi est d'oublier sa propre gloire pour ne songer qu'à rendre heureux ses sujets. Sous ce rapport, aucun monarque n'est plus digne de blâme que Charles XII. Cependant ma tâche ne serait pas accomplie, si je ne plaçais sous les yeux du lecteur un portrait de ce prince, tracé par une main pleine d'impartialité.

« Rien n'est si difficile à définir que le roi »de Suède. Il est d'une taille avantageuse, »très-bien fait, la tête grosse, ayant très- »peu de cheveux, courts et hérissés sur le »sommet, les yeux grands et dans lesquels on »remarque quelque chose d'extraordinaire. »Il a une mémoire prodigieuse, beaucoup de »présence d'esprit et de pénétration, d'élo- »quence même, quoiqu'il parle très-peu; »d'un accès libre à tout le monde, poli, in- »violable dans ses promesses, inflexible dans »ses résolutions, généreux, bienfaisant, in- »accessible à ce qu'on appelle la politique du »temps, mais méfiant au dernier point; d'une »dissimulation impénétrable, affectant un »rire continuel et en surface, tel qu'on pour- »rait le figurer sur un masque, paraissant le »plus gai, lorsqu'il porte dans le cœur les »chagrins les plus cuisants ou les mécontent- »tements les plus violents; regardant tout le »monde d'un œil égal et gracieux, quoiqu'il »n'aime ni estime véritablement personne. »Insensible à la misère de ses sujets, il croit »qu'ils peuvent souffrir les fatigues, la faim, »la soif, les travaux, où il s'expose sans né- »cessité. Les Suédois sont en effet d'excel- »lents soldats; presque tous mariés, mais »nés pour la guerre, ils la font avec la même »tranquillité qu'ils cultiveraient leurs terres; »robustes jusqu'à l'insensibilité, supportant »les privations sans murmure; paisibles dans »leurs quartiers comme dans leurs marches, »ils ne sont jamais oisifs, ne désertent point, »et sont profondément convaincus que leur »vie appartient à leur souverain. Le commun »du peuple a cru Charles XII inspiré; sa »piété apparente a occasionné cette erreur. »Jamais prince n'a été tant aimé ni respecté »dans ses prospérités, tant plaint ni obéi »avec tant de zèle de la populace dans ses »malheurs. Son retour a détruit tout d'un »coup ces bonnes dispositions, par le choix »qu'il a fait de ses ministres, par la confiance »qu'il a donnée aux étrangers, au mépris de »ses sujets, par les expédients ruineux qu'on »a mis en usage pour soutenir la guerre la »plus folle. Il ne fait qu'un repas, à quatre »heures du soir; il ne parle jamais à table, »mange beaucoup, et ne boit que de l'eau. »Insensible à toutes sortes de plaisir, rien ne »l'occupe que le soin de ses troupes; il en »fait la revue homme par homme, et tandis »que les cavaliers s'exercent à tirer au blanc, »on a vu ce prince tenir la bride de leurs »chevaux. Quoiqu'il se couche à sept heures, »il dort très-peu; c'est ordinairement sur de »la paille, habillé, botté et enveloppé dans »son manteau; ce n'est que depuis que M. le »comte de la Mark l'a joint qu'il se sert d'un »lit; il se lève à une heure du matin. Son »habillement est aussi simple que sa nourri- »ture; il est toujours botté et prêt à monter »à cheval. On ne le distingue du soldat que »par sa bonne mine, par sa politesse et par »un air gai qui ne l'abandonne jamais. Il »donne audience, depuis deux heures jusqu'à »quatre, à toute sorte de personnes sans dis- »tinction, excepté les étrangers. Ses ministres »doivent être dans sa chambre ce temps-là; »mais il arrive souvent que le roi de Suède »appelle le premier officier qui paraît, celui- »là en attire un autre, et le temps se passe à »écouter des aventures de toute espèce, aux- »quelles il prend un plaisir singulier, jusqu'à »ce que ce prince montant à cheval, ce qu'il »fait tous les jours, les ministres sont obligés »de s'en retourner sans avoir pu parler »d'aucune affaire. Il entre dans les moindres »minuties, se défie de tout, et fait expédier »ses ordres par le premier secrétaire qu'il »rencontre, à l'insu des ministres que la »chose regarde. Le roi de Suède n'a point »de cour à Lunden; il est servi à table par »deux officiers de son régiment des gardes, »qui se relèvent tous les trois mois. Il mange »sur de la vaisselle de fer étamé; dès qu'il

»est levé de table, tous les officiers qui se
»trouvent dans sa chambre s'y placent et
»vivent de ce qui est resté. »

ULRIQUE-ÉLÉONORE.

Charles XII complète la liste des monarques guerriers qui ont porté si haut la gloire de la Suède; mais les moyens extrêmes auxquels ce prince recourut, ruinèrent de fond en comble le royaume, et produisirent un changement si notable dans la constitution que le pouvoir se trouva déplacé. Le dernier roi, dont l'obstination était invincible, repoussait les avis et les conseils les plus sages pour obéir uniquement à ses propres volontés; et comme ses conquêtes et ses aventures enflammèrent promptement l'imagination des Suédois de toutes les classes, ils ne reculèrent devant aucune espèce de sacrifice, victimes volontaires des luttes héroïques où s'engagea sans cesse Charles XII. D'un autre côté, ce prince tenait à dédain les avantages que dans certains cas assure la guerre; il combattait seulement pour vaincre. Il est vrai qu'il fut attaqué d'abord par des voisins injustes et qui espéraient profiter de sa jeunesse pour lui ravir une partie de l'héritage paternel. Devenu vainqueur, le bon sens lui ordonnait d'agir en homme politique; en d'autres termes, il avait pour devoir de faire rentrer dans le trésor public les dépenses qu'il avait fait avancer à la nation; il suivit une marche tout opposée. Mais si le dévouement des peuples est quelquefois sans bornes, leurs ressources ont des limites forcées; c'est ce que ne voulut jamais comprendre Charles XII; il accabla ses sujets d'impôts et les réduisit à un véritable état de détresse. Ceux-ci s'en prirent, non pas à leur roi, mais à l'homme qu'il avait choisi pour ministre des finances, et qui lui servait, dans les derniers temps, de ministre principal: la vengeance nationale se déclara contre le baron de Goertz. Il ne s'était rendu coupable d'aucun crime; mais il était devenu l'objet de l'horreur universelle.

On improvisa donc contre lui les chefs d'accusation suivants: 1° L'invention d'espèces (monnaies) imaginaires; 2° le dessein de ruiner l'armée du roi, en conseillant à ce dernier d'entreprendre la campagne de Norvége pendant la saison la plus rigoureuse; 3° le plan bien arrêté d'attirer l'ennemi dans le cœur du royaume, pour donner à la Suède un roi de sa main; 4° on prétendit enfin qu'il s'était rendu coupable du crime de péculat. Ces accusations se réfutaient d'elles-mêmes; aussi le baron de Goertz fit-il remarquer que, quant aux espèces imaginaires (monnaies), il n'avait fait que se conformer à une résolution qu'on avait soumise au roi avant son départ de Stralsund; relativement à l'invasion de Norvége, il avait été si loin de la conseiller au dernier monarque, qu'il était parvenu à le déterminer à un arrangement avec le czar; qu'il n'avait jamais eu, lui baron de Goertz, qu'une seule pensée, c'était de jeter la discorde parmi les puissances qui avaient médité la ruine de la Suède; que l'inaction dans laquelle s'était tenu l'empereur de Russie au moment même où Charles XII attaquait le Danemark, prouvait jusqu'à l'évidence la pureté de ses intentions. Réfutant avec le même succès l'accusation de péculat, il établit qu'il n'avait pas fait sortir un sou de la Suède; qu'il avait employé la plus grande partie de sa fortune au service de ce royaume, et qu'il n'avait jamais voulu recevoir la remise de quatre pour cent que le roi lui avait proposée *sur tout l'argent qu'il pourrait négocier, tant au dedans qu'au dehors du royaume.*»
Mais le peuple demandait une victime; les états-généraux lui accordèrent la tête du baron de Goertz, qui avait réuni deux qualités funestes aux époques de crise et de malheur: il avait été ministre des finances, et était en outre étranger; son sang devait donc être versé jusqu'à la dernière goutte; l'ignominie devait en outre rendre plus cruel le supplice auquel il était destiné. Les états rendirent un arrêt, déclarant « que Georges-
»Henri Goertz était condamné à perdre la
»tête et à être enterré par les mains du bourreau, au pied du gibet, pour avoir rendu
»suspecte au feu roi la fidélité de ses sujets;
»pour avoir détruit la confiance que ce prince
»avait dans le sénat et dans les autres corps
»politiques, et avoir éloigné, par ce moyen,

»de l'administration des plus importantes
»affaires les personnes les plus zélées pour le
»service de sa majesté et le bien public;
»pour avoir, par ses pernicieux conseils, par
»les voies tyranniques qu'il avait inventées,
»et par l'abus de l'autorité que sa majesté
»lui avait donnée, encouragé le roi à conti-
»nuer la guerre; pour avoir mis la dissen-
»sion et la mésintelligence entre sa majesté
»et les plus sincères amis du royaume; pour
»avoir dépouillé les Suédois de leur bon
»argent et des autres effets solides et réels
»qui leur restaient; en un mot, pour être
»*l'auteur des plus grands malheurs, et
»autres raisons capitales, déduites de ses
»papiers et de ses actions.* »

Le vague de ces accusations suffit pour dé-
montrer l'innocence du ministre de Charles XII. La vengeance nationale une fois sa-
tisfaite, il fallut s'occuper du salut de la Suède,
car elle était sur les bords de l'abîme. Le lecteur se rappelle, sans doute, que les deux
ordres des bourgeois et des paysans, pour
humilier la noblesse et le sénat, dont ils
avaient à se plaindre, en étaient venus à ce
point de confiance de remettre un pouvoir
très-étendu entre les mains de Charles XI.
Ce prince avait fait tourner au profit de l'É-
tat l'omnipotence qu'on lui avait accordée;
son fils, au contraire, avait sacrifié la Suède
pour soutenir des guerres, glorieuses sans
doute, mais qui, dans leurs résultats défi-
nitifs, lui avaient été funestes. Tous les ordres de l'État tombèrent d'accord pour établir
une réforme dans le gouvernement: les circonstances étaient favorables; Charles XII
n'avait jamais été marié: il est vrai que sa
sœur aînée feu la duchesse de Holstein
Gottorp avait un héritier; mais le sénat,
voulant reprendre son ancienne autorité, jeta
les yeux sur la princesse Ulrique Éléonore,
seconde sœur de Charles et épouse du prince
de Hesse; l'armée la reconnut comme souveraine. Les états-généraux, à peine réunis,
proclamèrent qu'ils allaient choisir un successeur au trône, et ils nommèrent la princesse Ulrique, qui leur donna ensuite l'assurance par écrit qu'elle se considérait comme
régnant uniquement en vertu de l'élection
libre des États. Ceux-ci la remercièrent

« d'avoir témoigné dans sa déclaration une
» aversion si juste et si raisonnable pour le
» pouvoir absolu, dont les effets avaient
» grandement affaibli le royaume et lui
» avaient fait un tort tel, que la ruine pres-
» que irréparable de tous les citoyens pou-
» vait en être la suite. Aussi, ajoutaient-ils:
» Nous, les conseillers et les états du royau-
» me assemblés, avons sérieusement et una-
» nimement résolu d'abolir entièrement un
» pouvoir arbitraire devenu si préjudicia-
» ble. » Il était à craindre que les états-généraux ne passassent d'un extrême à l'autre;
mais ils s'arrêtèrent dans une sorte de gouvernement qui fit échapper la Suède à tous les
désordres de la démagogie : elle connut seulement les troubles et les intrigues d'une
puissante aristocratie, jusqu'au jour où l'un
de ses monarques opéra une nouvelle révolution. Voici, au reste, d'après Scheridan,
une analyse fidèle de la *forme du gouvernement* proposée par les états, et adoptée par
Ulrique.

Cette constitution consistait en cin-
quante-un articles que la jeune reine, suivant l'écrivain anglais, devait adopter,
puisque son élection dépendait de son entier
acquiescement à tout ce que la diète jugerait à propos d'établir. « Les états étaient
» composés, comme par le passé, des
» quatre ordres des nobles, du clergé, des
» bourgeois et des paysans; ils devaient
» s'assembler tous les trois ans au milieu de
» janvier, ou plus souvent, si le roi, ou, en
» cas d'absence, de maladie ou de mort, le
» sénat, croyait nécessaire de les convoquer.
» Si le roi ou le sénat négligeait de les as-
» sembler au bout de trois ans, comme la
» loi le portait; ou si même la convocation
» ne se faisait pas pour le jour précis pris
» par les états à la dernière diète, ils avaient
» le droit de s'assembler eux-mêmes, et tout
» ce que le roi ou le sénat aurait fait dans
» l'intervalle, devait être regardé comme
» nul. Le temps fixé pour la durée de la diète
» était de trois mois; mais comme ses mem-
» bres avaient seuls le pouvoir de la dissou-
» dre, il dépendait d'eux de la prolonger
» autant qu'ils le jugeraient à propos. Les
» États, une fois assemblés, c'était en eux que

» résidait, dans le fait, la totalité du pou-
» voir suprême : l'autorité du roi et celle du sé-
» nat étaient suspendues ; ils cessaient d'avoir
» part à ce qui se passait, ou n'y participaient
» que pour apposer leur sceau, et mettre
» leur signature aux décisions de la diète,
» soit qu'elles leur agréassent ou non. Les
» états avaient, indépendamment du roi et
» du sénat, les mêmes pouvoirs que les deux
» chambres du parlement d'Angleterre ne
» possèdent que conjointement avec le roi.
» En tout temps le pouvoir législatif leur
» était réservé dans son entier : le roi et le
» sénat, qui n'y avaient aucune part, ne
» jouissaient même pas du droit de s'opposer
» aux résolutions de la diète qui attaquaient
» directement les droits royaux et sénato-
» riaux, dont la conservation dépendait ainsi
» uniquement de la modération d'une as-
» semblée populaire. Les États possédaient
» seuls le pouvoir de déclarer la guerre ou
» de faire la paix, et de changer le titre de
» la monnaie. Toutes les fois qu'il venait à
» vaquer une place de sénateur, ils présen-
» taient au roi trois sujets, parmi lesquels
» Sa Majesté était obligée d'en choisir un,
» de sorte que si un sénateur mourait dans
» l'intervalle de deux diètes, sa place ne
» pouvait être remplie qu'à l'assemblée sui-
» vante des États. Enfin ils étaient les maî-
» tres de démettre tout membre du sénat
» dont ils désapprouvaient la conduite, ou
» de lui accorder sa retraite s'il la deman-
» dait.

» On peut dire, ajoute Scheridan, que pen-
» dant la tenue de la diète le pouvoir exécutif
» résidait presque dans un certain nombre de
» personnes choisies dans les trois ordres de
» la noblesse, du clergé, et de la bourgeoi-
» sie, qui constituait ce qu'on appellait le
» comité secret. Il ne pouvait plus se trou-
» ver dans le sénat, puisque ce corps était
» comptable aux états de son administration
» pendant l'intervalle des diètes, et sus-
» ceptible d'être congédié ou blâmé. S'il eût
» pu être en possession du pouvoir exécutif,
» il aurait été forcé, dans ce cas, de se dé-
» truire lui-même. Quant au pouvoir judi-
» ciaire, les états s'attribuaient le droit de
» l'exercer quand bon leur semblerait, en
» évoquant à eux les causes pendantes aux
» cours ordinaires de justice pour les faire
» juger par une commission qu'ils nommaient
» eux-mêmes et qu'ils composaient de leurs
» propres membres. Rien ne pouvait être
» plus formidable, d'après le publiciste an-
» glais, ni plus propre à anéantir toute
» liberté, que cette cour qui, dans le fait,
» réunissait tout à la fois les puissances lé-
» gislative, judiciaire et exécutrice. Ce qui
» la rendait plus monstrueuse encore, c'est
» que, jugeant sur tous les crimes de haute
» trahison, elle était, en général, juge et
» partie en même temps. A l'expiration de
» la diète, le pouvoir exécutif était partagé
» entre le roi et le sénat, mais de manière
» que le prince n'y avait que très-peu de
» part ; il n'était distingué des sénateurs que
» parce qu'il avait deux voix, et qu'à éga-
» lité de suffrages, son opinion prévalait. Les
» personnes des sénateurs étaient sacrées
» dans tout ce qui avait rapport à leurs fonc-
» tions. La peine de mort était décernée à
» quiconque accuserait un sénateur de quel-
» que chose de diffamant, relativement aux
» fonctions de son office, à moins que l'ac-
» cusateur ne pût prouver légalement ce
» qu'il avait avancé (*Lois criminelles de
» Suède*, tome 5, ch. 2). Quiconque atta-
» quait de vive voix ou par un écrit un sé-
» nateur, en qualité d'homme public, était
» condamné à lui demander pardon publi-
» quement, et à payer une amende considé-
» rable.

Le sénat, ainsi que le remarque l'auteur que je cite, « avait tant d'influence sur
» la disposition de tous les emplois, au-des-
» sous du rang de sénateur, qu'il était en
» grande partie maître de conférer à son gré
» tous ceux qui étaient vacants. Enfin il était
» presque entièrement indépendant du roi, en
» ce qu'il avait le pouvoir de s'assembler
» sans son ordre, et de traiter en son absence
» les affaires les plus importantes de la na-
» tion. Il lisait, sans le consulter, toutes
» les dépêches des ministres étrangers, et
» ne lui laissait rien à faire que de signer
» des ordres donnés sans son consentement.
» Si tels étaient le pouvoir et l'autorité du
» sénat, il est évident qu'il en restait peu

» entre les mains du roi. Dans la réalité, il
» ne pouvait être considéré comme souverain
» lui-même; il ne pouvait être regardé que
» comme le représentant de la majesté des
» états, représentant trop limité par ses
» constituants pour avoir une volonté à lui;
» ou plutôt il semblait n'être qu'une poupée
» d'État, qui se montrait à certains jours de
» parade armée de tout l'attirail de la royau-
» té, pour en imposer au peuple et lui faire
» imaginer qu'il avait un roi. Nous avons
» vu qu'on ne lui accordait aucune part dans
» la législation, puisqu'il n'avait pas même
» de voix négative sur les propositions des
» états; il était conséquemment destitué de
» tout moyen de conserver en son entier le
» peu de priviléges qu'il avait trouvés an-
» nexés à la couronne; il ne pouvait ni lever
» des troupes, ni équiper des flottes, ni bâtir
» des forteresses, sans le consentement des
» états; il ne pouvait faire ni la guerre ni
» la paix, ni former des alliances et conclure
» des traités de sa propre autorité : il dé-
» pendait de chaque diète pour les revenus
» nécessaires à sa dépense ordinaire, et ils
» étaient accordés avec tant d'épargne que le
» superflu de ses finances ne le mettait cer-
» tainement pas en état de regagner, par son
» crédit, ce qui lui manquait du côté du
» pouvoir.

» Les précautions des états empêchaient
» également que la couronne pût jouir
» de l'un ou de l'autre; le roi n'était
» pas maître de disposer des emplois les
» moins importants, et il y eut un temps
» où il ne pouvait pas même renvoyer un do-
» mestique qui l'aurait offensé. Telles furent
» les bornes prescrites au pouvoir de la cou-
» ronne que venait de porter Charles XII.
» Le peu de prérogatives qui restaient au roi
» se réduisait à ce qui suit : 1° l'office de
» roi était héréditaire, tous les autres offices
» ne l'étaient pas en Suède; 2° il avait la
» souveraineté ou la prééminence avec toute
» la pompe extérieure, et les décorations de
» la majesté; 3° sa personne était sacrée,
» de manière que quiconque lui manquait
» de respect, par écrit ou de vive voix, en-
» courait la peine de mort; 4° il était l'uni-
» que source visible des honneurs, c'est-
» à-dire que lui seul pouvait créer des comtes
» et des barons, ou introduire de nouveaux
» membres dans la chambre des nobles; mais
» il était bien restreint dans l'exercice de ce
» droit par l'un des articles contenus dans la
» *forme de gouvernement*; 5° seul, il pou-
» vait faire grâce à un criminel après que sa
» sentence avait été prononcée; cependant le
» sénat était autorisé à le dissuader de faire
» usage de sa prérogative, et cette autorisation
» suffisait pour infirmer les résolutions de
» Sa Majesté dans ces occasions; 6° enfin,
» le roi avait, comme on l'a déjà observé,
» deux voix dans le sénat. Telle fut la forme
» de gouvernement établie en Suède, lors-
» que Ulrique-Éléonore y succéda à son frère
» sur le trône. »

Les événements qui vont passer sous les yeux du lecteur prouveront jusqu'à la dernière évidence tous les vices d'une pareille constitution; aussi périt-elle dans le siècle même où on l'avait vue naître. La princesse Ulrique-Éléonore, après avoir ceint la couronne, le 17 mars 1720, fit nommer roi son mari, Frédéric de Hesse-Cassel, qui accepta la nouvelle *forme de gouvernement*. Les guerres de Charles XII, je ne saurais trop le répéter, avaient ruiné de fond en comble la Suède; pour conserver les derniers débris de sa puissance, elle avait besoin de la paix. L'Angleterre, qui comprenait de quelle utilité il était pour le maintien de l'équilibre dans le nord de l'Europe que le royaume jadis gouverné par Gustave Vasa et ses descendants ne disparût pas complétement de la carte, entra en arrangement avec la Suède. Celle-ci céda, moyennant un million d'écus, les duchés de Brême et de Verden à l'électeur de Hanovre; cette somme servit d'allégement à la détresse générale. Frédéric-Guillaume I. roi de Prusse, avança de son côté deux millons d'écus; il obtint en retour la forteresse de Stettin, la propriété de la Poméranie antérieure jusqu'à la Peene; on lui livra en outre les îles d'Usedom et de Vollin. Le Danemark restitua toutes les conquêtes qu'il avait faites, reçut à titre d'indemnité 600,000 écus, et renonça à l'exemption du péage établi sur le Sund. Mais Pierre-le-Grand, fort de tous ses avantages, imposa la cession à la Suède [1721] de la Livonie, de l'Esthonie, de l'Ingrie, et d'une portion de la Finlande et de la Carélie ; il donna en retour deux millions d'écus. Le royaume, comme on le voit, fut forcé à vendre ses dépouilles pour vivre ; comme un particulier qui pour garder une partie de ses biens vend l'autre. Le résultat des conquêtes de Charles XII, je ne saurais trop le répéter, fut que la Suède se trouva dans l'impossibilité de pouvoir agir seule ; elle dut se mettre à la suite des puissances de premier ordre, et par conséquent leur demander des subsides.

Si le cabinet de Stockholm eût obéi à une impulsion unique et régulière, il aurait pu, avec le temps, remonter à sa place primitive ; mais la nouvelle constitution, tout en reconnaissant la royauté, lui avait ravi jusqu'au pouvoir du bien, et comme dans toute espèce de société il faut que l'action gouvernementale se rencontre quelque part, elle fut disputée et passa successivement à deux factions appartenant à l'aristocratie. La première, dirigée d'origine par un Suédois, appelé Gillenborg, fut appelée les *chapeaux*; la seconde, qui reconnut d'abord pour chef Horn, reçut l'appellation des *bonnets*. Dans les premiers temps, les *chapeaux* se montrèrent dévoués à la France, et les *bonnets* à la Russie. Les intrigues de ces deux partis, dans lesquels se rencontraient une multitude de nuances politiques, variant quelquefois à l'infini, décidèrent tour-à-tour du sort du royaume. Les limites étroites où je suis renfermé ne me permettent pas d'entrer dans les détails de tant de menées, aujourd'hui sans aucune importance, et qui trouvent tout au plus leur place dans des mémoires particuliers. Je m'attacherai seulement aux faits principaux, ils suffiront pour faire comprendre avec quel ménagement et quelle prudence il faut toucher aux bases d'une constitution, et qu'un peuple peut tout aussi bien périr par la puissance illimitée de l'aristocratie que par les excès du pouvoir absolu ou la violence de la démocratie.

La Suède était depuis quatorze ans en paix avec la Russie, lorsque le cabinet de Versailles obtint, grâce à un subside annuel de 300,000 écus, que le royaume ne ferait aucune alliance sans l'agrément de la France. Trois années après, en 1738, le comte de Horn, chef des *bonnets*, et qui désirait que la paix fût maintenue, renonça aux affaires, dans la crainte de prochaines hostilités (1). Les *bonnets* furent chassés en masse du sénat, où les *chapeaux*, c'est-à-dire les instigateurs de la guerre, prirent leur place. Une foule d'intrigues se croisèrent, et on n'entra en guerre avec la Russie que le 4 août 1741 ; les Suédois furent vaincus le 3 septembre 1741 à Villmanstrand. L'impératrice Élisabeth, sans se laisser enorgueillir par cette victoire, proposa la paix ; le cabinet de Stockholm ne voulut pas l'accepter ; on recourut de nouveau aux armes, et les Suédois, enveloppés par les Russes, mirent bas les armes le 20 août 1742 : on était menacé de perdre la Finlande tout entière. Mais le roi, Frédéric de Hesse-Cassel, n'avait pas d'enfants ; l'impératrice accorda la paix, à condition que le monarque aurait pour successeur Adolphe-Frédéric de la maison de Holstein, qui, par les femmes, descendait de Charles IX ; elle exigea en outre quelques cessions de territoire et qu'on remît entre ses mains les forteresses de Villmanstrand, de Frederikshamm et de Nyslat. Le cabinet de Stockholm s'estima trop heureux d'accepter une pareille paix ; mais le sénat, voulant mettre de son côté l'opinion publique, fit trancher la tête aux généraux Buddenbrock et Lovenhaupt. Il est à remarquer que si des circonstances heureuses ne fussent venues au secours de la Suède, l'impératrice Élisabeth aurait pu faire peser sur le royaume tout le poids de sa vengeance Frédéric de Hesse-Cassel, à la suite d'un règne de vingt-un ans, où il avait plutôt obéi que commandé, rendit le dernier soupir le 25 mars 1751, à l'âge de soixante-seize ans. On doit à ce prince la fondation de l'académie de Stockholm, dont il donna la présidence à l'illustre Linné ; il promulgua enfin

---

(1) C'est dans cette occasion, et à cause de leur amour pour la paix, que les partisans du comte de Horn furent surnommés *les bonnets de coton*.

un code civil, qui, aujourd'hui encore, a force de loi. Le sceptre, comme il avait été décidé, passa, sans aucune difficulté, entre les mains d'Adolphe-Frédéric de la maison de Holstein.

ADOLPHE-FRÉDÉRIC.

Il entre dans l'esprit d'un corps aristocratique, composé d'un nombre plus ou moins considérable de citoyens, de pousser non-seulement à la conservation de ses priviléges, mais encore à leur extension. Un prince cède à ses penchants ou aux mauvais conseils qui lui sont donnés par ses ministres : plus d'une fois, et pour obtenir des subsides, il sera bon marché de ses prérogatives ; il se trompera ou on le trompera. Il n'en est pas de même d'un corps aristocratique, dont tous les membres ont un intérêt commun ; aussi ce que l'un n'aperçoit point n'échappe pas à l'autre : bref, à force de tenir à ses priviléges particuliers, un corps empiète sur les prérogatives royales. C'est là un des inconvénients de l'aristocratie. Le roi Adolphe-Frédéric non-seulement dut se soumettre à la forme de gouvernement établie en 1721, mais on diminua encore le peu de pouvoir qui lui restait. Trois femmes dirigeaient en 1755 la France, l'Autriche et la Russie ; l'une était madame de Pompadour, l'autre Marie-Thérèse, et la dernière l'impératrice Élisabeth ; elles ne respiraient que pour se venger du roi de Prusse, qui leur avait prodigué force épigrammes. Le monarque placé sur le trône de Gustave Vasa était devenu l'époux d'Ulrique Éléonore, sœur du grand Frédéric (1). Cette princesse ne voulait pas contribuer à la ruine de la Prusse ; d'un autre côté, les états généraux en Suède lui attribuaient le dessein de rétablir le pouvoir absolu. On touchait à l'année 1756, et la diète, qui fut alors convoquée, était remplie d'hommes appartenant à la faction des *chapeaux*. Ulrique-Éléonore, réduite à la nécessité de se défendre, se rapprocha du parti des *bonnets*, et, pour être plus sûre de les gagner, elle fit mettre en gage ses diamants à Hambourg. Les *cha-*

(1) Alors roi de Prusse.

peaux, qui étaient en majorité dans les états, arguèrent d'un article inséré dans un règlement de 1723, et en vertu duquel ils soutenaient avoir le droit de prendre connaissance tant des immeubles que des diamants de la couronne. La reine, profondément blessée, établit une distinction entre les diamants que son mari lui avait fait donner par son ambassadeur à Berlin, et ceux qui étaient la propriété particulière de la couronne. Elle écrivit en conséquence au sénat une lettre où se trouvait le passage suivant : « La mesure
» qui vient d'être prise semble faire supposer
» quelque méfiance de la part des états ; je
» dois donc déclarer que je suis dans
» l'intention de séparer mes diamants de ceux
» de la couronne, qui seront remis aux états ;
» car désormais je serais humiliée de les
» porter. » Les états adressèrent aussitôt au roi des remontrances : je donnerai l'analyse de cette pièce, qui fera connaître au juste la nature des priviléges auxquels prétendaient alors les représentants du peuple suédois. « Les états-généraux du royaume ne peuvent
» dissimuler plus long-temps à votre ma-
» jesté ce qu'ils n'ont pu s'empêcher d'ob-
» server, savoir : que la reine ne regarde
» pas les États sous le point de vue où ils
» doivent être considérés, c'est-à-dire
» comme ayant eu main le pouvoir..... La
» reine est venue dans ce royaume pour être
» l'épouse de votre majesté, et non pas pour
» aggraver le poids du gouvernement. Ce
» poids doit être porté d'autant plus aisé-
» ment par un roi aussi gracieux et aussi
» juste, que votre majesté possède le plus
» haut degré de pouvoir, et que sa plus sûre
» récompense est dans le cœur de ses sujets.
» Lors donc que d'autres personnes suivent
» une route qui s'écarte des engagements
» qu'a contractés V. M. devant Dieu et le
» royaume, et qui, par conséquent, s'éloi-
» gnent de nos vues et de nos intentions, elles
» tendent ou à introduire deux gouverne-
» ments dans le royaume, l'un s'appuyant
» sur les lois, et l'autre les méconnaissant ; ou
» à rendre le roi étranger à la constitution, et
» à anéantir le pouvoir des lois. Rien ne pa-
» raît devoir être plus contraire à l'attente
» des états que la déclaration de la reine

» donnée par écrit, dans laquelle sa majesté
» dit qu'elle regarde le désir du comité se-
» cret, de faire la visite des diamants, comme
» une marque de défiance, et conclut en ces
» termes : QU'ELLE SE CROIRAIT HUMILIÉE
» DE LES PORTER DÉSORMAIS. Il n'est ni
» dans les usages, ni dans la forme de notre
» gouvernement qu'aucune communication
» ou correspondance ait lieu entre la reine
» et les états ; mais quand les états n'ont
» rien fait pour s'attirer de pareilles expres-
» sions de la part de S. M., et qu'il leur
» tombe entre les mains un écrit contenant
» un mépris si manifeste du gouvernement,
» il ne convient plus à leur dignité de gar-
» der le silence..... Les états ne souhaitent
» pas que votre majesté change de sentiment
» à l'égard de la reine, mais que la reine
» en change à l'égard du royaume. » Évidemment les états avaient tort en la forme
et au fond ; les diamants donnés par le roi,
et en son nom, à Ulrique-Éléonore, étaient
bien sa propriété particulière ; elle pouvait donc en disposer à son gré ; il lui était
également permis, ainsi qu'à son royal
époux, de s'attacher au parti des BON-
NETS comme à celui des CHAPEAUX. Néanmoins Adolphe-Frédéric, dans la réponse
qu'il transmit aux états, tenta d'atténuer
quelques expressions de la lettre de sa compagne, en persistant, d'ailleurs, à la justifier
relativement à la propriété des diamants
dont il lui avait fait don. Les états adressèrent de nouvelles remontrances au roi, dans
lesquelles je lis le passage suivant : « Les
» états prient V. M. d'être seule le maître
» dans sa cour et roi de son royaume ; et
» enfin ils la supplient humblement de faire
» cesser toute correspondance ultérieure, tant
» sur ce sujet que sur tout autre sujet sem-
» blable. »

Les états poussèrent bientôt plus loin leurs
usurpations dans l'intérieur de la famille
royale ; ils enlevèrent à l'héritier de la couronne le gouverneur et le sous-gouverneur qui
lui avaient été donnés par son père, et choisirent
eux-mêmes tous les personnages qui devaient diriger l'éducation du jeune prince.
Cédant toujours à la faction des *chapeaux*, les
états exigèrent que le nom du roi fût apposé
dorénavant au moyen d'une estampille,
toutes les fois que sa signature ne suivrait
pas la première ou la seconde réquisition du
sénat. Le monarque dut se résigner encore
cette fois à l'obéissance. Mais pendant que
les états dégradaient la majesté royale, le
parti des *bonnets*, en proie aux persécutions
de ses adversaires, les *chapeaux*, forma un
complot, qui avait pour chefs principaux le
comte de Brahé, le baron de Horn et le maréchal de la cour. Le but de cette conjuration
était de rendre au monarque le pouvoir dont il
avait besoin pour gouverner la Suède. Mais
un traître alla tout dénoncer ; Horn et six
de ses complices furent jugés par des membres appartenant aux états, c'est-à-dire par
leurs ennemis ; aussi furent-ils condamnés à
mort et exécutés, malgré les prières et les
larmes du roi et de la reine. La Suède, entraînée par le parti dominant, compta parmi
les puissances qui firent la guerre au roi de
Prusse. Le sénat, devenu le pouvoir exécutif
de la nation, voulut s'immiscer jusque dans
les derniers détails des opérations militaires ;
celles-ci échouèrent, et le royaume se trouva
obéré d'une nouvelle dette s'élevant à vingt
millions d'écus. Tant de fautes éloignèrent
l'opinion publique des membres de la faction des *chapeaux*, et, dans la diète de 1765,
les bonnets, après vingt huit années de défaites, virent enfin la majorité leur revenir,
grâce aux subsides de l'Angleterre et de la
Russie. Ils voulurent d'abord que leur triomphe profitât à l'autorité royale ; mais la
cour, qui avait dépensé tout l'argent donné
par les cabinets de Saint-James et de Saint-
Pétersbourg, forma de nouvelles liaisons
avec la France, qui était attachée au parti
des *chapeaux*, si hostile aux prérogatives de
la couronne. Ce qui explique, au reste, une
pareille conduite, c'est que le monarque espérait recevoir des subsides du roi Louis XV.
Il arriva que, par un de ces coups de théâtre
qui surprennent dans les assemblées délibérantes, la majorité, dans la chambre des nobles se prononça tout à-coup en faveur des
chapeaux ; alors les ambassadeurs d'Angle
terre, de Russie et de Prusse recoururent aux
moyens de corruption, et les *bonnets* retrouvèrent la majorité. « Il n'y a peut-être pas, »

dit un historien moderne, « un exemple plus
» frappant d'une corruption aussi générale
» et aussi éhontée.... On craignait alors si
» peu de se montrer à découvert que, quel-
» que temps avant la réunion d'une diète, on
» proposa publiquement de prendre tout
» l'argent qui serait offert, et de voter en-
» suite suivant sa conscience. » Les membres de la faction des *bonnets*, irrités des
liaisons que la cour entretenait avec la France,
voulurent, à leur tour, restreindre le très-petit
nombre de prérogatives qui restaient à la
couronne. Le roi entreprit à son tour de se
délivrer du parti des *bonnets*, et on l'accusa
même d'avoir chargé un nommé Hoffmann
de provoquer une insurrection ; mais ce dernier ne réussit pas, et fut livré, avec deux
de ses complices, à la mort. Je passe ici sous
silence une foule d'intrigues, dénuées aujourd'hui de toute espèce d'intérêt, pour arriver à une péripétie : le roi menaça d'abdiquer la couronne ; il fit même partir l'héritier du trône, son fils Gustave, pour un long
voyage dans diverses provinces de la Suède,
voyage dans lequel le jeune prince sut conquérir tous les cœurs.

Sur ces entrefaites, le comte de Lovenhielm, qui était à la tête du parti des *bonnets*, mourut ; les membres de la faction des *chapeaux* résolurent de profiter de cette circonstance, et Frédéric refusa d'apposer sa signature à une pièce émanée du sénat : le prince fit transmettre en même temps une missive à cette assemblée pour l'inviter à réunir une diète extraordinaire, afin d'apporter un terme aux maux qui désolaient la Suède. « Si le sénat, » ajoutait le monarque,
« s'obstine à refuser la convocation, je suis
» forcé de déclarer que dans ce cas je renonce
» au fardeau du gouvernement, que les lar-
» mes de tant de mes malheureux sujets et
» la décadence de mon royaume me rendent
» insupportable, me réservant, lorsque mes
» fidèles conseillers des états seront assem-
» blés, de leur exposer les raisons qui me
» portent à me démettre du gouvernement.
» Jusqu'à ce moment, cependant, je défends
» très-strictement qu'il soit fait usage de
» mon nom dans les résolutions du sénat. »
Après avoir obtenu divers délais, le sénat,
grâce à la résistance qu'il rencontra dans les
diverses administrations du royaume, qui
refusèrent de lui obéir ; le sénat, dis-je,
fut réduit à indiquer le 19 avril suivant
pour la convocation des états-généraux.
A l'ouverture de l'assemblée, les membres
de la faction des *bonnets* se trouvèrent en
minorité pas un d'entre eux ne fit partie du
comité, et Fersen, l'un de leurs adversaires,
fut élu maréchal de la diète. Les *chapeaux*,
formant la majorité, auraient dû, suivant
l'habitude, abuser de leur force : mais ils
étaient eux-mêmes divisés en deux fractions,
le *parti de la cour*, qui désirait rendre au
roi un pouvoir sans bornes, et le parti appelé
des *vieux chapeaux*, qui n'aurait voulu
pour rien au monde attaquer la constitution
actuelle à sa base. Néanmoins la majorité
s'entendit pour chasser les sénateurs qui
avaient été nommés par la dernière diète, et
pour rendre leurs places à ceux qu'elle avait
expulsés [1770]. D'un autre côté, la chambre des nobles présenta une adresse de remercîment à Frédéric, qui, par sa fermeté,
avait forcé le sénat à convoquer une nouvelle diète. Les choses étaient en cet état,
lorsque le roi rendit le dernier soupir, le
12 février 1771, à l'âge de soixante-un
ans.

GUSTAVE III.

Ce prince était à Paris, et assistait à une
de ces brillantes représentations que donnait
alors le Théâtre-Français, lorsqu'il apprit
la nouvelle de la mort de son père. Après
s'être concerté avec Louis XV, il quitta
Versailles, rendit une visite, à Berlin, au
grand Frédéric, son oncle, et arriva à
Stockholm, dans l'année 1771. Une grande
pensée occupait l'esprit du nouveau monarque : c'était de rendre le royaume à la
liberté, en brisant le joug de l'odieuse oligarchie sous laquelle il gémissait. Mais pour
réussir dans un aussi généreux dessein, il
fallait joindre à l'habileté la plus profonde
toutes les apparences d'une grande modération. Gustave s'attacha d'abord à gagner le
cœur des habitants de la capitale. « Trois
» fois par semaine il donnait régulièrement

» audience à tou ceux qui se présentaient.
» Ni le rang, ni la fortune, ni le crédit n'é-
» taient nécessaires pour avoir accès auprès
» de lui ; il suffisait d'être opprimé ou d'a-
» voir quelque sujet légitime de se plaindre.
» Il écoutait les derniers de ses sujets avec
» la dignité d'un souverain, et avec la ten-
» dresse d'un père (1). »

Une diète fut réunie le **13 juin 1771**, et lorsque tous les pouvoirs furent vérifiés, et que les membres des quatre ordres se présentèrent par députation à l'audience du roi, il adressa la réponse suivante aux membres appartenant à l'ordre de la noblesse.... « Le » onheur du roi est si intimement lié à ce-
» lui de la patrie et de la noblesse, que vous
» devez être assurés que je ne négligerai
» rien de ce qui peut contribuer au vôtre.
» Ma première attention sera de maintenir
» les lois et la liberté de mon peuple ; de
» préparer, de fortifier et d'augmenter leur
» union. Descendant d'un gentilhomme sué-
» dois, qui mérita la couronne pour avoir
» éteint le feu de la discorde, et délivré son
» pays des chaînes étrangères, je ne puis te-
» nir le sceptre à un titre plus noble, ni
» donner de plus fortes preuves de la droi-
» ture de mes intentions qu'en m'attachant
» à suivre ses traces. » Il était indispensable au roi d'entraver l'action de la diète ; il mit l'ordre de la noblesse dans ses intérêts relativement à la forme que devait recevoir l'*acte d'assurance* que signerait Gustave III. La noblesse soutenait que l'acte d'assurance devait être identiquement le même que celui qui, dans l'année **1751**, avait été signé par le feu roi. Les trois autres ordres insistaient pour qu'on mentionnât dans l'*acte d'assurance* toutes les lois introduites depuis. Ces contestations durèrent huit mois, pendant lesquels la diète resta inactive ; une fois d'accord sur ce point, on s'occupa du renouvellement du sénat. Le comité secret, pris dans l'ordre des bourgeois, se déclara l'adversaire des sénateurs, qui, à l'entendre, avaient abusé de la confiance des états ; grâce aux manœuvres de Gustave et de ses partisans, les autres ordres appuyèrent la déposition des sénateurs. Dès ce moment, les *bonnets* l'emportèrent ; les *chapeaux*, de leur côté, se voyant tombés au pouvoir de leurs ennemis, se rapprochèrent du roi, qui leur promit d'être leur protecteur. L'ancien sénat étant déposé, il fallut en nommer un autre ; le roi laissa traîner en longueur cette affaire, qui arrêtait aussi toutes les opérations de la diète, et il profita de ce repos, dont il était l'auteur, pour réunir à Stockholm un corps de cent cinquante officiers, qu'il devait, disait-il, exercer à des manœuvres militaires. Ce fut là pour Gustave un commencement de garde noble, c'est-à-dire, d'hommes qui lui furent exclusivement dévoués.

Je dois maintenant ajouter que l'opinion publique appelait de tous ses vœux un changement ; mais il fallait en outre la rencontre d'une circonstance particulière favorable au roi. Une disette de blé désolait la Suède ; les amis de Gustave attribuèrent ce fléau aux mauvaises mesures prises par les états : en vain avaient-ils fait envoyer de grandes quantités de froment aux gouverneurs des provinces, ceux-ci, dévoués à la cour, n'avaient ordonné aucune distribution. De là naquit un mécontentement général : bientôt des libelles, distribués dans les lieux publics de Stockholm, appelèrent toutes les classes à la révolte. Les membres de la faction des *bonnets*, s'effrayant, sommèrent le comité secret de prendre des mesures de salut public ; mais le maréchal, qui était un des partisans de Gustave, refusa de convoquer le comité. Déjà le roi était sûr de la garnison de la capitale ; restait à gagner les régiments en garnison dans les provinces. Les frères de Gustave, sous divers prétextes, entreprirent des voyages dans la Scanie et dans l'Ostrogothie, où ils parvinrent à séduire les soldats. Mais il était défendu, par les lois, aux princes d'intimer des ordres aux troupes, et il fallait bien cependant rassembler un certain nombre de soldats pour frapper le derniercoup. Lorsque tout un peuple est d'accord afin d'opérer une révolution, on découvre tôt ou tard un moyen d'attaque, en conservant d'ailleurs les apparences. Le **18 août 1772**, le capitaine Hellichius, qui comman-

---

(1) Sheridan, *Histoire de la dernière révolution de Suède.*

dait à Christianstadt, fit paraître la proclamation suivante : « Afin d'instruire les citoyens du véritable motif des mesures qui ont été prises pour mettre cette ville et la forteresse en état de défense, et pour y établir une garde suffisante, on déclare par ce manifeste qu'on a été forcé à cette démarche parce que des *gens, par ruse et par violence, et aux dépens des lois et du peuple*, ont osé porter injustement le *nom d'états du royaume de Suède*. Ils ont encore exercé un pouvoir tyrannique; ils se sont écartés des lois du royaume, et ils ont outragé la justice; ils ont exclu l'honnêteté de leurs actions et favorisé des vues étrangères. En se livrant à ces excès, ils n'ont pris aucune précaution pour *prévenir la disette des grains*, et la misère qui opprime et afflige la plus grande partie du royaume; ils n'ont pris aucune mesure pour procurer les ressources nécessaires, et pour favoriser le commerce et la circulation de l'argent. Les forteresses n'ont point été réparées et sont restées sans défense : le royaume est sur le penchant de sa ruine; il n'y a aucune sûreté ni pour l'État en général ni pour les particuliers. La réputation, l'honneur et les biens des citoyens sont en danger. On a porté les plus violentes atteintes au pouvoir juste et légitime du roi; l'obéissance, les devoirs, les égards même, dus à sa majesté, tout a été violé. Dans ces circonstances, la garnison de cette ville et de cette forteresse, considérant que cette manière de gouverner tend au *pouvoir illimité*, auquel *tout citoyen* est obligé de s'opposer, en vertu de son serment et de ses engagements envers la patrie, refuse de déférer et d'obéir aux soi-disant états; elle regarde et déclare tout ce qu'ils ont fait comme nul et non avenu, et pour porter remède à tant de maux, elle est déterminée à persister dans le parti qu'elle a pris de ne mettre bas les armes que lorsque l'État sera rentré dans la forme qu'il doit avoir. Braves Suédois, l'ouvrage est enfin commencé! Rappelez-vous vos obligations envers le roi et la patrie; donnez des preuves de votre zèle, chacun dans l'état qu'il occupe : unissez-vous à nous, c'est le seul moyen qui nous reste pour sauver le royaume de sa chute, et peut-être du joug étranger dont nous sommes menacés. Nous protestons devant Dieu, et à la face de toute la terre, que nos intentions sont pures; elles tendent uniquement au bien de de la patrie, et *à rendre à Dieu ce qui est à Dieu, et au roi ce qui est au roi*. »

A la lecture de cette pièce, les réflexions se présentent en foule à l'esprit; on se demande d'abord que deviendraient les constitutions des peuples si des corps armés avaient le droit de s'en proclamer les juges souverains. Les prétextes ne manqueraient jamais alors pour ravir les droits les plus précieux. Sans doute les usurpations entreprises sur le pouvoir royal étaient flagrantes et elles allaient bientôt entraîner le prince et la monarchie dans un même abîme. Il était du devoir de Gustave III de tenter une révolution; mais il n'en faut pas moins regretter l'emploi qui fut fait du bras des soldats; c'est une de ces tristes nécessités qui amènent tôt ou tard la destruction de toute espèce de liberté. Le prince Charles, l'un des frères du roi, sous le prétexte d'étouffer la révolte, appela une foule d'officiers aux armes, et eut bientôt sous ses ordres cinq régiments. Le monarque, de son côté, parut témoigner la plus profonde surprise lorsqu'il apprit officiellement, de la part du sénat, l'insurrection du capitaine Hellichius, et il se mêla aux patrouilles nocturnes faites dans la nuit pour veiller à la sûreté de Stockholm : ce fut une nouvelle occasion pour lui de se rapprocher des bourgeois, qui lui étaient déjà si dévoués. Le sénat adopta diverses mesures de sûreté : il envoya le général Rudbeck pour ramener à l'obéissance la garnison de Christianstadt, et députa un sénateur qui devait se mettre à la tête des cinq régiments qui s'étaient ralliés au prince Charles. Le roi comprit qu'il n'avait pas un moment à perdre, et le 19 août 1772 il s'empara, suivi des officiers qui lui étaient dévoués, du parc d'artillerie, et investit du commandement de la garnison de Stockholm le comte de Hessenstein, fils naturel du roi Frédéric; mais celui-ci déposa son épée aux pieds de Gustave III, dont il était le frère naturel, et se déclara son prisonnier : c'était là un premier échec de fâcheux augure.

Le roi retourna sur-le-champ au château; au moment où il y arrivait la garde montante remplaçait celle du jour précédent. Il harangua les officiers, invoquant leur secours pour arracher la Suède à la ruine imminente qui la menaçait. Gustave était éloquent; il peignit sous les couleurs les plus vives la vénalité et la corruption, ces plaies dévorantes de l'État; il se défendit en outre, avec l'accent de la vérité, de tout dessein de rétablir le pouvoir absolu; il dit en terminant : « Je » suis obligé de défendre ma propre liberté et » celle du royaume contre l'aristocratie qui » nous opprime. Voulez-vous m'être fidèles, » comme vos ancêtres l'ont été à Gustave Vasa » et à Gustave-Adolphe? Alors je risquerai » ma vie pour votre bien et pour celui de ma » patrie!! » Les officiers, à l'exception de trois cependant, jurèrent de mourir pour lui. Le roi s'adressa, sans perdre de temps, aux soldats; ceux-ci hésitaient, lorsqu'un sergent les entraîna tous, en s'écriant : *Tout ira bien; vive Gustave!* Le monarque reprit aussitôt : « *Allons, je m'abandonne à la fortune.* » Pendant que les officiers réunissaient le régiment des gardes et celui de l'artillerie, la nouvelle se répandit dans Stockholm que le roi venait d'être arrêté. Les habitants s'empressèrent d'accourir au château, et voyant Gustave libre, le saluèrent de leurs acclamations. Les sénateurs, qui tenaient dans ce moment conseil, sortirent pour connaître la cause des acclamations qu'ils entendaient ; trente-six grenadiers se précipitèrent sur eux, les firent rentrer et les enfermèrent; tous les chefs du parti des *bonnets* furent en même temps arrêtés. Gustave, s'élançant à cheval, et entouré d'officiers, de soldats et d'une foule d'hommes qui appartenaient à toutes les classes de la société, fit prêter serment aux différents corps de la garnison; des cartouches furent distribuées, des pièces de canon établies aux portes du palais et sur tous les points importants de la capitale; bref, en moins de quelques instants, une révolution complète avait été opérée. « Ainsi, le roi » qui s'était levé le matin le prince le plus » limité de l'Europe, se rendit, dans l'espace » de deux heures, non moins absolu à Stock- » holm que le monarque français l'est à Ver- » sailles, ou le grand-seigneur à Constantino- » ple. Le peuple vit avec la plus grande satis- » faction le pouvoir d'une aristocratie, dont il » avait éprouvé toute l'insolence, transféré à » un roi qui possédait son amour et son af- » fection. »

Gustave, rentré en possession du pouvoir qui lui appartenait, montra qu'il en était digne, par le noble usage qu'il sut en faire : il pardonna non-seulement à ceux qui s'étaient déclarés ses ennemis, mais il les conserva encore dans les emplois lucratifs qu'ils avaient su obtenir sous le précédent régime. Ce prince réforma, en outre, une foule d'abus, introduisit de notables améliorations; et pendant six années fit les délices de la Suède. Mais il portait au plus haut degré l'amour de la magnificence et des arts, il dépensa des sommes considérables pour faire représenter des opéras (1), dont il composait lui-même les paroles ; il donnait aussi des fêtes somptueuses, auxquelles il invitait les principales familles de Stockholm. De pareilles dépenses, qui, dans un pays riche, auraient tourné au profit du pouvoir royal, devinrent funestes au souverain de la Suède, parce qu'elles le forcèrent à établir des impôts, entre autres sur les distilleries d'eau-de-vie, qu'il finit par monopoliser au profit particulier de la couronne. Gustave III, après avoir été rendre une visite à l'impératrice Catherine, lui déclara la guerre et envahit la Finlande Russe; mais un grand nombre d'officiers, et même des soldats, ne voulurent point combattre, sous le prétexte que le roi ne pouvait les engager dans une guerre, sans le consentement des états. De son côté, le prince de Danemark, allié des Russes, vint mettre le siège devant Gothembourg. Mais Gustave III, après avoir traversé à cheval quarante lieues de pays, au risque de tomber mille fois entre les mains des ennemis, pénétra dans les murs de Gothembourg et sauva cette ville, la seconde de son royaume, au moment où elle allait être

(1) On possède une traduction française du Théâtre de Gustave III, en cinq volumes. On a joint aux œuvres dramatiques du prince, les discours qu'il prononça dans diverses circonstances.

livrée par son gouverneur; il est juste d'ajouter que l'intervention anglaise vint au secours du monarque descendant des Vasa. Gustave, de retour à Stockholm, le 20 septembre 1788, fit comparaître devant un conseil de guerre les officiers finlandais, dont la trahison lui avait été si funeste; les uns subirent des peines afflictives, les autres furent condamnés à la prison, mais une seule goutte de sang ne fut pas versée.

Le roi convoqua ensuite, le 2 février 1789, une diète, dans laquelle il rencontra la plus vive opposition de la part des nobles. Il donna sur-le-champ ordre à des paysans dalécarliens de s'approcher de Stockholm; il réunit les ordres inférieurs, qui étaient hostiles aux gentilshommes, et fit arrêter un certain nombre de ces derniers; mais ceux qui étaient restés libres n'en persistèrent pas moins dans leur opposition. Alors, les bourgeois de Stockholm, se réunissant aux Dalécarliens, notifièrent aux nobles qu'ils allaient en faire un massacre général s'ils ne voulaient pas enfin adopter une loi qu'avait fait présenter Gustave III, et qui était appelée ACTE DE SURETÉ ET D'UNION. Il avait pour but d'accorder plus de latitude au ouvoir royal. Le monarque suédois, triomphant de tous les obstacles, recommença la guerre qu'il avait entreprise contre la Russie, et à la suite d'une victoire éclatante, remportée sur la marine russe, il signa la paix avec Catherine (1790). Sur ces entrefaites, la révolution française éclata, répandant l'épouvante dans les cours du Nord : l'impératrice de Russie assura des subsides à Gustave III s'il voulait déclarer la guerre aux novateurs qui préparaient la chute des trônes. Le roi, qui se rappelait les services que lui avait jadis rendus le cabinet de Versailles, s'empressa de se montrer le défenseur de Marie-Antoinette et de son époux ; il s'aboucha en conséquence, dans les murs d'Aix-la-Chapelle, avec les principaux chefs de l'émigration française (1791); mais il reçut l'avis que des Suédois, gagnés par des révolutionnaires français, devaient l'assassiner au moment de son retour. Cependant il revint en Suède, et réunit une diète, le 27 janvier 1792, à Gesle. Cette assemblée accueillit toutes les demandes du monarque, qui bientôt après reparut à Stockholm. Il assistait à un bal, lorsqu'il reçut dans les reins un coup de pistolet, tiré à bout portant par un officier appelé Ankarstroem. Cet homme fut entraîné, non pas par le fanatisme de la démocratie, mais par une sorte de rage aristocratique : il détestait Gustave III, comme violateur des droits de l'ordre de la noblesse, ordre auquel il appartenait. Le monarque, en proie à d'atroces douleurs, fit preuve du courage le plus héroïque, et rendit le dernier soupir le 29 mars 1792. Ankarstroem fut livré, pendant plusieurs jours, aux plus affreux supplices, qu'il supporta avec courage et résignation. Il faisait partie d'une association de conjurés, dont plusieurs vivaient dans l'intimité de Gustave III : le monarque devait donc tomber, un jour ou un autre, sous le fer des assassins, et ouvrir cette ère du régicide que la la fin du dix-huitième siècle devait marquer en traits sanglants.

J'ai déjà dépassé les limites où je devais me tenir ; je rapporterai donc en peu de mots les événements contemporains relatifs à la Suède, d'autant que je les ai déjà racontés ailleurs. Gustave IV, fils et successeur de Gustave III, après avoir osé entreprendre la guerre contre les deux potentats les plus puissants de l'Europe, savoir : Napoléon et Alexandre, se vit forcé, par ses sujets, à déposer la couronne. Une diète donna le titre de roi au duc de Sudermanie, oncle du dernier monarque, et choisit pour héritier de la couronne le prince Christian de Holstein. Ce dernier meurt avant le duc de Sudermanie, qui occupe le trône de Suède sous le nom de Charles XIII. Les états-généraux offrent alors la qualité de prince héréditaire à Jean-Charles Bernadotte, l'un des maréchaux de l'empire. Napoléon permet à son illustre lieutenant d'accepter cet héritage, et il devient prince royal. Le Nord tout entier se ligue contre le maître de la France : Bernadotte, désormais héritier de la couronne suédoise, marche, à la tête de ses compatriotes, contre les Français, au milieu desquels il est né : cette résolution dut coûter à son cœur. A la suite des victoires des coalisés, arriva l'heure du partage : la Suède reçut pour l'assistance qu'elle avait prêtée, l'ancienne province de la Norvége. Bernadotte règne encore [1839]. Doyen des monarques de l'Europe, il a un fils qui lui-même a des enfants mâles destinés à conserver un nom qui, après s'être illustré dans les guerres si glorieuses de la république française, a brillé au nombre des maréchaux de l'empire pour compter plus tard dans le catalogue des potentats.

FIN DE L'HISTOIRE DE LA SUÈDE.

LE MONDE

ou

HISTOIRE DE TOUS LES PEUPLES

DEPUIS LES TEMPS LES PLUS RECULÉS

JUSQU'A NOS JOURS.

HISTOIRE DU DANEMARK.

Dans des annales qui embrassent l'histoire de tous les peuples du monde, et où chaque ligne pour ainsi dire est comptée, il importe de mesurer la place suivant l'importance des événements. J'ai dû me renfermer dans des limites très-étroites, relativement au Danemark; car cette contrée n'a donné naissance, dans les temps modernes, à aucune de ces révolutions qui font époque, et n'a vu naître aucun de ces grands personnages qui changent la face d'un État, et font trembler tous ceux qui les entourent. D'un autre côté, le Danemark a déjà été mêlé au récit de l'histoire de Suède. Depuis quatre siècles il a pris une part plus ou moins au mouvement général de la politique européenne, et les parties les plus essentielles de son histoire ont passé sous les yeux du lecteur. Si j'étais donc entré dans de longs développements, je me serais exposé à des redites; cette fois la brièveté sauvera de l'ennui. Il me faudrait, au reste, des volumes entiers pour discuter seulement les fables et les hypothèses que l'imagination et la science des doctes ont produites, relativement aux origines des Danois. On les fait descendre des Cimbres, qui, après avoir inspiré la terreur à la république romaine, furent vaincus par l'illustre Marius. Odin se serait ensuite emparé du Danemark, qu'il aurait laissé à son fils *Sciold*, qui serait devenu le créateur d'une dynastie de dix huit princes appelés *Scioldungiens* ou *Skjoldungers*, c'est-à-dire descendants de *Skjold*, suivant l'orthographe des historiens qui ont converti *Sciold* en *Skjold*. Il faut maintenant savoir, que dans l'antique Scandinavie, « il y avait au- »tant de rois que de vallées, de montagnes »et de golfes. Chaque riche paysan, chaque »possesseur d'un nombreux troupeau s'ap- »pelait *Konung*, et fut reconnu comme »chef et protecteur par ses voisins plus fai- »bles. Ceux, parmi ces rois, qui avaient un »vaisseau, allaient pendant tout l'été piller »tout ce qu'ils rencontraient en mer; cela »était regardé comme un métier héroïque, »et ces rois corsaires conservèrent long- »temps une haute considération dans la Scan-

»dinavie» (1). Sciold ou Skjold, fils d'Odin, et comme je l'ai déjà dit, premier roi des Danemark, ne rangea sous ses lois que les îles. S'il faut s'en rapporter aux auteurs de l'histoire universelle (2), dès l'année seize de l'ère chrétienne, on comptait déjà vingt-cinq rois (3). Jusqu'au commencement du

(1) *Géographie mathématique, physique et politique de toutes les parties du monde*, par Metelle et Malte-Brun. *Description du Danemark*, par ce dernier.

(2) *Histoire universelle depuis le commencement du monde*, composée en anglais par une société de gens de lettres.

(3) Je dois faire ici remarquer qu'il s'agit d'une nouvelle généalogie dans laquelle on donne *Dan*, né en Zélande, comme premier fondateur du Danemark. Voici maintenant les noms des premiers successeurs de ce prince : *Humblus*, *Lother*, *Skioldo*, *Gram*, *Suibdager*, *Guthorm*, *Hadding*, *Froto* I, que d'autres appellent *Frode* ou *Frothon* I. Les vertus de ce prince le firent surnommer *Giffmild* ou *Généreux*. C'est sous son règne que les Scaldes, poètes nationaux, placent l'âge d'or du Danemark. Pour donner une idée de la certitude historique que présente ces règnes, je citerai le fait suivant : « A son avènement au trône, Frotho trouva le trésor si épuisé, qu'il fut hors d'état de payer aux soldats ce qui leur était dû. Pour remédier à ce mal, sans charger son peuple de nouveaux impôts, il attaqua un dragon, suivant la tradition, ou plutôt Draco, fameux pirate qui avait amassé de prodigieuses richesses dans des cavernes secrètes, qu'il défendait avec une troupe nombreuse de brigands déterminés. Draco fut tué, et tous ses trésors tombèrent au pouvoir du vainqueur. Il se vit alors en état d'exécuter les grands desseins qu'il avait conçus. » Il ne conquit rien moins que la Bretagne, l'Écosse, la Russie, la Poméranie, le Holstein, etc. Il eut pour successeur ses fils *Haldan*, *Roe* et *Helgo*.

Je me contente, maintenant que le lecteur est à même de juger de l'importance de ces rois, de transcrire purement et simplement leurs noms : *Rolfo* ou *Roolv*, *Holher*, *Roric*, *Slyngibond* I, *Vigleth*, *Guislach*, *Vermund*, *Olaüs* I, *Dan* II, *Hugleth*, *Frotho* II, *Dan* III, *Fridleff*, *Froto* III. Je crois, afin de ne négliger aucun document, devoir placer ici la liste des souverains qui ont régné sur le Danemark, liste que j'emprunte à un écrivain allemand. Mais j'avertis le lecteur qu'il est souvent impossible de faire concorder les dates de cette *liste* de rois, qui appartiennent à différentes maisons, avec les dates données, dans leurs ouvrages, par d'autres historiens très-accrédités. La chronologie ne présente de certitude qu'à partir seulement des derniers siècles de notre ère : il ne faudrait donc pas mettre sur mon compte des *différences* qui tiennent, soit aux ténèbres, soit aux doutes qui entourent les premiers âges de la monarchie danoise. Je ferai encore la remarque que l'orthographe des noms propres varie sans cesse.

neuvième siècle, à peine si le nom des Danois avait pénétré dans le midi de l'Europe, tant les communications entre certains peu-

Il y a plus : il est impossible de mettre d'accord entre eux les tableaux généalogiques des rois de Suède, de Danemark et de Norvége, relativement au nombre des monarques, ou de la date de leur règne. Toutes ces difficultés, il est vrai, se rencontrent à l'origine même de ces peuples; origine nécessairement entourée de fables et de contradictions.

LISTE DES ROIS DE DANEMARK ISSUS DE DIFFÉRENTES FAMILLES.

Odin, roi fabuleux, au quatrième siècle.
Gotfried, roi de la Iutlande méridionale, 810.
Hemming, 812.
Hérald Éric, son frère, co-régent, 813.
Gorm le-Vieux, 934.
Harald-Blaatand (aux dents bleues), 985 (7015).
Suen au Suénon, 1014 (1014).
Canut-le-Grand (1014-1015), 1036.
Hordacanut, 1036-1041.

II. MAISON D'ESTRITSON.

Suen-Estritson, parent de Hordacanut, de 1047 à 1076.
Harald, fils d'Estritson, de 1076 à 1080.
Canut-le-Saint, fils du précédent, de 1080 à 1086.
Olaf, frère du précédent, de 1086 à 1095.
Éric, frère du précédent, 1095 à 1103.
Nicolas, frère du précédent, de 1105 à 1134.
Éric II, neveu du précédent, de 1134 à 1137.
Éric III, neveu du précédent, de 1137 à 1147.
Valdemar-le-Grand, de 1157 à 1182.
Canut, fils de Valdemar, de 1182 à 1202.
Valdemar II, frère du précédent, de 1202 à 1241.
Éric IV, de 1241 à 1250.
Abel, frère du précédent, ee 1250 à 1252.
Christophe, frère du précédent, de 1252 à 1259.
Éric V, de 1259 à 1286.
Éric VI, de 1286 à 1319.
Christophe, de 1319 à 1326.
Interrègne, de 1326 à 1340.
Valdemar III, fils de Christophe II, dernier rejeton mâle de la race des Estritson, de 1340 à 1375.
Marguerite, fille de Valdemar II, de 1375 à 1412.
(Règnent en même temps qu'elle) :
Olaf son fils, de 1375 à 2387.
Éric, de la maison de Poméranie : Mecklembourg, fils adoptif de Marguerite, de 1396 à 1412.
Et seul, de 1412 à 1439.
Christophe III, le Bavarois, de 1440 à 1448.

III. MAISON D'OLDENBOURG.

Christian I, de 1448 à 1482.
Jean I, de 1481 à 1513.
Christian II, de 1513 à 1523.

IV. MAISON DE HOLSTEIN-SCHLEVIG.

Frédéric I, de 1523 à 1533.

ples étaient rares et difficiles! J'ai raconté ailleurs les longues guerres de Charlemagne, qui combattit en Espagne, et triompha, après les efforts les plus inouïs, des Saxons en Allemagne. « Ce grand prince menaça, » dit Malte-Brun, « Gotrik (chez les historiens des » Francs, Godofrid), qui était régent de Da- » nemark pendant la minorité du fils de » Regner. Le chef des Danois brava le vain- » queur de l'univers ; il saccagea quelques » provinces de l'Allemagne, et fit bâtir le » fameux rempart *Danevirke*, près l'Eider. » Mais son successeur, peut être son assas- » sin, se hâta de faire la paix avec l'empereur. » L'Eider fut fixé pour limite entre les deux » États. »

Charlemagne, dont le génie perçant savait sonder l'avenir, prévoyait tous les maux qu'après sa mort les Danois, ou pour mieux dire les pirates de la Scandinavie, devaient répandre sur l'Europe chrétienne. En effet, ce fut après la mort de ce prince que des essaims de courageux matelots, se confiant à la mer sur des barques fragiles, répandirent le meurtre et la désolation sur tous les points où ils apparurent. Il m'est impossible même d'indiquer les exploits les plus étonnants de ces hardis navigateurs, qui, après avoir commencé par le brigandage, prirent place parmi les souverains. Je dirai seulement que les Danois combattirent long-temps confondus avec leurs compatriotes de la Scandinavie, c'est-à-dire les Suédois et les Norvégiens. Les excursions maritimes du neuvième siècle appartiennent donc exclusivement aux hommes du Nord, *Normands*, appellation que les historiens des Francs emploient à titre de synonyme de celles de *Nord-Ljudi*. Pour peindre, au reste, la terreur inspirée par ces essaims de pirates, on inséra dans les litanies les mots suivants : *A furore Nor-*

Christian III, de 1533 à 1559
Frédéric II, de 1559 à 1588.
Christian IV, de 1588 à 1648.
Frédéric III, de 1648 à 1670.
Christian V, de 1670 à 1699.
Frédéric IV, de 1699 à 1730.
Christian VI, de 1730 à 1746
Frédéric V, de 1746 à 1766.
Christian VII, de 1766 à 1808.
Frédéric VI, de 1808 à 1839.

mannorum libera nos, ô Domine! Seigneur délivrez-nous de la fureur des Normands! Une révolution d'un autre genre, c'est-à-dire une révolution intérieure, mais de la plus haute importance, s'opéra dans le Nord au neuvième siècle : les petits rois, jusque là établis indépendants dans chaque canton, se soumirent aux monarques de Lethra et d'Upsal, ou en d'autres termes du Danemark et de Suède. Cependant le Danemark, à la suite du partage fait par le fils de Regner, vit surgir une foule de petits souverains qui rappelèrent l'anarchie des premiers temps. En réalité, ce fut sous Gorm ou Gormon, surnommé le Vieux, que naquit parmi les Danois une véritable monarchie.

Ce prince laissa pour successeur un fils, connu sous le nom de Harald-à-la-Dent-Bleue, qui soutint plusieurs guerres contre l'empereur Othon 1er. Vaincu sous les murs de Slesvig, le vainqueur lui donna la paix, à condition qu'il embrasserait la foi chrétienne. Dès ce jour les Danois entrèrent dans la route qui, plus tard, devait les mener à la civilisation. Mais si la plus grande partie des sujets de Harald quittèrent le paganisme, le fils de ce souverain se déclara le chef des adorateurs de l'ancien culte. Harald se sauva donc en Normandie ; mais, bientôt de retour, il livra une bataille à son fils, dans laquelle il fut tué d'un coup de flèche, à l'âge de quatre-vingt-dix ans.

Suénon 1er, surnommé Tveskjæg, détruisit les églises chrétiennes élevées par son père, et, reprenant le métier de pirate, débarqua dans le Northumberland, accompagné de soldats qui marchaient sous les ordres d'Olaüs, monarque de Norvége. Ces deux chefs ne quittèrent la Grande-Bretagne qu'après l'avoir livrée à un pillage universel, et encore fallut-il, pour hâter leur départ, leur donner des sommes considérables. Suénon vivait plein de sécurité, et au sein des douceurs de la paix, lorsqu'il tomba tout d'un coup captif entre les mains des pirates de Jomsborg Suivant les traditions du temps, ces derniers ne rendirent le roi de Danemark que lorsqu'il eut payé une rançon qui représentait son poids en or. Il semble impossible, au premier instant, que chez des peuples aussi pauvres que les Danois du onzième siècle, on pût trouver en si grande quantité le métal le plus précieux. Mais ces mêmes peuples, à la suite de leurs excursions maritimes, rapportaient sur leurs vaisseaux d'immenses richesses, fruit de leurs pillages. D'un autre côté, une sorte d'enthousiasme s'empara du beau sexe, et l'on vit les femmes danoises de tout âge, ainsi que les jeunes filles, sacrifier leurs bijoux pour compléter la rançon de Suénon. Ce prince ne fut pas ingrat, et il fit publier une loi qui assura aux femmes une part assez considérable dans les héritages de famille qui devaient leur échoir. Suénon aimait la guerre avec passion, et la faisait avec bonheur. On le vit triompher d'Olaf-Trigvason, dans l'an 1000. Cette bataille, connue sous le nom de Svolder, a laissé des traces dans la mémoire, parce que l'admiration contemporaine aperçut un vaisseau dont la longueur était de cent cinquante huit pieds.

Deux ans s'étaient à peine écoulés, que tous les Danois qui avaient fixé leur séjour en Angleterre furent massacrés. La nation entière réclama une vengeance éclatante, et une armée nombreuse débarqua sur le sol britannique. Le monarque qui régnait alors en Angleterre s'enfuit auprès du duc de Normandie, dont il était le beau-frère. La vengeance des Danois ne connut pas de bornes : après avoir massacré la population et incendié les villes, ils exigèrent que la plus grande partie des impôts entrât dans leurs mains. On donna à ce produit le nom de *danegelt*, argent des Danois. Enfin Suénon, après s'être emparé de la Grande-Bretagne, en fut reconnu comme roi l'an 1013; mais la mort l'enleva avant qu'il pût donner de profondes racines à son pouvoir. Il laissa pour successeur Canut, son fils, dont la jeunesse était sans expérience. Ce dernier, ne pouvant faire face à tous les périls de sa position, s'embarqua pour le Danemark : une foule de jeunes guerriers s'empressèrent sous ses drapeaux; il résolut alors de rentrer en possession des conquêtes dues au courage de son père. Mais le trône de la Grande-Bretagne était alors occupé par Edmond, que sa brillante valeur fit surnommer *Côte-de-Fer*. Une lutte sanglante s'engagea entre les deux princes; sa durée fut de deux ans. Vainqueur à Norwich et à Ashdon, Canut resta l'arbitre suprême des destinées de l'Angleterre, et, ne se laissant pas enivrer par ses triomphes, il donna à son rival la partie méridionale de la Grande-Bretagne. Mais Edmond tomba bientôt sous le fer d'un assassin armé par le traître Eldrik Saréon. Canut, devenu seul roi de la Grande-Bretagne 1017, s'attacha les Anglais par la douceur de son gouvernement, et il confondit en un seul peuple les vaincus et les vainqueurs. On le vit encore, à force d'adresse, se concilier l'affection du duc de Normandie, oncle des deux enfants de l'avant dernier monarque, et qui, pour soutenir leurs droits, voulait entreprendre la guerre. Après s'être montré aussi habile politique, Canut aspira au titre de législateur : il apporta d'heureuses améliorations aux lois saxonnes et fit paraître le *Code de la cour*, qui avait pour but de prévenir les duels, alors si fréquents entre les nobles et les officiers de la maison royale. Canut voulut agrandir ses États; il se rendit en conséquence maître d'une partie de l'Écosse, tandis que ses généraux enlevaient la Norvége à Olaf-le-Saint. Cependant les Danois se fatiguèrent d'être privés de la présence de leur roi; ils crurent reconnaître dans les soins qu'il prodiguait aux habitants de la Grande Bretagne une sorte d'attachement exclusif : à les entendre, Canut préférait les vaincus aux vainqueurs. Le monarque débarqua en Danemark, et fit taire toutes les plaintes. Dans les dernières années de sa vie, il fit élever un grand nombre d'églises et de monastères; le clergé catholique lui en témoigna sa reconnaissance, même au-delà du tombeau. Ce prince mourut en 1036. On prétend qu'il jeta les premières bases de la féodalité en Danemark. En effet, il admit seulement dans sa garde les fils des plus riches propriétaires, qui, plus tard, servirent exclusivement dans la cavalerie. Au bout d'un certain nombre d'années, ils recevaient des portions de territoire : devenus redoutables avec le temps, ils exigèrent ces droits et ces prestations qui, au moyen-âge, constituèrent le système féodal.

COSTUMES DES HABITANS DE COPENHAGUE AU XVIIe SIÈCLE.

Canut, à sa mort, laissa deux fils, entre lesquels il partagea l'Angleterre et le Danemark. Ces princes sont connus dans l'histoire sous les noms de Harald et de Hordacanut. Le premier régna sur l'Angleterre, le second sur le Danemark. Hordacanut, que quelques historiens appellent Hardi-Canut, tenta la conquête de la Norvége, qui avait alors pour roi Magnus. Mais les annales de ces temps ne recèlent que des faits d'une nature extraordinaire. Ainsi les deux armées des deux monarques auraient été à peine en présence l'une de l'autre que, d'un commun accord, elles auraient suspendu l'attaque, pour laisser le temps à Hordacanut et à Magnus de signer un arrangement qui accordait au survivant le droit de régner sur les deux royaumes, ou, en d'autres termes, sur le Danemark et la Norvége. Hordacanut rendit le dernier soupir en 1041. Déjà son frère, Harald, roi de la Grande Bretagne, l'avait précédé dans la tombe. Magnus arriva bientôt en Danemark, où il nomma comme gouverneur Suen Estriston.

Plusieurs années s'écoulèrent tranquilles : mais, comme il arrivait assez fréquemment dans ces jours de désordre, le gouverneur voulut s'emparer du pays qui avait été confié à sa foi et à son dévouement. Une guerre s'éleva donc entre Magnus et Suen. Celui-ci semblait toucher à sa perte, lorsque Magnus, convaincu que son compétiteur avait pour lui l'opinion publique, se dépouilla du Danemark pour lui en faire don ; quelque temps après, le généreux Magnus expira. Suen-Estriston occupa le trône de Danemark pendant vingt-neuf ans, sur lesquels il en passa dix-sept à combattre Harald Hardraade. Sorti avec bonheur de cette guerre si féconde en désastres pour ses sujets, Suen Estriston n'eut plus qu'une seule pensée, celle de faire rentrer dans le sein du christianisme les Danois, qui, au milieu des troubles, étaient retournés au culte d'Odin. Le monarque lui-même reçut les instructions religieuses de l'archevêque de Brême, et il divisa le Danemark en évêchés. Le pape Grégoire VII, touché des sentiments religieux dont Suen-Estriston venait de faire preuve, donna à l'un de ses fils une principauté dans l'Italie. Suen, plein de reconnaissance, laissa le prince héréditaire partir pour la capitale du monde chrétien ; mais ce dernier ne put parvenir au terme de son voyage : une maladie l'enleva en route. Cependant, Suen-Estriston ne négligeait aucun des devoirs qui lui étaient commandés par sa haute position. Il intervint donc en faveur des Anglais, que Guillaume, duc de Normandie, venait de soumettre [1066] ; il donna en conséquence l'ordre à son fils Magnus et à son frère Osbern de cingler vers la Grande-Bretagne ; ils commandaient une flotte considérable, et il leur imposa pour guide et conseiller le comte Torkel. Magnus mourut en mer ; quant à Osbern et à Torkel, ils ne purent résister aux présents que leur offrit Guillaume, le nouveau conquérant. Suen-Estriston leva de nouvelles troupes et fit une descente sur le sol de la Grande Bretagne ; on le vit, à diverses reprises, triompher des soldats du duc de Normandie. Chose étonnante, le monarque danois était appelé sur le trône d'Angleterre par la majorité des habitants ; il avait été vainqueur dans plusieurs combats, et cependant il retourna, par l'effet de sa seule volonté, dans le pays sur lequel il régnait : c'est que, comme les autres, il ne put résister à l'influence des présents que lui fit accepter le duc Guillaume de Normandie. Suen-Estriston expira en 1076, laissant plusieurs enfants. Le peuple appela au trône l'un d'eux, Canut. A peine celui-ci eut-il le temps de ceindre la couronne, car dans la même année, Osbern, oncle des jeunes princes, successeurs de Suen-Estriston, plaça sur le trône Harald. Ce prince interdit les combats judiciaires, qu'il remplaça par le serment ; il servait de justification contre toute espèce d'accusation. Mais Osbern, qui avait élevé si haut la fortune de son neveu Harald III, abusa tellement du pouvoir qu'il exerçait, qu'il fit naître une foule de révoltes partielles. Sur ces entrefaites, Harald mourut, et le trône de Danemark revint à son frère Canut, qui déjà une fois l'avait occupé.

Ce prince employa les plus vigoureux efforts pour purifier les mœurs, tout à la fois violentes, perfides et dissolues de ses sujets. Convaincu que la religion était le frein le plus salutaire qu'il pût imposer à leurs désordres, il accorda sa confiance tout entière aux ecclésiastiques, qu'il considérait comme les véritables instituteurs du genre humain. Ce ne fut pas encore assez pour lui de les établir souverains de la conscience publique, il leur donna le privilège d'une juridiction particulière, et les fit siéger dans le sénat comme dans ses propres conseils. Canut voulut tenter en 1085 une descente en Angleterre; sa flotte était composée de deux mille quatre cents vaisseaux; mais il laissa s'écouler quelques jours avant de s'embarquer. Une révolte, attisée par son oncle Osbern, éclata bientôt; le roi et son frère Bénédict cherchèrent un abri dans l'église de Saint-Albanus; mais les assassins les massacrèrent aux pieds même des autels [1086]. Canut eut pour successeur son frère Olaf, qui, après avoir déshonoré la majesté souveraine par les vices les plus dégradants, rendit le dernier soupir en 1095. Un autre fils de Suen-Estriston monta sur le trône et entreprit un voyage en Terre-Sainte. Il était déjà parvenu en Chypre; mais, retenu dans cette île par un accès de fièvre chaude, il y rendit le dernier soupir [1103]. Deux années s'écoulèrent avant que les Danois pussent connaître la mort de leur souverain. Ils lui donnèrent pour successeur son frère Nicolas ou Niels, qui monta sur le trône en 1105 et périt par un meurtre en 1135. Il eut pour successeur Éric II, qui tomba à son tour sous le fer des assassins, à la suite de deux années de règne. La couronne échut alors à Éric III, neveu d'Éric II. Celui-ci, après avoir tenu le sceptre d'une main débile pendant dix années, c'est-à-dire de 1137 à 1147, alla chercher la paix dans un cloître, où il rencontra une mort prompte. Plusieurs compétiteurs au trône se présentèrent : c'était, d'un côté, Valdemar, fils cadet de Canut; de l'autre, Suen-Petrus, fils naturel d'Éric II, et Canut, petit-fils de Nicolas. Chacun de ces prétendants avait des amis dévoués, de sorte, que le Danemark fut en proie à tous les désastres des guerres civiles. Suen ou Suenon s'expatria en 1154. Sur ces entrefaites, Canut obtint le royaume de la Scanie, et Valdemar fut mis en possession de la Jutlande. Suen ou Suenon se présenta bientôt à la tête de soldats étrangers, et, après une multitude de combats, fut reconnu à son tour par ses anciens rivaux comme souverain de la Zélande et de la Fionie. Au moment même où un banquet avait lieu pour fêter la paix, Suen, saisissant avec rapidité quelques minutes d'une obscurité, produite par l'extinction inattendue des lumières, paya des assassins qui blessèrent légèrement Valdemar et massacrèrent Canut [1157]. Suen tenta ensuite de s'emparer de la Jutlande; mais, à la suite de la bataille de Viborg, gagnée par Valdemar, il fut massacré dans sa fuite par des habitants de la campagne. Telle fut la fin de cet infâme [1157].

A partir de ce moment, commença le règne de Valdemar, que la reconnaissance de ses contemporains a appelé le Grand. Ce prince eut à remplir une tâche immense, et qui l'occupa vingt-deux ans. Il fallut d'aussi longs et d'aussi prodigieux efforts pour qu'il parvînt à soumettre les Vendes, dont les continuelles excursions désolaient le Danemark. Il était facile de remporter des victoires sur ces barbares; mais une armée était bientôt remplacée par une autre. Valdemar se croyait-il à l'abri de leurs coups, ils tentaient aussitôt une nouvelle invasion, portant partout le fer et la flamme dans le royaume. Il n'y avait que deux moyens pour échapper aux désastres de ces peuplades, savoir : de les exterminer en détail dans de longues guerres, ou bien de commencer à les mettre dans la route de la civilisation, en les convertissant au christianisme. Il arrivait souvent que ces deux moyens étaient combinés : tel fut le plan de conduite adopté par Charlemagne à l'égard des Saxons. Mais dans ces siècles, la force décidait de tout en souveraine : aux instructions des prêtres on joignait la terreur des supplices. Valdemar ne pouvait employer que les moyens d'action connus dans son temps; il accabla donc de traitements rigoureux les Vendes, ces redoutables ennemis, et ne laissa aucun vestige de leurs cités principales, appelées Arcona et Julin.

C'est dans le cours de tant de longues guerres qu'il jeta les premiers fondements de Dantzick ou Dansvig, c'est-à-dire le port danois. Valdemar employa aussi la violence pour faire disparaître jusqu'à la dernière trace du paganisme dans l'île de Rugen, dont il réussit à rendre chrétiens tous les habitants. Ce prince, si vaillant et si habile, apporta le premier l'ordre dans le chaos de la législation danoise : il fit paraître les codes zélandais et scanien, qui régirent la monarchie pendant plusieurs siècles. Valdemar fut secondé dans tous ses travaux par son ami, l'archevêque Absalon, qui lui servit tout à la fois de général et de ministre. En résumé, le Danemark prit des accroissements considérables sous Valdemar ; ce prince donna aux nobles des fiefs héréditaires qui se composèrent des terres restées incultes, grâce aux excursions jadis faites par les Vendes. Le clergé catholique eut sa part dans les dons que la munificence du roi savait placer avec tant d'à propos ; enfin, pour que rien ne manquât à la gloire naissante du Danemark, il eut un historien célèbre, Saxo-Grammaticus, qui devint le secrétaire de l'illustre archevêque Absalon. Valdemar mourut en 1182, et laissa pour successeur son fils Canut VI. Ce monarque, en montant sur le trône, donna sa confiance tout entière à l'archevêque Absalon, qui avait rendu tant de services à son père. J'ai déjà eu l'occasion d'en faire la remarque, on ne juge jamais bien les hommes si on les détache du lieu et du siècle auxquels ils ont appartenu : vouloir appliquer la même règle de jugement aux personnages de tous les temps, c'est le fait d'un esprit étroit et absurde. Ne soyons donc pas surpris si l'archevêque de Lunden, si le sage Absalon conduisit, sous le règne de Canut fils, les Danois à la victoire, comme il les avait dirigés si souvent sous le règne de Valdemar. La société, au moyen-âge, était remplie de troubles, de périls et d'agitations, et, comme dans un jour d'incendie, chacun accourait éteindre le feu. Grâce donc à l'intrépidité et au génie militaire d'Absalon, les Vendes, qui, depuis deux cents ans, se montraient dans la mer Baltique les rivaux des Danois, subirent leur joug, et cessèrent d'occuper la scène politique. Le Holstein et le Mecklembourg devinrent les tributaires de Canut VI ; l'Estlande reconnut ses droits, et embrassa le christianisme. Canut VI rendit le dernier soupir en 1202 ; il avait perdu, une année auparavant, son fidèle conseiller l'archevêque de Lunden.

La puissance des nobles, qui représentait la cavalerie, force alors principale des armées, s'agrandit ; les services qu'ils avaient rendus dans tant de guerres et au prix de tout leur sang, reçut sa récompense, et les fiefs, qui jusque là n'avaient été que des dons personnels, restèrent héréditaires dans les mêmes familles. Le système féodal, il ne faut jamais l'oublier, est une conséquence inévitable des conquêtes ou des longues guerres ; on le retrouve chez tous les peuples modernes, et de nos jours, pendant que la France tenait tête, pour ainsi dire, au monde entier, il a été rétabli par le plus grand général de l'Europe, l'empereur Napoléon. La noblesse une fois constituée, il faut lui accorder des titres : c'est ainsi que les classifications s'introduisent successivement. Canut VI eut pour successeur son frère Valdemar II, qui ajouta au Danemark la Prusse et la Livonie. « De » sorte, » dit Malte Brun (1), « que l'empire » danois embrassa presque tout le contour de » la Baltique. Lorsque le roi alla conquérir la » Livonie, son armée était forte de cent » soixante mille hommes, la flotte qui les » transportait comptait quatorze cents voiles ; » on a encore les listes exactes, d'où l'on voit » combien de vaisseaux chaque province était » tenue de fournir. Il est vrai que les plus » grands de ces vaisseaux ne portaient que » cent vingt hommes. On peut croire aussi » que la religion a porté la nation danoise à » faire des efforts extraordinaires, car le but » ostensible de l'expédition en Livonie était » de convertir les païens, et le pape avait fait » présent à l'armée danoise d'un drapeau » consacré, qui fut appelé *dannebrog*, et » fut long-temps conservé comme une espèce » de *palladium*. Valdemar avait, d'après le » calcul très-probable du grand historiogra- » phe Suhm, un revenu annuel de 45 millions » de francs, somme étonnante dans ce siècle. » Mais un événement qui ne pouvait naître que dans des siècles où chacun s'abandonnait

---

(1) *Géographie mathématique, physique et politique de toutes les parties du monde*, par Mentelle et Malte-Brun. — *Description du Danemark*, par ce dernier.

à ses passions, fit tomber le roi danois du haut de sa grandeur : il était parvenu à se faire aimer de la femme du comte Henri de Schverin, son vassal ; il avait profité de l'absence de ce dernier pour accomplir son déshonneur. Il est à remarquer que le vassal avait lui-même confié son épouse à l'honneur de son suzerain. Henri, profondément ulcéré, jura de tirer tôt ou tard vengeance d'un affront aussi odieux. Ses émissaires l'informent que Valdemar et son fils aîné, séparés momentanément de leurs gardes, et cédant aux fatigues de la chasse, goûtent un instant de repos dans l'île de Lyde, située dans le voisinage de la Fionie.

Le comte de Schverin marche sur-le-champ, à la tête de quelques hommes qui lui sont dévoués, et se précipite sur le roi, qu'il fait renfermer dans une affreuse prison. Ce hardi coup de main, exécuté avec autant de bonheur, porta un coup terrible à la prospérité du Danemark. Il ne suffit pas d'entasser conquêtes sur conquêtes, il faut que le temps en fasse jaillir de nouveaux intérêts, qui, à leur tour, servent de liens entre des nations jadis rivales, et les confondent en un seul peuple. A peine le bruit de la capture de Valdemar est-il répandu, que les petits princes Vendes et les chefs des contrées récemment soumises se soulèvent, tandis qu'aucun homme ne prend les armes pour venir délivrer le monarque. Après avoir langui trois ans dans les fers, il est obligé de souscrire un traité si désastreux, que de toutes ses anciennes conquêtes il ne lui reste plus qu'une portion de la Prusse et l'île de Rugen. Rendu à la liberté, Valdemar ne respira que pour rentrer dans les possessions qui lui avaient jadis appartenu. Trahi par les Dithmarsches, il perdit la bataille de Bornhoved en 1227. Le roi de Danemark ne put jamais se relever de cette défaite, et chercha dans l'accomplissement de ses devoirs les consolations que désormais lui refusait la gloire militaire. Il fit paraître le code jutlandais, qui aujourd'hui encore a force de loi dans le duché de Slesvig. En tête de ce recueil il fit placer ces mots : *C'est par les lois qu'on affermit un État.* Mais, comme si ce prince eût dû être funeste aux Danois dans les circonstances principales de sa vie, il partagea ses États entre ses fils, leur distribuant des provinces en apanage. La mort lui ravit, en 1231, son fils aîné, connu dans l'histoire sous le nom de Valdemar III, et qu'il avait associé au pouvoir suprême ; il choisit alors pour successeur Éric, son second fils, et le fit couronner comme roi de Danemark en 1232. Abel, le troisième fils, fut investi du duché de Slesvig ; Canut, qui était un enfant naturel de Valdemar, obtint Laaland, que, plus tard, il échangea contre Blekingen ; enfin, à Christophe, le plus jeune des fils, échut Laaland et Falster. Valdemar expira en 1241 ; il avait régné en tout trente neuf années.

Éric IV tenait à peine le sceptre, que ses trois frères se réunirent contre lui et firent naître des guerres civiles, qui durèrent neuf années. La position du royaume était d'autant plus affreuse, que les habitants de Lubeck, après avoir livré aux flammes Copenhague, formèrent une ligue avec Hambourg, origine première de la ligue anséatique. Éric IV était en route pour l'Estonie, lorsque son frère Abel, après l'avoir entraîné dans son château, l'y fit égorger [1250]. Abel hérita de celui qu'il avait assassiné ; mais la Providence lui tenait en réserve un châtiment digne de son crime : ses sujets, irrités de l'augmentation des impôts, se soulevèrent ; mis en fuite, le roi criminel fut massacré dans un marais. Éric IV avait laissé un fils aîné, Valdemar, qui, suivant l'usage du temps, avait été envoyé à l'université de Paris pour y faire ses études. L'archevêque de Cologne, au moment où ce jeune prince revenait dans sa patrie, le fit jeter dans les fers ; Christophe, son oncle, monta sur le trône. Aussitôt que Valdemar fut rendu à la liberté, la Suède, la Norvége et Lubeck lui offrirent de le remettre en possession du Danemark ; mais Christophe lui concéda le duché de Slesvig et conserva le trône jusqu'à l'année 1259, où il périt par une hostie empoisonnée, à la suite d'une longue contestation avec Jacob Erlandson, archevêque de Lunden, qu'il avait fait prisonnier. La veuve de Christophe, Marguerite, fit couronner son fils Éric V, qui alors touchait à sa douzième année ; à bien dire, elle régna sous le nom de ce prince. La mère et le fils devinrent, à la suite de la bataille de Lohaide, les captifs du comte de Holstein. Le duc de Brunsvick obtint leur liberté ; en retour, et à la sollicitation de l'archevêque Erlandson, ils furent excommuniés pendant sept ans ; mais enfin, l'interdit fut levé en 1275. Éric, qui avait soulevé contre lui les nobles, mourut assassiné en 1280, dans une partie de chasse ; il eut pour successeur du royaume de Danemark son fils Éric VI, qui fut en proie, à diverses reprises, aux conjurations de Christophe, son propre frère. Le monarque fut aussi engagé dans une déplorable querelle avec Jean Grand, archevêque de Lunden, qu'il fit jeter dans les fers. Le pape Boniface VIII excommunia aussitôt Éric ; mais, se laissant toucher par les prières de ce prince, il remplaça Jean Grand par le légat Isarn ou Isarnus. Une difficulté était à peine vaincue, qu'Éric la voyait aussitôt remplacée par une autre ; puis, les révoltes perpétuelles de son frère Christophe menaçaient à chaque instant ses jours.

Cependant, quoique réduit à une position aussi désastreuse, ce prince se fit remarquer comme législateur, et ajouta de nouvelles dispositions à l'ancienne loi de Zélande. Sentant sa fin approcher, Éric VI appela à son lit de mort les principaux seigneurs du Danemark, les suppliant de ne pas prendre pour roi son frère Christophe. Mais ce dernier fit à tous les nobles des promesses si séduisantes, qu'il parvint à monter sur le trône ; il ne put s'y soutenir long temps, car sa première pensée fut de se soustraire aux engagements qu'il avait pris. Les états-généraux se réunirent alors, et déclarèrent Christophe déchu de la couronne, *à cause de l'abus intolérable qu'il avait fait de son autorité*. Christophe chassé de ses États, implora le secours des Lubeckois, qui triomphèrent du jeune Valdemar, qu'on lui avait donné comme successeur au trône. Mais le comte Gérard de Holstein, ainsi que Jean de Holstein et d'autres adversaires de Christophe, le dépouillèrent de la plus grande partie du Danemark : il ne lui resta plus enfin que l'île de Laaland, où il expira bientôt, chargé de la malédiction de ses sujets. Il eut pour successeur. Valdemar, le dernier de ses fils ; Othon, l'aîné, était prisonnier dans le Holstein. Le comte Gérard, dont l'ambition avait, dans les derniers temps, troublé plus d'une fois le Danemark, périt assassiné par un noble jutlandais, nommé Niels Ebbesen, au moment où il voulait apaiser une insurrection populaire. Valdemar III avait une tâche immense à remplir ; heureusement pour le Danemark que ce prince se trouva au niveau de tous les devoirs qu'il avait à remplir. « Il parvint, » dit Malte Brun , « par les » armes, mais plus encore par la prudence, » à relever le trône de ses pères. Lorsqu'on » le voit, sans autres ressources que celles de » son génie, rassembler les débris d'une na- » tion presque anéantie, et en former, en peu » d'années, une monarchie respectable, on » doit avouer qu'il a bien mérité le surnom » d'*Atterdag*, c'est-à-dire, *jour nouveau*, » nom que lui ont donné les historiens danois. » Sa fille Marguerite surpassa son père, surtout » dans le talent de se rendre populaire. Elle » unit sans difficulté la Norvége et le Danemark » sous un même sceptre ; mais, appelée à déli- » vrer les Suédois du joug d'Albert, elle eut be- » soin de toute sa politique pour conquérir, pa- » cifier et conserver ce pays, dont la noblesse » ne pouvait ni se passer des secours des Da- » nois, ni se conformer à la gêne d'une réu- » nion. Malgré cet obstacle et nombre d'au- » tres, Marguerite réussit, en 1397, à faire » agréer aux états des trois royaumes du » nord cette fameuse union calmarienne, qui » qui serait devenue la base d'un empire for- » midable, si la mort n'eût empêché la Sémi- » ramis du nord de consolider son vaste édi- » fice (1). »

La Suède se détacha de l'union calmarienne dans l'année 1523, grâce au courage et au talent de Gustave-Vasa. Voici l'arrêt qu'a prononcé sur les princes de cette même union calmarienne le célèbre Malte-Brun. « Tous » les rois de l'union furent ou des hommes » sans caractère ou des tyrans. Leur faiblesse » et leurs vices servirent également à aigrir

(1) *Géographie mathématique, physique et politique de toutes les parties du monde*, par Mentelle et Malte Brun. — *Description du Danemark*, par le dernier.

»le peuple et à multiplier les insurrections.
»La Suède fut presque toujours sous les
»armes pour défendre ses droits contre les
»rois, qui, ordinairement, demeuraient en
»Danemark, et donnaient en tout la préfé-
»rence aux Danois. Les trois royaumes, épui-
»sés par leurs querelles intestines, ne furent
»jamais plus faibles et plus malheureux que
»sous cette union, qui semblait devoir fixer
»pour jamais leur repos et leur bonheur. Les
»villes anséatiques profitèrent de la négli-
»gence des rois du nord pour se rendre maî-
»tresses du commerce de la Baltique; ces
»républiques marchandes osèrent souvent
»menacer la Scandinavie d'une subjugation
»entière; on peut hardiment attribuer la
»moitié des maux qui signalèrent le temps
»de l'union aux intrigues de ces avides mo-
»nopolistes. Christian I fut le premier roi de
»la maison d'Oldenbourg : mauvais économe,
»général médiocre, homme d'état sans vues
»profondes, il posséda les trois couronnes du
»nord, mais ne sut pas les faire respecter.
»Jean, son successeur, partagea le Slesvig
»et le Holstein avec son frère. Cette faiblesse
»a coûté cher au Danemark; mais Jean eut
»du moins le mérite d'estimer la nation, et
»de ne pas y introduire une foule d'étran-
»gers. Christian II, surnommé le Néron du
»Nord, est connu par la perfide cruauté avec
»laquelle il fit massacrer les chefs de la no-
»blesse suédoise, qui étaient rassemblés au
»château pour la fête de son couronnement,
»après qu'il leur avait promis une amnistie
»entière. Quoiqu'il soit impossible d'excu-
»ser cette action et plusieurs autres du même
»genre, il est néanmoins vrai que Christian II
»eut quelques idées très-heureuses et très-
»justes sur les finances, l'industrie et le com-
»merce. Il a donné des lois protectrices du
»peuple contre la noblesse. Il voulut, comme
»Joseph II, réformer tout dans le même
»instant; comme Joseph II, il choisit les
»moyens les plus tyranniques, et finit par de-
»venir l'objet de l'exécration universelle;
»enfin, comme Joseph II, il eut quelques amis
»d'une imperturbable fidélité et du plus grand
»mérite personnel. Cette dernière circonstance
»prouve surtout que Christian II n'était pas
»un homme si vil qu'il nous a été représenté
»par quelques historiens. Chassé de ses trois
»royaumes par les sénats, il conserva long-
»temps l'amour d'une partie du peuple et l'es-
»poir de recouvrer ses couronnes; mais, attiré
»à Copenhague par les perfides promesses de
»Frédéric I, il fut, en 1531, jeté dans une
»prison, où il traîna sa malheureuse existence
»jusqu'en 1559. »

Après avoir retracé, avec une circoncision qui m'était imposée par le défaut d'espace, les actions de tant de monarques danois, je vais entrer dans quelques détails sur le règne de Frédéric Ier. Ce prince, qui, en réalité, n'avait aucun titre au trône, fut assez habile pour rallier à sa cause, et grâce à de nombreuses concessions, les nobles et les évêques. Ces derniers lui firent ouvrir, les portes de Copenhague. Mais Christian II n'avait pas perdu ses trois couronnes, je veux dire celles du Danemark, de la Suède et la Norvége, sans en appeler de nouveau aux armes. Il avait tenté d'abord un débarquement dans la Norvége. « Accueilli, » dit un historien, « par le clergé; reconnu par les
» états pour le légitime souverain, il n'eut
» pas de peine à faire déclarer que son fils
» Jean serait son successeur. Le sénat de
» Norvége informa de cette révolution celui
» du Danemark, mais en des termes si mo-
» dérés, si polis, avec de tels ménagements,
» qu'il était aisé d'apercevoir que les Nor-
» végiens ne comptaient pas sur la longue
» durée de leur fidélité à Christian. — Nous
» avons remarqué, » disait-il, « qu'il chérit
» maintenant Dieu et la justice. Nous vous
» exhortons et supplions de ne pas vous op-
» poser à ce qu'il soit paisiblement remis en
» possession de ses États. Décidés à rentrer
» sous son obéissance, et ne pouvant servir
» *deux maîtres*, nous espérons, si nous
» renonçons, comme nous le faisons par ces
» présentes, au serment de fidélité envers le
» prince Frédéric, que sa seigneurie ne nous
» en voudra pas, ni vous non plus. » Les avantages accordés par Frédéric Ier aux nobles et aux évêques inspirèrent au peuple une haine profonde contre son gouvernement; mais il tenait dans les fers son neveu et son ancien rival Christian II, qu'il avait fait condamner par le sénat; d'un autre côté,

tous les grands, en Danemark, étaient ses complices, il les avait, en outre, comblés de bienfaits; leur dévouement lui était donc assuré, puisque ce qu'ils craignaient le plus au monde c'est que l'ancien tyran ne recouvrât son pouvoir. Enfin les personnages les plus puissants de la Norvége, qui avaient donné quelques marques d'intérêt à Christian II, s'empressèrent de racheter cette faute soit en payant des amendes, soit en témoignant un attachement sans bornes à Frédéric.

Dans de pareilles circonstances, il n'avait rien à craindre du soulèvement de la populace, avide de renverser un gouvernement où les nobles et les évêques exerçaient une influence sans bornes. Les révoltes des classes inférieures s'éteignirent donc dans des flots de sang, sans pouvoir réussir même à ébranler le trône du nouveau monarque, dont le règne dura environ dix années. Mais, si Frédéric Ier ne laissa, comme politique et guerrier, aucun souvenir, il présida cependant à une immense révolution, en rendant les doctrines religieuses de Luther triomphantes dans le Danemark. Les états-généraux d'Odensée établirent la liberté de conscience; allant plus loin, ils décidèrent que l'élection des évêques appartiendrait aux chapitres, et que les moines et les religieuses pourraient contracter mariage. On se trompe quand on affirme d'une manière générale que les assemblées délibérantes sont l'expression sincère des intérêts, des besoins ou des opinions du pays dont elles se déclarent les organes. On peut fausser des élections comme toute autre chose au monde; alors les élections sont *menteuses*. Ne devait-on pas croire qu'après les résolutions adoptées par la diète d'Odensée, le catholicisme était vaincu sans retour en Danemark : il n'en était pas cependant ainsi. En effet, les états-généraux sont-ils convoqués à la suite de la mort de Frédéric Ier, les Norvégiens ne s'y rendent pas. Restent donc en présence les uns des autres les protestants et les catholiques danois. Parmi ces derniers, les évêques se font surtout remarquer; leur ascendant est tel que la diète est prorogée à l'année suivante, attendu l'absence des Norvégiens. Maintenant le lecteur doit savoir que le dernier roi avait laissé deux fils : l'aîné, appelé Christian, était dévoué aux nouvelles doctrines religieuses; le plus jeune, Jean, était resté catholique. Deux partis se formèrent donc. Les décisions prises contre la religion romaine par la diète d'Odensée furent presque toutes mises au néant; les prédicateurs luthériens cessèrent de répandre leurs doctrines en public, et les moines et les religieuses durent rentrer dans leurs couvents.

Les Lubeckois profitèrent de cet état de choses pour déclarer la guerre aux Danois, et rendre le pouvoir à Christian II, qui était toujours dans les fers. Mais enfin le fils aîné de Frédéric Ier, je veux dire Christian III, fut proclamé roi [1534]. Il s'occupa d'abord de purger le Danemark des ennemis qui occupaient une partie de son territoire; dans l'espace de deux années, il réussit à imposer la paix aux Lubeckois, et à reprendre Copenhague, tombé entre les mains de leur général, le comte Christophe d'Oldenbourg [1536]. Le nouveau monarque, zélé protestant, attribua aux catholiques, qui s'étaient opposés à son élection, tous les maux que le royaume avait éprouvés pendant l'espace de deux ans : il est si doux de se venger au nom de la patrie ! Il réunit une diète dans les murs de la capitale, le 28 octobre 1536, et, après s'être assuré le concours d'un grand nombre de ses membres, il fit arrêter l'archevêque de Lunden, l'évêque d'Odensée et tous les prélats du Jutland. Christian III avait si bien la conviction qu'il ne s'agissait pas de rendre un jugement, mais de porter un coup mortel à des hommes qu'il regardait comme ses ennemis, que les membres du clergé catholique ne parurent pas aux états-généraux : on aima mieux les condamner sans les entendre. A part le plaisir que le roi ressentit à satisfaire sa haine, il y avait des richesses immenses à dérober; le culte romain fut donc supprimé, le pouvoir des évêques détruit de fond en comble; les portes des couvents se fermèrent, et les moines comme les religieuses se trouvèrent rendus au siècle : quant à leurs biens, ils passèrent à la couronne, qui devint propriétaire tout-à-coup de cent quatorze magnifiques domaines, de neuf châteaux forts, et d'une partie des îles de Bornholm et de Rugen. Ces actes de spoliation accomplis, Christian III, qui, comme son père, était lié d'intérêt avec les principaux nobles, se rendit dans le sein de la diète, et fit donner lecture des griefs imputés aux prélats catholiques : il interrogea ensuite l'assemblée pour savoir s'il fallait accorder leur pardon aux évêques, les faire remplacer par des titulaires, ou bien les punir et leur arracher entièrement leur puissance temporelle. La diète déclara qu'il fallait faire disparaître jusqu'à la dernière trace du pouvoir temporel des évêques, et les exclure en outre de leurs anciennes fonctions religieuses ; en d'autres termes le catholicisme fut remplacé par le culte luthérien.

Maintenant, ce qu'il faut remarquer, c'est qu'en abolissant le catholicisme et en expulsant les évêques, on laissa vacant, si je puis m'exprimer ainsi, leur pouvoir temporel : il ne pouvait tomber entre les mains du peuple, puisque ce dernier, d'après les traditions établies par Frédéric Ier, et continuées par son fils, était tenu en dehors des affaires. Le pouvoir temporel des évêques fut donc recueilli par les membres de l'aristocratie, qui en profitèrent pour établir une forme de gouvernement à leur convenance, et où le roi n'exerça plus qu'un rôle brillant, mais secondaire. Ainsi Christian III expia cruellement la vengeance qu'il avait exercée contre le catholicisme, tandis que les nobles, ses complices, reçurent plus tard le châtiment qu'ils méritaient. Le monarque et les autres classes de la société qu'ils opprimaient se réunirent, et les oligarques, à leur tour, abaissèrent leurs têtes sous le niveau de l'obéissance générale. Le protestantisme, qui, en naissant, réclama la tolérance et appela de tous ses vœux la liberté de conscience et d'examen, le protestantisme, dis-je, se vit à peine sûr de son triomphe en Danemark, qu'il réclama le concours de la force brutale pour convertir la Norvége, restée catholique : on chassa les évêques, et les membres de la diète cessèrent d'être remplacés lorsqu'ils moururent. Les persécutions et les supplices sont frappés d'impuissance lorsqu'il s'agit de forcer un peuple qui n'est plus complétement barbare d'embrasser une foi nouvelle ; aussi, une traduction de la Bible ne fut publiée dans le Danemark que dans l'année 1550, et, cependant, je ne saurais trop le répéter, Christian III était un protestant plein de l'ardeur du prosélytisme !... Il y a plus, il recourut sans cesse aux conseils d'un ministre protestant, Jean Bugenhagen, de Vittemberg, qui joignait à beaucoup d'adresse toutes les ressources que donne l'appui du pouvoir. Christian III conçut combien l'alliance d'un roi protestant dans le nord lui était indispensable : il signa donc avec Gustave-Vasa un traité par lequel les deux princes s'engagèrent à ne faire, à l'avenir, la paix ou la guerre que d'un commun accord. Le prince Danois, cédant aux séductions d'une trompeuse ambition, intercala dans les armoiries du Danemark et celles de la Norvége les armes du royaume de Suède. Cette usurpation alluma le mécontentement de Gustave, sans amener d'ailleurs de guerre. Christian laissa en mourant le trône à son fils Frédéric II [1559]. Mais les états-généraux, dévoués au parti des grands, firent contracter au nouveau monarque des engagements qui prouvèrent à quel haut degré de puissance ces derniers étaient parvenus. Frédéric II jura de ne jamais accorder la noblesse à un roturier, d'opérer le rachat de îles Orcades et de Schetland, données jadis pour gage aux Écossais, par Christian Ier, et d'exempter à l'avenir les nobles de l'impôt de la dîme : c'était mettre la royauté en tutelle. Ce prince, en dépit des entraves qui lui furent infligées, gouverna le royaume avec habileté et bonheur. Il se trouva, il est vrai, engagé dans une guerre avec la Suède, dont la durée remplit sept ans ; mais, à part cette faute, on ne saurait lui accorder trop d'éloges, et encore la gloire nationale trouva une compensation à tant de sacrifices dans la bataille de Svarterace, où quatre mille Danois triomphèrent de vingt cinq mille Suédois.

Sorti de cette guerre, le monarque employa tous ses soins à faire fleurir les sciences, les arts et l'industrie ; Peder-Oxe, auquel il confia l'administration des finances, complétement épuisées par les divisions intestines qui avaient si long-temps désolé le royaume, les rétablit dans un ordre admirable. Cet homme d'état, qu'on a comparé plus d'une fois à Sulli, restaura encore l'agriculture; aussi son nom est-il resté populaire parmi ses compatriotes. Le règne de Frédéric II fut en outre illustré par le célèbre astronome Tycho-Brahé et Daniel de Rantzau, qui sut se faire remarquer comme guerrier, diplomate, poète et historien. Le monarque, béni par ses sujets, rendit le dernier soupir en 1588, âgé de cinquante quatre ans; il ajouta au Danemark quelques portions de territoire, qui lui étaient venues par héritage.

Frédéric, au moment de sa mort, laissa un fils qui ne comptait que huit années; ce jeune prince monta cependant sur le trône sans rencontrer le plus léger obstacle. En vain sa mère et le duc de Holstein, son oncle, prétendirent à la régence; ils furent écartés, et l'on confia Christian IV à quatre membres de la diète, qui lui servirent de tuteurs. On devait croire que l'enfant royal recevrait une détestable éducation; il n'en fut pas ainsi: non-seulement on inculqua dans son cœur toutes les vertus, mais on orna son esprit de talents agréables, comme de connaissances variées et profondes. Il posséda supérieurement jusqu'à cinq langues, savoir: le latin, le français, l'italien, l'allemand et l'espagnol; il eut, ce qui valait mieux, le génie du gouvernement, qui ne s'acquiert pas par l'étude. Devenu majeur, il dut souscrire un acte dans lequel il reconnut tous les priviléges et avantages accordés à la noblesse. Écoutons Malte-Brun.

« Parmi tous les souverains de la maison »d'Oldenbourg, Christian IV est, d'après le »jugement de Snedorf, le seul qui ait mé»rité le nom d'un grand roi. Toujours aux »prises avec la fortune, il développa tous les »ressorts d'un grand génie et d'un cœur in»domptable. Son administration intérieure »fut un modèle d'économie et de vigilance; »il visita toutes les provinces de son empire, »et fit même un tour en Laponie. La marine »danoise fut créée par lui, et il en était lui-»même l'un des amiraux les plus habiles. »Comme général, il n'a pas obtenu de gloire; »cependant sa première guerre contre Char-»les IX et le grand Gustave-Adolphe fut »très-heureuse, et finit par une paix, où la »Suède paya un million de rixdales. Mais, »ayant été choisi pour chef par la ligue pro»testante d'Allemagne, Christian IV se vit »bientôt entouré d'alliés perfides, qui ne lui »fournirent ni troupes ni argent. La bataille »de Kœnigslutter, gagnée par Tilly, fut une »des plus sanglantes dans tout le cours de la »guerre de trente ans: les Allemands prirent »la fuite à la première attaque des troupes »impériales; Christian se défendit avec ses »Danois jusqu'à la dernière extrémité. Le »vainqueur attaqua bientôt le Danemark, et »Christian, pour sauver son propre royaume, »fut obligé de renoncer, par la paix de Lu»beck en 1629, au rôle de protecteur de »l'Allemagne, rôle dangereux et illustre qui »fut glorieusement rempli par Gustave-»Adolphe, vaincu autrefois par Christian. »En 1643, les Suédois attaquèrent à l'im»proviste le Danemark, qui ne s'attendait à »rien moins qu'à une guerre. Le but princi»pal de cette infâme perfidie fut de réparer »les forces de l'armée suédoise, en pillant un »pays enrichi par une longue paix. Christian »était déjà un vieillard de soixante-huit ans; »néanmoins il parcourut lui-même les mers »avec sa flotte, qui avait à combattre à la »fois celle des Hollandais et celle des Suédois. »La paix fut achetée par la cession de quel»ques provinces peu importantes. »

A cette analyse rapide du règne d'un des plus grands monarques danois, j'ajouterai quelques nouveaux traits. Ce prince, mêlé à tant de guerres, fonda plusieurs villes, entre autres Christianstadt, en Scanie; Christianople, en Bleckingen; Christiana, en Norvége; Christianhaven, en Zélande; il créa le gymnase d'Odensée, l'académie des chevaliers à Soroe, et la maison des orphelins à Copenhague. On le vit encore enrichir l'université de cette ville d'une imprimerie renfermant des caractères arabes et syriens, et instituer des chaires de chirurgie, d'anatomie et de botanique; il publia en outre, comme législateur, un grand recez, concernant le Danemark et la Norvége; enfin, il eut sous les drapeaux une armée permanente de cinq mille hommes. Christian III régna en tout soixante années, et, quoiqu'il eût imposé de nombreux sacrifices à ses sujets, ceux-ci honorèrent sa mort de regrets aussi profonds que sincères. Ce monarque laissa pour successeur son fils, Frédéric III [1648], qui, après avoir triomphé de l'opposition d'Uhlfeld, personnage alors puissant, fut élu, grâce à l'influence de la noblesse. Un service aussi important devait être récompensé, et Frédéric III fit de nouvelles concessions qui bornèrent de plus en plus la puissance royale; au moment où il ceignit la couronne, l'État était endetté de dix-huit millions. Ce prince ne trouva pas de meilleur remède au désordre des finances que le bannissement des juifs; cependant, pressé par le besoin, il céda aux Hollandais les droits qu'il percevait sur le Sund pour une somme annuelle de 150,000 florins. Le Danemark, malgré l'épuisement complet où les guerres de Christian l'avaient réduit, se trouva engagé, par suite de la corruption des sénateurs, dans une guerre désastreuse avec la Suède.

Charles X, souverain de ce dernier royaume, devient maître de la forteresse de *Fredericiæ*, s'empare plus tard de Nybord et d'Odensée; puis, se frayant une route à travers les glaces, se trouve en présence de Copenhague. Frédéric, abandonné par les cabinets ses alliés; Frédéric, manquant de troupes et d'argent, et sur le point de se voir ravir sa capitale, signe un traité à Rothschild le 26 février 1658, par lequel il cède aux Suédois les provinces de Halland, Blecking et Scanie, l'île de Bornholm, Bothus et Drontheim, en Norvége. De pareils avantages, qui auraient dû apaiser l'ambition de Charles X, ne servirent, au contraire, qu'à l'alimenter : le 8 août 1658, il s'empara, par surprise, de Croneborg, et menaça de nouveau Copenhague par terre et par mer. Frédéric III, ne prenant conseil que de son désespoir, et soutenu par les habitants de la capitale, que son courage avait électrisés, opposa la résistance la plus héroïque jusqu'au moment où il fut sauvé par la flotte des Hollandais, qui triomphèrent des Suédois. Les puissances maritimes intervinrent, et on signa la paix à Copenhague le 17 mai 1660. Charles-Gustave, autrement dit Charles X, était mort le 23 février précédent : la Suède conserva la Scanie, le Halland, le Blecking et le Bothus; le Danemark rentra en possession de Bornholm et de Drontheim. Les événements qui jusque là avaient rempli le règne de Frédéric auraient passé presque inaperçus dans l'histoire sans une révolution étonnante, que ce prince prépara pour la diriger plus tard avec habileté. Les Danois, qui avaient admiré le courage déployé par leur monarque lors du dernier siège de la capitale, se prirent pour lui d'un attachement sans bornes; d'un autre côté, les classes inférieures aspiraient après un changement qui les délivrât du joug oppressif des nobles, devenus les maîtres, je devrais plutôt dire les véritables tyrans de l'État. Frédéric III résolut de profiter de cette disposition des esprits : il convoqua donc une diète à Copenhague pour délibérer sur les moyens de rendre au royaume son ancienne splendeur, et de faire face en même temps aux besoins les plus pressants. Les nobles, qui se regardaient comme formant une sorte de corporation à part et que les lois ne pouvaient atteindre, les nobles déclarèrent qu'ils ne payeraient pas les nouveaux impôts qui étaient indispensables pour le rétablissement du royaume; Othon Krag, l'un d'eux, déclara en pleine diète que les paysans, les bourgeois et le clergé étaient *ufrié*. Ce mot a une double signification dans la langue danoise : il exprime un homme assujetti au paiement des contributions et un esclave; il est à croire qu'Othon Krag employa l'expression dans son premier sens. Malheureusement, l'insolence des nobles avait provoqué une très-violente irritation dans les autres classes; elles prirent donc le mot *ufrié* dans la signification la plus offensante. Frédéric III comptait d'ailleurs des partisans dévoués parmi les députés des villes, des campagnes et ceux envoyés par le clergé : la noblesse se trouvait réduite à former seulement une minorité. On fit la proposition dans les états de rendre le trône héréditaire, afin d'enlever aux nobles le droit d'élire, comme par le passé, les monarques.

Les ordres inférieurs, présidés par Nausen, bourgmestre de Copenhague, acceptèrent avec joie une pareille proposition, et se transportèrent en corps à l'Hôtel-de-Ville, où se tenaient la noblesse et le sénat, auxquels il communiquèrent la résolution qui venait d'être adoptée. Les nobles et les sénateurs réclament un court délai pour délibérer à leur tour; Nausen prend la parole, et déclare qu'il est venu apporter une décision irrévocable; il reste donc seulement à l'adopter. Les nobles et les sénateurs hésitent; les ordres inférieurs se retirent auprès du roi, précédé de leur président. Il est à remarquer que les habitants de la capitale, qui portaient à Frédéric un dévouement sans bornes, se tinrent sous les armes, de sorte que la noblesse ne put ni tenter un combat, ni s'enfuir dans ses terres. Elle se résigna donc à subir la révolution qui venait d'avoir lieu, et qui, suivant Malte-Brun, « changea le » Danemark, d'une république aristocrati» que, en une monarchie absolue. » Frédéric III se montra bientôt digne de la marque de confiance qui venait de lui être accordée par la majorité de ses sujets : le royaume se releva comme par miracle de ses ruines, et il établit, en outre, une armée permanente de vingt-quatre mille hommes.

On est surpris au premier instant que la majorité d'un peuple se précipite avec joie dans l'esclavage; mais ici, sans s'arrêter aux mots, il faut pénétrer au fond des choses. Les ordres inférieurs en Danemark, qui gémissaient depuis tant d'années sous le joug des nobles, avaient tout à gagner en changeant une multitude de maîtres contre un seul. Les événements qui se sont écoulés depuis 1660 leur ont donné raison, puisque sous la monarchie absolue, sans bornes et sans limites, ils ont joui d'un bonheur constant. Si l'on songe que jadis le nombre des nobles était déterminé, et qu'il était défendu au roi comme à la reine d'acheter la plus légère portion de leurs biens; si l'on réfléchit que les services les plus signalés ne permettaient pas d'entrer dans les rangs d'un aristocratie qui jouissait jusqu'au privilége d'élire le roi, on comprend la jalousie des autres ordres, surtout sous une forme de gouvernement où leurs députés contribuaient à la confection des lois : il est impossible d'être à la fois législateur et esclave. Sans doute Venise, ce modèle de l'aristocratie dans le moyen-âge, s'est maintenue plusieurs siècles; mais à Venise régnaient un silence absolu, des cachots qui gardaient leurs victimes et des fleuves qui les engloutissaient. Dans le Danemark, au contraire, s'élevait une assemblée délibérante, la diète, qui, tôt ou tard, devait faire expier aux nobles leurs nombreuses usurpations : il en fut à peu près de même en Suède, à la fin du dix-huitième siècle. La révolution, au reste, qui donna le pouvoir absolu à Frédéric était si bien entrée dans tous les esprits, que le monarque attendit cinq ans avant de composer ou de faire composer la nouvelle loi fondamentale de l'État, connue sous le nom de LOI DU ROI (1). Elle porte que le roi héréditaire du Danemark est placé au-dessus des lois humaines, et que sa majorité commence à treize ans accomplis. Néanmoins le monarque est tenu d'être pro-

(1) Je place ici une analyse du préambule de cette loi; elle seule peut faire bien comprendre la pensée de la révolution de 1660. « Frédéric III, par la grâce » de Dieu, roi de Danemark et de Norvége, savoir » faisons : qu'instruit par l'exemple des autres, et par » notre propre expérience, de la merveilleuse sa» gesse avec laquelle Dieu gouverne tous les empires » et règle leurs destinées, nous reconnaissons que » c'est à sa toute-puissance que nous devons rappor» ter la délivrance du péril pressant qui menaçait » d'une ruine prochaine, dans les années précé» dentes, notre personne, notre famille royale, nos » royaumes et nos provinces. C'est par sa bonté pa» ternelle que nous en avons été préservé, et c'est » par les soins de sa providence que non-seulement » nous sommes parvenu à une paix désirée, mais que » notre sénat d'alors et les états du royaume, composés » de la noblesse, du clergé et du tiers-état, ont résolu » de renoncer au droit d'*élection* (du roi), qui leur » *appartenait*. En conséquence ils ont trouvé bon de » nous remettre toutes les copies de la capitulation » que nous *avions* signée, et d'en annuler toutes les » clauses et conditions, nous déchargeant du serment » que nous fîmes lorsque nous parvînmes au trône, » et nous déclarant absolument libre de toutes les » obligations qu'il nous imposait. Les susdits états, » de leur *plein gré et propre mouvement, sans aucune* » *sollicitation de notre part*, nous ont en même temps » donné, à titre de droit héréditaire pour nous et nos » descendants, issus d'un mariage légitime dans la » ligne masculine et féminine, nos royaumes de Dane» mark et de Norvége, avec tous les droits du pouvoir » souverain pour les exercer d'une manière absolue... » A quoi ils ont ajouté le pouvoir, non-seulement de

testant, et si son successeur ne se présente pas dans les trois mois qui suivent la vacance du trône, il est déclaré déchu. Le prince a pour premier devoir de défendre l'inaliénabilité du royaume.

Frédéric III mourut en 1670, laissant une mémoire qui est restée chère aux Danois. Son fils, Christian V, monta sur le trône, comme s'il se fût agi d'un héritage ordinaire. Ce prince, placé à la tête d'une monarchie absolue, résolut d'entourer sa cour d'éclat et de splendeur : il donna, quoique avec réserve, des titres de comte et de chevalier, et distribua des croix de l'ordre de Danebrog et de celui de l'Éléphant ; il aimait enfin les fêtes et la magnificence. Au-dessus de certains préjugés de son temps, il rappela les juifs, qui avaient été assez récemment expulsés du royaume. On vit ce prince s'engager, en 1675, dans une guerre contre la Suède, où la marine danoise se couvrit de gloire. En effet, elle resta victorieuse dans les célèbres batailles navales d'OEland, de Gotland et de Kioge ; aussi une profonde terreur s'empara de la flotte suédoise, qui n'osa plus se montrer dans la Baltique. La fortune fut moins constante sur terre pour les Danois, et si Christian s'empara de plusieurs villes de la Scanie, le roi de Suède Charles XI le battit complétement à Lunden. Le monarque danois n'en persévéra pas moins à continuer la guerre ; mais il fut de nouveau vaincu à Landskroon : la France intervint alors en faveur de la Suède, à laquelle Christian restitua, en 1679, toutes ses conquêtes. Je passe sous silence les détails des nombreux débats, que le monarque suscita aux ducs de Holstein et aux Hambourgeois, débats dans lesquels il fit preuve de perfidie et de mauvaise foi. Je terminerai en ajoutant qu'il se montra législateur habile. On lui doit aussi la fondation d'une école de marine à Copenhague, et il créa à Kongsberg une administration des mines. Ce prince entreprit des guerres trop fréquentes pour ne pas ajouter au délabrement des finances : elles étaient donc dans l'état le plus déplorable lorsqu'il rendit le dernier soupir, en 1699. Frédéric IV, fils et successeur de Christian, se montra également un monarque guerrier ; il espérait, à la suite de brillants succès, parvenir à s'emparer du Holstein. Mais déjà les vaisseaux de l'Angleterre et de la Hollande avaient franchi le Sund, tandis que, d'un autre côté, Charles XII, qui avait volé au secours de son beau-frère, le duc de Holstein, débarquait aux environs de Copenhague. Frédéric, appréciant sa position, s'empressa de signer le traité de paix Travendahl. On vit plus tard ce prince faire alliance avec l'empereur d'Allemagne et le roi d'Angleterre, Guillaume. Vingt mille Danois prirent part à la bataille de Malplaquet. Frédéric, qui avait signé avec le sentiment de la rage le traité de Travendahl, se joignit, après la bataille de Pultava, aux nombreux ennemis de la Suède, et une armée danoise envahit le territoire de la Scanie ; mais elle fut vaincue par Stenbock, commandant à de nouvelles levées, composées de paysans. Le général suédois, après avoir triomphé une seconde fois dans les environs de Gadebusch, et livré aux flammes Altona, fut obligé d'accepter une capitulation, car il était réduit aux derniers abois dans la forteresse de Tonningen (1713).

Frédéric se rendit maître d'une partie du Slesvig, qui appartenait au duc de Holstein-Gottorp, et l'incorpora au Danemark, qui depuis l'a conservée. A la mort de Charles XII, la paix fut signée entre Frédéric et la Suède, et à des conditions que j'ai fait connaître ailleurs. Le monarque adjoignit à la couronne le comté de Rantzau, et mourut le 12 octobre 1730. Il laissa non-seulement les finances du royaume dans l'état le plus prospère, mais on trouva encore dans son trésor particulier quinze millions. Deux années avant sa mort Frédéric fut témoin de l'incendie de Copenhague, qui détruisit vingt-cinq mille maisons, six églises et la bibliothèque publique, où l'on comptait un grand nombre de manuscrits précieux. Christian VI fut loin de marcher sur les traces de son père ; il ne se montra pas comme lui fa-

» régler, selon notre bon plaisir, la forme du gou-
» vernement pour l'avenir, mais de déterminer en-
» core celle de la succession. » *Résumé de l'Histoire du Danemark*, par P. Lanzi.

vorable aux paysans, qui retombèrent sous le joug des nobles; en retour, il accorda des encouragements au commerce, et devint le protecteur d'une banque publique, fondée à Copenhague. Il fit aussi élever les magnifiques châteaux de Christiansborg et de Hirscholm; il comprit, enfin, l'importance de la marine pour un royaume tel que le Danemark, et apporta des soins continuels à cette partie de l'administration, qui avait été abandonnée complétement par son père. Christian VI espéra un instant voir monter son fils sur le trône de Suède; mais la jalousie des puissances étrangères ne permit pas que la Scandinavie passât sous un même sceptre. Après un règne dont la durée s'était étendue de 1730 jusqu'à 1746 le monarque rendit le dernier soupir, laissant l'État chargé de dettes nombreuses.

Frédéric V fut appelé sur le trône: il aimait encore plus que son père le luxe et la magnificence, mais sans oublier d'ailleurs la félicité de ses sujets, qui lui portèrent, de leur côté, l'attachement le plus tendre. Sous ce prince, on vit le Danemark prendre, suivant l'expression de Malte-Brun, « un aspect plus riant. » Des savants reçurent la mission de parcourir l'Arabie et l'Égypte, et agrandirent, par leurs utiles explorations, le domaine de la géographie. Frédéric V signa en 1756 un traité avec le duc de Holstein-Plœn, par suite duquel les possessions de ce dernier durent faire retour au Danemark, à la condition que ses dettes seraient payées et qu'à sa mort on assurerait un sort honorable à sa femme et aux princesses ses filles. En 1761, et lorsque le duc de Holstein-Plœn expira, Frédéric se rendit maître du duché. Pierre III, devenu empereur de Russie, et qui appartenait à la maison de Gottorp, leva une armée de quarante mille hommes pour envahir le royaume; mais, en 1762, ce prince était descendu du trône; un assassinat avait coupé la trame de ses jours. Frédéric V, qui n'eut en réalité aucune guerre à soutenir pendant tout le cours de son règne, dépensa des sommes immenses et greva le Danemark d'une dette de 20,232,905 écus; mais sa bonté était si grande, qu'il ne cessa, jusqu'à son dernier soupir [1766], d'être chéri par ses sujets. A sa dernière heure, il dit à son fils: « C'est » une grande consolation pour moi de n'avoir » jamais offensé personne, et de n'avoir pas » une goutte de sang sur les mains. »

Christian VII, né le 29 janvier 1749, ceignit la couronne en 1766 et devint l'époux, la même année, de Caroline-Mathilde, sœur du roi d'Angleterre, George III. Le nouveau monarque, profitant de la paix dont jouissait son royaume, voyagea dans l'Allemagne, la Hollande, l'Angleterre et la France, et fut reçu docteur en droit à Cambridge. Pendant l'absence de Christian VII, l'administration suprême des affaires resta entre les mains du comte de Bernstorf, auquel Frédéric V avait accordé la confiance la plus entière; mais ce ministre fut remplacé par le médecin de Christian, le célèbre Struensée. Malte-Brun, qui avait reçu le jour dans le Danemark, où s'était écoulée sa jeunesse, représente « Struen- » sée comme un charlatan allemand, qui » dédaignait même de parler danois. Il avait » quelques bonnes vues en politique; mais » il voulait tout bouleverser, tout refaire. » Il joignait un caractère profondément im- » moral à la plus aveugle confiance dans la » fortune. » La présomption, qui caractérisait cet étranger, souleva contre lui la haine de la noblesse; ses innovations imprudentes, et qu'il ne savait pas préparer, blessèrent les classes moyennes, tandis que par des mesures maladroites il provoqua le mécontentement des troupes. Struensée avait en outre pour ennemie déclarée Juliane-Marie de Brunsvick, reine-douairière et belle-mère du monarque régnant. Il est vrai que le ministre suprême, qui s'était emparé de l'esprit de Christian VII, avait aussi conquis toute la faveur de sa royale compagne: on profita de cette circonstance pour accuser la jeune princesse d'entretenir un commerce criminel avec Struensée. En vain celui-ci publiait des lois qui auraient dû le rendre populaire; en vain accorda-t-il la liberté de la presse aux Danois, il ne leur en était pas moins odieux. Il faut remarquer que le ministre, comme la reine, étaient étrangers au royaume, et qu'on leur supposait à tous deux des vues d'ambition particulière; d'autre part, la reine douairière, qui souffrait d'être écartée des affaires, s'appuyait sur le concours de son second fils, le prince Frédéric, né d'un second mariage. Une révolution était donc imminente; mais la suffisance de Struensée la regardait comme impossible.

Cependant Juliane-Marie de Brunsvick obtient un ordre d'arrestation, signé par Christian VII; cet ordre s'applique à la jeune reine Mathilde, à Struensée et au comte Brand, ami intime du ministre : tous trois sont saisis et jetés en prison. Les adversaires de Struensée l'ont accusé d'abord d'avoir été l'amant favorisé de la jeune reine, et d'avoir en outre concerté avec elle un acte d'abdication, qu'aurait signé Christian VII, qui alors était déjà en proie à une aliénation mentale. Ces deux faits ne reposent sur aucune base solide; seulement la reine douairière, voulant s'emparer des rênes de l'État, jugea qu'il lui importait de frapper du même coup la femme et le ministre du monarque, son beau-fils. Struensée et Brand furent livrés au bourreau, avec cette promptitude qui toujours exclut la justice; quant à la jeune reine, elle sortit du château-fort, où elle avait d'abord été enfermée, et une flotte anglaise vint la chercher pour la conduire dans le Hanovre. « On » convient généralement que la conduite de » cette malheureuse princesse a été imprudente; mais les preuves qu'on cite pour » prouver une intrigue d'amour entre elle et » le ministre Struensée ne donnent aucune » évidence morale, et encore moins juridique. » Elle passa le reste de sa vie à Zelle, dans » le Hanovre, où elle mourut en 1775, et » où sa mémoire est encore chère à tous les » habitants. » La révolution dont je viens de rendre compte éclata en 1771, et la reine-douairière fut immédiatement portée à la tête des affaires; elle gouverna le royaume avec autant de bonheur que d'intelligence, et parvint à réunir, d'une manière définitive et au moyen d'un traité d'échange, le Holstein au Danemark. Dans l'année 1784, le fils de Christian VII, de ce roi dont la démence n'avait pas cessé; le fils de Christian VII, dis-je, renversa du pouvoir la reine douairière, et prit le titre de co-régent.

« Les Danois, affirme un historien allemand, » qui saluèrent avec les plus vives espérances » l'arrivée de ce prince au trône, ne furent » point trompés dans leur attente, car Frédéric, se fiant aux conseils du prudent et » consciencieux comte Pierre de Bernstorf, » montra, dès le commencement de son règne, » que tous ses efforts tendraient à rendre ses » sujets heureux. » Grâce à la politique prudente et éclairée qui fut suivie, et à la neutralité gardée par le Danemark, son commerce maritime prit d'immenses développements, pendant la guerre qui eut lieu entre les Français et les Anglais.

Ces derniers, il est vrai, ayant décidé, en 1799, que les vaisseaux des nations leurs propres alliées seraient soumis au droit de visite, afin de découvrir s'ils ne cachaient pas sous leur pavillon des marchandises ou des munitions de guerre appartenant à des ennemis, les Danois se virent dépouillés de six vaisseaux qui avaient refusé de se soumettre au droit d'investigation réclamé par les matelots de la Grande-Bretagne. Néanmoins, l'année suivante, le cabinet de Saint-James ordonna la restitution des bâtiments qui avaient été saisis; mais, en 1801, le Danemark subit le caprice de l'empereur Paul, de Russie, qui lui imposa un traité avec la France. L'amiral Nelson força le passage du Sund [1801], et contraignit les Danois à fournir à la flotte anglaise les divers approvisionnements dont elle pouvait avoir besoin. Paul, renversé du trône par un assassinat, eut pour successeur son fils aîné, Alexandre, qui signa un traité de paix avec l'Angleterre. Le Danemark rendit à leur liberté Lubeck et Hambourg; en retour, le cabinet de Saint-James restitua à celui de Copenhague ses îles des Indes occidentales. Le lecteur a encore présent à la mémoire le souvenir des longues guerres de l'empire français, pendant lesquelles les soldats de Napoléon parcouraient l'Europe dans tous les sens. La position des puissances du second ordre était alors infiniment difficile; il fallait se dévouer à la cause des Français, et aussitôt on avait à résister à tous les efforts de la marine de la Grande-Bretagne. L'empereur Alexandre, après avoir compté au nombre des ennemis de Napoléon, et avoir reçu, à titre de COALISÉ, des subsides du cabinet de Saint-James, était devenu son ennemi; le Danemark, puissance inférieure, devait nécessairement se mouvoir au gré de la Russie.

Une flotte anglaise, montée par dix mille matelots, arrive en présence de Copenhague; elle exige une alliance intime, et pour gage on lui livrera la flotte. Le co-régent repousse avec indignation une pareille demande. La capitale du Danemark est livrée pendant trois jours à toutes les horreurs d'un bombardement, qui détruit de fond en comble plus de six cents maisons. Le 5 septembre 1807 un armistice est signé : la citadelle et le port de Copenhague seront occupés par les Anglais; on leur abandonne, en outre, la flotte : elle se compose de dix-huit vaisseaux de ligne, de quinze frégates, de six bricks et de trente-cinq chaloupes canonnières. C'était là un désastre épouvantable pour le Danemark; il n'en déclara pas moins la guerre au cabinet de Saint-James, qui, en retour, se rendit de nouveau maître des îles danoises dans les Indes occidentales. Christian VII, qui, depuis de si longues années, végétait dans un état de folie imbécile, mourut le 13 mars 1808. Le prince co-régent lui succéda sous le nom de Frédéric VI. Toujours fidèle à l'amitié qu'il portait à la France, il refusa d'abord de se joindre à la dernière coalition, conséquence inévitable de la retraite désastreuse de Moscou, et il signa un nouveau traité avec le cabinet des Tuileries, le 10 juillet 1813.

Mais Napoléon, après avoir été forcé, par les triomphes de ses ennemis, de repasser le Rhin, voyait l'empire presque à moitié envahi; le Danemark subit le traité de Kiel, et, se détachant de la France, abandonna la Norvége à la Suède, et l'île d'Héligoland aux Anglais : à titre de compensation on lui céda la Poméranie suédoise et l'île de Rugen; mais il restitua le tout à la Prusse, qui lui donna en échange le Lauenbourg et une indemnité pécuniaire. Frédéric avait précédemment obtenu d'entrer dans la confédération germanique comme duc de Holstein et de Lauenbourg. Il occupe dans cette confédération la seizième place, et a trois voix dans l'assemblée générale. Voici dans quels termes Malte-Brun résume le règne du roi actuel : « L'affranchissement des paysans danois; la liberté rendue au commerce; la
» formation d'une armée nationale; l'abo-
» lition de la traite des nègres dans les co-
» lonies du Danemark; le plan pour l'ac-
» quittement de la dette nationale; l'orga-
» nisation nouvelle de la justice de paix.....
» lui ont assuré une place parmi les plus
» estimables princes de notre siècle. » Depuis 1814, époque de la paix générale en Europe, Frédéric VI s'est occupé avec une persévérance infatigable d'améliorer le sort de ses sujets. La révolution de 1830, qui a produit en Europe de si prodigieux changements, réagit aussi sur le Danemark, destiné à entrer dans une nouvelle voie. En effet, le roi publia en 1831 l'ordonnance suivante :

« Nous, Frédéric VI, etc., faisons savoir
» que pour nous mettre à même, ainsi que
» nos successeurs, d'obtenir toujours la con-
» naissance la plus certaine de tout ce qui
» peut contribuer au bien-être de notre peu-
» ple chéri; pour resserrer davantage les liens
» entre notre maison royale et le peuple,
» ainsi que pour animer l'esprit public, nous
» avons résolu de former des états provin-
» ciaux consultatifs dans notre royaume de
» Danemarck, ainsi que dans nos duchés de
» Slesvig et Holstein. Pour préparer l'exé-
» cution de cette résolution de notre part,
» conforme à nos intentions paternelles, nous
» avons préalablement fait disposer cette af-
» faire, et, quoiqu'elle ne soit pas assez mûrie
» pour qu'elle puisse être réglée par une loi
» qui embrasse toutes ses parties, nous avons
» néanmoins jugé à propos de publier les
» points principaux qui devront servir de
» base à l'organisation que nous voulons
» donner aux états provinciaux dans notre
» royaume de Danemarck. A cet effet, nous
» ordonnons ce qui suit :

» ARTICLE I. Dans notre royaume de Da-
» nemark il y aura deux assemblées d'états
» provinciaux consultatifs, l'une pour les
» bailliages de Sellande, Fionie, Lanland-
» Falster et l'Islande; l'autre pour les quatre
» bailliages du Jutland septentrional.

» ART. II. Dans chacune de ces assemblées
» entrera un nombre, qui sera ultérieurement
» déterminé, d'hommes élus par leurs conci-

» toyens. Le droit électoral sera exercé d'a-
» près un mode qui sera réglé par une or-
» donnance spéciale, par les propriétaires
» dans les villes et les campagnes, voulant que
» les lois admettent à l'élection les fermiers
» des biens fonciers. La propriété foncière
» sera aussi la condition de l'éligibilité, et
» sans vouloir exclure ceux de nos fonction-
» naires qui sont aussi propriétaires fonciers,
» de l'assemblée des états, s'ils étaient élus,
» nous ordonnons qu'aucun fonctionnaire qui
» a reçu de nous un brevet d'une commission
» ne puisse accepter le mandat sans une au-
» torisation préalable de notre part.

» Art. III. Notre intention est de désigner
» des membres de l'université et du clergé
» pour siéger dans les états provinciaux, ainsi
» que, selon les circonstances, d'autres per-
» sonnes que nous pourraient trouver propres
» à cette mission, en raison de leur position
» ou de leurs qualités.

» Art. IV. Toutes les fois que nous vou-
» drons promulguer une loi qui a pour but
» une modification dans les droits des per-
» sonnes ou des propriétés de nos sujets, ou
» dans les impôts et charges publiques, nous
» voulons faire présenter le projet de cette
» loi aux états provinciaux, ou si elle ne con-
» cerne qu'une ou quelques provinces, aux as-
» semblées provinciales qu'elle regardera,
» afin que les états délibèrent sur ce projet
» et fassent connaître leur opinion.

» Art. V. Si les états provinciaux ont des
» motifs de désirer un changement dans les
» lois générales du pays, ou dans les lois et
» institutions spéciales de leur province, ou
» s'ils se croient en droit de porter plainte sur
» l'exécution des lois et l'administration pu-
» blique, ils pourront nous adresser des ré-
» clamations et des propositions que nous
» prendrons en considération pour donner
» notre résolution définitive.

» Art. VI. Trouvant convenable d'accor-
» der aux états provinciaux la coopération
» des affaires communales, nous examinerons
» comment elle pourra être effectuée, et nous
» statuerons à cet égard.

» Art. VII. Les états provinciaux s'assem-
» bleront après notre convocation, ce qui aura
» lieu tous les deux ans. Cependant, si le
» sujet l'exigeait, nous convoquerions des
» assemblées d'état extraordinaires. Nous dé-
» terminerons chaque fois la durée de l'assem-
» blée, d'après les circonstances du moment,
» et nous ferons savoir à l'assemblée l'épo-
» que de la clôture.

» Art. VIII. Nous prendrons les déter-
» minations nécessaires sur le nombre des
» membres qui devront être élus pour chaque
» assemblée provinciale, ainsi que sur la ré-
» partition de ce nombre dans les divers dis-
» tricts, et sur les conditions précises du droit
» électoral et de l'éligibilité. Cependant,
» avant de nous faire présenter un projet com-
» plet de ces déterminations légales, nous fe-
» rons convoquer des hommes experts des di-
» verses parties du royaume, pour qu'ils dé-
» libèrent sur les objets qui leur seront com-
» muniqués, et nous fassent connaître leurs
» vues, fondées sur des connaissances locales.
» Si dans la suite il y avait des motifs de mo-
» difier ces déterminations supplémentaires,
» il n'y aura pourtant pas de modifications
» avant que nous ayons consulté les états,
» conformément à l'article IV. »

28 mai 1831.

Cette ordonnance royale contenait seulement des espérances que le temps devait féconder, mais auxquelles ne paraissait pas croire beaucoup le peuple danois. Cependant le conseil-d'état et la chancellerie ne cessaient de s'occuper des travaux préparatoires que rendait indispensable la nouvelle forme de gouvernement promise au royaume. « Enfin, » d'après le témoignage des auteurs de l'*Annuaire historique et universel*, « dans une séance du conseil-d'état, tenue » le 13 avril, et qui dura depuis neuf heures » du matin jusqu'à minuit, le conseiller Hopp » fit un rapport sur le plan de représentation » projetée. C'est à ce même conseiller, appelé » à Copenhague, que le roi avait dit : — « Je » sais très-bien qu'on pense dans le public » que tout ceci n'est que pour l'apparence ; » mais je vous assure que personne ne sera » plus content que moi des travaux de la com- » mission si le résultat est satisfaisant. Le projet » du gouvernement ayant été arrêté, il fut » soumis à une assemblée de notables, ouverte

»le 8 juillet à Copenhague. L'entière publi-
»cité des délibérations des états, tel est le
»but principal que la nation avait désigné
»aux hommes qui allaient agir comme ses
»représentants. Les délibérations des nota-
»bles durèrent environ un mois, et se ter-
»minèrent par la nomination d'une commis-
»sion chargée de présenter un rapport sur
»leurs opérations à S. M. Enfin un rescrit
»royal fut adressé, au mois de novembre,
»aux ministres et aux conseillers-d'état qui
»avaient eu la plus grande part aux travaux
»préparatoires, pour les inviter à considérer
»et à peser les objections faites au projet
»par les notables, en donnant aux lois rela-
»tives à l'introduction des assemblées pro-
»vinciales dans le royaume de Danemark,
»et dans les duchés de Sleswig et de Hols-
»tein, autant d'unité que le permettraient
»les circonstances locales. Les projets ainsi
»révisés seraient ensuite envoyés à chaque
»département intéressé, et mis en dernier
»lieu sous les yeux du roi, qui ferait connaî-
»tre sa résolution définitive. » Trois ans
après, le roi réalisa la promesse qu'il avait
faite en 1831, et donna des institutions représentatives, qui ne permirent plus qu'on
comptât le Danemark au nombre des gouvernements absolus.

Après une longue suite de délais qui se succédèrent les uns aux autres, les états du Holstein et ceux des îles danoises se réunirent,
pour la première fois, au mois d'octobre
1835, et furent convoqués de nouveau en
1836; mais ils ne se virent pas réunis le
1ᵉʳ octobre 1837, comme ils auraient dû
l'être d'après la loi; on les avait vus cependant se livrer à l'examen des questions les
plus graves, telles que la responsabilité mi-
nistérielle, la liberté de la presse, la publicité des débats parlementaires, la nécessité
des budgets réguliers, les réductions d'impôts, les économies d'administration, etc.

Pleine de zèle pour le bien public, l'assemblée de Roskilde adopta les trois résolutions suivantes : Par la première, elle décida qu'il n'était pas conforme aux principes d'une bonne administration de remplir le déficit dans les finances en établissant de nouveaux impôts, ou en contractant
de nouveaux emprunts; mais qu'il fallait,
au contraire, apporter plus d'économie dans
les dépenses de l'État. Par la seconde de ses
résolutions, l'assemblée de Roskilde supplia
le roi de nommer une commission, dans laquelle des fonctionnaires publics n'entre-
raient pas exclusivement; laquelle commission aurait pour mission de chercher les
meilleurs moyens économiques relatifs à l'organisation du service public. Enfin, par la
troisième de ses résolutions, l'assemblée de
Roskilde insistait pour la publication annuelle du budget. En vain le gouvernement
présenta t-il aux députés une proposition
dont le but était de restreindre la liberté de
la presse, cette proposition éprouva la plus
violente résistance. « S'appuyant, dit l'au-
» teur de l'*Annuaire historique et uni-*
» *versel pour* 1836, s'appuyant d'une péti-
» tion signée par mille trente-six artisans de
» Copenhague, un député avait fait la mo-
» tion de demander l'abolition de l'ordon-
» nance du 23 octobre 1835, qui interdit
» aux ouvriers de voyager dans les pays
» étrangers où les associations sont tolérées
» publiquement. L'auteur de cette motion
» avait exposé le tort que l'ordonnance fai-
» sait à l'industrie et l'obstacle qu'elle ap-
» portait aux progrès des arts ; il avait d'ail-
» leurs déclaré qu'il ne regardait pas comme
» dangereux le retour d'un Danois dans sa
» patrie, lorsqu'il y revenait seul avec des
» opinions plus libérales, qu'il cherchait à
» propager parmi ses concitoyens. La pétition
» et la motion avaient été renvoyées à une
» commission, qui fit, le 10 février, un rap-
» port où elle émettait l'avis que l'ordon-
» nance constituait un empiétement réel sur
» les droits des ouvriers. En conséquence,
» la commission concluait en faveur de la
» prise en considération de la motion, et de-
» mandait qu'une requête fût adressée au
» gouvernement, pour obtenir une modifica-
» tion des termes de l'ordonnance. Il est vrai
» que la confédération germanique avait pris
» une résolution analogue; mais la confé-
» dération n'avait aucun pouvoir sur des
» pays qui n'étaient pas sous sa juridiction;
» elle ne pouvait empêcher que des ouvriers
» des pays étrangers se rendissent en Belgi-

» que et en France, par exemple. La com-
» mission terminait en réclamant une loi
» plus conforme à la justice et plus favorable
» aux ouvriers. Le commissaire royal ayant
» fait observer que l'ordonnance n'était que
» transitoire, un député soutint qu'elle n'en
» devait pas moins être rendue avec la coopéra-
» tion des états. Le commissaire royal combat-
» tit cette opinion : il déclara que le roi n'avait
» pu songer à se priver du droit de publier
» des ordonnances. En cette circonstance,
» le roi avait jugé à propos d'étendre la
» prohibition stipulée vis-à-vis des provinces
» de la confédération, à celles même qui n'en
» faisaient pas partie. » En définitive, après
une discussion longue et animée, la motion
ne fut rejetée qu'à une majorité de sept voix
(trente-six contre vingt-neuf).

Ces détails fournissent la preuve au lecteur que le gouvernement absolu, sous lequel avait si long-temps vécu le Danemark, avait été bien loin d'éteindre l'ardeur et l'activité des esprits; il faut toujours se tenir en garde contre ces maximes générales qu'on reçoit sans examen et comme une sorte de monnaie courante. Au moment où, dans l'avant-dernier siècle, les ordres inférieurs, pour se délivrer du joug si pesant que leur avaient imposé les nobles, déployèrent leurs efforts, afin de déposer un pouvoir sans limites dans les mains du monarque, ils obéissaient à cet instinct qui fait comprendre à tous les hommes qu'il est plus facile de satisfaire un maître qu'une multitude de maîtres. Il importe encore de faire attention que dans un petit royaume, comme le Danemark, la vérité a mille routes pour parvenir à un prince; faute de revenus, il lui est impossible aussi de vivre, entouré sans cesse d'une foule de courtisans, qui s'élèvent entre lui et son peuple; il voit par ses yeux la misère publique; les cris des opprimés arrivent jusqu'à ses oreilles, son cœur est ému, et, tôt ou tard, il répare les maux qu'il n'a pu prévenir. Enfin, à l'époque si remarquable de la révolution de 1660, l'instruction, qui adoucit les mœurs, était déjà répandue dans toutes les classes en Danemark. Le gouvernement se montra donc plein de douceur et de paternité : en ménageant tous les intérêts, il leur

permit d'atteindre leurs développements naturels; les arts et les sciences firent des progrès remarquables, en même temps qu'une sorte d'aisance pénétra dans toutes les familles. Sans doute, le bombardement de Copenhague par les Anglais, en 1807, porta un coup funeste à l'industrie et au commerce; mais il ne put dépouiller le royaume des conquêtes qu'il avait faites dans le domaine de l'intelligence. Il y avait une masse d'hommes éclairés qui n'avaient cessé de prendre part au mouvement de l'Europe : ce sont ces hommes, qui, élus députés par leurs compatriotes, déployèrent, dans la première session des états provinciaux de la monarchie danoise, une énergie continuelle, « pour élargir, sui-
» vant un historien moderne, *le cercle étroit*
» *que le prince avait tracé à leur action.* » Il ne faut pas s'y tromper cependant; la masse du peuple danois n'avait jamais été si heureuse qu'à partir de la mémorable révolution de 1660; mais du moment où une nation est introduite par son roi dans la carrière des libertés publiques, elle désire voir celles-ci toucher leurs dernières limites, et perd quelquefois dans l'anarchie jusqu'aux dernières traces de son indépendance nationale. Ne soyons donc pas surpris que, après avoir passé plus d'un siècle et demi au milieu de la monotonie, suite inévitable du pouvoir absolu chez un peuple dont le territoire a peu d'étendue et manque de grandes ressources, les Danois aient couru empressés après cette agitation, conséquence inévitable des gouvernements où la liberté occupe plus ou moins de place. L'assemblée de Roskilde, dont j'ai analysé plus haut les travaux législatifs, « en vint à
» traiter la question de la publicité des débats
» parlementaires, qui avait déjà été résolue
» affirmativement par les états du Holstein.
» Une pétition, signée par mille deux cent
» vingt-sept propriétaires de Copenhague, et
» tendant à réclamer cette publicité, avait été
» adressée à l'assemblée et renvoyée à une
» commission, dont le rapport fut favorable
» à la demande des pétitionnaires. Toutefois,
» la commission était seulement d'avis d'ex-
» primer au roi des vœux modestes en faveur
» de la publicité des délibérations des états,
» et de laisser à Sa Majesté le loisir de pren-

»dre à cet égard telle résolution qu'elle ju-
»gerait convenable. Cette opinion parut
»au député qui avait présenté la pétition
»(M. Hausen) trop peu en harmonie avec
»les exigences de l'époque; c'est pourquoi il
»proposa à la chambre d'adresser au roi une
»enquête, demandant : 1° L'admission du
»public aux débats parlementaires pour les
»états provinciaux du Danemark, hors le
»moment du vote et le cas du comité secret;
»2° une plus grande publicité de ces débats,
»par l'insertion des propositions et des dis-
»cours des orateurs dans le *Journal des*
»*États*. Cette motion, vivement combattue
»par le commissaire du roi, n'en fut pas
»moins adoptée à une immense majorité
»(cinquante trois contre treize). »

L'assemblée provinciale de Sleswig consacra trois séances entières à l'examen de cette
question si grave : si l'on accorderait la publicité des débats parlementaires? La commission se prononça pour l'affirmative, et
l'assemblée, à une immense majorité, adopta
les conclusions qui lui avaient été présentées
par la commission.

Je dois maintenant faire connaître au
lecteur l'état intellectuel et moral du Danemark, qui, au dix-neuvième siècle, est
une des contrées de l'Europe où l'instruction élémentaire a fait le plus de progrès.
Les habitants des campagnes, comme les ouvriers des villes, savent tous lire et écrire,
et c'est une exception fort difficile à rencontrer qu'un Danois auquel manquent ces premières notions. En 1829, on comptait dans
le royaume deux mille cinq cents écoles publiques qui avaient adopté l'enseignement
mutuel, modifié par le génie national; enfin,
plus de quatre mille cinq cents écoles pri-
maires sont ouvertes, grâce aux efforts de la
Société de l'Enseignement élémentaire,
qui siége à Copenhague. L'instruction élémentaire, dans le Danemark, comprend, à part
la lecture, l'écriture, le calcul et les premiers
éléments de la religion, la connaissance de
l'histoire du pays et des notions assez étendues sur la géographie et les sciences naturelles. L'enseignement des hautes études est
aussi fort répandu parmi les jeunes gens qui
appartiennent aux familles riches. Les Danois, au reste, brillent depuis quelques années dans la littérature, comme dans les
sciences; et j'invoquerai ici l'éclatante justice qui vient de leur être rendue récemment,
dans un ouvrage moderne, source immense
de documents tous authentiques : « Holberg,
» auteur comique, a enrichi la littérature
» nationale d'un poëme héroï-comique, re-
» gardé comme classique par ses compa-
» triotes (1) ; ses comédies lui ont mérité le
» surnom de *Plaute* du Nord. *Pram* et
» *Nordal-Brun* se sont fait connaître par
» quelques bonnes tragédies; *Thormodus-*
» *Torfæus, Jacques Langebeck, Schjon-*
» *ning*, et quelques autres ont porté dans
» l'étude de l'histoire et des antiquités du
» Nord les lumières d'une vaste érudition;
» *Malling*, parmi les historiens, s'est fait
» remarquer par l'élégance du style. On doit
» plusieurs traités de philosophie à *Gam-*
» *borg* et à *Treschov*, qui a réfuté les opi-
» nions de *Kant*. Parmi les hommes qui ont
» cultivé avec succès les sciences physiques et
» naturelles, *Laurensberg* et *Sténon* ont lais-
» sé des ouvrages estimés sur la minéralogie;
» *Érasme Bartholin* découvrit la double ré-
» fraction de la chaux carbonatée, appelée
» *spath d'Islande*; *Pontoppidan*, évêque
» de Bergen, a fait connaître les minéraux du
» Danemark et de la Norvége; *Brunnich*
» composa le premier en danois un manuel
» de minéralogie; *Abildgaard*, savant
» médecin, écrivit sur les minéraux et
» sur les animaux. *Vinslov* passe pour le
» créateur de l'anatomie descriptive; *Bori-*
» *chius*, à la fois médecin, chimiste et philo-
» logue, a laissé de nombreux écrits; *Thomas*
» *Bartholin*, auteur d'une foule d'ouvrages,
» fut considéré comme le premier médecin de
» de son siècle; *Fabricius*, si célèbre comme
» entomologiste, a porté dans plusieurs ques-
» tions d'histoire naturelle et d'économie po-
» litique, le flambeau de son génie; *Niebuhr*
» s'illustra par ses voyages. Si tant de noms
» distingués ne suffisaient pas à la gloire du
» Danemark, rappelons que celui de *Tycho-*
» *Brahé* seul est un titre d'illustration pour
» ce pays. »

(1) Il a pour titre : *Peders-Pors*.

Aux noms illustres qui viennent d'être placés sous les yeux du lecteur, j'en joindrai plusieurs autres : *Sandtvig*, *Thorkelin*, *Thorlacius*, *Hyerup* et *Rahbeck*, les pères de l'archéologie parmi les Danois. Parmi les poëtes modernes, je citerai *Évald*, lyrique plein d'harmonie et auteur de plusieurs tragédies, remarquables par leur profondeur ; *N. Meyer*, poëte aux émotions tendres et délicates; *Vessel*, auquel on doit la comédie de *l'Amour sans bas*; *Falsen*, *Brun* et *Friman*, dont les chants jouissent d'une si grande popularité; je ne passerai pas sous silence *Frederika-Brun*, si chérie de madame de Staël ; enfin, j'accorderai une place à *Ingemann*, qui a marché avec bonheur sur les traces de *Walter Scott* et de *Cooper*. Si les Danois n'ont vu naître jusqu'à présent sur le sol de leur patrie aucun musicien renommé, ils peuvent se glorifier de leur compatriote *Thorvaldsen*, ce successeur de l'immortel Canova.

Du génie des Danois nous allons passer à son caractère national, qui nous a été tracé par Malte-Brun, qui appartenait à une famille ancienne du royaume, et dont la jeunesse s'était écoulée parmi ses compatriotes. « Autrefois conquérant insatiable, aujourd'hui brave, mais pacifique; peu entreprenant, mais laborieux et persévérant; modeste et orgueilleux; hospitalier, mais non officieux; gai et franc avec ses compatriotes, mais un peu froid et cérémonieux envers les étrangers; aimant ses aises plus que le faste; plus économe qu'industrieux, quelquefois par vanité ou par paresse; imitateur des autres peuples; observateur judicieux, penseur profond, mais lent et minutieux; doué d'une imagination plus forte que riche; constant, romanesque et jaloux dans ses affections; capable d'un grand enthousiasme, mais rarement de ces saillies d'esprit, de ces finesses, qui surprennent le succès ou l'admiration; très-attaché à son sol natal ou aux intérêts de sa patrie; trop peu soigneux de la gloire nationale; accoutumé au calme de la monarchie, mais ennemi de la servitude et du pouvoir arbitraire : tel est le Danois. »

A la suite de ce portrait, tracé de main de maître, Malte-Brun s'est occupé avec amour de faire ressortir tous les avantages du beau sexe en Danemark. « Il est rare, » dit-il, « de trouver dans le Nord de ces brunes piquantes, que le soleil chaud de la France ou de l'Italie a colorées de ses feux; mais les longs cheveux blonds, mais les teints de lis et de rose, mais des yeux bleus, grands, languissants : voilà les charmes dont le sexe s'enorgueillit dans le Nord. Ajoutez à cela une figure ovale, et plus de régularité que de finesse dans les traits, et vous aurez un portrait général des femmes du Nord... Comme nous n'avons pas envie de passer pour flatteur, nous dirons franchement que le beau sexe dans ce pays ne sait pas assez tirer parti de ses avantages naturels. L'éducation qu'on donne aux demoiselles vaut peut-être mieux que celle des Françaises, sous les rapports moraux et domestiques; mais on néglige trop les parties d'agrément; cependant la musique vocale et instrumentale est aujourd'hui généralement enseignée aux jeunes demoiselles. »

Malte-Brun, après avoir rendu un aussi galant hommage aux femmes danoises, jette un coup d'œil général sur la nation. « En Danemark, des vertus privées, des mœurs plus sévères en réalité qu'en apparence, des manières polies plutôt que recherchées, distinguent les classes élevées. Dans les basses classes, l'amour de l'ordre n'est pas une qualité rare, excepté chez le matelot, qui, par son genre de vie, est poussé à prendre la plupart des vices des différentes nations. Le paysan est laborieux; il s'habille avec propreté, il aime à chanter et à danser, et paraît être plus heureux que dans le reste de l'Europe, et surtout qu'en France. Il est devenu propriétaire, comme dans ce dernier pays, par l'avantage qu'offre à ceux qui les possèdent, la vente des terres seigneuriales par petites portions. Les corvées auxquelles il était assujetti sont depuis long-temps abolies ou remplacées par une rétribution annuelle; beaucoup de fermes sont louées à titre de bail héréditaire, ce qui n'a pas peu contribué à l'avancement de l'agriculture. » Malte-Brun termine le tableau qu'il a tracé de sa patrie par la description de la capitale du Danemark. « Copenhague, défendue par vingt-quatre bastions, par des fossés remplis d'eau et par une forte citadelle, est une des plus belles capitales de l'Europe. On y compte dix places publiques et cinq marchés, trois palais royaux, neuf églises paroissiales, une chapelle catholique, trois couvents, une maison de réunion pour le culte des dissidents, appelés *hernhutes* ou *frères moraves*, cinq synagogues, un hospice d'enfants trouvés, treize hôpitaux et trente maisons pour les pauvres. Vue de l'étroite entrée du port, qui peut recevoir cinq cents navires marchands et les vaisseaux de la marine royale du royaume, elle présente un aspect magnifique; ses trois quartiers: la vieille ville, la ville nouvelle et la partie appelée Christianshava, qui portaient autrefois le caractère de leur origine plus ou moins ancienne, doivent à des réparations contemporaines leur moderne élégance. La vieille cité, ou la cité proprement dite, séparée de la nouvelle par le nouveau canal, ne le cède point à celle-ci, elle est même plus populeuse et plus grande; ses maisons, quoique bâties en briques et en bois, ont une belle apparence. On y voit la vaste place du nouveau marché, dont l'irrégularité disparaît presque devant les constructions qui la décorent, telles que le palais de Charlottembourg, jadis résidence de la cour et maintenant occupé par l'Académie des Beaux-Arts, et par une superbe galerie de tableaux, le dépôt d'artillerie, le théâtre et la statue équestre de Christian V; du côté du port se trouvent la Bourse et la Banque.

» La cité renferme encore le palais du prince Frédéric, l'arsenal, où l'on voit la bibliothèque royale, composée de deux cent soixante mille volumes, les manuscrits arabes de Niebuhr, et plus de quatre-vingt mille estampes, l'université, qui possède une belle bibliothèque, plusieurs collections scientifiques, un jardin botanique et un observatoire, établi dans une tour, qui, par sa singulière construction, attire l'attention des étrangers: on peut y monter en voiture presque jusqu'au sommet; c'est au génie mathématique de Longomontan, que l'on doit ce monument. La plus belle partie de la nouvelle ville est celle que l'on appelle Friedrickstadt. L'ancien château royal de Rosembourg, qui renferme une belle collection d'antiquités et la magnifique salle dans laquelle le roi ouvre les séances de la haute cour de justice, et dont le jardin sert de promenade publique; l'Amalienbourg, construction composée de quatre palais distincts: celui du roi, celui de son fils, celui de son frère et l'école de la marine, rangés autour d'une place octogone, dont le centre est occupé par la statue équestre de Frédéric V, sont les deux principaux édifices de ce quartier.

» Dans l'île d'*Amack*, le *Christianshavn*, qui porte le nom de Christian IV, son fondateur, offre des rues régulières et bien bâties; ses places sont belles et vastes: il comprend les chantiers de constructions, le grand magasin de la compagnie des Indes, le port pour les vaisseaux de guerre et l'église du Sauveur, la plus belle de Copenhague; celle de la Trinité, dont le dôme contient la bibliothèque universitaire, qui se compose de soixante-dix mille volumes, et le grand globe de Tycho-Brahé, ne peut, malgré sa beauté, lui être comparée. Copenhague possède un grand nombre d'établissements littéraires et de sociétés académiques; les plus importantes de celles-ci sont: la société royale des sciences, celles d'histoire naturelle, de médecine, de langues orientales et celle de la littérature scandinave.....

» Les mœurs de la capitale danoise n'ont ni la platitude grossière de certaines autres villes commerçantes du nord, ni la politesse soignée dans laquelle Stockholm prétend avoir heureusement imité Versailles; il faut distinguer à Copenhague la cour et le corps diplomatique de la masse des citoyens riches ou aisés. A la cour, le germanisme a long-temps été tellement dominant, que l'on dédaigne même de parler danois; mais les augustes individus qui composent aujourd'hui la famille royale ont banni loin d'eux cet esprit anti-patriotique; ils ont adouci la rigueur du cérémonial et

» adopté cette noble aisance qui distingua la France dans les derniers temps, en sorte qu'il y a aujourd'hui peu de cours plus nationales et plus aimables que celle de Copenhague. Mais comme l'économie la plus sévère préside à toutes les dépenses de l'État, on ne voit guère ici cet éclat, cette pompe que les esprits bornés regardent comme nécessaires à l'autorité suprême; on peut, depuis la destruction du magnifique château de Christianborg, dire avec raison que la cour de Danemark n'est que la première parmi les bonnes maisons de Copenhague. La première noblesse, les ministres, ainsi que les ambassadeurs étrangers, se conforment naturellement au goût qui règne à la cour. On a reproché aux hauts cercles de donner au jeu et au dîner une place trop importante parmi leurs amusements, ce qui ne prouve pas que l'esprit y est plus rare que dans les cercles du même rang en France, mais qu'on est plus gêné par l'étiquette et par la pénurie d'amusements publics. La classe moyenne, composée de plusieurs fonctionnaires publics, des officiers, surtout de la marine et de l'artillerie, ainsi que de quelques gens de lettres, est ici, comme partout, la partie la plus aimable de la nation.

» Il n'y a, dans tout le Nord, aucune capitale où cette classe ait plus d'instruction et d'honnêteté; mais la sociabilité domestique est d'abord rétrécie par cette réserve qui fait partie du caractère national, et qui empêche ou du moins rend plus rare les réunions à la française, sans gêne et sans cérémonie. Ensuite, les hommes de quelques talents ou de quelque amabilité, sont absorbés par les clubs, c'est-à-dire par une vingtaine de réunions, semblables aux lycées, où l'on joue, converse, mange, boit, lit les gazettes, etc., et où les femmes ne sont admises que les jours où la musique et la danse viennent chasser de ces salons la politique. Il est vrai que les fêtes sont ordinairement très-brillantes, surtout le jour de la naissance du roi; mais elles sont uniformes et monotones. Chaque club a son esprit, son ton et ses habitués; ces coteries, ordinairement scrupuleuses dans le choix des membres perpétuels, donnent aux voyageurs qui ne font que passer un accès facile; en revanche, un étranger qui ne parle pas la langue du pays, pénètre difficilement dans l'intérieur des familles, y déplaît et s'y ennuie. Cette organisation de la vie sociale est vraiment gênante pour celui qui vient à Copenhague sans s'être procuré une foule de recommandations très-particulières; car il ne se trouve qu'un seul théâtre, point de fêtes publiques, et les lieux de réunion, ouverts à tout le monde, y sont généralement abandonnés à la mauvaise compagnie; les cafés et les restaurateurs ne s'élèvent qu'à la médiocrité et encore le plus souvent restent en deçà. Il faut cependant observer que dans le milieu de l'été, un parc royal, distant de trois lieues de Copenhague, devient pour quinze jours le séjour des plaisirs et le point de réunion pour toutes les classes de la société, qui s'y rendent sous prétexte de boire de l'eau d'une fontaine renommée. Le jour d'ouverture est le Longchamp de Copenhague; les belles soupirent après un *tour* à cette fontaine, qui, à ce qu'on dit, est quelquefois la fontaine de l'amour (1). »

J'ajouterai, en terminant, que le Danemark n'est pas resté étranger au mouvement industriel qui entraîne l'Europe. En effet, au moment où j'écris ces lignes (24 octobre 1839), on compte dans ce royaume un grand nombre de machines mues par la vapeur, et qui permettent aux Danois de soutenir la concurrence avec les autres peuples commerçants.

Frédéric VI, après un long règne, a rendu le dernier soupir dans l'année 1839. Ce monarque a laissé pour successeur un prince qui est monté sur le trône sous le nom de Christian VIII. On paraît croire que ce nouveau roi ajoutera de nouvelles garanties aux droits politiques que possèdent déjà ses sujets : plusieurs adresses de félicitation lui ont déjà été adressées dans ce sens. Au reste, aucune innovation importante n'a encore eu lieu au moment (11 février 1840) où je termine cette histoire.

(1) *Description du Danemarck*, par Malte-Brun.

FIN DE L'HISTOIRE DU DANEMARK.

TABLE ANALYTIQUE DES MATIÈRES

CONTENUES DANS CE VOLUME.

RUSSIE.

	Pages.
Origine du peuple russe	2
Invasion de la Russie par les Tatars-Mogols ou Mongols (1223)	19
Ivan III Vassilievitch	20
Ivan IV Vassilievitch ou le Cruel	21
Fedor I	26
Dynastie des Ramanof	30
Alexis Michailovitch	33
Fedor Alexiévitch	36
Ivan V Alexievitch, Pierre et Sophie	38
Pierre I, dit le Grand, occupe seul le trône de Russie	40
Catherine I	63
Pierre II Alexievitch	64
Anne Ivanovna	67
Ivan Ivanevitch	71
Élisabeth Petrovna	73
Pierre III Fédérovitch	77
Catherine II	84
Paul Petrovitch	126
Alexandre I	138
Nicolas I	223

POLOGNE.

Considérations générales 235	Dynastie des Jagellons et rois électifs . . 247

SUÈDE.

	Pages.
Considérations générales	341
Première période (Suède catholique)	351
Union de Calmar	354
Éric XIV	369
Jean III	375
Sigismond et Charles IX	379
Charles IX	382
Christine	403
Charles-Gustave	425
Charles XI	430
Charles XII	435
Ulrique-Éléonore	454
Adolphe-Frédéric	454
Gustave III	456

DANEMARK.

Histoire de Danemark 464

FIN DE LA TABLE DES MATIÈRES.

ERRATA.

Page 89, ligne 44, *au lieu de* 4 octobre 1763, *lisez* 5 octobre 1763.
Page 90, ligne 38, *au lieu de* cousin germain, *lisez* neveu.
Page 91, ligne 11, *au lieu de* cousins, *lisez* oncles.

Indication du placement des Gravures.

RUSSIE.

Planches.	Pages.	Planches.	Pages.
1	15	11	126
2	30	12	132
3	45	13	141
4	58	14	146
5	67	15	150
6	80	16	158
7	89	17	165
8	95	18	180
9	110	19	195
10	116	20	218

POLOGNE.

	Pages.		Pages.
1	242	5	308
2	260	6	332
3	274	7	338
4	290		

SUÈDE.

	Pages.		Pages.
1	370	3	434
2	402		

DANEMARK.

	Pages.
1	466

www.ingramcontent.com/pod-product-compliance
Lightning Source LLC
Chambersburg PA
CBHW071614230426

43669CB00012B/1936